Nicola Abbagnano Giovanni Fornero
con la collaborazione di Giancarlo Burghi

FILOSOFIA

LA RICERCA DEL PENSIERO

Storia, testi e problemi della filosofia

3 Dall'Illuminismo a Hegel

Scarica i materiali digitali del tuo corso

DIGILIBRO LIBROMISTO

Accedi a www.digilibro.pearson.it
e inserisci il codice

EAN 9788839532022
yry9-izub-tfyb

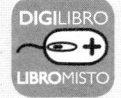

paravia

Coordinamento redazionale: Elisa Bruno
Redazione: Elisa Bruno, Cristina Bertola, Luisa Gallo
Progetto grafico e copertina: Sunrise Advertising, Torino
Coordinamento grafico: Elena Petruccelli
Ricerca iconografica: Chiara Simonetti, Paola Barbieri
Impaginazione elettronica: Essegi, Torino
Controllo qualità: Andrea Mensio
Segreteria di redazione: Enza Menel

Sono in tutto o in buona parte di **Giovanni Fornero** i capp. 2 e 5 dell'unità 6; l'unità 7; i capp. 2, 3 e 4 dell'unità 8; l'unità 9.
Sono in tutto o in buona parte di **Nicola Abbagnano**, con revisione di **Giovanni Fornero**, i capp. 3 e 4 dell'unità 6; il cap. 1 e il par. 6 del cap. 2 dell'unità 8.
È di **Nicola Abbagnano** e **Giovanni Fornero** il cap. 1 dell'unità 6.
Per il par. 3 del cap. 3 dell'unità 7 ha collaborato **Giancarlo Burghi**.
Per il par. 3 del cap. 1 dell'unità 9 hanno collaborato **Giancarlo Burghi** e **Mario Trombino**; per il par. 1 del cap. 3 dell'unità 9 ha collaborato **Giancarlo Burghi**.
Le presentazioni della vita e delle opere dei filosofi sono in gran parte di Nicola Abbagnano (tra le eccezioni, Rousseau, di Giovanni Fornero). I riepiloghi visivi e i glossari sono di Giovanni Fornero.

Giancarlo Burghi ha curato:
- le Tavole rotonde;
- le Questioni;
- le rubriche "Echi del pensiero";
- la rubrica "Il concetto e l'immagine": *Il sublime tra arte e filosofia;*
- le pagine di inquadramento storico-geografico "I tempi e i luoghi della filosofia";
- i quadri cronologici relativi alla vita di Vico, Rousseau, Kant, Fichte, Schelling e Hegel;
- le rubriche "Laboratorio delle idee" che chiudono le Verifiche di fine unità.

Gaetano Chiurazzi ha curato le rubriche "Il concetto e l'immagine":
- *La sconfitta della ragione illuministica nell'arte di Goya;*
- *Analisi e sintesi: Magritte e il carattere "surreale" dell'esperienza.*

Stampato per conto della casa editrice presso
Grafica Veneta, Trebaseleghe (PD), Italia

Ristampa							Anno				
2 3 4 5 6 7 8							13 14 15 16 17				

978 88 395 32022 B

SG 0395 00592U B

Indice

Indice

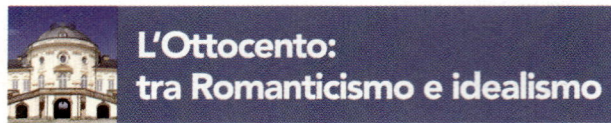

ON LINE

Testi antologici
- Fichte
  • Idealismo e dogmatismo
  (*Prima introduzione alla dottrina della scienza*)
  • La prospettiva real-idealistica
  (*Fondamenti dell'intera dottrina della scienza*)
  • L'immaginazione produttiva
  (*Fondamenti dell'intera dottrina della scienza*)
  • Il primato della ragion pratica
  (*Fondamenti dell'intera dottrina della scienza*)
- Schelling
  • La natura come entità spirituale inconscia
  (*Primo abbozzo di un sistema della filosofia della natura*)
  • Il produrre inconscio dello spirito
  (*Sistema dell'idealismo trascendentale*)
  • Libertà e necessità della storia
  (*Sistema dell'idealismo trascendentale*)
  • Oltre Hegel
  (*Lezioni monachesi*)

Scheda filmica
- *Bright Star*

Questioni multimediali interattive
- La storia - *Necessità e libertà nella storia*
- Le forme del bello - *Bellezza precisa e bellezza vaga*

Tavole rotonde
- Le forme del bello - *Arte e verità*
- La storia - *La storia ha un senso?*

Approfondimenti
- Fichte nella filosofia moderna
- Schelling nella filosofia moderna

Schemi interattivi

Esercizi interattivi

Mappe interattive

Video

Indice

ON LINE

Testi antologici
- Hegel
  - All'origine della dialettica
  (*Frammento di sistema*)
  - Il ruolo del negativo
  (*Scienza della logica*)
  - Un nuovo modo di fare filosofia
  (*Differenza fra il sistema filosofico di Fichte e quello di Schelling*)
  - Il primo momento della coscienza infelice
  (*Fenomenologia dello spirito*)
  - La nostalgia e il sepolcro
  (*Fenomenologia dello spirito*)
  - Lo spirito oggettivo
  (*Enciclopedia*)
  - Il diritto astratto
  (*Lineamenti di filosofia del diritto*)
  - La moralità
  (*Lineamenti di filosofia del diritto*)
  - La religione
  (*Lezioni sulla filosofia della religione*)

Scheda filmica
- *Fahrenheit 451*

Approfondimento
- Il dibattito sulle teorie politiche di Hegel

Questioni multimediali interattive
- La storia - *Memoria, caducità e storia*

Tavole rotonde
- La logica e la matematica - *La natura della contraddizione*
- L'essere - *Metafisica e fondamento*
- L'essere - *Essere, nulla, differenza*
- Il bene e il male - *Il bene e l'utile*
- Lo Stato e la politica - *Individuo e Stato*

Schemi interattivi

Esercizi interattivi

Mappe interattive

Video

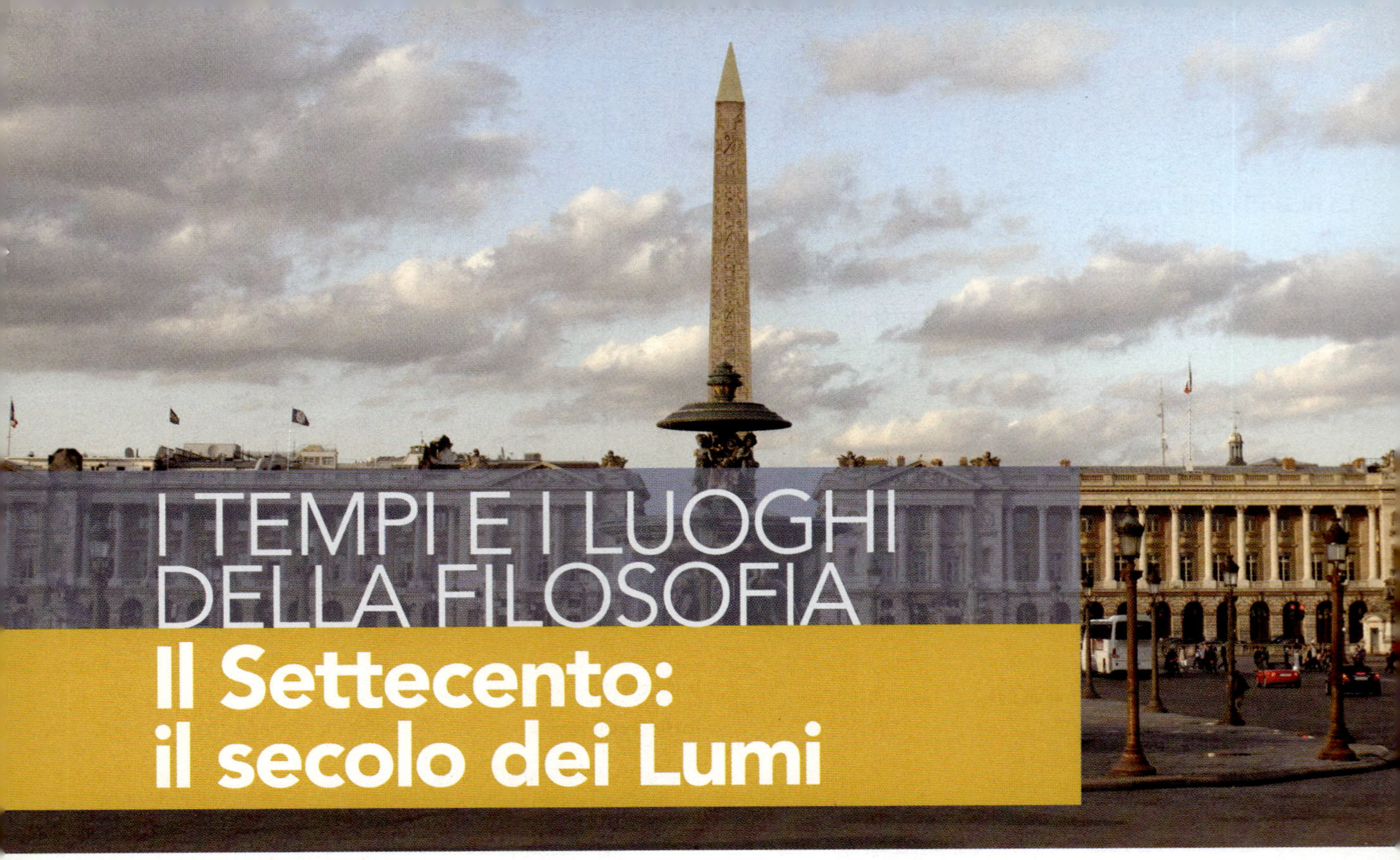

I TEMPI E I LUOGHI DELLA FILOSOFIA

Il Settecento: il secolo dei Lumi

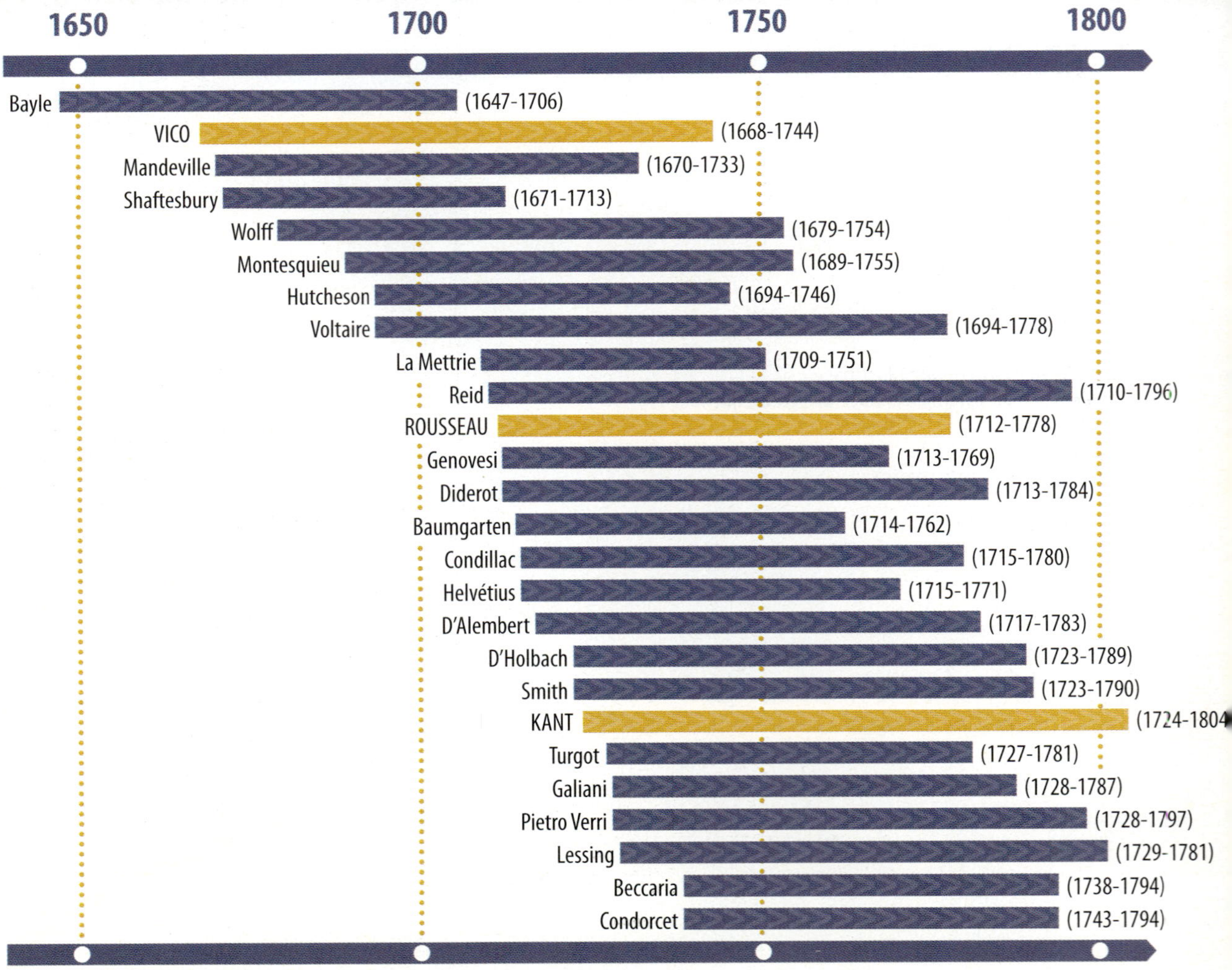
1650
1700
1750
1800
Bayle (1647-1706)
VICO (1668-1744)
Mandeville (1670-1733)
Shaftesbury (1671-1713)
Wolff (1679-1754)
Montesquieu (1689-1755)
Hutcheson (1694-1746)
Voltaire (1694-1778)
La Mettrie (1709-1751)
Reid (1710-1796)
ROUSSEAU (1712-1778)
Genovesi (1713-1769)
Diderot (1713-1784)
Baumgarten (1714-1762)
Condillac (1715-1780)
Helvétius (1715-1771)
D'Alembert (1717-1783)
D'Holbach (1723-1789)
Smith (1723-1790)
KANT (1724-1804)
Turgot (1727-1781)
Galiani (1728-1787)
Pietro Verri (1728-1797)
Lessing (1729-1781)
Beccaria (1738-1794)
Condorcet (1743-1794)

I periodo di tempo che va dalla Guerra di successione spagnola (1702-1714) alla Rivoluzione francese (1789) è dominato dai conflitti e dalla competizione coloniale tra le grandi potenze del continente europeo (specialmente Francia e Inghilterra) e dalla progressiva crisi della società dell'*ancien régime*.

La battaglia dei Lumi contro le "tenebre" del fanatismo, del dispotismo e delle disuguaglianze coinvolge l'intera Europa, ma in particolare la Francia, i cui *philosophes* (Montesquieu, Voltaire, Diderot, Rousseau ecc.) "illuminano" con le loro idee la politica di alcuni grandi sovrani, e la Gran Bretagna, dove lo spirito illuministico anima soprattutto le università scozzesi.

In Italia la cultura illuministica fiorisce soprattutto in Lombardia, in cui, grazie all'impulso riformista di Maria Teresa d'Austria e di Giuseppe II, operano Verri e Beccaria, e nel Regno di Napoli, dove Carlo di Borbone inaugura una stagione di rinnovamento politico e intellettuale che dalla filosofia di Vico ricava le ragioni di un appassionato impegno civile. Politicamente frantumata e uscita devastata dalla Guerra dei Trent'anni (1618-1648), la Germania esprime invece un Illuminismo per così dire "moderato", che solo con la ripresa economica e con l'emergere della Prussia di Federico II troverà una compiuta espressione nel criticismo di Kant e nell'idea della ragione quale tribunale del mondo e di se stessa.

VICO, L'ILLUMINISMO E ROUSSEAU

Il primo capitolo di questa unità è dedicato a **Vico**, le cui opere introducono temi che saranno centrali nella filosofia del Settecento e dell'Ottocento, a cominciare dal motivo della **storia** e del **progresso**.

L'esaltazione della **ragione** e della **libertà**, il **rifiuto del dogmatismo e dell'autoritarismo**, la **critica del presente** e la **denuncia delle istituzioni oppressive del passato** caratterizzano l'illuminismo, il movimento di idee che fu grande protagonista del Settecento.

Il personaggio forse più rappresentativo dello spirito libero, disincantato e tollerante dell'Illuminismo francese è **Voltaire**, apprezzato in tutte le corti d'Europa per la sua teoria sul **dispotismo illuminato**. Il suo pensiero politico si contrappone a quello di **Montesquieu**, il quale delinea un governo di tipo moderato, la cui maggiore novità consiste nella **divisione dei poteri**.

Sul tema dei diritti civili è significativo il contributo dell'illuminista italiano **Beccaria**, che affronta argomenti quali la **condanna della pena di morte** e la riflessione sulla **certezza della pena** come deterrente alla proliferazione dei delitti.

Il maggior esponente dell'Illuminismo francese è **Rousseau**, dalle cui opere traspare uno **spirito contrastato e inquieto**, sensibile ai temi dell'**educazione**, della **famiglia** e della **convivenza sociale nello Stato**.

CAPITOLO 1
Vico

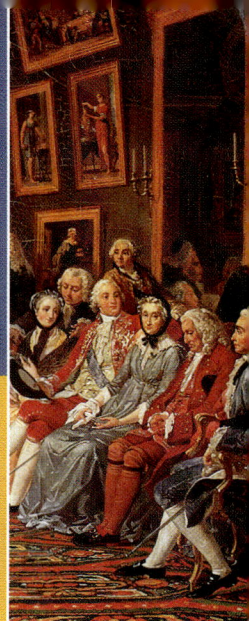

1. Un filosofo della storia

Con Vico la filosofia moderna affronta per la prima volta in maniera sistematica e originale il **problema del mondo storico** nelle sue strutture e nei suoi significati.

Giambattista Vico nacque a Napoli il 23 giugno 1668. Studiò filosofia scolastica e diritto. Per alcuni anni (1689-1695) fu precettore dei figli del marchese Rocca nel castello di Vatolla, nel Cilento, dove, utilizzando la ricca biblioteca del marchese, formò la maggior parte della sua cultura. Ritornato a Napoli, nel 1699 ottenne la cattedra di retorica nella sede universitaria di quella città. Inutilmente aspirò in seguito (1723) a ottenere una cattedra di giurisprudenza, che avrebbe molto migliorato le sue condizioni e sarebbe stata più consona alla natura dei suoi studi. Visse così un'esistenza povera e oscura, tra le ristrettezze finanziarie e l'ambiente familiare poco adatto al raccoglimento e allo studio. Ottenne, in vita, scarsi e avari riconoscimenti: l'originalità e la complessità del suo pensiero rispetto alla cultura italiana del tempo e l'erudizione di cui abbondava la sua opera fecero sì che solo in tempi relativamente recenti gli fosse riconosciuto il posto che gli spettava nella storia del pensiero. Morì a Napoli il 23 gennaio 1744.

All'insegnamento di Vico si ricollegano le cinque *Orazioni inaugurali*, la più importante delle quali è quella intitolata *Sul metodo degli studi del nostro tempo*, del 1708.

Nel 1710 il filosofo si accinse a dare espressione sistematica al proprio pensiero in un saggio dal titolo **De antiquissima Italorum sapientia ex linguae latinae originibus eruenda** (Dell'antichissima sapienza italica da trarsi dalle origini della lingua latina). L'opera doveva articolarsi in tre libri, rispettivamente dedicati alla metafisica, alla fisica e alla morale, ma risultò effettivamente composta solo del primo, perché gli altri non furono mai scritti. In essa Vico cerca di risalire, attraverso la storia di alcune parole latine, alle dottrine dei primi popoli italici (gli Ioni e gli Etruschi), dai quali quelle parole sarebbero passate nella lingua latina. Egli presenta perciò la sua metafisica come la metafisica propria di quelle antichissime popolazioni italiche. A una recensione polemica al saggio, comparsa sul "Giornale dei letterati", Vico rispose con un opuscolo intitolato *Risposta al giornale dei letterati* (1711); e alla risposta del giornale replicò con una *Seconda risposta* (1712).

Un'esistenza poco fortunata

Il De antiquissima Italorum sapientia

La «scienza nuova» — Nel 1725 pubblicò la sua opera fondamentale, ***Principi di una scienza nuova d'intorno alla comune natura delle nazioni***, a cui continuò poi incessantemente a lavorare per il resto della vita, apportandovi correzioni e aggiunte: nel 1730 la riscrisse daccapo e da questa seconda edizione non differisce sostanzialmente la terza, che vide la luce nel 1744, alcuni mesi dopo la morte del filosofo.

2. Il concetto vichiano del sapere e la polemica contro Cartesio

Alla base del pensiero di Vico sta un concetto del sapere che, nello stesso momento in cui lo distanzia irrimediabilmente da Cartesio, gli apre le porte del "mondo civile", cioè della realtà storica.

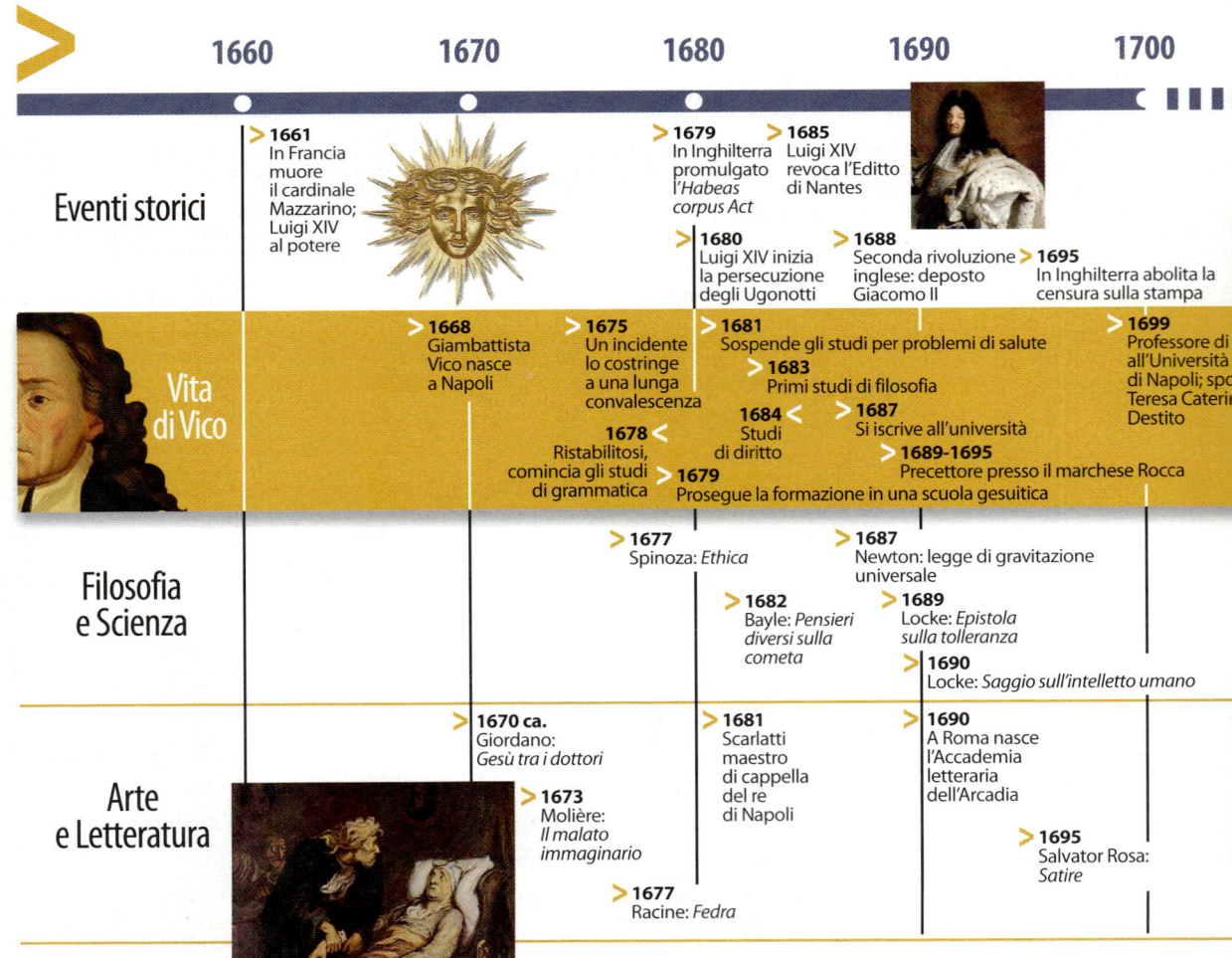

	1660	1670	1680	1690	1700

Eventi storici

> **1661** In Francia muore il cardinale Mazzarino; Luigi XIV al potere

> **1679** In Inghilterra promulgato l'*Habeas corpus Act*

> **1680** Luigi XIV inizia la persecuzione degli Ugonotti

> **1685** Luigi XIV revoca l'Editto di Nantes

> **1688** Seconda rivoluzione inglese: deposto Giacomo II

> **1695** In Inghilterra abolita la censura sulla stampa

Vita di Vico

> **1668** Giambattista Vico nasce a Napoli

> **1675** Un incidente lo costringe a una lunga convalescenza

> **1678** Ristabilitosi, comincia gli studi di grammatica

> **1681** Sospende gli studi per problemi di salute

> **1683** Primi studi di filosofia

> **1684** Studi di diritto

> **1679** Prosegue la formazione in una scuola gesuitica

> **1687** Si iscrive all'università

> **1689-1695** Precettore presso il marchese Rocca

> **1699** Professore di all'Università di Napoli; sp Teresa Cateri Destito

Filosofia e Scienza

> **1677** Spinoza: *Ethica*

> **1682** Bayle: *Pensieri diversi sulla cometa*

> **1687** Newton: legge di gravitazione universale

> **1689** Locke: *Epistola sulla tolleranza*

> **1690** Locke: *Saggio sull'intelletto umano*

Arte e Letteratura

> **1670 ca.** Giordano: *Gesù tra i dottori*

> **1673** Molière: *Il malato immaginario*

> **1677** Racine: *Fedra*

> **1681** Scarlatti maestro di cappella del re di Napoli

> **1690** A Roma nasce l'Accademia letteraria dell'Arcadia

> **1695** Salvator Rosa: *Satire*

La gnoseologia del *De antiquissima* si impernia interamente sull'antitesi tra conoscenza divina e conoscenza umana:

■ a **Dio** appartiene l'**intendere** (*intelligere*), che è la conoscenza perfetta risultante dal possesso di tutti gli elementi che costituiscono l'oggetto;

■ all'**uomo** appartiene il **pensare** (*cogitare*), definibile come «l'andar raccogliendo» fuori di sé alcuni degli elementi costitutivi dell'oggetto.

La **ragione**, che è l'organo dell'intendere, appartiene in modo autentico solo a Dio, mentre l'uomo ne è meramente partecipe.

> Conoscenza divina
> e conoscenza umana

Si può conoscere con verità solo ciò che si fa: perciò le parole *verum* e *factum* avevano in latino lo stesso significato (v. *Verum ipsum factum* e *Verum et factum convertuntur*). Tuttavia, mentre il **fare di Dio** è **creazione di un oggetto reale**, il **fare umano** è **creazione di un oggetto fittizio**, ottenuta raccogliendo al di fuori di sé, per via di astrazione, gli elementi del conoscere. ➔ **T1** p. 20

La conoscenza dell'uomo nasce così da un **difetto della mente umana**, la quale non contiene in sé gli elementi di cui le cose sono costituite e non li contiene perché le cose sono fuori

> Fare divino
> e fare umano

1700   1710   1720   1730   1740   1750

1701
Guerra di successione spagnola

1707
Le forze imperiali occupano la Lombardia e il Regno di Napoli

1713
Pace di Utrecht: fine della Guerra di successione spagnola

1714
Pace di Rastadt tra Impero e Francia

1720
Pace dell'Aia: la Spagna rinuncia alle pretese sull'Italia

1733
Guerra di successione polacca: Francia e Spagna contro Impero e Russia

1738
Pace di Vienna: fine della Guerra di successione polacca

1740
Guerra di successione austriaca

1748
Pace di Aquisgrana: fine della Guerra di successione austriaca

1708
Sul metodo degli studi del nostro tempo

1710
De antiquissima Italorum sapientia

1720
De uno universi iuris principio et fine uno

1725
Prinicipi di una scienza nuova d'intorno alla comune natura delle nazioni; Autobiografia

1728
Vita di Giambattista Vico scritta da se medesimo

1730
Scienza nuova (seconda edizione)

1744
A Napoli, Vico muore; pochi mesi dopo, esce la terza edizione della *Scienza nuova*

1742
Lascia l'insegnamento universitario

1704
Leibniz: *Nuovi saggi sull'intelletto umano*

1705
Mandeville: *La favola delle api*

1706
Morgagni fonda l'anatomia patologica

1714
Fahrenheit inventa il termometro a mercurio; Leibniz: *Monadologia*

1733
Kay inventa la spoletta volante

1735
Linneo: *Systema naturae*

1739-1740
Hume: *Trattato sulla natura umana*

1748
Montesquieu: *Lo spirito delle leggi*

1750
Rousseau: *Discorso sulle scienze e le arti*

1710
A Venezia fondato il "Giornale de' letterati d'Italia"

1721
Bach: *Concerti brandeburghesi*

1726
Swift: *I viaggi di Gulliver*

1719
Defoe: *Robinson Crusoe*

1740 ca.
Canaletto: *Il bacino di San Marco verso est*

di essa. Questo difetto viene tuttavia convertito in vantaggio, poiché l'uomo si procura mediante l'astrazione gli elementi delle cose che originariamente non possiede e dei quali poi si serve per "ricostruire" le cose stesse in immagine.

I limiti della conoscenza umana

Il principio secondo cui il vero e il fatto si identificano e secondo cui tanto si può conoscere quanto si fa, restringe, secondo Vico, la conoscenza umana in limiti assai angusti. **L'uomo non può conoscere il mondo della natura**, il quale, essendo creato da Dio, può essere oggetto soltanto della conoscenza divina; può conoscere con verità, invece, il mondo della matematica, che è un mondo di astrazioni che egli stesso ha creato.

L'uomo non può conoscere neppure il proprio essere, la propria realtà metafisica. Nell'averlo ritenuto possibile sta il torto di Cartesio. Il *cogito* è la coscienza del proprio essere, non la scienza di esso. La coscienza può essere propria anche dell'ignorante, mentre la **scienza** è la **conoscenza vera fondata sulle cause**. L'uomo non conosce la causa del proprio essere perché non è egli stesso questa causa: egli non si crea da sé. Perciò Vico osserva che Cartesio avrebbe dovuto dire non già «io penso, dunque *sono*», bensì «io penso, dunque *esisto*». L'esistenza è il modo d'essere proprio della creatura: significa "esserci" o "essere sorto" o "star sopra" e presuppone la sostanza, vale a dire ciò che la sostiene e ne racchiude l'essenza. Tra la conoscenza dell'uomo e la conoscenza di Dio c'è dunque lo stesso scarto che c'è tra l'esistenza e la sostanza che la regge.

Costituiscono parte integrante di questo discorso intorno ai limiti della ragione sia la **polemica contro la boria dei dotti**, sia la **valorizzazione del senso comune**, inteso come l'insieme delle certezze che precedono ogni riflessione critica:

> Il senso comune è un giudizio senza alcuna riflessione, comunemente sentito da tutto un ordine, da tutto un popolo, da tutta una nazione o da tutto il genere umano.
>
> (*Scienza nuova*, II, XII)

3. La nuova scienza

Ricondotta entro i suoi limiti dal principio dell'identità del vero e del fatto, la conoscenza umana si rivela impotente di fronte al mondo della natura, che è opera divina, e di fronte all'uomo stesso quale parte di questo mondo; tuttavia le è aperto il mondo delle creazioni umane. Tant'è che nella *Scienza nuova* Vico riconosce come **oggetto proprio della conoscenza umana**, in quanto **opera degli uomini**, il **mondo della storia**. Nel mondo della storia l'uomo non è sostanza fisica e metafisica, ma prodotto e creazione della sua propria azione; sicché questo mondo è il mondo umano per eccellenza, quello che certamente è stato fatto dagli uomini e di cui si possono quindi conoscere i principi.

La ricerca dell'ordine e delle leggi della storia

Considerata sotto questa luce, la storia non è un succedersi slegato di avvenimenti: deve avere in sé un **ordine** fondamentale, **al quale lo svolgersi degli avvenimenti tende o accenna come al suo significato finale**. Il tentativo che l'uomo ha sempre vanamente compiuto nei riguardi del mondo della natura, quello di rintracciarne l'ordine e le leggi, può essere effettuato con successo solo nel mondo della storia, giacché soltanto questo è veramente opera umana. Vico vuol essere dunque il "Bacone" del mondo della storia e compiere in questo ambito l'opera che Bacone aveva intrapreso in ambito naturale. La **scienza nuova** di Vico è "nuova" proprio nel senso che instaura un'indagine del mondo storico diretta a individuarne l'ordine e le leggi.

Stabilendo gli assiomi di fondo di tale scienza – definiti anche **degnità**, in quanto verità "degne" (dal greco *áxios*, "degno", "che vale") di essere accettate da tutti perché autoevidenti – Vico afferma che essa deve fondarsi sia sulla **filologia**, sia sulla **filosofia**. La prima, intesa come studio non solo della lingua, ma anche di ogni altra manifestazione tramandata della civiltà umana, è chiamata da Vico «coscienza del certo». La seconda, intesa come studio delle cause e delle leggi che spiegano i fatti, è detta «coscienza del vero». Prospettate in questo modo, **filologia e filosofia** devono procedere insieme e completarsi a vicenda, in modo tale che si possa giungere a **inverare il certo** e **accertare il vero**. → **T2** p. 22

Filologia e filosofia

Questa intelaiatura concettuale spiega perché Vico, nell'*Autobiografia*, abbia indicato in Platone, Tacito, Bacone e Grozio i quattro grandi autori da cui egli avrebbe tratto l'ispirazione del proprio pensiero. **Platone** e **Tacito**, in primo luogo, perché «con una mente metafisica incomparabile Tacito contempla l'uomo qual è, Platone quale dee essere», sicché entrambi gli avrebbero dato la prima idea di «una storia ideale eterna sulla quale corresse la storia universale di tutti i tempi». **Bacone** gli avrebbe dato invece l'idea della complessità dell'universo culturale, suscitando in lui l'esigenza di scoprirne le leggi. **Grozio**, infine, attraverso gli strumenti della filologia (nel senso sopra illustrato) l'avrebbe indirizzato a capire quel mondo degli uomini che era rimasto estraneo a Bacone.

I "quattro autori" di Vico

Questi quattro autori offrono i punti di riferimento simmetrici del quadro della filosofia vichiana nella sua forma matura, ma tacciono circa le fonti che ne ispirarono i tratti caratteristici o contribuirono a formarli. Ora, è appunto per questi tratti che l'opera di Vico si connette alla cultura filosofica del Seicento. Ad esempio, l'identità del vero e del fatto come criterio della conoscenza autentica è nozione desunta da **Hobbes**, che a sua volta l'aveva probabilmente desunta da Gassendi. La metafisica del *De antiquissima*, che Vico riferisce a Zenone di Elea, si ispira a certe forme del **neoplatonismo** del Seicento; e la nozione, che ricorre nella stessa opera, di Dio come motore della mente umana è dichiaratamente ripresa da **Malebranche**.

I legami di Vico con la filosofia del Seicento

VERSO LE COMPETENZE
▶ Utilizzare il lessico e le categorie specifiche della filosofia

GLOSSARIO e RIEPILOGO

Il vero e il fatto

Verum ipsum factum e Verum et factum convertuntur p. 7 > «Il vero è il fatto stesso» e «Il vero e il fatto si convertono l'uno con l'altro» sono le formule (cfr. *De antiquissima*, cap. I, parr. 1 e 2; cap. III) di cui si serve Vico per esprimere il principio che l'uomo può conoscere solo ciò che egli stesso ha fatto, in quanto la conoscenza di una cosa coincide con la conoscenza delle sue cause generatrici.
N.B. Questo concetto era già presente nel *De homine* (1658) di Hobbes, il quale aveva ridotto il dominio della conoscenza umana da un lato alle matematiche (che trattano di oggetti interamente prodotti dall'uomo), dall'altro alla politica e all'etica (che trattano anch'esse di realtà create dall'uomo). Analogamente, Vico dapprima (nel *De antiquissima*) restringe il dominio della conoscenza umana alle matematiche, e in seguito (nella *Scienza nuova*) lo estende al mondo della storia, concepito come oggetto di una nuova scienza.

Scienza nuova p. 8 > In virtù del principio dell'identità del vero e del fatto, risulta precluso alla conoscenza umana l'intero mondo della natura, che è opera divina.

Accessibile è invece il mondo delle creazioni umane, tant'è che Vico, teorizzando il concetto di una "scienza nuova", riconosce come oggetto proprio della conoscenza umana, in quanto opera dell'uomo, il mondo della storia, ovvero, come egli lo denomina spesso, *il mondo delle nazioni* o *il mondo civile*: «a chiunque vi rifletta, dee recar maraviglia come tutti i filosofi seriosamente si studiarono di conseguire la scienza di questo mondo naturale, del quale, perché Iddio egli fece, esso solo ne ha scienza e trascurarono di meditare su questo mondo delle nazioni, o sia mondo civile, del quale, perché l'avevano fatto gli uomini, ne potevano conseguire la scienza gli uomini» (*Scienza nuova*, I, III, a cura di N. Abbagnano, UTET, Torino 1976, p. 354).

Degnità p. 9 > Le "degnità" sono gli *assiomi* di fondo della scienza nuova proposta da Vico, cioè quelle verità "degne" (dal gr. *áxios*, "degno", "che vale") di essere accettate da tutti in forza della loro autoevidenza.

Filologia e filosofia p. 9 > Vico afferma che la scienza nuova deve fondarsi sia sulla filologia, sia sulla filosofia: «La filosofia contempla la ragione, onde viene la scienza del vero; la filologia osserva l'autorità dell'umano arbitrio, onde viene la coscienza del certo. Questa degnità per la seconda parte diffinisce i filologi essere tutti grammatici, istorici, critici, che son occupati d'intorno alla cognizione delle lingue e de' fatti de' popoli, così in casa, come sono i costumi e le leggi, come fuori, quali sono le guerre, le paci, l'alleanze, i viaggi, i commerzi. Questa medesima degnità dimostra aver mancato per metà così i filosofi che non accertarono le loro ragioni con l'autorità de' filologi, come i filologi che non curarono d'avverare le loro autorità con la ragion de' filosofi» (*Scienza nuova*, I, II, Degnità n. 10, cit., p. 319).

4. La storia ideale eterna

Il punto di partenza e il punto di arrivo della storia

Il punto di partenza della storia, e dunque della meditazione storica di Vico, è la **situazione originaria dell'uomo**: «L'uomo caduto nella disperazione di tutti i soccorsi della natura desiderava una cosa superiore che lo salvasse». Vico individua così il proprio punto di partenza nel pensiero religioso. Di superiore alla natura e all'uomo non c'è che Dio. Perciò l'uomo cerca di uscire dal proprio stato di caduta muovendo verso un **ordine divino**: egli effettua un "conato", uno sforzo, per sollevarsi dal disordine degli impulsi primitivi.

Ad aiutare l'uomo in questo sforzo deve essere la **filosofia**, che gli può mostrare come egli deve essere additandogli come meta la «**repubblica di Platone**» e impedendogli di rovesciarsi nella «feccia di Romolo», cioè nello stato bestiale.

La scienza nuova come studio dell'ordine provvidenziale della storia

In considerazione del termine finale dell'esistenza storica dell'uomo, la scienza della storia appare a Vico come una **teologia civile ragionata della provvidenza divina**, cioè come la dimostrazione di un ordine provvidenziale che si va attuando nella società umana via via che l'uomo si solleva dalla sua caduta e dalla sua miseria primitiva.

La storia si muove nel tempo, ma tende a un **ordine** che è **universale ed eterno**. Gli uomini sono spinti dai loro impulsi primordiali a ricercare la propria utilità particolare; ma anche senza il loro esplicito proponimento o magari contro di esso, la «**gran città del genere umano**» si va chiarendo come meta finale della loro storia. La "gran città del genere umano" è la comunità umana nel suo ordine ideale, è ciò che la vita associata dell'uomo deve essere nella sua realizzazione finale.

TESTO ANTOLOGICO
Vico ON LINE
L'ordine provvidenziale della storia
(*Scienza nuova seconda*)

La storia ideale eterna

Questo ordine provvidenziale che rende significante e intelligibile la storia effettiva è ciò che Vico chiama **storia ideale eterna**, precisando che «sopra» di essa «corron in tempo le storie di tutte le nazioni ne' loro sorgimenti, progressi, stati, decadenze e fini» (*Scienza nuova*, I, IV).

In altri termini, la storia ideale eterna è la **struttura che sorregge il corso temporale delle nazioni** e che perciò trasforma la semplice successione cronologica dei momenti storici in un ordine ideale progressivo. Come tale, essa rappresenta il **modello o** il **paradigma** (l'idea in senso platonico) **della storia reale** e quindi il **criterio o** il **canone per giudicarla**. Detto con altre parole ancora, la storia ideale eterna si configura come il **"dover essere" della storia nel tempo**.

Il dover essere di questa struttura sopra la quale "corre" il corso temporale degli eventi non corrisponde, tuttavia, a una necessità di fatto: **la storia nel tempo non si identifica mai con la storia eterna**. Questa è soltanto "ideale" e la sua necessità è solo normativa. In conclusione, la storia ideale eterna è un dover essere che non annulla né la problematicità della storia reale, né la libertà dell'uomo (v. "La problematicità della storia", p. 14 e "Uomo e provvidenza: la questione di fondo del vichianesimo", p. 17). → **T3** p. 25

L'ordine dell'universo

in Spinoza

è **geometrico**,
cioè razionale e necessario

si identifica con Dio = Sostanza = Natura
ed esclude la contingenza:
tutto accade necessariamente

in Vico

è **provvidenziale**,
cioè ideale e progressivo

si identifica con la **storia ideale eterna**
che "sorregge" le vicende della storia
pur senza necessitarle

CONCETTI A CONFRONTO

SCHEMA INTERATTIVO

5. Le tre età della storia

Vico ritiene che la storia ideale sia costituita dalla successione di tre età: quella degli **dei**, quella degli **eroi** e quella degli **uomini**: uno schema che egli ritiene inventato dagli Egiziani, secondo una testimonianza di Erodoto, ma che in realtà scrittori greci e latini desunsero dal *Crizia* di Platone. Vico, tuttavia, non si limita a "mettere vino nuovo in vecchie botti", poiché, mentre per gli antichi la **successione delle età** aveva un significato negativo o di regresso, in lui assume un **significato progressivo**.

La successione delle età negli antichi e in Vico

Vico, inoltre, dà al proprio schema un fondamento antropologico. Infatti, se la causa della storia è l'uomo, cioè la mente umana, le leggi che regolano lo **sviluppo della storia** saranno le stesse che regolano il **funzionamento della mente umana**. E poiché le facoltà o i gradi ascendenti della mente, che Vico denomina «guise», sono **senso**, **fantasia** e **ragione** («gli uomini prima sentono senz'avvertire, dappoi avvertono con animo perturbato e commosso, finalmente riflettono con mente pura»), a essi corrisponderanno le sopra citate età della storia (v. **Le «guise» della mente e le tre età della storia**). Tuttavia tale corrispondenza, contrariamente a quanto suggerito da certe schematizzazioni manualistiche, non deve essere intesa in modo troppo rigido, in quanto la prima età risulta caratterizzata sia dal senso, sia dalla fantasia. Infatti, com'è stato opportunamente osservato, «Vico non si sofferma a lungo sul primo dei tre gradi; ma, per l'affinità ch'egli nota tra il primo e il secondo, e per la comune opposizione col terzo, è portato spesso a contrarre la triade in una diade: fantasia sensibile e ragione» (Guido De Ruggiero).

Senso, fantasia e ragione

L'età degli dei

■ Nell'**età degli dei**, gli uomini – che all'inizio erano «stupidi, insensati ed orribili bestioni», senza alcun potere di riflessione – sentirono nelle forze naturali che li minacciavano divinità terribili e punitrici (donde il nome di "età degli dei"), per timore delle quali cominciarono a frenare gli impulsi bestiali, creando le famiglie e i primi ordini civili (i foscoliani «nozze, tribunali ed are»). Si costituirono così **governi teocratici** e «repubbliche monastiche» (ovvero di «sovrani solitari»), dominati dalla potestà paterna e fondati sul timore di Dio.

L'età degli eroi

■ Nell'**età degli eroi** incominciò la vita delle città e le repubbliche si fondarono sulla **classe aristocratica**, che faceva derivare da Dio la propria nobiltà e coltivava le virtù eroiche della pietà, della prudenza, della temperanza, della fortezza e della magnanimità.

L'età degli uomini

■ Nell'**età degli uomini**, infine, le plebi rivendicarono la loro uguaglianza di natura con i nobili e vollero entrare a far parte degli ordini civili; nacquero così le **repubbliche popolari**, nelle quali, per evitare il disordine, la provvidenza dispose che il censo fosse «la regola degli onori», cioè che fossero preferibilmente chiamati al governo i cittadini industriosi, insieme con i ricchi «con qualche virtù o con alcuna immagine di virtù». In queste repubbliche nacque la **filosofia** come metafisica, non più sentita o fantasticata, ma ragionata, cioè prodotta dalla riflessione consapevole; il suo compito (quale si riscontra in Platone) fu quello di trovare la conciliazione degli interessi privati e il criterio di una giustizia comune. E sulla filosofia si fondò l'eloquenza destinata a suscitare e a mantenere nel popolo la passione per la giustizia.

QUESTIONE MULTIMEDIALE
La storia ON LINE
Memoria, caducità
e storia

Il diritto naturale

Sulla base di questa tripartizione, Vico distingue tre specie di nature umane, di costumi, di leggi, di Stati, di autorità, di giudizi. → **T4** p. 26
In particolare, egli identifica «**tre spezie**» di **diritto naturale**, il quale consiste nell'insieme di norme, dettate spontaneamente dal senso comune, che tengono a freno gli appetiti naturali e rendono in questo modo possibile la vita in comune. Alla prima età (degli dei) corrisponde il **diritto divino o religioso**, in cui sono gli dei a dare ordini; alla seconda età (degli eroi) corrisponde il **diritto delle "forze"**, in cui il diritto degli dei si distingue in parte da essi; alla terza età (degli uomini) corrisponde il **diritto umano**, interamente fondato sulla ragione.

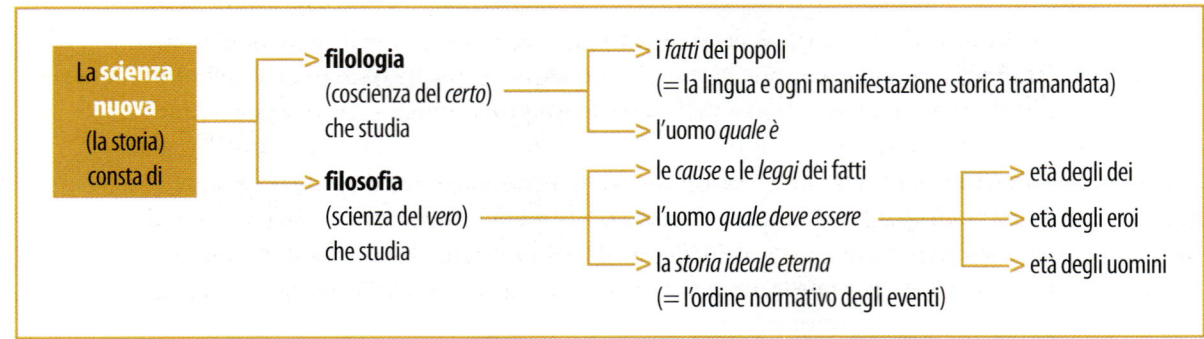

6. La sapienza poetica

Nella *Scienza nuova* Vico ha dato grande spazio allo studio della sapienza poetica, che è il prodotto della sensibilità e della fantasia degli uomini primitivi. Egli ha affermato l'indipendenza della sapienza poetica dalla riflessione, cioè dalla ragione o dall'intelletto. Fondata com'è sulla fantasia, la sapienza poetica è essenzialmente **poesia**: poesia **divina**, perché il trascendente, visto attraverso la fantasia, prende corpo in tutte le cose e dappertutto fa vedere divinità. Poesia che è creazione, e **creazione sublime**, perché è perturbatrice all'eccesso, quindi fonte di emozioni violente; ma creazione **di immagini corpulente**, non, come quella divina, di cose reali.

Sapienza poetica e fantasia

Elemento primo e basilare di tale creazione è il linguaggio, che non ha nulla di arbitrario perché è **nato naturalmente dall'esigenza degli uomini di intendersi tra loro**: esigenza che prima si soddisfece con «atti muti», cioè con i gesti, poi con oggetti simbolici, poi con suoni, poi con parole articolate.

Il linguaggio

La poesia esprime dunque la natura del primitivo mondo umano. Essa non è «sapienza riposta», cioè l'espressione, tramite immagini corpulente, di una verità già conosciuta razionalmente, ma un modo autonomo, prelogico o alogico, di intendere e di comunicare la verità. Con ciò Vico ha riconosciuto il **valore autonomo della poesia** e la sua indipendenza – almeno per quanto concerne la forma – da ogni attività intellettuale o raziocinante. Tesi, questa, che doveva rivelarsi straordinariamente feconda nello sviluppo dell'estetica moderna.

L'autonomia della poesia

Nella più grande poesia di tutti i tempi, quella di Omero, Vico ha visto l'opera anonima e collettiva del popolo greco nell'età eroica, quando tutti gli uomini erano poeti per la robustezza della loro fantasia ed esprimevano nei **miti** e nei racconti favolosi le verità che erano incapaci di chiarire con la riflessione filosofica. Tali sono i cosiddetti **universali fantastici**, cioè quelle **immagini poetiche** (fantastiche) **rappresentative di caratteri tipici** (universali) **del mondo o della vita** (ad esempio, Achille è l'universale fantastico del coraggio, Ulisse dell'astuzia ecc.).

Omero, i miti e gli «universali fantastici»

La poesia, però, si spegne e decade, secondo Vico, via via che la riflessione prevale negli uomini: giacché la fantasia, che le dà origine, è tanto più robusta quanto più debole è il raziocinio, e gli uomini si allontanano da ciò che è sensibile e corpulento man mano che diventano capaci di formulare concetti universali. Questo accade nello sviluppo dell'uomo singolo come nella storia dell'umanità. Dante, che ha creato la più grande poesia della nazione italiana, appartiene anch'egli a un'epoca di barbarie e precisamente di «barbarie ritornata», quale è stato il Medioevo.

Poesia e riflessione

Ma la sapienza poetica per Vico non è che un modo di rendersi conto, sia pure oscuramente e fantasticamente, di quell'ordine provvidenziale, di quella storia ideale eterna, che è il contenuto di ogni umana attività. La riflessione filosofica trasforma il modo di rendersi conto di quell'ordine: lo fa risplendere come verità razionale e con ciò lo rende oggetto di filosofia.

7. La problematicità della storia

Il «primo principio incontrastato» della nuova scienza vichiana è che soltanto gli uomini hanno creato il «mondo delle nazioni». Dall'altro lato, questo mondo non si può intendere se non in rapporto all'ordine provvidenziale, alla storia ideale eterna.

Il rifiuto del caso e del fato

Vico chiama «monastici», o «solitari», i filosofi che ritengono impossibile la comprensione del mondo della storia. Tali sono Epicuro, Hobbes e Machiavelli, secondo i quali le azioni umane si verificano a caso; e tali sono gli stoici e Spinoza, che ammettono il fato. Infatti sia il **caso**, sia il **fato** rendono **inconcepibili la libertà dell'uomo e l'ordine provvidenziale della storia**: il caso esclude l'ordine, il fato la libertà. L'ordine provvidenziale garantisce, secondo Vico, l'una e l'altra cosa.

L'eterogenesi dei fini

Il mondo delle nazioni, egli dice, «è uscito da una mente spesso diversa e alle volte tutta contraria e sempre superiore ad essi fini particolari che essi uomini si avevano proposti; dei quali fini ristretti, fatti mezzi per servire a fini più ampi, gli ha sempre adoperati per conservare l'umana generazione in questa terra». Così dall'impulso della libidine sono nati i matrimoni e le famiglie; dall'ambizione smodata dei capi sono nate le città; dall'abuso della libertà dei nobili sopra i plebei sono nate le leggi e la libertà popolare. La provvidenza rivolge ai fini della conservazione e della giustizia della società umana le azioni e gli impulsi apparentemente più rovinosi. Questa situazione per cui i **fini particolari** perseguiti consapevolmente dagli uomini si rivelano **mezzi di fini universali**, ovvero la circostanza per cui nella storia si vanno attuando dei fini "superiori" rispetto a quelli perseguiti dai singoli individui, nell'Ottocento verrà definita **eterogenesi dei fini**.

Storia e libertà

La presenza di tale **ordine provvidenziale** non implica tuttavia, secondo Vico, la messa in forse della libertà umana. La storia ideale eterna, infatti, pur servendo a illuminare e a dirigere la coscienza umana, non la determina necessariamente (v. par. seg.). Tant'è vero che **le storie temporali delle singole nazioni possono** anche **non seguire il corso normale della storia ideale eterna**.

Vico ammette ad esempio l'esistenza di nazioni che si fermarono all'età barbara e di altre che si fermarono all'età eroica, senza aver raggiunto il loro sviluppo completo. Anche nel mondo del suo tempo, che egli ritiene abbia raggiunto la compiutezza, il filosofo riconosce nazioni barbare o scarsamente civili, nelle quali, cioè, l'umanità si è fermata agli stadi primitivi. In compenso, la storia di altri popoli è giunta di colpo all'età ultima, come è accaduto all'America, grazie alla "scoperta" che ne ha fatto l'Europa. Soltanto i Romani «camminarono con giusti passi, facendosi regolare dalla provvidenza», ed ebbero tutte e tre le forme di stati secondo il loro ordine naturale.

Corsi e ricorsi storici

Ma per lo più nelle vicende storiche si individua il **ciclo dei corsi e dei ricorsi**, ossia il **periodico ritorno della storia sui suoi passi**: ritorno che, pur non essendo fatale, incombe sulle nazioni civili. Infatti quando le filosofie decadono nello scetticismo e perciò gli Stati popolari fondati su di esse si corrompono, le guerre civili sommuovono le repubbliche, provocando un totale disordine. Per questo disordine si prospettano tre grandi rimedi provvidenziali. Il primo è lo stabilirsi di un monarca, e quindi la trasformazione della repubblica in monarchia assoluta. Il secondo è l'assoggettamento da parte di nazioni migliori. Il terzo, che interviene quando i primi due vengano meno o siano impossibili, è il rinselvatichirsi degli uomini, il loro ritorno alla durezza della vita primitiva che li disperde e falcidia finché l'esiguo numero dei superstiti e l'abbondanza delle cose necessarie alla vita rendano possibile la rinascita di un ordine civile, di nuovo fondato sulla religione e sulla giustizia. La storia ricomincia allora il suo ciclo.

ON LINE — ESERCIZI INTERATTIVI

VERSO LE COMPETENZE

▶ Utilizzare il lessico e le categorie specifiche della filosofia

GLOSSARIO e RIEPILOGO

La storia ideale eterna

Teologia civile ragionata della provvidenza divina p. 10 > Con l'espressione «teologia civile ragionata della provvidenza divina» (*Scienza nuova*, I, IV, cit., p. 361) Vico intende la dimostrazione di un ordine provvidenziale che si va attuando nella società umana a misura che l'uomo si solleva dalla sua caduta e dalla sua miseria primitiva.

N.B. Di conseguenza, la scienza nuova di Vico «non è una "teologia della storia", nel senso in cui lo era stata in precedenza la concezione della storia elaborata da S. Agostino nella *Città di Dio*, perché non si basa sulla rivelazione, ma è appunto, come si dirà in seguito, una "filosofia della storia", perché si basa sulla ragione. Essa condivide invece con la teologia di Agostino l'intento di *dare un senso alla storia*, e quindi la scelta della storia, in luogo della natura, come oggetto principale della riflessione umana» (Enrico Berti).

Storia ideale eterna p. 10 > Con l'espressione «storia ideale eterna» Vico intende l'ordine provvidenziale che rende significante e intelligibile la storia effettiva: «questa Scienza viene nello stesso tempo a descrivere una *storia ideal eterna*, sopra la quale corron in tempo le storie di tutte le nazioni ne'loro sorgimenti, progressi, stati, decadenze e fini» (*Scienza nuova*, I, IV, cit., p. 364).

La storia ideale eterna si configura quindi come la *struttura* che sorregge il corso temporale delle nazioni, trasformando la successione cronologica degli avvenimenti in un ordine ideale progressivo. Come tale, essa costituisce il *modello* o il paradigma (l'*idea* in senso platonico) della storia reale, e quindi il *criterio* o il canone per giudicarla, o, in altre parole, il "dover essere" della storia nel tempo. Questo dover essere ha valore soltanto normativo e non si identifica con una necessità di fatto, dal momento che la storia reale non coincide mai con la storia ideale eterna.

Le «guise» della mente e le tre età della storia

p. 11 > Alla base della *Scienza nuova* sta, secondo Vico, una verità «la quale non si può a patto alcun chiamar in dubbio: che *questo mondo civile egli certamente è stato fatto dagli uomini*, onde se ne possono, perché se ne debbono, ritruovare i princìpi *dentro le modificazioni della nostra medesima mente umana*» (*Scienza nuova*, I, III, cit., p. 354). Da ciò la corrispondenza tra ciò che Vico chiama «guise», ossia i modi di operare della nostra mente, da un lato, e le fasi di sviluppo della storia dall'altro. Ora, poiché le guise della mente umana sono *senso*, *fantasia* e *ragione* («gli uomini prima sentono senz'avvertire, dappoi avvertono con animo perturbato e commosso, finalmente riflettono con mente pura»), a esse corrisponderanno le tre età della storia: l'età degli *dei*, l'età degli *eroi* e l'età degli *uomini* (per l'articolazione di questi momenti v. il testo).

Diritto naturale p. 12 > Per "diritto naturale" Vico intende quell'insieme di norme che, tenendo a freno gli impulsi bestiali, consentono agli uomini di riunirsi in comunità e alla comunità di sopravvivere. Il diritto naturale non è dovuto alla speculazione dei filosofi, ma è una creazione spontanea del senso comune; Vico lo distingue come «diritto delle genti» da quel diritto naturale dei filosofi che i giusnaturalisti hanno eretto a sistema razionale.

N.B. Per la sua funzione condizionante di ogni umana forma di convivenza, il diritto naturale è presente e agente in ogni momento della storia. Che esso sia ritenuto dettato dalla divinità, dalla forza disciplinata o dalla ragione non è cosa che ne muti la sostanza fondamentale, perché senza di esso la comunità umana non ci sarebbe.

Poesia p. 13 > La poesia, secondo Vico, esprime la natura propria dell'umanità primordiale: «Il più sublime lavoro della poesia è alle cose insensate dare scienza e passione, ed è proprietà dei fanciulli di prender cose inanimate tra mani, e trastullandosi, favellarvi come se fussero, quelle, persone vive. Questa degnità filologico-filosofica ne appruova che gli uomini del mondo fanciullo, per natura, furono sublimi poeti» (*Scienza nuova*, Degnità n. 37, cit., p. 328). Come tale, la poesia non è «sapienza riposta», cioè l'espressione, attraverso immagini corpulente, di una verità già conosciuta razionalmente, bensì un modo autonomo, prelogico o alogico, di intendere e di comunicare la verità.

N.B. Il concetto della poesia che emerge da questa dottrina sottrae senza dubbio la poesia stessa da ogni dipendenza dall'attività intellettuale o raziocinante e le attribuisce quindi una sfera e una funzione autonome. Ma bisogna precisare che se, per Vico, la *forma* della poesia è fantastica e quindi arbitraria perché soggetta a un'ispirazione che va dove vuole, non è né fantastico né arbitrario il suo *contenuto*, che è quello stesso dell'attività razionale o della riflessione tutta spiegata, vale a dire l'ordine trascendente, provvidenziale o divino a cui l'umanità deve ispirarsi nel corso della sua storia.

Miti p. 13 > La rivendicazione del valore autonomo della poesia si accompagna, in Vico, alla rivalutazione dei miti, che non vengono più considerati alla stregua di un prodotto inferiore o deformato dell'attività intellettuale (secondo la dottrina classica), bensì come una forma autonoma di pensiero e di vita, nella quale si esprime in modo peculiare, cioè fantastico, la verità.

Universali fantastici p. 13 > Gli «universali fantastici» sono quelle immagini poetiche (fantastiche) che rappresentano caratteri tipici (universali) della realtà e della vita (ad esempio, il Goffredo di Tasso è l'universale fantastico del vero capitano di guerra, come Mercurio Trismegisto è l'universale fantastico della sapienza civile ecc.): «i primi uomini, come fanciulli del genere umano, non essendo capaci di formar i generi intelligibili delle cose, ebbero naturale necessità di fingersi i caratteri poetici, che sono generi o universali fantastici, da ridurvi come a certi modelli, o pure ritratti ideali, tutte le spezie particolari a ciascun suo genere simiglianti» (*Scienza nuova*, Degnità n. 49, cit., p. 332).

Eterogenesi dei fini p. 14 > Riferita a Vico, l'espressione "eterogenesi dei fini", di matrice ottocentesca, allude alla condizione – descritta nella *Scienza nuova* – in

cui i fini particolari che gli uomini cercano consapevolmente di realizzare sono, in ultima analisi, mezzi di fini universali. Secondo questa prospettiva, nella storia si vanno attuando dei fini "superiori" a quelli perseguiti dai singoli individui o dalle singole comunità: «gli è questo mondo, senza dubbio – scrive Vico in un passo famoso – uscito da una mente spesso diversa ed alle volte tutta contraria e sempre superiore ad essi fini particolari ch'essi uomini sì avevan proposti; quali fini ristretti, fatti mezzi per servire a fini più ampi, gli ha sempre adoperati per conservare l'umana generazione in questa terra» (*Scienza nuova*, "Conclusione dell'opera", cit., p. 746). Così dall'impulso della libidine sono nati i matrimoni e le famiglie; dall'ambizione smodata dei capi sono nate le città ecc.

Ordine provvidenziale p. 14 > Per "provvidenza" (o «provvedenza», come egli la chiama) Vico intende quell'ordine ideale, di provenienza divina, che agisce come modello della storia reale. In altri termini, la provvidenza vichiana non interviene miracolisticamente nella storia dall'esterno (secondo le categorie di un rozzo provvidenzialismo trascendentistico), ma neppure deterministicamente dall'interno (secondo un provvidenzialismo immanentistico e fatalistico). La provvidenza agisce piuttosto sotto forma di un disegno ideale presente nell'uomo a titolo di sollecitante dover essere della storia reale. In tal modo, Vico ha voluto salvaguardare sia la libertà della storia, sia il suo ordine normativo.

Ciclo dei corsi e dei ricorsi p. 14 > Secondo Vico ai "corsi storici" possono seguire dei "ricorsi", cioè la storia può tornare sui suoi passi. In altri termini, il ciclo delle tre età può esaurirsi per la decadenza dell'ordine civile e dar quindi luogo a un ritorno alla barbarie primitiva: si ha allora il ricorso, che è l'inizio di un nuovo ciclo. Vico individua un caso emblematico di ricorso storico nel Medioevo europeo, che egli chiama «barbarie ultima» o «ritornata» e del quale pertanto dà la stessa valutazione negativa di quasi tutti gli scrittori del Settecento.

N.B. La possibilità del ricorso non apre la via, secondo Vico, a un andamento ciclico della storia, a un eterno ritorno. Il ricorso si prospetta quando nelle repubbliche popolari lo scetticismo, l'anarchia e le guerre civili provocano un totale disordine. Ma anche allora possono intervenire rimedi, come lo stabilirsi di una monarchia assoluta o l'assoggettamento da parte di nazioni migliori; e solo in mancanza di tali rimedi si concretizza il ritorno alla barbarie e la storia ricomincia il suo ciclo.

8. Uomo e provvidenza: la questione di fondo del vichianesimo

Il problema e le principali interpretazioni storiografiche

L'interrogativo di base che emerge dalla *Scienza nuova* è quello circa il **rapporto tra l'iniziativa umana** da un lato **e il disegno divino** dall'altro.

Vico afferma esplicitamente che la storia è fatta interamente dagli uomini e che perciò essi possono trovarne in sé i principi e le cause; ma al tempo stesso sostiene che la storia umana è guidata da un piano provvidenziale, da un ordine ideale costituito dalla successione delle tre età degli dei, degli eroi e degli uomini, e che mediante quest'ordine la provvidenza interviene a suscitare, a correggere, a indirizzare le azioni degli uomini. Ma **qual è**, allora, **l'autentico soggetto della storia: l'uomo o la provvidenza divina?** A chi appartiene, in ultima analisi, l'iniziativa del sorgere e della decadenza delle nazioni e quindi la responsabilità dello sviluppo storico? E se la storia è mediazione dell'umano e del divino, in che senso preciso può essere ritenuta tale? A questo proposito, Vico da un lato combatte con energia ogni fatalismo, legato sia al concetto di un'incombente divinità, sia al riconoscimento del meccanismo della natura; dall'altro lato, però, difende con altrettanta energia la presenza della provvidenza nella storia, senza la quale quest'ultima non costituirebbe un ordine e l'uomo non sarebbe mai uscito dalla condizione primitiva di bestione selvaggio. Ma qual è, ancora una volta, la specifica maniera in cui è presente, nella storia, la provvidenza vichiana?

> Qual è il rapporto tra l'iniziativa umana e il disegno divino?

Su questo punto la critica ha elaborato, in sostanza, tre modelli interpretativi:

- l'**interpretazione religiosa tradizionale** sottolinea la trascendenza della provvidenza divina e l'impianto teologico della filosofia vichiana;
- l'**interpretazione idealistica** (tipica di Benedetto Croce) accentua l'immanenza della provvidenza nella storia, sostenendo, hegelianamente, che essa coincide con il corso razionale della storia, che è fatta dall'uomo secondo un ordine ricostruibile. In questo senso il linguaggio teologizzante utilizzato da Vico sarebbe unicamente dovuto a un segreto proposito di non mettersi pericolosamente in urto con la religione ufficiale;
- l'**interpretazione di tipo naturalistico-materialistico**, abbozzata da positivisti e marxisti, afferma che il piano divino, nella *Scienza nuova*, agisce sull'uomo e sui suoi comportamenti solo mediante i fenomeni naturali o le condizioni di pericolo in cui l'uomo viene a trovarsi (tant'è vero che proprio la paura dei fenomeni naturali fa nascere il timore degli dei, dal quale hanno origine le istituzioni e la civiltà), e che pertanto la provvidenza vichiana si identifica, in fondo, con la stessa natura. Il vichianesimo, secondo quest'ottica, si configurerebbe quindi come una sorta di spinozismo storicistico.

> I modelli interpretativi tradizionali

I caratteri della provvidenza e della religione in Vico

Delle tre letture sopra presentate, le più accolte sono state la prima e la seconda.

Secondo il nostro punto di vista, invece, in Vico l'azione della provvidenza non è un intervento esterno, diretto a correggere miracolosamente le aberrazioni e gli smarrimenti dell'uomo.

> Né trascendentismo miracolistico…

Se così fosse, l'unico vero agente della storia sarebbe la provvidenza, cioè Dio stesso, non l'uomo. La dottrina di **Vico esclude** certamente **che la storia ideale eterna** con il suo ordine provvidenziale **sia *trascendente* rispetto alla storia temporale**, nel senso di essere esterna ed estranea ad essa e di indirizzarla dal di fuori.

... né immanentismo fatalistico

Dall'altro lato, **esclude anche che la storia ideale eterna sia *immanente* alla storia temporale umana** e che l'ordine di questa sia garantito in ogni caso da quella. Se così fosse, il corso delle vicende umane dovrebbe necessariamente modellarsi sulla successione ideale delle età; e ancora una volta la sola vera protagonista della storia umana sarebbe la provvidenza divina. Tale provvidenza non può dunque essere intesa come una necessità razionale intrinseca agli avvenimenti storici, come una ragione impersonale che agisca negli uomini singoli promuovendo le loro azioni. In questo caso il riprodursi della storia ideale eterna nelle storie particolari delle singole nazioni sarebbe necessario ed uniforme; nessuna storia particolare potrebbe scostarsi di una linea dalla successione provvidenziale delle età che è propria di quella. Vico stesso ha condannato questa ipotesi, che ripropone il fato razionale degli stoici e di Spinoza.

La provvidenza come disegno ideale sempre presente all'uomo

In realtà, se Vico ha negato la trascendenza come miracoloso intervento della provvidenza nelle vicende storiche, ha tuttavia affermato e difeso la trascendenza nel senso che il significato ultimo della storia (la sua sostanza e la sua norma) è continuamente al di là degli eventi particolari, di cui gli uomini sono gli autori. La **provvidenza è trascendente come sostanzialità di valore** che sorregge gli eventi nel loro corso ordinato, quindi come **norma ideale** cui il corso degli eventi non si adegua mai perfettamente. In altre parole, la provvidenza vichiana è un **disegno** che è, al tempo stesso, un'onnipresente sollecitazione o un **dover essere profondo** che spinge l'uomo ad agire in vista di valori ideali eterni. Come tale, la provvidenza è **sempre presente all'uomo**, che solo dal rapporto con essa trae la capacità di sollevarsi dalla sua caduta, di fondare il mondo della storia e di conservarlo.

La sapienza umana è religiosa

Ed è presente all'uomo dapprima nella forma della **sapienza poetica**, cioè di un oscuro ma certo avvertimento, poi nella forma della **sapienza riflessa**, cioè della verità ragionata e filosofica. Ma sia come sapienza poetica sia come sapienza riflessa, la sapienza umana è essenzialmente religiosa, perché **si riferisce a un ordine trascendente e divino**.

Si spiega così anche l'appassionata difesa che, nella conclusione della *Scienza nuova*, Vico fa della **funzione civile della religione**. Se, in quanto ha per oggetto la trascendenza dell'ordine provvidenziale, la scienza nuova è una «teologia civile e ragionata della provvidenza divina», in quanto invece ha per oggetto la presenza normativa di quell'ordine alla storia umana, essa è una «storia delle umane idee, sulla quale sembra dover procedere la metafisica della mente umana».

La religione di Vico

Ma qual è la religione di Vico? A questo proposito si deve dire che i testi della *Scienza nuova* non autorizzano a parlare di cristianesimo, ma soltanto di una **religione naturale-razionale** che si ritrova in tutte le genti dai primordi della storia del mondo. Pertanto si potrebbe dire che Vico sia il rappresentante di una forma di **deismo storicistico** che fa, insieme, da contrappeso e da integrazione al deismo naturalistico[1] di molti filosofi del Seicento e del Settecento. Pur distinguendosi da questi ultimi per l'intento esplicito di fondare la propria teologia sul cosmo umano e storico, anziché su quello naturale, Vico ne conserva in qualche modo lo spirito, poiché rifugge da complementi dogmatici sostanziali e intende costruire il proprio punto di vista su basi esclusivamente razionali.

APPROFONDIMENTO
Vico nella filosofia moderna
ON LINE

1 Come vedremo parlando dell'Illuminismo, il deismo è quella concezione secondo cui Dio non interviene attivamente nel mondo, limitandosi a garantirne l'ordine.

MAPPA

Vico

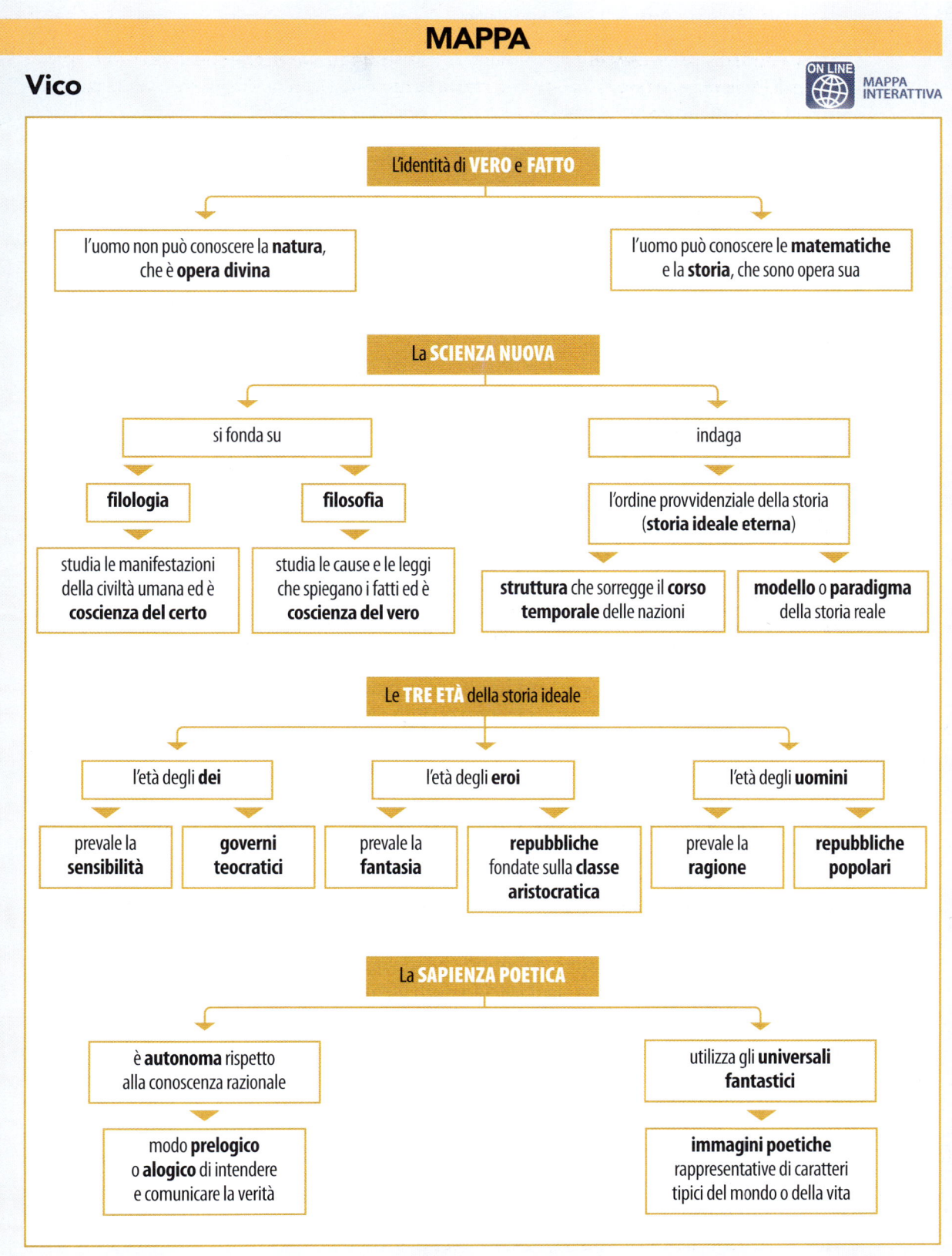

L'identità di VERO e FATTO

- l'uomo non può conoscere la **natura**, che è **opera divina**
- l'uomo può conoscere le **matematiche** e la **storia**, che sono opera sua

La SCIENZA NUOVA

- si fonda su
  - **filologia** → studia le manifestazioni della civiltà umana ed è **coscienza del certo**
  - **filosofia** → studia le cause e le leggi che spiegano i fatti ed è **coscienza del vero**
- indaga
  - l'ordine provvidenziale della storia (**storia ideale eterna**)
    - **struttura** che sorregge il **corso temporale** delle nazioni
    - **modello** o **paradigma** della storia reale

Le TRE ETÀ della storia ideale

- l'età degli **dei**
  - prevale la **sensibilità**
  - **governi teocratici**
- l'età degli **eroi**
  - prevale la **fantasia**
  - **repubbliche** fondate sulla **classe aristocratica**
- l'età degli **uomini**
  - prevale la **ragione**
  - **repubbliche popolari**

La SAPIENZA POETICA

- è **autonoma** rispetto alla conoscenza razionale
  - modo **prelogico** o **alogico** di intendere e comunicare la verità
- utilizza gli **universali fantastici**
  - **immagini poetiche** rappresentative di caratteri tipici del mondo o della vita

CAPITOLO 1
Vico

Dalla «regola del vero» alla «scienza nuova»

Nel *De antiquissima Italorum sapientia* (1710) Giambattista Vico pone le basi metodologiche di quanto andrà esponendo nella *Scienza nuova*. Ricorrendo all'analisi dell'antica sapienza italica, infatti, in quest'opera il filosofo presenta la sua teoria dell'equivalenza tra "vero" e "fatto", la quale, indipendentemente dal suo aspetto etimologico, è importante soprattutto perché esplicita il criterio vichiano della verità. Ora, poiché secondo Vico la «regola del vero» consiste nell'«avre fatto», un'autentica conoscenza della realtà si può attribuire solo a Dio (il quale l'ha creata), mentre all'uomo non è possibile costruire una vera "scienza" fisica (perché, appunto, la natura non è fatta dall'uomo), ma soltanto una scienza matematica (secondo quanto Vico dice in quest'opera) e una scienza storica (secondo quanto dirà nella *Scienza nuova*).

 ### IL FARE COME CRITERIO DI VERITÀ

Il passo riportato di seguito, tratto dal *De antiquissima Italorum sapientia*, si può distinguere in due parti: la prima ha carattere filologico e costituisce una sorta di premessa; la seconda ha carattere filosofico e rappresenta la conseguenza della prima.

Dai Latini *verum* e *factum* sono usati scambievolmente o, come si dice comunemente nelle scuole,
2 si convertono l'uno con l'altro, e per essi è la stessa cosa *intelligere* e "leggere perfettamente" e "conoscere chiaramente". Ma dicevano *cogitare* ciò che in volgare diciamo "pensare" e "andar racco-
4 gliendo". *Ratio*, per essi, significava sia il calcolo degli elementi dell'aritmetica, sia la dote propria dell'uomo, per la quale differisce dagli animali bruti ed è superiore: descrivevano comunemente
6 l'uomo come "partecipe di ragione", non possessore di essa. Dall'altro lato, come le parole sono simboli e note delle idee, così le idee sono simboli e note delle cose: perciò come il leggere è pro-
8 prio di chi raccoglie gli elementi dello scritto dai quali le parole sono composte, così l'intendere è il raccogliere tutti gli elementi di una cosa dai quali è espressa l'idea perfettissima di essa.
10 Di qui è dato supporre che gli antichi sapienti d'Italia convenissero, circa il vero, in queste opinioni: il *vero* è il *fatto* stesso; perciò in Dio c'è il primo vero perché Dio è il primo fattore: infinito,
12 perché fattore di tutte le cose; perfettissimo, perché rappresenta, a sé, in quanto li contiene, sia gli elementi esterni sia quelli interni delle cose. Sapere è allora comporre gli elementi delle cose:

14 sicché il pensiero è proprio della mente umana, l'intelligenza propria di quella divina. Infatti Dio
    legge tutti gli elementi delle cose, sia esterni sia interni, perché li contiene e li dispone; ma la
16 mente umana, che è finita, e ha fuori di sé tutte le altre cose che non sono essa stessa, è costretta
    a muoversi tra gli elementi esterni delle cose e non li raccoglie mai tutti: sicché può certo *pensare*
18 le cose ma non può *intenderle*, in quanto è partecipe della ragione che non è padrona di essa.
    Per chiarire tutto ciò con un paragone: il vero divino è l'immagine solida delle cose, come una
20 scultura; il vero umano è un monogramma o un'immagine piana, come una pittura; e come il
    vero divino è ciò che Dio, mentre conosce, dispone, ordina e genera, così il vero umano è ciò che
22 l'uomo, mentre conosce, compone e fa. E così la scienza è la conoscenza della genesi, cioè del
    modo con cui la cosa è fatta, e per la quale, mentre la mente ne conosce il modo, perché compo-
24 ne gli elementi, fa la cosa: Dio, che comprende tutto, fa l'immagine solida; l'uomo che compren-
    de gli elementi esterni fa l'immagine piana. […]
26 Da ciò che è stato sin qui detto è lecito concludere che il criterio e la regola del vero è l'averlo
    fatto: e che inoltre la nostra chiara e distinta idea della mente non può essere criterio né degli
28 altri veri, né della mente stessa: perché, mentre la mente si conosce, non si crea e, poiché non si
    crea, non conosce il suo genere o il modo in cui si conosce. Se la scienza umana deriva dall'astra-
30 zione, sono meno certe le scienze che si immergono di più nella materia corporea: come meno
    certa è la meccanica della geometria e dell'aritmetica perché considera, come esse, il movimento
32 ma con l'aiuto delle macchine; meno certa la fisica della meccanica, perché la meccanica consi-
    dera il movimento esterno delle circonferenze, la fisica quello interno dei centri; meno certa la
34 morale della fisica, perché la fisica considera i movimenti interni del corpo che dipendono dalla
    natura, la quale è certa, mentre la morale scruta i movimenti degli animi che sono i più interni e
36 provengono per la maggior parte dal desiderio, che è infinito. E perciò, nella stessa fisica, sono
    approvati i pensieri dei quali possiamo mettere in opera qualcosa di simile; e si ritengono più
38 importanti, e ricevono il sommo consenso di tutti, quei pensieri sulle cose naturali i quali ci ser-
    viranno per esperimenti con cui facciamo qualcosa di simile alla natura.
40 Per dirla in breve, come il vero si converte col bene, se ciò che si conosce come vero ha il suo es-
    sere dalla mente dalla quale è conosciuto, così la scienza umana è imitatrice di quella divina in
42 quanto Dio, mentre conosce il vero, lo genera dall'eternità *dentro* di sé e nel tempo lo crea *fuori*
    di sé. E il criterio del vero, come in Dio è la comunicazione, nell'atto di creare, della bontà dei suoi
44 pensieri («Dio vide che le cose erano buone»); così rispetto agli uomini è l'aver fatto le cose vere
    che conosciamo.
                                       (*De antiquissima Italorum sapientia*, I, 1-2, da *La scienza nuova e altri scritti*,
                                                               a cura di N. Abbagnano, UTET, Torino 1976, pp. 194-200)

Analisi del testo

1-18 Come il titolo stesso dell'opera preannunciava (*Dell'antichissima sapienza italica da trarsi dalle origini della lingua latina*), Vico muove da un'analisi etimologica delle parole *verum* e *factum* per mostrare che secondo gli antichi Italici *verum et factum convertuntur* (r. **2** e r. **11**). Pertanto occorre distinguere quando la conoscenza è frutto della coincidenza di *vero* e *fatto*, e allora si deve parlare di «*intelligere*», e quando invece tale coincidenza non c'è, e allora bisogna limitarsi a parlare

di «*cogitare*» (r. **3**). Da qui il riconoscimento che Dio è caratterizzato dall'*intelligenza* (r. **14**), grazie alla quale *intende* (r. **18**) le cose, mentre l'uomo è dotato solo di *pensiero* (r. **14**), grazie al quale pensa le cose ma non può intenderle compiutamente.
Dio conosce la natura in quanto ne è il creatore, mentre l'uomo deve limitarsi a ricostruire ciò che è stato costruito e per questo non può riuscire a penetrarne le ragioni profonde, conosciute solo da Colui che ha fatto

le cose. Si potrebbe anche dire che in Dio l'«intendere» (r. **8**) è un intendere quantitativamente e qualitativamente diverso da quello dell'uomo, il quale si limita a «raccogliere» in modo estrinseco e parziale ciò che Dio «raccoglie» profondamente e completamente (rr. **7-9**), nel senso che conosce in modo immediato e intuitivo (non in modo discorsivo, come l'uomo) e integralmente (non solo le qualità esteriori, come l'uomo).

In quest'ottica l'intelligenza di Dio è propriamente un *intus legere* e insieme un *inter legere*, e per questo Vico definisce il *vero* di Dio come «primo», come «infinito» e come «perfettissimo» (rr. **11-12**): si tratta infatti di una conoscenza che è originaria, perché «Dio è il primo fattore»; totale, perché Dio è «fattore di tutte le cose»; perfetta, perché Dio possiede le cose nei loro aspetti esterni e interni.

19-25 Per chiarire la concezione sopra esposta, Vico paragona la conoscenza di Dio a una scultura, cioè a un'«immagine solida» e completa, e la conoscenza dell'uomo a una pittura, cioè a un'«immagine piana» e bidimensionale: mentre questa simboleggia il sapere umano, limitato agli aspetti esteriori (rr. **24-25**), quella invece rappresenta il sapere divino in quanto «comprende tutto» (r. **24**), senza nulla appiattire.

26-45 Vico esplicita il proprio rifiuto del metodo cartesiano fondato sull'evidenza (rr. **26-29**) affermando che la chiarezza e la distinzione non possono costituire il criterio della verità, il quale si identifica invece con l'"aver fatto": l'evidenza, dunque, non può essere il fondamento delle conoscenze, nemmeno del *cogito*. Sulla base della convinzione che «il criterio e la regola del vero è l'averlo fatto», Vico afferma che il sapere dell'uomo è tanto più vero quanto più è astratto, cioè non dipendente dalla natura (fisica e morale), ma fatto dall'uomo stesso: in quest'opera il filosofo fa riferimento alla matematica (geometria e aritmetica), nella *Scienza nuova* alla storia. Se l'uomo si attiene all'idea della conoscenza come identificazione di vero e di fatto (di questa forma sono la matematica e la storia), «la scienza umana è imitatrice di quella divina» (r. **41**), cioè è assolutamente certa.

T2 > | **PRINCIPI DELLA NUOVA SCIENZA**

Il capolavoro di Vico, *Principi di una scienza nuova d'intorno alla comune natura delle nazioni*, fu pubblicato nel 1725, quindi nel 1730 e infine, postumo, nel 1744: edizioni rispettivamente conosciute come *Scienza nuova* "prima", "seconda" e "terza". L'opera si sviluppa attraverso cinque libri, il primo dei quali è dedicato ai principi della nuova scienza storica: gli elementi in esso presentati (definizioni, postulati, assiomi, verità evidenti) testimoniano di come il filosofo, nonostante lo stile sentenzioso e aforistico, intendesse procedere secondo il metodo matematico.

Gli «assiomi» della «scienza nuova» (che Vico chiama anche «degnità», riprendendo il linguaggio della scolastica) sono 114 e si distinguono in *filosofici* e *filologici*, a seconda che siano riconducibili alle conoscenze vere raggiunte dalla mente umana o alla certezza dei fatti. Ne riportiamo qui di seguito i primi dieci.

I. L'uomo, per l'indiffinita natura della mente umana, ove questa si rovesci nell'ignoranza, egli
2   fa sé regola dell'universo.

Questa degnità è la cagione di que' due comuni costumi umani: uno che «*fama crescit eun-*
4   *do*», l'altro che «*minuit praesentia famam*», la qual, avendo fatto un cammino lunghissimo quanto è dal principio del mondo, è stata la sorgiva perenne di tutte le magnifiche oppenio-
6   ni che si sono finor avute delle sconosciute da noi lontanissime antichità, per tal proprietà della mente umana avvertita da Tacito nella *Vita d'Agricola* con quel motto: «*Omne ignotum*
8   *pro magnifico est*».

II. È altra proprietà della mente umana ch'ove gli uomini delle cose lontane e non conosciute
10 non possono fare niuna idea, le stimano dalle cose loro conosciute e non presenti.

Questa degnità addita il fonte inesausto di tutti gli errori presi dall'intiere nazioni e da tutt'i
12 dotti d'intorno a' principi dell'umanità; perocché da' loro tempi illuminati, colti e magnifici, ne' quali cominciarono quelle ad avvertirle, questi a ragionarle, hanno estimato l'origini
14 dell'umanità, le quali dovettero per natura essere piccole, rozze, oscurissime.

16 A questo genere sono da richiamarsi due spezie di borie che si sono sopra accennate: una delle nazioni ed un'altra de' dotti.

18 III. Della *boria delle nazioni* udimmo quell'aureo detto di Diodoro Sicolo: che le nazioni, o greche o barbare, abbiano avuto tal boria: d'aver esse prima di tutte l'altre ritruovati i comodi della vita umana e conservar le memorie delle loro cose fin dal principio del mondo. [...]

20 IV. A tal boria di nazioni s'aggiunge qui la *boria de' dotti*, i quali, ciò ch'essi sanno, vogliono che sia antico quanto che 'l mondo. [...]

22 V. La filosofia, per giovar al gener umano, dee sollevar e reggere l'uomo caduto e debole, non convellergli la natura né abbandonarlo nella sua corrozione.

24 Questa degnità allontana dalla scuola di questa Scienza gli stoici, i quali vogliono l'ammortimento de' sensi, e gli epicurei, che ne fanno regola, ed entrambi niegano la provvedenza,

26 quelli faccendosi strascinare dal fatto, questi abbandonandosi al caso, e i secondi oppinando che muoiano l'anime umane coi corpi, i quali entrambi si dovrebbero dire filosofi monasti-

28 ci o solitari. E vi ammette i filosofi politici, e principalmente i platonici, i quali convengono con tutti i legislatori in questi tre principali punti: che si dia provvedenza divina, che si deb-

30 bano moderare l'umane passioni e farne umane virtù, e che l'anime umane sien immortali. E, 'n conseguenza, questa degnità ne darà gli tre princìpi di questa Scienza.

32 VI. La filosofia considera l'uomo quale dev'essere, e sì non può fruttare ch'a pochissimi, che vogliono vivere nella repubblica di Platone, non rovesciarsi nella feccia di Romolo.

34 VII. La legislazione considera l'uomo qual è, per farne buoni usi nell'umana società: come della ferocia, dell'avarizia, dell'ambizione, che sono gli tre vizi che portano a travverso tutto il

36 gener umano, ne fa la milizia, la mercatanzia e la corte, e sì la fortezza, l'opulenza e la sapienza delle repubbliche; e di questi tre grandi vizi, i quali certamente distruggerebbero la uma-

38 na generazione sopra la terra, ne fa la civile felicità.

Questa degnità pruova esservi provvedenza divina e che ella sia una divina mente legislatri-

40 ce, la quale delle passioni degli uomini, tutti attenuti alle loro private utilità, per le quali viverebbono da fiere bestie dentro le solitudini, ne ha fatto gli ordini civili per gli quali vi-

42 vano in una umana società.

VIII. Le cose fuori del loro stato naturale né vi si adagiano né vi durano.

44 Questa degnità sola, poiché 'l gener umano, da che si ha memoria del mondo, ha vivuto e vive comportevolmente in società, ella determina la gran disputa, della quale i migliori filo-

46 sofi e i morali teologi ancora contendono con Carneade scettico e con Epicuro (né Grozio l'ha pur inchiovata): se vi sia diritto in natura, o se l'umana natura sia socievole, che suona-

48 no la medesima cosa.

Questa medesima degnità, congiunta con la settima e 'l di lei corollario, pruova che l'uomo

50 abbia arbitrio, però debole, di fare delle passioni virtù; ma che da Dio è aiutato naturalmente con la divina provvedenza, e soprannaturalmente dalla divina grazia.

52 IX. Gli uomini che non sanno il vero delle cose proccurano d'attenersi al certo, perché, non potendo soddisfare l'intelletto con la scienza, almeno la volontà riposi sulla coscienza.

54   X.   La filosofia contempla la ragione, onde viene la scienza del vero; la filologia osserva l'autorità dell'umano arbitrio, onde viene la coscienza del certo.

56   Questa degnità per la seconda parte diffinisce i filologi essere tutti i gramatici, istorici, critici, che son occupati d'intorno alla cognizione delle lingue e de' fatti de' popoli, così in casa, 58   come sono i costumi e le leggi, come fuori, quali sono le guerre, le paci, l'alleanze, i viaggi, i commerzi.

60   Questa medesima degnità dimostra aver mancato per metà così i filosofi che non accertarono le loro ragioni con l'autorità de' filologi, come i filologi che non curarono d'avverare le 62   loro autorità con la ragion de' filosofi (lo che se avessero fatto, sarebbero stati più utili alle repubbliche e ci avrebbero prevenuto nel meditar questa Scienza).

(Principj di scienza nuova, I, a cura di F. Nicolini, Einaudi, Torino 1976, pp. 71-75)

Analisi del testo

1-16 I primi due assiomi individuano nella natura umana la causa degli errori che si possono commettere nella conoscenza dei fatti. La mente umana, essendo «indiffinita», cioè indeterminata, sfrenata nel proprio assumere se stessa quale misura e regola della realtà, è infatti facile preda di un atteggiamento presuntuoso che per lo più si trasforma in «ignoranza» (r. **1**). I «due comuni costumi umani» menzionati nelle righe **3-4** sono: uno che «la fama cresce diffondendosi» e l'altro che «la presenza sminuisce la fama». Da essi derivano (osserva ironicamente Vico) le «magnifiche oppenioni» che, nel corso dei secoli, l'uomo si è formato delle civiltà antiche. Il motto tacitiano (rr. **7-8**) significa che «ogni cosa ignota è ritenuta meravigliosa».

17-21 La terza e la quarta degnità precisano i tipi di «boria» alle quali l'uomo è soggetto: quella «delle nazioni» (rr. **17-19**) e quella «de' dotti» (rr. **20-21**): nell'uno e nell'altro caso si rivendicano antiche e nobili origini per la propria storia e per il proprio sapere. Diodoro Siculo, storico di Agira, in Sicilia, visse a Roma ai tempi di Augusto e fu autore di una storia universale (in 40 libri solo parzialmente pervenutici) dai più antichi regni dell'Africa e dell'Asia fino alle imprese di Giulio Cesare.

22-31 Il quinto assioma sottolinea il valore della filosofia, che deve in primo luogo permettere all'uomo di elevare la propria condizione. In questo senso Vico rifiuta le prospettive stoica ed epicurea, che, in nome rispettivamente del fato e del caso, negano la provvidenza e la possibilità di un'umana "redenzione" Opponendosi a questi pensatori, che definisce «monastici o solitari» (rr. **27-28**) per le loro dottrine egoistiche, Vico si richiama invece ai pensatori «politici» (r. **28**), in primo luogo i platonici, le cui dottrine ammettono la provvidenza divina, la possibilità per l'uomo di migliorarsi controllando le passioni e, infine, l'immortalità dell'anima (rr. **29-30**).

32-42 Da quanto affermato nella quinta degnità discendono il sesto e il settimo assioma, nei quali si chiarisce che la filosofia considera l'uomo «quale dev'essere», mentre la legislazione deve considerarlo «qual è», in modo da poter utilizzare anche i «vizi» del genere umano come stimoli per una buona e proficua convivenza. Anche in ciò, nota Vico, sta la prova dell'esistenza di una provvidenza divina, capace di orientare al pacifico vivere civile le passioni egoistiche dei singoli uomini.

43-51 A proposito dell'ottavo assioma, Pasquale Soccio così commenta: «Tutti gli istituti civili non fondati sulla natura umana non possono durare. Fondare la moralità sull'opinione, il diritto sulla forza, la società sull'utilità – come fanno gli epicurei e gli scettici da Carneade a Hobbes, Spinoza, Locke – è un immaginare un'irreale società di lupi egoisti: astratta e convenzionale società contrattualistica priva di ciò che contraddistingue, appunto, gli uomini dalle bestie: la società»; sbaglia dunque anche Grozio, il quale «non ha ben messo a fuoco ["inchiovato", r. **47**] la disputa sulla vera natura umana e slitta, infine, verso l'utilitarismo ottimistico» (in G. Vico, *Autobiografia. Poesia. Scienza nuova*, Garzanti, Milano 1983, p. 300). Al contrario, dietro l'azione dell'uomo Vico individua il soccorso di Dio, che si concretizza nella provvidenza e nella grazia. I principi della forza e dell'utilità nascondono dunque una regola ben più potente del vivere civile: la moralità e la religione.

52-63 La nona e la decima degnità compendiano la metodologia vichiana, che qualifica la filosofia come «scienza del vero» e la filologia come «coscienza del certo». Solo la verità, infatti, è criterio di conoscenza, mentre la certezza è criterio di azione. Verità e certezza, pensiero ed esperienza, idee e fatti: è il binomio che caratterizza la scienza moderna, ma Vico lo presenta in chiave storicistica, anziché naturalistica. La «scienza nuova» proposta da Vico è la storia, che attraverso la filologia (scienza descrittiva) *accerta il vero* e attraverso la filosofia (scienza normativa) *invera il certo*.

I caratteri della storia come scienza nuova

I passi che seguono mettono in luce gli aspetti fondamentali della scienza nuova delineata da Vico: il carattere insieme umano e divino della storia, il suo significato e, infine, il suo corso uniforme, scandito dalla legge delle tre età.

T3 > LA SCIENZA NUOVA COME «STORIA IDEAL ETERNA»

La quarta sezione del primo libro della *Scienza nuova seconda* è dedicata al metodo: è in tale contesto che Vico esplicita il carattere di "storia delle idee" che la nuova scienza deve presentare.

Per andar a truovare tali nature di cose umane procede questa Scienza con una severa analisi de'
2 pensieri umani d'intorno all'umane necessità o utilità della vita socievole, che sono i due fonti perenni del diritto natural delle genti, come pure nelle *Degnità* si è avvisato. Onde, per quest'altro
4 principale suo aspetto, questa Scienza è una storia dell'umane idee, sulla quale sembra dover procedere la metafisica della mente umana; la qual regina delle scienze, per la degnità che «le
6 scienze debbono incominciare da che n'incominciò la materia», cominciò d'allora ch'i primi uomini cominciarono a umanamente pensare, non già da quando i filosofi cominciaron a riflet-
8 tere sopra l'umane idee.
[…] E per determinar i tempi e i luoghi a sì fatta istoria, cioè quando e dove essi umani pensieri
10 nacquero, e sì accertarla con due sue proprie cronologia e geografia, per dir così, metafisiche, questa Scienza usa un'arte critica, pur metafisica, sopra gli autori d'esse medesime nazioni, tralle
12 quali debbono correre assai più di mille anni per potervi provenir gli scrittori, sopra i quali la critica filologica si è finor occupata. E 'l criterio di che si serve, per una degnità sovraposta, è
14 quello, insegnato dalla provvedenza divina, comune a tutte le nazioni; ch'è 'l senso comune d'es-so gener umano, determinato dalla necessaria convenevolezza delle medesime umane cose, che fa
16 tutta la bellezza di questo mondo civile. Quindi regna in questa Scienza questa spezie di pruove: che tali dovettero, debbono e dovranno andare le cose delle nazioni quali da questa Scienza son
18 ragionate, posti tali ordini dalla provvedenza divina, fusse anco che dall'eternità nascessero di tempo in tempo mondi infiniti; lo che certamente è falso di fatto.
20 Onde questa Scienza viene nello stesso tempo a descrivere una storia ideal eterna, sopra la quale corron in tempo le storie di tutte le nazioni ne' loro sorgimenti, progressi, stati, decadenze e fini.
22 Anzi ci avvanziamo ad affermare ch'in tanto chi medita questa Scienza egli narri a se stesso que-sta storia ideal eterna, in quanto – essendo questo mondo di nazioni stato certamente fatto dagli
24 uomini (ch'è 'l primo principio indubitato che se n'è posto qui sopra), e perciò dovendosene ri-truovare la guisa dentro le modificazioni della nostra medesima mente umana – egli, in quella
26 pruova «dovette, deve, dovrà», esso stesso sel faccia; perché, ove avvenga che chi fa le cose esso stesso le narri, ivi non può essere più certa l'istoria.
28 Così questa Scienza procede appunto come la geometria, che, mentre sopra i suoi elementi il costruisce o 'l contempla, essa stessa si faccia il mondo delle grandezze; ma con tanto più di rea-
30 lità quanta più ne hanno gli ordini d'intorno alle faccende degli uomini, che non ne hanno pun-ti, linee, superficie e figure. E questo istesso è argomento che tali pruove sieno d'una spezie divina
32 e che debbano, o leggitore, arrecarti un divin piacere, perocché in Dio il conoscer e 'l fare è una medesima cosa.

(*Scienza nuova seconda*, libro I, sezione IV, a cura di F. Nicolini, Laterza, Bari 1967)

Analisi del testo

1-33 Questo passo è preceduto dalle prove che il filosofo fornisce per dimostrare l'esistenza della provvidenza. Di queste prove, tre sono definite *teologiche* e si basano sul riconoscimento di una naturalezza, di un ordine e di un fine propri della vita civile dei popoli; le altre tre sono definite *logiche* e si basano sull'impossibilità di procedere all'infinito nella ricerca delle cause, sulla possibilità di spiegare con la provvidenza le ragioni della natura delle cose divine e umane, e sul riconoscimento di un ideale sviluppo che non può derivare dalla contingenza dell'uomo, ma solo dall'assolutezza di Dio.

1-8 Che la storia sia una teologia civile ragionata non deve far dimenticare che è anche «una storia dell'umane idee» (r. **4**), storia che iniziò prima ancora che «i filosofi cominciaron a riflettere» (rr. **7-8**), e propriamente quando «i primi uomini cominciarono a umanamente pensare» (rr. **6-7**).

9-27 Viene qui espresso il punto fondamentale della concezione vichiana: la «storia ideal eterna» ha un carattere che non ha alcunché di deterministico; l'affermazione che le vicende dei popoli «dovettero, debbono e dovranno» correre sulla storia ideale eterna significa che la realtà si modella sull'idealità, e senza questa quella non avrebbe dunque senso.

28-33 Vico conclude comparando la storia alla geometria: entrambe "fanno" il loro mondo e dunque sono vere, ma – e qui sta la differenza tra le due – in modo astratto la matematica, in modo concreto la storia.

T4 > ## LA LEGGE DELLE TRE ETÀ

Il passo che segue è tratto dal quarto libro della *Scienza nuova seconda*, e in particolare dalla prima sezione, che tratta del «*corso che fanno le nazioni*».

In questo libro quarto soggiugniamo *il corso che fanno le nazioni*, con costante uniformità procedendo in tutti i loro tanto vari e sì diversi costumi sopra la divisione delle *tre età*, che dicevano gli
Egizi essere scorse innanzi nel loro mondo, degli dèi, degli eroi e degli uomini. Perché sopra di
4   essa si vedranno reggere con costante e non mai interrotto ordine di cagioni e d'effetti, sempre
andante nelle nazioni, per tre spezie di *nature*; e da esse nature uscite tre spezie di *costumi*; da essi
6   costumi osservate tre spezie di *diritti* naturali delle genti; e, in conseguenza di essi diritti, ordinate tre spezie di *Stati* civili o sia di repubbliche; e, per comunicare tra loro gli uomini venuti
8   all'umana società tutte queste già dette tre spezie di cose massime, essersi formate tre spezie di
lingue ed altrettante di caratteri; e, per giustificarle, tre spezie di *giurisprudenze*, assistite da tre
10   spezie d'*autorità* e da altrettante di *ragioni* in altrettante spezie di *giudizi*; le quali giurisprudenze
si celebrarono per tre sètte de' tempi che professano in tutto il corso della loro vita le nazioni. Le
12   quali tre speziali unità, con altre molte che loro vanno di séguito e saranno in questo libro pur
noverate, tutte mettono capo in una unità generale, che l'*unità della religione* d'una divinità prov-
14   vedente, la qual è l'unità dello spirito, che informa e dà vita a questo mondo di nazioni. Le quali
cose sopra sparsamente essendosi ragionate, qui si dimostra l'ordine del loro corso.

16   *La prima natura*, per forte inganno di fantasia, la qual è robustissima ne' debolissimi di raziocinio, fu una natura poetica o sia creatrice, lecito ci sia dire divina, la qual a' corpi diede l'essere di
18   sostanze animate di dèi, e gliele diede dalla sua idea. La qual natura fu quella de' poeti teologi, che
furono gli più antichi sappienti di tutte le nazioni gentili, quando tutte le gentili nazioni si fon-
20   darono sulla credenza, ch'ebbe ogniuna, di certi suoi propi dèi. Altronde era natura tutta fiera ed
immane; ma, per quello stesso lor errore di fantasia, eglino temevano spaventosamente gli dèi
22   ch'essi si avevano finti. Di che restarono queste due eterne propietà: una, che la religione è l'uni-

24 co mezzo potente a raffrenare la fierezza de' popoli; l'altra, ch'allora vanno bene le religioni, ove coloro che vi presiedono essi stessi internamente le riveriscano.

26 *La seconda* fu natura eroica, creduta da essi eroi di divina origine; perché, credendo che tutto facessero i dèi, si tenevano esser figliuoli di Giove, siccome quelli ch'erano stati generati con gli auspìci di Giove: nel qual eroismo essi, con giusto senso, riponevano la natural nobiltà: – perocché fussero della spezie umana; – per la qual essi furono i prìncipi dell'umana generazione. La quale natural nobiltà essi vantavano sopra quelli che dall'infame comunion bestiale, per salvarsi nelle risse ch'essa comunion produceva, s'erano dappoi riparati a' di lor asili: i quali, venutivi senza dèi, tenevano per bestie, siccome l'una e l'altra natura sopra si è ragionata.

32 *La terza* fu natura umana, intelligente, e quindi modesta, benigna e ragionevole, la quale riconosce per leggi la coscienza, la ragione, il dovere.

(Scienza nuova seconda, libro IV, introduzione e sezione I, cit.)

Analisi del testo

1-15 Dopo aver evidenziato il carattere di «storia ideal eterna» della scienza nuova (v. **T3**), Vico passa a chiarire «*il corso che fanno le nazioni*». Queste attraversano tre età – degli dei, degli eroi e degli uomini – che comportano tutta una serie di specificazioni che qui vengono semplicemente accennate, per poi essere svolte nelle successive sezioni del libro quarto.

La dottrina vichiana delle tre età è legata a una concezione evolutiva della storia; essa ha il suo corrispettivo nella vita dell'uomo (nella degnità LIII Vico aveva affermato che «gli uomini prima sentono senz'avvertire, dappoi avvertono con animo perturbato e commosso, finalmente riflettono con mente pura») e si riflette su tutti gli aspetti della società e della cultura.

16-33 Le tre nature sono: la prima quella della fantasia, cioè la natura poetica o creatrice dei poeti teologi che si erano finti gli dei (rr. **16-24**); la seconda quella degli eroi che si ritenevano generati dagli dei (rr. **25-31**); la terza quella umana, intelligente, che si basa sulla coscienza, sulla ragione e sul dovere (rr. **32-33**). Va rilevato che la descrizione della religione come prodotto umano non ne inficia il valore divino, in quanto, proprio poiché divina, la religione si afferma attraverso l'uomo stesso (secondo la concezione provvidenziale di Vico).

CAPITOLO 2
Caratteri generali dell'Illuminismo

1. Il programma illuministico

L'Illuminismo è quel movimento culturale che si sviluppa nel XVIII secolo nei maggiori paesi d'Europa e che, pur non coprendo tutta l'area filosofica del Settecento, ne rappresenta la voce più importante e significativa. Infatti, con l'Illuminismo ci troviamo di fronte a una svolta intellettuale destinata a caratterizzare in profondità la storia moderna dell'Occidente.

Il nuovo uso della ragione e il ruolo degli intellettuali

La maniera illuministica di rapportarsi alla ragione

Prima di identificarsi con questo o quell'insieme di dottrine, l'Illuminismo consiste innanzitutto in uno specifico modo di rapportarsi alla ragione. Si afferma spesso che la sostanza dell'Illuminismo risiede in una "esaltazione" dei poteri razionali dell'uomo. Ciò è senz'altro vero, ma non è ancora sufficientemente caratterizzante, se non si aggiunge subito che **l'Illuminismo è l'impegno di avvalersi della ragione in modo "libero" e "pubblico" ai fini di un miglioramento effettivo del vivere**. Gli illuministi ritengono infatti che l'uomo, pur avendo per natura quel bene prezioso che è l'intelletto, non ne abbia fatto, nel passato, il debito impiego, rimanendo in una sorta di "minorità" che lo ha reso preda di un insieme di forze irrazionali, da cui ha il dovere di emanciparsi. Esemplificando in modo paradigmatico questi concetti, Kant, nella *Risposta alla domanda: che cos'è l'Illuminismo?* (1784), così scrive:

> L'Illuminismo è l'uscita dell'uomo dallo stato di minorità che egli deve imputare a se stesso. Minorità è l'incapacità di valersi del proprio intelletto senza la guida di un altro. Imputabile a se stesso è questa minorità se la causa di essa non dipende da difetto di intelligenza, ma dalla mancanza di decisione e del coraggio di far uso del proprio intelletto senza essere guidati da un altro. *Sapere aude*! abbi il coraggio di servirti della tua propria intelligenza! È questo il motto dell'Illuminismo [...]. Senonché a questo Illuminismo non occorre altro che la libertà, e la più inoffensiva di tutte le libertà, quella cioè di fare pubblico uso della propria ragione in tutti i campi. Ma io odo da tutte le parti gridare: – Non ragionate! – L'ufficiale dice: – Non ragionate, ma fate esercitazioni militari. – L'impiegato di finanza: – Non ragionate, ma pagate! – L'uomo di chiesa: – Non ragionate, ma credete!

Usare la ragione liberamente e pubblicamente traducendo in concreto l'oraziano «*sapere aude!*» significa, per gli illuministi, assumere un **atteggiamento problematizzante nei confronti dell'esistente e di ogni tesi preconcetta**, facendo valere il proprio diritto di analisi e di critica. Da ciò la battaglia contro il pregiudizio, il mito, la superstizione e contro tutte quelle forze che hanno ostacolato il libero e critico uso dell'intelletto, soffocando le energie vitali degli individui: la tradizione, l'autorità, il potere politico, le religioni, le metafisiche ecc. Da ciò lo **sforzo di sottoporre ogni realtà al "tribunale" della ragione** e al vaglio dell'intelletto, per distinguere il vero dal falso e per individuare ciò che può creare giovamento alla società.

IL CONCETTO E L'IMMAGINE

La sconfitta della ragione illuministica nell'arte di Goya, p. 52

Questo concetto della **ragione come organo di verità e strumento di progresso**, ossia, per usare una metafora cara agli illuministi, come "lume" rischiaratore delle "tenebre" dell'ignoranza e della barbarie, implica una mutata interpretazione della figura dell'intellettuale e del suo compito tra gli uomini. Per gli illuministi il "filosofo", intendendo con questa espressione non solo il pensatore in senso stretto e tecnico, ma l'**intellettuale** in genere, non è più il "sapiente" avulso dalla vita e dedito alle speculazioni metafisiche, bensì un **uomo in mezzo agli altri uomini, che lotta per rendere più abitabile il mondo** e che si sente utile al consorzio civile. Per questo, se egli porta dinnanzi al tribunale della ragione passato e presente, politica e religione, società e costume, non lo fa per una eccentrica mania o per sfoggio di "anticonformismo" salottiero, ma per lo scopo programmatico di riformare la realtà e di giovare al prossimo, perseguendo il fine di diminuire le sofferenze degli individui e di raggiungere la maggior felicità possibile per il genere umano.

La concezione illuministica dell'intellettuale

Il compito civile attribuito al sapere stimola gli illuministi nell'opera di divulgazione culturale e nella ricerca del rapporto tra scrittore e pubblico, facendo sì che essi, proponendosi l'ideale di abbattere la muraglia compatta che da secoli separava la cultura dalla vita, riescano, anche in virtù del loro stile piacevole e brillante, a conquistare una larga cerchia di lettori.

La divulgazione culturale

L'Illuminismo come problema storiografico

Chiarite le linee essenziali del programma illuministico, si tratta ora di indagarne i presupposti storici e di "sezionarlo" nelle sue tematiche più importanti.

La varietà delle dottrine

La complessità e varietà dell'Illuminismo fa sì che alcuni studiosi attuali ritengano "impresa disperata", o metodologicamente scorretta, ogni presentazione generale di esso. Infatti l'Illuminismo offre una **grande varietà di figure e di dottrine** e assume caratteristiche e atteggiamenti distinti, e talora opposti, a seconda dei vari autori e delle particolari nazioni europee. Tant'è vero che esistono un Illuminismo inglese e uno francese, un Illuminismo tedesco e uno italiano e che vi sono illuministi religiosi e illuministi atei, illuministi materialisti e spiritualisti, illuministi deisti e cattolici, illuministi empiristi e razionalisti, illuministi riformatori e rivoluzionari ecc. Per questo, secondo alcuni, più che di "Illuminismo" si dovrebbe parlare di "Illuminismi" e il metodo più fondato per discuterne sarebbe quello di limitarsi a passare in rassegna "chi sono" gli illuministi.

Pur nella loro parte di verità, tesi di questo tipo, soprattutto se portate all'estremo (ma quasi mai lo sono), rischiano di trasformarsi in dogmatizzazioni verbali delle difficoltà concrete di fronte a cui si trova lo storico delle idee. Infatti un conto è invitare alla cautela e alla

Gli elementi comuni

consapevolezza critica e storica, facendo presenti gli ostacoli e i limiti di ogni esposizione introduttiva e generale, e un conto è rinunciarvi programmaticamente, o di fatto, "polverizzando" l'Illuminismo nei singoli autori, senza fornire un criterio in grado di cogliere i tratti tipici che individualizzano tale fenomeno culturale di fronte ad altri movimenti (ad esempio, il Rinascimento e il Romanticismo) e che permettono di afferrarne l'importanza storica e gli influssi successivi.

Tanto più che anche per studiare i vari "Illuminismi" o per rispondere alla domanda "chi sono gli illuministi?" bisogna aver già in mente un concetto sintetico di Illuminismo, che funga da criterio di identificazione degli autori definiti "illuministi". Quindi, pur essendo criticamente consci del fatto che la nozione generale di Illuminismo è un concetto tipico-ideale, costruito sulla base delle opere dei vari autori (e quindi, come tale, soggetto a verifiche, smentite e rimaneggiamenti, in relazione a nuovi documenti e studi), riteniamo che lo storico della filosofia abbia la legittimità metodologica, oltre che il compito professionale, di chiarire i **tratti formali comuni** che caratterizzano l'universo culturale illuministico, differenziando subito, ove necessario, le varie tematiche e soluzioni, per poi mostrarle concretamente in atto nell'esposizione delle singole figure.

Il ruolo preminente dell'Illuminismo francese

In questo lavoro di ricostruzione dei tratti caratteristici dell'Illuminismo, è necessario riconoscere un ruolo primario a quello francese, non solo perché **in esso appaiono con maggior vivacità idee e tendenze dell'intero movimento**, ma anche perché in esso si trovano posizioni che, pur non essendo presenti o condivise da tutti gli illuministi (soprattutto tedeschi), sono quelle storicamente più originali e che hanno avuto maggiore influenza sui contemporanei e sui posteri.

2. Premesse sociali e culturali dell'Illuminismo

Illuminismo e borghesia

L'Illuminismo non nasce nel vuoto, perché sorge nell'ambito di determinate circostanze storiche, innestandosi su alcune linee di sviluppo della società e della cultura moderna.

Il legame con il dinamismo della borghesia

Innanzitutto, l'Illuminismo manifesta un legame con la civiltà borghese e protocapitalistica europea, e quindi con quella classe sociale che dal Cinquecento in avanti è apparsa economicamente in espansione e politicamente in ascesa, fungendo da forza trainante di quel basilare evento storico che è la Rivoluzione inglese. Anzi, da un certo punto di vista, l'Illuminismo si configura come l'**espressione teorica** e l'**arma intellettuale del processo di avanzamento della borghesia settecentesca**. Quest'ultima rappresenta infatti la **classe** oggettivamente **"portatrice del progresso"**, ossia la forza sociale che nel suo dinamismo crescente appare desiderosa di sottomettere a sé la natura e la società, rompendo con il passato e con le vecchie consuetudini, incarnate, ai suoi occhi, dalle sopravvissute istituzioni feudali e dalla Chiesa. Da ciò la lotta contro i pregiudizi, le tradizioni, i privilegi arbitrari, le ideologie del potere ecc., e la ricerca di una razionalizzazione del vivere tramite lo sviluppo economico, scientifico e politico, ai fini del raggiungimento di un nuovo ordine umano e di un'egemonia culturale antitetica a quella precedente.

Questo legame tra Illuminismo e borghesia è confermato dall'estrazione di classe dei rappresentanti del movimento, per lo più borghesi, e dall'**ideale umano** del "secolo dei Lumi". Infatti, se la civiltà comunale aveva celebrato l'intellettuale laico in contrapposizione a quello ecclesiastico, se l'Umanesimo aveva onorato il filosofo e il letterato amante dei classici, se il Rinascimento aveva magnificato il cortigiano colto e raffinato, l'Illuminismo si rispecchia nelle figure del "**filosofo**" e del "**mercante**", che talora riunisce nel personaggio del "mercante-filosofo", esplicitando così, anche verbalmente, la tendenza a teorizzare modelli e valori di tipo "borghese". E tutto ciò non è contraddetto dalla presenza, tra gli illuministi, di alcuni aristocratici, in quanto si tratta per lo più di una nobiltà dedita ad attività e a modi di vita della borghesia, e quindi portata a riconoscersi nelle esigenze di quest'ultima. E nel caso dei "sovrani illuminati" si tratta di regnanti che vogliono andare incontro alle richieste delle forze economicamente e intellettualmente più vive delle loro nazioni.

> Il nuovo ideale umano del mercante-filosofo

Il fatto che la rivoluzione culturale dell'Illuminismo rispecchi la rivoluzione sociale della borghesia – ormai un teorema classico della storiografia filosofica – pone tuttavia la questione critica se l'Illuminismo debba essere considerato *soltanto* come un capitolo "intellettuale" della storia della borghesia in ascesa o se esso, pur essendo funzionale alle battaglie della borghesia, non rappresenti *anche* un fenomeno strutturale della civiltà e della mentalità moderne, la cui portata va ben oltre la borghesia come classe, poiché interessa l'umanità intera (v. "Illuminismo e politica", p. 43).

> Borghesia e modernità

Illuminismo e Rinascimento

Per quanto riguarda la storia della cultura, l'Illuminismo si configura in primo luogo come **continuazione ideale del Rinascimento**. La celebrazione dell'individuo, la difesa della sua dignità, il rifiuto di sottomettere la ragione al principio di autorità, il prevalente interesse per i valori mondani, il desiderio di fare dell'uomo il padrone della terra, l'avversione per il Medioevo, ossia tutti i grandi temi della cultura rinascimentale, ritornano, in forme talora analoghe, nel pensiero settecentesco. Anzi, per certi aspetti l'Illuminismo si configura come una **ripresa del programma rinascimentale**, ossia, secondo quanto è stato detto da alcuni studiosi, come un "secondo Rinascimento".

> L'Illuminismo come "secondo Rinascimento"

Evidentemente, questa formula regge solo a patto che, con essa, non si intenda appiattire le differenze tra i due movimenti, ma unicamente istituire tra questi dei rapporti storici determinabili, pur con la consapevolezza della loro peculiarità irriducibile. Infatti non bisogna dimenticare che tra il Rinascimento e l'Illuminismo c'è un lungo tratto di storia europea, c'è l'ulteriore consolidamento della borghesia, ci sono la rivoluzione scientifica, il razionalismo e l'empirismo: tutti eventi che entrano in qualche modo a costituire la sintesi illuministica e ne fondano, nel contempo, l'originalità.

> La maggiore radicalità dell'Illuminismo rispetto al Rinascimento

Tralasciando gli aspetti particolari delle diversità esistenti tra i due movimenti (che emergeranno di per sé nel corso dell'esposizione) e soffermandoci sull'essenziale, notiamo innanzitutto come il programma generale del Rinascimento subisca, per opera degli illuministi, una decisa radicalizzazione. Anche l'Illuminismo crede in una "rinascita" antropologica, ma, spogliando questa nozione di residue valenze religiose, la intende unicamente come un riscatto operato dall'uomo per l'uomo. Di conseguenza, il suo **umanismo** è **più accentuato** di quello rinascimentale, in quanto Dio, pur non essendo, per lo più, dichiarato inesistente (ateismo), viene tuttavia relegato in una sfera che ha poco o nulla a che vedere con il nostro mondo (deismo). In tal modo, nell'Illuminismo l'uomo diviene l'unico responsabile della propria sorte e l'artefice esclusivo del proprio mondo.

Sganciata da ogni fondamento trascendente, la **ragione** trova in se stessa i principi del conoscere e dell'agire, atteggiandosi a basilare **criterio direttivo della vita nella molteplicità delle sue espressioni**, respingendo la dimensione del dogma e ogni ingerenza esterna. Così l'Illuminismo conduce al suo esito estremo il processo di autonomizzazione delle varie attività umane già iniziato dal Rinascimento, accelerando il fenomeno della **laicizzazione della cultura**.

Nello stesso tempo la ragione illuministica, svincolatasi da ogni residuo culto del passato, compreso quello per gli "antichi", e da ogni persistente sottomissione alla fede rivelata, investe la religione e il mondo sociale e storico con una **carica eversiva** sconosciuta al Quattrocento, puntando a una riforma dell'esistente che va molto al di là di quella auspicata dai rinascimentali. Pertanto, nel momento stesso in cui dichiara di rifarsi al Rinascimento, l'Illuminismo certamente lo supera, pur avendo la chiara consapevolezza, storicamente fondata, di camminare sulla via da esso aperta.

Illuminismo e rivoluzione scientifica

Erede del Rinascimento, l'Illuminismo lo è altrettanto della rivoluzione scientifica, di cui anzi, sotto certi punti di vista, può essere considerato come il prodotto filosofico per eccellenza.

Una lettura riduttiva

Una lunga tradizione storiografica, tuttora imperante, tende a vedere la "filosofia" della rivoluzione scientifica in Bacone e in Cartesio. In realtà ciò è vero solo in parte. Sebbene il pensiero moderno, da Bacone in avanti, risulti visibilmente condizionato dall'avvento della scienza, la consapevolezza globalmente più matura di essa e delle sue implicanze pratiche e culturali non si trova né in Bacone, né in Cartesio, né in Spinoza, né in Leibniz, né in Pascal, né in Locke, né in Berkeley, né in Hume. Ad esempio Bacone, pur essendo indubbiamente uno dei padri della rivoluzione scientifica (riconosciuto come tale dagli illuministi stessi), non è stato in grado di individuare l'autentico metodo del sapere positivo; i razionalisti non sono stati capaci di intuirne l'inequivocabile portata antimetafisica; gli empiristi non ne hanno esplicitato tutta l'importanza sociale.

La "filosofia" della rivoluzione scientifica

Solo il movimento complessivo dell'Illuminismo – che ha visto nel metodo scientifico il modello del sapere e lo ha contrapposto alle metafisiche tradizionali, cogliendone e propagandandone la connessione con il progresso civile – rappresenta la vera e propria "filosofia" della rivoluzione scientifica e la coscienza più adeguata di essa. Solo con l'Illuminismo la **scienza**, ultima nata della cultura occidentale, pone la sua candidatura **al primo posto nella gerarchia delle attività conoscitive**.

Questo legame strutturale tra la scienza e l'Illuminismo (e quindi tra scienza e borghesia) è tanto più evidente se si pensa che se l'Illuminismo può essere visto come punto di arrivo della rivoluzione scientifica, quest'ultima può essere interpretata, per certi versi, come punto di partenza dell'Illuminismo. Infatti, la battaglia di Galileo contro il principio di autorità e i dogmi intellettuali del passato, la sua polemica contro i teologi e la metafisica, la sua "fi-ducia" nella ragione e nell'esperienza, la ricerca di un sapere fondato e proficuo rappresentano, al di là della consapevolezza dello scienziato stesso, posizioni potenzialmente "illuministiche". Rifacendosi idealmente a esse e ispirandosi al sogno baconiano di una civiltà scientifica in grado di padroneggiare la natura, l'Illuminismo crede infatti nella **realizzazione dell'uomo tramite un sapere vero e utile** al tempo stesso. Da ciò l'ottimistica esaltazione della scienza (vista solo nei suoi aspetti positivi e non anche in quelli potenzialmente negativi) e la lotta aperta contro tutte le forze che potrebbero ostacolarla: i pregiudizi, l'autorità delle metafisiche, i dogmi delle religioni ecc. Da ciò l'ideale di estendere il motto baconiano "sapere è potere" dalla natura alla società, mediante la costruzione di una scienza dell'uomo in grado di comprendere e dominare a proprio vantaggio i meccanismi economici, politici e morali. Programma razionalistico e programma scientifico, appello alla ragione e richiamo alla scienza divengono quindi, per gli illuministi, una cosa sola, poiché nel sapere positivo essi vedono il frutto principale della ragione e la concretizzazione vivente del suo potere nel mondo e tra gli uomini.

Illuminismo, razionalismo ed empirismo

L'Illuminismo è anche l'erede delle due grandi scuole filosofiche dell'età moderna: il razionalismo e l'empirismo.

Quando Cartesio, nel *Discorso sul metodo* (1637), stabilisce che si debba accettare per vero solo ciò che appare alla mente in modo evidente, dà avvio al razionalismo, ma nel contempo pone le basi dell'Illuminismo e dell'idea di un **esercizio autonomo e spregiudicato dell'intelletto**. Tuttavia, rispetto al razionalismo, l'Illuminismo è contrassegnato, in primo luogo, da una rigorosa **autolimitazione della ragione nel campo dell'esperienza**. Infatti la ragione cartesiana aveva subito, a opera di Locke e della metodologia scientifica di Newton, un ridimensionamento, che l'aveva trasformata da deposito infallibile di idee innate in un semplice strumento di acquisizione metodica di nuove conoscenze. In virtù di questo ridimensionamento, la ragione non può fare a meno dell'esperienza, perché si nutre di essa e funziona solo all'interno del suo orizzonte, fuori del quale non sussistono che problemi insoluti o fittizi. L'Illuminismo accoglie questa lezione di modestia e polemizza contro il "dogmatismo" e contro la "presunzione" della ragione cartesiana. Uno degli aspetti di questa polemica è la condanna del "sistema" o dello "spirito di sistema" (v. par. seg.).

Analogie e differenze rispetto al razionalismo

In secondo luogo, l'Illuminismo appare caratterizzato dalla **possibilità**, riconosciuta alla ragione, **di investire ogni aspetto o dominio che rientri nei limiti dell'esperienza**. Anche per questo secondo aspetto l'Illuminismo si contrappone al cartesianesimo, che si era precluso ogni ingerenza nel dominio morale e politico, pur avendo avuto la pretesa di fondare razionalmente le verità religiose. L'Illuminismo non accetta questa rinuncia cartesiana: il suo primo atto, anzi, è proprio quello di estendere l'indagine razionale al dominio della politica e della religione.

Dall'altro lato, pur essendo fortemente influenzato dall'empirismo, il concetto illuministico di ragione si distingue da quest'ultimo sia per una maggior fiducia nei poteri intellettivi dell'uomo (si pensi agli esiti scettici del filosofare humiano), sia per un'accentuazione della portata pratica e sociale di tali poteri. In certi settori dell'Illuminismo si assiste inoltre a una

L'accentuazione di alcuni aspetti dell'empirismo

radicalizzazione, in chiave sensistica e materialistica, della gnoseologia lockiana. Una **ragione operante all'interno dell'esperienza e volta ad approfondire ogni aspetto dell'esistenza umana ai fini del progresso sociale**: ecco la ragione illuministica e il suo inconfondibile tratto di originalità.

La ragione non è onnipotente

La ragione, tuttavia, non è affatto interpretata, secondo una vecchia accusa, come un organo onnipotente e assoluto, poiché l'Illuminismo, facendo propria l'idea lockiana di una **ragione finita e limitata dall'esperienza**, ossia dall'insieme verificabile dei fatti naturali e umani, la priva di ogni pretesa di incondizionatezza e di ogni tentativo di auto-deificazione. Pertanto, il culto rivoluzionario della "dea Ragione", più che l'essenza dell'Illuminismo, come vorrebbero taluni critici, esprime piuttosto una sua grottesca contraffazione, coincidente con la crisi dell'Illuminismo stesso.

Ragione, emozioni e sentimento

La ragione non è neppure concepita, secondo un'altra imputazione tradizionale, come l'unica dimensione dell'uomo, quasi che l'Illuminismo fosse una forma di intellettualismo cieco al sostrato irrazionale e passionale della vita. Infatti i suoi vari esponenti, da Voltaire a Condillac, da Diderot a Helvétius ecc., riconoscono e mettono in luce la funzione e il valore del bisogno, dell'istinto e delle passioni nella vita dell'uomo. In effetti, la ragione non è per l'Illuminismo una realtà a sé, il cui prevalere debba inghiottire e distruggere tutti gli aspetti della vita umana, ma è piuttosto l'ordine a cui la vita intrinsecamente tende, e che non può realizzarsi se non attraverso il concorso e la disciplina di tutti gli elementi sentimentali e pratici che costituiscono l'uomo. L'Illuminismo si è reso conto, pertanto, della resistenza o dell'aiuto che il compito della ragione può trovare nelle emozioni dell'uomo e ha sottoposto queste emozioni ad analisi, divenute famose, che hanno corretto e rammodernato le teorie di Aristotele e degli stoici. Uno dei risultati fondamentali di tali analisi consiste addirittura nella **scoperta**, dovuta agli illuministi inglesi e francesi, **del sentimento come categoria spirituale a sé, irriducibile da un lato all'attività conoscitiva, dall'altro all'attività pratica**: Kant doveva poi sanzionare questa scoperta istituendo nella *Critica del Giudizio* l'indagine critica di questa facoltà. Gli illuministi francesi, inoltre, chiarirono il concetto di **passione**, intesa non come semplice emozione ma, secondo l'espressione di Pascal, come **emozione dominante**, cioè capace di colorire l'intera personalità di un uomo e di determinarne gli atteggiamenti. I moralisti dell'Illuminismo francese sono tra i più sottili, caustici e spregiudicati analisti delle passioni, proprio in questo senso.

QUESTIONE (PDF)
Il bello è ciò che piace?
(Voltaire, Kant)

3. L'Illuminismo e la critica alle costruzioni sistematiche della metafisica

La polemica contro lo "spirito di sistema"

Il rifiuto della gnoseologia razionalistica e l'accettazione del modello empiristico e newtoniano del sapere si accompagnano, negli illuministi, a una critica delle grandi costruzioni metafisiche con cui Cartesio, Spinoza e Leibniz avevano preteso di racchiudere ogni realtà mondana e divina. Espressione tipica di questa tendenza è la polemica contro il "sistema" e lo "spirito di sistema", intendendo per quest'ultimo, come scrive Diderot, «quello che imbastisce piani e forma sistemi dell'universo ai quali pretende in seguito adattare i fenomeni, a diritto o a forza» (*Oeuvres*, XVI). Al "sistema" e all'ideale deduttivo della scienza cartesiana, gli illuministi francesi contrappongono l'**ideale analitico** della scienza newtoniana, consistente nell'**osservazione metodica dei casi particolari** e nella **formulazione di principi generali sempre certificati da nuove esperienze**. Inoltre lo "spirito di sistema" viene sostituito con l'**"esigenza sistematica"**, consistente nello sforzo di determinare quell'ordine e quella connessione strutturale delle conoscenze di cui l'*Enciclopedia* è insigne testimonianza e monumento.

Il rigetto del sistema e delle ipotesi incontrollate, la messa alla berlina dei vari "romanzi metafisici" antichi e moderni, fa sì che l'Illuminismo, sulle orme della rivoluzione scientifica e della riflessione di Locke, rinunci a dibattere i **problemi riguardanti l'essenza ultima del reale** e le **questioni relative alla sostanza-spirito o alla sostanza-corpo**. Anzi, certi enigmi tradizionali della mente, oltreché irrisolvibili, vengono considerati **irrilevanti** ai fini di una conoscenza effettiva del mondo e ritenuti semplice retaggio di una cultura parassitaria di tipo aristocratico-sacerdotale.

Il rifiuto dei principali enigmi della metafisica

Questa mentalità scettica nei confronti delle sistematiche tradizionali non significa tuttavia, come talora impropriamente si afferma, che l'Illuminismo abbia completamente bandito il discorso metafisico dal proprio orizzonte teorico. Infatti l'Illuminismo si mantiene per lo più entro una **metafisica deista**, che, pur non pretendendo di spiegare "l'essenza degli esseri", ritiene almeno di poter dimostrare che alla base di quell'"orologio" che è il mondo sta quell'"orologiaio" che è Dio. Tuttavia, il **Dio "geometra e meccanico"** dei deisti non ha nulla da spartire con il Dio delle varie fedi poiché è semplicemente una forza che ordina il mondo e a cui si accede attraverso la pura ragione (v. par. seg.). A differenza del "teismo", presupposto da certe religioni positive, che ammette un Dio personale, trascendente, creatore dell'universo e provvidente, il "deismo" tende a limitare l'intervento di Dio nel mondo. Così, mentre i deisti inglesi riferiscono a Dio il governo sia del mondo fisico, sia di quello morale, i deisti francesi, a cominciare da Voltaire, negano che Dio si occupi degli uomini e gli attribuiscono la più radicale indifferenza nei riguardi del loro destino.

Dio come "orologiaio" del mondo

Se il deismo, che in alcuni autori tende a sfociare in forme di panteismo, è ancora una metafisica ridotta ai minimi termini, una **metafisica globale** è invece il **materialismo**, che intende tuttavia essere in pieno accordo con i risultati del sapere positivo e rappresentare l'ontologia stessa della scienza. La presenza della metafisica è ancor più accentuata in Germania, dove troviamo un'ontologia di tipo aristotelico-scolastico di tendenza leibniziana.

Il materialismo

Solo la linea del sensismo, che prende le mosse da Condillac e continua con i cosiddetti "ideologi" fioriti a cavallo dei due secoli – che praticano la filosofia come "analisi delle idee" in chiave sensista –, perviene a un **agnosticismo** più marcato.
Sebbene sul tema della metafisica l'Illuminismo sia stato poco organico e coerente, si deve dire che esso, sulle orme degli empiristi, ha avuto la funzione storica di diffondere per la prima volta, nel mondo moderno, quel dubbio e quella cautela critica nei confronti dei sistemi ontologici tradizionali, diventando uno degli antecedenti culturali del "processo" kantiano alla metafisica.

L'agnosticismo

4. Illuminismo e religione

La critica alle religioni positive

I tre "impostori": Mosè, Cristo e Maometto

Come si è accennato, l'Illuminismo ammette la possibilità della religione solo nella forma del deismo (v. par. seg.), per cui, fin dal suo esordio, esso appare fortemente polemico nei confronti delle religioni positive e delle grandi fedi storiche dell'umanità occidentale: ebraismo, cristianesimo e islam. In Francia, dove la battaglia antireligiosa assume toni più accesi, Mosè, Cristo e Maometto vengono bollati come *les trois imposteurs* (i tre impostori).

I motivi della critica illuministica alla religione

L'ostilità dell'Illuminismo nei confronti delle religioni positive nasce da una serie di ragioni teoriche e pratiche strettamente connesse:

■ in primo luogo, deriva da una **mentalità razionalistica**, che, non riconoscendo altro criterio di verità all'infuori della ragione e dell'esperienza, misconosce il concetto di "rivelazione", reputando inoltre che i vari "dogmi", più che essere verità meta-razionali (secondo la tesi dei teologi), siano costitutivamente credenze anti-razionali. La stessa idea centrale del cristianesimo, quella di un Dio che dopo aver creato l'uomo viene a morire sulla croce per redimerlo, agli occhi degli autori più estremisti appare soltanto una "favola giudaica", che secoli interi di educazione cristiana non bastano a rendere più credibile, o meno assurda, di fronte all'intelletto;

■ in secondo luogo, **gli illuministi ritengono che le varie religioni della storia abbiano contribuito**, insieme al potere politico, **a tenere i popoli nell'ignoranza e nella servitù**, ostacolando il progresso scientifico, economico e sociale dell'umanità, e producendo per lo più intolleranza, fanatismo e divisione tra gli individui;

■ in terzo luogo, **gli illuministi**, convinti che «la ragione vuole la felicità», **reputano che la religione**, soprattutto quella cristiana, **«imbrogliando i popoli», li abbia intristiti con il senso del peccato, della morte e del castigo**, impedendo una "naturale" e armonica realizzazione del loro essere mondano.

La vicenda dei *Manoscritti clandestini*

Critiche di questo tipo alle religioni positive, in tutta la loro cruda immediatezza e forza polemica, si trovano soprattutto nei cosiddetti *Manoscritti clandestini* (raccolti da Ira O. Wade nel volume *The Clandestine Organization and Diffusion of Philosophic Ideas in France from 1700 to 1750*, Princeton 1938). Composti grosso modo dalla morte di Bayle (1706) fino alla comparsa dello *Spirito delle leggi* di Montesquieu (1748), tali manoscritti sono costituiti da un centinaio di opuscoli, ritrovati in più copie in varie regioni della Francia. I controlli della polizia regia e le persecuzioni ecclesiastiche hanno fatto sì che essi si diffondessero clandestinamente, e talora in forma anonima, presso una fascia ristretta di persone colte. Pubblicati più tardi, con l'interessamento di Voltaire e di d'Holbach, questi libelli sono importanti perché costituiscono la diretta preparazione della critica antireligiosa della seconda metà del secolo.

Le contraddizioni e i limiti della religione

Eccone alcuni passi[1].

> Non c'è nessuna setta religiosa che non pretenda di fondarsi veramente sull'autorità divina, e che non pretenda di essere completamente esente da tutti gli errori, da tutte le illusioni, da tutti gli inganni e le imposture che si trovano nelle altre.

---

1 Cfr. P. Rossi, *Gli illuministi francesi*, Loescher, Torino 1969.

[…] Se coloro che affermano l'origine divina della propria religione non sono in grado di fornirne prove e testimonianze chiare, sicure e convincenti, ciò dimostra in modo chiaro, sicuro e convincente che nessuna religione è stata veramente istituita da Dio.

(Le Testament de Jean Meslier, IX)

Anche supponendo che Dio si sia fatto uomo per educare gli uomini, non si può negare che Cristo avrebbe adempiuto assai male al suo compito. Egli non ci ha insegnato nulla al di fuori di alcune convinzioni morali che i pagani avevano già diffuso prima di lui, e in modo più persuasivo e più esplicito. Egli non ci ha insegnato nessun dogma religioso. Cristo non ha mai parlato di nessuna delle principali verità della fede: non ha mai predicato il miracolo della propria nascita, né ha mai parlato della Trinità, dei sacramenti o del peccato originale. Sui quattro punti fondamentali della religione cristiana è certo che Cristo non ha mai istruito gli uomini: il suo viaggio è stato il più chimerico di tutti i viaggi.

(Examen de la religion, IV, 1-2)

Una religione che insegna degli errori, che sopporta abusi contrari alla giustizia e all'equità naturale, nonché contrari al buon governo degli uomini e di pregiudizio al bene pubblico – e che li approva e li autorizza, così come essa autorizza anche il governo tirannico dei re e dei principi della terra, i quali fanno gemere i popoli sotto il giogo del proprio dominio – non può essere una religione vera. Questa proposizione è chiara ed evidente, e non può essere contestata. Ma la religione cristiana […] autorizza la tirannia e il governo dei re e dei principi della terra, come risulta chiaramente dall'esperienza quotidiana. Essa non può quindi essere fondata sull'autorità di Dio; perciò è falsa, al pari di qualsiasi altra religione.

(Le Testament de Jean Meslier, LIX)

Il filone deista e il filone ateo

Nell'ambito della critica illuministica alla religione, dai *Manoscritti clandestini* ai *philosophes*, si profilano due filoni: uno più moderato e di orientamento deista e uno più estremistico e di tendenza atea.

Il deismo – che è l'atteggiamento di gran lunga prevalente nella cultura illuministica – distinguendo tra natura e storia, ragione e superstizione, **crede in una religiosità naturale e immutabile**, fondata su un nucleo razionale di verità comuni a tutti gli uomini, come ad esempio l'esistenza di Dio e i precetti morali riguardanti l'amore e il rispetto dei nostri simili. La religiosità laica e razionalistica del deismo tende infatti a concretizzarsi in un'**etica universale** che accomuna tutti gli uomini. Proclama Voltaire:

L'indirizzo deista

Esiste una sola morale così come c'è una sola geometria. Mi si obietterà che la maggior parte degli uomini ignora la geometria. È vero; ma, appena qualcuno ci si dedica, si raggiunge subito un accordo.

(Dizionario filosofico, "Morale")

Per gli illuministi questa **forma di religione** risulta la sola **capace di garantire**, al tempo stesso, **l'autonomia dell'umano e la realtà di una Mente superiore**. Per cui «tutto ciò che una qualsiasi religione aggiunge a questo nucleo fondamentale della vita religiosa è nel migliore dei casi inutile, e altrimenti dannoso allo spirito stesso della religione. Il dogma è un complesso di credenze indimostrabili e del tutto superflue; il culto è un insieme di pratiche religiosamente irrilevanti, per lo più di origine magica; la formazione di una classe sacerdotale è il risultato di un'usurpazione ai danni della comunità dei fedeli; e dall'esistenza di diverse religioni positive distinte tra loro per dogma e per culto derivano l'intolleranza e il fanatismo di cui tutte hanno in varia misura dato prova. L'antitesi tra religione naturale e religione positiva appare pertanto lo strumento polemico di cui l'Illuminismo francese si avvale per procedere alla distruzione dei fondamenti della fede religiosa, così come questa è stata tramandata da parte della tradizione. La religione naturale è infatti una religione fondata esclusivamente sulla ragione; invece la religione positiva è fondata sulla tradizione, e trae il proprio titolo di legittimità dal richiamo ad una originaria rivelazione. Ma fondare una religione sulla rivelazione vuol dire fondarla su un fatto storico, e per di più su un fatto di dubbia attendibilità, o risultato di un'evidente mistificazione»[1].

L'indirizzo ateo

L'indirizzo ateo trova i suoi rappresentanti più significativi in Meslier e in d'Holbach.
Jean Meslier è una singolare figura di sacerdote: divenuto parroco di Étrépigny, fu esemplare per condotta e spirito di pietà verso gli umili, ma una crisi interiore lo portò dal cristianesimo al materialismo. Sebbene egli continuasse la vita sacerdotale e la missione di assistenza e di carità tra i fedeli, cui non rivelò mai le «profonde verità» custodite nel segreto della sua mente, scrisse tre manoscritti "clandestini" di 366 fogli (di cui abbiamo già citato alcuni passi) che furono trovati solo alla sua morte con il titolo *Mon Testament*. Il deista Voltaire, che «fremette d'orrore» alla lettura di quello scritto, ne pubblicò, nel 1762, un estratto di 63 pagine, e dopo alcuni mesi ne curò una seconda edizione di ben cinquemila copie. Nel 1775 il parlamento di Parigi ordinò che il *Testamento* fosse bruciato (una nuova edizione completa apparirà soltanto nella seconda metà dell'Ottocento).
Paul Henri Dietrich barone d'Holbach, che in parte si rifà a Meslier, è invece il maggior filosofo del materialismo francese.
Mentre **la corrente** deista scinde, a proposito della religione, un momento fisiologico e uno patologico, un nucleo razionale e uno irrazionale, quella **atea ritiene che la religione sia**, di per sé, **un fenomeno patologico e irrazionale**, che non sgorga dall'intelletto, ma da fattori quali l'interesse e la paura.

L'interpretazione politica della religione

Meslier, rifacendosi a Bayle e a Fontenelle e collegandosi a una linea di pensiero che risale ai sofisti, appare decisamente favorevole a un'interpretazione del fatto religioso in chiave politica, ritenendo che la sottomissione al Monarca divino voluta dalle religioni non sia altro che una **manovra per sottomettere i popoli ai monarchi umani**:

> Tutte le leggi e le ordinanze emanate sotto il nome e l'autorità di Dio o degli dei non sono altro, in verità, che invenzioni umane. Esse sono state escogitate per fini e per motivi di astuzia politica; in seguito sono state coltivate e moltiplicate da falsi profeti, da seduttori e da impostori; infine sono state mantenute e autorizzate dalle leggi dei principi e dei grandi della terra, i quali se ne sono serviti per tenere più facilmente in soggezione la massa degli uomini.
>
> (*Le Testament de Jean Meslier*, III)

L'interpretazione antropologica e psicologica della religione

D'Holbach, sulla scia di Hobbes e soprattutto di Hume, pur denunciando la strumentalizzazione politica del fenomeno religioso, appare propenso a ricercarne l'origine soprattutto nel **timore** e nel **disagio dell'uomo di fronte all'universo**:

> È il male che vede nel mondo che lo ha indotto a pensare alla Divinità. Il grandissimo numero dei mali, degli accidenti, delle malattie, dei disastri, degli scuotimenti del nostro glo-

---

1 P. Rossi, *Gli illuministi francesi*, cit., p. XXI. Volendo prescindere da qualsiasi elemento storico e proponendosi di spogliare le religioni positive dalle loro sovrastrutture superstiziose e cultualistiche, i deisti praticano anche un esame razionalistico dei testi sacri, richiamandosi alla critica biblica iniziata da Spinoza e da Richard Simon (1638-1712).

bo, delle alterazioni, delle inondazioni, delle conflagrazioni suscitarono in lui spaventi. Fu allora che, non vedendo sulla terra agenti abbastanza potenti da operare tali effetti, levò gli occhi al cielo, in cui suppose che risiedessero agenti ignoti, l'inimicizia dei quali distruggeva quaggiù la sua felicità. *(Sistema della natura*, XVII)

Ma se la religione affonda le sue radici nell'irrazionale e nella paura e obbedisce a interessi umani e di potere, la ricerca deistica di una "religione razionale" appare una contraddizione nei termini, poiché dove trionfa la ragione non c'è religione e viceversa. Di conseguenza, se Dio è soltanto una falsa proiezione della mente, l'**unica verità**, per Meslier come per d'Holbach, è da ricercarsi **nel mondo reale**, ossia nella natura, spinozisticamente e materialisticamente pensata come una realtà autosufficiente ed eterna, e come sano criterio di comportamento: «Confrontate la morale religiosa con quella della natura: questa la contraddice ad ogni istante» *(Sistema della natura*, XXIV).

Questo spiega perché d'Holbach veda nell'ateismo una scuola di vita e una **condizione** indispensabile **per fondare una società migliore**, opponendosi in ciò al deista Voltaire, che, facendosi portavoce dell'antica tesi (ancora presente in Locke) secondo cui il non credere in Dio genera immoralità e asocialità, scrive ad esempio:

> l'ateismo è un mostro assai pericoloso in quelli che governano; lo è anche nelle persone di studio, se pure la loro vita è innocente, perché dal loro studio esso può arrivare sino a quelli che vivono in piazza; e, se non è certo funesto quanto il fanatismo, è tuttavia quasi sempre fatale alla virtù. *(Dizionario filosofico*, "Ateo, ateismo")

Il carattere irrazionale e innaturale della religione

Rispondendo al quesito "L'ateismo risulta compatibile con la morale?", d'Holbach controbatte invece che:

> Se l'ateo nega l'esistenza di Dio, non può negare la propria esistenza né quella degli esseri simili a lui. Non può dubitare dei rapporti che sussistono tra loro né della necessità dei doveri che derivano da questi rapporti. Non può, dunque, dubitare dei princìpi della morale, la quale non è che la scienza dei rapporti sussistenti tra gli esseri che vivono in società. *(Sistema della natura*, XXVII)

L'ateismo come scuola di vita

Sebbene sul piano politico la polemica antireligiosa degli illuministi abbia posto le premesse teoriche del fenomeno della persecuzione religiosa (non di una fede su un'altra, com'era avvenuto per lo più nel passato, ma dei non credenti sui credenti), che darà i suoi frutti più drammatici e sanguinosi durante il corso della Rivoluzione francese, l'obiettivo degli illuministi non era certo questo. Infatti essi, deisti o atei, pur combattendo filosoficamente le religioni storiche sul piano delle idee, e pur avversando, in virtù dei concetti di tolleranza e di Stato laico (v. "Illuminismo e politica", p. 43), lo Stato confessionale, cioè identificantesi con una confessione religiosa, hanno difeso la **possibilità teorica e pratica di professare un qualsivoglia credo religioso**. Scrive Voltaire:

L'ideale della tolleranza

> Alla borsa di Amsterdam, di Londra, di Surata, o di Bassora il guebro, il baniano, l'ebreo, il maomettano, il deista cinese, il bramino, il cristiano greco, il cristiano romano, il cristiano protestante, il cristiano quacchero trafficano tutto il giorno assieme: e nessuno leverà mai il pugnale sull'altro, per guadagnare un'anima alla sua religione. E perché allora noi ci siamo scannati quasi senza interruzione, a partire dal primo concilio di Nicea? *(Dizionario filosofico*, "Tolleranza")

Pertanto, da questo punto di vista, si può dire che l'Illuminismo sia andato a beneficio del progresso civile e delle Chiese stesse, soprattutto di quelle minori, poiché stabilendo, sulle orme di Locke, che ogni religione, in quanto implica un atto di fede, non può essere imposta o rifiutata con la forza, ha riconosciuto a tutte l'uguale diritto all'esistenza, secondo un principio che costituisce tuttora uno dei fondamenti degli Stati moderni.

ESERCIZI INTERATTIVI ON LINE

5. Illuminismo e mondo storico

Il rapporto tra l'Illuminismo e la storia rappresenta uno degli argomenti più importanti e discussi dagli studiosi. Concentrandoci sulle linee generali e sulle **idee comuni della visione illuministica della storia** – sviluppata soprattutto in Francia – risulta possibile individuare e distinguere, per comodità concettuale e didattica, una serie di punti essenziali.

Umanità e problematicità della storia

Dio e la Provvidenza nella tradizione cristiana

Prima dell'Illuminismo, il modo occidentale di rapportarsi alla storia era ancora sostanzialmente di tipo ebraico-cristiano. Solo con il pensiero del XVIII secolo si realizzano, da un lato, l'esplicito e propagandato **distacco dal modello teologico-provvidenzialistico** che aveva trovato la sua massima espressione nella *Città di Dio* di Agostino e, dall'altro, l'aperta **sostituzione del cristocentrismo storico con l'antropocentrismo**. Infatti, sebbene già Machiavelli e Guicciardini, ad esempio, avessero delineato un modo "laico" di vedere la storia e già i libertini del Seicento avessero mosso delle obiezioni radicali all'idea di un governo divino del mondo, palesemente contraddetta, a loro parere, dai soprusi e dalle malvagità di cui è intessuta la vita, gran parte della cultura ufficiale aveva di fatto continuato a presupporre la nozione di un Dio autore o coautore, con l'uomo, del mondo delle nazioni. Anzi, questo schema – la cui permanenza era stata favorita dal sostanziale disinteresse del razionalismo e dell'empirismo per il problema della storia – aveva costituito il punto di partenza e il filo conduttore del quadro globale degli avvenimenti storici fornito dal teologo e predicatore francese Jacques-Bénigne Bossuet nel *Discorso sulla storia universale* (1681) e da Vico nella *Scienza nuova* (1730).

L'umanismo storico degli illuministi

Con l'Illuminismo francese, e con Voltaire in particolare, comincia invece a farsi strada, in connessione con la prospettiva deistica, la persuasione che l'unico soggetto della storia sia l'uomo, con i suoi sforzi, i suoi errori e i suoi successi. Ridotto a puro garante del cosmo fisico, il Dio degli illuministi cessa di essere l'autore o il coautore dell'universo storico, che viene attribuito, negli aspetti positivi e in quelli negativi, all'uomo soltanto. Pertanto, come appare nel *Candido*, in cui Voltaire, prendendo spunto dal grande terremoto di Lisbona del 1755, cerca di ridurre all'assurdo l'opinione di un intervento divino nel mondo, gli illuministi ritengono che ogni teoria che fondi la storia su Dio e sulla Provvidenza sia una mistificazione della reale condizione umana e rappresenti una delle cause secolari dell'immobilismo delle masse, portate a sperare in una soluzione dall'alto dei propri problemi. Invece, per gli illuministi, malattie, cataclismi, carestie, prepotenze, ingiustizie ecc. sono mali che attestano l'assenza della Provvidenza, o l'indifferenza concreta di Dio, e che possono e devono essere combattuti solo dalle energie congiunte degli individui e dagli strumenti che l'intelligenza e la scienza mettono a loro disposizione.

E proprio perché **la storia è un'avventura dell'uomo e non già la realizzazione di un piano divino**, dal punto di vista degli illuministi essa non costituisce un processo necessario, assicurato metafisicamente nei suoi presupposti e nei suoi esiti (come sarà invece per i romantici), ma piuttosto **un ordine problematico**, che, dipendendo dall'iniziativa dell'uomo, risulta esposto all'errore e all'alienazione e che anche nelle sue conquiste positive appare privo di garanzie assolute, capaci di metterlo al riparo dalla decadenza e dal ritorno della "barbarie".

Il pessimismo storico degli illuministi

Secondo gli illuministi la storia, nel passato, è stata vissuta per lo più in condizioni negative, configurandosi come un teatro irrazionale di ignoranze, superstizioni, violenze, patimenti di ogni sorta ecc. Perciò, alla mentalità tendenzialmente giustificazionista della filosofia cristiana della storia, che vede in essa «la mano segreta di Dio», l'Illuminismo contrappone una visuale apertamente critico-polemica, basata sull'amara constatazione voltairiana secondo cui «la ragione non conosce se stessa nella storia». Questo **atteggiamento ipercritico verso il passato** si concretizza in un vero processo alla storia, che rappresenta uno degli aspetti più vistosi del programma illuministico, tutto proteso a liberarsi dalla «ruggine dei secoli» (Cesare Beccaria).

Il "processo" alla storia

Di conseguenza, per un certo verso, l'Illuminismo rappresenta una **forma di pessimismo storico**, in quanto nella storia vede il luogo del negativo e la sede di un processo di alienazione o di smarrimento, da parte dell'uomo, della sua essenza naturale e razionale.

Da ciò la nota critica al **Medioevo**, bollato come l'età della barbarie per eccellenza e scelto come idolo polemico e capro espiatorio di tutti gli oscurantismi e di tutte le sofferenze patite dall'umanità nel corso della sua storia, ossia come il **modello negativo di ciò che l'umanità non deve mai più essere**. E in questo senso, pur con tutte le esagerazioni e inesattezze storiche, l'atteggiamento anti-medievale rappresenta un aspetto o un momento ideale del progressismo illuministico.

La polemica contro il Medioevo

Da ciò la contrapposizione tra *homme naturel* e *homme artificiel*, che in alcuni scrittori prende sia la forma dell'**idoleggiamento di una felicità preistorica** da cui l'uomo sarebbe "decaduto", sia quella del **mito del "buon selvaggio"** e dell'interesse per le civiltà esotiche e primitive. Anche se non può essere ritenuta la concezione tipica dell'Illuminismo, come talora si sostiene, questa visione "primitivistica" è comunque importante, perché esprime quel "disagio" verso la storia del passato e del presente che è caratteristica della mentalità illuministica e di buona parte della cultura del Settecento.

Il primitivismo

La forma più specifica e diffusa in cui si incarna il pessimismo storico illuministico è invece l'anti-tradizionalismo. Alla mentalità comune, secondo cui il fatto che una credenza sia stata accettata nei secoli costituisce già di per sé una prova del suo valore, gli illuministi oppongono l'istanza critica in base alla quale **la patente di antichità non è mai, per sé, contrassegno di verità**. Anzi, gli illuministi sono convinti che l'appello alla tradizione sia stato uno dei tanti modi disonesti e ingannatori per giustificare e tenere in piedi credenze

L'anti-tradizionalismo

e modi di vita per lo più irrazionali. Da ciò l'attacco violento sia al principio generale di tradizione, sia ai contenuti in cui essa si è concretizzata di volta in volta.

Questa polemica anti-storica e anti-tradizionalista troverà un'esemplificazione paradossale durante il periodo rivoluzionario, allorquando la Convenzione, discutendo il disegno Sieyès-Daunou circa il riordinamento delle scuole, giungerà ad abolire, con la legge del 3 brumaio, anno IV, l'insegnamento della storia nelle classi primarie, considerandola retorica e pericolosa memoria di un passato da dimenticare per sempre.

> **Le poche «età felici» della storia**

L'attacco illuministico alla storia non ha comportato tuttavia, come talora si asserisce, il rifiuto di tutto il passato in blocco, senza distinzioni. Infatti, pur contestandolo in gran parte, gli illuministi, nella loro opera di discriminazione critica, ne hanno anche esaltato, per opposizione, alcuni momenti. Voltaire, ad esempio, vede nelle età di Pericle, di Cesare e Augusto, del Rinascimento italiano e di Luigi XIV delle «età felici [...] in cui sono state perfezionate le arti e che, servendo di modello della grandezza dello spirito umano, costituiscono un esempio per la posterità» (*Il secolo di Luigi XIV*, I).

L'ottimismo storico degli illuministi

> **Il "bifrontismo" illuministico**

Se nei confronti del passato l'Illuminismo tende ad assumere – salvo eccezioni – un atteggiamento di sfiducia e di negazione, in rapporto al presente e al futuro esso tende invece ad assumere un tono fiducioso e attivistico. Ciò spiega perché taluni studiosi abbiano parlato di "pessimismo storico" e altri di "ottimismo storico" degli illuministi. In realtà, l'**Illuminismo**, **nei confronti della storia**, appare bifronte, ossia **pessimista e ottimista al tempo stesso**, a seconda che il suo sguardo sia rivolto alla "ruggine dei secoli" o ad una nuova umanità plasmata dai "Lumi".

Infatti, nel momento stesso in cui distrugge, l'Illuminismo si dispone a costruire. Anzi, più aggressiva è la critica verso il passato, tanto più forte, nei vari autori, è l'impegno verso il presente e il futuro, poiché ciò che li rende "illuministi" è proprio la speranza, variamente condivisa, di poter ritrovare l'uomo al di là della storia, ovvero la persuasione di poter edificare, sulle rovine del passato e tramite la ragione, un mondo nuovo e a misura d'uomo. Quest'**atto di fiducia verso la storia e verso le sue possibilità di riscatto**, di cui l'edificazione dell'*Enciclopedia* è una delle incarnazioni più significative, costituisce il presupposto di fondo dell'**attivismo** illuministico, che si concretizza pure, soprattutto per opera di Voltaire, in una visione generale della storia come processo graduale di incivilimento, che da uno stato primitivo di esistenza selvaggia, attraverso una condizione intermedia di barbarie, giunge a uno stato di civiltà effettiva e in costante progresso.

> **Ragione, civiltà e progresso**

In primo luogo, questa **dottrina della storia come storia della civiltà** – che avrà tanta fortuna e che finirà per costituire la *forma mentis* stessa del modo occidentale e moderno di rapportarsi alla storia – si basa sulla **connessione ragione-civiltà**, in quanto l'avanzamento storico appare condizionato dalle conquiste della ragione e dal complesso delle scienze e delle arti cui essa mette capo. In secondo luogo, si radica nel **concetto della storia come sforzo di progresso da parte dell'uomo**. Da ciò il carattere tortuoso e problematico che viene riconosciuto al corso storico, interpretato come alternanza di periodi di stasi e periodi di avanzamento, ossia come un processo privo di garanzie infallibili. Tant'è vero che lo stesso Kant, partecipe della mentalità illuministica, considererà, ad esempio, la «pace perpetua» alla stregua di un imperativo categorico, ossia di una possibilità orientativa affidata all'uomo e priva, come tale, di assicurazioni precostituite. E questo perché la ragione illuministica, come quella kantiana, secondo quanto scrive Pietro Chiodi, «è pur sempre una ragione finita, quindi problematica rispetto agli esiti dei suoi progetti, è una disposizione in lotta con altre, non unica signoreggiatrice della storia. La storia non è un affare della ragione, ma dell'uomo, cioè di un essere in cui la ragione è una possibilità fra altre»[1]. Soltanto Condorcet, verso la fine del secolo, si avvicinerà a schemi forse più necessitaristici che problematicistici, facendosi teorico della civiltà come di un progresso indefinito e certo.

Questa maniera di interpretare il mondo storico trova espressione anche nelle tendenze di fondo della storiografia illuministica, che, non potendosi richiamare a un sistema scientifico già costituito, come quello della fisica newtoniana, ha dovuto porsi, come ha notato Ernst Cassirer, il problema stesso di un'indagine storica fondata, facendo valere, a cominciare da Bayle, quel principio del **vaglio critico delle testimonianze tramandate**, e del correlativo rigetto di quelle "false" o "contraffatte", che costituisce il primo passo della storiografia modernamente e scientificamente intesa. Inoltre, nei confronti della storiografia tradizionale, incentrata prevalentemente sulla dimensione politica, diplomatica e militare dei fatti, l'Illuminismo ha perseguito l'ideale di un **ampliamento della prospettiva storica**, proponendosi di considerare non solo la successione dei sovrani, i rapporti tra le corti, le battaglie ecc., ma anche la vita economica, il progresso scientifico e tecnico, la cultura letteraria e artistica ecc. Infine, e questo è forse l'aspetto più caratteristico della storiografia illuministica, essa ha elaborato un **quadro storico "universale" del cammino della civiltà**, impegnandosi a valutare le varie epoche alla luce del contributo, positivo o negativo, fornito all'incivilimento dell'uomo e al miglioramento delle sue condizioni di vita.

La storiografia illuministica

6. Illuminismo e politica

Orizzonte e portata storica del pensiero politico degli illuministi

L'attenzione per i problemi politico-giuridici, parallela all'interesse per il mondo storico, è un'altra delle caratteristiche salienti dell'Illuminismo europeo, soprattutto di quello francese. Sebbene la filosofia e la letteratura francesi, a cominciare da Cartesio, si fossero poste alla testa dell'emancipazione e dello sviluppo intellettuale dell'Europa, il filone politico in esse era stato poco coltivato. Del resto, in un'età dominata dall'assolutismo monarchico e burocratico, e dall'autocrazia personale di uomini come Richelieu, Mazzarino e Luigi XIV, la filosofia politica aveva pochi stimoli e ridotti spazi di ascolto. Invece, la crisi degli ambiziosi progetti di Luigi XIV e il premere di forze sempre più avverse all'assolutismo regio, incarnate soprattutto dalla borghesia, avevano cominciato a produrre un interesse generalizzato

Il rinato interesse per le problematiche politiche

---

1 L'affermazione di Chiodi si trova nella sua introduzione a I. Kant, *Scritti morali*, UTET, Torino 1970, p. 25.

per le problematiche politiche e per la filosofia sociale. Tant'è vero che nella **prima metà del XVIII secolo** si assiste a un'autentica **esplosione della pubblicistica storica e filosofico-politica**, che innesca un dibattito, di cui gli illuministi sono i principali promotori, destinato a farsi sempre più "rovente", dapprima ponendosi come piattaforma teorica del "dispotismo illuminato" e della ventata di riforme che investe alcuni paesi europei, e in seguito configurandosi come la preparazione ideologica della Rivoluzione francese.

Originalità della prospettiva politica illuministica

Il legame tra Illuminismo e politica costituisce dunque un fatto storico verificabile. Tuttavia, prima di procedere nell'esposizione, è indispensabile premettere un'osservazione di fondo, che condiziona il modo stesso di rapportarsi all'Illuminismo politico e di concepirne la portata storica. Continuare a ridurre la filosofia sociale dell'"età dei Lumi" a pura ideologia del dispotismo illuminato o a semplice specchio di contingenti rivendicazioni borghesi – come ha fatto un filone storiografico tuttora accreditato – puntualizzandone la poca "originalità" e denunciandone l'"astrattezza" e la scarsità di risultati pratici immediati, significa precludersi la comprensione di talune realtà:

- innanzitutto, se è vero che la dottrina politica dell'Illuminismo francese non è originale in assoluto, poiché mutua dal pensiero inglese, e da Locke in particolare, alcuni dei suoi temi di base, è anche vero che la sua importanza consiste nell'aver recuperato e sviluppato tali idee, diffondendole su larga scala fino a trasformarle in altrettanti **"luoghi comuni" della cultura militante europea e nordamericana**;

- in secondo luogo, è vero che l'Illuminismo non si concretizza in un programma politico organico (anche per la diffidenza verso il "sistema"), nutrendosi spesso di discorsi teorici e ottenendo, almeno con il dispotismo illuminato, frutti abbastanza modesti. Ma persistere nell'attribuire questo scarto fra teoria e realizzazione pratica all'"astrattezza" della ragione illuministica (come vorrebbe un'accusa "storicistica", essa stessa poco dotata di senso storico), dimenticando gli impedimenti dovuti alle circostanze effettive in cui gli illuministi, compresi quelli italiani, si trovarono a operare, significa accontentarsi di formule ormai logore, senza tener conto dei contributi provenienti da studiosi odierni[1];

- in terzo luogo, è bene tener presente che sono proprio certe "idee generali" dell'Illuminismo (su cui ci soffermeremo in prevalenza) ad aver prodotto a lungo andare, con le rivoluzioni americana e francese e anche oltre, **i frutti storicamente più decisivi per il mondo moderno**.

La politica a servizio dell'uomo e della "pubblica felicità"

La "politicità" del progetto illuminista

La dottrina della ragione come insieme di strumenti concettuali operativi e il conseguente impegno a tradurre il pensiero in azione fondano l'essenziale "politicità" dell'Illuminismo, che risulta costantemente teso a legare la **speculazione filosofica** al raggiungimento di **obiettivi pratici di portata sociale**. Convinti che nel corso del tempo l'uomo abbia subìto un processo di alienazione e di smarrimento, gli illuministi ritengono infatti che sia indispensabile ingaggiare una battaglia per restituirlo a se stesso e all'integrità dei suoi poteri

---

1 Cfr. ad esempio Franco Venturi, Furio Diaz e altri autori citati nella bibliografia.

naturali e razionali: risultato ottenibile soltanto mediante una modifica della vita nella globalità dei suoi aspetti economici, giuridici, culturali, pedagogici ecc.[1]

Lo **sdegno etico verso il passato** si traduce così in un **impegno riformatore verso il presente**, in quanto, come sostiene ad esempio Helvétius, «la morale è una scienza frivola se non la si confonde con la politica e la legislazione».

Alla pratica millenaria della politica come arte di offesa e di difesa e come tecnica di dominio, gli illuministi contrappongono l'idea, già di per sé rivoluzionaria, di **una politica a servizio dell'uomo e dei suoi diritti naturali di base**. Così come nel campo religioso la contrapposizione tra religione naturale e religioni positive offre lo strumento polemico per attaccare le varie religioni storiche, analogamente nel campo politico l'antitesi tra diritto naturale e diritto positivo diventa il punto di partenza per una critica radicale dei vari ordinamenti storici. Il concetto di "**diritti naturali**" (che l'Illuminismo deriva dal giusnaturalismo moderno e da Locke) non è certo nuovo, poiché affonda le sue radici nella filosofia greca e nel pensiero medievale. Questo non significa però che l'Illuminismo si limiti in questo ambito a una mera ripetizione del passato, o, come pure è stato detto, a una semplice traduzione "laica" del cristianesimo. Infatti, ciò che caratterizza inequivocabilmente la proclamazione illuministica dei diritti dell'uomo nei confronti delle dottrine precedenti è, da un lato, una **particolare interpretazione** di tali diritti, e, dall'altro, la loro **utilizzazione ai fini della critica politica**, accompagnata dal correlativo **sforzo di renderli operanti nella realtà**. In altre parole, con gli illuministi la persuasione circa i "diritti" dell'uomo cessa di essere un'astratta e per lo più impotente proclamazione di principio, per divenire un'idea-forza calata nella dimensione effettiva della storia, capace, come tale, di smuovere le energie sociali degli individui (e ciò attraverso un processo che va ben oltre il riformismo degli enciclopedisti e che trova il suo sbocco nella Rivoluzione francese).

> La difesa dei diritti naturali

Tra i diritti difesi con più forza dagli illuministi vi è innanzitutto la **felicità**, a cui fanno cenno pressoché tutti gli scritti della ricca pubblicistica del Settecento:

> La felicità come diritto

> Tutti gli uomini si riuniscono nel desiderio di essere felici. A tutti noi la natura ha fatto una legge della nostra felicità. Ci è estraneo tutto ciò che non è felicità.
>
> (*Enciclopedia*, voce "*Bonheur*")

> Se ogni uomo tende alla felicità, ogni società si propone lo stesso fine: l'uomo vive in società per essere felice. Perciò la società è un insieme di uomini collegati dai loro bisogni per lavorare di comune accordo alla propria conservazione e alla propria felicità.
>
> (D'Holbach, *Il sistema sociale*, II, 1)

> Dovere naturale dell'uomo è vivere ed essere felice. (Mirabeau, *I doveri*, 1780)

E la felicità viene intesa come quella **situazione di pace in cui gli uomini soddisfano i propri bisogni materiali e spirituali**. Gli illuministi ritengono infatti che la guerra e le contese tra gli Stati siano dei "mali" da cui l'umanità deve liberarsi e che la pace – al limite quella «perpetua», di cui parlerà Kant (v. unità 7, p. 300) – sia la meta ultima della storia. Di conseguenza, essi auspicano il **superamento delle barriere nazionali** e vedono nella **fratellanza degli individui**

> La felicità e la pace come mete ultime della storia

---

1 Spesso si è citata la definizione voltairiana del popolo come «canaglia», per dimostrare l'ostilità degli illuministi verso le "masse". Ma così facendo si è perso di vista e messo tra parentesi il fatto più importante: e cioè che Voltaire e gli illuministi, nonostante il loro oggettivo distacco dalle plebi, sono stati pur sempre i primi a lottare proprio perché il popolo non fosse più canaglia, cioè un agglomerato di individui tenuti in condizioni di "minorità" e di "ignoranza".

e dei popoli la condizione propria di un'umanità vivente sotto la guida della ragione. Da ciò quella mentalità pacifista, cosmopolita e filantropica che è propria degli illuministi e che i romantici (ma non solo) bolleranno come "astratta", contrapponendo a essa esplicite forme di nazionalismo e di bellicismo.

Poiché di tale nozione di "felicità" fanno parte anche il **benessere concreto** e la **lotta contro la miseria**, gli illuministi incoraggiano le industrie e i commerci, facendosi cultori delle scienze economiche e sociali, che proprio grazie a loro ottengono un adeguato riconoscimento nell'ambito dell'enciclopedia del sapere.

Questo **ideale della "pubblica felicità"**, che costituisce l'idea-madre della filosofia politica illuministica (la si ritrova in Voltaire come in d'Holbach, in Diderot come in Helvétius, in Montesquieu come in d'Alembert, in Beccaria come in Verri ecc.), nell'orizzonte mentale del XVIII secolo assume una portata oggettivamente "riformatrice", in quanto si pone sia come **modello ideale in base a cui viene giudicato l'esistente**, sia come **sprone a un mutamento delle forme della vita associata**. Come si può notare, tale concetto non è riducibile a una semplice forma di "materialismo edonistico" (di cui hanno parlato idealisti e spiritualisti) o di "utilitarismo borghese" (di cui hanno discorso alcuni storici marxisti). Infatti quest'idea "generale" – che Helvétius ha considerato come il diritto di tutti i diritti – ha costituito una delle "bandiere" delle forze politiche rivoluzionarie del Settecento e dei due secoli successivi. E ancor oggi essa funge da **pungolo riformatore interno delle società industriali avanzate**, stimolandole a cercare nuove forme di coesistenza.

ESERCIZI INTERATTIVI

La battaglia per i diritti civili e l'idea dello Stato "laico" e "di diritto"

Tra i diritti difesi dagli illuministi a favore della "pubblica felicità", vi sono quelli che ancor oggi sono detti "diritti civili" e concepiti come aspetti essenziali dello Stato moderno: l'**uguaglianza**, la **libertà** e la **tolleranza**.

La proclamazione dell'"uguaglianza degli uomini" rappresenta una delle idee più importanti dell'Illuminismo, secondo cui gli individui sono uguali per natura in quanto accomunati dalla ragione. L'aspetto specifico dell'uguaglianza su cui insistono gli autori del XVIII secolo è quello dell'**uguaglianza dei diritti** da parte delle persone. L'esaltazione di questo tipo di egualitarismo si esprime storicamente nella **rivendicazione politico-giuridica della parità di tutti i cittadini di fronte alla legge**, e si concretizza nella **lotta**, condotta soprattutto dalla borghesia, **contro i "privilegi" della nobiltà**.

Inizialmente questa nozione della «equalità naturale degli uomini» – come la chiameranno gli illuministi italiani – non si accompagna né all'idea dell'uguaglianza democratica (cioè alla convinzione che tutti abbiano l'identico diritto di partecipare alla vita politica e siano quindi titolari della sovranità), né all'idea dell'uguaglianza sociale (secondo la quale tutti devono essere uguali anche sul piano economico dei beni). Anzi, nei grandi autori francesi (ad esempio in Voltaire) vi è l'esplicita accettazione-giustificazione della struttura stratificata e gerarchica della società, considerata come inevitabile portatrice di disuguaglianze di funzioni, potere e ricchezze.

Tuttavia, dall'egualitarismo moderato della prima generazione degli illuministi scaturiranno ben presto, con Rousseau e la Rivoluzione francese, più radicali **rivendicazioni di ugua-**

glianza politica ed economica. Pertanto si può dire che, storicamente parlando, l'Illuminismo abbia rappresentato non solo il principio ispiratore delle "Dichiarazioni dei diritti dell'uomo" proclamate nella Rivoluzione americana e in quella francese, ma anche il punto di partenza di ogni moderna filosofia dell'uguaglianza. La controprova di ciò sta nel fatto che i vari "teorici della disuguaglianza" continuano ancor oggi a scorgere nell'Illuminismo uno dei principali responsabili del "mito" moderno dell'uguaglianza.

Un altro basilare diritto difeso dagli illuministi è la libertà, intesa principalmente come **libertà dall'invadenza del potere politico e da ogni forma di assolutismo** pratico e teorico. Questa battaglia per la libertà *civile*, che ha in Voltaire il suo campione, si indirizza soprattutto contro il dispotismo della Corona e della Chiesa cattolica e si concretizza in primo luogo nella salvaguardia della libertà di pensiero, di parola e di stampa. Tale forma di **liberalismo** – che si riallaccia a Locke e alla società inglese, considerata come patria di libertà (Locke e Newton, afferma Voltaire, sarebbero stati ostacolati in Francia, incatenati a Roma e bruciati a Lisbona!) – non include, se non in modi marginali, il concetto di libertà come partecipazione politica e sovranità. Quest'ultimo concetto è invece teorizzato dal **pensiero democratico** (Rousseau), secondo cui la libertà non significa solo tutela dei diritti individuali nei confronti dello Stato e del potere (libertà *da*), ma anche possibilità di essere soggetti, e non solo oggetti, delle decisioni politiche (libertà *di*). È comunque indubbio che l'Illuminismo abbia contribuito più di ogni altro movimento alla diffusione di quel **principio della libertà di parola e di espressione** che costituisce il presupposto di ogni altra possibile forma di libertà politica e di conquista sociale.

Parti integranti della salvaguardia illuministica della libertà civile sono il rigetto del fanatismo e il riconoscimento della tolleranza come metodo universale di coesistenza.

Il fanatismo, spiega Voltaire, consiste nel **dogmatismo e** nell'**assolutismo portati alle loro estreme e disumane conseguenze**, poiché si identifica non solo con la certezza di possedere l'unica verità possibile al mondo, ma anche con la persuasione che essa vada imposta con la forza agli altri.

Se il fanatismo rappresenta la vittoria della bestia dogmatica e violenta che è in noi, la civiltà, per gli illuministi, si identifica invece con la libertà e la tolleranza, ossia con l'**accettazione del "diverso"** e con l'ammissione teorica e pratica della pluralità possibile degli atteggiamenti umani di fronte al mondo, e quindi con lo sforzo di far coesistere, nel comune rispetto di certi valori sociali di fondo, la varietà delle convinzioni filosofiche, religiose, morali ecc., evitando così di tornare a quella notte dei tempi in cui l'unica legge di comportamento era la soppressione dell'"altro".

Pur derivando da Locke, il concetto illuministico e voltairiano di tolleranza risulta più ampio, sia perché si estende anche ai cattolici e agli atei, esclusi da Locke, sia perché tende a generalizzarsi nella nozione di tolleranza civile, includendo quindi non solo la dimensione religiosa, ma ogni tipo o forma di attività umana.

L'esigenza del rispetto reciproco delle credenze ha rappresentato anche uno dei fondamenti teorici della delineazione illuministica di uno Stato "laico", ossia di uno Stato che, nel momento stesso in cui si propone di salvaguardare l'autonomia delle istituzioni pubbliche dall'invadenza ecclesiastica, si pone come **garante dell'uguaglianza di tutte le religioni di fronte alla legge**, e che nel momento stesso in cui rifiuta di identificarsi con una visione del mondo o con una filosofia, concede a tutte la possibilità di esistere. Parallelamente al concetto

La libertà

Il rifiuto del fanatismo

La tolleranza

Il progetto di uno Stato "laico" e "di diritto"

di uno Stato "laico", l'Illuminismo sostiene anche quello di uno Stato "di diritto", sviluppando la tesi secondo cui nello Stato non devono governare gli uomini, ma le **leggi**, ossia degli strumenti impersonali capaci di salvaguardare i diritti degli individui e di impedire forme di dominio personali e tiranniche sul prossimo.

La proprietà

Un altro diritto verso cui gli illuministi si mostrano particolarmente sensibili, anche qui sulla scia di Locke, è la proprietà. Scrive ad esempio Helvétius:

> La proprietà è il dio mortale degli imperi; essa mantiene la pace domestica, vi fa regnare la giustizia; gli uomini non si sono riuniti che per assicurarsi le loro proprietà; la giustizia, che racchiude in sé sola quasi tutte le virtù, consiste nel rendere a ciascuno ciò che gli appartiene, si riduce quindi alla conservazione del diritto di proprietà. (*Dell'uomo*, VIII, 1)

E il teorico fisiocratico François Quesnay (v. par. seg.) nelle *Maximes générales* del 1767 scrive in caratteri maiuscoli che «la sicurezza della proprietà è il fondamento essenziale dell'ordine economico della società». Affermazioni analoghe si trovano in Montesquieu, Voltaire ecc.

Questa eloquente **celebrazione della proprietà privata** – che in d'Holbach, ad esempio, giunge a porsi come criterio di identificazione dei "cittadini" e che durante la Rivoluzione ispirerà la distinzione tra cittadini "attivi" e "passivi" – non rappresenta tuttavia l'unica voce dell'Illuminismo, poiché negli utopisti e in Rousseau troviamo invece delle prese di posizione *contro* la proprietà privata. È comunque indubbio che essa sia la più tipica del movimento.

Mappa delle correnti politiche dell'Illuminismo francese

Dopo aver parlato delle idee generali della filosofia sociale illuministica, delineiamo ora un prospetto delle principali correnti politiche maturate in seno a essa. Prescindendo dai dati riguardanti i singoli autori, gli illuministi francesi possono venire distinti in relazione sia alla radicalità delle riforme da essi auspicate, sia al metodo o ai mezzi per metterle in atto.

I diversi livelli di radicalità politica

Per quanto riguarda il primo punto si deve dire che «di fronte ad uno stesso edificio, v'era chi si adoperava per conservarlo abbellendolo e migliorandolo; chi suggeriva ristrutturazioni più o meno radicali; chi, infine, ne proponeva, più o meno apertamente, la totale distruzione per costruirne un altro al suo posto»[1]. Ferma restando questa distinzione, bisogna subito puntualizzare che l'Illuminismo risulta caratterizzato prevalentemente dal secondo atteggiamento, che è quello incarnato dal "partito filosofico" degli enciclopedisti, alfieri di **un riformismo critico teso a trasformare, più che ad abbattere, il sistema sociale esistente**. Invece la terza tendenza, cronologicamente successiva alla generazione di Voltaire, è propria di quei pensatori che, stimolati dagli enciclopedisti, ma procedendo oltre i loro orizzonti, o propongono riforme "borghesi" più avanzate (ad esempio d'Holbach), o delineano programmi globali di mutamento della società (ad esempio il comunismo utopistico di Morelly e la democrazia di Rousseau), o si fanno portavoce di una forma di egualitarismo che riflette ormai gli sviluppi della Rivoluzione (Condorcet).

I metodi politici

In relazione ai metodi politici proposti, il pensiero dei *philosophes* parigini oscilla tra l'**ammirazione per il costituzionalismo inglese**, che trova una difesa soprattutto nel liberalismo anti-assolutista di Montesquieu, e la **prospettiva di un dispotismo illuminato**, del quale si scorge l'incarnazione in Federico II di Prussia e in Caterina II di Russia.

1 A. Maffey, *L'idea di Stato nell'Illuminismo francese*, Studium, Roma 1975, p. 13.

La teoria del dispotismo illuminato, propugnata dai fisiocratici[1] e dal gruppo degli enciclopedisti, costituisce la più caratteristica espressione delle tendenze politiche della prima generazione degli illuministi. Storicamente, l'idea di un dispotismo in senso "buono" deriva dalla persuasione fisiocratica, teorizzata da Quesnay, dell'esistenza di un **ordine naturale oggettivo**, retto da leggi fisiche e morali, che il legislatore deve semplicemente riconoscere, promulgando **leggi positive** in conformità a esso (da ciò il nome stesso di "fisiocrazia", che significa "governo della natura", dato a questo complesso di idee).

La teoria del dispotismo illuminato

Su questa base, il fisiocrate Lemercier de la Rivière, nell'opera *L'ordine naturale ed essenziale delle società politiche* (1767), distingue tra **due tipi di dispotismo: uno "legale" e un altro "arbitrario"**. Mentre **il secondo poggia sull'opinione e sulla passione** e risulta inevitabilmente cattivo, **il primo si fonda sulla ragione e sull'evidenza delle leggi oggettive** e risulta intrinsecamente "buono", poiché non è altro che lo sforzo di adattarsi a tali leggi. Per la realizzazione funzionale di tale compito è necessario, secondo i fisiocrati, un sovrano unico, che, circondato da alcuni consiglieri-filosofi, sappia individuare tali leggi e tradurle in pratica a vantaggio dei sudditi, i quali, a loro volta, accetteranno di buon grado la sua autorità, esattamente come i matematici accettano volentieri il "dispotismo" di Euclide, che è l'incarnazione stessa della verità matematica e dell'evidenza razionale. Questi concetti fisiocratici vengono ripresi e sviluppati dagli enciclopedisti, che affidano anch'essi alla figura di un "sovrano illuminato" o di un "re-filosofo" il perseguimento della pubblica felicità.

I due tipi di dispotismo

Tuttavia, il progressivo venir meno delle speranze riformatrici riposte nell'opera dei sovrani europei (la spartizione della Polonia, in particolare, rappresenterà un duro colpo per i *philosophes*) e le critiche di Mably (secondo cui il concetto di un dispotismo legale è una contraddizione in termini perché, nei fatti, un governo dispotico finisce inevitabilmente per essere arbitrario) segnano la decadenza del modello del dispotismo illuminato. Su posizioni già più "a sinistra" rispetto agli enciclopedisti troviamo ad esempio **Helvétius** e **d'Holbach**, i quali, sulla base di presupposti utilitaristici che valutano la politica per la sua capacità o meno di andare incontro all'utile, sviluppano una critica serrata dei governi reazionari e autoritari. Con ciò essi si fanno portatori di **istanze liberali e borghesi** destinate a sfociare nella Rivoluzione, dalla quale tuttavia d'Holbach, in virtù della sua costituzione mentale ancora "riformista", appare intellettualmente lontano. Il moderatismo illuministico si tramuta invece in radicalismo con la figura di **Rousseau**, che elabora quella che può essere considerata la principale teoria politica del Settecento, fondata sull'**idea della sovranità popolare** e su istanze democratico-egualitarie.

Dal moderatismo al radicalismo

Su posizioni più radicali si trovano anche i pensatori del cosiddetto utopismo settecentesco che, da **Jean Meslier** fino a **Dom Deschamps**, a **Mably** e soprattutto a **Morelly** (autore del *Codice della Natura* del 1755), delineano modelli o indirizzi politici di tipo comunistico e anarchico che ispireranno le frange più estremiste della Rivoluzione (dai sanculotti ai babuvisti), ma che per il momento appaiono staccati dalla politica concreta.

L'utopismo

Decisamente più agganciato a quest'ultima è invece **Condorcet**, unico tra gli illuministi a vivere l'esperienza dell'ormai avviata Rivoluzione e teorico di un'«arte sociale» tesa a ripristinare l'originaria uguaglianza di natura tra gli uomini, abbattendo le ineguaglianze di ricchezza, di condizione sociale e di cultura.

---

1 La fisiocrazia è un indirizzo di politica economica antitetico al mercantilismo e del quale fu iniziatore François Quesnay, medico di corte di Luigi XV. La tesi saliente della fisiocrazia risiede nella convinzione secondo cui l'agricoltura è la sola forma di attività umana capace di moltiplicare ricchezza, dal momento che il commercio si limita a trasferire la ricchezza già prodotta e l'industria a trasformare i beni offerti dalla terra.

La portata "radicale" e "universale" degli ideali illuministici

Le contraddizioni dell'Illuminismo politico

Da quanto si è detto finora, emerge in modo abbastanza evidente la doppia antitesi tra:

- il **carattere tendenzialmente radicale degli ideali** dell'Illuminismo e la loro **concreta espressione moderata** nel gruppo degli enciclopedisti;
- il **valore potenzialmente universale** di questi ideali e la loro **interpretazione e attuazione in chiave borghese**.

Riteniamo che la consapevolezza di questa situazione rappresenti il risultato più prezioso della riflessione storico-critica sull'Illuminismo, in quanto privilegiare esclusivamente uno dei due lati dell'antitesi porterebbe a chiudere le porte (come spesso è avvenuto) a un'adeguata comprensione delle radici e delle conseguenze storiche dell'Illuminismo nell'ambito della civiltà moderna.

I condizionamenti di classe

Non scorgere il moderatismo e i connotati di classe del pensiero politico dei *philosophes* più rappresentativi significherebbe, infatti, rimanere nell'astrattezza e non percepire come l'**Illuminismo** sia **strettamente legato alla borghesia ed ai suoi interessi economici e politici**, al punto che dopo la Rivoluzione francese apparirà chiaro, secondo la nota battuta di Marx, ripresa da Sartre, che «l'Uomo era il borghese e il borghese era l'Uomo», ossia, fuor di metafora, che le battaglie illuministiche furono l'aspetto filosofico non già di uno sforzo di emancipazione dell'umanità *in generale*, ma di quel suo gruppo *particolare* che è la borghesia.

Gli sviluppi teorico-pratici delle idee illuministiche

Dall'altro lato, non rendersi conto del fatto che le idee illuministiche, al di là della loro puntuale espressione in Montesquieu, Voltaire, d'Holbach ecc., ebbero in seguito conseguenze teorico-pratiche ben più radicali, significa farsi sfuggire un fatto di primaria rilevanza storica. Infatti, come si è visto, l'Illuminismo degli enciclopedisti non ha elaborato un'organica e coerente prospettiva liberale e tanto meno una filosofia democratica, tuttavia è innegabile che la proclamazione dell'uguaglianza degli uomini e dei loro diritti, l'affermazione della libertà di pensiero e di critica, l'imperativo della tolleranza ecc. si inscrivono nel **processo storico che ha portato all'avvento della civiltà liberal-democratica moderna**. Per di più il pensiero del Settecento, con la sua idea di un riassetto razionale della società, ha posto le basi teoriche da cui sono scaturite le stesse idee moderne di "riforma" e di "rivoluzione".

Universalità e attualità degli ideali dell'Illuminismo

Inoltre, il fatto che l'Illuminismo abbia offerto un'interpretazione in chiave tendenzialmente borghese dei suoi ideali non toglie che concetti come quelli di pubblica felicità, uguaglianza di diritti, libertà, tolleranza ecc. posseggano una portata umana che va ben oltre la loro possibile recezione in senso borghese. Anzi, dopo l'esperienza novecentesca del socialismo reale si è scoperto – ed è un processo tuttora in corso – che tali valori, pur essendo geneticamente connessi alla nascita e all'affermazione della borghesia, rappresentano forse delle **tecniche di coesistenza** di validità universale, il cui utilizzo può andare a beneficio di tutti e non solo di gruppi particolari. E anche per questo suo collocarsi su un'onda più lunga di quella della pura e semplice civiltà borghese, l'Illuminismo ha riscosso, in età contemporanea, un interesse storico sempre crescente e una notevole simpatia intellettuale.

APPROFONDIMENTO
L'Illuminismo nella filosofia dell'Ottocento e del Novecento

ON LINE

MAPPA

L'Illuminismo

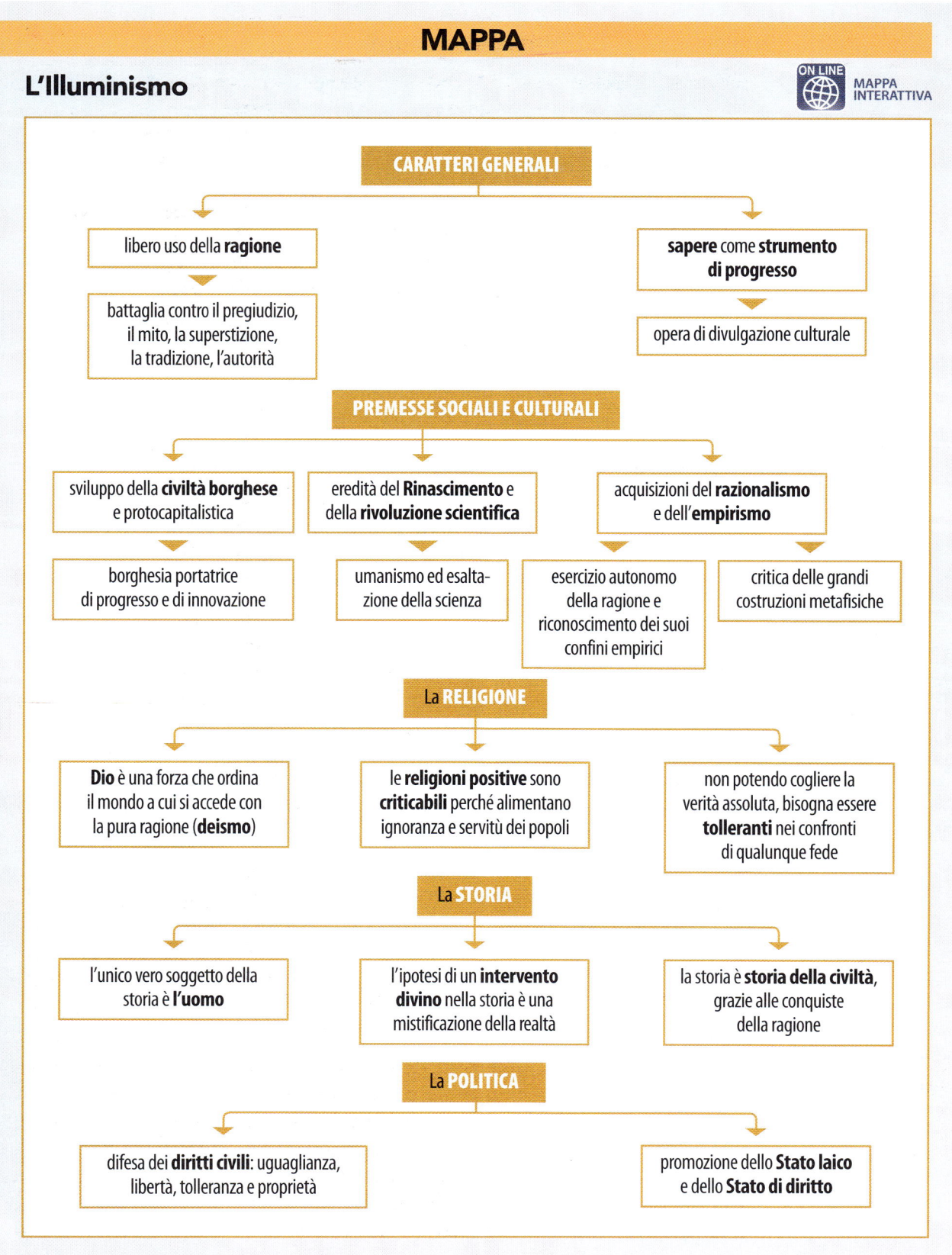

CARATTERI GENERALI

- libero uso della **ragione**
  - battaglia contro il pregiudizio, il mito, la superstizione, la tradizione, l'autorità

- **sapere** come **strumento di progresso**
  - opera di divulgazione culturale

PREMESSE SOCIALI E CULTURALI

- sviluppo della **civiltà borghese** e protocapitalistica
  - borghesia portatrice di progresso e di innovazione

- eredità del **Rinascimento** e della **rivoluzione scientifica**
  - umanismo ed esaltazione della scienza

- acquisizioni del **razionalismo** e dell'**empirismo**
  - esercizio autonomo della ragione e riconoscimento dei suoi confini empirici
  - critica delle grandi costruzioni metafisiche

La RELIGIONE

- **Dio** è una forza che ordina il mondo a cui si accede con la pura ragione (**deismo**)
- le **religioni positive** sono **criticabili** perché alimentano ignoranza e servitù dei popoli
- non potendo cogliere la verità assoluta, bisogna essere **tolleranti** nei confronti di qualunque fede

La STORIA

- l'unico vero soggetto della storia è **l'uomo**
- l'ipotesi di un **intervento divino** nella storia è una mistificazione della realtà
- la storia è **storia della civiltà**, grazie alle conquiste della ragione

La POLITICA

- difesa dei **diritti civili**: uguaglianza, libertà, tolleranza e proprietà
- promozione dello **Stato laico** e dello **Stato di diritto**

ON LINE
MAPPA INTERATTIVA

La sconfitta della ragione illuministica nell'arte di Goya

Dalla speranza alla delusione

Gli **ideali illuministici** di **liberazione** e di **lotta contro l'ignoranza e la superstizione**, che si diffusero nella cultura europea nel XVII secolo, alimentarono molte aspettative in tanti intellettuali europei, i quali cominciarono a sperare che si potessero tradurre in un progresso reale. Soprattutto dopo la Rivoluzione francese, tuttavia, queste **speranze** lasciarono il posto alla **delusione**, e anche l'arte, se da una parte trasferiva questi ideali nella rappresentazione dell'infinito e del sublime, cifre della nuova sensibilità romantica, dall'altra non mancò di registrare il **declino dell'Illuminismo** con toni che, talvolta in maniera anche violenta, denunciavano il nuovo clima di oscurantismo e repressione.

Quando la ragione dorme

Francisco Goya y Lucientes,
Il sonno della ragione genera mostri,
1799, acquaforte e acquatinta,
tav. 43 da *I Capricci*, collezione privata

Un chiaro esempio della "parabola" degli ideali illuministici è costituito da alcune opere, soprattutto quelle più tarde, del pittore spagnolo **Francisco Goya** (1746-1728).
Osservando alcune delle sue creazioni, si potrebbe dire che Goya dipinge l'Illuminismo "per contrasto", o "per negazione": in particolare, una sua incisione del 1799, appartenente alla serie intitolata *Capricci*, illustra l'ideale illuministico della ragione rischiaratrice attraverso la rappresentazione metaforica di ciò che accade in sua mancanza.
L'opera è in bianco e nero, a simboleggiare proprio la condizione di assenza di luce (o di razionalità) e raffigura un uomo addormentato (forse lo stesso Goya), dietro il quale appaiono alcune creature mostruose che si levano verso l'alto. Il titolo del quadro, ormai diventato proverbiale, è significativo: *Il sonno della ragione genera mostri*.

Goya rappresenta in maniera metaforica quel che accade quando la ragione perde il controllo e la "presa" sul reale, smettendo di esercitare il suo vaglio critico: **oscurità e tenebre** prendono allora il sopravvento sulla luce, e nelle ombre si generano apparizioni inquietanti, prodotti della **superstizione**, dell'**arretratezza culturale** e dell'**inganno**.

Gli ideali illuministici "divorati" dalla Restaurazione

Ancor più inquietante è ***Saturno che divora uno dei suoi figli*** (1821-1823), un altro quadro di Goya che fa parte delle cosiddette "Pitture nere", opere murali realizzate dall'artista sulle pareti della sua casa alla periferia di Madrid.
Con il pretesto di rappresentare un tema mitologico (già oggetto di un quadro di Rubens),

Francisco Goya y Lucientes,
Saturno che divora uno dei suoi figli, 1820-1823, dipinto su muro, Madrid, Museo Nacional del Prado

**VERSO
LE COMPETENZE**

▶ Individuare i nessi
tra la filosofia,
le altre forme del sapere
e gli altri linguaggi

ovvero il dio del tempo che divora uno dopo l'altro i suoi figli appena nati, l'opera esprime la ferocia della **repressione imposta alla Spagna da Ferdinando VII dopo la Restaurazione** (1814).

Una figura mostruosa (Saturno) emerge dal buio nell'atto di divorare un uomo: la crudezza e il realismo dell'immagine contribuiscono a evocare la decisa condanna della tirannia e dell'oppressione, e la scelta della figura di Saturno è un modo inquietante e allo stesso tempo eloquente per alludere alla vittoria della repressione e della restaurazione sui "neonati" ideali di progresso dell'Illuminismo.

Un lampo nella notte

In *Saturno che divora uno dei suoi figli* prevalgono i toni cupi e grigi, e l'unica nota di colore è paradossalmente costituita dal rosso del sangue della vittima. Ma il **contrasto tra la luce e il buio**, tra il colore e i toni scuri, è la maniera tipica in cui Goya rappresenta la dialettica illuministica tra la ragione e il suo opposto, tra gli ideali di libertà e l'oppressione della tirannia.

Uno dei quadri che meglio interpretano tale contrasto è *Il 3 maggio 1808 o Le fucilazioni alla montagna del principe Pio* (1814), che può essere definito il primo quadro "di guerra" dell'epoca moderna. Come recita il titolo, in quest'opera Goya mette in scena un episodio estremamente drammatico, ovvero una fucilazione di gruppo eseguita contro uomini e donne aderenti alla resistenza antinapoleonica.

Sulla destra è schierato un plotone di esecuzione pronto a far fuoco; sulla sinistra un uomo in camicia tiene le braccia alzate; attorno a lui alcuni uomini disperati attendono anch'essi la morte, mentre altri, disegnati con pochi e nitidi tratti, sono già a terra, immersi nel sangue.

Sono tutti uomini "senza nome", i "nuovi eroi" della modernità: non personaggi illustri ma persone comuni, non grandi condottieri ma civili.

Per il gioco tra la luce e le ombre, il quadro di Goya sembra un flash fotografico che coglie proprio l'istante della fucilazione: nella cupezza del dipinto, infatti, una luce si concentra sulla figura della vittima, quasi emanasse dalla sua camicia bianca. È questo "momento di luce" che Goya ha voluto probabilmente esaltare: un bagliore che non può non attirare l'attenzione, un **lampo di luce nella notte**, un **grido di libertà contro le forze oscure della repressione** politica.

Francisco Goya y Lucientes, *Il 3 maggio 1808 o Le fucilazioni alla montagna del principe Pio*, 1814, olio su tela, Madrid, Museo Nacional del Prado

I protagonisti dell'Illuminismo in Francia

1. Bayle

Pierre Bayle (1647-1706) nacque da famiglia protestante e al protestantesimo ritornò dopo una breve scorribanda giovanile nel cattolicesimo. Professore dapprima all'Accademia protestante di Sedan, poi a quella di Rotterdam, svolse un'intensa attività pubblicistica con lettere e opuscoli su svariati argomenti, difendendo soprattutto la tolleranza religiosa e la libertà di pensiero. La **tolleranza religiosa** trova il suo fondamento, secondo Bayle, nell'obbligo di ciascuno di seguire unicamente il giudizio della propria coscienza, obbligo che non può essere contrastato o impedito con la violenza anche se si tratta di una coscienza "errante".

La tradizione non è sinonimo di verità

Nel 1682 Bayle pubblica i *Pensieri diversi sulla cometa*, che costituiscono la sua prima presa di posizione contro il valore della tradizione come criterio o garanzia di verità. L'occasione dello scritto è la critica della credenza popolare che le comete siano presagi di sventure. Il motivo fondamentale addotto per questa critica è che il fatto che una credenza sia accettata dalla maggioranza degli uomini o sia trasmessa di generazione in generazione non costituisce il minimo segno che tale credenza sia valida.

La **polemica** di Bayle **contro il sistema delle credenze e delle istituzioni tradizionali** diventa ancora più radicale nel *Dizionario storico e critico* (1697) che è la sua opera fondamentale. Già il progetto del dizionario ne rivela la caratteristica principale: esso fu concepito come «una raccolta degli errori commessi tanto da coloro che hanno fatto i dizionari quanto da altri scrittori, e che riducesse sotto ogni nome di uomo o di città gli errori concernenti quell'uomo o quella città». Ma il modo in cui il dizionario è stato condotto rivela il **compito critico e negativo** che Bayle attribuisce alla **ragione**. La ragione risulta **incapace di dirimere le dispute**: e di essa Bayle afferma ciò che i teologi dicevano dell'economia mosaica, cioè che è adatta soltanto a far conoscere all'uomo le sue tenebre e la sua impotenza.

TAVOLA ROTONDA

Dio e lo "scandalo" del male, vol. 2A

L'attenzione ai fatti e l'ideale dell'obiettività storica

Tuttavia questa conclusione negativa non è il solo insegnamento del dizionario. C'è una conclusione positiva che Bayle esprime dicendo: «Non c'è niente di più insensato che ragionare contro i fatti». E al modo di accertare i fatti, cioè alla **metodologia storica**, Bayle dà un contributo importante. Risalire alle fonti di ogni testimonianza, vagliarla criticamente rispetto all'intento esplicito o sottinteso del suo autore, e rigettarla e metterla in mora ogni volta che appaia infondata o sospetta sono atteggiamenti che Bayle ha assunto costantemente nel corso della sua opera. A buon diritto, pertanto, egli è stato definito come il vero **fondatore dell'acribia storica**. Un fatto è per lui un problema alla cui soluzione devono essere indirizzati tutti i possibili mezzi di accertamento e di critica di cui dispone lo storico. Egli paragona ai venditori disonesti gli storici che sopprimono i fatti, condanna i libellisti che «tagliano le gambe ai fatti storici», e in una pagina del *Dizionario* così riassume i doveri dello storico:

> Tutti quelli che conoscono i doveri dello storico sono d'accordo che uno storico che vuol compiere fedelmente le sue funzioni deve spogliarsi dello spirito di lusinga e dello spirito di maldicenza e mettersi il più possibile nello stato di uno stoico che non è agitato da alcuna passione. Insensibile a tutto il resto, deve essere attento solo agli interessi della verità e deve sacrificare a questa il risentimento di un'ingiuria, il ricordo di un beneficio e l'amore stesso della patria. Deve dimenticare che è di un certo paese, che è stato allevato in una certa comunità, che deve la sua fortuna a questo e a quello, e che questi e quegli altri sono i suoi parenti o i suoi amici. Uno storico in quanto tale è, come Melchisedec, senza padre, senza madre, senza genealogia. Se gli si domanda: di dove sei? bisogna che risponda: non sono né francese né tedesco né inglese né spagnolo ecc.; sono abitante del mondo. Non sono né al servizio dell'imperatore né al servizio del re di Francia, ma solo al servizio della verità. È la mia sola regina, e solo ad essa ho prestato il giuramento di obbedienza […]. Tutto ciò che lo storico dà all'amore della patria lo toglie agli attributi della storia, e diviene un cattivo storico a misura che si dimostra un buon suddito.

2. Montesquieu

Charles-Louis de Secondat, barone di Montesquieu, nato a La Brède presso Bordeaux il 18 gennaio 1689 e morto a Parigi il 20 febbraio 1755, è autore delle *Lettere persiane* (1721), delle *Considerazioni sulle cause della grandezza dei Romani e della loro decadenza* (1734) e dello *Spirito delle leggi* (1748), che è la sua opera fondamentale.

Nelle **Lettere persiane**, sotto la maschera di un giovane persiano, Usbek, Montesquieu critica la civiltà occidentale del suo tempo, mostrandone satiricamente l'incongruenza e la superficialità e combattendo soprattutto l'assolutismo religioso e politico.

Nelle **Considerazioni sulle cause della grandezza dei Romani e della loro decadenza** individua le cause della grandezza dei Romani nell'amore della libertà, del lavoro e della patria, ovvero in quegli ideali all'ombra dei quali essi erano allevati fin dall'infanzia; e le cause della loro decadenza nell'eccessivo ingrandimento dello Stato, nelle guerre lontane, nell'estensione del diritto di cittadinanza, nella corruzione dovuta all'introduzione del lusso asiatico, nella perdita della libertà sotto l'impero.

Nello **Spirito delle leggi**, infine, affronta il problema della **storia**, partendo dal presupposto che al di sotto della diversità capricciosa degli eventi vi è un **ordine che si manifesta in leggi costanti**. «Io ho posto i princìpi – dice Montesquieu nella prefazione – e ho visto i casi particolari piegarsi ad essi di per se stessi, le storie di tutte le nazioni derivarne come conseguenze e ogni legge particolare legarsi ad un'altra legge o dipendere da un'altra più generale».

Gli scritti principali

Le leggi Montesquieu definisce la **legge** come «**il rapporto necessario che deriva dalla natura delle cose**», e sostiene che ogni essere ha la sua legge, quindi anche l'uomo. Ma le leggi alle quali l'uomo obbedisce nella sua storia non hanno nulla di necessitante:

> L'uomo come essere fisico è, come gli altri corpi, governato da leggi immutabili; come essere intelligente viola incessantemente le leggi che Dio ha stabilite e cambia quelle che egli stesso stabilisce. Bisogna che egli si diriga, tuttavia è un essere limitato; è soggetto all'ignoranza e all'errore come tutte le intelligenze finite; le deboli conoscenze che ha, può ancora perderle; come creatura sensibile è soggetto a mille passioni. Un tale essere poteva a tutti gli istanti dimenticare il suo creatore; Dio l'ha richiamato a sé con le leggi della religione. Un tale essere poteva a tutti gli istanti dimenticare se stesso; i filosofi lo hanno avvertito con le leggi della morale. Fatto per vivere nella società, poteva dimenticare gli altri; i legislatori l'hanno reso ai suoi doveri con le leggi politiche e civili.
>
> (*Lo spirito delle leggi*, I, 1)

Da questo punto di vista è evidente che l'ordine della storia non è mai un fatto, né mai un semplice ideale superiore ed estraneo ai fatti storici: è la legge di tali fatti, la loro normatività, il **dover essere** a cui essi possono più o meno avvicinarsi e adeguarsi.

I tipi di governo Quando Montesquieu ha fissato i tipi fondamentali di governo, la **repubblica**, la **monarchia** e il **dispotismo**, e ha riconosciuto il principio della repubblica nella **virtù**, intesa come virtù politica, cioè amor di patria e dell'uguaglianza, il principio della monarchia nell'**onore**, cioè nel pregiudizio personale o di classe, e il principio del dispotismo nel **timore**, egli avverte:

> Tali sono i princìpi dei tre governi; ciò non significa che in una certa repubblica si sia virtuosi, ma che si deve esserlo. Ciò non prova neppure che in una certa monarchia si tenga in conto l'onore e che in uno Stato dispotico particolare domini il timore; ma solo che bisognerebbe che così fosse, senza di che il governo sarà imperfetto.
>
> (*Lo spirito delle leggi*, III, 11)

Le leggi della storia e la libertà umana Questo dover essere, ricorrendo incessantemente come un'esigenza intrinseca di tutte le forme storiche dello Stato, le richiama al loro principio e ne garantisce la conservazione; ma può essere trascurato o dimenticato. La ricerca di Montesquieu è diretta a mostrare come **ogni tipo di governo** si realizzi e si articoli in un insieme di **leggi specifiche**, riguardanti i più diversi aspetti dell'attività umana e costituenti la struttura del governo stesso. Queste leggi riguardano l'educazione, l'amministrazione della giustizia, il lusso, il matrimonio, insomma l'intero insieme dei costumi civili. Ma ogni tipo di governo si corrompe quando viene meno al suo principio, e, una volta corrotto, le migliori leggi divengono cattive e si rivolgono contro lo Stato stesso.

Così gli **eventi della storia**, il sorgere e il decadere delle nazioni, non sono frutti del caso o del capriccio, ma possono essere **intesi nelle loro cause, che sono le leggi o i principi della storia** stessa; e dall'altro canto **non hanno alcuna necessità fatale** e conservano quel carattere problematico in cui si riflette la libertà del comportamento umano.

L'influenza delle «cause fisiche» Montesquieu è stato uno dei primi a mettere in luce l'influenza delle circostanze fisiche, e specialmente del clima, sul temperamento, sui costumi, sulle leggi e sulla vita politica dei popoli; ma è lontano dal credere che nei confronti di queste influenze l'uomo non possa essere che puramente passivo. Tutto dipende dalla sua reazione: «Quanto più le cause fisiche portano gli uomini al riposo, tanto più le cause morali li devono allontanare da esso» (*Lo spirito delle leggi*, XIV, 5). Quando il clima porta gli uomini a fuggire il lavoro della terra, la religione e le leggi devono spingerlo verso di esso. Nei confronti degli stessi agenti fisici viene così a configurarsi la libertà finita degli uomini nella storia.

Questa libertà ispira d'altronde lo scopo pratico che Montesquieu si propone nello *Spirito delle leggi*, vale a dire quello di mettere in luce e di giustificare storicamente le condizioni che garantiscono la **libertà politica** del cittadino. Essa non è inerente per natura ad alcun tipo di governo, neppure alla democrazia, ma è **propria soltanto dei governi moderati**, cioè dei governi in cui ogni potere trovi limiti che gli impediscano di prevaricare: «Occorre che per la disposizione stessa delle cose il potere arresti il potere» (*Lo spirito delle leggi*, XI, 4). La libertà del cittadino

A questa esigenza risponde la divisione dei tre poteri, **legislativo**, **esecutivo** e **giudiziario**, realizzata nella Costituzione inglese. La riunione di due di questi poteri nelle stesse mani annulla la libertà del cittadino, perché rende possibile l'abuso dei poteri stessi. Ma la libertà del cittadino dev'essere anche garantita dalla natura particolare delle leggi che devono dargli la sicurezza nell'esercizio dei suoi diritti. Servono a questo scopo soprattutto leggi che regolino la pratica del potere giudiziario. → **T1** p. 75 La divisione dei poteri

3. **Voltaire**

La vita e le opere

François-Marie Arouet, detto **Voltaire**, nasce a Parigi il 21 novembre 1694. Educato in un collegio gesuitico, viene introdotto assai giovane nella vita dell'aristocrazia cortigiana francese. Ma una disputa con un nobile, il cavaliere di Rohan, lo porta alla Bastiglia.

Negli anni 1726-1728 vive a Londra e assimila la cultura inglese del tempo. Nelle *Lettere filosofiche* (1729-1732, pubblicate in inglese nel 1733 e in francese nel 1734) illustra i vari aspetti di quella cultura, insistendo specialmente sui temi che saranno propri della sua attività filosofica, storica, letteraria e politica: difende la **religiosità** dei Quaccheri, puramente **interiore e aliena da riti e cerimonie** (*Lettere filosofiche*, I-IV); mette in luce la **libertà politica ed economica** del popolo inglese (IX, X); analizza la **letteratura inglese** traducendone poeticamente dei passi (XVIII-XXIII); esalta la **filosofia inglese di Bacone, Locke e Newton** (XII-XVII). A proposito di quest'ultimo, in particolare, Voltaire lo mette a confronto con Cartesio e, pur riconoscendo i meriti del filosofo francese come matematico, sottolinea la superiorità della dottrina newtoniana: Cartesio «fece una filosofia come si fa un buon romanzo: tutto parve verosimile e niente era vero» (XIV). L'influenza della cultura inglese

Dal 1734 Voltaire vive a Cirey, presso la sua amica Madame de Châtelet. Sono questi gli anni più fecondi della sua attività di scrittore: egli pubblica infatti numerose opere letterarie, filosofiche e fisiche. Nel 1734 scrive il suo *Trattato di metafisica* (pubblicato postumo), difendendo i temi filosofici già messi in luce nelle *Lettere filosofiche*. Nel 1738 vengono pubblicati gli *Elementi della filosofia di Newton* e nel 1740 la *Metafisica di Newton*. La permanenza presso M.me de Châtelet

Nel 1749 accetta l'ospitalità di Federico di Prussia a Sans-Souci, dove rimane circa tre anni. Dopo la rottura dell'amicizia con Federico e varie altre peregrinazioni, si stabilisce nel Da Sans-Souci a Ferney castello di Ferney (1759). Qui continua instancabilmente la sua attività, grazie alla quale diviene il punto di riferimento dell'Illuminismo europeo e il difensore della tolleranza religiosa e dei diritti dell'uomo: significativo, a questo proposito, è il **Trattato sulla tolleranza** (1763), in cui Voltaire, richiamandosi per molti versi al *Saggio sulla tolleranza* di Locke, rivolge un accorato appello alla fratellanza tra tutti gli uomini.

A 84 anni, ritornato a Parigi per dirigere la rappresentazione della sua ultima tragedia, *Irene*, è accolto con onori trionfali. Muore il 30 maggio 1778.

Le opere filosofiche

Voltaire ha scritto poemi, tragedie, saggi di storia, romanzi, nonché opere di fisica e di filosofia. Tra queste ultime, oltre quelle citate, sono importanti il **Dizionario filosofico** (1764), che nelle successive edizioni è divenuto una sorta di enciclopedia in vari volumi, e **Il filosofo ignorante** (1766), l'ultimo suo scritto filosofico.

Assai notevole è, per il suo concetto della storia, il **Saggio sui costumi e lo spirito delle nazioni** (1756), a cui più tardi il filosofo ha premesso una **Filosofia della storia** (1765) in cui ha cercato di caratterizzare i costumi e le credenze dei principali popoli del mondo.

Altri scritti di rilievo saranno citati via via, nel corso della trattazione.

La critica dell'ottimismo metafisico e l'accettazione dei limiti umani

Shaftesbury (v. cap. 4) aveva detto che non c'è miglior rimedio del buon umore contro la superstizione e l'intolleranza. Voltaire mette in pratica meglio di ogni altro questo principio, con tutte le inesauribili risorse di uno spirito geniale. Egli adopera infatti l'umorismo, l'ironia, la satira, il sarcasmo, l'irrisione aperta o velata, rivolgendoli di volta in volta contro la metafisica scolastica e contro le credenze religiose tradizionali.

Contro le "verità" dei sensi

Nel racconto **Micromega** (1752), del quale è protagonista un abitante della stella Sirio, deride la credenza della vecchia metafisica che l'uomo sia il centro e il fine dell'universo e, sulle orme di Swift nei *Viaggi di Gulliver*, mette in luce la **relatività delle sensazioni**, che può essere in qualche modo superata soltanto mediante il ricorso al rigore e all'oggettività del calcolo matematico.

Contro l'ottimismo metafisico: Voltaire e Leibniz

Nel **Poema sul disastro di Lisbona** (1756), ispirato dal terremoto che aveva colpito Lisbona nel 1755, combatte l'ottimismo metafisico di matrice leibniziana implicito nella massima "tutto è bene", mostrando come esso sia in realtà un insulto ai dolori della vita. A una concezione che si illude di poter trovare i risvolti positivi (magari futuri) di ogni evento, compresi quelli dolorosi e drammatici, Voltaire contrappone una visione più amara e disincantata, animata però dalla speranza in un avvenire migliore dovuto all'opera dell'uomo:

> *Tutto un dì sarà bene*, ecco la nostra speranza;
> *Tutto è bene oggidì*, l'illusione è codesta.

La critica alla prospettiva leibniziana e l'invito a un impegno concreto che sappia rendere il male e il dolore più tollerabili pervadono anche il romanzo **Candido o dell'ottimismo** (1759), in cui Voltaire narra le incredibili peripezie e disgrazie che mettono a dura prova l'ottimismo del giovane Candido. Questi si muove in un mondo lacerato dal male, sventurato e disgraziato, che rende patetica se non comica ogni spiegazione finalistica e provvidenzialistica della realtà; si dibatte in un magma di assurdità e contraddizioni in cui è difficile scorgere la luce della razionalità; eppure, insieme con il suo maestro, il dottor Pangloss, caricatura della teodicea leibniziana, riesce sempre a concludere che «tutto va per il meglio nel migliore dei mondi possibili».

Voltaire è convinto che **il male del mondo** sia una **realtà non meno che il bene**, e che sia una realtà **impossibile a spiegarsi con i lumi della ragione umana**; era dunque nel giusto Bayle quando affermava che il problema del male è insolubile e ne criticava spietatamente tutti i possibili tentativi di spiegazione.

La serena accettazione della condizione umana: Voltaire e Pascal

D'altro canto, però, Voltaire è anche persuaso che l'uomo debba riconoscere i limiti della propria condizione nel mondo non già per lamentarsene, ma per riuscire ad accettarla serenamente. Nella **lettera *Sui Pensieri di Pascal***, scritta negli anni 1731-1733 e inclusa come XXV nelle *Lettere filosofiche*, egli non mira a confutare la **diagnosi di Pascal sulla condizione umana**, ma ne trae un insegnamento completamente diverso. Infatti, se Pascal era approdato a una sorta di negazione del mondo umano e al riconoscimento della necessità di rifugiarsi nel trascendente, Voltaire accetta invece l'imperfetta condizione dell'uomo come la sola possibile, a cui non ci si può sottrarre:

> Se l'uomo fosse perfetto, sarebbe Dio; e le pretese contrarietà che voi chiamate contraddizioni sono gli ingredienti necessari che entrano a comporre l'uomo, il quale è, come il resto della natura, ciò che dev'essere.

TESTO ANTOLOGICO
Voltaire
Voltaire e Pascal
(*Lettere filosofiche*)

È dunque del tutto inutile disperarsi per il fatto di conoscere poco o niente; altrettanto varrebbe disperarsi per non avere quattro piedi e due ali. Le stesse passioni che Pascal condannava, in primo luogo l'amor proprio, non sono semplici aberrazioni, perché muovono l'uomo ad agire e l'uomo è fatto per l'azione. Quanto alla tendenza dell'uomo a "divertirsi", cioè a fuggire dall'intimità con se stesso e a cercare "distrazione" nelle cose esterne, Voltaire osserva:

> La nostra condizione è precisamente quella di pensare agli oggetti esterni con i quali abbiamo un rapporto necessario. È falso che si possa distogliere un uomo dal pensare alla condizione umana; giacché a qualsiasi cosa egli applichi il suo spirito, l'applica a qualcosa che si connette alla condizione umana. Pensare a sé, facendo astrazione dalle cose naturali, è non pensare a niente: io dico assolutamente a niente, si badi bene.

Dunque Pascal e Voltaire riconoscono entrambi che l'uomo, per sua naturale condizione, è legato al mondo; ma se il primo invita a liberarsene e a distaccarsene, il secondo esorta invece ad accettarlo e a "servirsene" per vivere il più serenamente possibile.

ECHI DEL PENSIERO

La sfida del male, p. 82

Dio, l'uomo e il mondo

Voltaire desume i tratti fondamentali della propria concezione di Dio, dell'uomo e del mondo dagli empiristi e dai deisti inglesi.

Il deismo filosofico di Voltaire. Come abbiamo già avuto modo di chiarire (v. p. 37), nella prospettiva deistica la religione non contiene nulla di irrazionale, dal momento che non si fonda su una *rivelazione* storica della divinità all'uomo, ma su una sua *manifestazione* alla ragione umana, la quale è capace di fissare poche e semplici verità: esiste un Dio creatore e reggitore del mondo che esige il bene e dissuade dal male.

Dio esiste

Coerentemente con la dottrina deistica, anche **Voltaire è convinto che Dio esista e che sia la ragione ad affermarlo**; e sebbene in questa opinione si trovino molte difficoltà, sono ancora maggiori le difficoltà che si oppongono all'opinione contraria. Voltaire ripete a questo proposito l'argomentazione di Clarke, di Locke e dei deisti (che riproduce il vecchio argomento cosmologico):

> Esiste qualcosa, dunque esiste qualcosa di eterno perché nulla si produce dal nulla. Ogni opera che ci mostra dei mezzi e un fine rivela un artefice: dunque questo universo composto di mezzi, ognuno dei quali ha il suo fine, rivela un artefice potentissimo e intelligentissimo.
>
> (*Dizionario filosofico*, "Dio")

Dio non si può conoscere

Se rifiuta l'idea che la materia si sia mossa e organizzata da sé, ricavandone la convinzione dell'esistenza di Dio, Voltaire **rifiuta** però anche **la possibilità per l'uomo di determinare in modo qualsiasi gli attributi divini**, ritenendo ambiguo lo stesso concetto di "perfezione", che non può certo essere il medesimo per gli esseri umani e per la divinità.

Dio non interviene nel mondo degli uomini

Inoltre, mentre il deismo inglese attribuisce a Dio non solo il governo del mondo fisico, ma anche quello del mondo umano, Voltaire nega con decisione l'idea che Dio intervenga nelle vicende degli uomini. Questi sono pertanto chiamati a gestire da sé la loro vita, scegliendo il bene anziché il male non per obbedire a un comando divino, ma perché questa è la scelta più utile per vivere in società.

Dal deismo alla tolleranza. Dall'ammissione di un Dio universale che si rivela alla ragione di tutti gli uomini e dalla conseguente critica delle religioni storiche – che di questa semplice ed essenziale fede razionale non sono che rivestimenti superstiziosi – Voltaire fa derivare il **principio della tolleranza**.

Oltre le «sette», verso una fede comune

Solo abbandonando qualunque pretesa di verità assoluta e solo comprendendo che Dio è ciò che si nasconde oltre le "maschere" delle religioni rivelate sarà possibile costruire un mondo basato sulla tolleranza e la comprensione reciproche. La tolleranza è il frutto di un'**incessante lotta della ragione contro l'oscurantismo e il fanatismo**, e può scaturire soltanto da una fede purificata da dogmi e riti particolari, e ricondotta ad alcuni **principi semplici e universalmente condivisibili** che costituiscono il **nucleo razionale comune di tutte le religioni**:

> [Il deista] non appartiene a nessuna di quelle sette che si contraddicono tutte. La sua religione è la più antica e la più estesa, perché la semplice adorazione di un Dio ha preceduto tutte le dottrine del mondo. Egli parla una lingua che tutti i popoli intendono, mentre questi popoli non si intendono fra loro. […] Egli è persuaso che la religione non consiste né nelle opinioni di una metafisica incomprensibile, né in vane cerimonie, ma nell'adorazione e nella giustizia. Fare il bene è il suo culto; obbedire a Dio è la sua dottrina. Il maometto gli grida: «bada a te se non fai il pellegrinaggio alla Mecca!». «Sventura a te», gli dice un colletto bianco [un prete cattolico], «se non fai un viaggio a Nostra Signora di Loreto!». Egli sorride di Loreto e della Mecca, ma soccorre il misero e difende l'oppresso.
>
> (*Dizionario filosofico*, "Teista"[1])

SCHEDA FILMICA
Agorà **ON LINE**

Oltre l'antropocentrismo

Essendo lontano dal tumulto degli uomini e indifferente al loro destino, il Dio della ragione professato dal deismo non assomiglia agli esseri umani (come invece afferma il superbo

---

1 Nella sua opera, Voltaire usa indifferentemente *déiste* e *théiste*.

antropomorfismo delle religioni tradizionali) e, proprio per questo, è garanzia di civiltà e di tolleranza, e non pretesto di odio e conflitto.

Con graffiante sarcasmo Voltaire critica le violente dispute teologiche nelle quali gli uomini "usano" le presunte verità di Dio contro altri uomini e smaschera la superbia e il narcisismo delle religioni storiche, che fanno credere all'uomo di essere il centro del mondo e il destinatario ultimo/unico del progetto divino. Solo accettando la **parzialità del nostro sguardo** e il **carattere relativo delle nostre convinzioni** è possibile apprendere la difficile **pratica della tolleranza** e comprendere il **valore positivo della diversità**.

Nel già citato racconto filosofico *Micromega*, Voltaire immagina che un gigantesco extraterrestre proveniente da Sirio, Micromega, giunga sul nostro pianeta in compagnia di un altrettanto enorme abitante di Saturno. Le due creature si imbattono in una nave che solca il mar Baltico e che trasporta un gruppo di scienziati e sapienti, minuscoli «atomi intelligenti» con i quali riescono a instaurare un colloquio. Alla fine del racconto prende la parola un dottore della Sorbona, un «piccolo animaletto in berretto quadrato»:

> guardò dal basso in alto i due abitanti del cielo e, rivolgendosi ad essi, sosteneva che le loro persone, i loro mondi, i loro soli, le loro stelle, tutto era fatto unicamente per l'uomo. Sentendo questo discorso, i due viaggiatori si lasciarono cadere uno addosso all'altro, soffocando di quel riso inestinguibile che secondo Omero è dote degli dei. Le loro spalle e il loro ventre ballavano di qua e di là, e nella confusione la nave che stava sull'unghia del Siriano cadde in una tasca delle brache del Saturniano. Quelle due brave persone si diedero d'attorno per ritrovarla, e finalmente ripescarono l'equipaggio e lo rimisero a posto ben in ordine. Il Siriano riprese in mano i piccoli vermiciattoli e parlò ad essi con molta gentilezza, benché in fondo al cuore fosse un po' irritato nel vedere che gli infinitamente piccoli avevano un orgoglio infinitamente grande.
>
> (*Micromega*, trad. it. di M. Moneti, Garzanti, Milano 1992, pp. 188-189)

Un **punto di vista "esterno"** (come quello dei due extraterrestri) può aiutare a guardare alle assurdità, ai fanatismi e alle ossessioni degli uomini con un sentimento di **tollerante compassione** e di **commiserazione per la fragilità della natura umana**:

> Dalla consapevolezza dell'umana fragilità alla tolleranza

> Che cos'è la tolleranza? È l'appannaggio dell'umanità. Siamo tutti impastati di debolezze e di errori: perdoniamoci reciprocamente le nostre sciocchezze, è la prima legge di natura.
>
> (*Dizionario filosofico*, "Tolleranza")

La fede deista di Voltaire diventa così un invito alla **fratellanza**, all'**accettazione della diversità**, alla **lotta contro l'odio teologico e contro il fanatismo** delle chiese, alla pratica di una religione concepita non come rito esteriore o astratta dottrina, ma come esercizio di **moralità e civiltà** e come **impegno per l'altro**. →  p. 77

L'uomo. Per ciò che riguarda la conoscenza del mondo da parte dell'uomo, Voltaire ritiene con **Locke** che essa cominci dalle sensazioni e che si sviluppi mediante la loro conservazione e composizione. Il filosofo francese ripete gli argomenti lockiani sull'**esistenza degli oggetti esterni**, e ve ne aggiunge uno suo: l'uomo è essenzialmente socievole e non potrebbe esserlo se non ci fosse una società e, di conseguenza, se non ci fossero altri uomini al di fuori di lui. Le attività spirituali che si riscontrano nell'uomo non permettono invece di concludere che esista una sostanza immateriale detta "**anima**". Nessuno può dire infatti che cosa sia l'anima; e la disparità delle opinioni a questo proposito è molto significativa.

> La conoscenza

La libertà

Legata alla questione della sostanza spirituale è quella della libertà dell'uomo: Voltaire la intende come capacità della ragione di governare le emozioni e orientare i desideri. In questo senso egli ritiene che l'uomo sia libero, ma in **limiti** assai **ristretti**:

> La nostra libertà è debole e limitata, come tutte le nostre facoltà. Noi la fortifichiamo abituandoci a riflettere e questo esercizio la rende un poco più vigorosa. Ma quali che siano gli sforzi che noi facciamo, non potremo mai giungere a rendere la nostra ragione sovrana di tutti i nostri desideri; vi saranno sempre nella nostra anima come nel nostro corpo movimenti involontari. Se fossimo sempre liberi, saremmo ciò che Dio stesso è.
>
> (*Trattato di metafisica*, 5)

ESERCIZI
INTERATTIVI
ON LINE

La storia e il progresso

Lungo il corso della sua attività storiografica, Voltaire chiarisce via via i concetti ai quali essa si ispira. Egli vuole **trattare la storia da filosofo**, cioè cogliendo al di là della congerie dei fatti un **ordine progressivo** che ne riveli il significato permanente.

Le condizioni dell'attività storiografica

La prima esigenza è quella di **liberare i fatti** stessi **da tutte le sovrastrutture fantastiche** di cui il fanatismo, lo spirito romanzesco e la credulità li hanno rivestiti. In questo senso per Voltaire, che ripropone con altrettanta forza l'esigenza storica e anti-tradizionalistica che era stata affermata da Bayle, la filosofia è lo **spirito critico che si oppone alla tradizione** e distingue il vero dal falso.

> Presso tutte le nazioni la storia è sfigurata dalla favola fino al momento in cui la filosofia viene a illuminare gli uomini; e quando infine la filosofia arriva in mezzo a queste tenebre, trova gli spiriti così accecati da secoli di errori che può a malapena disingannarli; trova cerimonie, fatti, monumenti, stabiliti per convalidare menzogne.
>
> (*Saggio sui costumi*, cap. 197)

A questa prima esigenza se ne aggiunge una seconda: quella di **scegliere**, tra **i fatti** stessi, i **più importanti e significativi per delineare la «storia dello spirito umano»**. A tale scopo bisogna individuare, nella massa del materiale bruto e informe, ciò che occorre per costruire un edificio: bisogna eliminare i dettagli delle guerre, noiosi quanto infedeli, i piccoli negoziati che sono stati soltanto furberie inutili, le avventure particolari che soffocano i grandi avvenimenti, e conservare soltanto i fatti che dipingono i costumi, facendo scaturire da quel caos un quadro generale e ben articolato. A questo ideale Voltaire ha obbedito soprattutto nel *Saggio sui costumi e lo spirito delle nazioni*, nel quale il massimo rilievo è dato appunto al nascere e al perire delle istituzioni e delle credenze fondamentali dei popoli.

Il progresso

Ma in tutta la sua opera storiografica ciò che importa a Voltaire è mettere in luce la rinascita e il progresso dello spirito umano, cioè i **tentativi della ragione umana di affrancarsi dai pregiudizi e di porsi come guida della vita associata dell'uomo**. Il progresso della storia consiste appunto e soltanto nella sempre migliore riuscita di questi tentativi; giacché la sostanza dello spirito umano rimane immutata e immutabile:

> Risulta da questo quadro che tutto ciò che concerne intimamente la natura umana si rassomiglia da un capo all'altro dell'universo; che tutto ciò che può dipendere dal costume è differente e si rassomiglia solo per caso. L'impero del costume è ben più vasto di quello della

natura; si estende sulle abitudini e su tutti gli usi, e spande la varietà sulla scena dell'universo. La natura vi spande l'unità; essa stabilisce dappertutto un piccolo numero di princìpi invariabili, così il fondo è dappertutto lo stesso, e la cultura produce frutti diversi.

(*Saggio sui costumi*, cap. 197)

Il progresso non concerne veramente lo spirito umano e la ragione che ne è l'essenza, ma piuttosto il dominio che la ragione esercita sulle passioni nelle quali si radicano i pregiudizi e gli errori. La **storia** si presenta così a Voltaire come storia dell'Illuminismo, **del rischiaramento progressivo che l'uomo fa di se stesso**, della progressiva scoperta del suo principio razionale; e implica una vicenda incessante di oscuramenti e di rinascite.

La storia come storia dell'Illuminismo

4. Gli sviluppi dell'idea di progresso: Turgot e Condorcet

La concezione della storia delineata dagli illuministi francesi si impernia su quattro concetti fondamentali:
a) l'individuazione nella storia di un **ordine dovuto a leggi**;
b) il riconoscimento del **carattere non necessitante di queste leggi**, che condizionano gli eventi storici ma non li determinano in un'unica direzione;
c) la convinzione che l'**ordine della storia** sia **progressivo**, per quanto non necessariamente tale;
d) l'identificazione del progresso della storia con la **crescente prevalenza della ragione come guida delle attività umane**.

Se i primi due concetti, come abbiamo visto, sono chiariti nell'opera di Montesquieu, gli altri due prendono forma per mano di Voltaire e vengono sviluppati, dopo di lui, da Turgot e da Condorcet.

Turgot

Robert-Jacques Turgot (1727-1781) fu economista e per breve tempo ministro riformatore di Luigi XVI.

Nel *Piano di due discorsi sulla storia universale* (1751), Turgot definisce la storia universale come «**la considerazione dei progressi successivi del genere umano e l'esame particolare delle cause che vi hanno contribuito**». Essa dovrà pertanto scoprire l'azione reciproca delle cause generali e necessarie, delle cause particolari e delle azioni libere dei grandi uomini, nonché il rapporto di tutti questi elementi con la costituzione stessa dell'uomo. La storia universale è perciò la considerazione dei progressi successivi, interrotti da decadenze frequenti, del genere umano e il dettaglio delle cause o condizioni naturali e umane che li hanno prodotti. Essa è una **storia dello "spirito umano"**, cioè essenzialmente della ragione che si è elevata per gradi attraverso l'analisi e la combinazione delle prime idee sensibili.

Il **progresso** per Turgot consiste soprattutto nello **sviluppo delle arti meccaniche**, attraverso le quali l'uomo controlla la natura, e nella **liberazione dal dispotismo**, cioè si identifica, in ultima analisi, con la libertà dell'uomo nei confronti della natura e degli altri uomini.

La storia universale

Il mondo economico

A questa libertà Turgot ispirò anche la sua opera di economista. Nelle sue *Riflessioni sulla formazione e la distribuzione delle ricchezze* (1766), che rappresentano la migliore formulazione delle idee dei fisiocratici, egli interpreta il mondo economico negli stessi termini del mondo storico, cioè come un ordine in cui agiscono ugualmente le cause naturali e le azioni libere degli uomini e che può raggiungere il suo equilibrio e realizzare i suoi progressi solo se viene lasciato al libero gioco delle sue cause e delle sue forze immanenti e non viene costretto e violato da sovrastrutture artificiose. Si comprende dunque come l'insegnamento di Turgot consistesse nella difesa della **libertà economica**, contro tutte le restrizioni di carattere feudale.

Condorcet

Marie-Jean-Antoine-Nicolas de Caritat, marchese di Condorcet (1743-1794), è l'autore dell'*Abbozzo di un quadro storico dei progressi dello spirito umano* (1795, postumo), nel quale le idee di Voltaire e di Turgot sulla storia vengono sistematicamente riformulate.

La "marcia" dell'uomo verso la massima felicità

Condorcet, che scrive dopo la vittoria della Rivoluzione, è più ottimista dei suoi predecessori sulle **possibilità di perfezionamento indefinito dello spirito umano**. Mentre secondo Turgot «il genere umano rimane sempre lo stesso come l'acqua del mare nelle tempeste» e ciò che muta sono le condizioni della sua esistenza nel mondo, secondo Condorcet, lo spirito umano è capace di perfezionamento indefinito:

> Al perfezionamento delle facoltà umane non è posto alcun termine e la perfettibilità dell'uomo è realmente indefinita: i progressi di questa perfettibilità – ormai svincolati da ogni potere che volesse arrestarli – non hanno altro termine che la durata del pianeta su cui la natura ci ha collocati.

QUESTIONE MULTIMEDIALE
La storia **ON LINE**
Necessità e libertà nella storia

Senza dubbio questo progresso potrà essere più o meno rapido ma non sarà mai retrogrado a meno che non mutino le condizioni generali del globo terrestre per uno sconvolgimento radicale. Condorcet è certo che quella che egli chiama «**la marcia dello spirito umano**» condurrà inevitabilmente l'uomo alla **massima felicità possibile**. → **T3** p. 79

CONCETTI A CONFRONTO

ON LINE
SCHEMA INTERATTIVO

Il progresso

in Voltaire	in Turgot	in Condorcet
è determinato dalla **ragione**, che cerca di opporsi ai pregiudizi e agli errori e di affermarsi come guida della vita associata	consiste nello sviluppo delle **arti meccaniche** e nella **liberazione dal dispotismo**	coincide con il **perfezionamento intellettuale**
non è continuo e si alterna a momenti di **regresso**	è interrotto da frequenti **decadenze**	è **illimitato** e non può essere retrogrado

5. *L'Enciclopedia*

Il massimo strumento di diffusione delle dottrine illuministiche fu l'***Enciclopedia*** o ***Dizionario ragionato delle scienze, delle arti e dei mestieri***. Essa nacque dall'idea modesta del libraio parigino Le Breton di tradurre in francese il *Dizionario universale delle arti e delle scienze* dell'inglese Chambers pubblicato tra il 1728 e il 1742. **Diderot** mutò il piano originario rendendolo assai più ambizioso, si circondò di numerosi collaboratori e restò sino alla fine il direttore dell'opera.

Il primo volume comparve il 1° luglio 1751. Dopo il secondo volume (1752) l'opera subì un arresto per le opposizioni che aveva suscitato negli ambienti religiosi; ma grazie all'appoggio di Madame de Pompadour il progetto poté essere ripreso e nel 1753 uscì il terzo volume. Altri volumi fino al settimo si susseguirono regolarmente, finché nel 1757 l'*Enciclopedia* attraversò una nuova crisi, non soltanto per le opposizioni esterne, ma anche per le discordie interne dei suoi compilatori, tra i quali alcuni dei più importanti, come **d'Alembert**, si ritirarono dall'impresa. Dal 1758 Diderot restò solo a dirigerla e nel 1772 la condusse a termine.

(a lato) Le vicende dell'opera

È da notare che alcuni tra i più significativi rappresentanti della filosofia illuministica non collaborano all'*Enciclopedia*, oppure vi figurano con scarsi e insignificanti contributi. Così Montesquieu firma un solo articolo, sul gusto, un argomento completamente diverso dai temi delle sue opere fondamentali. Turgot scrive tre articoli, uno sul tema dell'etimologia, l'altro sull'esistenza, nel quale elabora le vedute di Locke sull'esistenza dell'io, del mondo esterno e di Dio, il terzo sul tema della fondazione. Il famoso naturalista Buffon partecipa all'opera solo con qualche articolo. Voltaire contribuisce ai primi volumi e poi tronca la sua collaborazione. Lo stesso d'Alembert, come si è visto, abbandona l'impresa. Ma lo spirito di questi uomini, nonché quello di Locke, di Newton e dei filosofi inglesi del tempo, domina ugualmente l'*Enciclopedia*, e le dottrine che essi non presentano in prima persona ispirano ugualmente i contributi di una folla anonima di collaboratori. D'altronde l'*Enciclopedia* non è tutta quello squillo di battaglia contro la tradizione che comunemente si crede: essa include anche vari articoli destinati a rassicurare le anime pie e a costituire un sorta di "alibi" per i loro autori. Non è priva, inoltre, di incongruenze e di errori, anche relativamente alla cultura del tempo.

(a lato) L'importanza storica

Tuttavia la sua efficacia fu immensa, tanto che a essa si deve in buona parte uno dei più vasti e radicali rivolgimenti della cultura europea.

L'*Enciclopedia* è dominata dalla figura di Diderot, intorno al quale si formò, soprattutto a partire dal 1753, un gruppo di scrittori di cui facevano parte anche Rousseau, d'Holbach e Helvétius.

6. **Diderot**

Denis Diderot (6 ottobre 1713 - 31 luglio 1784) fu, come Voltaire, uno spirito universale. Filosofo, poeta, romanziere, matematico, critico d'arte, egli riassume nella sua opera l'esigenza di quel **rinnovamento radicale di tutti i campi della cultura e della vita** che è propria dell'Illuminismo. Cominciò con il tradurre in francese lo scritto di Shaftesbury *Sul merito e*

(a lato) La vita e gli scritti

la virtù (1745). Nello stesso anno iniziò a lavorare per l'*Enciclopedia*, che lo occupò per circa un ventennio. Ma contemporaneamente condusse innanzi la sua produzione filosofica. Nel 1746 uscì (anonimo) il suo primo scritto, *Pensieri filosofici*; nel 1754 apparvero i *Pensieri sull'interpretazione della natura*. Altri scritti filosofici notevoli rimasero inediti, come le *Conversazioni tra d'Alembert e Diderot* e *Il sogno di d'Alembert* (composti nel 1769).

La ragione
e i suoi limiti

Le dottrine di Diderot illustrano i temi fondamentali dell'Illuminismo, e in primo luogo la fede nella ragione e l'esercizio del dubbio più radicale. La ragione è la **sola guida dell'uomo** e ad essa appartiene anche il giudizio sui dati dei sensi e sui fatti. «Una sola dimostrazione mi colpisce più di cinquanta fatti», dice Diderot, e

> quando la testimonianza dei sensi contraddice, oppure non compensa, l'autorità della ragione, non c'è nessun problema di scelta: secondo una corretta logica, occorre attenersi alla ragione.
>
> (*Pensieri filosofici*, 52)

I dubbi che la ragione avanza, anche in materia di religione, non possono perciò che essere benefici e lo scetticismo più radicale è il solo metodo cui la ragione può attenersi. Tuttavia Diderot insiste con altrettanta energia sulla **limitatezza dei poteri** della ragione. Bisogna aggiungere che l'uomo non ha neppure utilizzato nel modo migliore le modeste possibilità in suo possesso. Le scienze astratte hanno occupato troppo a lungo e con troppo pochi frutti i migliori spiriti. Non si è affatto studiato ciò che importava sapere e non si sono applicati, negli studi, né scelta, né metodo; così le parole si sono moltiplicate senza fine e la conoscenza delle cose è rimasta indietro. La filosofia deve ormai dedicarsi allo studio dei fatti che sono «la sua vera ricchezza» (*Pensieri sull'interpretazione della natura*, 20).

Nel dominio della natura Diderot non rifiuta tuttavia la possibilità di formulare **ipotesi generali**, anzi ritiene tale formulazione inevitabile:

> L'atto della generalizzazione è per le ipotesi del metafisico ciò che le osservazioni e le esperienze ripetute sono per le congetture del fisico. Son giuste le congetture? Più esperienze si fanno, più le congetture si verificano. Son vere le ipotesi? Più se ne estendono le conseguenze, più verità esse abbracciano, più acquistano d'evidenza e di forza.
>
> (*Pensieri sull'interpretazione della natura*, 50)

ESERCIZI
INTERATTIVI ON LINE

Dio

La generalizzazione per la quale Diderot inclina è una specie di spinozismo, o meglio è lo spinozismo interpretato da Bayle: il mondo è un grande animale e **Dio** è l'anima di questo animale. A differenza di Spinoza, però, Diderot ritiene che Dio, come **anima del mondo**, non sia un intelletto infinito, ma **una sensibilità diffusa**, che si manifesta in gradi diversi e che può anche rimanere assai oscura. Nel *Sogno di d'Alembert* egli paragona Dio a un ragno la cui tela è il mondo e che attraverso i fili della tela percepisce più o meno, a seconda della lontananza, tutto ciò che è a contatto con la tela stessa. Tuttavia, per ciò che riguarda il concetto della divinità, **il pensiero di Diderot ha oscillato tra il deismo e il panteismo**.

Gli elementi
dell'universo

Da questo punto di vista anche gli elementi dell'universo devono essere considerati animati, cioè **provvisti di una certa sensibilità**, sia pure minima: sensibilità che li spinge a trovare una combinazione o coordinazione che si adatta alla loro forma e alla loro quiete. In base a questa dottrina, è abbastanza ovvio ammettere che **gli stessi organismi viventi si sviluppino gradualmente e si trasformino gli uni negli altri**: un'ipotesi di cui Diderot non esclude la possibilità, precorrendo così l'evoluzionismo biologico. Ma si tratta pur sempre di ipotesi, di cui Diderot accentua il carattere problematico e che rimprovera ai materialisti – contro i quali scrisse una *Confutazione di Helvétius*, 1773 – di trasformare in dottrine dogmatiche. Diderot preferisce conservare alle ipotesi da lui formulate il carattere di problemi o di interrogativi. Se nel regno vegetale e animale un individuo nasce, cresce, deperisce e muore, perché non dovrebbe avvenire la stessa cosa delle specie intere? La materia vivente è sempre vivente? La materia morta è sempre e realmente morta? E la materia vivente non muore essa affatto? La materia morta non può cominciare a vivere? Diderot si pone queste domande, ma senza rispondervi. Sono questioni che aprono alla scienza nuove possibilità e soprattutto che dimostrano come sia impossibile alla scienza stessa fermarsi a un determinato schema o sistema (*Pensieri sull'interpretazione della natura*, 58). «Guardatevi – dice Diderot nel *Sogno di d'Alembert* – dal sofisma dell'effimero», cioè dal pregiudizio che il mondo debba necessariamente essere ciò che è in quest'istante. Il mondo nasce e perisce senza posa, ed è in ogni istante al suo principio e alla sua fine.

7. **D'Alembert**

Accanto a Diderot, l'altra grande figura dell'*Enciclopedia* è **Jean-Baptiste Le Rond d'Alembert** (16 novembre 1717 - 29 ottobre 1783), autore del "Discorso preliminare" dell'*Enciclopedia* e degli articoli matematici. Nel 1743 pubblicava il *Trattato di dinamica* e nel 1759 il *Saggio sugli elementi di filosofia* su richiesta di Federico di Prussia.

La vita e gli scritti

Il "Discorso preliminare" dell'*Enciclopedia* presenta, a giustificazione del piano dell'opera, una classificazione delle attività spirituali e delle discipline fondamentali. → **T4** p. 81
Dopo aver affermato, sulle orme di Locke, che tutte le nostre conoscenze derivano dai sensi e che il passaggio dalle sensazioni agli oggetti esterni non è frutto di un ragionamento, ma di «una specie d'istinto, più sicuro della stessa ragione», d'Alembert distingue, con Bacone, **tre modi diversi di operare sugli oggetti del pensiero**: la **memoria**, la **ragione** e l'**immaginazione**. Mentre la memoria è la conservazione passiva e meccanica delle conoscenze, la ragione consiste nell'esercizio della riflessione intorno a esse e l'immaginazione nella loro imitazione libera e creativa.
A queste tre facoltà corrispondono le **tre branche fondamentali della scienza**: la **storia** che è fondata sulla memoria, la **filosofia** che è il frutto della ragione e le **arti belle** che nascono dall'immaginazione. Come Diderot, d'Alembert ritiene che la scienza in tutti i suoi rami debba attenersi alla considerazione dei fatti:

La classificazione delle facoltà e del sapere

> La fisica si limita unicamente alle osservazioni e ai calcoli; la medicina alla storia del corpo umano, delle sue malattie e dei loro rimedi; la storia naturale alla descrizione dettagliata dei vegetali, degli animali e dei minerali; la chimica alla composizione e alla decomposizione sperimentale dei corpi; in una parola, tutte le scienze, racchiuse nei fatti per quanto è possibile e nelle conseguenze che se ne possono dedurre, non accordano nulla all'opinione a meno che non vi siano forzate. ("Discorso preliminare")

D'Alembert ammette pure, sull'esempio della "filosofia prima" di Bacone, una metafisica positiva che analizza i **concetti comuni a tutte le scienze**. Egli dice:

La «metafisica generale»

> Poiché sia gli esseri spirituali sia quelli materiali hanno proprietà generali in comune, come l'esistenza, la possibilità, la durata, è giusto che questo ramo della filosofia, dal quale tutti gli

altri rami prendono in parte i loro princìpi, si denomini *ontologia*, ossia scienza dell'essere o metafisica generale. ("Discorso preliminare")

Tale disciplina, inoltre, discute la **validità dei principi su cui si fonda ciascuna scienza**, in quanto «non esiste alcuna scienza che non abbia la sua metafisica, se con ciò s'intendono i princìpi generali su cui è costruita una determinata dottrina e che sono, per così dire, i germi di tutte le verità particolari».

A questa metafisica è invece completamente estranea la trattazione dei **problemi** che si ritenevano **propri della metafisica tradizionale** e che d'Alembert dichiara **insolubili**.

| La concezione di Dio | D'Alembert è deista; ma per lui, come per Voltaire e per Diderot, Dio è soltanto l'autore dell'ordine dell'universo ed è quindi rivelato dalle leggi immutabili della natura, mentre è **totalmente estraneo all'uomo** e ai rapporti umani. Di conseguenza, la vita morale dell'umanità non dipende per nulla dalla religione. |

8. Condillac

Nell'opera di Condillac si trova la più coerente e compiuta formulazione della **gnoseologia** dell'Illuminismo francese.

| La vita e gli scritti | **Étienne Bonnot**, che fu poi **abate di Condillac**, nacque a Grenoble il 30 settembre 1715 e morì in un castello presso Beaugency il 3 agosto 1780.
 Visse dapprima a Parigi, dove entrò in rapporto con i filosofi illuministi e dove pubblicò le sue opere fondamentali. Nel 1746 comparve il *Saggio sull'origine delle conoscenze umane*, «opera in cui si riduce ad un solo principio tutto ciò che concerne l'intelletto». Nel 1749 Condillac riprese in un *Trattato dei sistemi* lo studio dei principi metodologici accennati nell'introduzione del saggio. L'opera fondamentale, il *Trattato delle sensazioni*, apparve nel 1754. |

| Il sensismo nel *Saggio*... | Nel *Saggio* Condillac afferma che l'anima è distinta e differente dal corpo e che quest'ultimo non è forse che la causa occasionale di ciò che sembra produrre in quella. Egli parte dal principio di Locke per cui tutte le conoscenze derivano dall'esperienza e mantiene la distinzione lockiana tra sensazione e riflessione. Lo **scopo** che si propone è quello di **far vedere come l'intero sviluppo delle facoltà umane derivi dall'esperienza sensibile**. |

| ... e nel *Trattato* | Tale scopo rimane immutato nel *Trattato delle sensazioni*. In quest'ultima opera, tuttavia, esso viene perseguito più rigorosamente e si prospetta il problema di far derivare dalla sensazione, che è un modo d'essere dell'anima, il riconoscimento della realtà esterna e indipendente degli oggetti. Viene abbandonata la distinzione tra sensazione e riflessione e si riconosce nella sola **sensazione** il **principio che determina lo sviluppo di tutte le facoltà umane**, perché essendo le sensazioni necessariamente o piacevoli o spiacevoli, l'uomo è interessato a godere delle prime e a liberarsi delle altre. E viene introdotto l'esempio della **statua**, del quale si erano già serviti Buffon e Diderot (ragione per cui Condillac fu poi, ma a torto, accusato di plagio), cioè di un essere organizzato interiormente come noi ma con l'esterno tutto di marmo in modo che si possano studiare in lui gli effetti dovuti all'acquisizione successiva dei vari sensi. |

Condillac comincia con il supporre che la statua abbia soltanto il senso dell'odorato e che le si avvicini una rosa. La statua sarà per se stessa l'odore della rosa perché tutta la sua coscienza sarà occupata da questa sensazione, dalla quale non avrà modo di distinguersi. La concentrazione della capacità di sentire della statua sull'odore della rosa sarà l'**attenzione**; e l'impressione che l'odore della rosa lascerà nella statua sarà la **memoria**. Se l'odore cambia, la statua si ricorderà di tutti gli odori percepiti e quindi potrà paragonarli, giudicarli, discernerli e immaginarli; e acquisterà così, anche se dotata di un unico senso, tutte le facoltà fondamentali. Potrà formarsi inoltre idee astratte come quelle di numero e di durata; e nasceranno in essa desideri, passioni, abitudini e via dicendo. In altri termini, **già nelle sensazioni di un unico senso sono racchiuse tutte le facoltà dell'anima**.

> L'esempio della statua

La combinazione dell'odorato con gli altri sensi fornirà alla statua il modo di arricchire e allargare l'estensione delle sue conoscenze, che rimarranno però sempre chiuse in lei stessa giacché la statua non avrà l'idea di una realtà diversa dalle sensazioni che percepisce. Da dove le verrà quest'idea? Dal **senso del tatto**. Se si suppone la statua priva degli altri sensi ma provvista del tatto, essa avrà il *sentimento* **dell'azione reciproca delle parti del suo corpo nonché dei suoi movimenti**. Tale sentimento viene definito da Condillac "**sentimento fondamentale**". In questa condizione **l'io della statua** si identificherà con il sentimento fondamentale e nascerà per la statua stessa al primo mutamento di esso. Ma la statua non avrà ancora alcuna idea né del suo corpo né dei corpi esterni. Se però essa, muovendo a caso la sua mano, incontrerà il suo corpo, la sua sensazione immediatamente si sdoppierà: da un lato sentirà, dall'altro sarà sentita; la parte del corpo e la mano saranno immediatamente situate l'una fuori dall'altra. E se toccherà un corpo esterno, l'io che si sentirà modificato nella mano non si sentirà modificato nel corpo: la statua sentirà ma non sarà sentita da se stessa. Essa dovrà dunque distinguere tra il suo proprio corpo, per il quale la sensazione è ricorrente, e i corpi esterni, per i quali la sensazione non si rifletterà su di essa. La **sensazione del tatto** si sdoppia così in **sentimento** e **idea**: «è *sentimento* per il rapporto che ha con l'anima che essa modifica; è *idea* per il rapporto che ha con qualcosa di esterno». È evidente, aggiunge Condillac, che le idee non ci fanno conoscere ciò che gli esseri sono in se stessi ma ce li dipingono solo attraverso i rapporti che hanno con noi; e ciò dimostra quanto siano superflui gli sforzi dei filosofi che pretendono di penetrare la natura delle cose.

> Il tatto e il sentimento fondamentale

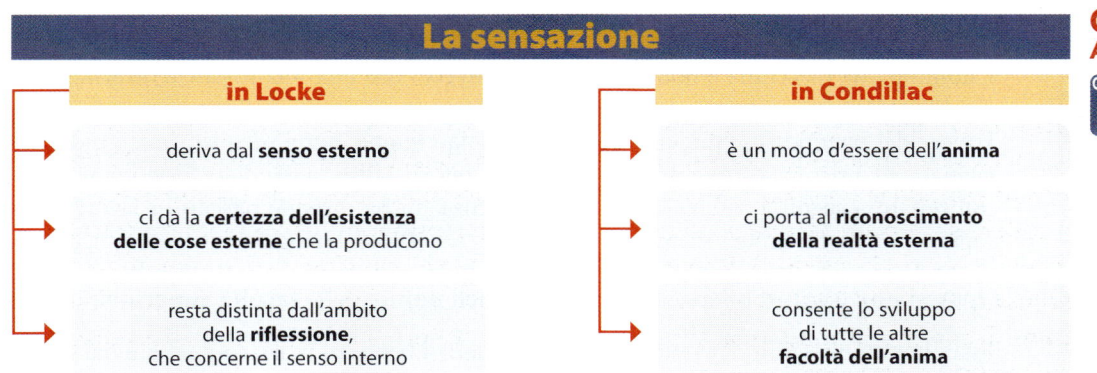

La sensazione

in Locke	in Condillac
deriva dal **senso esterno**	è un modo d'essere dell'**anima**
ci dà la **certezza dell'esistenza delle cose esterne** che la producono	ci porta al **riconoscimento della realtà esterna**
resta distinta dall'ambito della **riflessione**, che concerne il senso interno	consente lo sviluppo di tutte le altre **facoltà dell'anima**

CONCETTI A CONFRONTO

 SCHEMA INTERATTIVO

9. I materialisti

Illuminismo e materialismo

Come si è visto, nessuno dei maggiori filosofi e scienziati dell'Illuminismo francese professa il materialismo. L'ideale che domina l'Illuminismo è quello di una descrizione del mondo naturale che si attenga strettamente ai fatti e conceda il meno possibile alle ipotesi metafisiche. **I filosofi dell'Illuminismo** (Voltaire, Diderot, d'Alembert, Maupertuis) ammettono di solito, sulle orme di Locke, la possibilità che la materia, la cui essenza ci è sconosciuta, abbia ricevuto da Dio, tra le altre qualità, anche quella di pensare; ma **si rifiutano di ammettere la dipendenza causale dell'attività mentale dalla materia**. La medicina settecentesca, tuttavia, veniva accumulando un gran numero di osservazioni e di fatti che mostravano in atto questa dipendenza: mostravano cioè che non solo le sensazioni e le emozioni, ma anche l'immaginazione, la memoria e l'intelligenza sono condizionate da certi organi corporei e dallo stato in cui essi si trovano, quindi dalla loro struttura anatomica nonché dall'età del soggetto, dalla sua salute, dall'alimentazione e via dicendo.

La tesi del materialismo

Su questi fatti fa leva il materialismo, che si identifica con la tesi secondo cui **nell'uomo e fuori dell'uomo agisce un'unica causalità**, **che è quella della materia**: una tesi che nei suoi tre maggiori sostenitori, **La Mettrie**, **d'Holbach** e **Helvétius**, viene adoperata come strumento di liberazione, non solo contro le concezioni metafisiche e religiose tradizionali, ma anche e soprattutto contro le concezioni morali e politiche. Il materialismo settecentesco non si presenta perciò (come quello del secolo successivo) come una concezione del mondo fondata sui grandi principi della scienza, ma piuttosto come un **naturalismo** che intende restituire la guida della condotta umana alla legge (o alla forza) che agisce in tutta la natura.

La Mettrie

La vita e gli scritti

Con questi caratteri il materialismo si presenta per la prima volta nell'opera di **Julien Offroy de La Mettrie** (1709-1751) che fu medico e dalla medicina del suo tempo trasse gli spunti della sua speculazione. Nel suo primo scritto, *Storia naturale dell'anima* (1745), egli fa ancora qualche concessione alla metafisica tradizionale, ma nella sua opera principale, *L'uomo macchina* (*L'homme machine*, 1748), la tesi materialistica dell'unica causalità corporea è sviluppata in tutta la sua coerenza.

«L'uomo è una macchina»

Nella pagina finale de *L'uomo macchina* la tesi dello scritto è presentata come un'ipotesi fondata sull'esperienza:

> L'uomo è una macchina e non c'è in tutto l'universo che una sola sostanza diversamente modificata. Questa non è un'ipotesi elevata a forza di domande e di supposizioni, non è l'opera del pregiudizio e neppur quella della sola ragione. Avrei sdegnato una guida che ritengo poco sicura se i miei sensi che portano, per così dire, la bandiera, non mi avessero impegnato a seguirla, rischiarandola. L'esperienza mi ha dunque parlato in favore della ragione: così le ho unite insieme.
>
> (*L'homme machine*, ed. Vartanian, p. 197)

Quella ipotesi non è contraddetta dalla presenza, nell'uomo, delle **facoltà superiori**:

> Esser macchina, sentire, pensare, saper distinguere il bene dal male, come il blu dal giallo, in una parola essere nato con l'intelligenza e un istinto sicuro della morale e non essere che

un animale – son cose non più contraddittorie che essere una scimmia o un pappagallo e sapersi procurare il piacere. (*L'homme machine*, cit., p. 192)

L'uomo è una macchina così composta che non possiamo scoprirne la natura se non analizzandola attraverso gli organi del corpo. Tutte le sue attività psichiche sono prodotte e determinate dai movimenti corporei, nei quali agiscono e si riflettono i movimenti di tutto l'universo:

L'anima non è che un termine inutile di cui non si ha idea e di cui uno spirito retto non deve servirsi che per denominare la parte che in noi pensa. Posto il minimo principio di movimento, i corpi animati avranno tutto ciò che occorre per muoversi, sentire, pensare, pentirsi e dirigersi, insomma, nel fisico, e nel morale che ne dipende.

(*L'homme machine*, cit., p. 180)

TESTO ANTOLOGICO ON LINE La Mettrie "Anima" è una parola vuota (*L'homme machine*)

Il corpo non è che un orologio, di cui gli umori sono gli orologiai; la macchina che costituisce il corpo umano è la più perfetta. **La condotta** dell'uomo **è perciò guidata da una legge** che la natura stessa ha posto nella sua organizzazione:

> La legge della ricerca della felicità

La natura ci ha creati tutti unicamente per essere felici: tutti, dal verme che si arrampica all'aquila che si perde nella nuvola. Perciò essa ha dato a tutti gli animali qualche porzione della *legge naturale*, porzione più o meno raffinata, secondo che comportano gli organi ben condizionati di ciascun animale. (*L'homme machine*, cit., p. 165)

La **legge naturale** è un sentimento o un istinto che ci insegna ciò che non dobbiamo fare mediante ciò che non vorremmo ci fosse fatto; essa non suppone né educazione, né rivelazione, né legislatori. Questa legge **insegna all'uomo la ricerca e la disciplina del piacere**. Nella lettera dedicatoria (al medico Haller) de *L'homme machine* La Mettrie esalta il «piacere dello studio», considerato come l'unico scopo dell'attività scientifica. Ma in altri scritti e specialmente ne *L'art de jouir ou école de la volupté* il piacere è esaltato in tutta la sua estensione, molto al di là dei limiti in cui il vecchio epicureismo soleva contenerlo; e questo è un aspetto fondamentale dell'opera di La Mettrie, che è tutta animata da una specie di spirito dionisiaco, in violenta polemica con le forme inibitive della morale tradizionale.

D'Holbach

Paul Henri Dietrich d'Holbach nacque in Germania, nel Palatinato, nel 1723, ma visse sempre a Parigi e qui morì il 21 febbraio 1789. Egli è autore (sotto lo pseudonimo di Mirabaud) del *Sistema della natura* (1770) e di numerosi altri scritti.

> La vita e gli scritti

D'Holbach parte dal principio secondo il quale «**l'uomo è un essere puramente fisico**; l'uomo morale è questo stesso essere fisico considerato sotto un certo punto di vista, cioè relativamente a qualcuno dei suoi modi di agire, dovuti alla sua organizzazione particolare» (*Sistema della natura*, I, 1).

> L'uomo come essere fisico…

Come essere fisico, l'uomo è **sottoposto alla ferrea necessità che lega insieme tutti i fenomeni naturali mediante il rapporto di causa ed effetto**. Il fuoco brucia necessariamente le materie combustibili che sono nella sua sfera di azione. L'uomo desidera necessariamente ciò che è o gli sembra utile al suo benessere.

> … sottoposto alla necessità naturale

La libertà è una pura illusione. In tutti i fenomeni che l'uomo presenta dalla nascita alla morte non c'è che una serie di cause ed effetti necessari, conformi alle leggi comuni a tutti gli esseri della natura:

> Tutto ciò che egli fa e tutto ciò che accade in lui sono gli effetti della forza di inerzia, della gravitazione, della virtù attrattiva e repulsiva, della tendenza a conservarsi, insomma dell'energia che è comune a lui e a tutti gli altri esseri.
>
> (*Sistema della natura*, I, 6)

Perciò tutte le facoltà che si dicono "intellettuali" sono modi d'essere e di agire che risultano dall'organizzazione del corpo.

La critica alla religione tradizionale

Di fronte a queste tesi, che secondo d'Holbach sono dettate dalla ragione e dall'esperienza e che anche i filosofi più illuminati, come Locke, hanno avuto il torto di non riconoscere chiaramente, i principi tradizionali della religione, come l'esistenza di Dio, l'immaterialità dell'anima, la vita futura ecc., sono **superstizioni** balorde, che soltanto la malafede di una casta sacerdotale interessata ha potuto mantenere in vita.

I principi del naturalismo di d'Holbach

D'Holbach vuole mettere al bando i timori, le inibizioni e i pregiudizi che impediscono all'uomo di seguire gli **impulsi della** sua **natura fisica**, i quali costituiscono la sua **sola guida legittima**.

Il **piacere** è un bene e amarlo fa parte della nostra natura; esso è ragionevole quando ci rende cara l'esistenza e non nuoce agli altri. Le **ricchezze** sono il simbolo della maggior parte dei beni del mondo. Il **potere politico** è il più grande dei beni quando colui che ne è il depositario ha ricevuto dalla natura e dall'educazione le doti necessarie per estenderne l'influenza benefica sull'intera nazione. Il **legame sociale** si fonda sulla coincidenza dell'interesse singolo con l'interesse collettivo. La condotta di ognuno deve essere tale da conciliargli la benevolenza degli esseri necessari alla sua propria felicità e deve quindi indirizzarsi all'interesse o all'utilità del genere umano. Lo **scopo dei governi**, perseguito con l'aiuto delle ricompense e delle pene, è quello di spronare gli individui a seguire questo piano e di scoraggiare quelli che vorrebbero turbarlo.

Tutti gli errori del genere umano derivano dall'aver rinunciato all'esperienza, alla testimonianza dei sensi e alla retta ragione e dall'essersi lasciati guidare dall'immaginazione spesso ingannevole e dall'autorità sempre sospetta.

L'ateismo

D'Holbach termina la sua opera con un'esaltazione dell'ateismo. **L'ateo** è un uomo che **conosce la natura e le sue leggi**, che conosce la sua propria natura e sa ciò che essa gli impone. E conclude con un appello della natura agli uomini:

> O voi che, seguendo l'impulso che vi ho dato, tendete verso la felicità in tutti gli istanti della vostra durata, non resistete alla mia legge sovrana. Lavorate alla vostra felicità; godete senza timore, siate felici; ne troverete i mezzi scritti nel vostro cuore. Vanamente, o superstizioso, cercherai il tuo benessere al di là dei limiti dell'universo in cui la mia mano ti ha situato.
>
> (*Sistema della natura*, II, 14)

Una tale esortazione rivela lo spirito del materialismo di d'Holbach, che è mosso da un interesse etico-politico, come quello di La Mettrie è mosso da un interesse etico-individualistico. Da un interesse etico-politico è mosso pure il materialismo di Helvétius.

Helvétius

La Mettrie e d'Holbach sono sensisti e vedono nell'origine sensibile di tutte le facoltà umane una prova del materialismo. In realtà, il sensismo non si lega necessariamente al materialismo, tanto che uno dei suoi più coerenti e fermi sostenitori, Condillac, è dichiaratamente spiritualista.

Ma tutte le conseguenze che il sensismo implicava per la vita morale dell'uomo giungono in chiaro nella riflessione di un altro materialista, **Claude-Adrien Helvétius** (1715-1771), autore dell'opera *Dello spirito* (1758). Dalla tesi che la **sensibilità fisica** è l'**unica origine delle idee** e che anche giudicare, o valutare, significa sentire, Helvétius deduce il suo principio che **l'unico movente dell'uomo è l'amor proprio**:

> Se l'universo fisico è sottomesso alle leggi del movimento, l'universo morale è altrettanto sottomesso a quelle dell'interesse. L'interesse è sulla terra il potente incantatore che cambia, agli occhi di tutte le creature, la forma di tutti gli oggetti. (*Dello spirito*, II, 2)

L'uomo definisce gli altri "probi" quando essi hanno l'abitudine di compiere azioni che gli sono utili; ogni società considera buone le azioni che le sono particolarmente utili. Amicizia, amore, simpatia, stima vengono tutti ridotti al comune denominatore dell'**interesse**. Le nazioni più forti e più virtuose sono quelle in cui i legislatori hanno saputo legare l'interesse particolare all'interesse pubblico. Nei paesi in cui certe virtù erano incoraggiate con la speranza di piaceri sensibili, queste virtù sono state più comuni e hanno avuto più splendore; così, ad esempio, è avvenuto a Sparta, dove la virtù militare era premiata con l'amore delle donne più belle. In conclusione:

> L'uomo virtuoso non è quello che sacrifica i suoi piaceri, le sue abitudini, le sue più forti passioni all'interesse pubblico, poiché un tal uomo è impossibile, ma colui la cui più forte passione è talmente conforme all'interesse generale che è quasi sempre necessitato alla virtù. (*Dello spirito*, III, 16)

Alla base di tutta questa analisi c'è un presupposto nominalistico; per Helvétius, infatti, la virtù è un puro nome che designa una sola realtà fondamentale: l'interesse o l'amore di sé.

Materialismo e sensismo

L'amor proprio e il comportamento umano

MAPPA

L'Illuminismo francese

ON LINE
MAPPA INTERATTIVA

I principali ESPONENTI

Bayle

- critica delle credenze e delle istituzioni tradizionali
- ideale dell'obiettività storica

Montesquieu

- presenza di un ordine della storia, che si manifesta in leggi costanti
- influenza delle circostanze fisiche su temperamento, costumi, e vita politica dei popoli
- divisione dei poteri (legislativo, esecutivo, giudiziario) come garanzia della libertà umana

Voltaire

- esistenza del male nel mondo e accettazione serena della condizione umana
- deismo filosofico
- storia come progressivo affrancamento della ragione dai pregiudizi

Turgot e Condorcet

- storia come sviluppo di un ordine progressivo
- perfezionamento indefinito dello spirito umano

Gli ENCICLOPEDISTI

Diderot

- fede nella ragione ed esercizio del dubbio più radicale
- oscillazione tra deismo e panteismo

D'Alembert

- classificazione delle attività spirituali e delle discipline fondamentali
- critica alla metafisica tradizionale

I SENSISTI e i MATERIALISTI

Condillac

il principio da cui derivano tutte le facoltà umane è la **sensazione**

La Mettrie, d'Holbach e Helvétius

la **materia** è l'unica causalità che agisce fuori dell'uomo e nell'uomo

I TESTI

CAPITOLO 3
I protagonisti dell'Illuminismo in Francia

Montesquieu

Tra il 1729 e il 1734 Montesquieu compie lunghi viaggi in Germania, Ungheria, Italia e Inghilterra. Particolarmente importante per la sua formazione politica è il suo soggiorno a Londra, dove può frequentare la corte e diversi club, entrando in contatto con molti uomini politici e approfondendo la conoscenza della Costituzione inglese e della reale vita politica del paese. La teoria della divisione dei poteri è uno dei risultati più noti di questa fruttuosa esperienza.

T1 > I TRE POTERI DELLO STATO

Il brano che segue è tratto dallo *Spirito delle leggi* e fa parte del famoso libro XI, in cui si tratta della monarchia inglese e dello Stato di diritto nato dalla "Gloriosa rivoluzione" del 1688. È qui enunciata la teoria della distinzione dei poteri, che in parte era già stata elaborata da Locke: Montesquieu la rinviene nella Costituzione inglese, la perfeziona e la assume come fulcro dello Stato di diritto.

In ogni Stato esistono tre tipi di poteri: il *potere legislativo*, il *potere esecutivo delle cose dipendenti dal diritto delle genti* e il *potere esecutivo delle cose dipendenti dal diritto civile*.

In forza del primo, il principe o il magistrato fa leggi, aventi una durata limitata o illimitata, e corregge o abroga quelle già fatte. In forza del secondo, fa la pace o la guerra, invia o riceve ambasciate, garantisce la sicurezza, previene le invasioni. In forza del terzo, punisce i delitti o giudica le cause fra privati. Chiameremo quest'ultimo il potere di giudicare, e l'altro semplicemente il potere esecutivo dello Stato.

La libertà politica in un cittadino è quella tranquillità di spirito che deriva dalla persuasione che ciascuno ha della propria sicurezza; perché si goda di tale libertà, bisogna che il governo sia in condizione di liberare ogni cittadino dal timore degli altri.

Quando in una stessa persona o nello stesso corpo di magistrati il potere legislativo è unito al potere esecutivo, non c'è più libertà; perché sussiste il legittimo sospetto che lo stesso monarca o lo stesso senato possa fare leggi tiranniche per poi tirannicamente farle eseguire.

Così non c'è più libertà se il potere di giudicare non è separato dal potere legislativo e dall'esecutivo. Infatti, se fosse unito al potere legislativo, ci sarebbe una potestà arbitraria sulla vita e la libertà dei cittadini, in quanto il giudice sarebbe legislatore. Se poi fosse unito al potere esecutivo, il giudice potrebbe avere la forza d'un oppressore.

I TESTI

18 Tutto sarebbe perduto, infine, se lo stesso uomo o lo stesso corpo dei governanti, dei nobili o del popolo, esercitasse insieme i tre poteri: quello di fare leggi, quello di eseguire le pubbliche risolu-
20 zioni e quello di giudicare i delitti o le cause fra privati.

Nella maggior parte dei regni europei, il governo è moderato perché il principe, che detiene i due
22 primi poteri, lascia ai suoi sudditi l'esercizio del terzo. Presso i Turchi, dove i tre poteri sono riuniti nelle mani del sultano, il regno è uno spaventoso dispotismo […].
24 Non sta a me giudicare se gli Inglesi godano attualmente di questa libertà o no. Mi basta affermare ch'essa è sancita dalle loro leggi e non mi curo d'altro.

(Montesquieu, Lo spirito delle leggi, libro XI, cap. 6, trad. it. di M. Ghio, in Grande antologia filosofica, Marzorati, Milano 1968, vol. XIV, pp. 508-509)

Analisi del testo

1-7 Il primo potere (legislativo) consiste nel promulgare le leggi (r. **3**) e nell'abrogare quelle già esistenti (si noti che in questo passo si parla di «magistrato», mentre alla r. **13** si parlerà di «senato»). Le leggi – e quindi il "fare le leggi" – hanno un'importanza particolare nell'opera di Montesquieu, tanto che egli si preoccupa, come evidenzia il titolo dell'opera, di delinearne con precisione lo "spirito": «la legge, in generale, è la ragione umana, in quanto governa tutti i popoli della terra; le leggi politiche e civili di ogni nazione non devono essere altro che i casi particolari ai quali si applica tale umana ragione […]. Esse devono adattarsi così bene al popolo per cui sono state fatte che solo in casi rarissimi quelle di una nazione dovrebbero poter convenire ad un'altra. Esse […] hanno da essere relative alla geografia fisica del paese, al clima, glaciale, torrido o temperato […], al genere di vita dei popoli, contadini, cacciatori o pastori; devono essere in rapporto […] alla religione degli abitanti, alle loro inclinazioni, alle loro ricchezze […], al loro commercio, ai loro costumi e alle loro usanze […]. Questa è l'impresa che io ho tentato nella mia opera. Esaminerò tutti questi rapporti: il loro insieme costituisce quello che chiamo lo spirito delle leggi» (*Lo spirito delle leggi*, cit., p. 502).

Il secondo potere (esecutivo) consiste essenzialmente nell'intrattenere rapporti di pace o di guerra con gli altri paesi per garantire la sicurezza pubblica (rr. **4-5**).

Il terzo potere (giudiziario) consiste infine nel punire i delitti e nel giudicare le cause tra i privati (rr. **5-6**).

8-10 Ogni forma di governo deve tendere alla «libertà politica» del cittadino, ovvero a una condizione di «tranquillità di spirito» derivante dalla percezione della propria sicurezza. Commenta a questo proposito Ernst Cassirer: «Questa libertà è […] possibile quando, e solamente quando, ogni forza individuale è limitata e arginata da un'altra forza opposta»; pertanto la celebre dottrina della divisione dei poteri non è «se non la logica esecuzione e la concreta applicazione di questo suo pensiero fondamentale» (E. Cassirer, *La filosofia dell'Illuminismo*, trad. it. di F. Federici, La Nuova Italia, Firenze 1977, p. 41).

11-23 La libertà è compromessa quando due dei poteri elencati si uniscono in una stessa persona o in uno stesso gruppo di persone, perché in tal caso chi governa dispone di un potere arbitrario sulla vita e sulla libertà dei cittadini, trasformandosi così in un potenziale oppressore. È il caso della maggior parte dei regni europei, che Montesquieu definisce comunque "moderati", perché all'unione dei poteri legislativo ed esecutivo nelle mani del monarca oppongono l'esercizio del potere giudiziario da parte del popolo. Diverso è il caso in cui tutti e tre i poteri si concentrano nelle mani di una persona sola o di un solo corpo di governanti: allora il regno si trasforma in uno «spaventoso dispotismo», come avviene, secondo Montesquieu, «presso i Turchi» (r. **22**).

24-25 Tra le varie forme di governo possibili, le preferenze di Montesquieu vanno al modello inglese, cioè (come egli stesso dice) a una monarchia «temperata». «Il suo pessimismo lo induce a pensare che la democrazia, esigendo per conservarsi un grande patriottismo e civismo, cioè quella che egli chiama "virtù", sia ormai da considerare cosa d'altri tempi, di cui solo la storia antica ci offre qualche esempio» (M. Ghio, *La natura delle leggi: Montesquieu*, in *Grande antologia filosofica*, cit., p. 476).

Voltaire

A differenza di Montesquieu, che fu a Londra più o meno nello stesso periodo in cui vi soggiornò Voltaire (1726-1728), quest'ultimo non rimase colpito dalle istituzioni degli inglesi (il modello politico ideale di Voltaire sarebbe sempre rimasto quello dell'assolutismo illuminato), ma dalla loro mentalità aperta e dinamica, legata ai valori della libertà e della tolleranza, e, dal punto di vista teorico, dalla nuova scienza e dalla nuova filosofia legate ai nomi di Bacone, di Locke e di Newton.

T2 > L'APPELLO ALLA TOLLERANZA

Il problema della tolleranza era stato sollevato da Locke nel 1667 con il *Saggio sulla tolleranza*, per essere da lui stesso ripreso nel 1689 con l'*Epistola sulla tolleranza*. Voltaire, che conobbe questi scritti proprio durante il suo soggiorno inglese, ne rimase subito colpito. Ma l'occasione che diede origine al suo *Trattato sulla tolleranza* si presentò solo nel 1763, quando a Tolosa fu condannato a morte un protestante, un certo Jean Calas, accusato di aver strangolato suo figlio per impedirgli di convertirsi al cattolicesimo. L'efferatezza dell'esecuzione spinse Voltaire non solo all'accorato appello alla tolleranza che percorre l'intero *Trattato*, ma anche alla preghiera al «Dio di tutti gli esseri, di tutti i mondi e di tutti i tempi» contenuta nel brano presentato di seguito.

Mobilitando tutte le sue conoscenze, spendendo il suo denaro e utilizzando la sua penna, Voltaire riuscì a dimostrare che Calas era innocente; la sua famiglia fu scarcerata e risarcita.

Ragionando in buona fede, la nostra religione, per il fatto che è divina, dovrebbe forse imporsi
2 con l'odio, con la persecuzione, l'esilio, la confisca dei beni, la prigione, la tortura, il delitto e per
   giunta rendere grazie a Dio per tali delitti? Quanto più la religione cristiana è divina, tanto meno
4 toccherà all'uomo imporla. Se Dio l'ha fatta, Dio la sosterrà anche senza di voi. Ricordate che
   l'intolleranza non produce che ipocriti o ribelli: quale funesta alternativa! Infine, vorreste far
6 difendere dal boia la religione di un Dio che dal boia è stato ucciso, e che non ha predicato se non
   la dolcezza e la pazienza?
8 […]
   Non mi rivolgerò dunque più agli uomini; ma a te, Dio di tutti gli esseri, di tutti i mondi e di
10 tutti i tempi: se è permesso a deboli creature perdute nell'immensità e impercettibili al resto
   dell'universo osare di domandarti qualcosa, a te che tutto hai donato, a te i cui decreti sono im-
12 mutabili quanto eterni, degnati di considerare pietosamente gli errori connessi alla nostra natura: che questi errori non siano per noi fonte perenne di calamità. Tu non ci hai dato un cuore
14 perché ci odiassimo, mani perché ci sgozzassimo; fa' che sappiamo aiutarci vicendevolmente a
   sopportare il fardello d'una vita penosa e breve; che le piccole differenze intercorrenti fra i vestiti
16 che coprono i nostri deboli corpi, fra i nostri imperfetti linguaggi, fra tutte le nostre ridicole
   usanze, fra tutte le nostre leggi imperfette, fra tutte le nostre opinioni insensate, fra tutte le nostre
18 condizioni così disparate agli occhi nostri e così uguali ai tuoi; che tutte le lievi sfumature distin-
   guenti quegli atomi chiamati uomini, non siano segnacoli di odio e di persecuzione. Che coloro
20 i quali accendono ceri in pieno giorno per celebrarti, sopportino coloro che si contentano della
   luce del tuo sole; che coloro i quali ricoprono le loro tonache con una tela bianca per significare
22 che bisogna amarti, non odino coloro i quali affermano la stessa cosa ricoperti da un mantello di
   lana nera; che sia considerata la stessa cosa l'adorarti servendosi di un'antica lingua, o adoperan-
24 done una più recente; che gli uomini rivestiti di abiti rossi o violetti, che dominano su una piccola parte del piccolo ammasso di fango di questo mondo, che posseggono qualche tondeggiante
26 frammento di un certo metallo, godano senza orgoglio di ciò ch'essi chiamano grandezza e ricchezza; e che gli altri uomini li sopportino senza invidia: tu sai infatti che in tali vanità non c'è
28 nulla da invidiare né di cui inorgoglirsi.
   Possano tutti gli uomini ricordarsi che sono fratelli! Aborrire la tirannia esercitata sulle anime,
30 così come hanno in esecrazione il brigantaggio, che sottrae con la violenza il frutto del lavoro e

della pacifica industria! Se i flagelli della guerra sono inevitabili, almeno non odiamoci, non stra-
32 ziamoci a vicenda nei tempi di pace, e impieghiamo l'istante della nostra esistenza a benedire
ugualmente in mille lingue diverse, dal Siam alla California, la tua bontà che ci ha donato
34 quest'istante! (Voltaire, *Trattato sulla tolleranza*, in *Grande antologia filosofica*, cit., vol. XIV, pp. 558-559)

Analisi del testo

1-7 In queste pagine del *Trattato sulla tolleranza* Voltaire sta parlando del diritto di ogni individuo a «credere soltanto alla propria ragione», sottolineando tuttavia che c'è una differenza tra la religione cristiana, che è opera di Dio, e tutte le altre religioni, che sono opera dell'uomo. Su questo tema si inseriscono le righe qui riportate: proprio per il fatto che è divina, la religione cristiana non deve essere imposta con l'odio, con la persecuzione, con la tortura e con il delitto (r. **2**). Voltaire si rifà in questo senso a un principio fondamentale formulato da Bayle a proposito dell'esegesi biblica: è falsa ogni interpretazione che vada contro i principi morali e che implichi la raccomandazione o la giustificazione del delitto. Inoltre, poiché Cristo «non ha predicato se non la dolcezza e la pazienza», un cristiano intollerante è in realtà un ipocrita, perché non segue l'insegnamento di Cristo. Il fondamento dell'intolleranza, quindi, non si trova nel messaggio di Cristo, ma nell'interpretazione che di esso viene data.

9-28 Lasciando da parte gli uomini, Voltaire rivolge qui il suo appello a Dio stesso, in un vibrante inno di lode che va al di là delle sue stesse concezioni deistiche. Richiamando la fragilità e la miseria che caratterizzano l'essere umano, Voltaire ne fa gli aspetti costitutivi e fondanti della tolleranza: la nostra vita è «penosa e breve» (r. **15**), le nostre usanze «ridicole» (r. **16**) le nostre leggi «imperfette» (r. **17**). In fondo noi uomini non siamo che «atomi» distinti l'uno dall'altro da «lievi sfumature» (r. **18**), e proprio perché «siamo tutti impastati di debolezze e di errori» – scrive Voltaire nel *Dizionario filosofico* alla voce

"Tolleranza" – dobbiamo perdonarci «reciprocamente le nostre balordaggini; è la prima legge di natura» (*Dizionario filosofico*, Mondadori, Milano 1968, p. 620). Nessuno ha il diritto di giudicare gli altri e di sentirsi a essi superiore, in quanto egli stesso è intriso di debolezze e di difetti; l'unica soluzione è la reciproca tolleranza.

Si noti che il fondamento della tolleranza individuato da Voltaire (la fragilità della natura umana) è lo stesso che era già stato indicato da Locke. A questo proposito, nel *Saggio sull'intelletto umano* il filosofo inglese aveva affermato che il nostro intelletto ha dei limiti strutturali, in considerazione dei quali non è lecito imporre le nostre credenze religiose ad altri, spacciandole per sicuramente e universalmente vere (cfr. R. Cortese, *La ragionevolezza della tolleranza secondo J. Locke*, ne *La lettera sulla tolleranza di Locke e il problema della tolleranza nella filosofia del Seicento*, Paravia, Torino 1990, p. 27).

29-34 Per indurre alla tolleranza Voltaire richiama in queste righe un altro tema caro all'Illuminismo: quello della fratellanza universale. Poiché tutti gli uomini sono fratelli, non è possibile giustificare chi «perseguita un uomo, un suo fratello, perché non è della sua opinione» (*Dizionario filosofico*, cit., p. 622). Se le guerre sono inevitabili, almeno in tempo di pace gli uomini dovrebbero evitare l'odio reciproco (rr. **31-32**): ancora una volta (si veda ad esempio la r. **1** in apertura di brano) Voltaire supporta il suo appello alla tolleranza con una considerazione "ragionevole", sottolineando così come la tolleranza sia un'esigenza fondamentale della ragione.

Condorcet

Il primo a evidenziare il carattere progressivo della storia umana, che si svolge dall'esistenza selvaggia dei primi uomini fino all'organizzazione sociale e razionale che caratterizza la civiltà, è Voltaire. Ma la fiducia nell'uomo e nella sua capacità di migliorarsi grazie all'acquisizione di sempre maggiori "lumi" è una convinzione comune a tutti gli illuministi. Così, se Turgot individua nel progresso intellettuale la condizione di ogni miglioramento, Condorcet accoglie questa tesi, ma chiarisce che la natura non ha posto alcun limite al perfezionamento delle facoltà umane.

T3 > LA STORIA COME PROGRESSO

Nell'*Abbozzo di un quadro storico dei progressi dello spirito umano* Condorcet elabora la propria teoria del progresso indefinito e fornisce una divisione della storia in epoche basandosi per la prima volta non sugli eventi storici, ma sui progressi della conoscenza, ai quali si fa riferimento nel brano che segue.

Tale progresso [dello spirito umano] è sottoposto alle stesse leggi generali che osserviamo nello sviluppo delle facoltà dei singoli individui, poiché è il risultato di tale sviluppo, considerato nello stesso tempo in un gran numero di individui riuniti in società. Ma il risultato che ogni istante presenta dipende da quello risultante dagli istanti precedenti; e influisce su quello dei tempi che ancora devono venire.

Un tal quadro è dunque storico perché, soggetto a continue variazioni, si vien delineando mediante l'osservazione successiva delle società umane nelle diverse epoche che hanno attraversato. Esso deve presentare l'ordine dei mutamenti, far comprendere l'influenza che ogni istante esercita su quello che gli succede, e mostrare inoltre, nelle modificazioni che la specie umana ha subìto rinnovandosi incessantemente nel corso dell'immensità dei secoli, il cammino che ha seguito, i passi che ha fatto verso la verità e la felicità. Tali osservazioni, su ciò che l'uomo è stato e su ciò che è oggi, ci permetteranno poi di scoprire i mezzi per garantire e accelerare i nuovi progressi che la sua natura gli permette di sperare ancora.

Questo è lo scopo dell'opera che intraprendo, il cui risultato sarà di mostrare, mediante il ragionamento e mediante i fatti, che la natura non ha segnato alcun limite al perfezionamento delle facoltà umane; che la perfettibilità dell'uomo è realmente indefinita; che i progressi di tale perfettibilità, indipendenti ormai da ogni potenza che pretenda arrestarli, non hanno altro termine che la durata del globo in cui la natura ci ha gettato. Indubbiamente, tali progressi si potranno realizzare più o meno rapidamente; ma è assolutamente inconcepibile che si possa regredire, almeno sin che la terra occuperà la stessa posizione nel sistema dell'universo, e sin che le leggi generali di tale sistema non produrranno su questo globo uno sconvolgimento generale e mutamenti tali che non permettano più alla specie umana di sopravvivere, di esplicare le proprie facoltà e di trovarvi le stesse risorse.

[…]

Siamo forse giunti al punto in cui non abbiamo più a temere né nuovi errori, né il ritorno degli antichi; in cui nessuna istituzione corruttrice possa più essere introdotta dall'ipocrisia, adottata dall'ignoranza o dal fanatismo; in cui nessuna perniciosa alleanza possa più determinare l'infelicità di un grande paese? Chi potrebbe sostenere che sia cosa inutile lo studiare come i popoli sono stati ingannati, corrotti o fatti precipitare nella miseria?

Tutto ci induce a credere che stia per giungere l'epoca d'una fra le maggiori rivoluzioni della specie umana. Che cosa ci può essere di più adatto a illuminarci su ciò che dobbiamo attenderci, a offrirci una guida sicura per orientarci e muoverci in essa, se non il quadro delle rivoluzioni che l'hanno preceduta e preparata? Lo stato attuale dei lumi ci garantisce che sarà felice; ma a condizione che sappiamo servirci di tutte le nostre forze. E perché la felicità, che tale epoca ci promette, non debba essere acquistata a un prezzo troppo alto, perché si diffonda quanto più rapidamente possibile e nel modo più vasto, perché sia quanto più possibile completa nei suoi effetti, sarà appunto necessario scoprire nella storia dello spirito umano quali ostacoli ci restino da vincere e con quali mezzi potremo superarli.

(Condorcet, *Abbozzo di un quadro storico dei progressi dello spirito umano*, trad. it. di M. Ghio, in *Grande antologia filosofica*, cit., vol. XIV, pp. 700-701, 706)

Analisi del testo

1-5 Nel progresso dell'umanità sono rintracciabili, secondo Condorcet, le stesse leggi che regolano lo sviluppo delle facoltà dei singoli individui, in un percorso in cui ogni passaggio è preparato da quello precedente e prepara quello successivo.

6-13 Il quadro dello sviluppo dello spirito umano non può che essere storico, nel senso che può essere delineato solo a partire dall'analisi delle caratteristiche delle diverse epoche storiche attraversate dall'uomo. Nel prosieguo dell'opera Condorcet suddivide la storia dell'umanità in questo modo: «Dalla prima epoca, quella degli uomini riuniti in tribù, si passa a quella dei popoli pastori e agricoltori; di qui alla terza, con cui si arriva alla scoperta della scrittura alfabetica, alla quarta in cui sono descritti i progressi dello spirito umano nella Grecia, fino al tempo della divisione delle scienze, verso il secolo d'Alessandro e alla quinta concernente gli ulteriori progressi delle scienze fino alla loro decadenza. La sesta epoca descrive la decadenza dei lumi fino alla loro restaurazione, verso il tempo delle crociate, la settima giunge all'invenzione della stampa, l'ottava al tempo in cui le scienze e la filosofia scossero il giogo dell'autorità e la nona da Cartesio fino alla formazione della repubblica francese» (M. Ghio, *La storia come progresso*, in *Grande antologia filosofica*, cit., pp. 665-666). Poiché Condorcet scrive durante la Rivoluzione francese, è evidente che la nona epoca da lui descritta è quella che concerne il suo tempo; a questa il filosofo ne aggiungerà una decima, richiamando i progressi futuri dell'umanità. Non a caso, in queste righe, egli afferma che lo studio di ciò che l'uomo è stato e di ciò che l'uo-

mo è ci permette di scoprire i criteri per garantire e accelerare i nuovi progressi che la natura umana consente ancora di sperare.

14-23 La tesi della perfettibilità illimitata delle facoltà umane porta Condorcet, a differenza di Vico, all'indiscussa certezza che la civiltà non può regredire (r. **19**). Si sottolinea così, anche se indirettamente, un particolare aspetto della concezione illuministica del progresso, cioè la sua dimensione qualitativa. Come nota Ernst Cassirer, lungi dall'essere un mero ampliamento del sapere, il progresso degli illuministi è «un ripiegamento sempre più cosciente e deciso verso il suo centro autentico e peculiare», ovvero le esigenze della ragione (*La filosofia dell'illuminismo*, cit., p. 20).

25-29 Dopo aver richiamato (nelle righe qui non riportate) i tratti della prima delle epoche storiche, in cui gli uomini erano principalmente impegnati a provvedere alla propria sussistenza e pertanto non disponevano di tutta la «calma» e di tutta la «distensione» necessarie a ulteriori conquiste, Condorcet si chiede se con l'"età dei Lumi" (la nona epoca) l'uomo sia finalmente in grado di vivere felice, traendo le dovute lezioni dagli errori del passato.

30-38 Tutto fa pensare – conclude Condorcet – che si prepari un'epoca di felicità, a condizione di saper individuare gli ostacoli che devono ancora essere superati e i mezzi adatti per superarli. Il destino personale di Condorcet non confermò in realtà questa previsione: egli morì in carcere, dove era stato rinchiuso a causa della sua violenta protesta contro la bocciatura del suo progetto di una Costituzione moderata.

D'Alembert

Le concezioni filosofiche di d'Alembert (precoce matematico e scienziato che a 30 anni, nel 1747, quando incomincia a interessarsi all'*Enciclopedia*, ha già pubblicato il meglio di sé nel campo della meccanica razionale) sono contenute soprattutto nel "Discorso preliminare" dell'*Enciclopedia* (1751) e nel *Saggio sugli elementi di filosofia* (1759). Da questi testi emerge come i suoi riferimenti filosofici siano gli stessi di Voltaire e della maggior parte degli illuministi: la scienza di Newton e l'empirismo di Locke; l'esigenza di integrare le scienze della natura con le scienze dello spirito e di trovare una scienza filosofica dei principi (la metafisica, da considerare però non più come scienza autonoma che va oltre i limiti dell'esperienza, ma come la scienza che fornisce i principi generali di ogni disciplina scientifica); la fiducia nel progresso dell'uomo attraverso l'opera della filosofia.

L'ORDINE ENCICLOPEDICO DELLE CONOSCENZE

L'obiettivo principale dell'*Enciclopedia* consiste nella classificazione e nella sistematizzazione dell'umano sapere. Attraverso le sue varie voci, l'*Enciclopedia* mira dunque a evidenziare i nodi che separano e uniscono le diverse conoscenze, tracciando una sorta di "mappa" che sia di aiuto alle generazioni future per ricavarne il maggior vantaggio possibile. Per chiarire questo aspetto, nel brano che segue (tratto dal "Discorso preliminare") d'Alembert ricorre a un'immagine di grande efficacia.

È [l'ordine enciclopedico delle nostre conoscenze] una specie di mappamondo che deve mostra-
2 re i principali paesi, la loro posizione e mutua dipendenza, la strada in linea retta che li unisce; strada spesso interrotta da mille ostacoli, i quali all'interno di ciascun paese possono esser cono-
4 sciuti soltanto dagli abitanti o dai viaggiatori, ma che non si potrebbero porre in evidenza se non su carte particolari di piccola scala. Tali carte particolari saranno i vari articoli dell'Enciclopedia,
6 e l'albero, o sistema figurato, sarà il mappamondo.

Ma come nelle carte generali del globo che abitiamo gli oggetti sono più o meno ravvicinati e
8 presentano aspetti diversi, a seconda della prospettiva prescelta dal geografo che costruisce la carta, così pure la forma dell'albero enciclopedico dipenderà dal punto di vista in cui ci si pone
10 per esaminare l'universo letterario. Si possono dunque immaginare tanti diversi sistemi della conoscenza umana, quanti sono i mappamondi che si possono costruire secondo differenti proie-
12 zioni; e ciascuno di tali sistemi potrà avere persino, ad esclusione di altri, qualche particolare vantaggio. Non v'è dotto che non ponga volentieri al centro di tutte le scienze quella della quale
14 egli stesso si occupa, press'a poco come i primi uomini si ponevano al centro del mondo, convinti che l'universo fosse fatto per loro. La pretesa di molti di tali dotti troverebbe forse, da un punto
16 di vista filosofico – anche a parte l'amor proprio –, buone ragioni per giustificarsi.

Comunque, tra tutti sarebbe preferibile l'albero enciclopedico che stabilisse il maggior numero
18 di nessi e rapporti interni tra le scienze.

(D'Alembert, *Enciclopedia*, "Discorso preliminare", a cura di P. Casini, Laterza, Roma-Bari 2003, p. 26)

Analisi del testo

1-6 D'Alembert paragona l'ordine enciclopedico del sapere a un «mappamondo», in grado di offrire una visione d'insieme dei caratteri generali delle molteplici conoscenze umane e dei legami che tra esse intercorrono. I singoli articoli dell'opera, destinati all'analisi puntuale e all'approfondimento, sono invece simili alle «carte particolari di piccola scala» che gli abitanti di un determinato paese o i viaggiatori utilizzano per avere visioni più dettagliate del territorio in cui vivono o che si trovano a dover percorrere o esplorare.

7-18 Come le "mappe" di uno stesso territorio differiscono l'una dall'altra a seconda del tipo di proiezione adottata dal cartografo, così a ogni organizzazione del sapere è sottesa una particolare prospettiva, il che significa che è possibile costruire diversi "sistemi" della conoscenza umana, suscettibili di essere confrontati tra loro e valutati, ad esempio, mediante un criterio di utilità. La pluralità dei punti di vista si spiega con l'impossibilità di costruire un'unica immagine completa e onnicomprensiva della realtà, come si afferma nell'articolo dell'*Enciclopedia* dedicato agli "Elementi delle scienze": «Lungi dal cogliere la catena che congiunge tutte le scienze, non scorgiamo neppure nella loro totalità le parti di una tale catena, costituenti ciascuna scienza in particolare. Quale che sia l'aspetto che si dà alle nostre proposizioni, quale che sia la precisione della deduzione, ci si troverà sempre necessariamente dinanzi a lacune» (*Enciclopedia*, cit., p. 301). D'altro canto, proprio il poter confrontare i punti di vista di discipline diverse, ciascuna delle quali tende a porre «al centro del mondo» se stessa e gli aspetti di cui si occupa, è garanzia del graduale sviluppo e approfondimento del sapere e dunque dell'elaborazione di un'immagine della realtà sempre più ricca e articolata.

ECHI DEL PENSIERO

LA SFIDA DEL MALE
Dal *Candido* di Voltaire al volontarismo moderno

Ferita ineluttabile del destino umano, la questione del male pervade tutti i romanzi filosofici di **Voltaire** e, con una forza particolare, attraversa il racconto incalzante, paradossale e graffiante del ***Candido o dell'ottimismo*** (1759). Al di là dell'involucro letterario e dei riferimenti a un'epoca lontana, questo romanzo, nella sua scanzonata leggerezza, contiene un'intramontabile lezione per l'uomo di oggi.

LA "VOCE" DI VOLTAIRE

Il romanzo trova la sua origine in un evento che scosse profondamente l'opinione pubblica del tempo: il terribile **terremoto** che, nel **1755**, distrusse la città di **Lisbona**, causando migliaia di morti. L'evento contribuì a dare un duro colpo all'ottimismo metafisico di matrice leibniziana e a tutta la teodicea settecentesca. L'obiettivo polemico del *Candido* è proprio l'infondato ottimismo della teodicea leibniziana, secondo cui Dio ha creato «il migliore dei mondi possibili». La tesi di Leibniz non viene confutata con argomenti filosofici, ma ricorrendo alla beffa e al sarcasmo, attraverso il racconto delle molteplici, tragicomiche peripezie che il giovane protagonista del romanzo è costretto ad affrontare. Candido si imbatte in ogni genere di difficoltà: dalla guerra al terremoto, dai soprusi dell'Inquisizione alla schiavitù, dalla malattia alla morte. Tutto contribuisce a mettergli davanti agli occhi lo spettacolo terrificante di un'umanità miserabile e priva di possibilità di riscatto. Eppure, in una disarmante e quasi patologica forma di fiducia incondizionata, egli è pronto ogni volta a illudersi che tutto stia andando per il meglio.

L'ingenuo ottimismo del protagonista è rafforzato dalle lezioni del precettore Pangloss, che «insegnava la meta-

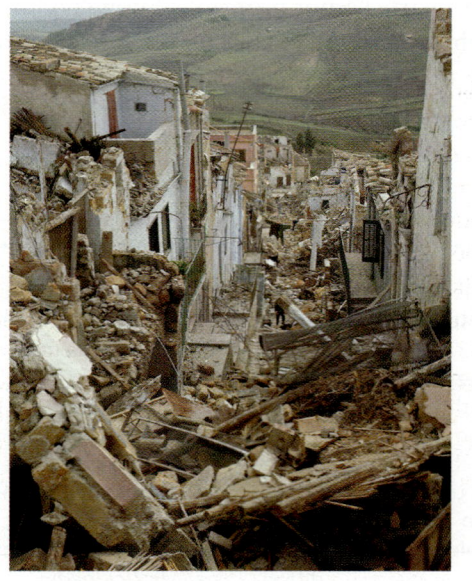

fisico-teologo-cosmologo-scempiologia» e «dimostrava in modo mirabile» che nel mondo «tutto è bene» e nessun male viene per nuocere.

La risposta del filosofo francese all'antica questione del male giunge al termine del romanzo: stabilitisi in una piccola fattoria nelle vicinanze di Costantinopoli, Candido e Pangloss interpellano un derviscio, cioè un membro di una confraternita musulmana:

> Pangloss prese la parola e disse:
> «Maestro, veniamo a pregarti di dirci perché un animale strano come l'uomo è stato creato».
> «Di che ti impicci?» disse il dervì «forse che ti riguarda?»
> «Ma, reverendo padre» disse Candide «è orribile il male che c'è al mondo».
> «Cos'importa» disse il dervì «che ci sia male o bene? Quando Sua Altezza spedisce un vascello in Egitto, forse che s'inquieta se i topi che son sul vascello stanno bene o male?»
> «Cosa bisogna fare, allora?» disse Pangloss.
> «Tacere» disse il dervì.
> «Speravo» disse Pangloss «di ragionare un poco con te degli effetti e delle cause, del migliore dei mondi possibili, dell'origine del male, della natura dell'anima e dell'armonia prestabilita».
> A quelle parole il dervì gli sbatté la porta in faccia.

(Voltaire, *Candido*, p. 180)

Il gesto del derviscio, metafora della **rinuncia a ogni sterile disputa teorica**, è rafforzato dalle parole di un «buon vecchio» contadino che i tre incontrano sulla via del ritorno e che li accoglie nella propria casa: «Non posseggo che venti jugeri […] li coltivo coi miei figli; il lavoro ci tiene lontani tre grandi mali: la noia, il vizio e la miseria». Queste parole sembrano mettere tutti d'accordo, compresi l'ottimista Pangloss e il suo antagonista, il pessimista Martin:

> «Lavoriamo senza ragionare» disse Martin; «è l'unico modo di render la vita tollerabile».
> Tutta la minuscola compagnia condivise quel lodevole disegno; ciascuno si mise a esercitare i propri talenti. La poca terra fruttò molto […]; e a volte Pangloss diceva a Candide: «Tutti gli eventi sono concatenati nel migliore dei mondi possibili; perché, insomma, non t'avessero cacciato da un bel castello a pedate nel sedere per amore di madamigella Cunégonde, non fossi caduto nelle mani dell'Inquisizione, non avessi percorso l'America a piedi, non avessi dato un bel colpo di spada al barone, non avessi perduto tutte le pecore del buon paese di Eldorado, non saresti qui a mangiar cedro candito e pistacchi…»
> «Ben detto» rispose Candide «ma dobbiamo coltivare il nostro orto».

(Voltaire, *Candido*, pp. 152-157)

DA VOLTAIRE A OGGI

L'estremo insegnamento che Candido trae dalle sue peripezie è racchiuso in quest'ultima frase: «**dobbiamo coltivare il nostro orto**». In essa – divenuta proverbiale, sebbene come riduttivo invito a rifugiarsi nell'"orto" della vita privata – c'è in realtà il rifiuto delle vane dispute filosofiche e la convinzione che l'unico rimedio al male non sia la sua astratta giustificazione teorica, ma l'operosità, accompagnata dalla saggezza pratica di chi non vuole farsi più domande.

Per quanto possa sembrare una beffarda elusione della questione del male, la posizione di Voltaire sottende una potente originalità rispetto ai pensatori precedenti. Per **Spinoza** la natura è un perfetto ordine meccanico che,

proprio in quanto non riconducibile alla libertà di Dio o dell'uomo, è "innocente", cioè non nasconde alcuna colpa (né di Dio, né dell'uomo); in un mondo siffatto il male non esiste. Per **Leibniz** il nostro è «il migliore dei mondi possibili», in cui, anche se in senso diverso rispetto a quanto afferma Spinoza, «tutto è bene». Nel *Candido* **Voltaire contesta la prospettiva di entrambi**, convinto che il male esista e sia operante nel mondo, anche se non è razionalmente giustificabile. Ma il filosofo francese trasforma questa amara analisi della realtà in un invito all'impegno per renderla migliore: **il male può sollecitare la nostra volontà trasformatrice**, impedendoci di cadere in un atteggiamento di rassegnazione e di resa fatalistica. Nell'introduzione all'edizione italiana del *Candido*, Italo Calvino così commenta la morale voltairiana del "coltivare il nostro orto":

> Morale molto riduttiva, certo, che va intesa prima di tutto nel suo significato intellettuale e antimetafisico: non devi porti altri problemi se non quelli che puoi risolvere con la tua diretta applicazione pratica. E nel suo significato sociale: prima affermazione del lavoro come sostanza di ogni valore […]. Non dobbiamo dimenticare il radicale cambiamento epistemologico ed etico che questa enunciazione segnava (siamo nel 1759, esattamente trent'anni prima della presa della Bastiglia): l'uomo giudicato non più nel suo rapporto con un bene e un male trascendenti, ma in quel poco o tanto che può fare. E di lì derivano tanto una morale del lavoro strettamente "produttivistica" nel senso capitalistico della parola, quanto una morale dell'impegno pratico responsabile e concreto, senza il quale non ci sono problemi generali che possano risolversi. Le vere scelte dell'uomo d'oggi, insomma, partono di lì.

(I. Calvino, "Introduzione" a Voltaire, *Candido*, pp. VII-IX)

In un certo senso, Voltaire anticipa quindi la celebre massima di Antonio Gramsci (1891-1937), il quale professava «il pessimismo della ragione e l'ottimismo della volontà»: l'intelligenza del reale può indurre al pessimismo, ma la consapevolezza che il nostro impegno è capace di mutare le cose può infonderci un sano e realistico ottimismo.

LABORATORIO DELLE IDEE

1. Traendo spunto dalle riflessioni di Calvino, chiarisci in quale senso, a tuo avviso, il messaggio del *Candido* abbia un risvolto etico-politico ancora attuale per la vita della nostra società.

2. Immagina e metti in scena un incontro virtuale in cui Spinoza, Leibniz e Voltaire si confrontano sul tema del male, illustrando in particolare come, secondo quest'ultimo, il male possa sollecitare la nostra volontà trasformatrice, impedendoci di cadere in un atteggiamento di rassegnazione. Esplicita infine e argomenta il tuo punto di vista su questo tema.

VERSO LE COMPETENZE
▸ Comprendere le radici concettuali e filosofiche dei principali problemi della contemporaneità
▸ Riflettere e argomentare, individuando collegamenti e relazioni

CAPITOLO 4

L'Illuminismo inglese, italiano e tedesco

1. Le caratteristiche dell'Illuminismo inglese

L'Inghilterra e l'Illuminismo

Se l'Illuminismo conosce in Francia le sue manifestazioni più significative e brillanti, trova però in Inghilterra la sua **culla d'origine** e la sua **matrice storica e culturale**.

Infatti l'Inghilterra, paese della **prima grande rivoluzione del mondo moderno** e sede dell'affermazione delle **prime istituzioni parlamentari e liberali**, è anche la nazione che, con Locke e Newton, mette in moto tutto quel dibattito gnoseologico, etico, politico e scientifico che trova in Hume la più matura espressione britannica e che ha in Francia il suo centro d'irraggiamento europeo. Mentre nell'Illuminismo francese, data la situazione storica, costituita da una borghesia in fermento rivoluzionario, campeggiano i temi storico-politici e la critica serrata alle istituzioni dell'*ancien régime*, in Inghilterra, che vive già dopo la rivoluzione, il dibattito illuministico appare incentrato, nelle sue punte più caratteristiche e influenti, soprattutto su **problemi di ordine morale e religioso**.

Il deismo inglese

Buona parte della speculazione filosofica del XVIII secolo in Inghilterra è dedicata alla polemica intorno al valore rispettivo della religione naturale e della religione rivelata.

La religione naturale

Per "**religione naturale**" s'intende quella **fondata unicamente *sulla* ragione o *dalla* ragione** e che quindi si limita a insegnare solo quelle verità che la ragione può dimostrare o almeno comprendere. È la religione del **deismo**, che si fonda su un concetto della divinità che è accessibile alle sole forze della ragione e che perciò esclude ogni connotazione "misteriosa" o inconcepibile o comunque non alla portata della ragione stessa.

Teologia ed empirismo

Le dottrine dei numerosi deisti o "liberi pensatori" (come essi talvolta si definirono) continuano il **tentativo di "razionalizzare la teologia"** che i platonici di Cambridge (v. vol. 2A, p. 218) avevano effettuato ricorrendo al platonismo rinascimentale. Ma dopo l'opera di Locke, che costituisce anche l'innesto del cartesianesimo su questo tentativo, i liberi pensatori inglesi cercano di razionalizzare la religione **ricorrendo alla nuova gnoseologia empiristica**, cioè fondando la certezza della religione sui procedimenti specifici che **Locke** aveva riconosciuto come propri della ragione. Il risultato più importante di questa tendenza è costituito dalle analisi di **Hume** sulla religione, che influenzarono lo sviluppo di dottrine analoghe in Francia e altrove.

La morale del sentimento

All'interno della corrente illuministica inglese alcuni autori ritengono che la condotta morale dell'uomo si fondi su una specie di sentimento o di istinto (che è poi intrinsecamente razionale) piuttosto che sulla ragione, considerata troppo debole e soggetta all'errore.

Shaftesbury. Il più popolare di questi scrittori è **Anthony Ashley Cooper, terzo conte di Shaftesbury** (1671-1713), autore di numerosi saggi che egli stesso raccolse sotto il titolo di *Caratteristiche di uomini, maniere, opinioni, tempi* (1711).

Shaftesbury combatte in primo luogo il **fanatismo** (chiamandolo "entusiasmo", con Locke e altri scrittori del tempo) in tutte le sue forme: si tratta dell'arroganza di chi crede di avere il monopolio della verità ed è disposto a tutto per mantenerlo. Al fanatismo si contrappone l'**ironia**, intesa come la satira, l'irrisione e il sarcasmo che mettono a nudo le debolezze di quell'arroganza, la fallacia delle dottrine su cui essa si fonda, le superstizioni e i pregiudizi che l'alimentano.

> L'ironia come antidoto al fanatismo

Shaftesbury pone alla base della vita morale un sentimento razionale che si oppone alle passioni e alle inclinazioni disordinate dell'uomo. Questo sentimento è la **manifestazione nell'uomo dell'unità e dell'armonia dell'universo**. L'uomo è legato al mondo e il mondo è una totalità ordinata e perfetta che rivela la saggezza divina. Per questo legame, l'uomo è portato a conformarsi nella sua condotta all'armonia e all'ordine del mondo e in quanto fa questo è veramente morale e religioso:

> Il sentimento razionale alla base della vita morale

> La contemplazione dell'universo, le sue leggi e il suo assetto sono le sole basi sulle quali è possibile fondare una solida fede nella divinità.

Hutcheson. Su questi motivi insiste **Francis Hutcheson** (1694-1746) che fu professore di filosofia morale a Glasgow, in Scozia, e autore di un *Sistema di filosofia morale* pubblicato postumo, nel 1755. La filosofia morale di Hutcheson trova il suo centro nell'elaborazione del concetto di **senso morale**, come **fondamento della vita morale** e **rivelazione nell'uomo dell'armonia universale**.

Hutcheson ammette, al di là e prima dei sensi che ci rivelano il mondo esterno e ci forniscono il materiale della conoscenza, un certo numero di **percezioni più sottili**, che ci fanno avvertire i valori interni, o spirituali, dell'uomo. Vi sono il senso della bellezza e dell'armonia, che è l'immaginazione, il senso della simpatia, il senso che ci procura piacere nell'azione, il senso morale, il senso della convenienza e della dignità, il senso familiare, il senso sociale e il senso religioso. Ognuno di essi è una determinazione della volontà e tende alla felicità. L'unità di questi diversi sensi deriva quindi esclusivamente dal fine comune al quale sono stati indirizzati dal Creatore.

> I sensi che ci rivelano l'interiorità dell'uomo

Il senso morale è ritenuto da Hutcheson una **facoltà indipendente** perché non può essere risolto in elementi più semplici. Non può essere risolto nella simpatia, perché noi approviamo

> Il senso morale

anche le virtù dei nostri nemici; non nel piacere che deriva dall'azione virtuosa, perché è la radice e non il frutto di questo piacere; non nella percezione dell'utilità, perché anche le cattive azioni possono essere utili. Inoltre non può essere derivato dalla conformità di un'azione al volere divino, perché gli attributi morali di Dio devono essere conosciuti antecedentemente al giudizio che riconosce tale conformità; né dalla conformità alla verità delle cose, perché questa sarebbe una definizione apparente. Il senso morale **percepisce la virtù e il vizio** come gli occhi percepiscono la luce e l'oscurità.

Hutcheson mantiene un **atteggiamento ambiguo sui rapporti tra senso morale e ragione**: da un lato, infatti, ammette che il senso morale possa sbagliare seguendo «le false opinioni della ragione», ma dall'altro afferma che la ragione stessa può correggerlo dimostrando all'uomo l'esistenza di un governatore morale del mondo e facendogli riconoscere la sua autentica felicità.

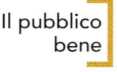

ESERCIZI INTERATTIVI ON LINE

Il pubblico bene

Egli identifica infine il senso morale con la tendenza al pubblico bene, adoperando la formula «**la massima felicità del maggior numero**» per contrassegnare la migliore azione possibile: formula che si ritroverà in Cesare Beccaria e in Jeremy Bentham. Il **senso morale** non è altro che **l'approvazione di quei sentimenti e** quindi **di quelle azioni che conducono al pubblico bene**. Non trovando altri motivi che possano giustificare l'approvazione di tali sentimenti e azioni, Hutcheson ricorre al senso morale posto direttamente da Dio nell'uomo. Più che il giudice supremo, Dio diventa così il garante dell'armoniosa inserzione dell'uomo nel sistema del mondo.

Mandeville

La favola delle api e la sua morale

Fa da controparte all'ottimismo di Hutcheson il pessimismo di **Bernard de Mandeville** (1670-1733), autore della ***Favola delle api***, pubblicata nel 1705. Quest'opera è composta da un breve poema nel quale si narra di come un alveare fosse prospero e vizioso e di come, in seguito a una riforma dei costumi, abbia perso la prosperità insieme al vizio. Al poema seguono lunghe note; e in successive edizioni furono anche aggiunti un *Saggio sulla carità e sulle scuole di carità*, una *Ricerca sulla natura della società* e alcuni dialoghi sulla *Favola* stessa. Il paradosso su cui il libro è imperniato è espresso nel sottotitolo «Privati vizi, pubblici benefici». Nella conclusione della *Ricerca sulla natura della società*, Mandeville afferma di aver dimostrato che «né le qualità socievoli, né le affezioni benevole che sono naturali all'uomo, né le virtù reali che egli è capace di acquistare con la ragione e con l'abnegazione, sono il fondamento della società; ma che **ciò che noi chiamiamo *male* in questo mondo, male morale o naturale, è il gran principio che ci fa creature socievoli**, la solida base, la vita e il sostegno di tutti i commerci e gli impieghi senza eccezione»; e che di conseguenza se il male cessasse, la società si avvierebbe al suo dissolvimento. Il motivo che più frequentemente ricorre in sostegno di questa tesi è che la **tendenza al lusso** aumenta i consumi e quindi porta all'**incremento dei traffici, delle industrie e di tutte le attività umane**. Per "lusso" Mandeville intende tutto ciò che non è necessario all'esistenza di un «nudo selvaggio». E poiché la virtù consiste essenzialmente nella rinuncia al lusso, essa è direttamente contraria al benessere e allo sviluppo della società civile.

Tutte le argomentazioni di Mandeville poggiano sul contrasto tra il concetto rigoristico della virtù come mortificazione di ogni bisogno naturale e l'osservazione che la società umana è organizzata essenzialmente per servire a tali bisogni. Il concetto rigoristico della virtù lo porta a negare che ci sia vera e propria virtù nel mondo. **Ciò che noi chiamiamo "virtù" è il più delle volte un egoismo mascherato.** Soltanto le interessate adulazioni dei legislatori, dei moralisti, dei filosofi inducono gli uomini a credere nelle proprie virtù e a diventare così più docili e manipolabili.

TAVOLA ROTONDA
Il bene e il male
Il bene e l'utile

La dottrina di Mandeville è l'antitesi simmetrica di quella di Shaftesbury. Per Shaftesbury la virtù corrisponde a un'armonia che pervade tutte le opere della natura ed è riconoscibile dall'intelletto. Per Mandeville è soltanto una moda che cambia così rapidamente come il gusto nel vestire o nell'architettura.

Mandeville
e Shaftesbury

Per Shaftesbury la natura è una divina armonia in cui tutte le cose trovano il loro posto e la loro bellezza. Per Mandeville **la natura è una forza imperscrutabile**, un segreto impenetrabile che elude ogni ricerca, ma che si manifesta di preferenza negli aspetti dolorosi, spiacevoli o sconcertanti della vita.

Smith

Il presupposto ottimistico di Shaftesbury ritorna nell'opera di **Adam Smith** (1723-1790), che fu il successore di Hutcheson nella cattedra di filosofia morale di Glasgow e che occupa un posto eminente nella storia dell'**economia politica** perché ha dato la prima esposizione scientifica di questa disciplina, nella *Ricerca sulla natura e le cause della ricchezza delle nazioni* (1776).

Nella *Teoria dei sentimenti morali* (1759) Smith spiega il funzionamento della vita morale dell'uomo con un principio semplice di armonia e di finalità. Un Essere grande, benevolo e onnisciente è determinato dalle sue proprie perfezioni a mantenere nell'universo in tutti i tempi «la più grande quantità possibile di felicità» (*Teoria dei sentimenti morali*, VI, 2). Questo Essere ha posto nell'uomo una guida infallibile che lo dirige al bene e alla felicità, e questa guida è la simpatia. La simpatia è il **dono di vedere noi stessi come gli altri ci vedono**: è la capacità di essere spettatori imparziali di noi stessi e di approvare o disapprovare la nostra condotta a seconda che sentiamo che gli altri simpatizzano o non simpatizzano con essa.

La simpatia

È evidente che, se la simpatia deve servire come criterio effettivo di valutazione morale, bisogna presupporre l'accordo tra quello spettatore che ognuno porta in se stesso e gli altri spettatori, cioè le altre persone che giudicano della nostra condotta. Questo accordo è infatti presupposto da Smith, il quale vede nella simpatia la **manifestazione di un ordine, o armonia, provvidenziale** che Dio ha stabilito tra gli uomini.

Smith, tuttavia, non nega che l'accordo tra lo spettatore interno e quelli esterni possa anche in qualche caso mancare, e che di conseguenza la coscienza interna dell'individuo, il suo tribunale interiore, possa essere in contrasto con il giudizio che su di lui pronunciano gli altri. In questi casi il giudizio della coscienza può rimanere fermo e deciso, ma può anche essere oscurato e scosso dal giudizio altrui, così che la sua testimonianza interiore esiti ad approvarci o ad assolverci. «In questo ultimo caso – dice Smith – la sola consolazione efficace che rimane all'uomo abbattuto e disgraziato è di appellarsi al **tribunale supremo** del Giudice chiaroveggente e incorruttibile dei mondi» (*Teoria dei sentimenti morali*, III, 2).

L'ipotesi
di valutazioni
morali discordanti

L'appello a questo tribunale inaccessibile nasconde la difficoltà in cui viene a trovarsi la dottrina morale di Smith di fronte all'ipotesi di un **imperfetto funzionamento dell'ordine prestabilito da Dio tra il giudizio morale dell'individuo e quello degli spettatori**. Ma in realtà questo imperfetto funzionamento rimane nella mente di Smith un'**ipotesi astratta**, giacché egli è profondamente convinto dell'infallibilità dell'ordine prestabilito.

L'interesse del singolo coincide con quello della comunità

Questa convinzione domina anche la sua dottrina economica. La ricchezza delle nazioni è difatti fondata, secondo Smith, sul presupposto di un **ordine naturale**, di origine provvidenziale, il quale garantisce in ogni caso la coincidenza dell'interesse del singolo con l'interesse della collettività. Tutte le analisi economiche di Smith tendono a dimostrare che l'individuo dev'essere lasciato libero di perseguire il suo interesse perché gli interessi singoli si coordinano e si armonizzano spontaneamente ai fini del benessere collettivo. **Lo sforzo naturale di ogni individuo a migliorare la sua condizione è l'unico principio adatto a creare una società ricca e prospera**. Da questo presupposto Smith trae la condanna di ogni interferenza politica nell'attività economica dei cittadini e la conferma del principio, affermato dai fisiocrati francesi, dell'illegittimità di ogni regolamentazione statale dell'attività economica. Con la riflessione di Smith viene così introdotto e illustrato nel dominio delle dottrine economiche il principio dell'armonia universale.

QUESTIONE MULTIMEDIALE
La storia ON LINE
La controfinalità nella storia

La scuola scozzese del senso comune

Il senso morale di Hutcheson e la simpatia di Smith sono manifestazioni di quell'ordine provvidenziale infallibile che tali pensatori riconoscono come la natura stessa della realtà. I filosofi della cosiddetta "scuola scozzese" individuano nel "**senso comune**" la manifestazione di questo stesso ordine nel **dominio della conoscenza**.

Reid

Fondatore della scuola scozzese è **Thomas Reid** (1710-1796), che fu il successore di Smith nella cattedra di filosofia morale di Glasgow. Il primo scritto di Reid è il *Saggio sulla quantità* pubblicato nel 1748 negli "Atti della Società Reale di Londra". Ma la sua opera principale è la *Ricerca sullo spirito umano secondo i principi del senso comune* (1764), alla quale seguirono i *Saggi sulle facoltà intellettuali dell'uomo* (1785), i *Saggi sulle facoltà attive dell'uomo* (1788), e altri scritti minori. La filosofia di Reid **si contrappone** polemicamente **allo scetticismo di Hume** e tende a ristabilire e a garantire i principi che Hume aveva negato: l'**esistenza della realtà esterna** e la **legge di causalità**. Ma non li ristabilisce e garantisce mediante una reimpostazione dei problemi relativi (come farà Kant), bensì soltanto ricorrendo alla **testimonianza del senso comune, cioè delle credenze tradizionali dell'umanità**.

Reid fa derivare lo scetticismo di Hume da Berkeley, quello di Berkeley da Locke, e quello di Locke da Cartesio: egli sostiene che le conclusioni che Hume ha reso esplicite erano già implicite nella dottrina cartesiana delle idee e che l'errore fatale di Cartesio è stato quello di affermare che l'unico oggetto della nostra conoscenza è l'idea. Reid nega questo presupposto, sostenendo che l'oggetto della percezione sensibile è la cosa stessa, e che perciò alla percezione è legata la convinzione irresistibile dell'esistenza attuale della cosa. La realtà del mondo esterno non viene riconosciuta in virtù di un ragionamento, ma in virtù dell'**atto immediato della percezione**, ed è una **credenza originaria dello spirito umano**, stabilita dal Creatore.

2. Le caratteristiche dell'Illuminismo italiano

In Italia la cultura illuministica si diffonde più tardi rispetto agli altri paesi europei. Ciò è dovuto al particolare contesto storico-culturale della penisola. L'arretratezza economica, l'immobilità delle istituzioni, l'instabilità politica dovuta alla catena delle guerre di successione, l'assenza di una borghesia dotata di consistente peso economico-sociale, l'assolutismo delle dinastie regie, la pesante atmosfera controriformistica, il prevalere di una cultura umanistica e storico-erudita, dimentica della tradizione scientifica galileiana, producono per lungo tempo una situazione di stasi sociale e intellettuale (in cui Vico rappresenta l'unica eccezione).

Solo con il Trattato di Aquisgrana (1748), che assicura al paese un arco quarantennale di pace, la situazione generale della penisola comincia a dare segni di risveglio. In campo politico, **Milano**, **Parma**, **Firenze** e **Napoli**, grazie alle nuove dinastie riformatrici degli Asburgo, dei Lorena e dei Borboni, che si ispirano ai "dispotismi illuminati" europei, avviano una serie di riforme in senso anti-feudale e anti-clericale, che si riflettono in significativi segnali di novità in campo culturale, come la **divulgazione di importanti opere d'Oltralpe** (compresa la traduzione dell'*Enciclopedia*), la **creazione di una cattedra di economia a Napoli** e la **fondazione del giornale milanese "Il Caffè"**, nel cui ambito viene pubblicato un libro il cui valore fu riconosciuto in tutta Europa: *Dei delitti e delle pene* di Cesare Beccaria.

Negli altri Stati italiani, invece, soprattutto nel Piemonte e nello Stato pontificio, la situazione tende a rimanere stagnante e le inclinazioni autoritarie dei governanti impediscono una consistente diffusione del pensiero illuministico, anche se non riescono a frenare l'eco delle nuove idee.

> *La tardiva diffusione della cultura illuministica*

Pur non essendo privo di debiti verso il pensiero inglese, l'Illuminismo italiano – che non è fatto di "grandi solitari" ma di figure di media statura investite di cariche pubbliche e attente ai problemi sociali – appare strettamente connesso a quello francese e ha come sua caratteristica l'apertura verso i problemi morali, giuridici ed economici. Perciò l'importanza dell'Illuminismo italiano deve «essere rintracciata prevalentemente sul **piano politico**, dove esso rappresenta una vigorosa reazione al disinteresse per la cosa pubblica e alla separazione della cultura dalla società […]. Più empiristico di quello tedesco, meno speculativamente penetrante di quello inglese, meno radicale di quello francese, l'Illuminismo italiano non è per questo impedito dallo svolgere la sua specifica funzione, organicamente commisurata alle esigenze della società del tempo e capace di creare una temperie culturale vivace»[1].

> *L'apertura ai problemi morali, giuridici ed economici*

L'Illuminismo a Napoli

A Napoli lo spirito dell'Illuminismo trova i suoi **precursori** soprattutto in **Ludovico Antonio Muratori** (1672-1750) e in **Pietro Giannone** (1676-1748):

> *Muratori e Giannone*

■ il primo, storico ed erudito di fama europea, autore delle *Riflessioni sopra il buon gusto nelle lettere e nelle arti* (1708) e degli *Annali d'Italia* (1744-1749), è importante per la polemica contro i ritardi della cultura italiana del tempo e per aver stabilito alcuni principi della metodologia storiografica critico-scientifica: la messa tra parentesi della tradi-

---

1 L. Actis Perinetti, *Gli illuministi italiani*, "Introduzione", Loescher, Torino 1973, p. XII.

zione, l'accertamento della realtà dei fatti e dell'autenticità dei documenti, il rispetto dell'oggettività storica;

- il secondo, autore della *Istoria civile del Regno di Napoli* (1723), mostra come il potere ecclesiastico abbia, per via di successive usurpazioni, limitato e indebolito il potere politico e come sia interesse di questo ridurre lo stesso potere ecclesiastico nei limiti spirituali. Giannone si attendeva dalla sua opera, tra l'altro, «il *rischiaramento* delle nostre leggi patrie e dei nostri propri istituti e costumi» (*Istoria*, "Introduzione").

Galiani | **Appartiene più all'Illuminismo francese che a quello italiano** il napoletano abate **Ferdinando Galiani** (1728-1787), che fu per dieci anni (1759-1769) segretario dell'Ambasciata del Regno di Napoli a Parigi e dominò i salotti intellettuali della capitale francese con il suo spirito e il suo brio.

Galiani fu specialmente un **economista**. Il suo trattato ***Della moneta*** (1751) è diretto a criticare la tesi del mercantilismo secondo cui la ricchezza di una nazione consiste nel possesso dei metalli preziosi.

Le sue idee filosofiche, non esposte in forma sistematica, ma gettate qua e là come motti di spirito, sono contenute nelle *Lettere* (scritte in francese) e sono in tutto conformi alle idee dominanti nell'ambiente francese in cui Galiani è vissuto. Nei filosofi i quali affermano che tutto è bene nel migliore dei mondi, Galiani vede degli atei patentati che per paura di essere arrostiti non hanno voluto terminare il loro sillogismo. Ed ecco qual è questo sillogismo: «se un Dio avesse fatto il mondo, questo sarebbe senza dubbio il migliore di tutti; ma non lo è, neppur da lontano; dunque non c'è Dio». A questi atei camuffati bisogna rispondere, secondo Galiani, nel modo seguente:

> Non sapete che Dio ha tratto questo mondo dal nulla? Ebbene, noi abbiamo dunque Dio per padre e il nulla per madre. Certamente nostro padre è una grandissima cosa, ma nostra madre non vale niente del tutto. Si prende dal padre, ma si prende anche dalla madre. Ciò che vi è di buono nel mondo viene dal padre e ciò che vi è di cattivo viene dalla signora nulla, nostra madre, che non valeva gran che.   (*Lettera all'Abate Mayeul*, 14 dicembre 1771)

Genovesi | Dal sensismo francese deduce il fondamento delle proprie dottrine economiche **Antonio Genovesi** (1713-1769), che fu il primo in Europa a professare nelle università la **nuova scienza dell'economia**: ricoprì infatti, dal 1754, la cattedra di lezioni di commercio nell'Università di Napoli.

Genovesi riconosce come principio motore, sia degli individui sia dei corpi politici, il desiderio di sfuggire al dolore che deriva dal bisogno inappagato e chiama tale desiderio "**interesse**", considerandolo come ciò che **sprona l'uomo** non solo **alla sua attività economica**, ma anche **alla creazione delle arti e delle scienze e ad ogni virtù**.

Genovesi è anche autore di opere filosofiche: *Meditazioni filosofiche sulla religione e sulla morale* (1758); *Logica* (1766); *Scienze metafisiche* (1766); *Diceosina ossia Dottrina del giusto e dell'onesto* (1776). Nelle *Meditazioni* egli ripropone a suo modo il procedimento cartesiano; ma riconosce il primo principio non nel pensiero, bensì nel **piacere di esistere**. Questo indirizzo, che sembra derivato da Helvétius (v. cap. 3, p. 73), non impedisce a Genovesi di difendere le tesi dello spiritualismo tradizionale: la spiritualità e l'immortalità dell'anima, il finalismo del mondo fisico e l'esistenza di Dio.

L'Illuminismo a Milano

L'altro centro dell'Illuminismo italiano fu Milano, dove una schiera di scrittori si riunì intorno a un periodico, **"Il Caffè"**, che ebbe vita breve ma intensa (1764-1766). Il giornale, concepito sul modello dello "Spectator" inglese, fu diretto dai fratelli Verri, Pietro e Alessandro; a esso collaborò, tra gli altri, Cesare Beccaria. Alessandro Verri (1741-1816) fu letterato e storico. Pietro Verri (1728-1797) fu filosofo ed economista.

Pietro Verri. Nel *Discorso sull'indole del piacere e del dolore* (1773) **Pietro Verri** sostiene il principio che **tutte le sensazioni**, piacevoli o dolorose, **dipendono**, oltre che dall'azione immediata degli oggetti sugli organi corporei, **dalla speranza e dal timore**. Egli dimostra questa tesi dapprima per ciò che riguarda il piacere e il dolore morali, riportati a un impulso dell'anima verso l'avvenire. Il piacere del matematico che ha scoperto un teorema deriva, ad esempio, dalla speranza dei piaceri che lo aspettano in avvenire, della stima e dei benefici che la sua scoperta gli apporterà. Il dolore per una disgrazia è similmente il timore dei dolori e delle difficoltà futuri. Ora, poiché la speranza è per l'uomo la probabilità di vivere nel futuro meglio che nel presente, essa suppone sempre la mancanza di un bene ed è perciò il risultato di un difetto, di un dolore, di un male. Il piacere morale non è che la rapida cessazione del dolore ed è tanto più intenso quanto maggiore fu il dolore della privazione o del bisogno. Verri estende poi la sua dottrina anche ai piaceri e ai dolori fisici, facendo vedere come molte volte il piacere fisico non sia che la cessazione di una privazione naturale o artificiale dell'uomo.

All'obiezione che la tesi si può invertire, sostenendo con uguale verosimiglianza che ogni dolore consiste nella rapida cessazione del piacere, Verri risponde che una simile generazione reciproca non si può dare, perché «l'uomo non potrebbe cominciare mai a sentire né piacere né dolore; altrimenti la prima delle due sensazioni di questo genere sarebbe e non sarebbe la prima in questa ipotesi, il che è un assurdo» (*Discorso*, 6). Verri giunge a concludere che **la somma totale dei dolori è superiore a quella dei piaceri**. Difatti la quantità del piacere non può mai essere superiore a quella del dolore perché il piacere non è che la cessazione del dolore:

> Ma tutti i dolori che non terminano rapidamente sono una quantità di male che nella sensibilità umana non trova compenso e in ogni uomo si dànno delle sensazioni dolorose che cedono lentamente.
>
> (*Discorso*, 6)

Anche i piaceri delle belle arti hanno la stessa origine: a loro fondamento ci sono quelli che Verri chiama «dolori innominati». **L'arte** non dice nulla agli uomini che sono tutti presi dalla gioia e **parla** invece **a coloro che sono occupati dal dolore o dalla tristezza**. Il magistero dell'arte consiste anzi nello

> spargere le bellezze consolatrici dell'arte in modo che ci sia intervallo bastante tra l'una e l'altra per ritornare alla sensazione di qualche dolore innominato, ovvero di tempo in tempo di far nascere delle sensazioni dolorose espressamente, e immediatamente soggiungervi un'idea ridente, che dolcemente sorprenda e rapidamente faccia cessare il dolore.
>
> (*Discorso*, 8)

La conclusione è che «il dolore è il principio motore di tutto l'uman genere».

Il discorso sul piacere e sul dolore

Arte e dolore

Kant
estimatore
di Verri

Si noti come questa teoria di Verri, presente anche in autori come Schopenhauer e Leopardi, abbia avuto un illustre estimatore in **Immanuel Kant**, che nell'*Antropologia pragmatica* (1798) scrive: «Il dolore deve precedere ogni piacere; il dolore è sempre il primo! […] Nessun piacere può seguire immediatamente ad un altro. […] I dolori che passano lentamente non hanno per effetto un piacere vivo, perché il trapasso è inavvertito. […] Il dolore è lo stimolo dell'attività. […] Senza dolore la vita cesserebbe. Io sottoscrivo con pieno convincimento le idee del Conte Verri» (*Scritti morali*, trad. it. di P. Chiodi, UTET, Torino 1970, pp. 652-653).

La felicità

Da questi presupposti muove l'altro discorso di Verri *Sulla felicità*. Per l'uomo è impossibile la felicità pura e costante, e invece sono possibili la miseria e l'infelicità. L'eccesso dei desideri rispetto alle nostre capacità è la misura dell'infelicità. L'assenza dei desideri è piuttosto vegetazione che vita, mentre la violenza dei desideri può essere sperimentata da ognuno ed è talvolta uno stato durevole. La **saggezza** consiste nel **commisurare** in ogni campo **i desideri alle possibilità** e perciò la **felicità** non è fatta che **per l'uomo illuminato e virtuoso**.

Cesare Beccaria.

Cesare Beccaria. Lo scritto di **Cesare Beccaria** (15 marzo 1738 - 28 novembre 1794) *Dei delitti e delle pene* (1764) è il solo testo dell'Illuminismo italiano che abbia avuto risonanza europea. Tradotto in francese dall'abate Morellet e pubblicato a Parigi nel 1766, tradotto in seguito nelle altre lingue europee, si può dire che esso rappresenti il **punto di vista dell'Illuminismo nel campo del diritto penale**.

«La massima felicità
divisa nel maggior
numero»

I principi che ispirano l'opera sono quelli di Montesquieu e di Rousseau. Beccaria definisce lo scopo della vita associata come «la massima felicità divisa nel maggior numero»: formula che sarà poi accettata e fatta propria da Jeremy Bentham (1748-1832).

Lo Stato nasce da un contratto e l'unica autorità legittima è quella dei magistrati che rappresentano la società unita dal contratto (cfr. *Dei delitti e delle pene*, par. 3). Le leggi non sono altro che le condizioni alle quali fu stretto il patto originario, mentre le **pene** rappresentano il motivo sensibile per **rafforzare e garantire l'azione delle leggi**.

Da questi principi deriva la conseguenza fondamentale, che ispira tutto il saggio:

> Le pene, che oltrepassano la necessità di conservare il deposito della salute pubblica, sono ingiuste di lor natura; e tanto più giuste sono le pene, quanto più sacra ed inviolabile è la sicurezza, e maggiore la libertà che il sovrano conserva ai sudditi.
>
> (*Dei delitti e delle pene*, par. 2)

I problemi
riguardanti
la legislazione
penale

Qui nascono i problemi dibattuti da Beccaria. La morte è davvero una pena utile e necessaria per la sicurezza e il buon ordine della società? La tortura è giusta e ottiene il fine che le leggi si propongono? Le stesse pene sono ugualmente utili in tutti i tempi?

Ora, **il fine delle pene** non è altro che quello di **impedire al reo di far nuovi danni** ai suoi concittadini e di **distogliere gli altri dal farne uguali**. Bisogna dunque scegliere quelle pene e quel modo di infliggerle che, conservando la **proporzione con il delitto commesso**, producano l'impressione più efficace e durevole sull'anima degli uomini e siano meno tormentose per il corpo del reo.

Va inoltre considerato che il reo non è tale prima della sentenza del giudice, né la società può togliergli la pubblica protezione prima che sia deciso che egli abbia violato i patti con i quali gli fu accordata. La **tortura** è dunque **illegittima**; ed è anche **inutile** perché è vano supporre che «il dolore divenga il crogiuolo della verità, quasi che il criterio di essa risieda nei muscoli e nelle fibre di un miserabile». Essa inoltre mette l'innocente in peggiori condizioni del reo, che, se resiste alla tortura, viene dichiarato innocente, mentre all'innocente riconosciuto tale nessuno può togliere il danno della tortura subita.

Quanto alla pena di morte, Beccaria si domanda quale può essere il diritto che gli uomini si attribuiscono di trucidare i loro simili. Questo diritto non può venire dal contratto sociale, perché sarebbe assurdo che gli uomini, in questo contratto, dessero agli altri il potere di ucciderli. **La pena di morte non è un diritto, ma «una guerra della nazione con un cittadino».** Essa si giustificherebbe soltanto se fosse il vero e unico freno per distogliere gli altri dal commettere delitti, ma questo appunto è ciò che Beccaria nega. Non è l'intensità della pena che suscita il maggior effetto sull'animo umano, ma l'estensione di essa, perché la nostra sensibilità è più facilmente e stabilmente colpita da minime e replicate impressioni che da un movimento forte ma passeggero. Le passioni violente sorprendono gli uomini, ma non per lungo tempo; perciò in un governo libero e tranquillo le impressioni devono essere più frequenti che forti.

Colui che si vede davanti un gran numero di anni da passare nella schiavitù fa un utile paragone di tutto ciò con l'incertezza dell'esito dei suoi delitti e con la brevità del tempo in cui ne godrebbe i frutti. **Non è necessario che la pena sia terribile; è necessario piuttosto che sia certa e infallibile:**

La pena di morte

> La certezza di un castigo, benché moderato, farà sempre una maggiore impressione che non il timore di un altro più terribile, unito con la speranza dell'impunità.

(Dei delitti e delle pene, par. 20)

In ogni caso, la vera **misura dei delitti** è il **danno arrecato alla società**. Non devono entrare in questa misura la considerazione dell'intenzione, che è diversa da individuo a individuo e non si presta a cadere nelle norme generali di un codice, né la considerazione della peccaminosità. Il peccato riguarda il rapporto tra l'uomo e Dio, mentre **la sola base della giustizia umana è l'utilità comune.**

La misura di un delitto è il danno alla società

L'esigenza generale della legislazione penale è prospettata da Beccaria nella conclusione dell'opera:

> Perché ogni pena non sia una violenza di uno o di molti contro un privato cittadino, dev'essere essenzialmente pubblica, pronta, necessaria, la minima delle possibili nelle date circostanze, proporzionata ai delitti, dettata dalle leggi. *(Dei delitti e delle pene, par. 42)*

ON LINE
ESERCIZI INTERATTIVI

3. I caratteri generali dell'Illuminismo tedesco

Il quadro storico-culturale entro cui si sviluppa l'Illuminismo tedesco è assai diverso da quello inglese o francese e ne rende comprensibili talune tendenze di fondo.

La specifica fisionomia dell'Illuminismo tedesco

Sul piano politico, l'assenza di una forte monarchia accentratrice, la frantumazione del paese in un mosaico di Stati e la permanenza di un'economia sostanzialmente agricola e feudale avevano permesso alla nobiltà di conservare ben saldo il potere, costringendo la borghesia, in progressiva ascesa, a mantenersi su posizioni riformistiche di stampo moderato, che avevano trovato nel "dispotismo filosofico" di Federico II la loro paternalistica espressione. Sul piano culturale, la Germania, in preda a sanguinose lotte di religione tra cattolici e protestanti, nel corso del Cinquecento e del Seicento era rimasta pressoché ai margini del grande movimento filosofico-scientifico che aveva attraversato le altre nazioni, risorgendo a livello europeo solo con Leibniz.

Questi dati di base – insieme con la presenza di intellettuali legati alla scuola e al potere costituito, e quindi non impegnati in cariche pubbliche (come in Italia) o in battaglie civili (come in Francia) – spiegano, da un lato, la **minor politicità e radicalità** dell'Illuminismo tedesco nei confronti dei modelli esteri e, dall'altro lato, l'**indirizzo razionalistico, sistematico e accademico** dei suoi esponenti principali, impegnati a fondere in una sintesi organica la tradizione scolastica, la metafisica di Leibniz e le istanze illuministiche (Wolff). Nella seconda metà del secolo si afferma un Illuminismo a sfondo religioso, in cui operano già alcuni germi della successiva cultura romantica (Lessing).

Il metodo della fondazione	Per quanto riguarda la tecnica filosofica, l'Illuminismo tedesco deve la propria originalità rispetto a quello inglese e francese alla **forma logica** in cui temi e problemi sono presentati e fatti valere. L'ideale di una ragione che abbia il diritto di investire con i suoi dubbi e i suoi problemi l'intero mondo della realtà si trasforma nell'Illuminismo tedesco in un **metodo di analisi razionale**, cauto e insieme deciso, che avanza dimostrando la legittimità di ogni passo, cioè la possibilità intrinseca dei concetti di cui si avvale e il loro fondamento (*Grund*). È questo il **metodo della fondazione** che doveva rimanere **caratteristico della filosofia tedesca posteriore** e che celebrò il suo grande trionfo nell'opera di Kant.

Wolff

Christian Wolff nacque a Breslavia il 24 gennaio 1679. Nominato professore all'Università di Halle nel 1706, fu destituito nel 1723 da re Federico Guglielmo I su reclamo dei suoi colleghi pietisti, Francke e Lange.

Il pietismo	Il pietismo era una **corrente protestante**, fondata alla fine del 1600 da Philip Jakob Spener (1635-1705), **che insisteva sul carattere pratico e mistico del cristianesimo in polemica con gli indirizzi intellettualisti e teologici**. Aveva scandalizzato i colleghi di Wolff specialmente un suo *Discorso sulla filosofia pratica dei Cinesi*, nel quale egli, secondo un motivo comune dell'Illuminismo francese, aveva messo Confucio tra i profeti accanto a Cristo. Salito al trono Federico II, Wolff fu ristabilito nella sua cattedra di Halle (1740) e vi insegnò fino alla morte (1754).
L'influenza sulla terminologia filosofica	L'opera di Wolff ebbe un'influenza straordinaria non solo sull'intera cultura tedesca, ma anche sul linguaggio filosofico generale: gran parte della terminologia filosofica dei secoli XVIII e XIX e di quella che ancora oggi è in uso è stata infatti condizionata dalle definizioni e dalle distinzioni wolffiane.

In un primo periodo Wolff scrisse in tedesco; in un secondo periodo in latino, volendo parlare come «precettore di tutto il genere umano». Le opere tedesche sono: *Pensieri razionali sulle forze dell'intelletto umano* (1712); *Pensieri razionali su Dio, il mondo e l'anima degli uomini* (1719); *Pensieri razionali sull'umano agire* (1720); *Pensieri razionali sulla vita sociale degli uomini* (1721); *Pensieri razionali sulle operazioni della natura* (1723); *Pensieri razionali sulla finalità delle cose naturali* (1724); *Pensieri razionali sulle parti degli uomini, degli animali, delle piante* (1725). Le opere latine sono: *Philosophia rationalis sive Logica* (1728); *Philosophia prima sive Ontologia* (1729); *Cosmologia generalis* (1731); *Psychologia empirica* (1732); *Psychologia rationalis* (1734); *Theologia naturalis* (1736-1737); *Philosophia practica universalis* (1738-1739); *Jus naturae* (1740-1748); *Jus gentium* (1749); *Philosophia moralis* (1750-1753).

Lo scopo finale della filosofia è, secondo Wolff, quello di illuminare lo spirito umano in modo da rendere possibile all'uomo l'uso dell'attività intellettuale nella quale consiste la sua felicità. La filosofia ha dunque uno **scopo pratico**, che è **la felicità umana**, ma questo scopo non è **raggiungibile** se non **attraverso la conoscenza chiara e distinta**. Non è raggiungibile, inoltre, se non c'è la «**libertà filosofica**», che consiste nella possibilità di manifestare pubblicamente il proprio parere sulle questioni filosofiche. Senza libertà filosofica, il progresso del sapere non è possibile, giacché allora «ognuno è costretto a difendere come vere le opinioni comunemente tramandate, anche se gli pare il contrario». Wolff così accetta e fa sua l'esigenza illuministica della libertà e la interpreta come **liberazione dalla tradizione**. La filosofia è «la scienza dei possibili in quanto tali», nonché delle «ragioni per cui i possibili si realizzano», intendendosi per "possibile" ciò che non implica contraddizione.

Lo scopo della filosofia

Le regole del metodo filosofico devono poi essere identiche, secondo Wolff, a quelle del metodo matematico:

Il metodo filosofico

> Nel metodo filosofico non bisogna far uso di termini che non siano stati chiariti da un'accurata definizione, né bisogna ammettere come vero alcunché di non sufficientemente dimostrato; nelle proposizioni bisogna determinare con pari cura il soggetto e il predicato e il tutto deve venire ordinato in modo che siano premesse quelle cose in virtù delle quali le seguenti sono comprese e giustificate. (*Philosophia rationalis sive logica*, par. 139)

La partizione della filosofia si modella su quella delle attività umane e poiché queste attività sono sostanzialmente due, il conoscere e il volere, le due branche fondamentali della filosofia sono la **filosofia teoretica**, o metafisica, e la **filosofia pratica**. Ambedue presuppongono la **logica** come loro propedeutica. La metafisica si divide poi in:
a) **ontologia**, che concerne tutti gli oggetti in generale in quanto esistono;
b) **psicologia**, che ha per oggetto l'anima;
c) **cosmologia**, che ha per oggetto il mondo;
d) **teologia razionale**, che ha per oggetto l'esistenza e gli attributi di Dio.

Le parti della filosofia

Nella logica Wolff riconosce come **principio supremo quello di non-contraddizione**, che non è una legge solo del pensiero, ma anche di ogni possibile oggetto. Conformemente al principio di non-contraddizione, i concetti possono essere utilizzati solo nei limiti di ciò che contengono e i giudizi sono veri solo in quanto danno l'analisi dei loro soggetti.

La logica

Wolff non esclude tuttavia l'esperienza, che nelle scienze naturali deve unirsi al ragionamento e che anche nelle scienze razionali può essere **utilizzata a formare le definizioni empiriche delle cose**. Su tali definizioni, tuttavia, si possono fondare soltanto dimostrazioni probabili, non necessarie; e tali dimostrazioni assumono nell'opera di Wolff una grande importanza. Accanto alle **proposizioni necessarie**, il cui contrario è impossibile, Wolff pone le **proposizioni contingenti** (le verità di fatto di Leibniz) la cui negazione non implica contraddizione.

L'esperienza

La filosofia teoretica. L'ontologia, o filosofia prima, è la **scienza dell'essere in generale**, ovvero dell'ente in quanto è. Il suo obiettivo è quello di dimostrare le determinazioni che appartengono a tutti gli enti, sia assolutamente, sia sotto determinate condizioni. Essa si

L'ontologia

basa su due principi fondamentali che sono il **principio di non-contraddizione** e il **principio di ragion sufficiente**: per "ragione sufficiente" s'intende «ciò per cui si comprende perché qualcosa accade».

Con opportune modifiche, trova posto nella trattazione wolffiana l'intera metafisica aristotelico-scolastica, che egli infatti dichiara di voler riscattare dal disprezzo in cui è caduta dopo Cartesio. Questo vuol dire che i concetti centrali dell'ontologia sono per Wolff quelli di **sostanza** e di **causa**. Tuttavia si può notare il tentativo di appoggiare tali concetti a una certa base empirica. Così Wolff afferma che le determinazioni di una cosa che non scaturiscono da un'altra cosa e non derivano l'una dall'altra costituiscono l'essenza della cosa stessa. La sostanza è il soggetto, durevole e modificabile, degli attributi essenziali e dei modi variabili di tali attributi. Ogni sostanza è dotata di una forza che produce i mutamenti di essa; mutamenti che sono le sue azioni e hanno il loro fondamento nell'essenza della sostanza.

La cosmologia | Nella cosmologia, Wolff considera il mondo come un orologio, o una macchina, in cui nulla accade a caso e che perciò è sottoposto a un **ordine necessario**. Poiché quest'ordine necessario è stato prodotto da Dio ed è quindi perfetto, è impossibile che Dio stesso intervenga a sospenderlo o a mutarlo; e con ciò il miracolo è escluso.

La psicologia | La psicologia è suddivisa da Wolff in **empirica** e **razionale**. La prima considera l'anima quale si manifesta nel corpo e si avvale del metodo sperimentale delle scienze naturali. La seconda considera l'anima umana in generale; elimina, secondo il procedimento cartesiano del *cogito*, il dubbio sull'esistenza dell'anima stessa e studia le due facoltà fondamentali, il conoscere e l'agire. Wolff esclude la riduzione della sostanza corporea alla sostanza spirituale, operata da Leibniz con il concetto della monade. L'anima non è originariamente unita al corpo, ma viene unita a esso dall'esterno, cioè da Dio. Sui **rapporti tra l'anima e il corpo**, Wolff accetta la dottrina dell'**armonia prestabilita**, ma la rende indipendente dalla volontà di Dio, ammettendo che ogni anima si rappresenta il mondo soltanto nei limiti dei suoi organi corporei e secondo i mutamenti che si verificano nella sua sensibilità.

La teologia | Nella teologia, che Wolff chiama «naturale» o «razionale», contrapponendola a quella fondata sulla rivelazione soprannaturale, Wolff dà il **massimo valore all'argomento cosmologico dell'esistenza di Dio**, accetta quello ontologico ed esclude quello teleologico. L'ordine del mondo è per lui l'**ordine di una macchina** e la finalità delle cose non è intrinseca alle cose stesse, ma estrinseca e dovuta all'azione di Dio. Wolff risale agli attributi dell'essenza divina dalla considerazione dell'anima umana. E per i problemi della teodicea ripete e illustra sistematicamente le soluzioni di Leibniz.

ESERCIZI INTERATTIVI ON LINE

La filosofia pratica. Nella filosofia pratica Wolff conserva la partizione aristotelica di etica, economia e politica. La sua etica, completamente diversa da quella di Leibniz, è dedotta dal suo razionalismo. **Le norme dell'etica avrebbero valore anche se Dio non ci fosse**, perché il bene è tale di per sé, e non per il volere di Dio.

L'ideale della perfezione | Queste norme si desumono dal fine stesso dell'uomo, che è la **perfezione**, e si assommano in un'unica massima: «Fa' quello che contribuisce alla perfezione tua, della tua condizione, e del tuo prossimo, e non fare il contrario». Alla perfezione dell'uomo contribuisce tutto ciò che è conforme alla sua natura, quindi anche il **piacere**, che Wolff definisce come la percezione di una reale o presunta perfezione. Il concetto della perfezione è fondato sul presupposto della possibilità del **progresso** dell'uomo singolo e della società: progresso che Wolff infatti ritiene necessario e che si realizzerà nella misura in cui la società si organizzerà in modo da rendere possibile a ciascuno dei suoi membri di lavorare al perfezionamento degli altri.

Baumgarten

Il più notevole dei seguaci di Wolff fu **Alexander Gottfried Baumgarten** (1714-1762), autore di una *Metaphysica* (1739) che è sostanzialmente un compendio in 1000 paragrafi della filosofia wolffiana e che fu adottata da Kant come manuale per le sue lezioni universitarie. Ma la fama di Baumgarten è affidata soprattutto all'*Aesthetica* (1750-1758), che fa di lui **il fondatore dell'estetica tedesca** e uno dei più eminenti rappresentanti dell'estetica del Settecento. A lui si deve l'introduzione dello stesso termine "estetica".

La **metafisica** è definita da Baumgarten come la «scienza delle qualità delle cose, conoscibili senza la fede». Essa è preceduta dalla **teoria della conoscenza**, che Baumgarten per primo chiama "gnoseologia". E la gnoseologia si divide in due parti fondamentali: l'**estetica**, che concerne la conoscenza sensibile, e la **logica**, che concerne la conoscenza intellettuale.

Metafisica e gnoseologia

L'originalità di Baumgarten sta nel rilievo da lui attribuito alla conoscenza sensibile. Questa è considerata non soltanto come grado preparatorio e subordinato della conoscenza intellettuale, ma anche e soprattutto come dotata di un valore intrinseco, diverso e indipendente da quello della conoscenza logica. Questo valore intrinseco è il **valore poetico**.

L'estetica

I risultati fondamentali dell'estetica di Baumgarten sono sostanzialmente due:

a) il riconoscimento del **valore autonomo della poesia**, e in generale dell'attività estetica: un valore che non si riduce alla *verità* che è propria della conoscenza logica;

b) il riconoscimento del valore di un'attività umana che era ritenuta inferiore, e quindi l'affermazione della **possibilità di una più compiuta valutazione dell'uomo nella sua totalità**. Questo secondo punto fa di Baumgarten uno dei più notevoli rappresentanti dello spirito illuministico.

Baumgarten definisce l'estetica come **«scienza della conoscenza sensibile»** e come «teoria delle arti liberali, gnoseologia inferiore, arte del bel pensare, arte dell'analogo della ragione» (*Aesthetica*, par. 1). Il **fine dell'estetica** è «la perfezione della conoscenza sensibile in quanto tale» e questa perfezione è la **bellezza**. Cadono fuori dal dominio dell'estetica da un lato quelle perfezioni della conoscenza sensibile che sono così nascoste da rimanere sempre oscure per noi, dall'altro quelle che non possiamo conoscere se non con l'intelletto. Il dominio dell'estetica ha un limite inferiore, rappresentato dalla conoscenza sensibile *oscura*, e un limite superiore rappresentato dalla conoscenza logica *distinta*; a esso competono quindi soltanto le **rappresentazioni chiare ma confuse**.

La bellezza, come perfezione della conoscenza sensibile, **è universale**, ma di un'universalità differente da quella della conoscenza logica, perché astrae dall'ordine e dai segni e realizza una forma di unificazione puramente fenomenica. La bellezza delle cose e dei pensieri va distinta dalla bellezza della coscienza e dalla bellezza degli oggetti e della materia. Le cose brutte possono essere bellamente pensate e le cose belle possono essere pensate in modo brutto. Baumgarten ritiene che la facondia, la grandezza, la verità, la chiarezza, la certezza, in una parola la vita della conoscenza, possano concorrere a formare la bellezza.

QUESTIONE (PDF)
ON LINE La bellezza è "armonica proporzione" o "sublime sproporzione"? (Baumgarten, Kant)

Mendelssohn

I temi filosofici e religiosi dell'Illuminismo furono esposti e difesi in una forma semplice e popolare da **Moses Mendelssohn** (1729-1786), che fu amico personale di Lessing (v. par. seg.) e tenne corrispondenza con Kant. I suoi scritti principali sono: *Lettere sulle sensazioni* (1755), *Considerazioni sull'origine e sui rapporti delle arti belle e delle scienze* (1757), *Trattato sull'evidenza delle scienze metafisiche* (1764), *Fedone o sull'immortalità dell'anima* (1767), *Gerusalemme o sul potere religioso e sul giudaismo* (1783), *Aurora o sull'esistenza di Dio* (1785). Il pensiero di Mendelssohn raccoglie ecletticamente la gnoseologia empiristica di Locke, l'ideale etico della perfezione di Wolff e il panteismo di Spinoza.

Il distacco tra la religione e il potere giuridico

Riflettendo sulla religione, Mendelssohn elabora il **rifiuto di ogni potere ecclesiastico**. Egli è convinto, infatti, che la religiosità, così come la morale, risieda nei pensieri intimi e nei sentimenti dell'uomo, e che questi non si lascino costringere da alcuna forma di potere giuridico. Ogni organizzazione giuridica suppone, infatti, una costrizione, mentre la religione, per sua natura, sfugge a qualsiasi costrizione. La tesi principale dello scritto *Gerusalemme o sul potere religioso e sul giudaismo* è che sui fondamenti della morale e della religione non può nascere alcuna forma di diritto ecclesiastico e che un tale diritto esiste soltanto a spese della religione. Da ciò deriva l'esigenza che lo Stato difenda la più assoluta **libertà di coscienza**, cioè che la Chiesa e la religione perdano ogni potere politico e siano completamente separate dallo Stato.

Lessing

La più geniale figura dell'Illuminismo tedesco è **Gotthold Ephraim Lessing** (1729-1781). Lessing ha rappresentato poeticamente nei suoi drammi l'ideale di vita dell'Illuminismo; ha indagato la natura della poesia e dell'arte specialmente in riferimento alla poesia e all'arte classica (*Laocoonte*, 1766; *Drammaturgia di Amburgo*, 1767-1769); ha dibattuto lungamente il problema religioso in una serie di scritti brevi e frammentari, ma estremamente efficaci, l'ultimo e più importante dei quali è *L'educazione del genere umano* (1780).

Il suo pensiero, che dapprima si muoveva nell'ambito delle idee wolffiane e del deismo, si orientò in un secondo momento, attraverso la lettura di Shaftesbury, verso Spinoza. Jacobi, nelle sue *Lettere sulla dottrina dello Spinoza a Mosè Mendelssohn* (1785), riferì, dopo la morte di Lessing, le parole che egli avrebbe pronunciato poco prima di morire e che sono probabilmente autentiche: «I concetti ortodossi della divinità non sono più per me; io non riesco a gustarli. *En kai Pan!* [Uno e Tutto!] Io non so altro».

L'Uno-tutto

L'Uno-tutto, **l'immanenza di Dio nel mondo come spirito della sua armonia**, della sua unità: questa fu l'ultima convinzione di Lessing. Ma fu una convinzione che per lui non si restrinse, come per Spinoza, al solo mondo naturale, bensì si estese al mondo della storia, come dimostra lo scritto sull'educazione del genere umano.

Il concetto di perfezionamento

L'educazione del genere umano segna una fase oltremodo significativa nell'elaborazione del concetto della storia nel corso dell'Illuminismo. A essa Lessing giunse dopo lunghe ricerche, le cui prime fonti si possono ritrovare in Wolff. Il concetto di Wolff che **ogni attività umana**

è diretta alla perfezione consente di vedere in tutti gli aspetti dell'uomo un perfezionamento incessante che li riveste di un nuovo significato. E così Lessing in uno scritto del 1778 (*Una replica*, 1) pone il valore dell'uomo, più che nella verità raggiunta, nello sforzo di raggiungerla, sforzo che mette in moto tutte le sue energie e rivela tutta la perfezione di cui è capace. E in questa occasione afferma:

> Se Dio tenesse nella sua destra tutta la verità e nella sua sinistra il solo tendere verso la verità con la condizione di errare eternamente smarrito e mi dicesse: Scegli, io mi precipiterei con umiltà alla sua sinistra e direi: Padre, ho scelto; la pura verità è soltanto per te.

In che cosa propriamente consiste il valore di questo **tendere eterno**, che è la vicenda dell'uomo singolo e la legge della storia, fu il problema che occupò a lungo Lessing e che fu dibattuto in tutti i suoi scritti teologici. Leibniz aveva distinto le verità di ragione, universali e necessarie, dalle verità di fatto, particolari e contingenti. Lessing parte appunto da questa distinzione per domandarsi a quale delle due specie di verità appartengano le verità religiose. Queste sono sempre fondate su fatti particolari, come il miracolo e la rivelazione; in che modo tali fatti particolari possono costituire il fondamento delle verità eterne e universali che la religione insegna? Lessing ritiene impossibile «passare da una verità storica in una classe totalmente diversa di verità e pretendere che io modifichi a questa stregua tutti i miei concetti metafisici e morali».

A questi dubbi e a questi interrogativi dà in qualche modo una risposta *L'educazione del genere umano*. Il concetto fondamentale di questo scritto è che **l'educazione è rivelazione**. Nell'educazione, infatti, l'uomo singolo impara dagli altri ciò che per il momento la sua ragione ancora debole e puerile non può afferrare e intendere pienamente. Ora, l'umanità nella sua storia ha uno sviluppo analogo a quello dell'individuo. Essa si educa attraverso la rivelazione, dalla quale riceve quelle verità che essa non è ancora in grado di intendere, in attesa che diventi capace di raggiungerle e possederle in modo autonomo.

L'educazione del genere umano

Da questo punto di vista, la rivelazione stessa si *storicizza*, giacché non cade in un punto singolo della storia ma ne accompagna l'intero corso, preannunciando e precorrendo gli sviluppi autonomi della ragione. Come la natura è una continua creazione, così **la religione è una continua rivelazione** e **ogni religione positiva è un grado di questa rivelazione**, che comprende in se stessa tutte le religioni e le unifica nel corso della sua storia progressiva. La coincidenza totale della rivelazione con la ragione, della religione positiva con la religione naturale, è il termine ultimo al quale l'umanità è destinata dalla divina provvidenza. Poiché la religione cristiana è la più alta religione positiva, i suoi dogmi – l'incarnazione, la Trinità, la redenzione – si trasformeranno da ultimo in verità di ragione; e la «ragione del cristianesimo» si chiarirà infine come il «cristianesimo della ragione».

Rivelazione e religione

Questa dottrina di Lessing, che traduce in senso religioso e speculativo l'idea, elaborata dall'Illuminismo, della storia come ordine progressivo, avrà le più ampie risonanze nel periodo romantico.

MAPPA

L'Illuminismo inglese, italiano e tedesco

ON LINE — MAPPA INTERATTIVA

L'ILLUMINISMO INGLESE

Shaftesbury
- critica al fanatismo
- **sentimento razionale** come base della vita morale

Hutcheson
- **senso morale** come rivelazione nell'uomo dell'armonia universale e **facoltà indipendente**

Mandeville
- tendenza al **lusso** quale incentivo al benessere e allo sviluppo della società civile
- **virtù** come **egoismo mascherato**

Smith
- **simpatia** come manifestazione di un ordine o di un'armonia provvidenziale
- coincidenza degli **interessi del singolo** con quelli della **collettività**

L'ILLUMINISMO ITALIANO

Napoli
- **Galiani**: critica del mercantilismo
- **Genovesi**: teoria dell'interesse come stimolo per l'attività economica e culturale

Milano
- **Verri**: speranza e timore a fondamento delle sensazioni di piacere e dolore
- **Beccaria**: tesi della proporzione tra delitto e pena, e condanna della pena di morte

L'ILLUMINISMO TEDESCO

Wolff
- **felicità umana** come scopo pratico della filosofia
- **libertà filosofica** come condizione del progresso del sapere
- identità tra regole del **metodo filosofico** e regole del **metodo matematico**
- partizione della filosofia in **teoretica** e **pratica**, alla base delle quali vi è la **logica**

Baumgarten
- fondazione dell'**estetica moderna**
- **valore intrinseco della conoscenza sensibile** e sua indipendenza rispetto alla conoscenza intellettuale

Lessing
- **immanenza di Dio** nel mondo come ordine e armonia
- valore dell'uomo nel **perfezionamento continuo**
- **educazione** come **rivelazione**

CAPITOLO 5
Rousseau*

1. Una particolare figura di illuminista

Figura atipica del Settecento francese, Rousseau ha finito per essere considerato come una pietra miliare della filosofia moderna e come un **punto di riferimento decisivo della cultura dell'Occidente**, che nella sua critica della civiltà, nella sua dottrina politica e nella sua impostazione pedagogica ha trovato, e continua a trovare, motivi permanenti di riflessione.

La vita e le opere

«Non sono fatto come nessuno di quelli che ho incontrati – scrive Rousseau all'inizio delle *Confessioni* – oso credere di non essere come nessuno di quanti esistono. Se non valgo di più, sono almeno diverso». Di tale diversità sono documento, nel bene come nel male, anche le peripezie della sua vita.

Jean-Jacques Rousseau nacque a Ginevra il 28 giugno del 1712, da Isaac, modesto orologiaio, e da Suzanne Bernard, che morì poco dopo il parto («costai la vita a mia madre, e la mia nascita fu la prima delle mie sventure»). Crebbe affidato alle cure del padre, che gli fu compagno di lunghe letture notturne (di romanzi e di testi culturali). Perduto anche il padre, che in seguito a una rissa aveva dovuto lasciare Ginevra, venne affidato (1722) al pastore Lambercier, presso il quale ebbe modo di apprezzare l'incanto della campagna e di dedicarsi agli studi, presto interrotti per la necessità di lavorare a Ginevra come scrivano e come apprendista incisore (1725). Avvilito per le ingiustizie e i maltrattamenti subiti, una sera in cui andò fuori le mura a passeggiare, avendo trovato chiuse le porte della città al suo rientro, decise di lasciare il lavoro e di dare inizio alla sua vita errabonda di pellegrino inquieto.

> L'infanzia e la giovinezza

Ad Annecy trovò rifugio presso Madame de Warens, una vedova svizzera neoconvertita al soldo del re di Sardegna, dalla quale fu inviato (1728) a Torino per abbracciare il cattolicesimo. Dopo un periodo di spostamenti, dalla Savoia al Piemonte e alla Svizzera, durante il quale praticò umili mestieri (lacchè, segretario, cameriere ecc.), tornò presso la de Warens,

> L'incontro con M.me de Warens

---

* Questo capitolo è di Giovanni Fornero.

una donna «tutta tenerezza e dolcezza» che gli fu amica, madre e amante. Ospitato a Les Charmettes, nelle vicinanze di Chambéry, in «una casa isolata sul declivio di una valle», poté leggere e studiare religione, filosofia, matematica e scienze. Immerso nella natura, negli studi e nell'amore, visse un tempo felice («l'unico e breve tempo [...] nel quale fui pienamente me stesso»).

A Lione e a Parigi Finito l'incanto di un rapporto non privo di alti e bassi (esasperati, questi ultimi, dalla comparsa di un nuovo favorito – «un biondino scipito»), nel 1740 Rousseau si trasferisce a Lione, dove lavora come precettore dei figli di un magistrato, fratello dell'abate Mably e del filosofo Condillac. Nel 1742 è a Parigi, dove ha occasione di partecipare alla vita culturale e mondana della capitale e di conoscere artisti, scienziati e filosofi. Nel 1743 è a Venezia come segretario dell'ambasciatore francese della città e ha modo di rendersi conto dell'importanza della politica («avevo intuito che tutto dipende dalla politica»). Nel 1744 è di nuovo a Parigi, dove comincia a farsi conoscere per i suoi interessi musicali e teatrali. Nel 1749 redigerà infatti, per incarico di Diderot, alcuni articoli musicali per l'*Enciclopedia*.

Il legame con Thérèse Levasseur Dal 1745 ha una relazione con una donna giovane e incolta, Thérèse Levasseur, che per il momento non sposa e dalla quale avrà cinque figli, tutti affidati, secondo un diffuso costu-

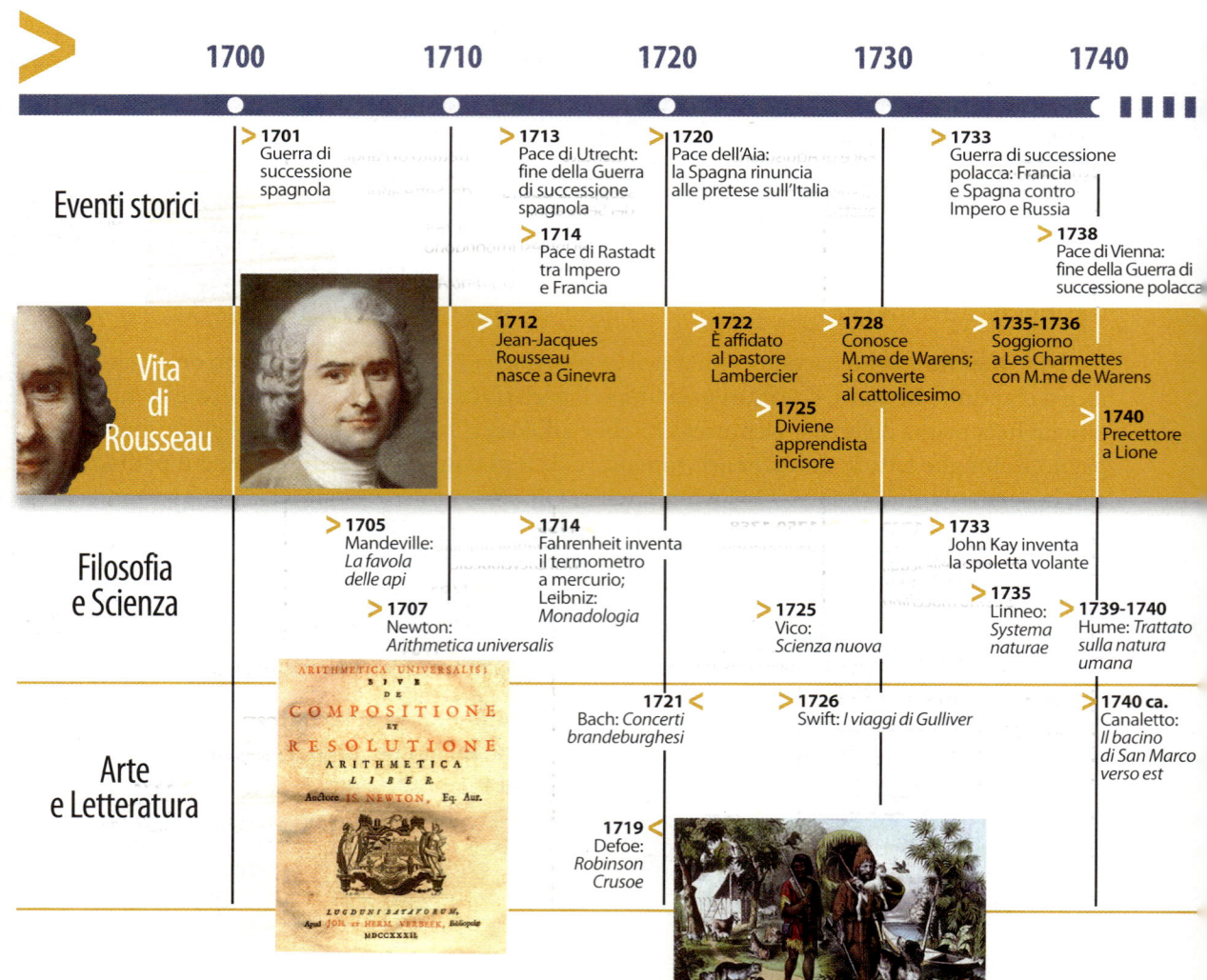

	1700	1710	1720	1730	1740
Eventi storici	**1701** Guerra di successione spagnola	**1713** Pace di Utrecht: fine della Guerra di successione spagnola / **1714** Pace di Rastadt tra Impero e Francia	**1720** Pace dell'Aia: la Spagna rinuncia alle pretese sull'Italia	**1733** Guerra di successione polacca: Francia e Spagna contro Impero e Russia / **1738** Pace di Vienna: fine della Guerra di successione polacca	
Vita di Rousseau		**1712** Jean-Jacques Rousseau nasce a Ginevra	**1722** È affidato al pastore Lambercier / **1725** Diviene apprendista incisore	**1728** Conosce M.me de Warens; si converte al cattolicesimo	**1735-1736** Soggiorno a Les Charmettes con M.me de Warens / **1740** Precettore a Lione
Filosofia e Scienza	**1705** Mandeville: *La favola delle api* / **1707** Newton: *Arithmetica universalis*	**1714** Fahrenheit inventa il termometro a mercurio; Leibniz: *Monadologia*	**1725** Vico: *Scienza nuova*	**1733** John Kay inventa la spoletta volante / **1735** Linneo: *Systema naturae*	**1739-1740** Hume: *Trattato sulla natura umana*
Arte e Letteratura		**1719** Defoe: *Robinson Crusoe*	**1721** Bach: *Concerti brandeburghesi*	**1726** Swift: *I viaggi di Gulliver*	**1740 ca.** Canaletto: *Il bacino di San Marco verso est*

me dell'epoca, all'ospizio dei trovatelli, sia perché di intralcio ai suoi impegni, sia in omaggio alla teoria platonica dell'educazione della prole per opera dello Stato.

Nel 1749, in seguito alla lettura del bando di un concorso proposto dall'Accademia di Digione, che poneva il quesito se le scienze e le arti avessero contribuito a migliorare i costumi, ha una sorta di "illuminazione" che decide del suo destino intellettuale. Scrive allora il **Discorso sulle scienze e le arti** (1750), grazie a cui vince il concorso e ottiene un'improvvisa notorietà. Per coerenza e per fastidio della vita di palazzo, resa insopportabile dal suo carattere sensibile e scontroso, rifiuta una pensione regia e, per sopravvivere, continua a copiare musica e a comporre per il teatro. Nel 1752, un suo melodramma, *L'indovino del villaggio*, viene rappresentato a Fontainebleau alla presenza del re. Nel 1754 ritorna a Ginevra, dove si riconverte al calvinismo e ottiene il titolo di cittadino della Repubblica. In Savoia ritrova la de Warens, ormai caduta in miseria, ma non l'aiuta («piansi su di lei e non la seguii [...]. Meritavo per questo i terribili castighi che da allora non hanno cessato di colpirmi»). In occasione di un altro concorso bandito dalla medesima Accademia scrive il **Discorso sull'origine e i fondamenti della disuguaglianza tra gli uomini** (1755), che, pur senza ottenere il premio, suscita interesse e polemiche. Nello stesso anno scrive per l'*Enciclopedia* la voce "Economia politica".

I Discorsi

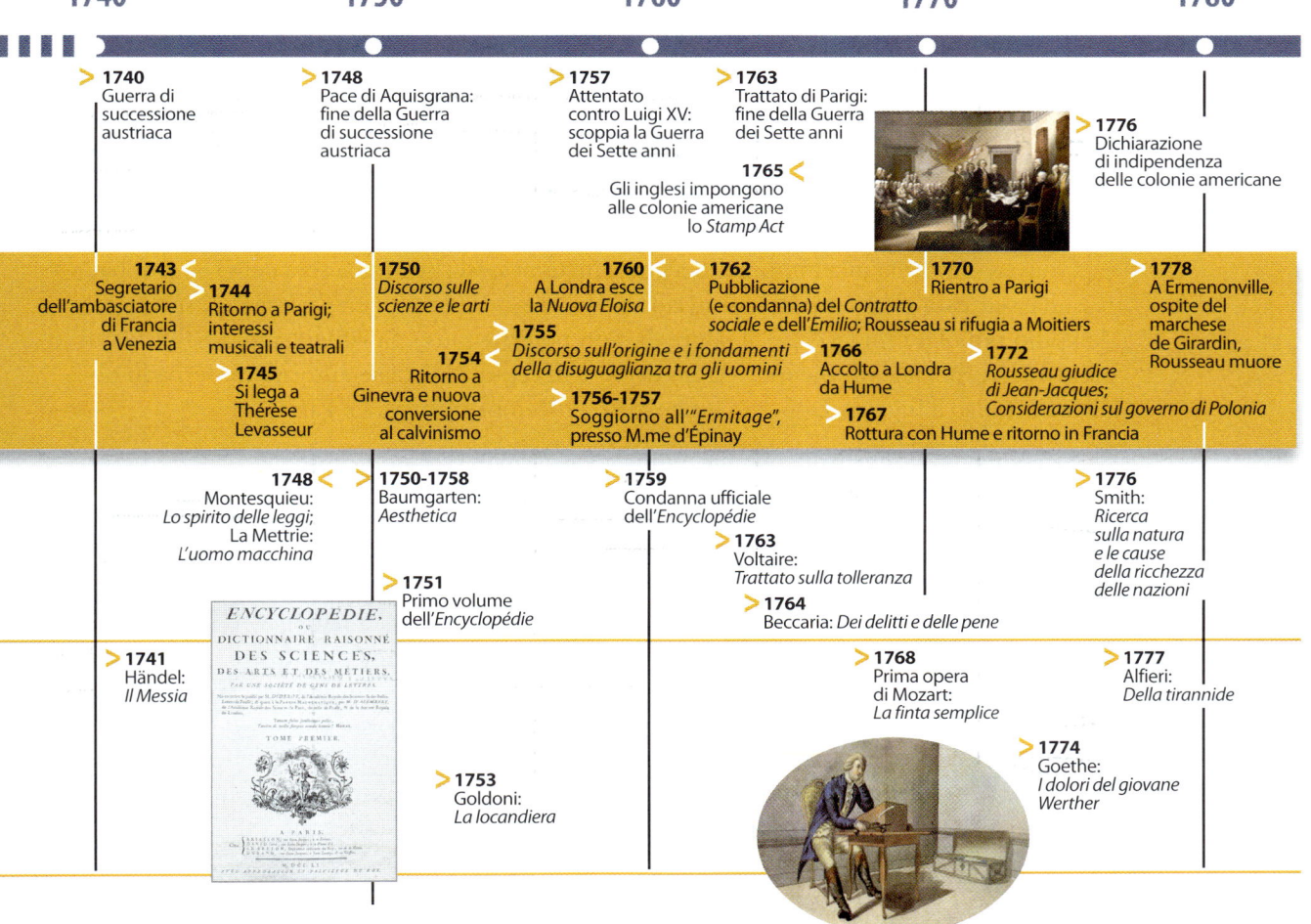

1740	1750	1760	1770	1780

1740 Guerra di successione austriaca

1748 Pace di Aquisgrana: fine della Guerra di successione austriaca

1757 Attentato contro Luigi XV: scoppia la Guerra dei Sette anni

1763 Trattato di Parigi: fine della Guerra dei Sette anni

1765 Gli inglesi impongono alle colonie americane lo *Stamp Act*

1776 Dichiarazione di indipendenza delle colonie americane

1743 Segretario dell'ambasciatore di Francia a Venezia

1744 Ritorno a Parigi; interessi musicali e teatrali

1745 Si lega a Thérèse Levasseur

1750 *Discorso sulle scienze e le arti*

1754 Ritorno a Ginevra e nuova conversione al calvinismo

1755 *Discorso sull'origine e i fondamenti della disuguaglianza tra gli uomini*

1756-1757 Soggiorno all'"*Ermitage*", presso M.me d'Épinay

1760 A Londra esce la *Nuova Eloisa*

1762 Pubblicazione (e condanna) del *Contratto sociale* e dell'*Emilio*; Rousseau si rifugia a Moitiers

1766 Accolto a Londra da Hume

1767 Rottura con Hume e ritorno in Francia

1770 Rientro a Parigi

1772 *Rousseau giudice di Jean-Jacques; Considerazioni sul governo di Polonia*

1778 A Ermenonville, ospite del marchese de Girardin, Rousseau muore

1748 Montesquieu: *Lo spirito delle leggi*; La Mettrie: *L'uomo macchina*

1750-1758 Baumgarten: *Aesthetica*

1751 Primo volume dell'*Encyclopédie*

1759 Condanna ufficiale dell'*Encyclopédie*

1763 Voltaire: *Trattato sulla tolleranza*

1764 Beccaria: *Dei delitti e delle pene*

1776 Smith: *Ricerca sulla natura e le cause della ricchezza delle nazioni*

1741 Händel: *Il Messia*

1753 Goldoni: *La locandiera*

1768 Prima opera di Mozart: *La finta semplice*

1774 Goethe: *I dolori del giovane Werther*

1777 Alfieri: *Della tirannide*

I capolavori

Negli anni successivi vive nella zona di Montmorency, dapprima ospite di Madame d'Épinay (che provvede a sistemarlo, insieme a Thérèse, in una suggestiva casetta, detta *"l'Ermitage"*) e poi del maresciallo di Luxembourg. Intanto, in un periodo di notevole fecondità intellettuale, nascono i suoi capolavori: la *Nuova Eloisa* (uscita a Londra nel 1760 e a Parigi nel 1761), il *Contratto sociale* (1762) e l'*Emilio* (1762).

Ben presto, alle persistenti polemiche con i *philosophes*, con i quali aveva già rotto ufficialmente fin dal 1758, si sommano le **aspre reazioni** suscitate dai suoi scritti, che vengono condannati e bruciati sulle pubbliche piazze. Il 9 giugno il Parlamento di Parigi condanna l'*Emilio*. Il 19 il "*Petit Conseil*" di Ginevra condanna l'*Emilio* e il *Contratto sociale*. Il 28 agosto l'arcivescovo di Parigi si pronuncia contro l'*Emilio*: «Condanniamo il detto libro come contenente una dottrina abominevole, atta a sradicare la legge naturale e a distruggere i fondamenti della fede cristiana; come asserente massime contrarie alla morale evangelica; come tendente a turbare la pace negli Stati, a far ribellare i sudditi contro l'autorità del loro sovrano».

Rousseau risponde con una *Lettera a Christophe de Beaumont*, nella quale, attaccando il cattolicesimo, spera di ottenere appoggi da parte calvinista. Deluso (e indignato per il divieto di stampa della lettera), decide di rinunciare alla cittadinanza ginevrina e, in polemica con le *Lettere scritte dalla campagna*, in cui il procuratore generale Tronchin difendeva le scelte politico-culturali dell'oligarchia calvinista, compone le *Lettere scritte dalla montagna* (1764).

Le ostilità dell'ambiente calvinista

Intanto si era trasferito a Moitiers (1762), un paese svizzero alle dipendenze del re Federico II di Prussia, che acconsentiva al soggiorno. Tuttavia la progressiva ostilità dell'**ambiente calvinista** – unitamente allo sdegno provocato da un libello anonimo il cui autore (Voltaire) dipingeva Rousseau come un amico infido, un marito infame e un padre snaturato – mette capo a un **linciaggio morale** che si traduce ben presto in linciaggio fisico («Mi si ammonì dal pulpito, fui chiamato l'Anticristo, e perseguitato nella campagna come un lupo mannaro [...]. Già per i sentieri dei ciottoli cominciavano a rotolarmi dietro [...]. Infine [...] fui assalito nella mia dimora»). La grandinata di sassi che in una sera del 1765 si abbatte sulla sua casa persuade Rousseau ad andarsene («Cedetti, [...] perché lo spettacolo dell'odio popolare mi lacerava il cuore da non poterne più»). Si rifugia allora nell'isola di Saint-Pierre, nel lago di Bienne. Ma un decreto di espulsione delle autorità di Berna lo obbliga di nuovo a fuggire. Dopo un lungo giro, a dicembre è ancora a Parigi.

La rottura con Hume e il matrimonio con Thérèse

Nel 1766 accetta l'offerta di asilo che Hume gli aveva fatto l'anno prima e parte per l'Inghilterra. Ma, ormai psichicamente instabile e in preda a una cronica mania di persecuzione, accusa il filosofo scozzese di cospirare con i suoi nemici e fa ritorno in Francia, dove erra da una città all'altra. Nel 1768 sposa finalmente Thérèse.

Gli ultimi anni

Ristabilitosi a Parigi, va ad abitare in uno squallido piano di via Platière. Intanto porta a compimento il suo capolavoro autobiografico, le *Confessioni*, che verranno pubblicate postume, insieme con una serie di altri scritti (dal *Progetto di costituzione per la Corsica* alle *Considerazioni sul governo di Polonia*, dai dialoghi intitolati *Rousseau giudice di Jean-Jacques* alle *Fantasticherie di un viandante solitario*). Ormai stanco e ammalato, viene accolto dal marchese René de Girardin nel castello di Ermenonville, dove muore il 2 giugno 1778, ricevendo sepoltura in un'isoletta del lago. Durante la Rivoluzione, le sue ceneri vengono trasferite nel Panthéon di Parigi.

2. Il *Discorso sulle scienze e le arti*

Nelle *Confessioni* (libro VIII) Rousseau racconta che nell'ottobre del 1749, mentre si stava recando a far visita a Diderot, carcerato a Vincennes, ebbe notizia, grazie al "*Mercure de France*", di un «quesito proposto dall'Accademia di Digione per il premio dell'anno: *Se il progresso delle scienze e delle arti abbia contribuito a corrompere o a purificare i costumi*». In realtà, il titolo originale del concorso era: «*Si le rétablissement des Sciences et des Arts a contribué à épurer le moeurs*» (se la rinascita delle scienze e delle arti abbia contribuito a purificare i costumi). Il fatto che Rousseau aggiunga «a corrompere» è di per sé significativo e rivela il suo punto di vista sull'argomento. Dopo aver letto il bando, prosegue il ginevrino, «vidi un altro universo e diventai un altro uomo». E in una famosa lettera a Malesherbes (1762) scrive: «Se mai qualcosa è stato simile a un'ispirazione improvvisa, tale fu il moto che si produsse in me a quella lettura».

L'"illuminazione" di Vincennes

TESTO ANTOLOGICO
ON LINE Rousseau
L'ispirazione
(*Lettera
a Malesherbes*)

Il *Discorso sulle scienze e le arti* (1750) si compone di una prefazione e di due parti. *Risposte di Rousseau*

Nella prefazione Rousseau, conscio di muoversi in aperta controtendenza rispetto alla filosofia e alla sensibilità della sua epoca, rivendica il proprio **diritto a pensare in modo critico e autonomo**: LA PENSAVA IN MODO RIVOLUZIONARIO

La prefazione

> attaccando frontalmente tutto ciò che oggi riscuote l'ammirazione degli uomini non posso aspettarmi che un biasimo universale […] non mi curerò di piacere né agli spiriti raffinati né alla gente alla moda. (in *Scritti politici*, Laterza, Roma-Bari 1994, vol. 1, p. 3)

IDEA PIÙ RADICALE → UOMO TENDE AD APPARIRE (VOLER ABBELLIRE) PIUTTOSTO CHE ESSERE (VERITÀ / VIRTÙ)

Nella prima parte, Rousseau afferma che **le scienze e le arti**, lungi dal purificare i costumi, **hanno contribuito a corromperli**. Vediamo in che senso. Innanzitutto, esse rappresentano **ornamenti superflui** che servono ad abbellire la realtà delle cose, cioè a stendere «ghirlande di fiori» sulle «ferree catene» che gravano sugli uomini. Inoltre, invitando gli individui ad agire secondo «buone maniere», li **abituano ad «apparire» piuttosto che a «essere»**, ovvero a seguire schemi di comportamento artificiali e uniformi, antitetici a quelli naturali (v. **apparire/essere**):

La prima parte

> prima che l'arte avesse modellato le nostre maniere […] i nostri costumi erano rozzi, ma naturali; e la diversità dei comportamenti rivelava al primo sguardo la diversità dei caratteri […]. Oggi […] nei nostri costumi regna una vile e ingannevole uniformità e tutti gli spiriti sembrano usciti dallo stesso stampo […]. Non si osa più mostrarsi come si è […]. Così non si saprà mai bene con chi si ha a che fare. (*ibidem*, p. 7)

In tal modo, alla verità, con la sua fedele compagna, la virtù, subentra la menzogna, con il suo immancabile "codazzo" di vizi. Tant'è vero che ai vizi della raffinata Atene Rousseau contrappone le virtù della ruvida Sparta:

> O Sparta, eterna condanna della vana dottrina! mentre i vizi frutto delle belle arti penetravano in frotta in Atene […] tu bandivi dalle tue mura le arti e gli artisti, le scienze e gli scienziati. (*ibidem*, p. 11)

ESSERE = SPARTA ∧ APPARIRE = ATENE

E ricorda come popoli inizialmente forti e potenti (ad esempio gli Egizi e i Romani) alla fine siano diventati deboli e dissoluti. Al di là di questa antitesi retorica tra virtù e vizio (la quale attinge a una letteratura moralistica che da Seneca e Plutarco arriva fino a Montaigne e

Montesquieu) si va dunque profilando un'antitesi ben più radicale: quella tra natura e civiltà, con la conseguente **condanna della cultura in nome della natura**. Anche se Rousseau, per ora, non si sofferma sul concetto di «stato naturale», come farà invece nel secondo *Discorso*, limitandosi ad asserire che «la natura ci ha voluti salvaguardare dalla scienza come una madre strappa un'arma pericolosa dalle mani del proprio bambino» (*Lettera al signor Grimm*, nov. 1751, in *Scritti politici*, cit., vol. 1, p. 56).

2) I VIZI HANNO PORTATO ALLO SVILUPPO DELLE SCIENZE

La seconda parte Nella seconda parte del *Discorso*, Rousseau mostra come le **scienze**, anziché scaturire dalle virtù, siano **nate da altrettanti vizi** (l'astronomia dalla superstizione, l'eloquenza dall'ambizione, la geometria dall'avarizia, la fisica dalla curiosità ecc.) e, alimentate dall'ozio e dal lusso, abbiano favorito la **disuguaglianza sociale** e la **perdita delle virtù etiche e patriottiche**: «abbiamo fisici, geometri, astronomi, poeti, musicisti, pittori; ma non abbiamo più cittadini» (*Discorso sulle scienze e le arti*, in *Scritti politici*, cit., vol. 1, p. 23). Pur contenendo qualche ambiguità e incertezza, soprattutto nella parte finale, dove Bacone, Cartesio e Newton vengono definiti «maestri del genere umano» e dove si esortano i principi a utilizzare le grandi menti, la linea argomentativa del *Discorso* è dunque chiara, come l'invocazione che Rousseau mette in bocca ai posteri:

> Dio onnipotente [...] liberaci dai lumi e dalle arti funeste dei nostri padri; rendici l'ignoranza, l'innocenza e la povertà, i soli beni che possono fare la nostra felicità e che siano preziosi al tuo cospetto.
>
> (*Discorso sulle scienze e le arti*, in *Scritti politici*, cit., vol. 1, p. 25)

Tant'è che se l'Accademia di Digione, parlando di "rinascimento" delle scienze e delle arti aveva formulato il suo quesito in termini cronologicamente circoscritti, Rousseau difende il proprio punto di vista non solo in rapporto alla storia recente, ma in relazione all'intera civiltà.

Le cause reali della decadenza A questo punto sorge spontaneo un interrogativo. **Attribuire alle scienze e alle arti i guasti della civiltà non era forse eccessivo?** Erano veramente quelle le "cause" della degenerazione umana, «o si trattava di elementi concomitanti di un processo assai più intricato, dovuto a cause più complesse?» (Paolo Casini). E in effetti, quando si vide attaccato da una folla di polemisti, Rousseau fu costretto a rimeditare sulle cause della decadenza. In particolare, fu soprattutto un'obiezione sollevata dal re Stanislao di Polonia – secondo cui erano le ricchezze, e non la scienza, a costituire il fattore patogeno primario – a far sì che egli, pur senza ritrattare l'accusa alle scienze e alle arti, rivedesse la scala delle priorità causali:

> la fonte prima del male è la disuguaglianza; dalla disuguaglianza sono venute le ricchezze [...]. Dalle ricchezze sono nati il lusso e l'ozio; dal lusso sono venute le belle arti e dall'ozio le scienze.
>
> (*Osservazioni sulla risposta data al suo Discorso*, in *Scritti politici*, cit., vol. 1, p. 44)

CRITICHE PORTANO A FAR CAMBIARE TESI: RICCHEZZA È LA CAUSA DELLA CORRUZIONE

Questo mutamento di prospettiva, che comporta una transizione dalla problematica delle scienze e delle arti alla **problematica della disuguaglianza**, risulta evidente sia nel secondo *Discorso*, sia in alcuni scritti minori di questo periodo: la prefazione al *Narciso* (1753), che esprime in modo più organico e maturo le idee del primo *Discorso*, e l'articolo "Economia politica", apparso nel 1755 nel quinto volume dell'*Enciclopedia*. → **T1** p. 129

3. Il *Discorso sull'origine della disuguaglianza*

Nel 1753 l'Accademia di Digione propone un **nuovo quesito**: «Qual è l'origine della disuguaglianza tra gli uomini, e se essa sia autorizzata dalla legge naturale». Rousseau partecipa, senza ottenere il premio, con il *Discorso sull'origine e i fondamenti della disuguaglianza tra gli uomini*, composto nel 1754 e pubblicato nel 1755.

Il nuovo quesito dell'Accademia

Nella prefazione al discorso egli afferma che **per conoscere l'origine della disuguaglianza** tra gli uomini **occorre conoscere l'uomo**. Ma come conoscerlo? Rousseau comincia con il respingere il modello del **giusnaturalismo**, sostenendo che il suo limite consiste nell'aver dipinto, come prototipo dell'uomo naturale, quello che, in realtà, è il paradigma dell'uomo civilizzato: «tutti […] hanno trasferito nello stato di natura idee prese dalla società: parlavano dell'uomo allo stato selvaggio e dipingevano l'uomo civilizzato» (in *Scritti politici*, cit., vol. 1, p. 139). Ad esempio, la teoria della legge naturale di **Grozio**, **Locke** e **Pufendorf** presuppone, negli uomini primitivi, capacità di intuizione e deduzione tipiche della razionalità dei civili. A sua volta, **Hobbes**, parlando dell'uomo-lupo, ha finito per offrire un fuorviante duplicato dell'individuo aggressivo ed egoista della società contemporanea. Com'è dunque possibile rinvenire, al di là dell'uomo "artificiale" («*l'homme de l'homme*»), l'uomo "naturale"? Come distinguere, nella figura dell'uomo odierno, ciò che è originario da ciò che è acquisito?

Il rifiuto dei modelli precedenti

Ai fini della sua indagine, Rousseau usa il metodo ipotetico o congetturale proprio dei filosofi della scienza. Egli dichiara infatti che non bisogna prendere le sue ricerche «per verità storiche, ma solo per ragionamenti ipotetici e condizionali, più adatti a chiarire la natura delle cose che non a svelarne la vera origine, simili a quelli che fanno ogni giorno i nostri fisici sulla formazione del mondo» (*ibidem*, p. 140). Questo significa che, pur utilizzando ampiamente le relazioni di viaggio degli ultimi secoli, Rousseau segue un **procedimento** che non è storico-antropologico, bensì **logico-filosofico**. Lo stesso **stato di natura**, dichiara il ginevrino in un passo-chiave della sua opera, è «uno stato che non esiste più, che forse non è mai esistito, che probabilmente non esisterà mai, e di cui tuttavia bisogna avere nozioni giuste per giudicar bene del nostro stato presente» (*ibidem*, p. 131).

Il metodo ipotetico

Appurato che lo stato di natura non è né un dato storico, né una restaurazione filosofica delle antiche credenze relative all'età dell'oro, né il prodotto di una fantasticheria sentimentale, bensì un'**ipotesi teorica metodicamente e razionalmente elaborata ai fini di una critica radicale dell'esistente**, Rousseau si chiede in che cosa, precisamente, tale stato consista e attraverso quali vicende sia avvenuto il progressivo snaturamento dell'uomo. Da ciò la suddivisione del *Discorso* in due parti, la prima delle quali descrive **com'è l'uomo in natura** e la seconda **com'è diventato nella storia**.

Lo stato di natura

L'uomo nello stato di natura

Per Rousseau l'**uomo di natura** non coincide, in quanto tale, con il selvaggio (che richiama già un'umanità consociata). Ciò non toglie che il selvaggio sia più vicino alla natura e che dunque, guardando a lui, sia più facile cogliere la sostanza originaria dell'uomo, avendo cura di ricordare che si tratta di una figura già alterata, «che deve essere presa in considerazione solo con riserva e precauzione» (Émile Durkheim).

L'equilibrio tra necessità e risorse

Ciò che qualifica l'uomo primitivo è il **perfetto equilibrio tra i bisogni e le risorse di cui dispone**: «i soli beni che conosce al mondo sono il cibo, la femmina, il sonno» (*Discorso sull'origine della disuguaglianza*, in *Scritti politici*, cit., vol. 1, p. 151). Infatti, bisogni minimi di questo tipo sono facili da soddisfare, poiché a essi ha provveduto la natura. Donde l'armonia di una situazione in cui l'uomo possiede tutto ciò che desidera, in quanto desidera solo ciò che già possiede:

> poiché il selvaggio desidera solo le cose che conosce e conosce solo quelle che possiede o può possedere facilmente, niente può essere tranquillo quanto il suo animo.
>
> (*Discorso sull'origine della disuguaglianza*, in op. cit., p. 232, nota "M")

Essendo in rapporto immediato con i suoi bisogni, un tale uomo risulta **privo di progettualità a lunga scadenza**, al punto che la sua vita sembra svolgersi in una sorta di eterno presente:

> La sua anima [...] si abbandona tutta al senso della sua esistenza attuale, senza nessuna idea dell'avvenire [...] e i suoi progetti, limitati come le sue vedute, si estendono appena alla fine della giornata. Ancora oggi, tra i Caraibi, il grado di previdenza è questo: la mattina vendono il loro letto di cotone, incapaci di prevedere che la notte successiva ne avranno bisogno, e la sera vanno a piangere per ricomprarlo.
>
> (*Discorso sull'origine della disuguaglianza*, in op. cit., p. 152)

L'amore di sé e la pietà

In virtù di questo modo di essere prerazionale e presociale, **l'uomo di natura** non è né buono né cattivo, poiché **vive in uno stato neutro di innocenza**. Gli unici principi («anteriori alla ragione») che gli si possono attribuire sono l'*amore di sé* e la *pietà*. Il primo, spiega Rousseau, rende interessati al proprio benessere e alla propria conservazione; l'altro provoca un'istintiva ripugnanza a veder soffrire o morire gli altri, soprattutto i propri simili. L'amore di sé non va confuso con l'*amor proprio*, ossia con quell'egoistico culto del proprio interesse e della propria immagine che ispira agli uomini civili tutto il male che si fanno a vicenda (v. **amore di sé e amor proprio**).

QUESTIONE

L'uomo, per natura, è cattivo o buono?, p. 149

L'indipendenza e l'asocialità

Il fatto che l'uomo naturale provi pietà per i propri simili non significa che egli sia portato a unirsi a loro con legami durevoli. **Nello stato di natura ciascuno basta a se stesso e i contatti con i propri simili sono soltanto sporadici**, dettati, per lo più, dalla pulsione sessuale:

> Questa cieca tendenza, priva di qualunque sentimento del cuore, dava luogo soltanto a un atto puramente animale. Appagato il bisogno, i due sessi non si riconoscevano più e persino il bambino, appena poteva fare a meno di lei, non era più niente per la madre.
>
> (*Discorso sull'origine della disuguaglianza*, in op. cit., pp. 173-174)

L'asocialità dell'uomo naturale coincide con la sua indipendenza, ovvero con uno stato di autarchia e libertà. Questo spiega perché egli non senta affatto il bisogno di unirsi agli altri: «è impossibile immaginare perché, in questo stato primitivo, un uomo avrebbe avuto bisogno di un altro uomo più di quanto un lupo o una scimmia potesse aver bisogno del suo simile» (in op. cit., p. 160). Bisogna dunque rappresentarsi l'uomo naturale come un essere vagante nelle foreste, **senza occupazione, senza linguaggio, senza domicilio, senza guerra e senza legami**:

> Se per caso giungeva a qualche scoperta non sapeva a chi comunicarla, tanto più che non riconosceva neanche i propri figli. L'arte periva con l'inventore; non c'era né educazione né progresso, le generazioni si moltiplicavano inutilmente, e, poiché ognuna partiva dallo stesso punto, i secoli scorrevano in tutta la rozzezza delle prime età; la specie era già vecchia e l'uomo restava sempre bambino.
>
> (*Discorso sull'origine della disuguaglianza*, in op. cit., pp. 168-169)

Ora, **che cosa può spingere un essere che non manca di nulla** – e che ha «il cuore in pace» e il «corpo in buona salute» – **a cambiare stato o condizione?** In realtà,

> chi non vede che tutto sembra allontanare dall'uomo selvaggio la tentazione e i mezzi di por fine alla sua condizione? La fantasia non gli dipinge nulla; il cuore non gli chiede nulla. I suoi modesti bisogni sono talmente alla sua portata, ed egli è tanto lontano dal grado di conoscenza necessario per desiderarne di più grandi, che non può avere né previdenza né curiosità.
>
> (*Discorso sull'origine della disuguaglianza*, in op. cit., p. 152)

Questo non toglie che nell'uomo vi fosse pur sempre la possibilità di uscire da tale stato. Ciò è dovuto ai suoi due attributi specifici: la **libertà**, ossia la capacità di volere e di scegliere, e la **perfettibilità**, ossia l'attitudine a perfezionarsi. Infatti, mentre gli animali, essendo privi di queste due facoltà, vivono al di fuori del tempo e della storia e sono da sempre – e per sempre – ciò che sono, l'uomo, invece, può mutare.

Dallo stato di natura alla società civile e politica

Nella seconda parte del *Discorso* Rousseau espone le cause e le modalità del trapasso dallo stato di natura a quello civile. Trapasso che coincide con il passaggio **dall'uguaglianza primitiva** («dove tutti si nutrono degli stessi alimenti, vivono alla stessa maniera e fanno esattamente le stesse cose») **alla disuguaglianza propria della società progredita**.

Ciò avviene attraverso una sorta di esperimento mentale, tramite cui Rousseau, cercando di immaginare quali condizioni siano state necessarie affinché il genere umano divenisse quello che è attualmente, si sforza di ripercorrere «le vie dimenticate e perdute» che dallo stato naturale hanno condotto l'uomo allo stato civile.

Da quanto si è detto, appare evidente che **la società può nascere solo se l'uomo risulta impedito da qualche forza esterna a essere così com'è**. «Nella condizione statica e felice in cui l'uomo è stato posto dalla natura, la perfettibilità e le altre facoltà non si sarebbero mai potute sviluppare da sole e, per questo, Rousseau immagina che parecchie e fortuite cause esterne abbiano contribuito all'evoluzione e alla trasformazione delle qualità psichiche e morali dell'uomo originario» (Marinella Fedeli De Cecco). E poiché «il solo ambiente esteriore che lo influenzi è quello fisico, è nell'ambito fisico che deve essere trovata la causa» (Émile Durkheim). Infatti, se la natura avesse sempre provveduto ai suoi bisogni e se la terra si fosse sempre mantenuta in una sorta di primavera perpetua, l'uomo non si sarebbe mai attivato in direzione del progresso. Invece non tardarono a presentarsi delle **difficoltà** che l'uomo dovette imparare a vincere: l'altezza degli alberi, che gli impediva di cogliere i

La fondazione
del potere politico,
p. 144

L'esperimento
mentale

Le cause esterne
che hanno spinto
l'uomo a uscire
dallo stato primitivo

frutti, la concorrenza e la ferocia degli animali, le annate sterili, gli inverni rigidi, le estati torride ecc.

L'uomo divenne pescatore e cacciatore. Scoprì il fuoco e cominciò a unirsi con i suoi simili in una qualche specie di libera associazione, che non obbligava nessuno e durava solamente quanto il bisogno passeggero da cui scaturiva. Lentamente presero forma il **linguaggio** e il **concetto di impegno reciproco**.

La «prima rivoluzione»

Questi primi progressi misero l'uomo in grado di farne di più rapidi e si arrivò a quella **prima rivoluzione** che portò alla **costituzione delle famiglie**: «l'abitudine a vivere insieme dette origine ai più dolci sentimenti che si conoscano tra gli uomini, l'amore coniugale e l'amore paterno» (in op. cit., p. 177). Nello stesso tempo, cominciarono a svilupparsi **sentimenti sociali negativi** come la vanità e l'invidia e iniziò ad affermarsi la **disuguaglianza**: «chi cantava o danzava meglio; il più bello; il più forte, il più abile o il più eloquente divenne anche il più considerato» (in op. cit., p. 179).

L'epoca più felice

Ciò nonostante, in questa sorta di società nascente (*société naissante*), che non è più (totalmente) natura e non è ancora (totalmente) cultura, rappresentando piuttosto una sorta di **equilibrio tra natura e civiltà**, Rousseau scorge l'epoca più felice della storia del mondo:

> Più ci si riflette più si trova che questa condizione era […] la migliore per l'uomo […]. L'esempio dei selvaggi che sono stati trovati quasi sempre a questo stadio sembra confermare che il genere umano era fatto per restarvi definitivamente, che questa è la vera giovinezza del mondo.
>
> (*Discorso sull'origine della disuguaglianza*, in op. cit., p. 180)

La «grande rivoluzione» e la nascita della proprietà

Finché si accontentarono di questo tipo di vita e si dedicarono a lavori o ad arti che non richiedevano mutua cooperazione e dipendenza, gli uomini vissero «liberi, sani, buoni, felici» continuando a godere di rapporti indipendenti. Ma dal momento in cui «un uomo ebbe bisogno dell'aiuto di un altro […] l'uguaglianza scomparve» (in op. cit., p. 181). Questa seconda **grande rivoluzione**, simultanea alla divisione sociale del lavoro, fu conseguenza dell'invenzione di due arti: la **metallurgia** e l'**agricoltura**; «per il poeta, a civilizzare gli uomini e a mandare in rovina il genere umano, sono stati l'oro e l'argento, ma per il filosofo sono stati il ferro e il grano». Infatti, alla coltivazione delle terre seguì la loro spartizione e quindi l'avvento della proprietà:

> Il primo che, cintato un terreno, pensò di affermare *questo è mio*, e trovò persone abbastanza ingenue da credergli, fu il vero fondatore della società civile. Quanti delitti, quante guerre, quante uccisioni, quante miserie e quanti orrori avrebbe risparmiato al genere umano colui che, strappando i paletti o colmando il fossato, avesse gridato ai suoi simili: «Guardatevi dall'ascoltare questo impostore. Se dimenticate che i frutti sono di tutti e che la terra non è di nessuno, voi siete perduti!».
>
> (*Discorso sull'origine della disuguaglianza*, in op. cit., p. 173)

Proprietà e disuguaglianza

Insieme con la proprietà si consolidò, in modo definitivo, la disuguaglianza morale e politica (ben più onerosa della semplice disuguaglianza fisica). Infatti, con l'avvento della proprietà privata, si affermò la **prima grande divisione tra gli uomini**, quella tra **ricchi e poveri**, con la conseguente sottomissione dei secondi ai primi (ma anche, in un certo senso, dei primi ai secondi, dovendo i ricchi dipendere dai servizi prestati loro dai poveri). Così l'uomo, che prima era libero e indipendente, si trovò assoggettato alla natura da nuovi bisogni e vincolato al prossimo da un rapporto di mutua, universale dipendenza (v. **proprietà, disuguaglianza e mutua dipendenza**).

L'avvento della proprietà privata condusse a una **guerra permanente** tra ricchi e poveri, all'insegna della rapina e della violenza. L'uguaglianza spezzata, commenta Rousseau, «fu seguita dal più spaventoso disordine: così, le usurpazioni dei ricchi, il brigantaggio dei poveri, le passioni sfrenate di tutti, soffocando la pietà naturale e la voce ancora debole della giustizia, resero gli uomini avari, ambiziosi e malvagi […]. La società in sul nascere fece posto al più orribile stato di guerra» (in op. cit., p. 186). Di conseguenza, l'itinerario dell'uomo attraverso la storia finì per concludersi nello stesso punto da cui era partito Hobbes nel dipingere il suo presunto stato naturale: la guerra di tutti contro tutti.

QUESTIONE

L'uomo, per natura, è cattivo o buono?, p. 149

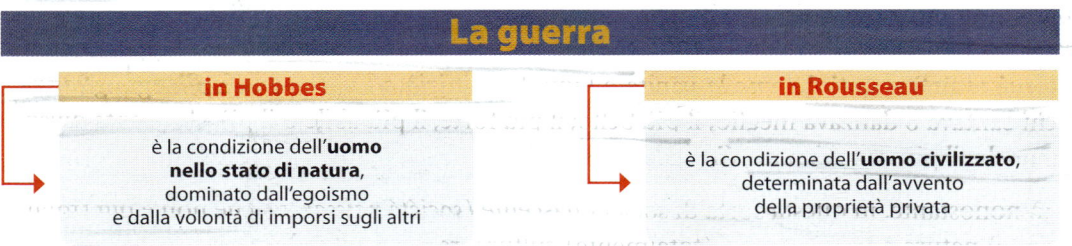

La guerra	
in Hobbes	**in Rousseau**
è la condizione dell'**uomo nello stato di natura**, dominato dall'egoismo e dalla volontà di imporsi sugli altri	è la condizione dell'**uomo civilizzato**, determinata dall'avvento della proprietà privata

CONCETTI A CONFRONTO

ON LINE
SCHEMA INTERATTIVO

In questa situazione era naturale che fossero i possidenti a rischiare di più. Tant'è che Rousseau immagina che siano stati proprio i ricchi a proporre quella specie di **patto iniquo** che nell'articolo sull'"Economia politica" egli sintetizza in questo modo:

Il «patto iniquo»

> **Voi avete bisogno di me**, perché io sono ricco e voi povero; stipuliamo dunque un accordo fra noi: permetterò che abbiate l'onore di servirmi a patto che mi diate il poco che vi resta in cambio del disturbo che mi prenderò dandovi degli ordini.
>
> (in *Scritti politici*, cit., vol. 1, p. 311)

Questo patto (che verrà citato da Marx nel *Capitale*, 1, I, sez. 8ª, cap. 30) doveva essere sancito anche sul piano giuridico-politico. Nacque in tal modo quella subdola legalizzazione del sopruso e dello sfruttamento che è lo Stato. Come mostra il discorso ipocrita e menzognero del ricco:

Lo Stato

> Uniamoci, disse, per salvaguardare i deboli dall'oppressione, tenere a freno gli ambiziosi e garantire a ciascuno il possesso di quanto gli appartiene; stabiliamo degli ordinamenti di giustizia e di pace a cui tutti, nessuno eccettuato, debbano conformarsi, e che riparino in qualche modo i capricci della fortuna sottomettendo senza distinzione il potente ed il debole a doveri scambievoli. In una parola, invece di volgere le nostre forze contro noi stessi, concentriamole in un potere supremo che ci governi con leggi sagge, proteggendo e difendendo tutti i membri dell'associazione, respingendo i comuni nemici e mantenendoci in un'eterna concordia. (*Discorso sull'origine della disuguaglianza*, in op. cit., p. 187)

L'impatto di questo discorso, in animi grossolani e facili da lusingare, fu tale che «tutti corsero incontro alle catene convinti di assicurarsi la libertà» (in op. cit., p. 188). ➔ **T2** p. 132

Di fatto, la nascita dello Stato non fece che accelerare un processo di decadimento antropologico articolato in tre tappe:

Le tre tappe della decadenza

a) la **fondazione della legge e del diritto di proprietà**, che sancì la distinzione tra ricchi e poveri;

b) l'**istituzione della magistratura**, che sancì la distinzione tra potenti e deboli;

c) la **trasformazione del potere legittimo in potere arbitrario**, che sancì la distinzione tra padrone e schiavo (v. **tappe della decadenza**).

E proprio nell'avvento del dispotismo e della schiavitù politica Rousseau individua il termine ultimo della parabola storica dell'umanità:

> È qui l'ultimo sbocco della disuguaglianza e il punto d'arrivo che chiude il circolo toccando il punto da cui siamo partiti. Qui tutti i privati tornano ad essere uguali, perché non sono niente, e i sudditi non avendo altra legge oltre la volontà del padrone, né il padrone altra norma oltre le proprie passioni, le nozioni relative al bene e i princìpi di giustizia tornano di nuovo a svanire. A questo punto tutto si riporta alla sola legge del più forte, e quindi a un nuovo stato di natura diverso da quello con cui abbiamo cominciato, in quanto l'uno era lo stato di natura nella sua purezza, mentre quest'altro è il frutto di un eccesso di corruzione.
>
> (*Discorso sull'origine della disuguaglianza*, in op. cit., p. 202)

QUESTIONE MULTIMEDIALE
La storia **ON LINE**
Storia, utopia
e felicità

Disuguaglianza e legge di natura

Nelle ultime pagine del *Discorso*, dopo essere tornato sulla contrapposizione tra primitivi e civilizzati e sulla dicotomia tra "apparire" ed "essere", che oppone la spontaneità della condizione naturale al carattere artificiale e menzognero della vita sociale, Rousseau riafferma che «la disuguaglianza, essendo pressoché nulla nello stato di natura, trae la propria forza e il proprio incremento dallo sviluppo delle nostre facoltà e dal progresso dello spirito umano». Rispondendo alla seconda parte del quesito di Digione (se la disuguaglianza sia autorizzata dalla legge naturale), precisa infine che la **disuguaglianza civile**, **«autorizzata dal solo diritto positivo, è contraria al diritto naturale ogni volta che non risulta in proporzione con la disuguaglianza fisica** […] poiché […] è contro la legge di natura, comunque vogliamo definirla, che un bambino comandi a un vecchio, che un imbecille guidi un saggio, e che un pugno di uomini rigurgiti di cose superflue, mentre la moltitudine affamata manca del necessario» (in op. cit., pp. 204-205).

4. La polemica con i *philosophes*: Rousseau e l'Illuminismo

Dai primi contrasti…

Il rapporto tra Rousseau e i filosofi illuministi, inizialmente buono e improntato a uno spirito di collaborazione e di stima reciproca, con il passare del tempo finì con il deteriorarsi in modo irrimediabile, soprattutto a causa dell'interpretazione tendenziosa degli intenti di Rousseau, accusato di voler riportare l'uomo alla barbarie primitiva.

Una prefigurazione dei contrasti è già presente nel *Discorso preliminare* di d'Alembert, laddove l'enciclopedista ritiene di dover «rintuzzare gli strali che uno scrittore eloquente e filosofo ha lanciato or non è molto contro le scienze e le arti, accusandole di corrompere i costumi». Ben più esplicita, anche se mantenuta ancora nei limiti di una ironia bonaria, è la risposta di Voltaire al secondo *Discorso* (1755). Dopo aver assimilato lo scritto a una sorta di «libello contro il genere umano», egli dichiara che «Mai si è impiegata tanta intelligenza nel volerci ridurre a bestie. Leggendovi vien voglia di camminare a quattro zampe» (in *Scritti politici*, cit., vol. 1, p. 245).

… alla pubblica rottura

La pubblica rottura con la «*tourbe philosophesque*», come la chiamerà spregiativamente Rousseau, avvenne nel 1758. Nel 1757 d'Alembert aveva scritto, per l'*Encyclopédie*, l'articolo "Ginevra", nel quale, ispirandosi a Voltaire, proponeva di istituire un teatro stabile nella città svizzera, allo scopo di aprire la repubblica calvinista alle nuove idee. Nella *Lettera a d'Alembert sugli spettacoli* (1758), Rousseau si dissociava polemicamente dagli illuministi, riproponendo i pregiudizi moralistici tradizionali contro l'arte drammatica.

RAPPORTO CON I PHILOSOPHES È CONTROVERSO. LE IDEE IN COMUNE SONO MOLTE E IL PUNTO D'ARRIVO È SIMILE: LA RAGIONE È IL MEZZO PER LA CREAZIONE DEL CITTADINO. IN OGNI CASO CI SARANNO DELLE DISPUTE E L'ATTEGGIAMENTO DI ROUSSEAU CONSIDERATO ANTI-ILLUMINISMO ILLUMINISTICO

Capitolo 5 • Rousseau

A parte queste diatribe, degenerate ben presto nell'insulto (Voltaire parlerà del ginevrino come di una «scimmia di Diogene» o di un «Giuda della confraternita»), il **rapporto tra Rousseau e l'Illuminismo** costituisce un autentico **problema storiografico**, a proposito del quale esistono **interpretazioni divergenti**. Secondo alcuni studiosi, che fanno uso della (controversa) categoria di "preromanticismo", Rousseau non appartiene all'Illuminismo, bensì alla zona di transizione dall'Illuminismo al Romanticismo. Secondo altri, che costituiscono la maggioranza, Rousseau appartiene invece, non solo di fatto, ma anche di diritto, al Settecento, di cui rappresenta una sorta di prodotto *sui generis*.

Il problema dei rapporti tra Rousseau e l'Illuminismo

In effetti, pur nella diversità e nel conflitto, i **nessi** che collegano il ginevrino agli illuministi sono parecchi: l'atteggiamento critico e riformatore nei confronti della società contemporanea e dei suoi pregiudizi, il progetto di razionalizzazione e umanizzazione del mondo, la difesa della religione naturale, il rifiuto delle religioni storiche e del loro sovraccarico dogmatico, l'importanza attribuita all'educazione e all'illuminazione delle menti, la teoria della perfettibilità dell'uomo ecc.
Non si può neppure sostenere, come si è affermato talora, che gli illuministi siano *per* la filosofia e Rousseau *contro* la filosofia, poiché la filosofia che egli combatte è soltanto la "falsa" filosofia, cioè una forma di analisi scettica e negatrice, a cui egli contrappone la "vera" filosofia, intesa come una forma di riflessione genuina, fondata sulla natura e sulle sue esigenze, palesate da quell'organo rivelatore che è la coscienza. Tale riflessione dovrebbe "rischiarare" l'umanità e condurla sulla retta via.

I punti di contatto...

Quanto si è detto non esclude che parecchi dei temi sopra citati subiscano, in Rousseau, un'**interpretazione diversa** – e in qualche caso opposta – rispetto a quella degli illuministi. Inoltre il **discorso politico** del ginevrino, che accusa i *philosophes* di immobilismo e di accettazione conservatrice dell'esistente, è senz'altro **più radicale** (e non privo di implicazioni etico-religiose).

... e le differenze

Ciò non toglie che gli **esiti filosofici generali** del suo pensiero siano **assai simili a quelli dei suoi avversari.** Infatti, pur rivendicando il valore dell'istinto, della natura e del sentimento, finisce anch'egli per affidare alla **ragione** il compito della trasformazione del mondo: «Rousseau è contro gli illuministi, ma non contro l'illuminismo, perché egli considera la *ragione* come lo **strumento privilegiato per il superamento e la vittoria sui mali** in cui secoli di deviazione hanno gettato l'uomo» (Giovanni Reale - Dario Antiseri); «Rousseau si salda alla corrente principale dell'illuminismo e si rivela come la voce più appassionata e più profonda di esso. La sua polemica contro la ragione è in realtà la polemica contro una ragione che pretende annullare gli istinti e le passioni e sostituirvi una struttura artificiale. Ma di una ragione siffatta l'illuminismo […] non sapeva che farsene. Rousseau ha dato la forma più paradossale ed energica allo spirito dell'illuminismo francese: l'ideale di una ragione come **ordine ed equilibrio di tutti gli aspetti e gli atteggiamenti dell'uomo** e quindi come condizione del ritorno e della restituzione dell'uomo a se stesso» (Nicola Abbagnano). Tant'è vero che lo stesso principio-guida del capolavoro pedagogico di Rousseau (v. "L'*Emilio*", p. 125) non consiste in una libertà disordinata e capricciosa, ma in una libertà guidata dalla ragione. Questo spiega perché agli occhi di molti contemporanei Rousseau e i *philosophes* siano apparsi sostanzialmente dello stesso "partito" o della stessa "barricata". Da ciò quello che potremmo sinteticamente e conclusivamente definire il **paradossale anti-Illuminismo illuministico** di Rousseau.

L'appartenenza di Rousseau all'"atmosfera illuministica"

5. Dai *Discorsi* ai capolavori della maturità

Frattura o continuità?

Il passaggio di Rousseau dai *Discorsi* alle opere della maturità ha spesso rappresentato un nodo problematico per la critica, «in quanto molti interpreti hanno visto una inconciliabile **frattura** tra la descrizione dell'irreversibile degradazione della storia umana delineata nel secondo *Discorso* e le proposte di riforma pedagogica e politica portate avanti dall'*Emilio* e dal *Contratto*, cioè **tra la parte critica e la parte propositiva e costruttiva** dell'opera rousseauiana» (Marinella Fedeli De Cecco). A questo proposito, sulla scia della critica odierna, va però osservato:

■ come Rousseau abbia sempre difeso la **sostanziale unità** della sua opera;
■ come la **possibilità di una conciliazione tra natura e storia** risulti concettualmente giustificata dal particolare tipo di **pessimismo storico** professato dal ginevrino. Un pessimismo che ha, come rovescio della medaglia, un **ottimismo naturalistico e teologico** che non esita ad assolvere Dio per accusare l'uomo: «Tutto è bene quando esce dalle mani dell'Autore delle cose; tutto degenera fra le mani dell'uomo» (*Emilio*, I).

L'uomo come salvatore di se stesso

Come ha rilevato una tradizione di lettura che va da Kant a Cassirer, attribuendo esclusivamente all'uomo – e non a Dio o alla natura – la causa del male e della corruzione, Rousseau è anche portato a credere nella **possibilità di un riscatto dell'uomo attraverso l'uomo**. Se l'uomo è l'unico artefice del proprio male, egli sarà anche l'unico – e possibile – salvatore di se stesso. Secolarizzando e umanizzando lo schema teologico "Eden-caduta-redenzione", Rousseau può risolvere il classico **problema della teodicea** (relativo all'esistenza del male) in un orizzonte di tipo antropologico e mondano. Infatti, pur incolpando l'uomo di aver turbato (caduta) l'ordine primitivo delle cose (Eden), egli ritiene di poter affidare all'uomo anche l'iniziativa della propria salvezza. Salvezza che passa attraverso l'educazione e la politica.

La politica e il male

La **politica**, soprattutto, diviene «**la risposta globale ai problemi dell'uomo**» (Lucio Colletti), ovvero la soluzione al problema del male nel mondo. «Avevo visto – scrive Rousseau nelle *Confessioni* – che tutto, sostanzialmente, dipendeva dalla politica, e che comunque ci si comportasse nessun popolo sarebbe mai stato altro da quello che la natura del suo governo lo avrebbe fatto essere» (in *Opere*, a cura di P. Rossi, Sansoni, Firenze 1972, p. 977).
Questa valorizzazione del piano politico-sociale non risulta in contraddizione con il precedente atto d'accusa contro la civiltà. Già in una nota del secondo *Discorso* Rousseau aveva scritto:

> allora? Dobbiamo distruggere la società, sopprimere il tuo e il mio e tornare a vivere con gli orsi nelle foreste? Conclusione alla maniera dei miei avversari; preferisco prevenirla anziché lasciar loro la vergogna di esprimerla.
>
> (*Discorso sull'origine della disuguaglianza*, in op. cit., p. 222, nota 1)

I vantaggi del vivere sociale

Ora sottolinea esplicitamente i vantaggi del vivere sociale e benedice l'istante felice (*l'instant heureux*) che di un bestione stupido ha fatto un uomo:

> Il passaggio dallo stato di natura allo stato civile produce nell'uomo un cambiamento molto notevole, sostituendo nella sua condotta la giustizia all'istinto e dando alle sue azioni la moralità che ad esse prima mancava. Solamente allora, subentrando la voce del dovere al posto dell'impulso fisico e il diritto al posto dell'appetito, l'uomo, il quale fino allora non

L'UOMO HA CREATO LA SUA CONDIZIONE DI DISUGUAGLIANZA SOCIALE DA SOLO ED E QUINDI L'UNICO CON IL POTERE E LA CAPACITA' DI SALVARSI

IL MALE PUO' ESSERE DEBELLATO CON LA POLITICA IN UNO STATO IN CUI VIGONO LIBERTA E UGUAGLIANZA NON VI PUO' ESSERE IL MALE

Capitolo 5 • Rousseau

aveva considerato che se stesso, si vede obbligato ad agire secondo altri principi e a consultare la sua ragione prima di cedere alle sue inclinazioni. Sebbene in questo stato egli si privi di molti vantaggi che gli vengono dalla natura, ne guadagna in cambio altri così grandi, le sue facoltà si esercitano e si sviluppano, le sue idee si allargano, i suoi sentimenti si nobilitano, tutta la sua anima si eleva a tal punto che, se gli abusi di questa nuova condizione non lo degradassero spesso al disotto di quella da cui è uscito, egli dovrebbe benedire continuamente l'istante felice che lo strappò per sempre da quelle sue condizioni primitive e che di un animale stupido e limitato fece un essere intelligente e un uomo.

(Il contratto sociale, I, 8)

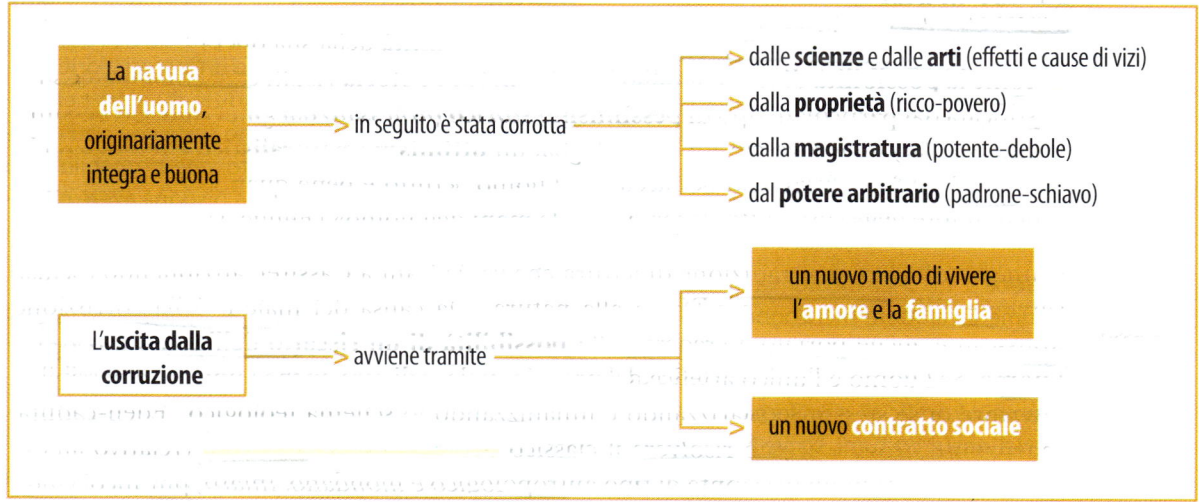

Nella *Nuova Eloisa*, nel *Contratto sociale* e nell'*Emilio* Rousseau stabilisce le condizioni per le quali la **famiglia**, la **società** e l'**individuo** possono uscire dalla degenerazione artificiale in cui sono caduti e attingere la salvezza, attraverso un **ritorno mediato alla natura**.

La *Nuova Eloisa*

La *Nuova Eloisa*, che narra la vicenda di due giovani amanti contrastati nel loro amore dalla volontà dei parenti e dalle convenienze sociali, costituisce l'affermazione della **santità del vincolo familiare fondato sulla libera scelta degli istinti naturali.**
Così Rousseau fa parlare un personaggio (Milord Edouard) che difende la giovane coppia:

> Amore e matrimonio

Il legame coniugale non è forse il più libero come il più sacro degli impegni? Sì, tutte le leggi che lo mortificano sono ingiuste, tutti i padri che osano formarlo o romperlo sono tiranni. Questo casto nodo della natura non è sottomesso né al potere sovrano né all'autorità paterna, ma alla sola autorità del Padre comune che sa comandare i cuori e che, ordinando loro di unirsi, li può costringere ad amarsi […]. Che il rango sia regolato dal merito e l'unione dei cuori dalla loro scelta, ecco il vero ordine sociale; coloro che lo regolano con la nascita o con le ricchezze sono i veri perturbatori di quest'ordine e sono essi che vanno condannati o puniti.

(Nuova Eloisa, II, lett. 2a)

Per il vincolo coniugale l'uscita dalla corruzione e il recupero mediato della condizione naturale si realizzano quindi nella libertà della scelta guidata dall'istinto.

Il fondamento dell'attività politica

[annotazione a mano] ROUSSEAU RITIENE ILLEGITTIMO RINUNCIARE TOTALMENTE ALLA PROPRIA LIBERTÀ ↓ L'UOMO PUO' RINUNCIARE AL SUO DIRITTO DA "SINGOLO" PER ENTRARE NELLA COMUNITÀ

A differenza di Montesquieu, che si era limitato a descrivere *de facto* le legislazioni positive, Rousseau si propone di determinare *de iure* il fondamento dell'autorità politica. Passando in rassegna le tradizionali giustificazioni del potere politico, Rousseau respinge come illegittima ogni operazione volta a fondare l'autorità politica sul diritto divino, sulla potestà paterna, sulla forza ecc. Rifacendosi al contrattualismo, egli afferma che **non esiste autorità senza consenso pattuito** (*nullum imperium sine pacto*). Tuttavia, a differenza dei teorici contrattualisti, che, accanto al *pactum unionis* (patto di unione), riconoscevano un *pactum subiectionis* (patto di subordinazione), in virtù del quale gli uomini si assoggettavano a un sovrano "altro" da loro – non importa se assoluto (Hobbes) o rappresentativo (Locke) –, Rousseau ritiene **illegittima**, ossia giuridicamente nulla, **ogni abdicazione alla libertà**, sostenendo che «Rinunciare alla propria libertà significa rinunciare alla propria qualità di uomo» (*Il contratto sociale*, I, trad. it. di V. Gerratana, Einaudi, Torino 1994, p. 16).

Alienazione e libertà

[annotazione a mano] IL PATTO È ALLA BASE DELLA SOCIETÀ E STABILISCE L'ELIMINAZIONE DEL SINGOLO PER FAVORIRE LA CREAZIONE DELLA COMUNITÀ LA QUALE RISPETTA L VOLERE COMUNE E IL BENE COMUNE

Certo, anche Rousseau prevede che gli uomini, entrando in società, «alienino» i propri diritti originari, ma a differenza dei contrattualisti pensa che essi, in virtù del patto, non debbano risultare soggetti ad altri che a se medesimi. Ma come si conciliano, nel patto, alienazione e libertà? Seguiamo il ragionamento di Rousseau. L'**ordine sociale** non è un ordine naturale, bensì **convenzionale** (*Il contratto sociale*, I, 1, cit., p. 9). Esso nasce quando lo stato di natura originario si è ormai convertito nell'abominevole «stato di guerra» descritto alla fine del secondo *Discorso*. Infatti, a quel punto, il genere umano perirebbe, se non mutasse la sua maniera di vivere.

Il problema...

Il problema che allora si pone è il seguente: «Trovare una forma di associazione che difenda e protegga con tutta la forza comune la persona e i beni di ciascun associato, e per la quale ciascuno, unendosi a tutti, non obbedisca tuttavia che a se stesso, e resti libero come prima» (*Il contratto sociale*, I, 6, cit., p. 23).

... e la soluzione

Questo problema è risolto dal **patto** che è alla base della società politica. La clausola fondamentale di questo patto è l'**alienazione totale di ciascun associato**, con tutti i suoi diritti, **a tutta la comunità**. In cambio della sua persona privata, ciascun contraente riceve la **nuova qualità di membro o parte indivisibile del tutto**. Si genera così un corpo morale e collettivo, che ha la sua unità, il suo io comune, la sua vita e la sua volontà.

L'io comune generato dal contratto

Da ciò l'avvento di una comunità etico-politica nella quale ciascun individuo non si sottomette a una volontà particolare estranea, ma a una volontà comune che riconosce come propria, con il risultato di obbedire soltanto a se stesso. Ne segue che il **patto** di Rousseau non è eteronomo, bensì **autonomo, in quanto** è il **patto di ciascun individuo con se stesso**. Analizziamo meglio. I soggetti del patto sono i singoli individui, considerati nella loro particolarità naturale. Ciò che nel patto viene ceduto è la totalità dei diritti individuali presociali. Il destinatario del patto è la **comunità** o l'**io comune** (*moi commun*).

ESERCIZI INTERATTIVI — ON LINE

Lo scopo del contratto

Lo **scopo** del patto è la salvaguardia della **sicurezza**, della **libertà** e dell'**uguaglianza** dei contraenti. Della sicurezza perché il patto tutela la persona e i beni di ognuno. Della libertà perché obbedendo all'io comune ognuno obbedisce, in realtà, a se medesimo, o meglio, a quel più impegnativo io che ha scelto di essere: un io comune trans-individuale. Dell'uguaglianza perché nel patto i cittadini «si obbligano tutti sotto le stesse condizioni e devono godere tutti gli stessi diritti» (*Il contratto sociale*, II, 4, cit., p. 46).
La **persona pubblica**, che si forma dall'unione di tutte le altre, si chiama **repubblica o corpo politico**. Quest'ultimo, dai suoi membri, è detto "Stato" quando è passivo, "corpo sovrano"

L'UOMO HA CREATO LA SUA CONDIZIONE DI DISUGUAGLIANZA SOCIALE DA SOLO
ED È QUINDI L'UNICO CON IL POTERE E LA CAPACITÀ DI SALVARSI.

IL MALE PUO' ESSERE DEBELLATO CON LA POLITICA IN UNO STATO IN
CUI VIGONO LIBERTA E UGUAGLIANZA NON VI PUO' ESSERE IL MALE

Capitolo 5 • Rousseau

aveva considerato che se stesso, si vede obbligato ad agire secondo altri principi e a consultare la sua ragione prima di cedere alle sue inclinazioni. Sebbene in questo stato egli si privi di molti vantaggi che gli vengono dalla natura, ne guadagna in cambio altri così grandi, le sue facoltà si esercitano e si sviluppano, le sue idee si allargano, i suoi sentimenti si nobilitano, tutta la sua anima si eleva a tal punto che, se gli abusi di questa nuova condizione non lo degradassero spesso al disotto di quella da cui è uscito, egli dovrebbe benedire continuamente l'istante felice che lo strappò per sempre da quelle sue condizioni primitive e che di un animale stupido e limitato fece un essere intelligente e un uomo.

(Il contratto sociale, I, 8)

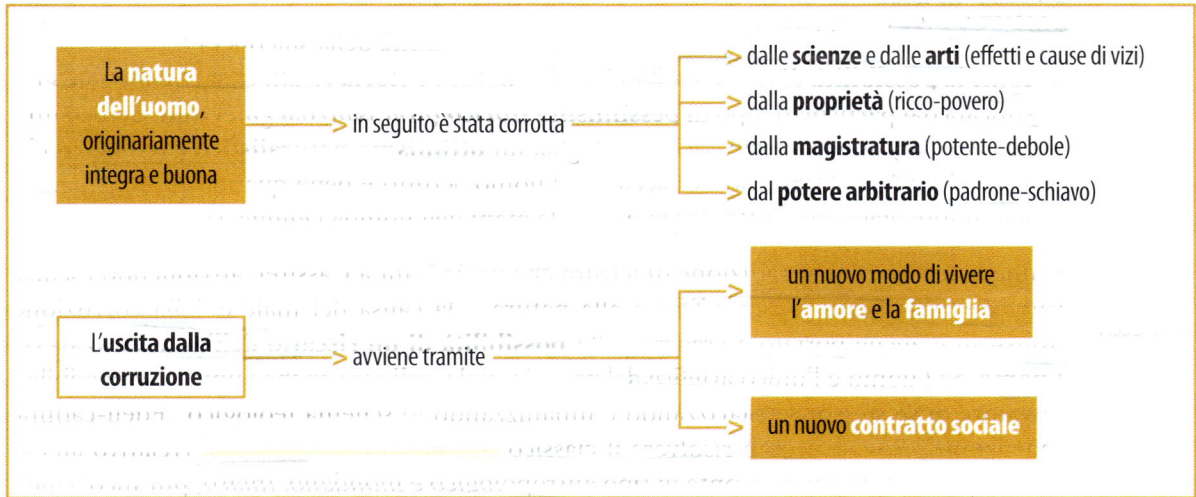

Nella *Nuova Eloisa*, nel *Contratto sociale* e nell'*Emilio* Rousseau stabilisce le condizioni per le quali la **famiglia**, la **società** e l'**individuo** possono uscire dalla degenerazione artificiale in cui sono caduti e attingere la salvezza, attraverso un **ritorno mediato alla natura**.

La *Nuova Eloisa*

La *Nuova Eloisa*, che narra la vicenda di due giovani amanti contrastati nel loro amore dalla volontà dei parenti e dalle convenienze sociali, costituisce l'affermazione della **santità del vincolo familiare fondato sulla libera scelta degli istinti naturali**.
Così Rousseau fa parlare un personaggio (Milord Edouard) che difende la giovane coppia:

> Amore e matrimonio

> Il legame coniugale non è forse il più libero come il più sacro degli impegni? Sì, tutte le leggi che lo mortificano sono ingiuste, tutti i padri che osano formarlo o romperlo sono tiranni. Questo casto nodo della natura non è sottomesso né al potere sovrano né all'autorità paterna, ma alla sola autorità del Padre comune che sa comandare i cuori e che, ordinando loro di unirsi, li può costringere ad amarsi [...]. Che il rango sia regolato dal merito e l'unione dei cuori dalla loro scelta, ecco il vero ordine sociale; coloro che lo regolano con la nascita o con le ricchezze sono i veri perturbatori di quest'ordine e sono essi che vanno condannati o puniti.
>
> (Nuova Eloisa, II, lett. 2a)

Per il vincolo coniugale l'uscita dalla corruzione e il recupero mediato della condizione naturale si realizzano quindi nella libertà della scelta guidata dall'istinto.

GLOSSARIO e RIEPILOGO

I due discorsi e i rapporti con l'Illuminismo

Le scienze e le arti p. 105 > Nel primo *Discorso* Rousseau afferma che le scienze e le arti, invece di migliorare i costumi, hanno contribuito a corromperli. In primo luogo, esse non sono altro che ornamenti superflui, elaborati per nascondere agli uomini le «ferree catene» che gravano su di loro. Inoltre, esortando alle «buone maniere», abituano gli uomini ad «apparire» anziché a «essere», generando menzogne. Più che scaturire dalle virtù, le scienze e le arti sono nate da altrettanti vizi e, ulteriormente incoraggiate dagli agi e dall'ozio, hanno favorito le disuguaglianze sociali e la scomparsa delle virtù etiche e patriottiche.

Apparire / essere p. 105 > La dicotomia tra "apparire" ed "essere" esprime il carattere menzognero della vita sociale, che, nascondendo la realtà con un "perfido" velo di cortesia, obbliga gli individui ad agire secondo schemi di comportamento artificiali e uniformi, antitetici a quelli naturali. Nei nostri costumi, scrive Rousseau nel primo *Discorso*, «regna una vile e ingannevole uniformità e tutti gli spiriti sembrano usciti dallo stesso stampo […]. Non si osa più mostrarsi come si è» al punto che «non si saprà mai bene con chi si ha a che fare». Da ciò il corteo di vizi che accompagnano lo squallido ballo in maschera del vivere insieme: «Addio amicizie sincere, addio stima reale, addio fiducia fondata. I sospetti, le ombre, i timori, la freddezza, le riserve, l'odio, il tradimento, si nasconderanno senza posa sotto questo velo uniforme e perfido di cortesia, sotto la tanto decantata urbanità» (in *Scritti politici*, cit., p. 7). Sulla coppia antinomica apparenza-realtà torna anche il secondo *Discorso*, in cui Rousseau osserva «come riducendosi tutto all'apparenza, tutto diventi finzione e commedia: onore, amicizia, virtù […] come, in una parola, chiedendo sempre agli altri ciò che siamo e non osando mai interrogare in proposito noi stessi, in mezzo a tanta filosofia, umanità, educazione e a tante massime sublimi, finiamo solo con l'avere una facciata ingannevole e frivola, onore senza virtù, ragione senza saggezza, piacere senza felicità» (in *Scritti politici*, cit., p. 204).

Giusnaturalismo p. 107 > Il giusnaturalismo è la teoria del diritto naturale quale si è configurata nei secoli XVII e XVIII a partire da Ugo Grozio (1583-1645) e della quale sono rappresentanti emblematici Thomas Hobbes (1588-1679), John Locke (1632-1704) e Samuel Pufendorf (1632-1694). Secondo Rousseau l'errore dei giusnaturalisti consiste nell'aver presentato come stato *naturale* quello che in realtà è lo stato *sociale*: «parlavano dell'uomo allo stato selvaggio e dipingevano l'uomo civilizzato» (in *Scritti politici*, cit., p. 139).

Stato di natura p. 107 > In Rousseau lo "stato di natura" non si identifica con una situazione storica effettiva, ma con un modello concettuale o un'ipotesi teorica elaborata al fine di emettere un giudizio di valore nei confronti dell'esistente. Infatti, è «uno stato che non esiste più, che forse non è mai esistito, che probabilmente non esisterà mai, e di cui tuttavia bisogna avere nozioni giuste per giudicar bene del nostro stato presente» (in *Scritti politici*, cit., p. 131).

Uomo di natura p. 107 > Ciò che caratterizza l'"uomo naturale", secondo Rousseau, è il perfetto *equilibrio* tra i bisogni e le risorse di cui dispone. Infatti, poiché le sue richieste sono minime e facilmente appagabili (il cibo, la femmina, il riposo), egli gode di una sostanziale tranquillità, esaltata dal fatto che nella situazione primitiva ciascuno *basta a se stesso*, salvo contatti sporadici dettati da necessità contingenti.

Amore di sé e amor proprio p. 108 > Per Rousseau l'"amor di sé" e l'"amor proprio" sono due passioni molto diverse, che non vanno confuse tra loro: «L'amor di sé è un sentimento del tutto naturale che porta ogni animale a vegliare sulla propria conservazione e che nell'uomo, governato dalla ragione, e modificato dalla pietà, dà luogo all'umanità e alla virtù. L'amor proprio, invece, è solo un sentimento relativo, artificioso, nato nella società, che porta l'individuo a far più caso di sé che d'ogni altro, e che ispira agli uomini tutto il male che si fanno a vicenda» (in *Scritti politici*, cit., p. 239, nota "Q").

Prima rivoluzione p. 110 > La «prima rivoluzione» consiste nel cambiamento che porta l'uomo a formare la famiglia e i primi nuclei tribali. In questo stato intermedio di «società nascente», l'uomo, pur non essendo più totalmente natura, non è ancora totalmente cultura e si trova quindi in uno stato di equilibrio tra natura e civiltà. Pertanto, sebbene in questo stato comincino a profilarsi i primi sentimenti sociali negativi (come la vanità, l'invidia ecc.), esso costituisce pur sempre l'epoca più felice della storia.

Grande rivoluzione p. 110 > La «grande rivoluzione» è la seconda rivoluzione decisiva dell'umanità. Nasce dall'invenzione della metallurgia e dell'agricoltura e si accompagna alla divisione sociale del lavoro. Lo sviluppo dell'agricoltura porta alla spartizione delle terre e quindi all'avvento della proprietà.

Proprietà, disuguaglianza e mutua dipendenza p. 110 > Parallelamente alla divisione sociale del lavoro e all'avvento della proprietà si consolida in modo definitivo la disuguaglianza morale e politica (in natura l'unica disuguaglianza era di tipo fisico, per il resto gli uomini erano sostanzialmente uguali). Infatti, con la proprietà si afferma la prima grande divisione tra gli uomini (quella tra ricchi e poveri) e l'individuo, che prima era libero e autonomo, si scopre dipendente da una quantità di nuovi bisogni e soprattutto dai propri simili, «di cui diventa in certo senso schiavo, perfino quando ne diventa il padrone: ricco ha bisogno dei loro servizi; povero ha bisogno del loro aiuto» (in *Scritti politici*, cit., p. 184).

Patto iniquo p. 111 > Il «patto iniquo» è il subdolo accordo che il ricco propone al povero: «il ricco, incalzato dalla necessità, finì con l'ideare il progetto più avveduto che mai sia venuto in mente all'uomo; di usare cioè a proprio vantaggio le forze stesse che lo attaccavano, di fare dei propri avversari i propri difensori» (in *Scritti politici*, cit., p. 187). Tale "alleanza" mette capo alla nascita dello Stato, concepito come legalizzazione definitiva della disuguaglianza.

Tappe della decadenza p. 111 > Le tappe della decadenza sono i tre momenti in cui si articola il progressivo decadimento storico dell'uomo: «Seguendo il progresso della disuguaglianza in queste varie rivoluzioni, ne individuiamo la prima tappa nella fondazione della legge e del diritto di proprietà; la seconda nell'istituzione della magistratura; la terza ed ultima, nella trasformazione del potere legittimo in potere arbitrario; sicché la condizione di ricco e di povero fu autorizzata dalla prima epoca, quella di potente e di debole dalla seconda, e dalla terza quella di padrone e schiavo, che è l'ultimo grado della disuguaglianza» (in *Scritti politici*, cit., p. 198). N.B. Quando parla di schiavitù, Rousseau intende la schiavitù politica, cioè il dispotismo, inteso come situazione in cui non si hanno più «né capi, né leggi, ma solo dei tiranni» (in *Scritti politici*, cit., p. 202).

Anti-Illuminismo illuministico p. 113 > Con la formula "anti-Illuminismo illuministico" intendiamo il fatto che Rousseau, pur polemizzando con gli illuministi e pur diversificandosi da loro per vari aspetti, condivide con loro alcuni esiti generali, a cominciare dal progetto di trasformazione del mondo tramite un nuovo ordine sociale.

Problema della teodicea p. 114 > "Teodicea" è un termine introdotto da Leibniz per indicare la dimostrazione della giustizia divina mediante la soluzione del problema del male e di quello della libertà. Secolarizzando e umanizzando lo schema teologico "Eden-caduta-redenzione", Rousseau finisce per risolvere il problema della teodicea in un orizzonte di tipo laico e mondano, affermando che se l'uomo è l'unico colpevole della propria degenerazione, allo stesso modo è anche l'unico possibile salvatore di se medesimo. La salvezza, secondo Rousseau, passa soprattutto attraverso l'educazione (*Emilio*) e la politica (*Contratto sociale*). La politica, in particolare, diventa l'autentica soluzione al problema del male nel mondo.

6. Il *Contratto sociale*

La struttura del patto

Nel *Contratto sociale* (1762) Rousseau si propone una rifondazione etico-politica della società, volta a fare, dell'uomo, un cittadino, ossia un individuo che, anziché vivere nella dimensione naturale dell'io particolare, sappia vivere nella **dimensione artificiale dell'io comune**. E ciò tramite un processo che gli permetta di riappropriarsi, in maniera mediata e razionale, di quella libertà e di quell'uguaglianza di cui godeva, in maniera immediata e istintiva, nello stato di natura.

> Dall'uomo di natura al cittadino

Il fondamento dell'attività politica

A differenza di Montesquieu, che si era limitato a descrivere *de facto* le legislazioni positive, Rousseau si propone di determinare *de iure* il fondamento dell'autorità politica. Passando in rassegna le tradizionali giustificazioni del potere politico, Rousseau respinge come illegittima ogni operazione volta a fondare l'autorità politica sul diritto divino, sulla potestà paterna, sulla forza ecc. Rifacendosi al contrattualismo, egli afferma che **non esiste autorità senza consenso pattuito** (*nullum imperium sine pacto*). Tuttavia, a differenza dei teorici contrattualisti, che, accanto al *pactum unionis* (patto di unione), riconoscevano un *pactum subiectionis* (patto di subordinazione), in virtù del quale gli uomini si assoggettavano a un sovrano "altro" da loro – non importa se assoluto (Hobbes) o rappresentativo (Locke) –, Rousseau ritiene **illegittima**, ossia giuridicamente nulla, **ogni abdicazione alla libertà**, sostenendo che «Rinunciare alla propria libertà significa rinunciare alla propria qualità di uomo» (*Il contratto sociale*, I, trad. it. di V. Gerratana, Einaudi, Torino 1994, p. 16).

Alienazione e libertà

Certo, anche Rousseau prevede che gli uomini, entrando in società, «alienino» i propri diritti originari, ma a differenza dei contrattualisti pensa che essi, in virtù del patto, non debbano risultare soggetti ad altri che a se medesimi. Ma come si conciliano, nel patto, alienazione e libertà? Seguiamo il ragionamento di Rousseau. L'**ordine sociale** non è un ordine naturale, bensì **convenzionale** (*Il contratto sociale*, I, 1, cit., p. 9). Esso nasce quando lo stato di natura originario si è ormai convertito nell'abominevole «stato di guerra» descritto alla fine del secondo *Discorso*. Infatti, a quel punto, il genere umano perirebbe, se non mutasse la sua maniera di vivere.

Il problema…

Il problema che allora si pone è il seguente: «Trovare una forma di associazione che difenda e protegga con tutta la forza comune la persona e i beni di ciascun associato, e per la quale ciascuno, unendosi a tutti, non obbedisca tuttavia che a se stesso, e resti libero come prima» (*Il contratto sociale*, I, 6, cit., p. 23).

… e la soluzione

Questo problema è risolto dal **patto** che è alla base della società politica. La clausola fondamentale di questo patto è l'**alienazione totale di ciascun associato**, con tutti i suoi diritti, **a tutta la comunità**. In cambio della sua persona privata, ciascun contraente riceve la **nuova qualità di membro o parte indivisibile del tutto**. Si genera così un corpo morale e collettivo, che ha la sua unità, il suo io comune, la sua vita e la sua volontà.

L'io comune generato dal contratto

Da ciò l'avvento di una comunità etico-politica nella quale ciascun individuo non si sottomette a una volontà particolare estranea, ma a una volontà comune che riconosce come propria, con il risultato di obbedire soltanto a se stesso. Ne segue che il **patto** di Rousseau non è eteronomo, bensì **autonomo, in quanto** è il **patto di ciascun individuo con se stesso**. Analizziamo meglio. I soggetti del patto sono i singoli individui, considerati nella loro particolarità naturale. Ciò che nel patto viene ceduto è la totalità dei diritti individuali presociali. Il destinatario del patto è la **comunità o l'io comune** (*moi commun*).

ESERCIZI INTERATTIVI
ON LINE

Lo scopo del contratto

Lo **scopo** del patto è la salvaguardia della **sicurezza**, della **libertà** e dell'**uguaglianza** dei contraenti. Della sicurezza perché il patto tutela la persona e i beni di ognuno. Della libertà perché obbedendo all'io comune ognuno obbedisce, in realtà, a se medesimo, o meglio, a quel più impegnativo io che ha scelto di essere: un io comune trans-individuale. Dell'uguaglianza perché nel patto i cittadini «si obbligano tutti sotto le stesse condizioni e devono godere tutti gli stessi diritti» (*Il contratto sociale*, II, 4, cit., p. 46).
La **persona pubblica**, che si forma dall'unione di tutte le altre, si chiama **repubblica o corpo politico**. Quest'ultimo, dai suoi membri, è detto "Stato" quando è passivo, "corpo sovrano"

Patto non eteronoma, ma autonomo: di ciascun individuo con se stesso
soggetto → corpo individuo ... distinzione → Comunità/io comune
scopo

Capitolo 5 • Rousseau

quando è attivo, "potenza" in relazione agli altri corpi politici. Gli associati prendono collettivamente il nome di "popolo". Singolarmente si chiamano "cittadini" in quanto partecipi dell'autorità sovrana, e "sudditi" in quanto sottoposti alle leggi dello Stato. → **T3** p. 134

Da tutto ciò la tesi, che fa di Rousseau il teorico della democrazia, secondo cui **la sovranità risiede nel popolo**. La volontà propria del corpo politico, o sovrano, è la **volontà generale**. Questa non è la semplice somma delle volontà particolari – quella che Rousseau denomina «volontà di tutti» – ma la volontà che tende all'utilità *comune*, ossia un tipo di volontà che si distingue da quella di tutti non per ragioni quantitative, bensì *qualitative*. Infatti, **la volontà generale «mira soltanto all'interesse comune**; l'altra all'interesse privato» (*Il contratto sociale*, II, 3, cit., p. 42).

La volontà generale…

Per sua natura, **la volontà generale è sempre**:
- **retta**, in quanto «il popolo vuole sempre il bene» (*Il contratto sociale*, II, 6, cit., p. 55) e si dirige verso «la conservazione e il benessere del tutto» con la stessa sicurezza con cui la volontà privata corre verso la sua felicità e conservazione;
- **infallibile**, in quanto non sbaglia mai. Certo, ammette Rousseau, può accadere che il popolo si inganni e che il presunto bene comune in realtà non sia tale, ma in questo caso non è la volontà a essere viziata, bensì il giudizio: «La volontà generale è sempre retta, ma il giudizio che la guida non sempre è illuminato» (*Il contratto sociale*, II, 6, cit., p. 55);
- **giusta**, in quanto tende sempre all'uguaglianza, mentre la volontà particolare tende a instaurare preferenze e privilegi;
- **indistruttibile**, anche quando è oscurata dal prevalere delle volontà particolari.

… e i suoi caratteri

TAVOLA ROTONDA

La fondazione del potere politico, p. 144

> Il **contratto sociale** prevede che
> > ciascun associato **alieni** se stesso e tutti i suoi diritti alla comunità
> > ciascun associato **riceva** in cambio la nuova qualità di membro del tutto

> La **volontà generale**
> > è la volontà del corpo politico
> > tende all'interesse comune
> > non coincide con la somma delle volontà particolari
> > è retta, infallibile, giusta, indistruttibile

La sovranità e il governo

L'esercizio della volontà generale, la cui funzione è quella di emanare leggi, **risiede nella sovranità** (del popolo), intendendo, con quest'ultima, **una realtà assoluta, inalienabile e indivisibile. Assoluta**, in quanto ha «un potere assoluto su tutti quelli che sono come le sue membra» e in quanto non è limitata da alcuna legge fondamentale o costituzionale, pur avendo, in se stessa, quel limite intrinseco costituito dal perseguimento del pubblico bene. **Inalienabile**, in quanto rinunciare alla sovranità equivale a rinunciare alla libertà e quindi, come si è già detto, a essere uomo. Ne segue il rifiuto del principio della delega o della rappresentanza (Locke), dal momento che l'essere collettivo non può essere rappresentato da un soggetto diverso da se medesimo (e quindi da questa o quell'altra volontà particolare). **Indivisibile**, in quanto la sovranità non può essere divisa in parti diverse. Ne segue il rifiuto della teoria della divisione dei poteri (Montesquieu).

La sovranità e i suoi attributi

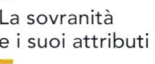

La distinzione tra sovranità e governo

Il fatto che la sovranità sia unica e consista nel potere legislativo non significa che Rousseau identifichi legislativo ed esecutivo: «egli rimprovera ai suoi predecessori non già di aver *distinto*, e nemmeno di aver *separato* il potere esecutivo da quello legislativo, ma di averli considerati entrambi *parti della sovranità* e di aver concepito la separazione dei poteri come una sua limitazione o divisione» (Robert Derathé). **Rousseau distingue nettamente tra sovranità e governo**. Se **alla prima compete l'emanazione delle leggi, al secondo compete l'esecuzione delle leggi**. Il governo non è che il ministro del popolo sovrano e non procede da un contratto, ma da una legge:

> i depositari del potere esecutivo non sono i padroni del popolo, bensì i suoi funzionari [...] esso può nominarli o destituirli quando gli piaccia. (*Il contratto sociale*, III, 18, cit., p. 134)

La democrazia diretta

La distinzione tra sovranità e governo permette di intendere la teoria rousseauiana delle **forme di governo**. Come si è visto, **la funzione legislativa** fa tutt'uno con la sovranità e **non può essere delegata**. Tant'è vero che alla teoria della rappresentanza (ossia a ciò che oggi chiamiamo **democrazia** rappresentativa) egli oppone una **democrazia diretta** nella quale **i membri del corpo politico**, fisicamente riuniti in assemblea, **emanano leggi** (circostanza che presuppone Stati di piccole dimensioni, come le città-Stato greche o i cantoni svizzeri).

Le forme di governo

Tuttavia, pur insistendo sul principio democratico della sovranità popolare (che sta alla base di tutto), Rousseau ritiene che le **funzioni esecutive o governative** non debbano necessariamente essere gestite dal popolo. Rifacendosi ai classici, egli ritiene possibili **tre forme di governo**:

- quando il corpo sovrano rende depositario del governo tutto il popolo, o la maggior parte di esso, si ha la **democrazia**;
- quando restringe il governo nelle mani di una minoranza si ha l'**aristocrazia**;
- quando concentra il governo nelle mani di uno solo si ha la **monarchia**.

Rousseau osserva che in ogni tempo si è molto disputato sulla migliore forma di governo, senza considerare che ciascuna di esse è la migliore in certi casi e la peggiore in altri: «in generale il governo democratico conviene ai piccoli Stati, l'aristocratico ai medi, e il monarchico ai grandi» (*Il contratto sociale*, III, 3, cit., p. 91). Tra queste forme egli **predilige l'aristocrazia elettiva**, ritenendo che l'ordine migliore e più naturale si realizzi «quando sono i più saggi a governare la moltitudine, purché si sia certi che la governino per il suo profitto, e non per il loro» (*Il contratto sociale*, III, 5, cit., p. 96). Critico verso la monarchia, Rousseau si mostra scettico anche nei confronti della democrazia in senso stretto, cioè come forma di governo o di gestione dello Stato che riunisce, nelle stesse persone, sovranità e amministrazione:

> Se vi fosse un popolo di dèi, esso si governerebbe democraticamente. Un governo così perfetto non conviene agli uomini. (*Il contratto sociale*, III, 4, cit., p. 94)

Puntualizzazioni e approfondimenti

Dopo aver esposto i punti-chiave del *Contratto sociale*, ci soffermeremo ora su alcune tematiche che servono a focalizzare meglio il pensiero di Rousseau.

La libertà. La **libertà** civile di cui parla il ginevrino non si identifica con la libertà naturale, ma con una libertà «riconquistata attraverso una sottomissione» (André Ravier), ossia con un tipo di libertà che «non consiste nell'indipendenza da ogni norma, ma nella scelta e nell'accettazione volontaria della legge» (Paolo Casini). In altri termini, per Rousseau

Libertà naturale e libertà civile

«libertà non significa […] arbitrio, ma dominio ed esclusione di ogni arbitrio. Essa significa il legame di una legge severa e inviolabile che l'individuo erige al di sopra di sé. Non la rivolta a questa legge e la liberazione da essa, ma la spontanea *adesione* ad essa è ciò che costituisce il carattere proprio della libertà» (Ernst Cassirer). Come vedremo, questa tesi sarà recuperata da Kant in sede morale. In sede politica, la tesi secondo cui la libertà civile non è arbitrio, ma obbedienza a una legge che i cittadini si sono dati liberamente, fa ormai parte del bagaglio intellettuale del pensiero liberal-democratico. In Rousseau essa tende invece ad assumere valenze di altro tipo, che rischiano di fare di questo padre della democrazia moderna un precursore dello Stato etico. Infatti, se libertà e obbedienza fanno tutt'uno e se la legge con cui l'individuo si identifica e a cui deve obbedire è quella del corpo politico (la volontà generale), ne segue che **la libertà civile finisce per risolversi nell'obbedienza alla volontà dello Stato**.

Da ciò la differenza – e l'irrimediabile antitesi – tra Rousseau e i liberali. Infatti la libertà di cui egli discorre non è la libertà degli individui *dallo* Stato, ma la **libertà degli individui *nello* Stato e *come* Stato**. Questa struttura teorica, unita alla dottrina dell'assolutezza della sovranità e alla convinzione secondo cui il corpo collettivo non può andare contro l'interesse dei suoi membri, spiega perché in Rousseau, propenso, tra l'altro, a unificare morale e politica, «non siano sufficientemente definite delle concrete garanzie dei diritti individuali» (Marinella Fedeli De Cecco) e perché a una parte della critica egli sia apparso come un pensatore che, per inseguire la libertà degli antichi, ha finito per smarrire la libertà dei moderni (proprio in ciò che essa ha di peculiare: la salvaguardia dei diritti individuali).

Libertà e Stato

"Libertario" o "totalitario"? Da quanto si è detto risulta evidente come in Rousseau (che non per nulla è stato definito «pensatore a due teste») vi sia un'ambiguità di fondo, la quale fa sì che egli sia potuto sembrare da un lato un **teorico della democrazia** e un filosofo della libertà, **per l'esplicita affermazione secondo cui la sovranità risiede nel popolo** e per l'idea di una comunità di cittadini liberi e dotati di uguali diritti, e dall'altro il **fautore di una democrazia totalitaria** e di un collettivismo autoritario, **per la celebrazione della volontà generale** e per l'asserita prevalenza del *noi* sull'*io*, secondo un indirizzo teorico che troverà la sua drammatica esemplificazione storica nella Rivoluzione francese, combattuta tra la proclamazione ideale della democrazia e la pratica del Terrore, tra la presunta "moralità rivoluzionaria" dell'élite al potere, sedicente interprete della volontà generale, e il suo sanguinario dispotismo di fatto. Anzi, secondo questa lettura, Rousseau, più che come un ispiratore dei movimenti di liberazione, dovrebbe essere considerato come un esecrabile profeta dei moderni totalitarismi di massa e della loro tendenza a risolvere l'uomo nel cittadino.

Un «pensatore a due teste»

In ogni caso, a parte le classiche diatribe storiografiche su Rousseau "libertario" o "totalitario", è un fatto che il ginevrino, guardato con sospetto o disapprovazione da buona parte del pensiero liberale ottocentesco – che, a cominciare da Benjamin Constant, ne ha fatto un ideologo della tirannide egualitaria e un responsabile degli orrori rivoluzionari –, ha esercitato alcune delle sue più rilevanti influenze soprattutto sul **filone radicale della politica e della filosofia moderne**: dagli insorti del 1789 ai giacobini del 1793, da Robespierre a Marx, da Lenin ai marxisti italiani, dai quali è stato recepito prevalentemente come un portatore di istanze democratiche ed egualitarie alternative alla società esistente. Lo stesso Fidel Castro, come ha ricordato Bernard Gagnebin, ha dichiarato una volta di aver avuto Rousseau come maestro e di aver combattuto Batista, a Cuba, con il *Contratto sociale* in tasca.

Influenze di Rousseau

[nota a margine manoscritta:] UGUAGLIANZA CI DEVE ESSERE LA PROPRIETÀ PRIVATA MA CON DEI LIMITI QUANTITATIVI

[nota a margine manoscritta:] LA SOCIETÀ IDEALE È COMPOSTA DA PICCOLI PROPRIETARI

Uguaglianza e proprietà.

Secondo Rousseau, i due maggiori beni di una comunità sono la libertà e l'uguaglianza. La libertà per i motivi che già sappiamo, l'uguaglianza «perché la libertà non può sussistere senza di essa» (*Il contratto sociale*, cit., II, 11, p. 71). Tuttavia, l'**egualitarismo** di Rousseau, che insiste soprattutto sull'**uguaglianza dei diritti**, è ben lontano dall'egualitarismo dei comunisti utopisti. Ciò risulta evidente dalle idee che il filosofo espone intorno alla proprietà privata.

La proprietà e i suoi limiti

Opponendosi ai giusnaturalisti, Rousseau afferma che in natura non esiste la proprietà (di diritto) ma esclusivamente il possesso (di fatto). È soltanto in virtù del patto che i beni dei suoi membri diventano proprietà giuridica tutelata dalla legge. Pur riconoscendo il diritto di proprietà, che nell'articolo sull'economia politica definisce «il più sacro fra tutti i diritti», Rousseau ritiene che la proprietà debba essere subordinata al pubblico bene e contenuta in limiti ristretti perché «lo stato sociale è vantaggioso agli uomini solo in quanto essi abbiano tutti qualche cosa e nessuno di loro abbia troppo» (*Il contratto sociale*, I, 9, cit., p. 34, nota). Questa teoria, che si ispira al **modello di una società di piccoli proprietari**, viene ribadita negli ultimi scritti, ad esempio nel *Progetto di costituzione della Corsica*, dove dichiara che la sua intenzione

> non è di distruggere totalmente la proprietà privata, perché questo è impossibile, ma di tenerla entro i limiti più ristretti, di darle una misura, una regola, un freno che la contenga […] e la mantenga sempre subordinata al bene pubblico. Voglio, in una parola, che la proprietà dello Stato sia tanto grande e forte e la proprietà dei cittadini tanto piccola e debole quanto è possibile.
>
> (in *Scritti politici*, cit., vol. 3, p. 151)

Il «Legislatore».

Come si è visto, secondo Rousseau la volontà generale è sempre retta, anche se le deliberazioni del popolo non sempre lo sono, poiché esso, pur volendo il proprio bene, non sempre lo vede o capisce quale sia. Da ciò l'**esigenza di mediare la volontà retta e l'intelligenza (popolare) non sempre illuminata**. Come potrebbe infatti, si domanda Rousseau, «una moltitudine cieca, che spesso non sa quello che vuole, perché raramente sa ciò che è bene per essa, realizzare da sé un'impresa così grande e così difficile quale un sistema di legislazione?» (*Il contratto sociale*, II, 6, cit., pp. 54-55).

[nota a margine manoscritta:] IL POPOLO NON SA SEMPRE QUALE SIA IL SUO BENE E C'È QUINDI IL BISOGNO DI UN LEGISLATORE CON RUOLO NEGATIVO CHE OPERA PER L'AUTOREALIZZAZIONE DEI CITTADINI

Una figura carismatica

Per questa sovrumana impresa di educazione e di trasformazione dell'uomo in cittadino, Rousseau non ricorre a un'élite, bensì alla **figura carismatica e demiurgica** del **Legislatore**. Appellandosi a questa figura, egli «reinterpreta a suo modo un modello in parte mitico, in parte storico, ben noto ai teorici della politica da Platone a Machiavelli: Licurgo, Numa, Solone e Mosè gli appaiono esemplari di quei "padri delle nazioni" cui spettò in antico il compito di dare la tavola della legge» (Paolo Casini). Tuttavia, a differenza di quanto accade in Machiavelli, il Legislatore di Rousseau **non ha poteri o funzioni istituzionali**. Inoltre, analogamente al precettore dell'*Emilio* (v. par. seg.), **ha soltanto un ruolo indiretto** o "negativo", nel senso che non si impone d'autorità ai cittadini, ma opera in vista della loro autorealizzazione.

GLOSSARIO e RIEPILOGO

Il contratto sociale

Patto p. 118 > Il *problema* è «trovare una forma di associazione che difenda e protegga con tutta la forza comune la persona e i beni di ciascun associato, e per la quale ciascuno, unendosi a tutti, non obbedisca tuttavia che a se stesso, e resti libero come prima» (*Il contratto sociale*, cit., p. 23). La *soluzione* è fornita da un tipo di contratto che ha come clausola fondamentale l'alienazione totale di ciascun associato, con tutti i suoi diritti, a tutta la comunità: «Ciascuno di noi mette in comune la sua persona e ogni suo potere sotto la suprema direzione della volontà generale» (*Il contratto sociale*, cit., p. 24). In cambio della sua persona privata, ciascun contraente riceve la nuova qualità di membro o parte indivisibile del tutto. Si genera così un corpo morale comune i cui associati «prendono collettivamente il nome di *popolo*, e singolarmente si chiamano *cittadini*, in quanto partecipi dell'autorità sovrana, e *sudditi*, in quanto sottoposti alle leggi dello Stato» (*Il contratto sociale*, cit., p. 25). Da ciò la nascita di una comunità politica nella quale ciascun individuo non si sottomette a una volontà particolare estranea, ma a una volontà comune che riconosce come propria, con il risultato di obbedire solo a se stesso. E poiché nel patto tutti i cittadini si obbligano sotto le stesse condizioni e godono degli stessi diritti, ne segue che il patto, oltre che garantire la sicurezza e la libertà, tutela anche l'uguaglianza.

Volontà generale p. 119 > La volontà generale è la volontà propria del corpo sovrano (cioè del popolo). Non è da confondersi con la volontà di tutti, ossia con la semplice somma delle volontà particolari, in quanto è la volontà che tende all'*utilità comune*. Da ciò il carattere qualitativo – e non quantitativo – di tale concetto: «Vi è spesso molta differenza tra la volontà di tutti e la volontà generale; questa mira soltanto all'interesse comune; l'altra all'interesse privato e non è che una somma di volontà particolari: ma togliete da queste volontà il più e il meno che si distruggono a vicenda, resta quale somma delle differenze la volontà generale» (*Il contratto sociale*, II, 3, cit., p. 42). La volontà generale è sempre retta, infallibile, giusta e indistruttibile.

Sovranità p. 119 > La sovranità si identifica con «l'esercizio della volontà generale» e risiede nel popolo (democrazia). La sua funzione specifica è di emanare leggi. Essa è *assoluta* (in quanto ha «un potere assoluto su tutti quelli che sono come le sue membra»), *inalienabile* (in quanto il corpo sovrano «non può essere rappresentato che da se stesso») e *indivisibile* (in quanto «la volontà è generale o non lo è; è quella del corpo del popolo o solamente di una sua parte»).

Governo p. 120 > Rousseau distingue nettamente tra sovranità e governo. Se alla prima compete l'*emanazione* delle leggi, al secondo compete l'*esecuzione* delle leggi. Il governo non è che il *ministro* del popolo sovrano: «i depositari del potere esecutivo non sono i padroni del popolo, bensì i suoi funzionari» (*Il contratto sociale*, III, 18, cit., p. 134).

Forme di governo p. 120 > Rifacendosi ai filosofi classici, Rousseau distingue tre forme di governo: si ha *democrazia* quando il governo è nelle mani del popolo o della maggior parte di esso; *aristocrazia* quando il governo è nelle mani di una minoranza; *monarchia* quando è nelle mani di uno solo. Tra queste forme Rousseau predilige l'*aristocrazia elettiva*: «l'ordine migliore e più naturale si realizza quando sono i più saggi a governare la moltitudine, purché si sia certi che la governino per il suo profitto, e non per il loro» (*Il contratto sociale*, III, 5, cit., p. 96). Critico verso la monarchia, egli si dimostra scettico nei confronti della democrazia (v.) intesa in senso stretto, cioè come forma di governo in cui sovranità e amministrazione sono concentrate nelle mani delle medesime persone.

Democrazia p. 120 > In senso lato, la democrazia è la teoria che attribuisce la *sovranità* (e quindi l'*emanazione* delle leggi) al popolo. In questo senso, che è quello storicamente più importante, Rousseau è senz'altro democratico, anzi il teorico della democrazia per eccellenza. In senso stretto, è la teoria che pone il *governo* (e quindi l'*esecuzione* delle leggi) nelle mani del popolo o della maggior parte di esso. Su questa forma di democrazia Rousseau risulta scettico (v. "forme di governo").

Democrazia diretta p. 120 > Le democrazie (o liberaldemocrazie) in cui viviamo oggi sono democrazie *rappresentative*. Rousseau, che rifiuta il principio della delega, è invece favorevole a una democrazia *diretta*, nella quale i membri del corpo politico, fisicamente riuniti in assemblea, emanano leggi. Questa circostanza implica Stati di piccole dimensioni (come le città-Stato greche o i cantoni svizzeri) e non risulta quindi applicabile agli Stati moderni.

Libertà p. 120 > Quella tematizzata dal filosofo ginevrino non è la libertà *naturale* (presociale) ma la libertà *civile*, ossia un tipo di libertà che non consiste nell'indipendenza dalla legge, ma nella volontaria sottomissione alla legge, ossia a quella volontà comune grazie a cui l'individuo cessa di essere un animale stupido per divenire un uomo. Ne segue che la libertà civile, che è fatta anche di obbedienza, non è un surrogato della libertà naturale, ma un'altra e più elevata forma di libertà, grazie a cui l'uomo potenzia il proprio essere e attinge la sfera etica: «ciò che l'uomo perde con il contratto sociale è la sua libertà naturale e un diritto illimitato su tutto quello che lo tenta [...] ciò che egli guadagna è la libertà civile e la proprietà di tutto quello che possiede. Per non ingannarsi su queste compensazioni, bisogna ben distinguere la libertà naturale, la quale non ha per limiti che le sole forze dell'individuo, dalla libertà civile, la quale è limitata dalla volontà generale [...]. In base a ciò che precede si potrebbe aggiungere, all'acquisto dello stato civile, la libertà morale, che sola rende l'uomo veramente padrone di se stesso; perché l'impulso del solo appetito è schiavitù, e l'obbedienza alla legge che ci siamo prescritta è libertà» (*Il contratto sociale*, I, 8, cit., pp. 29-30).

Democrazia totalitaria p. 121 > Alcuni critici parlano di "democrazia totalitaria" per sottolineare il pericolo collettivista e totalitario che alberga nella celebrazione della volontà generale da parte di Rousseau.

Egualitarismo p. 122 > L'egualitarismo di Rousseau è ben lontano da quello dei comunisti utopisti. Egli ammette, infatti, sia la disuguaglianza, sia la proprietà, pur ritenendo che debbano essere entrambe subordinate al pubblico bene e contenute in limiti ristretti: «quanto all'uguaglianza, non bisogna intendere con questo termine che i gradi di potenza e di ricchezza siano assolutamente gli stessi; ma che, quanto alla potenza, essa non si traduca mai in violenza, e non si eserciti se non in virtù del grado e delle leggi; e, quanto alla ricchezza, che nessun cittadino sia tanto ricco da poterne comprare un altro, e nessuno tanto povero da essere costretto a vendersi; ciò che suppone, da parte dei grandi, moderazione di beni e di credito, e, da parte dei piccoli, moderazione di avidità e di cupidigia» (*Il contratto sociale*, II, 11, cit., p. 71).

Legislatore p. 122 > Il "Legislatore" è la figura carismatica che, pur non avendo poteri politici o istituzionali, si sforza di educare gli uomini al pubblico bene, trasformandoli da individui naturali in cittadini: «Colui che osa prendere l'iniziativa di fondare una nazione deve sentirsi in grado di cambiare, per così dire, la natura umana, di trasformare ogni individuo, che per se stesso è un tutto perfetto ed isolato, in parte di un più grande tutto [...]; di alterare la costituzione dell'uomo per rafforzarla; di sostituire un'esistenza parziale [in quanto parte di un tutto] e morale all'esistenza fisica e indipendente che noi tutti abbiamo ricevuta dalla natura» (*Il contratto sociale*, II, 7, cit., p. 57).

7. L'Emilio

Come si è visto, nella *Nuova Eloisa* e nel *Contratto sociale* Rousseau ha chiarito le condizioni e il significato del ritorno mediato alla natura rispettivamente della società familiare e di quella politica. Nell'*Emilio* egli chiarisce le stesse condizioni per l'individuo. Qui tutto dipende dall'educazione: all'educazione tradizionale, che opprime e distrugge con una sovrastruttura artificiale la natura originaria, bisogna sostituire un'educazione che si proponga come unico fine la conservazione e il rafforzamento di tale natura. → **T4** p. 135

L'educazione negativa | L'*Emilio* è la storia di un fanciullo educato appunto a questo fine, rispetto al quale, almeno in un primo tempo, l'opera dell'educatore deve essere negativa: non deve insegnare la virtù e la verità, ma preservare il cuore dal vizio e la mente dall'errore (v. **educazione negativa**). L'azione dell'educatore deve essere diretta unicamente a far sì che:

a) lo sviluppo fisico e spirituale del ragazzo avvenga in modo del tutto **spontaneo**;

b) ogni sua nuova acquisizione sia una **creazione**;

c) nulla venga dall'esterno, ma tutto dall'**interno**, cioè dal sentimento e dall'istinto dell'educando.

Nel delineare questo sviluppo spontaneo Rousseau segue l'indirizzo sensistico; è stato detto giustamente che lo sviluppo di Emilio ricalca quello della famosa statua di Condillac:

Le tappe dell'educazione spontanea

> Le prime facoltà che si formano e si perfezionano in noi sono i sensi, che dovrebbero quindi essere coltivati per i primi e che invece o si dimenticano o si trascurano del tutto. Esercitare i sensi non vuol dire soltanto usarli, ma imparare a giudicare bene attraverso di essi, imparare, per così dire, a sentire, perché non sappiamo né toccare né vedere né udire che nel modo in cui abbiamo imparato.
> (*Emilio*, II)

L'impulso ad apprendere, cioè a trasformare i dati sensibili in **conoscenze intellettuali**, deve venire a Emilio dalla natura; e il criterio che deve orientarlo nella scelta delle conoscenze da acquisire è l'**utilità**:

> Appena il nostro allievo si sarà fatto un concetto della parola *utile*, avremo un nuovo mezzo validissimo per guidarlo, perché tale parola avrà per lui il senso di qualcosa che interessa immediatamente il suo benessere attuale.
> (*Emilio*, III)

Emilio avrà la prima idea della **solidarietà sociale** e degli obblighi che essa impone imparando un lavoro manuale; e sarà portato all'amore degli altri dallo stesso amor di sé, che, quando non è artificiosamente deviato o gonfiato, è la fonte di tutti i sentimenti benevoli. Quando nell'adolescenza le sue **passioni** cominceranno a manifestarsi, bisogna lasciare che si svolgano da sé, affinché abbiano modo e tempo di equilibrarsi progressivamente, e così non sarà l'uomo a ordinarle, ma la natura stessa che assesterà la sua opera. Dalla stessa disciplina naturale delle passioni nascono in Emilio le **valutazioni morali**:

> Formare l'uomo della natura non vuol dire farne un selvaggio da relegare in mezzo ai boschi, ma una creatura che, vivendo nel turbine della società, non si lascia trasportare né dalle passioni né dalle opinioni degli uomini, che vede coi suoi occhi e sente con il suo cuore, e che non riconosce altra autorità fuori della propria ragione.

Il principio secondo il quale tutto deve nascere con perfetta spontaneità dall'interno dell'educando contrasta, nell'opera di Rousseau, con l'insieme di accorgimenti, artifici e finzioni che il precettore ordisce da ogni parte intorno all'allievo per procurargli l'occasione favorevole di determinati sviluppi. Il motivo di questo contrasto è che l'educazione non è, secondo Rousseau, il risultato di una libertà disordinata e capricciosa, ma di una ==**libertà ben guidata**==:

L'educazione come «libertà ben guidata»

> Non bisogna allevare un bimbo quando non si sa condurlo dove si vuole mediante le sole leggi del possibile e dell'impossibile, le cui sfere, essendogli egualmente sconosciute, si possono ampliare o stringere intorno a lui come meglio piace. Lo si può incatenare, spingere o trattenere senza che egli se ne dolga, solo attraverso la voce della necessità; e si può rendere mite e docile solo attraverso la forza delle cose senza che nessun vizio abbia occasione di germinare nel suo cuore, perché mai le passioni si accendono quando sono vane nei loro effetti.
> (*Emilio*, II)

D'altronde, secondo Rousseau, la vera virtù non nasce nell'uomo se non attraverso lo **sforzo contro gli ostacoli e le difficoltà** esterne. Quando, alla fine dell'*Emilio*, il giovane si innamora di Sofia, il precettore gli impone un lungo viaggio e, quindi, la separazione da lei per insegnargli a dominare le proprie passioni:

Il valore educativo delle difficoltà

> Non c'è felicità senza coraggio, né virtù senza lotta: la parola *virtù* deriva dalla parola *forza*; la forza è la base di ogni virtù [...]. Ti ho cresciuto piuttosto buono che virtuoso, ma chi è

soltanto buono si conserva tale unicamente fino a quando prova piacere ad esserlo, fino a quando la sua bontà non è annientata dalla furia delle passioni […]. Finora tu sei stato libero solo in apparenza, hai fruito unicamente della libertà precaria di uno schiavo a cui nulla sia stato comandato. Ora è tempo che tu sia realmente libero, epperò sappi essere padrone di te stesso, sappi comandare al tuo cuore: solo a questo patto si guadagna la virtù.

(*Emilio*, V)

Così anche nell'*Emilio* la **natura umana** non è l'istinto o la passione nella sua immediatezza, ma piuttosto **l'ordine razionale e l'equilibrio ideale dell'istinto e delle passioni**. Perciò non è una condizione primitiva di cui l'uomo sia in possesso, ma una norma da riconoscere e da far valere; non è un fatto, ma un **dover essere**.

Ciò spiega come Kant abbia potuto ispirarsi a Rousseau nella sua dottrina morale e riconoscere in lui il "Newton" del mondo morale.

8. La religione naturale

La **religione naturale** esposta nella *Professione di fede del Vicario Savoiardo*, contenuta nel IV libro dell'*Emilio*, pur facendo appello all'istinto e al sentimento naturale, si indirizza soprattutto alla ragione, la quale sola può illuminare e chiarire ciò che l'istinto e il sentimento oscuramente testimoniano.

Il lume interiore

Il canone di cui si serve il Vicario Savoiardo è infatti quello di interrogare il lume interiore nell'analizzare le diverse opinioni e di dare l'assenso soltanto a quelle che presentano la massima verosimiglianza. E il lume interiore, che è la **coscienza** o **sentimento naturale**, non è altro che la **ragione**, intesa **come equilibrio o armonia delle passioni e degli interessi spontanei dell'anima**.

I dogmi della religione naturale

■ Il primo dogma della religione naturale è **l'esistenza di Dio**, ricavata dalla necessità di ammettere una causa del movimento che anima la materia e di spiegare l'ordine e la finalità dell'universo.

■ Il secondo dogma è **la spiritualità, l'attività e la libertà dell'anima**.

Religione naturale…

La religione naturale è presentata nell'*Emilio* come un'acquisizione o una scoperta che ognuno può e deve fare da sé, ma che **non si può imporre a nessuno**. Alla fine della sua professione, il Vicario dice al suo interlocutore:

Ora tocca a voi giudicare. Cominciate a mettere la vostra coscienza in condizione di poter essere rischiarata; siate sincero con voi stesso e delle mie idee fate vostre quelle che vi hanno persuaso e respingete le altre, perché voi non siete ancora tanto corrotto dal vizio da temere di scegliere male.

… e religione civile

Nel *Contratto sociale*, tuttavia, Rousseau ammette che ci sia «una professione di fede puramente civile, di cui appartiene al sovrano fissare gli articoli, non precisamente come dogmi di religione, ma come **sentimenti di sociabilità** senza i quali è impossibile essere buon cittadino e suddito fedele» (IV, 8). Lo Stato non può obbligare a credere questi articoli, ma può bandire chiunque non li creda, non come empio ma come insocievole. Gli articoli di questo credo civile sono gli stessi della religione naturale con in più «la santità del contratto sociale e delle leggi» e con l'aggiunta di un dogma negativo, l'intolleranza.

Si può notare (com'è stato notato) il contrasto tra l'assoluta libertà religiosa che sembra il presupposto dell'*Emilio* e l'**obbligatorietà del credo civile** affermata nel *Contratto sociale*. Ma è necessario ricordare che nel *Contratto sociale* Rousseau suppone realizzato in tutte le sue conseguenze l'ordine razionale della natura umana, il cui organo è la volontà generale. La religione civile non fa quindi che rendere esplicite le condizioni di questa realizzazione che non possono non essere riconosciute dai singoli. Difatti il venir meno al credo civile, rinnegandolo con il proprio comportamento, è per Rousseau il crimine più grave, perché significa mentire di fronte alle leggi (e quindi a se stessi), e va punito con la morte.

VERSO LE COMPETENZE

▶ Utilizzare il lessico e le categorie specifiche della filosofia

GLOSSARIO e RIEPILOGO

Educazione e religione

Educazione negativa p. 124 > Quello dell'"educazione negativa" è il principio basilare della pedagogia di Rousseau, che, insistendo sulla centralità del bambino, sostiene che l'educazione consiste «non già nell'insegnare la virtù e la verità, ma nel garantire il cuore dal vizio e la mente dall'errore», ossia in un'operazione diretta a far sì che: 1. lo sviluppo fisico e spirituale del fanciullo avvenga in modo spontaneo; 2. ogni nuova acquisizione sia una creazione; 3. nulla avvenga dall'esterno, ma tutto dall'interno, cioè dal sentimento e dall'istinto dell'educando.

Libertà ben guidata p. 125 > Nell'*Emilio* Rousseau sostiene che l'educazione non è il risultato di una liber-tà disordinata e capricciosa, ma di una «libertà ben guidata» (dalla ragione e dall'educatore che la incarna).

Religione naturale p. 126 > La "religione naturale", o "religione dell'uomo", è quella che si limita a poche ed essenziali credenze religiose, sentimentalmente e razionalmente fondate (esistenza di Dio, spiritualità, attività e libertà dell'anima).

Religione civile p. 127 > La "religione civile", o "religione del cittadino", è costituita da articoli che vengono fissati dal sovrano «non precisamente come dogmi di religione, ma come sentimenti di sociabilità senza i quali è impossibile essere buon cittadino e suddito fedele» (*Il contratto sociale*, IV, 8, cit., p.181).

MAPPA

Rousseau

Il PRIMO "DISCORSO"

- le **scienze** e le **arti** hanno contribuito a corrompere i **costumi**
- le scienze scaturiscono da altrettanti **vizi**
- le scienze e le arti favoriscono le **disuguaglianze** sociali e, quindi, la **decadenza**

Il SECONDO "DISCORSO"

lo **stato di natura**	la **prima rivoluzione**	la **grande rivoluzione**	**patto sociale** e nascita dello **Stato**
• perfetto **equilibrio tra bisogni e risorse** • gli **uomini** sono **autarchici** e **liberi**	• si costituiscono le **famiglie** • si affermano i primi sentimenti sociali negativi, ma gli uomini sono **liberi, sani, buoni e felici**	• nascono la metallurgia e l'agricoltura • si affermano la **divisione sociale del lavoro** e la **proprietà** • si consolidano la **disuguaglianza sociale e politica** e la **mutua dipendenza** • si crea uno **stato di guerra permanente** tra ricchi e poveri	• fondazione della **legge** e del **diritto** di proprietà • istituzione della **magistratura** • trasformazione del potere legittimo in **potere arbitrario** (dispotismo)

Le OPERE della MATURITÀ

Il *Contratto sociale*			L'*Emilio*	La *Nuova Eloisa*
alienazione totale dei diritti di ciascun associato alla comunità	sottomissione dell'individuo a una **volontà generale**	distinzione tra **sovranità** e **governo**	educazione "**negativa**"	fondamento naturale del **vincolo coniugale**

Dai due *Discorsi* al *Contratto sociale*

«Andavo a trovare Diderot allora prigioniero a Vincennes; avevo in tasca un *Mercure de France* che mi misi a sfogliare lungo il cammino. Mi cade lo sguardo sul quesito dell'Accademia di Digione che ha dato origine al mio primo scritto. Se mai qualcosa è stato simile a un'ispirazione improvvisa, tale fu il moto che si produsse in me a quella lettura. D'improvviso mi sento lo spirito come abbagliato da mille luci; torme di idee vive si presentarono ad esso con una forza e con una confusione tali che mi gettarono in uno scompiglio indescrivibile» (*Lettere morali*, X, a cura di R. Vitiello, Editori Riuniti, Roma 1994, pp. 200-201).

Con queste parole lo stesso Rousseau descrive l'esperienza "illuminante" che lo colpisce mentre un giorno del mese di luglio del 1749 si reca a far visita a Diderot, nel carcere di Vincennes. Si tratta di un'esperienza decisiva, che determinerà tutto il suo pensiero: dai suoi primi due scritti significativi, il *Discorso sulle scienze e le arti* (1750) e il *Discorso sull'origine e i fondamenti della disuguaglianza tra gli uomini* (1755), fino al capolavoro del 1762, *Il contratto sociale*.

T1 > LA CRITICA ALLA SOCIETÀ DEI *PHILOSOPHES*

Al quesito posto dall'Accademia di Digione, se la rinascita delle scienze e delle arti avesse contribuito al miglioramento dei costumi, Rousseau risponde con il *Discorso sulle scienze e le arti*. L'opera contiene però alcuni punti deboli che lo stesso autore non mancherà di rilevare: ad esempio, dopo aver proclamato la condanna delle scienze moderne, Rousseau loda Cartesio e Newton definendoli «maestri del genere umano», e invita i re ad accogliere alle loro corti i sapienti, in modo che possano contribuire alla saggezza e alla felicità dei popoli.

Nel 1753, dopo essere stato aspramente criticato per l'incoerenza del suo *Discorso*, Rousseau pubblica una commedia che aveva scritto a 18 anni, *Narciso*, e vi inserisce una prefazione in cui cerca di difendersi dalle accuse. Questa prefazione riespone tutto il contenuto del *Discorso sulle scienze e le arti*, ma in una prospettiva logicamente più rigorosa. Per questo motivo abbiamo preferito proporre un brano tratto dalla prefazione al *Narciso*, piuttosto che dal primo *Discorso*.

«La scienza non serve a nulla, e fa sempre soltanto del male, giacché è cattiva per natura. Non è
2   meno inseparabile dal vizio di quanto lo sia l'ignoranza dalla virtù. Tutti i popoli civili sono sempre stati corrotti; tutti i popoli ignoranti sono stati virtuosi; in breve non esistono vizi se non tra
4   coloro che sanno, né uomini virtuosi se non tra coloro che non sanno nulla. Esiste dunque per

6 noi un mezzo per ritornare persone oneste, ed è quello di affrettarci a proscrivere la scienza e gli studiosi, a bruciare le nostre biblioteche, a chiudere le nostre accademie, i nostri collegi, le nostre università, e a reimmergerci in tutta la barbarie dei primi secoli».

8 Questo è ciò che i miei avversari hanno così bene confutato: non ho mai né detto, né pensato una sola parola di tutto questo, e sarebbe impossibile immaginare nulla di più contrario al mio sistema di questa assurda dottrina che essi hanno la bontà di attribuirmi. Ma ecco quel che ho detto e che non è stato affatto confutato.

12 Il problema consisteva nel sapere se l'istituzione delle scienze e delle arti ha contribuito a migliorare i nostri costumi. [...]

14 Il gusto per la filosofia allenta tutti i legami di stima e di benevolenza che collegano l'uomo alla società, e di tutti i mali che genera questo è forse il più pericoloso. Il fascino dello studio rende presto insipido ogni altro legame. Inoltre, a forza di riflettere sull'umanità, a forza di osservare gli uomini, il filosofo impara a stimarli secondo il loro valore, ed è difficile provare affetto per ciò che si disprezza. Finisce allora col rivolgere su se stesso tutto l'interesse che gli uomini virtuosi dividono con i loro simili: il suo disprezzo per gli altri va a vantaggio del suo orgoglio, mentre il suo amor proprio aumenta in modo proporzionale all'indifferenza per il resto dell'universo. La famiglia, la patria diventano per lui parole prive di senso: non è né parente, né cittadino, né uomo, è semplicemente filosofo.

Nel momento stesso in cui il culto delle scienze sottrae in certo modo dalla mischia il cuore del filosofo, esso vi impegna in altro senso quello del letterato, e sempre con un identico pregiudizio per la virtù. Chiunque si occupi di ingegni gradevoli vuole piacere, essere ammirato, e vuole essere ammirato più di un altro. Gli onori pubblici appartengono a lui soltanto, vorrei dire che farebbe di tutto per ottenerli, se non facesse ancora di più per privarne i suoi rivali. Da qui provengono per un verso i pervertimenti del gusto e delle buone maniere, l'adulazione vile e bassa, le attenzioni seduttrici, insidiose, puerili che a lungo andare intorbidano l'animo e corrompono il cuore; e per l'altro verso le gelosie, le rivalità, quei così ben noti odi tra artisti, la perfida calunnia, la doppiezza, il tradimento, e quanto di più vile e di più odioso il vizio ha. Se il filosofo disprezza gli uomini, l'artista si fa da essi rapidamente disprezzare, e ambedue concorrono infine a renderli spregevoli.

Ma non è finita; e di tutte le verità che ho sottoposto alla considerazione delle persone colte, questa è la più stupefacente e la più crudele. Tutti i nostri scrittori giudicano come il capolavoro della politica del nostro secolo le scienze, le arti, il lusso, il commercio, le leggi e gli altri legami che, istituendo tra gli uomini i nodi della società tramite l'interesse personale, li pongono tutti in uno stato di mutua dipendenza, danno loro bisogni reciproci e interessi comuni, e obbligano ciascuno di loro a concorrere alla felicità degli altri per poter creare la propria. Queste idee sono belle, non vi è dubbio, e sono presentate sotto una luce favorevole. Ma se le si esamina con attenzione e senza parzialità si scopre che i vantaggi che sembravano presentare a prima vista si riducono molto.

Ma che cosa meravigliosa, allora, l'aver posto gli uomini nell'impossibilità di convivere senza cautelarsi, soppiantarsi, ingannarsi, tradirsi, distruggersi vicendevolmente! Dobbiamo oramai evitare di farci vedere per quel che siamo, perché per due persone i cui interessi si accordano, forse centomila si contrappongono loro e se si vuol riuscire non esiste altro mezzo che ingannare o perdere tutte quelle persone. Qui sta l'origine funesta delle violenze, dei tradimenti, delle perfidie e di tutti gli orrori che necessariamente esige uno stato di cose in cui ogni uomo, simulando di lavorare alla fortuna o alla riputazione altrui, cerca solo di innalzare la propria al di sopra degli altri e a loro spese.

Che guadagno abbiamo avuto in tutto questo? Una quantità di chiacchiere, di ricchi e di ipercritici, ossia di nemici della virtù e del senso comune. In cambio, abbiamo perduto l'innocenza e i

buoni costumi. Le moltitudini strisciano nella miseria, tutti sono schiavi del vizio. I crimini non
52 commessi sono già in fondo ai cuori, e all'esecuzione manca solo la sicurezza dell'impunità.
Strana e funesta situazione questa, in cui le ricchezze accumulate facilitano sempre i mezzi per ac-
54 cumularne di maggiori, e in cui a chi nulla possiede è impossibile acquisire una qualche cosa; in cui
la persona onesta non ha alcun modo per uscire dalla miseria; in cui i più bricconi sono i più ono-
56 rati, e in cui per diventare un uomo onesto è necessario rinunciare alla virtù! So che tante volte i
retori hanno detto tutto questo, ma loro lo dicevano declamando, e io lo dico sulla base di fondate
58 ragioni; loro hanno intravisto il male, e io ne scopro le cause, e soprattutto faccio vedere una cosa
molto consolante e molto utile mostrando che tutti questi vizi appartengono non tanto all'uomo,
60 quanto all'uomo mal governato.   (*Narciso*, "Prefazione", in *Opere*, a cura di P. Rossi, cit., pp. 24, 26-27)

Analisi del testo

1-11 Le prime righe del brano (rr. **1-7**) espongono i contenuti individuati nel *Discorso sulle scienze e le arti* dagli avversari di Rousseau. Quest'ultimo precisa tuttavia che le sue idee sono state fraintese e che per questo motivo egli intende esporle nuovamente.

12-13 Viene richiamato il quesito posto dall'Accademia di Digione. Si noti che Rousseau lo riporta qui in modo esatto, cioè facendo riferimento al "miglioramento" dei costumi, mentre nel *Discorso* aveva anche accennato alla "corruzione" degli stessi, modificando in tal modo in maniera radicale il quesito (che risultava essere: "La rinascita delle scienze e delle arti ha contribuito alla purificazione o alla corruzione dei costumi?") e dando origine a tutta una serie di paradossi.

14-22 Prima di riesporre le sue idee, Rousseau esplicita il proprio bersaglio polemico, rappresentato in primo luogo dall'ideologia degli enciclopedisti: più che discutere sulle *scienze* e sulle *arti*, la prefazione al *Narciso* si rivolge pertanto ai *cultori* di queste scienze e di queste arti, cioè ai *philosophes*. Il loro «gusto per la filosofia» (r. **14**) li rende intolleranti nei confronti della società, perché il fascino per lo studio rende insignificante ai loro occhi ogni altro valore, ogni altro legame. A forza di riflettere sugli uomini, il filosofo finisce per disprezzarli, mentre il suo orgoglio si accresce sempre più (rr. **18-20**).

23-32 L'altrui ammirazione e i pubblici onori condizionano a tal punto il *philosophe*, che egli comincia a ricercarli sopra ogni altra cosa e a fare di tutto per privarne i suoi rivali; in questo senso è dai filosofi e dagli artisti che provengono l'adulazione, la gelosia, la rivalità, la calunnia e il tradimento. Traspare in queste righe il disagio con cui Rousseau si rapporta agli altri intellettuali: disagio in parte dovuto alle sue difficili condizioni di vita. Dopo aver lavorato come segretario dell'ambasciatore francese a Venezia, Rousseau è tornato a Parigi

e, nel 1745, ha conosciuto Thérèse Levasseur, una lavandaia di 23 anni di Orléans. Da Thérèse il filosofo avrà cinque figli, che di volta in volta affiderà all'ospizio dei trovatelli giustificandosi in questo modo: «quanto ai miei figli, abbandonandoli all'educazione pubblica, giacché non potevo allevarli io stesso, destinandoli a diventare operai, o contadini, piuttosto che avventurieri e cercatori di fortuna, credetti di agire da cittadino e da padre; e guardai me stesso come un membro della repubblica di Platone» (*Confessioni*, in *Opere*, cit., p. 949). Queste affermazioni, così come il rifiuto di frequentare i salotti letterari e l'ostentato disprezzo per il successo, sono forse il segnale di un conflitto interiore non risolto: «sono aspetti diversi di un atteggiamento aggressivo, oscillante tra lo spirito di rivalsa e l'ostentazione, la volontà di provocazione e la rinunzia, intimamente connesso alla polemica contro la civiltà-corruzione» (P. Casini, *Introduzione a Rousseau*, Laterza, Roma-Bari 2005[10], p. 26).

33-48 I "vizi" dei filosofi vengono in qualche modo ricondotti a un'unica origine: la ricerca dell'interesse personale, che secondo Rousseau costituisce la fonte di tutte le ingiustizie, le violenze, le perfidie e gli orrori che funestano la società del suo tempo.

49-60 Dopo aver enumerato le conseguenze "morali" di una società che pone il suo fondamento nella ricerca dell'interesse personale, Rousseau passa a un'analisi economica e sociale della stessa: «le moltitudini strisciano nella miseria» (r. **51**) perché i pochi che hanno accumulato ricchezze sono anche i soli a possedere i mezzi «per accumularne di maggiori» (rr. **53-54**), mentre chi non ha nulla non può fare altro che continuare ad avere nulla (rr. **54-55**). Una tale società premia «i più bricconi», mentre le persone oneste non hanno strumenti per affrancarsi dalla miseria.

T2 > DALLO STATO DI NATURA ALLA SOCIETÀ CIVILE

Nel *Discorso sull'origine e i fondamenti della disuguaglianza tra gli uomini* Rousseau rafforza in qualche modo l'analisi della società del suo tempo delineata nel primo *Discorso* e costruisce le premesse teoriche del *Contratto sociale*. Nel ricercare l'origine delle ingiustizie che dividono gli uomini, egli rileva infatti che queste non costituiscono affatto una condizione "naturale", ma sono piuttosto legate alla nascita della proprietà privata e alla conseguente divisione del lavoro.

Il primo che, cintato un terreno, pensò di affermare *questo è mio*, e trovò persone abbastanza
2   ingenue da credergli, fu il vero fondatore della società civile. Quanti delitti, quante guerre, quante uccisioni, quante miserie e quanti orrori avrebbe risparmiato al genere umano colui che strap-
4   pando i paletti o colmando il fossato avesse gridato ai suoi simili: «Guardatevi dall'ascoltare questo impostore. Se dimenticate che i frutti sono di tutti e che la terra non è di nessuno, voi
6   siete perduti!». Ma è molto probabile che allora le cose fossero già arrivate al punto di non poter durare così com'erano; infatti quest'idea di proprietà, dipendendo da parecchie idee antecedenti
8   che non sono potute nascere se non in successione di tempo, non si formò tutt'a un tratto nello spirito umano: fu necessario fare molti progressi, acquistare molta abilità e molte cognizioni,
10 trasmetterle ed arricchirle di generazione in generazione, prima di giungere a quest'ultimo termine dello stato di natura. […]
12 […]
Finché gli uomini si contentarono delle loro capanne rustiche, finché si limitarono a cucire le
14 loro vesti di pelli con spine di vegetali o con lische di pesce, a ornarsi di piume e conchiglie, a dipingersi il corpo con diversi colori, a perfezionare o abbellire i loro archi e le loro frecce, a ta-
16 gliare con pietre aguzze canotti da pesca o qualche rozzo strumento musicale; in una parola, finché si dedicarono a lavori che uno poteva fare da solo, finché praticarono arti per cui non si
18 richiedeva il concorso di più mani, vissero liberi, sani, buoni, felici quanto potevano esserlo per la loro natura, continuando a godere tra loro le gioie dei rapporti indipendenti; ma nel momen-
20 to stesso in cui un uomo ebbe bisogno dell'aiuto di un altro; da quando ci si accorse che era utile a uno solo aver provviste per due, l'uguaglianza scomparve, fu introdotta la proprietà, il lavoro
22 diventò necessario, e le vaste foreste si trasformarono in campagne ridenti che dovevano essere bagnate dal sudore degli uomini, e dove presto si videro germogliare e crescere con le messi la
24 schiavitù e la miseria.
Questa grande rivoluzione nacque dall'invenzione di due arti: la metallurgia e l'agricoltura. Per
26 il poeta, a civilizzare gli uomini e a mandare in rovina il genere umano, sono stati l'oro e l'argento, ma per il filosofo sono stati il ferro e il grano […].
28 […]
[…] ecco l'uomo, che prima era libero e indipendente, assoggettato, per così dire, a tutta la natu-
30 ra da una quantità di nuovi bisogni, e soprattutto assoggettato ai suoi simili di cui diventa in certo senso schiavo, perfino quando ne diventa il padrone: ricco ha bisogno dei loro servizi; po-
32 vero ha bisogno del loro aiuto, e la mediocrità non lo mette in grado di non farne conto. Bisogna dunque che cerchi senza posa di cointeressarli alla sua sorte, facendo in modo che, di fatto o in
34 apparenza, trovino il loro utile a lavorare per il suo utile; ciò lo rende astuto e ipocrita con gli uni, imperioso e duro con gli altri e lo costringe ad ingannare tutti quelli di cui ha bisogno, quando
36 non può farsi temere e quando non trova il proprio tornaconto a servirli utilmente. Infine l'ambizione che lo divora, l'assillo di elevare la propria relativa fortuna, non tanto per un vero biso-
38 gno, quanto per collocarsi al di sopra degli altri, ispira a tutti gli uomini una cupa inclinazione a

nuocersi a vicenda, una segreta gelosia, tanto più pericolosa in quanto, per fare il suo colpo con
40 più sicurezza, si maschera spesso da benevolenza; in una parola, concorrenza e rivalità da un lato,
conflitto d'interessi dall'altro, e sempre il desiderio nascosto di fare il proprio interesse a spese
42 degli altri. Tutti questi mali sono il primo frutto della proprietà e il corteo inseparabile della disuguaglianza nascente.
44 […] «Uniamoci, disse [il ricco], per salvaguardare i deboli dall'oppressione, tenere a freno gli ambiziosi e garantire a ciascuno il possesso di quanto gli appartiene; stabiliamo degli ordinamenti di
46 giustizia e di pace a cui tutti, nessuno eccettuato, debbano conformarsi, e che riparino in qualche
modo i capricci della fortuna sottomettendo senza distinzione il potente ed il debole a doveri
48 scambievoli. In una parola, invece di volgere le nostre forze contro noi stessi, concentriamole in un
potere supremo che ci governi con leggi sagge, proteggendo e difendendo tutti i membri dell'asso-
50 ciazione, respingendo i comuni nemici e mantenendoci in un'eterna concordia».
[…]
52 Questa fu, almeno è probabile, l'origine della società e delle leggi, che ai poveri fruttarono nuove
pastoie e ai ricchi nuove forze, distruggendo senza rimedio la società naturale, fissando per sem-
54 pre la legge della proprietà e della disuguaglianza, facendo d'una accorta usurpazione un diritto
irrevocabile, e assoggettando ormai, a vantaggio di pochi ambiziosi, tutto il genere umano al la-
56 voro, alla servitù e alla miseria.

(*Discorso sull'origine e i fondamenti della disuguaglianza tra gli uomini*, parte II,
in *Scritti politici*, a cura di M. Garin, Laterza, Roma-Bari 1997, vol. 1, pp. 173, 180-181, 184-185, 188)

Analisi del testo

1-12 La nascita della proprietà privata rappresenta l'«ultimo termine dello stato di natura», ovvero il punto di approdo di un percorso lento e graduale che porta l'uomo da una condizione in cui tende a soddisfare i bisogni primari, legati alla sopravvivenza, alla creazione di bisogni superflui (come si vedrà meglio nelle righe seguenti).

13-28 La proprietà privata, il cui avvento costituisce nella storia una vera e propria «grande rivoluzione», è per Rousseau lo strumento con cui l'uomo cerca di soddisfare tutta una serie di nuovi bisogni che prima non avvertiva, ad esempio il bisogno di primeggiare sugli altri, o quello di accumulare prodotti. Per far fronte a queste esigenze non naturali (cioè non legate alla sopravvivenza del singolo individuo) l'uomo "inventa" la metallurgia e l'agricoltura, che a loro volta portano con sé la proprietà degli utensili, la delimitazione e l'assegnazione dei terreni, la divisione del lavoro… in una parola, la divisione tra ricchi e poveri, o tra potenti e deboli: la disuguaglianza sociale.

29-43 La nuova condizione in cui, dopo l'avvento della proprietà privata, l'uomo si trova a vivere è un vero e proprio «stato di guerra», caratterizzato da violenza, egoismo, prepotenza, falsità. La descrizione di Rousseau ricorda quella fatta da Hobbes a proposito dello stato di natura, con la differenza che per il filosofo ginevrino la malvagità e l'aggressività sono difetti "acquisiti", che non appartengono all'uomo naturale, bensì all'uomo civilizzato.

44-56 Alla drammatica situazione dello stato di guerra pone fine un atto di subdola astuzia condotto da parte di chi è ricco e potente. Quest'ultimo – al quale Rousseau, con graffiante ironia, mette in bocca le parole riportate in queste righe – legittima la disuguaglianza mediante un «patto iniquo», che istituisce la società "civile". È in questo modo, cioè nascondendo un imbroglio del potente a danno del debole e appellandosi a una presunta legge di natura, che, secondo Rousseau, la tradizione giusnaturalistica legittima una condizione di disuguaglianza e un'«accorta usurpazione».

I TESTI

T3 > IL CONTRATTO SOCIALE

Lo stato di natura è una situazione storica irrecuperabile, a cui tuttavia il genere umano può tendere come a un modello ideale. Il problema fondamentale affrontato da Rousseau nel *Contratto sociale* consiste appunto nell'individuare una forma di potere politico legittimo, ovvero che, pur presupponendo la perdita irrimediabile del "felice paradiso" dello stato di natura, possa rivelarsi utile e addirittura vantaggioso. Si tratta, più precisamente, di scoprire come sia possibile realizzare una forma di organizzazione sociale che consenta di rendere sicuri quei beni di cui gli individui godevano indisturbati nello stato di natura. Questo è possibile soltanto se tra la volontà individuale e la volontà collettiva si instaura un rapporto di identità, cioè se l'obbedienza dei cittadini si trasforma in libertà. Il tratto distintivo del contratto rousseauiano consiste pertanto nella sottomissione volontaria e libera alla legge.

Queste clausole, bene intese, si riducono tutte ad una sola: cioè l'alienazione totale di ciascun
2 associato, con tutti i suoi diritti, a tutta la comunità; perché, in primo luogo, se ciascuno si dà tutto intero, la condizione è uguale per tutti; e se la condizione è uguale per tutti, nessuno ha
4 interesse a renderla onerosa per gli altri.

Di più, facendosi l'alienazione senza riserve, l'unione è perfetta per quanto può essere, e nessun
6 associato ha più niente da rivendicare; perché, se restasse qualche diritto ai singoli, non essendoci alcun superiore comune, che potesse pronunciarsi tra loro e il pubblico, ciascuno, essendo su
8 qualche punto il proprio giudice, pretenderebbe ben presto di esser tale su tutti; sicché lo stato di natura persisterebbe, e l'occasione diverrebbe necessariamente tirannica o vana.

10 Infine, ciascuno dandosi a tutti, non si dà a nessuno; e siccome non c'è associato, sul quale non si acquisti lo stesso diritto che gli si cede su noi stessi, si guadagna l'equivalente intiero di ciò che si
12 perde, e più forza per conservare ciò che si ha.

Se dunque si esclude dal patto sociale ciò che non fa parte della sua essenza, si troverà ch'esso si
14 riduce ai termini seguenti: «Ciascuno di noi mette in comune la sua persona e tutto il suo potere, sotto la suprema direzione della volontà generale; e noi tutti in corpo riceviamo ciascun membro
16 come parte indivisibile del tutto».

Immediatamente, in cambio della persona privata di ciascun contraente, quest'atto di associazio-
18 ne produce un corpo morale e collettivo, composto di tanti membri quanti voti ha l'assemblea; il quale riceve da questo stesso atto la sua unità, il suo *io* comune, la sua vita e la sua volontà. Que-
20 sta persona pubblica, che si forma così dall'unione di tutte le altre, prendeva altra volta il nome di *città* e prende ora quello di *repubblica* o di *corpo politico* il quale è chiamato dai suoi membri
22 *Stato*, in quanto è passivo, *sovrano*, in quanto è attivo, *potenza* nel confronto con i suoi simili. Riguardo agli associati, essi prendono collettivamente il nome di *popolo*, e si chiamano particolar-
24 mente *cittadini* in quanto partecipi dell'autorità sovrana, e *sudditi* in quanto sottomessi alle leggi dello Stato.

(*Il contratto sociale*, libro I, cap. 6, trad. it. di R. Mondolfo, in *Opere*, a cura di P. Rossi, cit., p. 285)

Analisi del testo

1-16 A differenza delle società realmente esistenti, in cui l'uguaglianza originaria è stata sconvolta dalle disuguaglianze artificiali e dai rapporti di dipendenza e di potere tra gli uomini, la nuova associazione prospettata da Rousseau deve essere una comunità di uguali, in cui il potere non sia attribuito a una o a più persone, ma a tutti contemporaneamente. Questo potere condiviso da tutti si incarna nella «volontà generale», in cui viene assorbita ogni volontà particolare.
La volontà generale non è una volontà particolare che

assoggetti tutte le altre volontà e le metta in situazione di dipendenza; essa ha il carattere impersonale delle forze della natura. Per questo, il rapporto tra le volontà particolari e la volontà generale non si fonda sulla forza, ma sulla libertà.

Il contratto sociale deve contenere delle clausole precise e ben determinate, che si riducono in definitiva a una sola: la totale alienazione dei diritti di ciascun associato alla comunità. Di fronte alla legge della comunità non possono esistere riserve o privilegi: gli individui devono essere posti su un piano di assoluta parità e dopo l'unione non possono più avanzare rivendicazioni di alcun genere nei confronti dello Stato. Questo entusiasmo per la legge della comunità, che differenzia ad

esempio il ginevrino da Locke (il quale ammetteva alcuni diritti irriducibili dell'individuo, come la proprietà e la libertà), si basa sulla convinzione che le esigenze morali dell'individuo si realizzino solo nella legge.

17-25 Lo Stato che si costituisce attraverso il contratto sociale è un «*io* comune», un corpo morale e politico autonomo, che si configura come "persona pubblica". Questa, a seconda delle circostanze, sarà denominata non solo "Stato", ma anche "repubblica", "corpo sovrano" o "potenza", mentre i suoi associati diventeranno "popolo", "cittadini" o "sudditi". E solo nello Stato così costituito l'individuo troverà la sua libertà e la sua perfezione morale. Pur rinunciando a parecchi vantaggi naturali, egli diverrà propriamente uomo tra uomini e libero tra liberi.

La teoria dell'educazione: l'*Emilio*

L'*Emilio* viene pubblicato nel 1762, a poche settimane di distanza dal *Contratto sociale*. Con questo romanzo pedagogico Rousseau sviluppa, riferendole alla formazione del singolo individuo, le idee esposte a proposito della costituzione di uno Stato guidato dalla "volontà generale". Il problema, cioè, è quello di individuare la via per il recupero, attraverso l'educazione, della spontaneità naturale e della bontà originaria dell'uomo, che sono state corrotte da cattive istituzioni, e di trasformare, nel contempo, il destinatario dell'educazione in un buon cittadino.

T4 > I TRE «MAESTRI»

L'uomo è precipitato nella degenerazione per aver abbracciato un modo di vivere artificioso e deviato. Da questa situazione ogni singolo individuo può uscire solo attraverso un percorso educativo efficace, che tenga conto dell'esigenza di armonizzare tre diversi contributi: quello degli insegnanti umani, quello dell'ambiente esterno e quello, fondamentale, della natura. Proprio a quest'ultimo, allo sviluppo spontaneo della persona, vanno "accordati" gli altri interventi educativi.

Tutto è bene uscendo dalle mani dell'Autore delle cose, tutto degenera fra le mani dell'uomo.
2   Egli sforza un terreno a nutrire i prodotti propri d'un altro, un albero a portare i frutti d'un altro; mescola e confonde i climi, gli elementi, le stagioni; mutila il suo cane, il suo cavallo, il suo schia-
4   vo; sconvolge tutto, altera tutto, ama le deformità, i mostri; non vuol nulla come l'ha fatto natura, neppure l'uomo; bisogna addestrarlo per sé, come un cavallo da maneggio; bisogna sformarlo a
6   modo suo, come un albero del suo giardino.
Senza di ciò, tutto andrebbe peggio ancora, e la nostra specie non vuol essere formata a mezzo.
8   Nello stato in cui oramai le cose si trovano, un uomo, abbandonato a se stesso fin dalla nascita, sarebbe fra gli altri il più alterato di tutti. I pregiudizi, l'autorità, la necessità, l'esempio, tutte le istitu-
10 zioni sociali nelle quali ci troviamo sommersi, soffocherebbero in lui la natura e non metterebbero nulla al suo posto. Essa si troverebbe come un arboscello che il caso fa nascere in mezzo ad una
12 strada, e che i passanti fanno perire presto, urtandolo da ogni parte e piegandolo in tutti i sensi.
[…] Noi nasciamo deboli e abbiamo bisogno di forze; nasciamo sprovvisti di tutto e abbiamo
14 bisogno di assistenza; nasciamo stupidi e abbiamo bisogno di giudizio. Tutto quello che non abbiamo dalla nascita e di cui abbisogniamo da grandi, ci è dato dall'educazione.

16   Questa educazione ci viene o dalla natura, o dagli uomini, o dalle cose. Lo sviluppo interiore delle nostre facoltà e dei nostri organi è l'educazione della natura; l'uso che ci s'insegna a fare di

18   questo sviluppo è l'educazione degli uomini; e l'acquisto della nostra esperienza sugli oggetti che ci commuovono è l'educazione delle cose.

20   Ciascuno di noi è dunque educato da tre specie di maestri. Il discepolo, nel quale le loro diverse lezioni si contraddicono, è male educato e non si troverà mai d'accordo con se stesso: colui inve-

22   ce nel quale tali insegnamenti cadono tutti sugli stessi punti e tendono ai medesimi fini, è il solo che proceda verso il suo scopo e viva coerente a se stesso. Quegli solo è educato bene.

24   Ora, di queste tre differenti educazioni, quella della natura non dipende da noi, e quella delle cose ne dipende solo sotto certi rispetti. Quella degli uomini è la sola di cui noi siamo veramente i

26   padroni, benché non lo siamo che per supposizione; poiché chi può sperare di dirigere interamente i discorsi e le azioni di tutti coloro che circondano un fanciullo?

28   Se dunque l'educazione è un'arte, è quasi impossibile che essa riesca, poiché il concorso necessario al suo buon successo non dipende da nessuno. Ciò che si può fare a forza di cure è di avvici-

30   narsi più o meno alla meta; ma occorre una certa fortuna per raggiungerla.

    Qual è questo scopo? è quello stesso della natura, come è stato già provato. Poiché il concorso

32   delle tre educazioni è necessario alla loro perfezione, occorre dirigere, su quella sulla quale non abbiamo alcun potere, gli sforzi delle altre due.

(Emilio, trad. it. di L. De Anna, in Opere, a cura di P. Rossi, cit., pp. 350-352)

Analisi del testo

1-12 Se tutto ciò che scaturisce dall'«Autore delle cose» è bene, tutto invece si deteriora per mano dell'uomo (r. **1**): le opere della natura vengono alterate e sconvolte e la stessa comunità umana è confusa e corrotta. In questa situazione non sarebbe possibile un semplice ritorno alla condizione naturale, poiché l'individuo, lasciato a se stesso, finirebbe per essere travolto da tutti gli stimoli provenienti dalla società: è dunque necessario un attento cammino educativo.

13-15 Attraverso l'educazione l'individuo è messo in condizione di sviluppare le proprie potenzialità e di rimediare alla "debolezza" in cui si trova negli anni dell'infanzia. Da notare che Rousseau non considera come un limite lo stato di fragilità e di bisogno tipico dell'infanzia, poiché è proprio grazie a esso che l'individuo può coltivare le proprie attitudini sociali e le proprie facoltà intellettuali. Ciò potrà avvenire se l'educazione sarà un'«educazione negativa», consistente non già nel non intervenire nella crescita del bambino, lasciandolo in una situazione simile a quella del "buon selvaggio", ma nel rispettare la spontaneità della sua natura, facendo sì che essa si sviluppi in armonia con la ragione, secondo le esigenze psicologiche dei diversi momenti dell'infanzia e dell'adolescenza.

16-23 Il percorso educativo dell'individuo si avvale del contributo di tre diversi «maestri»: l'educazione della natura produce lo sviluppo delle facoltà interiori; l'educazione degli uomini insegna a usare tali facoltà nelle situazioni concrete della vita; l'educazione delle cose stimola l'attenzione verso le emozioni che la realtà in cui viviamo ci comunica. È fondamentale che queste tre componenti si armonizzino tra loro, che non vi siano contraddizioni tra gli insegnamenti ricevuti, perché altrimenti l'educazione è destinata a fallire e l'individuo a restare incompleto e confuso.

24-33 Allo scopo di evitare gli insuccessi, è possibile intervenire sull'educazione impartita dagli uomini e, parzialmente, su quella impartita dalle cose; non c'è alcun modo, invece, di agire sulla componente naturale. Si dovrà allora tentare di armonizzare a quest'ultima gli altri contributi educativi: l'educazione degli uomini e quella delle cose dovranno assecondare per quanto possibile lo sviluppo naturale del bambino e delle sue potenzialità. Rousseau ammette che la riuscita dell'educazione dipende in parte anche dalla fortuna, poiché non è possibile controllare in tutti i suoi aspetti l'intero cammino di crescita di un individuo.

UNITÀ 6
Vico, l'Illuminismo e Rousseau

VERIFICA INTERATTIVA

1. Vico

1 Per Vico l'uomo:

- **a** può conoscere il mondo naturale mediante l'osservazione
- **b** non può conoscere il mondo naturale in quanto non ne è l'artefice
- **c** può conoscere il proprio essere perché ne ha coscienza
- **d** non può conoscere il proprio essere perché non ne ha coscienza

2 Con l'espressione «storia ideale eterna» Vico intende riferirsi:

- **a** alla storia del pensiero dell'uomo
- **b** alla storia concreta dell'umanità
- **c** alla storia concreta delle varie nazioni
- **d** al paradigma ideale della storia reale

3 In riferimento alla concezione vichiana della storia e della provvidenza, indica se le seguenti affermazioni sono vere o false.

- **a.** Vico attribuisce alla successione delle tre età della storia un significato analogo a quello che vi avevano attribuito gli antichi V F
- **b.** Le leggi che regolano lo sviluppo della storia sono le stesse che regolano il funzionamento della mente umana V F

- **c.** I fini particolari perseguiti dagli individui sono mezzi di fini "superiori" che si attuano nella storia V F
- **d.** Poiché l'ordine della storia è determinato da un ordine provvidenziale, la libertà umana è solo apparente V F
- **e.** La storia temporale delle singole comunità umane può non adeguarsi alla storia ideale eterna V F
- **f.** Le vicende storiche sono necessariamente soggette al ciclo dei corsi e dei ricorsi storici V F

4 Utilizza le espressioni e i termini elencati di seguito per completare la frase riportata sotto, relativa alla concezione vichiana della storia ideale eterna.

ordine ideale - storia effettiva - provvidenziale - paradigma - struttura - successione cronologica - criterio

Con l'espressione «storia ideale eterna» Vico intende l'ordine .... che rende significante e intelligibile la .... La storia ideale eterna è la .... che sorregge il corso temporale delle nazioni e che perciò trasforma la semplice .... dei momenti storici in un .... progressivo. Come tale, essa rappresenta il modello o il .... della storia reale, e quindi il .... o il canone per giudicarla.

5 Collega i concetti della filosofia vichiana elencati di seguito (colonna di sinistra) con la loro corretta spiegazione (colonna di destra).

a. scienza nuova

b. storia ideale eterna

c. guise

d. universali fantastici

e. eterogenesi dei fini

1. la situazione per cui i fini particolari si rivelano mezzi di fini universali

2. i modi di operare della nostra mente

3. immagini poetiche che rappresentano caratteri tipici della realtà

4. il modello o paradigma della storia reale

5. la conoscenza della storia ovvero del mondo civile

6 Quali sono le discipline che costituiscono la «scienza nuova» e qual è il loro ruolo? *(max 6 righe)*

7 Quali sono le tre età della storia ideale e quali caratteristiche presentano? *(max 6 righe)*

8 In che senso Vico afferma che ai «corsi» storici possono seguire dei «ricorsi»? *(max 6 righe)*

9 Spiega quali sono il significato e il valore attribuiti da Vico alla poesia e in che senso essi sono autonomi e indipendenti rispetto a ogni attività dell'intelletto o della ragione. *(max 15 righe)*

10 La questione principale sollevata dal pensiero di Vico è quella del rapporto tra iniziativa umana e disegno divino. Spiega brevemente in che cosa consiste e illustra i principali modelli interpretativi con cui è stata affrontata. *(max 15 righe)*

2. Caratteri generali dell'Illuminismo

11 Gli Illuministi concepiscono la ragione come:

a facoltà preposta all'indagine metafisica

b facoltà preposta all'indagine del mondo della natura

c strumento da utilizzare liberamente e pubblicamente per migliorare la vita

d strumento da utilizzare contro i pregiudizi

12 Gli Illuministi ritengono per lo più che:

a i problemi riguardanti l'essenza ultima del reale siano imprescindibili

b i problemi riguardanti l'essenza ultima del reale siano irrisolvibili e irrilevanti

c i problemi riguardanti l'essenza ultima del reale siano pseudo-problemi

d l'essenza ultima del reale sia rivelata da Dio

13 In riferimento alla prospettiva illuministica, indica se le seguenti affermazioni sono vere o false.

a. Credere a una religione fondata su una rivelazione è irrazionale ☐V ☐F

b. Le religioni hanno il merito di avere liberato i popoli dall'ignoranza ☐V ☐F

c. La religione tende alla realizzazione dell'uomo sulla terra ☐V ☐F

d. Il deismo ammette un'etica universale che accomuna tutti gli uomini ☐V ☐F

e. L'ateismo ammette la possibilità di una "religione razionale" ☐V ☐F

f. La libertà di religione va sempre e comunque difesa ☐V ☐F

14 Utilizza le espressioni e i termini elencati di seguito per completare la frase riportata sotto, relativa alla definizione kantiana dell'Illuminismo.

mancanza di decisione - minorità - intelligenza - Sapere aude! - proprio intelletto

L'Illuminismo è l'uscita dell'uomo dallo stato di ...., che egli deve imputare a se stesso quando non dipende da un difetto di ...., ma dalla .... e di coraggio nel far uso del .... senza essere guidati da un altro. .... – Abbi il coraggio di servirti della tua intelligenza! È questo, per Kant, il motto dell'Illuminismo.

15 Collega le affermazioni elencate di seguito (colonna di sinistra) con gli autori o le correnti cui possono essere attribuite (colonna di destra).

a. esiste una religiosità naturale immutabile   **1.** materialismo

b. la religione è un fenomeno patologico e irrazionale

c. il fatto religioso può essere interpretato in chiave politica   **2.** deismo

d. esiste un'etica universale che accomuna tutti gli uomini   **3.** d'Holbach

16 In che cosa consiste il "processo alla storia" intentato dagli Illuministi? *(max 6 righe)*

17 In che senso l'Illuminismo parla di «Stato laico» e «Stato di diritto»? *(max 6 righe)*

18 Spiega quali sono le analogie e le differenze tra l'Illuminismo e il razionalismo. *(max 15 righe)*

19 Illustra sinteticamente i diritti all'uguaglianza, alla libertà e alla proprietà secondo la prospettiva illuministica. *(max 15 righe)*

3. I protagonisti dell'Illuminismo in Francia

20 La libertà del cittadino, secondo Montesquieu, è garantita se i tre poteri dello Stato sono:

- a esercitati da un sovrano assoluto
- b esercitati da un sovrano assoluto illuminato
- c concentrati nelle mani di un solo governante o corpo governante
- d distribuiti a persone o organi diversi

21 Secondo la concezione deistica di Voltaire, Dio:

- a esiste, ma solo in quanto autore e organizzatore del mondo naturale
- b esiste e interviene nel mondo naturale e umano
- c non esiste, come prova l'esistenza del male
- d non esiste, come prova il fatto che non interviene nelle cose umane

22 In riferimento allo *Spirito delle leggi* di Montesquieu, indica se le seguenti affermazioni sono vere o false.

a. Lo spirito delle leggi consiste nell'intenzione che le ispira   V   F

b. Al di là degli eventi particolari, esiste un ordine storico che si manifesta in leggi costanti   V   F

c. L'ordine della storia è un "dover essere" a cui i fatti storici possono più o meno avvicinarsi   V   F

d. Lo spirito delle leggi è l'ordine storico stabilito da Dio   V   F

e. Ogni governo si realizza e si articola in un insieme di leggi specifiche   V   F

f. Le leggi dello Stato devono garantire la libertà politica dei cittadini   V   F

23 Utilizza le espressioni e i termini elencati di seguito per completare la frase riportata sotto, relativa alla concezione voltairiana della condizione umana.

serena accettazione - lamentarsene - realtà - il male - i lumi della ragione umana - la propria condizione

Voltaire è convinto che _____ del mondo sia una _____ non meno che il bene e che sia impossibile a spiegarsi con _____.
Ma è anche convinto che l'uomo debba riconoscere _____ nel mondo così come essa è, non già per _____ e per negare il mondo stesso, ma per dedurne una _____ della realtà.

24 Collega le affermazioni elencate di seguito (colonna di sinistra) con gli autori cui devono essere attribuite (colonna di destra).

a. la tradizione non è sinonimo di verità   **1.** Diderot

b. nella storia vi è un ordine che si manifesta in leggi costanti   **2.** Turgot

c. il male del mondo è una realtà non meno che il bene   **3.** Voltaire

d. l'ordine della storia è progressivo   **4.** Montesquieu

e. Dio è una sensibilità diffusa   **5.** Bayle

25 In che senso si può affermare che l'invito di Voltaire alla tolleranza si fonda sulla dottrina deistica?

(max 6 righe)

26 Quale fu l'importanza storica dell'*Enciclopedia*?

(max 6 righe)

27 Illustra brevemente la concezione della storia e del progresso che anima l'Illuminismo francese, chiarendo le particolari sfumature che essa assume in Voltaire, Turgot e Condorcet. (max 15 righe)

28 Esponi la tesi fondamentale che è alla base del materialismo settecentesco, illustrando come essa venga sviluppata dai suoi tre massimi esponenti francesi: La Mettrie, d'Holbach e Helvétius. (max 15 righe)

4. L'Illuminismo inglese, italiano e tedesco

29 Secondo Genovesi, il principio motore della vita dell'uomo è il desiderio di appagare i propri desideri; egli lo definisce:

- a interesse
- b impulso
- c volontà
- d piacere

30 Secondo Wolff, la filosofia deve procedere secondo un metodo:

- a storico
- b logico-matematico
- c dialogico
- d empirico

31 In base a quanto hai appreso dell'Illuminismo inlgese, italiano e tedesco, indica se le affermazioni seguenti sono vere o false.

a. In inghilterra il dibattito illuministico appare incentrato su problemi di ordine morale e religioso ☐V ☐F

b. Il senso morale è ritenuto da Hutcheson una facoltà dipendente dalla ragione ☐V ☐F

c. Secondo Mandeville la natura è una forza imperscrutabile ☐V ☐F

d. Secondo Verri tutte le sensazioni dipendono dalla speranza e dal timore ☐V ☐F

e. Secondo Wolff le regole del metodo filosofico sono diverse rispetto a quelle del metodo matematico ☐V ☐F

32 Utilizza i termini elencati di seguito per completare la frase riportata sotto, relativa alle tesi di Mandeville.

lusso - benessere - consumi - virtù - male - società

Secondo Mandeville, se il .... cessasse, la .... si avvierebbe verso il proprio dissol-

vimento. Il motivo addotto a sostegno di questa tesi è che la tendenza al lusso aumenta i .... e quindi porta all'incremento dei traffici, delle industrie e di tutte le attività umane. E poiché la .... consiste essenzialmente nel rinunciare proprio al ...., essa è direttamente contraria al .... e allo sviluppo della società civile.

33 Collega i concetti elencati di seguito (colonna di sinistra) con gli autori a cui devono essere attribuiti (colonna di destra).

a. sentimento razionale	**1.** Hutcheson
b. senso morale	**2.** Shaftesbury
c. virtù come egoismo mascherato	**3.** Smith
d. simpatia	**4.** Mandeville
e. senso comune	**5.** Reid

34 Quale convinzione si trova a fondamento della dottrina economica di Adam Smith? (max 6 righe)

35 Quali sono i due risultati fondamentali dell'estetica di Baumgarten? (max 6 righe)

36 Illustra brevemente in che senso, per Pietro Verri, «il dolore è il principio di tutto l'uman genere» e in che modo questa tesi si ripercuota sulla concezione verriana della felicità. (max 15 righe)

37 Illustra sinteticamente la dottrina di Lessing secondo cui "l'educazione è rivelazione", chiarendo in particolare il ruolo che il filosofo tedesco attribuisce alle religioni positive rispetto al percorso della ragione umana.

(max 15 righe)

5. Rousseau

38 Nel primo *Discorso* Rousseau afferma che lo sviluppo delle scienze e delle arti ha contribuito a:

- [a] purificare i costumi
- [b] corrompere i costumi
- [c] rendere più facile l'esercizio della virtù
- [d] rendere più facile la vita concreta

39 Nel secondo *Discorso* Rousseau individua la causa ultima della decadenza della civiltà:

- [a] nella proprietà privata
- [b] nella disuguaglianza tra gli uomini
- [c] nell'invidia
- [d] nella capacità tecnica

40 Sulla base di quanto hai studiato del pensiero di Rousseau, indica se le seguenti affermazioni sono vere o false.

- **a.** Nello stato di natura l'uomo vive in uno stato neutro di innocenza [V] [F]
- **b.** Nello stato di natura l'uomo ha continui contatti con gli altri uomini [V] [F]
- **c.** La «prima rivoluzione» dell'umanità coincide con il nascere della famiglia [V] [F]
- **d.** L'ordine sociale rispecchia l'ordine naturale [V] [F]
- **e.** Lo scopo del patto sociale è la felicità degli uomini [V] [F]
- **f.** La sovranità si identifica con il governo [V] [F]

41 Utilizza le espressioni e i termini elencati di seguito per completare la frase riportata sotto, relativa alla concezione dell'educazione di Rousseau.

sviluppo - natura originaria - sovrastruttura - spontaneo - tradizionale - conservazione

Secondo Rousseau, all'educazione ...., che opprime e distrugge con una ....

artificiale la .... dell'individuo, occorre sostituire un'educazione che si proponga come unico fine la .... e il rafforzamento di tale natura. Pertanto, l'azione dell'educatore dev'essere diretta a far sì che lo .... fisico e spirituale del fanciullo avvenga in modo del tutto ....

42 Collega le varie tappe dello sviluppo umano individuate da Rousseau nel primo *Discorso* (colonna di sinistra) con le condizioni o gli eventi che le caratterizzano (colonna di destra).

a. stato di natura	**1.** trasformazione del potere legittimo in potere arbitrario
b. prima rivoluzione	**2.** nascita della proprietà privata
c. grande rivoluzione	**3.** costituzione delle famiglie
d. istituzione dello Stato	**4.** condizione neutra di innocenza

43 Quali esperienze di vita si rivelarono fondamentali per l'elaborazione del pensiero di Rousseau? *(max 6 righe)*

44 In che senso la descrizione di Rousseau del passaggio dallo stato naturale a quello civile è un «esperimento mentale»? *(max 6 righe)*

45 Che cos'è per Rousseau la volontà generale? *(max 6 righe)*

46 Metti a confronto le caratteristiche dello stato di natura e la nascita dello Stato civile così come sono state descritte rispettivamente da Hobbes, da Locke e da Rousseau. *(max 15 righe)*

47 Illustra in che senso Rousseau può essere considerato un pensatore democratico e libertario, ma anche autoritario e totalitario. *(max 15 righe)*

LABORATORIO DELLE IDEE

Vizi privati e pubbliche virtù: Mandeville

VERSO
LE COMPETENZE

▶ Leggere, comprendere
e interpretare un testo

▶ Riflettere e argomentare,
individuando collegamenti
e relazioni

Nella celebre **Favola delle api**, nota anche con il titolo *L'alveare scontento, ovvero i furfanti resi onesti*, il medico e filosofo olandese **Bernard de Mandeville** (1670-1733) sembra schierarsi in favore del pessimismo morale di Thomas Hobbes.

L'opera narra di un alveare prospero e laborioso, in cui però l'attività di ogni ape è mossa dal desiderio di soddisfare i propri interessi, e non quelli della comunità. Di fronte a un tale diffuso egoismo, le api chiedono agli dei di renderle virtuose e morigerate. Ma quando gli dei esaudiscono la loro richiesta, insieme con i vizi scompaiono anche la laboriosità e la produttività dell'alveare, che precipita nella più stagnante povertà.

La morale della favola emerge dal sottotitolo dell'opera, *Vizi privati, pubblici benefici*: secondo Mandeville, infatti, l'immoralità e l'egoismo dei singoli sono condizione per il benessere della società. La comunità non si regge sul senso morale, cioè su un sentimento innato di altruismo o di benevolenza, ma proprio sulla ricerca del proprio vantaggio, sull'ambizione, sulla tendenza al soddisfacimento dei propri bisogni, sull'aggressività della competizione. Biasimare moralisticamente il vizio non solo è ipocrita, dal momento che esso appartiene alla natura dell'uomo, ma anche svantaggioso, perché il vizio costituisce il motore del benessere sociale. Il vero fondamento della società, per Mandeville, è dunque ciò che gli uomini chiamano "male", ovvero quelle imperfezioni naturali (fame, sete ecc.) da cui scaturiscono il bisogno e l'imperfezione morale (egoismo, orgoglio ecc.), che a loro volta generano l'intraprendenza e la laboriosità. L'uomo, infatti, è capace di trasformare l'aggressività e l'inclinazione alla violenza in competizione per la ricerca dell'onore, dell'ammirazione e della stima sociale. Per primeggiare diventerà colto, ingegnoso, attivo e, in tal modo, procurerà lavoro e ricchezza a se stesso e agli altri:

> La fame, la sete, la nudità sono i primi *tiranni* che ci costringono ad agire; in seguito il nostro orgoglio, la nostra pigrizia, sensualità e incostanza diventano i grandi *protettori* che promuovono tutte le arti e le scienze, i commerci, i mestieri e le professioni, mentre quei grandi *imprenditori* che sono la necessità, l'avarizia, l'invidia e l'ambizione, ognuna operando nel ramo che le compete, fanno sì che ogni membro della società rimanga al proprio lavoro e si sottometta, nel maggior numero dei casi di buon grado, alla propria ingrata condizione, senza eccezione nemmeno per i re e i principi.
>
> (B. de Mandeville, *Indagine sulla natura della società*, ne *La favola delle api*, a cura di T. Magri, Laterza, Roma-Bari 2002, p. 264)

Con queste parole Mandeville sintetizza la morale della sua favola:

> MORALE
> Smettetela dunque con i lamenti: soltanto gli sciocchi cercano
> Di rendere onesto un grande alveare.
> Godere la comodità del mondo,
> Essere famosi in guerra, e, anzi, vivere nell'agio
> Senza grandi vizi, è un'inutile
> Utopia nella nostra testa.
> […]
> La semplice virtù non può far vivere le nazioni
> Nello splendore; chi vuole far tornare l'età dell'oro, deve tenersi pronto
> Per le ghiande come per l'onestà.
>
> (B. de Mandeville, *L'alveare scontento*, ne *La favola delle api*, cit., pp. 20-21)

Comprensione del testo

1. Nel primo dei due passi qui riportati Mandeville elenca una serie di «tiranni», «protettori» e «imprenditori»: a che cosa allude l'autore con queste espressioni e per quale motivo ricorre ad esse?

2. Qual è l'invito che Mandeville rivolge ai propri lettori nella provocatoria "morale" con cui chiude la sua favola?

3. Qual è l'«utopia» cui si fa riferimento?

4. Per che cosa «deve tenersi pronto», secondo l'autore, «chi vuole far tornare l'età dell'oro»: qual è l'immagine utilizzata e a che cosa allude?

Riflessione

5. Dal «vizio» dei singoli (che perseguono egoisticamente il proprio vantaggio) nasce, secondo Mandeville, un «pubblico beneficio», cioè il benessere di tutti. Si tratta di una convinzione che è alla base anche del liberismo di Adam Smith, per il quale lo Stato non deve ostacolare la naturale tendenza di ciascuno a impegnarsi per il proprio profitto. Metti a confronto le due concezioni, individua le loro analogie ed esprimi la tua personale opinione al riguardo.

6. Secondo quanto recita anche il titolo "ufficiale" della favola delle api di Mandeville (*L'alveare scontento, ovvero i furfanti resi onesti*), l'immoralità e l'egoismo dei singoli, ben più della loro onestà, sarebbero i prerequisiti del benessere sociale. Condividi questa prospettiva? Esprimi la tua opinione a riguardo e, in caso di disaccordo, prova a inventare una favola diversa da cui ricavare una diversa "morale".

TAVOLA ROTONDA

La fondazione del potere politico

Partecipanti: **Hobbes**, **Locke**, **Rousseau**

Moderatore Ricercando la fonte ultima del potere dello Stato, la filosofia politica moderna la individua nella capacità della ragione umana di costruire un prodotto artificiale – la comunità politica – mediante un accordo volontario tra gli individui. Pur tra varianti e complicazioni, questa prospettiva *volontaristica* e *contrattualistica* – che si contrappone a quella *naturalistica* elaborata da Aristotele, per il quale l'uomo è un «animale politico», cioè naturalmente incline alla vita associata – è alla base delle principali ideologie politiche moderne: l'assolutismo di Hobbes, il liberalismo di Locke e la difesa della democrazia di Rousseau.

Questi pensatori muovono da un punto di partenza comune, ossia l'idea che lo «stato civile» sorga in antitesi al cosiddetto «stato di natura», una condizione (storica o ideale) contraddistinta dalla libertà e dall'uguaglianza di tutti gli uomini. Diverso è però il modo di intendere questa condizione naturale, che nella visione di Thomas Hobbes assume toni per certi versi inquietanti.

Hobbes

L'**uguaglianza naturale degli uomini** consiste a mio avviso nella loro **comune vulnerabilità**. Sono convinto, infatti, che la natura abbia fatto gli uomini «così uguali nelle facoltà del corpo e della mente», che nessuno di loro possa di fatto prevalere sugli altri, poiché, in assenza di un potere statuale che regoli la convivenza, tutti possono vicendevolmente procurarsi la morte nel tentativo di raggiungere i propri fini.

Nello «stato di natura» vige dunque il cosiddetto «**diritto naturale**» (*ius naturale*), il quale non è un insieme di norme o regole intersoggettive dettate dalla ragione (secondo la lezione del giusnaturalismo tradizionale), ma «la libertà che ogni uomo ha di usare il suo potere, come egli vuole, per la preservazione […] della propria vita».

Una tale condizione – in cui tutti hanno un uguale diritto su tutto, compresa la vita degli altri – è un vero e proprio «**stato di guerra**», in cui ognuno rischia di morire per mano altrui. È la ragione a soccorrere l'uomo, suggerendogli (non prescrivendogli) delle «**leggi naturali**», cioè delle regole di pratica accortezza e prudenza che hanno lo scopo di tutelarne la sopravvivenza:

Una legge di natura (*lex naturalis*) è un precetto o una regola generale scoperta dalla ragione, che proibisce ad un uomo di fare ciò che distruggerebbe la sua vita o che gli toglierebbe i mezzi per conservarla, e di non fare ciò che egli considera meglio per conservarla.   (*Leviatano*, I, XIV)

Moderatore Queste «leggi naturali», con cui la ragione limita la libertà degli individui, sono sufficienti per garantire una condizione di pacifica convivenza?

Hobbes

Le «leggi naturali» non sono comandi assoluti, ma, come ho detto, regole prudenziali condizionate al fine da conseguire: la sopravvivenza. Tale fine esige che vengano rispettate da tutti e ciò non può accadere in assenza di un potere costituito, dal momento che, come abbiamo visto, per natura nessun individuo è così forte da costringere tutti gli altri ad agire secondo ragione e non secondo passione. L'unica via per rendere efficaci le leggi naturali è quindi l'istituzione di un **potere "sovrano"** che sia **in grado di "sovrastare" ogni altro potere umano e di obbligare tutti**, con la forza, **al rispetto delle leggi di natura**:

Infatti le leggi di natura [...] in se stesse, senza il terrore di qualche potere che ne causi l'osservanza, sono contrarie alle nostre passioni naturali, che ci portano piuttosto alla parzialità, all'orgoglio, allo spirito di vendetta e simili. E i patti senza la spada non sono che parole, essendo assolutamente privi della forza di dare sicurezza agli uomini.   (*Leviatano*, II, XVII)

La costituzione di un tale **«potere irresistibile»** rappresenta per l'uomo un indubbio vantaggio, ma richiede la rinuncia alla propria libertà e ai propri diritti, che vanno "ceduti" al sovrano mediante un «patto». Del resto, nell'epoca in cui ho vissuto (lacerata dalle guerre di religione e dalle contese intestine tra re e parlamento), il male più temibile non mi sembrava l'oppressione derivante da un eccesso di potere concentrato nelle mani dei governanti, ma, al contrario, l'insicurezza prodotta dalla fragilità di quello stesso potere. Da questo dipendono i tratti originali del mio contrattualismo:

- diversamente dai teorici del contratto sociale che mi hanno preceduto, io sono convinto che il **«patto di unione»** (*pactum unionis*) con cui gli individui si costituiscono in società coincida con un **«patto di sottomissione»** (*pactum subiectionis*), mediante il quale essi si sottomettono senza condizioni a un soggetto (individuo o assemblea) non coinvolto nel contratto;

- il patto consiste nell'**alienare *tutti* i diritti** e nell'**attribuire al sovrano *tutto* il potere** (sulle cose e sugli altri) che ciascuno possiede nello stato di natura.

Da questi due elementi derivano i due caratteri fondamentali che io attribuisco alla sovranità: l'**irrevocabilità** e l'**assolutezza**:

- il contratto impegna gli individui *tra loro*, ma non *con il sovrano*: in questo senso si tratta di un patto unilaterale, e ciò che è ceduto unilateralmente non può essere chiesto indietro; si nega così qualunque «diritto di resistenza» al potere costituito, che può essere abbattuto solo con un atto di forza;

- proprio in virtù dell'unilateralità del patto, il potere sovrano è "assoluto", nel senso di "sciolto" (*ab-solutus*) da qualsiasi limite e condizione: poiché per uscire dallo stato di natura un individuo rinuncia a *ogni* suo diritto, egli non ne avrà più alcuno a cui appellarsi contro il potere dello Stato.

Ma anche per un'altra ragione il singolo non può "volere" nulla contro la "volontà" del sovrano: il patto determina l'alienazione delle volontà particolari: in base a questo **trasferimento della razionalità e della volontà di ciascuno nella razionalità e nella volontà dello Stato**, le leggi positive non possono essere ingiuste, in quanto emanate da un potere che ciascuno ha liberamente istituito identificandosi con esso. Lo Stato non comanda ciò che è giusto in sé o per natura, ma, al contrario, è giusto (*iustum*) ciò che dal sovrano è ordinato (*iussum*):

Il giusto e l'ingiusto non esistevano prima che fosse istituita la sovranità [...] i re legittimi, ordinando una cosa, la rendono giusta per il solo fatto che la ordinano e, vietandola, la rendono ingiusta appunto perché la proibiscono.

(*Elementi filosofici sul cittadino*, XII, 1)

Moderatore Pur muovendosi nella stessa prospettiva contrattualistica di Hobbes, John Locke approda a un liberalismo ben diverso dall'assolutismo hobbesiano.

Locke

Le differenze che allontanano la mia visione politica da quella di Hobbes derivano, in primo luogo, da un diverso modo di intendere lo **stato di natura**. Se per Hobbes l'uguaglianza naturale tra gli uomini è riconducibile in ultima analisi a un'uguaglianza di forza, per me si tratta invece di un'**uguaglianza di diritti**: per natura tutti hanno l'identico diritto di «disporre dei propri beni e persone come meglio credono […] senza chiedere permesso o dipendere dalla volontà di un altro» (*Il secondo trattato sul governo*, II, 4). Simile in linea di principio a quella descritta da Hobbes, in realtà questa condizione di generale libertà non coincide con uno stato di sfrenata licenza e disordine, ma con una situazione di **pacifica coesistenza e collaborazione**. Essa è infatti regolata dalla «**legge di natura**», cioè da una «**legge della ragione**» che rivela a tutti gli uomini come il diritto originario di ciascuno trovi il suo limite nell'uguale diritto dell'altro. Questo significa che la legge di natura non si limita a suggerire all'uomo come sopravvivere, ma stabilisce con universale forza vincolante ciò che è bene e ciò che è male:

la ragione […] insegna a tutti gli uomini, purché vogliano consultarla, che essendo tutti uguali e indipendenti, nessuno deve recar danno ad altri nella vita, nella salute, nella libertà o negli averi.   (*Il secondo trattato sul governo*, II, 6)

Così, mentre per Hobbes la distinzione tra giusto e ingiusto sorge solo con la costituzione di un potere comune, per me essa è invece preesistente: **la legge di natura** (di cui ogni individuo è giudice ed esecutore) **fissa una «giustizia naturale» che precede la legge positiva** (promulgata e imposta dallo Stato). E di fronte a una violazione della legge naturale ognuno può e deve reagire in modo proporzionato alle offese, assumendo il ruolo del giudice che risarcisce un danno con una giusta pena.

Moderatore Ma se lo stato di natura è una condizione in cui sussistono diritti, regole e vincoli reciproci, a che cosa serve lo Stato politico?

Locke

Stato di natura e stato di guerra sono *concettualmente* diversi; *di fatto*, però, lo stato di natura si presenta fragile e precario e può degenerare in uno stato di guerra e di violenza. Solo un potere superiore, infatti, è in grado di risolvere le controversie e di imporre una giusta misura, uguale per tutti, alla riparazione delle offese, e tale **potere superiore** viene **istituito dagli uomini attraverso un patto**.

Diversamente da quanto sostiene Hobbes, tuttavia, **il potere costituito corregge e consolida, ma non annulla, la condizione naturale** dell'uomo. Mentre Hobbes ritiene che, stipulando il patto, l'uomo rinunci completamente alla propria libertà per ottenere sicurezza e protezione, per un liberale come me un tale "scambio" è inammissibile. Gli individui non rinunciano a *tutti* i loro diritti naturali, ma solo al diritto di farsi giustizia da sé. Il potere sovrano dello Stato trova dunque un limite invalicabile nel fine stesso per il quale sorge, che è quello di garantire i diritti naturali e inalienabili (ossia non negoziabili) di ogni individuo, cioè il «**godimento della proprietà**», intesa in senso lato come ciò che l'individuo ha di "proprio": il suo **corpo** (vita, salute e libertà) e i suoi **beni** (proprietà in senso stretto). Per questo io ritengo che il **contratto** sia **bilaterale**, ovvero che il sovrano sia vincolato al patto stipulato con il popolo esattamente come quest'ultimo. A ben guardare, si tratta di un mandato fiduciario mediante il quale **i cittadini** *affidano* **il potere** a una o più persone, ma **ne rimangono i legittimi** *possessori*: per questo, nel caso in cui chi detiene il potere tradisca il proprio mandato, violando la libertà e la proprietà dei sudditi, il popolo può esercitare il proprio «**diritto di resistenza**», revocando la delega al potere costituito.

Moderatore Per quanto artificiale, la società civile deve quindi essere il più possibile simile allo stato naturale…

Locke

Esattamente. Quello teorizzato da Hobbes è uno «Stato massimo» e pervasivo, perché deve mettere fine ai mali della condizione di natura costruendo, al posto dell'«uomo naturale» chiuso nel suo egoismo, l'«uomo civile» che vive in società. A un tale sfiduciato pessimismo nei confronti della natura umana, la quale per Hobbes deve essere "corretta" mediante la "macchina" artificiale dello Stato, il liberalismo oppone l'ideale ottimistico di uno «**Stato minimo**».

Moderatore Il modello contrattualistico, adottato con esiti diversi da Hobbes e da Locke, trova un'originale interpretazione nel pensiero di Jean-Jacques Rousseau, che ne modifica profondamente la struttura a partire, ancora una volta, da una differente concezione dello stato di natura.

Rousseau

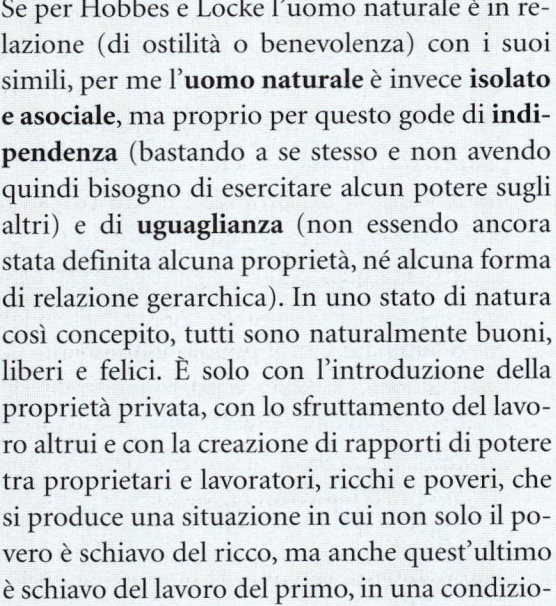

Se per Hobbes e Locke l'uomo naturale è in relazione (di ostilità o benevolenza) con i suoi simili, per me l'**uomo naturale** è invece **isolato e asociale**, ma proprio per questo gode di **indipendenza** (bastando a se stesso e non avendo quindi bisogno di esercitare alcun potere sugli altri) e di **uguaglianza** (non essendo ancora stata definita alcuna proprietà, né alcuna forma di relazione gerarchica). In uno stato di natura così concepito, tutti sono naturalmente buoni, liberi e felici. È solo con l'introduzione della proprietà privata, con lo sfruttamento del lavoro altrui e con la creazione di rapporti di potere tra proprietari e lavoratori, ricchi e poveri, che si produce una situazione in cui non solo il povero è schiavo del ricco, ma anche quest'ultimo è schiavo del lavoro del primo, in una condizione di conflitto e di reciproca dipendenza:

ecco l'uomo, che prima era libero e indipendente, assoggettato, per così dire, alla natura da una quantità di nuovi bisogni, e soprattutto assoggettato ai suoi simili, di cui diventa in un certo senso schiavo, perfino quando ne diventa

il padrone: ricco ha bisogno dei loro servizi; povero ha bisogno del loro aiuto.

(*Discorso sull'origine e i fondamenti della disuguaglianza fra gli uomini*, in *Scritti politici*, vol. 1, p. 184)

Per quanto questa descrizione ricordi quella dello stato di natura di Hobbes, tra le due situazioni c'è una sostanziale differenza: per me la malvagità e l'aggressività sono difetti acquisiti, che non appartengono all'uomo *naturale*, bensì all'uomo *civilizzato*. In un certo senso, quindi, io ho **"duplicato" lo stadio originario dell'uomo**, articolandolo in uno **stato di natura propriamente detto** e in una **condizione civile che ne è la negazione**.
A questo drammatico «stato di guerra» segue un atto di subdola astuzia (un «**patto iniquo**») condotto da parte di chi è più ricco e potente con lo scopo di legittimare la disuguaglianza sociale. Lo Stato politico che ne deriva (che ho tratteggiato ispirandomi ai privilegi dell'*ancien régime*) rappresenta pertanto la **legalizzazione del sopruso** e la **giustificazione dello sfruttamento**. Esso nasconde una condizione di disuguaglianza prodotta non dalla natura, bensì da un decadente sviluppo sociale, e spaccia per diritto naturale quella che in realtà è un'«accorta usurpazione»:

Questa fu, almeno è probabile, l'origine della società e delle leggi, che ai poveri fruttarono nuove pastoie e ai ricchi nuove forze, distruggendo senza rimedio la libertà naturale, fissando per sempre la legge della proprietà e dell'ineguaglianza, facendo d'una accorta usurpazione un diritto irrevocabile, e assoggettando ormai, a vantaggio di pochi ambiziosi, tutto il genere umano al lavoro, alla servitù e alla miseria.

(*Discorso sull'origine e i fondamenti della disuguaglianza fra gli uomini*, in *Scritti politici*, vol. 1, p. 188)

Moderatore Su queste basi, si delinea quindi una prospettiva in cui gli stadi attraversati dall'umanità sono tre: quello originario dell'uguaglianza naturale, caratteristico dell'uomo libero e indipendente; quello della disuguaglianza civile, caratteristico dell'uomo artificiale "corrotto", che ha posto la ragione al servizio dell'iniquità; e quello che scaturirà da un nuovo patto tra gli uomini…

Rousseau

È così. Il terzo e ultimo stadio dell'umanità è quello dell'**uguaglianza giuridica propria della democrazia**, che caratterizza l'uomo artificiale, considerato però questa volta come il "prodotto" di un «**patto equo ed utile**».

L'introduzione di questo schema triadico mi ha permesso di conservare l'idea centrale del modello contrattualistico, secondo cui lo stato politico sorge *artificialmente* e *in antitesi* rispetto a una condizione precedente ritenuta insufficiente e negativa, senza per questo rinunciare a una concezione positiva della condizione umana originaria. Il problema politico è tutto qui: vedere come l'individuo, pur rimanendo «cittadino», cioè membro di una comunità *artificiale*, possa "riprendersi" quella libertà e quell'uguaglianza di cui godeva in quanto uomo *naturale*. E anche per me la soluzione non può stare che in un «**contratto**» istituito dalla **ragione** e fondato su un **consenso unanime**.

Perché un tale patto sia «equo e utile», esso richiede (come ritiene Hobbes) l'«**alienazione totale**» di ciascun individuo associato con tutti i suoi diritti a tutta la comunità»; infatti:

la mancanza di riserve nell'alienazione conferisce all'unione la maggior perfezione possibile e nessun associato ha più nulla da reclamare.
(*Il contratto sociale*, I, VI, in *Scritti politici*, vol. 2, p. 93)

Secondo me, però, il destinatario di questa «alienazione totale» non è un soggetto "altro da sé" (come per Hobbes e Locke), bensì un «**io comune**», una «**volontà generale**» che, proprio in quanto tale, non può diventare dispotica:

il potere sovrano non ha bisogno di garanzie verso i sudditi, perché è impossibile che il corpo voglia nuocere a tutti i suoi membri.
(*Il contratto sociale*, I, VII, in *Scritti politici*, vol. 2, p. 96)

Sottomettendosi a una volontà con cui si identifica senza residui, l'individuo diventa suddito solo di se stesso, portando alienazione e libertà a coincidere: pur **alienandosi completamente in quanto** *ente naturale*, resta **libero in quanto cittadino, cioè in quanto** *ente civile*.

Inoltre, prevedendo la cessione di tutti i diritti individuali, il patto garantisce anche l'uguaglianza: «**dando ognuno tutto se stesso, la condizione è eguale per tutti**». Ciò significa che i contraenti «s'impegnano tutti alle medesime condizioni e devono godere tutti dei medesimi vantaggi».

Moderatore Le varianti al modello fondativo contrattualistico, come abbiamo potuto vedere, riguardano, da una parte, i caratteri dello «stato di natura» (se sia pacifico o violento; se sia uno stato di isolamento o di relazione sociale) e, dall'altra, la modalità e i contenuti del patto (se impegni solo gli individui tra loro o anche il potere sovrano; se possa essere sciolto e a quali condizioni; se preveda la rinuncia totale o parziale dei contraenti ai propri diritti naturali). Da queste varianti dipende la natura del potere sovrano (se sia assoluto o limitato, irrevocabile o revocabile). Ma nessuna di queste diverse opzioni modifica gli elementi essenziali della prospettiva contrattualistica, che rimangono il punto di partenza (lo «stato di natura»), il punto di arrivo (lo «stato civile») e il mezzo attraverso il quale avviene il passaggio (il «contratto» stipulato dagli individui).

Una radicale alternativa a questo modello razionalistico-individualistico si troverà in Hegel, per il quale lo Stato non sarà più il "prodotto" di un patto stipulato per tutelare gli interessi degli individui, ma una «dimora» (*éthos*), una totalità vivente che sgorga dalla vita storica di un intero popolo e che precede e orienta le volontà dei singoli. In questo senso, non sarà più lo Stato a fondarsi sulla volontà degli individui, ma, al contrario, sarà l'individuo a trovare il proprio fondamento in quella comunità originaria che è lo Stato nazionale.

Pur con questa sostanziale differenza, la riflessione politica di Hegel perseguirà lo stesso intento dei contrattualisti: la giustificazione razionale dello Stato, cioè di una costruzione della ragione (per quanto storica) che costituisce il punto di arrivo della vicenda politica e culturale dell'Occidente. Così come per Hobbes, Locke e Rousseau, lo Stato sarà dunque per Hegel la forma più alta di razionalità prodotta dall'uomo, poiché solo nello Stato e nella legge l'uomo trova le condizioni per un'esistenza libera e conforme a ragione.

QUESTIONE

L'uomo, per natura, è cattivo o buono?

Hobbes, **Rousseau**

Partiamo da un romanzo e da un film

Il signore delle mosche è un romanzo scritto nel 1954 dallo scrittore britannico **William G. Golding** (1911-1993), premio Nobel per la letteratura nel 1983.
Ad esso si è ispirato, nel 1990, il regista **Harry Hook** per realizzare un film che, a sua volta, è un *remake* di quello girato da Peter Brook nel 1963.

Il romanzo e le sue trasposizioni cinematografiche raccontano di un gruppo di ragazzi che, a causa di un incidente aereo, si ritrovano soli su un'isola deserta. Inizialmente i giovani riescono a formare una vera e propria comunità organizzata, guidata dal "saggio" Ralph, nella quale a ciascuno spetta un compito ben preciso. Ben presto, però, il gruppo si divide in due: da una parte, capeggiati da Ralph, ci sono coloro che intendono continuare a seguire le regole stabilite; dall'altra, al seguito di Jack, quanti preferiscono abbandonarsi agli impulsi di una vita selvaggia e priva di limiti.
La maggioranza dei naufraghi regredisce così a una vera e propria condizione tribale e si dedica al culto di un totem, il "Signore delle mosche": una testa di maiale infilzata su un palo e circondata da insetti. I pochi che conservano una qualche razionalità vengono ritenuti nemici da eliminare. A Ralph non resta che fuggire nella foresta. Jack gli dà la caccia e, non riuscendo a trovarlo, decide di incendiare l'intera isola per costringerlo a uscire allo scoperto.
Ormai disperato, Ralph si dirige verso la spiaggia per attendere l'arrivo della morte, ma qui incontra un ufficiale della marina…

ON LINE
VIDEO

QUESTIONE

Per comprendere il titolo del racconto di Golding, e quindi dei due film che ne sono derivati, bisogna risalire all'origine della parola "Beelzebùl", che, secondo la testimonianza dei vangeli, venne usata dai Farisei (la principale corrente del giudaismo) per insultare Gesù: «Costui scaccia i demòni per mezzo di Beelzebul, principe dei demòni!» (*Vangelo di Matteo*, 12, 24). Il nome "Beelzebùl" era uno degli attributi di "Baal" (letteralmente "il Signore", "il Principe"), dio della fecondità per i Cananei, cioè per gli indigeni della "Terra promessa", nemici del popolo ebraico. È quindi per esprimere questa avversione verso il "principe" di un politeismo straniero che l'Antico Testamento ne deforma il nome in "Beelzebul", che significa appunto "il Signore delle mosche", cioè di esseri spregevoli e impuri.

Attraverso una potente metafora che ha evidenti risvolti filosofici, **Golding** si fa così portatore di una **concezione radicalmente pessimistica della natura umana**, considerata come intrinsecamente malvagia. Secondo lo scrittore britannico, nell'essere umano non c'è niente di innocente, di istintivamente solidale o buono. Già nel bambino si annida una cupa volontà di compiere il male che vanifica ogni fiducia nella socievolezza umana. In assenza delle convenzioni della società, l'uomo è governato da pulsioni aggressive ed elementari: non è incline alla collaborazione ma all'aggregazione animale, cioè una situazione di "branco" in cui vige la **legge del più forte**.

Qual è la tua opinione? Trovi convincente la prospettiva di Golding? Pensi che l'uomo, in un **ipotetico stato naturale**, sia animato da **odio, egoismo e violenza** o, al contrario, che sia **buono e felice**? Eventualmente dopo aver visto il film o, meglio ancora, dopo aver letto il romanzo dello scrittore inglese, prova a rispondere al seguente quesito:

L'uomo, per natura, è cattivo o buono?
Sulla base delle tue convinzioni personali,
rispondi a questo interrogativo scegliendo tra le opzioni che seguono.

VERSO LE COMPETENZE
▶ Sviluppare la riflessione personale, il giudizio critico e l'attitudine alla discussione razionale

1. In assenza delle convenzioni sociali e delle leggi, e soprattutto senza il potere coercitivo dello Stato, l'uomo sarebbe animato da **pulsioni egoistiche** distruttive di ogni forma di convivenza civile; sarebbe membro di un **branco animale** in cui **il forte prevale sul debole**.

2. Anche in un'ipotetica condizione pre-politica, cioè senza il patto sociale che lo lega al rispetto delle convenzioni e delle regole, l'uomo sarebbe **buono e felice**, cioè **capace di godere dei beni della natura senza nuocere agli altri**.

Illustra brevemente le ragioni che ti hanno indotto a prendere questa posizione.

Approfondiamo la questione
Dal senso comune alla filosofia

1. Nella storia della filosofia moderna è **Thomas Hobbes** a delineare un cupo pessimismo antropologico. Nello «stato di natura», secondo il filosofo inglese, domina la forza: **l'uomo «è lupo all'altro uomo».**

2. Radicalmente opposta a quella di Hobbes è la visione di **Jean-Jacques Rousseau**, il quale ritiene che in un ipotetico «stato di natura», in assenza della civiltà e degli artifici delle convenzioni sociali, l'uomo sarebbe un **«buon selvaggio».**

1. | L'uomo, per natura, è cattivo: **Hobbes**

Nel primo capitolo del *De cive* (intitolato *Lo stato degli uomini fuori della società civile*) **Hobbes** contesta la nota dottrina – formulata da Aristotele e ripresa dalla scolastica – secondo la quale «è evidente che la città [*pólis*] è per natura, e che l'uomo è per natura un animale politico [*zòon politikòn*]» (*Politica*, I, 2, 9). Sulla base di questo assioma, si attribuiva allo Stato (così come alla famiglia) un fondamento naturale, facendolo derivare da un'istintiva socievolezza e non da una costruzione artificiale della ragione. Ma, osserva Hobbes:

L'uomo non ha sentimenti socievoli

> questo assioma è falso, benché accettato dai più; e l'errore proviene da un esame troppo superficiale della natura umana. Infatti, ad osservar più a fondo le cause per cui gli uomini si consociano, e fruiscono di reciproci rapporti sociali, si noterà facilmente che questo consociarsi non avviene in modo che, per natura, non possa accadere altrimenti, ma è determinato da circostanze contingenti. Se l'uomo, infatti, amasse il suo simile per natura, cioè proprio in quanto è uomo, non vi sarebbe nessuna ragione perché ciascuno non amasse indifferentemente tutti gli altri nella stessa misura, proprio perché si tratta allo stesso modo di uomini; e dovesse, invece, frequentare piuttosto quelli la cui amicizia conferisce a lui, a preferenza di altri, un qualche onore o una qualche utilità. Noi non cerchiamo, dunque, per natura, amici, ma ci avviciniamo a persone da cui ci venga onore e vantaggio: questo cerchiamo in primo luogo, e quelli solo secondariamente.
>
> (*Elementi filosofici sul cittadino*, in *Opere politiche*, vol. 1, p. 84)

Hobbes non afferma che gli uomini possano sopravvivere o vivere bene nell'isolamento, ma sembra piuttosto condividere con Grozio la convinzione che nell'uomo esista un «**desiderio di società**» (*appetitus societatis*):

> è vero che l'uomo, per natura, cioè in quanto è uomo, vale a dire subito sin dalla nascita, non può sopportare una solitudine continua. Difatti i bambini hanno bisogno dell'aiuto altrui per vivere, gli adulti per vivere bene. Quindi non dico che gli uomini non desiderino, per necessità di natura, la reciproca compagnia. (*Elementi filosofici sul cittadino*, vol. 1, pp. 82-84)

La tesi hobbesiana, dunque, non è tanto che la socialità non sia naturale all'uomo (il quale, come abbiamo visto, ne ha desiderio, e dunque bisogno), quanto che l'uomo non sia animato, per natura, da sentimenti socievoli. La **tendenza alla socialità**, infatti, per il filosofo inglese

Il fine utilitaristico della socievolezza

trova il suo fondamento non in una disinteressata benevolenza o nella simpatia reciproca, bensì nella **ricerca di un qualche vantaggio**:

> ogni associazione spontanea di gente nasce o dal bisogno reciproco oppure dal desiderio di soddisfare la propria ambizione; onde coloro che vi partecipano sperano di ricavarne o un qualche utile o un *eudokiméin*, cioè stima e onore da parte dei compagni. [...] Dunque, ogni patto sociale si contrae o per utilità o per ambizione, cioè per amor proprio e non già per amore dei consoci. (*Elementi filosofici sul cittadino*, vol. 1, pp. 84-86)

Dalla paura alla sottomissione

Il cupo pessimismo antropologico hobbesiano scaturisce da una prospettiva rigorosamente realistica. La politica, secondo Hobbes, deve basarsi sulla conoscenza dell'uomo come di fatto è e non sul vagheggiamento di come *dovrebbe essere*. Proprio dall'osservazione della condizione reale dell'uomo Hobbes deriva i «**postulati sicurissimi intorno alla natura umana**»:

> 1. il *desiderio naturale*, per cui ciascuno richiede per sé l'uso di cose che sono in comune;
> 2. la *ragione naturale*, per cui ciascuno si sforza di evitare una morte violenta come il più grande dei mali naturali. (T. Hobbes, *Elementi filosofici sul cittadino*, "Lettera dedicatoria", vol. 1, p. 65)

Questa condizione produce uno stato di «**guerra di tutti contro tutti**» (*bellum omnium contra omnes*), in cui l'uomo è **esposto al peggiore dei mali**, la **morte**, e vive in una **costante paura**. Infatti nello stato di natura gli uomini sono tutti uguali, nel senso che la distribuzione equilibrata dell'intelligenza e della forza fa sì che nessuno possa prevalere sugli altri e che tutti possano vicendevolmente procurarsi la morte. Questa uguaglianza naturale, fondata sulla comune vulnerabilità, è la causa prima del «timore reciproco»: poiché ciascuno può eliminare l'altro, tutti vivono nella paura. **Debole, impaurito, aggressivo e violento**: l'uomo naturale, per Hobbes, è una creatura impastata di male, capace solo di rapporti improntati alla ferocia e alla lotta implacabile. Per uscire dalla violenza dello stato di natura **l'unica soluzione consiste**, paradossalmente, **nel sottomettersi a un potere comune** che incuta a tutti uguale timore. Detto in altri termini, per sfuggire al timore reciproco gli uomini si sottomettono a un timore comune.

2. | L'uomo per natura è buono: **Rousseau**

Contro i pensatori precedenti

In polemica con i teorici del diritto naturale (Hobbes e Locke innanzitutto), che ipotizzano un metastorico «stato di natura» con l'intento di giustificare il potere costituito (sia esso assolutistico o liberale), **Rousseau**, nel *Discorso sull'origine e i fondamenti dell'ineguaglianza tra gli uomini* (1755), pone sotto accusa la società del suo tempo.
Egli parte dallo studio storico-antropologico dell'**effettiva condizione dell'umanità primitiva**, di quella **felice «giovinezza del mondo»** da cui la specie umana, evolvendosi, si è irrimediabilmente distaccata.

L'amoralità e l'isolamento dell'uomo primitivo

Alla dottrina metastorica del diritto naturale il filosofo ginevrino oppone pertanto una «storia naturale» dell'uomo che attinge informazioni dai resoconti degli antropologi e dei viaggiatori, i quali avevano elaborato l'idea del «buon selvaggio», cioè di un'umanità innocente e non corrotta dagli artifici della società.
Nella prospettiva di Rousseau l'**uomo primitivo** è un **essere "a-morale" o "pre-morale"**, a cui non è possibile attribuire quelle qualità che sono intelligibili soltanto nell'orizzonte della civiltà e della vita associata. Non si possono riferire all'uomo primitivo né la benevolenza o la socievolezza, come voleva Locke, né l'egoismo e l'aggressività, come voleva Hobbes. Di quest'ulti-

mo, in particolare, Rousseau rifiuta con nettezza l'idea di una naturale malvagità dell'uomo naturale:

> Non finiamo con il concludere come Hobbes che l'uomo, non avendo alcuna idea di bontà, sia naturalmente cattivo, che sia vizioso perché non conosce la virtù, che rifiuti sempre ai suoi simili dei servizi che non crede di dover loro, e che, ritenendo a ragione di aver diritto alle cose di cui ha bisogno, immagini follemente di essere il solo padrone di tutto l'universo. […] Ma c'è un altro principio di cui Hobbes non si è accorto; un principio che […] tempera l'ardore che nutre per il suo benessere con un'innata ripugnanza a veder soffrire il proprio simile. Parlo della virtù naturale della pietà, disposizione che ben si adatta a esseri così deboli e soggetti a tanti mali come siamo noi; virtù tanto più universale ed utile all'uomo in quanto precede in lui qualunque riflessione; così naturale che anche le bestie ne hanno talvolta segni tangibili. Per non parlare della tenerezza delle madri per i loro piccoli e dei pericoli che sfidano per proteggerli, si può osservare quotidianamente la ripugnanza che provano i cavalli a calpestare un corpo vivente.
>
> (J.-J. Rousseau, *Discorso sull'origine e i fondamenti della diseguaglianza fra gli uomini*, in *Scritti politici*, vol. 1, pp. 161-163)

Se per Hobbes e per Locke l'uomo naturale vive comunque in relazione con i suoi simili (nell'ostilità o nella socievolezza), per Rousseau esso è **isolato e asociale**, e gode di un'indipendenza che lo rende **libero da qualsiasi relazione** con gli altri. Nello stato di natura, infatti, non c'è alcuna proprietà da difendere, né alcun potere da esercitare: pertanto gli individui non devono ricorrere alla forza. Bastano a se stessi e desiderano solo ciò di cui hanno bisogno, avvalendosi della guida infallibile dell'istinto, che li orienta alla conservazione di sé (mediante la nutrizione) e della specie (mediante la riproduzione).

A questa condizione originaria segue lo **stadio del «buon selvaggio»**, tappa intermedia tra le due fasi dell'uomo puramente *naturale* e dell'uomo *civile*. Nello stadio del buon selvaggio sorgono **elementi di artificialità e di calcolo razionale**: l'essere umano impara infatti a utilizzare gli oggetti che trova in natura per costruire gli arnesi necessari alla caccia e alla pesca, che può ancora praticare in solitudine, e dunque in una situazione di indipendenza e libertà. In tale «società nascente», a metà tra natura e cultura, Rousseau indica l'epoca più felice dell'umanità:

Il «buon selvaggio»

> Finché gli uomini […] si dedicarono a lavori che uno poteva fare da solo, finché praticarono arti per cui non si richiedeva il concorso di più mani, vissero liberi, sani, buoni, felici quanto potevano esserlo per la loro natura, continuando a godere tra loro le gioie dei rapporti indipendenti […].
>
> (J.-J. Rousseau, *Discorso sull'origine e i fondamenti della disuguaglianza*, parte II, pp. 180-181)

Il graduale abbandono della primitività innocente comincia nel momento in cui, non accontentandosi più di usare gli oggetti della natura come mezzi *artificiali* per soddisfare esigenze *naturali* (la nutrizione e la conservazione di sé), l'uomo inizia ad avvertire **nuovi bisogni**: la volontà di primeggiare, di possedere più di altri, di accumulare prodotti e così via. A questi bisogni artificiali l'uomo risponde con due arti o tecniche volte a sfruttare in modo razionale la natura: l'agricoltura e la metallurgia, le quali, unitamente alla delimitazione della proprietà della terra e degli utensili, allo sfruttamento del lavoro altrui, alla divisione tra ricchi e poveri ecc., istituiscono una condizione di **disuguaglianza sociale** e di **reciproca dipendenza**:

L'origine delle disuguaglianze

> nel momento stesso in cui un uomo ebbe bisogno dell'aiuto di un altro; da quando ci si accorse che era utile a uno solo aver provviste per due, l'uguaglianza scomparve, fu intro-

dotta la proprietà, il lavoro diventò necessario, e le vaste foreste si trasformarono in campagne ridenti che dovevano essere bagnate dal sudore degli uomini, e dove presto si videro germogliare e crescere con le messi la schiavitù e la miseria.

(J.-J. Rousseau, *Discorso sull'origine e i fondamenti della disuguaglianza*, vol. 1, p. 181)

La guerra
di tutti
contro tutti

Questa nuova condizione, sorta soprattutto con la proprietà privata, **rappresenta «il più orribile stato di guerra»**, il regno della violenza e degli egoismi sfrenati, della prepotenza dei ricchi e del brigantaggio dei poveri. La descrizione di Rousseau ricorda quella dello stato di natura di Hobbes, con la differenza che per il filosofo ginevrino la malvagità e l'aggressività sono difetti *acquisiti*, che non appartengono all'uomo *naturale*, bensì all'uomo *civilizzato*.

**VERSO
LE COMPETENZE**

▶ Saper argomentare una tesi
dopo aver ascoltato e valutato
le ragioni altrui

Hai cambiato opinione?

Ora che hai ascoltato le ragioni dei filosofi, decidi se intendi rimanere fedele alla tua idea iniziale
o se preferisci cambiarla, e indica in sintesi gli argomenti che ti hanno indotto a questa decisione.

Una questione aperta...

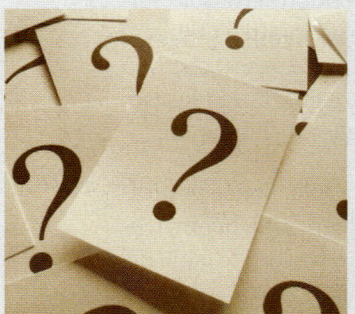

Nella sua schematica semplificazione dicotomica ("L'uomo, per natura, è cattivo o buono?") la questione che abbiamo indagato rischia di risultare fuorviante. Può sembrare, infatti, che l'opposizione tra Hobbes e Rousseau sia tra chi sostiene che l'uomo è *cattivo* perché *asociale* e chi sostiene, al contrario, che è *buono* in quanto *socievole*. Ma, come abbiamo potuto vedere analizzando la posizione dei due filosofi, le cose non stanno esattamente così.

Innanzitutto, nella prospettiva di **Hobbes** non si può propriamente dire che l'uomo sia per natura "cattivo": il suo è piuttosto un comportamento premorale e dunque, in un certo senso, "innocente". Inoltre, come abbiamo visto, anche per Hobbes l'uomo ha una naturale socievolezza, che deriva dal perseguimento del proprio vantaggio.

Analogamente, l'uomo primitivo di **Rousseau**, più che "buono" in senso morale, è "buono" per istinto, non essendo ancora stato corrotto dalle ambizioni: è, ancora una volta, un essere a-morale e pre-morale. La stessa «pietà» che Rousseau gli attribuisce non è una virtù etica, ma un «puro moto della natura», che l'uomo condivide con gli altri animali e che tempera il suo istinto di conservazione. Inoltre, per Rousseau il «buon selvaggio» è libero e felice perché asociale e indipendente dai suoi simili.

In conclusione, si può quindi osservare che, nonostante le radicali differenze, i due pensatori concordano nel sostenere che **l'uomo naturale non può essere detto né "buono" né "cattivo"**, dal momento che queste determinazioni morali esigono l'orizzonte della società, ovvero l'artificio di regole intersoggettive.

UNITÀ 7

I Classici della Filosofia  LIMBOOK

KANT

Collocandosi tra Illuminismo e Romanticismo, Kant riconosce alla **ragione** il compito di condurre una "**critica**" intorno ai **fondamenti** di ogni esperienza e di ogni facoltà umana.

Nel "**periodo precritico**" Kant effettua ricerche in campo naturalistico, per poi avvicinarsi all'**empirismo inglese** e affermare un nuovo punto di vista sulla **metafisica**, intesa come **scienza dei limiti della ragione**.

Riguardo al problema della conoscenza, Kant **ribalta i rapporti tra soggetto e oggetto**, affermando che non è l'uomo a dover adattare le proprie facoltà percettive ai fenomeni per comprenderli, ma la natura a modellarsi sulle facoltà che sono proprie della struttura conoscitiva umana. Applicata ai fondamenti del sapere, la "critica" kantiana è volta ad appurare quali ambiti siano genuinamente conoscibili.

Anche nell'ambito della **ragione pratica**, che regola i **comportamenti morali** dell'uomo, l'assunto antropocentrico di fondo rimane invariato: **la morale non sta fuori dell'uomo**, ma è dentro di lui.

Nella *Critica del Giudizio* Kant studia il **sentimento** come facoltà mediante la quale l'uomo fa esperienza di quella **finalità del reale** che la ragion pura esclude programmaticamente e la ragion pratica si limita a ipotizzare sotto forma di postulati.

Per quanto concerne la **filosofia della religione, del diritto e della storia**, anche in questi campi Kant propone originali contributi, che sono stati rivalutati soprattutto dalla critica contemporanea.

CAPITOLO 1
Dal periodo precritico al criticismo*

1. Una vita per il pensiero

L'educazione e gli studi

Immanuel Kant nacque da famiglia di origine scozzese a Königsberg, allora capoluogo della Prussia orientale, nel 1724. Fu educato, nello spirito religioso del pietismo, nel Collegium Fridericianum, del quale era direttore Franz Albert Schultz, la più notevole personalità del pietismo in quel periodo. Uscito dal collegio (1740), Kant studiò filosofia, matematica e teologia all'Università di Königsberg, dove ebbe come maestro Martin Knutzen, il quale lo avviò agli studi di matematica, di filosofia e della fisica newtoniana. Dopo gli studi universitari fu precettore privato in alcune case patrizie.

L'insegnamento universitario

Nel 1755 ottenne la libera docenza presso l'Università di Königsberg e per 15 anni vi svolse i suoi corsi liberi su varie discipline. Nel 1766 divenne sottobibliotecario alla Biblioteca reale. Nel 1770 fu nominato professore ordinario di logica e metafisica in quella stessa università. Tenne questo posto fino alla morte, adempiendo con grande scrupolosità ai suoi doveri accademici anche quando per la debolezza senile gli diventarono estremamente gravosi.

La testimonianza di Herder

Johann Gottfried Herder, che fu suo scolaro negli anni 1762-1774, ci ha lasciato questa immagine di lui:

> Io ho avuto la felicità di conoscere un filosofo, che fu mio maestro. Nei suoi anni giovanili, egli aveva la gaia vivacità di un giovane, e questa, io credo, non lo abbandonò neppure nella tarda vecchiaia. La sua fronte aperta, costruita per il pensiero, era la sede di una imperturbabile serenità e gioia; il discorso più ricco di pensiero fluiva dalle sue labbra; aveva sempre pronto lo scherzo, l'arguzia e l'umorismo, e la sua lezione erudita aveva l'andamento più divertente. Con lo stesso spirito col quale esaminava Leibniz, Wolff, Baumgarten, Crusius, Hume, e seguiva le leggi naturali scoperte da Newton, da Keplero e dai fisici, accoglieva anche gli scritti allora apparsi di Rousseau, il suo *Emilio* e la sua *Eloisa*, come ogni altra

---

* I paragrafi 1, 2 e 3 di questo capitolo sono di Nicola Abbagnano, mentre il paragrafo 4 è di Giovanni Fornero.

scoperta naturale che venisse a conoscere: valorizzava tutto e tutto riconduceva ad una spregiudicata conoscenza della natura e al valore morale degli uomini. La storia degli uomini, dei popoli e della natura, la dottrina della natura, la matematica e l'esperienza erano le sorgenti che avvivavano la sua lezione e la sua conversazione. Nulla che fosse degno di esser conosciuto gli era indifferente; nessuna cabala, nessuna sètta, nessun pregiudizio, nessun nome superbo aveva per lui il minimo pregio di fronte all'incremento e al chiarimento della verità. Egli incoraggiava e costringeva dolcemente a pensare da sé; il dispotismo era estraneo al suo spirito. Quest'uomo, che io nomino con la massima gratitudine e venerazione, è Emanuele Kant: la sua immagine mi sta sempre dinanzi.

L'esistenza di Kant è priva di avvenimenti drammatici e di passioni, con pochi affetti e amicizie, interamente concentrata in uno sforzo continuo di pensiero che si accompagnava a uno stile di vita basato su rigide abitudini (emblematica la sua passeggiata pomeridiana, compiuta sempre alla stessa ora, al punto che si dice che gli abitanti di Königsberg regolassero il loro orologio su di essa). | *Un'esistenza dedita al pensiero*

Kant non fu tuttavia estraneo agli avvenimenti politici del suo tempo. Simpatizzò con gli americani nella loro guerra d'indipendenza e con i francesi nella loro rivoluzione, che giudicava diretta a realizzare l'ideale della libertà politica. Il suo **ideale politico**, quale egli lo delineò nello scritto *Per la pace perpetua. Un progetto filosofico* (1795), era quello di una **costituzione repubblicana** | *Le simpatie politiche*

> fondata in primo luogo sul principio di *libertà* dei membri di una società, come uomini; in secondo luogo sul principio d'indipendenza di tutti, come sudditi; in terzo luogo sulla legge dell'eguaglianza, come cittadini.

Il solo episodio notevole della sua vita è il contrasto in cui venne a trovarsi con il governo prussiano dopo la pubblicazione della seconda edizione (1794) de *La religione entro i limiti della sola ragione*. Tuttavia, con l'avvento al trono di Federico Guglielmo III (1797), la libertà di stampa fu ripristinata e Kant poté, ne *Il conflitto delle facoltà* (1798), rivendicare la libertà del pensiero e della parola, contro gli arbìtri del dispotismo, anche nei confronti della religione. Egli tuttavia non tenne più corsi sulla filosofia della religione. | *Il contrasto con il governo prussiano*

Negli ultimi anni Kant fu preso da una debolezza senile che lo privò gradualmente di tutte le sue facoltà. Morì nel 1804, mormorando «*Es ist gut*» ("Sta bene"). Sulla sua tomba furono incise le seguenti parole, tratte dalla *Critica della ragion pratica*: «**Il cielo stellato sopra di me e la legge morale dentro di me**». | *La debolezza senile e la morte*

Nell'attività letteraria di Kant si possono distinguere tre periodi: | *I tre periodi dell'attività filosofica di Kant*
1) nel primo, che va fino al 1760, prevale l'**interesse per le scienze naturali**;
2) nel secondo, che va fino al 1781 (anno in cui fu pubblicata la *Critica della ragion pura*), prevale l'**interesse filosofico** e si determina l'orientamento verso l'empirismo inglese e il criticismo;
3) nel terzo, che va dal 1781 in poi, si delinea la **filosofia trascendentale**.
Gli scritti del primo e del secondo periodo sono poi comunemente raggruppati come "scritti del periodo precritico".

2. Verso il punto di vista "trascendentale": gli scritti del periodo "precritico"

Il primo periodo

Gli interessi naturalistici

Gli scritti del primo periodo rispondono agli **interessi naturalistici** propri **della formazione universitaria** di Kant: l'opera principale è del 1755, *Storia naturale universale e teoria del cielo*. Lo scritto, che comparve anonimo, descrive la formazione dell'intero sistema cosmico, a partire da una nebulosa primitiva, in conformità alle leggi della fisica newtoniana. Accanto ad altre ricerche sui fenomeni fisici, occorre segnalare la dissertazione per la libera docenza *Principiorum primorum cognitionis metaphysicae nova dilucidatio* (1755), nella quale si riconosce come principio supremo quello d'identità, e la *Monadologia physica* (1756), in cui al posto delle monadi leibniziane Kant pone delle monadi fisiche.

L'ottimismo radicale

Lo scritto *Alcune considerazioni sull'ottimismo* (1759) affronta invece la questione trattata da Voltaire nel *Poema sul disastro di Lisbona* (v. unità 6, p. 58), che Kant risolve in favore del-

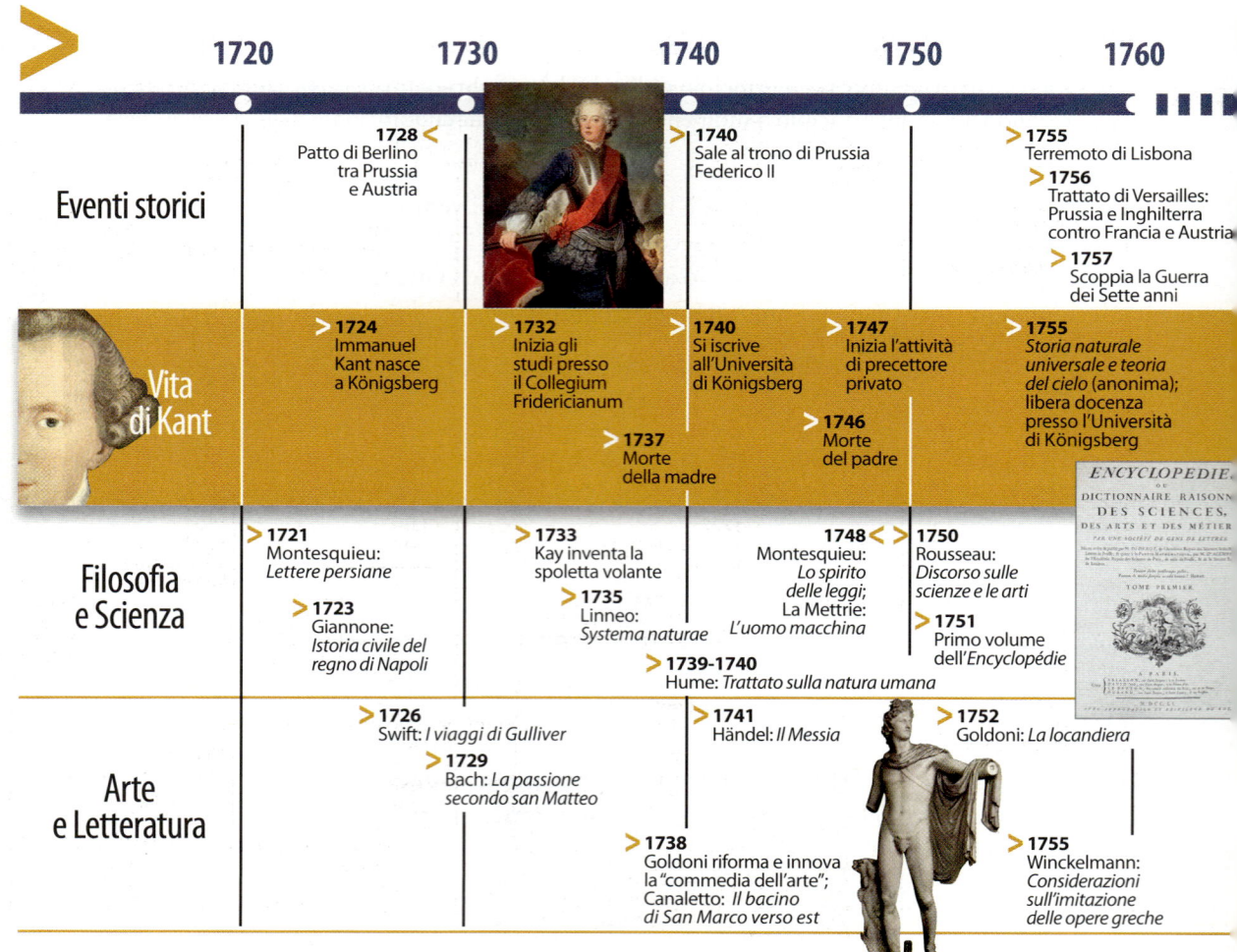

1720   **1730**   **1740**   **1750**   **1760**

Eventi storici

1728 Patto di Berlino tra Prussia e Austria

1740 Sale al trono di Prussia Federico II

1755 Terremoto di Lisbona
1756 Trattato di Versailles: Prussia e Inghilterra contro Francia e Austria
1757 Scoppia la Guerra dei Sette anni

Vita di Kant

1724 Immanuel Kant nasce a Königsberg

1732 Inizia gli studi presso il Collegium Fridericianum
1737 Morte della madre

1740 Si iscrive all'Università di Königsberg

1747 Inizia l'attività di precettore privato
1746 Morte del padre

1755 *Storia naturale universale e teoria del cielo* (anonima); libera docenza presso l'Università di Königsberg

Filosofia e Scienza

1721 Montesquieu: *Lettere persiane*
1723 Giannone: *Istoria civile del regno di Napoli*

1733 Kay inventa la spoletta volante
1735 Linneo: *Systema naturae*
1739-1740 Hume: *Trattato sulla natura umana*

1748 Montesquieu: *Lo spirito delle leggi*; La Mettrie: *L'uomo macchina*

1750 Rousseau: *Discorso sulle scienze e le arti*
1751 Primo volume dell'*Encyclopédie*

ENCYCLOPEDIE, ou DICTIONNAIRE RAISONNÉ DES SCIENCES, DES ARTS ET DES MÉTIERS

Arte e Letteratura

1726 Swift: *I viaggi di Gulliver*
1729 Bach: *La passione secondo san Matteo*

1741 Händel: *Il Messia*

1752 Goldoni: *La locandiera*

1738 Goldoni riforma e innova la "commedia dell'arte"; Canaletto: *Il bacino di San Marco verso est*

1755 Winckelmann: *Considerazioni sull'imitazione delle opere greche*

l'**ottimismo radicale**. Immaginando di considerare il mondo nella sua assoluta totalità, Kant afferma infatti che Dio non avrebbe potuto sceglierne uno migliore. Si noti che, proprio a causa di questo assunto di una pretesa visione totale ed esauriente dell'intero universo, Kant ripudierà in seguito il suo scritto.

Il secondo periodo

Il secondo periodo segna il decisivo prevalere nel pensiero di Kant degli interessi filosofici e un primo delinearsi di **temi e motivi che confluiranno nel criticismo**.

Nello scritto *La falsa sottigliezza delle quattro figure sillogistiche* (1762), Kant critica la logica aristotelico-scolastica, paragonandola a un colosso «che ha la testa nelle nuvole dell'antichità e i cui piedi sono di argilla».

Nell'*Unico argomento possibile per una dimostrazione dell'esistenza di Dio* (1763), il filosofo definisce la metafisica un «abisso senza fondo», un «oceano tenebroso senza sponde e senza fari», e dice che «c'è un tempo in cui si ardisce spiegare tutto e tutto dimostrare; ce n'è un altro, al contrario, in cui soltanto con timore e diffidenza ci si avventura in simili imprese».

> Gli interessi filosofici e la critica della metafisica

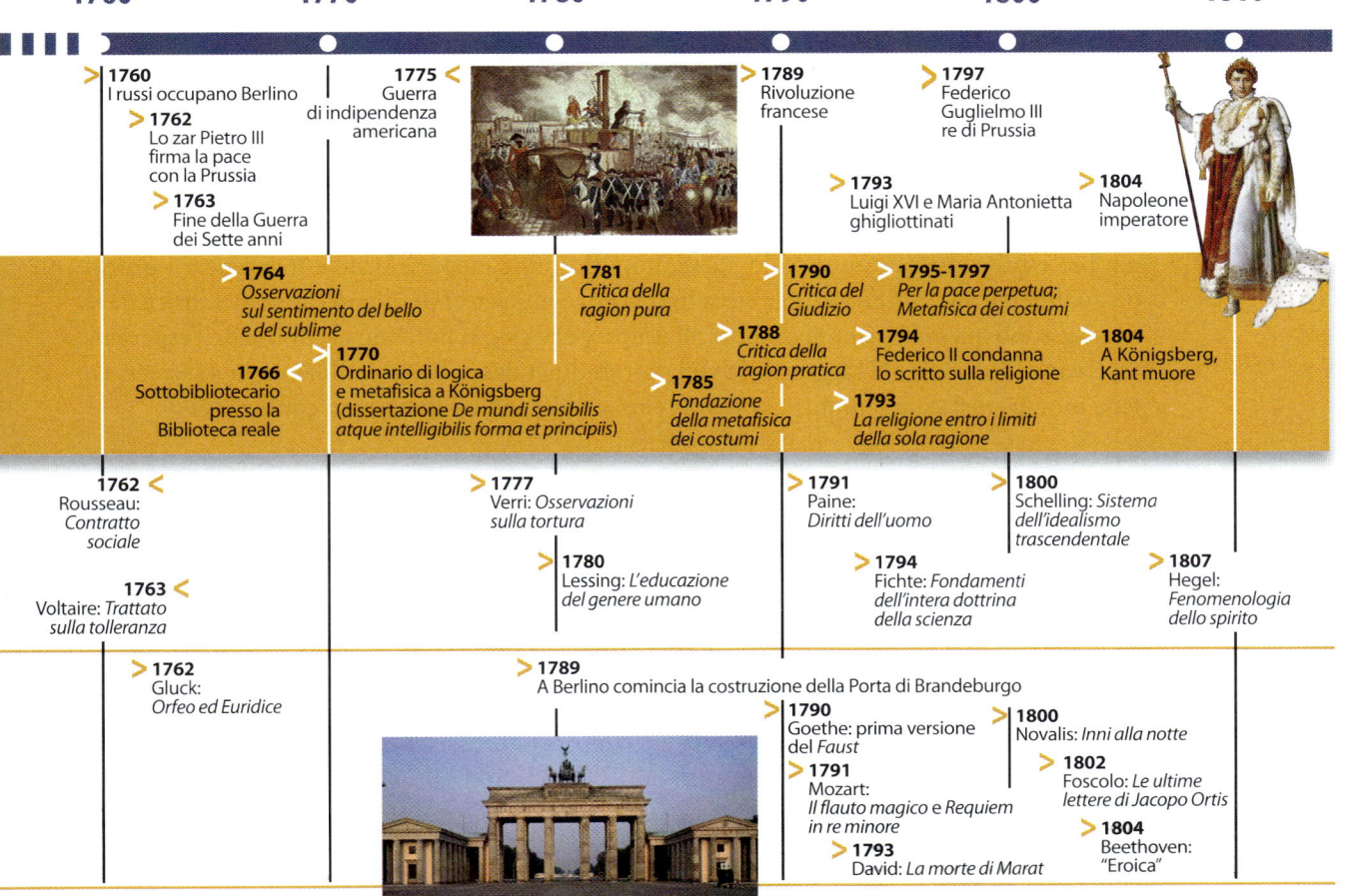

| 1760 | 1770 | 1780 | 1790 | 1800 | 1810 |

1760
I russi occupano Berlino

1762
Lo zar Pietro III firma la pace con la Prussia

1763
Fine della Guerra dei Sette anni

1775
Guerra di indipendenza americana

1789
Rivoluzione francese

1797
Federico Guglielmo III re di Prussia

1793
Luigi XVI e Maria Antonietta ghigliottinati

1804
Napoleone imperatore

1764
Osservazioni sul sentimento del bello e del sublime

1770
Ordinario di logica e metafisica a Königsberg (dissertazione *De mundi sensibilis atque intelligibilis forma et principiis*)

1766
Sottobibliotecario presso la Biblioteca reale

1781
Critica della ragion pura

1785
Fondazione della metafisica dei costumi

1788
Critica della ragion pratica

1790
Critica del Giudizio

1793
La religione entro i limiti della sola ragione

1794
Federico II condanna lo scritto sulla religione

1795-1797
Per la pace perpetua; Metafisica dei costumi

1804
A Königsberg, Kant muore

1762
Rousseau: *Contratto sociale*

1763
Voltaire: *Trattato sulla tolleranza*

1777
Verri: *Osservazioni sulla tortura*

1780
Lessing: *L'educazione del genere umano*

1791
Paine: *Diritti dell'uomo*

1794
Fichte: *Fondamenti dell'intera dottrina della scienza*

1800
Schelling: *Sistema dell'idealismo trascendentale*

1807
Hegel: *Fenomenologia dello spirito*

1762
Gluck: *Orfeo ed Euridice*

1789
A Berlino comincia la costruzione della Porta di Brandeburgo

1790
Goethe: prima versione del *Faust*

1791
Mozart: *Il flauto magico* e *Requiem in re minore*

1793
David: *La morte di Marat*

1800
Novalis: *Inni alla notte*

1802
Foscolo: *Le ultime lettere di Jacopo Ortis*

1804
Beethoven: "*Eroica*"

Metafisica, matematica e morale

Nella primavera del 1764 comparve la *Ricerca sulla chiarezza dei principi della teologia naturale e della morale* in risposta al tema di un concorso bandito dall'Accademia di Berlino: «Se le verità metafisiche possano avere la stessa evidenza di quelle matematiche e quale sia la natura della loro certezza». La metafisica è definita nello scritto «niente altro che una filosofia sui primi fondamenti della nostra conoscenza». Kant è un deciso sostenitore dell'**applicabilità del metodo matematico alla filosofia**, ma vede anche le differenze che intercorrono tra l'una e l'altra disciplina.

Per ciò che riguarda la morale, egli si sofferma a considerare soprattutto il **concetto dell'obbligazione**. Questo non gli sembra fondato dalla dottrina di Wolff, che pone come fine dell'azione morale la perfezione. Il **bene** si identifica con la **necessità morale** e perciò la conoscenza non dice alcunché sulla sua natura, che è invece rivelata dal semplice «sentimento morale». Kant esplicitamente allude alle analisi di Hutcheson (v. unità 6, pp. 85-86); lo scritto dimostra pertanto una nuova tendenza del suo pensiero, che si indirizza verso le analisi dell'empirismo inglese.

L'avvicinamento all'empirismo inglese

Questo orientamento è ancora più chiaro nella *Notizia sull'indirizzo delle lezioni* relativa all'insegnamento di Kant nel semestre invernale del 1765: qui il distacco dal dogmatismo della scuola wolffiana è ormai deciso e coincide con l'adesione allo **spirito di ricerca** e all'**empirismo** dei filosofi inglesi.

I «sogni» della metafisica

In questo senso, documento significativo è lo scritto *Sogni di un visionario chiariti con i sogni della metafisica* (1765), in cui sono già presenti i **capisaldi dell'indirizzo critico**. Prendendo lo spunto dalle visioni mistiche e spiritistiche dello svedese Emanuel Swedenborg (1688-1772), Kant propone una scherzosa satira di queste visioni e delle dottrine che ne sono a fondamento. Di fronte alla vanità di questi sogni a occhi aperti, egli ritiene che la **metafisica** debba in primo luogo considerare le proprie forze e perciò «conoscere se il compito è in proporzione a ciò che si può sapere e quale rapporto ha la questione con i concetti dell'esperienza sui quali devono poggiare tutti i nostri giudizi». La metafisica è la **scienza dei limiti della ragione umana**; per essa, come per un piccolo paese, importa più conoscere bene e mantenere i propri possedimenti, anziché andare alla cieca in cerca di conquiste. I problemi che la metafisica deve trattare sono quelli che stanno a cuore all'uomo e che cioè si limitano ai confini dell'esperienza. È vano credere che la saggezza e la vita morale dipendano da certe soluzioni metafisiche. La fede morale, nella sua semplicità, è la sola che si addice all'uomo in ogni condizione.

La dissertazione del 1770

Nel breve saggio *Sul primo fondamento della distinzione delle regioni nello spazio* (1768), Kant fa vedere come le posizioni reciproche delle parti della materia presuppongano le determinazioni spaziali e come, di conseguenza, il **concetto dello spazio** sia qualcosa di **originario**. Queste considerazioni costituiscono il punto di partenza della dissertazione *La forma e i principi del mondo sensibile e intelligibile* (*De mundi sensibilis atque intelligibilis forma et principiis*).

La "luce" del 1769

A proposito dell'anno 1769, lo stesso Kant afferma: «L'anno '69 mi ha portato una gran luce». In effetti, la dissertazione inaugurale del 1770, presentata in occasione della nomina a professore ordinario di logica e metafisica presso l'Università di Königsberg, segna la **soluzione critica del problema dello spazio e del tempo**.

Kant comincia con lo stabilire la distinzione tra conoscenza sensibile e conoscenza intellettuale:

- la prima, che è dovuta alla **ricettività** (o passività) del soggetto, ha per oggetto il **fenomeno**, cioè la cosa come appare nella sua relazione al soggetto;
- la seconda, che è una **facoltà** del soggetto, ha per oggetto la cosa così com'essa è, nella sua natura intelligibile, cioè come **noumeno**.

Conoscenza sensibile e conoscenza intellettuale

Nella conoscenza sensibile si deve distinguere:

- la **materia**, cioè la **sensazione**, che è una modificazione degli organi di senso e che perciò testimonia la presenza dell'oggetto dal quale è causata;
- la **forma**, cioè la **legge**, indipendente dalla sensibilità, **che ordina la materia sensibile**.

Materia e forma della conoscenza sensibile

La forma della conoscenza sensibile è costituita dallo spazio e dal tempo. **Tempo e spazio** non derivano dunque dalla sensibilità, che li presuppone. Essi sono intuizioni, ma **intuizioni "pure"**, in quanto precedono ogni conoscenza sensibile e sono indipendenti da essa. Perciò non sono realtà oggettive, ma **condizioni soggettive e necessarie alla mente umana per coordinare a sé, in virtù di una legge, tutti i dati sensibili**. Questi chiarimenti sulla conoscenza sensibile rimarranno pressoché immutati nella *Critica della ragion pura*.

La concezione critica dello spazio e del tempo

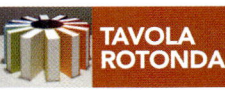

Spazio e tempo, p. 317

A seconda che sia anteriore o posteriore all'intervento dell'intelletto logico, la conoscenza sensibile si distingue a sua volta in "**apparenza**" e in "**esperienza**". Quest'ultima, infatti, consiste per Kant nel confronto operato dall'intelletto tra una molteplicità di apparenze, e pertanto è una **forma di conoscenza riflessa**. In altri termini: dall'apparenza all'esperienza si va attraverso la riflessione, la quale si avvale dell'intelletto. Gli oggetti dell'esperienza sono i fenomeni.

L'esperienza come conoscenza riflessa

Quanto alla conoscenza intellettuale, in questo periodo Kant condivide ancora l'**idea tradizionale** che essa, pur nell'ambito di una serie di limiti, abbia la **possibilità di cogliere le cose** *uti sunt*, ossia come sono nel loro ordine intelligibile (i «noumeni»), a differenza della sensibilità, che le percepisce *uti apparent*, ossia come appaiono (i «fenomeni»). In seguito, lasciando cadere questa distinzione e insistendo sempre di più sui limiti dell'intelletto, Kant finirà per porsi coerentemente nella prospettiva criticistica.

La conoscenza intellettuale

3. Gli scritti del periodo "critico"

Negli anni successivi alla pubblicazione della dissertazione, Kant va lentamente e intensamente elaborando la sua filosofia critica. Nel frattempo pubblica pochissimo, e nulla che riguardi i temi della sua meditazione.

La *Critica della ragion pura* appare nel 1781. Nel redigere quest'opera Kant (come egli stesso scrive a Moses Mendelssohn il 16 agosto 1783) raccoglie in soli quattro o cinque mesi i risultati di circa dodici anni di riflessione, con la massima attenzione per il contenuto, ma con poca cura della forma e di quanto occorre per essere facilmente inteso dal lettore.

La prima Critica...

La seconda edizione appare nel 1787 e contiene importanti rimaneggiamenti e aggiunte rispetto alla prima, soprattutto per ciò che riguarda la **deduzione trascendentale**. Le differenze tra le due edizioni e la preferenza accordata alla prima da studiosi e storici sono tra i motivi della varietà di interpretazioni del kantismo.

... e le successive grandi opere

La *Critica della ragion pura* apre la serie delle grandi opere di Kant. Nel 1783 escono i *Prolegomeni a ogni metafisica futura che voglia presentarsi come scienza*, esposizione più breve e in forma popolare della stessa dottrina della *Critica*. Seguono: *Fondazione della metafisica dei costumi* (1785); *Principi metafisici della scienza della natura* (1786); *Critica della ragion pratica* (1788); *Critica del Giudizio* (1790); *La religione entro i limiti della sola ragione* (1793); *La metafisica dei costumi* (1797), che nella prima parte contiene i "Fondamenti metafisici della dottrina del diritto" e nella seconda parte i "Fondamenti metafisici della dottrina della virtù"; *Antropologia dal punto di vista pragmatico* (1798). Nella prefazione di quest'opera, Kant distingue l'antropologia pragmatica dall'antropologia fisiologica: quest'ultima è diretta a determinare qual è la natura dell'uomo, mentre la prima studia l'uomo quale egli stesso si fa in virtù della sua volontà libera.

Scritti minori

Negli stessi anni in cui appaiono le sue opere fondamentali, Kant pubblica articoli, recensioni critiche e chiarimenti del suo pensiero su punti particolari. Di queste numerose opere minori ci limitiamo per il momento a citare i due saggi del 1784 (*Idea per una storia universale dal punto di vista cosmopolitico*; *Risposta alla domanda: che cos'è l'Illuminismo*) e lo scritto del 1795 *Per la pace perpetua*, che esprime il pensiero politico di Kant.

A questi testi bisogna infine aggiungere quelli che negli ultimi anni della vita di Kant vengono pubblicati a cura dei suoi discepoli.

Ricapitolazione dell'*iter* filosofico kantiano

Possiamo dunque ricapitolare come segue la via percorsa da Kant fino al raggiungimento completo del punto di vista trascendentale della sua filosofia:

- negli studi giovanili di filosofia naturale, Kant si avvicina alla **filosofia naturalistica dell'Illuminismo ispirata da Newton**. Questa filosofia, con il suo ideale di una descrizione dei fenomeni e con la rinuncia ad ammettere cause e forze che trascendano tale descrizione, gli prospetta l'esigenza di una metafisica che si costituisca in base agli stessi criteri limitativi;

- tale metafisica dovrebbe tuttavia avvalersi del **metodo della ragione fondante**, che domina l'ambiente filosofico in cui Kant si è formato. Le **analisi degli empiristi inglesi** gli prospettano questa metafisica dapprima come scienza limitativa e negativa, quindi come un'autocritica della ragione. Questo punto di vista è già raggiunto negli scritti pubblicati tra il 1762 e il 1765;

- successivamente, e per la prima volta nella **dissertazione del 1770**, il punto di vista critico si chiarisce come **punto di vista trascendentale, limitatamente alla conoscenza sensibile**: la validità di questa conoscenza viene fondata sui suoi stessi limiti;

- dal **1781** in poi, il **punto di vista critico** viene **esteso a tutto il mondo dell'uomo**.

4. Il criticismo come "filosofia del limite" e l'orizzonte storico del pensiero kantiano

Critica e criticismo

Il pensiero di Kant è detto **criticismo** perché, contrapponendosi all'atteggiamento mentale del "dogmatismo" – che consiste nell'accettare opinioni o dottrine senza interrogarsi preliminarmente sulla loro effettiva consistenza –, fa della **critica** lo strumento per eccellenza della filosofia. "**Criticare**", nel linguaggio tecnico di Kant, significa infatti, conformemente all'etimologia greca, "giudicare", "distinguere", "valutare", "soppesare" ecc., ossia **interrogarsi pro-grammaticamente circa il fondamento di determinate esperienze umane**, chiarendone:

- le **possibilità** (le condizioni che ne permettono l'esistenza);
- la **validità** (i titoli di legittimità o non-legittimità che le caratterizzano);
- i **limiti** (i confini di validità).

Nell'istanza critica di Kant risulta dunque centrale e qualificante l'aspetto del limite. La "critica", in senso kantiano, non nascerebbe affatto se non ci fossero, in ogni campo, dei termini di validità da fissare. Pertanto, il criticismo si configura come una **filosofia del limite** e può venir definito un'«**ermeneutica della finitudine**»[1], ossia un'interpretazione dell'esistenza volta a stabilire, nei vari settori esperienziali, le "colonne d'Ercole dell'umano", e quindi a riconoscere il carattere finito o condizionato delle possibilità esistenziali, che non sono mai tali da garantire l'onniscienza e l'onnipotenza dell'individuo.

Il senso del limite e della finitudine

Questa filosofia del finito non equivale tuttavia, nelle intenzioni esplicite di Kant, a una forma di scetticismo, poiché tracciare il limite di un'esperienza significa nel contempo garantirne, entro il limite stesso, la validità. **Il riconoscimento e l'accettazione del limite divengono la norma che dà legittimità e fondamento alle varie facoltà umane**, in quanto l'assunto di base della filosofia critica «è di reperire nel limite della validità la validità del limite» (Pietro Chiodi[2]). L'impossibilità per la conoscenza di trascendere i limiti dell'esperienza diventa allora la base dell'effettiva validità della conoscenza stessa; l'impossibilità per l'attività pratica di raggiungere la santità diventa la norma della moralità che è propria dell'uomo; l'impossibilità di subordinare la natura all'uomo diventa la base del giudizio estetico e teleologico.

Criticismo e scetticismo

Ovviamente, la costruzione che va sotto il nome di "criticismo" non è solo una scoperta "geniale" di Kant, ma anche l'esito di determinate condizioni e istanze intellettuali che affondano le loro radici nell'epoca del filosofo e in tutto il corso del pensiero precedente. Il kantismo si inserisce infatti nello specifico orizzonte storico del pensiero moderno e risulta definito da quelle due coordinate di base che sono la **rivoluzione scientifica** da un lato e la **crisi progressiva delle metafisiche tradizionali** dall'altro. Questa situazione, scardinando la vecchia enciclopedia del sapere, aveva finito per ripercuotersi anche sull'etica, che veniva tradizionalmente dedotta dalla metafisica, facendo nascere il problema di una morale autonoma rispetto alle speculazioni ontologiche. Nello stesso tempo, la riflessione sull'arte e sul "gusto", nonché sulla sfera sentimentale dell'uomo, tendeva a produrre una serie di interrogativi circa la loro struttura e validità. Tutto ciò spiega come a un certo momento dello sviluppo della filosofia moderna sia potuto sorgere il criticismo, che s'interroga in profondità sui fondamenti del **sapere**, della **morale** e dell'**esperienza estetica e sentimentale**, concretizzandosi nei tre rispettivi capolavori di Kant: *Critica della ragion pura*, *Critica della ragion pratica* e *Critica del Giudizio*.

Le coordinate storico-culturali del criticismo

---

1 Questa espressione, che inaugura e sintetizza l'interpretazione anti-idealistica di Kant sviluppata nell'ambito della filosofia italiana del secondo dopoguerra, è stata usata da Nicola Abbagnano ne *Le origini storiche dell'esistenzialismo* (Corso di storia della filosofia dell'anno accademico 1943-1944, Regia Università di Torino, Facoltà di Lettere e Filosofia, Tip. A. Viretto, Torino 1944, cap. VII, p. 109).

2 Cfr. I. Kant, *Scritti morali* (a cura di P. Chiodi), UTET, Torino 1970, p. 13.

Kant e l'empirismo

Da questo punto di vista, il kantismo può essere considerato come la prosecuzione di quell'indirizzo critico che l'empirismo inglese aveva seguito fin da Locke – riconoscendo e segnando i limiti della ragione e del mondo umano – e che l'Illuminismo aveva difeso e propagandato nel Settecento.

Tuttavia, il **kantismo** si distingue dall'empirismo non solo perché **rifiuta gli esiti scettici** di quest'ultimo, ma anche perché **spinge più a fondo l'analisi critica**, seguendo, cioè, un metodo del filosofare che, più che soffermarsi sulla descrizione dei meccanismi conoscitivi, etici, sentimentali ecc., si sforza di fissarne le condizioni di possibilità e i limiti di validità.

Kant e l'Illuminismo

Dall'Illuminismo, invece, il kantismo si distingue per una maggiore radicalità di intenti. Infatti, se l'Illuminismo aveva portato davanti al tribunale della ragione l'intero mondo dell'uomo, **Kant si propone di portare davanti al tribunale della ragione la ragione stessa, per chiarirne in modo esauriente strutture e possibilità**.

Tuttavia, anche in questo andar oltre l'Illuminismo, Kant è pur sempre figlio dell'Illuminismo, in quanto ritiene che i confini della ragione possano essere tracciati soltanto dalla ragione stessa, che, essendo autonoma, non può assumere dall'esterno la direttiva e la guida del suo procedimento. Tant'è vero che Kant combatte instancabilmente, non solo nelle opere principali, ma anche negli scritti minori, ogni tentativo di segnare limiti alla ragione in nome della fede o di una qualsiasi esperienza extra-razionale, presentandosi come l'avversario risoluto di ogni specie di fideismo, di misticismo o di fanatismo. Per Kant **i limiti della ragione tendono a coincidere con i limiti dell'uomo**: volerli varcare in nome di presunte capacità superiori alla ragione significa soltanto avventurarsi in sogni arbitrari o fantastici.

VERSO LE COMPETENZE

▶ Utilizzare il lessico e le categorie specifiche della filosofia

GLOSSARIO e RIEPILOGO

Il criticismo

Criticismo p. 162 > Il "criticismo" (*Kritizismus*) è il pensiero proprio di Kant, in quanto fa della critica lo strumento per eccellenza della filosofia.

Critica p. 162 > Con il termine "critica" (*Kritik*, dal verbo greco *kríno*, che significa, tra l'altro, "giudico", "distinguo", "valuto" ecc.) Kant designa sia la «critica della ragione», sia, più in generale, quell'atteggiamento filosofico che consiste nell'interrogarsi programmaticamente circa il fondamento di determinate esperienze umane, ai fini di chiarirne la *possibilità* (le condizioni che ne consentono l'esistenza), la *validità* (i titoli di legittimità o non-legittimità che le caratterizzano) e i *limiti* (i loro confini di validità). Frutti emblematici di questo atteggiamento sono i tre capolavori di Kant: *Critica della ragion pura*, *Critica della ragion pratica*, *Critica del Giudizio*.

N.B. Se da un lato l'indirizzo critico oppone Kant al dogmatismo (che egli definisce come «il procedimento [...] della ragion pura, *senza una critica preliminare dei poteri che le sono propri*») e allo scetticismo (che egli definisce come una reazione al dogmatismo atta a «risvegliare la cautela della ragione»), dall'altro lo connette all'empirismo e all'Illuminismo, che avevano insistito entrambi sui limiti conoscitivi dell'uomo.

Filosofia del limite p. 163 > Con l'espressione "filosofia del limite" si designa lo spirito proprio della critica kantiana, la quale risulta impegnata a stabilire, nei vari settori dell'esperienza, le "colonne d'Ercole dell'umano" e quindi il carattere condizionato delle possibilità esistenziali.

N.B. Di questa espressione, in Italia, si sono serviti soprattutto Nicola Abbagnano e Pietro Chiodi. Il primo ha definito il criticismo una «ermeneutica della finitudine».

CAPITOLO 2
La *Critica della ragion pura*

1. Il problema generale

Come si è accennato, la *Critica della ragion pura* è sostanzialmente un'**analisi critica dei fondamenti del sapere**. E, poiché ai tempi di Kant l'universo del sapere si articolava in **scienza** (matematica e fisica) e **metafisica**, essa prende la forma di un'indagine valutativa circa queste due attività conoscitive.

Agli occhi di Kant, e di molti suoi contemporanei, la scienza e la metafisica si presentavano in modo diverso. La prima, grazie ai successi conseguiti da Galilei e da Newton, appariva come un sapere fondato e in continuo progresso, mentre la seconda, con il suo voler procedere oltre l'esperienza, con il suo fornire le soluzioni più disparate (talora antitetiche) ai medesimi problemi e con le sue contese senza fine tra i vari pensatori, non sembrava affatto – nonostante la sua venerabile antichità – aver trovato il cammino sicuro della scienza:

> Vi fu un tempo in cui essa [la metafisica] era considerata la regina di tutte le scienze, e, se si prepongono le intenzioni ai fatti, meritava senza dubbio questo nome onorifico per l'importanza del suo oggetto. Ora la moda del tempo è incline a deprezzarla.
>
> (*Critica della ragion pura*, A VIII)[1]

La scienza e la metafisica agli occhi di Kant

Tuttavia, Hume aveva minato alla base non solo i fondamenti ultimi della metafisica, ma anche (con la sua analisi critica del principio di causalità) quelli della scienza: per questo, secondo Kant, si profilava l'improrogabile necessità di un **riesame *globale* della struttura e della validità della conoscenza,** che fosse in grado di rispondere in modo esauriente alla domanda circa lo statuto di scientificità di questi due campi del sapere. Come chiariremo meglio nel corso della trattazione, Kant **respinge lo scetticismo scientifico di Hume**, ritenendo che il valore della scienza (cioè della matematica e della fisica) sia ormai un dato di fatto di cui non ha senso dubitare; **ne condivide invece lo scetticismo metafisico**, sebbene

Scetticismo scientifico e scetticismo metafisico

---

1 L'edizione della *Critica della ragion pura* a cui si fa riferimento è a cura di P. Chiodi, UTET, Torino 1967.

in una diversa prospettiva di fondo. Infatti, se Hume vedeva nella metafisica la «semplice illusione di conoscere razionalmente ciò che, in realtà, ci proviene dall'esperienza» (*Critica della ragion pura*, B 20), Kant le riconosce invece una certa nobiltà e importanza, e, pur dichiarandosene «innamorato deluso», la descrive come un anelito perenne, come una «disposizione naturale» che porta l'uomo a trascendere l'orizzonte del verificabile:

> la ragione umana, anche senza il pungolo della semplice vanità dell'onniscienza, è perpetuamente sospinta da un proprio bisogno verso quei problemi che non possono in nessun modo esser risolti da un uso empirico della ragione o in base ai principi su cui esso riposa; e così in tutti gli uomini una qualche metafisica è sempre esistita e sempre esisterà, appena che la loro ragione si innalzi alla speculazione. (*Critica della ragion pura*, B 21)

Le domande fondamentali della prima *Critica*

La ricerca kantiana sui fondamenti del sapere assume dunque la forma concreta di un'indagine rivolta, da un lato, alla matematica e alla fisica, e, dall'altro, alla metafisica, lungo due percorsi in un certo senso paralleli:

> Poiché queste scienze [la matematica e la fisica] sono effettivamente date, conviene di certo domandarsi *come* [*wie*] siano possibili; infatti, *che* [*dass*] esse siano possibili è dimostrato dalla loro realtà. Quanto alla metafisica, il suo cattivo andamento fino ad oggi, unito al fatto che nessuna delle metafisiche fin qui offerte si può dire che realmente sussista rispetto al suo scopo essenziale, fa dubitare chiunque, a ragione, della sua possibilità. Tuttavia, anche questa *specie di conoscenza* deve in certo senso esser considerata come data, e la metafisica, anche se non come scienza, è tuttavia reale come disposizione naturale […]. (*Critica della ragion pura*, B 20-21)

TESTO ANTOLOGICO
Kant ON LINE
Il problema generale ("Prefazione" alla prima ed.)

Da qui le **domande fondamentali** a cui la *Critica* cercherà di dare risposta:

- «**Come è possibile la matematica pura?**»;
- «**Come è possibile la fisica pura?**»;
- «**Come è possibile la metafisica in quanto disposizione naturale?**».

Consapevole di non potersi accontentare, nel caso della metafisica, di uno studio che si limiti ad analizzarla come «disposizione naturale», a queste tre domande Kant ne aggiunge una quarta:

- «**Come è possibile la metafisica come scienza?**». → **T2** p. 209

Il problema della metafisica

Tuttavia, mentre nel caso della matematica e della fisica si tratta di giustificare una situazione di fatto, chiarendo le condizioni che le rendono possibili come scienze, nel caso della metafisica si tratta in realtà di scoprire **"se" esistano condizioni tali che possano legittimare le sue pretese di porsi come scienza**, o, viceversa, se essa sia inevitabilmente condannata alla non-scientificità. Per questo, nei *Prolegomeni a ogni metafisica futura che voglia presentarsi come scienza* (composti nel 1783 proprio per chiarire alcuni punti particolarmente ardui della *Critica*), Kant afferma:

> ci rimane ancora soltanto una questione critica, secondo la cui soluzione noi possiamo regolare la nostra futura condotta: *È, in generale, possibile la metafisica?* Ma questa questione deve esser risolta non con obiezioni scettiche a certe affermazioni di una metafisica reale (ché noi per ora non ne riteniamo valida alcuna), ma partendo dal concetto ancora soltanto problematico di una tale scienza.
> (*Prolegomeni a ogni metafisica futura che voglia presentarsi come scienza*, par. 4)

2. I giudizi sintetici *a priori*

Esplicitata la domanda ultima e fondamentale dell'intera prima *Critica*, e cioè "se la metafisica sia possibile", per potervi rispondere Kant deve partire dall'analisi di quelle discipline la cui scientificità è indubitabile. Una volta individuato il **fondamento della scientificità della matematica e della fisica**, sarà infatti possibile vedere se anche la metafisica possa costruirsi su di esso.

Il punto di partenza della riflessione gnoseologica kantiana è, necessariamente, lo scetticismo radicale di Hume. Al filosofo scozzese Kant riconosce il merito di averlo "risvegliato" dal suo «sonno dogmatico», mostrando che **il principio di causalità**, ovvero il fondamento della conoscenza umana, **non ha alcuna base oggettiva**, essendo piuttosto l'oggetto di una **«credenza» soggettiva**, a sua volta generata dall'abitudine e da una sorta di "istinto" che consente all'uomo di orientarsi nella vita pratica.

L'eredità di Hume

Hume aveva inoltre correttamente distinto le proposizioni della matematica (che esprimono «relazioni tra idee» e che pertanto sono universali e necessarie, pur non accrescendo la nostra conoscenza del mondo esterno) da quelle della fisica e della conoscenza comune, che riguardano invece «materie di fatto», ma che, fondandosi sul principio di causalità, sono solo probabili. In questo modo, tuttavia, egli aveva finito per arenarsi nel "vicolo cieco" di una conoscenza che, laddove è certa, non accresce il sapere, e, laddove lo accresce, non è certa.

Raccogliendo la sfida lasciata aperta da Hume, Kant intende mostrare che la conoscenza umana può essere universale e necessaria, ma al tempo stesso feconda. Per questo motivo egli apre la *Critica della ragion pura* con un'ipotesi gnoseologica di fondo:

L'ipotesi gnoseologica di Kant

> benché ogni nostra conoscenza cominci *con* l'esperienza, da ciò non segue che essa derivi interamente *dall*'esperienza. Potrebbe infatti avvenire che la nostra stessa conoscenza empirica sia un composto di ciò che riceviamo mediante le impressioni e di ciò che la nostra facoltà conoscitiva vi aggiunge da sé sola (semplicemente stimolata dalle impressioni sensibili).
>
> (*Critica della ragion pura*, B 1)

Questa "ipotesi", secondo Kant, risulta immediatamente convalidata dall'esistenza di «giudizi sintetici *a priori*». Vediamo in che senso.

Kant è convinto che la conoscenza umana, e in particolare la scienza (che era sempre stata al centro delle sue attenzioni), offra il tipico esempio di principi assoluti, ossia di verità universali e necessarie, che valgono ovunque e sempre allo stesso modo. Infatti, pur derivando in parte dall'esperienza e pur nutrendosene continuamente, **la scienza presuppone** anche, alla propria base, **alcuni principi immutabili** che sono i "pilastri" su cui essa si regge.

I principi immutabili della scienza

Tali sono ad esempio le proposizioni: «Tutto ciò che accade ha una causa» (*Critica della ragion pura*, B 13), «Tutti i fenomeni in generale [...] cadono nel tempo e stanno necessariamente fra di loro in rapporti di tempo» (*Critica della ragion pura*, B 51). Kant denomina i principi di questo tipo **giudizi sintetici a *priori***:

- **giudizi** poiché consistono nel **connettere un predicato con un soggetto**[1];
- **sintetici** perché **il predicato dice qualcosa di nuovo** e di più rispetto al soggetto;

---

1 Tale è l'accezione logico-filosofica del termine "giudizio".

IL CONCETTO
E L'IMMAGINE

Analisi e sintesi:
Magritte e il
carattere "surreale"
dell'esperienza, p. 226

**I giudizi analitici
*a priori***

**I giudizi sintetici
*a posteriori***

**Razionalismo
ed empirismo**

**La concezione
kantiana
della scienza**

QUESTIONE MULTIMEDIALE
La conoscenza
e la scienza
Empirismo
e razionalismo
ON LINE

■ *a priori* perché, essendo universali e necessari, **non possono derivare dall'esperienza**, la quale, come aveva insegnato Hume, non ci dice, ad esempio, che ogni evento debba necessariamente, anche in futuro, dipendere da cause, ma solo che finora (nel passato) è stato così.

Dal punto di vista di Kant, i giudizi fondamentali della scienza non sono quindi né **giudizi analitici *a priori***, né **giudizi sintetici *a posteriori***.

I primi sono giudizi che vengono enunciati *a priori*, senza bisogno di ricorrere all'esperienza, in quanto in essi **il predicato non fa che esplicitare**, con un processo di analisi basato sul principio di non-contraddizione, **quanto è già implicitamente contenuto nel soggetto**. È il caso, ad esempio, del giudizio "i corpi sono estesi", in cui il concetto di "estensione" espresso nel predicato non aggiunge nulla a quello di "corpo", dal momento che vi è implicato "per definizione". Pur essendo **universali e necessari** (*a priori*), i giudizi analitici *a priori* sono dunque **infecondi**, perché non ampliano il nostro preesistente patrimonio conoscitivo.

I secondi sono giudizi in cui **il predicato dice qualcosa di nuovo rispetto al soggetto**, aggiungendosi o sintetizzandosi a quest'ultimo in virtù dell'esperienza, cioè *a posteriori*. Lo stesso Kant cita ad esempio il giudizio "i corpi sono pesanti", che si può formulare solo dopo avere fatto esperienza di più oggetti corporei, dal momento che il peso, a differenza dell'estensione, non è collegato *a priori* con il concetto di "corpo"[1]. Pur essendo **fecondi** (sintetici), questi giudizi sono dunque **privi di universalità e necessità**, perché poggiano esclusivamente sull'esperienza.

I **principi della scienza**, invece, secondo Kant sono **al tempo stesso «sintetici»**, ossia fecondi, **e «*a priori*»**, ossia universali e necessari, e quindi irriducibili alle due classi precedenti. Pur essendo formulata in modo *logico*, questa teoria kantiana dei giudizi sottintende un confronto storico con le scuole filosofiche precedenti:

■ i **giudizi analitici *a priori*** richiamano infatti la **concezione razionalistica** della scienza, che pretendeva di partire da taluni principi *a priori* (le idee innate) per derivare da essi tutto lo scibile, delineando in tal modo il modello di un sapere universale e necessario, ma sterile;

■ i **giudizi sintetici *a posteriori*** richiamano invece l'**interpretazione empiristica** della scienza, che pretendeva di fondare quest'ultima esclusivamente sull'esperienza, delineando in tal modo il modello di un sapere fecondo, ma privo di universalità e necessità.

Kant ritiene invece, **contro il razionalismo**, che la scienza derivi dall'esperienza, ma ritiene anche, **contro l'empirismo**, che alla base dell'esperienza vi siano dei principi inderivabili dall'esperienza stessa.

Nella visione kantiana, pertanto, la scienza, globalmente considerata, risulta feconda in un duplice senso: sia per quanto riguarda il contenuto o la materia, che le deriva dall'esperienza; sia per quanto riguarda la forma, che le deriva dai giudizi sintetici *a priori*, i quali ne rappresentano i quadri concettuali di fondo. Nello stesso tempo, proprio in virtù di questi ultimi, essa è anche *a priori*, cioè universale e necessaria.

---

1 Si noti che, nella storia del sapere umano, la proprietà dell'estensione è stata sempre riconosciuta come "essenziale" al concetto di "corpo": «il concetto comune di corpo è appunto quello di "cosa estesa"», mentre «c'è voluta una certa esperienza perché l'uomo imparasse che i caratteri di estensione e di gravità vanno sempre uniti insieme» (Sofia Vanni Rovighi).

Possiamo sintetizzare la concezione kantiana della scienza con la formula seguente:

$$\text{scienza} = \text{esperienza} + \text{principi sintetici } a\text{ } priori$$

I giudizi sintetici *a priori* come "base" della scienza

Di conseguenza, quando nelle schematizzazioni manualistiche si afferma tradizionalmente (con un'espressione piuttosto ambigua e di matrice idealistica) che la scienza "è costituita" di giudizi sintetici *a priori*, si intende dire, a rigore, che i vari giudizi scientifici "si basano" su giudizi sintetici *a priori*. L'errore di Hume, secondo Kant, è stato proprio quello di non cogliere la differenza tra i giudizi sintetici (che esprimono il collegamento percettivo di due fatti concomitanti) e il principio di causalità "ogni evento ha una causa", che altro non è che un giudizio sintetico *a priori*. Ad esempio: la proposizione "il calore dilata i metalli", pur essendo formulata in virtù dell'esperienza (non ha senso affermare che il predicato "dilata i metalli" viene aggiunto *a priori* al soggetto "il calore"), presuppone alla propria base il **giudizio sintetico *a priori* della causalità**.

In altre parole, **i giudizi sintetici *a priori* rappresentano la spina dorsale della scienza**, ovvero l'elemento che le conferisce stabilità e universalità, e in mancanza del quale essa sarebbe costretta a muoversi, a ogni passo, nell'incerto e nel relativo. Senza alcuni **principi assoluti di fondo** – in ciò risiede il cuore di tutta l'epistemologia kantiana – la scienza non potrebbe sussistere. Il ricercatore "humiano" sarebbe obbligato a ogni passo a brancolare nel buio, non sapendo ad esempio se anche nel futuro ogni evento dipenderà da cause o se ogni oggetto d'esperienza sarà collocato nello spazio e nel tempo. Invece lo scienziato "kantiano" è certo *a priori* di tali verità, anche se per sapere quali siano le cause che producono gli eventi o che cosa vi sia nello spazio e nel tempo ha bisogno di ricorrere alla testimonianza dell'esperienza. ➔ **T1** p. 206

ESERCIZI INTERATTIVI

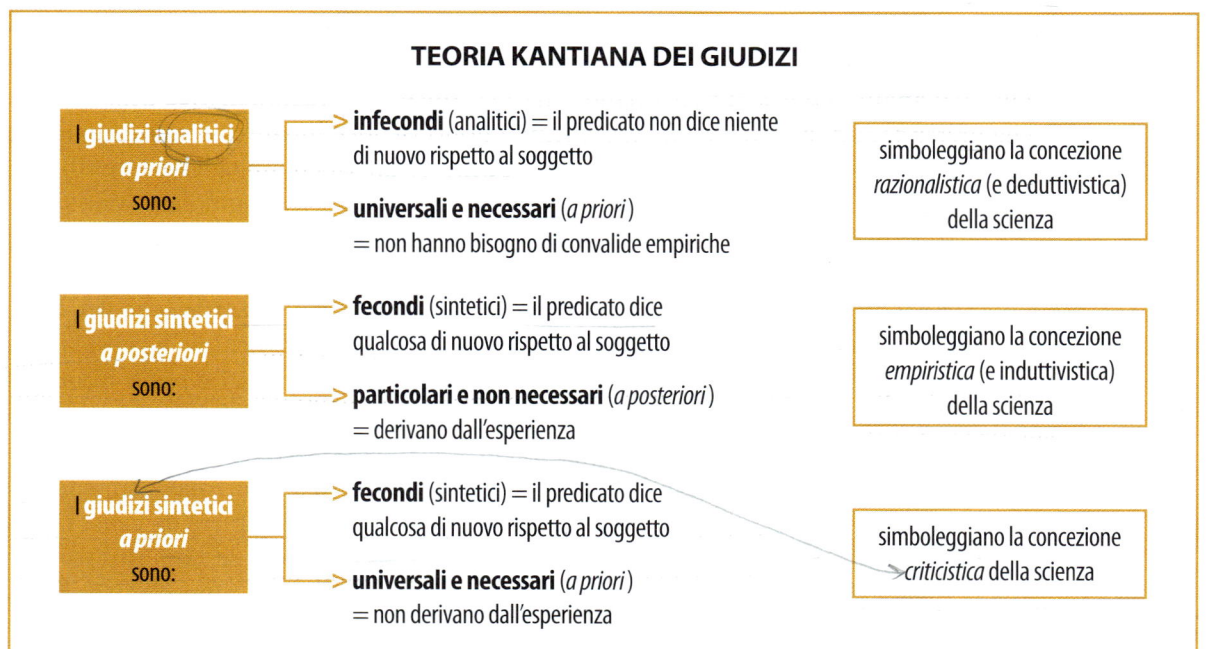

TEORIA KANTIANA DEI GIUDIZI

I giudizi **analitici** *a priori* sono:
- **infecondi** (analitici) = il predicato non dice niente di nuovo rispetto al soggetto
- **universali e necessari** (*a priori*) = non hanno bisogno di convalide empiriche

simboleggiano la concezione *razionalistica* (e deduttivistica) della scienza

I giudizi **sintetici** *a posteriori* sono:
- **fecondi** (sintetici) = il predicato dice qualcosa di nuovo rispetto al soggetto
- **particolari e non necessari** (*a posteriori*) = derivano dall'esperienza

simboleggiano la concezione *empiristica* (e induttivistica) della scienza

I giudizi **sintetici** *a priori* sono:
- **fecondi** (sintetici) = il predicato dice qualcosa di nuovo rispetto al soggetto
- **universali e necessari** (*a priori*) = non derivano dall'esperienza

simboleggiano la concezione *criticistica* della scienza

3. La "rivoluzione copernicana"

Dopo aver messo in luce il "dato di fatto" che il sapere poggia su giudizi sintetici *a priori*, Kant si trova di fronte al complesso problema di spiegare la provenienza di questi ultimi. Infatti, **se non derivano dall'esperienza, da dove provengono i giudizi sintetici *a priori*?** Il che equivale a porsi la questione "di diritto" se la pretesa dei giudizi sintetici *a priori* di valere per le cose sia legittima (v. <mark>possibilità dei giudizi sintetici *a priori*</mark>).

La conoscenza come sintesi di materia e forma

Kant risponde a questo interrogativo articolando la sua ipotesi gnoseologica di fondo ed elaborando una nuova teoria della conoscenza, intesa come sintesi di <mark>materia e forma</mark>, ossia di un elemento *a posteriori* e un elemento *a priori*:

- per **"materia" della conoscenza** si intende **la molteplicità caotica e mutevole delle impressioni sensibili** che provengono dall'esperienza (elemento empirico o *a posteriori*);
- per **"forma" della conoscenza** si intende **l'insieme delle modalità fisse attraverso cui la mente umana ordina**, secondo determinati rapporti, **tali impressioni** (elemento razionale o *a priori*). → **T4** p. 212

Kant ritiene infatti che la mente filtri attivamente i dati empirici attraverso forme che le sono innate[1] e che risultano comuni a tutti i soggetti pensanti (v. <mark>*a posteriori* e *a priori*</mark>). Come tali, queste forme sono *a priori* rispetto all'esperienza e hanno validità universale e necessaria, in quanto tutti le possiedono e le applicano allo stesso modo (v. <mark>puro</mark>).

Esempi che chiariscono la teoria kantiana delle forme *a priori*

Per chiarire la teoria delle forme *a priori* di Kant, gli studiosi hanno utilizzato l'esempio, ormai classico, che le paragona a delle specie di lenti colorate, o di occhiali permanenti, attraverso cui l'uomo guarda la realtà. Un altro esempio, più "attuale", è quello tratto dall'informatica: la mente kantiana sarebbe simile a un computer, che elabora la molteplicità dei dati forniti dall'esterno utilizzando una serie di programmi "interni" fissi, che ne rappresentano gli immutabili codici di funzionamento. Per cui, pur mutando incessantemente le informazioni (= le impressioni sensibili), non mutano mai gli schemi attraverso i quali esse sono ricevute (= le forme *a priori*). In maniera persuasiva ed epistemologicamente efficace, il filosofo contemporaneo Karl Popper ha assimilato le forme *a priori* kantiane a «una specie di intelaiatura per gli oggetti e gli eventi: qualcosa di simile a un sistema di caselle, o a uno schedario, per le osservazioni».

L'esistenza nell'uomo di determinate forme *a priori* universali e necessarie (che per Kant, come vedremo, sono lo spazio e il tempo e le 12 categorie) attraverso cui si "incapsulano" i dati della realtà spiega perché si possano formulare dei giudizi sintetici *a priori* intorno a essa senza timore di essere smentiti dall'esperienza. Per chiarire questa idea con un esempio (nostro): se sapessimo di portare sempre delle lenti azzurre, potremmo dire, con tutta sicurezza, che il mondo, anche in futuro, per noi continuerà a essere azzurro. Analogamente, noi possiamo asserire con certezza che ogni evento, anche in futuro, dipenderà da cause o sarà nello spazio e nel tempo, in quanto non possiamo percepire le cose se non attraverso la causalità e mediante lo spazio e il tempo. In conclusione, «noi tanto conosciamo *a priori* delle cose, quanto noi stessi poniamo in esse» (*Critica della ragion pura*, B XVIII).

IL CONCETTO E L'IMMAGINE

Analisi e sintesi: Magritte e il carattere "surreale" dell'esperienza, p. 226

---

1 In un certo senso, Kant è dunque un innatista, anche se il suo innatismo "formale" è ben diverso da quello della tradizione, in quanto i suoi schemi *a priori* non sono ciò *che* si conosce, ma semplicemente ciò *attraverso cui* si conosce.

Questa nuova impostazione del problema della conoscenza implica immediatamente alcune importanti conseguenze. In primo luogo, essa comporta quella **rivoluzione copernicana** che Kant si vantò di aver operato in filosofia. Così come Copernico, per spiegare i moti celesti, aveva ribaltato i rapporti tra lo spettatore e le stelle, e quindi tra la Terra e il Sole, allo stesso modo Kant, per spiegare la scienza, **ribalta i rapporti tra soggetto e oggetto**, affermando che **non è la mente che si modella in modo passivo sulla realtà** – nel qual caso non vi sarebbero conoscenze universali e necessarie – **ma la realtà che si modella sulle forme *a priori* attraverso cui la percepiamo.** ➔ **T3** p. 210

> La "rivoluzione copernicana"

In secondo luogo, la nuova ipotesi gnoseologica comporta la distinzione kantiana tra fenomeno e cosa in sé:

> Fenomeno e cosa in sé

- il **fenomeno** è la **realtà quale ci appare tramite le forme *a priori*** che sono proprie della nostra struttura conoscitiva. Esso, dunque, non è un'apparenza illusoria, poiché è un oggetto, e un oggetto reale, ma è reale soltanto nel rapporto con il soggetto conoscente: in altre parole, il fenomeno possiede una peculiare oggettività (universalità e necessità), consistente nel fatto di valere allo stesso modo per tutti gli intelletti strutturati come il nostro;
- la **cosa in sé** è la **realtà considerata indipendentemente da noi e dalle forme *a priori*** mediante le quali la conosciamo. Come tale, la cosa in sé costituisce una «*x* sconosciuta», che rappresenta tuttavia il necessario correlato dell'«oggetto per noi» o fenomeno.

 ON LINE — ESERCIZI INTERATTIVI

4. Le facoltà della conoscenza e la partizione della *Critica della ragion pura*

Kant distingue tre **facoltà conoscitive** principali: «Ogni nostra conoscenza scaturisce dai sensi, da qui va all'*intelletto*, per finire nella *ragione*» (*Critica della ragion pura*, B 355).

> Sensibilità, intelletto, ragione

- La **sensibilità** è la facoltà con cui gli oggetti ci sono dati intuitivamente attraverso i sensi e tramite le forme *a priori* di **spazio** e **tempo**;
- l'**intelletto** (in senso stretto) è la facoltà attraverso cui pensiamo i dati sensibili tramite i concetti puri o le **categorie**;
- la **ragione** (in senso stretto) è la facoltà attraverso cui, procedendo oltre l'esperienza, cerchiamo di spiegare globalmente la realtà mediante le **idee** di anima, mondo e Dio[1].

Su questa tripartizione della facoltà conoscitiva in generale (cioè della ragione in senso lato) è sostanzialmente basata anche la divisione della *Critica della ragion pura*. L'opera si biforca in due tronconi principali:

> La divisione della *Critica della ragion pura*

a) la **dottrina degli elementi**, che si propone di scoprire, isolandoli, quegli elementi formali della conoscenza che Kant chiama «puri», o «*a priori*»;

b) la **dottrina del metodo**, che consiste nel determinare l'uso possibile degli elementi *a priori* della conoscenza, cioè il metodo della conoscenza medesima.

---

1 Talora Kant distingue tra intelletto e ragione, trasformando la tripartizione in una bipartizione: a questo proposito si veda il "Glossario", voce "Facoltà conoscitive", p. 175.

La dottrina degli elementi La dottrina degli elementi, che è la parte più estesa della *Critica*, si ramifica a sua volta in estetica trascendentale e logica trascendentale:

- l'**estetica trascendentale** (intesa nel senso etimologico di "dottrina della sensibilità", dal greco *áisthesis*, "sensazione") studia la sensibilità e le sue forme *a priori* dello spazio e del tempo, mostrando come su di esse si fondi la matematica;
- la **logica trascendentale** si sdoppia a sua volta in **analitica trascendentale**, che studia l'intelletto e le sue forme *a priori* (le 12 categorie), mostrando come su di esse si fondi la fisica; e **dialettica trascendentale**, che studia la ragione e le sue tre «idee» di anima, mondo e Dio, mostrando come su di esse si fondi la metafisica.

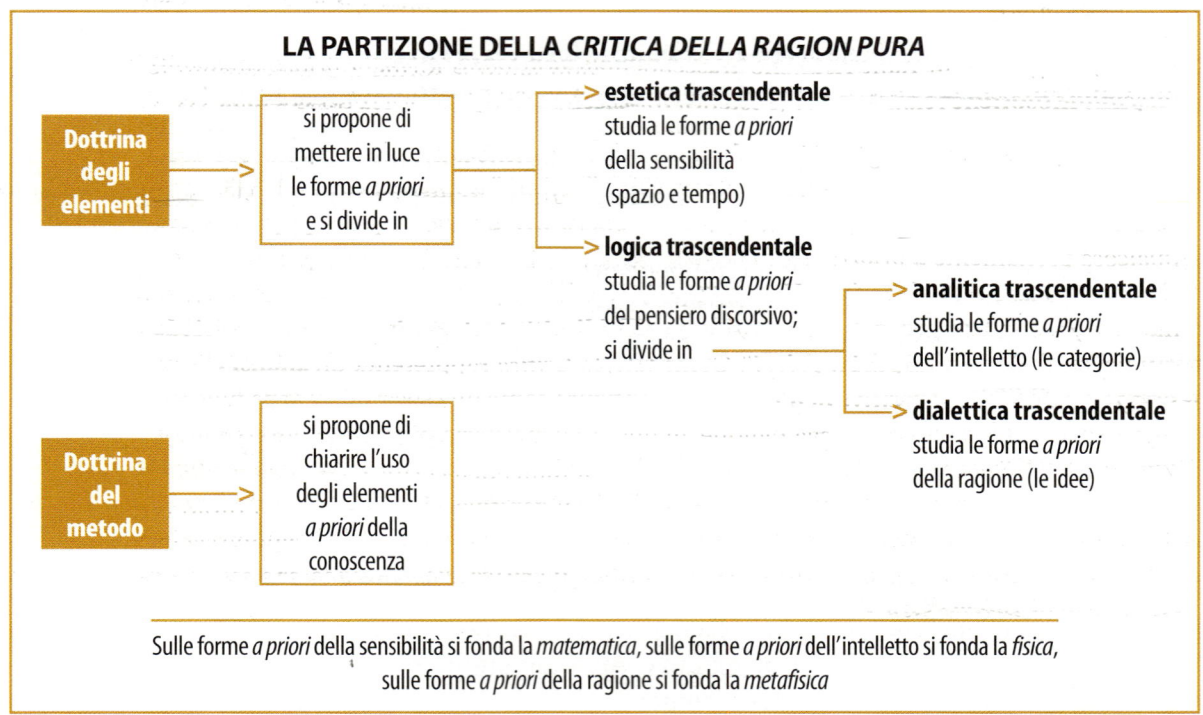

LA PARTIZIONE DELLA *CRITICA DELLA RAGION PURA*

Dottrina degli elementi → si propone di mettere in luce le forme *a priori* e si divide in

> **estetica trascendentale** studia le forme *a priori* della sensibilità (spazio e tempo)

> **logica trascendentale** studia le forme *a priori* del pensiero discorsivo; si divide in

> **analitica trascendentale** studia le forme *a priori* dell'intelletto (le categorie)

> **dialettica trascendentale** studia le forme *a priori* della ragione (le idee)

Dottrina del metodo → si propone di chiarire l'uso degli elementi *a priori* della conoscenza

Sulle forme *a priori* della sensibilità si fonda la *matematica*, sulle forme *a priori* dell'intelletto si fonda la *fisica*, sulle forme *a priori* della ragione si fonda la *metafisica*

5. Il concetto kantiano di "trascendentale" e il senso complessivo dell'opera

Nella terminologia scolastica del Medioevo erano denominate "trascendentali" quelle proprietà universali (l'essere, l'uno, il bene ecc.) comuni a tutte le cose: quelle proprietà, cioè, che "eccedono" o "trascendono", per generalità, le categorie in senso aristotelico.

Trascendentale e *a priori* Kant si collega a questa tradizione terminologica, ma, conformemente all'indirizzo soggettivistico della sua filosofia, **connette il concetto di trascendentale con quello di forma *a priori***, la quale, come sappiamo, non esprime una proprietà (ontologica) della realtà in sé, ma solo una **condizione (gnoseologica) che rende possibile la conoscenza della realtà fenomenica**. In questo senso, lo stesso Kant osserva nei *Prolegomeni a ogni metafisica futura* che "trascendentale" «non significa qualcosa che oltrepassa ogni esperienza, bensì qualcosa che certo la precede (*a priori*) ma non è determinato a nulla più che a render possibile la conoscenza nell'esperienza» ("Appendice", nota [A 204]).

Questo non significa, tuttavia, che il trascendentale coincida con l'*a priori*, inteso come l'opposto dell'empirico. Infatti, a parte le oscillazioni e le incoerenze di Kant a questo proposito, il **principale significato di "trascendentale"**, su cui egli ha esplicitamente richiamato l'attenzione, è quello che lo identifica **non** con **gli elementi *a priori* in quanto tali, ma** con **lo studio filosofico dei medesimi**:

> Chiamo trascendentale ogni conoscenza che si occupi, in generale, non tanto di *oggetti*, quanto del nostro *modo di conoscere gli oggetti*, nella misura in cui questo deve essere possibile *a priori*.
> (*Critica della ragion pura*, B 25)

Pertanto, a rigore, in Kant risultano trascendentali non tanto le forme *a priori*, quanto le **discipline filosofiche** relative a esse (l'estetica trascendentale, l'analitica trascendentale ecc.).

A questo punto siamo in grado di intendere compiutamente il titolo del capolavoro di Kant: **Critica della ragion pura**. Posto che con il termine "ragione" si intenda, in senso lato, la facoltà conoscitiva in generale e per "ragion pura" «quella che contiene i principi per conoscere qualcosa prettamente *a priori*» (*Critica della ragion pura*, B 24), il titolo in questione (che in tedesco suona: *Kritik der reinen Vernunft*) può essere interpretato esattamente nel seguente modo: "**esame critico generale della validità e dei limiti che la ragione umana possiede in virtù dei suoi elementi puri *a priori***". Come tale, la *Critica* rappresenta un'**analisi delle autentiche possibilità conoscitive dell'uomo** e si configura come una specie di **mappa filosofica della potenza e dell'impotenza della ragione**, in quanto depositaria di principi puri o *a priori*. Ovviamente, dinnanzi al «tribunale» (come lo chiama Kant) della critica, la ragione appare come giudice e giudicato al tempo stesso – tant'è che il genitivo che compare nel titolo risulta simultaneamente oggettivo e soggettivo. Infatti, la critica è «della» (*der*) ragione sia nel senso che **la ragione è ciò che viene reso argomento di critica**, sia nel senso che essa è **ciò che mette in atto la critica**.

Il titolo del capolavoro di Kant

VERSO LE COMPETENZE
▶ Utilizzare il lessico e le categorie specifiche della filosofia

GLOSSARIO e RIEPILOGO

Il glossario relativo a Kant è stato concepito come una sorta di riesposizione del pensiero del filosofo tramite le sue stesse parole. Come tale, esso costituisce un'integrazione scientifico-didattica del manuale, che può essere utilizzata in più direzioni e a più livelli, sia nelle lezioni in classe, sia nello studio individuale.

Concetti introduttivi

Domande fondamentali p. 166 > La *Critica della ragion pura* è sostanzialmente un'analisi critica dei fonda-menti del sapere. E poiché ai tempi del filosofo l'universo del sapere si articolava in scienza e metafisica, la sua ricerca prende la forma di un'indagine valutativa intorno a queste due attività della mente. Da ciò le quattro domande: 1. «Com'è possibile la matematica pura?»; 2. «Com'è possibile la fisica pura?»; 3. «Com'è possibile la metafisica in quanto disposizione naturale?»; 4. «Com'è possibile la metafisica come scienza?» (*Critica della ragion pura*, B 20-22, cit., pp. 87-88), ovvero, per rifarsi alla lezione dei *Prolegomeni*: «1. Com'è possibile la matematica pura? 2. Com'è possibile la scienza pura della natura? 3. Com'è possibile la metafisica in generale? 4. Com'è possibile la metafisica come scienza?» (par. 5, trad. it. di P. Carabellese, Laterza, Bari 1967, p. 66).

Giudizi sintetici *a priori* p. 167 > Secondo Kant alla base del sapere, e in particolare della scienza, vi sono alcuni principi assoluti, ossia alcune verità *universali* e *necessarie* (ad es. l'assioma "tutto ciò che accade ha una causa"), che valgono ovunque e sempre allo stesso modo. Tali principi sono denominati da Kant «giudizi sintetici *a priori*». *Giudizi* poiché consistono nell'aggiungere un predicato a un soggetto; *sintetici* perché il predicato dice qualcosa di nuovo e di più rispetto al soggetto (e in questo senso sono "fecondi"); *a priori* (v. "*a posteriori* e *a priori*") perché essendo universali e necessari non possono derivare dall'esperienza. Infatti, «necessità e rigorosa universalità sono […] i segni sicuri della conoscenza *a priori* e si implicano reciprocamente in modo inscindibile» (*Critica della ragion pura*, B 4, cit., p. 75). Questi giudizi, che costituiscono la "spina dorsale" del sapere, si distinguono dai giudizi analitici *a priori* e dai giudizi sintetici *a posteriori*.

Giudizi analitici *a priori* p. 168 > I "giudizi analitici *a priori*" sono quelli che vengono enunciati senza bisogno di ricorrere all'esperienza, in quanto in essi il predicato non fa che esplicitare, con un processo di analisi basato sul principio di non-contraddizione, quanto è già implicitamente contenuto nel soggetto (ad es. "i corpi sono estesi"). In altri termini, i giudizi analitici, che Kant definisce *esplicativi*, «mediante il predicato, nulla aggiungono al concetto del soggetto, limitandosi a dividere, per analisi, il concetto nei suoi concetti parziali, che erano in esso già pensati (benché confusamente)» (*Critica della ragion pura*, B 11, cit., p. 80). Questi giudizi, pur essendo universali e necessari (cioè *a priori*), sono infecondi, perché non ampliano il nostro preesistente patrimonio conoscitivo.

Giudizi sintetici *a posteriori* p. 168 > I "giudizi sintetici *a posteriori*" sono quelli in cui il predicato dice qualcosa di *nuovo* rispetto al soggetto, aggiungendosi o sintetizzandosi a quest'ultimo in virtù dell'esperienza, ovvero *a posteriori* (ad es. "i corpi sono pesanti"). In altri termini, i giudizi sintetici *a posteriori*, che Kant definisce *ampliativi*, «aggiungono al concetto del soggetto un predicato che in quello non era minimamente pensato e che non poteva esserne ricavato mediante alcuna scomposizione» (*Critica della ragion pura*, B 11, cit., p. 80). Questi giudizi, pur essendo fecondi (cioè sintetici), sono particolari e non necessari, perché derivano dall'esperienza.

Possibilità dei giudizi sintetici *a priori* p. 170 > Il problema di fondo del capolavoro di Kant (*il* problema, si badi bene, non *un* problema), il «vero e proprio problema della ragion pura è […] contenuto nella domanda: *come sono possibili giudizi sintetici a priori?*» (*Critica della ragion pura*, B 19, cit., p. 86).

N.B. Kant *risolve* tale problema con una nuova teoria della conoscenza, concepita come sintesi di materia e forma, ossia di un elemento *a posteriori* e di uno *a priori*.

Materia e forma p. 170 > Per "materia", o "contenuto", Kant intende «il determinabile in generale» (*Critica della ragion pura*, B 322, cit., p. 284), cioè la molteplicità caotica e mutevole delle impressioni sensibili, che provengono dall'esperienza. Per "forma" intende «la determinazione del determinabile», cioè l'insieme delle modalità fisse attraverso cui la mente ordina, secondo determinate relazioni, la materia sensibile: «Nel fenomeno chiamo *materia* ciò che corrisponde alla sensazione; ciò che, invece, fa sì che il molteplice del fenomeno possa essere ordinato in precisi rapporti, chiamo *forma* del fenomeno» (*Critica della ragion pura*, B 34, cit., p. 98).

N.B. Il binomio materia-forma corrisponde al binomio *a posteriori - a priori*. Infatti, aggiunge Kant, «Poiché ciò in cui le sensazioni si ordinano e possono esser poste in una determinata forma non può, a sua volta, esser sensazione, ne viene che la materia di ogni fenomeno ci è data soltanto *a posteriori*, ma la forma relativa deve trovarsi per tutti i fenomeni già *a priori* nell'animo» (*ibidem*).

A posteriori e a priori p. 170 > Letteralmente, *a posteriori* significa "a partire da ciò che segue", mentre *a priori* significa "a partire da ciò che precede". L'origine di queste espressioni è in Aristotele, il quale parla di un primo *per noi* e di un primo *secondo natura*. Ad esempio, secondo l'ordine della natura la causa è prima dell'effetto, mentre secondo l'ordine della conoscenza l'effetto è prima della causa. Da qui la terminologia araba e latino-medievale, secondo cui la dimostrazione *a priori* (o *propter quid*) è quella che procede *dalle cause*, mentre la dimostrazione *a posteriori* (o *quia*) è quella che procede *dagli effetti*. A partire dal XVII secolo, per opera dell'empirismo inglese e di Leibniz, le due espressioni acquistano un significato più generale: l'*a posteriori* passa a designare le conoscenze raggiungibili con l'esperienza, l'*a priori*, invece, quelle raggiungibili mediante l'esercizio della pura ragione. In Kant l'*a posteriori* coincide con la *materia* o con il contenuto della conoscenza, mentre l'*a priori* coincide con la *forma* o con l'ordine della conoscenza, cioè con la condizione di pensabilità degli oggetti.

N.B. L'esistenza di determinate forme *a priori* universali e necessarie – che per Kant sono lo spazio e il tempo (v. p. 179) e le 12 categorie (v. p. 191) – spiega perché si possano formulare giudizi sintetici *a priori* intorno alla realtà, senza paura di essere smentiti dall'esperienza.

Puro p. 170 > Con il termine "puro" (*rein*), Kant indica sia l'*a priori* in generale, sia una particolare sottospecie di esso, vale a dire ciò che risulta *assolutamente a priori*: «Delle conoscenze *a priori* si chiamano poi *pure* quelle a cui non è mescolato nulla di empirico. Ad esempio la proposizione "Ogni mutamento ha la sua causa" è una proposizione *a priori*, ma tuttavia non pura, perché il mutamento è un concetto che può derivare soltanto dall'esperienza» (*Critica della ragion pura*, B 3, cit., p. 75).

Rivoluzione copernicana p. 171 > Con l'espressione "rivoluzione copernicana" si indica il mutamento di prospettiva realizzato da Kant, il quale, invece di supporre che le strutture mentali si modellino sulla natura, suppone che l'ordine della natura si modelli sulle strutture mentali. Così come Copernico, incontrando grosse difficoltà nello spiegare i movimenti celesti a partire dall'ipotesi che gli astri ruotassero intorno allo spettatore, aveva supposto che fosse lo spettatore a ruotare intorno agli astri, analogamente Kant, incontrando grosse difficoltà nello spiegare la conoscenza a partire dall'ipotesi che siano gli oggetti a condizionare il soggetto, suppone che sia il soggetto a condizionare l'oggetto: «Finora si è creduto che ogni nostra conoscenza debba regolarsi sugli oggetti […]. È venuto il momento di tentare una buona volta, anche nel campo della metafisica, il cammino inverso, muovendo dall'ipotesi che siano gli oggetti a dover regolarsi sulla nostra conoscenza; ciò si accorda meglio con l'auspicata possibilità di una conoscenza *a priori* degli oggetti, che affermi qualcosa nei loro riguardi prima che ci siano dati» (*Critica della ragion pura*, B XVI, cit., p. 44). Come l'astronomo polacco aveva ribaltato il rapporto tra gli astri e lo spettatore, e quindi tra la Terra e il Sole, così *Kant ribalta i rapporti tra soggetto e oggetto*. In altre parole, con la rivoluzione copernicana dobbiamo «abbandonare l'opinione secondo cui siamo degli spettatori passivi, sui quali la natura imprime la propria regolarità» e «adottare l'opinione secondo cui, nell'assimilare i dati sensibili, imprimiamo attivamente ad essi l'ordine e le leggi del nostro intelletto. Il cosmo reca l'impronta della nostra mente» (Karl R. Popper).

Fenomeno p. 171 > Il "fenomeno" è la realtà quale ci appare tramite le forme *a priori* che sono proprie della nostra struttura conoscitiva. In altri termini, il fenomeno è, in generale, l'oggetto della conoscenza in quanto condizionato dalle forme dell'intuizione (spazio e tempo) e dalle categorie dell'intelletto: «Ciò che non è mai possibile riscontrare nell'oggetto in se stesso, ma che tuttavia sempre si riscontra nei suoi rapporti col soggetto e che risulta inseparabile dalla rappresentazione di quest'ultimo, è il fenomeno» (*Critica della ragion pura*, B 70, cit., p. 121). Di conseguenza, il fenomeno è sempre qualcosa che risulta *relativo* al nostro modo di conoscere. Tant'è che «sopprimendo il nostro soggetto o anche soltanto la disposizione soggettiva dei sensi in generale, ne seguirebbe la dissoluzione di ogni qualificabilità e di ogni relazione degli oggetti nello spazio e nel tempo, anzi dello spazio e del tempo stessi, perché, in quanto fenomeni, essi non possono esistere in sé, ma soltanto in noi» (*Critica della ragion pura*, B 59, cit., p. 114). Questo non significa che il fenomeno sia una realtà ingannevole o illusoria. Esso, infatti, ha una sua specifica *oggettività* (universalità e necessità), consistente nel fatto che esso vale allo stesso modo per tutti gli intelletti conformati come il nostro.

Cosa in sé p. 171 > La "cosa in sé" (*Ding an sich*) è la realtà considerata indipendentemente da noi e dalle forme *a priori* mediante cui la conosciamo. Come tale la cosa in sé è una «*x* sconosciuta», che costituisce tuttavia il necessario correlato dell'"oggetto per noi" o fenomeno: «la conoscenza della ragione arriva solo fino ai fenomeni, lasciando senz'altro che la cosa in sé sia per se stessa reale, ma sconosciuta» (*Critica della ragion pura*, B XX, cit., p. 46). N.B. Per la funzione del concetto di cosa in sé nell'ambito della conoscenza umana v. la voce "noumeno", p. 193.

Facoltà conoscitive p. 171 > Le facoltà conoscitive sono tre: sensibilità, intelletto e ragione. Tuttavia, poiché Kant unifica talora intelletto e ragione nell'unica fonte del "pensare", contraddistinta dall'*attività* o dalla *spontaneità* (in antitesi alla *passività* o *ricettività* della fonte rappresentata dalla sensibilità), questa tripartizione si presenta anche nella forma di una bipartizione: «La nostra conoscenza trae origine da due sorgenti fondamentali dell'animo [*Grundquellen des Gemüts*], di cui la prima consiste nel ricevere le rappresentazioni (la ricettività delle impressioni) e la seconda è la facoltà di conoscere un oggetto per mezzo di queste rappresentazioni (spontaneità dei concetti). Attraverso la prima, un oggetto ci è dato, attraverso la seconda esso viene pensato» (*Critica della ragion pura*, B 74, cit., p. 125).

Sensibilità p. 171 > La sensibilità (*Sinnlichkeit*) è la facoltà mediante la quale gli oggetti ci sono *dati* attraverso i sensi, in modo immediato o intuitivo: «La capacità di ricevere (recettività) rappresentazioni, mediante il modo in cui siamo affetti dagli oggetti, si chiama *sensibilità*. Quindi gli oggetti ci sono *dati* per mezzo della sensibilità ed essa soltanto ci fornisce *intuizioni*» (*Critica della ragion pura*, B 33, cit., p. 97). Le forme *a priori* della sensibilità sono lo spazio e il tempo (v. p. 179).

Intelletto p. 171 > L'intelletto (*Verstand*) è la facoltà in virtù della quale pensiamo *attivamente* (o "spontaneamente", come dice Kant) i dati offerti dalla sensibilità: «Se vogliamo chiamare *sensibilità* la *recettività* del nostro animo nel ricevere le rappresentazioni [...] daremo invece il nome di *intelletto* alla capacità di produrre spontaneamente rappresentazioni, ossia alla *spontaneità* della conoscenza» (*Critica della ragion pura*, B 75, cit., pp. 125-126), «la facoltà di pensare l'oggetto dell'intuizione sensibile, è l'*intelletto*» (B 75, cit., p. 126). E poiché pensare, per Kant, significa connettere concetti nei giudizi, «l'intelletto può essere concepito in generale come la *facoltà di giudicare*» (*Critica della ragion pura*, B 94, cit., p. 138). Le forme *a priori* attraverso cui opera l'intelletto sono i concetti puri o categorie (v. p. 191). N.B. Per intelletto o «intelletto in generale» (*Critica della ragion pura*, B 76, cit., p. 126) Kant intende talora sia l'*intelletto in senso stretto*, cioè quella facoltà che opera legittimamente nel campo dell'esperienza, sia la *ragione in senso stretto*, cioè quella facoltà che opera *illegittimamente* al di là dell'esperienza.

Ragione p. 171 > La ragione (*Vernunft*), in senso lato, è «la facoltà che ci dà i principi della conoscenza *a priori*» (*Critica della ragion pura*, B 24, cit., p. 90), non solo razionale, ma anche sensibile e intellettuale. In un senso più specifico è, insieme con l'intelletto, la *seconda sorgente della conoscenza*, cioè quella attiva o discorsiva (che si contrappone, come sappiamo, a quella passiva o ricettiva della sensibilità). Nel senso proprio e peculiare del termine indica quella terza fonte di conoscenza, distinta sia dalla sensibilità sia dall'intelletto, che Kant denomina «*facoltà dei principi*» (*Critica della ragion pura*, B 356, cit., p. 305) e precisamente dei «principi in senso assoluto» (*Critica della ragion pura*, B 358, cit., p. 306), ovvero di quelle conoscenze sintetiche che vanno al di là di ogni esperienza possibile. Le "idee" attraverso cui la ragione opera sono quelle di anima, mondo e Dio.

Trascendentale p. 172 > Nella terminologia scolastica erano denominate "trascendentali" (o "trascendenti") quelle proprietà universali – l'essere, l'uno, il bene ecc. – che tutte le cose hanno in comune e che perciò eccedono o *trascendono*, per generalità, le categorie in senso aristo-

telico. Kant si collega a questa tradizione linguistica, anche se connette il concetto di trascendentale (*transzendental*) con quello di forma *a priori*, la quale non esprime una proprietà ontologica della realtà in sé, ma solo una condizione gnoseologica che rende possibile la conoscenza della realtà fenomenica. Con tutto ciò il trascendentale non si identifica, a rigore, con le forme *a priori*, ma piuttosto con lo *studio* filosofico delle medesime: «Chiamo *trascendentale* ogni conoscenza che si occupi, in generale, non tanto di oggetti quanto del nostro modo di conoscere gli oggetti nella misura in cui questo deve essere possibile *a priori*» (*Critica della ragion pura*, B 25, cit., p. 90; cfr. il testo della 1ª edizione: «Chiamo trascendentale ogni conoscenza che si occupi, in generale, non tanto di oggetti, quanto dei nostri concetti *a priori* degli oggetti», A 12). Da questo punto di vista si dovrebbero chiamare trascendentali soltanto le conoscenze che hanno per oggetto elementi *a priori* (estetica trascendentale, analitica trascendentale ecc.) e non questi stessi elementi. N.B. Kant non è sempre coerente con quest'uso, perché chiama talora "trascendentali" sia le forme *a priori*, sia le idee, sia l'unità che costituisce l'io penso (v. p. 191). In certi casi, in palese contraddizione con la terminologia critica, usa il concetto di trascendentale perfino come sinonimo di trascendente. Questa fluttuazione terminologica (qualche studioso ha rilevato l'esistenza, nella sola *Critica della ragion pura*, di ben tredici accezioni diverse di "trascendentale"!) non esclude la presenza di un significato più preciso, che è quello che abbiamo messo in luce.

Critica della ragion pura p. 173 > Applicata alla facoltà conoscitiva, la critica prende la forma di «un richiamo alla ragione affinché assuma nuovamente il più arduo dei suoi compiti, cioè la conoscenza di sé, e istituisca un tribunale che la tuteli nelle sue giuste pretese, ma tolga di mezzo quelle prive di fondamento [...] e questo tribunale altro non è se non la *critica della ragion pura* stessa. Con questa espressione non intendo alludere a una critica dei libri e dei sistemi, ma alla critica della facoltà della ragione in generale, rispetto a tutte le conoscenze a cui essa può aspirare *indipendentemente da ogni esperienza*» (*Critica della ragion pura*, A XI-XII, cit., p. 65). Da ciò il titolo del capolavoro di Kant, che può essere interpretato come: "esame critico generale della validità e dei limiti che la ragione umana possiede in virtù dei suoi elementi puri *a priori*". N.B. Il compito della critica è quindi negativo e positivo al tempo stesso: *negativo*, in quanto la critica limita l'uso della ragione; *positivo*, perché, in questi limiti, essa garantisce alla ragione l'uso legittimo dei suoi diritti.

6. L'estetica trascendentale

Come si è accennato, nell'***Estetica trascendentale*** Kant studia la sensibilità e le sue forme *a priori*. Egli considera la sensibilità «ricettiva», perché essa non genera i propri contenuti, ma li accoglie per **intuizione** dalla realtà esterna o dall'esperienza interna. Tuttavia **la sensibilità non è soltanto ricettiva, ma anche attiva**, in quanto organizza il materiale delle sensazioni (le **intuizioni empiriche**) tramite lo spazio e il tempo, che sono appunto le forme *a priori* (le **intuizioni pure**) della sensibilità.

La teoria dello spazio e del tempo

■ Lo **spazio** è la **forma del *senso esterno***, cioè quella «rappresentazione *a priori*, necessaria, che sta a fondamento di tutte le intuizioni esterne» (*Critica della ragion pura*, B 38) e del disporsi delle cose «l'una accanto all'altra» (*Critica della ragion pura*, B 43).

■ Il **tempo** è la **forma del *senso interno***, cioè quella rappresentazione *a priori* che sta a fondamento dei nostri stati interni e del loro disporsi l'uno dopo l'altro, ovvero secondo un ordine di successione.

Lo spazio e il tempo

Tuttavia, poiché è unicamente attraverso il senso interno che ci giungono i dati del senso esterno, il tempo si configura anche, indirettamente, come la forma del senso esterno, cioè come la maniera universale attraverso cui percepiamo tutti gli oggetti. Pertanto, se non ogni cosa è nello spazio, ad esempio i sentimenti, **ogni cosa è** però **nel tempo**, in quanto «tutti i fenomeni in generale, ossia tutti gli oggetti dei sensi, cadono nel tempo» (*Critica della ragion pura*, B 51).

Il tempo come forma universale dell'esperienza

Kant giustifica l'apriorità dello spazio e del tempo sia con argomenti teorici generali (nella cosiddetta "**esposizione metafisica**"), sia con argomenti tratti dalla considerazione delle scienze matematiche (nella cosiddetta "**esposizione trascendentale**").

La giustificazione dell'apriorità di spazio e tempo

L'esposizione metafisica. Nell'"**esposizione metafisica**", Kant fa emergere il proprio punto di vista confutando sia la visione empiristica, che considerava spazio e tempo come nozioni tratte dall'esperienza (**Locke**), sia la visione oggettivistica, che considerava spazio e tempo come entità a sé stanti o recipienti vuoti (**Newton**), sia la visione concettualistica, che considerava spazio e tempo come concetti esprimenti i rapporti tra le cose (**Leibniz**). → **T5** p. 213

TAVOLA ROTONDA

Spazio e tempo, p. 317

Contro l'interpretazione empiristica, Kant afferma che **spazio e tempo non possono derivare dall'esperienza**, poiché per fare un'esperienza qualsiasi dobbiamo già presupporre le rappresentazioni originarie di spazio e di tempo.

Contro l'empirismo

Contro l'interpretazione oggettivistica, Kant sostiene che qualora spazio e tempo fossero davvero dei recipienti vuoti, ossia degli assoluti a sé stanti, essi dovrebbero continuare a esistere anche nell'ipotesi che in essi non vi fossero oggetti. Ma come fare a concepire «qualcosa che, senza un oggetto reale, sarebbe tuttavia reale»? (*Critica della ragion pura*, B 49). In verità, puntualizza Kant, spazio e tempo **non sono dei contenitori in cui si trovano gli oggetti** – poiché in tal caso, come si è appena visto, sarebbe difficile concepire la loro esistenza autonoma – **bensì dei quadri mentali *a priori* entro cui connettiamo i dati fenomenici**. Come tali, essi, pur essendo "ideali" o "soggettivi" rispetto alle cose in se stesse, sono tuttavia

Contro l'oggettivismo

"reali" e "oggettivi" rispetto all'esperienza, ossia alle cose quali appaiono fenomenicamente (nell'ipotesi che noi portassimo sempre delle lenti azzurre, tale colore, per noi, sarebbe altrettanto "reale" dei vari oggetti). Per questo motivo, Kant parla di **idealità trascendentale e di realtà empirica dello spazio e del tempo**.

Contro il concettualismo

Contro l'interpretazione concettualistica, infine, Kant afferma che spazio e tempo non possono essere considerati alla stregua di concetti, in quanto **hanno una natura intuitiva e non discorsiva**, perché noi, ad esempio, non astraiamo il concetto di spazio dalla constatazione dei vari spazi (come il concetto di cavallo dai vari cavalli), ma intuiamo i vari spazi come parti di un unico spazio, presupponendo in tal modo la rappresentazione originaria di spazio, che risulta quindi un'intuizione pura o *a priori*.

Kant e Newton

Pur rifiutando l'oggettivismo di Newton, cioè la sua concezione dello spazio e del tempo come realtà (ontologiche) a sé stanti, Kant si avvicina allo scienziato inglese per la sua dottrina dello spazio e del tempo come **coordinate assolute dei fenomeni**. Assolutezza che egli cerca di giustificare su base soggettivistico-trascendentale, ossia facendo di esse delle **condizioni *a priori* del conoscere**.

L'esposizione trascendentale. Nell'"**esposizione trascendentale**" Kant giustifica ulteriormente l'apriorità dello spazio e del tempo mediante considerazioni epistemologiche sulla **matematica**, volte a una fondazione filosofica della medesima. Kant vede nella geometria e nell'aritmetica delle scienze sintetiche *a priori* per eccellenza. **Sintetiche** (e non analitiche) **in quanto ampliano le nostre conoscenze** mediante costruzioni mentali che vanno oltre il già noto. Ad esempio, la proposizione 7 + 5 = 12, osserva Kant, è sintetica in quanto il risultato 12 viene aggiunto tramite l'operazione del sommare e non può quindi essere ricavato per via puramente analitica (ciò risulta evidente se si prendono in esame cifre più alte: ad esempio la semplice analisi mentale dei concetti aritmetici 62.525 + 48.734 non può affatto suggerirci il risultato della somma, che occorre invece far scaturire sinteticamente mediante un calcolo, il quale soltanto ci fa scoprire che tale risultato è 111.259). Inoltre, la matematica è *a priori* (e non *a posteriori*) **in quanto** i teoremi geometrici e aritmetici – come insegna una tradizione di pensiero che va da Platone a Hume – **valgono indipendentemente dall'esperienza**.

La geometria e l'aritmetica come scienze sintetiche *a priori*

Qual è, allora, il punto di appoggio delle costruzioni sintetiche *a priori* della matematica? Kant non ha dubbi che esso risieda nelle intuizioni di spazio e di tempo. Infatti la **geometria** è la scienza che dimostra sinteticamente *a priori* le proprietà delle figure mediante l'intuizione pura di spazio, stabilendo ad esempio, senza ricorrere all'esperienza del mondo esterno, che tra le infinite linee che uniscono due punti la più breve è la retta, che due parallele non chiudono uno spazio, che in una circonferenza il raggio è minore del diametro ecc. Analogamente, l'**aritmetica** è la scienza che determina sinteticamente *a priori* la proprietà delle serie numeriche, basandosi sull'intuizione pura di tempo e di successione, senza la quale lo stesso concetto di numero non sarebbe mai sorto. **In quanto *a priori*, la matematica è anche universale e necessaria**, immutabilmente valida per tutte le menti pensanti.

Perché la matematica vale anche per la natura?

Per quale ragione, allora, le matematiche, pur essendo una costruzione della nostra mente, valgono anche per la natura? Anzi, perché tramite esse siamo addirittura in grado di fissare anticipatamente delle proprietà che in seguito riscontriamo nell'ordine fattuale delle cose? Che cosa garantisce questa stupefacente coincidenza, su cui fa leva la fisica? A questi interrogativi di filosofia della scienza, Galileo, sulla base della sua epistemologia realistica, aveva risposto sostanzialmente che Dio, creando, geometrizza, postulando in tal modo una struttura ontologica di tipo matematico. Kant, avendo dichiarato inconoscibile la cosa in sé, non poteva certo presupporre simili "armonie prestabilite". Escludendo ogni garanzia di tipo metafisico e teologico, egli afferma invece che le matematiche possono venir proficuamente applicate agli oggetti dell'esperienza fenomenica poiché quest'ultima, essendo intuita nello spazio e nel tempo – che sono anche i cardini della matematica –, possiede già, di per sé, una configurazione geometrica e aritmetica. In altre parole, **se la forma *a priori* di spazio con cui ordiniamo la realtà è di tipo euclideo, risulta evidente che i teoremi della geometria di Euclide varranno anche per l'intero mondo fenomenico**.

 **ON LINE** ESERCIZI INTERATTIVI

VERSO LE COMPETENZE
▶ Utilizzare il lessico e le categorie specifiche della filosofia

GLOSSARIO e RIEPILOGO

Estetica trascendentale

Estetica trascendentale p. 177 > L'*Estetica trascendentale* (dal gr. *aisthetikós*, "che concerne la sensazione", da *aisthánesthai*, "sentire", "percepire") è «la scienza di tutti i principi *a priori* della sensibilità» (*Critica della ragion pura*, B 35, cit., p. 98), ovvero la sezione della *Critica* in cui Kant studia lo spazio e il tempo, mostrando come su di essi si fondi la matematica.

Intuizione p. 177 > L'intuizione (*Anschauung*) è la conoscenza alla quale l'oggetto risulta direttamente presente (*Prolegomeni*, par. 8; *Critica della ragion pura*, B 33, cit.). Kant distingue tra un'intuizione sensibile e un'intuizione intellettuale. L'intuizione sensibile è l'intuizione propria di un essere pensante finito, a cui l'oggetto è *dato* e coincide con la ricettività della sensibilità; quella intellettuale (v. p. 193) è l'intuizione di un ipotetico intelletto divino.

Intuizioni empiriche p. 177 > Le intuizioni empiriche consistono nell'immediato riferirsi all'oggetto mediante le sensazioni. «L'intuizione, che si riferisce all'oggetto mediante una sensazione dicesi *empirica*» (*Critica della ragion pura*, B 34, cit., p. 97).

Intuizioni pure p. 177 > Le intuizioni pure sono le forme *a priori* delle sensazioni. «Chiamo *pure* (in senso trascendentale) tutte le rappresentazioni in cui nulla è riscontrabile che appartenga alla sensazione. Di conseguenza, la forma pura delle intuizioni sensibili in generale si troverà *a priori* nell'animo […]. Questa forma pura della sensibilità prenderà […] il nome di *intuizione pura*» (*Critica della ragion pura*, B 34-35, cit.,

p. 98). Le intuizioni pure sono lo spazio e il tempo.

Spazio p. 177 > Lo spazio (*Raum*) è la forma del senso *esterno*, cioè quella «rappresentazione *a priori*, necessaria, che sta a fondamento di tutte le intuizioni esterne» (*Critica della ragion pura*, B 38, cit., p. 100) e del disporsi delle cose «l'una accanto all'altra» (*Critica della ragion pura*, B 43, cit., p. 104).

Tempo p. 177 > Il tempo (*Zeit*) è la forma del senso *interno*, cioè quella rappresentazione *a priori* che sta a fondamento dei nostri stati interni e del loro disporsi secondo un ordine di successione. Tuttavia, poiché i dati del senso esterno ci pervengono soltanto attraverso il senso interno, il tempo si configura anche, indirettamente, come la forma del senso esterno, cioè come la forma universale dell'esperienza.

Idealità trascendentale e realtà empirica dello spazio e del tempo p. 178 > Secondo Kant spazio e tempo, pur essendo "soggettivi" rispetto alle cose in se stesse (e in ciò risiede la loro "idealità trascendentale"), presentano tuttavia una «validità oggettiva rispetto a tutti gli oggetti che possano comunque esser dati ai nostri sensi» (e in ciò consiste la loro "realtà empirica").

Matematica p. 178 > Kant vede nella geometria e nell'aritmetica delle scienze sintetiche *a priori* per eccellenza. *Sintetiche* (e non analitiche) in quanto ampliano le nostre conoscenze. *A priori* (e non *a posteriori*) in quanto i teoremi geometrici o aritmetici vengono sviluppati indipendentemente dall'esperienza. Ciò accade perché alla base della matematica stanno le intuizioni pure di spazio (geometria) e di tempo (aritmetica).

7. L'analitica trascendentale

La logica trascendentale

La seconda parte della dottrina degli elementi è la **Logica trascendentale**, cioè un tipo di logica che presenta una fisionomia originale rispetto a quella della tradizione, in quanto ha come **specifico oggetto di indagine** «l'origine, l'estensione e la validità oggettiva» delle **conoscenze *a priori*** che sono **proprie dell'intelletto** (studiato nell'*Analitica trascendentale*) **e della ragione** (studiata nella *Dialettica trascendentale*).

Sensibilità e intelletto; intuizioni e concetti

Sensibilità e intelletto – precisa Kant in un passo famoso – sono entrambi indispensabili alla conoscenza, poiché: «Senza sensibilità, nessun oggetto ci verrebbe dato e senza intelletto nessun oggetto verrebbe pensato. I pensieri senza contenuto [senza intuizioni] sono vuoti, le intuizioni senza concetti sono cieche» (*Critica della ragion pura*, B 75).

Ma che cosa sono i concetti? Questa domanda trova risposta nell'*Analitica dei concetti*, che è la prima parte dell'*Analitica trascendentale*.

TESTO ANTOLOGICO
Kant ON LINE
Le due sorgenti della conoscenza (*Analitica dei concetti*)

Le categorie

Se le intuizioni sono "affezioni" (ossia qualcosa di passivo), i **concetti** sono invece "**funzioni**", ovvero **operazioni attive** che consistono nell'ordinare, o unificare, diverse rappresentazioni «sotto una rappresentazione comune». Ad esempio, quello di "corpo" è un concetto in quanto sotto di esso si trovano raccolte altre rappresentazioni (ad esempio quella di metallo, come vedremo meglio tra poco). Ora, i concetti **possono essere empirici**, cioè costruiti con materiali ricavati dall'esperienza, **o puri**, cioè contenuti *a priori* nell'intelletto (v. **concetti empirici e concetti puri**).

I concetti puri: le categorie

I concetti puri si identificano con le **categorie** (nel senso aristotelico del termine), cioè con quei concetti basilari della mente che costituiscono le **supreme funzioni unificatrici dell'intelletto**. E poiché ciascun concetto è «il predicato di un giudizio possibile» (Kant fa l'esempio: «ogni metallo [soggetto] è un corpo [predicato]»), le categorie coincidono con i **predicati primi**, cioè con quelle grandi "caselle" entro cui rientrano tutti i predicati possibili. → **T6** p. 214

Aristotele e Kant

Tuttavia, a differenza delle categorie aristoteliche, che hanno un valore ontologico e gnoseologico al tempo stesso, essendo simultaneamente forme dell'essere e del pensiero (*leges entis et mentis*), **le categorie kantiane hanno una portata esclusivamente gnoseologico-trascendentale**, in quanto rappresentano dei modi di funzionamento dell'intelletto (semplici *leges mentis*), che non valgono per la cosa in sé, ma soltanto per il fenomeno.

CONCETTI A CONFRONTO

SCHEMA INTERATTIVO ON LINE

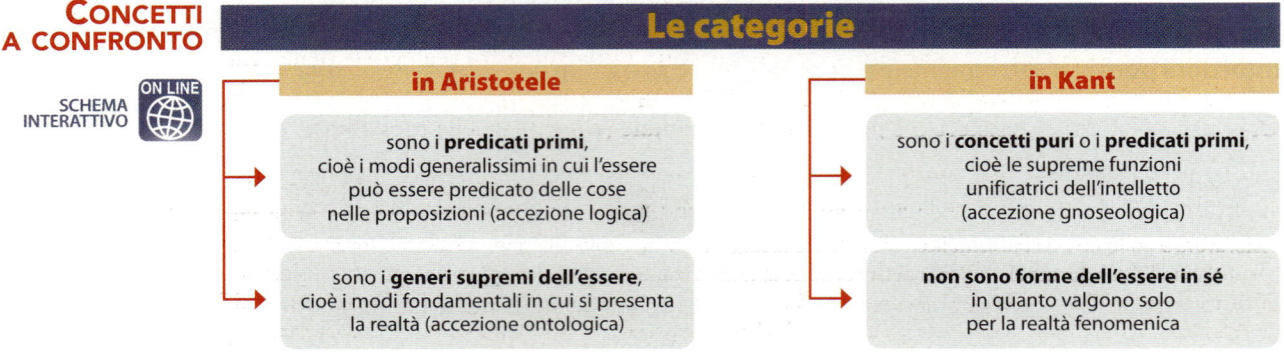

Le categorie

in Aristotele
- sono i **predicati primi**, cioè i modi generalissimi in cui l'essere può essere predicato delle cose nelle proposizioni (accezione logica)
- sono i **generi supremi dell'essere**, cioè i modi fondamentali in cui si presenta la realtà (accezione ontologica)

in Kant
- sono i **concetti puri** o i **predicati primi**, cioè le supreme funzioni unificatrici dell'intelletto (accezione gnoseologica)
- **non sono forme dell'essere in sé** in quanto valgono solo per la realtà fenomenica

Stabilita la nozione di "categorie", si tratta di redigerne una tavola completa. Kant, che rimprovera ad Aristotele di aver rinvenuto le categorie in modo casuale e frammentario («rapsodicamente», scrive il filosofo), ossia senza servirsi di un principio sistematico comune, formula il proprio inventario sulla base del seguente "filo conduttore": poiché **pensare è giudicare** (e poiché giudicare significa attribuire un predicato a un soggetto), ci saranno **tante categorie** (cioè tanti predicati primi) **quante sono le modalità di giudizio** (ovvero quante sono le maniere fondamentali tramite cui si attribuisce un predicato a un soggetto). E poiché la logica generale, secondo Kant, raggruppa i giudizi secondo la quantità, la qualità, la relazione e la modalità, egli – non senza qualche forzatura dettata dalla ricerca di una perfetta simmetria – fa corrispondere[1] a ogni tipo di giudizio un tipo di categoria, secondo lo schema seguente (v. **giudizi e categorie**):

La tavola delle categorie

TAVOLA DEI GIUDIZI

quantità	qualità	relazione	modalità
universali	affermativi	categorici	problematici
particolari	negativi	ipotetici	assertori
singolari	infiniti	disgiuntivi	apodittici

TAVOLA DELLE CATEGORIE

quantità	qualità	relazione	modalità
unità	realtà	dell'inerenza e sussistenza (sostanza e accidente)	possibilità-impossibilità
pluralità	negazione	della causalità e dipendenza (causa ed effetto)	esistenza-inesistenza
totalità	limitazione	della comunanza (azione reciproca tra agente e paziente)	necessità-contingenza

È facile vedere come queste categorie kantiane entrino in azione in tutti i giudizi o in tutte le proposizioni nei quali si concreta il nostro pensiero. Si parla infatti sempre di una cosa, o di più cose, o di una totalità di cose (categorie della quantità). Si afferma che una cosa è reale, oppure che non lo è, oppure che non è quella tale realtà (categorie della qualità). Si giudica che una certa proprietà appartiene a una certa sostanza, o che un certo fatto è causa di un altro fatto, o che due cose agiscono e reagiscono l'una sull'altra (categorie della relazione). Infine si afferma che una cosa è possibile o impossibile, che esiste o non esiste, che deve necessariamente esistere o è puramente accidentale (categorie della modalità).

L'onnipresenza delle categorie nei giudizi

1 La corrispondenza è facilmente rilevabile. Soltanto le corrispondenze tra giudizio universale e categoria dell'unità, e tra giudizio singolare e categoria della totalità appaiono artificiali e controintuitive. Tant'è che Kant, in un altro testo, aveva seguito una via più semplice, connettendo la singolarità con l'unità e l'universalità con la totalità. Probabilmente la modifica è dovuta alla volontà di far scaturire la totalità combinando unità e pluralità, e trova una giustificazione nel fatto che «l'universale pare esso stesso una forma di unità, perché riguarda tutti gli individui della classe, ed il singolare un giudizio universale poiché riguarda tutta la classe composta da un solo individuo» (Mauro Sacchetto).

La deduzione trascendentale

Formulata la tavola delle categorie, Kant si trova di fronte al problema della giustificazione della loro validità e del loro uso. Problema che egli considera "il più difficile" della *Critica* e che denomina **deduzione trascendentale**.

Il concetto di deduzione e le categorie

Kant usa il termine "deduzione" non nel senso logico-matematico, bensì in quello giuridico-forense, che allude alla **dimostrazione della legittimità di diritto di una pretesa di fatto**. Come tale, la deduzione riguarda il *quid iuris* e non il *quid facti* di una questione: ad esempio, il *fatto* che una persona risulti in possesso di un certo oggetto non prova ancora che essa, in base alla legge, abbia qualche *diritto* su di esso. Analogamente, la "deduzione" delle categorie non consiste nel provare che esse sono adoperate, in linea di fatto, nella conoscenza scientifica, ma nel giustificare la legittimità e i limiti di tale uso, ovvero nel determinare il diritto della ragione a impiegarle: diritto che, come tutti gli altri, è soggetto a restrizioni.

Il problema...

Tradotto concretamente nei termini gnoseologici della *Critica*, **il problema della deduzione** suona perciò in questo modo: perché le categorie, pur essendo forme soggettive della nostra mente, pretendono di valere anche per gli oggetti, ossia per una natura che, materialmente, non è l'intelletto a creare? Detto altrimenti, **che cosa ci garantisce, di diritto, che la natura obbedirà alle categorie**, manifestandosi nell'esperienza secondo le nostre maniere di pensarla?

Per le forme della sensibilità, cioè per lo spazio e il tempo, questo problema non si presentava, poiché un oggetto non può apparire all'uomo, cioè essere percepito da lui, se non attraverso queste forme. Il riferimento necessario di esse agli oggetti di esperienza è così garantito: un oggetto che non è dato nello spazio e nel tempo non è un oggetto per noi, perché non è intuito. Per quanto concerne le categorie, invece, non è per nulla evidente che gli oggetti debbano sottostare a esse. In altri termini, dire che la realtà obbedisce, oltre che alle forme delle nostre intuizioni, anche ai nostri pensieri, è un paradosso che esige una giustificazione critica adeguata. → **T7** p. 216

... e la soluzione: l'«io penso»

Al di là della complessità testuale, la soluzione kantiana, nelle sue linee generali, risulta sufficientemente chiara e può essere articolata nei punti seguenti:
1) l'unificazione del molteplice non deriva dalla molteplicità stessa, che è sempre qualcosa di passivo, ma da un'**attività sintetica che ha la sua sede nell'intelletto**;
2) distinguendo tra l'unificazione (il processo tramite il quale si attua la sintesi del molteplice) e l'unità stessa (il principio in base a cui si realizza l'unificazione), Kant identifica la **suprema unità fondatrice della conoscenza** – che è qualcosa di diverso dalla semplice categoria dell'unità – con quel centro mentale unificatore che egli, per meglio sottolineare come esso non si identifichi con la psiche di questa o di quella persona, ma con **l'identica struttura mentale che accomuna gli uomini**, denomina con l'espressione **io penso** (oppure con quelle affini di «appercezione» o «autocoscienza» trascendentale). Infatti, osserva il filosofo, senza tale autocoscienza le varie rappresentazioni non si configurerebbero come "mie" e quindi risulterebbero impossibili: «**L'io penso** deve *poter* accompagnare tutte le mie rappresentazioni»; in caso contrario si darebbe in me la rappresentazione di qualcosa che non potrebbe esser pensata; il che equivale a dire che la rappresentazione o sarebbe impossibile o, per me almeno, sarebbe nulla»;

TAVOLA ROTONDA

Dalla sostanza delle cose al soggetto del mondo, p. 552

3) ora, l'attività dell'io penso si attua tramite i **giudizi**, i quali, come sappiamo, sono i modi concreti con cui il molteplice dell'intuizione viene pensato;

4) ma i giudizi si basano sulle **categorie**, che sono le diverse maniere di agire dell'io penso, ovvero le dodici funzioni unificatrici in cui si concretizza la sua attività sintetica;

5) di conseguenza, gli oggetti non possono assolutamente venir pensati senza per ciò stesso venire categorizzati.

CONCETTI A CONFRONTO

ON LINE
SCHEMA INTERATTIVO

L'appercezione

in Leibniz
è la **consapevolezza della percezione**, caratteristica dell'attività rappresentativa dell'anima umana (monade superiore)

in Kant
è **appercezione trascendentale**, cioè l'**io penso**, centro unificatore della conoscenza

Didatticamente ridotto all'osso, il ragionamento kantiano consiste quindi nel mostrare che:

a) poiché **tutti i pensieri presuppongono l'io penso**

b) e poiché **l'io penso pensa tramite le categorie**

c) ne segue che **tutti gli oggetti pensati presuppongono le categorie**.

Il che equivale a dire che la natura (fenomenica) obbedisce necessariamente alle forme (*a priori*) del nostro intelletto. ➔ **T8** p. 217

> *I passaggi dell'argomentazione*

A questo punto, non dovrebbe essere difficile comprendere il testo di Kant. Ecco il basilare paragrafo 20, in cui egli riassume i vari passaggi concettuali della deduzione (i numeri tra parentesi quadra corrispondono ai 5 punti in cui abbiamo schematizzato il pensiero del filosofo):

> *Il testo di Kant*

> Il molteplice, dato in una intuizione sensibile, cade necessariamente sotto l'unità sintetica originaria dell'appercezione, perché solo per mezzo di questa è possibile l'*unità* dell'intuizione [punti 1 e 2]. Ma quell'operazione dell'intelletto, in virtù della quale il molteplice di rappresentazioni date (siano esse intuizioni o concetti) è in generale portato sotto un'appercezione, è la funzione logica dei giudizi. Ogni molteplice, quindi, per quanto sia dato in un'unica intuizione empirica, è *determinato* in riferimento ad una delle funzioni logiche del giudicare, mediante cui esso è in generale portato a una coscienza [punto 3]. Ma le *categorie* non sono altro appunto che queste funzioni del giudicare, in quanto il molteplice d'una intuizione data è determinato in riferimento ad esse [punto 4]. Dunque il molteplice di un'intuizione data sottostà necessariamente alle categorie [punto 5]. *(Critica della ragion pura, B 143)*

In altri termini, come afferma Kant nel paragrafo 26, che completa il 20:

> ogni sintesi, in virtù della quale si rende possibile la stessa percezione, è sottoposta alle categorie; e siccome l'esperienza è conoscenza mediante percezioni connesse, le categorie risultano condizioni della possibilità dell'esperienza e valgono pertanto *a priori* per tutti gli oggetti dell'esperienza. *(Critica della ragion pura, B 161)*

L'io penso si configura dunque come «**il principio supremo della conoscenza umana**», ossia come ciò cui deve sottostare ogni realtà per poter entrare nel campo dell'esperienza e per divenire un oggetto-per-noi. Nello stesso tempo, esso rappresenta **ciò che rende possibile l'oggettività (cioè l'universalità e la necessità) del sapere**. Infatti, senza l'io penso e le categorie tramite cui esso opera, saremmo chiusi nel cerchio della soggettività individuale e potremmo stabilire soltanto delle connessioni particolari e contingenti. Ad esempio, non

> *L'importanza dell'io penso...*

potremmo dire «i corpi sono pesanti», fissando, in virtù della categoria di sostanza, un rapporto universale e necessario tra soggetto e predicato, ma soltanto «ogni volta che porto un corpo, sento un'impressione di peso».

… e il suo carattere formale e finito

L'importanza della figura teoretica dell'io penso nell'ambito della gnoseologia criticistica non fa certo di Kant un "idealista", nel senso della successiva filosofia romantica. Infatti l'io di Kant, a differenza di quello di Fichte (v. unità 8, cap. 3), non è affatto un io creatore. Tanto che Kant insiste inequivocabilmente sul **carattere *formale*, e quindi finito, dell'io penso**, il quale **si limita** semplicemente **a ordinare una realtà che gli preesiste** e senza la quale la sua stessa conoscenza non avrebbe senso.

La kantiana *Confutazione dell'idealismo*

Non a caso, la seconda edizione della *Critica* contiene anche, tra le aggiunte più significative, una *Confutazione dell'idealismo*, diretta sia contro l'idealismo problematico di Cartesio, che dichiara indubitabile solo l'"io sono", sia contro l'idealismo dogmatico di Berkeley, che riduce le cose nello spazio a semplici idee. La sostanza di questa <mark>confutazione dell'idealismo</mark> risiede nella tesi secondo cui **l'interiorità non può essere concepita senza l'esteriorità**, in quanto l'esperienza interna dipende da qualcosa di permanente che si trova al di fuori di essa:

> Io sono cosciente della mia esistenza come determinata nel tempo. Ogni determinazione temporale presuppone alcunché di *permanente* nella percezione. Ma questo elemento permanente non può essere qualcosa in me, visto che la mia esistenza nel tempo richiede di essere determinata proprio da questo alcunché di permanente. La percezione di questo permanente non è dunque possibile se non in base a *qualcosa* fuori di me e non in base alla semplice *rappresentazione* di una cosa fuori di me. Quindi, la determinazione della mia esistenza nel tempo presuppone l'esistenza di cose reali, da me percepite come fuori di me.
>
> (*Critica della ragion pura*, B 275-276)

TAVOLA ROTONDA

Dal limite del pensiero al pensiero del limite, p. 452

Gli schemi trascendentali

Se nell'*Analitica dei concetti* Kant si occupa delle categorie e della loro legittimazione, nell'*Analitica dei principi* indaga il modo in cui esse si "applicano" ai fenomeni. È questa la funzione della dottrina dello **schematismo trascendentale**: con la deduzione trascendentale Kant ha mostrato *in generale* come l'intelletto condizioni la realtà fenomenica tramite le categorie, mentre con la dottrina dello schematismo mostra come ciò possa avvenire *in concreto*.

L'interrogativo

La domanda di partenza è la seguente: com'è possibile che l'intelletto condizioni effettivamente le intuizioni e, quindi, gli oggetti sensibili? Detto altrimenti: se la sensibilità e l'intelletto sono due facoltà eterogenee, quale sarà l'elemento mediatore che fa sì che l'intelletto possa applicare alle intuizioni i propri concetti *a priori*? Per usare le parole stesse di Kant:

> Com'è possibile la *sussunzione* delle intuizioni sotto i concetti dell'intelletto, quindi l'*applicazione* della categoria [della causalità] ai fenomeni […]?
>
> (*Critica della ragion pura*, B 176)

Il senso della domanda è chiaro: se le categorie (e in particolare la categoria della causalità) non sono proprietà delle cose (dati), ma concetti puri o *a priori* (pensati), per quale ragione esse dovrebbero valere per le cose? O, il che è lo stesso: perché le cose dovrebbero "obbedire" alle categorie (ad esempio disponendosi in una relazione causale)?

La rilevanza di tale interrogativo – sia in riferimento alla deduzione trascendentale, sia in rapporto alla gnoseologia complessiva di Kant – spiega perché gli studiosi odierni tendano a dare sempre più importanza a questa sezione dell'*Analitica*, vedendo in essa "il segreto" o "la chiave di volta" della *Critica*.

Kant risolve il problema affermando che l'intelletto, non potendo agire direttamente sugli oggetti della sensibilità, agisce indirettamente su di essi tramite il tempo, che è il *medium* universale attraverso cui tutti gli oggetti sono percepiti. In altre parole, se **il tempo condiziona gli oggetti**, allora **l'intelletto, condizionando il tempo, condizionerà gli oggetti**. Ciò avviene attraverso una facoltà che Kant chiama ==immaginazione produttiva==, in quanto "produce" (*a priori*) una serie di "schemi" temporali che corrispondono ognuno a una delle categorie. In altre parole, la "rete" temporale attraverso la quale l'intelletto "cattura" i fenomeni corrisponde esattamente alle categorie, in quanto è organizzata (dall'immaginazione produttiva) proprio sulla base di esse.
Ma vediamo come.

> La soluzione di Kant

In generale, Kant intende per ==schema== la **rappresentazione intuitiva di un concetto**, ovvero, in termini dinamici, una «regola della determinazione della nostra intuizione, in conformità ad un determinato concetto universale» (*Critica della ragion pura*, B 180). Come tale, lo schema, pur avendo una certa parentela con l'immagine, va distinto da essa. Per fare un esempio: lo schema di "cane" non coincide con l'immagine sensibile e particolare di questo o quel cane, ma si identifica con «una regola in base alla quale la mia immaginazione è posta in grado di delineare in generale la figura di un quadrupede, senza tuttavia chiudersi entro una particolare raffigurazione offertami dall'esperienza o in una qualsiasi immagine che io possa rappresentarmi in *concreto*» (*Critica della ragion pura*, B 180). La stessa cosa vale per gli schemi di "triangolo", "numero" ecc., e per quella specifica classe di schemi che corrispondono alle categorie e che Kant chiama ==schemi trascendentali==.

> Il concetto di schema in generale...

TESTO ANTOLOGICO
ON LINE Kant
Gli schemi trascendentali
(*Analitica dei principi*)

Gli **schemi trascendentali**, come abbiamo anticipato, sono infatti le **regole attraverso cui l'intelletto condiziona il tempo in conformità ai propri concetti *a priori***: in questo senso costituiscono lo strumento di una "pre-sintesi intellettiva", mediante la quale il materiale della sensibilità viene ordinato non ancora secondo le forme (concettuali) delle categorie, ma secondo la "prefigurazione" di esse nella forma del tempo. In altri termini, potremmo dire (per usare un'immagine didattica) che gli schemi trascendentali sono **le categorie "calate" nel tempo**, ovvero le categorie "tradotte" in linguaggio temporale:

> ... e gli schemi trascendentali

■ per quanto concerne le **categorie di relazione**, lo schema della categoria di sostanza è la permanenza nel tempo (infatti, noi possiamo pensare qualcosa come sostanza solo a patto di rappresentarla come un *quid* che "permane" sotto il variare degli accidenti); lo schema della categoria di causa-effetto è la successione (irreversibile) nel tempo; lo schema della categoria di azione reciproca è la simultaneità nel tempo;

■ per quanto concerne le **categorie di modalità**, lo schema della categoria di possibilità è l'esistenza in un tempo qualsiasi; lo schema della categoria di realtà è l'esistenza in un determinato tempo; lo schema della categoria di necessità è l'esistenza in ogni tempo;

■ per quanto concerne le **categorie di quantità**, il loro schema complessivo è il numero, ovvero la successiva addizione degli omogenei nel tempo;

■ per quanto concerne le **categorie di qualità**, il loro schema complessivo è la "cosalità", ossia la presenza, l'assenza e l'intensità dei fenomeni nel tempo (v. par. seg.: le anticipazioni della percezione).

I principi dell'intelletto puro e l'io «legislatore della natura»

Con la teoria dello schematismo la deduzione trascendentale raggiunge il suo coronamento. Con essa, infatti, Kant chiarisce definitivamente perché gli oggetti, pur non essendo creati dalla mente, si costituiscano già, nell'esperienza, in sintonia con il nostro modo di pensarli. Ma il frutto ultimo del discorso kantiano (e il definitivo superamento dello scetticismo di Hume) si trova nella sezione dedicata ai **principi dell'intelletto puro**, ovvero alle **regole di fondo tramite cui avviene l'applicazione delle categorie agli oggetti**.

I principi dell'intelletto puro

I principi dell'intelletto puro sono le enunciazioni generali che, sulla base delle categorie, possiamo formulare *a priori* sulle cose e, in quanto tali, si identificano con le leggi supreme dell'esperienza e con le proposizioni di fondo del sapere scientifico.
Kant li suddivide in quattro gruppi, corrispondenti ai quattro tipi di categorie.

Gli assiomi dell'intuizione

■ Gli **assiomi dell'intuizione** (corrispondenti alle categorie della **quantità**) affermano *a priori* che **tutti i fenomeni intuiti costituiscono delle «quantità estensive»**, ossia qualcosa che può essere conosciuto solo mediante la sintesi successiva delle sue parti (ad esempio, una linea o una durata possono essere percepite solo percependone successivamente le parti). Codificando il principio secondo cui ogni quantità è composta di parti, tali "assiomi" giustificano l'applicazione della matematica all'intero mondo dell'esperienza.

Le anticipazioni della percezione

■ Le **anticipazioni della percezione** (corrispondenti alle categorie della **qualità**) affermano *a priori* che **ogni fenomeno percepito ha una «quantità intensiva»**, ossia – si pensi alla luce o al calore – un certo grado di intensità che può essere indefinitamente suddiviso. Il termine "anticipazione" indica appunto che «tutte le sensazioni sono date come tali soltanto *a posteriori*, tuttavia la proprietà che è loro peculiare di avere un grado si può conoscere *a priori*» (*Critica della ragion pura*, B 218).

Le analogie dell'esperienza

■ Le **analogie dell'esperienza** (corrispondenti alle categorie di **relazione**) affermano *a priori* che **l'esperienza costituisce una trama necessaria di rapporti** basata sui principi: a) della *permanenza della sostanza* («In ogni cambiamento dei fenomeni la sostanza permane e il *quantum* di essa nella natura non viene né accresciuto né diminuito»); b) della *causalità* («Tutti i mutamenti accadono secondo la legge della connessione di causa ed effetto»); c) dell'*azione reciproca* («Tutte le sostanze, in quanto percepibili nello spazio come simultanee, si trovano fra loro in un'azione reciproca universale»). Con il termine "analogia", che in questo contesto ha un significato distinto da quello matematico[1], Kant designa un concetto filosofico di cui si serve per sottolineare come i principi in questione non si riferiscano ai singoli oggetti, ma solo a quelle analogie formali del loro accadere che fungono da regole generali per scoprirli e per situarli nell'ordine della natura. Ad esempio, in presenza di un evento, noi sappiamo *a priori*, grazie al principio di causalità, che esso deve avere una causa, pur non sapendo, in base al medesimo principio, quale sia tale causa, che va quindi cercata nell'esperienza.

---

1 In matematica le analogie si identificano con le cosiddette "proporzioni", nelle quali abbiamo quattro termini, di cui uno incognito, che si scopre grazie agli altri tre.

■ I **postulati del pensiero empirico in generale** (corrispondenti alle categorie di **modalità** e identificantisi con le regole dell'uso empirico dell'intelletto) stabiliscono che: a) «Ciò che è in accordo con le condizioni formali dell'esperienza […] è *possibile*»; b) «Ciò che è connesso con le condizioni materiali dell'esperienza (della sensazione) è *reale*»; c) «Ciò la cui connessione col reale è determinata in base alle condizioni universali dell'esperienza è (esiste) *necessariamente*».

I postulati
del pensiero
empirico
in generale

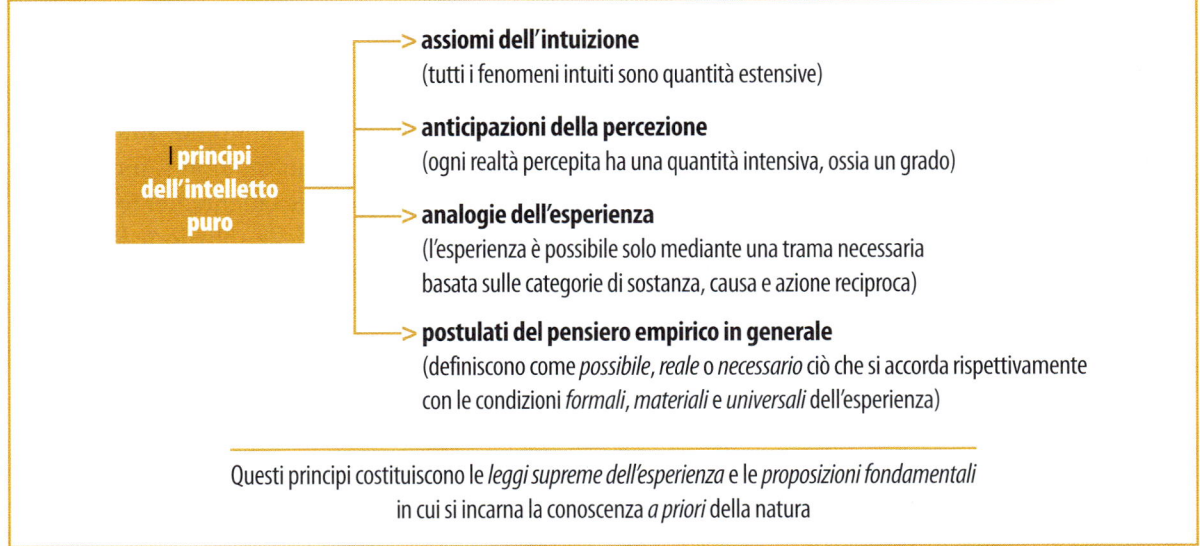

> **assiomi dell'intuizione**
> (tutti i fenomeni intuiti sono quantità estensive)

> **anticipazioni della percezione**
> (ogni realtà percepita ha una quantità intensiva, ossia un grado)

> **analogie dell'esperienza**
> (l'esperienza è possibile solo mediante una trama necessaria basata sulle categorie di sostanza, causa e azione reciproca)

> **postulati del pensiero empirico in generale**
> (definiscono come *possibile*, *reale* o *necessario* ciò che si accorda rispettivamente con le condizioni *formali*, *materiali* e *universali* dell'esperienza)

I principi dell'intelletto puro

Questi principi costituiscono le *leggi supreme dell'esperienza* e le *proposizioni fondamentali* in cui si incarna la conoscenza *a priori* della natura

Questa dottrina dei principi coincide con quella teoria dell'**io legislatore della natura** che si configura come la massima espressione della "rivoluzione copernicana" attuata da Kant in filosofia. Infatti, se per **natura** in generale intendiamo la «**conformità a leggi dei fenomeni**» (*Critica della ragion pura*, B 165), cioè quell'ordine necessario e universale (natura in senso formale) che sta alla base dell'insieme di tutti i fenomeni (natura in senso materiale), risulta evidente che **tale ordine non deriva dall'esperienza, bensì dall'io penso e dalle sue forme *a priori***. L'io penso e le categorie non possono tuttavia rivelare se non quello che è la natura in generale, cioè la regolarità dei fenomeni nello spazio e nel tempo. Le leggi *particolari*, nelle quali questa regolarità si esprime, non possono essere desunte dalle categorie (pur sottostando in ogni caso a esse), ma soltanto dall'esperienza.

L'io «legislatore
della natura»

Essendo il fondamento della natura, l'io è anche il fondamento della scienza che la studia. Infatti i **pilastri ultimi della fisica**, che in concreto si identificano con i principi dell'intelletto puro, poggiano sui giudizi sintetici *a priori* della mente, che a loro volta derivano dalle intuizioni pure di spazio e di tempo e dalle 12 categorie.

In tal modo, la gnoseologia di Kant si configura come l'epistemologia della scienza galileiano-newtoniana e come il tentativo di giustificarne filosoficamente i principi di base contro lo scetticismo di Hume. Questi riteneva infatti che l'esperienza, da un momento all'altro, potesse smentire le verità fondamentali della scienza. Kant sostiene invece che tale possibilità non sussiste, in quanto l'esperienza, essendo condizionata dalle categorie dell'intelletto e dall'io penso, non potrà mai smentirne i principi. In tal modo, le **leggi della natura** "scoperte" dalla scienza risultano pienamente giustificate nella loro validità: l'esperienza che le

Il superamento
dello scetticismo
humiano

rivela non potrà mai smentirle, giacché esse rappresentano le condizioni stesse di ogni esperienza possibile, il che equivale a dire che l'ordine *oggettivo* della natura coincide con le condizioni formali del *soggetto*, garante unico e ultimo di una conoscenza salda. → **T9** p. 219

Gli ambiti d'uso delle categorie e il concetto di "noumeno"

L'originalità del copernicanesimo filosofico di Kant

Nella dottrina dell'io «legislatore della natura» appare in tutta la sua forza ed evidenza l'originalità del copernicanesimo filosofico di Kant, che, anziché cercare negli oggetti o in Dio la garanzia ultima della conoscenza, la scopre nella mente stessa dell'uomo, **fondando le istanze dell'oggettività nel cuore stesso della soggettività**. Con questo non si intende dire che la rivoluzione copernicana del criticismo sia consistita semplicemente nel fondare sul soggetto, anziché sull'oggetto, la validità del sapere. L'originalità della soluzione kantiana è consistita anche nell'intendere il **fondamento del sapere in termini di possibilità e di limiti**, cioè **conformemente al modo d'essere di quell'ente pensante finito che è l'uomo**. Infatti, la messa in luce della validità delle categorie e della loro portata giustificatrice nei confronti della scienza implica, in Kant, una simultanea delucidazione dei limiti del loro uso possibile.

Le categorie funzionano solo in relazione al fenomeno

Le idee di Kant a questo proposito sono nette e inequivocabili: le categorie, costituendo la facoltà logica di unificare il molteplice della sensibilità, funzionano solo in rapporto al materiale che esse organizzano, cioè in connessione con le intuizioni spazio-temporali alle quali si applicano (v. **ambiti d'uso delle categorie**). **Considerate di per sé**, cioè senza essere riempite di dati provenienti dal senso esterno o interno, **sono "vuote"**. Questo fa sì che esse risultino operanti solo in relazione al fenomeno, intendendo per quest'ultimo l'oggetto proprio della conoscenza umana, che è sempre sintesi di un elemento materiale e di uno formale. Di conseguenza, per Kant **il conoscere non può estendersi al di là dell'esperienza**, in quanto una conoscenza che non si riferisca a un'esperienza possibile non è conoscenza, ma un vuoto pensiero che non conosce nulla, un semplice gioco di rappresentazioni. Questo principio – il quale postula una distinzione tra **pensare e conoscere** – esclude che le categorie abbiano, secondo la terminologia di Kant, un uso trascendentale, per il quale possano essere riferite alle cose in generale e in se stesse, e implica che il loro **unico uso possibile** sia **quello empirico**, per il quale vengono riferite solo ai fenomeni, ossia agli oggetti di un'esperienza determinata.

TESTO ANTOLOGICO
Kant **ON LINE**
Gli ambiti d'uso delle categorie (*Dialettica trascendentale*)

La cosa in sé come presupposto della gnoseologia di Kant

La delimitazione della conoscenza al fenomeno – e quindi alla scienza, che è sempre conoscenza fenomenica – comporta un esplicito **rimando alla nozione di "cosa in sé"** che, pur essendo inconoscibile, si staglia sullo sfondo di tutta la gnoseologia criticista. Infatti Kant non ha mai pensato di "ridurre" la realtà al fenomeno, in quanto egli afferma che **se c'è un per-noi, deve per forza esserci un in-sé**, ossia una *x* meta-fenomenica che si fenomenizza solo in rapporto a noi. In questo senso, la cosa in sé costituisce il presupposto o il postulato immanente del discorso gnoseologico di Kant, il quale, nel momento stesso in cui afferma che l'essere si dà a noi attraverso delle forme *a priori*, è costretto a distinguere immediatamente tra fenomeno e cosa in sé. Per questo Kant ha sostenuto la validità di tale concetto fino alla fine dei suoi giorni, anche quando Fichte, ritenendolo «insostenibile» e «chimerico», stava già trasformando il criticismo in idealismo, facendo dell'io penso il creatore della realtà.

Nello stesso tempo, Kant ha sempre ribadito che l'ambito della conoscenza umana è rigorosamente limitato al fenomeno, poiché la cosa in sé – che egli, in contrapposizione al fenomeno (cioè all'apparenza sensibile), denomina con il termine **noumeno** (dal greco *noúmenon*, "realtà pensabile", "intelligibile puro") – non può divenire, per definizione, oggetto di un'esperienza possibile. Kant ha espresso tutto ciò nel proprio linguaggio tecnico, distinguendo, a proposito del noumeno, tra un significato positivo e uno negativo:

■ in **senso positivo**, il noumeno è «**l'oggetto di un'intuizione non sensibile**» (*Critica della ragion pura*, B 307), cioè di una conoscenza extra-fenomenica che a noi è preclusa e che potrebbe invece essere propria di un ipotetico intelletto divino dotato di una **intuizione intellettuale** (ossia di un *intuito* delle cose che coincide con la *creazione* delle stesse);

■ in **senso negativo**, il noumeno è invece **il concetto di una cosa in sé** come di una *x* che non può mai entrare in rapporto conoscitivo con noi ed essere quindi «oggetto della nostra intuizione sensibile».

Il noumeno

In questo secondo senso, che è l'unico in cui possiamo legittimamente adoperare la nozione di noumeno, la cosa in sé, più che essere una realtà, è per noi un concetto, e precisamente un **concetto-limite**, che serve ad **arginare le nostre pretese conoscitive**. In altre parole, l'idea di cosa in sé, o noumeno, costituisce una specie di promemoria critico che da un lato circoscrive le pretese della sensibilità, rammentandoci che ciò che ci viene dato nell'intuizione spazio-temporale non è la realtà in assoluto, e dall'altro circoscrive le arroganze dell'intelletto, ricordandoci che esso non può *conoscere* le cose in sé, ma soltanto *pensarle* nella loro possibilità, sotto forma di *x* ignote.

La cosa in sé come concetto-limite

Coerentemente con queste dottrine, Kant paragona la conoscenza scientifica alla terraferma di un'isola, mentre assimila il desiderio di varcare le soglie dell'esperienza alle smanie di un navigante attratto dalla scoperta di nuove terre, ma destinato a vagare inutilmente per i flutti:

> questo territorio è un'isola che la natura ha racchiuso in confini immutabili. È il territorio della verità (nome seducente), circondata da un ampio e tempestoso oceano, in cui ha la sua sede più propria la parvenza [= l'illusione metafisica], dove innumerevoli banchi di nebbia e ghiacci creano ad ogni istante l'illusione di nuove terre e, generando sempre nuove ingannevoli speranze nel navigante che si aggira avido di nuove scoperte, lo sviano in avventurose imprese che non potrà né condurre a buon fine, né abbandonare una volta per sempre.
>
> (*Critica della ragion pura*, B 294-295)

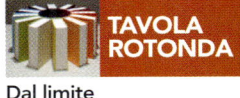

TAVOLA ROTONDA

Dal limite del pensiero al pensiero del limite, p. 452

Approfondimento: il concetto kantiano di "esperienza"

In Kant il termine "esperienza" viene usato in due accezioni distinte:

a) in una prima accezione, indica l'**intuizione sensibile**, ovvero il materiale e la fonte della conoscenza sensibile. In questo senso, Kant afferma ad esempio che ogni nostra conoscenza «comincia» con l'esperienza (cfr. *Critica della ragion pura*, "Introduzione");

b) in una seconda accezione, più caratteristicamente kantiana, indica la **totalità della conoscenza fenomenica**, ovvero l'ordine unitario dei dati sensibili secondo le leggi *a priori* della mente. Da questo punto di vista, l'esperienza non è la «rapsodia» delle percezioni sensibili, bensì l'organizzazione complessiva della conoscenza. Organizzazione che non esclude, ma sottintende, le forme *a priori* che la rendono possibile (*Critica della ragion pura*, *Analitica trascendentale*, *Deduzione trascendentale delle categorie*, B 130 ss).

Le due accezioni kantiane del concetto di esperienza

Pertanto, quando Kant discorre dell'*a priori* come di ciò che è «indipendente dall'esperienza», si riferisce, ovviamente, alla prima accezione, ossia al concetto dell'esperienza come di una sorta di datità bruta che precede l'opera unificatrice dell'intelletto. Viceversa, quando Kant parla di «esperienza in generale» o di «esperienza possibile», e afferma che l'esperienza, o meglio la possibilità dell'esperienza, rappresenta il criterio di legittimità di ogni conoscenza possibile (*Critica della ragion pura*, *ibidem*), si riferisce alla seconda accezione, ossia al concetto dell'esperienza come sistema organizzato di forma e materia. Ed è proprio nell'ambito di questo significato che Kant, come si è visto, giunge a identificare l'«esperienza in generale» con la natura in generale: «La possibilità dell'esperienza in generale è dunque nello stesso tempo la legge universale della natura; e i princìpi della prima sono anche le leggi di quest'ultima» (*Prolegomeni*, par. 36).

VERSO LE COMPETENZE

▶ Utilizzare il lessico e le categorie specifiche della filosofia

GLOSSARIO e RIEPILOGO

Analitica trascendentale

Logica trascendentale p. 180 > La logica è la scienza del pensiero *discorsivo*, cioè di quella conoscenza mediata (e non intuitiva) che avviene per *concetti*. Kant la divide in logica *generale* (che concerne l'intelletto «a prescindere dalla varietà degli oggetti a cui può essere rivolto») e *speciale* (che «comprende, invece, le regole per pensare rettamente una determinata specie di oggetti»). La logica generale viene suddivisa a sua volta in logica *pura* (che prescinde «da tutte le condizioni empiriche sotto cui il nostro intelletto è impiegato») e logica *applicata* (che «ha in vista le regole dell'uso dell'intelletto sotto le condizioni empiriche soggettive insegnateci dalla psicologia»). Fatte queste distinzioni, Kant passa a trattare quello specifico tipo di logica pura che è la logica trascendentale. Per «logica trascendentale» Kant intende la «scienza delle regole dell'intelletto in generale» (*Critica della ragion pura*, B 76, cit., p. 126), ovvero lo studio delle conoscenze *a priori* che sono proprie sia dell'*intelletto* in senso stretto (studiato nell'*Analitica*), sia della *ragione* in senso stretto (studiata nella *Dialettica*): «noi ci prefiguriamo l'idea di una scienza dell'intelletto puro e della conoscenza razionale, per mezzo della quale pensiamo gli oggetti completamente *a priori*. Una tale scienza, che determini l'origine, l'estensione e la validità oggettiva di tali conoscenze, deve chiamarsi *logica trascendentale*» (*Critica della ragion pura*, B 81, cit., p. 129).

N.B. Tale logica trascendentale si distingue da quella generale o «formale» della tradizione (v. Aristotele) perché essa: 1. non si limita a studiare le leggi e i meccanismi formali del pensiero, prescindendo da ogni contenuto, ma prende in esame quegli specifici contenuti che sono le conoscenze *a priori*, determinandone la genesi e la validità in rapporto agli *oggetti*; 2. non si riferisce «tanto alle conoscenze empiriche come alle razionali pure», ma soltanto a queste ultime.

Analitica trascendentale p. 180 > L'*Analitica trascendentale* (dal gr. *análysis*, da *analy´ein*, "sciogliere", "scomporre") è quella parte della logica trascendentale che studia l'intelletto e le sue forme *a priori*, fissandone l'ambito di validità. In altri termini, l'*Analitica* è quella sezione della *Critica* che scioglie o «risolve» (come scrive testualmente Kant) l'attività dell'intelletto nei suoi *elementi* di base e nel loro *legittimo* uso: «la parte della logica trascendentale che tratta degli elementi della conoscenza pura dell'intelletto e dei principi senza i quali nessun oggetto può in alcun modo esser pensato è l'analitica trascendentale, che è medesimamente una logica della verità» (*Critica della ragion pura*, B 87, cit., p. 133).

Concetti p. 180 > Il concetto (*Begriff*) è la *funzione* tipica dell'intelletto, ovvero quell'operazione attiva «che ordina diverse rappresentazioni sotto una rappresentazione comune» (*Critica della ragion pura*, B 93, cit., p. 137). Ogni concetto svolge quindi una funzione *unificatrice* o *sintetica*.

Concetti empirici e concetti puri p. 180 > I concetti empirici sono quelli costruiti con materiali ricavati dall'esperienza (cioè dalle sensazioni). I concetti puri sono quelli ai quali «non si mescola alcuna sensazione» (*Critica della ragion pura*, B 75, cit., p. 125), ossia quelli la cui origine risiede «esclusivamente nell'intelletto» (*Critica della ragion pura*, B 377, cit., p. 318).

Categorie p. 180 > Le categorie sono i concetti puri, cioè quei concetti basilari della mente che costituiscono le supreme funzioni unificatrici dell'intelletto. In altre parole, le categorie sono le varie maniere con cui l'intelletto unifica *a priori*, nei giudizi, le molteplici intuizioni empiriche della sensibilità. Detto nei termini più complessi di Kant: «Esse sono concetti di un oggetto in generale, mediante i quali l'intuizione di esso è considerata come *determinata* rispetto ad una delle *funzioni logiche del giudicare*» (*Critica della ragion pura*, B 128, cit., p. 160).

Giudizi e categorie p. 181 > Pensare per concetti e giudicare sono, per Kant, la stessa cosa. Infatti, ordinare «diverse rappresentazioni sotto una rappresentazione comune» significa, di fatto, sussumere un certo soggetto sotto un certo predicato. Ad esempio, nel giudizio "ogni metallo è un corpo" noi unifichiamo mediante il concetto generale di "corpo" le molteplici rappresentazioni dei metalli, ovvero riportiamo il soggetto "metallo" sotto il predicato "corpo".
N.B. 1. Le 12 categorie, in ultima analisi, non sono che le maniere universali e necessarie (cioè *a priori*) tramite cui un predicato viene riferito a un soggetto.
2. La connessione tra giudizi e categorie, cioè la corrispondenza tra le forme del giudizio e quelle dell'intelletto, rappresenta anche il "filo conduttore" di cui si serve Kant per ricavare la sua *tavola delle categorie* (v. p. 181).

Deduzione trascendentale p. 182 > Kant trae il termine "deduzione" dal linguaggio giuridico, nel quale esso indica la dimostrazione della *legittimità* della pretesa che si avanza: «Quando parlano di legittimità e pretese, i giudici distinguono in ogni dibattito giuridico la questione concernente ciò che è di diritto (*quid iuris*) dalla questione di fatto (*quid facti*), ed esigendo la dimostrazione per l'uno e per l'altro punto, chiamano la relativa al primo – quella cioè che deve dimostrare la legittimità o anche la pretesa giuridica – *deduzione*» (*Critica della ragion pura*, B 116, cit., p. 152). Per analogia, Kant chiama «deduzione trascendentale» delle categorie la giustificazione della loro *pretesa* di valere per degli oggetti che non sono prodotti o creati dall'intelletto

medesimo: «La spiegazione del come i concetti *a priori* si possano riferire ad oggetti costituisce ciò che io chiamo la *deduzione trascendentale* dei medesimi» (*Critica della ragion pura*, B 117, cit., p. 153); «Qui emerge dunque una difficoltà che non abbiamo incontrato nel campo della sensibilità: in qual modo, cioè, le *condizioni soggettive* del *pensiero* debbano avere una *validità oggettiva*» (*Critica della ragion pura*, B 122, cit., p. 156). Ridotta all'osso, la soluzione kantiana consiste nel mostrare come gli oggetti dell'esperienza non sarebbero tali se non fossero pensati dall'io penso e dai concetti puri (cioè dalle categorie) attraverso cui opera la sua attività unificatrice. Il che equivale a dire che la natura fenomenica obbedisce necessariamente alle categorie.

Io penso p. 182 > L'"io penso" (*Ich denke*) è quel centro mentale unificatore, di cui sono funzioni le categorie, che Kant denomina anche con i termini affini di «autocoscienza» o «appercezione» (dal fr. *s'apercevoir*, "accorgersi di"). Sintesi di tutte le sintesi, l'io penso, che «deve poter accompagnare tutte le mie rappresentazioni», costituisce quella suprema garanzia dell'*oggettività* (cioè dell'universalità e necessità) della conoscenza che si incarna nell'uso della copula.
N.B. 1. L'io penso ha un carattere puramente *funzionale* o *formale* e si configura come la semplice *possibilità* dell'esperienza.
2. Dell'io penso noi abbiamo, propriamente, *coscienza* ma non *conoscenza*.

Confutazione dell'idealismo p. 184 > Secondo Kant l'idealismo è «la teoria che considera l'esistenza degli oggetti nello spazio fuori di noi o semplicemente dubbia e *indimostrabile* o *falsa* e *impossibile*; il primo è quello *problematico* di *Cartesio* […]. Il secondo è l'idealismo *dogmatico* di *Berkeley*» (*Critica della ragion pura*, B 274, cit., p. 251). Kant chiama «materiale» tale idealismo, per distinguerlo dal proprio idealismo «trascendentale» o «formale», che, pur proclamando l'idealità trascendentale dello spazio, del tempo e delle categorie, si accompagna a un *realismo empirico* per il quale «sono consapevole della realtà dei corpi come fenomeni esterni, nello spazio, allo stesso modo in cui, per mezzo dell'esperienza interna, sono consapevole della esistenza della mia anima nel tempo» (*Prolegomeni*, par. 49). Da ciò quella caratteristica «confutazione dell'idealismo» che Kant ha aggiunto nella seconda edizione della *Critica*, insistendo sul fatto che l'*interiorità* non può venir concepita senza l'*esteriorità*, in quanto la nostra esperienza interna dipende da qualcosa di *permanente* che si trova *al di fuori* di essa.

Immaginazione produttiva p. 185 > In generale, per "immaginazione" i filosofi hanno inteso la possibilità di evocare o produrre immagini indipendentemente dalla presenza dell'oggetto cui si riferiscono. Kant la definisce come «il potere di rappresentare un oggetto, anche *senza la sua presenza* nell'intuizione» (*Critica della ragion pura*, B 151, cit., p. 174) e la distingue in immaginazione *riproduttiva*, che si limita semplicemente a ri-produrre nell'animo intuizioni empiriche già avute secondo le «leggi empiriche dell'associazione», e in immaginazione *produttiva*, che è quell'attività spontanea (donde l'attributo "produttiva") capace di «determinare *a priori* la sensibilità […] *in conformità alle categorie*» (*Critica della ragion pura*, B 152, cit., p. 174). Da questo punto di vista, l'immaginazione produttiva si configura come la facoltà di produrre *a priori* le condizioni dell'intuizione sensibile, ovvero come il potere di apprestare, per ogni categoria, un determinato schema.

N.B. In generale, nella *Critica*, l'immaginazione produttiva si configura quindi – al di là delle oscurità testuali e della problematicità intrinseca del concetto – come la facoltà di «produrre *a priori* determinazioni *formali* dello spazio e del tempo, secondo una regola dell'intelletto» (Vittorio Mathieu).

Schema p. 185 > Lo schema è la rappresentazione intuitiva di un concetto (puro o empirico), ovvero la regola dell'intelletto per determinare l'intuizione (pura o empirica) in conformità a un concetto. Detto con altre parole ancora, lo schema è una rappresentazione che «concettualizza le intuizioni o rende intuitivi i concetti secondo una regola universale» (Mauro Sacchetto).

N.B. A differenza dell'immagine, che è sempre particolare, lo schema ha una portata universale. Ad esempio lo schema di un triangolo, contrariamente alla semplice immagine, «vale per ogni triangolo, sia esso rettangolo o di altro genere» (*Critica della ragion pura*, B 180, cit., p. 192).

Schemi trascendentali p. 185 > Gli schemi trascendentali costituiscono la rappresentazione intuitivo-temporale delle categorie, ovvero le regole tramite cui l'intelletto ordina *a priori* il tempo secondo determinate forme che *corrispondono* alle varie categorie (v. pp. 180-181). Gli schemi sono dunque «determinazioni *a priori* del tempo secondo regole» (*Critica della ragion pura*, B 184, cit., p. 195) che fungono da terzo termine tra intuizioni e concetti: «è chiaro che ci deve essere qualcosa di intermedio, che risulti omogeneo da un lato con la categoria e dall'altro col fenomeno, affinché si renda possibile l'applicazione della prima al secondo. Questa rappresentazione intermedia deve essere pura (senza elementi empirici) e, tuttavia, per un verso *intellettuale* e per l'altro *sensibile*; essa è lo schema trascendentale» (*Critica della ragion pura*, B 177, cit., p. 190).

Principi dell'intelletto puro p. 186 > I principi dell'intelletto puro sono quegli enunciati, o proposizioni, fondamentali (*Grundsätze*) che fungono da «regole dell'uso oggettivo» delle categorie (*Critica della ragion pura*, B 200, cit., p. 204) e che rappresentano quindi, al tempo stesso, le leggi supreme dell'esperienza e gli assiomi di fondo della scienza: «tutti i principi dell'intelletto puro altro non sono che i principi *a priori* della possibilità dell'esperienza, alla quale soltanto si riferiscono anche tutte le proposizioni sintetiche *a priori*» (*Critica della ragion pura*, B 294, cit., p. 264). Kant li divide, sulla base della tavola delle categorie, in assiomi dell'intuizione, anticipazioni della percezione, analogie dell'esperienza e postulati del pensiero empirico in generale (v. pp. 186-187).

Io legislatore della natura p. 187 > La formula «io legislatore della natura» riassume il senso profondo della "rivoluzione copernicana" realizzata da Kant: «l'intelletto non attinge le sue leggi (*a priori*) dalla natura, ma le prescrive ad essa» (*Prolegomeni*, par. 36).

N.B. Dall'io penso e dalle categorie si possono derivare soltanto le leggi che regolano la natura in generale. Le leggi particolari, invece, sono tratte dall'esperienza.

Natura p. 187 > La natura in senso *generale* è la «conformità a leggi dei fenomeni» (*Critica della ragion pura*, B 165, cit., p. 183), cioè quell'ordine necessario e universale (natura in senso *formale*) che sta alla base dell'«insieme di tutti i fenomeni» (natura in senso *materiale*). Tale ordine necessario deriva, come ben sappiamo, dall'io penso (v.), il quale è dunque il «legislatore della natura».

Ambiti d'uso delle categorie p. 188 > Poiché costituiscono la facoltà logica di unificare il molteplice della sensibilità, le categorie funzionano solo in rapporto al materiale che esse organizzano, ovvero in connessione con le intuizioni spazio-temporali cui si applicano: «tutti i concetti, e assieme a loro tutti i principi, pur essendo possibili *a priori*, si riferiscono a intuizioni empiriche ossia a dati per l'esperienza possibile. Senza di ciò non posseggono validità oggettiva di alcun genere, riducendosi ad un semplice gioco di rappresentazioni»

(*Critica della ragion pura*, B 298, cit., p. 266). Questo principio, il quale postula una distinzione tra "pensare" e "conoscere", esclude che le categorie abbiano un uso *trascendentale*, per il quale vengano riferite alle cose in generale e in se stesse; e implica che il loro unico uso possibile sia quello *empirico*.

Pensare e conoscere p. 188 > «Il *pensare* un oggetto e il *conoscere* un oggetto sono due cose ben diverse. La conoscenza richiede infatti due elementi: prima di tutto il concetto per cui un oggetto è in generale pensato (la categoria); e in secondo luogo l'intuizione, per cui un oggetto è dato; se infatti al concetto non potesse esser data una corrispondente intuizione, esso sarebbe un pensiero solo rispetto alla forma, ma del tutto privo di oggetto e per suo mezzo non sarebbe possibile la conoscenza di nessun oggetto» (*Critica della ragion pura*, B 146, cit., p. 171).

Noumeno p. 189 > Il noumeno (dal gr. *noúmenon*, "ciò che è pensato", deriv. di *noéin*, "percepire con la mente") è la cosa in sé in quanto oggetto di una (ipotetica) conoscenza intellettuale pura. Kant distingue tra un significato negativo e uno positivo: «Se diamo il nome di noumeno a *qualcosa in quanto non è oggetto della nostra intuizione sensibile*, in quanto cioè facciamo astrazione dal nostro modo di intuirlo, si ha allora un noumeno in senso *negativo*. Ma se intendiamo invece designare l'*oggetto di un'intuizione non sensibile*, presupponiamo allora una particolare specie di intuizione, ossia l'intuizione intellettuale, che non ci appartiene e di cui non possiamo comprendere neppure la possibilità; si ha allora il noumeno in senso *positivo*» (*Critica della ragion pura*, B 307, cit., p. 275).

N.B. Proprio perché l'uomo non è dotato di un'intuizione intellettuale e proprio perché «il territorio che si estende al di là della sfera dei fenomeni è (per noi) vuoto», l'unico uso legittimo è quello che lo assimila a un *concetto-limite* (*Grenzbegriff*) di uso negativo, atto a «circoscrivere le pretese della sensibilità» (*Critica della ragion pura*, B 310-311, cit., p. 277).

Intuizione intellettuale p. 189 > L'intuizione intellettuale è quella propria di un Essere (Dio) rispetto a cui gli oggetti non sono *dati*, come avviene nell'intuizione *sensibile* che è propria dell'uomo, bensì *creati*, e quindi colti intellettualmente come tali, ovvero come cose in sé e non come fenomeni.

8. La dialettica trascendentale

Nell'*Estetica* e nell'*Analitica* Kant ha portato a termine solo la prima parte del suo programma: la dimostrazione di come sia possibile il sapere scientifico. Nella ***Dialettica trascendentale*** egli affronta la seconda parte di tale programma, ovvero il **problema se la metafisica possa anch'essa costituirsi come scienza**. Già il termine **dialettica** – assunto a significare la «logica della parvenza[1]», ovvero l'«arte sofistica di dare alla propria ignoranza, anzi alle proprie volute illusioni, l'aspetto della verità, contraffacendo il metodo del pensare fondato» (*Critica della ragion pura*, B 86) – lascia intuire la risposta negativa di Kant a tal proposito.

L'indagine circa la scientificità della metafisica

---

1 La parvenza (*Schein*), o apparenza illusoria, non va confusa con l'«apparenza» (*Erscheinung*) che è propria del fenomeno (*Phänomenon*) nel senso positivo del termine: «Cadrei in un grave errore – avverte Kant – se trasformassi in una semplice parvenza ciò che debbo invece considerare come un fenomeno» (*Critica della ragion pura*, B 69, cit.). Traducendo *Schein* con «apparenza» (Gentile), se ne accentua indebitamente il significato positivo, mentre traducendo con «illusione» (Colli) se ne accentua troppo quello negativo. Il termine «parvenza» (Chiodi) ha il vantaggio di ovviare a tali unilateralità.

In realtà, nella tradizione filosofica il concetto di dialettica compare anche in senso positivo. Per Platone essa è la scienza delle idee. Per gli stoici, come in parte per i medievali, si identifica con la logica. In Aristotele la dialettica assume invece un significato negativo, in quanto denota sia il procedimento dimostrativo fondato su premesse probabili, sia l'arte "sofistica" di costruire ragionamenti capziosi basati su premesse che sembrano probabili, ma in realtà non lo sono.

La dialettica nella tradizione filosofica...

Riconnettendosi al significato peggiorativo del termine, per "**dialettica trascendentale**" Kant intende **l'analisi e lo smascheramento dei ragionamenti fallaci della metafisica**. Nonostante la sua infondatezza, quest'ultima rappresenta tuttavia «un'esigenza naturale e inevitabile della mente umana», di cui la filosofia critica intende chiarire la genesi profonda.

... e in Kant

La genesi della metafisica e delle sue tre idee

La metafisica è un parto della ragione; questa, a sua volta, in partenza, non è altro che l'intelletto stesso, il quale, essendo la facoltà logica di unificare i dati sensibili tramite le categorie, è inevitabilmente portato a voler pensare anche senza dati, simile in ciò a una colomba che, presa dall'ebbrezza del volo e avvertendo l'impedimento dell'aria, immaginasse di poter volare anche senza l'aria, non rendendosi conto che quest'ultima, come osserva Kant, pur essendo un limite al suo volo, ne è anche la condizione immanente, in mancanza della quale essa precipiterebbe a terra.

La genesi della metafisica

Kant ritiene che questo **voler procedere oltre i dati esperienziali** derivi dalla nostra innata tendenza all'incondizionato e alla totalità. In altre parole, la nostra ragione, mai paga del mondo fenomenico, che è il campo del condizionato e del relativo, è irresistibilmente attratta verso il regno dell'assoluto e quindi verso una spiegazione globale e onnicomprensiva di ciò che esiste.

La tendenza all'incondizionato e alla totalità

Una tale spiegazione fa leva su **tre idee trascendentali** che sono proprie della ragione. Quest'ultima, infatti, è costitutivamente portata a unificare:

Le tre idee trascendentali

- i dati del **senso interno** mediante l'idea di "**anima**", che è l'idea della totalità assoluta dei fenomeni interni;
- i dati del **senso esterno** mediante l'idea di "**mondo**", che è l'idea della totalità assoluta dei fenomeni esterni;
- i dati interni ed esterni mediante l'idea di "**Dio**", inteso come totalità di tutte le totalità e fondamento di tutto ciò che esiste.

L'errore della metafisica consiste nel **trasformare queste tre esigenze (mentali) di unificazione dell'esperienza** – che Kant fa artificiosamente derivare dai tipi fondamentali di sillogismo – **in altrettante realtà**, dimenticando che noi non abbiamo mai a che fare con la cosa in sé, ma solo con la realtà non oltrepassabile del fenomeno. Per questo i metafisici, secondo Kant, sono simili a quei già citati navigatori degli oceani burrascosi che, non contenti della loro isola (cioè della terraferma del fenomeno e della scienza), vogliono spingersi in alto mare con l'irrealizzabile speranza di trovare nuovi insediamenti.

L'errore della metafisica

La dialettica trascendentale vuole appunto essere lo studio critico e la denuncia impietosa delle peripezie e dei naufragi della metafisica, cioè delle avventure e dei **fallimenti del pensiero quando procede oltre gli orizzonti dell'esperienza**. L'illusione strutturale che guida il pensiero in questa "fuga" oltre i propri limiti è così forte che non cessa neppure quando ci si rende conto di tale illusorietà: un po' come accade all'astronomo, il quale non può impedire che la luna gli appaia più grande al suo levarsi, pur sapendo che ciò non è vero nella realtà.

La dialettica trascendentale contro l'illusione della metafisica

Per dimostrare l'infondatezza della metafisica, Kant prende in considerazione le tre pretese scienze che da sempre ne costituiscono l'ossatura: la **psicologia razionale**, che studia l'anima, la **cosmologia razionale**, che indaga il mondo, la **teologia razionale o naturale**, che specula su Dio.

La critica della psicologia razionale e della cosmologia razionale

Kant ritiene che la **psicologia razionale** o metafisica sia fondata su di un «**paralogismo**», cioè su di un ragionamento errato che consiste nell'**applicare la categoria di sostanza all'io penso, trasformandolo in una «realtà permanente» chiamata «anima»**. In realtà, osserva Kant, l'io penso non è un oggetto empirico, ma soltanto un'unità formale e per di più sconosciuta, a cui non possiamo quindi applicare alcuna categoria. In altri termini, l'equivoco di base della psicologia razionale consiste nella **pretesa di dare tutta una serie di valori positivi a quella *x* funzionale e ignota che è l'io penso**, ossia nella pretesa di identificare con un'anima «immateriale», «incorruttibile», «personale», «spirituale» e «immortale» (in una parola con una "sostanza") quella che è soltanto la condizione formale suprema del costituirsi dell'esperienza. In realtà – chiarisce Kant – noi non possiamo conoscere l'io qual è in se stesso, ovvero l'io noumenico, ma solo l'io quale appare a noi stessi tramite le forme *a priori*, ossia l'io fenomenico.

L'equivoco della psicologia razionale

TESTO ANTOLOGICO
ON LINE Kant
La critica della psicologia razionale (*Dialettica trascendentale*)

TAVOLA ROTONDA

Dalla sostanza delle cose al soggetto del mondo, p. 552

Anche la **cosmologia razionale**, che **pretende di far uso della nozione di mondo, inteso come la totalità assoluta dei fenomeni cosmici**, è destinata, secondo Kant, a fallire. Infatti, poiché la totalità dell'esperienza non è mai un'esperienza, in quanto noi possiamo sperimentare questo o quel fenomeno, ma non la serie completa dei fenomeni, l'idea di mondo cade, per definizione, al di fuori di ogni esperienza possibile.

L'equivoco della cosmologia razionale

Tant'è vero che quando i metafisici, dimentichi di ciò, pretendono di fare un discorso intorno al mondo nella sua totalità, cadono inevitabilmente nei reticolati logici delle cosiddette **antinomie**, veri e propri «conflitti della ragione con se stessa», che si concretizzano in coppie di affermazioni opposte, dove l'una (la tesi) afferma e l'altra (l'antitesi) nega, ma tra le quali, in assenza di un'esperienza corrispondente, non è possibile decidere.
Nella pagina che segue proponiamo un prospetto completo delle antinomie kantiane, che riporta sia il testo classico della *Critica della ragion pura* (B 454-459), sia quello, più stringato, dei *Prolegomeni* (par. 51).

Le quattro antinomie

PRIMA ANTINOMIA	
tesi	**antitesi**
Critica	*Critica*
Il mondo ha un suo inizio nel tempo e, rispetto allo spazio, è chiuso dentro limiti.	Il mondo non ha né inizio, né limiti nello spazio, ma è infinito così rispetto al tempo come rispetto allo spazio.
Prolegomeni	*Prolegomeni*
Il mondo ha un *cominciamento* [limite] secondo il tempo e secondo lo spazio.	Il mondo è *infinito* secondo il tempo e secondo lo spazio.

SECONDA ANTINOMIA	
tesi	**antitesi**
Critica	*Critica*
Nel mondo, ogni sostanza composta consta di parti semplici, e in nessun luogo esiste qualcosa che non sia o il semplice o ciò che ne risulta composto.	Nel mondo, nessuna cosa composta consta di parti semplici, e in nessuna parte del mondo esiste alcunché di semplice.
Prolegomeni	*Prolegomeni*
Tutto nel mondo consta del *semplice*.	Non vi è niente di semplice, tutto invece è *composto*.

TERZA ANTINOMIA	
tesi	**antitesi**
Critica	*Critica*
La causalità in base a leggi della natura non è l'unica da cui sia possibile far derivare tutti i fenomeni del mondo. Per la loro spiegazione si rende necessaria l'ammissione anche d'una causalità mediante libertà.	Non c'è libertà alcuna, ma tutto nel mondo accade esclusivamente in base a leggi di natura.
Prolegomeni	*Prolegomeni*
Vi sono nel mondo delle cause con *libertà*.	Non vi è libertà, tutto invece è *natura*.

QUARTA ANTINOMIA	
tesi	**antitesi**
Critica	*Critica*
Del mondo fa parte qualcosa che – o come suo elemento o come sua causa – costituisce un essere assolutamente necessario.	In nessun luogo – né nel mondo, né fuori del mondo – esiste un essere assolutamente necessario che ne sia la causa.
Prolegomeni	*Prolegomeni*
Nella serie delle cause cosmiche vi è un certo *essere necessario*.	In quella serie non vi è niente di necessario, *tutto è contingente*.

Tra la tesi e l'antitesi di queste antinomie, che Kant divide in «matematiche» (le prime due) e «dinamiche» (le altre due), è impossibile decidersi, perché entrambe possono essere razionalmente dimostrate. Il difetto è nella stessa **idea di mondo**, la quale, essendo al di là di ogni esperienza possibile, **non può fornire alcun criterio atto a decidere per l'una o per l'altra delle tesi in conflitto**. Le antinomie dimostrano quindi l'illegittimità dell'idea di mondo.

L'illegittimità dell'idea di mondo

Questa illegittimità risulta poi evidente anche se si osserva che le tesi delle antinomie suddette presentano un concetto troppo piccolo per l'intelletto (come l'idea di un universo finito) e le antitesi un concetto troppo grande per l'intelletto stesso (come l'idea di un universo infinito).

A tutto ciò Kant aggiunge anche due altre importanti osservazioni:

Puntualizzazioni kantiane circa le antinomie

1) egli nota che le tesi sono proprie del pensiero metafisico e del razionalismo, mentre le antitesi sono tipiche dell'empirismo e della scienza;
2) egli puntualizza che, per quanto riguarda la terza e la quarta antinomia, le antitesi valgono per il fenomeno (nel cui ambito non si incontrano mai né Dio, né la libertà), mentre le tesi potrebbero valere per la cosa in sé (nel cui regno sconosciuto potrebbe esserci posto per la libertà e per Dio). Vedremo più avanti, a proposito dell'etica, quale sia il senso di questa "ipotesi" kantiana.

TESTO ANTOLOGICO
ON LINE Kant
La critica della cosmologia razionale (*Dialettica trascendentale*)

La critica alle prove dell'esistenza di Dio

Anche la <mark>teologia razionale</mark>, che si occupa del più arduo problema della metafisica, cioè della questione di Dio, risulta priva di valore conoscitivo. Dio, secondo Kant, rappresenta l'ideale della ragion pura, cioè quel **supremo "modello" personificato di ogni realtà e perfezione** che i filosofi hanno designato con il nome di *ens realissimum*, concependolo come l'Essere da cui derivano e dipendono tutti gli esseri. Ora, poiché tale ideale, che scaturisce dalla semplice ragione, ci lascia nella totale ignoranza circa la sua effettiva realtà, la tradizione ha elaborato tutta una serie di «prove dell'esistenza di Dio», che Kant raggruppa in tre classi: prova **ontologica**, prova **cosmologica** e prova **fisico-teologica**.

Dio come ideale della ragion pura

La **prova ontologica**, che risale a sant'Anselmo, ma che Kant assume nella forma cartesiana, pretende di ricavare l'esistenza di Dio dal semplice concetto di Dio come essere perfettissimo, affermando che, in quanto tale, Egli non può mancare dell'attributo dell'esistenza. Distinguendo criticamente tra piano mentale e piano reale, Kant obietta che **non risulta possibile "saltare" dal piano della possibilità logica a quello della realtà ontologica**, in quanto l'esistenza è qualcosa che possiamo constatare solo per via empirica, e non già dedurre per via puramente intellettiva. Kant sostiene infatti che «**l'esistenza non è un predicato**», intendendo dire che l'esistenza non è una proprietà logica, ma un fatto asseribile solo mediante l'esperienza. Tant'è vero che quando si è ben descritta la natura di una realtà qualsiasi in tutti i suoi caratteri, ci si può ancora chiedere se esista o meno. Pertanto, scrive Kant, la differenza tra cento talleri (monete prussiane) reali e cento talleri pensati non risiede nella serie delle loro proprietà concettuali, che sono identiche, ma nel fatto che gli uni esistono e gli altri no. In altri termini:

La prova ontologica

> Qualunque sia l'estensione e la natura del contenuto del nostro concetto di un oggetto, dovremo sempre uscir fuori dal concetto se vogliamo conferire l'esistenza all'oggetto.
>
> (*Critica della ragion pura*, B 601)

Di conseguenza, **la prova ontologica** o è impossibile o è contraddittoria: **impossibile** se vuol derivare da un'idea una realtà; **contraddittoria** se nell'idea del perfettissimo assume già, "sottobanco", quell'esistenza che vorrebbe dimostrare (è chiaro che se si presuppone l'esistenza del perfettissimo non si può fare a meno di concludere che l'esistenza gli appartiene necessariamente; ma il problema è di vedere se tale essere esista davvero). In entrambi i casi, la prova risulta palesemente fallace. → **T10** p. 223

La prova cosmologica

La **prova cosmologica**, che costituisce il fulcro delle «vie» tomistiche e che Kant riprende dalla filosofia del suo tempo, gioca sulla distinzione tra contingente e necessario, affermando che «se qualcosa esiste, deve anche esistere un essere assolutamente necessario; poiché io stesso, almeno, esisto, deve quindi esistere un essere assolutamente necessario» (*Critica della ragion pura*, B 632-633).

Secondo Kant, il primo limite di questo argomento consiste in un **uso illegittimo del principio di causa**, in quanto esso, partendo dall'esperienza della catena degli enti eterocausati (i contingenti), pretende di innalzarsi, oltre l'esperienza, a un primo anello incausato (il necessario). Ma il principio di causa, puntualizza Kant, è una regola con cui connettiamo i fenomeni tra di loro e che quindi non può affatto servire a connettere i fenomeni con qualcosa di trans-fenomenico.

Il secondo limite dell'argomento risiede nel suo fondarsi su una serie di forzature logiche e nel suo inevitabile ricadere nella prova ontologica. Infatti, dopo essersi elevato all'idea del necessario – che però non si sa bene, in concreto, che cosa sia – esso, con un disinvolto gioco di concetti, giunge a sostenere che il necessario coincide con l'idea del perfettissimo, cioè di un *ens realissimum* che non può fare a meno di esistere. Così, dopo esser pervenuto a delle semplici idee, per di più forzatamente legate tra loro, l'argomento pretende di aver dimostrato delle realtà. In tal modo, **anche la prova cosmologica finisce per implicare la logica di quella ontologica, che da puri concetti vuol far scaturire presuntuosamente delle esistenze**. Ma «il giuoco di prestigio – aveva già avvertito Kant nell'*Analitica* – con cui si sostituisce alla possibilità logica del concetto (che non è in contraddizione con se stesso) la possibilità trascendentale delle cose (dove al concetto corrisponde un oggetto), può ingannare e soddisfare soltanto gli inesperti» (*Critica della ragion pura*, B 302). Anche questo argomento, che in sostanza parte dall'esperienza per saltare al di là di essa, avventurandosi in discorsi metaempirici, risulta dunque, per Kant, inequivocabilmente fallace e privo di autentica capacità dimostrativa.

TESTO ANTOLOGICO
Kant [ON LINE]
La critica della prova cosmologica (*Dialettica trascendentale*)

La prova fisico-teologica

La **prova fisico-teologica**[1] fa leva sull'ordine, sulla finalità e sulla bellezza del mondo per innalzarsi a una Mente ordinatrice, identificata con un Dio creatore, perfetto e infinito. Essa, rileva Kant, «è la più antica, la più chiara e la più adatta alla comune ragione», tant'è che ha trovato fortuna anche presso i critici ostili alla teologia tradizionale, ad esempio presso gli illuministi, che l'hanno espressa con il noto argomento secondo il quale se c'è un orologio deve per forza esserci un orologiaio. Anche questa prova, secondo Kant, risulta **internamente minata da una serie di forzature logiche e dall'utilizzazione mascherata dell'argomento ontologico**.

---

1 Quella che Kant chiama prova "fisico-teologica" viene anche denominata prova "fisico-teleologica". Infatti, mentre nel linguaggio filosofico il termine "teologia" si riferisce allo studio di Dio, la parola "teleologia", che significa "studio degli scopi" (dal greco *télos*, "fine", "scopo"), indica la considerazione dei fini, per cui dire "teleologico" è come dire "finalistico".

In primo luogo, essa parte dall'esperienza dell'ordine del mondo, ma pretende di elevarsi subito all'idea di una causa ordinante trascendente, dimenticando che l'ordine della natura potrebbe essere una conseguenza della natura stessa e delle sue leggi immanenti. Infatti, per asserire che tale ordine non può scaturire dalla natura, è obbligata a concepire Dio non solo come causa dell'*ordine* del mondo, cioè come supremo Architetto – secondo quanto la prova autorizzerebbe –, ma anche come causa dell'*essere* stesso del mondo, ossia come Creatore. Ma essa può compiere tale operazione soltanto a patto di **identificare la causa ordinante con l'Essere necessario creatore**, ricadendo così nella prova cosmologica, la quale ricade a sua volta in quella ontologica.

In secondo luogo, la prova fisico-teologica pretende di stabilire, sulla base dell'ordine cosmico, l'esistenza di una causa infinita e perfetta, ritenuta proporzionata a esso. Ma, così facendo, non si accorge che gli attributi che essa dà al mondo ("saggiamente conformato", "mirabile" ecc.) sono indeterminati e relativi a noi e quindi non autorizzano affatto a passare dal finito all'infinito, sostenendo che causa di tutto è una Causa infinita e perfetta. In altre parole, noi sappiamo che in questo universo c'è una qualche misura o gradazione di ordine, ma relativa ai nostri parametri mentali e, in ogni caso, non certo infinita e priva di imperfezioni. Di conseguenza, non possiamo arrogarci il diritto di affermare che la Causa del mondo è infinitamente perfetta, saggia, buona ecc. E se ciò avviene è perché noi, saltando «l'abisso» che separa il finito dall'infinito, **identifichiamo, sottobanco, l'ipotetica causa ordinante con l'idea della realtà perfettissima di cui parla l'argomento ontologico**. Di conseguenza, anche questa prova, secondo Kant, non fa che partire dall'esperienza per saltarne fuori, giocando con delle idee, forzatamente manipolate, che solo il ricorso "camuffato" agli argomenti cosmologico e ontologico può fare illusoriamente scambiare per delle realtà.

Si noti:

Osservazioni

a) come queste critiche, pur essendo connesse, di fatto, alla gnoseologia della *Critica*, siano anche, in parte, indipendenti da essa (tant'è vero che esse risultano anticipate nell'*Unico argomento possibile per una dimostrazione dell'esistenza di Dio*, del 1763), il che spiega la loro vasta fortuna e **utilizzazione nell'ambito del pensiero moderno**;

b) come Kant, con tali critiche, non abbia inteso negare Dio (ateismo), ma piuttosto mettere in discussione la dimostrabilità razionale e metafisica della sua esistenza. In sede teorica, **Kant** non è ateo, ma **agnostico, in quanto ritiene che la ragione umana non possa dimostrare né l'esistenza di Dio, né la sua non-esistenza**.

La funzione regolativa delle idee

Le idee della ragion pura, anche se non possono avere un uso *costitutivo* (perché non servono a conoscere alcun oggetto possibile), possono e devono avere, secondo Kant, una **funzione regolativa**, indirizzando la ricerca intellettuale verso quell'unità totale che rappresentano. Infatti **ogni idea è una regola che spinge la ragione a dare al suo campo d'indagine, che è l'esperienza, non solo la massima estensione, ma anche la massima unità sistematica**. Così l'idea psicologica spinge a cercare i legami tra tutti i fenomeni del senso interno e a rintracciare in essi una sempre maggiore unità proprio *come se* fossero manifestazioni di un'unica sostanza semplice. L'idea cosmologica spinge a passare incessantemente da un fenomeno naturale all'altro, dall'effetto alla causa e alla causa di questa causa e così via all'in-

Il valore regolativo delle idee

finito, proprio *come se* la totalità dei fenomeni costituisse un unico mondo. L'idea teologica, infine, addita all'intera esperienza un ideale di perfetta organizzazione sistematica, che essa non raggiungerà mai, ma che perseguirà sempre, proprio *come se* tutto dipendesse da un unico Creatore. Le **idee**, cessando di valere *dogmaticamente* come realtà, varranno in questo caso *problematicamente*, come **condizioni che impegnano l'uomo nella ricerca naturale.**
→ **T11** p. 224

CONCETTI
A CONFRONTO

SCHEMA
INTERATTIVO · ON LINE

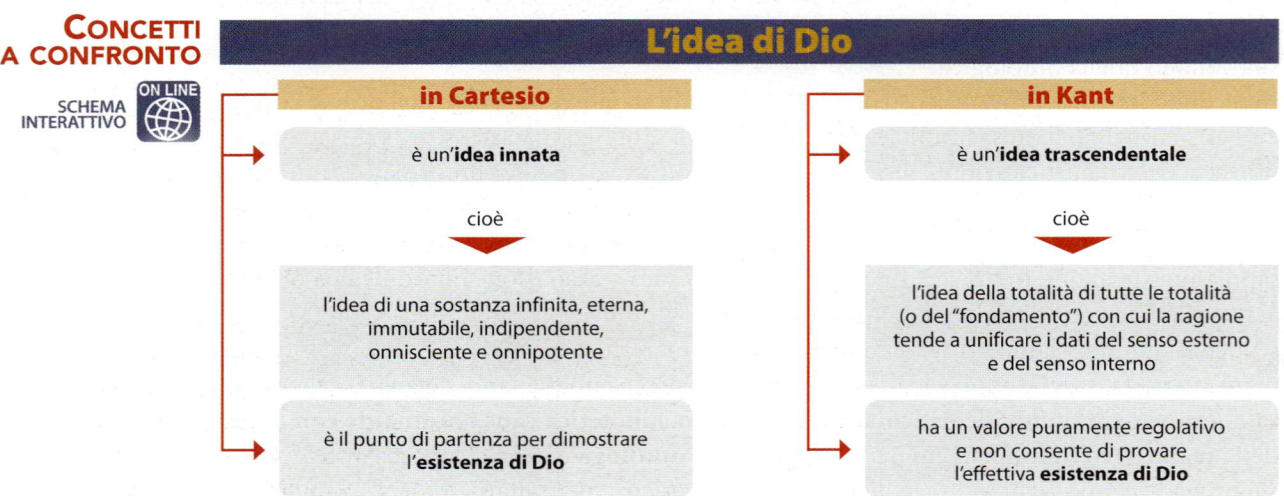

L'idea di Dio

in Cartesio	in Kant
è un'**idea innata**	è un'**idea trascendentale**
cioè	cioè
l'idea di una sostanza infinita, eterna, immutabile, indipendente, onnisciente e onnipotente	l'idea della totalità di tutte le totalità (o del "fondamento") con cui la ragione tende a unificare i dati del senso esterno e del senso interno
è il punto di partenza per dimostrare **l'esistenza di Dio**	ha un valore puramente regolativo e non consente di provare l'effettiva **esistenza di Dio**

Il nuovo concetto di metafisica in Kant

Dall'opera di Kant emerge quindi un verdetto inappellabile contro la metafisica tradizionale:

> La metafisica, come disposizione naturale della ragione, è reale, ma per sé sola […] è anche dialettica e ingannatrice. Se, adunque, vogliamo da essa prendere i princìpi […] non possiamo mai trarne fuori una scienza, ma soltanto una vana arte dialettica, in cui una scuola può sorpassare l'altra, ma niuna può mai procacciarsi un legittimo e durevole consentimento.
>
> (*Prolegomeni*, "Finale")

Dalla metafisica dogmatica alla metafisica critica

Alla vecchia metafisica "dogmatica", o "iperfisica", Kant contrappone quindi una nuova **metafisica** "scientifica" o "critica", concepita come «scienza dei concetti puri», ovvero come una scienza che abbraccia le conoscenze che possono essere ottenute indipendentemente dall'esperienza, sul fondamento delle strutture razionali della mente umana. Di questo nuovo tipo di metafisica fanno parte, secondo Kant, sia una **metafisica della natura** (che studia i principi *a priori* della conoscenza della natura), sia una **metafisica dei costumi** (che studia i principi *a priori* dell'azione morale). In sintesi, respinta nella sua forma classica, la metafisica è accettata da Kant nella forma di una **scienza dei principi *a priori* del conoscere o dell'agire**. Questo spiega il titolo di alcune opere di Kant (*Prolegomeni a ogni metafisica futura che voglia presentarsi come scienza, Fondazione della metafisica dei costumi, Principi metafisici della scienza della natura*) e perché egli abbia concepito la stessa critica della ragion pura come una "propedeutica" (o esercizio preliminare) al sistema della metafisica.

TAVOLA ROTONDA
L'essere · ON LINE
Metafisica
e fondamento

GLOSSARIO e RIEPILOGO

Dialettica trascendentale

Dialettica trascendentale p. 193 > La *Dialettica trascendentale* è la seconda parte della logica trascendentale, in cui si illustrano, e insieme si confutano, gli errori in cui incorre la ragione nel suo «uso iperfisico».
N.B. Tale *Dialettica*, avverte Kant, si «appagherà» dello «svelamento della parvenza dei giudizi trascendenti». Tuttavia essa «non sarà mai in grado di operare il dissolvimento di questa parvenza», «facendo sì che essa cessi di presentarsi». Infatti, precisa Kant, «In questo caso si tratta di un'*illusione* assolutamente inevitabile, come è inevitabile che il mare ci appaia più alto in lontananza che alla spiaggia, poiché nel primo caso lo vediamo attraverso raggi più alti che nel secondo; oppure, meglio ancora, come non c'è astronomo in grado di far sì che la luna non gli appaia più grande nel suo sorgere» (*Critica della ragion pura*, B 353-354, cit., pp. 303-304).

Dialettica p. 193 > Il termine "dialettica" in Kant assume il significato negativo di «logica della parvenza», ossia di un'«arte sofistica di dare alla propria ignoranza, anzi alle proprie volute illusioni, l'aspetto della verità, contraffacendo il metodo del pensare fondato» (*Critica della ragion pura*, B 86, cit., p. 132).

Idee trascendentali p. 194 > Le idee trascendentali sono i «concetti puri della ragione». Rifacendosi alla terminologia platonica, Kant intende per *idea* una perfezione non reale, ovvero che «trascenda la possibilità dell'esperienza» (*Critica della ragion pura*, B 377, cit., p. 318). Le tre idee che Kant enumera come «oggetti necessari della ragione» sono l'idea di *anima*, l'idea di *mondo* e l'idea di *Dio*. A esse corrispondono quelle tre pseudoscienze che sono la psicologia razionale, la cosmologia razionale e la teologia razionale o naturale.
N.B. Le idee sono espressioni diverse, ma connesse, di quell'unica tendenza all'incondizionato o all'assoluto che è propria della ragione: «le idee trascendentali non servono che a *salire* nella serie delle condizioni fino all'incondizionato» (*Critica della ragion pura*, B 394, cit., p. 328).

Psicologia razionale p. 195 > La psicologia razionale si fonda su di un «paralogismo», cioè su di un ragionamento errato, che consiste nell'applicare la categoria di sostanza all'io penso (v.), trasformandolo in una «realtà permanente» chiamata «anima». In realtà poiché l'io penso costituisce una semplice unità *formale* attraver-

so cui «null'altro viene rappresentato che un soggetto trascendentale dei pensieri = x» (*Critica della ragion pura*, B 404, cit., p. 334), a esso non risultano applicabili alcuna categoria né alcun valore positivo, del tipo «immateriale», «incorruttibile», «immortale» ecc.

Cosmologia razionale p. 195 > La cosmologia razionale ha per oggetto il mondo o il cosmo, cioè la totalità incondizionata dei fenomeni: «la parola cosmo, presa in senso trascendentale, sta ad indicare la totalità assoluta delle cose esistenti» (*Critica della ragion pura*, B 447, cit., p. 361). E poiché un'*idea* di questo tipo trascende necessariamente l'esperienza, essa risulta illegittima, come testimoniano le antinomie cui essa dà luogo.

Antinomie p. 195 > Il termine "antinomia" (dal gr. *antí*, "contro", e *nómos*, "legge": contrasto di leggi) è usato da Kant per indicare il conflitto in cui la ragione viene a trovarsi con se stessa quando, nella cosmologia razionale, fa uso della nozione di mondo. In particolare, le antinomie si concretizzano in coppie di enunciati opposti, dove l'uno (la tesi) afferma e l'altro (l'antitesi) nega, ma tra i quali non è possibile decidere. Le antinomie dimostrano l'illegittimità dell'idea di mondo, la quale, sottraendosi a ogni possibile esperienza, non fornisce alcun criterio che consenta di prender posizione per l'una o per l'altra affermazione.
N.B. Le prime due antinomie sono dette "matematiche", perché concernono il cosmo dal punto di vista delle categorie di quantità e di qualità (v. i primi due principi dell'intelletto puro); la terza e la quarta sono dette "dinamiche", perché concernono il cosmo dal punto di vista delle categorie di relazione e di modalità (v. gli ultimi due principi dell'intelletto puro) e implicano un movimento logico di risalita dal condizionato all'incondizionato.

Teologia razionale p. 197 > La teologia razionale ha per oggetto Dio, che secondo Kant rappresenta l'«'ideale" della ragion pura, cioè quel *supremo "modello" personificato di ogni realtà o perfezione* che i filosofi hanno designato come «essere originario», «essere supremo» ed «essere degli esseri» (*Critica della ragion pura*, B 606, cit., p. 469), concependolo appunto (v. l'*Ens realissimum* degli scolastici) come «il modello (*protótypon*) di tutte le cose, le quali, in quanto copie inadeguate (*éctypa*), traggono da quello la materia della loro possibilità e, per quanto gli si avvicinano, restano tuttavia lontane dal raggiungerlo» (*Critica della ragion pura*, B 606, cit., p. 468). Ora, poiché tale ideale non ci dice ancora nulla circa la sua realtà effettiva, la tradizione ha elaborato una serie di «prove dell'esistenza di Dio», che Kant raggruppa in tre classi: prova ontologica, prova cosmologica e prova fisico-teologica. Il limite di queste «prove» sta nel fatto che esse presuppongono *tutte* la logica dell'argomento ontologico, ossia la pretesa di derivare, da semplici *idee*, delle *realtà* (v. pp. 189-191). Ma «il gioco di prestigio – aveva già avvertito Kant nell'*Analitica* –, con cui si sostituisce alla possibilità logica del *concetto* (che non è in contraddizione con se stesso) la possibilità trascendentale delle cose (dove al concetto corrisponde un oggetto), può ingannare e soddisfare soltanto gli inesperti» (*Critica della ragion pura*, B 302, cit., p. 269).

Funzione regolativa p. 199 > La funzione regolativa è l'uso di una facoltà non per *costituire* la conoscenza di un oggetto, ma semplicemente per *guidarla*. Tale è il caso delle idee trascendentali, che, pur non potendo essere usate per *conoscere* gli oggetti cui si riferiscono, servono a indirizzare la ricerca umana verso quella *completezza* ideale che esse incarnano: «Io asserisco dunque che le idee trascendentali sono inadatte a qualsiasi uso costitutivo, per cui debbano fornire concetti di oggetti […]. Esse hanno però un uso regolativo vantaggioso e imprescindibile, consistente nel dirigere l'intelletto verso […] un punto che – pur essendo null'altro che un'idea (*focus imaginarius*) […] – serve tuttavia a conferire a tali concetti la massima unità ed estensione possibile» (*Critica della ragion pura*, B 644, cit., p. 509).

Metafisica p. 200 > Respinta la vecchia metafisica "dogmatica", Kant teorizza la possibilità di una nuova metafisica "scientifica" o "critica" (e quindi trascendentale) avente come oggetto specifico di studio i principi *a priori* del conoscere e dell'agire. La prima è detta *metafisica della natura* e «comprende tutti i principi razionali puri […] relativi alla conoscenza *teoretica* di tutte le cose». La seconda è detta *metafisica dei costumi* e «comprende i principi che determinano *a priori*, e rendono necessario, così il *fare* come il *non fare*» (*Critica della ragion pura*, B 869, cit., p. 629).

MAPPA

La *Critica della ragion pura*

ON LINE — MAPPA INTERATTIVA

Le premesse gnoseologiche

[annotazione: L'ipotesi gnoseologica]

La CONOSCENZA

[annotazione: crediti del razionalismo: esigenza che la conoscenza sia oggettiva (universale e necessaria)]

è sintesi di

materia
(molteplicità caotica e mutevole delle impressioni sensibili)

forma
(l'insieme delle modalità fisse attraverso cui la mente umana ordina le impressioni)

[annotazione: ciò sta alla base della rivoluzione copernicana: tra essere e pensiero]

I RAPPORTI tra SOGGETTO e OGGETTO

[annotazione: convinzioni di filosofi antichi e medievali = presupposti realistici]

devono essere ribaltati

[annotazione: scetticismo di Hume: non sono dimostrate]

[annotazione: Il primo a sollevare la questione è Cartesio — deve dimostrare corrispondenza tra pensiero ed essere]

non è la **mente** a modellarsi sulla **realtà**

è la **realtà** a modellarsi sulle **forme** *a priori* attraverso cui la percepiamo

[annotazione: conoscenza non è foto della realtà]

[annotazione: dati sensibili sono strutturati dalle forme a priori]

La REALTÀ

fenomeno

[annotazione: la sua conoscenza è preclusa all'uomo]

cosa in sé (o noumeno)

la realtà quale "ci appare" attraverso le forme *a priori*

[annotazione: costruiamo la realtà che conosciamo]

la realtà considerata indipendentemente da noi

Le TRE FACOLTÀ CONOSCITIVE

[annotazione: l'uomo si confronta coi limiti delle proprie conoscenze]

sensibilità
(gli oggetti ci sono dati intuitivamente attraverso i sensi e le forme *a priori* dello spazio e del tempo)

intelletto
(facoltà con cui pensiamo i dati sensibili attraverso i concetti puri o le categorie)

ragione
(spinge a spiegare globalmente la realtà attraverso le idee di anima, mondo e Dio)

oggetto dell'*Estetica trascendentale*

oggetto dell'*Analitica trascendentale*

oggetto della *Dialettica trascendentale*

[annotazione: tutto ciò che è totalità è al di fuori della portata delle ns conoscenze]

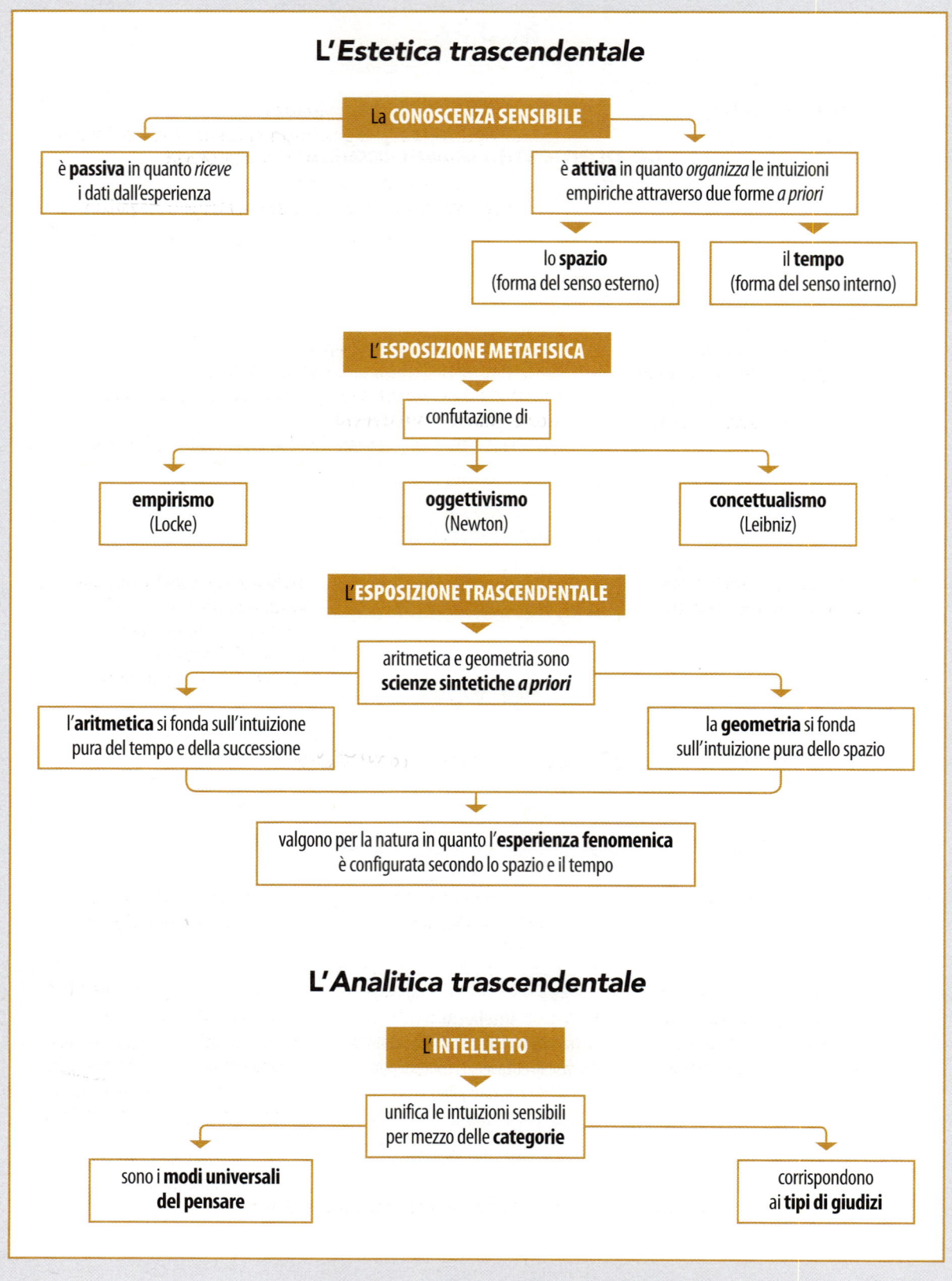

L'*Estetica trascendentale*

La CONOSCENZA SENSIBILE

è **passiva** in quanto *riceve* i dati dall'esperienza

è **attiva** in quanto *organizza* le intuizioni empiriche attraverso due forme *a priori*

lo **spazio** (forma del senso esterno)

il **tempo** (forma del senso interno)

L'ESPOSIZIONE METAFISICA

confutazione di

empirismo (Locke)

oggettivismo (Newton)

concettualismo (Leibniz)

L'ESPOSIZIONE TRASCENDENTALE

aritmetica e geometria sono **scienze sintetiche** *a priori*

l'**aritmetica** si fonda sull'intuizione pura del tempo e della successione

la **geometria** si fonda sull'intuizione pura dello spazio

valgono per la natura in quanto l'**esperienza fenomenica** è configurata secondo lo spazio e il tempo

L'*Analitica trascendentale*

L'INTELLETTO

unifica le intuizioni sensibili per mezzo delle **categorie**

sono i **modi universali del pensare**

corrispondono ai **tipi di giudizi**

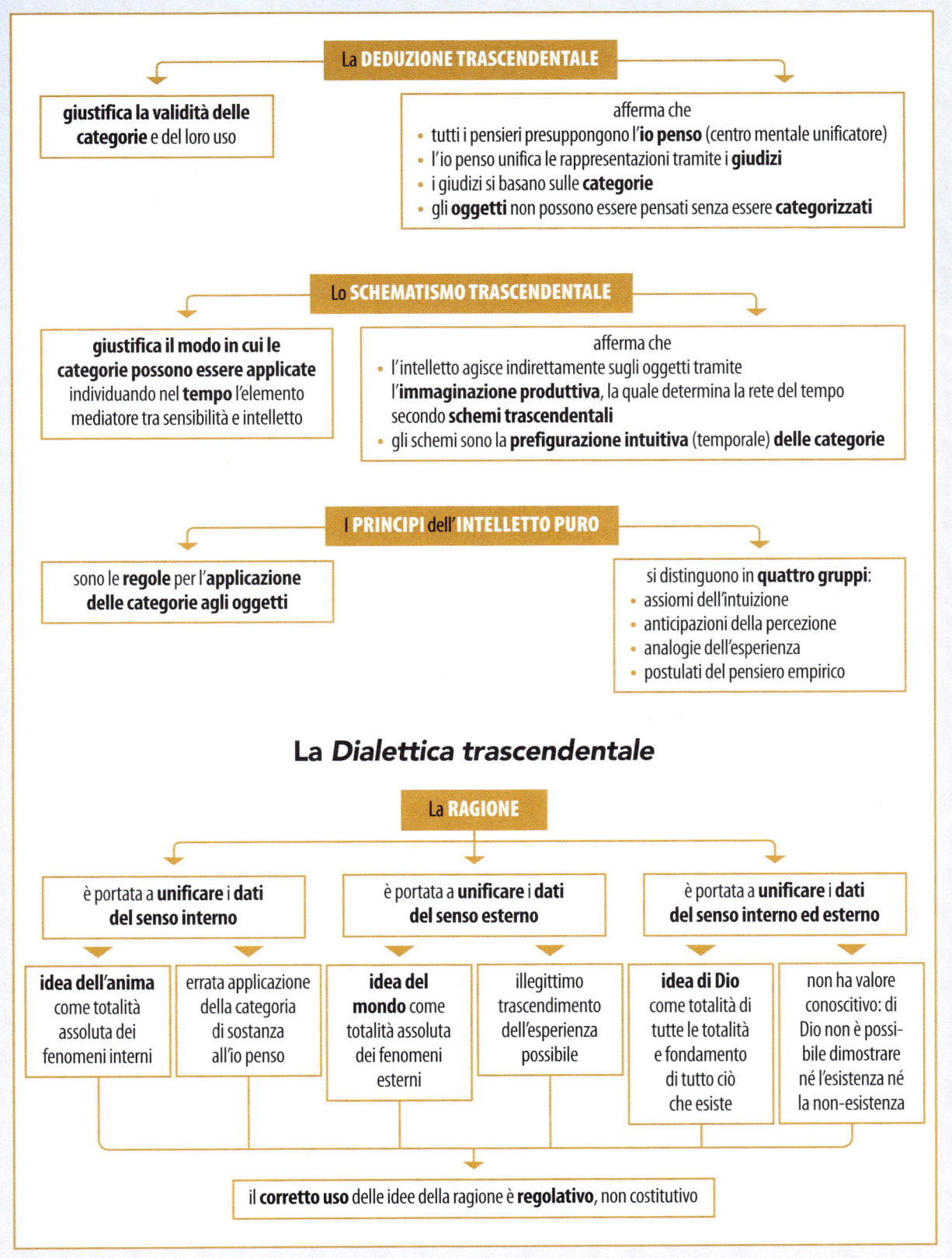

La DEDUZIONE TRASCENDENTALE

giustifica la validità delle categorie e del loro uso

afferma che
- tutti i pensieri presuppongono l'**io penso** (centro mentale unificatore)
- l'io penso unifica le rappresentazioni tramite i **giudizi**
- i giudizi si basano sulle **categorie**
- gli **oggetti** non possono essere pensati senza essere **categorizzati**

Lo SCHEMATISMO TRASCENDENTALE

giustifica il modo in cui le categorie possono essere applicate individuando nel **tempo** l'elemento mediatore tra sensibilità e intelletto

afferma che
- l'intelletto agisce indirettamente sugli oggetti tramite l'**immaginazione produttiva**, la quale determina la rete del tempo secondo **schemi trascendentali**
- gli schemi sono la **prefigurazione intuitiva** (temporale) **delle categorie**

I PRINCIPI dell'INTELLETTO PURO

sono le **regole** per l'**applicazione delle categorie agli oggetti**

si distinguono in **quattro gruppi**:
- assiomi dell'intuizione
- anticipazioni della percezione
- analogie dell'esperienza
- postulati del pensiero empirico

La *Dialettica trascendentale*

La RAGIONE

è portata a **unificare** i **dati del senso interno**

è portata a **unificare** i **dati del senso esterno**

è portata a **unificare** i **dati del senso interno ed esterno**

idea dell'anima come totalità assoluta dei fenomeni interni

errata applicazione della categoria di sostanza all'io penso

idea del mondo come totalità assoluta dei fenomeni esterni

illegittimo trascendimento dell'esperienza possibile

idea di Dio come totalità di tutte le totalità e fondamento di tutto ciò che esiste

non ha valore conoscitivo: di Dio non è possibile dimostrare né l'esistenza né la non-esistenza

il **corretto uso** delle idee della ragione è **regolativo**, non costitutivo

Il «vero e proprio problema della ragion pura»

La *Critica della ragion pura* (1781) costituisce la risposta kantiana alle tendenze speculative del suo tempo. Contro il "dogmatismo" di quanti non si preoccupano di "agganciare" il sapere all'esperienza, lasciandolo vagare in una autoreferenzialità sterile e in qualche modo "dispotica", ma anche contro lo scetticismo di quanti approdano (sulla scia di Hume) alla svalutazione di tutti gli strumenti conoscitivi dell'uomo, Kant sceglie la via di un'indagine critica del sapere nella sua globalità, con l'obiettivo di rintracciarne un saldo fondamento.

T1 > ## LA BASE DEL SAPERE SCIENTIFICO: I GIUDIZI SINTETICI *A PRIORI*

Il fondamento della scienza, ovvero di una forma di sapere che deve non soltanto essere necessaria e universale, ma anche ampliare le conoscenze di cui l'uomo è in possesso, viene rintracciato da Kant nei «giudizi sintetici *a priori*», che costituiscono le proposizioni fondamentali della matematica (aritmetica e geometria) e della fisica.

IV. *Intorno alla distinzione dei giudizi in sintetici o analitici*

2 In tutti i giudizi, in cui è pensato il rapporto fra un soggetto e un predicato […] questo rapporto è possibile in due modi diversi. O il predicato *B* appartiene al soggetto *A* come qualco-
4 sa che è contenuto (dissimulatamente) in questo concetto *A*; oppure *B* si trova totalmente al di fuori del concetto *A*, pur essendo in connessione con esso. Nel primo caso dico il giudizio
6 *analitico*, nel secondo *sintetico*. Giudizi analitici (affermativi) sono pertanto quelli in cui la connessione del predicato col soggetto è pensata per identità, mentre quelli in cui la connes-
8 sione è pensata senza identità si debbono chiamare sintetici. I primi potrebbero anche esser detti giudizi *esplicativi*, gli altri *ampliativi*; i primi infatti, mediante il predicato, nulla aggiun-
10 gono al concetto del soggetto, limitandosi a dividere, per analisi, il concetto nei suoi concetti parziali, che erano in esso già pensati (benché confusamente); i secondi, invece, aggiungono
12 al concetto del soggetto un predicato che in quello non era minimamente pensato e che non poteva esserne ricavato mediante alcuna scomposizione. […]
14 *I giudizi d'esperienza, come tali, sono tutti sintetici.* Sarebbe infatti assurdo fondare un giudizio analitico sull'esperienza, quando, per formulare il giudizio, non ho alcun bisogno di usci-

16 re dal mio concetto, e non mi occorre pertanto alcuna testimonianza dell'esperienza. Che un corpo sia esteso, è una proposizione che sta salda a priori e non un giudizio d'esperienza.

18 Infatti, prima ancora di accedere all'esperienza, posseggo tutte le condizioni del mio giudizio già nel concetto, dal quale non ho che da ricavare il predicato secondo il principio di contrad-

20 dizione, e così acquistare coscienza della necessità del giudizio, che mai potrebbe derivarmi dall'esperienza. Al contrario, benché nel concetto di un corpo in generale io non includa di

22 già il predicato della pesantezza, tuttavia quel concetto designa un oggetto dell'esperienza mediante una parte di essa, a cui io posso quindi aggiungere ulteriori parti della medesima

24 esperienza, che non appartenevano al concetto. [...] È dunque l'esperienza ciò su cui si fonda la possibilità della sintesi tra il predicato della pesantezza e il concetto del corpo, perché i due

26 concetti, benché uno non sia contenuto nell'altro, appartengono tuttavia, se pur solo accidentalmente, l'uno all'altro come parti di un tutto, cioè dell'esperienza.

28 Ma nel caso dei giudizi sintetici a priori questo punto d'appoggio manca del tutto. Se debbo procedere oltre il concetto *A* per conoscerne un altro *B*, come ad esso legato, in che cosa con-

30 sisterà ciò su cui io mi fondo e mediante cui la sintesi è resa possibile? [...] Si prenda la proposizione: "Tutto ciò che accade ha una causa". Nel concetto di "qualcosa che accade", in veri-

32 tà io penso un'esistenza, preceduta da un tempo ecc., dal che è possibile ricavare giudizi analitici. Ma il concetto di causa giace interamente fuori da quel concetto e designa qualcosa

34 di diverso da ciò che accade e non è quindi per nulla contenuto in quest'ultima rappresentazione. [...] Che cos'è in questo caso l'incognita *x* su cui l'intelletto si appoggia, allorché crede

36 di rintracciare, fuori del concetto *A*, un predicato *B*, ad esso estraneo, ritenendolo tuttavia ad esso connesso? [...]

38 V. *In tutte le scienze teoretiche della ragione sono inclusi, come princìpi, giudizi sintetici a priori.*
1. *I giudizi matematici sono tutti sintetici.* Questa proposizione, per quanto sia indubitabil-

40 mente certa e ricca di conseguenze, pare sia finora sfuggita alla considerazione di quanti hanno analizzato l'umana ragione, anzi sembra contrapporsi del tutto alle loro congetture.

42 Infatti, poiché si riscontrò che i ragionamenti dei matematici procedono tutti secondo il principio di contraddizione (come è richiesto dalla natura di ogni certezza apodittica), si

44 credette che anche i princìpi fossero conosciuti in virtù del principio di contraddizione; si trattava però d'un errore, perché una proposizione sintetica può certamente esser conosciuta

46 secondo il principio di contraddizione, ma solo se si presuppone un'altra proposizione sintetica, da cui possa esser ricavata; non mai, dunque, in se stessa.

48 [...]
Altrettanto poco analitico è qualsiasi principio della geometria pura. Che la retta sia la linea

50 più breve fra due punti, è una proposizione sintetica. Infatti il mio concetto del retto non contiene nulla in fatto di quantità, ma solo una qualità. Il concetto del più breve, perciò, è

52 interamente aggiunto, e non può esser tratto, mediante una qualsiasi analisi, da quello della linea retta. Qui deve venir in soccorso l'intuizione perché solo essa può render possibile la

54 sintesi.
[...]

56 2. *La fisica [Physica] include in sé, in qualità di princìpi, giudizi sintetici a priori.* Addurrò, quali esempi, soltanto un paio di proposizioni, come quella che in tutti i cambiamenti del

58 mondo corporeo la quantità di materia resta invariata [...]. Infatti, nel concetto di materia io non penso la permanenza, ma la sua semplice presenza nello spazio, in quanto lo riempie.

I TESTI

60   Oltrepasso quindi senza dubbio il concetto di materia, per includervi col pensiero qualcosa a
priori che non pensavo in esso. Dunque la proposizione non è analitica, ma sintetica, e tutta-
62   via è pensata a priori […].

    3. *Nella metafisica*, anche se la si considera come una scienza fino ad oggi semplicemente
64   tentata, tuttavia indispensabile alla natura dell'umana ragione, *debbono esser contenute cono-*
scenze sintetiche a priori […].

(Critica della ragion pura, "Introduzione", B 11-18, a cura di P. Chiodi, UTET, Torino 1967)*

Analisi del testo

1-13 Per un forte residuo di matrice aristotelica, Kant è convinto che la conoscenza sia fondamentalmente "predicazione", ovvero che essa si esprima sempre per mezzo di «giudizi» (proposizioni del tipo "*A è B*"). Pertanto egli distingue tra giudizi «analitici», in cui il predicato non fa che esplicitare un aspetto costitutivo del soggetto (che quindi vi è già "contenuto"), e giudizi «sintetici», in cui il predicato dice del soggetto qualcosa di nuovo.

14-27 Affermando che «I giudizi d'esperienza, come tali, sono tutti sintetici» (il che non equivale, ovviamente, all'affermazione "Tutti i giudizi sintetici sono empirici"), Kant sottolinea come il riferimento all'esperienza caratterizzi inevitabilmente un giudizio come sintetico, cioè come una proposizione in cui il predicato non è ricavabile da una semplice scomposizione analitica del soggetto.

Nei capoversi precedenti (qui non riportati) Kant aveva citato «Tutti i corpi sono estesi» e «Tutti i corpi sono pesanti» come esempi di giudizi rispettivamente analitici e sintetici. Ora richiama tali esempi, sottolineando che, se non è necessario fare esperienza di un corpo per sapere che esso ha una certa estensione, è invece necessario per sapere che esso ha un certo peso.

28-37 Esiste un terzo tipo di giudizi, che né i razionalisti né gli empiristi avevano riconosciuto e che tuttavia è per Kant essenziale introdurre: i «giudizi sintetici *a priori*», i quali, come sarà evidenziato nelle righe successive, costituiscono il fondamento del sapere scientifico, ovvero della matematica e della fisica. Poiché sono *a priori* (e necessariamente lo sono, dovendo costituire le proposizioni fondamentali di un sapere certo e universale), tali giudizi non possono trovare nell'esperienza il "punto d'appoggio" della sintesi (tra soggetto e predicato) di cui sono espressione. D'altro canto, non possono essere giudizi analitici; anzi, essi costituiscono la base del sapere proprio perché "sintetizzano" un soggetto *A* con un predicato *B* che ad *A* non è collegabile per mezzo di una mera analisi concettuale.

L'esempio proposto («Tutto ciò che accade ha una causa») richiama l'attenzione sul fatto che, quando Kant parla di principi sintetici *a priori*, non fa riferimento a un qualunque tipo di proposizioni scientifiche, ma a quei principi di base che ne costituiscono il presupposto: tale è appunto il principio di causalità, sul quale si basano tutte le proposizioni che esprimono una relazione di causa-effetto tra il soggetto e il predicato.

38-48 Dopo aver chiarito (nel paragrafo IV) la natura sintetica *a priori* delle proposizioni fondamentali della scienza, nel paragrafo V Kant intende mostrare che i giudizi di base delle discipline scientifiche (matematica, geometria e fisica) sono appunto di tale natura. Per quanto riguarda la matematica, la concezione di Kant si scontra con quella della tradizione, che proprio nella matematica vedeva la disciplina analitica per eccellenza. Kant sottolinea invece come anche in questo caso i principi di base debbano essere (oltre che *a priori*), anche sintetici: si pensi agli assiomi, i quali sono per definizione asserzioni assolutamente prime, e dunque inderivabili (analiticamente) da altro.

49-62 In modo del tutto analogo vanno le cose per la geometria e per la fisica: analizzando un principio dell'una e uno dell'altra, Kant mostra come non si tratti di proposizioni analitiche, ma sintetiche, in cui il predicato esprime un concetto "esterno" a quello espresso dal soggetto.

63-65 In quanto scienza (reale o presunta), anche la metafisica (come la matematica e la fisica) si basa su giudizi sintetici *a priori*, ovvero su proposizioni che non derivano da una mera scomposizione analitica di concetti, ma che, pur essendo *a priori*, operano una vera e propria sintesi tra concetti non "contenuti" l'uno nell'altro.

T2 > LE DOMANDE FONDAMENTALI DELLA *CRITICA*

Se i giudizi sintetici *a priori* costituiscono il fondamento del sapere scientifico, l'esplicitazione delle condizioni di possibilità di tali giudizi costituirà il problema centrale della *Critica della ragion pura*, risolvendo il quale si sarà in grado di capire "come" siano possibili la matematica e la fisica in quanto scienze e "se" sia possibile la metafisica in quanto scienza.

Si ottiene già non poco quando un gran numero di ricerche può essere raccolto sotto forma di un

2 unico problema. […] Il vero e proprio problema della ragion pura è […] contenuto nella domanda: *Come sono possibili giudizi sintetici a priori?*

4 […]

Nella soluzione del suddetto problema è racchiusa senz'altro la possibilità dell'uso puro della

6 ragione nel fondare e nell'edificare tutte le scienze che contengono una conoscenza teoretica a priori di oggetti, ossia la risposta alle domande:

8 Come è possibile la matematica pura?

Come è possibile la fisica pura?

10 Poiché queste scienze sono effettivamente date, conviene di certo domandarsi come siano possibili; infatti, che esse siano possibili è dimostrato dalla loro realtà. Quanto alla metafisica, il suo

12 cattivo andamento fino ad oggi, unito al fatto che nessuna delle metafisiche fin qui offerte si può dire che realmente sussista rispetto al suo scopo essenziale, fa dubitare chiunque, a ragione, della

14 sua possibilità.

Tuttavia, anche questa *specie di conoscenza* deve in certo senso esser considerata come data, e la

16 metafisica, anche se non come scienza, è tuttavia reale come disposizione naturale (*metaphysica naturalis*). Infatti la ragione umana, anche senza il pungolo della semplice vanità dell'onniscien-

18 za, è perpetuamente sospinta da un proprio bisogno verso quei problemi che non possono in nessun modo esser risolti da un uso empirico della ragione o in base ai princìpi su cui esso ripo-

20 sa; e così in tutti gli uomini una qualche metafisica è sempre esistita e sempre esisterà, appena che la loro ragione si innalzi alla speculazione. Dunque, anche per essa vale la questione: Come è

22 possibile la metafisica in quanto disposizione naturale? Ossia: come scaturiscono dalla natura della ragione umana universale i problemi che la ragion pura affronta e a rispondere ai quali,

24 meglio che può, essa è sospinta da un proprio bisogno?

Ma poiché si sono sempre riscontrate inevitabili contraddizioni nel rispondere a tali domande

26 naturali – come, ad esempio, a quella se il mondo abbia avuto un cominciamento oppure esista dall'eternità – non è possibile accontentarsi della semplice disposizione naturale alla metafisica,

28 ossia della pura facoltà della ragione come tale, da cui nasce sempre una qualche metafisica (qualunque essa sia), ma devesi poter giungere sulla sua base a una certezza, o quanto al conoscere e

30 al non conoscere gli oggetti – cioè ad una decisione nei riguardi degli oggetti delle sue questioni –, o quanto a un giudizio sulla capacità o incapacità della ragione nei loro riguardi; e pertanto o ad

32 allargare con sicurezza la nostra ragion pura o a fissarle confini precisi e sicuri. Quest'ultima domanda, scaturente dal suddetto problema generale, sarebbe a buon diritto la seguente: Come

34 è possibile la metafisica come scienza?

(*Critica della ragion pura*, "Introduzione", B 19-22, cit.)

Analisi del testo

1-11 Il chiarimento delle condizioni di possibilità dei giudizi sintetici *a priori* (cioè il chiarimento dei criteri, dell'ambito e dei limiti per una loro legittima formulazione) porterà con sé il chiarimento delle condizioni di possibilità della matematica (geometria compresa) e della fisica, ovvero di quelle scienze riconosciute come tali da chiunque. Si noti tuttavia che la scientificità della matematica e della fisica è assunta solo provvisoriamente come un fatto, in attesa che l'indagine la dimostri inconfutabilmente. In questo senso, il «come» del testo kantiano è piuttosto da intendersi come un "se e come".

11-14 Per la metafisica il discorso è un po' diverso, poiché il suo «cattivo andamento» induce a dubitare della possibilità stessa della sua scientificità; certo tuttavia è il punto di partenza dell'indagine kantiana: se ha da essere scienza, anch'essa dovrà fondare le proprie asserzioni su giudizi sintetici *a priori*.

15-24 La metafisica non è che un "fisiologico" sviluppo dell'interrogarsi dell'uomo: essa è dunque ineliminabile almeno in quanto «disposizione naturale», tensione spontanea verso l'incondizionato. Per questo non è insensato domandarsi "come" sia possibile la metafisica, cioè indagare sull'origine, nella ragione umana, di un tale bisogno.

25-34 Tuttavia, mettere in luce i meccanismi che spingono la ragione umana a porsi interrogativi di carattere metafisico non è sufficiente. L'uomo non può accontentarsi di un simile traguardo, ma deve poter giungere a una qualche certezza: o ad affermazioni certe riguardo agli oggetti dell'indagine metafisica, o a negare con certezza che tali oggetti si possano conoscere alla stregua degli oggetti scientifici. In questo senso, anche la domanda «Come è possibile la metafisica come scienza?» risulta non solo legittima, ma anche sensata e necessaria.

La "rivoluzione copernicana"

L'individuazione dei giudizi sintetici *a priori* come fondamento della scienza costituisce l'avvio di quella che lo stesso Kant definisce come una rivoluzione, in ambito filosofico, del tutto simile a quella operata in ambito astronomico dalla teoria eliocentrica di Copernico. La questione riguarda la ricerca di quella «incognita x» che permette di unire, in un giudizio, un concetto A (soggetto) con un concetto B (predicato) che gli sia "estraneo" (il che implica che il giudizio sia sintetico), ma al tempo stesso "necessariamente collegato" (il che implica che il giudizio sia *a priori*). Con una intuizione geniale, Kant comprende che, non potendo consistere nell'esperienza (poiché nessun giudizio empirico può essere *a priori*), cioè non potendo consistere in qualcosa di "esterno" alla mente che conosce, tale «incognita» dovrà essere ricercata "nella" mente stessa.

T3 > «LA RAGIONE SCORGE SOLTANTO CIÒ CHE ESSA STESSA PRODUCE»

Nel brano che segue, tratto dalla prefazione alla seconda edizione della *Critica della ragion pura* (1787), Kant analizza a grandi linee la storia della matematica e della fisica, e vi rintraccia un percorso chiaramente orientato verso quella "rivoluzione copernicana" che egli è consapevole di aver portato a compimento.

Sin dai tempi più remoti a cui può giungere la storia della ragione umana, la *matematica*, ad
2 opera del meraviglioso popolo greco, si è posta sulla via sicura della scienza. [...] Innanzi a colui che dimostrò i primi teoremi sul *triangolo isoscele* (fosse *Talete* o chiunque altro) si accese una
4 gran luce, poiché comprese che non doveva seguire ciò che via via vedeva nella figura, né attenersi al semplice concetto della figura stessa, quasi dovesse apprenderne le proprietà; ma doveva

6 produrre la figura (costruendola) secondo ciò che con i suoi concetti pensava e rappresentava in essa a priori; comprese cioè che per sapere qualcosa con sicurezza a priori, non doveva attribuire

8 alla cosa se non ciò che risultava necessariamente da quanto, conformemente al suo concetto, egli stesso vi aveva posto.

10 Per quanto riguarda la fisica, le cose andarono molto più a rilento nella scoperta della via maestra della scienza; non è infatti passato più di un secolo e mezzo, da quando le proposte del sagace

12 *Bacone* di Verulamio in parte determinarono, in parte, essendo già sulla traccia, accelerarono quella scoperta che, non diversamente dalla precedente, può venir spiegata soltanto con un im-

14 provviso rivolgimento del modo di pensare. Prenderò qui in esame la fisica nei limiti in cui è fondata su princìpi empirici.

16 Allorché *Galilei* fece rotolare lungo un piano inclinato le sue sfere, il cui peso era stato da lui stesso prestabilito, e *Torricelli* fece sopportare all'aria un peso, da lui precedentemente calcolato

18 pari a quello d'una colonna d'acqua nota, e, più tardi ancora, *Stahl* trasformò dei metalli in calce, e questa, di nuovo, in metallo, con l'aggiunta o la sottrazione di qualcosa, una gran luce risplen-

20 dette per tutti gli indagatori della natura. Si resero allora conto che la ragione scorge soltanto ciò che essa stessa produce secondo il proprio disegno, e compresero che essa deve procedere innan-

22 zi coi princìpi dei suoi giudizi secondo leggi stabili, costringendo la natura a rispondere alle proprie domande, senza lasciarsi guidare da essa, per così dire, con le dande. In caso diverso le

24 nostre osservazioni casuali, fatte senza un piano preciso, non trovano connessione in alcuna delle leggi necessarie di cui invece la ragione va alla ricerca ed ha impellente bisogno. È pertanto

26 indispensabile che la ragione si presenti alla natura tenendo, in una mano, i princìpi in virtù dei quali soltanto è possibile che i fenomeni concordanti possano valere come leggi e, nell'altra

28 mano, l'esperimento che essa ha escogitato in base a questi princìpi; e ciò al fine sì di essere in-struita dalla natura, ma non in veste di scolaro che stia a sentire tutto ciò che piace al maestro,

30 bensì di giudice che nell'esercizio delle sue funzioni costringe i testimoni a rispondere alle domande che egli loro rivolge.

(*Critica della ragion pura*, "Prefazione" alla seconda edizione, cit.)

Analisi del testo

1-23 La gnoseologia prekantiana (dalla sua formulazione aristotelica fino a tutto il pensiero moderno) aveva concepito il processo conoscitivo come il rispecchiamento dell'oggetto da parte del soggetto: rispecchiamento che andava condotto senza che il soggetto introducesse nulla di suo, in modo da non "deformare" l'oggetto stesso. Era pertanto quest'ultimo a costituire il nucleo di una conoscenza che si poteva definire "oggetto-centrica". Nel tradurre la teoria gnoseologica di Aristotele secondo la propria concezione realistica, Tommaso aveva definito la conoscenza come «*adaequatio rei et intellectus*», volendo significare che l'intelletto, ovvero il soggetto, doveva "adeguarsi" alla "cosa", ovvero all'oggetto (il fatto che fosse poi l'intelletto a giudicare se tale adeguamento fosse realmente avvenuto non modificava la prospettiva "oggetto-centrica" di fondo). In modo analogo si era comportata la filosofia in età moderna, a partire da Francesco Bacone, il quale aveva prescritto all'intelletto di togliere di mezzo tutti gli *idòla*, ossia quelle "interferenze" sogget-

tive che potevano portare a una conoscenza deformata della realtà.

Kant inverte drasticamente la rotta e interpreta la storia della scienza dal proprio punto di vista, cioè come la progressiva "scoperta", nella natura, di leggi che in realtà le sono "conferite" dalla ragione umana. L'immagine della natura che non guida l'uomo come se fosse un bambino ai suoi primi passi (le «dande» erano appunto le fasce con cui in passato si reggevano i bambini che imparavano a camminare), ma che risponde alle domande che le sono poste rende bene l'idea di questa inversione. La forma della realtà appartiene all'uomo, è l'uomo ad attribuirgliela: il nuovo modello gnoseologico "soggetto-centrico", grazie al quale Kant potrà dare alla conoscenza un nuovo e più saldo fondamento, è ormai delineato.

23-31 Il brano pare chiudersi con un esplicito richiamo a Galilei, che con la sua concezione della scienza come sapiente articolazione di «sensate esperienze» e «necessarie dimostrazioni» aveva invitato alla costruzione di "esperimenti" («cimenti») che non fossero una passiva registrazione di "dati", ma veri e propri espedienti per "interrogare" la natura orientandola a rispondere a domande precise, ovvero quelle univocamente definite dall'ipotesi teorica. L'immagine del «giudice» che interroga i testimoni sembra quindi evocare non soltanto la nuova impostazione critica di Kant, ma anche la fondamentale lezione galileiana.

L'estetica trascendentale

Kant articola la *Critica della ragion pura* sulla base della sua tripartizione delle facoltà conoscitive in sensibilità, intelletto e ragione. Nell'*Estetica trascendentale* tratta appunto della sensibilità e delle sue forme *a priori*, cioè lo spazio e il tempo.

T4 > ALCUNE DEFINIZIONI PRELIMINARI

Il passo che segue, tratto dall'apertura dell'*Estetica trascendentale*, fornisce alcuni termini e concetti di base, che saranno fondamentali per comprendere il seguito della trattazione.

In qualunque modo e con qualunque mezzo una conoscenza possa riferirsi ad oggetti, certo il
2   modo in cui vi si riferisce immediatamente, ed a cui ogni pensiero tende, come suo mezzo, è l'*intuizione*. Ma questa si riscontra soltanto quando l'oggetto sia dato; il che è, a sua volta, possi-
4   bile, per noi uomini almeno, solo se l'oggetto agisce, in qualche modo, sul nostro animo. La capacità di ricevere (recettività) rappresentazioni, mediante il modo in cui siamo affetti dagli og-
6   getti, si chiama *sensibilità*. Quindi gli oggetti ci sono *dati* per mezzo della sensibilità ed essa soltanto ci fornisce *intuizioni*; ma è attraverso l'intelletto che essi sono *pensati*, e da esso proven-
8   gono i *concetti*. Tuttavia, ogni pensiero, mediante certe note, deve, direttamente o indirettamente, riferirsi, infine, a intuizioni, e quindi, in noi, alla sensibilità perché, diversamente, non ci può
10 esser dato oggetto alcuno.

L'effetto di un oggetto sulla capacità rappresentativa, in quanto noi ne veniamo affetti, è la *sensa-*
12 *zione*. L'intuizione che si riferisce all'oggetto mediante una sensazione dicesi *empirica*. L'oggetto indeterminato d'una intuizione empirica prende il nome di *fenomeno*.
14 Nel fenomeno chiamo *materia* ciò che corrisponde alla sensazione; ciò che, invece, fa sì che il molteplice del fenomeno possa essere ordinato in precisi rapporti, chiamo *forma* del fenomeno.
16 Poiché ciò in cui soltanto le sensazioni si ordinano e possono esser poste in una determinata forma non può, a sua volta, esser sensazione, ne viene che la materia di ogni fenomeno ci è certo
18 data soltanto a posteriori, ma la forma relativa deve trovarsi per tutti i fenomeni già a priori nell'animo e deve pertanto poter essere considerata separatamente da ogni sensazione. […]
20 Chiamo *estetica trascendentale* la scienza di tutti i princìpi a priori della sensibilità.

(*Critica della ragion pura*, Estetica trascendentale, B 33-35, cit.)

Analisi del testo

1-6 Il punto di partenza di tutta l'analisi di Kant consiste nella distinzione tra una facoltà conoscitiva "passiva" e una facoltà conoscitiva "attiva". La facoltà preposta alla conoscenza degli oggetti esterni è necessariamente quella "passiva" o "ricettiva": la «sensibilità», la quale mediante l'«intuizione» fornisce il "materiale" che verrà elaborato dall'intelletto.

6-10 L'«intelletto» è quindi la facoltà conoscitiva "attiva": è infatti dall'intelletto che provengono i «concetti», ovvero gli strumenti mediante i quali l'uomo "pensa" i dati sensibili. Kant sottolinea tuttavia che l'attività dell'intelletto è per così dire "conseguente" alla sensibilità, poiché, senza le intuizioni, l'intelletto non acquisirebbe alcun oggetto, il pensare non avrebbe alcuna materia a cui applicarsi.

11-13 L'intuizione è il nostro modo di conoscere «immediatamente» (r. **2**) attraverso il senso; il contenuto appreso è la «sensazione». Quando tale contenuto deriva da un'esperienza, l'intuizione si dice «empirica» (Kant mostrerà in seguito che esistono anche intuizioni «pure», il cui contenuto è indipendente dall'esperienza). L'oggetto fornito dalle intuizioni empiriche è il «fenomeno», il quale rimane «indeterminato» finché affidato alla so-

la sensibilità (diventerà determinato quando riceverà un'ulteriore forma da parte dell'intelletto).

14-19 Nel fenomeno Kant distingue la «materia», che è quanto deriva dall'esterno e viene passivamente o ricettivamente accolto, e la «forma» che tale materia acquisisce e ordina. Si anticipa qui quanto verrà chiarito in seguito (v. **T5**), ovvero che le forme della sensibilità (cioè lo spazio e il tempo), in quanto principi ordinatori di dati *a posteriori*, non possono derivare anch'essi dall'esterno, ma devono appartenere al soggetto: devono, cioè, essere *a priori*.

20 Scardinandone l'uso tradizionale (per cui l'estetica era la scienza del bello), Kant intende il termine "estetica" in modo rigorosamente etimologico, come scienza dei principi della sensibilità (dal greco *áisthesis*, "sensazione").

T5 > LA CONCEZIONE DELLO SPAZIO

Opponendosi a Newton, Kant elabora (fin dai tempi della dissertazione del 1770) una concezione soggettiva dello spazio e del tempo come «intuizioni pure» mediante le quali il soggetto "ordina" i dati delle intuizioni empiriche.

Il brano che segue contiene l'«esposizione metafisica» del concetto di spazio, ovvero i quattro punti in cui Kant chiarifica il concetto di spazio in quanto «dato *a priori*» (mentre l'«esposizione trascendentale», che qui non è riportata, è per il filosofo il «chiarimento di un concetto, come un principio in base al quale sia dato comprendere la possibilità di altre conoscenze sintetiche *a priori*»).

1) Lo spazio non è un concetto empirico, proveniente da esperienze esterne. Infatti, affinché cer-
2   te sensazioni siano riferite a qualcosa fuori di me (ossia a qualcosa che si trovi in un luogo dello spazio diverso dal mio), e affinché io possa rappresentarmele come esterne e accanto l'una all'al-
4   tra – e quindi non soltanto come differenti ma come poste in luoghi diversi – deve già esserci a fondamento la rappresentazione di spazio. Conseguentemente, la rappresentazione dello spazio
6   non può derivare, mediante l'esperienza, dai rapporti del fenomeno esterno; al contrario, l'esperienza esterna è possibile solo in virtù di detta rappresentazione.
8   2) Lo spazio è una rappresentazione a priori, necessaria, che sta a fondamento di tutte le intuizioni esterne. Non è possibile farsi la rappresentazione che non ci sia spazio, mentre si può benissi-
10 mo pensare che non ci sia in esso alcun oggetto. Lo spazio va pertanto considerato come la condizione della possibilità dei fenomeni e non come una determinazione da essi dipendente; ed è
12 una rappresentazione a priori, che sta necessariamente a fondamento dei fenomeni esterni.
    3) Lo spazio non è affatto un concetto discorsivo – o, come si dice, universale – dei rapporti delle
14 cose in generale, ma un'intuizione pura. In primo luogo, infatti, non ci si può rappresentare che un unico spazio e, se si parla di molti spazi, non si intendono con ciò che le parti di uno spazio
16 unico e medesimo. Queste parti non possono precedere lo spazio unico ed onnicomprensivo, quasi ne fossero gli elementi costitutivi (dalla cui riunione possa nascere l'insieme), ma sono
18 pensate solo in esso. Lo spazio è unico per essenza e il molteplice che in esso si trova, e quindi anche il concetto universale di spazio in generale, non poggiano che su limitazioni.
20 Ne segue che, rispetto allo spazio e a fondamento di tutti i suoi concetti, sta un'intuizione a priori (non empirica). […]

22 4) Lo spazio è rappresentato come un'infinita grandezza data. Ora, se è certamente necessario pensare ogni concetto come una rappresentazione a sua volta contenuta in un numero infinito di

24 differenti rappresentazioni possibili (come loro carattere comune), quindi tale da comprenderle sotto di sé, tuttavia nessun concetto, in quanto tale, può essere concepito come tale da contenere

26 in sé una quantità infinita di rappresentazioni. Eppure lo spazio è pensato così (perché tutte le parti dello spazio, all'infinito, sussistono come simultanee). Dunque la rappresentazione origina-

28 ria dello spazio è intuizione a priori e non concetto.

(Critica della ragion pura, Estetica trascendentale, B 38-40, cit.)

Analisi del testo

1-7 Se lo spazio derivasse dall'esperienza, come vorrebbero gli empiristi, ci si troverebbe di fronte a una difficoltà per Kant insormontabile. Pensiamo ad esempio all'uomo *tabula rasa* di Locke: egli dovrebbe pervenire al concetto di spazio mediante la generalizzazione di una serie di esperienze su spazi limitati (ad esempio dell'esperienza dello spazio tra due oggetti vicini, o tra sé e la parete, o tra la finestra e l'albero di fronte ecc.). Ma, obietta Kant, come potrebbe egli cogliere tutti questi spazi, sia pur limitati, essendo ancora sprovvisto di un qualsiasi concetto di spazio?

8-12 Si protrae in queste righe l'argomentazione appena esposta: lo spazio è una rappresentazione in qualche modo indipendente dalle intuizioni sensibili: tant'è che l'uomo non è in grado di immaginare l'assenza dello spazio, ma al massimo l'assenza di oggetti nello spazio. Lo spazio è dunque una rappresentazione *a priori*, anzi è una rappresentazione indispensabile perché possano darsi dei fenomeni.

13-21 Per Kant il concetto è una sintesi che mantiene al suo interno la pluralità da cui deriva e che sta al di sopra di essa. Ma lo spazio è un'unità assoluta che si può in un secondo momento infrangere, ma che è inizialmente unitaria e che contiene le sue parti non "al di sotto", ma "dentro" di sé. Noi ci rappresentiamo infatti un unico spazio e se ci riferiamo poi a spazi diversi, essi non sono che partizioni di quello originario; inoltre lo spazio generale non discende dalla composizione di spazi limitati, ma, al contrario, come già sappiamo dai punti 1) e 2), sono essi a derivare dalla scomposizione di quello. Per tutte queste ragioni, lo spazio non è un concetto, ma un'«intuizione pura».

22-28 Anche in questo caso prosegue l'argomentazione condotta al numero precedente: per mostrare che «la rappresentazione originaria dello spazio è *intuizione a priori* e non *concetto*», Kant nota che il concetto è una rappresentazione che raccoglie «sotto di sé» (ma non contiene "in sé") infinite rappresentazioni possibili. Si pensi ad esempio al concetto di uomo, sotto il quale risultano "sussunte" le rappresentazioni dei vari uomini particolari. Ma Tizio e Caio sono rappresentazioni particolari del concetto di uomo, non sue "parti". Non altrettanto si può dire per lo spazio, che può effettivamente essere "ripartito" in un numero infinito di rappresentazioni di spazi particolari.

L'analitica trascendentale

Come abbiamo già detto, il passaggio dall'*Estetica trascendentale* all'*Analitica trascendentale* segna il passaggio dell'analisi di Kant dalla *sensibilità* al *pensiero*, ovvero dalle «intuizioni» ai «concetti».

T6 > I CONCETTI PURI DELL'INTELLETTO...

Per Kant la sensibilità e l'intelletto sono le «due sorgenti fondamentali» della conoscenza, entrambe indispensabili («i pensieri senza contenuto sono vuoti, le intuizioni senza concetto sono cieche»). Nel brano che segue (tratto dal primo capitolo dell'*Analitica dei concetti*), i concetti sono presentati come gli strumenti specifici mediante i quali l'intelletto "giudica", cioè conferisce unità alla molteplicità delle intuizioni sensibili.

L'intelletto è stato definito, sopra, soltanto negativamente, come una facoltà conoscitiva non sensibile. Ora, non essendoci concesso di avere alcuna intuizione indipendente dalla sensibilità, l'intelletto non può essere una facoltà dell'intuizione. Ma, all'infuori dell'intuizione, non esiste altro
modo di conoscere se non per concetti. Quindi la conoscenza di ogni intelletto, almeno umano,
è una conoscenza per concetti, non intuitiva, ma discorsiva. Tutte le intuizioni, in quanto sensibili, riposano su affezioni; i concetti, quindi, su funzioni. Per funzione intendo l'unità dell'operazione che ordina diverse rappresentazioni sotto una rappresentazione comune. Dunque i concetti si fondano sulla spontaneità del pensiero, allo stesso modo che le intuizioni sensibili si fondano
sulla recettività delle impressioni. Ora, di questi concetti l'intelletto non può fare un uso diverso
da quello consistente nel giudicare per mezzo di essi. Siccome nessuna rappresentazione, eccet-
tuata l'intuizione, si riferisce all'oggetto in modo immediato, ne segue che un concetto non avrà
mai un riferimento immediato a un oggetto, ma soltanto a un'altra rappresentazione di questo
oggetto (si tratti d'una intuizione o già di un concetto). Il giudizio è pertanto la rappresentazione
mediata di un oggetto, quindi la rappresentazione di una rappresentazione dell'oggetto. [...] noi
possiamo ricondurre a giudizi tutte le operazioni dell'intelletto, sicché l'intelletto può esser concepito in generale come la facoltà di giudicare.

[...] spazio e tempo contengono un molteplice dell'intuizione pura a priori, ma tuttavia appartengono a quelle condizioni della recettività del nostro animo, per le quali soltanto esso può ricevere rappresentazioni di oggetti; quindi non possono non modificare in ogni caso i concetti di
tali oggetti. Ma la spontaneità del nostro pensiero richiede che questo molteplice sia dapprima in
certo modo penetrato, riunito e connesso, per trarne una conoscenza. Questa operazione prende
il nome di sintesi.
Per *sintesi*, nel suo significato più generale, intendo l'operazione consistente nel riunire diverse
rappresentazioni e nel comprendere la loro molteplicità in una conoscenza. Una tal sintesi è *pura*
se il molteplice è dato in modo non empirico, cioè a priori (come quello nello spazio e nel tempo). [...]
Quella medesima funzione che conferisce unità alle diverse rappresentazioni in un *giudizio*, dà
anche unità alla semplice sintesi delle diverse rappresentazioni in una *intuizione*; questa unità è
detta, con espressione generale, concetto puro dell'intelletto. [...] Sorgono in tal modo tanti concetti puri dell'intelletto, volti a priori agli oggetti dell'intuizione in generale, quante funzioni logiche in tutti i possibili giudizi risultavano dalla tavola precedente; infatti le suddette funzioni
esauriscono integralmente l'intelletto, misurandone pertanto l'intera capacità. Seguendo *Aristotele*, chiamiamo questi concetti *categorie*, poiché il nostro scopo, nella sua origine prima, fa
tutt'uno col suo, ben-ché ne diverga assai nella esecuzione.

(*Critica della ragion pura*, *Analitica trascendentale*, B 93-94, 102-103, 105, cit.)

Analisi del testo

1-16 Poiché esistono due sole forme di conoscenza, l'intuizione sensibile e l'elaborazione concettuale, e poiché l'intelletto è per definizione una «facoltà cono-scitiva non sensibile», esso conosce necessariamente «per concetti». Inoltre, dal momento che l'intelletto è attivo (a differenza della sensibilità, che è passiva), i concetti non possono essere «affezioni», ma devono es-sere «funzioni», mediante le quali è possibile unificare rappresentazioni diverse sotto una rappresentazione comune. La modalità di questa operazione di "accorpamento" tra rappresentazioni è il giudizio: come già Aristotele, Kant ritiene infatti che la modalità tipica per formulare conoscenze sia quella predicativa.

17-26 Per quanto ci giunga già necessariamente spazializzato e temporalizzato (per quanto, cioè, i dati sensibili pervengano alla nostra sensibilità già "ordinati" come colori, suoni…, secondo le nostre forme *a priori* spazio-temporali), il materiale sensibile dev'essere ulteriormente elaborato perché possa effettivamente rappresentare gli oggetti dell'esperienza (alberi, uomini ecc.). In altre parole: perché possa effettivamente prodursi una conoscenza, le diverse rappresentazioni devono essere riunite sotto rappresentazioni più generali; in ciò consiste la «sintesi» operata dall'intelletto mediante i giudizi.

La sintesi si dice «pura» nel caso in cui utilizzi concetti che non derivano dall'esperienza, ma che appartengono *a priori* al nostro intelletto.

27-34 Gli oggetti si "costituiscono" o si "formano" nella nostra mente grazie al fatto che essa già possiede, a *priori* rispetto a qualunque esperienza, una serie di rappresentazioni generali con cui ordinare i dati sensibili: sono i «concetti puri dell'intelletto», che Kant denomina anche «categorie» (richiamandosi ad Aristotele). Questi non sono altro che tutti i possibili modi in cui l'intelletto pensa, o giudica, o predica.

... E LA NECESSITÀ DELLA LORO DEDUZIONE

Nel brano presentato di seguito, tratto dal secondo capitolo dell'*Analitica dei concetti*, Kant sottolinea come, diversamente da quanto avviene per lo spazio e per il tempo (ovvero per le forme *a priori* della sensibilità), nel caso dei concetti puri dell'intelletto sia necessario giustificare la validità del loro uso.

[…] fra i concetti di diversa specie che costituiscono il così vario tessuto della conoscenza umana,
2 ce ne sono alcuni che sono determinati anche per l'uso puro a priori (del tutto indipendente da ogni esperienza), e questa loro legittimità abbisogna sempre di una deduzione; infatti, per la
4 giustificazione di un tale uso, le prove ricavate dall'esperienza non sono sufficienti, essendo necessario sapere come questi concetti possano riferirsi a oggetti che non traggono la loro origine
6 da alcuna esperienza. La spiegazione del come i concetti a priori si possano riferire a oggetti costituisce ciò che io chiamo la *deduzione trascendentale* dei medesimi […].
8 Qui emerge dunque una difficoltà che non abbiamo incontrato nel campo della sensibilità: in qual modo, cioè, le *condizioni soggettive del pensiero* debbano avere una *validità oggettiva*, ossia ci
10 diano le condizioni della possibilità di ogni conoscenza degli oggetti […].
Il molteplice delle rappresentazioni può esser dato in un'intuizione, che è puramente sensibile,
12 quindi null'altro che recettività; e la forma di questa intuizione può trovarsi a priori nella nostra facoltà rappresentativa, pur non essendo che la maniera in cui il soggetto viene affetto. Ma la
14 *congiunzione* (*conjunctio*) di un molteplice in generale non può mai provenirci dai sensi, e neppure esser racchiusa nella forma pura dell'intuizione sensibile. Essa è infatti un atto della sponta-
16 neità della facoltà rappresentativa, la quale, per esser distinta dalla sensibilità, è detta intelletto […].
18 Ma oltre al concetto del molteplice e della sintesi del medesimo, il concetto della congiunzione richiede anche quello dell'unità del molteplice. Congiunzione è la rappresentazione dell'unità
20 *sintetica* del molteplice. La rappresentazione di questa unità non può nascere dalla congiunzione; al contrario, l'unità, aggiungendosi alla rappresentazione del molteplice, comincia col rendere
22 possibile il concetto di congiunzione. Questa unità, che precede tutti i concetti di congiunzione, non si identifica con la categoria di unità. In realtà tutte le categorie si fondano su funzioni logi-
24 che nel giudizio, ma in queste la congiunzione, e conseguentemente l'unità dei concetti dati, è già pensata. La categoria presuppone già la congiunzione. È dunque più in alto ancora che va cerca-

26 ta quest'unità (come qualitativa), e precisamente in ciò che contiene lo stesso fondamento dell'unità di diversi concetti nei giudizi, quindi della stessa possibilità dell'intelletto, perfino nel
28 suo uso logico. *(Critica della ragion pura, Analitica dei concetti, B 117, 122, 129, 131, cit.)*

Analisi del testo

1-7 La «deduzione trascendentale» delle categorie consiste nel dimostrare come tali costrutti godano di una validità oggettiva, ovvero come possano, pur essendo del tutto *a priori*, applicarsi all'esperienza, cioè a oggetti da cui non derivano.

8-17 Nel caso delle forme pure dello spazio e del tempo, il problema della legittimazione del loro uso non si pone. Questo è dovuto al loro carattere esclusivamente ricettivo, in virtù del quale la mente umana non aggiunge nulla e non modifica nulla dell'esperienza. Le categorie richiedono invece una legittimazione, dal momento che, pur potendo essere "applicate" al materiale empirico (ovvero all'ambito dell'esperienza possibile, esattamente come le forme pure dello spazio e del tempo), tuttavia possono esserlo secondo modalità "metaempiriche", di cui è necessario stabilire la correttezza o meno. Il problema è il seguente: con quale diritto le categorie, la cui origine è interna al soggetto che conosce, pretendono di avere validità universale e necessaria nei confronti degli oggetti esterni?

18-28 Ogni giudizio (cioè ogni operazione dell'intelletto) è, come sappiamo, una «sintesi», o una «congiunzione». Perché tale congiunzione sia possibile, si richiedono tre elementi: il molteplice da unificare, che ha origine empirica; il principio sintetico, che è aprioristico; e l'idea dell'«unità sintetica del molteplice». Ma che cos'è questo ulteriore ingrediente?
Per combinare il molteplice nella sintesi (per organizzare le intuizioni sensibili secondo i concetti), la mente umana deve già possedere l'idea o la rappresentazione dell'«unità del molteplice». Tale rappresentazione non può dunque che essere *a priori*, e non può che precedere l'operazione sintetica stessa. Kant chiarisce inoltre che la rappresentazione dell'«unità del molteplice» non coincide con la categoria dell'unità, ma anzi ne è il presupposto, così come è il presupposto di *tutte* le categorie (non essendo, le categorie, null'altro che gli strumenti di applicazione della rappresentazione generale dell'«unità del molteplice»). La via per la dottrina dell'«io penso» (v. **T8**) è ormai tracciata.

T8 > L'IO PENSO

Il passo che segue completa l'analisi iniziata nel brano precedente, evidenziando come la sintesi operata dall'intelletto mediante le categorie debba essere per così dire "presieduta" da una sintesi ulteriore. È l'«io penso» a consentire questa operazione, grazie alla quale le varie sintesi concettuali vengono riferite a una medesima coscienza individuale.

L'*io penso* deve poter accompagnare tutte le mie rappresentazioni; in caso diverso, si darebbe in me
2 la rappresentazione di qualcosa che non potrebbe esser pensata; il che equivale a dire che la rappresentazione o sarebbe impossibile o, per me almeno, sarebbe nulla. […] Ma la rappresentazione
4 io penso è un atto della *spontaneità*, ossia non può venir ritenuta propria della sensibilità. Io la chiamo *appercezione pura*, per distinguerla dalla *empirica*, o anche *appercezione originaria*, perché
6 essa è quella autocoscienza che, producendo la rappresentazione io penso – che deve poter accompagnare tutte le altre, ed è una e identica in ogni coscienza – non può essere accompagnata da
8 nessun'altra. L'unità di questa rappresentazione la chiamo anche unità *trascendentale* dell'autocoscienza, per designare la possibilità della conoscenza a priori, che in essa si basa. Infatti le molteplici rappresentazioni, che sono date in una certa intuizione, non potrebbero tutte assieme essere
10 *mie* rappresentazioni se tutte assieme non appartenessero a una sola autocoscienza […].
12 […] questa costante identità dell'appercezione di un molteplice dato nell'intuizione include una sintesi delle rappresentazioni ed è possibile soltanto mediante la coscienza di questa sintesi.

14 Infatti, la coscienza empirica, che accompagna diverse rappresentazioni, è in sé dispersa e senza riferimento all'identità del soggetto. Questo riferimento, dunque, non ha ancora luogo fin che mi

16 limito ad accompagnare con la coscienza ogni rappresentazione, ma si dà solo quando pongo ogni rappresentazione assieme alle altre e ho coscienza della loro sintesi. Solo dunque in quanto

18 posso congiungere in una coscienza un molteplice di rappresentazioni date, mi diviene possibile rappresentarmi l'identità della coscienza in queste rappresentazioni; ossia, l'unità analitica

20 dell'appercezione è possibile solo sul presupposto di un'unità sintetica. […] Ma la congiunzione non è propria degli oggetti, e non può perciò esser ricavata da essi magari attraverso la percezio-

22 ne, e così fatta propria dall'intelletto. Questo, a sua volta, altro non è che capacità di congiungere a priori e di ricondurre il molteplice delle rappresentazioni date sotto l'unità dell'appercezione.

24 E questo è il principio supremo di tutta la conoscenza umana.

(*Critica della ragion pura*, *Analitica dei concetti*, B 132-135, cit.)

Analisi del testo

1-3 Fin da queste prime righe emergono le due fondamentali funzioni che Kant attribuisce all'«io penso»: in primo luogo, esso è il principio unitario e supremo della sintesi conoscitiva. Infatti le sintesi operate dalle categorie hanno bisogno di essere ulteriormente coordinate in una unità superiore per poter costituire l'effettiva rappresentazione degli oggetti (serve più di una categoria per rappresentare un oggetto). In questo senso, l'«io penso» è una sorta di "super-categoria" che a sua volta ne sintetizza altre, fornendo finalmente la massima e assoluta unità oggettuale.

In secondo luogo, l'«io penso» è il principio di ogni consapevolezza. Non è sufficiente che io produca la sintesi, devo anche esserne consapevole: così come vedo realmente qualcosa non quando il mio occhio lo scorge, ma quando la mia mente ha acquistato consapevolezza di ciò che il mio occhio scorge, analogamente l'«io penso» rende presente al soggetto la realizzata sintesi categoriale e, quindi, l'oggetto.

3-11 In quanto principio che precede e rende possibile ogni sintesi e ogni consapevolezza, l'«io penso» non può derivare dalla sensibilità e, in generale, dall'esperienza: perciò è puro; e non può derivare da altre precedenti sintesi: perciò è originario. Si noti che Kant desume il termine «appercezione» da Leibniz, per il quale l'appercezione era la coscienza della percezione e insieme la tendenza a passare senza termine da una rappresentazione alla successiva.

In quanto rappresentazione della più elevata e completa unità, l'«io penso» dà a ogni coscienza la *regola* per sintetizzare le innumerevoli rappresentazioni e per coglierle come proprie: in questo senso è definito come «unità *trascendentale* dell'autocoscienza». Esso però

non va confuso con la coscienza, ovvero con il soggetto individuale: è, come si è detto, una struttura «trascendentale», la condizione generale di tutta la conoscenza possibile, un'entità impersonale il cui operato deve valere per tutti gli individui empirici. Non a caso Kant scrive non che esso accompagna, ma che «deve poter accompagnare» (r. **1**) le mie rappresentazioni, intendendo dire con ciò che non sta descrivendo un fatto della coscienza, né un evento psicologico, bensì un'esigenza strutturale della conoscenza.

12-17 Si ribadisce in queste righe il carattere "originario" o "puro" dell'«io penso»: se, infatti, esso fosse soltanto condizione della sintesi del molteplice, e non anche dell'unità della coscienza, le varie sintesi rimarrebbero tra loro «disperse», prive di qualunque garanzia di intersoggettività.

17-24 Per poter produrre l'unità dell'oggetto nelle rappresentazioni, ci si deve prima rappresentare, come condizione, l'unità della coscienza in queste stesse rappresentazioni. L'«io penso» è in questo senso l'origine non solo dell'*oggetto* come nesso sistematico di determinazioni, ma anche del *soggetto* come stabile riferimento delle rappresentazioni. Pertanto: 1. è constatando l'identità del riferimento (il mio io) che posso concepire la stabilità degli oggetti delle mie rappresentazioni; 2. è constatando l'oggetto a cui mi riferisco che acquisisco la consapevolezza del mio io, poiché questo inizia a funzionare dietro uno stimolo esterno. Privo di contenuti, l'io si arresterebbe alla mera affermazione tautologica di se stesso, senza essere consapevole di sé; "assistendo" al proprio operare nella conoscenza (ma solo all'interno delle condizioni poste da questa), esso può invece conoscere anche se stesso.

Il principio di causa:
oltre lo scetticismo di Hume

Dopo avere definito, classificato e "dedotto" o giustificato le categorie nell'*Analitica dei concetti*, nell'*Analitica dei principi* Kant spiega in che modo esse vengano utilizzate, ovvero come le forme pure della conoscenza siano di fatto applicate ai dati empirici. Il filosofo chiarisce che l'intelletto umano "produce" una serie di «schemi trascendentali» (uno per ogni categoria) mediante i quali "modella" la forma del tempo (in cui tutti gli oggetti vengono "intuiti") in modo conforme alla propria struttura concettuale. Ma lo schematismo trascendentale non è sufficiente a spiegare il formarsi delle conoscenze scientifiche: occorre ancora esplicitare in base a quali regole o principi il soggetto possa formulare sugli oggetti dei giudizi universali e necessari. Queste regole sono i «principi dell'intelletto puro», che, perfettamente corrispondenti agli schemi trascendentali (e quindi alle categorie), costituiscono per Kant non solo le enunciazioni generali che, sulla base delle categorie, possiamo formulare *a priori* sulle cose, ma anche le condizioni universali di ogni possibile esperienza.

Per fare un esempio: mediante la categoria di sostanza l'intelletto unifica i molteplici dati intuitivi di un'esperienza (colore, impenetrabilità, temperatura ecc.) nel concetto di un oggetto unitario (il "sole"), che "sostiene" una serie di proprietà accidentali; formula, così, il giudizio "il sole è un corpo di colore giallo". Mediante la categoria di causa, l'intelletto collega questa rappresentazione a un'altra (quella di "neve"), in modo da costituire un nesso necessario; esso formula così il giudizio "il sole scioglie la neve". Pertanto, è tramite le categorie che le molteplici impressioni percettive del soggetto diventano *oggetti* dell'esperienza. Senza le categorie avremmo solo collegamenti *soggettivi* e *contingenti* tra impressioni: potremmo dire, ad esempio, che ogni volta che percepisco il fatto A (il sole) *per lo più* (abitualmente) percepisco il fatto B (lo sciogliersi della neve); ma questo rapporto si trasforma in un nesso causale *oggettivo* solo quando l'intelletto, grazie alla categoria di causa, fissa un rapporto necessario tra soggetto e predicato: ad A *deve seguire* B. I principi dell'intelletto puro che garantiscono tale oggettività sono quelli che Kant chiama «analogie dell'esperienza»: gli oggetti non avrebbero quei caratteri che ne fanno appunto degli oggetti dell'esperienza (e non semplicemente delle percezioni relative al soggetto senziente), se non fossero pensati secondo alcune regole di collegamento date dalle categorie di sostanza, causalità e azione reciproca. Essi non sarebbero *mutevoli* se in essi non fosse pensato un fondo permanente o una *sostanza*; non sarebbero in *successione* se non fossero pensati secondo un *nesso causale*; non sarebbero in un rapporto di *simultaneità* se non fossero pensati secondo la regola dell'*azione reciproca*.

Con l'esposizione dei principi dell'intelletto puro, e in particolare con la classificazione delle «analogie dell'esperienza», si chiude la tormentata "partita" di Kant contro lo scetticismo di Hume. Kant, infatti, include tra le «analogie dell'esperienza» anche il principio di causalità, che Hume aveva invece definito come una sorta di "aspettativa soggettiva", minando in tal modo alla radice tutto l'edificio della conoscenza scientifica.

Io percepisco il susseguirsi dei fenomeni, percepisco cioè che in un determinato tempo vi è uno

2   stato di cose, mentre precedentemente vi era lo stato opposto. Quindi io, propriamente, connetto due percezioni nel tempo. Ma la connessione, in verità, non è affatto il prodotto del semplice

4   senso e dell'intuizione, bensì il risultato di una capacità sintetica dell'immaginazione, che determina il senso interno in ordine al rapporto temporale. L'immaginazione è però in grado di con-

6   nettere i due stati di cui si parla, in due maniere diverse, sì che o l'uno o l'altro abbia a precedere nel tempo; infatti, il tempo come tale non può essere percepito e non è possibile, in rapporto ad

8   esso, determinare nell'oggetto, per così dire empiricamente, ciò che precede e ciò che segue. Io sono dunque cosciente soltanto del fatto che la mia immaginazione colloca uno stato prima

10 dell'altro, ma non già che l'uno preceda l'altro nell'oggetto; o, in altre parole: la semplice percezione lascia indeterminata la relazione oggettiva dei fenomeni che si succedono. Ora affinché
12 questa relazione venga conosciuta nella sua determinatezza, bisogna concepire la relazione fra i
due stati in modo tale che risulti determinato necessariamente quale dei due debba precedere e
14 quale seguire, senza equivoco. Ma un concetto che adduca la necessità dell'unità sintetica non
può che essere un concetto puro dell'intelletto, quale non si trova nella percezione; in questo caso
16 si tratta della relazione di causa ed effetto, in cui la prima determina il secondo nel tempo come
conseguenza e non come qualcosa che nella semplice immaginazione potrebbe precedere (o
18 come qualcosa che potrebbe non esser percepito). L'esperienza, dunque, ossia la conoscenza empirica dei fenomeni, non è possibile che in quanto sottoponiamo alla legge di causalità il loro
20 susseguirsi, quindi ogni mutamento. Ne segue che i fenomeni stessi, quali oggetti dell'esperienza,
non risultano possibili che in base a questa legge.
22 L'apprensione del molteplice del fenomeno è sempre successiva. Le rappresentazioni delle parti
si susseguono. Se si susseguano anche nell'oggetto, costituisce una questione che esige un'ulterio-
24 re riflessione, che va al di là della prima. È bensì vero che si può dare il nome di oggetto a tutto,
persino a una rappresentazione qualsiasi, in quanto se ne ha coscienza; ma occorre un'indagine
26 più approfondita quando si tratta di stabilire ciò che la parola debba significare rispetto ai fenomeni, non in quanto essi siano oggetti (perché rappresentazioni) ma in quanto designino un
28 oggetto. […]
Se i fenomeni fossero cose in sé, nessuno sarebbe mai in grado di stabilire, sulla scorta della suc-
30 cessione delle rappresentazioni del loro molteplice, in qual modo tale molteplice sia connesso
nell'oggetto. Ma in realtà noi non abbiamo a che fare se non con le nostre rappresentazioni; ed è
32 assolutamente al di là della nostra sfera conoscitiva determinare in qual modo le cose possono
stare in se stesse (senza riferimento alle rappresentazioni, mediante cui esse agiscono su di noi).
34 Orbene poiché i fenomeni, pur non essendo cose in sé, sono tuttavia l'unica cosa che possa essere data alla nostra conoscenza, io debbo dire quale collegamento nel tempo spetti al molteplice
36 nei fenomeni stessi, visto che la rappresentazione di essi nel tempo è sempre successiva.
Così, ad esempio, l'apprensione del molteplice nel fenomeno di una casa che mi sta innanzi è
38 successiva. Ciò che si domanda è ora se il molteplice di questa casa sia successivo anche in sé:
nessuno, credo, risponderà di sì. […] Osservo ad esempio una nave che scende la corrente. La
40 mia percezione della sua posizione più giù è successiva alla percezione della sua posizione più su,
lungo il corso del fiume, e non si dà possibilità alcuna che all'apprensione di questo fenomeno la
42 nave possa venir percepita prima giù e poi su. In questo caso l'ordine della successione delle percezioni nell'apprensione è determinato e l'apprensione è vincolata ad esso. Nell'esempio prece-
44 dentemente addotto di una casa, le mie percezioni potevano cominciare, nell'apprensione, dal
tetto e finire al suolo, ma anche incominciare dal basso e finire in alto, oppure potevano appren-
46 dere il molteplice dell'intuizione empirica da destra a sinistra o viceversa. Nella successione di
queste percezioni non vi era dunque alcun ordine determinato che stabilisse con necessità donde
48 dovessi cominciare nella congiunzione empirica del molteplice. Una siffatta regola si incontrerà
invece sempre nella percezione di ciò che accade; essa rende necessario l'ordine delle percezioni
50 susseguentisi (nell'apprensione di questo fenomeno).
Nel nostro caso dovrò dunque inferire la successione *soggettiva* dell'apprensione dalla successio-
52 ne *oggettiva* dei fenomeni; in caso diverso la prima è del tutto indeterminata e non può distinguere un fenomeno dall'altro. Da sé sola, essa non prova nulla circa la connessione del molteplice
54 nell'oggetto, essendo del tutto arbitraria. […] Non potrò dunque dire che due stati si susseguono

56 nel fenomeno, ma soltanto che a un'apprensione fa seguito un'altra; ma questo è semplicemente un fatto soggettivo, tale da non determinare un oggetto, ed incapace quindi di valere per la conoscenza d'un qualsiasi oggetto (neppure nel fenomeno).

58 Allorché noi, quindi, sperimentiamo che una cosa accade, presupponiamo sempre che preceda ad essa una qualche altra cosa a cui la cosa che accade fa séguito *in conformità ad una regola*. In

60 caso diverso, infatti, non potrei affermare, di un oggetto, che esso segue, in quanto la semplice successione nella mia apprensione non giustifica una successione nell'oggetto, quando non venga

62 determinata da una regola di connessione con un antecedente. È dunque sempre in riferimento a una regola, in base alla quale i fenomeni, nella loro successione, ossia così come avvengono, ri-

64 sultano determinati dallo stato precedente, che io faccio sì che acquisti carattere di oggettività la mia sintesi soggettiva (dell'apprensione); la stessa esperienza di qualcosa che accade è possibile

66 sulla base di questo presupposto.

(*Critica della ragion pura*, *Analitica dei principi*, B 233-235, 237-238, 240, cit.)

Analisi del testo

1-21 I principi dell'intelletto puro, come sappiamo, sono suddivisi da Kant in «assiomi dell'intuizione», «anticipazioni della percezione», «analogie dell'esperienza» e «postulati del pensiero empirico in generale». I primi due tipi di principi (che corrispondono alle categorie della quantità e della qualità) si possono ricondurre (semplificando) al seguente principio valido *a priori*: ogni oggetto sensibile ha una forma, data dalle intuizioni pure di spazio e tempo, e una materia, fornita dai dati delle sensazioni. Le «analogie dell'esperienza» (che corrispondono alle categorie di relazione) affermano che gli oggetti sono tra loro legati da una trama di nessi oggettivi, necessari e stabili.

Trattando, nelle pagine precedenti qui non riportate, la prima «analogia dell'esperienza» (permanenza della sostanza), Kant ha sottolineato che la percezione del mutamento delle cose presuppone la percezione della trasformazione di un soggetto che in sé non muta: esige, quindi, l'idea della *permanenza della sostanza nel tempo*. Passando ora alla seconda analogia dell'esperienza («tutti i mutamenti accadono secondo la legge della connessione di causa ed effetto»), osserva che l'esperienza del mutamento presuppone anche la percezione della *successione*, cioè il comparire e lo scomparire di fenomeni *nel tempo*. La successione è una forma di legame, un collegamento e, come tale, «non è opera del puro senso e dell'intuizione», ma implica l'attività sintetica dell'immaginazione (operata mediante le categorie e gli schemi trascendentali). Ma la sintesi operata dall'immaginazione non è ancora "oggettiva". La questione che ora s'impone è chiara: quando e a quali condizioni una successione che si svolge nella mia coscienza (e che quindi è soggettiva) è anche una successione oggettiva?

22-36 Secondo Kant «noi non abbiamo a che fare se non con le nostre rappresentazioni» e «determinare in qual modo le cose possano stare in se stesse» è impossibile. L'esperienza consiste sempre nella *successione* di rappresentazioni soggettive, perché implica la collocazione dei dati empirici nella forma del *tempo*. Ma se siamo sempre "dentro l'orizzonte soggettivo" delle rappresentazioni che si susseguono nel tempo, perché in certi casi attribuiamo la successione all'oggetto?

Il problema – osserva Kant – sarebbe insolubile se con il termine "oggetto" indicassimo la «cosa in sé», perché, in questo caso, da un carattere delle nostre rappresentazioni (la loro successione *in noi*) non potremmo dedurre un carattere delle cose in sé (la successione o connessione *nelle cose stesse*). In realtà, come Kant ha chiarito mediante la deduzione trascendentale, per "oggetto" si deve intendere non qualsiasi contenuto della coscienza, ma una rappresentazione che «designa un oggetto». A fondamento dell'oggettività del conoscere sta infatti l'attività unificatrice del pensiero: "oggetto" è il nesso pensato e realizzato dall'intelletto, che collega i dati sensibili costituendo quell'ordine universale e necessario che è dato dai fenomeni e dalla loro connessione.

Ora, quando la successione delle rappresentazioni mi si presenta in un ordine che non posso mutare, essa è *oggettiva*; quando mi si presenta in modo tale che posso invertirne l'ordine, risulta *soggettiva*. La necessità della successione (che coincide con il suo carattere oggettivo) è data da un elemento *a priori* dell'intelletto, che non può essere ricavato dall'esperienza. Essa è riconducibile alla categoria della causalità che indica per l'appunto una successione di cui non si può invertire l'ordine: la causa è ciò che necessariamente precede l'effetto.

37-50 Per chiarire la questione, Kant fa l'esempio della rappresentazione di una nave che discende il corso di un fiume e che contiene una serie di percezioni successive (*prima* vedo la nave in alto, *dopo* più in basso). Questa successione è soggettiva: si svolge, cioè, nel «senso interno» che «colloca uno stato prima dell'altro», ma non stabilisce «che l'uno precede l'altro nell'*oggetto*». Eppure, in questo caso, io interpreto la successione come oggettiva (tale che concerne la "realtà" stessa). Ora, osserva Kant, anche la rappresentazione della facciata di una casa è il frutto di una serie di percezioni successive (*prima* vedo la porta e *dopo* il tetto), ma, diversamente dal caso precedente, non dico che prima *c'è* la porta e dopo il tetto, ma semplicemente che prima *percepisco* l'una e poi l'altro. Dal momento che abbiamo a che fare sempre e solo con le nostre rappresentazioni, perché in un caso la loro successione determina la rappresentazione di una successione nell'oggetto e nell'altro caso no? La risposta di Kant è ormai chiara: nel caso della rappresentazione della nave interviene una regola dell'intelletto (il nesso causale) che «rende necessario l'ordine delle percezioni che si susseguono nell'apprensione di questo fenomeno».

51-66 Se la casa e la barca fossero «cose in sé», non si potrebbe affermare nulla di oggettivo su di esse, perché dalla successione delle nostre rappresentazioni non si potrebbe inferire che la successione appartiene alla cosa stessa. Ma l'oggetto, come sappiamo, è per Kant un «fenomeno»: è, cioè, il prodotto dell'intelletto che struttura il materiale fornito dalla sensibilità e «costituisce» l'oggetto dell'esperienza. L'ordine necessario e irreversibile delle percezioni (in base al quale percepiamo gli oggetti in successione) è dato dallo schema trascendentale della causalità, cioè dall'immagine di una serie temporale che si conforma alla regola della causalità, per cui *prima* viene la causa e *dopo, necessariamente*, l'effetto. Nell'esempio della nave, in realtà, non abbiamo a che fare con una relazione *causale*, ma con una successione *temporale*. La posizione antecedente della nave non è in senso proprio "causa" di quella che segue, ma è correlata a essa secondo una sequenza irreversibile e necessaria, la stessa che istituisce il nesso causale, il quale fissa ciò che necessariamente precede (la causa) e ciò che necessariamente segue (l'effetto). Kant, quindi, intende dire che «per stabilire l'*impossibilità* che un fenomeno di una serie successiva prenda un posto diverso da quello che ha, abbiamo bisogno di pensare quei fenomeni come connessi causalmente […]. Cosa vuol dire infatti conoscere che è impossibile mutare l'ordine di una serie di fenomeni successivi? Vuol dire conoscere quell'ordine come *necessario*. Ora la causalità è, per definizione, connessione necessaria, dunque vedere l'impossibilità di un'inversione è come vedere la causalità» (S. Vanni Rovighi, *Introduzione a Kant*, La Scuola, Brescia 1968, p. 176).

Kant perviene così alla definitiva «deduzione» (o giustificazione) della causalità: senza di essa non sarebbe possibile l'esperienza degli oggetti come successivi, cioè non sarebbe possibile l'esperienza stessa di un mondo contrassegnato dal mutamento. Se per Hume è dall'osservazione di una *successione* negli oggetti che possiamo inferire la regola soggettiva, ma puramente psicologica, della *causalità*, per Kant accade esattamente il contrario: le cose non sarebbero (e non ci apparirebbero) in successione, se non fossero *pensate* secondo il principio della causalità, poiché la successione nel tempo può essere ritenuta *oggettiva* solo sulla base di un nesso causale con cui l'intelletto *a priori* struttura il materiale dell'esperienza. Come qualcosa di mutevole che non fosse pensato come accidente di una sostanza non sarebbe mutevole, così qualcosa di successivo che non fosse pensato secondo l'ordine irreversibile del rapporto causa-effetto non sarebbe successivo.

Lo scetticismo di Hume è così definitivamente superato: nessuna esperienza può smentire le leggi della natura perché nessuna esperienza può costituirsi al di fuori di quelle leggi che l'intelletto le impone. L'ordine *oggettivo* della natura coincide dunque con le condizioni formali del *soggetto*, che è il «legislatore della natura» e l'unica garanzia di una conoscenza «oggettiva».

La dialettica trascendentale

Se nell'*Estetica* e nell'*Analitica* Kant ha spiegato *come* siano possibili la matematica e la fisica come scienze, nella *Dialettica trascendentale* si dedica alla metafisica, cercando di chiarire *se* essa sia possibile come scienza. Con una mentalità forse eccessivamente schematica, il filosofo ritiene di poter identificare nelle idee di "anima", "mondo" e "Dio" (su cui si basano rispettivamente la psicologia, la cosmologia e la teologia razionali) i tre principali temi della metafisica tradizionale: quelli che, discussi da tutti i filosofi che lo hanno preceduto, meglio mostrano gli errori metodologici commessi.

T10 > LA CRITICA ALL'ARGOMENTO ONTOLOGICO

La critica della teologia razionale passa inevitabilmente attraverso la critica delle "prove" dell'esistenza di Dio prodotte dai teologi e dai filosofi del passato. Nel brano che segue Kant dimostra che l'idea di Dio non indica una reale entità (l'*ens realissimum* della tradizione), ma solo uno strumento per meglio comprendere ciò che è limitato.

Essere, patentemente, non è un predicato reale, ossia il concetto di qualcosa tale da potersi aggiungere al concetto d'una cosa. Esso è semplicemente la posizione d'una cosa o di talune determinazioni in se stesse. Nell'uso logico non è che la copula d'un giudizio. La proposizione: "Dio è onnipotente" racchiude due concetti che hanno i loro oggetti: Dio e l'onnipotenza; la paroletta "è" non costituisce un predicato aggiunto, ma non fa che porre *in relazione* il predicato col soggetto. Se però io prendo il soggetto (Dio) unitamente a tutti i suoi predicati (di cui fa parte l'onnipotenza), e dico: "Dio è", oppure "C'è un Dio", allora non attribuisco alcun nuovo predicato al concetto di Dio, ma pongo soltanto il soggetto in se stesso, con tutti i suoi predicati, ossia l'*oggetto*, in relazione col mio concetto. Oggetto e concetto non possono avere che un contenuto rigorosamente identico, e nulla può essere aggiunto al concetto (che esprime la semplice possibilità) per il fatto che il suo oggetto sia pensato come assolutamente dato (mediante l'espressione: esso è). E dunque il reale non contiene niente più del semplicemente possibile. Cento talleri reali non contengono assolutamente nulla in più di cento talleri possibili. Infatti, poiché i secondi stanno a significare il concetto, e i primi l'oggetto e la sua posizione in sé, se l'oggetto possedesse qualcosa in più del concetto, questo non esprimerebbe integralmente l'oggetto e non ne sarebbe il concetto adeguato. Certamente, rispetto alle mie disponibilità finanziarie, i cento talleri reali contengono qualcosa in più del mero concetto di essi (ossia della loro possibilità). Infatti, quanto alla realtà, l'oggetto non è contenuto in modo meramente analitico nel mio concetto, ma si aggiunge invece sinteticamente a tale concetto (che è una determinazione del mio stato), senza però che i cento talleri pensati subiscano il benché minimo accrescimento in virtù di questo essere, che si trova fuori del mio concetto.

(Critica della ragion pura, Dialettica trascendentale, B 626-637, cit.)

Analisi del testo

1-12 Nella sua prova ontologica, Anselmo d'Aosta parte dalla definizione di Dio come «l'essere di cui non si può pensare nulla di maggiore» (*esse aliquid quo nihil maius cogitari possit*), cioè come l'ente che possiede tutte le perfezioni. Ma questo significa già partire dalla nascosta presupposizione della sua esistenza, poiché quando dico che Dio è l'ente a cui spettano tutte le perfezioni, includo già tra quelle l'esistenza: in questo senso non arrivo alla conclusione per mezzo della dimostrazione, la quale mi serve al massimo per evidenziare ciò che era fin da principio implicito.

Il punto fondamentale è allora chiedersi se l'asserzione esistenziale sia una proposizione (un giudizio) analitica o sintetica. Nel primo caso, come Kant ha appena chiarito, la dimostrazione (di tipo deduttivo) non è veramente tale (del resto, come sappiamo, ogni giudizio analitico non aggiunge al soggetto alcunché di nuovo, essendo tautologico). Invece nel secondo caso, cioè nel caso in cui il giudizio esistenziale fosse sintetico, esso non potrebbe prodursi solamente per via di analisi e richiederebbe l'effettuazione di un'esperienza. Qualunque esperienza di Dio è tuttavia impossibile all'uomo, il quale pertanto non si troverà mai in condizione di produrre un simile giudizio. Perciò, da un punto di vista logico, negare a Dio l'attributo dell'esistenza non è affatto contraddittorio (come Anselmo pretende), ma solo, al massimo, fattualmente errato (ammesso che Dio esista).

12-21 Kant spiega ora la sua concezione dell'esistenza: essa non è una "perfezione", cioè una determinazione concettuale dell'oggetto che si aggiunge alle altre determinazioni, ma indica la realtà "di fatto" di una cosa, il suo essere posta o data prima e indipendentemente dal pensiero. Ad esempio, cento talleri pensati recano la stessa effigie di cento talleri reali, le dimensioni immaginarie non sono maggiori né minori di quelle dei talleri veri ed è possibile conoscere il loro peso esattamente come se li si tenesse in mano: per sapere se li possiedo, io non devo riflettere su queste loro caratteristiche, ma infilare una mano in tasca e controllare. In questo caso non è il ragionamento (la via dell'analisi) a essermi d'aiuto, ma l'esperienza (la sintesi). Anselmo perciò sbaglia nel ritenere che i giudizi esistenziali (e in particolare il giudizio sull'esistenza di Dio) siano analitici, laddove sono invece sintetici: non a caso l'esistenza è una categoria e trova la sua corretta applicazione nell'ambito dell'esperienza possibile, dalla quale Dio è escluso.

T11 > LA FUNZIONE REGOLATIVA DELLE IDEE

Dopo aver chiarito che alle tre idee fondamentali della metafisica (anima, mondo, Dio) non corrisponde alcun oggetto conoscibile, Kant precisa che la mente umana può tuttavia farne un uso "trascendentale" (e non "trascendente"), assumendole come idee-guida per l'intelletto.

Tutto ciò che trova fondamento nella natura delle nostre forze dev'essere conforme a un fine e
2   accordato al giusto uso di esse, purché possiamo evitare il fraintendimento e porre in chiaro la loro direzione. È dunque presumibile che le idee trascendentali abbiano un loro uso proficuo,
4   quindi immanente; ma quando il loro significato venga travisato ed esse vengano assunte come concetti di cose reali, si rivelano suscettibili di applicazione trascendente e, perciò stesso, illusoria.
6   Non l'idea in se stessa ma il suo uso può infatti, rispetto all'intera esperienza possibile, essere o *esterno* (trascendente) o *interno* (immanente), a seconda che si applichi l'idea a un oggetto, che si
8   presume le corrisponda, o solo all'uso dell'intelletto in generale in relazione agli oggetti con cui l'intelletto ha a che fare. […]
10 La ragione non si riferisce mai direttamente a un oggetto, ma sempre soltanto all'intelletto, attraverso il quale accede al proprio uso empirico. La ragione non crea quindi concetti (di oggetti), ma
12 si limita ad *ordinarli* e a dar loro quella unità che essi possono acquisire nella loro maggior estensione possibile, cioè rispetto alla totalità delle serie; a questa totalità l'intelletto non pone mente,
14 avendo di mira soltanto la connessione per la quale si vanno ovunque *costituendo serie* di condizioni in base a concetti. La ragione non ha dunque altro oggetto all'infuori dell'intelletto e
16 dell'impiego appropriato di esso […].
Io asserisco dunque che le idee trascendentali sono inadatte a qualsiasi uso costitutivo, per cui
18 debbono fornire concetti di oggetti; e che se sono intese in questo modo, si risolvono in semplici concetti raziocinanti (dialettici). Esse hanno però un uso regolativo vantaggioso e imprescindi-
20 bile, consistente nel dirigere l'intelletto verso un certo scopo, in vista del quale le linee direttive delle sue regole convergono in un punto, che – pur essendo null'altro che un'idea (*focus imagina-*
22 *rius*), cioè un punto da cui non possono realmente provenire i concetti dell'intelletto, perché è fuori dell'esperienza possibile – serve tuttavia a conferire a tali concetti la massima unità ed
24 estensione possibili.

(*Critica della ragion pura*, Dialettica trascendentale, "Appendice", cit.)

Analisi del testo

1-16 Anche le idee svolgono una funzione positiva, anzi insostituibile, purché non siano prese in senso costitutivo, bensì regolativo. Degli oggetti a cui esse alludono non si può affermare né che esistono, né che non esistono: si tratta infatti di oggetti del puro pensiero, sottratti per principio all'esperienza possibile e dunque *pensabili*, ma non *conoscibili*. Se mi comporto come se ne potessi fare esperienza, le utilizzo in modo erroneo, ma se le intendo come semplici mete ideali dell'umana tensione verso l'incondizionato, allora esse svolgeranno un fondamentale ruolo di stimolo alla conoscenza intellettuale: la ragione funge dunque da pungolo perché l'intelletto proceda sempre oltre e faccia ordine all'interno delle sue conoscenze.

17-24 Si ribadisce qui che l'affermazione dell'esistenza del noumeno non è il mero frutto di uno scorretto comportamento dell'intelletto, ma svolge anche una funzione positiva, in quanto definisce con precisione il limite sensibile della nostra conoscenza possibile e lo enfatizza: oltre quello, non c'è *conoscenza*, ma solo *pensiero*. E la ragione – che per Kant non ha un ruolo autonomo, ma solo ancillare rispetto a quello dell'intelletto – è all'origine della metafisica non solo in senso deteriore: infatti la metafisica, intesa come dottrina conoscitiva delle entità non empiriche (secondo la nota e non del tutto corretta etimologia del termine), è inattuabile, ma è possibile come indagine intorno alla natura dell'ente in quanto oggetto di conoscenza: l'essere, in questo senso, non è più un presupposto dato per scontato, di cui noi studiamo il trapassare nel soggetto attraverso il processo della conoscenza; al contrario, è proprio il soggetto il primo oggetto da indagare. La metafisica deve pertanto studiare le regole di una conoscenza che non riceve più il mondo come un presupposto, come un insieme già interamente strutturato di oggetti, ma che produce la sua stessa oggettività e il suo materiale (almeno quanto alla forma). Come si legge in una pagina della *Critica*: «le condizioni della possibilità dell'esperienza in generale sono contemporaneamente condizioni della possibilità degli oggetti dell'esperienza». Conoscenza e oggettività divengono relative al soggetto umano, e proprio questo è il modo per mantenere l'apoditticità del sapere contro lo scetticismo di marca humiana: un'apoditticità, s'intende, che riguarda non più l'oggetto *in sé* (il noumeno), ma l'oggetto *per noi* (il fenomeno). La metafisica si è fatta "metacritica della conoscenza".

Giudizi analitici e giudizi sintetici in Kant

Nell'introduzione alla *Critica della ragion pura*, Immanuerl Kant formalizza il problema centrale della conoscenza scientifica: **com'è possibile formulare dei giudizi sintetici *a priori***, ovvero dei giudizi che siano non solo necessari (come quelli analitici) ma anche estensivi della conoscenza (come quelli sintetici)?

Per spiegare la differenza tra i giudizi analitici e quelli sintetici, il filosofo scrive:

> I primi si potrebbe anche chiamarli giudizi *esplicativi*, gli altri *estensivi*; poiché quelli per mezzo del predicato nulla aggiungono al concetto del soggetto, ma solo dividono con l'analisi il concetto nei suoi concetti parziali, che eran in esso già pensati (sebbene confusamente); mentre, al contrario, questi ultimi aggiungono al concetto del soggetto un predicato che in quello non era punto pensato, e non era deducibile con nessuna analisi.

> (I. Kant, *Critica della ragion pura*, Introduzione, sezione IV)

Con i **giudizi analitici**, noi operiamo dunque una **"separazione" degli elementi** che compongono un dato soggetto: in un giudizio analitico, cioè, il predicato non fa altro che *esplicitare* quel che è già contenuto nel soggetto. Ecco perché questi giudizi non sono accrescitivi della conoscenza: l'analisi non fa che "distinguere" o "trarre fuori" un concetto che è già implicitamente contenuto nel soggetto, come quando dalla nozione di "triangolo" deriviamo, per semplice analisi del suo concetto, il predicato "ha tre angoli".

Nei **giudizi sintetici**, invece, noi operiamo una vera e propria **"sintesi" tra elementi diversi**. In questo modo **otteneniamo qualcosa di nuovo**, che contiene "di più" rispetto a quanto contenuto nei singoli elementi di partenza: solo così è possibile "estendere" la conoscenza.

La sintesi *a priori* su una tela di Magritte

L'astrattezza della distinzione kantiana trova un'illustrazione davvero singolare in un quadro di **René Magritte** (1898-1967), pittore belga esponente della corrente artistica del "surrealismo". Si tratta de ***L'explication*** (1952), una sorta di "natura morta" che sulla sinistra presenta una carota e una bottiglia, e sulla destra una strana figura per metà carota e per metà bottiglia.

René Magritte, *L'explication*, 1952, olio su tela, collezione privata

Il quadro può essere letto da sinistra a destra oppure da destra a sinistra.

La sintesi come composizione di concetti diversi

La lettura da sinistra a destra della tela di Magritte esemplifica quella che potremmo definire come un'"operazione di sintesi": a partire da due elementi eterogenei viene prodotto un elemento composto che è il risultato della loro unione. La **carota-bottiglia** è quindi un "**concetto sintetizzato**", un'autentica "novità" rispetto ai due elementi iniziali presi separatamente.

Inteso in questo modo, il concetto "carota-bottiglia" è un'*explication*, per usare il termine francese scelto dallo stesso Magritte come titolo dell'opera, cioè una "**spiegazione**". Quando *spieghiamo* qualcosa, infatti, noi *componiamo* (sintetizziamo) due elementi distinti, come nel caso dei giudizi d'esperienza di cui parla Kant nei *Prolegomeni*: dire che "il sole scalda la pietra", ad esempio, è dare una "spiegazione" del calore della pietra componendo in un unico giudizio (in cui interviene la categoria sintetica della causalità) due giudizi (o percezioni) differenti: "la pietra è calda" e "il sole scalda".

Spiegare un dato fenomeno significa quindi operare una sintesi causale: l'effetto (la carota-bottiglia) si spiega in base a una sintesi che connette due elementi (la carota e la bottiglia). La carota-bottiglia di Magritte è quindi un esempio di *explication* nel senso di "**spiegazione sintetica**".

L'analisi come esplicazione di un concetto dato

La lettura da destra a sinistra dell'opera di Magritte evidenzia un'altra possibile accezione del termine francese *explication*, ovvero quello richiamato dalla parola italiana "**esplicazione**". Nel passare dalla carota-bottiglia alla carota e alla bottiglia, noi operiamo infatti una "separazione", cioè un'analisi che è "esplicativa" nel senso in cui Kant usa questo termine quando parla dei giudizi analitici. In questo caso, infatti, quello che facciamo è un "tirar fuori", a partire da un dato elemento (la carota-bottiglia), quel che è già contenuto in esso (la carota e la bottiglia), sebbene in maniera implicita o confusa.

Tutta la conoscenza umana è una sintesi

Le immagini spaesanti, e allo stesso tempo divertenti, del quadro di Magritte possono dunque essere lette come un'efficace raffigurazione del problema che costituisce il cuore della *Critica della ragion pura*.

Certamente non ci capiterà mai di fare esperienza di una carota-bottiglia, e in ciò consiste il carattere "surreale" dell'opera di Magritte. Essa, tuttavia, ci offre l'occasione per sottolineare che non solo le singole esperienze, ma **l'intera realtà** (ovvero tutta la nostra esperienza) **è per Kant il risultato di una sintes**i, cioè di una composizione di elementi tra loro eterogenei. Quando Kant scrive che **ogni nostra conoscenza comincia dall'esperienza**, ma che **non tutto deriva dall'esperienza**, intende dire proprio che essa è un "com-posto", una sintesi di elementi sensibili ed elementi non sensibili (le forme *a priori*: lo spazio, il tempo e le categorie): una specie di carota-bottiglia, un "ibrido" che a prima vista può apparire surreale (proprio come il quadro di Magritte) ma che, una volta compreso, potrà risultarci ben più familiare…

CAPITOLO 3
La *Critica della ragion pratica*

1. La ragion "pura" pratica e i compiti della seconda *Critica*

Ragion *pura* pratica e ragione *empirica* pratica

La ragione serve a dirigere non solo la conoscenza, ma anche l'azione. Accanto alla ragione teoretica abbiamo quindi una ragione pratica.

Kant distingue tuttavia tra una **ragion *pura* pratica**, cioè che **opera indipendentemente dall'esperienza e dalla sensibilità**, e una **ragione *empirica* pratica**, cioè che **opera sulla base dell'esperienza e della sensibilità**. E poiché la dimensione della moralità si identifica con la dimensione della ragion pura pratica, il filosofo dovrà distinguere in quali casi la ragione è pratica e, nello stesso tempo, pura (ovvero morale) e in quali casi invece essa è pratica senza essere pura (ovvero senza essere morale). A questo serve appunto la *Critica della ragion pratica*.

Perché "Critica della ragion pratica" e non "Critica della ragion *pura* pratica"

Questa seconda *Critica* – si badi bene – «non sarà, però, una "critica della ragione pura pratica", come la prima *Critica* era una "critica della ragione pura teoretica", perché, mentre la ragione teoretica ha bisogno di essere criticata, cioè sottoposta ad esame, anche nella sua parte pura, in quanto tende a comportarsi in modo illegittimo (valicando i limiti dell'esperienza), **la ragione pratica non ha bisogno di essere criticata nella sua parte pura, perché in questa essa si comporta in modo perfettamente legittimo**, obbedendo ad una legge appunto universale. Invece nella sua parte non pura, cioè legata all'esperienza, la ragione pratica può darsi delle massime, cioè delle forme di azione, dipendenti appunto dall'esperienza, e perciò non legittime dal punto di vista morale. Perciò deve essere sottoposta a critica» (Enrico Berti). In altri termini, «mentre nella *Critica della ragion pura* Kant ha criticato le pretese della ragione teoretica (che rappresentano un eccesso) di trascendere l'esperienza, nella *Critica della ragion pratica* egli ha criticato invece le pretese opposte della ragion pratica (che rappresentano un difetto) di restar legata sempre e solo all'esperienza» (Reale-Antiseri). In conclusione, il capolavoro morale del filosofo di Königsberg si propone di stabilire «non solo che la ragione pura può essere pratica, ma che essa sola, e non la ragione sottostante a limiti empirici, è pratica in modo incondizionato» (*Critica della ragion pratica*, A 30)[1].

1 Cfr. I. Kant, *Scritti morali*, a cura di P. Chiodi, UTET, Torino 1970.

Il fatto che la ragion pura pratica non debba venir criticata, ma semplicemente illustrata nelle sue strutture e funzioni, non significa tuttavia – l'osservazione è importante – che essa sia priva di limiti; infatti, come vedremo, la **morale** secondo Kant risulta **profondamente segnata dalla finitudine dell'uomo** e necessita di essere salvaguardata dal fanatismo, ossia dalla presunzione di identificarsi con l'attività di un essere infinito. Articolando l'interpretazione (abbagnaniana) di Kant come "filosofo del finito", Pietro Chiodi scrive: «il mondo morale non ubbidisce allo stesso genere di restrizioni del mondo della conoscenza. Nel campo morale la ragione umana non è condizionata dai fenomeni come nel mondo della conoscenza; ma è un errore credere che Kant restauri nel campo morale l'assolutezza della metafisica. La ragione morale è pur sempre la ragione d'un essere pensante finito e quindi *condizionato*. Il condizionamento che la finitudine umana introduce nel campo morale è costituito dal fatto che la ragione vi incontra costantemente ed ineliminabilmente la **resistenza della natura sensibile dell'uomo**». Resistenza che (come vedremo) obbliga la legge morale ad assumere la forma del "dovere".

> Morale e finitudine dell'uomo

2. La realtà e l'assolutezza della legge morale

Alla base della *Critica della ragion pratica* si trova la persuasione che esista, scolpita nell'uomo, una **legge morale *a priori*, valida per tutti e per sempre**. In altri termini, così come nella *Critica della ragion pura* Kant muoveva dall'idea dell'esistenza di conoscenze scientifiche universali e necessarie, nella *Critica della ragion pratica* egli muove dall'analogo convincimento dell'esistenza di una **legge etica assoluta**. Legge che il filosofo non ha il compito di "dedurre", e tanto meno di "inventare", ma unicamente di "constatare" a titolo di un **fatto della ragion pura**, «di cui abbiamo consapevolezza *a priori* e di cui siamo apoditticamente certi» (*Critica della ragion pratica*, A 81).

> Una legge morale valida per tutti e per sempre

in maniera assoluta

Che esista una **legge morale assoluta o incondizionata** (come la chiama testualmente Kant) è dunque qualcosa su cui il filosofo non ha dubbi. Dal suo punto di vista, infatti, o la morale è una chimera, in quanto l'uomo agisce in virtù delle sole inclinazioni naturali, oppure, se esiste, deve per forza essere incondizionata, cioè presupporre una **ragion pratica "pura"**, **capace di svincolarsi dalle inclinazioni sensibili e di guidare la condotta in modo stabile**.

> L'incondizionatezza della morale

La tesi dell'assolutezza o incondizionatezza della morale implica poi due convinzioni di fondo strettamente legate tra loro: la libertà dell'agire umano e la validità universale e necessaria della legge.
Per quanto riguarda la **libertà dell'agire**, il filosofo nota infatti che, essendo incondizionata, la morale implica la possibilità umana di autodeterminarsi al di là delle sollecitazioni istintuali, facendo sì che la libertà si configuri come il **primo presupposto** – o «postulato», come Kant dirà in seguito – **della vita etica**: «La libertà e la legge pratica incondizionata risultano dunque reciprocamente connesse» (*Critica della ragion pratica*, A 52).
Di conseguenza, essendo indipendente da ogni impulso contingente e da ogni condizione particolare, la legge morale risulterà anche, per definizione, **universale e necessaria**, ossia **immutabilmente uguale a se stessa in ogni tempo e in ogni luogo**.

> La libertà dell'uomo e il valore universale e necessario della legge morale

Ragione e sensibilità

L'equazione "**moralità = incondizionatezza = libertà = universalità e necessità**" rappresenta quindi il fulcro dell'analisi etica di Kant e la chiave di volta, come vedremo, per cogliere in modo logicamente concatenato le caratteristiche essenziali che il filosofo riferisce alla legge morale: **categoricità**, **formalità** e **autonomia**.

Però si badi bene: per Kant la morale è *ab-soluta*, cioè "sciolta" dai condizionamenti istintuali, non nel senso che possa prescinderne, ma perché è in grado di de-condizionarsi rispetto a essi. La morale si gioca infatti all'interno di una insopprimibile **tensione bipolare tra ragione e sensibilità**. Se l'uomo fosse esclusivamente sensibilità, ossia animalità e impulso, è ovvio che essa non esisterebbe, perché l'individuo agirebbe sempre per istinto. Ma anche se l'uomo fosse pura ragione, la morale perderebbe di senso, in quanto l'individuo sarebbe sempre in quella che Kant chiama «santità» etica, ovvero in una situazione di perfetta adeguazione alla legge (v. **finitudine dell'attività morale**).

Contro il fanatismo morale, oltre l'illusione della santità

È proprio la bidimensionalità dell'essere umano a far sì che l'**agire morale** si concretizzi in una **lotta permanente tra la ragione e gli impulsi egoistici**. Tra legge morale e volontà, infatti, non c'è una spontanea coincidenza: ecco perché la prima si presenta all'uomo nella forma dell'**«imperativo»**, ovvero di un **comando che richiede di sacrificare le proprie inclinazioni sensibili** e che l'uomo, per la sua natura limitata e imperfetta, può anche trasgredire. Pertanto, se nella *Critica della ragion pura* circola come tema dominante la polemica contro l'arroganza della ragione, che pretende di oltrepassare i limiti della conoscenza umana, nella *Critica della ragion pratica* circola come tema dominante la polemica contro il **fanatismo morale**, che consiste nell'idea velleitaria di poter superare i limiti della condotta umana, sostituendo alla virtù, che è l'intenzione morale in lotta, la presunzione della **santità**, cioè del possesso della perfezione etica.

Fatti e valori

Consapevole della natura finita dell'uomo, Kant non mette in discussione la forza condizionante che *di fatto* i desideri e gli impulsi possono esercitare sulla volontà umana, ma nega che tale forza possa essere considerata un movente *morale*. Il sentimento e l'inclinazione al piacere, per il loro carattere mutevole e soggettivo, non possono infatti essere posti alla base dell'etica, che deve invece avere un valore *universale*, cioè essere valida per tutti e per sempre.

In tal senso quella di Kant è un'**etica prescrittiva o deontologica** (dal greco *déon*, "dovere") **e non descrittiva**: non concerne l'*essere* (come *di fatto* gli uomini si comportano), ma il *dover-essere* (come gli uomini *dovrebbero* comportarsi). La morale kantiana, come vedremo, **non riguarda la «materia» o il «contenuto» del volere, ma la sua «forma»**: la prima è «un oggetto la cui realtà sia desiderata»; la seconda è ciò per cui qualcosa, anziché essere considerato soltanto piacevole *di fatto*, diventa *degno* di essere voluto, cioè *morale*, indipendentemente dal fatto che sia empiricamente possibile, cioè realizzabile. Anzi, i fatti possono anche smentire la legge morale, ma ciò nulla toglie alla sua validità. Kant fa questo esempio: può anche darsi che nessun uomo sia stato *di fatto* sincero, ma ciò non toglie che la sincerità sia un *valore* morale che gli uomini *devono* perseguire:

> quand'anche non avessero mai avuto luogo azioni scaturite da quelle sorgenti pure [le prescrizioni della legge morale], il problema non sarebbe stabilire se qualcosa *accade*, ma se la ragione, per se stessa e indipendentemente da tutti i fenomeni dati, comandi o meno ciò che *deve accadere* […].

(I. Kant, *Fondazione della metafisica dei costumi*, BA 28)

ESERCIZI INTERATTIVI — ON LINE

GLOSSARIO e RIEPILOGO

La ragion pura pratica e la legge morale

Ragion *pura* pratica p. 228 > Per "ragion pura pratica" Kant intende la morale stessa, concepita come un'attività *razionale* o *a priori* che risulta «da sé sola sufficiente a determinare la volontà» (*Critica della ragion pratica*, A 30, in I. Kant, *Scritti morali*, cit., p. 149). A essa si contrappone la ragion pratica "empiricamente" o "patologicamente" condizionata, cioè quel tipo di ragione extramorale che «si limita semplicemente a dirigere l'interesse delle inclinazioni sotto il principio sensibile della felicità» (*Critica della ragion pratica*, A 217, cit., p. 268).
N.B. Il termine "patologico" in Kant non si contrappone a "sano", ma significa (conformemente all'etimologia greca) "passionale". In altri termini, per volontà «affetta patologicamente» (*Critica della ragion pratica*, A 36, cit., p. 153), Kant intende un tipo di volontà determinata dalla sensibilità, ovvero dalle inclinazioni o dalle passioni. Tant'è vero che per lui tutti i sentimenti, eccetto quello del "rispetto per la legge" (v. p. 243), sono patologici.

Critica della ragion pratica p. 228 > La critica della ragion pratica «si propone semplicemente di far vedere *che c'è una ragion pura pratica*, e in vista di ciò ne critica l'intera *facoltà pratica*» (*Critica della ragion pratica*, A 3, cit., p. 135). Kant ritiene infatti che, in sede morale, la critica non debba riguardare la ragion *pura* pratica – la quale è un'attività che opera legittimamente *a priori* – bensì la ragione *empirica* pratica, ovvero la pretesa, propria di quest'ultima, di costituire l'unico motivo dell'azione.
N.B. Il fatto che la ragion pura pratica operi *legittimamente a priori* e non abbia quindi bisogno di venir "criticata" (come accade per la pretesa *illegittima*, da parte della ragion pura teoretica, di operare indipendentemente dall'esperienza) non esclude il carattere umanamente *limitato* o *condizionato* dell'impresa etica (v. le voci "finitudine dell'attività morale", "fanatismo morale" e "santità").

Fatto della ragion pura p. 229 > Secondo Kant, l'esistenza di una legge morale *a priori* rappresenta un fatto indubitabile, che il filosofo non ha il compito di "dedurre" (e tanto meno di "inventare") ma unicamente di "constatare". Ecco, a questo proposito, alcuni testi emblematici: «La coscienza di questa legge fondamentale può esser detta un fatto [*Factum*] della ragione perché non la si può ricavare da precedenti dati della ragione stessa […] ma ci si impone da se stessa come proposi-

zione sintetica *a priori*» (*Critica della ragion pratica*, A 56, cit., p. 168); «la legge morale è data in certo modo come un fatto della ragion pura, di cui abbiamo consapevolezza *a priori* e di cui siamo apodittticamente certi, anche nell'ipotesi che l'esperienza non possa fornirci alcun esempio della osservanza rigorosa di questa legge» (*Critica della ragion pratica*, A 81, cit., pp. 185-186).
N.B. 1. L'autoevidenza della legge morale implica che nella *Critica della ragion pratica* non si presenti, come invece accadeva nella *Critica della ragion pura*, il problema della deduzione trascendentale, cioè la necessità di una dimostrazione della validità della legge morale stessa.
2. Il carattere «sintetico *a priori*» della legge morale risiede nel fatto che essa prescrive in modo incondizionato e universale-necessario (*a priori*) atti che aggiungono qualcosa di nuovo (sintetico) al concetto di volontà in quanto tale, ovvero che non sono analiticamente compresi in essa.

Legge morale assoluta o incondizionata p. 229 > La tesi dell'esistenza di una ragion pura pratica coincide con la tesi dell'esistenza di una legge etica in-condizionata (*unbedingt*), ossia indipendente dalle sollecitazioni particolari e contingenti della sensibilità. Tale incondizionatezza, che fa tutt'uno con il carattere razionale o *a priori* della morale, si lega strettamente ai concetti di libertà e di universalità e necessità della legge etica (che Kant, come si è visto, presenta alla stregua di un imperativo valido per tutti e per sempre).
N.B. L'equazione "moralità = incondizionatezza = libertà = universalità e necessità" rappresenta il fulcro dell'analisi etica di Kant e la chiave per cogliere in modo logicamente concatenato gli attributi essenziali che egli riferisce alla legge morale: categoricità, formalità e autonomia.

Finitudine dell'attività morale p. 230 > Il carattere incondizionato, o assoluto, della *legge* etica non esclude il carattere umanamente limitato o condizionato dell'*attività* morale. Infatti, il *concetto* kantiano della vita etica (e questo è un punto su cui, in Italia, hanno insistito soprattutto Abbagnano e gli studiosi che a lui si ispirano) si fonda sulla tesi della natura finita dell'uomo, cioè della mancanza di un accordo necessario tra volontà e ragione. Del resto, se la volontà dell'uomo fosse già in se stessa necessariamente d'accordo con la legge della ragione, questa legge non varrebbe per lui come un comando e non gli imporrebbe la costrizione del dovere. Pertanto, il principio stesso della morale implica un limite pratico, costituito dalle inclinazioni sensibili, e perciò la finitudine di chi deve realizzarla: «in un essere per il quale il motivo determinante della volontà non è esclusivamente la ragione, questa regola è un *imperativo*, cioè una regola caratterizzata da un dover essere [*Sollen*] esprimente la necessità oggettiva dell'azione; questa sta a significare che, se la ragione determinasse interamente la volontà, l'azione avrebbe luogo infallibilmente secondo questa regola» (*Critica della ragion pratica*, A 36, cit., p. 154). Tutto ciò significa che la moralità non è la razionalità *necessaria* di un essere *infinito* che si identifica con la ragione, ma la razionalità *possibile* di un essere che può assumere, o non assumere, la ragione come guida della sua condotta. In altri termini, «la ragione su cui riposa il mondo morale è una *ragione finita*, è la ragione dell'uomo come essere pensante finito. L'assolutezza dei suoi comandi non la fa uscire dalla propria natura finita, ma ve la installa nel modo più rigoroso: nel mondo del dovere» (Pietro Chiodi).

N.B. Questi capisaldi sono a fondamento dell'intera dottrina etica di Kant, la quale presuppone una tensione bipolare tra ragione e sensibilità. Se l'uomo, infatti, fosse solo sensibilità, le sue azioni sarebbero determinate dagli impulsi sensibili. Se fosse solo razionalità, sarebbero determinate dalla ragione. E in entrambi i casi la morale sarebbe impossibile o inutile.

Fanatismo morale p. 230 > Il fanatismo (*Schwärmerei*), in senso generale, «è una trasgressione, in base a principi, dei limiti della ragione umana». In senso morale, è «quella trasgressione dei limiti che la ragion pura pratica prescrive all'umanità, vietandoci di far consistere il motivo determinante soggettivo delle azioni conformi al dovere, cioè il loro movente morale, in qualcosa di diverso dalla legge stessa» (*Critica della ragion pratica*, A 153, cit., p. 228). In altri termini, il fanatismo morale consiste nella velleitaria pretesa di fare il bene di buon grado, tramite un'inclinazione naturale spontanea, e perciò nel sostituire alla virtù, che è «l'intenzione morale *in lotta*», la presunzione della santità.

Santità p. 230 > La santità (*Heiligkeit*) è «la conformità perfetta della volontà alla legge morale» e quindi «una perfezione cui non può giungere nessun essere razionale in nessun momento della propria esistenza» (*Critica della ragion pratica*, A 220, cit., p. 269). Infatti, nell'uomo, in quanto essere razionale finito, «si può, sì, supporre una volontà *pura*, ma, in quanto soggetto a bisogni e a motivi sensibili, non si può supporre una volontà *santa*, cioè tale da escludere qualsiasi massima contraddittoria con la legge morale» (*Critica della ragion pratica*, A 57, cit., p. 169).

3. L'articolazione dell'opera

Analogamente alla *Critica della ragion pura*, anche la *Critica della ragion pratica* si divide in due parti fondamentali: la **dottrina degli elementi** e la **dottrina del metodo**.

■ La prima tratta degli **elementi della morale** e si divide in **analitica**, che è l'esposizione della regola della verità (etica), e **dialettica**, che affronta l'antinomia propria della ragion pratica, legata all'idea di sommo bene. Nell'*Analitica della ragion pura pratica*, avverte Kant,

> l'ordine sarà l'opposto di quello che è stato seguito nella *Critica della ragion pura* speculativa. Infatti nel caso presente procederemo dai *principi* ai *concetti*, e soltanto da qui andremo verso i sensi, se è possibile; nella ragione speculativa, al contrario, dovremmo cominciare coi sensi e finire coi principi. (*Critica della ragion pratica*, A 32)

■ La seconda tratta del **modo in cui le leggi morali possono «accedere» all'animo umano**, ovvero del modo «di rendere anche *soggettivamente* pratica la ragione oggettivamente pratica» (*Critica della ragion pratica*, A 269). In essa si discorre quindi dell'importanza dell'educazione, dei buoni esempi e della capacità di giudicare in modo retto.

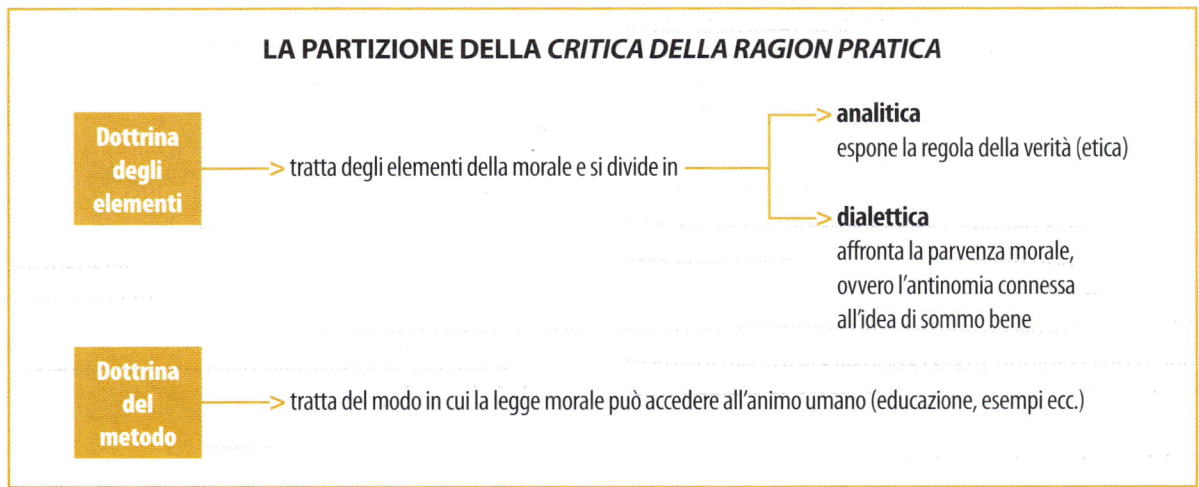

LA PARTIZIONE DELLA *CRITICA DELLA RAGION PRATICA*

Dottrina degli elementi → tratta degli elementi della morale e si divide in →

> **analitica**
> espone la regola della verità (etica)

> **dialettica**
> affronta la parvenza morale, ovvero l'antinomia connessa all'idea di sommo bene

Dottrina del metodo → tratta del modo in cui la legge morale può accedere all'animo umano (educazione, esempi ecc.)

4. La "categoricità" dell'imperativo morale

Kant distingue i **principi pratici**, ossia le regole generali che disciplinano la nostra **volontà**, in **massime** e **imperativi**:

■ la **massima** è una **prescrizione di valore puramente soggettivo**, cioè valida esclusivamente per l'individuo che la fa propria (può essere una massima, ad esempio, quella di vendicarsi di ogni offesa subita o quella di alzarsi presto al mattino per fare ginnastica);

■ l'**imperativo** è una **prescrizione di valore oggettivo**, ossia che vale per chiunque.

Gli imperativi si dividono a loro volta in imperativi ipotetici e imperativo categorico.

Massime e imperativi

Gli **imperativi ipotetici** **prescrivono dei mezzi in vista di determinati fini** e hanno la forma del **"se... devi..."** (ad esempio, "se vuoi conseguire buoni risultati scolastici, devi impegnarti in modo costante").

Questi imperativi si specificano a loro volta in **regole dell'abilità**, che illustrano le norme tecniche per raggiungere un certo scopo (ad esempio, le procedure per diventare un buon medico), e in **consigli della prudenza**, che forniscono i mezzi per ottenere il benessere o la felicità (ad esempio, i vari "manuali" della salute o del vivere felici).

Gli imperativi ipotetici

L'**imperativo categorico**, invece, **ordina il dovere in modo incondizionato**, ossia a prescindere da qualsiasi scopo, e non ha la forma del "se... devi...", ma del **"devi" puro e semplice**. Rifacendoci all'esempio proposto sopra ("se vuoi conseguire buoni risultati, devi impegnarti"), nel caso in cui un insegnante ordini a uno studente di studiare, lo studente obbedisce *se vuole* ottenere buoni risultati. La forza dell'imperativo è dunque, in questo caso, condizionata alla volontà del soggetto. Ma per Kant la legge morale non può dipendere da impulsi sensibili soggettivi e da circostanze mutevoli: essa pertanto non può risiedere negli imperativi ipotetici, ma solo in un imperativo categorico, che si imponga, assolutamente e

L'imperativo categorico...

incondizionatamente, cioè indipendentemente dalla *persona* alla quale si rivolge, dall'*obiettivo* che ci si prefigge, dalla *circostanza* in cui si agisce. Solo un tale imperativo, in quanto totalmente in-condizionato, **ha le caratteristiche della legge**, ovvero di un **comando che vale in modo perentorio per tutte le persone e per tutte le circostanze**. In conclusione, solo l'imperativo categorico, che ordina un "devi" assoluto, e quindi universale e necessario, ha in se stesso i contrassegni della **moralità**.

... e il suo comando

Posto che la legge etica assuma la *forma* di un «imperativo categorico», quale sarà il suo *contenuto*? Kant risponde che esso, in quanto incondizionato – ossia non richiedente altro che il rispetto della legge in generale –, consiste nell'elevare a legge l'esigenza stessa di una legge. E poiché dire "legge" è dire "universalità", esso si concretizza nella prescrizione di **agire secondo una massima che può valere per tutti**. Da ciò la **formula-base dell'imperativo categorico**:

> agisci in modo che la massima della tua volontà possa sempre valere nello stesso tempo come principio di una legislazione universale. (*Critica della ragion pratica*, A 54)

Il test dell'universalizzabilità

In altri termini, l'imperativo categorico – il quale si identifica con la ragione stessa, ovvero con la sua universalità elevata a legge – è quel comando che prescrive di tener sempre presenti gli altri e che ci ricorda che un comportamento risulta morale solo se, e nella misura in cui, supera il "**test della generalizzabilità**", ovvero se la sua massima appare universalizzabile. Ad esempio, chi mente compie un atto chiaramente immorale, poiché, qualora venisse universalizzata la massima dell'inganno, i rapporti umani diventerebbero impossibili. → **T1** p. 253 Questa è l'unica formula che Kant presenta nella *Critica della ragion pratica*. Ma nella *Fondazione della metafisica dei costumi* pubblicata nel 1785 (altra importante fonte della dottrina etica di Kant) troviamo anche una seconda e una terza formula.

La seconda formula

La **seconda formula dell'imperativo categorico** afferma:

> agisci in modo da trattare l'umanità, sia nella tua persona sia in quella di ogni altro, sempre anche come fine e mai semplicemente come mezzo. (*Fondazione della metafisica dei costumi*, BA 67)

TESTO ANTOLOGICO
Kant **ON LINE**
La seconda formula
(*Fondazione
della metafisica
dei costumi*)

QUESTIONE MULTIMEDIALE
Il bene e il male **ON LINE**
Innocenza
e giustizia

In altri termini, **rispetta la "dignità umana" che è in te e negli altri**, evitando di ridurre il prossimo o te medesimo a semplice mezzo del tuo egoismo e delle tue passioni. In tale contesto la parola "fine" indica infatti quella **caratteristica fondamentale della persona umana** che risiede nell'**essere scopo-a-se-stessa**, facendo sì che a essa venga riconosciuta la prerogativa di essere soggetto e non oggetto. In questo senso Kant sostiene che **la morale istituisce un regno dei fini**, ossia una comunità ideale di libere persone, che vivono secondo le leggi della morale e si riconoscono **dignità** a vicenda.

La terza formula

La **terza formula dell'imperativo categorico** prescrive di agire in modo tale che

> la volontà, in base alla massima, possa considerare contemporaneamente se stessa come universalmente legislatrice. (*Fondazione della metafisica dei costumi*, BA 76)

Questa formula ripete, in parte, la prima. Tuttavia, a differenza di quella, che puntualizza soprattutto la legge, quest'ultima sottolinea in modo particolare l'**autonomia della volontà**, mettendo in evidenza come il **comando morale** non debba essere un imperativo esterno e schiavizzante, ma il **frutto spontaneo della volontà razionale**, la quale, essendo legge a se medesima, fa sì che noi, sottomettendoci a essa, non facciamo che obbedire a noi stessi.

Tant'è vero che nel "regno dei fini", precisa Kant, ognuno è suddito e legislatore al tempo stesso. In altre parole:

> la volontà non è semplicemente sottoposta alla legge, ma lo è in modo da dover essere considerata autolegislatrice, e solo a questo patto sottostà alla legge.
>
> (*Fondazione della metafisica dei costumi*, BA 70-71)

TESTO ANTOLOGICO
Kant
La terza formula
(*Fondazione della metafisica dei costumi*)

VERSO LE COMPETENZE

▶ Utilizzare il lessico e le categorie specifiche della filosofia

GLOSSARIO e RIEPILOGO

La "categoricità" dell'imperativo morale

Principi pratici p. 233 > I principi pratici sono le regole *generali* che disciplinano la nostra volontà. Si distinguono in massime e imperativi.

Volontà p. 233 > La volontà (*Wille*) è la facoltà di agire «*secondo la rappresentazione* delle leggi, ossia secondo principi». Ora, «poiché la determinazione delle azioni in base a leggi richiede la *ragione*, la volontà è null'altro che la ragion pratica» (*Fondazione della metafisica dei costumi*, BA 36, in *Scritti morali*, cit., p. 70).

Massime p. 233 > Le massime sono i principi pratici *soggettivi*, cioè quelle regole di comportamento che l'individuo considera valide «soltanto per la sua volontà» (*Critica della ragion pratica*, A 35, cit., p. 153). Ad esempio, «chiunque può assumere come massima quella di vendicarsi di ogni offesa» (*Critica della ragion pratica*, A 36, cit., p. 153).

Imperativi p. 233 > Gli imperativi sono le prescrizioni con valore *oggettivo*, ossia che valgono per chiunque: «Gli imperativi hanno dunque validità oggettiva e differiscono nettamente dalle massime che sono principi soggettivi» (*Critica della ragion pratica*, A 37, cit., p. 154). Gli imperativi si dividono in ipotetici e categorici.

Imperativi ipotetici p. 233 > Gli imperativi ipotetici sono quelli che «presentano la necessità pratica di un'azione possibile quale mezzo per raggiungere qualche altra cosa che si vuole» (*Fondazione della metafisica dei costumi*, BA 39, cit., p. 71). Tali imperativi hanno la forma del "se…, devi…" e si suddividono in *regole dell'abilità*, che illustrano le norme tecniche per raggiungere un determinato scopo (ad esempio, le procedure per divenire un buon medico), e in *consigli della*

prudenza, che forniscono i mezzi per ottenere il benessere o la felicità (ad esempio, i vari "manuali" della salute o del vivere felici).

Imperativo categorico p. 233 > L'imperativo categorico (*categorischer Imperativ*) è «quello che rappresenta un'azione come necessaria per se stessa, senza relazione con nessun altro fine» (*Fondazione della metafisica dei costumi*, BA 39, cit., p. 72). Questo imperativo non ha dunque la forma del "se…, devi…", ma del "devi" puro e semplice. Come tale, esso solo presenta i connotati della "legge pratica".

Legge p. 234 > La legge pratica è un comando che vale in modo assolutamente *oggettivo* (cioè universale e necessario), ovvero per *tutti* gli esseri pensanti – e quindi «a prescindere dalle condizioni accidentali e soggettive che distinguono un essere razionale da un altro» (*Critica della ragion pratica*, A 38, cit., p. 155). Tale è appunto l'imperativo categorico, che è l'*unico* a proposito del quale si può legittimamente parlare di legge. Infatti «gli imperativi stessi, se sono condizionati […] cioè se sono imperativi ipotetici, saranno, sì, precetti pratici, ma non *leggi*. Le leggi debbono determinare sufficientemente la volontà in quanto volontà […]. Perciò devono essere categoriche; in caso diverso non sono leggi, facendo loro difetto la necessità» (*Critica della ragion pratica*, A 37, cit., p. 154).
N.B. Le leggi morali sono universali e necessarie, ma non come lo sono le leggi naturali, poiché «mentre le leggi naturali non-possono-non-attuarsi, le leggi morali possono *non* attuarsi, perché la volontà umana è soggetta non solo alla ragione, ma anche alle inclinazioni sensibili e quindi può deviare, e proprio per questo le leggi morali sono dette "imperativi" o "doveri". In tedesco l'*esser necessario* in senso naturalistico si dice "müssen", mentre la *necessità o il dovere morale* si dice "sollen"

(per esempio il "dovere" espresso nella proposizione "tutti gli uomini devono testimoniare il vero", che non implica una necessità naturale, si esprime con *sollen*). La necessità della legge fisica consiste dunque nel suo inevitabile realizzarsi, la necessità della legge morale consiste invece nel *valere per tutti gli esseri razionali senza eccezione*» (Reale-Antiseri).

Formula-base dell'imperativo categorico p. 234 >

«Quando penso un imperativo *ipotetico* in generale – scrive Kant nella *Fondazione della metafisica dei costumi* – non so ciò che conterrà finché non me ne sia data la condizione. Se invece penso un imperativo *categorico*, so immediatamente che cosa contiene. Infatti l'imperativo, oltre alla legge, non contiene che la necessità, per la massima, di essere conforme a tale legge, senza che la legge sottostia a nessuna condizione; di conseguenza non resta che l'universalità d'una legge in generale, a cui deve conformarsi la massima dell'azione [...]. Non c'è dunque che un solo imperativo categorico, cioè questo: agisci soltanto secondo quella massima che, al tempo stesso, puoi volere che divenga una legge universale» (*Fondazione della metafisica dei costumi*, BA 51-52, cit., pp. 78-79). Nella *Critica della ragion pratica* questa formula assume l'enunciazione canonica: «agisci in modo che la massima della tua volontà possa sempre valere nello stesso tempo come principio di una legislazione universale» (*Critica della ragion pratica*, A 54, cit., p. 167).

Dalla prima formula dell'imperativo categorico, Kant, nella *Fondazione*, ne deriva un'altra, che, seguendo Herbert J. Paton (*The Categorical Imperative*, London 1964), si può indicare con il numero I-a: «agisci come se la massima della tua azione dovesse essere elevata dalla tua volontà a legge universale della natura» (*Fondazione della metafisica dei costumi*, BA 52, cit., p. 79). In altri termini, se vuoi sapere se un'azione è morale chiediti se la sua massima potrebbe dar luogo a un ordine universale, ovvero a una "natura" nella quale tu stesso e i tuoi simili potreste vivere senza contraddizione. Osserva Kant in uno dei suoi esempi che se si trasformasse in legge universale di natura la massima di fare promesse pur sapendo di non poterle mantenere, si cadrebbe automaticamente in contraddizione con se medesimi, poiché in un mondo in cui nessuno mantenesse la parola data non avrebbe più senso il concetto stesso di promessa. Questa formulazione (I-a) dell'imperativo categorico si trova anche nella sezione della *Critica della ragion pratica* intitolata *Della tipica del giudizio puro pratico*.

Seconda formula dell'imperativo categorico

p. 234 > Nella *Fondazione della metafisica dei costumi* Kant offre una seconda formulazione dell'imperativo categorico: «agisci in modo da trattare l'umanità, sia nella tua persona sia in quella di ogni altro, sempre anche come fine e mai semplicemente come mezzo» (BA 67, cit., p. 88). Questa formula, che si fonda sul principio dell'umanità come «fine in se stessa» (e che riecheggia alcune espressioni rousseauiane, come ad esempio quella della *Nuova Eloisa*, secondo la quale «l'uomo non deve essere mai strumento per l'altro uomo»), prescrive quindi il riconoscimento della "dignità umana" (v.) nella propria e nell'altrui persona: «Gli esseri la cui esistenza si fonda, anziché sulla nostra volontà, sulla natura, quando sono privi di ragione hanno solo un valore relativo, quello di *mezzi*, e prendono perciò il nome di *cose*; viceversa, gli esseri ragionevoli prendono il nome di *persone*, poiché la loro natura ne fa già fini in sé, ossia qualcosa che non può essere impiegato semplicemente come mezzo e limita perciò ogni arbitrio» (*Fondazione della metafisica dei costumi*, BA 65, cit., p. 87).

N.B. La *prima* formula dell'imperativo categorico, *presupponendo* che il fine "oggettivo" e incondizionato della morale non sia la propria individualità egoistica e determinata, bensì l'umanità in generale (cioè la personalità umana presente come volontà *libera* e *razionale* in ognuno di noi), contiene un sottinteso riconoscimento dell'umanità (propria e altrui) come *valore assoluto* e *fine in sé*. Di conseguenza, la seconda formula dell'imperativo categorico non fa che rendere esplicito quanto risulta implicito nella prima. Ciò non toglie che Kant, probabilmente per accentuare il formalismo (v. p. 243) della propria etica e per evitare ogni equivocabile riferimento al concetto di "fine", abbia preferito mantenere, nella *Critica della ragion pratica*, soltanto la prima formula.

Regno dei fini p. 234 >

Il «regno dei fini» (*Reich der Zwecke*) è, secondo Kant, la comunità ideale degli esseri ragionevoli, in quanto obbediscono alle leggi della morale. In tale regno ogni membro è, nello stesso tempo, legislatore e suddito. In questa concezione vi è un probabile influsso della teoria rousseauiana del contratto sociale, che fa dell'uomo il suddito e il sovrano di se stesso, anche se Kant, nella *Critica della ragion pratica*, per meglio sottolineare l'*autorità* e la *maestà* della legge, scinde programmaticamente le idee di soggetto legislatore e di soggetto sovrano, insistendo sul fatto che noi, pur essendo legislatori del mondo morale, «ne siamo i sudditi, non il sovrano».

Dignità p. 234 > Secondo Kant, ogni uomo, anzi ogni essere ragionevole, essendo fine in se stesso, possiede un valore che non è relativo (come succede ad esempio nel caso di un prezzo) bensì assoluto: «Il posto di ciò che ha un prezzo può esser preso da qualcos'altro di *equivalente*; al contrario ciò che è superiore a ogni prezzo, e non ammette nulla di equivalente, ha una dignità» (*Fondazione della metafisica dei costumi*, BA 77, cit., p. 93). E poiché solo la moralità «è la condizione esclusiva affinché un essere ragionevole possa essere fine in sé», ne segue che la dignità compete all'uomo unicamente in quanto membro del regno dei fini, ovvero in quanto essere ragionevole «che obbedisce solo alla legge da lui stesso istituita».

Terza formula dell'imperativo categorico p. 234 > La terza formula dell'imperativo categorico prescrive di agire in modo tale che «la volontà, in base alla massima, possa considerare contemporaneamente se stessa come universalmente legislatrice» (*Fondazione della metafisica dei costumi*, BA 76, cit., p. 93). Questa formula riprende, in parte, la prima. Tuttavia, a differenza di quella, che puntualizza soprattutto la *legge*, quest'ultima sottolinea in modo particolare l'*autonomia* della volontà, chiarendo come il comando morale non sia un imperativo esterno e schiavizzante, ma il frutto spontaneo della volontà, la quale «non è semplicemente sottoposta alla legge, ma lo è in modo da dover essere considerata *autolegislatrice*» (*Fondazione della metafisica dei costumi*, BA 70-71, cit., p. 90). Il fatto che ogni essere ragionevole debba considerarsi autore di una legislazione universale – osserva Kant – conduce al concetto di "regno dei fini" (v.) e permette di fondare in modo rigoroso la nozione di "dignità umana".

5. La "formalità" della legge e il dovere-per-il-dovere

Un'altra caratteristica strutturale dell'etica kantiana, che emerge chiaramente da quanto si è detto finora circa l'imperativo categorico, è la **formalità**, in quanto **la legge non ci dice *che cosa* dobbiamo fare, ma *come* dobbiamo farlo**. Anche questo carattere discende dall'incondizionatezza e dalla libertà della norma etica. Infatti, se quest'ultima non fosse formale, bensì "materiale", cioè se prescrivesse dei contenuti concreti, sarebbe "vincolata" a essi, perdendo inevitabilmente in termini di libertà da un lato e di universalità dall'altro, poiché nessun contenuto o precetto particolare può possedere l'universale portata della legge (v. materia). Per questo la legge morale non consiste in una casistica o manualistica concreta di precetti, ma soltanto in una **legge formale-universale**, in un imperativo che si limita ad affermare: **quando agisci tieni presenti gli altri e rispetta la dignità umana che è in te e nel prossimo** (v. forma).

Ovviamente, sta poi a ogni singolo individuo il compito di "tradurre" in concreto, nell'ambito delle varie situazioni esistenziali, sociali e storiche, la parola della legge[1]. L'importante è non dimenticare che le norme etiche concrete in cui si incarna di volta in volta l'imperativo categorico risultano rispetto a quest'ultimo sempre "fondate" e mai "fondanti", esistendo solo in funzione di esso, che è ciò che le suscita e le giustifica.

> Il carattere formale della legge etica...

---

1 Il problema di individuare un giudizio pratico mediante il quale applicare nel *particolare* e nel *concreto* ciò che nella regola è detto in modo *universale* e *astratto* è analogo a quello che era sorto nella *Critica della ragion pura* a proposito della necessità di trovare un "termine medio" tra categorie e intuizioni sensibili, e che Kant, come sappiamo, aveva risolto con la teoria dello schematismo trascendentale. In sede etica, Kant scioglie la difficoltà nella sezione della *Critica* intitolata **Tipica del giudizio puro pratico**, per la cui trattazione si veda p. 242).

... e il suo significato

Di conseguenza «il vero significato del **formalismo** kantiano non sta (come pure è stato detto) nell'affermazione di una forma vuotata di ogni contenuto, ma nella scoperta della fonte perenne della moralità, che alimenta i costumi morali dei popoli nel loro divenire storico, restando essa stessa immune da ogni mutamento»[1].

L'anti-utilitarismo

Il carattere formale e incondizionato della legge morale fa tutt'uno con il suo carattere anti-utilitaristico. Infatti, se la legge morale ordinasse di agire in vista di un fine o di un utile, si ridurrebbe a un insieme di imperativi ipotetici e comprometterebbe, in primo luogo, la libertà dell'azione, in quanto non sarebbe più la volontà a dare la legge a se medesima, ma sarebbero gli oggetti a dare la legge alla volontà. In secondo luogo, essa metterebbe in forse la propria universalità, poiché l'area degli scopi e degli interessi coincide con il campo della soggettività e della particolarità. Il cuore della moralità kantiana risiede invece nello **sforzo di attuare la legge della ragione solo per ossequio a essa**, e non sotto la spinta di personali inclinazioni o in vista dei risultati che possono scaturirne.

A questo proposito occorre precisare che nella prima formula dell'imperativo categorico, o meglio nel test di universalizzabilità che questa prescrive, alcuni studiosi hanno visto una potenziale contraddittorietà della prospettiva kantiana. In effetti, Kant sembra dire che, per sapere se un'azione sia morale, dobbiamo immaginare che cosa accadrebbe se tutti agissero in quel modo; ma questo non significa forse giudicare un'azione in base alle sue conseguenze, ovvero in base a criteri utilitaristici?

In realtà, il test di Kant è di tipo logico-formale ed è volto non tanto a un'analisi delle conseguenze dell'azione, quanto a una verifica della **razionalità (o non contraddittorietà) della massima**, nel caso in cui questa sia universalizzata. Ad esempio, un uomo ricco può disinteressarsi del suo prossimo bisognoso? Se il test di universalizzabilità consistesse in un mero calcolo delle conseguenze, forse la risposta potrebbe essere positiva (se anche io non mi curo del mio prossimo, forse se ne curerà qualcun altro...). Tuttavia nessuno può volere che una tale azione diventi l'oggetto di una legge universale, perché chiunque, trovandosi nel bisogno, vorrebbe poter contare sull'aiuto altrui. È la razionalità della massima universalizzata che, in questo caso, risulta compromessa. → **T1** p. 253

QUESTIONE

Il bene consiste nell'utile o nel dovere?, p. 322

Il rigorismo

Al formalismo dell'etica kantiana è inscindibilmente legato anche il suo **rigorismo**: Kant **esclude** infatti **dal recinto dell'etica emozioni e sentimenti**, non soltanto perché possono sviare la volontà da un retto comportamento, ma anche perché, quando collaborano con i precetti della morale, ne inquinano la severa purezza. In questo senso nemmeno la felicità, che pure è innegabilmente uno dei principali motivi dell'azione dell'uomo, può costituire il fine del **dovere**. La moralità consiste nel puro **dovere-per-il-dovere**:

> Dovere! Nome sublime e grande, che non porti con te nulla di piacevole che importi lusinga; ma esigi la sottomissione; che tuttavia non minacci nulla […] ma presenti semplicemente una legge che penetra da sé sola nell'animo e si procura venerazione.
>
> (*Critica della ragion pratica*, A 154)

SCHEDA FILMICA
Il discorso del re ON LINE

Il rispetto per la legge

In un'etica siffatta, che si pone necessariamente in polemica con ogni tipo di morale sentimentalistica, si riconosce il diritto di cittadinanza a un unico sentimento: il **rispetto per la legge**, che tuttavia si configura come «rispetto di sé» e sorge dalla capacità che l'uomo ha di «umiliare» la propria pulsione egoistica, *sottomettendosi* alla legge morale e in questo modo

---

1 G. De Ruggiero, *Storia della filosofia*, Laterza, Roma-Bari 1990, vol. 10, p. 302.

innalzandosi ad essa. Questo «**sentimento morale**», si noti, non è «un movente della moralità», ma è «**prodotto esclusivamente dalla ragione**» e, diversamente da qualsiasi altro sentimento «patologico», che va combattuto, «è di una specie così singolare che sembra esclusivamente a disposizione della ragion pura pratica», come se nascesse solo **per disporre l'individuo all'obbedienza al puro dovere**[1].

ESERCIZI INTERATTIVI

Si comprende allora che per Kant, perché un'azione sia morale, non basta che sia esteriormente «*conforme* al dovere», ma occorre anche che sia compiuta «***per* il dovere**», cioè **con la sola intenzione di obbedire alla legge morale**. Ad esempio, un atto altruistico come devolvere denaro in beneficenza ha carattere morale solo se è compiuto per obbedire a un comando della ragione, ma cessa di essere tale se è compiuto per ottenere un vantaggio, o anche sulla base di un sentimento di benevolenza, per quanto esso sia positivo.

Moralità e legalità

Si fonda su questo la distinzione kantiana tra ==legalità e moralità==. La prima concerne l'*azione visibile* (ad esempio, assolvere al *dovere esteriore* di pagare le tasse), la seconda concerne l'*intenzione invisibile* (il pagare le tasse per *puro dovere*). È evidente che, in base a questa distinzione, non tutte le azioni *legali*, cioè esteriormente conformi alla legge, sono anche *morali*. La morale implica una **partecipazione interiore**, altrimenti rischia di scadere in una serie di atti di legalità ipocrita, oppure in forme più o meno mascherate di autocompiacimento (come accade ad esempio quando ci si comporta bene per ottenere il plauso degli altri).

Ma se la morale non concerne *ciò* che si fa (l'azione esteriore), ma l'*intenzione* con cui lo si fa (==etica dell'intenzione==), allora **il *bene* consiste nel *volere il bene***, cioè in quella che Kant chiama ==volontà buona==, espressione con cui indica l'**intenzione della volontà di conformarsi alla legge morale**. Questa è l'unica cosa incondizionatamente buona al mondo (infatti tutti gli altri beni, ad esempio l'intelligenza o il coraggio, possono essere usati male) ed è bene in se stessa, non per conseguire altri beni. ➜ **T2** p. 255

La volontà buona

TAVOLA ROTONDA
Il bene e il male
Il bene e l'utile

Il dovere-per-il-dovere e la volontà buona, secondo Kant, innalzano l'uomo al di sopra del mondo sensibile (fenomenico), in cui vige il meccanismo delle leggi naturali, e lo fanno partecipare al mondo intelligibile (noumenico), in cui vige la libertà[2]. In altri termini, **la vita morale è la costituzione di una natura sovrasensibile, nella quale la legislazione morale prende il sopravvento sulla legislazione naturale** (v. ==carattere noumenico della vita morale==). Nel suo "inno al dovere", il filosofo, a un certo punto, scrive infatti:

Il carattere noumenico e sovrasensibile della morale

> quale origine è degna di te? E dove si trova la radice della tua nobile stirpe, che rifiuta fieramente ogni parentela con le inclinazioni, quella radice in cui ha origine la condizione indispensabile dell'unico valore che gli uomini possono darsi da se stessi? Non può essere niente di meno di ciò che eleva l'uomo al di sopra di sé (come parte del mondo sensibile), di ciò che lo lega a un ordine di cose che il solo intelletto è in grado di pensare e che nello stesso tempo subordina a sé il mondo sensibile […]. Non è altro che la *personalità*, cioè la libertà e l'indipendenza nei confronti del meccanismo dell'intera natura, considerata tuttavia contemporaneamente come facoltà di un essere sottostante a leggi speciali, cioè

1 Kant nota, tra l'altro, come il rispetto per la legge morale presupponga la condizione propria dell'uomo come essere razionale *finito*, poiché per un essere *infinito*, cioè libero da ogni sensibilità, il rispetto per la legge non avrebbe alcun senso: «siccome il rispetto è un'azione sul sentimento e perciò sulla sensibilità di un essere razionale, esso suppone questa sensibilità, quindi anche la finitezza di quegli esseri a cui la legge morale impone il rispetto» (*Critica della ragion pratica*, A 135).

2 Si veda a questo proposito la soluzione kantiana della cosiddetta "aporia della libertà", p. 247.

a leggi pure pratiche, che la sua stessa ragione gli fornisce; pertanto la persona, in quanto appartenente al mondo sensibile, è sottoposta alla propria personalità perché appartiene nello stesso tempo al mondo intelligibile. Non bisogna dunque meravigliarsi se l'uomo, appartenendo a due mondi, debba considerare il proprio essere, rispetto alla sua seconda e suprema determinazione, con venerazione e le leggi di essa col massimo rispetto.

(Critica della ragion pratica, A 154-155)

Noumenicità e fenomenicità nell'uomo

Questa noumenicità del soggetto morale non significa tuttavia l'abbandono della sensibilità e l'eliminazione di ogni legame con il mondo sensibile. Difatti, proprio perché l'uomo partecipa strutturalmente dei due mondi, egli non può affermare il secondo (quello intelligibile o noumenico) se non nel primo e in virtù del primo (quello sensibile o fenomenico). Anzi, **la noumenicità dell'uomo esiste solo in relazione alla sua fenomenicità**, in quanto il mondo sovrasensibile, per lui, esiste solo come forma del mondo sensibile.

6. L'"autonomia" della legge e la "rivoluzione copernicana" morale

La rivoluzione copernicana morale

Le varie determinazioni della legge etica che abbiamo esaminato convergono in quella dell'**autonomia**, che tutte le implica e riassume. Il senso profondo dell'etica kantiana consiste infatti nell'aver posto **nell'uomo e nella sua ragione il fondamento dell'etica**, al fine di salvaguardarne la piena libertà e purezza: questo è il significato della cosiddetta **rivoluzione copernicana morale** compiuta da Kant, il quale colloca l'uomo al centro dell'universo morale, così come in campo gnoseologico lo aveva posto al centro della natura, facendone il «legislatore».

La critica delle morali eteronome

Se la libertà, presa in senso negativo, risiede nell'indipendenza della volontà dalle inclinazioni sensibili, in senso positivo si identifica con la sua **capacità di autodeterminarsi**, ossia nella **prerogativa autolegislatrice della volontà**, grazie alla quale l'umanità è norma a se stessa. Per questo Kant polemizza aspramente contro tutte le **morali eteronome**, cioè contro tutti quei sistemi che pongono il fondamento del dovere in forze esterne all'uomo o alla sua ragione, facendo scaturire la morale, anziché dalla pura "forma" dell'imperativo categorico, da principi "materiali".

Ripensando la storia della filosofia, Kant elabora una tavola dei diversi motivi etici teorizzati dai filosofi:

SOGGETTIVI				OGGETTIVI	
esterni		interni		interni	esterni
dell'educazione (Montaigne)	del governo civile (Mandeville)	del sentimento fisico (Epicuro)	del sentimento morale (Hutcheson)	della perfezione (Wolff e gli stoici)	della volontà di Dio (Crusius e gli altri moralisti teologi)

Passando in rassegna le varie posizioni (cfr. *Fondazione della metafisica dei costumi*, BA 88-96 e *Critica della ragion pratica*, A 69-71), Kant individua i limiti di ciascuna, che in generale risiedono nel fatto di non riuscire a preservare l'incondizionatezza della legge morale e degli attributi in cui essa si concretizza.

Infatti, se i motivi della morale risiedessero nell'educazione, nella società, nel piacere fisico o nel sentimento della benevolenza, l'azione non sarebbe più libera e universale, in quanto tali realtà sarebbero fattori determinanti e mutevoli, ossia forze necessitanti e soggette al cambiamento. Inoltre, tali motivi potrebbero al più spiegare in linea di fatto la presenza della moralità in certi uomini o gruppi di uomini, ma non giustificherebbero il carattere assolutamente obbligatorio della legge morale.

> L'inadeguatezza dei motivi soggettivi...

Se i motivi stessero invece in un generico ideale di perfezione o in Dio, cadremmo negli stessi inconvenienti. Ad esempio, il concetto di perfezione (Wolff) è un'idea vuota, a meno che non lo si identifichi con quello di perfezione morale. Ma in tal caso, dire che la moralità consiste nel realizzare la perfezione è una palese tautologia, poiché equivale a dire che la moralità risiede nella moralità.

> ... e di quelli oggettivi

Analogamente, l'idea di "volontà divina" risulta, di per sé, indeterminata. Pertanto, o viene determinata sottobanco, in virtù del concetto di perfezione etica, dicendo che Dio è la perfezione morale stessa, che l'uomo deve seguire – e allora si cade in un circolo vizioso fondato sull'asserzione che la morale consiste nel seguire la morale (personificata in Dio); oppure viene determinata in modo volontaristico, dicendo che bisogna sottomettersi alla volontà onnipotente e superiore di Dio – e allora la morale cessa di essere libera e disinteressata, poiché l'obbedienza a essa diviene frutto di una costrizione o di un calcolo dettato dal timore di punizioni o dalla speranza di premi. Senza contare che le varie religioni o filosofie possono interpretare in modo diverso la volontà divina, distruggendo così l'universalità del valore morale. In sintesi, anche la morale teologica, come ogni forma di etica eteronoma, va contro quegli attributi di libertà e di universalità che costituiscono strutturalmente il mondo morale.

Come si può notare, il modello etico di Kant si distingue nettamente dai precedenti sistemi morali del razionalismo e dell'empirismo. Il razionalismo, pur basando la morale sulla ragione, l'aveva fatta dipendere dalla metafisica, fondandola ad esempio sull'ordine del mondo, su Dio ecc. L'empirismo, pur sganciando la morale dalla metafisica, l'aveva connessa al sentimento (si pensi alla "simpatia" di Hume).

> Il criticismo etico di Kant come alternativa al razionalismo e all'empirismo morale

- **Contro il razionalismo**, Kant, sotto l'influenza dei moralisti inglesi e di Rousseau, afferma invece che **la morale si basa unicamente sull'uomo e sulla sua dignità di essere razionale finito** e non dipende da preesistenti conoscenze metafisiche.
- **Contro l'empirismo** e le varie morali sentimentalistiche, Kant sostiene invece che **la morale si fonda unicamente sulla ragione**, in quanto il sentimento, anche inteso nel senso migliore e più alto del termine («benevolenza del prossimo»), risulta qualcosa di troppo fragile e soggettivo per fungere da piedistallo per un robusto edificio etico.

Di conseguenza, anche in sede etica, il kantismo non nasce da una "sintesi" tra razionalismo ed empirismo, ma da un continuo critico misurarsi con le più disparate espressioni della filosofia moderna, che produce una forma di pensiero originale, irriducibile a quelle precedenti.

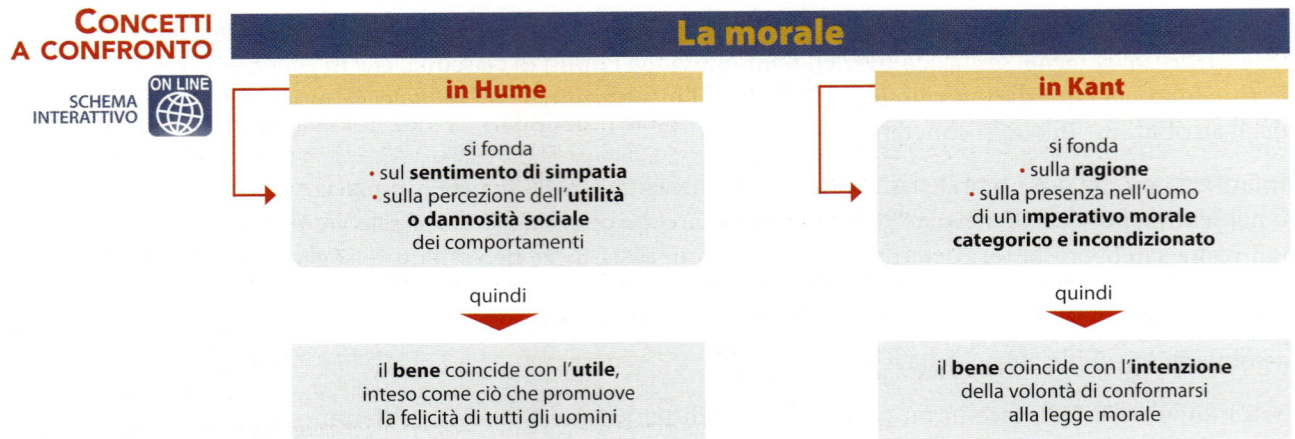

CONCETTI A CONFRONTO

SCHEMA INTERATTIVO ON LINE

La morale

in Hume

si fonda
• sul **sentimento di simpatia**
• sulla percezione dell'**utilità o dannosità sociale** dei comportamenti

quindi

il **bene** coincide con l'**utile**, inteso come ciò che promuove la felicità di tutti gli uomini

in Kant

si fonda
• sulla **ragione**
• sulla presenza nell'uomo di un **imperativo morale categorico e incondizionato**

quindi

il **bene** coincide con l'**intenzione** della volontà di conformarsi alla legge morale

---

Il "paradosso" della ragion pratica

Il tema dell'autonomia morale, escludendo qualsiasi causa determinante esterna alla condotta, scioglie anche quell'apparente **paradosso della ragion pratica**, secondo cui non sono i concetti di bene e di male a fondare la legge etica, bensì, al contrario, è la legge etica a fondare e a dare un senso alle nozioni di bene e di male. La rivoluzione copernicana morale di Kant, che fa dell'uomo l'unico legislatore del suo comportamento, trova in tal modo il suo ultimo e più significativo compimento.

VERSO LE COMPETENZE

▶ Utilizzare il lessico e le categorie specifiche della filosofia

GLOSSARIO e RIEPILOGO

Il dovere-per-il-dovere e la "rivoluzione copernicana" morale

Materia p. 237 > Per "materia", in senso etico, Kant intende «un oggetto la cui realtà sia desiderata» (*Critica della ragion pratica*, A 38, cit., p. 155) e afferma che «Tutti i principi pratici che presuppongono un *oggetto* (materia) della facoltà di desiderare come motivo determinante della volontà sono empirici e non possono dar luogo a leggi pratiche». Infatti, se si *subordina* la legge etica alla materia o al *contenuto* di essa, si cade nell'utilitarismo, perché in tal caso la volontà risulta determinata dai contenuti, a seconda che essi "piacciano" o no e quindi soddisfino o meno il nostro amor proprio: «Tutti i principi pratici materiali sono, in quanto tali, di una sola e identica specie e cadono sotto il principio universale dell'amor di sé o della propria felicità» (*Critica della ragion pratica*, A 40, cit., p. 156).

Forma p. 237 > Per "forma", in senso etico, Kant intende l'*universalità* della legge, che obbliga ad agire indipendentemente dai desideri o dalle preferenze egoistiche di ognuno.

Tipica del giudizio puro pratico p. 237 > Posta la formula dell'imperativo categorico, nasce la difficoltà di individuare dei giudizi pratici che permettano di applicare nel *particolare* e nel *concreto* ciò che la regola dice in modo *universale* e *astratto*. Ci si trova insomma a dover mediare il "sovrasensibile" (la legge morale) con «eventi che hanno luogo nel mondo sensibile» (l'azione morale). Kant scioglie la difficoltà usando come "schema" della legge morale quel concetto di "natura" a cui aveva già fatto riferimento, nella *Fondazione*, a proposito della formulazione (I-a) dell'imperativo categorico: la «tipica» del giudizio pratico indica infatti nelle leggi della natura, in quanto cogenti e universali, il *tipo* (cioè l'immagine o il termine di paragone analogico) della natura "intelligibile", ovvero del mondo della legge morale. Essa fornisce pertanto la seguente regola con cui giudicare se un'azione è morale o meno: «domandati se l'azione che intendi compiere potrebbe essere considerata come possibile mediante la tua volontà, se essa dovesse aver luogo secondo una legge della natura di cui tu facessi parte», cioè se «tu, facendo parte di questo ordine di cose, ti troveresti a tuo agio in esso» (*Critica della ragion pratica*, A 122-123, cit., p. 210). Applicando tale regola, si scopre ciò che anche «l'intelletto più comune» sa da sempre, ossia che nessuno potrebbe vivere con gli altri in un mondo in cui *tutti* truffassero, *tutti* mentissero ecc. «Se la massima dell'azione – afferma Kant – non è tale da sostenere il confronto con la forma di una legge naturale, è moralmente impossibile». Il che significa che se una massima non è universalizzabile e non è assimilabile a una legge universale della natura, è moralmente insostenibile.

Formalismo p. 238 > Per "formalismo etico" di Kant si intende la dottrina secondo cui il motivo determinante dell'azione morale non è la "materia", bensì la "forma", la quale non ci dice *che cosa* dobbiamo fare, bensì *come* dobbiamo fare ciò che facciamo, prescrivendoci unicamente la massima dell'universalità: «Se un essere razionale deve pensare le sue massime come leggi pratiche universali, può pensarle solo come principi che contengono il motivo determinante della volontà, non secondo la materia, ma esclusivamente secondo la forma» (*Critica della ragion pratica*, A 48, cit., p. 163).

N.B. 1. Ciò non significa che la volontà non abbia dei contenuti o che la legge non abbia una materia, ma solo che è la forma a determinare il contenuto e non viceversa.

2. Il carattere formale della legge, la quale non comanda che la conformità alla legge, è stato molte volte paragonato a un'astrazione e ha procurato alla dottrina di Kant il rimprovero di negare l'*umanità* della vita morale. In realtà, quel carattere deriva proprio dalla considerazione che la vita morale è vita essenzialmente *umana*, e perciò suppone la presenza della sensibilità e il pericolo, per l'uomo, di abbandonarsi alle proprie particolari inclinazioni. Proprio per questo Kant ha difeso la necessità di sottrarre la legge morale a ogni contenuto. Per un essere infinito dotato di santità il formalismo della legge non avrebbe senso. Per l'uomo, invece, la vita morale è in primo luogo l'abbandono della sensibilità come motivo di azione e il suo decidersi in conformità della pura forma della legge.

Rigorismo p. 238 > Kant definisce «rigoristi» (contrapponendoli ai lassisti, che egli chiama «latitudinari») coloro che non ammettono «alcuna neutralità morale tanto nelle azioni […] come nei caratteri umani» (*La religione nei limiti della semplice ragione*, in *Scritti morali*, cit., p. 341). A loro volta, gli studiosi hanno parlato di «rigorismo kantiano» per alludere al carattere "severo" della morale critica e al suo ideale del dovere-per-il-dovere, che esclude dal recinto dell'etica ogni emozione o sentimento.

Dovere p. 238 > Il dovere (*Pflicht*) è l'azione compiuta unicamente in vista della legge e per rispetto della legge: «*il dovere è la necessità di un'azione per rispetto della legge*» (*Fondazione della metafisica dei costumi*, BA 14, cit., p. 56). Di conseguenza, contro ogni etica "materiale" e finalistica, Kant afferma che noi non dobbiamo agire in vista di qualche scopo (la felicità, l'utile, Dio ecc.) ma solo per dovere, ovvero secondo l'ideale (che costituisce il cuore stesso dell'etica critica) del *dovere-per-il-dovere*.

Rispetto per la legge p. 238 > In polemica con ogni tipo di morale sentimentalistica, l'etica di Kant ammette un solo sentimento: il rispetto (*Achtung*) della legge. Tale sentimento, che risulta *a priori* (come la legge stessa), non è solo «l'unico e, insieme, l'incontestato movente morale» (*Critica della ragion pratica*, A 139, cit., p. 220), ma l'intera moralità considerata soggettivamente. Grazie a questo sentimento, e alla sua capacità di "umiliare" le nostre inclinazioni, la maestà della legge morale ha modo di imporsi in tutta la sua forza.

N.B. 1. Il rispetto per la legge implica la condizione propria dell'uomo come essere finito. Infatti, per un essere infinito o affrancato da ogni sensibilità, il rispetto per la legge non avrebbe senso.

2. Secondo Kant, il rispetto concerne sempre e soltanto le persone, non le cose. Infatti gli esseri inanimati o gli animali possono suscitare amore, paura, ammirazione ecc., ma non rispetto. Quest'ultimo nasce soltanto al cospetto degli uomini, poiché solo negli uomini prende esistenza la legge morale: «Fontenelle dice: "Di fronte a un gran signore, io mi inchino, ma il mio spirito non si inchina". Io posso aggiungere: "Di fronte a un uomo di modesta condizione e di umile stato che riveli rettitudine di carattere in misura superiore a quella che vedo in me stesso, *il mio spirito si inchina*, che io lo voglia o no, anche se cammino a testa alta per ricordargli la mia superiorità» (*Critica della ragion pratica*, A 136, cit., p. 219).

Legalità e moralità p. 239 > Secondo Kant la "legalità" è la conformità esteriore alla legge da parte di un'azione, che però è compiuta per un altro movente di natura sensibile, ad esempio per evitare un danno o per ottenere un vantaggio. La "moralità" è invece la conformità immediata della volontà alla legge, senza il concorso degli impulsi sensibili: «Se la determinazione della volontà, pur accadendo *in conformità* alla legge morale, è mediata da un sentimento […] se, quindi, l'azione ha luogo *in vista della legge*, essa avrà, certo, il requisito della *legalità*, ma non quello della *moralità*» (*Critica della ragion pratica*, A 126-127, cit., p. 213).

Etica dell'intenzione p. 239 > I critici hanno usato la formula "etica dell'intenzione" per alludere al fatto che in Kant la qualità morale di un comportamento deriva dall'intenzione che ne sta alla base. Tale intenzione risulta morale solo se si ispira all'ideale del dovere-per-il-dovere.

Volontà buona p. 239 > Per "volontà buona" Kant intende la convinta adesione della volontà alla legge, ovvero quella condizione suprema di ogni bene che rappresenta l'unico bene in senso *assoluto*, cioè l'unica cosa incondizionatamente buona. Infatti, tutti gli altri beni, ad esempio l'intelligenza o il coraggio, possono essere usati male o al fine di conseguire altri beni.

Carattere noumenico della vita morale p. 239 > Il dovere e la volontà buona, secondo Kant, innalzano l'uomo al di sopra del mondo sensibile (fenomenico), in cui vige il meccanismo delle leggi naturali, e lo fanno partecipare al mondo intelligibile (noumenico), in cui vige la libertà.

N.B. Affermandosi come noumeno, l'uomo non annulla se stesso come fenomeno, cioè come essere sensibile. Infatti l'attività soprasensibile o noumenica dell'uomo può attuarsi solo nel mondo sensibile e in virtù di esso.

Autonomia p. 240 > "Autonomia" (*Autonomie*, dal gr. *autónomos*, comp. di *autós*, "sé", e del tema di *némein*, "governare": ciò che si governa da sé) è il termine introdotto da Kant per designare l'indipendenza della volontà da ogni desiderio o oggetto di desiderio e la sua capacità di determinarsi in conformità di una legge propria.

In altri termini, l'autonomia si identifica con la libertà e auto-normatività della ragion pura pratica, che è *legge a se stessa*. Infatti se la libertà, in senso *negativo*, coincide con «l'indipendenza dalle inclinazioni» e «da ogni elemento empirico, quindi dalla natura in generale» (*Critica della ragion pratica*, A 212, 173, cit., pp. 265, 240), in senso *positivo* coincide con la prerogativa autolegi-

slatrice della volontà: «L'unico principio della moralità è quello della indipendenza della legge da ogni materia (cioè da ogni oggetto desiderato) e nello stesso tempo della determinazione del libero arbitrio da parte della semplice forma legislativa universale […]. Ma questa *indipendenza* è la libertà nel senso *negativo*; mentre questa *legislazione, propria della ragion pura* e, come tale, pratica, è la libertà nel senso *positivo*. La legge morale non esprime dunque altro che l'autonomia nella ragion pura pratica» (*Critica della ragion pratica*, A 58-59, cit., pp. 170-171).

Il concetto di autonomia si contrappone a quello di "eteronomia" (v. "morali eteronome") e sta alla base della rivoluzione copernicana morale (v.) di Kant.

Rivoluzione copernicana morale p. 240 > I critici hanno usato l'espressione "rivoluzione copernicana morale" per evidenziare come Kant abbia posto l'uomo al centro dell'universo morale, tramite una vera e propria "rivoluzione copernicana" analoga a quella compiuta in campo gnoseologico con il capovolgimento dei rapporti soggetto-oggetto. Infatti, nell'etica di Kant la ragion pura pratica diviene la fonte autonoma della legge morale, prescindendo da ogni imposizione esterna e da ogni contenuto o oggetto "materiale". Ecco come si esprime, a questo proposito, Karl R. Popper: «la concezione fondamentale dell'etica kantiana equivale a un'altra rivoluzione copernicana […]. Kant infatti fa dell'uomo il legislatore della moralità, proprio come ne fa il legislatore della natura. E in tal modo gli restituisce il suo posto centrale, tanto nella morale, quanto nell'universo. Kant rese all'uomo la morale, come gli aveva reso la scienza».

N.B. 1. Analogamente alla rivoluzione copernicana gnoseologica, la rivoluzione copernicana morale di Kant consiste nel fondare le istanze dell'oggettività nel cuore stesso della soggettività, ossia nel ricercare *nell'*uomo – e non al di fuori dell'uomo – la presenza di una legge universale e necessaria di comportamento.

2. Il senso e l'esito di tale rivoluzione copernicana morale, che rende l'uomo norma a se stesso, sono dati, come si è visto, dall'autonomia e dalla libertà: «Lo spirito dell'etica kantiana può riassumersi efficacemente in queste parole: abbi il coraggio di essere libero; e rispetta la libertà degli altri» (Karl R. Popper).

Morali eteronome p. 240 > "Eteronomia" (*Eteronomie*, dal gr. *héteros*, "altro", "diverso", e *nómos*, "legge": ciò che ha la propria legge in qualcosa di altro da sé) è il termine introdotto da Kant per designare la dipendenza della volontà da una legge esterna, cioè da una norma che è altro (*héteros*) rispetto a se stessa. In altre parole, la morale eteronoma è quella che anziché scaturire dalla pura "forma" dell'imperativo categorico, deriva da princìpi o contenuti "materiali".

N.B. Nella *Critica della ragion pratica*, Kant stabilisce una tavola dei motivi pratici materiali (o eteronomi) dividendoli in motivi *soggettivi* e *oggettivi*. I primi si dividono a loro volta in motivi *esterni* dell'educazione (Montaigne) e del governo civile (Mandeville) e *interni* del sentimento fisico (Epicuro) e del sentimento morale (Hutcheson). I secondi si dividono, per analogia, in motivi *interni* della perfezione (stoici e Wolff) ed *esterni* della volontà di Dio (Crusius e gli altri moralisti teologi). La critica di base che Kant rivolge alle varie dottrine etero-nomiche della storia del pensiero – sia che pongano il principio della moralità nel piacere o nell'utile (etiche edonistiche e utilitaristiche), sia che lo pongano nella felicità o nella volontà di Dio (etiche eudaimonistiche o teologiche) – è che esse rendono impossibile o inutile la *libertà* e l'universalità della legge morale.

Paradosso della ragion pratica p. 242 > Parlando del "paradosso della ragion pratica", Kant intende sottolineare il fatto che non è il concetto di bene (con quello correlativo di male) a fondare la legge morale, poiché in tal caso si ricadrebbe nell'eteronomia, bensì, al contrario, è «la legge morale che anzitutto determina e rende possibile il concetto del bene» (*Critica della ragion pratica*, A 112, cit., p. 204).

7. La teoria dei postulati pratici e la fede morale

Se nell'*Analitica*, che è la parte della *Critica della ragion pratica* che abbiamo esposto fin qui, Kant ha analizzato il dovere, nella ***Dialettica della ragion pura pratica*** prende in considerazione l'**assoluto morale**, o **sommo bene**. Come sappiamo, la felicità non può mai erigersi a motivo del dovere, perché in tal caso metterebbe in forse l'incondizionatezza della legge etica, e quindi la sua categoricità, formalità e autonomia. Tuttavia la virtù, pur essendo il **bene supremo**, non è ancora, secondo Kant, quel sommo bene a cui tende irresistibilmente la nostra natura, il quale consiste piuttosto nell'**unione di virtù e felicità**.

Si noti fin d'ora come Kant, introducendo il concetto di "sommo bene", non contraddica il carattere disinteressato e autonomo della morale, in quanto egli non fa della felicità il motivo dell'azione, ma asserisce unicamente che c'è in noi il bisogno di pensare che l'uomo, pur agendo per puro dovere, si renda anche degno di felicità.

> Il sommo bene

Ma, **in questo mondo, virtù e felicità non sono mai congiunte**, poiché lo sforzo di essere virtuosi e la ricerca della felicità sono due azioni distinte e per lo più opposte, in quanto l'imperativo etico implica la sottomissione delle tendenze naturali e l'umiliazione dell'egoismo. Di conseguenza, virtù e felicità **costituiscono l'antinomia etica** per eccellenza, che forma l'oggetto specifico della *Dialettica della ragion pura pratica*.

Kant rileva come i filosofi greci abbiano vanamente tentato di sciogliere tale antinomia, per quanto riguarda questa vita, risolvendo o la felicità nella virtù (stoici) o la virtù nella felicità (epicurei). In realtà, afferma Kant, collocandosi in una tradizione di pensiero che va da Platone al cristianesimo, **l'unico modo per uscire da tale antinomia** – che rischia di rendere impossibile il sommo bene e di ridurre la morale che lo prescrive a un'impresa senza senso – **è di "postulare" un mondo dell'aldilà** in cui possa realizzarsi ciò che nell'aldiquà risulta impossibile: l'equazione "virtù = felicità".

> L'antinomia della ragion pratica

| I postulati etici | Kant trae il termine "postulato" dal linguaggio della matematica classica. In quest'ultima, mentre si dicono "assiomi" le verità fornite di auto-evidenza, si chiamano "postulati" quei principi che, pur essendo indimostrabili, vengono accolti per rendere possibili determinate entità o verità geometriche. Analogamente, i **postulati della ragion pura pratica** di Kant sono quelle **proposizioni non dimostrabili** che ineriscono alla legge morale come condizioni della sua stessa esistenza e pensabilità, ovvero quelle **esigenze interne della morale che vengono ammesse per rendere possibile la realtà della morale stessa**, ma che di per se stesse non possono essere dimostrate. I postulati, dunque, «non sono *dogmi* teoretici, ma *presupposizioni* necessarie dal punto di vista pratico» (*Critica della ragion pratica*, A 238). I primi due postulati formulati da Kant sono l'**immortalità dell'anima** e l'**esistenza di Dio**. |

| L'immortalità dell'anima | Per quanto concerne il **postulato dell'immortalità dell'anima**, Kant afferma che:
a) poiché solo la **santità**, cioè la conformità completa della volontà alla legge, rende degni del sommo bene
b) e poiché la santità **non è** mai **realizzabile nel nostro mondo**,
c) si deve per forza ammettere che l'uomo, oltre il tempo *finito* dell'esistenza, possa disporre, in un'altra zona del reale, di un **tempo *infinito* grazie a cui progredire all'infinito verso la santità**. ➔ **T3** p. 257 |

| L'esistenza di Dio | Se la realizzazione della prima condizione del sommo bene, ossia la santità, implica il postulato dell'immortalità dell'anima, la realizzazione del secondo elemento del sommo bene, cioè la felicità proporzionata alla virtù, comporta il **postulato dell'esistenza di Dio**, ossia la **credenza in una «volontà santa ed onnipotente» che faccia corrispondere la felicità al merito**. ➔ **T4** p. 258 |

| La libertà | Accanto ai due postulati "religiosi" dell'immortalità dell'anima e dell'esistenza di Dio, Kant pone il **postulato della libertà**. Quest'ultima è infatti la **condizione** stessa **dell'etica**, la quale, nel momento in cui prescrive il dovere, presuppone anche che si possa agire o meno in conformità a esso e che quindi si sia sostanzialmente liberi. |

| *Devi*, dunque *puoi*: dal dovere alla libertà | Se nell'ordine ontologico la libertà è condizione della moralità, nell'ordine gnoseologico il rapporto si inverte ed è la legge morale a costituire il presupposto della libertà:

> la libertà è senza dubbio la *ratio essendi* della legge morale, ma […] la legge morale è la *ratio cognoscendi* della libertà. (*Critica della ragion pratica*, "Prefazione")

Kant intende sottolineare che non sapremmo di essere liberi se non ci scoprissimo obbligati a seguire la legge morale: «*Devi*, dunque *puoi*», afferma il filosofo: **se c'è la legge morale che prescrive il dovere, deve per forza esserci la libertà**. Come si è già detto, in natura vige il più rigoroso determinismo, ma l'uomo conosce in maniera evidente e certa le prescrizioni della legge morale, e solo grazie a questa certezza del dovere "scopre" di essere libero di sottrarsi al meccanismo delle inclinazioni sensibili. ➔ **T5** p. 259 |

PERCORSO DISCIPLINARE
Il bene e il male
ON LINE
La fondazione della morale

| Osservazioni sui postulati | Si osservi come il postulato kantiano della libertà si collochi su un piano oggettivamente diverso dagli altri due, in quanto, pur non sapendo *che cosa sia* la libertà, possiamo almeno dire *che* essa *esiste*. Invece, a rigore, questo non avviene né nel caso dell'immortalità dell'anima, né in quello dell'esistenza di Dio, di cui non possiamo sostenere con sicurezza né *che cosa* siano, né *che* siano, essendo unicamente "bisogni" pratici dell'essere morale finito. In altri termini, mentre la libertà è la condizione stessa dell'etica – ed è quindi una certezza che |

scaturisce dallo stesso fatto morale – l'anima immortale e Dio rappresentano soltanto delle condizioni ipotetiche (sia pure razionalmente fondate) affinché la morale trovi, in un altro mondo, quella realizzazione che in questo le è negata. Pertanto, **"postulati" in senso forte e caratteristicamente kantiano sono da considerarsi soprattutto quelli religiosi.**

Ma allora perché Kant classifica come "postulato" anche la libertà? Ciò avviene perché, stando alle conclusioni gnoseologiche della *Critica della ragion pura*, l'idea dell'uomo come essere capace di autodeterminarsi non potrebbe venire scientificamente affermata. Il mondo dell'esperienza si regge infatti sul principio di causa-effetto, cioè su una legge "necessaria" nel senso che regola eventi che "non possono essere altrimenti". Ma è evidente che l'uomo compie azioni che avrebbe potuto non compiere:

La "soluzione" della terza antinomia cosmologica

> Se, a proposito di un uomo che ha commesso un furto, affermo che questa azione, stando alla legge naturale della causalità, è il risultato necessario dei motivi determinanti del tempo precedente, ciò equivale a dire che è impossibile che essa potesse non accadere; come allora il giudizio fondato sulla legge morale potrà qui mutare le cose e supporre che l'azione poteva essere omessa perché la legge dice che così doveva essere? Cioè come quest'uomo potrà chiamarsi libero nello stesso tempo e rispetto alla stessa azione in cui sottostà ad una necessità naturale inevitabile?
>
> (*Critica della ragion pratica*, A 171)

In ciò consiste la soluzione della cosiddetta "**aporia della libertà**": nel fatto che una stessa azione può essere *determinata* in quanto accadimento del mondo sensibile e *libera* in quanto atto morale. E questa "duplicità" di ordinamento (corrispondente alla terza antinomia della cosmologia razionale) è sostenibile solo postulando, a livello noumenico, la libertà della volontà umana. In quanto appartenente al mondo fenomenico, l'uomo è soggetto alla legge fisica (tutti gli uomini *devono* nutrirsi); in quanto appartenente al mondo noumenico, è sottoposto alla legge morale (tutti gli uomini *devono* dire la verità), alla quale tuttavia può trasgredire. In altre parole, se nel mondo fenomenico vige il determinismo, nel regno della cosa in sé può trovar posto la libertà: ecco perché l'uomo può dire che ogni sua azione compiuta contro la legge morale, per quanto come fenomeno o accadimento naturale abbia nel passato la propria causa e sia dunque predeterminata, avrebbe potuto essere evitata, poiché la decisione di compierla non è determinata, o necessitata. **Libertà e determinismo** possono così coesistere.

8. Il primato della ragion pratica

La teoria dei postulati mette capo a ciò che Kant definisce **primato della ragion pratica**, consistente nella prevalenza dell'interesse pratico su quello teoretico e nel fatto che la ragione ammette, in quanto è pratica, proposizioni che non potrebbe ammettere nel suo uso teoretico.

Tuttavia, pur aprendo uno squarcio sul transfenomenico e sul metafisico, **i postulati kantiani non possono affatto valere come conoscenze.** Come scrive Pietro Chiodi, il primato della ragion pratica rispetto alla ragione speculativa «non significa che essa ci può dare ciò che questa ci nega, ma semplicemente che le sue condizioni di validità comportano la ragionevole speranza dell'esistenza di Dio e dell'immortalità dell'anima: ma se questa ragionevole

I postulati kantiani non hanno valenza conoscitiva

speranza fosse intesa come certezza razionale, non solo il mondo morale non ne uscirebbe rafforzato ma totalmente distrutto». Infatti le affermazioni di Kant a proposito della non-teoreticità dei postulati sono così tenaci e ripetute da farci comprendere come egli fosse ben conscio del fatto che un'eventuale ammissione della loro validità conoscitiva non solo avrebbe violato apertamente le conclusioni della *Critica della ragion pura*, ma avrebbe minato il suo stesso modo di intendere la morale come libertà e autonomia:

> Dio e l'eternità, nella loro maestà tremenda, ci starebbero continuamente dinanzi agli occhi […]. La trasgressione della legge sarebbe senz'altro impedita, ciò che è comandato sarebbe compiuto […]. La condotta dell'uomo, finché la sua natura restasse qual è ora, si trasformerebbe in un semplice meccanismo, in cui, come in un teatro di marionette, tutto gesticolerebbe bene, ma nelle cui figure non ci sarebbe più vita.
>
> (*Critica della ragion pratica*, A 265)

Questo significa che, se i postulati fossero delle verità dimostrate o delle certezze comunque intese, la morale scivolerebbe immediatamente verso l'eteronomia e sarebbe nuovamente la religione (o la metafisica) a fondare la morale, con tutti gli inconvenienti già esaminati.

Il rovesciamento del rapporto tra morale e religione

Rovesciando il modo tradizionale di intendere il rapporto tra ==morale e religione==, Kant sostiene invece, a chiare lettere, che non sono le verità religiose a fondare la morale, ma è la morale, sia pure sotto forma di "postulati", a fondare le verità religiose. In altri termini, per Kant **Dio non sta all'inizio e alla base della vita morale, ma, eventualmente, alla fine, come suo possibile completamento**. In altre parole ancora, l'uomo di Kant è colui che agisce seguendo solo il dovere-per-il-dovere, con, in più, la «ragionevole speranza» nell'immortalità dell'anima e nell'esistenza di Dio. A questo proposito, i testi sono inequivocabilmente chiari. Infatti, da un lato, il filosofo scrive:

TESTO ANTOLOGICO
Kant ON LINE
Ragione e religione
(*La religione nei limiti della semplice ragione*)

> La morale, essendo fondata sul concetto dell'uomo come essere libero, il quale, appunto perché tale, sottopone se stesso, mediante la propria ragione, a leggi incondizionate, non ha bisogno né dell'idea di un altro essere superiore all'uomo per conoscere il proprio dovere, né di un altro movente oltre la legge stessa per adempierla […] non ha quindi bisogno (sia oggettivamente, per ciò che concerne il volere, sia soggettivamente, per ciò che concerne il potere) del sostegno della religione, ma è autosufficiente grazie alla ragion pratica pura.
>
> (*La religione nei limiti della semplice ragione*, prefazione alla prima edizione)

QUESTIONE MULTIMEDIALE
La religione ON LINE
Esiste Dio?

Dall'altro lato, però, Kant afferma che «La morale conduce […] inevitabilmente alla religione» perché «soltanto da una volontà moralmente perfetta (santa e buona) e nello stesso tempo onnipotente possiamo sperare quel sommo bene che la legge morale ci fa un dovere di proporci come oggetto dei nostri sforzi» (*Critica della ragion pratica*, A 233).

Il "dualismo" della dottrina kantiana

Con la teoria dei postulati, dunque, Kant non *elimina* l'autonomia dell'etica, ma la *integra* con una sorta di "fede razionale". Tuttavia, queste considerazioni sulla coerenza interna della morale kantiana e sulle cautele critiche del filosofo circa il significato pratico e non teoretico dei postulati non escludono che la *Critica della ragion pratica* finisca per delineare una sorta di dualismo platonizzante che spezza la realtà e l'uomo in due: da un lato il **mondo fenomenico della scienza**, dall'altro il **mondo noumenico dell'etica**; da un lato l'uomo fenomenico delle **inclinazioni naturali**, dall'altro l'uomo noumenico della **libertà** e del **dovere**. Ed è proprio dalla consapevolezza di questo dualismo che, in parte, muoverà la *Critica del Giudizio*, di cui parleremo nel prossimo capitolo.

VERSO
LE COMPETENZE

▶ Utilizzare il lessico
e le categorie specifiche
della filosofia

Capitolo 3 • La *Critica della ragion pratica*

GLOSSARIO e RIEPILOGO

La teoria dei postulati

Dialettica della ragion pura pratica p. 245 > Per "dialettica della ragion pura pratica" Kant intende il conflitto o l'*antinomia* a cui si va incontro in sede etica quando si ha a che fare con l'*incondizionato*, cioè con l'assoluto morale, che egli identifica con il sommo bene.

Sommo bene p. 245 > Il «sommo bene» (*das höchste Gut*) è per Kant la «totalità incondizionata dell'*oggetto* della ragion pura pratica», cioè quel «bene intero e perfetto» (*Critica della ragion pratica*, A 194, 198, cit., pp. 254, 257) che coincide con l'assoluto morale e che si identifica con l'unione di virtù e felicità. Tale unione assume però la forma di un'antinomia (v.).

Bene supremo p. 245 > Per "bene supremo" Kant intende la virtù, concepita come quell'«intenzione morale *in lotta*» che rappresenta la condizione prima e originaria di ogni bene. Tuttavia, poiché la virtù, da sola, non appaga tutte le aspirazioni umane (ad esempio quella alla felicità), essa non è ancora il bene completo o perfetto, ovvero il sommo bene.

Antinomia etica p. 245 > Nel sommo bene, ragiona Kant, la virtù e la felicità sono pensate come congiunte. Se tale connessione è concepita come *analitica*, o la felicità si risolverà nella virtù (stoicismo) o la virtù si risolverà nella felicità (epicureismo). Ma in tal caso uno dei due termini viene annullato. Viceversa, se la connessione è concepita come *sintetica*, o la felicità produrrà la virtù o la virtù produrrà la felicità. Ora, «il primo caso è *radicalmente impossibile*, perché (come è stato dimostrato nell'*Analitica*) le massime che ripongono il motivo determinante della volontà nel desiderio della felicità personale non sono per nulla morali e non possono fondare alcuna virtù» (*Critica della ragion pratica*, A 204, cit., p. 260). Il secondo caso è a sua volta impossibile, poiché in questo mondo, ove vige la causalità meccanicistica, virtù e felicità non sono mai congiunte, ma sempre distinte e per lo più opposte, in quanto l'imperativo etico implica un'umiliazione programmatica del nostro amor proprio e delle nostre inclinazioni (tant'è vero che «La dignità del dovere – aveva già osservato Kant – non ha nulla a che fare col godimento della vita»). Questa antinomia rischia di rendere impossibile il sommo bene e di ridurre la legge morale, che lo promuove, a un'im-

presa falsa e chimerica: «se il sommo bene è impossibile in base a regole pratiche, la stessa legge morale, che ci ordina di promuoverlo, dev'essere fantastica e diretta a fini vani e immaginari, quindi falsa in se stessa» (*Critica della ragion pratica*, A 205, cit., p. 261). Di conseguenza, l'antinomia deve essere sciolta e l'unico modo per farlo è quello di "postulare" un mondo dell'aldilà in cui possa compiersi l'equazione "virtù = felicità" che nell'aldiquà è irrealizzabile.

Postulati della ragion pura pratica p. 246 > Per "postulato" della ragion pura pratica Kant intende una proposizione non dimostrabile che inerisce alla legge morale come condizione della sua stessa esistenza e pensabilità: «col che intendo una proposizione *teoretica*, che non può essere dimostrata come tale, perché inerente inseparabilmente a una legge *pratica* che ha un valore *a priori* incondizionato» (*Critica della ragion pratica*, A 220, cit., p. 270). Pertanto i postulati «non sono dogmi teoretici, ma *presupposizioni* necessarie dal punto di vista pratico» (*Critica della ragion pratica*, A 238, cit., p. 280), ovvero quelle esigenze interne della morale che vengono ammesse per rendere possibile la realtà della morale stessa, ma che di per se stesse non possono venir dimostrate.

Postulato dell'immortalità dell'anima p. 246 > Il postulato dell'immortalità dell'anima scaturisce dalla seguente argomentazione: a) poiché solo la santità, cioè la conformità completa della volontà alla legge, rende degni del sommo bene e b) poiché la santità non è mai realizzabile nel nostro mondo, c) si deve per forza ammettere che l'uomo, oltre il tempo *finito* dell'esistenza, possa disporre, in un'altra zona del reale, di un tempo *infinito*, grazie a cui progredire all'infinito verso la santità (cfr. *Critica della ragion pratica*, A 219-223, cit., pp. 269-271).

Postulato dell'esistenza di Dio p. 246 > Se la realizzazione della prima condizione del sommo bene, ossia la santità, implica il postulato dell'immortalità dell'anima, la realizzazione del secondo elemento del sommo bene, cioè la felicità proporzionata alla virtù, comporta il postulato dell'esistenza di Dio, ovvero la credenza in una «volontà santa ed onnipotente» che faccia corrispondere la felicità al merito. In altri termini, il sommo bene risulta possibile solo se «si postula anche l'esistenza di una causa dell'intera natura, diversa dalla natura stessa, tale da contenere il principio [...] della concordanza esatta di felicità e moralità» (*Critica della ragion pratica*, A 225, cit., p. 272); «dunque è moralmente necessario ammettere l'esistenza di Dio» (*Critica della ragion pratica*, A 226, cit., p. 273).

Postulato della libertà p. 246 > Accanto ai due postulati "religiosi" dell'immortalità dell'anima e dell'esistenza di Dio, Kant pone il postulato della libertà. Quest'ultima si configura come la condizione stessa dell'etica, la quale, prescrivendo il dovere, presuppone che si possa agire o meno conformemente ad esso e che quindi si sia sostanzialmente liberi. «Devi, dunque puoi», afferma Kant.

N.B. 1. Da quanto detto si comprende che, in ambito morale, la deduzione trascendentale della *Critica della ragion pura* si trasforma in una deduzione della libertà sulla base della presenza, nell'uomo, della legge morale. Quest'ultima, infatti, «serve di fondamento alla deduzione di una facoltà imperscrutabile, che nessuna esperienza è in grado di provare, ma che la ragione speculativa [...] doveva ammettere come possibile, cioè la facoltà della libertà, di cui la legge morale, che non ha, da parte sua, alcun bisogno di un motivo che la giustifichi, dimostra non la semplice possibilità ma la *realtà* negli esseri che riconoscono questa legge come obbligatoria per essi» (*Critica della ragion pratica*, A 82, cit., p. 186; corsivo nostro).

2. Il postulato della libertà si colloca su un piano oggettivamente diverso dagli altri due, in quanto, pur non sapendo che cosa sia la libertà, siamo almeno certi della sua *realtà*. Ma Kant classifica come "postulato" anche la libertà perché, limitandosi alle conclusioni gnoseologiche della *Critica della ragion pura*, dovrebbe escludere (dal punto di vista scientifico) l'idea dell'uomo come auto-causalità, ossia come fonte spontanea di atti (libero arbitrio). Se, in quanto appartenente al mondo fenomenico, l'uomo è *determinato* (tutti gli uomini *devono* nutrirsi e non può che essere così), in quanto appartenente al mondo noumenico egli è *libero* (tutti gli uomini *devono* dire la verità, ma, nonostante tutti lo sappiano, sono liberi di non farlo).

Primato della ragion pratica p. 247 > Il primato della ragion pratica consiste nella preponderanza dell'interesse pratico sull'interesse teoretico e nel fatto che la ragione ammette, in quanto è pratica, proposizioni che non potrebbe ammettere nel suo uso teoretico. Infatti, benché la ragione, in quanto teoretica, «non sia in grado di formulare assertoriamente certe proposizioni che tuttavia non implicano contraddizione, essa deve ammetterle appena queste proposizioni risultano legate *inseparabilmente all'interesse pratico*» (*Critica della ragion pratica*, A 218, cit., p. 268).

Morale e religione p. 248 > Secondo Kant, che in ciò capovolge la tradizionale maniera di concepire i rapporti tra morale e religione, non sono le verità religiose a fondare la morale (in tal caso infatti si ricadrebbe nell'eteronomia), bensì è la morale, in virtù dei suoi "postulati", a fondare le verità religiose: Dio, secondo il filosofo, non è alla base della vita morale, ma semmai ne costituisce il possibile completamento.

MAPPA

La *Critica della ragion pratica*

ON LINE MAPPA INTERATTIVA

La categoricità della legge morale

[annotazione a mano:] vuole fondare una morale UNIVERSALE. Dev'essere fondata sulla ragione

[annotazione a mano:] de v'essere una ragione pratica, che presiede il nostro agire

[annotazione a mano:] non può essere condizionata da fatti contingenti, impulsi egoistici od esperienze

Le PREMESSE della DOTTRINA MORALE

la legge morale è un fatto della ragione

la ragion pratica coincide con la volontà

è **incondizionata** e **universale**

ha la forma del **comando** perché deve contrastare la sensibilità e gli impulsi egoistici

è la facoltà di agire sulla base di **principi pratici**

[annotazione a mano:] Il fatto di essere libero non è dimostrabile attraverso la ragione teorica, ma con quella pratica posso scegliere di fare il bene o di seguire un impulso che mi porta da un'altra parte.

le **massime**

gli **imperativi**

sono prescrizioni di carattere soggettivo

sono prescrizioni di carattere oggettivo

Gli IMPERATIVI MORALI

imperativi **ipotetici**

imperativo **categorico**

hanno la forma del "se vuoi... allora devi..." e sono **particolari e contingenti**

prescrivono un'azione in vista di un fine determinato

ha la forma del "tu devi" ed è **incondizionato e universale**

comanda un'azione a prescindere dal fine o dagli effetti

[annotazione a mano:] etica dell'intenzione: comando morale seguito perché è morale, non per altri fini.

L'IMPERATIVO CATEGORICO

agisci secondo una **massima** che **può valere per tutti**

agisci **evitando di ridurre il prossimo o te stesso** a semplice **mezzo** del tuo egoismo

agisci in modo che la **volontà** possa considerarsi **autolegislatrice**

un'azione è morale se è universalizzabile

la persona umana è soggetto e non oggetto (regno dei fini)

la volontà non è imposta dall'esterno ma è frutto spontaneo della razionalità

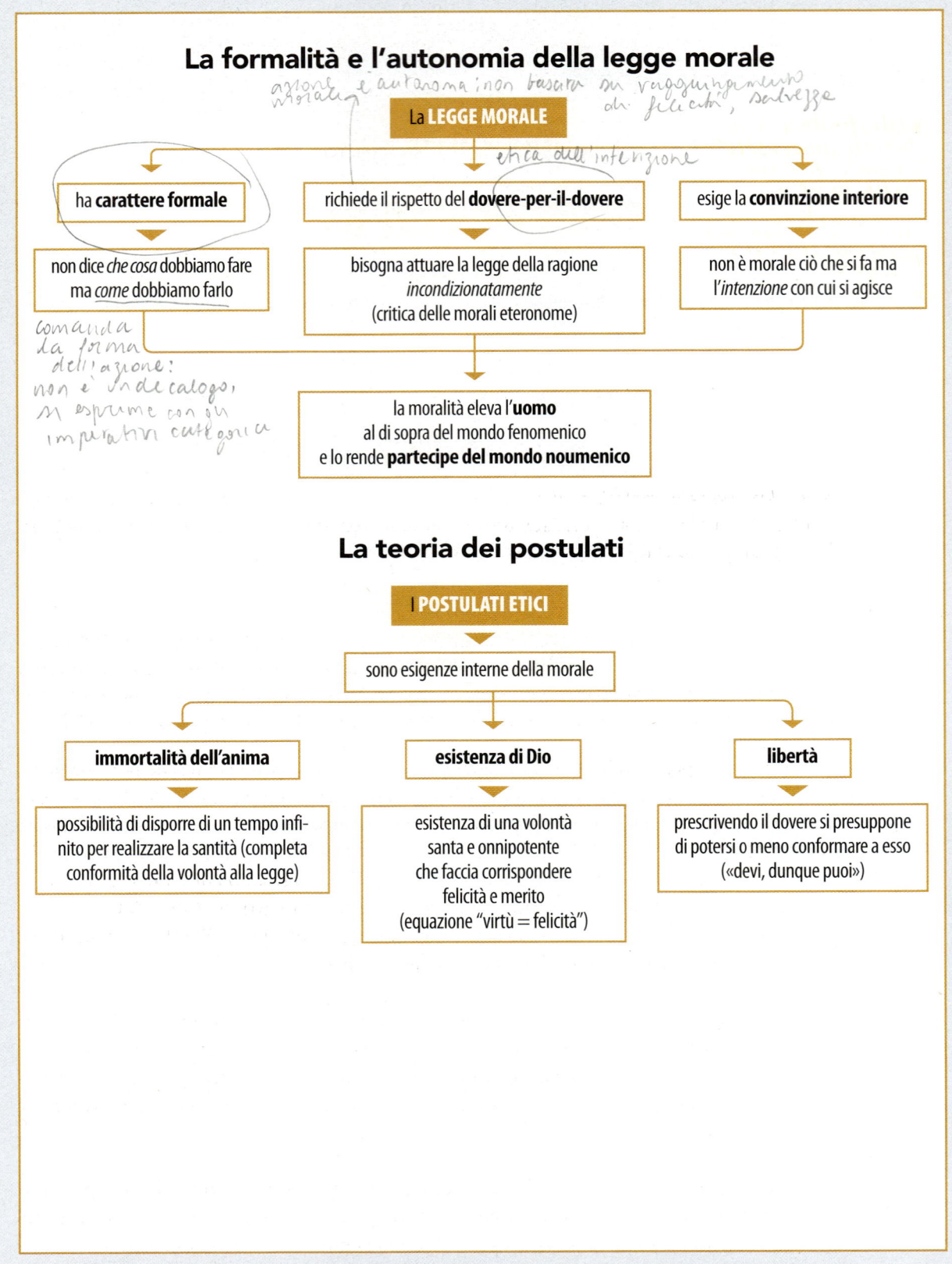

La formalità e l'autonomia della legge morale

azione e autonoma: non basata su raggiungimento morale di felicità, salvezze

La LEGGE MORALE

etica dell'intenzione

ha **carattere formale**	richiede il rispetto del **dovere-per-il-dovere**	esige la **convinzione interiore**
non dice *che cosa* dobbiamo fare ma *come* dobbiamo farlo	bisogna attuare la legge della ragione *incondizionatamente* (critica delle morali eteronome)	non è morale ciò che si fa ma l'*intenzione* con cui si agisce

comanda la forma dell'azione: non è un decalogo, si esprime con un imperativi categorica

la moralità eleva l'**uomo** al di sopra del mondo fenomenico e lo rende **partecipe del mondo noumenico**

La teoria dei postulati

I POSTULATI ETICI

sono esigenze interne della morale

immortalità dell'anima	**esistenza di Dio**	**libertà**
possibilità di disporre di un tempo infinito per realizzare la santità (completa conformità della volontà alla legge)	esistenza di una volontà santa e onnipotente che faccia corrispondere felicità e merito (equazione "virtù = felicità")	prescrivendo il dovere si presuppone di potersi o meno conformare a esso («devi, dunque puoi»)

CAPITOLO 3
La *Critica della ragion pratica*

La genesi della dottrina: la *Fondazione della metafisica dei costumi*

La *Fondazione della metafisica dei costumi* precede di tre anni la *Critica della ragion pratica*, rispetto alla quale presenta una sostanziale somiglianza sul piano dei contenuti. I due brani che seguono sono tratti appunto da quest'opera.

T1 > **LA PRIMA FORMULA DELL'IMPERATIVO CATEGORICO**

Nella *Fondazione* si trova già quella che comunemente viene definita la "prima formula" dell'imperativo categorico, la quale è ricavata da Kant dall'analisi del concetto stesso di imperativo categorico. Quest'ultimo si differenzia infatti da quello ipotetico per essere incondizionato: pertanto non può che avere un carattere formale, cioè non può contenere altro che la legge nella sua universalità.

Quando penso un imperativo ipotetico in generale, non so ciò che conterrà finché non me ne sia
2 data la condizione. Se invece penso un imperativo categorico, so immediatamente che cosa contiene. Infatti l'imperativo, oltre alla legge, non contiene che la necessità, per la massima, di essere
4 conforme a tale legge, senza che la legge sottostia a nessuna condizione; di conseguenza non resta che l'universalità d'una legge in generale, a cui deve conformarsi la massima dell'azione, ed è
6 soltanto questa conformità che l'imperativo presenta propriamente come necessaria.
Non c'è dunque che un solo imperativo categorico, cioè questo: agisci soltanto secondo quella
8 massima che, al tempo stesso, puoi volere che divenga una legge universale.
[…]
10 Siccome l'universalità della legge, in base alla quale si producono effetti, costituisce ciò che è detto propriamente natura nel senso più generale (quanto alla forma), ossia è l'esistenza delle cose
12 in quanto determinata da leggi universali, l'imperativo universale del dovere potrebbe esser formulato così: agisci come se la massima della tua azione dovesse essere elevata dalla tua volontà a
14 legge universale della natura.
[…]
16 1) Un uomo, indotto alla disperazione da una serie di mali, prova disgusto per la vita, pur conservando il dominio della propria ragione quanto occorre per chiedersi se sia in contrasto col
18 dovere verso se stesso togliersi la vita. Cerca allora di stabilire se la massima della sua azione

possa diventare una legge universale della natura. Ma la sua massima è: «Per amore di me stesso assumo a principio di abbreviarmi la vita se la sua ulteriore durata mi fa prevedere più mali che piaceri». Tutto sta nel sapere se questo principio dell'amor di sé possa diventare legge universale della natura. Ma è facile vedere che una natura la cui legge consistesse nel distruggere la vita proprio in virtù di quel sentimento che è destinato a promuoverla, cadrebbe in contraddizione con se stessa, quindi non sussisterebbe come natura; è quindi impossibile che quella massima possa valere come legge universale della natura, perciò risulta contraria al principio supremo di ogni dovere.

2) Un tale è costretto dal bisogno a farsi prestare del denaro. Si rende ben conto che non sarà mai in grado di pagare, ma vede anche chiaramente che non avrà il più piccolo prestito se non si impegnerà seriamente a pagare entro un determinato tempo. Gli vien voglia di fare questa promessa, ma conserva ancora sufficiente coscienza per domandarsi: «Non è illecito e contrario al dovere trarsi d'impaccio in questo modo?». Supposto tuttavia che egli decida di farlo, la massima della sua azione prenderebbe questa forma: «Quando credo di aver bisogno di denaro, ne prendo a prestito promettendo di restituirlo, benché sappia che non lo farò mai». Ora, è possibile che tale principio dell'amor di sé o dell'utilità personale si accordi in pieno con l'intero mio benessere futuro, ma il problema a questo punto è di sapere se sia giusto. Converto allora l'esigenza dell'amor di sé in una legge universale e pongo così il problema: «Cosa accadrebbe se la mia massima divenisse una legge universale?». Mi rendo subito conto che essa non potrebbe mai valere come legge universale della natura ed essere in accordo con se stessa, perché è necessariamente autocontraddittoria. Infatti, assumere come legge universale che ogni uomo, quando crede di essere in bisogno, può promettere qualsiasi cosa col proposito di non mantenere, renderebbe impossibile il promettere stesso e il fine che promettendo ci si propone, perché nessuno crederebbe più a ciò che gli viene promesso e riderebbe di dichiarazioni del genere come di inutili pretesti.

3) Un terzo vede in sé un talento tale che, con un po' di cultura, potrebbe divenire un uomo utile sotto molti riguardi. Ma sa di essere in condizioni agiate e preferisce darsi al piacere piuttosto che impegnarsi per l'ampliamento e il miglioramento delle sue felici disposizioni naturali. Tuttavia si pone il problema se la sua massima, di non prendersi cura dei suoi doni naturali, che ben si accorda con la sua inclinazione al godimento, si accordi altrettanto bene con ciò che prende il nome di dovere. Ora, egli si rende conto che potrebbe certamente esistere una natura secondo questa legge universale, anche se l'uomo (allo stesso modo degli abitanti del Mare del Sud) lasciasse arrugginire il proprio ingegno e decidesse di dedicare la propria vita soltanto all'ozio, al piacere, alla propagazione della specie, in una parola, ai piaceri; ma egli non può assolutamente volere che questa diventi una legge universale della natura o che un istinto naturale la radichi come tale in noi. Infatti, essendo un essere ragionevole, vuole necessariamente che tutte le facoltà siano sviluppate in lui, perché sono utili e gli sono state date per tutti i fini possibili.

4) Infine, un quarto, al quale tutto va bene, vedendo che gli altri (che egli potrebbe benissimo aiutare) si dibattono fra gravi difficoltà, ragiona così: «Che me ne importa? L'altro sia felice quanto piace al Cielo o quanto può esserlo da solo; io non lo priverò di nulla, anzi neppure lo invidierò; ma non intendo dare alcun contributo al suo benessere e soccorrerlo nel bisogno». Ora, se questo modo di vedere divenisse una legge universale di natura, il genere umano potrebbe senz'altro continuare ad esistere e certamente in condizioni migliori di quelle in cui tutti vanno ciancando di simpatia e benevolenza o magari affaccendandosi per metterle in

64 pratica in certi casi, ma anche, appena possono, ingannando, e intrallazzando ai danni di terzi
e cercando di recar loro ogni sorta di danno. Anche se è possibile che esista una legge universa-
66 le della natura conforme a quella massima, è però impossibile volere che tale principio abbia
valore universale di legge della natura. Infatti una volontà che prendesse partito per esso, ca-
68 drebbe in contraddizione con se stessa, perché sono possibili i casi in cui quest'uomo potrebbe
aver bisogno dell'amore e della simpatia altrui e in cui priverebbe se stesso di ogni speranza di
70 ricevere l'aiuto desiderato, proprio in virtù della legge di natura istituita dalla sua volontà.

(*Fondazione della metafisica dei costumi*, BA 51-56, in *Scritti morali*,
a cura di P. Chiodi, UTET, Torino 1986, pp. 78-82)

Analisi del testo

1-9 Mentre il contenuto di un imperativo ipotetico non è prevedibile prima di conoscere l'obiettivo al quale è finalizzato, il contenuto dell'imperativo categorico si può ricavare *a priori*. Esso, infatti, in quanto incondizionato, non può contenere altro che la necessità dell'obbedienza alla legge, il dovere in generale, ovvero la forma che il nostro volere deve assumere per essere morale. In questo senso, la prima formula dell'imperativo categorico (che nella *Critica* verrà definito «legge fondamentale») mette in evidenza l'esigenza dell'universalità: un'azione è morale se la massima che la prescrive può essere universalizzata.

10-15 Kant espone qui una variante della prima formula in base alla quale, in sostanza, per sapere se un'azione è morale bisogna chiedersi se è concepibile (cioè non contraddittorio) volerla trasformare in una legge naturale, la quale, per definizione, è una regola universale e necessaria.

16-43 Nel primo degli esempi, l'immoralità del suicidio risulta in modo evidente dal fatto che esso non è concepibile come legge di natura: sarebbe infatti contraddittorio ammettere come legge di natura la possibilità di negare la vita sulla base di un «sentimento» (l'«amor di sé» o l'«utilità personale» a cui lo stesso Kant farà riferimento più avanti: r. **34**) che, al contrario, dovrebbe favorire la vita stessa.

Nel secondo esempio, sulla base del "test di universalizzabilità" proposto da Kant risulta immorale anche il chiedere denaro a prestito sapendo di non poterlo restituire. Infatti, se la massima che prescrive tale azione diventasse una legge di natura, essa stabilirebbe la possibilità di non mantenere le promesse (le quali per definizione vanno invece mantenute), percorrendo la via di una autocontraddittorietà razionalmente non sostenibile.

44-70 Il terzo e il quarto esempio hanno in comune il fatto che le massime delle relative azioni non sono, se pensate come leggi di natura, autocontraddittorie in se stesse. È il caso del lasciarsi andare alla pigrizia, all'ozio e ai piaceri, trascurando di mettere a frutto le proprie doti naturali. Kant deve ammettere che nulla vieta di pensare che ciò possa costituire una legge di natura; nota però che nessuno potrebbe realmente *volere* che lo fosse. Analogo il caso di chi, non avendo problemi, scelga di non danneggiare gli altri, ma anche di non curarsi delle loro difficoltà. Anche qui, per dimostrare l'immoralità di un simile comportamento, non potendo negare che esso sia *di fatto* universalizzabile, Kant afferma l'impossibilità di *volere* che esso diventi legge universale, dal momento che è possibile a chiunque cadere in disgrazia e avere bisogno dell'aiuto altrui.

T2 > LA «VOLONTÀ BUONA»

Per Kant un'azione che rispetti solo "esteriormente" la legge morale non è autenticamente "morale"; egli ritiene infatti che il requisito fondamentale e imprescindibile dell'azione morale sia la partecipazione "interiore", ovvero l'intenzione sincera di compiere il bene da parte del soggetto. Si tratta della ben nota distinzione kantiana tra *legalità* e *moralità*, contesto in cui si colloca anche la definizione della «volontà buona».

2   In ogni parte del mondo e, in generale, anche fuori di esso non è concepibile nulla di incondizionatamente buono all'infuori di una volontà buona. Intelligenza, perspicacia, capacità di giudizio, o comunque si vogliano chiamare i talenti dello spirito; oppure coraggio, risolutezza, saldezza di

4   propositi, che sono caratteri del temperamento, sono certamente, per molti aspetti, cose buone e desiderabili; ma possono anche mutarsi in cose estremamente dannose e cattive se non è buona

6   la volontà che deve farne uso e la cui peculiare disposizione si chiama perciò carattere. Lo stesso vale per i doni della fortuna. Potere, ricchezza, onori, la stessa salute, quel completo benessere e

8   quella contentezza del proprio stato che prendono il nome di felicità, producono coraggio e sovente anche presunzione quando faccia difetto la buona volontà che rende ben diretto e indiriz-

10   zato a fini universali il loro influsso sull'animo e sul principio generale dell'agire; senza contare che uno spettatore ragionevole e imparziale non potrà mai compiacersi veramente dinanzi alla

12   prosperità duratura di un essere mancante di volontà pura e buona; dunque la volontà buona sembra costituire la condizione indispensabile perché si sia degni di esser felici.

14   Esistono anche qualità che, pur essendo favorevoli a questa buona volontà e tali da renderne più agevole l'opera, mancano tuttavia di valore intrinseco incondizionato e presuppongono in ogni

16   caso la buona volontà, che limita l'alta stima che, del resto giustamente, si ha per esse, e non permette di considerarle buone assolutamente. La moderazione degli affetti e delle passioni, la pa-

18   dronanza di sé, la calma riflessione, non solo sono buone sotto molti aspetti, ma sembrano partecipi del valore intrinseco della persona; tuttavia siamo ben lungi dal poterle dire buone

20   illimitatamente (per quanto fossero pregiate incondizionatamente anche dagli antichi), perché senza i princìpi della volontà buona possono diventare pessime; il sangue freddo di un delin-

22   quente non solo lo rende più pericoloso ma lo rende anche immediatamente più detestabile ai nostri occhi di quanto lo sarebbe senza di esso.

24   La volontà buona non è tale per ciò che essa fa e ottiene, e neppure per la sua capacità di raggiungere i fini che si propone, ma solo per il volere, cioè in se stessa; considerata in se stessa, dev'esse-

26   re ritenuta incomparabilmente superiore a tutto ciò che, mediante essa, potrebbe esser fatto in vista di qualsiasi inclinazione o anche, se si vuole, di tutte le inclinazioni insieme. Anche se l'av-

28   versità della sorte o i doni avari di una natura matrigna privassero interamente questa volontà del potere di realizzare i propri progetti; anche se il suo maggior sforzo non approdasse a nulla ed

30   essa restasse una pura e semplice buona volontà (non come semplice desiderio, ma come ricorso a tutti i mezzi che sono in nostro potere), essa brillerebbe di luce propria come un gioiello, come

32   qualcosa che ha in sé il suo pieno valore. L'utilità e l'inutilità non possono né accrescere né diminuire questo valore.

(*Fondazione della metafisica dei costumi*, BA 1-3, in *Scritti morali*, cit., pp. 49-50)

Analisi del testo

1-13 La «volontà buona», intesa come volontà di adempiere al dovere morale, è l'unico bene assoluto, in quanto sia le varie doti dell'uomo, sia i cosiddetti «doni della fortuna» possono diventare cose negative se non è «buona» la «volontà» che li impiega. Tra l'altro, può accadere che questi "doni" tocchino in sorte a chi non ne è meritevole, cosa di cui non ci si può certo compiacere: Kant svilupperà in seguito ben più ampiamente la tesi secondo cui solo la moralità rende degni della feli-

cità, anche se quest'ultima non può e non deve essere lo "scopo" di un comportamento morale.

14-23 Non hanno valore incondizionatamente buono nemmeno quelle qualità che generalmente sono utili alla volontà buona e che sono state lodate dagli antichi, perché possono anch'esse assumere un valore negativo; senz'altro significativo in questo senso è l'esempio del sangue freddo, che, se posseduto da un delinquente, lo rende più pericoloso e odioso.

24-33 Forse anche per influenza della teologia luterana, che aveva svalutato le opere ed esaltato la fede, Kant dichiara che gli eventuali miseri risultati ottenuti mediante un'azione morale non diminuiscono il valore della volontà buona. Il fatto che un uomo, per cattiva sorte o per carenze naturali, non sia riuscito a realizzare il fine che la sua volontà buona si prefiggeva (pur avendo compiuto ogni sforzo possibile) non diminuisce affatto i suoi meriti morali.

I TESTI

I postulati della ragion pratica

I postulati della ragion pratica sono «proposizioni teoretiche che non possono essere dimostrate come tali», ma che fondano la possibilità stessa della morale in quanto si presentano come esigenze insopprimibili della ragione nel suo uso pratico. Tali sono l'immortalità dell'anima, l'esistenza di Dio e la libertà.

T3 > L'IMMORTALITÀ DELL'ANIMA

Nella *Critica della ragion pura* Kant aveva contestato la pretesa di dimostrare scientificamente l'esistenza dell'anima e aveva sostenuto che tale pretesa era fondata sul "paralogismo" consistente nell'applicare, scorrettamente, la categoria di sostanza all'io penso. Nella *Critica della ragion pratica* mantiene ferma quella posizione, affermando tuttavia che la ragione, nel suo uso pratico, deve postulare l'esistenza dell'anima immortale per dare senso all'esigenza radicata in ogni uomo di tendere indefinitamente alla virtù per rendersi davvero degno della felicità. Non c'è dunque contraddizione nel pensiero kantiano, perché la certezza riguardo all'esistenza dell'anima immortale non è di tipo teoretico, bensì morale, cioè scaturisce dall'esperienza morale dell'uomo.

La realizzazione del sommo bene nel mondo è l'oggetto necessario di una volontà determinabile
2 per mezzo della legge morale. Ma in questa volontà la conformità perfetta delle intenzioni con la legge morale è la condizione suprema del sommo bene. Tale condizione deve pertanto esser pos
4 sibile quanto il suo oggetto, perché è inclusa nello stesso precetto di promuoverlo. Ma la conformità perfetta della volontà alla legge morale è la santità, una perfezione cui non può giungere
6 nessun essere razionale in nessun momento della propria esistenza. E siccome, pur essendo richiesta come praticamente necessaria, può essere incontrata soltanto in un progresso all'infinito
8 verso tale conformità perfetta e seguendo i princìpi della ragion pura pratica, un simile progresso pratico diviene necessario come oggetto reale della nostra volontà.
10 Ma questo progresso all'infinito è possibile solo sul presupposto di un'esistenza e di una personalità dell'essere razionale che durino all'infinito (il che prende il nome di immortalità
12 dell'anima). Dunque il sommo bene non è praticamente possibile che sul presupposto dell'immortalità dell'anima; immortalità che, risultando inseparabilmente congiunta con la legge
14 morale, è un postulato della ragion pura pratica (col che intendo una proposizione teoretica, che non può essere dimostrata come tale, perché inerente inseparabilmente a una legge pratica
16 che ha un valore a priori incondizionato).

(*Critica della ragion pratica*, A 219-220, in *Scritti morali*, cit., pp. 269-270)

Analisi del testo

1-4 Il conseguimento in questo mondo del «sommo bene», inteso come unione di virtù e felicità, è la meta alla quale tende naturalmente ogni uomo che rispetta la legge morale e la condizione di esso è la conformità completa della volontà alla legge. Quest'ultima deve dunque essere possibile (si ricordi il motto «devi, dunque puoi») tanto quanto il sommo bene.

4-9 D'altra parte una condotta morale impeccabile, ovvero la santità, trascende le capacità di qualunque essere

razionale finito; pertanto la santità deve poter essere realizzata solo in un progresso all'infinito.

10-16 Perché sia possibile il progresso all'infinito verso la santità (e, dunque, perché sia possibile il sommo bene), deve esistere in ogni individuo un'anima immortale che sopravvive al suo corpo. Questa proposizione è per Kant un «postulato» della ragion pratica, cioè non una verità dimostrabile, ma una «presupposizione necessaria dal punto di vista pratico».

T4 > L'ESISTENZA DI DIO

Il secondo postulato della ragion pratica concerne l'esistenza di Dio. Anche in questo caso non si può parlare di una contraddizione di Kant rispetto alle conclusioni della *Critica della ragion pura*, perché il filosofo mantiene ferma l'inconoscibilità di Dio, limitandosi ad affermare che è «moralmente necessario» ammetterne l'esistenza. Dio deve esistere, secondo Kant, affinché al merito possa corrispondere la felicità.

Nell'analisi precedente la legge morale ha condotto al problema pratico che, senza alcun inter-
2 vento di moventi sensibili, è prescritto semplicemente dalla ragion pura, cioè alla completezza
della prima parte, la principale, del sommo bene, la moralità; e poiché tale problema non può
4 essere risolto del tutto se non nell'eternità, al postulato dell'immortalità. Questa stessa legge deve
anche condurre alla possibilità del secondo elemento del sommo bene, che consiste nella felicità
6 proporzionata a questa moralità, in modo altrettanto disinteressato, per semplice e imparziale
ragione; deve cioè condurre alla supposizione dell'esistenza di una causa adeguata a tale effetto;
8 ossia a postulare l'esistenza di Dio come rientrante necessariamente nella possibilità del sommo
bene (che è un oggetto della nostra volontà congiunto necessariamente con la legislazione mora-
10 le della ragion pura). Vogliamo ora presentare in modo convincente questa connessione.
La felicità è lo stato di un essere razionale nel mondo al quale, per l'intero corso della sua vita, tutto
12 accade secondo il suo desiderio e la sua volontà; essa si fonda dunque sull'accordo della natura con
il fine generale di questo essere e con il motivo essenziale di determinazione della sua volontà. Ora
14 la legge morale, in quanto legge della libertà, comanda per mezzo di motivi determinanti che devono essere del tutto indipendenti dalla natura e dall'accordo con la nostra facoltà di desiderare (qua-
16 li moventi); ma l'essere razionale che agisce nel mondo non è, in quanto tale, causa del mondo e
della natura stessa. Di conseguenza, nella legge morale non c'è il ben che minimo principio di una
18 connessione necessaria di moralità e felicità ad essa proporzionata in un essere che sta nel mondo
come parte di esso e perciò ne dipende, essere che appunto per ciò non può essere causa di tale
20 natura mediante la propria volontà e che, per quanto concerne la propria felicità, non può, con le
proprie forze, determinare continuamente l'accordo di questa natura coi propri princìpi pratici. Ma
22 nel problema pratico della ragion pura, cioè nel perseguimento necessario del sommo bene, tale
connessione è postulata come necessaria: noi dobbiamo cercare di realizzare il sommo bene (che
24 deve dunque esser possibile). Così si postula anche l'esistenza di una causa dell'intera natura, diversa dalla natura stessa, tale da contenere il principio di questa connessione, cioè della concordanza
26 esatta di felicità e moralità. *(Critica della ragion pratica*, A 223-225, in *Scritti morali*, cit., pp. 271-272)

Analisi del testo

1-10 Come sappiamo, per Kant il «sommo bene» è costituito dall'unione di virtù e felicità, ovvero dalla moralità (la «prima parte, la principale, del sommo bene») e dalla possibilità di una giusta ricompensa per essa (il «secondo elemento»). Per questo la ragione pratica, così come ha postulato l'immortalità dell'anima (grazie alla quale soltanto l'uomo può rendersi veramente degno della felicità), deve ora postulare anche l'esistenza di Dio come «causa» di una felicità proporzionata alla virtù.

11-21 Se la felicità è per definizione l'«accordo» tra la «natura» di un individuo, il suo «fine generale» e la sua «volontà», essa non può dipendere dall'uomo: quest'ultimo, infatti, non essendo l'artefice del mondo, non può garantire alcuna connessione necessaria tra la moralità e la felicità.

21-26 Eppure, come Kant dirà poco oltre, «la legge morale mi ordina di fare del sommo bene possibile in un mondo l'oggetto ultimo di tutta la mia condotta» (*Critica della ragion pratica*, cit., p. 278); dunque il sommo bene deve essere possibile, e ciò implica che si postuli l'esistenza di una causa suprema della natura, da essa distinta e diversa, che possa garantire la concordanza esatta di moralità e felicità: Dio.

T5 > ## LA LIBERTÀ

Nella seconda *Critica* Kant abbandona l'idea, coltivata nella *Fondazione*, di poter dedurre la legge morale dalla libertà e inverte il suo percorso. Ora è la legge morale (la quale, come sappiamo, in quanto «fatto» della ragione, gli appare indeducibile e solo constatabile) a costituire il fondamento o principio per la "deduzione" della libertà dell'uomo.

La libertà e la legge pratica incondizionata risultano dunque reciprocamente connesse. Qui io
2 non domando se esse siano anche diverse di fatto o se una legge incondizionata non sia piuttosto la semplice coscienza di sé di una ragion pura pratica, e se questa sia identica al concetto positivo
4 della libertà; ma domando dove ha inizio la nostra conoscenza dell'incondizionato pratico, se dalla libertà o dalla legge pratica. Non è possibile che prenda inizio dalla libertà, di cui non pos-
6 siamo né aver coscienza immediata, perché il primo concetto di essa è negativo, né conoscenza mediata dall'esperienza, perché l'esperienza non ci dà che la legge dei fenomeni, e con ciò il mec-
8 canismo della natura, che è l'opposto puro e semplice della libertà. È quindi la legge morale della quale diventiamo consci (appena formuliamo le massime della volontà) ciò che ci si offre per il
10 primo e che ci conduce direttamente al concetto della libertà, in quanto la ragione presenta quella legge come un motivo determinante che non può essere sopraffatto dalle condizioni empiriche
12 perché del tutto indipendente da esse. Ma come è possibile la coscienza di questa legge morale? Noi possiamo diventare consci delle leggi pure pratiche, come siamo consci dei princìpi teoretici
14 puri, se badiamo alla necessità con cui la ragione ce li impone e se facciamo astrazione da tutte le condizioni empiriche che essa ci presenta. Il concetto di una volontà pura proviene da quelle
16 leggi, come la coscienza di un intelletto puro proviene da quei princìpi. Che questa sia la vera subordinazione dei nostri concetti, che sia la moralità a rivelarci il concetto della libertà, e che, di
18 conseguenza, la ragion pratica per prima, con questo concetto, proponga alla ragione speculativa il più insolubile dei problemi per metterla così nel più grande imbarazzo, risulta chiaramente da
20 questo: che, poiché niente può essere spiegato nei fenomeni mediante il concetto della libertà, ma qui il filo conduttore è sempre costituito dal meccanismo naturale, e poiché inoltre la ragion
22 pura, se vuol salire all'incondizionato nella serie delle cause, dà luogo a un'antinomia in cui si avvolge nell'incomprensibile così con un concetto come con l'altro, mentre il secondo (il mecca-

24 nismo) è almeno di vantaggio nella spiegazione dei fenomeni, non si sarebbe mai ardito di introdurre la libertà nella scienza, se la legge morale, e con essa la ragion pratica, non vi fossero giun-
26 te e non ci avessero imposto questo concetto. Ma anche l'esperienza conferma questo ordine dei
concetti in noi. Supponiamo che qualcuno affermi della propria inclinazione al piacere che si
28 tratta di qualcosa di invincibile quando gli si offrono l'oggetto amato e l'occasione favorevole;
domandategli ora se, nel caso che fosse eretta una forca davanti alla casa in cui egli trova l'occa-
30 sione, per impiccarvelo tosto che abbia goduto il piacere, vincerebbe o meno la propria inclinazione. Non è difficile indovinare la risposta che darebbe. Ma domandategli se, supposto che il suo
32 sovrano, sotto minaccia della medesima pena di morte immediata, esigesse da lui una falsa testimonianza ai danni di un uomo retto che il sovrano si propone di mandare in rovina, ricorrendo
34 a pretesti, crederebbe o meno possibile vincere il suo amore per la vita, per grande che esso sia.
Forse non oserà garantire di poterlo vincere, ma che sia possibile farlo, lo concederà senz'altro.
36 Dunque egli ritiene di poter fare qualcosa perché è consapevole di doverlo fare e riconosce così
in sé la libertà che altrimenti, senza la legge morale, gli sarebbe rimasta ignota.

(*Critica della ragion pratica*, A 52-54, in *Scritti morali*, cit., pp. 166-167)

Analisi del testo

1-5 Se è vero che il motivo determinante sufficiente della volontà deve essere la pura forma legislativa universale, «una volontà siffatta deve essere pensata come del tutto indipendente dalla legge naturale dei fenomeni nei loro rapporti reciproci, cioè dalla legge di causalità» (*Critica della ragion pratica*, cit., p. 165). Ecco perché ora Kant afferma che la libertà e la legge morale sono tra loro inscindibilmente connesse e che la legge morale coincide con l'autocoscienza della ragion pura pratica, ovvero con la libertà positiva (a questo proposito va ricordata la distinzione kantiana tra libertà *negativa* e *positiva*: la prima è la semplice indipendenza dalle inclinazioni sensibili, mentre la seconda è la capacità di auto-determinarsi moralmente).
Quel che il filosofo intende ora accertare è se l'uomo conosca prima la libertà o la legge morale.

5-16 Si deve escludere che si conosca per prima la libertà: il primo concetto che l'uomo ha di essa, infatti, è negativo (come indipendenza dalle inclinazioni sensibili); del resto l'uomo conosce la libertà solo in forma mediata dall'esperienza, e quest'ultima è caratterizzata dalla necessità delle leggi fenomeniche.
La prima ad essere conosciuta è dunque la legge morale, che la ragione presenta come interamente indipendente dalle circostanze empiriche. E alla coscienza della legge morale si perviene allo stesso modo in cui si perviene a quella dei principi teoretici puri, cioè considerando la necessità con cui la ragione ci impone entrambi, e poiché la necessità coincide con l'«astrazione da tutte le condizioni empiriche», nel caso dei concetti

puri essi non possono che derivare dall'intelletto, e nel caso della legge morale essa non può che fondarsi su una volontà capace di determinarsi in modo del tutto indipendente rispetto alle leggi fenomeniche.

16-26 Ricordando che sul piano strettamente teoretico il problema della libertà è insolubile, Kant allude alla terza antinomia della cosmologia razionale, per cui la ragione giunge sia all'idea di una causa prima, libera, dei fenomeni, sia alla tesi opposta, cioè alla negazione dell'esistenza di una simile causa. La scienza spiega meccanicisticamente, deterministicamente, tutti i fenomeni e solo la coscienza della legge morale ci spinge a postulare l'esistenza della libertà.

26-37 Ricorrendo a due esempi piuttosto chiari, Kant dà concretezza al suo discorso.
Dal primo esempio emerge che, nel caso di un contrasto tra due impulsi sensibili, anche un'inclinazione fortissima può essere vinta da un'altra inclinazione ancora più forte. Nel secondo esempio, il contrasto è invece tra un impulso sensibile (l'attaccamento alla vita) e un dovere etico (il dovere di non danneggiare un innocente rendendo falsa testimonianza): in questo caso si riconosce di *poter* fare qualcosa per il fatto che si sa di *doverlo* fare. In altre parole: anche se non è certo che il dovere abbia la meglio sulle inclinazioni sensibili, il fatto di avvertire tale dovere ci rende consapevoli della nostra libertà, ovvero della nostra indipendenza dagli impulsi naturali. Il che dimostra che l'uomo conosce in primo luogo il proprio dovere, e solo in seconda battuta la propria libertà.

CAPITOLO 4
La *Critica del Giudizio*

1. Il problema e la struttura dell'opera

Come abbiamo anticipato al termine del capitolo precedente, la *Critica del Giudizio* (v. **Giudizio**) di Kant muove da una sorta di "dualismo" lasciato aperto dalle prime due *Critiche*:

- dalla *Critica della ragion pura* emergeva una visione della realtà in termini meccanicistici, in quanto la natura, dal punto di vista fenomenico, appariva come una struttura causale e necessaria, entro la quale non trovava posto la libertà umana;
- dalla *Critica della ragion pratica* affiorava invece una visione della realtà in termini indeterministici e finalistici, in quanto si postulavano, come condizioni della morale, la libertà dell'uomo e l'esistenza di Dio.

In altre parole, da un lato campeggiava un **mondo fenomenico e deterministico "conosciuto" dalla scienza**, dall'altro un **mondo noumenico e finalistico "postulato" dall'etica**. Da ciò l'«immensurabile abisso» tra «due mondi tanto diversi» (*Critica del Giudizio*, "Introduzione", II)[1].

> *Il dualismo tra mondo della necessità e mondo della finalità*

Ora, nella *Critica del Giudizio* Kant studia il **sentimento**, così come nella *Critica della ragion pura* aveva analizzato la conoscenza e nella *Critica della ragion pratica* la morale. Procedendo oltre la bipartizione tradizionale delle facoltà (teoretica e pratica), e sulla scia degli empiristi inglesi e dei moralisti francesi del Settecento, egli fa del sentimento una "**terza facoltà**" e un campo di attività autonoma, intendendolo come la **peculiare facoltà mediante cui l'uomo fa esperienza di quella finalità del reale che la prima *Critica* escludeva sul piano fenomenico e la seconda postulava a livello noumenico**.

> *Il sentimento*

Ciò non significa tuttavia, come talora si è interpretato, che la *Critica della ragion pura* rappresenti la tesi, la *Critica della ragion pratica* l'antitesi e la *Critica del Giudizio* la sintesi, quasi che quest'ultima fosse un superamento del dissidio tra le due opere precedenti. Infatti, sebbene il sentimento tenda a figurarsi il mondo fisico in termini di finalità e di libertà, secondo Kant esso rappresenta soltanto un'**esigenza umana che, come tale, non ha un valore di tipo conoscitivo o teoretico**.

> *La finalità come bisogno*

---

1 L'edizione a cui si fa riferimento è a cura di A. Gargiulo, rivista da V. Verra, Laterza, Roma-Bari 1997.

In altri termini, il sentimento «permette, nel soggetto, l'incontro tra i due mondi. L'incontro, non la conciliazione: la conciliazione infatti implicherebbe l'oggettività del medio che concilia, mentre questo è un accordo che vale solo soggettivamente» (Sergio Givone).

Giudizi determinanti e giudizi riflettenti

Per Kant i giudizi sentimentali costituiscono il campo dei giudizi "riflettenti", in contrapposizione al campo dei giudizi "determinanti":

- i **giudizi determinanti** sono i **giudizi conoscitivi e scientifici studiati nella** *Critica della ragion pura*, cioè i giudizi che "determinano" gli oggetti fenomenici mediante forme *a priori* universali (spazio, tempo e le 12 categorie);

- i **giudizi riflettenti**, invece, **si limitano a "riflettere" su di una natura già costituita mediante i giudizi determinanti e ad apprenderla** (o ad interpretarla) **attraverso le nostre esigenze universali di finalità e di armonia**.

Nel suo linguaggio tecnico, Kant afferma che, se nei giudizi determinanti l'universale, o il concetto, è «già dato» dalle forme *a priori*, che infatti incapsulano immediatamente il particolare, nei giudizi riflettenti l'universale – che in questo caso si identifica con il principio della finalità della natura – va «cercato» partendo dal particolare. Tuttavia, mentre i giudizi determinanti sono oggettivi e scientificamente validi, almeno per quanto concerne il fenomeno, i giudizi riflettenti esprimono più che altro un «bisogno», che è tipico di quell'essere finito che è l'uomo (v. **sentimento e finitudine**).

Il "Giudizio"

La *Critica del Giudizio* si configura dunque come un'analisi dei giudizi riflettenti, per cui la parola **Giudizio**[1] che compare nel titolo assume il significato filosofico specifico di "**organo dei giudizi riflettenti**", ossia una facoltà che Kant ritiene intermedia tra l'intelletto e la ragione, e quindi tra la conoscenza, che rientra nel dominio del primo, e la morale, che rientra nel dominio della seconda. → **T1** p. 282

Giudizio estetico e giudizio teleologico

I due tipi fondamentali di giudizio riflettente sono quello "**estetico**", che verte sulla **bellezza**, e quello "**teleologico**", che riguarda il discorso sui **fini della natura**. Entrambi sono **giudizi sentimentali puri**, cioè **derivanti *a priori* dalla nostra mente** (e solo in quanto tali suscettibili di analisi critico-trascendentale), anche se si distinguono tra loro per il diverso rimando al finalismo:

- nel **giudizio estetico** noi **viviamo *immediatamente* o intuitivamente la finalità della natura** (ad esempio, di fronte a un bel paesaggio, lo avvertiamo in sintonia con le nostre esigenze spirituali);

- nel **giudizio teleologico** noi **pensiamo *concettualmente* tale finalità mediante la nozione di fine** (ad esempio, riflettendo sullo scheletro, diciamo che esso è stato prodotto al fine di reggere il corpo dell'animale).

Nel primo caso, la finalità esprime quindi un "venir incontro" dell'oggetto alle aspettative estetiche del soggetto, quasi che la natura fosse bella "apposta" per noi, mentre nel secondo caso essa esprime un carattere proprio dell'oggetto. In altri termini, il giudizio riflettente risulta estetico o teleologico a seconda del modo in cui viene articolato il principio di finalità. Se quest'ultimo riguarda il rapporto di armonia che si instaura tra il soggetto e la rappresentazione dell'oggetto, si ha il giudizio estetico. Se riguarda invece un (presunto) ordine finalistico interno alla natura stessa, si ha il giudizio teleologico. Per sottolineare tale diver-

---

1 Per alludere alla *facoltà del giudizio*, il traduttore italiano scrive "Giudizio" con la maiuscola (che usa anche in altri casi, senza una rigida uniformità).

sità Kant parla, nel primo caso, di **finalità «soggettiva» o «formale»** e, nel secondo caso, di **finalità «oggettiva» o «reale»**. La terminologia del filosofo non deve però trarre in inganno: infatti anche il giudizio teleologico (che non è una categoria determinante, ma un concetto riflettente) esprime semplicemente, come si è già detto, un'esigenza umana, ossia un **bisogno soggettivo della nostra mente di rappresentarsi in modo finalistico l'ordine delle cose**. Tutto ciò, come avremo modo di rilevare, non esclude che i giudizi riflettenti possano avere non solo una proficua funzione euristico-regolativa (v. par. 5), ma anche una basilare funzione epistemologica (v. par. 6). → **T2** **p. 283**

ON LINE
ESERCIZI INTERATTIVI

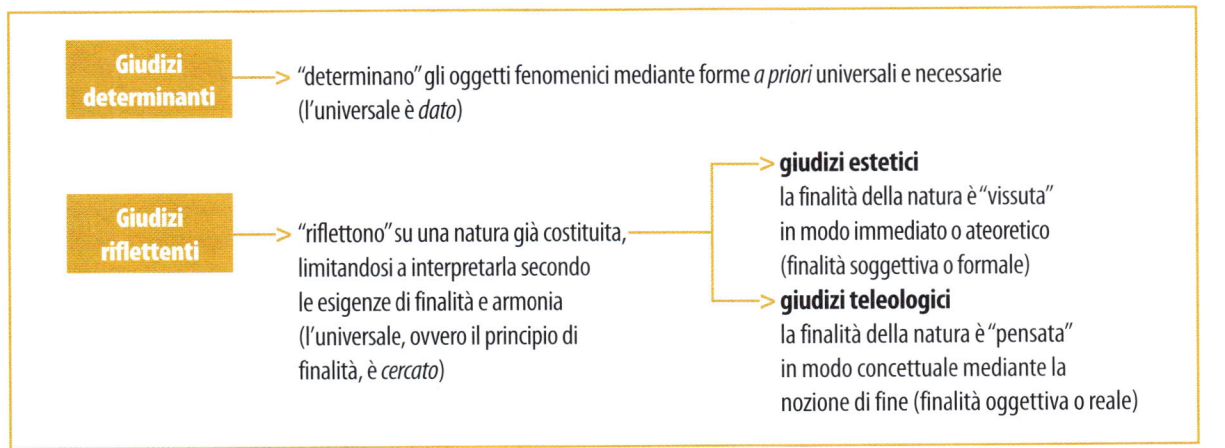

| Giudizi determinanti | → | "determinano" gli oggetti fenomenici mediante forme *a priori* universali e necessarie (l'universale è *dato*) |
| Giudizi riflettenti | → | "riflettono" su una natura già costituita, limitandosi a interpretarla secondo le esigenze di finalità e armonia (l'universale, ovvero il principio di finalità, è *cercato*) |

giudizi estetici
la finalità della natura è "vissuta" in modo immediato o ateoretico (finalità soggettiva o formale)

giudizi teleologici
la finalità della natura è "pensata" in modo concettuale mediante la nozione di fine (finalità oggettiva o reale)

La *Critica del Giudizio* si divide in due parti: ***Critica del Giudizio estetico*** e ***Critica del Giudizio teleologico***. Entrambe constano di due sezioni. La prima infatti si articola in: ***Analitica del Giudizio estetico*** (che tratta del "bello" e del "sublime") e ***Dialettica del Giudizio estetico*** (che tratta dell'"antinomia del gusto"); la seconda in ***Analitica del Giudizio teleologico*** (che tratta del Giudizio sulla finalità della natura) e ***Dialettica del Giudizio teleologico*** (che tratta dell'"antinomia del Giudizio"). Come appendice troviamo una *Metodologia del Giudizio teleologico*.

Come si articola la *Critica del Giudizio*

VERSO LE COMPETENZE
▸ Utilizzare il lessico e le categorie specifiche della filosofia

GLOSSARIO e RIEPILOGO

Concetti introduttivi

Giudizio p. 261 e p. 262 > Con il termine "Giudizio" si intende, propriamente, la "facoltà del giudizio" (*Urtheilskraft* o *Urteilskraft*), ovvero una facoltà che «fa come da termine medio tra l'intelletto e la ragione» (*Critica del Giudizio*, "Introduzione", III). In altri termini, per "Giudizio" Kant intende una facoltà intermedia tra il *conoscere*, che cade sotto la giurisdizione dell'*intelletto*, e il *desiderare* (la sfera dell'azione etica), che cade sotto la giurisdizione della *ragione*. Intesa in questo senso specifico,

la facoltà del giudizio si identifica con la facoltà del sentimento (v.), la quale ha come principio trascendentale il concetto di finalità.
N.B. Nelle traduzioni italiane la parola "Giudizio" (con l'iniziale maiuscola) indica la facoltà del giudizio, in quanto distinta dal semplice giudizio (*Urtheil*).

Sentimento p. 261 > Mentre i filosofi della tradizione ammettevano solo le due attività del conoscere e dell'agire, Kant, che si muove sulla scia degli empiristi inglesi e dei moralisti francesi, indica nel sentimento (*Gefühl*) una

"terza facoltà" autonoma, che si identifica con la dimensione propria del Giudizio, ovvero con il «sentimento del piacere e dispiacere» (*Gefühl der Lust und Unlust*).
N.B. Nell'ultima *Critica* Kant studia esclusivamente i giudizi sentimentali *puri*, cioè quelli che procedono *a priori* dalla nostra struttura mentale e che si identificano con i giudizi riflettenti. In particolare, il «sentimento» di cui egli parla va tecnicamente inteso come la facoltà attraverso la quale l'uomo fa esperienza di quella *finalità* del reale che la prima *Critica* escludeva sul piano dei fenomeni e la seconda postulava sul piano del noumeno. Tale finalità per Kant non ha un valore "conoscitivo" o "teoretico", ma esprime un "bisogno" tipico dell'uomo e della sua finitudine.

Giudizi determinanti p. 262 > I giudizi determinanti sono quelli conoscitivi o scientifici studiati nella *Critica della ragion pura*, cioè quei giudizi che "determinano" gli oggetti fenomenici mediante forme *a priori* universali (spazio, tempo e le 12 categorie).

Giudizi riflettenti p. 262 > I giudizi riflettenti sono i giudizi sentimentali, che si limitano a "riflettere" su di una natura già costituita mediante i giudizi determinanti e ad apprenderla attraverso le nostre esigenze universali di finalità e di armonia.
N.B. 1. Il termine "riflessione" (*Reflexion*) in Kant assume il significato tecnico di operazione tramite cui si rapportano determinate rappresentazioni alle nostre facoltà mentali e ai loro principi (v. il concetto di finalità) allo scopo di individuarne il possibile accordo.
2. Nella *Critica del Giudizio*, per Giudizio o facoltà del giudizio, Kant intende, *propriamente*, la facoltà dei giudizi riflettenti.

Sentimento e finitudine p. 262 > Il giudizio sentimentale o riflettente implica la finitudine dell'uomo, in quanto si radica nel suo bisogno di riscontrare un "accordo" tra la natura e la sua esigenza di finalità. Poiché

l'uomo deve realizzare se stesso nella natura, egli ha *bisogno* di pensare che la natura sia adatta a servire i fini umani e a rendere possibile la sua libertà. Tale bisogno deriva dall'impossibilità per l'uomo, in quanto essere finito, di costituire la natura fino al punto da renderla docile e pronta alle sue esigenze fondamentali. Al contrario, se l'uomo fosse un essere infinito, cioè creatore, le cose sarebbero costitutivamente o ontologicamente disposte in vista dei suoi fini. L'accordo tra natura e libertà sarebbe in questo caso *oggettivo*, cioè intrinseco ed essenziale alle cose stesse e il giudizio riflettente, che fonda solo *soggettivamente* l'accordo, sarebbe inutile.

Giudizio estetico / giudizio teleologico p. 262 > Il giudizio estetico e il giudizio teleologico sono i due tipi fondamentali di giudizio riflettente. Il primo è «la facoltà di giudicare la finalità *formale* (detta anche altrimenti soggettiva) per via del sentimento di piacere o dispiacere». Il secondo è «la facoltà di giudicare la finalità *reale* (oggettiva) della natura, mediante l'intelletto e la ragione» (*Critica del Giudizio*, "Introduzione", VIII). In altri termini, nel giudizio estetico noi avvertiamo la finalità della natura in modo intuitivo, o immediato, mentre nel giudizio teleologico pensiamo concettualmente tale finalità attraverso la nozione di fine. Nel primo caso, la finalità esprime quindi un "venir incontro" dell'oggetto alle aspettative estetiche del soggetto, quasi che la natura fosse bella "apposta" per l'individuo che la contempla, mentre nel secondo caso essa esprime una caratteristica propria dell'oggetto. È appunto per sottolineare tale diversità che Kant parla, nel primo caso, di finalità «soggettiva» o «formale» e, nel secondo, di finalità «oggettiva» o «reale».
N.B. La terminologia di Kant non deve però trarre in inganno: infatti anche il giudizio teleologico esprime semplicemente un'esigenza umana, ossia un bisogno soggettivo della nostra mente di rappresentarsi in modo finalistico l'ordine delle cose.

2. L'analisi del bello e i caratteri specifici del giudizio estetico

Le definizioni della bellezza

Nella *Critica del Giudizio* il termine **estetica** torna ad assumere il significato comune di "dottrina dell'arte e della bellezza". Dopo aver premesso che "**bello**" non è ciò che comunque piace, ma **ciò che piace nel giudizio estetico, o giudizio di gusto**, Kant si propone di chiarire la natura specifica di tale giudizio e, dividendo quest'ultimo secondo la tavola delle categorie, offre ben **quattro definizioni della bellezza**.

■ Secondo la **qualità**, il <mark>bello</mark> è **l'oggetto di un piacere «senza alcun interesse»** (cfr. *Critica del Giudizio*, parr. 1-5). Infatti i **giudizi estetici** sono caratterizzati dall'essere contemplativi e disinteressati, poiché non si curano dell'esistenza o del possesso degli oggetti, ma solo della loro immagine o rappresentazione (ad esempio: dal punto di vista dell'interesse un campo di grano conta per il guadagno che se ne può trarre, mentre dal punto di vista estetico conta per la pura immagine di bellezza che offre). Tant'è che, «quando si tratta di giudicare se una cosa è bella, non si vuol sapere se a noi o a chiunque altro importi, o anche soltanto possa importare, della sua esistenza […]. Si vuol sapere soltanto se questa semplice rappresentazione dell'oggetto è accompagnata in me da piacere» (*Critica del Giudizio*, par. 2). Tutto questo significa che per Kant una cosa è bella perché bella, non perché soddisfi interessi esterni di ordine biologico, morale, utilitaristico ecc. → **T3** p. 285

Il disinteresse

■ Secondo la **quantità**, il **bello** è **«ciò che piace universalmente senza concetto»** (cfr. *Critica del Giudizio*, parr. 6-9). Infatti il giudizio estetico si presenta, da un lato, con una tipica pretesa di universalità, in quanto esige che il sentimento di piacere provocato da una cosa bella sia condiviso da tutti, senza, dall'altro lato, che il bello sia sottomesso a qualche concetto o esprima un piacere dipendente da una conoscenza. Pertanto il giudizio estetico risulta qualcosa di sentimentale e di extralogico, in quanto le cose che diciamo "belle" sono tali perché vissute spontaneamente come belle e non perché giudicate tali attraverso un ragionamento o una serie di concetti. → **T3** p. 285

L'universalità extraconcettuale

QUESTIONE (PDF)
Il bello è ciò che piace?
(Voltaire, Kant)

■ Secondo la **relazione**, il **bello** è **«la forma della finalità di un oggetto, in quanto questa vi è percepita senza la rappresentazione di uno scopo»** (cfr. *Critica del Giudizio*, parr. 10-17). Con questa affermazione un po' complicata – che, ridotta ai suoi termini essenziali, sostiene che la bellezza è percepita come «finalità senza scopo» – Kant intende dire che l'armonia degli oggetti belli, pur esprimendo un formale accordo delle parti tra loro, e quindi una certa finalità, non soggiace a uno scopo determinato, concettualmente esprimibile (senza scopo = senza concetto). Detto altrimenti: la bellezza è un libero gioco di armonie formali che non rimanda a concetti precisi e non risulta imprigionabile in schemi conoscitivi.

La finalità senza scopo

TESTO ANTOLOGICO
Kant
Il bello come finalità senza scopo
(*Analitica del bello*)

■ Secondo la **modalità**, il **bello** è **«ciò che, senza concetto, è riconosciuto come oggetto di un piacere necessario»** (cfr. *Critica del Giudizio*, parr. 18-22). Questa formula è un altro modo per ribadire che il giudizio estetico si presenta come qualcosa su cui tutti devono essere d'accordo, sebbene non si possa esprimere tale consonanza mediante concetti o regole logiche, ossia tramite giudizi scientifici come quelli determinanti, in quanto il bello è qualcosa che ognuno percepisce intuitivamente, ma che nessuno riesce a "spiegare" intellettualmente. Quando si dice (esempio di Kant) che "questo fiore è bello" oppure (esempio nostro) che "un rosso tramonto sulle nevi è bello", si presuppone necessariamente, sulla base del sentimento, che ognuno debba essere d'accordo, senza tuttavia poter esprimere o giustificare tale emozione concettualmente:

La necessità extralogica

> Non si può dare alcuna regola oggettiva del gusto, che determini per mezzo di concetti che cosa sia bello. Poiché ogni giudizio derivante da questa fonte è estetico […], la sua causa determinante è il sentimento del soggetto, non un concetto dell'oggetto. (*Critica del Giudizio*, par. 17)

TAVOLA ROTONDA
Le forme del bello
Arte e verità

E proprio perché non vi sono principi razionali del gusto o ideali rigidi di bellezza – in quanto l'universalità estetica è stabilita su base sentimentale e non concettuale o scientifica – l'educazione alla bellezza, per Kant, non può risiedere in un "manuale tecnico" sull'argomento, ma soltanto nella **ripetuta contemplazione delle cose belle**, elevate al grado di "esemplari" della bellezza.

L'educazione alla bellezza

3. L'universalità del giudizio di gusto e la "rivoluzione copernicana" estetica

In che senso il giudizio estetico è universale

La tesi dell'universalità del giudizio estetico – che è la caratteristica più qualificante dell'estetica kantiana – può apparire (soprattutto alla mentalità odierna, così abituata alla varietà dei gusti) piuttosto paradossale. E poiché spesso, a livello manualistico, ci si limita a enunciarla più che a spiegarla, essa rischia di rimanere uno degli elementi meno noti e meno assimilati del pensiero di Kant. Per questa ragione risulta utile soffermarsi un po' di più sulla questione.

La condivisibilità della bellezza

In primo luogo, che cosa intende sostenere Kant quando difende l'universalità del giudizio estetico? Forse, come si risponde per lo più, che esso presenta il carattere della "comunicabilità possibile"? Non basta. Egli intende proprio asserire che **nel giudizio estetico la bellezza è vissuta come qualcosa che deve venir condivisa da tutti**. Ad esempio, il filosofo scrive:

> In tutti i giudizi coi quali dichiariamo bella una cosa, noi non permettiamo a nessuno di essere di altro parere, senza fondare tuttavia il nostro giudizio sopra concetti, ma soltanto sul nostro sentimento.
> (*Critica del Giudizio*, par. 22)

> Il giudizio di gusto esige il consenso di tutti; e chi dichiara bella una cosa, pretende che ognuno dia l'approvazione all'oggetto in questione e *debba* dichiararlo bello allo stesso modo.
> (*Critica del Giudizio*, par. 19)

Ora, per comprendere adeguatamente questa tesi di Kant, risulta indispensabile tener presenti almeno due ordini di considerazioni:

La distinzione tra il piacevole e il piacere estetico

1) Kant distingue nettamente tra il campo del piacevole, che è «ciò che piace ai sensi nella sensazione», e il campo del piacere estetico, che è il sentimento provocato dall'immagine o dalla "forma" della cosa che diciamo bella.

Il **piacevole**, chiarisce Kant, dà luogo ai «**giudizi estetici empirici**», che scaturiscono dalle attrattive delle cose sui sensi e sono legati alle inclinazioni individuali, e perciò privi di universalità, in quanto per essi vale l'antica massima *de gustibus non est disputandum*. Tant'è vero che tutte le volte in cui la bellezza è solo, o prevalentemente, un fatto di attrattiva fisica, che mette in moto i sensi più che lo spirito (come succede, ad esempio, a proposito della bellezza che ci attrae in una persona), il giudizio estetico risulta inquinato nella sua purezza e quindi inevitabilmente soggettivo.

Il **piacere estetico** invece è qualcosa di "puro", che si concretizza nei «**giudizi estetici puri**», derivanti dalla sola contemplazione della "forma" di un oggetto (secondo Kant la materialità sensibile, di per sé, non dà mai bellezza, poiché questa risiede solo nell'ordine e nella forma degli elementi). Solo giudizi di questo tipo hanno la pretesa dell'universalità, in quanto non sono soggetti a condizionamenti di alcun tipo:

> Per ciò che riguarda il *piacevole* ognuno riconosce che il giudizio che egli fonda su di un sentimento particolare, e col quale dichiara che un oggetto gli piace, non ha valore se non

per la sua persona. […] Per il bello, la cosa è del tutto diversa […]. Quando egli dà per bella una cosa, pretende dagli altri lo stesso piacere; non giudica solo per sé, ma per tutti, e parla quindi della bellezza come se essa fosse una qualità della cosa. *(Critica del Giudizio,* par. 7)

Ciò accade soprattutto di fronte a certi fenomeni della natura, quali (esempi kantiani) i fiori o le conchiglie, oppure (esempi nostri) l'arcobaleno sulla cascata, il cielo stellato, l'alba sull'oceano ecc. (v. **piacevole, buono e bello**).

2) Kant distingue anche tra **bellezza libera e bellezza aderente**: la prima viene **appresa senza alcun concetto** (ad esempio, un arabesco o una musica senza testo); la seconda **implica il riferimento a un determinato modello o concetto di perfezione** dell'oggetto che viene definito bello (un edificio, un vestito, una chiesa ecc.). Ovviamente, soltanto i giudizi che riguardano la bellezza libera sono giudizi estetici puri, e perciò universali, perché gli altri sono complicati da considerazioni intellettuali o pratiche, che possono variare a seconda delle epoche e delle civiltà.

> Bellezza libera e bellezza aderente

Come si può notare, queste specificazioni, se da un lato rendono meno paradossale la teoria di Kant, permettendo di capire meglio in che senso egli sostenga l'universalità del giudizio estetico, dall'altro mettono in luce che i giudizi estetici «puri» di cui parla il filosofo costituiscono una fascia oggettivamente ristretta di tutti i giudizi umani sul bello.

La giustificazione dell'universalità dei giudizi estetici

Affermata l'**universalità del giudizio estetico**, Kant si trova di fronte, per usare le sue stesse parole, al problema della **deduzione dei giudizi estetici puri**, cioè della «**legittimazione della pretesa dei giudizi di gusto alla validità universale**».

> La deduzione dei giudizi estetici puri

Egli risolve questo problema-chiave della sua estetica sulla base della teoria della comune struttura della mente umana. Kant afferma che il giudizio estetico nasce da un «libero gioco», cioè da un rapporto spontaneo dell'immaginazione o della fantasia con l'intelletto; in virtù di tale rapporto l'immagine della cosa appare adeguata alle esigenze dell'intelletto, generando un **senso di armonia** (che è appunto l'effetto dell'equilibrato intreccio tra le facoltà dell'animo). E poiché tale meccanismo risulta identico in tutti gli uomini, questo spiega l'**universalità estetica** e giustifica la presenza di un **senso comune** del gusto, ossia di un principio meta-individuale del sentire estetico «che solo mediante il sentimento e non mediante concetti, ma universalmente, determini ciò che piace e ciò che dispiace» *(Critica del Giudizio,* par. 20).

TESTO ANTOLOGICO
ON LINE Kant
La deduzione dei giudizi di gusto *(Deduzione dei giudizi estetici puri)*

Questa linea argomentativa rappresenta anche la piattaforma per risolvere la cosiddetta **antinomia del gusto**, che costituisce l'oggetto della *Dialettica del Giudizio estetico*. Tale antinomia suona in questo modo: il giudizio di gusto non si basa su concetti, perché altrimenti di esso si potrebbe disputare (tesi); il giudizio di gusto si basa su concetti, perché altrimenti non si potrebbe pretendere la necessaria approvazione altrui (antitesi). Kant osserva che queste due affermazioni cessano di essere contraddittorie – permettendo la soluzione dell'antinomia – solo a patto di attribuire alla nozione di "concetto" due significati diversi, cioè sostenendo, nella tesi, che il giudizio di gusto non si basa su concetti *determinati* e, nell'antitesi, che il giudizio di gusto si basa sul concetto *indeterminato* del «sostrato soprasensibile dei fenomeni», ovvero «d'un fondamento in generale della finalità soggettiva della

> L'"antinomia del gusto"

natura rispetto al Giudizio» (*Critica del Giudizio*, par. 57). Il che è un modo per ribadire che, **se il giudizio di gusto non si basa su concetti**, in quanto non è un giudizio di conoscenza, **si basa però su quella facoltà del Giudizio** (tramite cui viene intuita la finalità soggettiva della natura) **che è comune a ogni uomo**.

La rivoluzione copernicana estetica

Fondando il giudizio di gusto e la sua universalità sulla mente umana, Kant perviene dunque a una vera e propria **rivoluzione copernicana estetica**, incentrata sulla tesi secondo cui **il bello** non è una proprietà oggettiva o ontologica delle cose (si pensi alla filosofia classica e alla dottrina medievale dei "trascendentali"), ma il frutto di un incontro del nostro spirito con esse, cioè **qualcosa che nasce solo per la mente e in rapporto alla mente**. E sebbene Kant precisi talora, sembrando attenuare il suo idealismo estetico, che in natura vi sono «forme» belle (egli indugia ad esempio nella descrizione di alcuni fenomeni di cristallizzazione dell'acqua), aggiunge subito che, «se le belle forme sono in natura, la bellezza è nell'uomo», in quanto, affinché esse si traducano in bellezza, risulta indispensabile la mediazione della mente, che è il baricentro del giudizio estetico. Tanto più che l'armonia che costituisce la forma dell'oggetto bello non è una qualità della cosa stessa, consistendo unicamente nella vissuta armonia interiore del soggetto, che egli, inconsapevolmente, «proietta» nell'oggetto. Proprio per sottolineare come la bellezza esista solo in virtù del soggetto, Kant afferma significativamente che essa non è un «favore» che la natura fa a noi, bensì un «favore» che noi facciamo a essa, innalzandola al livello della nostra umanità. E aggiunge inoltre che, se la bellezza risiedesse negli oggetti, e quindi nell'esperienza, essa perderebbe la propria universalità e non sarebbe più qualcosa di libero, perché verrebbe "imposta" a noi dalla natura.

In sintesi, **l'eteronomia estetica distruggerebbe l'universalità e la libertà del giudizio di gusto**, esattamente come l'eteronomia etica distruggerebbe l'universalità e la libertà della legge morale.

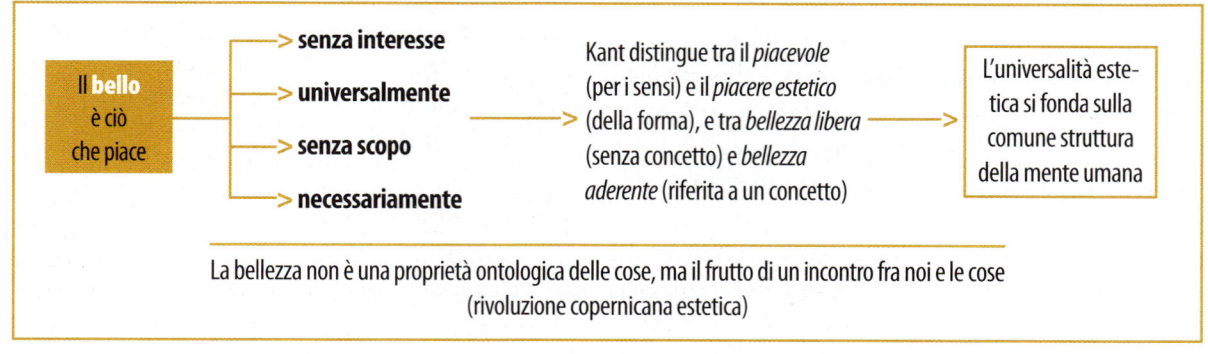

Il **bello** è ciò che piace
> **senza interesse**
> **universalmente**
> **senza scopo**
> **necessariamente**

Kant distingue tra il *piacevole* (per i sensi) e il *piacere estetico* (della forma), e tra *bellezza libera* (senza concetto) e *bellezza aderente* (riferita a un concetto)

L'universalità estetica si fonda sulla comune struttura della mente umana

La bellezza non è una proprietà ontologica delle cose, ma il frutto di un incontro fra noi e le cose (rivoluzione copernicana estetica)

Il congedo dalle estetiche dell'empirismo e del razionalismo

Con questa serie di delucidazioni sulla natura del giudizio estetico, Kant prende definitivamente le distanze dalle estetiche di tipo empiristico e razionalistico.

■ **Contro gli empiristi e i sensisti**, che avevano ricondotto l'apprensione del bello ai sensi, Kant, sulla base della sua distinzione-chiave tra piacevole e piacere estetico, difende il carattere specifico e spirituale dell'esperienza estetica e ne rivendica l'universalità, giustificando l'esistenza di giudizi estetici *a priori*.

■ **Contro il razionalismo estetico** tradizionale, soprattutto moderno, che considerava la bellezza come una conoscenza "confusa" della perfezione degli oggetti, Kant sostiene invece che l'esperienza estetica è fondata sul sentimento e sulla spontaneità e non sulla conoscenza o sui concetti.

In conclusione, il nocciolo e il messaggio del discorso kantiano risiedono nella tesi secondo cui non ogni piacere che un'immagine può provocare in noi ha un **valore estetico**, ma solo quel **piacere** che non è legato a pure attrattive fisiche, né a interessi pratici, né a valutazioni morali e conoscitive degli oggetti, e che quindi è **disinteressato, comunicabile a tutti e non dipendente dai mutevoli stati d'animo dell'individuo** (e per questi suoi caratteri di autonomia e libertà, la bellezza – scrive Kant – è un «simbolo» della morale e dei suoi attributi).

Di conseguenza, Kant costituisce una figura basilare di quel processo di "autonomizzazione" dell'estetica che si approfondirà ulteriormente con il Romanticismo e che troverà una delle sue maggiori espressioni in Benedetto Croce (1866-1952), il quale infatti vedrà nel filosofo tedesco uno dei "pionieri" dell'estetica moderna.

> L'autonomia dell'esperienza estetica

VERSO LE COMPETENZE

▶ Utilizzare il lessico e le categorie specifiche della filosofia

GLOSSARIO e RIEPILOGO

L'analisi del bello e il giudizio estetico

Estetica p. 264 > Abbandonando la dimensione specifica dell'estetica "trascendentale" (analisi delle forme *a priori* della sensibilità), nella *Critica del Giudizio* Kant restituisce al termine "estetica" il suo significato tradizionale di "dottrina dell'arte e della bellezza".

Gusto p. 264 > Il "gusto" (*Geschmach*) è il criterio del giudizio estetico, ovvero «la facoltà di giudicare del bello» (*Critica del Giudizio*).

Bello p. 265 > Il "bello" (*Schöne*) è ciò che piace nel giudizio di gusto, ovvero ciò che «*piace* senz'altro» (*Critica del Giudizio*, par. 5). Come tale, esso si distingue dal piacevole e dal buono, e trova nel *disinteresse* la sua caratteristica primaria. Secondo la *qualità*, il bello si presenta come l'oggetto di un piacere «*senza alcun interesse*» (*ibidem*). Secondo la *quantità*, il bello è «ciò che piace universalmente, *senza concetto*» (*Critica del Giudizio*, par. 9). Secondo la *relazione*, il bello «è la forma della *finalità* di un oggetto, in quanto questa vi è percepita *senza la rappresentazione d'uno scopo*» (*Critica del Giudizio*, par. 17). Secondo la *modalità*, il bello è «ciò che, senza concetto, è riconosciuto come oggetto di un piacere *necessario*» (*Critica del Giudizio*, par. 22).

Piacevole, buono e bello p. 267 > Per chiarire la fisionomia specifica del piacere estetico, cioè il suo carattere disinteressato e libero, Kant lo confronta con altri due tipi di piacere: il piacere procurato dal «piacevole» e quello procurato dal «buono». Il piacevole «è ciò che piace ai sensi nella sensazione» (*Critica del Giudizio*, par. 3), ovvero ciò che «diletta». Il buono è «ciò che, mediante la ragione, piace puramente pel suo concetto» (*Critica del Giudizio*, par. 4). Pur essendo diversi, il piacevole e il buono si accordano tra loro per il fatto che manifestano entrambi un interesse per l'esistenza (e il relativo possesso) del loro oggetto (v. T3, p. 285). In altri termini, nel caso del piacevole e del buono, «non è soltanto l'oggetto che piace, ma anche la sua esistenza» e la sua fruizione (*Critica del Giudizio*, par. 5). Al contrario, «il giudizio di gusto deve essere puramente *contemplativo*: un giudizio, cioè, che, indifferente all'esistenza dell'oggetto», gode unicamente dell'immagine o della rappresentazione di tale oggetto. In altri termini ancora, «Si può dire che di questi tre modi del piacere, unico e solo quello del gusto del bello è un piacere disinteressato e *libero*; perché in esso l'approvazione non è imposta da alcun interesse, né dai sensi, né dalla ragione» (*ibidem*).

Bellezza libera e bellezza aderente p. 267 > «Vi sono due specie di bellezza: la bellezza libera (*pulchritudo vaga*), e la bellezza semplicemente aderente (*pulchritudo adhaerens*). La prima non presuppone alcun concetto di ciò che l'oggetto deve essere; la seconda presuppone questo concetto, e la perfezione dell'oggetto alla stregua di esso. La prima si dice bellezza (per sé stante) di questa o quella cosa; l'altra, essendo aderente ad un concetto (bellezza condizionata), è attribuita ad oggetti, i quali stanno sotto il concetto di uno scopo particolare. I fiori sono bellezze naturali libere. Difficilmente si sa, senza essere botanico, che cosa debba essere un fiore, e il botanico stesso, che vede nel fiore l'organo riproduttore della pianta, quando dà del fiore un giudizio di gusto, non ha riguardo a questo scopo della natura […]. Molti uccelli (il pappagallo, il colibrì, l'uccello di paradiso), una quantità di conchiglie, sono bellezze per se stessi, che non convengono ad un oggetto determinato secondo concetti in vista del suo scopo; piacciono liberamente e per sé. Così i disegni *à la grecque*, i fogliami delle cornici e delle tappezzerie per se stessi non significano nulla, non rappresentano nulla, nessun oggetto sotto un concetto determinato, e sono bellezze libere. Si possono considerare come della stessa specie quelle che in musica si chiamano fantasie (senza tema), ed anche tutta la musica senza testo. Nel giudizio d'una bellezza libera (secondo la semplice forma) il giudizio di gusto è puro […]. Ma la bellezza di un uomo (e nella stessa specie, quella di un uomo, di una donna, d'un bambino), la bellezza di un cavallo, di un edificio (come una chiesa, un palazzo, un arsenale, una villa), presuppone un concetto di scopo, che determina ciò che la cosa deve essere, e quindi un concetto della sua perfezione; ed è perciò una bellezza aderente» (*Critica del Giudizio*, par. 16). Con la distinzione tra bellezza libera e bellezza aderente, avverte Kant, «si possono comporre molte discordie tra quelli che giudicano di gusto sulla bellezza, mostrando loro che l'uno parla della bellezza libera, l'altro della bellezza aderente, il primo dà un puro giudizio di gusto, il secondo un giudizio di gusto applicato» (*ibidem*).

N.B. Solo la bellezza libera risponde completamente alle definizioni kantiane del bello e risulta, propriamente, universale.

Universalità del giudizio estetico p. 267 > Kant fa

emergere l'universalità del piacere del bello in contrapposizione al piacere del piacevole: «Per ciò che riguarda il *piacevole* ognuno riconosce che il giudizio che egli fonda su di un sentimento particolare, e col quale dichiara che un oggetto gli piace, non ha valore se non per la sua persona. […] sicché in fatto di piacevole vale il principio: *ognuno ha il proprio gusto* (dei sensi). Per il bello, la cosa è del tutto diversa. Sarebbe (proprio al contrario) ridicolo, se uno che si rappresenta qualche cosa secondo il proprio gusto, pensasse di giustificarsene in questo modo: questo oggetto (l'edificio che vediamo, l'abito che quegli indossa, il concerto che sentiamo, la poesia che si deve giudicare) è bello *per me*.

Perché egli non deve chiamarlo bello, se gli piace semplicemente. Molte cose possono avere per lui attrattiva e vaghezza; questo non importa a nessuno; ma quando egli dà per bella una cosa, pretende dagli altri lo stesso piacere; non giudica solo per sé, ma per tutti, e parla quindi della bellezza come se essa fosse una qualità della cosa» (*Critica del Giudizio*, par. 7).

N.B. L'universalità *estetica* rivendicata dai giudizi (riflettenti) del gusto non va confusa con l'universalità *logica* rivendicata dai giudizi (determinanti) della conoscenza. La prima si riferisce ai *sentimenti*, e presenta quella *soggettività* che è tipica dei giudizi riflettenti; la seconda si riferisce ai *concetti* e presenta quell'*oggettività* che è propria dei giudizi determinanti. In altri termini, un conto è dire che un oggetto è bello o brutto e un conto è dire che è in stato di movimento o di quiete. Nel secondo caso ci si basa su una serie di concetti e si allude a una qualità oggettiva dell'oggetto, nel primo caso ci si basa su di un sentimento soggettivo suscitato dalla rappresentazione dell'oggetto. Ciò non toglie che il giudizio estetico, pur essendo formulato su base sentimentale e non concettuale, avanzi una caratteristica pretesa di universalità: «il giudizio di gusto, per se stesso, non *postula* il consenso di tutti (perché ciò può farlo solo un giudizio logico, che fornisce ragioni); esso *esige* soltanto il consenso da ognuno […] esso attende la conferma non da concetti, ma dall'adesione altrui» (*Critica del Giudizio*, par. 8). Nasce in tal modo il problema della «deduzione» o legittimazione dell'universalità dei giudizi di gusto.

Deduzione dei giudizi estetici puri p. 267 > Il pro-

blema della «deduzione dei giudizi estetici puri» (*Deduktion der reinen ästhetischen Urteile*) riguarda la giustificazione della «pretesa di un giudizio estetico alla validità universale» (*Critica del Giudizio*, par. 30) e nasce dalla domanda: «com'è possibile un giudizio, che dal solo sentimento *particolare* di piacere per un oggetto, e indipendentemente dal concetto di questo, proclami *a priori*, senz'aver bisogno di attendere il consenso altrui, che quel piacere inerisce alla rappresentazione dell'oggetto in *ogni altro soggetto*?» (*Critica del Giudizio*, par. 36). Ridotto all'osso, il ragionamento kantiano consiste nel fondare l'universalità estetica sulla base della comune struttura della mente umana. In particolare, il giudizio estetico nasce da un «libero gioco», cioè da uno spontaneo rapporto dell'immaginazione o della fantasia con l'intelletto, in virtù del quale l'immagine della cosa appare rispondente alle esigenze dell'intelletto, generando un senso di armonia (che è appunto l'effetto dell'equilibrato intreccio tra le facoltà dell'animo). Poiché tale meccanismo risulta identico in tutti gli uomini, si spiegano l'universalità del giudizio estetico e la presenza di un «senso comune» (v.) del gusto. In conclusione, i giudizi estetici, pur essendo soggettivi, sono universalmente validi «perché le condizioni soggettive di ogni uomo funzionano alla stessa maniera, rendendo in tal modo "comunicabile" il piacere» (Luigi Gioga).

Senso comune p. 267 > Il «senso comune» (*Gemeinsinn*) è il principio comune del gusto, cioè quel principio meta-individuale del sentire estetico «che solo mediante il sentimento e non mediante concetti, ma universalmente, determini ciò che piace e ciò che dispiace» (*Critica del Giudizio*, par. 20). Tale senso comune non è un dato di esperienza, ma la condizione *a priori* dell'universalità del giudizio estetico e dunque funziona da "norma ideale".

Antinomia del gusto p. 267 > L'«antinomia del gusto» (*Antinomie des Geschmacks*) costituisce l'oggetto proprio della *Dialettica del Giudizio estetico*, la quale studia l'opposizione di giudizi *a priori* che pretendono all'universalità. Tale antinomia suona in questo modo: «1. *Tesi*. Il giudizio di gusto non si fonda sopra concetti; perché altrimenti di esso si potrebbe disputare (decidere mediante prove). 2. *Antitesi*. Il giudizio di gusto si fonda sopra concetti; perché altrimenti non si potrebbe neppure contendere, qualunque fosse la diversità dei giudizi (non si potrebbe pretendere alla necessaria approvazione altrui)» (*Critica del Giudizio*, par. 56). Kant osserva che queste due affermazioni smettono di essere contraddittorie se si attribuiscono alla nozione di "concetto" due significati diversi, cioè se nella tesi si afferma che il giudizio di gusto non si fonda su concetti *determinati*, e nell'antitesi che il giudizio di gusto si fonda sul concetto *indeterminato* del «sostrato soprasensibile dei fenomeni», ovvero «d'un fondamento in generale della finalità soggettiva della natura rispetto al Giudizio» (*Critica del Giudizio*, par. 57). Con questo Kant ribadisce che, se il giudizio di gusto non si basa su concetti, in quanto non è un giudizio di conoscenza, esso si basa però su quella facoltà del Giudizio (mediante la quale viene intuita la finalità soggettiva della natura) che è comune a ogni uomo.

Rivoluzione copernicana estetica p. 268 > L'espressione "rivoluzione copernicana estetica" è usata da alcuni studiosi per evidenziare come Kant abbia posto nel soggetto, anziché nell'oggetto, il baricentro del giudizio estetico. Infatti, secondo Kant, la bellezza non è una proprietà oggettiva o ontologica delle cose, ma il frutto di un incontro del nostro spirito con esse, vale a dire qualcosa che nasce solo per la mente umana e in rapporto a essa: «quando noi giudichiamo della bellezza in generale, cerchiamo in noi stessi *a priori* il criterio del giudizio, e la facoltà del giudizio estetico, quando si tratta di vedere se qualche cosa è bella o no, è per se stessa legislatrice» (*Critica del Giudizio*, par. 58).
N.B. Proprio per sottolineare come la bellezza esista solo *in virtù* del soggetto (idealismo estetico), Kant afferma significativamente che «siamo noi che accogliamo la natura con favore, non è essa che offre un favore a noi» (*ibidem*). Del resto, puntualizza Kant, corroborando la sua rivoluzione copernicana estetica (che presenta analogie strutturali con la rivoluzione copernicana conoscitiva e morale), se la bellezza risiedesse nell'oggetto, il giudizio di gusto «sarebbe sottoposto a principi empirici» e quindi risulterebbe privo di universalità. Inoltre esso ci sarebbe "imposto" dalla natura e quindi risulterebbe «eteronomo e non libero ed autonomo» (*ibidem*).

4. Il sublime, le arti belle e il "genio"

L'analisi del sublime

Dopo aver trattato del "bello", Kant passa all'analisi del **sublime**, che era stato oggetto di grande attenzione da parte del pensiero settecentesco.

Il filosofo irlandese **Edmund Burke** (1729-1797), in particolare, nella sua *Ricerca sull'origine delle idee del sublime e del bello* (1757), aveva offerto una definizione del "sublime" destinata a influenzare in modo determinante il pensiero estetico successivo. Opponendolo al

Il sublime in Burke

bello (riconducibile alla misura, all'ordine e all'armonia, ma anche alla piccolezza e alla delicatezza), Burke collega il sublime alla **dismisura**, alla **sproporzione**, alla **cupezza** e a «**tutto ciò che può destare idee di dolore e di pericolo**». In altre parole, egli ne identifica la fonte in un sentimento di «dilettoso orrore» che l'uomo, nella sua piccolezza e fragilità, prova di fronte a ciò che non può controllare (ad esempio, la violenza di una tempesta), ma che può contemplare senza correre pericolo.

Questa accezione del sublime come **valore estetico prodotto da qualcosa di smisurato o di incommensurabile** percorre sostanzialmente invariata l'intera riflessione estetica settecentesca, influenzando anche il pensiero di Kant, il quale la assume come punto di partenza per la sua minuziosa analisi. In primo luogo, egli distingue due tipi di sublime: quello «matematico» e quello «dinamico».

QUESTIONE MULTIMEDIALE
Le forme del bello ON LINE
Il sublime

Il sublime matematico

Il **sublime matematico** nasce in presenza di **qualcosa di smisuratamente grande**. Kant porta come esempi le montagne, il diametro terrestre, il sistema planetario, la via lattea, le nebulose, le galassie ecc. Ora, di fronte a tutte queste cose, nasce in noi uno stato d'animo ambivalente: da un lato proviamo dispiacere, perché la nostra immaginazione non riesce ad abbracciarne le incommensurabili grandezze; dall'altro proviamo piacere, perché la nostra ragione è portata da tali spettacoli a elevarsi all'idea dell'infinito, in rapporto a cui le stesse immensità del creato appaiono piccole. Il **dispiacere dell'immaginazione** si converte dunque in un **piacere della ragione**, perché entità smisurate, ma pur sempre finite, come le masse montuose, i ghiacciai o la volta celeste, hanno il potere di risvegliare in noi l'**idea dell'infinito**, che è superiore a ogni realtà e immaginazione sensibile. Scoprendoci portatori dell'idea di infinito, riconosciamo la nostra essenza di esseri superiori alla stessa natura, trasformando l'iniziale senso della nostra piccolezza fisica in una finale consapevolezza della nostra grandezza spirituale. In altri termini, prendendo coscienza del fatto che **il vero sublime non risiede tanto nella realtà che ci sta di fronte, quanto in noi medesimi**, convertiamo l'iniziale stima per l'oggetto contemplato in una finale stima per il soggetto contemplante, ossia per quell'ente sovrasensibilmente qualificato che è l'uomo:

> Da ciò si vede [...] che la vera sublimità non dev'essere cercata se non nell'animo di colui che giudica, e non nell'oggetto naturale. (*Critica del Giudizio*, par. 26)

Infatti, prescindendo dal soggetto, come si potrebbero chiamar sublimi

TESTO ANTOLOGICO
Kant ON LINE
Il sublime matematico (*Analitica del sublime*)

> masse montuose informi, poste l'una sull'altra in un selvaggio disordine, con le loro piramidi di ghiaccio, oppure il mare cupo e tempestoso, e altre cose di questo genere? (*Critica del Giudizio*, par. 26)

Il sublime dinamico

Il **sublime dinamico** nasce in presenza di **poderose forze naturali**:

> Le rocce che sporgono audaci in alto e quasi minacciose, le nuvole di temporale che si ammassano in cielo tra lampi e tuoni, i vulcani che scatenano tutta la loro potenza distruttrice e gli uragani che si lasciano dietro la devastazione, l'immenso oceano sconvolto dalla tempesta, la cataratta d'un gran fiume [...]. (*Critica del Giudizio*, par. 28)

Anche in queste situazioni (contemplate al riparo dal pericolo, altrimenti saremmo paralizzati dal terrore), inizialmente avvertiamo la nostra **piccolezza materiale** e la nostra **impotenza nei confronti della natura**. Ma in seguito, pascalianamente, proviamo un vivo sentimento di piacere per la nostra **grandezza spirituale**, dovuta alla nostra realtà di esseri umani pensanti, portatori delle idee della ragione e della legge morale:

> La natura non è dunque chiamata sublime se non perché eleva l'immaginazione a rappresentare quei casi in cui l'animo può sentire la sublimità della propria destinazione, anche al di sopra della natura. (*Critica del Giudizio*, par. 28)

È dunque l'esperienza del sublime estetico a renderci consapevoli della «nostra destinazione soprasensibile», ovvero della **"sublimità" della nostra natura di soggetti morali**. Del resto, per Kant il giudizio sul sublime non riguarda gli oggetti sensibili, ma la loro corrispondenza alle esigenze della morale (esattamente come il bello riguarda la corrispondenza degli oggetti alle esigenze dell'intelletto). Proprio sulla base di questo stretto legame tra estetica e morale, Kant può affermare che **sublime per eccellenza** è la **legge morale**. Di fronte alla **forza invincibile della ragione che ordina il dovere**, l'uomo non può che provare un sentimento di «rispetto» e venerazione, che lo induce a sottomettersi a essa. Solo in questo modo, cioè piegandosi al dovere, egli è in grado di vincere le proprie pulsioni, ovvero di vincere *dentro di sé* quei condizionamenti naturali a cui *fuori di sé* è costretto a sottostare. Da depressiva, l'emozione del sublime dinamico diventa così esaltativa e l'angoscia trapassa in entusiasmo, perché l'uomo scopre la sua autonomia e la sua libertà nei confronti della natura:

> l'impossibilità di resistere alla potenza naturale ci fa conoscere la nostra debolezza in quanto esseri della natura, cioè la nostra debolezza fisica, ma ci scopre contemporaneamente una facoltà di giudicarci indipendenti dalla natura, ed una superiorità che abbiamo su di essa [...]. In tal modo la natura, nel nostro giudizio estetico, non è giudicata sublime in quanto è spaventevole, ma perché essa incita quella forza che è in noi (e che non è natura) a considerare come insignificanti quelle cose che ci preoccupano (i beni, la salute e la vita), e perciò a non riconoscere nella potenza naturale (a cui siamo sempre sottoposti relativamente a tali cose) un duro impero su di noi e sulla nostra personalità. (*Critica del Giudizio*, par. 28)

È bene notare che per Kant le **due forme (matematica e dinamica) del sublime** presuppongono entrambe una certa levatura d'animo, senza la quale il sublime si riduce semplicemente al "terribile". Ma, nel caso di individui di «una certa cultura», allora si avvia il **processo dialettico** per cui **il dispiacere si tramuta in piacere, l'impotenza in potenza**.

Il capovolgimento di un'esperienza che, in virtù dell'immaginazione, ci fa sentire piccoli di fronte al grande, in un'altra esperienza che, in virtù della ragione e delle sue idee di infinito e di dignità morale, ci fa sentire più grandi del grande stesso, ci rende consapevoli della sublimità del nostro essere.

Anche in questo senso, quindi, per Kant il sublime si differenzia dal bello: mentre quest'ultimo sgorga dalla consonanza e dall'equilibrio dell'immaginazione e dell'intelletto e ci procura calma e serenità di fronte a una forma armonica, il sublime nasce dalla rappresentazione dell'informe e si nutre del contrasto tra immaginazione sensibile e ragione, provocando fremito e commozione (v. **bello e sublime**).

Il bello e il sublime sono però accomunati dal presupporre, come loro condizione, il soggetto o la mente, che si configura pertanto come il trascendentale dell'esperienza estetica, cioè come la sua possibilità e il suo fondamento. Inoltre, entrambi «piacciono per se stessi» e «non presuppongono un giudizio dei sensi né un giudizio determinante dell'intelletto ma un giudizio di riflessione» (*Critica del Giudizio*, par. 23). 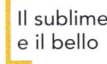 **p. 288**

La "sublimità"
della legge morale

QUESTIONE (PDF)
ON LINE La bellezza
è "armonica
proporzione"
o "sublime
sproporzione"?
(Baumgarten, Kant)

La dialettica
del sublime

Il sublime
e il bello

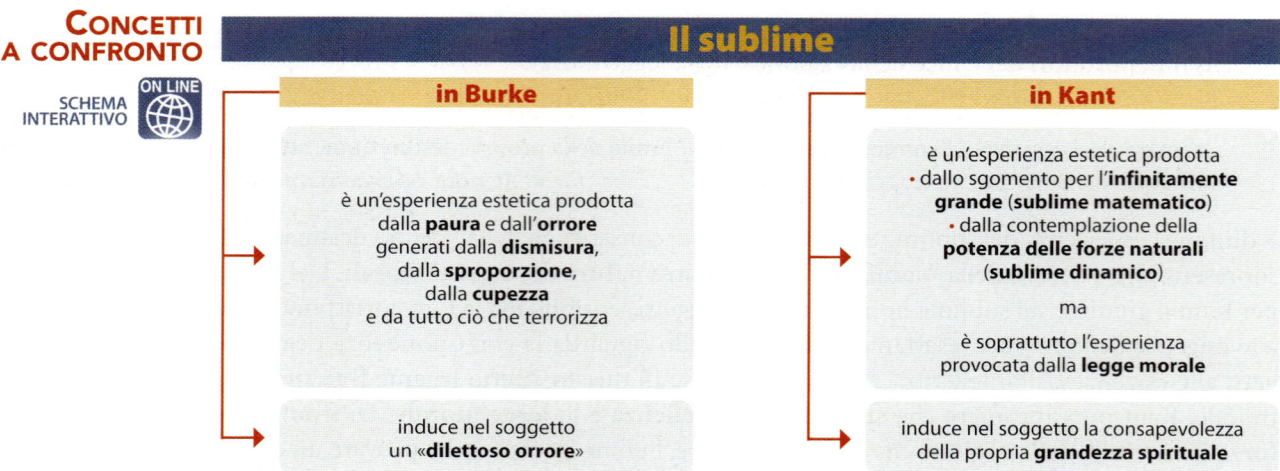

Il bello nell'arte

Il "bello" di cui Kant ha parlato fin qui è il **bello di natura**". Distinto da quest'ultimo è il "**bello artistico**", che risponde alla medesima definizione di bellezza già data e che presenta una strutturale affinità con il bello di natura, in quanto **la natura è bella quando ha l'apparenza dell'arte e l'arte è bella quando ha l'apparenza o la spontaneità della natura**.

La concezione
kantiana
dell'arte

TESTO ANTOLOGICO
Kant ON LINE
L'arte bella
(Critica del giudizio
estetico)

Kant definisce l'**arte** come un **tipo di agire che produce opere**, e la suddivide in arte **meccanica** e arte **estetica**. Quest'ultima, che «ha per scopo immediato il sentimento di piacere», si divide a sua volta in arte piacevole e arte bella. Mentre l'arte **piacevole** è generalmente indirizzata a uno scopo "secondario", come quello di intrattenere o rallegrare degli spettatori, l'arte **bella** è «una specie di rappresentazione che ha il suo scopo in se stessa» e dà quindi un piacere disinteressato (*Critica del Giudizio*, par. 44).

Il genio

La spontaneità dell'«arte bella» proviene dal **genio**. Infatti, se per giudicare degli oggetti belli è necessario il gusto, per produrre tali oggetti è indispensabile il genio, il quale è **il tramite con cui la natura interviene sull'arte**:

TESTO ANTOLOGICO
Kant ON LINE
Il genio
(Critica del giudizio
estetico)

> Il genio è il talento (dono naturale), che dà la regola all'arte. Poiché il talento, come facoltà produttrice innata dell'artista, appartiene anche alla natura, ci si potrebbe esprimere anche così: il *genio* è la disposizione innata dell'animo [*ingenium*] *per mezzo della quale* la natura dà la regola dell'arte.
> (*Critica del Giudizio*, par. 46)

Aprendo la via alla celebrazione romantica del genio, Kant ne identifica le prerogative:
a) nell'originalità, o **creatività**;
b) nella **capacità di produrre opere esemplari**, ossia che fungono da modelli per altri;
c) nell'**impossibilità di mostrare scientificamente** come compie la sua produzione.
Per queste caratteristiche, il genio è inimitabile ed esiste solo nel settore delle arti belle.
Kant, dunque, individua una differenza fondamentale tra l'arte e la scienza: in quest'ultima operano senz'altro degli *ingegni*, ma non, propriamente, dei *geni*.

> Newton avrebbe potuto, non solo a se stesso, ma ad ogni altro, render visibili ed additare precisamente all'imitazione tutti i suoi passi, dai primi elementi della geometria fino alle

grandi e profonde scoperte; ma nessun Omero o Wieland potrebbe mostrare come si siano prodotte e combinate nella sua testa le sue idee, ricche di fantasia e dense di pensiero, perché non lo sa egli stesso, e non può quindi insegnarlo ad altri. (*Critica del Giudizio*, par. 47)

l'abilità dell'artista non è comunicabile, ma vuole esser data ad ognuno direttamente dalla mano della natura, e muore con lui, finché la natura un giorno non dia il dono ad un altro. (*Critica del Giudizio*, par. 47)

QUESTIONE MULTIMEDIALE
ON LINE La conoscenza e la scienza
Arte e scienza

VERSO LE COMPETENZE
▶ Utilizzare il lessico e le categorie specifiche della filosofia

GLOSSARIO e RIEPILOGO

Il sublime e l'arte

Sublime p. 271 > Come scriverà Friedrich Schiller, esponendo con chiarezza e precisione le idee kantiane, «si chiama sublime un oggetto alla cui rappresentazione la nostra natura fisica sente i propri limiti, nello stesso tempo in cui la nostra natura ragionevole sente la propria superiorità, la sua indipendenza da ogni limite: un oggetto rispetto al quale siamo fisicamente deboli mentre moralmente ci eleviamo sopra di esso con le idee» (*Sul sublime*, 1793). In altri termini, sublime (*das Erhabene*) è quello stato d'animo che proviamo di fronte a entità naturali smisuratamente grandi (sublime *matematico*) o potenti (sublime *dinamico*), che inizialmente richiamano la nostra *piccolezza fisica*, ma che in seguito rimandano alla nostra *grandezza spirituale*, testimoniata dal nostro essere portatori delle idee della ragione, in particolare dell'idea di infinito (sublime matematico) e dell'idea di dignità morale (sublime dinamico).

Da ciò le varie formule con cui Kant cerca di sintetizzare la sua dottrina in proposito. Ad esempio, parlando del sublime *matematico*, egli definisce sublime «*ciò al cui confronto ogni altra cosa è piccola*» (*Critica del Giudizio*, par. 25), precisando: «La natura, dunque, è sublime in quei suoi fenomeni, la cui natura include l'idea della sua infinità» (*Critica del Giudizio*, par. 26) e stabilendo che «*sublime è ciò che, per il fatto di poterlo anche solo pensare, attesta una facoltà dell'animo superiore ad ogni misura dei sensi*» (*Critica del Giudizio*, par. 25) ecc. Analogamente, parlando del sublime *dinamico*, egli scrive: «La natura qui non è dunque chiamata sublime se non perché eleva l'immaginazione a rappresentare quei casi in cui l'animo può sentire la sublimità della propria destinazione, anche al di sopra della natura» (*Critica del Giudizio*, par. 28); «La sublimità non risiede dunque in nes-

suna cosa della natura, ma soltanto nell'animo nostro, quando possiamo accorgerci di esser superiori alla natura che è in noi, e perciò anche alla natura che è fuori di noi» (*ibidem*).

N.B. Kant afferma (l'osservazione è decisiva per intendere adeguatamente la sua teoria) che il sublime «esige una certa cultura», poiché «ciò che noi, preparati dalla cultura, chiamiamo sublime, senza lo sviluppo delle idee morali è per l'uomo rozzo semplicemente terribile. Questi, in quelle manifestazioni dell'impero devastatore della natura e della sua grande potenza, di fronte a cui il suo potere si riduce a niente, non vedrà che il disagio, il pericolo, l'affanno» (*Critica del Giudizio*, par. 29).

Bello e sublime p. 273 > Bello e sublime hanno *in comune* il fatto che entrambi «piacciono per se stessi» e «non presuppongono un giudizio dei sensi né un giudizio determinante dell'intelletto ma un giudizio di riflessione» (*Critica del Giudizio*, par. 23). Sono *in disaccordo*, invece, per le loro caratteristiche rispettive: 1. il bello riguarda la forma dell'oggetto, che esprime limitazione, mentre il sublime si può trovare anche in un oggetto informe; 2. «il bello implica direttamente un sentimento di agevolazione e di intensificazione della vita, e perciò si può conciliare con le attrattive [...], il sentimento del sublime invece è un piacere che sorge solo indirettamente, e cioè viene prodotto dal senso di un momentaneo impedimento, seguito da una più forte effusione, delle forze vitali, e perciò, in quanto emozione, non si presenta affatto come gioco, ma come qualcosa di serio» (*ibidem*); 3. nel bello l'animo è semplicemente attratto dall'oggetto, nel sublime risulta «alternativamente attratto e respinto», tant'è che «il piacere del sublime non è tanto una gioia positiva, ma piuttosto [...] merita di esser chiamato un piacere negativo»; 4. la bellezza naturale «include una finalità nella sua forma, per cui l'oggetto sembra come predisposto pel nostro Giudizio […] il sentimento del sublime può apparire, riguardo alla forma, contrario alla finalità per il nostro Giudizio» (*ibidem*).

N.B. 1. Mentre il bello ha a che fare con l'*intelletto* (tramite il libero gioco di immaginazione e intelletto), il sublime ha a che fare con la *ragione* e le sue idee.

2. Mentre i giudizi estetici, implicando un riferimento a oggetti *esterni* pongono il problema di una "deduzione" (v. p. 270) delle loro pretese di validità, i giudizi del sublime, esprimendo semplicemente un *nostro* modo di pensare, in cui l'oggetto compare solo come "occasione" per un fine soggettivo, non necessitano di deduzione, ma di una semplice "esposizione".

Arte p. 274 > In generale l'arte è, per Kant, un tipo di agire che produce *opere*, mentre la natura produce *effetti*. Per cui, a rigore, «non si dovrebbe dare il nome di arte se non alla produzione mediante libertà, cioè per mezzo di una volontà che pone la ragione a fondamento delle sue azioni» (*Critica del Giudizio*, par. 43). L'arte si divide in arte *meccanica* e arte *estetica*. Quest'ultima, che «ha per scopo immediato il sentimento di piacere», si divide a sua volta in arte piacevole e arte bella. Le arti *piacevoli* «son quelle dirette unicamente al godimento; tali son tutte quelle attrattive che possono dilettare una riunione conviviale». L'arte *bella*, invece, è «una specie di rappresentazione che ha il suo scopo in se stessa» e dà quindi un piacere disinteressato (*Critica del Giudizio*, par. 44).

Pur essendo distinti tra loro, bello artistico e bello naturale rispondono alle medesime definizioni della bellezza e presentano una strutturale affinità. Infatti, scrive Kant in un passo famoso, «la natura è bella quando ha l'apparenza dell'arte; l'arte, a sua volta, non può esser chiamata bella se non quando noi, pur essendo coscienti che essa sia arte, la riguardiamo come natura» (*Critica del Giudizio*, par. 45).

Genio p. 274 > Il genio (*Genie*) è il tramite fra la natura e l'arte: «Il *genio* è il talento (dono naturale), che dà la regola all'arte» (*Critica del Giudizio*, par. 46). Kant individua le caratteristiche peculiari del genio: 1. nell'*originalità* o creatività; 2. nella capacità di produrre opere che fungono da *modelli* o *esemplari* per altri; 3. nell'impossibilità di mostrare scientificamente come realizza la sua produzione. Il genio, in quanto tale, è *inimitabile* ed esiste solo nel settore delle arti belle: nella scienza vi sono senz'altro ingegni, ma non, propriamente, dei geni: «Tutti si accordano nel riconoscere che il genio è da mettere in opposizione assoluta con lo spirito d'imitazione. Ora, poiché l'apprendere non è altro che imitare, la più grande facilità ad apprendere, la più grande capacità, come tale non può far le veci del genio […]. Così, tutto ciò che Newton ha esposto nella sua immortale opera dei principi della filosofia naturale, per quanto a scoprirlo sia stata necessaria una grande mente, si può ben imparare; ma non si può imparare a poetare genialmente, per quanto possano essere minuti i precetti della poetica, ed eccellenti i modelli» (*Critica del Giudizio*, par. 47).

5. Il giudizio teleologico: il finalismo come bisogno connaturato alla nostra mente

La tendenza a pensare finalisticamente

Come si è già accennato, la finalità del reale, oltre che essere appresa immediatamente nel giudizio estetico, può anche essere pensata mediatamente nel giudizio teleologico, in virtù del concetto di fine.

Secondo Kant l'unica visione scientifica del mondo è quella meccanicistica, basata sulla categoria di causa-effetto e sui giudizi determinanti. Egli afferma tuttavia che nella nostra mente si sviluppa una tendenza irresistibile a pensare finalisticamente, cioè a **scorgere nella natura l'esistenza di cause finali**, sia intrinseche, sia estrinseche. Infatti, di fronte a un organismo vivente, noi non possiamo fare a meno di ritenere che vi sia un fine, o un progetto, che spiega la reciproca subordinazione delle parti al tutto (come, ad esempio, la funzione dei vari organi in vista della conservazione dell'individuo). → **T5** p. 289

Analogamente, di fronte all'ordine generale della natura, non possiamo fare a meno di «concepire una causa suprema [Dio] *che agisce con intenzione*» (*Critica del Giudizio*, par. 75).

Tanto più che, se ci trasportiamo in sede etica, avvertiamo l'interiore esigenza di credere che la natura, in virtù della sapienza ordinatrice di un Dio, sia organizzata in modo tale da rendere possibile la libertà e la moralità, e sia tutta quanta finalisticamente "predisposta" alla nostra specie, poiché «senza l'uomo», cioè senza un essere ragionevole, «la creazione sarebbe un semplice deserto» (*Critica del Giudizio*, par. 86).

Tuttavia, ben consapevole del fatto che in filosofia non è lecito trasformare bisogni in realtà, Kant ribadisce che il giudizio teleologico, con tutto ciò che esso implica (Dio), è pur sempre privo di valore teoretico o dimostrativo, in quanto il suo assunto di partenza, cioè la **finalità**, non è un dato verificabile, ma **soltanto un nostro modo di vedere il reale**. Certo, noi non possiamo mai fare a meno di misurarci con la considerazione teleologica, in quanto il meccanicismo, secondo Kant, non è in grado di offrire una spiegazione soddisfacente e totale dei fenomeni naturali, in particolare degli organismi. Tant'è vero che «non c'è nessuna ragione umana [...] che possa sperare di comprendere secondo cause meccaniche la produzione sia pure di un filetto d'erba» (*Critica del Giudizio*, par. 77). Ciò non toglie che si abbia il «dovere», come scrive testualmente il filosofo, di spiegare causalisticamente e meccanicisticamente «tutti i prodotti e gli avvenimenti della natura, anche quelli che rivelano la più grande finalità» (*Critica del Giudizio*, par. 78).

In altri termini, pur potendosi integrare proficuamente con la spiegazione meccanica e pur potendo svolgere il ruolo di **principio euristico per la ricerca di leggi particolari della natura**, nei confronti delle quali il modello meccanico risulta impotente, il modello teleologico non può affatto sostituire quest'ultimo nella spiegazione della natura e **non può pretendere di valere teoreticamente o scientificamente**.

In conclusione, anche per evitare l'<mark>antinomia del Giudizio teleologico</mark>, che deriva dal considerare i principi semplicemente regolativi del giudizio riflettente come principi costitutivi degli oggetti, è opportuno considerare il <mark>finalismo</mark> come **una sorta di promemoria critico** che ci ricorda da un lato i **limiti della visuale meccanicistica**, fungendo da "guida" per la ricerca, e dall'altro l'**intrascendibilità dell'orizzonte fenomenico e scientifico**.

Infatti Kant, pur lasciando intendere che il finalismo, escluso nel fenomeno, possa risultare valido nella cosa in sé, si rifiuta, anche nella terza *Critica*, di procedere oltre la scienza e il fenomeno. Saranno invece i romantici che, pur muovendo da Kant, pretenderanno, andando oltre Kant, di fare irruzione nel mondo "vietato" della cosa in sé, trasformando i postulati della morale e le "esigenze" del sentimento in altrettante realtà.

Nella *Metodologia del Giudizio teleologico*, Kant determina l'uso di tale giudizio nei confronti di quella fede razionale che già la *Critica della ragion pratica* aveva chiarito dal punto di vista pratico. Egli osserva che **la teleologia come scienza non appartiene né alla teologia né alla scienza della natura, ma alla critica** (del giudizio). Infatti, essa non è dottrina positiva, ma piuttosto scienza dei limiti. Tuttavia, consente di riconoscere nell'uomo lo scopo della creazione. Ma l'uomo è il fine della creazione come essere morale; sicché la considerazione teleologica vale a dimostrare che per l'uomo la realizzazione degli scopi che egli si propone come soggetto morale non è impossibile, dato che questi scopi sono quelli stessi della natura in cui vive. La teleologia rende così possibile una **prova morale dell'esistenza di Dio** (la moralità, come sappiamo, è senza dubbio possibile anche senza la fede in Dio perché è fondata solo sulla ragione, ma questa fede garantisce la possibilità della sua realizzazione nel mondo). Kant insiste tuttavia sull'impossibilità di utilizzare teoreticamente, cioè come un sapere oggettivo, il risultato della considerazione teleologica.

Il carattere non teoretico del giudizio teleologico

ESERCIZI INTERATTIVI

Kant e i romantici

La Metodologia del Giudizio teleologico

6. La funzione "epistemologica" del giudizio riflettente

Il problema "applicativo"

Come ha messo in luce la storiografia degli ultimi decenni (soprattutto anglosassone), nella seconda, definitiva, versione dell'introduzione alla *Critica del Giudizio*, Kant accenna a una problematica per certi aspetti nuova rispetto a quelle che ha affrontato nel corso dell'opera. Una problematica che, pur essendo meno nota, risulta non meno rilevante nell'economia complessiva del criticismo. Il filosofo spiega infatti che il giudizio riflettente svolge anche una **precisa funzione all'interno della conoscenza scientifica**, poiché serve a integrare l'intelletto **rendendo *operanti* le categorie nei casi *concreti*.** Ad esempio, perché se piove io attribuisco la causa del bagnato proprio alla pioggia e non a qualche altro evento simultaneo? La risposta si trova nelle categorie (nella fattispecie in quella di causalità). Tuttavia, **le categorie esigono di essere "applicate" al caso particolare.** E ciò in omaggio a un modello di fisica trascendentale che, nelle intenzioni di Kant, non vuole essere solo universale e *a priori*, ma anche singolare e *a posteriori* (su questo punto la terza *Critica* risulta più esplicita della prima).

La soggettività delle regole applicative

Le condizioni dell'applicazione delle categorie non sono però regole oggettive, riguardanti il rapporto tra le rappresentazioni e l'oggetto, ma soggettive, riguardanti il **rapporto tra le rappresentazioni e il soggetto.** Non sono analiticamente contenute nell'intelletto, ma richiedono l'ausilio dell'esperienza, e si traducono nelle **leggi della scienza,** che non sono rigide e immodificabili (come vorrebbe la legalità categoriale), bensì mutevoli e perfettibili. Per questo, ad esempio, per spiegare il sorgere e il tramontare del Sole si affermò dapprima l'ipotesi geocentrica e solo in un secondo tempo quella eliocentrica.

I giudizi riflettenti e le teorie scientifiche

Le differenti teorie scientifiche non sono che **diversi "ordinamenti" dell'esperienza,** dovuti alla diversa creatività di chi la sta organizzando, ossia dello scienziato che "trova" (mediante i giudizi riflettenti) degli universali non dati, sotto i quali sussumere i dati empirici. In altri termini, **i giudizi riflettenti,** nel loro tipico procedere dal particolare all'universale, **servono a costituire** non gli *oggetti* (come fanno i giudizi determinanti), bensì **le *teorie intorno agli oggetti*.** In questo senso, essi rappresentano lo strumento grazie a cui i giudizi determinanti (e quindi le categorie) diventano scientificamente operativi (lo scopo della scienza, del resto, non consiste nella formulazione di principi generali astratti, bensì nell'uso concreto di tali principi ai fini della spiegazione dei casi particolari). Perciò Kant può affermare che, pur non avendo una funzione teoretico-costitutiva in rapporto ai fenomeni (funzione sempre e solo riservata ai giudizi determinanti), i giudizi riflettenti hanno un'importante **funzione epistemologica in rapporto alla costruzione delle teorie scientifiche.**

Un problema aperto

Questa tematica (che Kant non svilupperà) risponde a un problema strutturale del kantismo: com'è possibile, muovendo dalle forme *a priori* della mente, pervenire alle leggi particolari della natura, o, meglio, alla loro applicazione all'eterogenea molteplicità dei casi singoli? → **T1** p. 282, → **T2** p. 283

Dalla *Critica della ragion pura* all'*Opus postumum*, su questo problema Kant continuerà ad arrovellarsi, senza mai raggiungere una conclusione definitiva.

VERSO
LE COMPETENZE
▶ Utilizzare il lessico
e le categorie specifiche
della filosofia

Capitolo 4 • La *Critica del Giudizio*

GLOSSARIO e RIEPILOGO

Il giudizio teleologico

Antinomia del Giudizio teleologico p. 276 > Tra le massime del giudizio riflettente, osserva Kant, può esserci una contraddizione – e quindi un'antinomia – che costituisce l'oggetto proprio della *Dialettica del giudizio teleologico*. Tale antinomia nasce allorquando si convertono i principi semplicemente regolativi del giudizio riflettente in principi costitutivi degli oggetti. Viceversa, l'antinomia sparisce quando il giudizio teleologico viene usato correttamente per quello che è, ossia come un principio regolativo o euristico, avente una funzione complementare (e non già concorrenziale) con quella dei giudizi determinanti di tipo scientifico. Ecco il testo di Kant: «La *prima massima* del giudizio è la *tesi*: Ogni produzione di cose materiali e delle loro forme deve essere giudicata possibile secondo leggi puramente meccaniche. La *seconda massima* è l'*antitesi*: Alcuni prodotti della natura materiale non possono esser giudicati possibili secondo leggi puramente meccaniche (il loro giudizio esige una legge di causalità del tutto diversa, cioè quella delle cause finali). Se questi principi, che son regolativi per l'investigazione della natura, si convertissero in principi costitutivi della possibilità degli oggetti stessi, suonerebbero così: *Tesi*: Ogni produzione di cose materiali è possibile secondo leggi puramente meccaniche. *Antitesi*: La produzione di alcune cose materiali non è possibile secondo leggi puramente meccaniche. Enunciate in tal modo, come principi oggettivi pel Giudizio determinante, queste due proposizioni si contraddirebbero, ed una sarebbe necessariamente falsa; si avrebbe allora un'antinomia […]. In quanto invece alla prima massima citata di un Giudizio riflettente, essa in realtà non contiene alcuna contraddizione. Perché quando dico: io debbo *giudicare* possibili secondo leggi puramente meccaniche tutti i fatti della natura materiale, e quindi tutte le forme che ne sono il prodotto, non dico implicitamente che tali cose *son possibili solo in questo modo* (con l'esclusione di ogni altra specie di causalità); voglio indicare solamente che debbo *riflettere* su di esse sempre *secondo il principio* del puro meccanismo della natura […] perché se non lo si mette a fondamento della ricerca, non si può avere una vera conoscenza della natura. Ciò non impedisce di applicare la seconda massima, quando se ne presenti l'occasione» (*Critica del Giudizio*, par. 70).

Finalismo p. 276 > Secondo Kant il giudizio finalistico o teleologico non è determinante, bensì riflettente, in quanto non coglie un elemento costitutivo delle cose, ma rispecchia semplicemente un modo soggettivo, per quanto inevitabile da parte dell'uomo, di rappresentarsele: «V'è un'assoluta differenza tra il dire che la produzione di certe cose della natura, o anche di tutta la natura, non è possibile se non mediante una causa che si determina ad agire intenzionalmente, e il dire che, *secondo la particolare natura della mia facoltà conoscitiva*, io non posso giudicare della possibilità di quelle cose e della loro produzione se non pensando una causa che agisce intenzionalmente, e quindi un essere che produce analogamente alla causalità di un intelletto. Nel primo caso voglio affermare qualcosa dell'oggetto, e sono tenuto a dimostrare la realtà oggettiva d'un concetto che io ammetto; nel secondo caso, la ragione non fa se non determinare l'uso delle mie facoltà conoscitive, conformemente alla loro natura e alle condizioni essenziali della loro portata e dei loro limiti» (*Critica del Giudizio*, par. 75). Da questo secondo punto di vista, che è quello proprio di Kant, il finalismo non è che un concetto *regolativo* dell'uso dell'intelletto umano, reso necessario dal fatto che l'intelletto incontra *limiti* ben precisi nella spiegazione meccanica del mondo ed è perciò portato a una considerazione complementare, di tipo teleologico. Quest'ultima, tuttavia, non può mai valere come un'autentica spiegazione e noi abbiamo «il dovere di spiegare meccanicamente, per quanto è in nostro potere […] tutti i prodotti e gli avvenimenti della natura, anche quelli che rivelano la più grande finalità» (*Critica del Giudizio*, par. 78). In altri termini, è bene considerare il finalismo alla stregua di un promemoria critico che ci ricorda, da un lato, i limiti della visuale meccanicistica – fungendo, come si è visto, da principio regolativo ed euristico – e, dall'altro, l'intrascendibilità dell'orizzonte fenomenico e scientifico.

MAPPA

La *Critica del Giudizio*

ON LINE MAPPA INTERATTIVA

Il problema

L'**OGGETTO** indagato nell'**OPERA**

↓

la facoltà del **sentimento**

→ consente all'uomo di fare esperienza della **finalità** delle cose

→ costituisce un'**esigenza umana** priva di valore teoretico

I GIUDIZI

determinanti
↓
determinano l'oggetto fenomenico unificando il molteplice attraverso le categorie dell'intelletto

riflettenti o sentimentali
↓
riflettono sull'oggetto già costituito, interpretandolo in base al principio della finalità e si dividono in

estetici
↓
vertono sulla **bellezza** e in essi la finalità è vissuta immediatamente o intuitivamente

teleologici
↓
riguardano i **fini della natura** e in essi la finalità è pensata concettualmente

Il giudizio estetico

Il BELLO

ciò che **piace senza alcun interesse**
↓
i giudizi estetici sono contemplativi e disinteressati

ciò che **piace universalmente senza concetto**
↓
i giudizi estetici hanno la pretesa di valere per tutti senza dipendere da una conoscenza

ciò che è **percepito come finalità senza scopo**
↓
i giudizi estetici colgono l'armonia delle parti e una certa finalità non esprimibile in concetti

ciò che è **riconosciuto come oggetto di un piacere necessario**
↓
il bello è percepito intuitivamente ma non può essere spiegato intellettualmente

DISTINZIONI

piacevole → ciò che **piace ai sensi** nella sensazione → dà origine ai **giudizi estetici empirici** (soggettivi)

piacere estetico → scaturisce dalla **contemplazione della forma** di un oggetto → dà origine ai **giudizi estetici puri** (universali)

bellezza libera → appresa "senza concetto"

bellezza aderente → implica il riferimento a un determinato modello

L'UNIVERSALITÀ del giudizio estetico

si fonda sulla **comune struttura della mente umana** (senso comune)

deriva da un **libero gioco delle facoltà** di fronte all'immagine della cosa

la bellezza non è nelle cose ma nel soggetto che le percepisce (**rivoluzione copernicana estetica**)

Il SUBLIME

sublime **matematico** → ha per oggetto la **grandezza della natura**

sublime **dinamico** → ha per oggetto la **potenza della natura**

dialettica tra senso di inferiorità nei confronti della natura e consapevolezza della grandezza spirituale del soggetto

Il giudizio teleologico

Il GIUDIZIO TELEOLOGICO

deriva dall'**esigenza del soggetto** di scorgere nella natura l'esistenza di **cause finali**

ha **valore euristico** e **regolativo**, non teoretico o dimostrativo

CAPITOLO 4
La *Critica del Giudizio*

Il giudizio riflettente e la sua funzione "epistemologica"

Kant redasse la *Critica del Giudizio* per proseguire la fondamentale linea problematica tracciata dalle prime due *Critiche* e rispondere alla seguente domanda: com'è possibile, muovendo dai generali presupposti aprioristici costituiti dalle categorie, pervenire alla loro applicazione all'eterogenea molteplicità dei casi singoli? Si tratta, insomma, di rendere "operanti" le categorie secondo una modalità analoga a quella espressa nella dottrina dello schematismo trascendentale e – stando alle chiarificazioni fornite da Kant nell'introduzione all'opera – tale funzione "epistemologica" viene assolta dal giudizio riflettente.

 **TRA INTELLETTO E RAGIONE**

Il brano che segue è di fondamentale importanza, poiché presenta in modo molto chiaro l'inquadramento del Giudizio tra le facoltà dell'intelletto e della ragione.

I concetti della natura, che comprendono il fondamento di ogni conoscenza teoretica a priori, si
2   basavano sulla legislazione dell'intelletto. – Il concetto di libertà, che comprendeva il fondamento di tutte le prescrizioni pratiche a priori indipendenti dalla sensibilità, si basava sulla legislazio-
4   ne della ragione. Entrambe le facoltà pertanto, a parte l'applicazione, secondo la forma logica, a princìpi (quale che ne sia l'origine), hanno ancora ciascuna una propria legislazione secondo il
6   contenuto, al di sopra della quale non ne esiste alcun'altra (a priori), e che perciò giustificava la divisione della filosofia in teoretica e pratica. Tuttavia, nella famiglia delle facoltà conoscitive
8   superiori esiste ancora un termine medio tra l'intelletto e la ragione. Si tratta del Giudizio, del quale si ha ragione di presumere, per analogia, che possa anch'esso contenere, se non una sua
10   propria legislazione, almeno un suo proprio principio a priori (comunque puramente soggettivo) di ricerca secondo leggi; un principio che, se anche non gli spetterà alcun campo di oggetti
12   come dominio, potrà tuttavia avere un suo territorio, nel quale si trovi una qualche caratteristica per la quale valga proprio solo questo principio.

(*Critica del Giudizio*, "Introduzione", XXI, a cura di A. Bosi, UTET, Torino 1993)

Analisi del testo

1-7 Quando stende le prime due *Critiche*, Kant non ha ancora in mente la terza, perché non ha ancora individuato quella nuova facoltà che ne sarà la protagonista. Nella *Critica della ragion pura* si ammette il solo intelletto: il gusto è ritenuto arbitrario e individuale, e nessuna autonomia è attribuita al sentimento. Nella *Critica della ragion pratica*, al contrario, il sentimento è ammesso, ma solo nella sua specie morale, poiché gli uomini sono in grado di percepire *a priori* l'accordo del loro comportamento con le norme etiche. È dunque comprensibile che nella terza *Critica*, anche in virtù dell'influenza delle dottrine estetiche settecentesche, Kant ammetta uno "spazio" autonomo per il sentimento e cerchi di individuarne il principio *a priori*.

7-13 Il secondo motivo che conduce Kant alla *Critica del Giudizio* è, per così dire, interno al sistema: si tratta del bisogno di "mediare" il determinismo naturale controllato dall'intelletto con la libertà pratica governata dalla ragione. Si noti, tuttavia, che Kant si riferisce qui alle sole *facoltà* teoretica e pratica: non si tratta, cioè, di collegare il *mondo* teoretico con il *mondo* pratico. Questa soluzione, del resto, era stata scartata fin dalla prima *Critica* (e precisamente nella *Dialettica trascendentale*), dove le antinomie dinamiche (intorno alla libertà e a Dio) avevano chiarito che i due regni erano compatibili solo in quanto separati. La mediazione, pertanto, non è *oggettiva*, ma *soggettiva*; il punto d'incontro risiede all'interno del soggetto: mentre i "mondi" continuano a essere due, le facoltà soggettive che li pensano sono tre. Accanto all'intelletto e alla ragione, esiste dunque un altro "strumento" *a priori* dell'animo umano, dotato di leggi proprie: il sentimento, che opera per mezzo del Giudizio.

 **IL PRINCIPIO *A PRIORI* CHE FONDA IL GIUDIZIO RIFLETTENTE**

Nel passo riportato di seguito Kant chiarisce quali debbano essere le caratteristiche del giudizio riflettente, ovvero del principio *a priori* su cui esso si regge, che permette di applicare le leggi generali della conoscenza agli infiniti casi particolari empirici.

Il Giudizio in generale è la facoltà di pensare il particolare in quanto contenuto nell'universale. Se
2   l'universale (la regola, il principio, la legge) è dato, il Giudizio che sussume sotto questo il particolare (anche se, come il Giudizio trascendentale, indica a priori le condizioni indispensabili per
4   la sussunzione a quell'universale) è *determinante*. Se invece è dato soltanto il particolare, ed il Giudizio deve trovargli l'universale, allora esso è meramente *riflettente*.
6   [...] le forme nella natura sono tanto varie, e per così dire tanto numerose le modificazioni dei concetti trascendentali universali della natura, lasciate indeterminate da quelle leggi che l'intel-
8   letto puro fornisce a priori (queste ultime infatti non riguardano che la possibilità di una natura come oggetto dei sensi in generale), – da richiedere perciò leggi che, in quanto empiriche, posso-
10   no essere contingenti dal punto di vista del nostro intelletto, ma che, per ricevere il nome di leggi (come è richiesto anche dal concetto di una natura), debbono venir considerate come necessarie
12   a partire da un concetto (per quanto a noi sconosciuto) dell'unità del molteplice. – Il Giudizio riflettente, cui tocca risalire dal particolare della natura all'universale, ha dunque bisogno d'un
14   principio che non può ricavare dall'esperienza, perché deve appunto fondare l'unità di tutti i princìpi empirici sotto princìpi anch'essi empirici, ma più elevati, e quindi la possibilità di una
16   sistematica subordinazione di tali princìpi gli uni agli altri. Un tale principio trascendentale, il Giudizio riflettente può dunque darselo soltanto esso stesso come legge, senza prenderlo
18   dall'esterno (perché allora si trasformerebbe in Giudizio determinante), né può prescriverlo alla natura, poiché la riflessione sulle leggi della natura si adegua alla natura, mentre quest'ultima
20   non si adegua alle condizioni secondo le quali noi aspiriamo a formarci di essa un concetto che, rispetto a tali condizioni, è del tutto contingente.

22 Ora questo principio non può essere che il seguente: poiché le leggi universali della natura hanno il loro fondamento nel nostro intelletto, che le prescrive alla natura (benché solo secondo il con-
24 cetto universale della natura in quanto tale), le leggi empiriche particolari, relativamente a ciò che rimane in esse non determinato dalle prime, devono venire considerate secondo un'unità
26 quale un intelletto (sebbene non il nostro) avrebbe potuto stabilire a vantaggio della nostra facoltà conoscitiva, per rendere possibile un sistema dell'esperienza secondo leggi particolari della
28 natura. Questo non nel senso di dover ammettere la reale esistenza d'un tale intelletto (perché questa idea funge da principio solo per il Giudizio riflettente, per riflettere, non per determina-
30 re); in questo modo essa dà una legge solo a se stessa, e non alla natura.

Ora, poiché il concetto di un oggetto, nella misura in cui contiene anche il principio della realtà
32 di questo oggetto, si dice *scopo*, mentre si dice *finalità* della forma d'una cosa l'accordo di questa con quella costituzione delle cose che è possibile solo mediante fini, il principio del Giudizio, ri-
34 spetto alla forma delle cose naturali sottoposte a leggi empiriche in generale, è la *finalità* della natura nella varietà delle sue forme. In altri termini, la natura viene rappresentata, mediante
36 questo concetto, come se un intelletto contenesse il fondamento unitario della molteplicità delle sue leggi empiriche.
38 La finalità della natura è dunque un particolare concetto a priori, la cui origine va cercata nel solo Giudizio riflettente.

(*Critica del Giudizio*, "Introduzione", XXVI-XXVIII, cit.)

Analisi del testo

1-5 Per Kant, come sappiamo, conoscere è giudicare, ma nella *Critica della ragion pura* il giudizio sintetico *a priori* svolge una funzione ancor più originaria: esso infatti pone l'oggetto stesso, lo costituisce o, per seguire la terminologia della terza *Critica*, lo "determina", nel senso che in esso il particolare (il materiale fornito dall'intuizione sensibile) viene sussunto sotto l'universale (le strutture già "date" dell'intelletto: le categorie). Qui invece non si tratta di "porre" o "costituire" un oggetto per poterlo conoscere, ma di "riflettere" su di esso per valutare se, in quanto oggetto (già dato) dell'intelletto, esso si accordi con i principi posti dalla ragione.

6-16 Il giudizio determinante è espressione di una legge universale che riguarda una enorme molteplicità di accadimenti e/o individui; ma è poi necessario applicare questa legge agli accadimenti stessi, che non sono mai uguali e che si presentano secondo modalità sempre differenti. L'applicazione non può essere affidata al caso o alla scelta individuale e deve pertanto risiedere in un principio *a priori*. Noi infatti dobbiamo collegare, come dice il testo, le molteplici forme della natura con le «modificazioni dei concetti trascendentali universali della natura», scegliendo di volta in volta quella versione o «modificazione» del concetto universale che meglio si applica alla forma che ci sta davanti. Il problema non è nuovo: l'*Analitica dei concetti* costituisce il primo tentativo di risolverlo, ma Kant è insoddisfatto degli schemi,

poiché essi, in quanto forme *a priori*, sembrano avere a loro volta bisogno di un termine di mediazione, in una sorta di processo che rimanda all'infinito. Il giudizio riflettente è dunque la nuova soluzione: esso riafferma l'esigenza che le leggi *a priori* tengano conto, in forma aprioristica, degli oggetti o dei contenuti dell'esperienza. Mentre nella prima *Critica* le leggi erano poste dall'intelletto in piena autonomia e in un secondo tempo si ricercava la modalità della loro applicazione, ora si afferma che è proprio l'applicazione delle leggi universali ai casi particolari a poggiare fin dall'inizio su di un principio *a priori*. E l'individuazione di tale principio *a priori* è il compito che la *Critica del Giudizio* si propone.

16-21 Le leggi applicative non sono "alternative" rispetto a quelle dell'intelletto, ma sono un elemento "ulteriore": non provenendo dall'intelletto, esse non sono necessarie nel senso delle leggi naturali e, poiché non esistono *ex parte objecti*, ma solo *ex parte subjecti*, potrebbero apparire contingenti. Questo significa che il giudizio riflettente non è uno strumento o un parametro nuovo aggiunto al giudizio determinante, ma un'integrazione necessaria perché le forme *a priori* possano essere applicate convenientemente ai casi singolari che l'esperienza ci presenta. In altre parole, la *Critica del Giudizio* affronta il medesimo problema della *Critica della ragion pura*, ma da un punto di vista epistemologico, anziché metafisico.

22-30 Il principio *a priori* su cui si fonda il giudizio riflettente non può essere una legge universale, perché in questo caso sarebbe una forma del giudizio determinante e si ritornerebbe al problema di partenza. Esso è piuttosto un principio *a priori* che tuttavia non viene "imposto" alla natura conosciuta dal soggetto, ma al soggetto che conosce la natura. Esso prende spunto dal funzionamento dell'intelletto ed è in un certo senso una riproposta dell'idea di mondo come sistema organico della totalità delle realtà empiriche: noi dobbiamo procedere nella conoscenza "come se" esistesse una globale unità della conoscenza tale da non riguardare soltanto le leggi generali, ma anche quelle particolari.

31-39 Quanto al contenuto, questo principio (che è evidentemente un'idea regolativa) è l'idea di «finalità»: a noi conviene pensare che i corpi (i quali, dal punto di vista dell'intelletto, non seguono che le leggi naturali e si inquadrano nel più rigoroso determinismo) sottostiano a un comportamento uniforme e armonico, obbediente a chiari fini, perché la ricerca delle leggi da parte dell'intelletto risulta più facile se condotta in base al principio (regolativo) di un'intrinseca razionalità delle cose. Nel conoscere, noi incontriamo degli oggetti la cui struttura o il cui comportamento sembrano spontaneamente in linea con le nostre facoltà conoscitive e con il nostro bisogno di ordine e organicità, come formati da un intelletto del tutto analogo al nostro. Questa non può essere realmente la costituzione della natura, che si comporta in base a un cieco determinismo e che è indifferente ai nostri bisogni così come alle nostre caratteristiche: l'atteggiamento teleologico è dunque attribuito alla natura dal soggetto (che formula giudizi riflettenti). Vi sono casi in cui tale finalità appare chiara, altri in cui sembra assai difficilmente proponibile (contingente). Ma il fatto che interessi l'applicazione delle leggi universali dell'intelletto dimostra invece che essa è universale e aprioristica, sia pure secondo una modalità del tutto diversa rispetto a quella in cui diciamo universali e aprioristiche le leggi conoscitive dell'intelletto e quelle pratiche della ragione.

Il giudizio estetico

Com'è noto, Kant suddivide i giudizi riflettenti in giudizi *estetici*, che vertono sulla bellezza, e giudizi *teleologici*, che vertono sui fini della natura. In realtà anche il giudizio estetico concerne (in quanto giudizio riflettente) la finalità della natura, la quale però viene percepita come «soggettiva», cioè come rispondente alle esigenze di armonia insite nel soggetto stesso.

T3 > I CARATTERI DEL BELLO

Oltre a essere richiamata la specificità del giudizio di gusto rispetto a quello teleologico, nel brano che segue sono evidenziati i primi due caratteri che Kant attribuisce al bello: il disinteresse e l'universalità che deve accompagnarne la fruizione.

Per decidere se una cosa sia bella o meno, noi non poniamo, mediante l'intelletto, la rappresen-
2 tazione in rapporto con l'oggetto, in vista della conoscenza; la rapportiamo invece, tramite l'immaginazione (forse connessa con l'intelletto) al soggetto e al suo sentimento di piacere e di di-
4 spiacere. Il giudizio di gusto non è pertanto un giudizio di conoscenza; non è quindi logico, ma estetico: intendendo con questo termine ciò il cui principio di determinazione non può essere
6 che soggettivo. […]
Si dà il nome di interesse alla soddisfazione che congiungiamo alla rappresentazione dell'esisten-
8 za d'un oggetto. […] Ora, però, quando ci si chiede se una cosa è bella, non si vuole sapere se a noi o a chiunque altro importi o possa importare qualcosa dell'esistenza della cosa; ma, piuttosto,
10 come noi la giudichiamo da un punto di vista puramente contemplativo (per intuizione o riflessione). […] È facile vedere che quello che importa, per poter dire che l'oggetto è *bello*, e per

12   provare che ho gusto, non è il mio rapporto di dipendenza dall'esistenza dell'oggetto, ma ciò che in me ricavo da questa rappresentazione. Chiunque deve riconoscere che un giudizio sul bello cui

14   si mescoli il più piccolo interesse, è molto parziale, e non costituisce un giudizio di gusto puro. […]

16   *Piacevole è ciò che piace ai sensi nella sensazione.* […] Ogni soddisfazione (si dice, o si pensa) è in sé sensazione (di piacere) […] le impressioni dei sensi che determinano l'inclinazione, i princìpi

18   della ragione, che riguardano la volontà, o le forme meramente riflesse dell'intuizione, che determinano il Giudizio, vengono ad identificarsi quanto all'effetto sul sentimento di piacere. Non si

20   tratterebbe infatti d'altro che della gioia che si prova nel sentire il proprio stato; e poiché ogni elaborazione delle nostre facoltà deve infine rivolgersi al pratico e qui trovare unità come nel suo

22   scopo, non si potrebbe attribuire loro altra stima delle cose e del loro valore che non consista nel piacere ch'esse promettono. […]

24   Il colore verde dei prati è una *sensazione oggettiva*, in quanto percezione d'un oggetto del senso; la gradevolezza invece è una sensazione soggettiva, mediante la quale nessun oggetto è rappresen-

26   tato: vale a dire, un sentimento, nel quale l'oggetto viene considerato come oggetto di soddisfazione (e non di conoscenza). […]

28   È buono ciò che, mediante la ragione, piace per il puro e semplice concetto. Parliamo di *buono a qualcosa* (utile), quando ci piace soltanto come mezzo; altre cose le chiamiamo *buone in sé*, quan-

30   do ci piacciono per se stesse. In entrambi i casi è sempre implicito il concetto di fine, quindi il rapporto della ragione con una volontà (almeno come possibilità), quindi la soddisfazione per

32   l'*esistenza* di un oggetto o di un'azione, vale a dire un qualche interesse. […]

Definizione del bello desunta dal primo momento

34   Il gusto è la facoltà di giudicare d'un oggetto o d'una specie di rappresentazione, mediante una soddisfazione o insoddisfazione scevra *d'ogni interesse.* L'oggetto d'una tale soddisfazione si dice

36   *bello.* […]

[…] quando si è consapevoli del fatto che la soddisfazione che proviamo per qualcosa è del tutto

38   disinteressata, non possiamo fare a meno di ritenere che contenga un motivo di soddisfazione per tutti. Infatti qui non ci si basa su qualche inclinazione del soggetto (né su qualche altro inte-

40   resse riflesso): chi giudica si sente completamente *libero* nei confronti della soddisfazione con cui si volge all'oggetto, per cui non riesce ad attribuire tale soddisfazione ad alcuna circostanza par-

42   ticolare, esclusiva del proprio oggetto, e deve quindi considerarla fondata su ciò che può presupporre in ogni altro: di conseguenza dovrà credere d'aver motivo di attendersi da ciascun altro una

44   simile soddisfazione. Parlerà pertanto del bello, come se la bellezza fosse una proprietà dell'oggetto, ed il giudizio fosse logico (come se cioè costituisse una conoscenza dell'oggetto mediante

46   concetti di questo). Infatti, per quanto il giudizio sia soltanto estetico e non implichi che un rapporto della rappresentazione dell'oggetto con il soggetto, è analogo al giudizio logico sotto que-

48   sto profilo, che se ne presuppone la validità per ognuno. Ma questa universalità non può scaturire neppure da concetti. Infatti dai concetti non si dà passaggio al sentimento di piacere o di

50   dispiacere […]. Ne consegue che al giudizio di gusto si deve annettere, con la consapevolezza del suo carattere disinteressato, una pretesa di validità universale, senza che tale universalità poggi

52   sull'oggetto; vale a dire, la pretesa ad una universalità soggettiva deve essere legata al giudizio di gusto. […]

54   *Definizione del bello desunta dal secondo momento*

È *bello* ciò che piace universalmente senza concetto.

(*Critica del Giudizio, Analitica del bello*, 4-6, 7-10, 16-18, cit.)

Analisi del testo

1-6 In quanto giudizio riflettente, il giudizio di gusto non è determinante; esso non produce conoscenza e non esibisce una caratteristica dell'oggetto, ma evidenzia una disposizione soggettiva, ossia il sentimento del soggetto nei confronti dell'oggetto percepito. Ciò non significa tuttavia che sia angustamente individuale: anzi, come vedremo, su questo punto il cuore della dimostrazione (deduzione) kantiana si muove proprio nella direzione contraria.

7-15 La prima caratteristica del giudizio di gusto è il disinteresse, laddove per "interesse" Kant intende la correlazione tra l'esistenza dell'oggetto rappresentato e il desiderio da parte del soggetto che contempla. Si contesta qui una linea di pensiero che postulava il legame tra il piacere e il soddisfacimento di un bisogno, e quindi tra il piacere e l'esistenza dell'oggetto mediante cui soddisfare il bisogno (proviamo piacere, ad esempio, quando, avendo voglia di un gelato, lo gustiamo, ovvero quando siamo riusciti a procurarcelo). Al contrario, secondo Kant il piacere disinteressato è l'unico a produrre autentici giudizi di gusto; dovunque si mescoli un interesse, il giudizio risulterà infatti in qualche modo "inquinato" da considerazioni di natura estranea.

16-27 Gli oggetti del piacere interessato sono il «piacevole» e il «buono», che costituiscono rispettivamente il livello inferiore e quello superiore dell'interesse: Kant ne analizza dunque i tratti, per mostrare come non debbano essere presi in considerazione in un giudizio di gusto che voglia essere autentico.
Il piacevole è l'oggetto del sentimento così come appare nella sensazione e non in forma pura. Quando si giudica "bella" una cosa sulla base della sua "piacevolezza", si opera una sorta di "contaminazione" del sentimento con la sensazione: il carattere "impuro" del piacevole risiede, cioè, nel fatto che nel giudizio del piacevole non viene percepito solo il soggetto (il suo stato interno o sentimento), ma anche l'oggetto; questo fa sì che il piacere non risulti disgiunto, come si converrebbe, dalla conoscenza.

28-36 Il buono è ciò che suscita piacere in quanto o è considerato un fine o è considerato utile al raggiungimento di un fine. Anche in questo caso il piacere non è "puro", ma "inquinato" non più da aspetti di tipo conoscitivo (come nel caso del piacevole), ma dalle argomentazioni della ragione.

37-55 La seconda caratteristica del giudizio di gusto è l'universalità. Il carattere dell'universalità è strettamente collegato a quello del disinteresse, in quanto il giudizio di gusto, proprio perché nasce da un sentimento "disinteressato", ovvero completamente libero, ci pare debba scaturire da una caratteristica "oggettiva", cioè riconosciuta da tutti. In questo senso, il piacere estetico è universale e necessario. Esso, però, non può richiamarsi a un concetto dell'intelletto che lo fondi e lo dimostri. Questo significa che si tratta di un'universalità "contingente", nel senso che noi non siamo certi che tutti la riconoscano, sebbene lo "pretendiamo". È una universalità "soggettiva", che, non potendo essere fondata (come quella "oggettiva") su giudizi determinanti, dovrà essere basata sui giudizi di gusto.
Si noti che il carattere a-concettuale del giudizio estetico corre parallelo alla sua indimostrabilità: se si trattasse di un giudizio di tipo logico-conoscitivo, tutti potrebbero, ad esempio, imparare ad apprezzare le opere d'arte e sarebbe possibile "spiegare" perché una certa cosa è bella e un'altra no. Ma così non è: noi "sentiamo" la bellezza, e ci pare che tutti debbano "sentirla" come noi, ma non siamo in grado di giustificare questo nostro sentimento.

Il sublime

La trattazione del sublime, se da un lato riflette un interesse assai diffuso presso i filosofi dell'epoca, dall'altro acquisisce in Kant un peso teorico piuttosto rilevante. Nel corso della sua analisi, infatti, il filosofo si accorge che il giudizio estetico "puro" è, di fatto, difficilmente formulabile e comincia ad ammettere, se non ad accettare esplicitamente, la possibilità che nella valutazione del bello rientrino anche fattori "interessati". Tali sono appunto i caratteri che concorrono strutturalmente alla definizione del sublime.

T4 > ANALOGIE E DIFFERENZE CON IL BELLO

Come emerge dal brano riportato di seguito, le caratteristiche del sublime vengono esposte da Kant, almeno in prima battuta, attraverso un confronto con i caratteri del bello.

Il bello e il sublime concordano in questo, che entrambi piacciono per se stessi. Entrambi inoltre non presuppongono un giudizio dei sensi o un giudizio logico determinante, ma un giudizio riflettente […].

Balzano però anche agli occhi considerevoli differenze. Il bello naturale riguarda la forma dell'oggetto, che è limitazione; il sublime al contrario si può trovare anche in un oggetto informe, in quanto implichi o provochi la rappresentazione dell'*illimitatezza*, pensata tuttavia nella sua totalità; sicché pare che il bello debba essere considerato la presentazione d'un concetto indeterminato dell'intelletto, il sublime d'un concetto indeterminato della ragione. Nel primo caso quindi la soddisfazione è legata alla rappresentazione della *qualità*, nel secondo a quella della *quantità*.

Anche tra i due tipi di soddisfazione c'è molta differenza: mentre il bello implica direttamente un sentimento di intensificazione della vita, e si può perciò conciliare con le attrattive e con il gioco dell'immaginazione, il sentimento del sublime invece è un piacere che scaturisce in modo indiretto, venendo prodotto dal senso d'un momentaneo impedimento delle forze vitali, seguito da una tanto più forte effusione di queste; e perciò, in quanto emozione, non sembra essere qualcosa di giocoso, ma di serio, tra le occupazioni dell'immaginazione. Quindi è anche inconciliabile con le attrattive; e, dato che l'animo non è solamente attratto dall'oggetto, ma alternativamente attratto e respinto, la soddisfazione del sublime non è tanto un piacere positivo, ma merita piuttosto, accompagnata com'è da ammirazione o rispetto, d'essere detta piacere negativo.

Ma la più importante ed intima differenza tra il sublime e il bello è la seguente: se, com'è giusto, prendiamo qui in considerazione prima di tutto soltanto il sublime degli oggetti naturali (quello dell'arte è limitato sempre dalla condizione che s'accordi con la natura), la bellezza naturale (indipendente) comprende nella sua forma una finalità, per cui l'oggetto sembra come predisposto per il nostro Giudizio, ponendosi così come autonomo oggetto di soddisfazione; mentre ciò che, nella semplice apprensione e senza che ci mettiamo a ragionare, produce in noi il sentimento del sublime, può apparire, quanto alla forma, urtante per il nostro Giudizio, inadeguato alla nostra facoltà di presentazione e per così dire violento contro l'immaginazione, ma proprio per questo sarà giudicato più sublime. […]

Ma in ciò che siamo soliti chiamare sublime c'è così poco di riducibile a princìpi determinati ed a forme della natura ad essi adeguate, che questa anzi suscita più facilmente le idee del sublime quando in lei dominano il caos, il disordine e la devastazione più selvaggi, purché si manifestino grandezza e potenza. E da ciò vediamo che il concetto di sublime naturale è di gran lunga meno importante e ricco di conseguenze di quello del bello naturale […].

(*Critica del Giudizio*, Analitica del sublime, 74-76, 78, cit.)

Analisi del testo

1-3 L'esperienza del sublime si apparenta con quella del bello in primo luogo per il carattere disinteressato della contemplazione. In secondo luogo, così come il bello, anche il sublime non riguarda tanto un oggetto, quanto un sentimento: anch'esso appartiene quindi alla sfera della soggettività.

4-18 Ma, rispetto al bello, il sublime presenta anche fondamentali differenze: se il bello è un sentimento di tranquillità, di ordine, di euritmia, al contrario il sublime è la rottura di questi equilibri. Esso: 1. può scaturire anche dalla contemplazione di un oggetto informe, laddove il bello risiede invece nella percezione di una forma "ordinata" e "limitata"; 2. corrisponde a un concetto (per quanto «indeterminato») della ragione, laddove il bello si imparenta piuttosto con l'intelletto (il quale "pensa", ovvero determina qualitativamente); 3. fornisce un piacere «indiretto», perché conseguente alla risoluzione di un conflitto, di un momento di tensione, mentre il piacere provocato dal bello si impone subito a noi, in quanto in pieno accordo con la tensione vitale che ci anima; 4. fornisce un piacere "misto", detto qui «negativo», poiché procura una contemplazione commossa se non addirittura agitata, in cui l'attrazione per l'oggetto si alterna alla repulsione, mentre il piacere

tipico del bello è sempre positivo e apporta tranquillità. **19-27** La «più importante ed intima differenza» tra il bello e il sublime consiste però nel fatto che, mentre il primo scaturisce da oggetti che vengono percepiti come armonicamente finalizzati al nostro spirito (alla nostra facoltà del Giudizio), il secondo nasce da oggetti che, al contrario, sembrano urtarlo, ostacolarlo, procurandogli tuttavia proprio in questo modo il piacere del superamento o dell'allontanamento dell'osatcolo. **28-32** Benché in queste righe Kant sembri sminuire l'importanza del sublime, in realtà conferirà ad esso (in particolare al sublime matematico) un ampio spazio, collegandolo alla cosiddetta «bellezza aderente», ovvero all'oggetto di quei giudizi di gusto non del tutto "puri", in cui alle considerazioni disinteressate se ne aggiungono altre di carattere logico-conoscitivo o morale.

I TESTI

Il giudizio teleologico

Oltre a essere "intuita" nel giudizio estetico, la finalità del reale viene "pensata" nel giudizio teleologico, a cui Kant dedica peraltro una parte piuttosto marginale della sua trattazione sul Giudizio.

 T5 > LA FINALITÀ DELLA NATURA

Il brano che segue contiene la distinzione tra cause efficienti (o «reali») e cause finali (o «ideali»): se le prime sono oggetto dell'intelletto, che le esprime attraverso i giudizi determinanti, le seconde sono oggetto della ragione, la quale le esprime attraverso i giudizi riflettenti.

Facendo riferimento ai princìpi trascendentali, si hanno buone ragioni per ammettere una fina-
2 lità soggettiva della natura nelle sue leggi particolari, in vista della sua intelligibilità da parte del Giudizio umano, e della possibilità di connettere le esperienze particolari in un unico sistema.
4 Ma che le cose della natura stiano tra di loro in rapporto di mezzo a fine, e che la loro stessa possibilità si possa comprendere a sufficienza solo mediante tale tipo di causalità, l'idea generale di
6 natura, come insieme degli oggetti dei sensi, non ci dà nessun motivo di pensarlo. […]
Si applica tuttavia con ragione il giudizio teleologico alla ricerca naturale, almeno problematica-
8 mente; ma solo per sottoporla, seguendo l'analogia con la causalità secondo fini, a princìpi di osservazione ed investigazione, senza pretendere di poterla *spiegare*. Esso appartiene dunque al
10 Giudizio riflettente, non a quello determinante. Il concetto di legami e di forme della natura secondo fini è perlomeno *un principio in più* per ricondurre a regole i fenomeni naturali, dove le
12 leggi della causalità puramente meccanica non sono sufficienti. […]
Il nesso causale, in quanto è pensato semplicemente dall'intelletto, è un legame che dà luogo ad
14 una serie (di cause e d'effetti) sempre in senso discendente; e le cose stesse, che in quanto effetti ne presuppongono altre come cause, non possono a loro volta essere insieme cause di queste.

16   Questo è il legame causale che vien detto delle cause efficienti (*nexus effectivus*). Si può però anche pensare ad un nesso causale secondo un concetto di ragione (dei fini), che, quando lo si

18   consideri come una serie, comporti una dipendenza tanto in senso discendente quanto in senso ascendente; in esso la cosa che da un lato è designata come un effetto, risalendo merita il nome di

20   causa di ciò di cui è effetto. [...] È questo il legame causale che viene detto delle cause finali (*nexus finalis*). Sarebbe forse più opportuno chiamare il primo legame delle cause reali, il secon-

22   do di quelle ideali, perché queste denominazioni fanno anche capire che non possono esservi che queste due specie di causalità.   (*Critica del Giudizio*, *Critica del giudizio teleologico*, 267-269, 289, cit.)

Analisi del testo

1-12 L'uomo è condotto a interpretare la natura in base all'idea di finalità, ovvero come se le cose naturali perseguissero nel loro "comportamento" il raggiungimento di fini prestabiliti, intelligentemente posti. Kant si rende perfettamente conto che noi non siamo in grado di "spiegare" realmente il comportamento naturale in base a questo presupposto e che la prospettiva finalistica vale solo «in vista della sua intelligibilità da parte del Giudizio umano», ovvero in quanto idea "regolativa"; essa è tuttavia di grande utilità perché ci spinge a razionalizzare e organizzare in misura sempre maggiore la nostra indagine sulla natura e le nostre teorie su di essa.

13-23 Il passo chiarisce la distinzione tra causalità meccanica e causalità teleologica: nella prima l'ordine delle cause e degli effetti è irreversibile e la causa precede necessariamente l'effetto; nella seconda la causa precede invece l'effetto, che è da essa "generato" come un fine che "attiva" i mezzi necessari per il proprio raggiungimento; in questo secondo caso, dunque, l'effetto da raggiungere è la causa stessa, la quale "mette in movimento" l'oggetto.

Questo secondo comportamento si ha negli organismi, che lo stesso Kant definisce come un «prodotto organizzato della natura [...] in cui tutto è reciprocamente mezzo ed insieme fine». Ciò significa, in definitiva, che, nell'ambito del complessivo problema dell'applicazione delle forme *a priori* agli eventi naturali concreti, il giudizio estetico fornisce la soluzione generale (è lo stesso Kant a dirci, a proposito della facoltà del giudizio estetico, che «essa sola contiene un principio sul quale il Giudizio fonda interamente a priori la propria riflessione sulla natura»), mentre quello teleologico fornisce la soluzione specifica, relativa al caso, particolare ma privilegiato, degli organismi.

CAPITOLO 5
Religione, diritto, storia

1. La religione nei limiti della ragione

Fede razionale e rivelazione

Di religione Kant si occupa largamente già nella *Critica della ragion pratica* e, in seguito, nell'opera **La religione entro i limiti della sola ragione** (1793). Questo scritto, in un primo momento vietato dalla censura, fu poi pubblicato a Jena, giungendo ben presto alla seconda edizione. Tuttavia, il governo prussiano ingiunse al filosofo di «usare meglio il suo ingegno» e di astenersi dallo scrivere su simili temi. Kant inizialmente obbedì, ma, dopo la morte di Federico II, avvenuta nel 1797, pubblicò sull'argomento un altro libro, dal titolo **Il conflitto delle facoltà** (1798).

Kant non crede a una fede tutta basata sulla dottrina, sui dogmi, sull'assenso cieco a un *corpus* di teorie teologiche. È invece convinto che la vera fede si fondi sui **valori morali**, sui doveri considerati come comandamenti divini, ma già presenti all'interno della ragione umana. **Dio** non è visto come oggetto del sapere, della conoscenza oggettiva, bensì come **meta di una speranza razionalmente fondata** (in grado di rispondere all'interrogativo: "Che cosa mi è lecito sperare?").

> La fede "morale" di Kant

Abbiamo visto come nella prima *Critica* non si riconosca alcuna funzione di tipo conoscitivo a Dio, il quale potrebbe essere in via del tutto ipotetica un intelletto intuitivo che coglie direttamente le cose in sé, ma che non ha un ruolo effettivo nella conoscenza umana (v. cap. 2, p. 189), e come nella seconda *Critica* l'Assoluto – in quanto espressione del «sommo bene» asserito in forma di postulato dalla ragion pratica – possieda uno specifico ruolo etico, definito per via interamente razionale (v. cap. 3, p. 246). Quale spazio ha allora la religione nella filosofia kantiana?
Kant definisce la religione come il

> La definizione kantiana della religione

> riconoscimento di tutti i doveri come comandamenti divini, non come sanzioni, cioè comandi arbitrari e per se stessi fortuiti di una volontà estranea, ma come leggi essenziali di ogni volontà in se stessa libera, che tuttavia debbono esser viste come comandi dell'essere

supremo, perché soltanto da una volontà moralmente perfetta (santa e buona) e nello stesso tempo onnipotente possiamo sperare quel sommo bene che la legge morale ci fa un dovere di proporci come oggetto dei nostri sforzi e che perciò possiamo sperare di raggiungere attraverso l'accordo con questa volontà. (*Critica della ragion pratica*, A 233)

La religione come riferimento assoluto dei valori morali

Si tratta quindi di una **riformulazione dei principi etici**: per Kant non spetta alla religione il compito di portare l'uomo verso la moralità, ma, al contrario, spetta alla moralità il compito di pervenire alla **religione**, intesa come **riferimento assoluto dei valori**. Di per sé, la morale è autonoma, è fondata sulla ragione e pertanto non richiede la religione; tuttavia essa opera nel quadro di una «connessione necessaria» con la nozione del sommo bene.

Fin qui la religione di cui parla Kant è **completamente razionale**. Restano dunque da chiarire i nessi di tale religione con quella rivelata. Inoltre va esplicitato il ruolo della fede, che non può essere ridotta a un atteggiamento esclusivamente intellettualistico e che merita in ogni caso un approfondimento, soprattutto dal punto di vista antropologico.

La specificità della religione razionale

Kant circoscrive la sua analisi alla religione razionale, ma ammette che anche restando in quest'ambito è possibile sviluppare un autentico atteggiamento religioso. La religione razionale è costituita da un **insieme di convinzioni che l'uomo può riconoscere e accettare con le sole forze della ragione**. Da un punto di vista storico, la religione può anche trarre origine da una rivelazione; tuttavia, solo se si *accorda* con la ragione essa prende piede e perdura, altrimenti viene accantonata in breve tempo.

Religione razionale e religione rivelata: differenze di contenuto…

Quanto al contenuto, il rapporto tra religione rivelata e religione razionale è descritto da Kant come quello tra **due cerchi concentrici**. La prima ha infatti un'ampiezza maggiore e contiene la seconda, che dunque ne costituisce il nucleo razionale. Ma in che cosa consiste **il "di più" della religione rivelata**? Una risposta esplicita a questo proposito si legge nello scritto *Il conflitto delle facoltà*:

> Ciò che invece noi abbiamo motivo di credere sulla base di argomenti storici (poiché a tale proposito non vale alcun *dovere*), cioè la rivelazione in quanto dottrina di fede in sé contingente, è considerata inessenziale, anche se non per questo inutile e superflua; poiché essa serve a supplire alla carenza *teoretica* della pura fede razionale – carenza che non la nega, per esempio nelle questioni sull'origine del male, sul passaggio da questo al bene, sulla certezza dell'uomo di trovarsi in quest'ultimo stato e simili – ed è inoltre di aiuto per il contributo maggiore o minore che essa dà, secondo la differenza delle circostanze di tempo e delle persone, come soddisfacimento di un bisogno razionale su questi punti.
>
> (*Il conflitto delle facoltà*, "Prefazione", in *Scritti di filosofia della religione*, Mursia, Milano 1989, pp. 233-234)

La **religione rivelata** riesce dunque a offrire **spiegazioni più convincenti su alcuni argomenti**, come la presenza del male o la conversione dell'uomo al bene, **ma** a sua volta **deve essere sottoposta al *vaglio* della ragione**. È infatti necessario discriminare le forme autentiche di religiosità da quelle irrazionali e dalle superstizioni, che invece allontanano l'uomo dall'agire etico. Kant legge dunque la Bibbia in modo da reinterpretare e intendere la sua narrazione come una serie di proposizioni morali, che nel loro insieme costituiscono una religione "naturale", ossia tale che «gli uomini *avrebbero potuto e dovuto*, col semplice uso della loro ragione, *giungervi* da se stessi» (*La religione entro i limiti della sola ragione*, Laterza, Roma-Bari 1980, p. 170).

Insomma, Kant non pone un discrimine netto tra i due tipi di religione. Così come il teologo biblico parte dalla rivelazione, ma cerca sempre di produrre un fondamento razionale per le sue osservazioni, allo stesso modo il filosofo resta nel campo della riflessione, ma trae dalla religione rivelata un aiuto per ampliare le sue considerazioni e per risolvere alcuni problemi sui quali la ragione a volte si mostra impotente o almeno insoddisfacente.

A proposito invece della **forma**, Kant osserva che **la religione rivelata si rivolge all'uomo** *intero*, **costituito non solo dalla ragione, ma anche dalla sensibilità**. I simboli religiosi traducono i principi teologici astratti in forme comprensibili a tutti, e ciò è valutato positivamente, anche se altrove, come abbiamo visto, Kant obietta che un'umanità davvero matura potrebbe fare a meno di queste concessioni alla sensibilità.

> ... e di forma

L'uomo tra il male e il bene

Passando a esaminare più nel dettaglio i contenuti della religione naturale ammessa da Kant, è opportuno ricordare che il problema del male e della sua compatibilità con l'esistenza di Dio era stato spesso al centro della riflessione filosofica. Leibniz aveva coniato il nome di "teodicea" per indicare questo tema, ma esso era reperibile già nell'Antico Testamento (e, segnatamente, nel libro di Giobbe).

Affrontando questo argomento, Kant rileva nell'uomo un'*insopprimibile* tendenza al negativo, che indica con l'espressione ==male radicale==. **L'uomo è cattivo per natura**: è una caratteristica che non si può "dedurre" aprioristicamente dall'essenza umana, ma che tutti constatiamo per esperienza. Questa tendenza presenta tre gradi:

> Il «male radicale»

- la **fragilità**, ossia la difficoltà a mettere in pratica i precetti morali;
- l'**impurità**, ossia il fatto che nell'agire l'uomo mescola i precetti morali ad altri meno nobili;
- la **malvagità**, per cui l'agire è retto per intero da motivazioni estranee alla morale.

Le cause del male radicale non risiedono né nella sensibilità in quanto tale (come reputano le scuole di orientamento sensistico, dagli epicurei agli illuministi), né nella società (come sostengono Seneca e Rousseau), e nemmeno in un pervertimento della ragione, che di per sé è ottima legislatrice (altrimenti dovremmo ammettere la natura diabolica dell'uomo). Piuttosto, il male radicale esiste perché l'uomo, pur riconoscendo le norme morali, è libero di anteporvi degli impulsi sensibili e particolari come l'amore di sé. **L'inclinazione al male è** dunque **un atto libero**, che deve essere imputato all'uomo come un peccato di cui si è reso colpevole.

Secondo Kant anche la **disposizione al bene** è **originaria**. Infatti, se nell'uomo è presente il male radicale, come effetto del libero arbitrio, dalla medesima libertà umana deriva anche la possibilità di praticare il bene, di diventare sempre migliore, di «trovarsi sulla via buona (sebbene stretta) di un *progresso* **incessante dal male al meglio**» (*La religione entro i limiti della sola ragione*, cit., p. 51). Questo passaggio dal male al bene è denominato ==conversione==: si tratta di un atto interiore che produce una continua e infinita realizzazione pratica, un progressivo avvicinamento all'ideale che non si compie mai completamente. L'uomo sa che, se le sue forze non saranno sufficienti al raggiungimento dell'obiettivo, egli riceverà un aiuto da Dio, che conosce le sue intenzioni. In altre parole, Kant (memore di un aspetto fondamentale dell'etica protestante) riconosce il tema della *grazia*, pur subordinandolo all'impegno morale dell'uomo.

> Il bene come progresso incessante

Cristo come
simbolo
dell'umanità
gradita a Dio

Quella di conversione è un'idea *astratta*. Essa, tuttavia, s'incarna in una persona che rappresenta *in concreto* la perfezione morale dell'umanità: Cristo, inteso però non tanto come individuo storico, quanto come **ideale che l'uomo deve trovare dentro di sé**. Cristo è quindi il Verbo di cui parla l'evangelista Giovanni, visto non come principio o causa della creazione, ma piuttosto come suo **fine**. Questo ideale, sebbene si sia concretizzato solo in un certo momento storico, è *sempre* stato **presente nell'interiorità dell'uomo**, anche prima della nascita di Gesù di Nazareth:

> il buon principio non è certo sceso dal cielo nell'umanità in una determinata epoca: ma fin dall'origine del genere umano, in modo invisibile.
>
> (*La religione entro i limiti della sola ragione*, cit., p. 89)

Cristo, dunque, più che come il figlio di Dio o il redentore dell'umanità, è da Kant considerato prevalentemente come una **disposizione morale**.

La chiesa
come comunità
morale

A questa particolare lettura della figura di Cristo fa riscontro in Kant una concezione della **chiesa come comunità etica**. A differenza della comunità giuridica, nella quale le norme sono poste da un'autorità esterna, quella ecclesiastica richiede una **libera e convinta adesione interiore**. Se nella prima forma di comunità il legislatore si ferma a considerare l'interesse comune e richiede un comportamento che sia (almeno) esteriormente in linea con le norme, nella seconda prescrive i veri doveri, cioè quelli morali, e li valuta in base all'intenzione (che è invece indifferente alla legge dello Stato). Ora, questo secondo legislatore non può essere che Dio: le Sue leggi sono quelle morali ed Egli è il solo in grado di vedere i moventi dell'agire umano, i quali risiedono nell'interiorità.

Chiesa invisibile
e chiesa visibile

La chiesa di Kant è allora la **chiesa invisibile**, «semplice idea della **riunione di tutti i giusti sotto l'immediato ma morale governo universale divino**, che serve di modello a ogni altro governo fondato dagli uomini» (*La religione entro i limiti della sola ragione*, cit., p. 108). La **chiesa visibile**, che si manifesta nelle istituzioni ecclesiastiche, **si giudica in base alla sua conformità rispetto a quella invisibile**. Essa, dunque, non è l'ideale, ma l'attuazione di esso, nella limitata e imperfetta misura in cui gli uomini sono in grado di tradurre in concreto un modello astratto.

Essendo un'istituzione umana, la chiesa visibile non può e non deve rinunciare al principio di autorità e ad un'organizzazione gerarchica, né al ricorso ai dogmi, ai testi sacri e alla liturgia. Essa, tuttavia, deve avere come obiettivo non la mera osservanza esteriore dei precetti religiosi, ma la fede e la disposizione morale. **Il culto autentico consiste** infatti, secondo Kant, **nella condotta morale**.

ESERCIZI
INTERATTIVI — ON LINE

2. Il diritto e lo Stato

Morale e diritto

L'etica kantiana è stata spesso accusata di mancare – a differenza di quella aristotelica – di un adeguato concetto di "prassi". In altre parole, essa si fermerebbe al **livello astratto dei principi** e non riuscirebbe a indicare comportamenti concreti in linea con i valori che propone. La seconda *Critica* sarebbe affetta da **soggettivismo** e da **astoricità**, restando chiusa nella sfera delle intenzioni del singolo, senza sapersi confrontare con la molteplicità delle situazioni reali. In tal senso si sono espressi pensatori e storici della filosofia dell'Ottocento e del Novecento, da Hegel a Nietzsche, da Scheler a Hartmann.

Questa posizione diventa però difficilmente sostenibile se solo si pensa all'ampiezza e alla profondità de *La metafisica dei costumi* (1797), dove, pur sempre partendo dal carattere universale e formale dell'imperativo categorico, Kant indaga quali obblighi concreti si legittimino come autenticamente morali. Se la seconda parte dell'opera – intitolata *Principi metafisici della dottrina della virtù* – è dedicata al **comportamento concreto individuale** (che si incarna nelle virtù come nelle propensioni del carattere), la prima – intitolata *Principi metafisici della dottrina del diritto* – si occupa invece di **come possa attuarsi la morale** nelle istituzioni che governano la coesistenza umana, e specificamente **nel diritto e nello Stato**. Anzi, proprio la duplice articolazione della *Metafisica dei costumi* mostra come Kant, al pari di Aristotele, cerchi una *saldatura* tra la dimensione privata e quella pubblica dei valori, tra la loro affermazione di principio e la loro manifestazione di fatto nel comportamento.

Di problemi analoghi Kant tratta anche in lavori meno conosciuti, come l'*Antropologia dal punto di vista pragmatico* (1798), le lezioni di *Pedagogia* (1803) e alcuni scritti politici ritenuti minori.

I fondamenti del diritto e la sintesi *a priori* giuridica

Kant ritiene che il **diritto** trovi la propria attuazione non in principi astratti, bensì negli ordinamenti effettivi che costituiscono il diritto positivo, cioè nelle istituzioni politiche e nei codici. La filosofia deve individuare i **principi metafisici o *a priori* del diritto**, ma non può compierne una deduzione interamente razionale. Deve invece interagire con l'esperienza: gli **elementi empirici** sono essenziali, perché servono a specificare gli ambiti di applicazione del diritto stesso. Infatti «**il concetto del diritto, sebbene sia un concetto puro, è tuttavia orientato alla prassi**» (*La metafisica dei costumi*, trad. it. di G. Vidari parzialmente modificata, Laterza, Roma-Bari 1983, p. 3). In altre parole, la filosofia non è in grado di costruire l'*intero* sistema del diritto e non può sostituire né il legislatore, né il giudice. Ma questi ultimi non possono fare a meno della filosofia, perché altrimenti mancherebbero dei *fondamenti* su cui istituire leggi razionali e giuste.

Diritto e filosofia

Il diritto attiene alla **sfera della libertà esterna** e riguarda le **azioni** che la persona compie in un contesto collettivo, anche e soprattutto nei confronti degli altri, le **regole** che sovrintendono a quelle azioni e i **principi** da cui tali regole vengono dedotte. Nel diritto, al contrario di quanto accade nella sfera pratica, ciò che conta è l'*azione* e non l'*intenzione* che la produce. Ad esempio, se le clausole di un contratto sono rispettate senza inganno, non ha alcun rilievo se tale adempimento procede dall'onestà dei contraenti o dal timore di sanzioni penali (si veda la distinzione tra legalità e moralità, p. 239).

La sfera del diritto

Posto che il diritto riguarda la relazione esterna della persona con i propri simili, **contro l'anarchismo** Kant afferma che le norme giuridiche non possono essere assenti nei rapporti tra gli uomini, altrimenti s'instaurerebbe una situazione di caos e di violenza. Nello stesso tempo, **contro il positivismo giuridico** – per il quale le norme valgono di per sé una volta poste dal sovrano – egli sostiene che esse non devono nemmeno essere arbitrarie, cioè affidate, come voleva Hobbes, a un legislatore assoluto la cui opera è indiscutibile.

Contro l'anarchismo e contro il positivismo giuridico

Il metodo trascendentale

Poiché il compito del diritto è rendere possibile la convivenza delle persone, ancor prima di ogni loro esperienza, anche in questo ambito Kant segue la sua impostazione trascendentale. Tant'è che egli non prende in considerazione antiche e ricorrenti questioni di filosofia politica, ad esempio la natura pacifica o aggressiva dell'uomo, o il carattere bellicoso o spontaneamente sociale dello stato di natura. Non è per niente interessato a ricostruire storicamente la genesi dello Stato, né a studiare come si siano costituiti gli Stati moderni. Per lui la **comunità giuridica** è **un insieme di soggetti responsabili che traggono dalla ragione la notizia dei loro diritti**: è in primo luogo non un fatto, ma un **elemento ideale e regolativo**. I **diritti dell'uomo** valgono indipendentemente dalle condizioni storiche e da ogni altra contingenza. Hanno infatti un **carattere universale radicato nella natura razionale dell'uomo** stesso. Più in dettaglio: ogni uomo deve poter godere per intero di quella libertà che rappresenta la condizione imprescindibile di ogni agire pratico. Il metodo trascendentale, o la **sintesi *a priori* giuridica**, di Kant consiste proprio in questo: tutte le categorie giuridiche non prendono le mosse dalla considerazione di fatti (storici o ideali che siano), come la necessità per l'uomo di sopravvivere o di vivere in pace nel benessere e nell'indipendenza economica, bensì dall'analisi di quanto è intrinseco alla natura razionale dell'uomo. Si tratta quindi di un'**indagine sul fondamento *a priori* della convivenza civile**, consistente, in concreto, nel giustificare i principali istituti giuridici tramite alcuni principi razionali *a priori*.

PERCORSO DISCIPLINARE
Lo Stato e la politica
La definizione di democrazia
ON LINE

Il limite della libertà

La libertà esterna diviene possibile non in una situazione di libertà *illimitata*, perché questa, contraddittoriamente rispetto ai suoi stessi presupposti, porterebbe alla distruzione della libertà altrui. Al contrario, è necessaria una *limitazione* **della libertà di ciascuno per consentire la libertà di tutti**. Kant legittima così la **costrizione**, senza la quale non potrebbe esserci un ordinamento finalizzato alla convivenza.

La definizione del diritto

Tuttavia la costrizione è ammissibile, ed è perciò diritto, solo nella misura in cui respinga l'ingiustizia. Da ciò la celebre **definizione kantiana del diritto** come

> l'insieme delle condizioni, per mezzo delle quali l'arbitrio dell'uno può accordarsi con l'arbitrio di un altro secondo una legge universale della libertà.
>
> (*La metafisica dei costumi*, cit., pp. 34-35)

Il fondamento della legittimità del diritto sta proprio in questo concetto, il quale esprime la misura dell'equità, e perciò della razionalità, delle norme giuridiche. **Legittime sono solo quelle norme che consentono la convivenza**, ossia che obbediscono alla regola della **mutua limitazione della libertà individuale**:

> Agisci esternamente in modo che il libero uso del tuo arbitrio possa coesistere con la libertà di ognuno, secondo una legge universale.
> (*La metafisica dei costumi*, cit., p. 35)

Questa regola si presenta pertanto come il corrispettivo, nell'ambito della legalità universale, dell'imperativo categorico morale.

Le forme del diritto

Kant divide il diritto in diritto **innato**, che è dato a ciascuno dalla natura, indipendentemente da ogni atto giuridico, e diritto **acquisito**, che nasce soltanto da un atto giuridico.
Il diritto acquisito si distingue poi in diritto **privato**, che definisce la legittimità e i limiti del possesso delle cose esterne, e diritto **pubblico**, che concerne la vita associata degli individui in una comunità giuridicamente ordinata. Questa comunità è lo Stato.

ESERCIZI INTERATTIVI ON LINE

La teoria dello Stato

Kant abbraccia il **contrattualismo** come dottrina sulla genesi dello **Stato**. Egli deriva da Hobbes l'idea che i rischi dello stato di natura conducano alla fondazione razionale dello Stato; da Locke la convinzione che esistano dei diritti umani inalienabili; sempre da Locke e da Montesquieu la tesi della divisione dei poteri; e infine da Rousseau la concezione della volontà collettiva come unico principio adeguato per la formazione del diritto positivo. Nella prospettiva trascendentale kantiana, il **contratto sociale**, che il filosofo chiama anche «**contratto originario**», non è un fatto o un evento storico, bensì una necessità concettuale che precede e rende possibili tutti i fatti e tutti gli eventi: si tratta dunque di **un'idea pura *a priori*** della ragion pratica, intesa come **il modello a cui devono tendere e conformarsi i contratti e le politiche reali.**

Il contrattualismo

Da ciò la critica alla Rivoluzione francese. È noto che Kant, come altri intellettuali tedeschi, simpatizzò con la fase iniziale della Rivoluzione, ma fu inorridito dalla violenza del Terrore, che egli attribuì al fatto che Robespierre, anziché mirare all'interesse collettivo, aveva mascherato i propri interessi, presentandoli come se fossero quelli dell'intera nazione francese. Più in generale, Kant, al di là dell'entusiasmo iniziale per i fatti francesi, non ammette la legittimità della rivoluzione, né il diritto di resistere a un potere pubblico legale. **Un potere costituito può solo essere riformato, non rovesciato con la violenza.** L'unica sfera del dissenso legittimo è quella della libera critica e della libera "penna", ossia dell'uso pubblico della ragione umana.

La critica alla Rivoluzione francese

Per quanto concerne il fine dello Stato, contrapponendosi alla concezione prevalente, che attribuiva allo Stato – cioè, di fatto, al principe – il compito di indirizzare i sudditi alla felicità, Kant afferma l'assurdità di tale pretesa, dal momento che la felicità è qualcosa di assolutamente personale e incomunicabile. Lo Stato non ha un fine proprio, poiché quest'ultimo coincide in realtà con i fini molteplici degli individui: pertanto deve limitarsi a fare in modo che ciascun individuo possa raggiungere liberamente i *propri* scopi.
In altri termini, secondo Kant – che può essere considerato **uno dei padri fondatori del liberalismo moderno e uno dei suoi maggiori filosofi** – lo Stato non deve preoccuparsi né della salvezza dell'anima (come farebbe lo Stato confessionale), né della realizzazione delle virtù (come farebbe lo Stato etico), né della regolamentazione globale dell'economia (come farebbe lo Stato comunista), né della felicità dei suoi sudditi (come farebbe lo Stato eudemonistico o paternalistico). Lo Stato deve preoccuparsi soltanto di mettere i propri cittadini nella condizione giuridica di perseguire, come meglio credono, i fini religiosi, etici, economici, eudemonistici che ritengono più appropriati e consoni ai loro progetti di vita. Oltre che liberale, lo Stato kantiano, come ha puntualizzato Norberto Bobbio, è quindi "**giuridico**", ossia uno "Stato di diritto" che ha per funzione specifica l'istituzione di un ordinamento in cui, in base alla definizione criticistica del diritto, ciascuno possa coesistere con gli altri, secondo una legge universale.
Oltre che liberale e giuridico, lo Stato di Kant può inoltre essere detto "**formale**", poiché non si occupa di *che cosa* debbano fare i cittadini, ma di *come* devono farlo. In altre parole, a questo tipo di Stato non interessa propriamente quello che fanno i cittadini, ma che quello che essi fanno sia fatto in modo da non ledere gli altri e la loro libertà.

La teorizzazione kantiana del liberalismo…

TAVOLA ROTONDA
ON LINE Lo Stato e la politica
Liberalismo e socialismo

... e la sua importanza storica e teorica

Su questi punti la dottrina di Kant è lucida e rigorosa. Al punto che Bobbio ha scorto in essa «una delle migliori formulazioni, ancora oggi valide, della concezione liberale dello Stato», aggiungendo che «è proprio per la chiarezza con cui Kant esprime questo concetto della libertà come fine dello Stato che il suo pensiero politico e giuridico merita di essere ancora attentamente studiato»[1].

3. La filosofia della storia

La filosofia della **storia** di Kant per lungo tempo non ha ricevuto un'attenzione pari a quella riservata alle sue opere teoretiche e pratiche, e non ha avuto sul pensiero moderno l'influenza esercitata da autori come Hobbes, Locke o Rousseau. Su di essa, inoltre, sono stati talvolta espressi giudizi assai poco lusinghieri, a cominciare da quelli di Schopenhauer.
Come vedremo nel corso del paragrafo, negli ultimi decenni la situazione è cambiata. Non solo gli storici della filosofia hanno affrontato in un'ottica nuova questa parte della filosofia kantiana, proponendone una profonda rivalutazione, ma alcuni tra i maggiori pensatori politici contemporanei hanno anche rinvenuto in Kant elementi di grande attualità.

Gli scritti sulla storia

Il tema della storia è affrontato da Kant in una serie di scritti brevi e apparentemente minori: *Idea per una storia universale dal punto di vista cosmopolitico* (1784); *Recensione di J.G. Herder, Idee per la filosofia della storia dell'umanità* (1785); *Congetture sull'origine della storia* (1786).
L'argomento è poi sfiorato ne *Il conflitto delle facoltà* (1798), nella *Risposta alla domanda: Che cos'è l'Illuminismo?* (1784) e infine in *Per la pace perpetua. Un progetto filosofico* (1795).

Storia e libertà

Nella *Recensione di J.G. Herder* Kant si chiede se la storia sia semplicemente un susseguirsi casuale di eventi o se abbia una destinazione generale e quindi una logica intrinseca, che la dirige verso il raggiungimento di qualche fine precostituito. La risposta del filosofo – fondata sulla sua riflessione etica – è che **esiste una destinazione aprioristica dell'uomo come essere collettivo: la libertà**. In altre parole, le tappe della storia portano l'uomo a essere sempre più consapevole di sé e delle sue potenzialità, favorendo in misura crescente la sua realizzazione di essere razionale e autonomo.
La filosofia della storia di Herder, di matrice spinoziano-leibniziana (v. unità 8, cap. 1), tendeva a integrare storia e natura, fondendole in un unico ordine armonico governato da una legge comune e superiore, ma finendo così per sottrarre la storia al dominio della libertà. Per Kant, invece, **la realizzazione dell'umanità si attua solo se l'uomo si sottomette a una norma posta da lui stesso**, in linea con il concetto pratico di autonomia del volere. Tuttavia tale realizzazione resta sempre *problematica*, proprio perché sciolta dalla necessità naturale e affidata all'iniziativa umana.

Storia e finalità

Nell'*Idea per una storia universale dal punto di vista cosmopolitico* Kant torna a domandarsi se al di sotto della grande varietà degli eventi storici, e anche del disordine, dell'irrazionalità e del male, si possa rintracciare una direzione complessiva, un senso unico, ovvero se attraverso il "libero gioco" delle azioni umane trovi concretezza, nel corso della storia, un piano determinato, sebbene non necessitante, che valga come scopo finale dello sviluppo dell'umanità.

---

1 N. Bobbio, *Diritto e stato nel pensiero di Emanuele Kant*, Giappichelli, Torino 1969[2], p. 231.

Il filosofo risponde appellandosi a quell'idea di **finalità** che giocherà un ruolo decisivo nella successiva *Critica del Giudizio*. Egli comincia con l'osservare che tutte le tendenze naturali degli esseri creati sono destinate a svilupparsi completamente in conformità al loro scopo: ad esempio, un organo che non debba essere usato o un ordinamento che non raggiunga il suo scopo sono contrastanti con l'organizzazione teleologica della natura. Se tutta la natura contiene elementi teleologici, essi non possono mancare nell'uomo. Tuttavia il **finalismo dell'uomo**, a differenza di quello del resto della natura, coincide con la **realizzazione della sua essenza razionale**. In questa vicenda l'uomo non è aiutato dalla necessità o dall'istinto, e tutto ciò che riesce a conseguire è dunque frutto di una sua faticosa *conquista*.
Poiché una tale impresa si scontra con la brevità dell'esistenza individuale, essa è resa possibile dalla società e dalla trasmissione delle conquiste culturali. **Lo sviluppo riguarda** pertanto non i singoli, ma **l'umanità nel suo complesso**.

QUESTIONE MULTIMEDIALE
ON LINE La storia
La controfinalità
nella storia

Lo sviluppo della storia non è però lineare. Esso, infatti, è il risultato di due tendenze opposte, riassunte da Kant in una sorta di ossimoro: «**l'insocievole socievolezza dell'uomo**» (*Idea per una storia universale*, V, in *Scritti di storia, politica e diritto*, Laterza, Roma-Bari 1995, p. 33): da un lato, gli individui tendono a unirsi in comunità; dall'altro, sono sempre in antagonismo gli uni con gli altri. Da ciò gli inevitabili mali e disordini che agitano la storia.
Senza il conflitto, tuttavia, gli uomini resterebbero in una perfetta ma inconsapevole e improduttiva armonia, al pari di un gregge di pecore, e finirebbero per lasciare irrealizzata la loro natura razionale. Invece sono proprio la contrapposizione, lo scontro, il senso dell'emulazione e la stessa invidia o la cupidigia che fanno progredire l'umanità.

L'«insocievole socievolezza dell'uomo»

Nelle ***Congetture sull'origine della storia*** viene posto un quesito intorno alla "nascita" della storia. La risposta non può che essere di tipo congetturale: per questo Kant parte qui dal testo biblico della *Genesi* (capp. 2-6), dichiarando però di voler rimanere fedele alla ragione e all'esperienza.

Il farsi "adulto" dell'uomo

Egli immagina l'inizio della storia nel **paradiso terrestre**, dove gli uomini vivono in base al **solo istinto**, come animali pacifici ma inconsapevoli delle loro potenzialità e del progresso che da esse può avere origine. Ben presto, però, lo **stimolo insopprimibile della ragione** conduce l'uomo a voler estendere le sue conoscenze, a desiderare cose non più strettamente legate ai bisogni naturali, e anzi in certi casi in contrasto con questi ultimi. Di conseguenza, l'uomo non è più indotto a un unico modo di vita, come invece accade agli altri animali: egli, ad esempio, può scegliere tra diverse forme di alimentazione e può procrastinare, o comunque dirigere verso oggetti non immediatamente presenti, il soddisfacimento dell'impulso sessuale. Si passa così da stimoli solo sensibili a **stimoli anche ideali**.
Come passo successivo, l'uomo comincia a **preoccuparsi del futuro**, sebbene questo implichi anche aspetti negativi come la paura della morte.
Infine, la ragione consente all'uomo di **riconoscere se stesso come il vero fine della natura**. In questo senso, **tutti gli esseri naturali diventano suoi "mezzi"** (come il bue o il cavallo, che sono destinati all'aratura), **ma** ciò **non** può valere per **gli altri uomini**, posti come lui sul piano della razionalità e della libertà. Sorge così il concetto di "**uguaglianza**".
Il definitivo passaggio dell'umanità dalla condizione "infantile" del paradiso terrestre a una condizione "adulta" è però segnato dalla **conquista della libertà**, che coincide con l'**irruzione del male nella storia**. Infatti, se sotto la tutela di Dio non poteva esserci che il bene, una volta che l'uomo se ne sia svincolato, facendosi libero, egli si trova di fronte alla "possibilità" del male.

QUESTIONE (PDF)
ON LINE Gli animali
hanno diritti?
(Kant, Singer)

La libertà e
la razionalità
dell'uomo
come fini
della storia

Tuttavia, se questo è un danno per l'individuo, è invece un guadagno per la specie umana. Il **fine della storia**, infatti, consiste precisamente nel **dispiegamento sempre più ampio della razionalità e della libertà dell'uomo**. E tale dispiegamento coincide a sua volta con l'affermazione di una società civile in grado di far valere universalmente il diritto e di attuare «una *costituzione civile* perfettamente *giusta*» (*Idea per una storia universale*, V, cit., p. 34). Nel prossimo paragrafo vedremo quindi come possa essere realizzata, secondo Kant, l'idea razionale di una comunità pacifica formata da tutti i popoli della terra.

4. L'ordinamento giuridico universale

La ricerca della pace e l'unione tra gli Stati

Per la pace
perpetua

Lo scritto ***Per la pace perpetua***, redatto in occasione della pace firmata a Basilea tra Francia e Prussia il 5 aprile 1795, rappresenta «uno degli scritti più suggestivi e giustamente famosi di Kant» (Augusto Guerra). In quest'opera la discussione sul tema della pace tra gli Stati prende l'insolita forma di un **trattato internazionale**, comprendente sei "articoli preliminari" (che vertono sulle condizioni necessarie per eliminare le principali ragioni di guerra tra gli Stati) e tre "articoli definitivi" (che vertono sulle condizioni necessarie per stabilire una pace durevole).

Gli articoli
preliminari

Gli articoli preliminari sostengono in sintesi che:
1) nessun trattato di pace può ritenersi tale, se è siglato con la tacita riserva di pretesti per una guerra futura;
2) nessuno Stato indipendente può essere acquistato da parte di un altro per successione ereditaria, per via di scambio, compera o donazione;
3) gli eserciti permanenti devono con il tempo interamente scomparire;
4) non si devono contrarre debiti pubblici in vista di un'azione (bellica) da compiere all'estero;
5) nessuno Stato deve intromettersi con la forza nella costituzione e nel governo di un altro Stato;
6) nessuno Stato in guerra con un altro deve permettere atti ostili che renderebbero impossibile la reciproca fiducia nella pace futura.

Gli articoli
definitivi

Gli articoli definitivi enunciano **tre esigenze o condizioni** fondamentali:
1) la costituzione di ogni Stato deve essere repubblicana;
2) il diritto internazionale deve fondarsi su una federazione di liberi Stati;
3) il diritto cosmopolitico deve essere limitato alle condizioni di un'universale ospitalità.

L'esigenza
di una comunità
mondiale

Per capire il senso delle prime due (basilari) condizioni è indispensabile ricostruire il ragionamento complessivo di Kant. Finora, osserva il filosofo, la sicurezza e i rapporti giuridici valgono soltanto *all'interno* di ciascun singolo Stato, e pertanto in un orizzonte troppo ristretto. È quindi necessario che la coesistenza pacifica si estenda ai vari Stati. Questi, infatti, **in mancanza di rapporti giuridici** sono costretti a vivere in **una sorta di "stato di natura" bellicoso**, in cui domina il diritto del più forte. In altre parole, quello stesso stato di natura che vigeva tra gli individui prima della costituzione dello Stato continua a valere in seguito nei rapporti tra gli Stati:

> Considerati in quanto Stati, i popoli possono essere giudicati come fossero singoli uomini che, nel reciproco stato di natura (ossia nell'indipendenza da leggi esterne), si ledano già con l'essere l'uno vicino all'altro, e ognuno dei quali può e deve esigere dall'altro, per la sua sicurezza, di entrare con lui in una costituzione analoga a quella civile, in cui ciascuno possa essere assicurato del suo diritto.
>
> (*Per la pace perpetua*, in *Scritti di storia, politica e diritto*, cit., pp. 173-174)

Proseguendo sulla via di questo parallelismo tra i rapporti che intercorrono tra gli Stati e i rapporti che intercorrono tra gli individui che vivono in una situazione naturale, Kant afferma che, come nel passato la natura ha indotto gli uomini a edificare la società civile, allo scopo di toglierli da una condizione di libertà illimitata e distruttiva, così in futuro essa li indurrà a uscire dalla condizione di lotta e di barbarie che da sempre caratterizza i rapporti internazionali, allo scopo di dare origine a un **ordine giuridico mondiale** fondato sulla collaborazione e sulla pace tra i popoli. Il concetto di tale ordine giuridico mondiale è espresso da Kant con il termine-chiave «*Weltbürgertum*», che letteralmente significa **ordinamento cosmopolitico**.

ECHI DEL PENSIERO

Come superare la guerra?, p. 308

Il processo delineato da Kant non è però necessario, cioè destinato immancabilmente ad attuarsi. Infatti, lo stato di pace non è un *Naturstand*, ossia uno stato di natura, ma un *gesetzlicher Zustand*, uno stato legale, il quale, non essendo **affidato** alla natura, ma **alla razionalità umana**, non ha alcuna garanzia intrinseca di realizzazione e si configura piuttosto come un compito da perseguire:

⌐ L'ordinamento cosmopolitico come compito

> Se è dovere, e se è insieme una fondata speranza, realizzare lo stato di un diritto pubblico, sebbene soltanto in un avvicinamento che procede all'infinito, allora la *pace perpetua* […] non è un'idea vuota, ma un compito.   (*Per la pace perpetua*, cit., p. 204)

La realizzazione di questo compito richiede come prima condizione (secondo un processo avviato dalla Rivoluzione francese) **l'avvento del regime repubblicano all'interno degli Stati**. Infatti, la costituzione repubblicana, essendo basata sulla libertà e sull'uguaglianza giuridica, implica – se correttamente applicata – la necessità dell'assenso di tutti i cittadini per poter dichiarare una guerra.

⌐ La prima condizione

Ciò rappresenterebbe una fortissima limitazione dei conflitti di natura bellica, poiché il popolo sarebbe costretto a riflettere a lungo prima di iniziare «un così cattivo gioco», cioè prima di imbarcarsi in un'impresa destinata a ripercuotersi negativamente sul popolo stesso. Invece in una costituzione non repubblicana, osserva Kant, il sovrano non è membro dello Stato, «ma ne è il proprietario» e quindi può affrontare la guerra come una «specie di partita di piacere». Tanto più che la guerra non priva i sovrani assoluti dei loro abituali privilegi e dei loro consueti divertimenti (dai banchetti alle cacce).

Tuttavia, la costituzione repubblicana rappresenta una condizione necessaria ma non ancora sufficiente per la pace perpetua, la quale, per non essere relegata nel «grande cimitero dell'umanità», richiede un secondo basilare elemento, vale a dire **l'unione di tutti i popoli in una «federazione di liberi Stati»**, capace di cancellare i conflitti dalla faccia della terra, ossia di eliminare non *una* guerra, ma *tutte* le guerre.

⌐ La seconda condizione

La terza condizione

QUESTIONE

La guerra: follia da evitare o tragica necessità?, p. 558

Un cenno, infine, alla condizione espressa nel terzo degli articoli definitivi elaborati da Kant. Secondo tale articolo lo straniero non va trattato con ostilità, ma a propria volta non deve approfittare dell'«ospitalità» che gli viene offerta per disgregare la cultura dello Stato ospitante. Il filosofo ricorda i disastri provocati dalle società commerciali europee che, accolte pacificamente in terra straniera, ne hanno sfruttato le risorse e corrotto i costumi. Kant assume pertanto un atteggiamento critico-polemico nei confronti del colonialismo, dichiarandosi d'accordo con i provvedimenti adottati contro di esso dalla Cina e dal Giappone.

L'interpretazione di Bobbio e quella di Marini

Tornando per un momento alla seconda delle condizioni poste da Kant («Il diritto internazionale deve fondarsi sopra una **federazione di liberi Stati**»), è opportuno domandarsi **come si configuri, in concreto, tale "unione" tra i popoli**, nella quale alcuni studiosi hanno scorto la prefigurazione di quella che nel XX secolo sarebbe stata l'ONU, l'Organizzazione delle Nazioni Unite (in inglese UN, *United Nations*). A questo proposito – la cosa è poco nota, però merita di essere riportata e approfondita – esistono due grandi modelli interpretativi.

La lettura di Bobbio

Secondo la lettura più accreditata e diffusa, esposta autorevolmente da **Norberto Bobbio** (1909-2004), tale unione tende a configurarsi **non come uno "Stato di popoli"** (*Voelkerstaat*), ossia come un vero e proprio Stato federale retto da un unico sovrano (che, disponendo di notevoli strumenti di accentramento, potrebbe annullare le libertà e instaurare un regime dispotico), **bensì come un "popolo di Stati"**, ossia come una **confederazione** di popoli o di Stati (*Voelkerbund*), partecipando alla quale i singoli Stati non dovrebbero cedere la propria rispettiva sovranità.

In altri termini, la federazione di Kant, secondo Bobbio, non istituisce un potere sovrano e quindi non dà origine a uno Stato sopra gli Stati, cioè a una sorta di "super-Stato", ma assume piuttosto la figura di una **associazione**, nella quale **i singoli componenti rimangono sul piano di una collaborazione tra uguali** (*societas aequalium*). Secondo la lettura di Bobbio, Kant sembra quindi lontano dal ritenere che la sovranità nazionale possa essere oltrepassata o dissolta a favore di un'autorità politica più ampia.

La lettura di Marini

In una monografia ricavata da uno studio interrotto dalla morte e intitolato da allievi e curatori *La filosofia cosmopolitica di Kant* (Laterza, Roma-Bari 2007), **Giuliano Marini** (1932-2005) contesta la tesi di Bobbio, sostenendo, con notevole perizia filologica, che i testi di Kant suggeriscono, in realtà, di costruire esattamente uno **"Stato di popoli"**, ossia una **repubblica delle genti**, poiché la soluzione confederale comporterebbe, per la sua stessa struttura, il rischio della frammentazione. Proprio come storicamente si è potuto constatare nelle vicende di molti Stati federali e di vasti imperi multinazionali.

In altri termini, secondo Marini la struttura istituzionale della *civitas gentium* kantiana non può essere quella di una semplice "confederazione" – come sembra suggerire la lettera dello scritto e come potrebbe apparire da certi testi del filosofo –, ma deve essere quella di una vera e propria *Weltrepublik*, cioè di una **"repubblica mondiale"**, o di uno **"Stato di Stati", a cui le singole formazioni statali devono cedere la loro sovranità**. Un tema controverso, questo, che oggi è tornato di grande attualità con l'Unione Europea.

L'esistenza di due modelli interpretativi così diversi non deve stupire, poiché riflette una certa ambiguità oggettiva dei testi, ovvero l'**oscillazione dello stesso Kant tra due versioni del diritto cosmopolitico**: una più debole (quella confederativa su cui insiste Bobbio) e una più forte (quella federativa su cui insiste Marini).

L'ambiguità dei testi

I filosofi e la politica

Nella seconda edizione (1796) di *Per la pace perpetua*, ai sei articoli preliminari e ai tre definitivi Kant aggiunse un articolo "segreto", il quale afferma che

L'articolo "segreto"

> le massime dei filosofi sulle condizioni di possibilità della pubblica pace devono essere prese in considerazione dagli Stati armati per la guerra. (*Per la pace perpetua*, cit., p. 187)

Kant spiega il senso della "segretezza" dell'articolo precisando che per l'autorità legislativa di uno Stato potrebbe apparire sminuente cercare dai sudditi (quali sono, in fondo, anche i filosofi) insegnamenti sul modo di comportarsi nelle cose pubbliche e nei confronti degli altri Stati. Tuttavia,

> farlo sembra molto consigliabile. Dunque lo Stato *li inviterà tacitamente* (perciò facendone un segreto) *a dare questi insegnamenti*, ciò significa: esso li *farà parlare* liberamente. (*Per la pace perpetua*, cit., p. 187)

Secondo Bobbio, il fatto che gli Stati debbano disporsi ad ascoltare le massime dei filosofi dimostra che per Kant la **ragione umana**, di cui i filosofi rappresentano l'espressione più alta, è **al di sopra della potenza dello Stato**, il quale non può né cancellarla, né limitarla. «Ma vuol dire anche un'altra cosa: che i filosofi (noi diremmo oggi più genericamente gli uomini di cultura, gli intellettuali) hanno qualcosa da dire ai potenti che stringono nel loro pugno le sorti degli uomini. Non sono visionari fuori del tempo, né aridi ripetitori di cose morte; ma stanno, devono stare, accanto ai potenti per ammaestrarli».

Questo non significa che per Kant i politici debbano diventare filosofi o che i filosofi (questo sì che sarebbe un sogno di «visionari»…) debbano fare i politici. Il filosofo auspica soltanto che i politici, facendo (bene) i politici, lascino ai filosofi la libertà di fare i filosofi. Egli chiede, d'altra parte, che i filosofi, facendo (bene) i filosofi, non si chiudano nella torre d'avorio delle loro speculazioni, ma si rivolgano ai politici con i loro insegnamenti basati sull'uso critico della ragione. Da ciò scaturisce quello che potremmo definire il realistico e sempre attuale insegnamento di Kant:

> che i re filosofeggino o i filosofi divengano re non c'è da aspettarselo; e neppure da desiderarlo, perché il possesso del potere corrompe inevitabilmente il libero uso della ragione. Che però re o popoli regali (che si comandano da sé secondo leggi di eguaglianza) non facciano scomparire o ammutolire la classe dei filosofi, ma la facciano parlare pubblicamente, è ad entrambi indispensabile per la chiarificazione del loro compito. (*Per la pace perpetua*, cit., p. 188)

5. La rivalutazione del pensiero politico di Kant nella riflessione odierna

Il pensiero politico kantiano, che abbiamo esaminato in questo capitolo, merita un approfondimento. Come abbiamo accennato, fino a pochi decenni fa storici e filosofi consideravano la dottrina politica di Kant con notevole disinteresse, ritenendola un'appendice scarsamente rilevante del criticismo. Solo di recente si sono apprezzate la **perdurante attualità** e l'importanza del filosofo tedesco anche in questo ambito.

> Il problema di una fondazione universalmente valida dei valori politici

L'affermazione progressiva dei diritti, la volontà di preservare e rispettare i connotati degli individui e dei gruppi ma di garantire nello stesso tempo regole collettive, la necessità di ordinare in una dimensione sempre più ampia – ossia sovranazionale e planetaria – gli aspetti politici ed etici della convivenza civile hanno prodotto, negli anni più recenti, l'esigenza di una fondazione universalmente valida dei principi politici. Infatti **le norme giuridiche**, come lo stesso Kant aveva già rilevato, **non possono prescindere dal riferimento a un insieme di valori condivisi**. Ora, come ottenere questa condivisione? Come individuare alcuni elementi di base sui quali culture e tradizioni etiche, religiose e giuridiche diverse possano riconoscersi e dialogare? È proprio su questi temi che la dottrina di Kant sembra offrire, almeno sul piano metodologico, alcuni imprescindibili criteri di orientamento.

Kant in Rawls

> Razionalità e autonomia dei principi politici

Allo scopo di mettere in luce i valori di base di una società bene ordinata, il filosofo statunitense **John Rawls** (1921-2002, v. vol. 3C, unità 17, cap. 2) immagina una situazione iniziale, la «**posizione originaria**», in cui gli individui scelgono i principi di giustizia in una condizione di assoluta uguaglianza, in quanto privi di informazioni adeguate sulle posizioni che essi occuperanno in futuro all'interno della società. Si tratta di quello che Rawls chiama il «**velo d'ignoranza**». Esso ha una funzione positiva, perché evita un conflitto preliminare sui principi e, rendendo equa la condizione originaria di tutti gli uomini, ne fa scaturire dei principi politici altrettanto equi. Poiché nella «posizione originaria» le parti devono formulare le loro proposte in base alle indicazioni della sola ragione, il riferimento a Kant è per così dire "naturale". Dal filosofo di Königsberg Rawls riprende quindi la **tesi di una scelta operata da individui razionali, liberi e uguali, affrancati da moventi egoistici e contingenti**. Si tratta anche in questo caso di un'**etica dell'autonomia**:

> Credo che Kant abbia sostenuto che una persona agisce autonomamente quando i principi della sua azione sono scelti da lui come l'espressione più adeguata possibile della sua natura di essere razionale libero ed eguale. I principi in base ai quali agisce non vanno adottati a causa della sua posizione sociale o delle sue doti naturali, o in funzione del particolare tipo di società in cui vive, o di ciò che gli capita di volere. Agire in base a questi principi significherebbe agire in modo eteronomo. Il velo d'ignoranza priva le persone nella posizione originaria delle conoscenze che le metterebbero in grado di scegliere principi eteronomi. Le parti giungono insieme alla loro scelta, in quanto persone razionali libere ed eguali, conoscendo solo quelle circostanze che fanno sorgere il bisogno di principi di giustizia.
>
> (J. Rawls, *Una teoria della giustizia*, Feltrinelli, Milano 1997, p. 216)

I principi di giustizia di Rawls si costituiscono come **imperativi categorici** proprio **nel senso kantiano**. Essi appartengono agli uomini in quanto esseri razionali che sanno prescindere dai loro interessi particolari e guardare invece a fini universali. Anzi, Rawls va oltre Kant: se il contrattualismo del filosofo tedesco serviva a legittimare il potere dello Stato, quello del filosofo statunitense serve a proporre un **modello di società giusta**.

Negli ultimi scritti di Rawls tale modello tende ad assumere una portata planetaria: ne *Il diritto dei popoli* (v. vol. 3C, unità 19) egli si rifà a Kant nel proporre una **federazione paritetica di Stati sovrani** e nel delineare una sorta di "utopia realistica" capace di porsi al di là della classica alternativa tra realismo e utopismo.

> Kantismo
> e universalismo
> in Rawls

Kant in Habermas

Un'altra delle più note e influenti riprese di alcuni degli elementi del kantismo politico si trova nei lavori del filosofo e sociologo tedesco **Jürgen Habermas** (n. 1929, v. vol. 3C, unità 16, cap. 1). Habermas muove da una lettura dello scritto kantiano *Per la pace perpetua* alla luce degli eventi che hanno trasformato il mondo nel XX secolo (v. vol. 3C, unità 19, cap. 1). La caduta del muro di Berlino simboleggia la caduta di tutti i confini nazionali, o meglio è il segno dell'indebolimento del vecchio Stato-nazione. Il carattere multinazionale dell'economia, il decentramento della produzione, la globalizzazione e il carattere sempre più marcatamente multietnico e multiculturale delle popolazioni, il trasferimento di molti degli attributi della sovranità a organismi internazionali (come l'ONU, il Fondo Monetario Internazionale, la NATO, l'Unione Europea) richiedono procedure diverse. Come imporre con giustizia le norme del diritto positivo a individui di tradizioni, culture e fedi differenti? Come adottare una politica fiscale efficiente nei confronti di soggetti che operano trasversalmente in più Stati? Come amministrare aree che comprendono più nazioni, nel sovrapporsi, e a volte nello scontrarsi, delle norme? Sarebbe erroneo, e del resto anche concretamente inutile, cercare di applicare la logica dello Stato nazionale ai nuovi scenari. Come estendere allora le procedure democratiche anche in aree in cui sono presenti Stati non democratici? In sintesi: **è possibile una prospettiva democratica globale?**

> L'analisi
> di Habermas
> delle trasformazioni
> del XX secolo

Se Kant, secondo l'interpretazione corrente, aveva pensato a un governo federativo mondiale, cioè a un'associazione di singoli Stati sovrani, Habermas pensa invece a una «**costellazione post-nazionale**» (v. vol. 3C, unità 19) che, partendo dalla crisi del vecchio Stato-nazione, si propone di costruire un nuovo, "superiore" equilibrio. Si tratta, in altre parole, di **ridisegnare le istituzioni internazionali distribuendo la sovranità a vari livelli di governo e di istituzioni**. In concreto, occorre ancora una volta valutare come individui appartenenti a mondi culturali radicalmente diversi possano trovare un **accordo di fondo su valori e norme**. La soluzione di Habermas, si noti, non tocca il *contenuto* dei valori, quanto le *procedure* per mettere in atto l'accordo. Da ciò emerge il **duplice debito** di Habermas **nei confronti di Kant**:

> Kantismo
> e cosmopolitismo
> in Habermas

a) da un lato, egli ne riprende il **cosmopolitismo**, sia pure aggiornandolo e correggendolo perché possa rispondere alla diversa situazione storica;

b) dall'altro lato, accentuando il piano del **metodo** rispetto a quello dei contenuti, egli segue l'**impostazione trascendentale** del filosofo di Königsberg, il quale in ambito etico fondava la validità dell'imperativo categorico sulle sue caratteristiche formali e non su contenuti particolari.

APPROFONDIMENTO
ON LINE Kant nel pensiero moderno e contemporaneo

GLOSSARIO e RIEPILOGO

Religione, diritto, storia

Religione rivelata e religione razionale p. 292 > La religione presa in esame da Kant è una *religione puramente razionale, o naturale*, cioè costituita da convinzioni a cui l'uomo può pervenire esclusivamente mediante la ragione. Essa costituisce, secondo Kant, il nucleo della *religione rivelata*, la quale, quanto ai contenuti, è in grado di fornire spiegazioni più convincenti su argomenti come la presenza del male nel mondo o come la conversione dell'uomo al bene e, quanto alla forma, sa "parlare" all'uomo intero, cioè non solo alla sua componente razionale, ma anche alla sua sensibilità. In ultima analisi, però, Kant ritiene che i contenuti della religione rivelata debbano essere sottoposti al vaglio critico della ragione, per evitare di cadere in forme inautentiche di fede, che allontanino l'uomo dall'agire etico.

Male radicale p. 293 > Il "male radicale", per Kant, consiste nell'insopprimibile tendenza al negativo che contraddistingue la natura umana e che si presenta secondo tre gradi diversi: la *fragilità* (cioè la difficoltà a tradurre nella pratica i precetti morali), l'*impurità* (cioè la tendenza ad agire mescolando i precetti morali con motivazioni meno nobili) e la *malvagità* (cioè l'adesione totale a impulsi estranei alla morale). Tale inclinazione non è una disposizione fisica, della quale l'uomo non sarebbe responsabile, ma una massima contraria alla legge morale e liberamente accettata: l'uomo è "cattivo per natura" perché, pur avendo coscienza della legge morale, si riserva liberamente la possibilità di sottrarsi a essa.

Conversione p. 293 > Per "conversione" Kant intende quel progresso incessante dal male al bene a cui gli uomini possono dedicare le proprie forze dal momento che in essi è presente una disposizione originaria al bene, che scaturisce dalla medesima libertà da cui deriva il male radicale.

Diritto p. 295 > Il diritto per Kant è «l'insieme delle condizioni, per mezzo delle quali l'arbitrio dell'uno può accordarsi con l'arbitrio di un altro secondo una legge universale della libertà» (*La metafisica dei costumi*, cit., pp. 34-35). Tale definizione deriva dall'impostazione trascendentale della filosofia kantiana, interessata non a stabilire le norme *concrete* che rendono possibile la convivenza, ma a giustificare i principali istituti giuridici riportandoli ad alcuni principi razionali *a priori*.
N.B. Kant distingue il *diritto innato*, che è dato a ogni individuo dalla natura, dal *diritto acquisito*, che nasce soltanto da un atto giuridico. Il diritto acquisito include il *diritto privato*, che definisce la legittimità e i limiti del possesso delle cose esterne, e il *diritto pubblico*, che concerne la vita associata degli individui nello Stato.

Stato p. 297 > Lo Stato, secondo Kant, nasce da un "contratto originario", che egli interpreta non come un fatto storico, bensì come una necessità concettuale che precede e rende possibili tutti gli eventi storici, come un'idea pura o *a priori* della ragion pratica che funge da *modello* per i contratti reali. Lo Stato kantiano è *liberale*, in quanto il suo scopo è quello di mettere i propri cittadini in condizione di perseguire i fini religiosi, etici, economici o eudemonistici che essi prediligono; *giuridico*, in quanto deve istituire un ordinamento in cui ciascuno possa coesistere con gli altri, secondo una legge universale; *formale*, in quanto non si occupa di ciò che devono fare i cittadini, ma di come devono farlo (cioè in modo da non ledere la libertà altrui).

Storia p. 298 > Kant individua nella storia una "destinazione" aprioristica per l'uomo, che consiste nella realizzazione della sua essenza razionale e coincide con la progressiva acquisizione della consapevolezza di se stesso e delle sue potenzialità. Questa impresa non può essere realizzata dai singoli, vista la brevità dell'esistenza, e riguarda invece l'umanità nel suo complesso. Stimolo e condizione del progresso è il conflitto tra gli individui, determinato dalla loro «insocievole socievolezza»: se non vi fossero antagonismi, gli uomini resterebbero infatti in una condizione di armonia perfetta, ma immobile e improduttiva.

Ordinamento cosmopolitico p. 301 > Kant afferma l'esigenza di una comunità mondiale, ossia di una federazione di Stati vincolata da rapporti giuridici trans-nazionali e improntata alla collaborazione tra i popoli. Lo stato di pace duratura che tale comunità mondiale dovrebbe assicurare si configura tuttavia come un «compito» affidato alla razionalità umana e privo di garanzie di successo.

MAPPA

Religione, diritto, storia

ON LINE — MAPPA INTERATTIVA

La RELIGIONE

religione razionale (insieme di convinzioni cui si può giungere con la sola ragione)

religione rivelata (è utile all'uomo ma deve essere sottoposta al vaglio della ragione)

Il PROBLEMA del MALE

il **male** (come il bene) è una disposizione originaria e naturale dell'uomo (**male radicale**)

è il frutto di un **atto libero** (**peccato**)

il **bene** (come il male) è una disposizione originaria e naturale dell'uomo

è il frutto di un **atto libero** (**conversione** = «progresso» dal male verso il meglio)

Il DIRITTO

attiene alla sfera della **libertà esterna** e riguarda

consiste nella **mutua limitazione della libertà individuale**

le **azioni** che le persone compiono in contesti collettivi

le **regole** che sovrintendono a quelle azioni

i **principi** da cui le regole vengono dedotte

La TEORIA dello STATO

contrattualismo

critica della Rivoluzione francese

difesa dello **Stato liberale e giuridico**

Stato "formale"

La TEORIA della STORIA

l'uomo tende sia alla **socievolezza** sia all'**antagonismo**

il **fine della storia** è il dispiegamento sempre più ampio della **libertà** e della **razionalità**

La DIFESA della PACE

progetto di un **ordinamento giuridico mondiale** fondato sulla **ragione**

progetto di una **federazione di liberi Stati**

6 condizioni per **eliminare le ragioni di guerra tra gli Stati** (articoli preliminari)

3 condizioni per **stabilire una pace durevole** (articoli definitivi)

COME SUPERARE LA GUERRA?
L'attualità del pacifismo di Kant

L'apparente ineluttabilità degli scontri bellici, ancora oggi frequenti in gran parte del mondo, ha indotto molti filosofi della politica a domandarsi **se e come si possa concretamente costruire una pace duratura**. A questo proposito l'opera ***Per la pace perpetua***, che **Immanuel Kant** scrisse nel 1795, indica una possibile via per eliminare la guerra come strumento di risoluzione dei conflitti internazionali.

IL PACIFISMO GIURIDICO

Il progetto kantiano di una «pace perpetua» si fonda sull'idea di applicare il **modello giusnaturalistico e contrattualistico**, originariamente pensato per il rapporto tra gli individui, all'ambito dei **rapporti tra gli Stati**. Questi ultimi, infatti, secondo Kant persistono in un hobbesiano "stato di natura" in cui vince il più forte. Per uscire da questa condizione, occorre che, proprio come gli individui, anche gli Stati rinuncino a far valere con la forza i loro diritti e ripongano una parte della loro volontà (o sovranità) in un organismo superiore, a cui devono tutti sottomettersi in ugual misura. Solo entrando in questo **nuovo «ordine giuridico mondiale»** è possibile ottenere una «pace perpetua».

Nella prospettiva kantiana, tuttavia, l'estensione del modello contrattualistico ai rapporti tra Stati ha un **valore solo analogico**. La costituzione dello Stato, infatti, si fonda su due patti: il *pactum societatis*, con cui gli individui rinunciano all'uso della forza e stringono rapporti di collaborazione, e il *pactum subiectionis*, con il quale si sottopongono a un potere comune al quale trasferiscono la loro volontà particolare e a cui riconoscono il monopolio della forza. Il patto tra Stati ipotizzato da Kant, invece, non implica la costituzione di un potere coattivo "superiore":

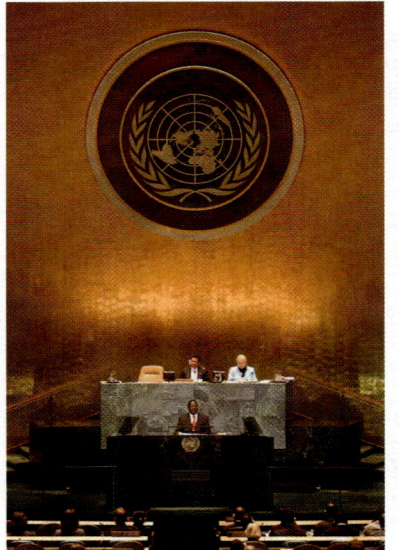

esso, cioè, non dà vita a un "super-Stato", ma ad una «lega di Stati» che non è tanto una *federazione* (nella quale ciascun membro rinuncia completamente alla propria sovranità) quanto una ***confederazione*** (in cui ogni Stato conserva una propria autonomia).

Dal «secondo articolo definitivo» per la pace perpetua («Il diritto internazionale deve essere fondato su un federalismo di Stati liberi») emerge il **carattere "giuridico" del pacifismo kantiano**. La vera causa della guerra, infatti, secondo Kant sta nell'incondizionata libertà che ogni Stato mantiene nei confronti degli altri Stati. In assenza di un potere sovra-statale, la guerra finisce per essere legittima e, in un certo senso, legale, essendo l'unico strumento con cui dirimere le controversie internazionali. Per questo è necessario che gli Stati limitino il proprio potere trasferendone almeno una parte a un organo sovranazionale. In altre parole, per Kant **la pace esige il superamento**, o almeno il ripensamento, **della forma stessa dello Stato nazionale**.

Per comprendere ancora meglio la natura giuridica della proposta kantiana, possiamo far riferimento alla terza pre-condizione per la pace perpetua individuata dal filosofo: la maturazione della consapevolezza che **la terra è una sorta di "casa comune"**, o "città del mondo", in cui l'umanità deve imparare a «**socializzare in virtù del diritto al possesso comune della superficie della terra**»:

> Qui, come nei precedenti articoli, non è questione di filantropia, ma di *diritto*, e in tal senso ospitalità significa *diritto* di ogni straniero a non essere trattato ostilmente quando arriva in un territorio altrui.

(I. Kant, *Per la pace perpetua*, p. 16)

Questa **fratellanza dei popoli**, accomunati da un atteggiamento di **reciproca ospitalità**, secondo Kant è la condizione necessaria per la realizzazione di una confederazione giuridica tra gli Stati.

Ricapitolando: **democrazia interna e costituzione repubblicana** (per quanto concerne il «diritto pubblico interno»); **confederazione di Stati liberi** (per quanto concerne il «diritto pubblico esterno»); **reciproca accoglienza e «universale ospitalità»** (per quanto concerne il «diritto cosmopolitico»): sono queste le condizioni kantiane per la pace, i "pilastri" che Kant pone alla base del suo disegno pacifista e che nel dibattito politico e giuridico del Novecento avranno straordinaria fortuna.

DA KANT ALL'UNIONE EUROPEA

Per affrontare il problema della guerra, l'**Assemblea costituente del nostro paese**, tra il giugno 1946 e il maggio 1948, adottò proprio la prospettiva giuridica kantiana, che emerge soprattutto nell'**articolo 11**, dove si individua nel «**ripudio della guerra**» il «**mezzo di risoluzione delle controversie internazionali**». Nella seconda parte dell'articolo, in particolare, si legge:

> [L'Italia] acconsente, in condizioni di parità con gli altri Stati, alle *limitazioni di sovranità* necessarie a un ordinamento che assicuri la pace e la giustizia tra le Nazioni.

Non è difficile, oggi, leggere in queste parole la "clausola" grazie alla quale il nostro paese ha successivamente potuto acconsentire al trasferimento di poteri e competenze a favore delle istituzioni comunitarie europee (*European Clause*).

Le basi del passaggio «**dagli Stati sovrani agli Stati uniti d'Europa**» sono rintracciabili anche nel celebre **Manifesto di Ventotene** (1943), considerato il testo fondativo del federalismo europeo. Redatto da **Altiero Spinelli** (1907-1986) ed **Ernesto Rossi** (1897-1967) durante il loro confino sull'isola omonima, proprio mentre l'Europa era dilaniata dalla guerra, il testo richiama apertamente il pacifismo federalista kantiano:

> La sovranità assoluta degli Stati nazionali ha portato alla volontà di dominio di ciascuno di essi, poiché ciascuno si sente minacciato dalla potenza degli altri e considera suo "spazio vitale" territori sempre più vasti [...]. Questa volontà di dominio non potrebbe acquietarsi che nell'egemonia dello Stato più forte su tutti gli altri asserviti. [...]
> Il problema che in primo luogo va risolto, e fallendo il quale qualsiasi altro progresso non è che apparenza, è la definitiva abolizione della divisione dell'Europa in Stati nazionali sovrani.

(A. Spinelli - E. Rossi, *Il manifesto di Ventotene*, pp. 12 e 26)

Dell'impostazione kantiana, la nostra **Costituzione** accoglie anche il collegamento della questione della pace con quella dell'**ospitalità per lo straniero**. Nell'articolo che precede quello concernente la pace (**articolo 10**), si legge infatti:

> Lo straniero, al quale sia impedito nel suo paese l'effettivo esercizio delle libertà democratiche garantite dalla Costituzione italiana, ha diritto d'asilo nel territorio della Repubblica.

Oggi, a circa settant'anni di distanza dalla stesura di *Per la pace perpetua*, l'idea kantiana di una «federazione mondiale di popoli liberi» (*foedus pacificum*), resa più concreta grazie all'esperienza europea, così come quella dell'ospitalità verso gli stranieri che chiedano asilo, appaiono a molti storici e politologi come l'unica vera alternativa all'uso della violenza nei rapporti internazionali.

LABORATORIO DELLE IDEE

1. Illustra e commenta, esponendo la tua opinione, l'idea che per conseguire la pace sia necessario «distruggere e bandire per sempre il dogma della sovranità perfetta», considerato da Luigi Einaudi (uno tra più autorevoli padri costituenti) come «il nemico primo e massimo dell'umanità e della pace» (*La guerra e l'Unità europea*, p. 95).

2. Il tema dell'ospitalità per gli stranieri è oggi di drammatica attualità: illustrando le riflessioni di Kant su questo argomento e l'articolo 10 della nostra Costituzione, esprimi la tua opinione in proposito.

VERSO LE COMPETENZE

▶ Comprendere le radici concettuali e filosofiche dei principali problemi della contemporaneità

▶ Riflettere e argomentare, individuando collegamenti e relazioni

UNITÀ 7
Kant

ON LINE
VERIFICA
INTERATTIVA

1. Dal periodo precritico al criticismo

1 Negli scritti kantiani del cosiddetto "secondo periodo" cominciano a comparire alcuni dei temi che saranno tipici del criticismo, in particolare la critica:

a della logica formale

b dell'esistenza di Dio

c della metafisica

d ragione illuministica

2 Nella *Dissertazione* del 1770 Kant individua nello spazio e nel tempo:

a la materia della conoscenza sensibile

b la forma della conoscenza sensibile

c la misura oggettiva dei fenomeni

d la percezione soggettiva dei fenomeni

3 In base a quanto hai appreso del criticismo indica se le affermazioni seguenti sono vere o false.

a. Il pensiero kantiano è detto "criticismo" perché fa della "critica" lo strumento per eccellenza della filosofia   V   F

b. "Criticare" nel linguaggio kantiano significa assumere un atteggiamento polemico   V   F

c. La critica kantiana mira a chiarire possibilità, validità e limiti di determinate esperienze umane   V   F

d. Il criticismo si configura come una filosofia dell'illimitato   V   F

e. Il criticismo equivale a una forma di scetticismo   V   F

4 Utilizza le espressioni e i termini elencati di seguito per completare la frase riportata sotto, relativa alle tesi espresse nella *Dissertazione* del 1770.

noumeno - soggetto - ricettività - intellettuale - fenomeno - la cosa così com'essa è - intelligibile

Kant comincia con lo stabilire la distinzione tra conoscenza sensibile e conoscenza ....
La prima, che è dovuta alla .... (o passività) del soggetto, ha per oggetto il ....,
cioè la cosa come appare al .... stesso.
La seconda ha per oggetto ....,
nella sua natura ...., cioè in quanto ....

5 Collega le posizioni kantiane (colonna di sinistra) con gli autori o le dottrine di cui rappresentano un superamento (colonna di destra).

a. occorre tracciare il limite dell'esperienza per garantirne, entro il limite stesso, la validità

1. Illuminismo

b. occorre spingere più a fondo l'analisi critica dell'esperienza umana, sforzandosi di fissare le condizioni di possibilità della conoscenza

2. Locke (empirismo)

c. occorre portare di fronte al tribunale della ragione non solo il mondo dell'uomo, ma la ragione stessa

3. Hume

6 Come definisce Kant l'"esperienza" nella *Dissertazione* del 1770? *(max 6 righe)*

7 Nel linguaggio kantiano, che cosa significa "criticare"? *(max 6 righe)*

8 In che senso i limiti della ragione possono essere tracciati soltanto dalla ragione stessa? *(max 6 righe)*

9 Chiarisci brevemente in che senso la "filosofia del limite" di Kant non debba essere interpretata come una forma di scetticismo. *(max 15 righe)*

10 Illustra sinteticamente in che modo l'empirismo inglese (e in particolare Hume) e l'Illuminismo abbiano contribuito al criticismo kantiano, chiarendo in che senso Kant abbia tuttavia "superato" tali contributi. *(max 15 righe)*

2. La *Critica della ragion pura*

11 I «giudizi sintetici *a priori*» su cui si basa la scienza sono:

  a universali e necessari, ma infecondi

  b universali e necessari, e fecondi

  c particolari e non necessari, ma fecondi

  d particolari e non necessari, e infecondi

12 Le forme *a priori* della sensibilità sono:

  a spazio, tempo e causalità

  b spazio e causalità

  c tempo e causalità

  d spazio e tempo

13 La ragione, per Kant, è l'intelletto:

  a che vuol procedere oltre i dati esperienziali

  b che si basa sui dati esperienziali

  c applicato alla sensibilità

  d applicato alla morale

14 In riferimento alla *Critica della ragion pura*, indica se le seguenti affermazioni sono vere o false.

  a. Kant respinge lo scetticismo scientifico di Hume   V   F

  b. I giudizi sintetici *a priori*, applicati all'esperienza, costituiscono la scienza   V   F

  c. L'estetica trascendentale ha per oggetto i principi *a priori* della bellezza   V   F

  d. Le categorie corrispondono a regioni dell'essere   V   F

  e. Gli schemi trascendentali sono immagini di concetti   V   F

  f. I principi dell'intelletto puro regolano l'applicazione delle categorie agli oggetti   V   F

15 Utilizza le espressioni e i termini elencati di seguito per completare la frase riportata sotto, relativa alla distinzione kantiana tra materia e forma.

mente - forma - a posteriori - materia - sensibili - a priori - innate

Per .... della conoscenza si intende la molteplicità caotica delle impressioni .... che provengono dall'esperienza (elemento empirico o ....). Per .... della conoscenza si intende l'insieme delle modalità fisse attraverso cui la mente umana ordina, secondo determinati rapporti, tali impressioni (elemento razionale o ....). Kant ritiene infatti che la .... filtri attivamente i dati empirici attraverso forme che le sono .... e che risultano comuni a ogni soggetto pensante.

16 Collega ognuna delle tre facoltà su cui Kant basa l'articolazione della conoscenza (colonna di sinistra) con la definizione che la concerne (colonna di destra).

  a. sensibilità   **1.** facoltà con cui procediamo oltre l'esperienza per spiegare la realtà

  b. intelletto   **2.** facoltà con cui ci sono dati intuitivamente gli oggetti

  c. ragione   **3.** facoltà con cui pensiamo i dati sensibili

17 Collega le forme *a priori* della conoscenza elencate sotto (colonna di sinistra) con le sezioni della *Critica della ragion pura* in cui sono trattate (colonna di destra).

a. spazio e tempo

b. categorie

c. idee

1. analitica trascendentale

2. dialettica trascendentale

3. estetica trascendentale

18 Quali sono le quattro domande di base della ricerca condotta da Kant nella *Critica della ragion pura*?
(max 6 righe)

19 In che cosa consiste la "rivoluzione copernicana" che Kant afferma di aver operato in campo gnoseologico?
(max 6 righe)

20 Che cosa intende Kant per "trascendentale"?
(max 6 righe)

21 In che cosa consiste la differenza tracciata da Kant tra «intuizioni» e «concetti»?
(max 6 righe)

22 Quali sono le "parti" che Kant mette in relazione mediante gli «schemi trascendentali»?
(max 6 righe)

23 Illustra sinteticamente la critica mossa da Kant alla vecchia concezione della metafisica, chiarendo in che senso egli non ne neghi il valore, ma la reinterpreti alla luce dei limiti della ragione.
(max 15 righe)

24 Chiarisci perché Kant definisca l'«io penso» come «legislatore» della natura e della scienza.
(max 15 righe)

3. La *Critica della ragion pratica*

25 Nella prospettiva kantiana, la "partita" della morale si gioca nel "campo" della tensione tra:

[a] sensibilità e intelletto

[b] sensibilità e ragione

[c] intelletto e ragione

[d] intelletto e volontà

26 La dottrina etica di Kant prende avvio:

[a] dalla definizione di "legge morale"

[b] dalla descrizione dei meccanismi della volontà

[c] dalla constatazione dell'esistenza di fatto di una legge morale assoluta

[d] dall'analisi del bene supremo

27 La prima formula dell'imperativo categorico suggerisce di valutare la moralità di un'azione sulla base di un'analisi:

[a] dei suoi obiettivi

[b] delle sue possibili conseguenze concrete

[c] della sua razionalità in quanto oggetto di una legge universale

[d] della moralità del soggetto che la compie

28 In riferimento ai «postulati della ragion pratica», indica se le seguenti affermazioni sono vere o false.

a. Si riferiscono a oggetti che la ragione conosce con certezza pur senza farne esperienza [V] [F]

b. Sono verità di fede che non si possono dimostrare [V] [F]

c. Servono a dimostrare la razionalità della religione [V] [F]

d. Sono esigenze della morale, ma non conoscenze [V] [F]

e. Sono l'immortalità dell'anima, l'esistenza di Dio e la libertà [V] [F]

f. Sono l'immortalità dell'anima, l'esistenza di Dio e la felicità [V] [F]

29 Utilizza i termini elencati di seguito per completare la frase riportata sotto, relativa alla distinzione kantiana tra massime e imperativi.

categorico - imperativi - volontà - soggettivo - oggettivo - ipotetici

Kant distingue i principi pratici che regolano la nostra .... in massime e ....
La massima è una prescrizione di valore puramente ...., cioè valida esclusivamente per

l'individuo che la fa propria. L'imperativo è una prescrizione di valore ...., ossia che vale per chiunque. Gli imperativi si dividono a loro volta in .... e imperativo ....

30 Collega le sezioni della *Critica della ragion pratica* (colonna di sinistra) con gli argomenti che in esse vengono trattati (colonna di destra).

a. Dottrina degli elementi

b. Dottrina del metodo

c. Analitica

d. Dialettica

1. affronta la parvenza morale

2. espone la regola della verità (etica)

3. tratta degli elementi della morale

4. tratta del modo in cui la legge morale può accedere all'animo umano

31 Perché Kant ritiene che la critica in campo morale debba essere una critica della *ragion pratica*, e non della ragion *pura* pratica? (max 6 righe)

32 Che differenza c'è, secondo Kant, tra *massime* e *imperativi*? E tra gli imperativi *ipotetici* e quello *categorico*? (max 6 righe)

33 In che cosa consistono il formalismo e l'anti-utilitarismo della morale kantiana? (max 6 righe)

34 Che cosa accomuna e che cosa distingue la *moralità* dalla *legalità*? (max 6 righe)

35 Illustra brevemente in che senso la morale kantiana è "autonoma" e quali sono le critiche mosse da Kant alle morali "eteronome". (max 15 righe)

36 Spiega sinteticamente in che cosa consiste la "rivoluzione copernicana" operata da Kant in ambito morale, evidenziandone le affinità rispetto a quella condotta in campo gnoseologico. (max 15 righe)

4. La *Critica del Giudizio*

37 Per Kant il «sentimento» è la facoltà:

a preposta alle relazioni tra gli uomini

b che, unita all'intelletto, guida la conoscenza umana

c che, unita alla ragione, guida il comportamento umano

d intermedia tra intelletto e ragione, con cui si fa esperienza della finalità del reale

38 I giudizi riflettenti si distinguono in:

a determinati e determinanti

b determinati ed estetici

c determinanti e teleologici

d estetici e teleologici

39 In riferimento alla terza *Critica*, indica se le seguenti affermazioni sono vere o false.

a. Kant definisce la bellezza secondo la qualità, la quantità, la relazione e la modalità [V] [F]

b. Il giudizio estetico puro deve essere "interessato" e "universale" [V] [F]

c. La «deduzione» kantiana dei giudizi di gusto si fonda sulla comune struttura della mente umana [V] [F]

d. Kant distingue tra «sublime matematico» e «sublime dinamico» [V] [F]

e. Per Kant si dice propriamente "bello" solo il bello artistico [V] [F]

f. La finalità espressa nei giudizi teleologici non è un dato verificabile [V] [F]

40 Utilizza le espressioni e i termini elencati di seguito per completare la frase riportata sotto, relativa alla distinzione kantiana tra piacevole e piacere estetico.

puri - empirici - forma - universalità - puro - piacere estetico

Per Kant il piacevole dà luogo ai «giudizi estetici ....», che scaturiscono dalle attrattive delle cose sui sensi e sono legati alle inclinazioni individuali, e perciò privi di .... Il .... è invece qualcosa di "................", che si concretizza nei «giudizi estetici ....», che scaturiscono dalla sola contemplazione della "................" di un oggetto.

41 Collega le definizioni della bellezza (colonna di sinistra) con i tipi di categorie corrispondenti (colonna di destra).

a. il bello è ciò che piace senza interesse

1. modalità

b. il bello è ciò che piace universalmente

2. relazione

c. il bello è ciò che piace senza scopo

3. quantità

d. il bello è ciò che piace necessariamente

4. qualità

42 Qual è il problema che Kant tenta di risolvere nella *Critica del Giudizio* e qual è l'oggetto specifico dell'opera?

(max 6 righe)

43 In che cosa consiste la distinzione tra giudizi «determinanti» e giudizi «riflettenti»? (max 6 righe)

44 Che cosa indicano le espressioni kantiane «bellezza libera» e «bellezza aderente» e quale delle due deve essere l'oggetto di un giudizio estetico puro?

(max 6 righe)

45 Quali sono, per Kant, le caratteristiche del «genio»?

(max 6 righe)

46 Illustra in breve in che senso l'estetica di Kant si distanzia sia dalla prospettiva empiristico-sensistica, sia da quella razionalistica. (max 15 righe)

47 Spiega sinteticamente che cosa si intende quando si afferma che per Kant il finalismo è un bisogno connaturato alla mente umana. (max 15 righe)

5. Religione, diritto, storia

48 Per Kant la fede autentica si fonda:

a sulla rivelazione contenuta nelle Scritture

b sull'assenso a una dottrina teologica

c sui valori morali in quanto comandamenti divini

d sui valori morali in quanto precetti razionali

49 Per Kant i diritti dell'uomo valgono universalmente in quanto:

a fondati sulla razionalità della natura umana

b fondati sulla fattualità storica

c imposti da chi detiene il potere

d individuati sulla base di un confronto dialettico

50 Kant ritiene che il "farsi adulto" dell'uomo coincida con:

a la consapevolezza della libertà, e quindi con l'irruzione del male nella storia

b la consapevolezza della libertà, e quindi con un'azione rivoluzionaria

c la nascita della società civile

d la nascita di una società civile equa

51 In riferimento allo scritto kantiano *Per la pace perpetua*, indica se le seguenti affermazioni sono vere o false.

a. I sei articoli preliminari sono finalizzati a eliminare le principali ragioni di guerra tra gli Stati   V   F

b. I tre articoli definitivi sono finalizzati a stabilire una pace durevole all'interno di ogni Stato   V   F

c. La forma di organizzazione politica migliore per evitare la guerra è quella monarchica   V   F

d. Kant auspica la formazione di una comunità politica mondiale che sia una «federazione di liberi Stati »   V   F

e. Il nuovo ordine giuridico mondiale è detto da Kant «ordinamento cosmopolitico»   V   F

f. Nella società ideale gli intellettuali (i «filosofi») devono occuparsi di politica   V   F

52 Utilizza le espressioni e i termini elencati di seguito per completare la frase riportata sotto, relativa alla concezione kantiana dello Stato

formale - giuridico - che cosa - progetti di vita - condizione giuridica - legge universale

Lo Stato deve preoccuparsi soltanto di mettere i propri cittadini nella .... di perseguire, come meglio credono, i propri personali .... Oltre che liberale, lo Stato kantiano è "................................", ossia uno Stato "di diritto" che ha per funzione specifica l'istituzione di un ordinamento in cui ciascuno possa coesistere con gli altri secondo una .... Inoltre lo Stato di Kant può essere detto "............................", poiché non si occupa di .... debbano fare i cittadini, ma di *come* devono farlo.

53 Collega le tre tendenze negative dell'uomo (colonna di sinistra) alle relative definizioni (colonna di destra).

a. fragilità

b. impurità

c. malvagità

1. la condizione in cui l'agire è retto per intero da motivazioni estranee alla morale

2. la difficoltà a mettere in pratica i precetti morali

3. il fatto che nell'agire l'uomo mescola i precetti morali e altri meno nobili

54 Che cosa sono per Kant la religione razionale e la religione rivelata, e come si rapportano l'una all'altra?

(max 6 righe)

55 Che cosa si intende quando, per Kant, si parla di "sintesi *a priori* giuridica"? (max 6 righe)

56 A che cosa allude Kant con l'espressione «insocievole socievolezza dell'uomo»? (max 6 righe)

57 Illustra brevemente la soluzione kantiana del problema del male. (max 15 righe)

58 Spiega sinteticamente perché Kant può essere considerato uno dei fondatori del liberalismo moderno. (max 15 righe)

59 La «federazione di liberi Stati» auspicata da Kant nello scritto *Per la pace perpetua* è stata letta secondo due principali linee interpretative, di segno opposto: esponile brevemente, indicandone i pensatori di riferimento. (max 15 righe)

LABORATORIO DELLE IDEE

L'Illuminismo secondo Immanuel Kant

Nello scritto intitolato ***Risposta alla domanda: Che cos'è l'Illuminismo?*** (1784), **Immanuel Kant** traccia una definizione straordinaria, per chiarezza e intensità, di questo movimento culturale, assegnando un ruolo primario alla capacità della ragione di «rischiarare» il mondo dal buio della superstizione e del sopruso.

VERSO LE COMPETENZE
▸ Leggere, comprendere e interpretare un testo
▸ Riflettere e argomentare, individuando collegamenti e relazioni

L'illuminismo è l'uscita dell'uomo dallo stato di minorità che egli deve imputare a se stesso. Minorità è l'incapacità di valersi del proprio intelletto senza la guida di un altro. Imputabile a se stesso è questa minorità, se la causa di essa non dipende da difetto di intelligenza, ma dalla mancanza di decisione e del coraggio di far uso del proprio intelletto senza essere guidato da un altro. Sapere aude! Abbi il coraggio di servirti della tua propria intelligenza! È questo il motto dell'illuminismo.

La pigrizia e la viltà sono le cause per cui tanta parte degli uomini, dopo che la natura li ha da lungo tempo fatti liberi da direzione estranea, rimangono ciò nondimeno volentieri per l'intera vita minorenni, per cui riesce facile agli altri erigersi a loro tutori. Ed è così comodo essere minorenni! Se io ho un libro che pensa per me, se ho un direttore spirituale che ha coscienza per me, se ho un medico che decide per me sul regime che mi conviene ecc., io non ho più bisogno di darmi pensiero per me. Non ho bisogno di pensare, purché possa solo pagare: altri si assumeranno per me questa noiosa occupazione. A persuadere la grande maggioranza degli uomini [...] che il passaggio allo stato di maggiorità è difficile e anche pericoloso, provvedono già quei tutori che si sono assunti con tanta benevolenza l'alta sorveglianza sopra i loro simili minorenni. Dopo averli in un primo tempo instupiditi come fossero animali domestici e avere con ogni cura impedito che queste pacifiche creature osassero muovere un passo fuori dalla carrozzella da bambini in cui li hanno imprigionati, in un secondo tempo mostrano ad essi il pericolo che li minaccia qualora tentassero di camminare da soli. Ora questo pericolo non è poi così grande come loro si fa credere, poiché, a prezzo di qualche caduta, essi imparerebbero alla fine a camminare: ma un esempio di questo genere li rende comunque paurosi e li distoglie per lo più da ogni ulteriore tentativo.

È dunque difficile per ogni singolo uomo districarsi dalla minorità che è diventata per lui una seconda natura. Egli è perfino arrivato ad amarla e per il momento è davvero incapace di servirsi del suo proprio intelletto, non avendolo mai messo alla prova. Regole e formule, questi strumenti meccanici di un uso razionale o piuttosto di un abuso delle sue disposizioni naturali, sono i ceppi di un'eterna minorità. […]

[…] A questo illuminismo non occorre altro che la *libertà*; e precisamente la più inoffensiva di tutte le libertà, quella cioè di *fare pubblico uso* della propria ragione in tutti i campi. Ma io odo da tutte le parti gridare: *Non ragionate!* L'ufficiale dice: non ragionate, ma fate esercitazioni militari! L'impiegato di finanza: Non ragionate, ma pagate! L'uomo di chiesa: Non ragionate, ma credete! […]

Ma quale limitazione è d'ostacolo all'illuminismo? Quale non lo è, anzi lo favorisce? Io rispondo: il *pubblico uso della propria* ragione dev'essere libero in ogni tempo, ed esso solo può attuare l'illuminismo tra gli uomini […].

(I. Kant, Che cos'è l'illuminismo?, in Scritti politici e di filosofia della storia e del diritto,
trad. it. di G. Solari e G. Vidari, UTET, Torino 1971, pp. 141-144)

Comprensione del testo

1. In che cosa consiste, per Kant, lo stato di «minorità» in cui si trova l'uomo nell'epoca pre-illuministica?

2. Quali cause adduce Kant del fatto che tanti uomini restano per tutta la loro vita «minorenni»?

3. Tra gli esempi di «minorità» riportati da Kant (il libro, il direttore spirituale, il medico) si possono rilevare alcune differenze: sai indicare quali?

4. In che modo, secondo Kant, i «tutori» degli uomini cercano di ostacolare il loro passaggio alla maggiorità?

5. Che cosa, secondo il filosofo, favorisce un atteggiamento illuministico?

Riflessione

6. Dal testo emerge con chiarezza come per Kant lo scopo dell'Illuminismo non sia il conseguimento della maggior felicità per il maggior numero di persone (come pure ritenevano molti intellettuali illuministi), ma l'oraziano *"sapere aude"*: coraggio e risolutezza non per disprezzare le regole e le leggi, bensì per usare criticamente la ragione. Obbedienza alle leggi dello Stato e spregiudicata libertà intellettuale: questo è il centro dell'Illuminismo kantiano, che si salda con il suo liberalismo. È la libertà, per Kant, il segno della dignità dell'uomo; è in virtù di una tale libertà inviolabile e assoluta (che niente, neanche il potere dello Stato, può limitare) che l'uomo ha il diritto di decidere in che cosa consista la propria felicità: «Nessuno mi può costringere ad essere felice a suo modo (come cioè egli si immagina il benessere degli altri uomini), ma ognuno può ricercare la sua felicità per la via che a lui sembra buona, purché non rechi pregiudizio alla libertà degli altri di tendere allo stesso scopo, in guisa che la sua libertà possa coesistere con la libertà di ogni altro» (*Sopra il detto comune: "Questo può essere giusto in teoria, ma non vale per la pratica"*, in *Scritti politici e di filosofia della storia e del diritto*, cit., p. 254). Commentando il passo di Kant, prova a chiarire che cosa sia per te la "felicità".

7. A partire dal testo di Kant, prova a riflettere sul *come* e sul *perché* gli uomini non abbiano il coraggio di servirsi della loro intelligenza ed esprimi la tua opinione al riguardo.

8. La concezione kantiana dello spirito illuministico è strettamente legata alla sua critica dell'idea, espressa tra gli altri da Leibniz, di un «governo paternalistico», vale a dire di un regime in cui il sovrano "illuminato" si occupi paternalisticamente del benessere dei sudditi provvedendo alla loro felicità: «Un governo fondato sul principio della benevolenza verso il popolo, come il governo di un padre verso i figli, cioè un *governo paternalistico* [*imperium paternale*] in cui i sudditi, come figli minorenni che non possono distinguere ciò che è loro utile o dannoso, sono costretti a comportarsi solo passivamente, per aspettare che il capo dello Stato giudichi in qual modo essi *devono* essere felici […], è il peggior dispotismo che si possa immaginare» (*Sopra il detto comune: "Questo può essere giusto in teoria, ma non vale per la pratica"*, in *Scritti politici e di filosofia della storia e del diritto*, cit., p. 255). Commenta questo breve passo kantiano, esprimendo la tua opinione.

TAVOLA ROTONDA

Spazio e tempo tra realtà fisica e soggettività

Partecipanti: **Newton**, **Leibniz**, **Kant**

Moderatore Inaugurata nel 1453 dal *De revolutionibus orbium coelestium* di Copernico, la rivoluzione astronomica impronta di sé l'epoca moderna, avviando un profondo ripensamento del metodo di indagine della natura. La fisica aristotelica, che fino a quel momento aveva rappresentato il saldo punto di riferimento di ogni ricerca sul mondo, viene gradualmente ma inesorabilmente abbandonata, e con essa l'idea di un "cosmo" finito e spazialmente ordinato, racchiuso all'interno di sfere celesti e dotato di un "centro" rispetto al quale è possibile definire un "alto" e un "basso". È Giordano Bruno il primo a "spalancare" le porte dell'universo degli antichi e a concepirlo come «immenso e infinito», senza centro e senza confini. In questo nuovo spazio non vi sono né alto né basso *assoluti*, né destra né sinistra *assolute*, e le determinazioni spaziali sussistono solo *in relazione* alla prospettiva dell'osservatore e alla posizione reciproca dei corpi.

Di fronte a questa deriva "relativistica" della cosmologia moderna, anche Isaac Newton sembra avvertire l'esigenza di nuovi punti di riferimento, stabili e oggettivi, che siano in grado di fondare le leggi del nuovo universo eliocentrico. Il problema sembra presentarsi fin dalla formulazione della prima delle tre leggi sul moto: il «principio d'inerzia», che afferma che un corpo permane nel suo stato di quiete o di movimento rettilineo uniforme se nessuna forza esterna interviene a modificare tale stato. Ma in relazione a quale punto di riferimento si può affermare che un corpo è in quiete o in movimento? Prendiamo il caso di un oggetto posto su una nave che si allontana dalla riva: è fermo o si muove? Non solo: è la nave che si allontana dalla riva o è quest'ultima che si allontana dalla nave?

Newton

In effetti, nella fisica da me elaborata (che verrà detta "classica"), **il moto di un corpo può essere determinato solo in relazione alla posizione di altri corpi**. Questi, però, possono a loro volta essere in movimento e avere quindi bisogno di coordinate "ulteriori", in un processo potenzialmente infinito. Anche assumendo come punto di riferimento la posizione del Sole, il problema non viene risolto, ma soltanto differito, in quanto si potrebbe scoprire (come del resto è accaduto) che anche il Sole si muove. Ecco perché ho postulato uno «**spazio assoluto**» e «**immobile**»:

Lo spazio assoluto, per sua natura senza relazione ad alcunché di esterno, rimane sempre uguale e immobile; lo spazio relativo è una misura o dimensione mobile dello spazio assoluto, che i nostri sensi definiscono in relazione alla sua posizione rispetto ai corpi, ed è comunemente preso al posto dello spazio immobile; così la dimensione di uno spazio sotterraneo o aereo o celeste viene determinata dalla sua posizione rispetto alla Terra. […] se la Terra, per esempio, si muove, lo spazio che contiene la nostra aria, e che, relativamente alla Terra, rimane sempre identico, ora sarà una data parte dello spazio assoluto attraverso cui l'aria passa, ora un'altra parte di esso; e così, senza dubbio, muterà incessantemente.

(Principi matematici della filosofia naturale, pp. 106-107)

Solo ipotizzando l'esistenza di uno «spazio assoluto», infinito e immobile, che "contenga" diversi «spazi relativi» e mobili (incluso quello a cui facciamo normalmente riferimento noi, definito in base alla sua posizione rispetto alla Terra), è possibile "salvare" la realtà e l'oggettività del movimento, evitando di ridurlo a qualcosa di «apparente», cioè di relativo al soggetto che lo percepisce come spostamento di un corpo in relazione ad altri corpi:

Il moto assoluto è la traslazione di un corpo da un luogo assoluto in un luogo assoluto, il relativo da un luogo relativo in un luogo relativo. Così in una nave spinta dalle vele, il luogo relativo di un corpo è quella parte della nave in cui il corpo giace, ossia quella parte dell'intera cavità che il corpo riempie e che dunque si muove insieme alla nave: e la quiete relativa è la permanenza del corpo in quella medesima parte della nave o parte della cavità. Ma la quiete vera è la permanenza del corpo nella medesima parte di quello spazio immobile nella quale la stessa nave si muove insieme alla propria cavità e all'intero suo contenuto. Di conseguenza, se la Terra è realmente in quiete, il corpo che è in quiete relativa sulla nave si muoverà di moto reale e assoluto con la stessa velocità con la quale la nave si muove sulla Terra. Se invece si muove anche la Terra, il moto vero ed assoluto del corpo nascerà in parte dal moto vero della Terra nello spazio immobile, in parte dal movimento relativo della nave sulla Terra […].

(Principi matematici della filosofia naturale, p. 108)

Moderatore Strettamente legato al discorso sullo spazio è quello sul tempo…

Newton

È vero. Il principio d'inerzia da me formulato presuppone la distinzione tra moto rettilineo «uniforme» (a cui il principio, appunto, si riferisce) e moto «accelerato». Ora, per stabilire se il movimento di un corpo è «uniforme», cioè privo di variazioni di velocità, occorre chiamare in causa il tempo, poiché la velocità non è altro che una variazione spaziale (lo spostamento di un corpo) rispetto al tempo. Ma, come nel caso dello spazio, anche per il tempo si ripropone la necessità di avere un punto di riferimento stabile e "ultimo", che non sia a sua volta la misura di un movimento (ad esempio la rotazione terrestre). Questo è il **«tempo assoluto» o «durata»**, mentre il «tempo relativo» è la «misura della durata per mezzo del moto»:

Il tempo assoluto, vero, matematico, in sé e per sua natura senza relazione ad alcunché di esterno [il movimento dei corpi], scorre uniformemente, e con altro nome è chiamato durata; quello relativo, apparente e volgare, è una misura (esatta o inesatta) sensibile ed esterna della durata per mezzo del moto, che comunemente viene impiegata al posto del vero tempo: tali sono l'ora, il giorno, l'anno.

(Principi matematici della filosofia naturale, pp. 105-106)

Moderatore I concetti di «spazio assoluto» e di «tempo assoluto» vengono duramente contestati da Gottfried Wilhelm Leibniz, il quale, negli ultimi anni della sua vita, in un vivace scambio epistolare con il newtoniano Samuel Clarke, polemizza aspramente con Newton e i suoi seguaci.

Leibniz

L'idea che esistano uno spazio e un tempo assoluti, concepiti, per così dire, come dei "contenitori" infiniti e sempre uguali a se stessi, a prescindere dalla posizione e dal movimento dei corpi al loro "interno", mi è sempre parsa una «fantasia» priva di fondamento. Così intesi, infatti, lo spazio e il tempo sarebbero delle realtà esistenti per sé; avrebbero, cioè, natura "sostanziale", mentre io sono convinto che siano **entità solo *ideali*, di tipo esclusivamente "relazionale"**:

Quei signori [Newton e Clarke] sostengono che lo spazio è un ente reale assoluto, ma ciò li espone a grandi difficoltà. Pare infatti che questo ente debba essere eterno e infinito. Ecco perché vi sono alcuni che hanno creduto che si trattasse di Dio stesso oppure del suo attributo (l'immensità). […]
Quanto a me, ho sottolineato più di una volta che considero lo spazio qualcosa di puramente relativo, come il tempo: un ordine delle coesistenze, come il tempo è un ordine delle successioni.

(*Carteggio Leibniz-Clarke*,
in *Scritti filosofici*, vol. III, p. 499)

Definendo lo **spazio** come «**ordine delle coesistenze**», cioè come «l'ordine di quelle cose che esistono nello stesso tempo», ho semplicemente voluto dire che, quando osserviamo più cose in uno stesso momento, le cogliamo ovviamente ordinate tra loro in un certo modo, e questo ordine è appunto ciò che chiamiamo spazio. Lo stesso vale per il **tempo**, che ho definito «**ordine delle successioni**» perché corrisponde ai successivi mutamenti dell'ordine (spaziale) delle cose da noi percepite.
Il mio discorso risulterà certamente più chiaro se consideriamo come si forma in noi il concetto di spazio.
Se tra più corpi (A, B, C, D…) che si trovano in un preciso ordine di coesistenza, due di essi (ad esempio A e B), muovendosi, mutano le loro posizioni reciproche, diciamo che si scambiano di «posto». Lo stesso può avvenire per gli altri. Ora, se consideriamo come "fissi" i «posti» determinati sia dalle reciproche relazioni dei corpi in un dato momento, sia dalle diverse relazioni che, a causa dei movimenti dei corpi, si vengono a determinare in momenti successivi, abbiamo un'idea di come l'uomo si costruisca l'idea di «spazio», che non è altro che «ciò che risulta dai posti presi insieme»:

Ciò che comprende tutti questi posti viene chiamato spazio. Il che fa vedere come, per avere l'idea del posto e, di conseguenza, dello spazio, basti considerare i rapporti e le regole dei loro mutamenti, senza che vi sia bisogno di figurarsi alcuna realtà assoluta fuori delle cose di cui si considera la situazione.

(*Carteggio Leibniz-Clarke*,
in *Scritti filosofici*, vol. III, p. 535)

Una volta che ci siamo formati l'idea dello spazio (e del tempo, per il quale vale un discorso analogo), ne dimentichiamo la natura soggettiva e relazionale e vi attribuiamo realtà oggettiva, come se si trattasse di un vero e proprio "contenitore", "precedente" e "distinto" rispetto ai corpi e al loro movimento. In realtà, è evidente che lo spazio e il tempo in sé, indipendentemente dai corpi e dalle loro relazioni, sono solo l'«idolo di alcuni Inglesi moderni».

Moderatore Ovviamente i pensatori newtoniani (Clarke ed Eulero, in particolare) reagiscono con forza alla concezione di Leibniz, riproponendogli l'obiezione da cui lo stesso Newton era partito: senza la possibilità di fare riferimento a uno spazio e ad un tempo assoluti, come si può distinguere un movimento "reale" da un movimento "apparente"?

Leibniz

In realtà non si tratta, a mio avviso, di un'obiezione decisiva. La condizione perché un determinato corpo si possa considerare «veramente» in movimento è che la causa di tale movimento risieda proprio in quel corpo:

Quando, infatti, la causa immediata di mutamento è nel corpo, esso è *veramente* in moto; e allora la situazione degli altri in rapporto a lui sarà mutata di conseguenza, benché la causa di tale mutamento non sia in loro.

(*Carteggio Leibniz-Clarke*,
in *Scritti filosofici*, vol. III, p. 539)

Ad esempio, è in moto la nave rispetto alla riva e non viceversa (anche se, in termini relazionali, si "spostano" entrambe), perché è sulla prima che agisce la forza che determina la variazione della loro distanza reciproca. Del resto anche Newton ha riconosciuto che il criterio della distinzione tra moto *reale* e moto *apparente* va cercato nella "dinamica" (che studia le forze che determinano il movimento) e non nella "cinematica" (cioè in una geometria dello spazio che descrive quantitativamente il moto dei corpi): «Le cause per le quali i moti veri sono distinti da quelli relativi e viceversa, sono le forze impresse sui corpi al fine di generare il movimento. Il moto vero non può essere generato né modificato se non per effetto di forze impresse sullo stesso corpo in movimento: ma il moto relativo può essere generato e modificato senza forze impresse su questo corpo» (*Principi matematici della filosofia naturale*, pp. 111-112).

Moderatore La discussione tra Newton e Leibniz ha una grande influenza su Immanuel Kant, il quale propone una terza, diversa soluzione del problema.

Kant

Nel quadro generale della "rivoluzione copernicana" da me attuata in ambito conoscitivo, ho contestato la tesi dell'esistenza di uno spazio e di un tempo "oggettivi", cioè realmente esistenti indipendentemente dal soggetto, per sottolinearne invece il carattere "soggettivo". In questo senso mi sono ricollegato, da un lato, a Locke e agli empiristi, e, dall'altro, a Leibniz e ai suoi seguaci. Dagli uni e dagli altri mi sono però differenziato in quanto non ho riconosciuto né il carattere *empirico* (cioè derivato dall'esperienza), né quello *concettuale* o *ideale* dello spazio e del tempo, che ho piuttosto concepito come **«intuizioni pure» della sensibilità**, ovvero come **la «forma» della ricettività dei nostri sensi**. Per me, infatti, i corpi non sono altro che «fenomeni», cioè il modo in cui le cose in sé "appaiono" a un soggetto; pertanto lo spazio e il tempo, in cui i corpi si situano, non sono condizioni dell'essere *in sé* delle cose, ma condizioni che rendono possibile la rappresentabilità delle cose *per noi*.

Ho presentato queste idee nella terza sezione della *Dissertazione* del 1770, composta per la mia nomina a professore di logica e metafisica, e nell'"esposizione metafisica" del tempo e dello spazio presente nell'*Estetica trascendentale*. In questi due testi ho enunciato le seguenti tesi:

1) **spazio e tempo non derivano per astrazione dall'esperienza** (secondo la lezione dell'empirismo), poiché, al contrario, **costituiscono il presupposto di ogni esperienza sensibile**. Fare esperienza del mondo, infatti, significa non soltanto riferire le proprie sensazioni a degli "oggetti", ovvero a qualcosa di "esterno", ma anche rappresentarsi tali oggetti come gli uni "accanto" agli altri (nello spazio) e tra loro "in successione" (nel tempo):

affinché certe sensazioni siano riferite a qualcosa fuori di me (ossia a qualcosa che si trovi in un luogo dello spazio diverso dal mio), e affinché io possa rappresentarmele come esterne e accanto l'una all'altra – e quindi non soltanto come differenti ma come poste in luoghi diversi – deve già esserci a fondamento la rappresentazione di spazio. [...]
Il tempo non è un concetto empirico, derivante da una qualche esperienza. Infatti la simultaneità o la successione non potrebbero neppure mai costituirsi come percezioni se non ci fosse a priori, quale fondamento, la rappresentazione del tempo.   (*Critica della ragion pura*, B 38, 46)

2) Poiché non derivano dall'esperienza sensibile, lo spazio e il tempo sono «**rappresentazioni a priori**». Essi costituiscono inoltre la «**condizione di possibilità dei fenomeni**», poiché possiamo benissimo rappresentarci uno spazio e un tempo privi di oggetti, ma non degli oggetti "fuori" dello spazio e del tempo: lo spazio è quella «rappresentazione *a priori*, necessaria, che sta a fondamento di tutte le intuizioni esterne» e del disporsi delle cose «l'una accanto all'altra»; il tempo è quella rappresentazione *a priori*, necessaria, che sta a fondamento dei nostri stati interni e del loro disporsi l'uno dopo l'altro.

3) Non ci si può rappresentare che un unico spazio e un unico tempo (ancorché divisibili in

infinite "porzioni"). Quindi essi non sono «concetti», cioè insiemi di caratteri comuni che si astraggono dalla rappresentazione di più oggetti, ma lo sfondo unitario del coesistere e del succedersi degli oggetti stessi. Ciò è confermato dal fatto che il «concetto» è una rappresentazione che "raccoglie sotto di sé", ma non "contiene in sé", la rappresentazione di infiniti individui particolari (poiché questi non sono sue "parti", ma suoi "casi particolari"); invece lo spazio e il tempo possono essere "divisi" in un numero infinito di rappresentazioni di loro "parti", il che vuol dire che **non sono «concetti», ma «intuizioni», e intuizioni «pure», o *a priori***, dato che, come abbiamo visto, non derivano dall'esperienza.

Moderatore Da questa esposizione emerge una sorta di equidistanza dalla prospettiva oggettivistica di Newton e da quella soggettivistica di Leibniz. Ma a quale delle due si avvicina di più la nuova soluzione?

Kant

In un primo momento sono stato un convinto leibniziano e ho difeso l'idea dello spazio e del tempo come concetti relativi. Ma già nella *Dissertazione* del 1770 ho individuato nella tesi leibniziana un errore di fondo. Concependo spazio e tempo come concetti «discorsivi», cioè «astratti» dall'esperienza, Leibniz cade in un pa-

lese «circolo vizioso»; egli, infatti, fa derivare l'idea del tempo (che a sua volta fonda quella di spazio) dalla nostra percezione della «successione degli stati interni», ma così facendo la ricava da qualcosa che, in realtà, è già "temporale":

> [Leibniz] nella sua scoperta definizione del tempo abbondantemente si abbandona ad un circolo vizioso […] – sovverte a tal punto ogni uso della sana ragione da postulare che si determinino non già le leggi del moto secondo la misura del tempo, ma si determini il tempo stesso, quanto alla sua propria natura, mediante fatti osservati nel moto o in grazia di una qualsiasi serie di mutazioni interne […]. Perciò la possibilità delle mutazioni non è pensabile se non nel tempo; il tempo poi non è pensabile mediante le mutazioni, ma viceversa.
>
> (*La forma e i principi del mondo sensibile e intelligibile*, in *Scritti precritici*, pp. 438-439)

È stato proprio l'errore di Leibniz a mostrarmi che l'esperienza sensibile non può costituire la base da cui "ricavare" lo spazio e il tempo, poiché essa è già, "originariamente", spazializzata e temporalizzata. Lo spazio e il tempo sono dunque "entità" in un certo senso assolute e originarie, come riteneva Newton, anche se lo sono in quanto forme *a priori* del soggetto conoscente, e non in quanto contenitori universali delle cose.

Moderatore Sembra dunque che Kant, nella fase matura del suo pensiero, si sposti verso Newton, allontanandosi definitivamente da Leibniz. Accogliendo l'influsso del neoplatonico Henry More e della tradizione cabalistica ebraica, Newton aveva interpretato lo spazio e il tempo assoluti come il «sensorio di Dio» (*sensorium Dei*). In questa prospettiva, Dio, poiché «è presente ovunque» e «dura sempre», è il fondamento dello spazio e del tempo, i quali costituiscono a loro volta le condizioni perché le cose cadano nella percezione divina, ovvero esistano. In modo analogo, per Kant lo spazio e il tempo sono in un certo senso il "sensorio" del soggetto umano, la condizione originaria perché le cose siano date ai sensi dell'uomo.
Ma l'affinità tra la prospettiva kantiana e quella new-

toniana pare confermata anche da un altro elemento, richiamato dal discepolo di Newton Eulero. Questi sostiene che lo spazio e il tempo assoluti, al di là della loro effettiva esistenza, appaiono piuttosto come i presupposti necessari per poter pensare gli oggetti della meccanica e dare fondamento alla fisica classica. Da questo punto di vista si tratta di postulati che svolgono per la teoria newtoniana la stessa funzione che le forme «*a priori*» svolgeranno per la teoria gnoseologica di Kant. In questo senso sarebbe lo stesso Newton ad avere aperto la via alla prospettiva trascendentale, indicando al filosofo di Königsberg quello che sarà l'obiettivo ultimo della sua prima *Critica*: la ricerca dei fondamenti stabili del sapere scientifico, ovvero (all'epoca di Kant) della fisica newtoniana.

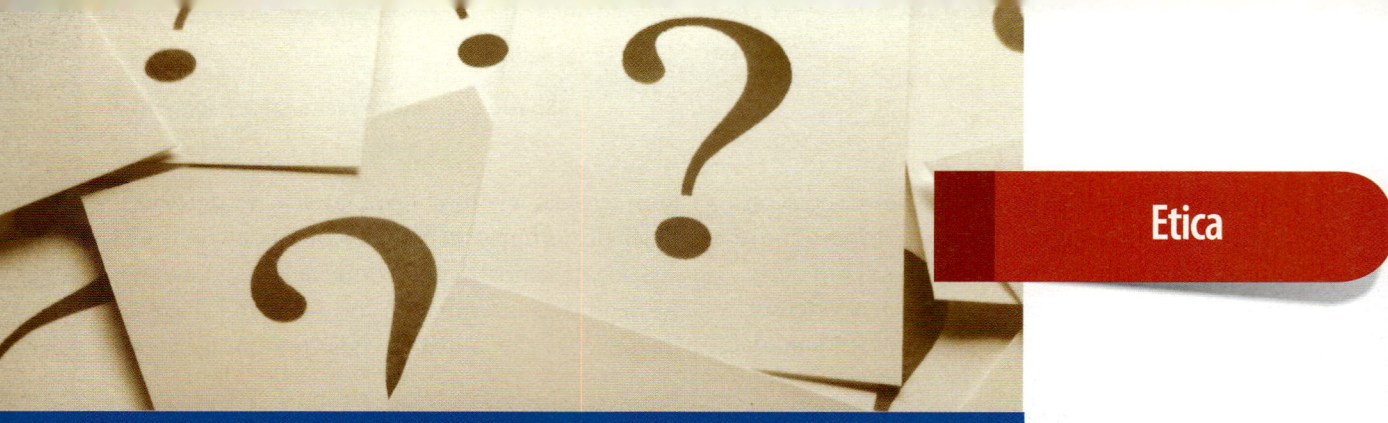

QUESTIONE

Il bene consiste nell'utile o nel dovere?

Hume, **Kant**

Partiamo da un dilemma

L'inglese **Bernard Williams** (1929-2003), uno dei più noti filosofi morali contemporanei, narra in un suo saggio la seguente "**storia esemplare**":

> Jim si trova nella piazza centrale di una piccola città sudamericana. Legati contro un muro vi sono venti indios, la maggior parte atterriti dalla paura, qualcuno in atteggiamento di sfida; di fronte a loro numerosi uomini armati in uniforme. Un omone con la camicia color cachi macchiata di sudore, che risulta essere il capitano, dopo aver a lungo interrogato Jim, e aver appurato che si trova lì per caso, al seguito di una spedizione botanica, gli spiega che quegli indios sono un gruppo di abitanti presi a caso dopo una recente protesta contro il governo, e che sono sul punto di essere fucilati per ricordare agli altri possibili contestatori gli svantaggi della protesta. Comunque, poiché Jim è un onorevole visitatore straniero, il capitano è felice di offrirgli, come privilegio di ospite, di uccidere lui stesso un indio. Se Jim accetta, allora, vista la speciale occasione, gli altri indios saranno lasciati liberi. Se Jim invece rifiuta, Pedro farà quello che stava per fare quando Jim era arrivato, li ucciderà, cioè, tutti [...]. Cosa *deve* fare Jim?

(B. Williams, *Una critica dell'utilitarismo*, in *Utilitarismo: un confronto*, trad. it. di B. Morcavallo, Bibliopolis, Napoli 1985, pp. 123-124)

Il passo di Williams ci aiuta a introdurre le nozioni inscindibili di "**bene**" e di "**dovere**", che la riflessione filosofica moderna ha posto al centro della propria attenzione. **Che cosa si intende quando si afferma che "è bene" o "non è bene" fare qualcosa, che "si deve" o "non si deve" compiere una certa azione?** Che cosa rende "buono e doveroso" o "cattivo e da evitare" un certo comportamento? La risposta a queste domande non è facile, soprattutto se consideriamo che ogni azione umana è qualcosa di molto complesso, frutto spesso di una decisione dilemmatica. Ad esempio, che cosa faresti tu se ti trovassi al posto di Jim? Sacrificheresti la vita di uno degli indios (e le tue regole morali) in virtù del calcolo secondo cui la vita di *un* uomo vale meno di quella di *molti* uomini? Oppure non violeresti per alcuna ragione il principio assoluto in base al quale non si deve uccidere?

La questione filosofica generale sottesa a questi spinosi interrogativi è quella che abbiamo in qualche misura già enunciato: **in base a quale criterio definiamo "buona", e dunque preferibile, un'azione?**

VERSO LE COMPETENZE

▶ Sviluppare la riflessione personale, il giudizio critico e l'attitudine alla discussione razionale

Il bene consiste nell'utile o nel dovere?

Sulla base delle tue convinzioni personali, rispondi a questo interrogativo scegliendo tra le opzioni che seguono.

1. Bisogna sempre **scegliere il male minore** e agire sulla base di un **"calcolo" dei vantaggi e degli svantaggi** che possono derivare dalle nostre azioni (modello etico **consequenzialistico o teleologico**, dal greco *télos*, "scopo").

2. Bisogna sempre agire sulla base di un **dovere morale assoluto e incondizionato**, indipendentemente dalle conseguenze che possono derivare dalla nostra scelta (modello etico **deontologico**, dal greco *déon*, "dovere").

Illustra brevemente le ragioni che ti hanno indotto a prendere questa posizione.

Approfondiamo la questione
Dal senso comune alla filosofia

1. La prospettiva consequenzialistica è riconducibile all'**utilitarismo** della tradizione filosofica anglosassone e, in particolare, a **David Hume**, per il quale un'azione è buona o cattiva, giusta o ingiusta non in termini assoluti, ma sulla base dei suoi effetti extramorali, cioè del vantaggio o dello svantaggio che procura. In questo senso il bene coincide con l'utile.

2. La prospettiva deontologica è assimilabile all'**etica del dovere** di **Immanuel Kant**, secondo il quale l'obbedienza alla legge morale deve essere incondizionata. Un'azione è buona, e dunque preferibile, perché doverosa *in sé*, indipendentemente dai vantaggi che ne possono derivare per chi la compie e per coloro che in essa sono coinvolti. In questo senso il bene coincide con il dovere per il dovere.

1. | Il modello utilitaristico: **Hume**

Una morale del sentimento…

Hume è convinto che l'uomo scelga e agisca sulla base di un «**gusto morale**» (*moral taste*) in virtù del quale avverte una certa azione come preferibile (in modo analogo a quello in cui, in virtù di un innato gusto estetico, percepisce un certo oggetto come bello). Diversamente da quanto affermato dalla tradizione razionalistica, per Hume è dunque un «**sentimento morale**», e non la ragione, a determinare la volontà e a indurre l'uomo ad agire in un determinato modo. Il sentimento è per Hume il centro e il motore non solo dell'azione, ma anche della **valutazione morale**, poiché le «idee morali» che sono indispensabili per formulare giudizi di approvazione o disapprovazione vengono prodotte sulla base di una riflessione sui sentimenti del piacere e del dolore. Perciò, quando diciamo che "**una cosa è buona**", intendiamo dire "**ci piace**", così come quando diciamo che "**una cosa è cattiva**" intendiamo dire che "**la consideriamo spiacevole**".

… o dell'utile?

Questa **teoria emotivistica**, che riconduce la valutazione morale e l'azione al sentimento del piacere, negli scritti di Hume sembra contraddetta da una **teoria utilitaristica**, in base alla quale il **bene** e il **male** sono **assimilabili** rispettivamente **all'utile e al nocivo**.
In realtà Hume istituisce un'equivalenza tra il piacere e l'utilità: «**l'utile è ciò che piace**», così come «**il dannoso è ciò che dispiace**». In altre parole, le due prospettive sono accomunate dall'idea di fondo secondo cui le nozioni di bene e di male non rispondono a principi *oggettivi* conoscibili con l'intelletto, bensì a un insieme di impressioni ed emozioni *soggettive*.

Perché l'utilità ci piace

Ma è possibile fondare una morale (che esige che qualcosa sia buono in senso universale) sul sentimento (che è un fatto individuale)? Davvero è bene (per tutti) ciò che piace (a qualcuno)? Consapevole di questa difficoltà, nel corso della sua riflessione Hume elabora la propria dottrina in modo da garantire l'universalità e l'intersoggettività della valutazione morale, pur mantenendo fermo il suo carattere "sentimentale". In una sezione della *Ricerca sui principi della morale* egli cerca dunque di spiegare «perché l'utilità ci piace»:

> L'utilità è gradevole e si impone alla nostra approvazione. Questa è una questione di fatto, confermata dall'osservazione quotidiana. Utile? Ma per chi? Per l'interesse di qualcuno, certamente. Per l'interesse di chi, dunque? Non soltanto per il nostro; infatti la nostra approvazione spesso si estende oltre l'ambito del nostro interesse. Si deve trattare dunque dell'interesse di coloro che traggono giovamento dalla qualità o dall'azione che viene approvata; e dobbiamo concludere pertanto che costoro, per quanto lontani, non ci sono del tutto indifferenti [...] ne segue che *tutto ciò che contribuisce alla felicità della società si raccomanda direttamente alla nostra approvazione e alla nostra buona volontà*. Questo è un principio che rende ragione, abbastanza ampiamente, dell'origine della moralità.
>
> (D. Hume, *Ricerca sui principi della morale*, V, I, in *Opere filosofiche*, vol. 2)

La simpatia

Hume approda così alla nozione di «**simpatia**», intesa come **sentimento morale** «**comune a tutta l'umanità**». È appunto su un sentimento di simpatia che si basa la valutazione morale di un'azione, cioè sulla percezione della sua **utilità o dannosità per se stessi e per i propri simili**. Mediante il riferimento alla vita sociale dell'uomo, Hume sembra così riuscire a non abbandonare la prospettiva emotivistica, rendendo contemporaneamente conto di come un individuo possa giudicare "buone" anche azioni che non sono immediatamente vantaggiose per lui. Il modello utilitaristico di Hume troverà una rigorosa formulazione da parte del filosofo e politico londinese **Jeremy Bentham** (1748-1776), il quale affermerà che l'**utile**, inteso come «**mas-**

simizzazione del piacere» e «minimizzazione del dolore», è l'unico movente delle azioni umane e l'unico criterio per valutarle. Riprendendo l'idea epicurea del «calcolo dei piaceri», Bentham sosterrà che la morale si riduce a un «calcolo felicifico» (*felicific calculus*), ovvero a una misurazione empirica e pragmatica delle conseguenze delle azioni, tale da permettere di scegliere quella che produrrà il massimo di utilità pubblica, cioè «la massima felicità per il maggior numero di persone».

2. | L'etica del dovere: Kant

Kant non mette in discussione la forza condizionante dell'impulso al piacere o della tendenza all'utile nella vita umana, ma nega che tale forza possa essere considerata un movente "morale". Sentimenti, impulsi e inclinazioni, per il loro carattere mutevole e soggettivo, non possono essere posti alla base dell'**etica**, poiché quest'ultima deve avere **valore universale**, cioè deve essere valida per tutti e sempre. Ciò significa che una legge morale, per essere autenticamente tale, può essere fondata solo sulla **ragione**, cioè su una facoltà di cui ogni uomo è provvisto e che prescrive in modo categorico e rigoroso di rinunciare a ogni piacere o vantaggio individuale.

L'universalità e la razionalità della morale

Al **carattere intersoggettivo** è strettamente legato il **carattere formale** della legge morale delineata da Kant: questa non può essere del tipo "se vuoi... devi...", non può essere condizionata da calcoli, preferenze soggettive, situazioni particolari, ma deve assumere la forma inesorabile e inflessibile del "**tu devi**", escludendo qualunque riferimento allo scopo dell'azione. In questo senso la morale kantiana non riguarda la «materia» del volere, ma la sua «forma»: la prima è «un oggetto la cui realtà sia desiderata», mentre la seconda è ciò per cui un contenuto, anziché essere considerato solo "piacevole", diventa «degno di essere voluto», cioè "morale".

La formalità della morale

È proprio questa "formalità" della legge morale a conferire all'etica kantiana un carattere antiutilitaristico. Infatti, se la morale non concerne ciò che si fa (l'esteriorità) bensì l'«intenzione» con cui lo si fa (l'interiorità), allora il bene non può consistere nella valutazione delle conseguenze *visibili* dell'azione, ma nella valutazione della sua *invisibile* intenzione. **Il bene consiste solo nel volere il bene**, cioè in quella che Kant chiama «**volontà buona**», espressione con cui indica l'**intenzione di conformarsi alla legge morale**. Bisogna volere il bene anche quando le circostanze ne rendono difficile o addirittura impossibile la realizzazione. La morale, del resto, per Kant non concerne l'essere (cioè il modo in cui *di fatto* gli uomini si comportano), ma il **dover essere** (cioè il modo in cui gli uomini *devono* o *dovrebbero* comportarsi). Kant fa questo esempio: può anche darsi che nessun rappresentante del genere umano sia, di fatto, stato sempre del tutto sincero; ciò non toglie, però, che dire sempre la verità sia un dovere assoluto. Detto in altri termini, la volontà buona è tale non per i risultati che consegue, ma per se stessa. Gli **effetti visibili di un'intenzione sono irrilevanti ai fini della valutazione morale**. Si pensi ad esempio al dilemma paradossale esposto in apertura: se dalla scelta di conformare la propria volontà alla legge morale scaturiscono conseguenze tragicamente svantaggiose, questo non è sufficiente per giudicare immorale l'azione scelta. Lo stesso Kant richiama a tal proposito il detto popolare *Fiat justitia, pereat mundus*: si compia il dovere, anche se il mondo intero dovesse crollare.

Un'etica dell'intenzione

> La volontà buona non è tale per ciò che essa fa o ottiene, e neppure per la sua capacità di raggiungere i fini che si propone, ma solo per il volere, cioè in se stessa; considerata in se

stessa, deve essere ritenuta incomparabilmente superiore a tutto ciò che, mediante essa, potrebbe essere fatto in vista di qualsiasi inclinazione o anche, se si vuole, di tutte le inclinazioni insieme. Anche se l'avversità della sorte o i doni avari di una natura maligna privassero interamente questa volontà del potere di realizzare i propri progetti; anche se il maggior sforzo non approdasse a nulla ed essa restasse una pura e semplice buona volontà [...] essa brillerebbe di luce propria. L'utilità e l'inutilità non possono accrescere né diminuire questo valore. (I. Kant, *Fondazione della metafisica dei costumi*, BA 3, in *Scritti morali*)

**VERSO
LE COMPETENZE**
▶ Saper argomentare una tesi
dopo aver ascoltato e valutato
le ragioni altrui

Hai cambiato opinione?

Ora che hai ascoltato le ragioni dei filosofi, decidi se intendi rimanere fedele alla tua idea iniziale
o se preferisci cambiarla, e indica in sintesi gli argomenti che ti hanno indotto a questa decisione.

Una questione aperta...

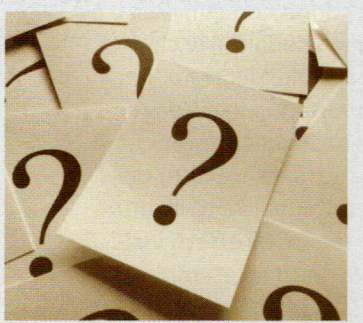

Entrambi i modelli presi in esame, naturalmente, presentano aporie, difficoltà interne e unilateralità.

Per quanto riguarda l'etica utilitaristica, perfino un suo sostenitore, John Stuart Mill (1806-1873), ne segnalerà alcune incertezze. Nell'opera intitolata *L'utilitarismo* (1829) noterà come il «**calcolo felicifico**» **benthamiano** sia **di difficile realizzazione pratica**, dal momento che la felicità, soprattutto quando riguarda persone diverse, che ne hanno idee diverse, non pare essere agevolmente misurabile. Secondo Mill, inoltre, il calcolo della felicità di cui parla Bentham implica una decisione arbitraria su quelle che devono essere le conseguenze da calcolare e non tiene conto del fatto che gli effetti indiretti di un'azione possono, in linea di principio, prolungarsi all'infinito, tanto che una vera analisi delle conseguenze risulta impossibile. La prospettiva utilitaristica, infine, rischia di "giustificare" azioni apertamente immorali o ripugnanti, come nel caso di Jim presentato in apertura, in cui un atto palesemente immorale come uccidere un innocente potrebbe essere considerato "giusto" in quanto "vantaggioso" per la felicità complessiva.

L'etica del dovere, d'altra parte, non prendendo in considerazione gli effetti dell'azione e separando radicalmente il bene dall'utile, l'intenzione dall'azione visibile, può arrivare a **giustificare anche il male**, qualora fosse l'effetto accidentale di una buona intenzione. Significativo, a questo proposito, è il detto popolare che Hegel utilizzerà conto Kant: «**delle buone intenzioni è lastricato l'inferno**». Il rigorismo dell'etica deontologica, inoltre, separa in modo netto **dovere e felicità**, finendo così per smarrire quell'unità tra "bene" e "benessere", tra vita buona e vita felice, che era tipica dell'eudaimonismo classico. Che l'etica, in quanto "dottrina del dovere", debba essere in contrasto con l'etica intesa come "tecnica della felicità" viene perentoriamente negato anche da Diderot, il quale, in nome della stessa ragione invocata da Kant, afferma: «propriamente parlando c'è un solo dovere: essere felici».

Di fronte a queste incongruenze, la filosofia morale più recente ha cercato di conciliare la prospettiva utilitaristica con quella deontologica, sostituendo all'utilitarismo tradizionale, o **"utilitarismo dell'atto"** (che prende in considerazione gli eventuali vantaggi che scaturiscono da una *singola azione*) il cosiddetto **"utilitarismo della regola"** (che valuta gli eventuali vantaggi che, in generale, scaturiscono dall'adozione di una *regola* di comportamento). In base a questa variante, un'azione è buona o cattiva a seconda che si conformi o meno a una regola (criterio deontologico), la quale però è a sua volta buona o cattiva a seconda che contribuisca o meno all'utilità comune (criterio utilitaristico).

L'alternativa tra modello utilitaristico e modello deontologico può essere accostata a quella che più di un secolo dopo verrà delineata dal filosofo e sociologo **Max Weber** (1864-1920) tra l'«**etica della responsabilità**» e l'«**etica della convinzione**». La prima considera l'«agire razionale rispetto allo *scopo*» ed è fatta propria da chi ritiene rilevanti gli effetti di un'azione e non la conformità dell'intenzione a principi morali astratti o generali. La seconda considera invece l'«agire razionale rispetto al *valore*» ed è propria di chi ritiene che nell'azione ci si debba conformare a principi assoluti, in nome dei quali vanno ignorate le possibili conseguenze negative della loro realizzazione, così come quelle positive. Secondo Weber, ai **principi assoluti** deve guardare la **morale**, mentre alle **conseguenze dell'azione** e, in un certo senso, alla limitazione dei possibili danni di un'azione deve tendere la **politica**. Il carattere dilemmatico, controverso e persino drammatico di ogni scelta che si trovi di fronte all'alternativa tra i principi (astratti) della coscienza e quelli dell'utilità (concreta) si traduce così nella tensione dialettica tra politica e morale, tensione tipica della modernità, sulla quale Machiavelli aveva per primo richiamato l'attenzione notando come la virtù del politico non consista nel rispetto di obblighi morali astratti, ma nella capacità di scegliere i mezzi più opportuni per ottenere ciò che giova alla comunità.

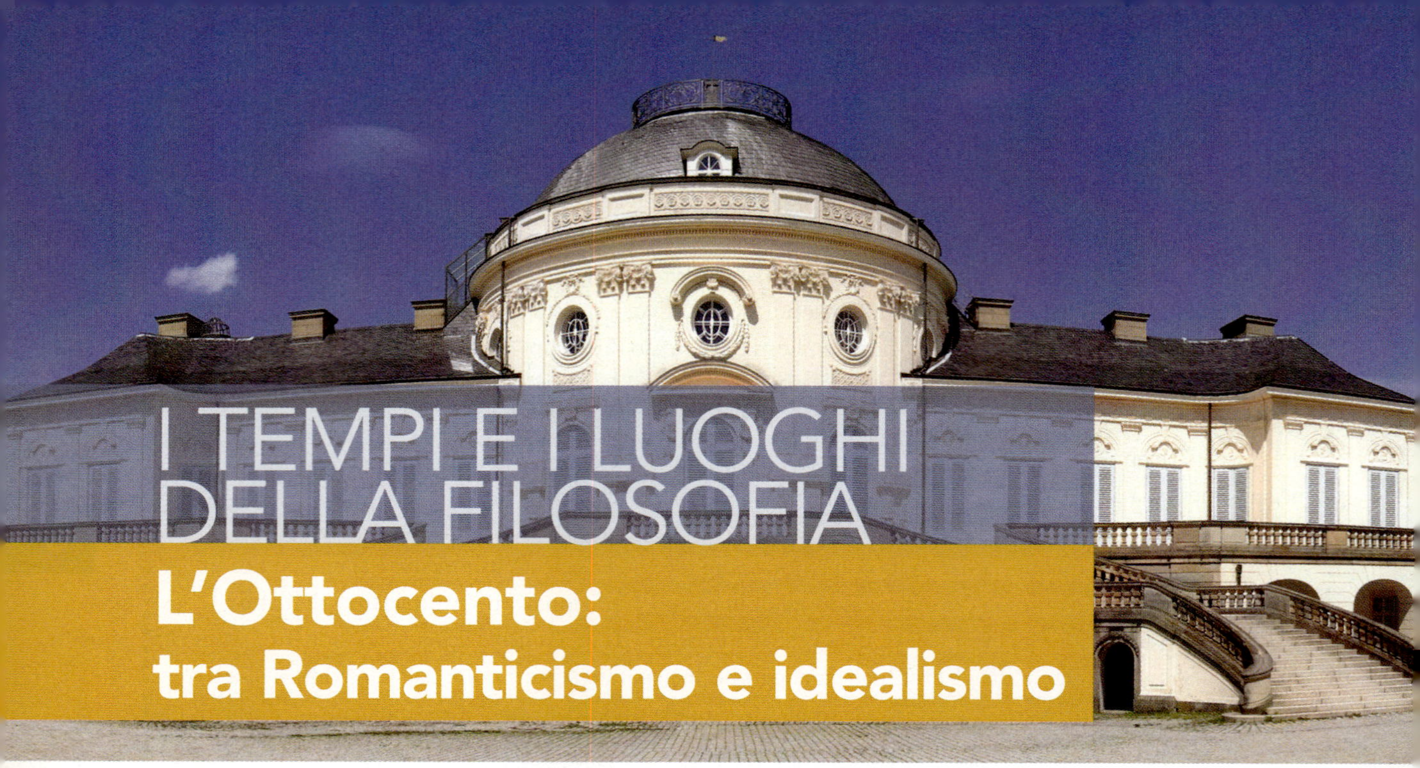

I TEMPI E I LUOGHI DELLA FILOSOFIA

L'Ottocento: tra Romanticismo e idealismo

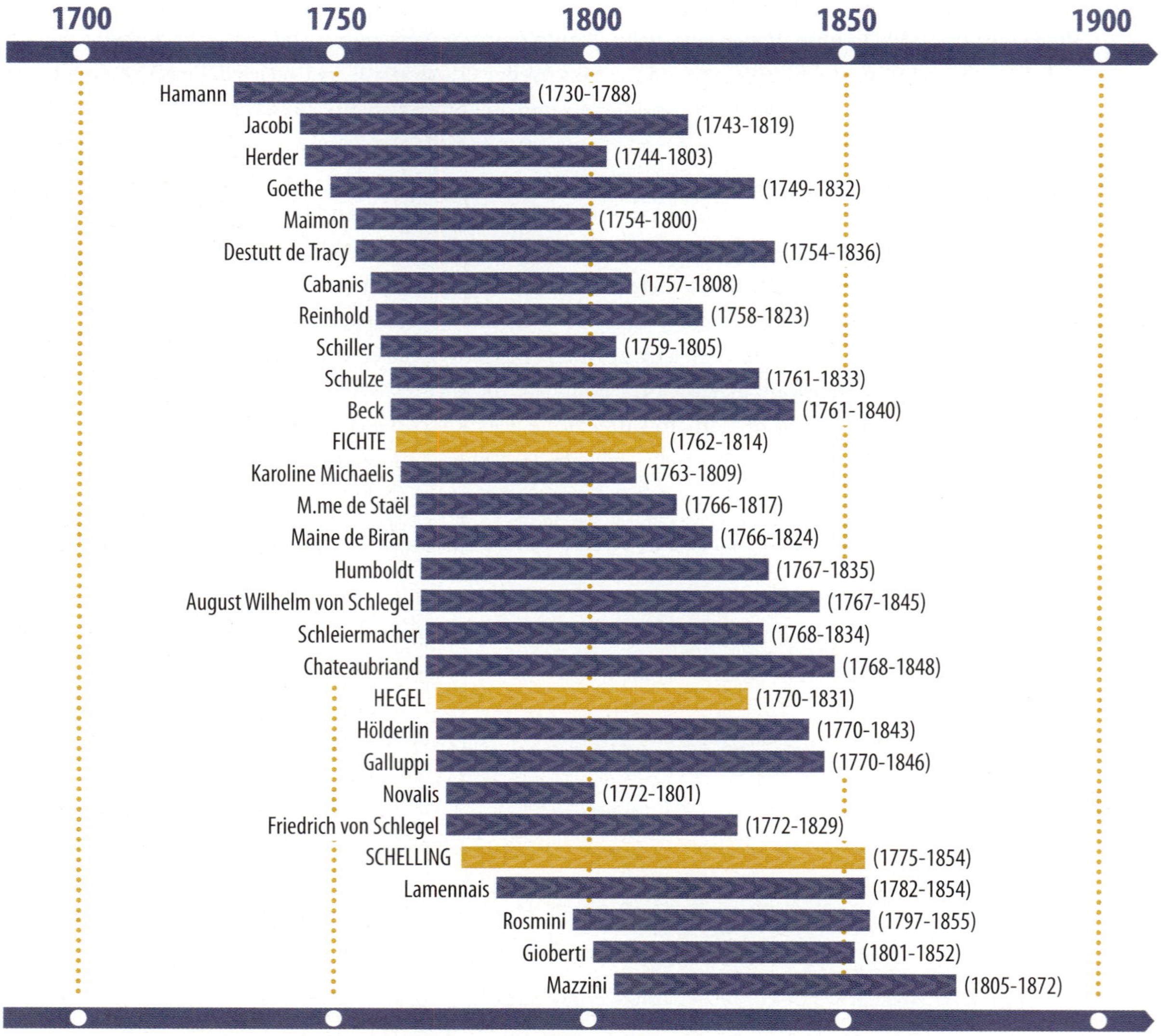

1700
1750
1800
1850
1900
Hamann (1730-1788)
Jacobi (1743-1819)
Herder (1744-1803)
Goethe (1749-1832)
Maimon (1754-1800)
Destutt de Tracy (1754-1836)
Cabanis (1757-1808)
Reinhold (1758-1823)
Schiller (1759-1805)
Schulze (1761-1833)
Beck (1761-1840)
FICHTE (1762-1814)
Karoline Michaelis (1763-1809)
M.me de Staël (1766-1817)
Maine de Biran (1766-1824)
Humboldt (1767-1835)
August Wilhelm von Schlegel (1767-1845)
Schleiermacher (1768-1834)
Chateaubriand (1768-1848)
HEGEL (1770-1831)
Hölderlin (1770-1843)
Galluppi (1770-1846)
Novalis (1772-1801)
Friedrich von Schlegel (1772-1829)
SCHELLING (1775-1854)
Lamennais (1782-1854)
Rosmini (1797-1855)
Gioberti (1801-1852)
Mazzini (1805-1872)

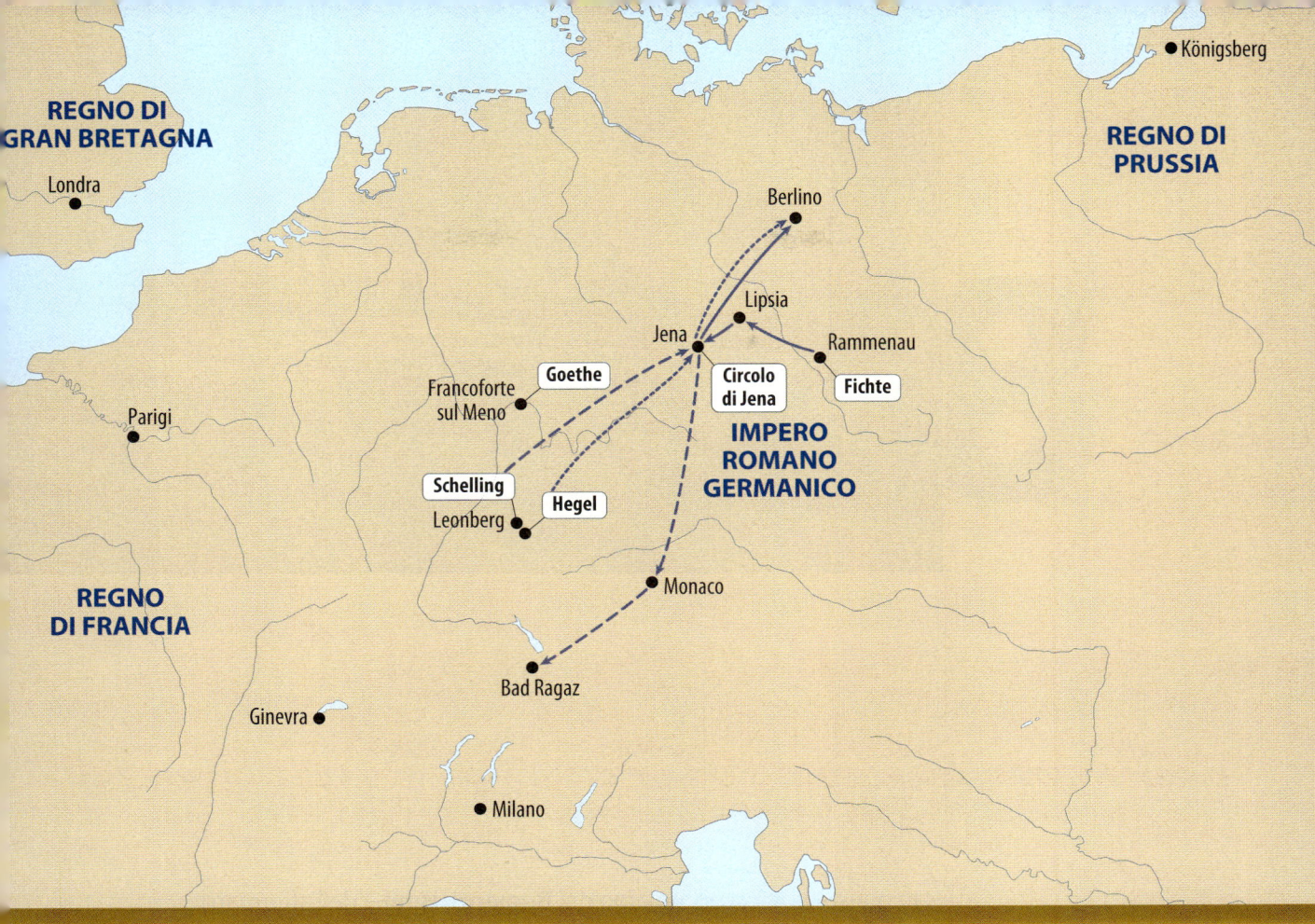

L a «splendida aurora» della Rivoluzione francese – per usare un'espressione hegeliana – e la radicale trasformazione socio-economica legata alla rivoluzione industriale dominano la storia europea della prima metà dell'Ottocento. Sconvolta dai moti liberali e di emancipazione nazionale e dalle conquiste napoleoniche, l'Europa trova un nuovo equilibrio geopolitico con il Congresso di Vienna, che inaugura la cosiddetta "età della Restaurazione". Durante questo periodo, che corrisponde sostanzialmente agli anni tra il 1815 e il 1848, si afferma e si diffonde in tutta Europa una nuova sensibilità artistica, letteraria e filosofica che va sotto il nome di "Romanticismo" e che al razionalismo illuministico contrappone l'esaltazione del sentimento e l'attenzione per la storia.

Nata in Germania alla fine del Settecento, la cultura romantica è anticipata dalla "filosofia della fede" di Hamann, Herder e Jacobi e da un nucleo di poeti (tra cui Goethe e Schiller) che, intorno al 1780, danno vita al movimento detto *Sturm und Drang* (tempesta e impeto). Successivamente il Romanticismo riceve una sistemazione teorica organica nell'opera critica e letteraria dei fratelli Schlegel e nella grande filosofia idealistica di Fichte, Schelling e Hegel. Dalla Germania, dove nel 1810 Humboldt fonda la gloriosa Università di Berlino, il movimento romantico si diffonde poi in tutta Europa, imponendosi come l'orizzonte comune della cultura europea della prima metà dell'Ottocento.

UNITÀ 8

IL ROMANTICISMO E I FONDATORI DELL'IDEALISMO

In questa unità ci occupiamo del **Romanticismo** e dell'affermarsi dell'**idealismo**. Radicati nella polemica contro la ragione illuministica e kantiana, entrambi questi movimenti sono animati dall'esaltazione della **ragione dialettica**, dalle concezioni dello **spirito come attività creatrice** e della **storia come sviluppo provvidenziale**.

L'avvento e la diffusione del Romanticismo trovano una fase preparatoria nella filosofia tedesca di fine Settecento e nelle riflessioni di alcuni letterati legati al movimento dello *Sturm und Drang*.

Sorto in Germania negli ultimi anni del Settecento, il **Romanticismo** trova la sua massima espansione nell'intera Europa dei primi decenni dell'Ottocento. I motivi più tipici di questo vasto movimento storico-culturale sono l'**insofferenza verso i limiti del finito** e l'**aspirazione all'Assoluto**.

Superando il principio dell'"io penso" kantiano e i limiti imposti dalla "cosa in sé", **Fichte**, il fondatore dell'**idealismo**, afferma l'**infinità dell'Io**, in cui tutto esiste e alla cui libera attività creatrice si deve non solo la forma della realtà, ma la realtà stessa. Egli intende fondare un **sistema** grazie al quale la filosofia possa diventare un **sapere perfetto e assoluto**.

Secondo **Schelling**, nell'Assoluto si esprimono in modo indifferenziato **soggetto e oggetto, ideale e reale, spirito e natura**. La ricerca filosofica di Schelling assume pertanto due direzioni: la **filosofia della natura**, che mostra come la natura sia spirito visibile, e la **filosofia dello spirito**, che mostra come lo spirito sia natura invisibile.

CAPITOLO 1
La filosofia tedesca di fine Settecento

1. La filosofia della fede

In Germania, negli ultimi decenni del Settecento, si va sempre più rafforzando un filone di pensiero apertamente polemico verso l'Illuminismo e verso il kantismo.

Le esigenze da cui queste polemiche prendono le mosse sono in generale quelle della fede e della tradizione religiosa, nei confronti delle quali la filosofia kantiana appare muta o addirittura ostile, perché è una filosofia della ragione. A quest'ultima si contrappongono allora, come organi di conoscenza, la **fede**, l'**intuizione mistica**, il **sentimento**, o, in generale, una facoltà postulata *ad hoc* e ritenuta capace di procedere al di là dei limiti della ragione, verso quella realtà superiore che sembra l'oggetto specifico dell'esperienza mistica e religiosa.

La reazione all'Illuminismo e al kantismo

Hamann

Intesa nei termini appena esposti, la filosofia della fede ha inizio con l'opera di un concittadino di Kant, **Johann Georg Hamann** (1730-1788), un impiegato di dogana che fu in rapporti di amicizia con Kant, Herder e Jacobi.

Hamann demolisce le pretese della ragione:

La fede come superamento delle opposizioni della ragione

> Cos'è l'arcilodata ragione con la sua universalità, infallibilità, esaltazione, certezza e evidenza? Un *ens rationis*, un idolo, cui la superstizione sfacciata e irrazionale assegna attributi divini.

Per Hamann non è la ragione, ma la **fede** a costituire **l'uomo nella sua totalità**. Egli si rifà a Hume, che aveva riconosciuto nella credenza l'unica base della conoscenza. Tuttavia, mentre per Hume la credenza è empirica, avendo per oggetto le cose e i loro legami causali, per Hamann è invece una fede mistica, un'esperienza misteriosa nella quale trovano posto non soltanto i fatti naturali e le attestazioni dei sensi, ma anche i fatti storici, le testimonianze della tradizione e i fatti divini che sono oggetto di rivelazione.

La **fede** di Hamann è la **rivelazione immediata della natura e di Dio**, senza alcuna divisione o distinzione tra ciò che è sensibile e ciò che è religioso, tra ciò che è umano e ciò che è divino. Egli, infatti, riconosce con Bruno il più alto principio del sapere nella *coincidentia* *oppositorum*: nell'uomo coincidono tutti gli opposti principi del mondo, e per quanto egli cerchi con la filosofia di intendere e afferrare la loro unità, non potrà mai comprenderla attraverso concetti, né raggiungerla con la ragione. La fede soltanto può rivelargliela, in quanto è un **rapporto diretto tra l'uomo e Dio**, un rapporto che non è mediato da concetti, ma individuato e singolo, e in virtù del quale *io*, nella mia individualità, mi trovo di fronte al *mio* Dio.

Herder

Sulla stessa linea di Hamann si muove **Johann Gottfried Herder** (1744-1803), che fu scolaro di Kant e amico di Hamann.

A Kant Herder rimprovera il dualismo di materia e forma, di natura e libertà (*Metacritica alla critica della ragion pura*, 1799), contrapponendogli l'essenziale **unità dello spirito e della natura**, che egli vede attuata nella dottrina di Spinoza (alla quale dedica un dialogo intitolato *Dio*, 1787).

La religione come educazione all'umanità

Ma la più significativa dottrina filosofica di Herder è legata alle sue concezioni del **cristianesimo** come **religione dell'umanità** e della **storia** come **progressivo sviluppo verso la compiuta realizzazione dell'umanità** stessa. Nelle *Idee per una filosofia della storia dell'umanità* (1784-1791) Herder afferma il principio in base al quale nella storia, come nella natura, ogni sviluppo è sottoposto a determinate condizioni naturali e a leggi immutabili. La natura è un tutto vivente, che si sviluppa secondo un piano totale di organizzazione progressiva. In essa agiscono e lottano forze diverse e opposte. L'uomo, come ogni altro animale, è un suo prodotto, ma si trova al culmine dell'organizzazione, perché con lui nascono l'attività razionale e, quindi, l'arte e il linguaggio, che lo portano all'umanità e alla religione. La storia umana segue la stessa legge di sviluppo della natura, che procede dal mondo inorganico e organico fino all'uomo per portarlo alla sua vera essenza. **Natura e storia lavorano entrambe per l'educazione dell'uomo all'umanità**. E tale educazione è frutto non della ragione, ma della religione, che è radicata nella storia dell'uomo fin dai primordi e gli rivela ciò che è divino nella natura.

La storia come progresso verso la piena umanità

All'idea di un progresso continuo e necessario del genere umano Herder è condotto dall'analogia tra il **mondo della natura** e il **mondo della storia**, profondamente uniti perché **entrambi creazioni e manifestazioni di Dio**. Alla luce di tale analogia sorge spontaneo un quesito: Dio, che ha ordinato nel modo più saggio il mondo della natura e ne garantisce in modo infallibile la conservazione e lo sviluppo, potrebbe permettere che la storia del genere umano si svolgesse senza un piano qualsiasi, al di fuori della sua saggezza e della sua bontà? La risposta spetta alla filosofia della storia, la quale deve dimostrare che il genere umano non è un "gregge senza pastore" e che per esso valgono quelle stesse leggi che determinano l'organizzazione progressiva del mondo naturale:

> Come vi è un Dio nella natura, vi è anche un Dio nella storia; giacché l'uomo è parte della natura e deve, anche nelle sue più selvagge intemperanze e passioni, seguire leggi che non sono meno belle ed eccellenti di quelle secondo le quali si muovono tutti i cieli e i corpi terrestri.
>
> (*Idee per una filosofia della storia dell'umanità*)

Il fine a cui le leggi della storia indirizzano l'uomo è la sua stessa umanità:

> A questo scopo evidente è *organizzata* la nostra natura; per esso ci sono dati sensi e impulsi più raffinati, per esso ci sono date la ragione e la libertà, una salute delicata e durevole, il linguaggio, l'arte e la religione. In ogni condizione e in ogni società, l'uomo non può avere altro in vista, né può altro costruire che l'umanità, così come la pensa in se stesso.
>
> (*Idee per una filosofia della storia dell'umanità*)

Jacobi

La filosofia della fede sviluppata da Hamann e da Herder sembra rendere impossibile una distinzione qualsiasi tra natura e Dio, e di conseguenza far propria la tesi classica del panteismo, di cui scorge i precedenti in Bruno, Spinoza e Shaftesbury. La filosofia della fede di **Friedrich Heinrich Jacobi** (1743-1819) si articola invece nel senso di un **rigoroso teismo**: Jacobi intende infatti distinguere Dio dalla natura altrettanto risolutamente di quanto altri li avevano uniti.

Lo scopo della speculazione di Jacobi è quello di difendere la validità della fede come **sentimento dell'incondizionato**, cioè di Dio. Egli respinge l'idea di una speculazione «disinteressata», volendo salvaguardare non la verità, ma «una determinata verità»: «voglio rendermi chiara con l'intelletto una sola cosa – egli dice –, cioè la mia **devozione naturale a un Dio incognito**» (*Lettere su Spinoza*). A questo scopo la ragione non serve. Jacobi si pone la domanda cruciale: è l'uomo che ha la ragione o è la ragione che ha l'uomo? E per lui non c'è dubbio: **la ragione è solo uno strumento**, non la stessa esistenza umana.

La difesa della validità della fede

Tale esistenza risulta costituita da **due rappresentazioni originarie**: quella dell'**incondizionato**, cioè di **Dio**, e quella del **condizionato**, cioè di **noi stessi**; ma quest'ultima presuppone la prima. Abbiamo quindi dell'incondizionato una certezza assai maggiore di quella che abbiamo del condizionato, cioè della nostra stessa esistenza. Ma questa certezza non è data dalla ragione, né si fonda sulle prove o sulle dimostrazioni che essa può fornire. È una certezza di fede.
A dimostrare l'esistenza di una divinità creatrice la ragione non può giungere mai, come non può giungervi una filosofia che si avvalga di essa. **Cartesio** ha voluto dimostrare l'esistenza di un creatore del mondo, ma in realtà ciò che ha dimostrato è soltanto l'unità di tutte le cose, la *totalità* del mondo. **Spinoza** ha ripreso il significato implicito nella dimostrazione cartesiana compendiando la sua filosofia nella formula: «*Deus sive Natura*». E ciò che vale per lo spinozismo vale per qualunque sistema filosofico che faccia appello alla ragione per giungere a Dio, compreso quello di **Leibniz**.

La certezza della fede

Per Jacobi ogni dottrina razionalistica, se sviluppata coerentemente, si identifica con lo spinozismo, e **lo spinozismo è ateismo**, in quanto non è che l'**identificazione di Dio con il mondo, dell'incondizionato con il condizionato**.
Tagliare i ponti con l'ateismo significa dunque tagliare i ponti con il razionalismo e fare appello alla fede. Soltanto la fede ci rende certi dell'esistenza di noi stessi, delle altre cose e di Dio: «Noi tutti siamo nati nella fede – dice Jacobi – e nella fede dobbiamo restare, come tutti siamo nati nella società e nella società dobbiamo restare» (*Lettere su Spinoza*). E la fede è rivelazione.

Il rifiuto dello spinozismo

2. La riflessione filosofica di Schiller e Goethe: l'armonia tra natura e spirito

Lo *Sturm und Drang* La filosofia della fede si può considerare nel suo complesso come l'espressione filosofica di quel movimento letterario-politico che è stato chiamato (dal titolo di un dramma di Maximilian Klinger del 1776) ***Sturm und Drang***, cioè "**tempesta e impeto**". Alla ragione finita, cioè alla ragione di cui Kant aveva segnato le competenze e i limiti, lo *Sturm und Drang* contrappone la **fede** e il **sentimento**, sole facoltà capaci di cogliere gli aspetti più profondi della realtà, che rimangono inaccessibili alla ragione. In questa prospettiva anti-illuministica si colloca anche il rinnovato **interesse per il mondo naturale**, interpretato non più **in chiave** meccanicistica, ma **organicistica**.

Tra Romanticismo e classicismo Le idee dello *Sturm und Drang* influenzano i giovani **Schiller e Goethe**, i quali tuttavia saranno indirizzati dalla filosofia kantiana ad ammettere il valore della ragione anche nella comprensione e nel chiarimento di ciò che ragione non è, cioè della vita, del sentimento, dell'arte e della natura. Pertanto questi due autori, se da un lato riflettono alcuni temi del **nascente Romanticismo**, dall'altro confluiranno nel **classicismo**.

Schiller

Il poeta **Johann Christoph Friedrich Schiller** (1759-1805) è condotto alla filosofia dalla speculazione di Kant. Fin dalla giovinezza egli si dedica alla ricerca filosofica, ma si ispira soprattutto all'ottimismo panteistico di Shaftesbury, scorgendo nell'universo una totalità armonica, animata da un'unica vita.

L'arte come principio armonizzatore di natura e spirito La ricerca di un'armonia che concili la natura e lo spirito, la vita morale e quella sensibile, trova poi un ulteriore stimolo nelle opere di Kant, e specialmente nella *Critica del Giudizio*. Nello scritto *Sulla grazia e la dignità* (composto nel 1793), Schiller sostiene che la dignità dell'azione morale non deve eliminare né distruggere la grazia, che deriva all'azione dall'essere la manifestazione spontanea di tutte le attività umane, quelle naturali comprese. Questo pensiero diventa dominante e trova la sua migliore espressione nel capolavoro filosofico di Schiller: le *Lettere sull'educazione estetica dell'uomo* (1795), in cui il **principio che armonizza la natura e lo spirito** viene riconosciuto nell'**arte**.

L'istinto del gioco e lo stato estetico L'uomo, dice Schiller, ha un **istinto sensibile**, che deriva dal suo essere fisico e lo lega alla materia e al tempo, e un **istinto della forma**, che deriva dal suo essere razionale e lo rende libero. Se l'uomo sacrifica l'istinto razionale a quello materiale, non sarà mai un io, perché rimarrà disperso nella materia e nel tempo; se sacrifica l'istinto materiale a quello formale, sarà pura forma senza realtà, cioè un nulla. Egli deve dunque **conciliare i due istinti**, in modo che l'uno limiti l'altro, e dar luogo all'**istinto del gioco**, che porterà la forma nella materia e la realtà nella pura forma razionale. L'oggetto di questo istinto sarà la «forma vivente», cioè la **bellezza**. In tal modo l'uomo si sottrae sia alla determinazione della natura sensibile, sia a quella della ragione, raggiungendo una condizione di pura problematicità, che è lo **stato estetico**. Questo stato, che è una seconda creazione dell'uomo, è la **condizione di ogni creazione artistica**, perché la rende indipendente sia dall'intelletto, sia dalla volontà, garantendone quindi il disinteresse.

Goethe

La stessa idea di un accordo intrinseco o sostanziale tra la natura e lo spirito, tra il mondo e Dio, anima l'attività filosofica di **Johann Wolfgang von Goethe** (1749-1832), il quale tuttavia, a differenza di Schiller, ne fa il punto di partenza non di una teoria estetica, ma di ricerche, osservazioni e ipotesi naturalistiche. Non l'arte, ma la natura stessa è infatti il tema che ispira la riflessione filosofica di Goethe.

Egli è convinto che la natura e Dio siano strettamente congiunti e facciano tutt'uno: «Tutto ciò che l'uomo può raggiungere nella vita è che il Dio-natura gli si riveli». La natura non è che «l'abito vivente della divinità». Perciò **non si può giungere a Dio se non attraverso la natura**, come non si può giungere all'anima se non attraverso il corpo.

L'identificazione di natura e Dio

Se Goethe dissente dai materialisti, che fanno della natura un puro sistema di forze meccaniche, è altrettanto contrario a Jacobi, che pone Dio assolutamente al di là della natura:

> Chi vuole l'essere supremo deve volere il tutto; chi tratta dello spirito deve presupporre la natura, chi parla della natura deve presupporre lo spirito. Il pensiero non si lascia separare da ciò che viene pensato, la volontà non si lascia separare da ciò che viene mosso.

L'esistenza di Dio, inteso come una forza spirituale e una ragione che pervadono l'intero universo, non ha bisogno di dimostrazioni. «**L'esistenza è Dio stesso**» dice Goethe in una lettera a Jacobi (del 9 giugno 1785).

A questa concezione panteistica si ispirano le ricerche naturalistiche di Goethe, che sono dirette a rintracciare nella natura il **fenomeno originario** (*Urphänomenon*) nel quale si manifesta e si concreta, in un determinato tipo o in una determinata forma, la forza divina che regge il tutto. Perciò egli non condivide il punto di vista di Kant, secondo il quale la finalità della natura appartiene a una considerazione puramente soggettiva del mondo, ma non ha valore oggettivo. Per lui, al contrario, **la finalità è la struttura stessa dei fenomeni naturali** e le idee che la esprimono sono i suoi simboli. **Arte e natura si distinguono soltanto per gradi, non per qualità**: il fine che l'arte o l'artista perseguono agisce in modo meno consapevole, ma ugualmente efficace, nella natura.

Il finalismo

Un'altra espressione dell'unità di natura e spirito, che è la fede di Goethe, è l'**equilibrio tra sensibilità e ragione**, che egli difende esplicitamente e che costituisce la caratteristica della sua personalità. La vita morale, infatti, non consiste per lui, come per Kant, nel predominio della ragione sugli impulsi sensibili, ma nell'armonia di tutte le attività umane, nel rapporto equilibrato tra le forze contrastanti che costituiscono l'uomo. Solo in questo equilibrio egli riconosce la *normalità* della natura umana.

La vita morale come armonia

L'opera forse più nota di Goethe, il *Faust*, nella ricchezza dei motivi che lo costituiscono, esprime quella concezione dell'uomo in termini di ***Streben*** (sforzo) che è peculiare dell'età romantica e che, come vedremo, sarà teorizzata da Fichte.

Il Faust

3. Humboldt: la storia, il linguaggio e lo Stato

All'ideale umanistico di Schiller e di Herder si ispira l'opera di **Karl Wilhelm von Humboldt** (1767-1835), che è il creatore della moderna scienza del linguaggio.

Lo spirito dell'umanità

Il principio fondamentale di Humboldt è che, negli uomini e nella loro storia, vivono, agiscono e si realizzano gradualmente la forma e lo spirito dell'umanità, che valgono come ideali e criteri valutativi di ogni individualità e di ogni manifestazione umana. Come Schiller e Herder, Humboldt ritiene che lo **scopo degli uomini** stia negli uomini stessi, nella loro formazione progressiva, nello **sviluppo e** nella **realizzazione della forma umana che è loro propria**. Sotto questo aspetto lo studio dell'uomo dev'essere l'oggetto di una scienza – l'antropologia – che, pur muovendo a determinare le condizioni naturali dell'uomo (temperamento, sesso, nazionalità ecc.), mira a scoprire, attraverso di esse, l'ideale stesso dell'umanità, la forma incondizionata alla quale nessun individuo si adegua mai perfettamente, ma che rimane lo scopo a cui tutti tendono. Humboldt chiama «**spirito dell'umanità**» l'**ideale forma umana che non si trova mai realizzata empiricamente**, sebbene sia il termine di ogni attività umana, e riconosce in esso la forza spirituale dalla quale dipendono tutte le manifestazioni dell'uomo nel mondo. I grandi uomini sono stati quelli nei quali più potentemente si è affermato lo spirito dell'umanità, come ad esempio è avvenuto in Goethe, e i grandi popoli quelli che più si sono avvicinati nel loro sviluppo alla realizzazione integrale di quello spirito, come i Greci.

La storia

La **storia** appare a Humboldt come «**lo sforzo dell'idea per conquistare la sua esistenza nella realtà**». L'idea si manifesta nella storia in un'individualità personale, in una nazione e, in generale, in tutti gli elementi necessari e determinanti che lo storico ha il compito di sceverare e mettere in luce nell'insieme degli aspetti insignificanti o accidentali. Per l'uomo, che non può conoscere il piano totale del governo del mondo, l'idea può rivelarsi soltanto attraverso il corso degli eventi, di cui essa costituisce nello stesso tempo la forza produttiva e lo scopo finale.

Il linguaggio

All'idea dell'umanità si collega il linguaggio. Il **linguaggio** è **l'attività stessa delle forze spirituali dell'uomo**. E poiché non vi è alcuna forza dell'anima che non sia attiva, all'interno dell'uomo non esiste alcunché di così profondo o di così nascosto che non si trasformi nel linguaggio e non si riconosca in esso. Per questa loro comune radice umana, tutti i linguaggi hanno nella loro organizzazione intellettuale qualcosa di simile. Le differenze sono dovute sia al grado in cui la forza creatrice del linguaggio si è esplicata, che è diverso a seconda dei popoli e delle epoche storiche, sia al fatto che, oltre all'intelletto, altre forze agiscono nella creazione del linguaggio, e cioè la fantasia e il sentimento, i quali determinano la specificità non solo dei caratteri individuali, ma anche dei caratteri nazionali e, quindi, la molteplicità dei linguaggi. Il linguaggio, infatti, è lo stesso senso interno, in quanto via via giunge alla conoscenza e all'espressione: esso perciò è legato alle fibre più intime dello spirito nazionale, e nella diversificazione di questo spirito trova l'ultima radice delle sue divisioni. Esso è inoltre un organismo che vive soltanto nella totalità e nella connessione delle sue parti: **la prima parola di una lingua la preannuncia e la presuppone tutta**. In virtù di questa idea, Humboldt ha potuto trasformare lo studio del linguaggio da una pura opera di raccolta a una comprensione del fenomeno linguistico nella sua totalità.

L'esigenza di garantire la libera realizzazione dello spirito e dell'umanità nell'uomo porta Humboldt a restringere i limiti dell'azione dello Stato. L'opera *Idee di un saggio volto a determinare i limiti dell'attività dello Stato* (scritta a 25 anni, ma pubblicata soltanto nel 1851) riduce il compito positivo dello Stato alla garanzia della sicurezza interna ed esterna, ma esclude, come eccedente i limiti dello Stato, ogni azione positiva diretta a promuovere il benessere e la vita morale e religiosa dei cittadini. Ciò che concerne direttamente lo **sviluppo fisico, intellettuale, morale e religioso dell'uomo** cade **fuori dai limiti dello Stato**, ed è compito proprio degli individui e delle nazioni. Lo Stato può favorire tale compito solo garantendo le condizioni in cui esso possa svolgersi con sicurezza, ma ogni suo intervento positivo è dannoso, perché contrario alla condizione indispensabile per lo sviluppo completo dei singoli individui, cioè alla libertà.

I limiti
dello Stato

MAPPA

La filosofia tedesca di fine Settecento

ON LINE
MAPPA
INTERATTIVA

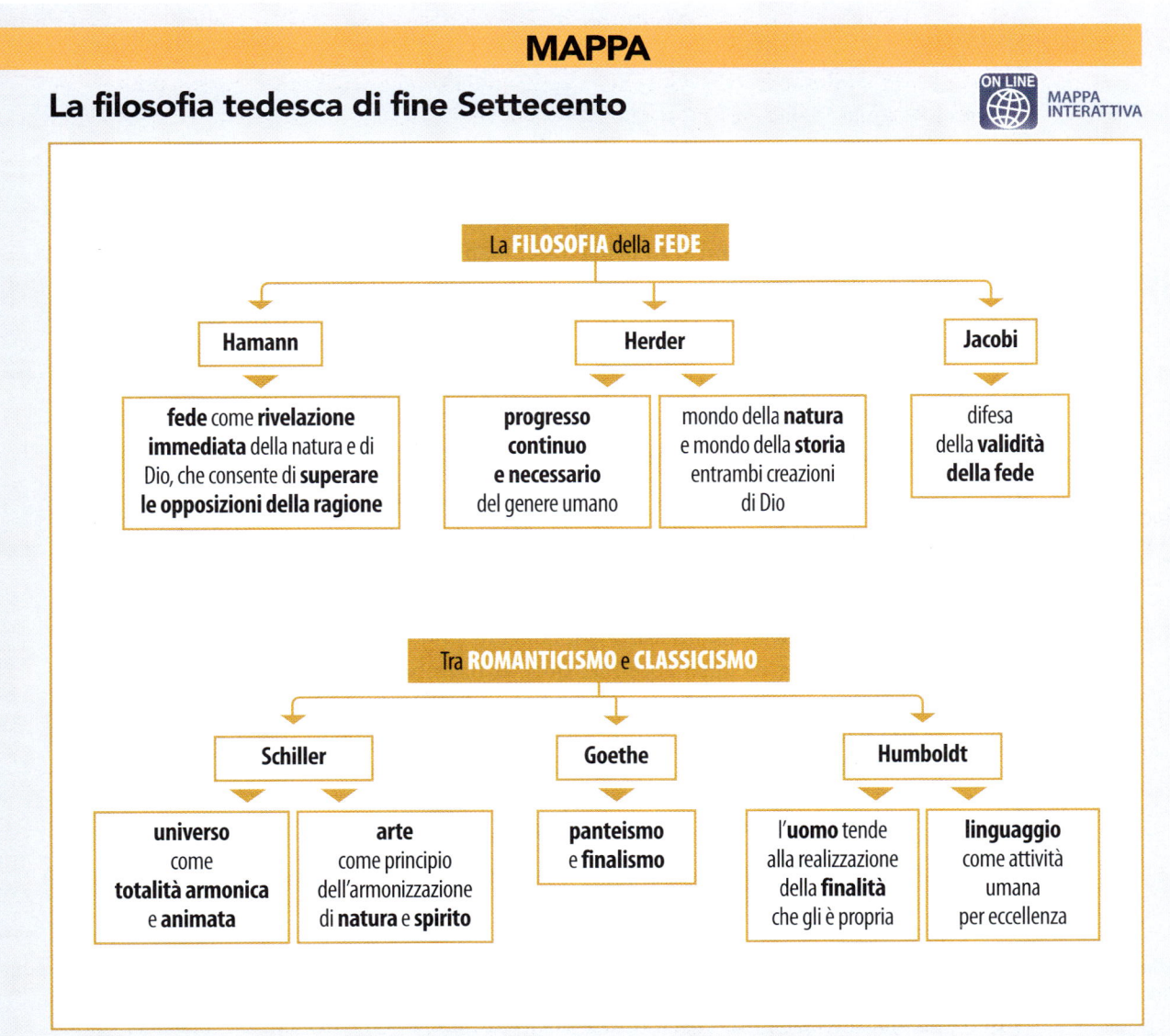

La **FILOSOFIA** della **FEDE**

Hamann

fede come **rivelazione immediata** della natura e di Dio, che consente di **superare le opposizioni della ragione**

Herder

progresso continuo e necessario del genere umano

mondo della **natura** e mondo della **storia** entrambi creazioni di Dio

Jacobi

difesa della **validità della fede**

Tra **ROMANTICISMO** e **CLASSICISMO**

Schiller

universo come **totalità armonica** e **animata**

arte come principio dell'armonizzazione di **natura** e **spirito**

Goethe

panteismo e **finalismo**

Humboldt

l'**uomo** tende alla realizzazione della **finalità** che gli è propria

linguaggio come attività umana per eccellenza

CAPITOLO 2
Il Romanticismo, tra filosofia e letteratura

1. Il Romanticismo come "problema" critico e storiografico

Con il termine "Romanticismo", che in origine faceva riferimento al romanzo cavalleresco, ricco di avventure e di amori, si indica il movimento filosofico, letterario e artistico che, nato in Germania negli ultimi anni del Settecento, ha poi trovato la propria massima fioritura in tutta Europa nei primi decenni dell'Ottocento, improntando di sé la mentalità di gran parte del secolo. Tuttavia, la **delucidazione critica del concetto di "Romanticismo"** risulta ancora più **complessa** di quella relativa alle nozioni di "Rinascimento" o di "Illuminismo" e sembra urtare contro ostacoli veramente insormontabili, che derivano innanzitutto dalla difficoltà di definirne adeguatamente l'ambito storiografico. A questo proposito sono state elaborate due interpretazioni di fondo.

Il Romanticismo come esaltazione del sentimento

Per una **prima lettura**, che risale in parte ai romantici stessi e che è stata codificata da Hegel, il Romanticismo sarebbe quell'indirizzo culturale che trova la sua nota qualificante nell'**esaltazione del "sentimento"** e che si concretizza nei rappresentanti del circolo tedesco di Jena e in tutti i letterati europei seguaci delle loro idee anti-classicistiche. È indubbio che questo modo di considerare il Romanticismo abbia avuto fino ai giorni nostri notevole fortuna, sedimentandosi anche nell'uso comune, dove il termine "romantico" si identifica quasi sempre con gli aggettivi "sentimentale", "poetico" ecc.

Tuttavia, quest'accezione ristretta di Romanticismo, pur cogliendo un aspetto indubbiamente basilare del movimento, con il tempo ha finito per apparire riduttiva: il suo rischio oggettivo è di **privilegiare esclusivamente l'aspetto letterario e artistico** del Romanticismo, mettendone in ombra le componenti filosofiche, oppure risolvendo queste ultime negli scritti di Friedrich von Schlegel, Novalis o di qualche altro autore del cenacolo di Jena, di Heidelberg, di Monaco ecc.

Il Romanticismo come atmosfera

Di conseguenza, per una **seconda interpretazione**, di origine più recente, il Romanticismo tende invece a configurarsi come una temperie o un'atmosfera storica, ovvero come una **situazione mentale generale** che si riflette nella letteratura come nella filosofia, nella politica come nella pittura, e di cui fa parte integrante la corrente dell'idealismo post-kantiano: «Noi siamo abituati a vedere il fenomeno romantico concretato in alcune opere d'arte, e questo ci può indurre a pensarlo esclusivamente come una manifestazione artistica. Ma se si scava più a fondo l'argomento, si riconosce senza difficoltà che il Romanticismo è più largamente e in primo luogo un grande fenomeno culturale, che entra in parte preponderante nella vita morale e nella storia del costume e delle idee del mondo moderno» (Mario Vinciguerra). Questo significato, più ampio del precedente, ha il vantaggio di prospettare il Romanticismo in senso storico-culturale, riconoscendo in esso una **"costellazione" di idee e di atteggiamenti che sorge in relazione a determinate situazioni socio-politiche** (il fallimento della Rivoluzione francese, il cesarismo napoleonico, la Restaurazione, i moti nazionali ecc.) e che si nutre di un tipo di cultura diversa o antitetica rispetto a quella dell'età illuministica. Infatti, mentre nella prima interpretazione si discorre soprattutto, e unilateralmente, di "scuola romantica", nella seconda si parla preferibilmente di "epoca romantica", di "civiltà romantica" e di "cultura romantica".

Tuttavia, se si accoglie quest'ultima accezione, che è il risultato di un lavoro di critica e di approfondimento storiografico di oltre un secolo, sembra ancor più difficile elencare i tratti costitutivi del Romanticismo. Tant'è vero che parecchi studiosi vi rinunciano programmaticamente, adducendo come motivo di tale scelta la pratica impossibilità di racchiudere in una definizione o in una serie di formule l'essenza del Romanticismo e insistendo, non senza fondate ragioni, sui suoi "mille volti". Ma, forse, anche in questo caso si rasenta talora una forma di dogmatismo alla rovescia.

Che non sia possibile formulare una definizione esauriente e universalmente accettabile del Romanticismo è infatti una tesi su cui vige unanime consenso e che già Paul Valéry aveva espresso con chiarezza polemica, affermando: «Bisognerebbe aver perso ogni esigenza di rigore intellettuale per osare definire il Romanticismo». Ma tutto questo non equivale ancora, a nostro avviso, alla pregiudiziale esclusione di ogni discorso generale su di esso e sulla sua specifica visione del mondo. Tra il *tutto* e il *nulla*, infatti, esiste pur sempre il *qualcosa*, che, fuor di metafora, costituisce il campo effettivo su cui lavora lo storico delle idee. In altre parole: tra la pretesa di racchiudere "l'essenza" del Romanticismo in una serie di definizioni e di formule esaustive e la pratica risoluzione di esso in alcuni autori romantici (che non si sa bene con quali criteri siano scelti) esiste la possibilità di **tratteggiare alcune tendenze tipiche della "mentalità" romantica.**

> È possibile parlare del Romanticismo?

Certo il Romanticismo, come vedremo tra poco, è pieno di ambivalenze, poiché in esso coesistono, ad esempio, il primato dell'individuo e quello della società, l'esaltazione del passato e l'attesa messianica del futuro, l'evasione nel fantastico e il realismo, il titanismo e il vittimismo, il sentimentalismo e il razionalismo ecc. Ma ciò non toglie, guardando più nel profondo, che tutti questi motivi, pur nella loro antitetica natura, cadano in un medesimo orizzonte complessivo e siano espressione di una sorta di "aria comune" che circola simultaneamente in essi, caratterizzandoli in modo inequivocabilmente "romantico". Pertanto, o si ha la coerenza di espungere il concetto di Romanticismo dal dizionario culturale corrente, considerandolo un'"invenzione degli storici", o si deve per forza ammettere che esso sottintende un fondato riferimento ad alcuni atteggiamenti ricorrenti, che caratterizzano i letterati e i filosofi della prima metà dell'Ottocento.

> Ambivalenze…

Ad esempio, l'esaltazione del sentimento da un lato e la celebrazione idealistica e hegeliana della ragione dialettica dall'altro non sono due posizioni totalmente contrapposte, perché scaturiscono da un **analogo atteggiamento**, che è **tipico della cultura romantica**: la **polemica contro l'intelletto illuministico**. Tant'è vero che entrambe mirano a risolvere il medesimo problema, ovvero il ritrovamento di una via per l'Assoluto. Ora, è soltanto sulla base della constatazione di tali atteggiamenti similari che possiamo catalogare alcuni autori come "romantici", distinguendoli così da quelli di altre età, e che possiamo dire, ad esempio, che mentre Voltaire e Diderot sono degli "illuministi", Novalis, Schelling e Schleiermacher sono dei "romantici".

Di conseguenza, a nostro giudizio, l'autentico problema storiografico del Romanticismo non è quello di fornirne una fotografia onnicomprensiva, o di limitarsi a denunciare sterilmente l'impossibilità di ogni discorso introduttivo, bensì quello di delineare uno schema tipico-ideale capace di "stringere" o di "raccogliere" alcune note ricorrenti nella pluriforme e pluridirezionale visione del mondo (*Weltanschauung*) romantica.

Naturalmente si tratta di un'impresa mai conclusa – sempre aperta a nuove acquisizioni, conferme, smentite, riformulazioni –, ma in cui ogni epoca e ogni storico non possono fare a meno di cimentarsi.

Chiarito il concetto sintetico o "globale" di Romanticismo e legittimata la possibilità di un discorso "aperto" sui suoi caratteri generali, nasce un altro problema: **dove vanno cercati quei tratti che caratterizzano** la **"filosofia romantica"** o, meglio, la **concezione romantica del mondo**? Nei filosofi in senso stretto e tecnico o anche nei letterati?

Ovviamente, avendo interpretato il Romanticismo come "atmosfera culturale", in cui circola una comune *forma mentis*, riteniamo che i tratti in questione debbano essere rintracciati sia negli artisti, sia nei filosofi, che li esprimono gli uni in maniera più spontanea e immediata, gli altri in modo più sistematico.

Del resto, la stretta connessione tra poesia e filosofia è una caratteristica oggettiva del Romanticismo, esplicitamente proclamata e teorizzata da Schlegel:

> Tutta la storia della poesia moderna è un continuo commento al breve testo della filosofia […] poesia e filosofia debbono essere unite.

Siccome la Germania costituisce l'anima e il centro, soprattutto filosofico, del Romanticismo europeo, ci soffermeremo in particolare sul **Romanticismo tedesco**.

2. Gli albori del Romanticismo tedesco: il circolo di Jena

Storicamente, il Romanticismo tedesco ha come luogo di nascita la città di Jena e trova i suoi esponenti di punta in **Friedrich von Schlegel** (1772-1829), teorico della corrente; in **August Wilhelm von Schlegel** (1767-1845), fratello maggiore di Friedrich; in **Caroline Michaelis** (1763-1809), donna di notevole fascino e personalità, moglie del più vecchio dei fratelli Schlegel e, in seguito, di Schelling; e in Friedrich von Hardenberg, detto **Novalis**

(1772-1801), una delle menti più rappresentative di tutto il Romanticismo tedesco e poeta d'avanguardia del circolo jenese.

Nell'atmosfera intellettuale del circolo di Jena rientra inoltre, nonostante sia rimasto ufficialmente in disparte rispetto a esso, il grande poeta **Friedrich Hölderlin** (1770-1843).

Nel 1797, nel corso di un'aspra polemica con Schiller, Friedrich von Schlegel si trasferisce a Berlino, dove fonda la rivista "Athenaeum", edita tra il 1798 e il 1800, che rappresenta il primo strumento di diffusione delle nuove idee. A Berlino Schlegel entra in contatto, da un lato, con il filosofo **Friedrich Daniel Ernst Schleiermacher** (1768-1834) e, dall'altro, con la scuola d'arte rappresentata da **Johann Ludwig Tieck** (1773-1853) e da **Wilhelm Heinrich Wackenroder** (1773-1798).

> La diffusione delle idee

Gli Schlegel stringono inoltre rapporti con **Fichte**, che hanno conosciuto a Jena nel 1796 e di cui subiscono l'influsso filosofico, tanto da attribuirgli la paternità ideale dello stesso movimento romantico, e con **Schelling**, il cui pensiero sembra costituire, a un certo punto, la più compiuta incarnazione filosofica delle nuove idee. Lo stesso **Hegel**, amico negli anni giovanili di Hölderlin e di Schelling, ha modo di conoscere le dottrine estetiche e filosofiche del cenacolo degli Schlegel, che in seguito criticherà aspramente, pur essendo inevitabilmente influenzato dal generale clima romantico.

> I contatti con i filosofi idealisti

Nel 1801, alla morte di Novalis, il gruppo di Jena si scioglie, ma le sue idee si diffondono rapidamente in altri centri della Germania (Monaco, Dresda, Heidelberg ecc.) e all'estero.

3. Atteggiamenti caratteristici del Romanticismo tedesco

Sulla base delle norme metodologiche che abbiamo esposto, nei paragrafi che seguono passeremo ad analizzare alcuni tratti del Romanticismo tedesco che ricorrono con verificabile frequenza negli autori definiti "romantici", rappresentando le **coordinate di fondo** dell'intero movimento. Ovviamente, ed è bene precisarlo subito per evitare possibili equivoci, non è detto che i motivi sotto elencati si trovino tutti, e contemporaneamente, in ciascun autore, poiché la presenza anche solo di alcuni di essi in un determinato scrittore autorizza a parlare di "aspetti romantici" più o meno accentuati della sua opera.

Un esempio illuminante in questo senso può essere quello di Hegel: il fatto che abbia polemizzato contro il primato del sentimento e contro certe posizioni del circolo di Jena non implica che egli, come afferma qualche studioso, non abbia più nulla a che fare con il Romanticismo. Pur non rientrando nella "scuola romantica" in senso stretto, Hegel risulta infatti profondamente partecipe del clima culturale romantico, del quale condivide soprattutto il tema dell'infinito, anche se ritiene che quest'ultimo si possa cogliere non mediante il sentimento o la fede, ma in virtù della ragione "dialettica" (v. unità 9).

Siccome l'unità culturale del periodo romantico, come si è puntualizzato, non esclude, ma anzi presuppone un'ovvia molteplicità di interpretazioni e di soluzioni, pur all'interno di atteggiamenti e motivi comuni, cercheremo di differenziare fin d'ora le alternative più importanti, rimandando alle esposizioni dei singoli autori per la loro trattazione analitica.

Il rifiuto della ragione illuministica e la ricerca di altre vie d'accesso alla realtà e all'Assoluto

La polemica contro la ragione illuministica

Si afferma talora, sulla scorta di una lunga consuetudine storiografica, che i romantici ripudino la ragione. Poiché questo, come avremo modo di rilevare, non è sempre vero, per essere più precisi e aderenti al movimento nella sua globalità si dovrebbe dire che i romantici, pur nella varietà delle loro posizioni, sono tutti d'accordo nel respingere la ragione illuministica. Infatti, come si è visto, il Romanticismo nasce proprio con il ripudio di quel tipo di ragione della quale l'Illuminismo aveva fatto la propria bandiera e il proprio strumento interpretativo del mondo. Già incriminata del "bagno di sangue" della Rivoluzione francese e del militarismo napoleonico, la **ragione dei *philosophes*** viene anche **ritenuta incapace di comprendere la realtà profonda dell'uomo, dell'universo e di Dio**.

Di conseguenza, messa da parte la ragione prevalentemente empiristico-scientifica dell'Illuminismo e del criticismo, che aveva sbarrato le porte alla metafisica, i romantici cercano altre vie di accesso alla realtà e all'infinito. A questo proposito, le strade percorse, pur all'interno del comune denominatore anti-illuministico, sono molteplici.

Il tema del sentimento

L'esaltazione del sentimento. Alcuni, soprattutto poeti e artisti, individuano nel **sentimento** l'**organo più funzionale per rapportarsi alla vita e per penetrare nell'essenza più riposta dell'universo**. Quella del sentimento è una categoria spirituale che l'antichità classica aveva per lo più ignorato o disprezzato, e che solo il Settecento illuministico aveva cominciato a riconoscere nella sua forza. Nel Romanticismo il sentimento finisce per acquistare valore predominante, soprattutto in virtù delle idee dello *Sturm und Drang* (v. p. 334), che per primo denuncia l'incapacità della ragione, nei limiti a essa imposti da Kant, di attingere la sostanza delle cose e le realtà superiori e divine.

Sebbene il sentimento di cui parlano i romantici sia qualcosa di più profondo e "intellettuale" del sentimento comunemente inteso, e sebbene risulti nutrito e potenziato di "riflessione" e di filosofia (tant'è vero che il *geistiges Gefühl* di cui parla Schlegel si può tradurre con "sentimento spirituale"), esso appare come un'**ebbrezza indefinita di emozioni**, in cui palpita la vita stessa al di là delle strettoie della ragione, che nei suoi confronti scade a pallido riflesso:

> Il pensiero è soltanto un sogno del sentimento.
>
> (Novalis)

Per queste sue caratteristiche, il sentimento viene ritenuto in grado di aprire a nuove dimensioni della psiche e di risalire alle sorgenti primordiali dell'essere. Anzi, **il sentimento appare** talora come l'infinito stesso, o meglio **come l'infinito nella forma dell'indefinito**. In ogni caso esso si configura come il valore supremo. Tant'è che Goethe, partecipe sotto questo aspetto dell'atmosfera romantica, scrive:

> Quando in cotesto sentire ti senti veramente felice, / chiamalo pure allora come vuoi: / chiamalo felicità, cuore, amore, Dio. / Per questo io non ho nome alcuno. / Sentimento è tutto! / La parola è soltanto suono e fumo.
>
> (Goethe, *Faust*, I, vv. 3453-3457)

E Hölderlin, racchiudendo in una frase felice la vena antirazionalistica che serpeggia nel nascente movimento romantico, nell'*Iperione* (I, 1) esclama:

> Un Dio è l'uomo quando sogna, un mendicante quando pensa.

Il culto dell'arte. L'esaltazione del sentimento procede parallelamente al culto dell'arte, vista come "sapienza del mondo" e "porta aurorale" della conoscenza, ossia come **ciò che precede e anticipa il discorso logico e nello stesso tempo lo completa**, giungendo là dove questo non può arrivare e configurandosi come ciò da cui nasce e a cui finisce sempre per ritornare la filosofia (secondo una concezione che nel Novecento sarà ripresa da Martin Heidegger, che infatti attribuirà grande importanza ai poeti, soprattutto romantici). All'artista, e in particolare al **poeta**, si conferiscono così doti quasi sovrumane e profetiche, che fanno di lui un "**esploratore dell'invisibile**", con poteri di intuizione superiori a quelli degli uomini comuni e della ragione logica. Tipiche, in questo senso, alcune affermazioni dei *Frammenti* di Novalis o di Schlegel:

L'arte come "sapienza del mondo"

> Soltanto un artista può indovinare il senso della vita. (Novalis)

> Il poeta comprende la natura meglio che lo scienziato. (Novalis)

> Il filosofo poeta, il poeta filosofo, è un profeta. (Schlegel)

> Il senso per la poesia ha molto in comune col senso per il misticismo [...]. Rappresenta l'irrappresentabile, vede l'invisibile, sente il non sensibile. (Novalis)

Come vedremo (v. cap. 4), questo concetto dell'**arte** come **intuizione meta-filosofica in grado di attingere le profondità originarie della vita e di possedere l'infinito** trova la sua più nota concettualizzazione in **Schelling**, che nell'arte individua l'organo tramite cui avviene la rivelazione dell'Assoluto a se medesimo.

TAVOLA ROTONDA
ON LINE Le forme del bello
Arte e verità

In molti autori il privilegiamento dell'arte comporta anche una **preminenza del modello estetico**, poiché l'arte, che rappresenta il fulcro di tutte le esperienze romantiche, finisce per configurarsi come il **modello ermeneutico per eccellenza**, ossia come la principale chiave di lettura della realtà, che infatti viene interpretata alla luce delle note qualificanti dell'attività artistica: creatività, libertà, organicità, consapevolezza-inconsapevolezza ecc. Pertanto, quando Schelling arriva a dire che l'universo è nient'altro che un'immensa opera d'arte generata da quel «poeta cosmico» che è l'Assoluto (di cui il poeta umano è il riflesso), non fa che portare alla sua massima espressione metafisica un pensiero che circolava fin dall'inizio tra i romantici, i quali scoprono nell'arte gli attributi stessi di Dio: l'infinità e la creatività.

L'arte come chiave di lettura della realtà

Ripudiati il principio di imitazione e le regole classicistiche, l'estetica romantica si configura così, nel modo più esplicito e impegnato, come un'**estetica della creazione**, poiché se all'uomo morale si riconosce ancora la necessità di un limite, di un ostacolo, al poeta è attribuita una **libertà sconfinata** e all'arte una **spontaneità assoluta**, che ne fa un'attività in perenne divenire, ossia dotata di inesauribile dinamicità creativa:

L'estetica romantica

> La poesia romantica è ancora in divenire [...] essa sola è infinita, come essa sola è libera, e riconosce come sua legge prima questa: che l'arbitrio del poeta non soffre legge alcuna. (Schlegel)

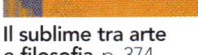

IL CONCETTO E L'IMMAGINE

Il sublime tra arte e filosofia, p. 374

Questa valorizzazione dell'arte creativa implica il **primato del linguaggio** non solo **poetico**, ma anche **musicale**, visto come "parola magica" in cui si concretizza l'essenza stessa dell'arte. Per quanto concerne la musica, **Wackenroder** è tra i primi a celebrarne i "miracoli":

La celebrazione della musica

> La musica mi appare come l'araba fenice, che, leggera e ardita, s'innalza a volo [...] e con lo slancio delle ali rallegra gli dèi e gli uomini [...] ora l'arte dei suoni è per me proprio come

il simbolo della nostra vita: una commovente breve gioia, che s'alza e s'inabissa, non si sa perché; un'isola piccola, lieta, verde, con splendore di sole, con canti e suoni.

E nei romantici successivi la **musica** diviene la "regina delle arti", anzi l'**arte romantica per eccellenza**, poiché, immergendo l'ascoltatore in un flusso indeterminato di emozioni e di immagini, gli **fa vivere l'esperienza stessa dell'infinito**.

> La musica è la più romantica di tutte le arti, il suo tema è l'infinito, essa è il misterioso sanscrito della natura espresso in suoni, che riempie di infinito desiderio il petto dell'uomo, il quale solo in essa intende il sublime canto degli alberi, dei fiori, degli animali, delle pietre, delle acque!
>
> (E.T.A. Hoffmann)

> La musica è la più romantica di tutte le arti, si potrebbe quasi dire che essa sola è romantica, poiché solo l'infinito è il suo tema.
>
> (E.T.A. Hoffmann)

Idee analoghe troviamo in Arthur Schopenhauer, il quale individua nella musica l'autorivelazione della volontà di vivere (v. vol. 3A, unità 1), oppure in Giacomo Leopardi, secondo il quale, grazie alla musica, «per mar delizioso, arcano / erra lo spirito umano» (*Sopra il ritratto di una bella donna*, vv. 43-44, in *Canti*).

L'arte come strumento di salvezza

Strumento privilegiato di conoscenza, organo dell'infinito, modello di ogni realtà ed esperienza, libera creatività, parola magica: per questo filone del Romanticismo (sostanzialmente rappresentato dal circolo di Jena e da Schelling) l'arte è anche un **modo per ergersi sopra la caoticità e sopra il dolore del mondo**. Ciò risulta evidente da un passo poco noto, ma estremamente significativo, di Wackenroder:

> Oh, questo interminabile monotono giro di migliaia di giorni e di notti […] tutta la vita dell'uomo, tutta la vita dell'intero universo, non è altro che un interminabile giuoco di scacchi sui due campi: bianco e nero; giuoco nel quale nessuno vince se non l'infausta morte […] tutto questo potrebbe in certe ore far perdere la testa! E invece ci si deve sostenere con braccia coraggiose in mezzo al caos delle rovine, nel quale la nostra vita è sminuzzata, e attaccarci fortemente all'arte, alla grande, alla duratura arte, che, al di sopra di ogni caos, attinge l'eternità – l'arte che dal cielo ci porge una mano luminosa, così che noi stiamo sospesi in ardita posizione, sopra un abisso deserto, fra cielo e terra.
>
> (*Fantasie sull'arte*)

SCHEDA FILMICA
Bright Star ON LINE

La celebrazione della fede religiosa.

La "religiosità" romantica

Accanto all'arte e strettamente intrecciata con essa, un'altra esperienza decisiva per i romantici è la **religione** («artista può essere solo chi ha una sua religione, un'intuizione originale dell'infinito», afferma Schlegel), vista anch'essa come **via d'accesso privilegiata al reale** e come forma di **sapere immediato**, che, andando oltre i confini della ragione illuministico-kantiana, riesce a cogliere il Tutto nelle parti, l'Assoluto nel relativo, il Necessario nel contingente, l'Unità nella molteplicità, l'Eterno nel tempo ecc. (v. "Schleiermacher", p. 364).

Il recupero delle fedi positive

Tuttavia, mentre alcuni romantici, in virtù della loro interpretazione panteistica dell'infinito, si sono mantenuti nell'ambito di una religiosità metaconfessionale, altri si sono avvicinati alle religioni positive. Infatti la **polemica contro l'"astratta" e "impersonale" divinità dell'Illuminismo**, unita al rifiuto di identificare l'uomo con Dio, ossia con lo Spirito idealisticamente inteso, ha condotto alcuni romantici non solo ad accentuare il momento religioso delle loro teorie, ma anche a riavvicinarsi alle fedi storiche, dando luogo a una serie di "conversioni" alle religioni tradizionali. Tipico, in questo senso, il caso di Friedrich von

Schlegel, che aderisce al cattolicesimo, preferendolo al protestantesimo, anche in virtù del suo apparato esteriore (sfarzo cerimoniale, liturgia ecc.) e del suo bagaglio storico-tradizionalistico.

L'affermazione della ragione "dialettica". La teoria del primato conoscitivo dell'arte o della fede, pur essendo la più caratteristica del movimento romantico, non è l'unica, poiché nel Romanticismo, inteso come epoca culturale, troviamo anche filosofi che, pur condividendo le critiche all'intelletto illuministico, ritengono che solo un **rinnovato esercizio della ragione** abbia la possibilità di fornire quelle spiegazioni dell'essere e dell'assoluto cercate invano attraverso l'intuizione estetica e il rapimento mistico. Tale è il caso di **Hegel** (v. unità 9), che giunge a prendere una drastica posizione polemica contro le varie filosofie del sentimento e della fede, affermando che **solo mediante la logica e la ragione**, e non attraverso le nebulosità del pensiero poetico o mistico, **risulta possibile un discorso fondato sull'infinito**.

Rifacendosi alla distinzione kantiana tra intelletto e ragione, Hegel tende ad addossare al primo tutti i difetti che i romantici avevano attribuito alla scienza "analitica" ed empiristica dell'Illuminismo, e ad assegnare alla seconda, intesa alla maniera "dialettica", tutte le prerogative che i poeti avevano ascritto all'arte o alla fede, ossia:

- la virtù di andare oltre la superficie del reale e di coglierne le strutture profonde;
- l'idoneità a captare l'infinito e l'assoluto;
- l'attitudine a pensare in modo sintetico e organico, ossia a spiegare le parti in relazione al tutto;
- la predisposizione ad afferrare la dimensione processuale, cioè storica, della realtà.

> Un'alternativa all'estetismo e al misticismo

Il senso dell'infinito

Contrariamente a Kant, che aveva costruito una filosofia del finito e aveva fatto valere in ogni campo il principio del limite, i romantici cercano ovunque, dal campo dell'arte a quello dell'amore, l'oltre-limite, ovvero ciò che rifugge dai contorni definiti e si sottrae alle leggi dell'ordine e della misura. Pertanto **l'anti-classicismo dei romantici**, prima di essere un fatto letterario e un criterio estetico, **costituisce una tendenza generale della loro sensibilità e del loro spirito**. Infatti "l'ebbrezza dell'infinito" colora di sé tutte le esperienze dei romantici, che sono, in genere, anime assetate di assoluto, bramose di trascendere le barriere del finito e di andare oltre lo spazio, il tempo, il dolore, la caducità, la morte ecc. Tutto questo fa sì che i romantici tendano, da un lato, a infinitizzare determinate esperienze umane, ad esempio la poesia o l'amore, e, dall'altro, ad avvertire fortemente la presenza dell'infinito nel finito. In ogni caso, **l'infinito si qualifica come il protagonista principale dell'universo culturale romantico**.

> La ricerca romantica dell'infinito

> **IL CONCETTO E L'IMMAGINE**
> Il sublime tra arte e filosofia, p. 374

Tutti d'accordo nell'assegnare un ruolo primario all'infinito, i romantici si differenziano invece per il diverso modo di intenderlo e di concepirne i rapporti con il finito (l'uomo, la natura, la storia ecc.). Il modello più caratteristico e maggiormente seguito dai poeti e dai filosofi tedeschi è quello panteistico (che si trova nel primo Fichte come nei *Frammenti* del primo Schlegel, in Schleiermacher come nel primo Schelling, in Hölderlin come in Hegel ecc.). Infatti il **sentimento dell'immedesimazione** (*Einfühlung*) **tra infinito e finito** è così

> Il modello panteistico

forte da far sì che i romantici, almeno all'inizio, tendano a concepire il finito come la realizzazione vivente dell'infinito, sia esso inteso alla maniera di un **panteismo naturalistico** di stampo spinoziano-goethiano, che identifica l'infinito con il ciclo eterno della natura, oppure di un **panteismo idealistico**, che identifica l'infinito con lo Spirito, ossia con l'umanità stessa, e che fa della natura un momento della sua realizzazione.

Il modello trascendentistico

Sebbene prevalente, il modello panteistico non è tuttavia l'unico, poiché accanto a esso troviamo anche un'altra concezione dei rapporti tra finito e infinito, in virtù della quale l'infinito viene in qualche modo a distinguersi dal finito, pur manifestandosi o rivelandosi in esso. In questo caso il finito (l'uomo e il mondo) non appare più come la realtà stessa dell'infinito, ma come la sua manifestazione più o meno adeguata. Pertanto, se il primo modello, sostenendo l'identità tra finito e infinito, è una forma di immanentismo e di panteismo, il secondo modello, affermando la distinzione tra finito e infinito, è una forma di trascendentismo e di teismo, che ammette la **trascendenza dell'infinito rispetto al finito** e considera l'infinito stesso come un Dio che è al di là delle sue manifestazioni mondane.

Religiosità cosmica e religioni storiche

Ovviamente, mentre il **panteismo** si accompagna a una **religiosità cosmica**, diversa dalle fedi positive, il **trascendentismo** suole accompagnarsi, per lo più, all'accettazione di qualche **religione storica**, come succede nel secondo Schlegel, in cui teismo e cristianesimo vanno di pari passo e si concretizzano nell'adesione alla Chiesa cattolica. Come vedremo, nel Romanticismo tedesco i vari autori manifestano la tendenza a passare dal modello panteistico a quello trascendentistico.

La vita come inquietudine e desiderio

La *Sehnsucht*, l'ironia e il titanismo. Un altro dei motivi ricorrenti della cultura romantica, presente nei poeti e nei filosofi, è la concezione della **vita come inquietudine, aspirazione, brama, sforzo incessante**. I romantici ritengono infatti che l'uomo sia in preda a un "demone dell'infinito", il quale fa sì che egli – insofferente di ogni limite e mai pago della realtà così com'è – risulti in uno stato di irrequietezza e di tensione perenne, che lo porta a voler sempre trascendere gli orizzonti del finito.

L'irrequietezza dell'uomo romantico e la brama di infinito

Due tra le più note esemplificazioni di questo modo di essere sono lo "spirito faustiano" delineato da Goethe, e lo *Streben* teorizzato da Fichte, che vede **l'io impegnato in un infinito superamento del finito**, coincidente con una battaglia mai conclusa per la conquista della propria umanità.

Di conseguenza, si può dire che l'intuizione romantica dell'uomo sia in funzione di quell'anelito all'infinito che è proprio di tale corrente culturale. Infatti è solo in relazione alla "brama di infinito" che si comprendono alcuni dei più emblematici "stati d'animo" romantici, che costituiscono l'oggetto preferito delle rappresentazioni letterarie.

La *Sehnsucht*

L'espressione *Sehnsucht*, che può essere tradotta in italiano con "desiderio", "aspirazione struggente", "brama appassionata" ecc., costituisce forse, a detta del germanista Ladislao Mittner, «la più caratteristica parola del Romanticismo tedesco», poiché sintetizza l'interpretazione dell'**uomo come desiderio e mancanza**, ossia come **desiderio frustrato di qualcosa** (l'infinito, la felicità…) che sempre sfugge. La *Sehnsucht* si identifica infatti con quell'aspirazione verso "il più e l'oltre" che, non trovando confini né mete precise, si risolve inevitabilmente, come scrive un altro germanista, Sergio Lupi, in un «desiderio di avere l'impossibile, di conoscere il non conoscibile, di sentire il soprasensibile»[1]. Tant'è vero che la *Sehnsucht* – secondo l'etimologia della parola, la quale deriva dal verbo *sehnen*, cioè "desiderare", e dal sostantivo *Sucht*, che significa a sua volta "desiderio" – finisce per configurarsi come «un desiderio innalzato alla seconda potenza, un desiderio del desiderio e quindi un desiderare che si esaurisce in sé per il piacere del desiderio»[2]. Questo spiega perché la *Sehnsucht* tenda spesso a capovolgersi nel sentimento della **noia**, ossia del vuoto o della nullità delle cose e delle esperienze umane.

La situazione esistenziale implicita nella *Sehnsucht* o nello schlegeliano *Streben nach dem Unbedingten* (tensione verso l'Assoluto) si accompagna a due tonalità psichiche e a due atteggiamenti ben precisi: l'**ironia** e il **titanismo**.

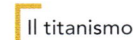 L'ironia

L'ironia consiste nella **"superiore" coscienza del fatto che ogni realtà finita**, e quindi ogni impresa umana, grande o piccola, **è nulla di fronte all'infinito**. Come tale, l'ironia è una conseguenza diretta del principio romantico secondo cui l'infinito può avere innumerevoli manifestazioni, senza che nessuna gli sia veramente essenziale: essa, infatti, consiste nel non prendere "sul serio" le manifestazioni particolari dell'infinito (la natura, le opere, l'io) e nel rifiutarsi di considerarle come cosa salda, in quanto non sono altro che espressioni provvisorie.

> La filosofia è la vera patria dell'ironia, che potrebbe venir definita bellezza logica.
>
> (Schlegel)

> La filosofia scioglie ogni cosa, relativizza l'universo. Come il sistema copernicano, essa scardina i punti fissi e rende sospeso nel vuoto ciò che prima posava sul solido. Essa insegna la relatività di tutti i motivi e di tutte le qualità.
>
> (Novalis)

> È [l'ironia] la più libera di tutte le licenze perché attraverso essa ci mettiamo al di sopra di noi medesimi; e nello stesso tempo la più legittima.
>
> (Schlegel)

> L'ironia è chiara coscienza dell'agilità eterna, del caos infinitamente pieno.
>
> (Schlegel)

Se l'ironia palesa una sorta di filosofico *humour*, derivante dalla coscienza dei limiti del finito in quanto tale, il titanismo esprime invece un **atteggiamento di sfida e di ribellione**, proprio di chi si propone di combattere, pur sapendo che alla fine risulterà perdente e incapace di superare le barriere del finito. Tant'è vero che il titanismo, talora, mette capo al **suicidio**, visto come atto di sfida estrema verso il destino[3].

Il titanismo è detto anche "**prometeismo**" perché i romantici lo personificano nel mitico titano greco Prometeo, il quale, avendo rotto l'ordine fatale del mondo per donare agli uomini il fuoco, viene condannato da Zeus ad avere perennemente il fegato divorato da un'aquila. Mettendo tra parentesi i possibili significati umanistico-illuministici del mito, i romantici tendono a vedere in Prometeo il simbolo della ribellione in quanto tale (si pensi ad esempio alla lirica *Prometheus* di Goethe e al dramma *Prometheus Unbound* di Percy Bysshe Shelley).

Il titanismo

 ESERCIZI INTERATTIVI

---

1 S. Lupi, *Il romanticismo tedesco*, Sansoni, Firenze 1933, p. 52.

2 L. Mittner, *Ambivalenze romantiche*, D'Anna, Messina-Firenze 1954, p. 275, nota.

3 Atteggiamento opposto, ma complementare al titanismo è il vittimismo, ossia la tendenza a sentirsi schiacciati da forze superiori (il destino, la società, la natura ecc.).

L'evasione e la ricerca dell'armonia perduta. L'anelito verso l'infinito, che è proprio dell'anima romantica, genera anche due altri atteggiamenti tipici del movimento: la **tendenza all'evasione** e l'**amore per l'eccezionale**. Infatti i romantici, mal sopportando il finito e disprezzando tutto ciò che è abitudinario e mediocre, aspirano a evadere dal quotidiano e a vivere **esperienze fuori della norma**, capaci di generare **emozioni intense e travolgenti**. Da ciò la predilezione romantica per tutto ciò che è meraviglioso, atipico, irregolare, lontano, misterioso, magico, fiabesco, primitivo, notturno, lugubre, spettrale ecc., ossia per tutto ciò che, essendo al di là del comune, può offrire sensazioni diverse e sconosciute. Espressione di questo desiderio di fuga e di eccezionalità è l'evasione in mondi remoti nel tempo e nello spazio, che si concretizza ad esempio nel **culto dell'Ellade**, nella **riscoperta del Medioevo** e nell'**esotismo**. Da Hölderlin, che dipinge «il paradiso sereno» della Grecia, a Novalis, che vagheggia il Medioevo cristiano e tedesco, da Chateaubriand, che descrive le verdi foreste dell'America, a Byron, che canta l'azzurro del Mediterraneo, da Humboldt, che va alla scoperta del misterioso popolo dei Baschi di Spagna, ai fratelli Schlegel, che studiano il sanscrito e attirano l'attenzione sulla cultura dell'India e dell'Oriente, i romantici vanno costantemente alla ricerca di mondi "diversi", capaci di eccitare la fantasia e di offrire una via di fuga dal presente e dall'abituale.

La tendenza all'evasione

Ma la fuga più significativa dei romantici è quella verso i mondi del sogno e dell'arte, ossia nello **spazio senza limite dell'immaginazione e della *rêverie***[1]. Non a caso, l'arte romantica si muove per lo più in un'**atmosfera rarefatta e quasi trans-materiale**, più simile al sogno che alla veglia e tutta immersa in una sorta di bagno di luce.

La fuga nell'atmosfera rarefatta del sogno

> Sicuri, come il fiore vive di luce, così vivono della
> bella immagine, paghi, sognando e felici, e di null'altro
> ricchi, i poeti.
>
> (Hölderlin)

Collegata al motivo dell'evasione è la figura romantica del "viandante" (*Wanderer*), che in fondo è un'altra manifestazione della *Sehnsucht*. Differenziandosi dal "viaggiare" cosmopolitico e pratico-interessato degli illuministi, curiosi dei costumi dei popoli stranieri e delle loro istituzioni politiche, l'"errare" romantico assume infatti la fisionomia di un **vagare inquieto e morboso verso un "non so che" di irraggiungibile e di inevitabilmente illusorio**.

Il "viandante" romantico

Un altro tema caratteristico del Romanticismo tedesco, che costituisce l'argomento di importanti espressioni artistiche (come lo *Heinrich von Ofterdingen* e i *Discepoli di Sais* di Novalis), è quello dell'**armonia perduta**, che scaturisce dal diffuso convincimento, di lontana ascendenza rousseauiana, secondo cui la civiltà e l'intelletto avrebbero sradicato l'uomo da una situazione di **primitiva spontaneità e simbiosi con la natura** – nella quale corpo e spirito non erano in lotta e la ragione non si opponeva all'istinto – rendendolo schiavo della società e delle sue convenzioni alienanti. In altre parole, in un'età non ben precisata (posta talora alle origini della storia, oppure in una determinata epoca, ad esempio quella della Grecia classica) l'uomo si sarebbe allontanato da una situazione originaria di contatto con la natura, separandosi così dal fondamento ontologico del suo essere e rendendosi infelice e "inautentico", e quindi desideroso di ricomporre la scissione uomo-mondo e di ricongiun-

L'armonia originaria

---

1 Il termine, di origine francese, significa appunto "sogno", "fantasticheria".

gersi con la madre-natura. Di quest'ultima, ad esempio, Schiller parla come un malato parlerebbe della salute:

> Nella natura irrazionale allora vediamo soltanto una sorella più fortunata che restò indietro nella casa materna, da cui noi, spinti dall'arroganza della nostra libertà, ci slanciammo fuori, verso paesi stranieri. Con doloroso rimpianto bramiamo di ritornare indietro, non appena abbiamo cominciato a provare le angustie della cultura e udiamo, nella lontananza della terra straniera dell'arte, la voce toccante della madre. Fintanto che eravamo semplici figli della natura, eravamo felici e perfetti; diventati liberi, abbiamo perduto l'uno e l'altro stato.
>
> (Schiller, *Poesia ingenua e sentimentale*)

La nota antitesi schilleriana tra «poesia ingenua» (*naive Dichtung*) e «poesia sentimentale» (*sentimentalistische Dichtung*) rappresenta proprio una concretizzazione estetica della dottrina dell'armonia originaria. La poesia ingenua, infatti, è per Schiller propria degli artisti antichi, che "erano" natura, mentre la poesia sentimentale è propria degli artisti moderni, per i quali la natura è solo oggetto di ricordo, di riflessione e di aspirazione sentimentale: «**Il poeta o è natura o la cercherà**».

Poesia ingenua e poesia sentimentale

Questa teoria implica che la storia del mondo proceda da un'armonia perduta a un'armonia ritrovata, secondo uno schema triadico comprendente un'**armonia iniziale**, una **scissione intermedia** e la **ricostruzione futura** di un'armonia basata sul recupero del passato.
Tale posizione, che anticipa in parte gli schemi della dialettica hegeliana (v. unità 9), comporta una concezione della **storia come regresso e insieme progresso**, anche se l'accento batte più sul futuro che sul passato. La nostalgica mitizzazione del "passato felice", infatti, non esclude che lo sguardo romantico finisca anch'esso per essere rivolto verso ciò che sarà, piuttosto che verso ciò che è stato, come risulta evidente dalle suggestive metafore di Hölderlin sulla notte e sul mattino, nonché sul poeta come «messaggero degli dèi».

Dallo sguardo verso il passato alla costruzione di un futuro migliore

In questa prospettiva si comprende meglio in che senso Hölderlin chiami la sua epoca «*dürftige Zeit*», ossia "tempo di povertà". Essa corrisponde infatti al momento culminante della scissione, in cui gli dei sono scomparsi e il giorno è tramontato (allusione alla **perdita di un autentico rapporto con la natura, con Dio, con l'essere, con il principio** ecc.). Ma il poeta, diversamente dagli altri uomini, ormai avvolti nell'oblio dell'autentico e dell'originario, continua a vegliare, aspettando, «nella mezzanotte del mondo», le prime luci dell'alba, preludio di un nuovo splendente meriggio, in cui si compiranno il recupero dell'originario e il ritorno del divino.

L'epoca moderna come «tempo di povertà»

Infinità e creatività dell'uomo nei filosofi e nei poeti

I tratti fin qui delineati sono tipici, anche se non esclusivi, del Romanticismo letterario. Dalla filosofia, e precisamente dall'**idealismo post-kantiano** (Fichte, Schelling e Hegel, di cui parleremo nei prossimi capitoli), scaturisce invece la **nozione dell'uomo come "spirito"**, che a sua volta è strettamente legata alla concezione dell'infinità e della creatività dell'uomo.

Con il termine "spirito" gli idealisti intendono sostanzialmente l'uomo, concepito:
- come **attività infinita e inesauribile**, che si autocostituisce o autocrea liberamente, superando di continuo i propri ostacoli;
- come **soggetto** in funzione del quale esiste e trova un senso l'oggetto, e quindi la natura.

Lo "spirito" per gli idealisti

L'idealismo etico
di Fichte
e l'idealismo
"magico" dei poeti

Questa teoria dell'uomo come attività incessante e ragion d'essere di ogni cosa, che mette capo all'equazione "io = Dio", si trova per la prima volta nella *Dottrina della scienza* (1794) di **Fichte**, il quale **"scopre" il concetto romantico dell'infinito e dello spirito**. Tant'è vero che Schlegel lo proclama esplicitamente l'iniziatore del Romanticismo tedesco. Tuttavia, l'infinito fichtiano è un'attività che presuppone un limite e che si esercita soltanto attraverso un infinito superamento del finito (v. cap. 3). Infatti l'Io di Fichte è fondamentalmente compito morale, e la moralità (secondo il concetto kantiano) implica uno sforzo, ovvero la presenza di un ostacolo, o limite, da superare.

Invece la scuola romantica (Schlegel, Novalis, Tieck ecc.), trasferendo il principio dell'attività infinita dal piano etico a quello estetico, fa sparire il limite, poiché, inteso come principio della creazione estetica, l'infinito non esige, anzi esclude qualunque limite o resistenza alle manifestazioni della sua attività. Pertanto, mentre in Fichte lo spirito infinito è costretto a obbedire a un'intrinseca necessità razionale che prevede l'ostacolo, nei poeti esso appare libero dalle sue determinazioni limitatrici e viene posto non più nella forma della ragione, ma in quella del sentimento. In altre parole, se **Fichte esalta la potenza infinita dell'azione**, che tuttavia implica strutturalmente il limite e l'ostacolo, **gli artisti esaltano la potenza assoluta del sentimento e del sogno**.

L'affermazione di Novalis secondo cui «tutto è fiaba» esprime in modo emblematico il passaggio dall'**idealismo etico di Fichte** a quell'**idealismo "magico"** – fondato sulla sovranità dell'io sul mondo – **di cui è teorico Novalis**:

> La vita non dev'essere un romanzo impostoci, bensì un romanzo fatto da noi.

> La nostra vita non è un sogno, ma deve diventarlo e lo diventerà.

Individualismo e
anti-individualismo

La presenza, nella cultura romantica, di diversi modi di intendere il dinamismo creativo dello spirito si riflette anche nella coesistenza di individualismo e anti-individualismo. Che il Romanticismo abbia contribuito a un ulteriore riconoscimento del valore della personalità individuale e del suo groviglio di problemi (amore, dolore, morte ecc.) è un fatto su cui esiste unanime accordo. Mai come nel Romanticismo si è parlato tanto di "io", di "persona", di "soggetto" ecc. Mai come in esso si sono onorati i "geni" e gli "eroi", ossia le individualità eccezionali. Ciò ha condotto taluni studiosi a classificare il Romanticismo come una forma generalizzata di individualismo. In realtà il discorso è più complesso.

Da un lato, in parecchi artisti, almeno in una fase del loro pensiero e della loro opera, prevalgono atteggiamenti spiccatamente individualistici, connessi al riconosciuto primato del sentimento e al principio secondo il quale, **se la ragione eguaglia e uniforma, il sentimento specifica e distingue** (tutti possono "pensare" le medesime realtà, ma nessuno le "sente" alla stessa maniera). Anzi, in alcuni autori questo individualismo si esaspera in forme di **soggettivismo radicale** e di voluta chiusura nel cerchio del proprio io:

> Quanto più solo – tanto più potente.   (Novalis)

> Si è soli con tutto ciò che si ama.   (Novalis)

Dall'altro lato, in antitesi a questo atteggiamento troviamo pure – soprattutto nei filosofi, ma anche nei letterati – **tendenze esplicitamente comunitarie**. Fichte, ad esempio, proclama la missione sociale del dotto, difendendo il principio per cui «l'uomo non è uomo se non in mezzo ad altri uomini» (v. cap. 3); Hegel scorge nella vita sociale e nello Stato l'estrin-

, polemizzando aspramente contro l'individualismo astrat-
... dello ...). E nello stesso Novalis, accanto a una prospettiva indivi-
...spettiva organicistico-comunitaria, incentrata sull'idea che la
... indivisibile che pensa e che sente».

secazione massima dello ...
to dei poeti romantici ...
dualistica, troviamo ...
società sia «un'...

L'amore anelito di fusione totale e cifra dell'infinito

...ei temi prediletti del Romanticismo tedesco, su cui si soffermano sia
... al più giovane dei fratelli Schlegel a Fichte, da Hölderlin a Schleierma-
... Hegel ecc.

...mantica dell'amore discende soprattutto dalla preferenza accordata al senti-
... ricerca di un'evasione dal grigiore del quotidiano. Infatti l'amore appare ai
... me **il sentimento più forte** e come **l'estasi suprema**, ovvero come **la vita della**

> L'amore come «vita della vita»

> Vita e amore significano la stessa cosa [...]. C'è tutto nell'amore: amicizia, cordialità, sensualità e anche passione [...] e l'un elemento lenisce e rinforza, anima ed accresce l'altro, viviamo ed amiamo fino all'annientamento. Soltanto l'amore ci rende uomini veri e perfetti, esso solo è la vita della vita.
> (Schlegel)

> La vera vita è amore: come amore ha e possiede la cosa che ama, l'abbraccia, la penetra, è unita e fusa in essa.
> (Fichte)

> Per noi, o Amore, tu sei l'alfa e l'omega.
> (Schleiermacher)

SCHEDA FILMICA
ON LINE *Bright Star*

> L'amore è lo scopo finale della storia del mondo, l'amen dell'universo.
> (Novalis)

La prima caratteristica dell'amore romanticamente inteso è la globalità, ovvero il suo porsi come ricerca di **sintesi tra anima e corpo, spirito e istinto, sentimento e sensualità**:

> L'amore come fatto globale

> Tutto è anima nell'amore, quando l'amore è tale che anima e corpo vi hanno eguale e reciproca partecipazione. Il desiderio verso l'unità è appagato: l'atto d'amore, pur rimanendo integro, pur non arrestandosi di fronte a nessuna audacia del godimento, non turba le pure regioni dello spirito, ma sale ad esse e non è dallo spirito disgiunto. Non sta a sé, ma è un simbolo di quanto avviene nell'interiore degli individui; l'amplesso dei corpi esprime quello delle anime.
> (G.V. Amoretti, "Introduzione" a F. Schleiermacher, *L'amore romantico*, Laterza, Roma-Bari 1928, p. XI)

Infatti nella *Lucinde*, in cui l'amore romantico trova una delle manifestazioni più radicali, e anche più espressive, **Friedrich von Schlegel** afferma l'unità inscindibile dei due elementi dell'amore, uomo e donna, contrapponendo all'idea neoplatonico-cristiana della sessualità come "vergogna" l'idea greca della **sessualità come innocenza e gioco naturale**.

Nello stesso tempo Schlegel vagheggia l'idea di una donna nuova e superiore, che, abbandonati i falsi pudori ed emancipata dal paradigma matrimoniale tradizionale (che il poeta Johann Jakob Wilhelm Heinse sosteneva dover essere lasciato solo a un'umanità inferiore), sul modello della greca Diotima[1] esaltata nel *Simposio* platonico, sia **capace di amare con la**

> Un nuovo ideale di donna

---

1 Sacerdotessa di Mantinea che nel *Simposio* istruisce Socrate riguardo alla corretta concezione dell'amore.

pienezza del proprio essere, senza altri freni alla passione all'i[nte]riore». Tant'è che Giulio, rivolgendosi a Lucinde, le dice: «[...] nella sua «fedeltà inte-
dell'umanità tu vai con me dalla sensualità più sfrenata alla più sp[...] gli scalini
in te io vidi vera superbia e vera femminile umiltà». Ovviamente a tutti [...]alità, e solo
viene riconosciuta **parità di diritti nella vita come nella cultura**. E i[...] donna
manticismo – che fu rappresentato da donne come Karoline Michael[...]
Brentano, Dorotea Veit, Karoline von Günderode ecc. e, a livello europe[o...]
Staël – si configura come una tappa importante della rivendicazione modern[...]
femminile.

Nel Romanticismo tedesco, tuttavia, così come in ambito politico si assiste al pas[...]
una fase individualistico-liberaleggiante a una statalistico-conservatrice (v. "La filoso[...]
litica", p. 354), allo stesso modo, per ciò che riguarda la concezione dell'amore, si pas[...]
una fase estetizzante a una moraleggiante. Infatti, mentre nella *Lucinde* e negli altri sc[ritti]
romantici l'**amore**, non senza un evidente influsso di Rousseau, viene esaltato come stru[...]
mento di emancipazione femminile e di libera scelta, al di sopra e al di là di tutte le convenzioni sociali, in un secondo tempo esso viene **ricondotto a elemento di conservazione delle strutture della tradizione**. Ad esempio Hegel, rispecchiando posizioni che si trovano
anche nell'ultimo Schlegel, nei *Lineamenti di filosofia del diritto* del 1821 afferma che «il
destino della fanciulla sta, essenzialmente, soltanto nel matrimonio» e che l'amore è un
momento «soggettivo», che esige di essere inquadrato e disciplinato nelle istituzioni giuridiche e «oggettive» della società[2].

| La ricerca dell'unità degli amanti |
La seconda caratteristica dell'amore romantico risiede nella ricerca dell'unità assoluta degli
amanti, ossia della **completa fusione delle anime e dei corpi**, in modo tale che «ciò che è
due possa diventare uno». Presente nei poeti e negli artisti in generale, quest'aspetto dell'idea-
lizzazione romantica dell'amore è stato espresso da Hegel con le formule più rigorose e significative. Negli scritti giovanili, ad esempio, il «vero» amore viene identificato con la «vera
unificazione», che supera ogni molteplicità e antitesi, armonizzando il diverso e l'opposto.
E nelle opere della maturità, ad esempio nelle *Lezioni di estetica*, Hegel scrive:

> L'amore è identificazione del soggetto con un'altra persona […] il sentimento per cui due
> esseri non esistono che in un'unità perfetta e pongono in questa identità tutta la loro anima
> e il mondo intero. […] Questa rinuncia a se stesso per identificarsi con un altro, quest'ab-
> bandono nel quale il soggetto ritrova tuttavia la pienezza del suo essere, costituisce il carat-
> tere infinito dell'amore.

| L'amore come cifra dell'assoluto |
La terza caratteristica dell'amore romantico è la sua tendenza a caricarsi di **significati simbolici e metafisici**. I romantici, infatti, pensano che l'amore, pur rivolgendosi a cose e a
creature finite, scorga in esse manifestazioni o cifre dell'assoluto, sia inteso panteisticamente nella forma dell'Uno-Tutto, sia interpretato trascendentisticamente nella forma di un Dio
creatore. Nell'amplesso degli innamorati, espressione del misterioso fondersi di due creature diverse, essi vedono il mistero stesso della vita e il simbolo dell'universale armonia, ovvero della congiunzione uomo-natura, finito-infinito ecc.

2 Cfr. R. Di Chio, *Uomo, amore, felicità*, Bulgarini, Firenze 1981, vol. 3.

Il maggior teorico di questa concezione è **Schleiermacher**, che, difendendo l'amico Friedrich von Schlegel dai fulmini del clero protestante, suscitati dalle tesi "audaci" sostenute nella *Lucinde*, così scrive:

> Nell'anima degli amanti dev'esservi la divinità, che essi nel loro amplesso realmente sentono di stringere tra le loro braccia e che poi sempre invocano. Nell'amore non ammetto nessuna voluttà senza questo entusiasmo e senza l'elemento mistico [*das Mystische*] che ne deriva.

Tutto ciò significa che **nell'amore l'assoluto, più che cercato, è almeno in parte già trovato e posseduto**. Tant'è che Giacinto, il protagonista dei *Discepoli di Sais*, partito alla ricerca della misteriosa divinità Isis, finisce per trovare, sotto il velo della dea, Fiorellin di rosa, cioè la fanciulla amata, che egli aveva lasciato per muovere alla ricerca della dea sconosciuta. E Fichte, nell'*Introduzione alla vita beata*, rifacendosi al cristianesimo afferma:

> Non è un'audace metafora, ma la pura verità quel che dice lo stesso Giovanni: "Chi rimane nell'amore, rimane in Dio, e Dio in lui".

La nuova concezione della storia

Un altro degli aspetti caratterizzanti del Romanticismo tedesco è costituito dall'interesse e dal culto per la storia, che fin dall'inizio tende a prendere la forma di uno **storicismo antitetico all'"anti-storicismo" illuministico**.

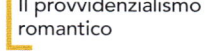
L'interesse per la storia

In realtà, anche l'Illuminismo si era esplicitamente occupato del mondo storico, proponendone una specifica concezione. Tuttavia, fin dal suo nascere, la cultura romantica procede alla **teorizzazione di una nuova filosofia generale della storia**, che, pur affondando le sue radici nel tardo Illuminismo tedesco, finisce per presentare caratteri oggettivamente antitetici a quelli dell'elaborazione dell'età dei Lumi.

Infatti, mentre per l'Illuminismo il **soggetto della storia** è l'uomo, per il Romanticismo risulta essere la **provvidenza**. Gli esiti fallimentari della Rivoluzione francese e dell'impresa napoleonica avevano infatti contribuito a generare l'idea che a "tirare le fila" della storia non fosse l'uomo, ovvero l'insieme degli individui sociali, bensì una potenza extra-umana e sovra-individuale, concepita come forza immanente o trascendente. Sia che venga riportata all'idea dell'umanità di Herder, all'Io trascendentale di Fichte, al Dio cattolicamente inteso del secondo Schlegel, allo spirito del mondo di Hegel o ad altro ancora, in ogni caso la storia appare come il prodotto di un soggetto provvidenziale assoluto, che si viene progressivamente rivelando o realizzando nella molteplicità degli avvenimenti, dei quali costituisce il momento unificatore e totalizzante.

Il provvidenzialismo romantico

Guardata da questo punto di vista, **la storia prende le sembianze di un processo globalmente positivo**, in cui non si trova alcunché di irrazionale o di inutile, e in cui ogni regresso è soltanto apparente. Infatti la storia o è un progresso necessario e incessante, nel quale il momento successivo supera il precedente in perfezione e razionalità, o è una totalità perfetta, in cui tutti i momenti sono ugualmente razionali e perfetti (Hegel).

TAVOLA ROTONDA
ON LINE La storia
La storia ha un senso?

Il rifiuto della visione illuministica della storia

Sulla base di questa specifica interpretazione della storicità umana in termini provvidenzialistici, l'Illuminismo, agli occhi dei romantici, appare decisamente anti-storicista e **la pretesa dei *philosophes* di "giudicare" la storia**, rifiutandone alcuni momenti, del tutto **insostenibile**:

- in primo luogo perché voler giudicare la storia equivale a **intentare un "processo a Dio"**, che nella storia si manifesta e si realizza;
- in secondo luogo perché **ogni momento** della storia costituisce l'**anello necessario di una catena processuale complessivamente positiva**;
- in terzo luogo perché giudicare il passato alla luce dei valori del presente (che per gli illuministi erano i valori stessi dell'uomo: pace, benessere, pubblica felicità, libertà ecc.) significa **misconoscere l'individualità e l'autonomia delle singole epoche**, che hanno ognuna una specifica ragion d'essere in relazione alla totalità della storia e che perciò si sottraggono a ogni giudizio critico e comparativo.

Il giustificazionismo e il tradizionalismo romantico

Tutto ciò spiega perché lo storicismo romantico si accompagni, per lo più, a una forma di tradizionalismo che non solo giustifica, ma in qualche modo "santifica" il passato, ritenendolo espressione dell'intervento di Dio nella storia e linfa vitale del presente e del futuro. Anche su questo punto la spaccatura tra Illuminismo francese e Romanticismo tedesco è netta e radicale. L'Illuminismo, che guardava al mondo storico in maniera umanistica e problematica, si era avvalso di una filosofia critica e riformatrice, che voleva liberarsi del passato poiché in esso scorgeva quasi esclusivamente errori, pregiudizi, violenze ecc. Il Romanticismo, che guarda alla storia secondo schemi provvidenzialistici e necessitaristici, si configura invece come una filosofia giustificazionistica e tradizionalistica, che carica di un **valore assoluto** le **istituzioni basilari del passato**: la famiglia, i ceti sociali, la monarchia, lo Stato, la Chiesa ecc. Inoltre esso trasforma il Medioevo – che per gli illuministi era l'età della fame, dell'ignoranza, dei soprusi, della superstizione popolare – in un'epoca di fede, di unità spirituale, di fantasia e di imprese cavalleresche, in cui sono state forgiate le energie che hanno dato origine alle nazionalità moderne.

La filosofia politica

Strettamente connessa allo storicismo è la filosofia politica romantica, anch'essa profondamente diversa da quella degli illuministi e articolata in due fasi distinte.

La prima fase del Romanticismo politico

- Inizialmente, gli autori del Romanticismo tedesco passano attraverso una **fiammata filo-rivoluzionaria** e appaiono portatori, come già le figure dello *Sturm und Drang* e i teorici liberali vicini alle posizioni di Humboldt, di istanze individualistiche e antistatalistiche, che si esprimono talora in forme non solo di radicalismo repubblicano, ma anche di ribellismo anarchico (Franz von Baader e Schelling) o amorale (come testimonia la *Lucinde* di Schlegel). Lo stesso Fichte, nelle *Lezioni sulla missione del dotto* (1794), esprime il convincimento che lo scopo di ogni governo sia di «rendere superfluo il governo». Questa fase del Romanticismo tedesco trova un riscontro in quel **tema della lotta dell'individuo contro la società** che costituisce uno dei motivi ricorrenti della letteratura romantica europea, e che oltre Manica trova la sua incarnazione in figure come Byron.

La seconda fase del Romanticismo politico

- Tuttavia, in una seconda fase, quella più propriamente "romantica", gli intellettuali tedeschi, in virtù del loro storicismo provvidenzialistico e tradizionalistico, cominciano a elaborare schemi politici sempre più statalistici e conservatori, nella convinzione, da un lato, che l'individuo sia tale soltanto all'interno di una comunità storica sovrapersonale e in virtù della sua appartenenza alle istituzioni tradizionali (la famiglia, lo Stato ecc.), e, dall'altro, che il disordine delle forze umane sia destinato a produrre soltanto anarchia e caos qualora non intervengano, a porvi ordine, Dio o la Chiesa da Lui istituita. Partito dall'anarchismo dello *Sturm und Drang*, il Romanticismo perviene dunque al culto dell'autorità, finendo inevitabilmente per convergere nell'alveo della Restaurazione. Infatti, in questo secondo periodo, il Romanticismo offre gli **strumenti teorici di legittimazione delle istituzioni assolutistico-feudali**, ergendosi contro le tendenze riformatrici e liberaleggianti scatenate in tutta Europa dalla Rivoluzione francese e dalle guerre anti-napoleoniche.

Questo non significa, come si è già accennato, che il Romanticismo, nemmeno nella sua seconda fase, possa essere ridotto a ideologia della Restaurazione europea. Infatti una certa anima individualistica e libertaria del Romanticismo originario ha continuato a essere attiva, coniugandosi, soprattutto al di fuori della Germania, alle istanze liberaleggianti e anti-metternichiane. Pertanto, se da un lato il termine "romantico" è stato inteso come sinonimo di "conservatore", dall'altro è divenuto l'equivalente di "liberale" e di "patriota".

> Il bifrontismo politico del Romanticismo

Questo bifrontismo politico della corrente romantica nel suo complesso risulta particolarmente evidente nella diversa portata teorico-pratica di uno dei concetti più originali e decisivi dello storicismo romantico: quello di "nazione". Mentre l'idea settecentesca di "popolo" era definita in termini di volontà e di interessi comuni e concepita come risultato di un contratto e di una libera convenzione, **il concetto romantico di nazione risulta definito in termini di elementi tradizionali** come la razza, la lingua, il costume, la religione ecc. Pertanto, se il "popolo", in senso settecentesco, è la coesistenza di individui che *vogliono* vivere insieme, la "nazione", in senso ottocentesco, è la coesistenza di individui che *devono* vivere insieme, nel senso che non possono non farlo senza rinnegare o tradire se stessi. In tal modo, dalla «volontà generale» di Rousseau, pensata in termini di «contratto sociale», si passa, nel Romanticismo tedesco, al concetto di nazione, intesa anche come «spirito di popolo» (*Volksgeist*).

> L'idea di nazione

Anticipata in parte dall'irlandese Edmund Burke (1729-1797: v. anche unità 7, pp. 271-272), autore delle *Riflessioni sulla Rivoluzione francese* (1790), e formulata principalmente dalla "scuola storica del diritto", in particolare da Friedrich Karl von Savigny (1779-1861) e dai fratelli Jacob e Wilhelm Grimm, la teoria dello **spirito del popolo** asserisce che gli organismi sociali non sono costituiti dall'insieme delle volontà dei singoli, ma da una misteriosa "anima popolare", ossia da un **principio creativo inconscio ed extra-razionale**, identificato con il cosiddetto "**genio della nazione**" che sottostà alle molteplici manifestazioni sociali, politiche e culturali di un popolo.

> La teoria dello spirito del popolo

Sulla base di questi presupposti, l'universalismo degli enciclopedisti viene bollato di anti-storicismo e di astrattismo, e sostituito da uno storicistico e concreto **richiamo alla pluralità irriducibile delle nazioni e delle espressioni culturali dei popoli**:

> Le differenze tra Illuminismo e Romanticismo

- al cosmopolitismo giuridico e politico dell'Illuminismo e di Kant, che proclamava diritti naturali comuni e vagheggiava pacifici organismi internazionali, viene contrapposto un **nazionalismo giuridico e politico** esaltante il diritto "storico" e la politica "specifica" degli Stati;
- analogamente, all'universalismo religioso degli illuministi, che perseguiva l'ideale di una religione naturale e razionale, viene contrapposta la **molteplicità delle religioni positive** e dei loro culti;

■ e ancora, al cosmopolitismo linguistico dell'Illuminismo e al suo progetto di una lingua universale, viene contrapposto il **nazionalismo linguistico**.

Si noti come anche in questo caso la polemica romantica contro l'"astrattismo antistoricistico" degli illuministi si riveli oggettivamente carica di equivoci. Infatti l'universalismo sognato dagli enciclopedisti e da Kant non esclude affatto, anzi presuppone strutturalmente, l'esistenza di un'umanità divisa in una molteplicità caotica e conflittuale di credenze, costumi, lingue, istituzioni ecc., di cui gli autori del Settecento, amanti dei viaggi e curiosi delle civiltà extraeuropee, ebbero lucida consapevolezza, anche se vi insistettero in misura minore dei romantici. E ciò perché agli illuministi non interessava il mantenimento di ciò che divide gli uomini (i particolarismi locali, le differenze linguistiche, le credenze, i pregiudizi ecc.), ma la ricerca di ciò che può unirli, nel segno della ragione e della scienza. In altre parole, la differenza tra i romantici e gli illuministi non risiede tanto nella valorizzazione o nel mancato riconoscimento della molteplicità e della specificità delle culture umane (quindi nella "concretezza storicistica" dei primi e nell'"astrattezza antistoricistica" degli altri), quanto piuttosto nel fatto che mentre agli illuministi preme andare oltre di esse, in nome dell'ideale di un'umanità sempre più cosmopolita e pacifica, ai romantici interessa la loro conservazione in nome della tradizione storica.

ESERCIZI
INTERATTIVI

Il culto della nazione

Il modo di considerare la vita sociale in termini di nazione e la specifica lettura di tale concetto in chiave organicistica (lo Stato è come un organismo in cui il tutto è superiore alle parti, ossia agli individui che lo compongono, i quali hanno la loro ragion d'essere solo nello Stato e in funzione di esso) fanno sì che la filosofia politica del Romanticismo tedesco tenda sempre più a svilupparsi in una direzione statalistica e "statolatrica", lungo una linea teorica che da Novalis e da Schlegel giunge fino alla teorizzazione dello "Stato etico" di Hegel (v. unità 9). Anzi, il pensiero politico tedesco, esaltando, fin da Herder, il **mito della "nazione missionaria"**, ossia del popolo "civilizzatore e educatore", avente il compito di condurre intellettualmente gli altri, e celebrando, fin da Fichte, il **"primato" moderno della Germania** (v. cap. 3), finisce per gettare le basi delle successive esaltazioni nazionalistiche dei tedeschi, fino al loro tragico compimento nel nazismo. E la stessa **guerra tra le nazioni**, aborrita dagli illuministi, finisce per trovare in Hegel una sua giustificazione filosofica.

Nazione e libertà in Germania e in Italia

Diremo dunque che il Romanticismo è una forma di statalismo organicistico e nazionalistico? Anche in questo caso il Romanticismo non tollera schematizzazioni unilaterali, poiché il culto della nazione, come si è già accennato, negli altri paesi europei assume anche un significato prevalentemente liberal-democratico. Soprattutto in **Italia** si assiste a una **saldatura tra il concetto di nazione e quello di libertà**, intesa, quest'ultima, non solo come libertà dallo straniero, ma anche come libertà dal potere assoluto, e quindi come libertà nello Stato. Infatti, come si può osservare in **Giuseppe Mazzini** (1805-1872), uno dei principali esponenti della cultura romantica italiana (v. p. 370), il culto della nazione, nel nostro paese, fa tutt'uno con il liberalismo (incentrato sulla salvaguardia dei diritti individuali), con la democrazia (che si basa sul principio della sovranità del popolo), con il patriottismo (che propugna la battaglia affinché lo Stato coincida con la nazione, ossia affinché l'Italia, in quanto manzonianamente «una d'arme, di lingua, d'altare, / di memorie, di sangue e di cor», cessi di essere divisa in tanti staterelli e sottomessa allo straniero) e con il principio dell'autodeterminazione nazionale (in base al quale ogni nazione deve essere padrona del proprio destino politico).

Questa diversa maniera di rapportarsi al concetto di nazione fa sì che in **Germania** si finisca sempre più per accentuarne gli **aspetti naturalistici e biologistici**, mentre in **Italia** se ne privilegiano gli **aspetti democratico-volontaristici**. Così, se in Germania la nazione è considerata come un'entità indipendente dalla volontà degli individui e identificantesi con il legame di sangue, di territorio e di lingua (nazionalità incosciente), in Italia essa è fondata, oltre che sulla comunanza di tradizioni, anche sulla volontà cosciente di un popolo (secondo il detto di Joseph-Ernest Renan per cui la nazione risulta «il plebiscito di tutti i giorni»). Individualismo antistatalistico, statalismo organicistico e nazionalista, nazionalismo liberal-democratico e patriottico costituiscono dunque le tre coordinate di fondo in cui si muove la filosofia sociale romantica, tedesca ed europea.

L'amore per la natura e il nuovo modo di concepirla

La natura rappresenta un altro grande tema del Romanticismo tedesco. L'amore per la natura e il fascino da essa esercitato, che affondano le loro radici nel clima culturale dello *Sturm und Drang* e che si alimentano della "**riscoperta di Spinoza**", sono infatti tra i dati più caratteristici del movimento. Tra i documenti più significativi, atti a introdurre nell'"atmosfera" del neospinozismo romanticheggiante di fine Settecento, spicca un frammento che si trova tra le carte di Goethe e che si intitola *La Natura*[1]:

> Natura! Noi siamo da essa circondati e avvinti, senza poter da essa uscire e senza poter entrare in essa più profondamente. Non invitati e non avvertiti, essa ci prende nel giro della sua danza e ci attrae nel vortice, finché, stanchi, cadiamo nelle sue braccia. – Essa crea eternamente nuove forze: ciò ch'è ora non era ancora, ciò che era non torna; tutto è nuovo, e nondimeno è sempre antico. – Noi viviamo nel mezzo di essa, e le siamo estranei. Essa parla incessantemente con noi, e non ci palesa il suo segreto. Noi operiamo costantemente su di essa, e tuttavia non abbiamo su di essa nessun potere. – Pare che la natura tutto abbia indirizzato verso l'individualità, eppure non sa che farsene degl'individui. Artista incomparabile, senza apparenza di sforzo passa dalle opere più grandi alle minuzie più esatte. E ognuna delle sue opere ha una propria esistenza, ognuna delle sue manifestazioni un proprio concetto; ma nel tempo stesso tutto è uno. – V'è una vita eterna, un divenire e un moto incessante in essa, ma nel suo complesso non si espande. – Anche l'innaturale è natura: chi non la vede dovunque, non la vede veramente in nessuna parte. – […] Essa fa uscire le sue creature dal nulla, e non dice loro donde vengono e dove vanno: esse debbono soltanto camminare; lei sola sa la via. – Il suo teatro è sempre nuovo, perché essa crea sempre nuovi spettatori. La vita è la sua più bella invenzione, e la morte è il suo artifizio per avere più vita. – Essa dà bisogni, perché ama il movimento, ed è mirabile vedere con che scarsi mezzi riesca ad ottenere tanto moto. – Essa non ha lingua né parla, ma crea lingue e cuori, mediante i quali parla e sente. La sua corona è l'amore: solo con questo ci si avvicina ad essa. – È intera, e nondimeno è sempre incompiuta. Non conosce passato e futuro; il presente è la sua eternità.

La «danza» della natura

---

[1] Il fatto che questo inno (1781-1782) sia davvero di Goethe, come si è tradizionalmente creduto, oppure appartenga ad altri, ad esempio al pastore Georg Christoph Tobler (1757-1812), non diminuisce il suo valore di testimonianza della "mentalità" del periodo.

Un altro scritto emblematico del nuovo culto per la natura è un noto passo dell'*Iperione* (I, 1) di Hölderlin, tra i più belli di tutta la letteratura romantica:

> Ma tu ancora risplendi o sole del cielo e tu ancora sei verde o santa terra; ancora scorrono i fiumi verso il mare e nel meriggio frusciano gli alberi ombrosi.
>
> Il canto voluttuoso della primavera invita al sonno i miei pensieri mortali. La pienezza del mondo vibrante di vita nutre e sazia di ebbrezza il mio povero essere.
>
> O natura santa! Io non so cosa mi avvenga quando alzo i miei occhi dinnanzi alla tua bellezza, ma tutta la gioia del cielo è nelle lacrime che piango innanzi a te, come l'amante alla presenza dell'amata.
>
> Tutto il mio essere ammutolisce e si tende, quando il soffio delicato dell'aria gioca sul mio petto. Perduto nell'azzurro sconfinato, io volgo spesso il mio sguardo in alto, verso l'etere e in basso nel sacro mare ed è come se uno spirito affine mi aprisse le braccia, come se il dolore della solitudine si dissolvesse nella vita degli dèi.
>
> Essere uno col tutto, questa è la vita degli dèi, questo è il cielo dell'uomo.
>
> Essere uno con tutto ciò che ha vita, fare ritorno, in una beata dimenticanza di sé, nel tutto della natura: ecco il vertice dei pensieri e delle gioie, la sacra vetta del monte, il luogo della quiete perenne, dove il meriggio perde la calura e il tuono perde la sua voce; dove il mare ribollente somiglia all'ondeggiare di un campo di spighe.

Questo sentimento della natura si esprime anche in una nuova concezione complessiva di essa, che accomuna filosofi, poeti e uomini di scienza, e che si definisce per antitesi nei confronti di quella emersa con la rivoluzione scientifica e teorizzata dall'Illuminismo, soprattutto dal materialismo francese.

Da Galileo in poi, la natura era stata prevalentemente considerata come un ordine oggettivo e come un insieme di relazioni fattuali legate tra loro da cause efficienti, mentre la scienza era stata interpretata come un'indagine matematizzante e analitica dei fenomeni osservabili. Ciò aveva indotto a un rifiuto della concezione rinascimentale – e quindi greca e medievale – del cosmo e alla "meccanizzazione del quadro del mondo", ossia all'interpretazione della natura come un sistema di materia in movimento retto da un insieme di leggi meccaniche, escludenti ogni riferimento a presunti "fini" o "scopi".

Da un lato ricollegandosi a un filone di pensiero "vitalistico" e "dinamicistico" (da Leibniz a Charles Bonnet e allo stesso Kant, fautore, nei *Principi metafisici della scienza della natura* del 1786, di un «sistema dinamico») e dall'altro riprendendo la visione antico-rinascimentale della *phýsis*, i romantici pervengono a una **filosofia della natura organicistica** (la natura è una totalità organizzata nella quale le parti vivono solo in funzione del Tutto), **energetico-vitalistica** (la natura è una forza dinamica, vivente e animata), **finalistica** (la natura è una realtà strutturata secondo determinati scopi, immanenti o trascendenti), **spiritualistica** (la natura è anch'essa qualcosa di intrinsecamente spirituale, ossia uno «spirito colato» o uno «spirito in divenire») e **dialettica** (la natura è organizzata secondo coppie di forze opposte, formate da un polo positivo e uno negativo, e costituenti delle unità dinamiche).

Reagendo alla disantropomorfizzazione e alla despiritualizzazione del cosmo effettuate dalla moderna scienza della natura, i romantici ritengono che la **natura e l'uomo** posseggano una **medesima struttura spirituale**, la quale autorizza un'interpretazione psicologica dei fenomeni fisici e un'interpretazione fisica dei fenomeni psichici. Infatti, posta la stretta unità tra uomo e natura, si deduce che ciò che risulta vero dell'uno deve esserlo anche dell'altra, e viceversa. Anzi, vedendo nell'uomo «l'esemplare sintetico» e «il compendio vivente del Tutto», in cui «dorme l'intera storia del mondo», si pensa che "conoscere" equivalga a discendere in noi stessi, per trovarvi, secondo il principio dell'analogia, la chiave di spiegazione dei fenomeni. Presentando in modo fantasioso e intuitivo ciò che soprattutto Schelling, il maggior filosofo romantico della natura, esprimerà in modo speculativo e filosofico, **Schiller** scrive:

> Tutto ciò che è in me e fuori di me è soltanto il geroglifico di una forza che mi è affine. Le leggi della natura sono i segni cifrati che l'Essere pensante ha combinato allo scopo di rendersi comprensibile all'essere pensante.
>
> Se vuoi convincertene, cerca all'indietro. A ogni stato dell'anima umana corrisponde una qualche immagine nella creazione fisica, immagine con cui esso viene designato; e ad attingere da questo ben fornito deposito sono stati anche i pensatori più astratti, non soltanto gli artisti e i poeti. Un'attività piena di animazione viene da noi detta fuoco; il tempo è una corrente che trascina con sé; l'eternità è un circolo; un segreto si nasconde nel buio di mezzanotte, e la verità ha sede nel sole. Anzi, io comincio a credere che perfino il destino futuro dello spirito umano sia preannunciato nell'oscuro oracolo della creazione corporea. L'avvento di ogni primavera, che fa uscire dal grembo della terra i germogli delle piante, mi dà elementi per interpretare quell'imbarazzante enigma che è la morte, e confuta l'incubo angoscioso che è per me il sonno eterno. La rondine che d'inverno troviamo intirizzita, e che in marzo vediamo rianimarsi, il morto bruco che, rinato, torna a levarsi nell'aria come farfalla, ci offrono una pertinente allegoria della nostra immortalità.
>
> (*Philosophische Briefe*, in *Werke*, vol. 1)[1]

IL CONCETTO E L'IMMAGINE

Il sublime tra arte e filosofia, p. 374

«Solo il Tutto vive»

Inoltre, reagendo alle tendenze analitiche e antimetafisiche della scienza galileiana, i romantici, partendo dalla persuasione che «solo il Tutto vive» (come afferma Franz von Baader), sostengono che **ogni fondata filosofia della natura deve prendere in considerazione l'ordinamento complessivo del cosmo**, poiché soltanto in relazione a esso si possono comprendere le parti nei loro rapporti di coordinazione e subordinazione. Tale convincimento si accompagna anche al recupero di figure metafisiche del passato, come ad esempio "l'anima del mondo".

La scoperta della pila voltaica (1800) e i progressi del chimismo e del magnetismo parvero, a un certo punto, confermare alcune intuizioni romantiche, come ad esempio quelle relative alla "dialetticità" dei fenomeni naturali, facendo sì che pensatori speculativi e sperimentalisti, occultisti e chimici, cristiani e panteisti guardassero tutti con interesse alla filosofia romantica della natura.

Questo facilitò la diffusione delle nuove idee, che tuttavia, pur non essendo prive di meriti storici oggettivi, consistenti nella correzione di certi limiti del meccanicismo (in particolare della pretesa di "imbrigliare" negli schemi della meccanica tutti i fenomeni), finirono per apparire "fantastiche" e portatrici di una "mentalità" qualitativa, sostanzialistica e finalistica antitetica alla strada maestra, matematizzante e fenomenistica, della scienza moderna.

---

1 La traduzione di questo brano è tratta da C. Cesa, *Le origini dell'idealismo tra Kant e Hegel*, Loescher, Torino 1981, p. 49.

L'ottimismo al di là del pessimismo

I temi pessimistici del dolore e della malinconia

Considerato sotto certi punti di vista, il Romanticismo sembra segnare il trionfo del pessimismo più esasperato. Infatti nella letteratura romantica dominano gli stati d'animo tristi e melanconici e abbondano i protagonisti inquieti e delusi, alla ricerca di una felicità sempre sognata e mai raggiunta. Del resto, com'è stato rilevato tante volte dagli studiosi, il Romanticismo nasce proprio da una coscienza d'infelicità e da un anelito verso l'infinito, ossia da un **desiderio di andare oltre gli ostacoli che stringono l'esistenza** da ogni parte.

Si noti come alcuni degli stessi geni romantici siano veri e propri "personaggi del dolore", spiriti eletti e precoci, ma vittime di tragici destini: Wackenroder muore a soli 25 anni, Novalis, ammalato di tubercolosi, scompare a 29 anni, Hölderlin finisce la sua vita rinchiuso in una torre solitaria e in preda alla follia. E molti altri rappresentanti del Romanticismo europeo – da Byron a Shelley – sono destinati a un'esistenza tempestosa e tragica, contribuendo alla convinzione romantica dell'**infelicità fatale del genio**, espressa dal leopardiano: «Vivi, e sii grande e infelice»[1].

Anzi, Romanticismo e dolore sono così legati che in questo movimento culturale nasce perfino la *voluptas dolendi*, ossia l'**autocompiacimento della sofferenza** stessa, intesa come il prezzo che ogni individuo deve pagare per entrare nella schiera dei grandi.

Romanticismo letterario e Romanticismo filosofico

Diremo dunque, sulla scorta di parecchie storie della letteratura, che il Romanticismo è sostanzialmente pessimista? Come si spiega, allora, la tesi di quelle storie della filosofia secondo le quali il Romanticismo è sostanzialmente ottimista?

L'apparente antitesi tra Romanticismo letterario e Romanticismo filosofico[2] nasce solo da una mancata distinzione tra la **predisposizione romantica verso gli stati d'animo melanconici** (nonché verso la rappresentazione artistica del dramma della sofferenza) e la **visione complessiva del mondo** effettivamente professata dai poeti e dai filosofi di quest'età.

La risoluzione del negativo nel positivo

Infatti, anche se nella letteratura romantica ha molta parte il tema del dolore, il pessimismo, inteso propriamente come concezione *globale* dell'essere, è piuttosto un'eccezione (rappresentata ad esempio da Schopenhauer in Germania e da de Vigny in Francia) e in ogni caso non è certo la posizione tipica del Romanticismo, che è portato a scoprire, al di là del negativo, la realtà del positivo. Infatti, come nella *Nona Sinfonia* di Beethoven le note dell'"Inno alla gioia" si levano trionfali dagli abissi della sofferenza[3], così il Romanticismo, per una delle sue caratteristiche ambivalenze, al di là del pessimismo tende sempre, soprattutto presso i tedeschi, a sfociare nell'ottimismo. E del resto non potrebbe essere diversamente, dal momento che la sua visione provvidenzialistica del reale e la sua mentalità a sfondo

---

1 G. Leopardi, *Dialogo della Natura e di un'anima*, in *Operette morali* (1824). L'espressione citata risale in realtà a d'Alembert, anche se spetta a Leopardi il merito di averla usata e resa famosa, almeno nel nostro paese, in senso tipicamente romantico.

2 Antitesi che obbliga talora il medesimo studente – e lo sa bene chi vive nel mondo della scuola – a "recitare" al professore di letteratura italiana e straniera che il Romanticismo è pessimista, e al professore di filosofia che il Romanticismo è ottimista.

3 Cfr. M. Puppo, *Il Romanticismo*, Studium, Roma 1975, pp. 147-148, ove il noto studioso, che tiene presenti soprattutto, anche se non esclusivamente, gli aspetti letterari del Romanticismo, perviene alla conclusione, coincidente con la tesi che stiamo esponendo, secondo cui l'arte romantica «non vuole eliminare nessun aspetto, anche negativo, della realtà: né il brutto, né il male, né il dolore; ma tutti redimerli in una sfera più alta, nella quale le opposizioni si compongano e la luce brilli più fulgida».

religioso presuppongono, in vario modo, un'**accettazione di fondo dell'essere**. Come scrive Hölderlin in un abbozzo dell'*Iperione*:

> Tutto avviene come deve avvenire. Tutto è bene.   (Hölderlin, *Iperione*, II, 63)

E anche quando manchi un'apertura religiosa (ma è abbastanza raro), o quando questa non sia sufficientemente forte, i romantici tendono a "sublimare" il negativo nella dimensione dell'arte, oppure in quella della storia e della politica. Di conseguenza, si può dire che nei romantici tedeschi si manifesta sempre una tendenziale risoluzione del negativo nel positivo, in quanto essi, **al di là della caoticità e dolorosità del mondo**, sono portati a ricercare **un senso o un piano capace di riscattare il male** e di trasformarlo in un momento del farsi complessivo del bene:

> Che cos'è dunque la morte e tutto il dolore degli uomini? Ah! molte vane parole han fatte gli uomini strani. Scaturisce pur tutto dalla gioia e termina pur tutto nella pace.
>   (Hölderlin, *Iperione*, finale)

Qualunque sia la via percorsa – panteistica, idealistica, cristiana o semplicemente estetica o politica – i romantici finiscono dunque per approdare a una forma di **ottimismo cosmico o storico** che nel dolore, nell'infelicità e nel male scorge delle manifestazioni parziali e necessarie di un Tutto che è sempre, nella sua globalità, pacificato e felice. Ancora una volta, i versi di Hölderlin hanno il potere di riassumere tutto lo spirito di un'età, e forse di un secolo:

> Come le discordie degli amanti sono le dissonanze del mondo. Conciliazione è in mezzo alla stessa discordia, e tutto ciò ch'è disgiunto si ritrova.   (Hölderlin, *Iperione*, finale)

L'infelicità
e il male

Infatti questo schema mentale, che consiste nel **percepire l'armonia oltre la disarmonia**, sta alla base delle più disparate esperienze artistiche e filosofiche del Romanticismo tedesco. Lo si ritrova ad esempio in quegli abbozzi di "filosofia della sera e del mattino" dei poeti, ai quali si è accennato.

> Più angosciosi i sogni – più vicina la mattina consolatrice. Siamo prossimi al risveglio quando sogniamo di sognare.
>   (Novalis)

Tuttavia, la **celebrazione massima dell'ottimismo romantico** è rappresentata dall'**idealismo panlogistico di Hegel** (v. unità 9), secondo cui il mondo è la manifestazione di un'unica infinita Ragione che abita in ogni momento della vita e della storia, facendo sì che la realtà sia sempre ciò che deve essere, ossia razionalità e perfezione. Esprimendo in termini speculativi ciò che in Hölderlin è detto in termini lirici, **Hegel fa della dialettica la legge stessa della realtà**, ritenendo che in essa, al di là della possibile «coscienza infelice» dell'individuo, tutto sia positivo.

Anche negli altri paesi europei il Romanticismo presenta le caratteristiche di un "**pensiero ottimista al di là del pessimismo**", ossia la medesima *forma mentis* portata a cercare un riscatto o una redenzione del negativo, di tipo trascendentistico (Dio), panteistico (la natura), idealistico (lo spirito), estetico (la poesia e la bellezza), storico-politico (il progresso dell'umanità) ecc.

La redenzione
del negativo

La controprova di come il Romanticismo si accompagni a una concezione globalmente più ottimistica che pessimistica, per quanto riguarda la visione generale del mondo, è offerta anche, per ciò che riguarda l'Italia, dal caso di **Leopardi** da un lato e di **Manzoni** dall'altro.

Infatti Leopardi, più legato, sul piano filosofico, alla cultura settecentesca e illuministica[1], elabora una visione pessimistica della realtà, antitetica a ogni forma di provvidenzialismo religioso o laico (quello delle «magnifiche sorti e progressive» di romantici come Mamiani o Mazzini) e ostile a ogni "soluzione" filosofica o fideista del problema del male. Invece Manzoni, profondamente partecipe della cultura romantica, parla di «provvida sventura» e crede in una finale redenzione della sofferenza e della negatività attraverso la fede in Dio e nella Provvidenza (messaggio che costituisce il «sugo» dell'*Adelchi* e soprattutto dei *Promessi Sposi*).

ESERCIZI INTERATTIVI ON LINE

4. Figure del Romanticismo tedesco

Hölderlin

Una delle personalità più significative del Romanticismo letterario è il poeta **Friedrich Hölderlin** (1770-1843), che fu amico di Schelling e di Hegel e ammiratore di Fichte.

L'Iperione

Il romanzo *Iperione*, nel quale Hölderlin esprime i propri ideali e le proprie convinzioni filosofiche, è la storia di un greco moderno che vive il **sogno dell'infinita bellezza e perfezione della Grecia antica**. Egli trova quella bellezza incarnata nella persona di una fanciulla di cui s'innamora, Diotima. Abbandona Diotima per unirsi alla battaglia che dovrebbe ricondurre la sua patria all'ideale di perfezione spirituale, ma incontra la sconfitta e la delusione. Rinuncia allora alla sua amata, si ritira nella solitudine, si pasce del suo sogno e finisce per godere ed esaltare il suo stesso dolore. Già nella sua trama l'*Iperione* esprime tutti i tratti della concezione romantica; ma l'opera è disseminata di considerazioni filosofiche che rivelano chiaramente l'influsso di Fichte e di Schelling.

«Essere uno col tutto»

L'ideale ellenizzante di Iperione è in realtà l'ideale romantico: «Essere uno col tutto, questa è la vita degli dèi, questo è il cielo dell'uomo». Questo tutto, che è uno, è l'infinito e vive e si rivela nell'uomo. Ma l'uomo non può raggiungerlo soltanto con il pensiero o con la ragione. Solo la **bellezza** gli rivela l'infinito; e **la prima figlia della bellezza è l'arte**, **la seconda è la religione**, che è amore della bellezza. **La filosofia nasce dalla poesia**, perché solo attraverso la bellezza l'uomo è in rapporto con l'Uno infinito:

> La poesia è il principio e il termine della filosofia. Come Minerva dal capo di Giove, la filosofia sorge dalla poesia di un essere infinito, divino.

> Dal solo intelletto non scaturisce alcuna filosofia perché filosofia è più che non limitata conoscenza del contingente. Dalla sola ragione non scaturisce alcuna filosofia, perché filosofia è più che la cieca esigenza di un infinito progresso nella sintesi o nell'analisi di una data materia.

---

1 Che Leopardi possa essere considerato, almeno per certi aspetti della sua opera e della sua poesia, un "romantico", è questione assai dibattuta dagli studiosi. Che il suo pensiero sia di formazione settecentesca e risulti più vicino, soprattutto nel "periodo napoletano", alla cultura illuministica, è invece un dato su cui esiste, tra gli interpreti, un sostanziale accordo (cfr. W. Binni, *La protesta di Leopardi*, Sansoni, Firenze 1973).

In Hölderlin emerge anche un'altra caratteristica dello spirito romantico: l'esaltazione del **dolore**.

> Non deve tutto soffrire? Quanto più è eccellente tanto più [deve] soffrire? Non soffre la sacra natura? […] La volontà che non soffre è sonno, e senza morte non vi è vita.

Friedrich von Schlegel

La formazione del Romanticismo letterario, nella sua derivazione fichtiana, si può scorgere chiaramente nella figura di **Friedrich von Schlegel** (1772-1829). Infatti il concetto della poesia romantica, così come viene espresso da Schlegel, non è altro che il trasferimento nel dominio della poesia, considerata come mondo a sé, del principio fichtiano dell'infinito.

La poesia romantica è la poesia infinita. Essa è **universale e progressiva**:

> Il suo fine non è solo quello di riunire nuovamente i separati generi poetici e di porre in contatto la poesia con la filosofia e con la retorica. Essa vuole e deve anche, ora mescolare, ora combinare poesia e prosa, genialità e critica, poesia d'arte e poesia ingenua, render viva e sociale la poesia, poetica la vita e la società, poetizzare l'arguzia, riempire e saturare le forme dell'arte col più vario e schietto materiale di cultura e animarle con vibrazioni di *humour*.

Identificata con l'infinito, la poesia assorbe in sé tutto il mondo e si accolla i compiti che appaiono frammentati e dispersi nei vari aspetti della cultura. «Essa sola è infinita come essa sola è libera». **L'idea dell'infinito accomuna poesia, filosofia e religione** in modo tale che nessuna di queste attività può sussistere senza le altre: «Poesia e filosofia sono, secondo che s'intenda, sfere e forme diverse o anche i fattori della religione. Provate infatti a congiungerle veramente insieme e non otterrete altro che religione».

Nel *Dialogo sulla poesia*, il romantico è definito come «ciò che ci rappresenta una materia sentimentale in una forma fantastica»: definizione in cui per "sentimentale" s'intende soprattutto il movimento spirituale dell'amore. Il sentimento implica poi un'altra caratteristica tipica della poesia romantica: l'indistinzione tra apparenza e verità, tra il serio e lo scherzoso. In altre parole, implica e giustifica l'ironia.

Il Romanticismo fu in questa forma l'aspirazione degli anni giovanili di Schlegel; dopo la morte di Novalis, egli si andò sempre più avvicinando al cattolicesimo e intese fare della sua filosofia una difesa della rivelazione, della Chiesa e dello Stato. Nelle *Lezioni sulla filosofia della vita* (1828) e nelle *Lezioni sulla filosofia della storia* (1829), egli riconosce come principio del sapere la rivelazione che Dio fa di sé nel mondo della natura, nel mondo della storia e nelle Sacre Scritture. L'unità del finito e dell'infinito, in quest'ultima fase della speculazione di Schlegel, viene intesa come **rivelazione dell'infinito nel finito**; e questo concetto, nell'ulteriore sviluppo dello spirito romantico, acquisterà una sempre maggiore importanza.

Tieck e Novalis

Insieme con Friedrich von Schlegel, araldi del Romanticismo letterario sono anche **Johann Ludwig Tieck** (1773-1853) e Friedrich von Hardenberg, detto **Novalis** (1772-1801).

Tieck

Poeta e letterato, Tieck rappresenta nei personaggi dei suoi romanzi lo spirito del Romanticismo: in particolare l'**ironia**, che trova nel *William Lovell* la sua più risoluta incarnazione, e la concezione romantica dell'**uomo come mago evocatore di mondi**, creatore e annientatore della realtà: «Noi siamo il destino che regge il mondo».

Novalis

Ma è nelle opere di Novalis che si trova la più entusiastica celebrazione del **potere infinito dell'uomo sul mondo**: nei romanzi *Heinrich von Ofterdingen* e *I discepoli di Sais*, rimasto incompiuto, e nei *Frammenti*, di cui alcuni furono pubblicati sull'"Athenaeum".

«Agli uomini – egli dice – nessuna cosa è impossibile: quello che io voglio lo posso». Il mondo è infatti per Novalis «un indice enciclopedico e sistematico del nostro spirito, una metafora universale, un'immagine simbolica di esso», e ha quindi un'originaria capacità di essere vivificato dallo spirito. «Esso è vivificato da me *a priori*, è tutta una cosa con me, e io ho una tendenza e una capacità originaria di vivificarlo». Questa **vivificazione del mondo** è la **trasformazione del sistema della natura nel sistema della morale**, trasformazione di cui l'uomo è l'autore. Dice Novalis:

> Il sentimento morale è in noi il sentimento della potenza assoluta di creare, della libertà produttiva, della personalità infinita del microcosmo, della divinità propriamente detta in noi.

Questo dilatarsi all'infinito dell'uomo, questo suo trasformarsi in volontà infinita creatrice della natura e onnipotente, è il fondamento dell'**idealismo magico** di Novalis. **Mago**, infatti, è **colui che sa dominare la natura** fino al punto da farla servire ai suoi scopi arbitrari. Questo è il punto a cui, secondo Novalis, l'uomo può giungere mediante la poesia.

Schleiermacher

Il concetto della religione viene elaborato nello spirito del Romanticismo da **Friedrich Daniel Ernst Schleiermacher** (1768-1834), che fu predicatore e professore di teologia a Berlino, e autore dei *Discorsi sulla religione* (1799), dei *Monologhi* (1800), nonché di un'opera intitolata *La fede cristiana*, di prediche e di scritti di morale e di dialettica. Egli inoltre tradusse in tedesco i dialoghi di Platone.

L'autonomia della religione

Schleiermacher difende l'originalità e l'autonomia della religione nei confronti delle altre forme della vita spirituale. La **religione** non è la moralità, perché anche chi non è religioso può avere dei principi morali. Non è sapere, perché la misura del sapere non è la misura della santità. Essa è piuttosto un **sentimento**: è «la coscienza immediata che ogni essere finito è nell'Infinito e attraverso l'Infinito, che ogni essere temporale è nell'Eterno e attraverso l'Eterno». Così Schleiermacher riconosce l'essenza della religiosità in quell'unità del finito e dell'infinito che era l'aspirazione dominante del Romanticismo.

Il sentimento di dipendenza dall'infinito

Al sentimento dell'*unità* con l'infinito è legato quello della *dipendenza* dall'infinito, che implica la stretta connessione tra il mondo al quale noi apparteniamo e Dio. Il mondo e Dio non sono, secondo Schleiermacher, né identici, né separati. Dio non può essere senza il mondo, né il mondo senza Dio. Perciò Dio può essere raggiunto solo attraverso le cose che da Lui dipendono, e una sua immediata intuizione non è possibile. La religione vera pone dunque capo al **panteismo** e non riconosce a Dio l'attributo della personalità. Di questa religione, le religioni positive sono aspetti parziali e più o meno incompiuti.

L'unità del finito e dell'infinito, che è propria della religione, non conduce, per Schleiermacher, all'annullamento della personalità umana come tale. **L'individuo è, esso stesso, l'infinito.** Nei *Monologhi* egli riconosce in ciascuna persona un'espressione e uno specchio dell'universo e pone il più alto compito morale nello sviluppo dell'individualità personale:

> Diventare sempre di più ciò che sono – questa è la mia propria volontà.

Ora, la più alta rappresentazione dell'individualità è l'arte e, segnatamente, il romanzo. Questo esprime nel modo più compiuto la natura interiore dell'artista. Schleiermacher giustifica così pienamente la tipica forma d'arte del Romanticismo.

5. La diffusione del Romanticismo in Europa

La diffusione delle idee del Romanticismo tedesco in Europa è dovuta, in parte, ai fratelli Schlegel, i quali, grazie a lunghi soggiorni a Parigi e a vari viaggi in Italia, in Inghilterra e in Scandinavia, hanno modo di incontrare i letterati di quelle nazioni, in alcune delle quali il movimento romantico risulta già avviato in maniera autonoma. Tale, soprattutto, è il caso dell'Inghilterra, in cui il Romanticismo ha origini autoctone e trova un *background* "preparatorio" nella letteratura sepolcrale e ossianica del Settecento.

I principali rappresentanti della letteratura sepolcrale inglese sono **Thomas Gray** (1716-1771), con la nota *Elegia scritta in un cimitero di campagna* (1751), e **Edward Young** (1683-1765), con i *Pensieri notturni* (risalenti al 1742-1745), i quali trattano preferibilmente i temi della morte, della notte, del tempo e del mistero.

Pre-Romanticismo…

La letteratura ossianica è invece rappresentata da **James Macpherson** (1736-1796), traduttore e divulgatore di antichi canti epici scozzesi (1760) e del presunto "ciclo di Ossian" (che Macpherson presenta come un antico poema celtico da lui ritrovato, tradotto e pubblicato nel 1761). I versi di Macpherson prediligono i paesaggi nebbiosi delle brughiere, l'errare inquieto dei cavalieri per le lande solitarie, le visioni allucinate dei fantasmi degli avi nel chiarore lunare, i lamenti degli spiriti imprigionati nelle caverne, gli amori tra guerrieri coraggiosi e trasognate fanciulle destinate a piangere sulla tomba dei loro innamorati, le imprese eroiche dei naviganti nei burrascosi mari del Nord: temi e figure, insomma, visibilmente vicini a un modo di sentire "romantico".

La data ufficiale dell'inizio del Romanticismo inglese è il 1798, anno di pubblicazione di quel manifesto romantico che è la prefazione di **William Wordsworth** (1770-1850) alle *Ballate liriche*, da lui pubblicate in collaborazione con **Samuel Taylor Coleridge** (1772-1834). Alla poesia romantica Wordsworth affida il compito di «manifestare il mistero nascosto anche nelle più umili cose di ogni giorno», o, secondo quanto scriverà in seguito **Percy Bysshe Shelley** (1792-1822) nella sua *Difesa della poesia* (1821), di «lacerare il velo della pigra abitudine dalla faccia del mondo e di mostrare ingenuamente la nuda dormiente beltà che è lo spirito delle sue forme».

… e Romanticismo in Inghilterra

Tra gli esponenti del Romanticismo d'Oltremanica ricordiamo inoltre George Byron (1788-1824), John Keats (1795-1821) e lo scozzese Walter Scott (1771-1832).

SCHEDA FILMICA *Bright Star*

Il Romanticismo in Francia

In Francia la nuova moda romantica è lanciata da **Madame de Staël** (Anne-Louise-Germaine Necker, baronessa di Staël-Holstein, 1766-1817), che, con la sua opera famosa *De l'Allemagne* (edita a Londra nel 1813), risulta la principale mediatrice tra Romanticismo nordico e Romanticismo latino, e la più appassionata divulgatrice delle nuove idee.

Posteriore a quello inglese e tedesco, il Romanticismo francese, che si nutre anche di temi rousseauiani e trova un anticipatore in **François-René de Chateaubriand** (1768-1848), si costituisce abbastanza tardi. Solo nel 1823 troviamo un primo cenacolo romantico attorno a **Charles Nodier** (1780-1844) e solo nel 1827 abbiamo la prefazione di **Victor Hugo** (1802-1885) al suo dramma *Cromwell*, che suole essere considerato un po' come il manifesto del Romanticismo francese.

Tra i romantici francesi più noti ricordiamo i poeti Alphonse de Lamartine (1790-1869), Alfred de Vigny (1797-1863) e Alfred de Musset (1810-1857), e i romanzieri Stendhal (pseudonimo di Henri-Marie Beyle, 1783-1842), Honoré de Balzac (1799-1850), George Sand (1804-1876) e il già citato Victor Hugo.

Il Romanticismo in Italia

Tramite Madame de Staël la nuova corrente letteraria arriva anche in Italia e trova nella *Lettera semiseria* di **Giovanni Berchet** (pseudonimo di Riccardo Michelini, 1783-1851) il suo primo manifesto (1816).

Altri documenti importanti della nuova cultura sono: il periodico "**Il Conciliatore**" (pubblicato a Milano tra il settembre 1818 e l'ottobre 1819) e alcuni scritti di **Alessandro Manzoni** (1785-1873), come la "Prefazione" al *Conte di Carmagnola* (1820), la *Lettera a Monsieur Chauvet* (1820) e la *Lettera sul Romanticismo* a Cesare D'Azeglio (1823).

Il Romanticismo filosofico in Europa

Il Romanticismo letterario europeo – di cui abbiamo ricordato i dati essenziali – ha uno spessore teorico assai più limitato di quello tedesco e appare meno intriso di temi filosofici e metafisici. Questo non significa tuttavia, come si finisce talora per credere, che la "rivoluzione romantica" presenti, fuori della Germania, un carattere esclusivamente letterario: anche negli altri paesi, infatti, essa assume il volto di una "atmosfera culturale globale" che influenza tutte le attività spirituali, compresa la filosofia.

■ Per quanto riguarda l'**Inghilterra**, l'opera del già citato **Coleridge** presenta alcune esplicite valenze filosofiche: dalla polemica contro il materialismo meccanicistico degli illuministi francesi a una forma di panteismo naturalistico a sfondo mistico; ma anche **Wordsworth** si interessa alla filosofia: attratto in età giovanile da una visione panteistico-naturalistica del Tutto, attraversa poi un momento di entusiasmo per la Rivoluzione francese (tanto che accorre in Francia in aiuto dei Girondini), per ritornare in seguito, amareggiato e deluso dalla vita e dall'esito della Rivoluzione, alla fede e ai valori tradizionali e conservatori; interessi filosofici presenta inoltre lo scozzese **Thomas Carlyle** (1795-1881), il quale, dopo alcuni saggi e studi, con cui si preoccupa di far conoscere al pubblico di lingua inglese la letteratura romantica tedesca, dà alle stampe il *Sartor resartus*, che è insieme una satira allegorica della società contemporanea e l'espressione dei suoi princìpi filosofici, improntati a una concezione dell'universo come "tempio dello spirito" e a un'idea della storia tipicamente hegeliana; nella seconda metà del secolo il filone romantico-idealista inglese trova la sua manifestazione più originale in **Thomas Hill Green** (1836-1882), allievo di Coleridge al quale si deve, tra l'altro, l'esposizione organica degli appunti filosofici del maestro; infine, nel positivismo evoluzionistico di Spencer (v. vol. 3A, unità 3) operano alcuni schemi concettuali che, sebbene presentati in un linguaggio scientificizzante, rivelano aperti o sotterranei influssi del pensiero idealistico tedesco.

■ In **Francia**, rientrano nell'atmosfera romantica fenomeni culturali come il tradizionalismo (v. p. 368), l'eclettismo di **Victor Cousin** e lo spiritualismo di **Maine de Biran** (v. p. 369-370); ma anche il positivismo di Comte (v. vol. 3A, unità 3) non è immune da forti influssi romantici.

■ In **Italia**, si inserisce in modo esplicito nell'alone romantico la filosofia di **Gioberti** e di **Mazzini** (v. p. 370), che costituisce un momento decisivo della cultura risorgimentale del nostro paese.

In conclusione, anche se il Romanticismo non ha trovato, al di fuori della Germania, manifestazioni paragonabili a quelle tedesche, e soprattutto all'idealismo di Fichte, Schelling e Hegel, esso è stato sempre presente nel panorama filosofico europeo (e anche nordamericano), influendo in particolare sul positivismo della prima e della seconda metà del secolo. Questa affermazione ci porta a esaminare un ultimo decisivo problema storiografico: il rapporto del Romanticismo con la filosofia dell'Ottocento.

6. La seconda fase del Romanticismo: rivelazione e tradizione

Il rapporto tra finito e infinito

Come abbiamo già più volte sottolineato, la parola d'ordine del Romanticismo è l'**identità di finito e infinito**. Tale identità viene espressa dalle filosofie romantiche in vari modi: come identità dell'io e del non-io, dello spirito e della natura, del razionale e del reale, dell'ideale e del reale, di Dio e del mondo: tutte queste coppie di termini hanno pressappoco lo stesso significato. Per questa identità, il **finito** (il non-io, la natura, il reale, il mondo) appare come la **realtà o** l'**esistenza dell'infinito** (dell'io, dello spirito, del razionale, dell'ideale, di Dio): sicché, se da un lato il finito non ha realtà fuori dell'infinito ed è nulla senza di esso, dall'altro l'infinito stesso (a meno che non sia concepito come "falso" o "cattivo" infinito) non ha realtà fuori del finito. Dal punto di vista filosofico questa concezione è un rigoroso **immanentismo**; dal punto di vista religioso è un **panteismo**. Essa si trova nel primo Fichte, nei *Frammenti* di Schlegel, nel primo Schelling e in Hegel, oltre che in Novalis e in Schleiermacher.

> Dal finito come realtà dell'infinito...

Abbiamo però accennato a come le filosofie romantiche presentino anche un'altra concezione del rapporto tra l'infinito e il finito, in base alla quale l'infinito viene in qualche modo a distinguersi dal finito, pur manifestandosi o rivelandosi in esso. In questo caso, il finito non è la realtà dell'infinito, ma la sua **rivelazione più o meno adeguata**.
Hegel si rifiutò costantemente di distinguere l'Idea dalla sua manifestazione, perciò rimase estraneo a questa concezione del rapporto tra l'infinito e il finito. Ma essa fu propria del secondo Fichte, del secondo Schelling e del secondo Schlegel, e ispirò le correnti romantiche della filosofia europea dell'Ottocento.

> ... al finito come rivelazione dell'infinito

Le due prospettive delineate corrispondono, a grandi linee, a due successive fasi del Romanticismo: se il **primo Romanticismo** è **immanentista e panteista** (nel senso che, nel rapporto tra finito e infinito, ne sottolinea l'identità), il **secondo Romanticismo** è **trascendentista e teista** (poiché sottolinea la distinzione tra l'infinito e le sue manifestazioni): ammette cioè

> Primo e secondo Romanticismo

la trascendenza dell'infinito rispetto al finito e considera l'infinito stesso come un assoluto, o Dio, che è al di là delle sue manifestazioni mondane.

In alcuni autori, come in Friedrich von Schlegel, questa seconda fase del Romanticismo si accompagna all'accettazione del cattolicesimo: in questa forma, infatti, il Romanticismo è fondamentalmente in accordo con il pensiero religioso e si presta a essere adoperato ai fini dell'apologetica religiosa.

Il rapporto tra storicità e tradizione

Un altro degli aspetti tipici del Romanticismo, come sappiamo, è la difesa della tradizione. Mentre l'Illuminismo opponeva tradizione e storicità, vedendo nella seconda uno strumento di critica della prima (mediante il riconoscimento e l'eliminazione degli errori e dei pregiudizi che la tradizione contribuisce a tramandare), il Romanticismo tende invece a considerare anche la **storicità come un aspetto della tradizione**, cioè come un processo in cui non sussistono né errori, né pregiudizi, né mali, e in virtù del quale i valori e le conquiste umane si conservano e si trasmettono attraverso i secoli. Questo aspetto si accentua nella seconda fase del Romanticismo, in cui la **storia** è concepita come la **manifestazione progressiva dell'infinito**, cioè di Dio: sicché non ci possono essere decadenza, imperfezione o errore che non trovino riscatto o correzione nella totalità del processo.

Il tradizionalismo francese. Con l'irrompere del Romanticismo nella cultura francese, dominata nel XVIII secolo dall'antitradizionalismo illuministico, si delinea dunque un ritorno alla tradizione che, nella sua manifestazione più ovvia e battagliera, è una difesa esplicita di essa (tradizionalismo). **Araldi della tradizione** sono i primi romantici: **Madame de Staël**, che nella sua opera intitolata *De l'Allemagne* (1813) vede nella storia umana una progressiva rivelazione religiosa (al modo di Schiller e di Fichte), e **René de Chateaubriand**, che nel *Genio del cristianesimo* (1802) volge la difesa della tradizione al servizio del cattolicesimo, assunto come l'unico depositario della tradizione autentica dell'umanità.

La difesa delle istituzioni tradizionali

In campo filosofico-politico la difesa della tradizione è opera degli scrittori cosiddetti "teocratici" o "ultramontanisti"[1]: **Louis de Bonald** (1745-1840), **Joseph de Maistre** (1753-1821) e **Robert Lamennais** (1782-1854). A questi autori la tradizione appare come l'unica depositaria della verità, del bene e di tutti i valori che presiedono alla vita umana. Essa si incarna nelle istituzioni storiche fondamentali, **la Chiesa e lo Stato**, sicché ogni ribellione a tali istituzioni è colpa, errore e peccato, che esige e provoca punizione e dolore. In questa prospettiva, la Rivoluzione francese e il movimento di pensiero che l'ha preparata non sono che aspetti di un'aberrazione colpevole che ha inevitabilmente causato guerre, rovine e lutti.

Lamennais

Lamennais, dapprima accanito difensore dell'ultramontanismo, sviluppa in seguito una forma di cattolicesimo liberale.

Nei quattro volumi del *Saggio sull'indifferenza in materia religiosa* (1817-1823) Lamennais riconosce nell'indifferenza religiosa la malattia del secolo e ne addita l'origine nella fiducia riposta nella ragione individuale. Alla **ragione individuale** egli contrappone la **ragione comune**,

---

1 Coniato nei paesi d'Oltralpe, questo termine designava i sostenitori dell'autorità del papa e della gerarchia ecclesiastica romana.

una specie di intuizione delle verità fondamentali comune a tutti gli uomini, che sarebbe il fondamento della fede cattolica. La ragione comune non è altro che la **tradizione universale**, la cui origine è una rivelazione primitiva di cui la Chiesa stessa è soltanto la depositaria. Più tardi egli cerca di giustificare questo stesso principio ricorrendo all'idea dell'essere di Rosmini, che obbedisce a un'esigenza analoga.

Condannato dalla Chiesa per eresia, Lamennais prende le distanze dalla Chiesa stessa e diventa, con le *Parole di un credente* (1834), difensore della democrazia: appellandosi alla tradizione autentica, egli profetizza l'avvento di una società religiosa liberata dalle tirannie politiche e dai privilegi sociali.

Nei primi decenni dell'Ottocento, la filosofia dell'Illuminismo continua in Francia a manifestare una certa vitalità e prende il nome di "ideologia", con cui si indica «l'analisi delle sensazioni e delle idee», secondo il modello di Condillac. Nel seno stesso dell'ideologia prende però forma il ritorno alla tradizione spiritualistica. L'ideologia

Antoine Destutt de Tracy (1754-1836), nei suoi *Elementi di ideologia* (1801-1815), cerca di ricondurre alla **sensibilità** le attività fondamentali dell'uomo, che egli riduce a quattro: sentire, ricordare, giudicare, volere. Queste attività sono originariamente distinte e non derivano l'una dall'altra. Destutt de Tracy attribuisce inoltre una grande importanza alla «motilità» e indulge a felici osservazioni su aspetti dell'attività psichica che noi oggi diremmo pre-consci e sub-consci. Destutt de Tracy

La stretta connessione delle attività psichiche con l'organismo corporeo viene illustrata dal medico **Pierre Cabanis** (1757-1808) in un'opera intitolata *Rapporti fra il fisico e il morale dell'uomo* (1802). Cabanis raccoglie una serie di osservazioni sull'**influsso che le condizioni fisiche** (età, sesso, temperamento, malattie, clima) **esercitano sulla vita intellettuale e morale dell'uomo**. Queste osservazioni gli fanno ammettere la dipendenza della vita psichica da quella fisica, senza che tuttavia egli giunga a ridurre la prima alla seconda. Anzi, in uno scritto pubblicato postumo, egli definisce l'anima come una sostanza dotata di una realtà indipendente dal corpo e afferma l'esistenza di Dio e il finalismo del mondo. Cabanis

Attraverso questi e altri pensatori, l'ideologia francese accentua sempre più l'importanza dell'**esperienza interna**, ovvero della riflessione dell'uomo su se stesso, a scapito dell'esperienza esterna, che si rivolge alle cose. Nell'esperienza interna si finisce così per vedere la rivelazione stessa della verità assoluta. L'esperienza
interna

Con la filosofia di **Maine de Biran** (1766-1824) **l'ideologismo si salda al tradizionalismo**. L'atteggiamento di Maine de Biran consiste da un lato nel **ripiegamento incessante sulla propria interiorità** (del quale rende testimonianza il *Diario intimo*), dall'altro nel far servire tale osservazione interiore (o coscienza) a una **giustificazione della tradizione religiosa e politica**, che si spinge fino a identificare coscienza e tradizione. La coscienza svela all'uomo immediatamente l'attività che costituisce il suo io: questa attività è uno sforzo che si esercita sull'organismo fisico e sugli stati sensibili a esso legati, quindi sulla materia; la vita interiore è invece attività e volontà, quindi libertà. Maine de Biran

Al «penso, dunque sono» di Cartesio, Maine de Biran oppone il suo «**voglio, agisco, dunque sono**». L'osservazione interiore prova che l'io è una causa libera, una forza che si distingue dai suoi effetti transitori e dai suoi soggetti passivi. Il fatto primitivo del senso intimo si identifica perciò con il principio di causalità e ne costituisce la giustificazione assoluta.

Ma il principio di causalità conduce immediatamente a Dio, causa prima, sicché Dio è la forza che agisce nell'anima dell'uomo, così come l'anima dell'uomo è la forza che agisce nel corpo.

Come testimonianza della verità assoluta, il senso intimo è la rivelazione stessa della verità: **la coscienza è la rivelazione di Dio**. La rivelazione non è solo quella esterna della tradizione orale o scritta, ma è soprattutto quella interna o della coscienza, che, anch'essa, viene direttamente da Dio e sulla quale, assai più che su quella esterna, sono fondate le istituzioni morali e religiose.

Maine de Biran intende il senso interno come strumento di giustificazione della tradizione. Ciò lo connette al Romanticismo a lui contemporaneo. D'altro canto, per l'importanza accordata alla coscienza come riflessione dell'uomo su se stesso, Maine de Biran è il maestro dello spiritualismo contemporaneo.

Spiritualismo e tradizionalismo in Italia.
Lo spiritualismo italiano della prima metà dell'Ottocento è un movimento di pensiero analogo e parallelo a quello francese del periodo contemporaneo. **Pasquale Galluppi** (1770-1846), **Antonio Rosmini** (1797-1855), **Vincenzo Gioberti** (1801-1852) e **Giuseppe Mazzini** (1805-1872) ne sono le quattro figure più rappresentative. Galluppi riprende il tentativo (già condotto in precedenza da Victor Cousin) di impiegare l'ideologia nella difesa dello spiritualismo tradizionale; Rosmini e Gioberti sono più vicini al tradizionalismo di de Bonald e di Lamennais; Mazzini trova ispirazione nell'umanitarismo della seconda fase di Lamennais e nel socialismo utopistico di Saint-Simon (1760-1825, v. vol. 3A, unità 3).

Rosmini: la difesa dell'oggettività della conoscenza

Tra questi pensatori, quello maggiormente degno di nota dal punto di vista filosofico è senz'altro Rosmini, il quale dirige la propria opera verso la costruzione di un sistema di filosofia che «possa essere dalla scienza teologica ricevuto per suo ausiliare». La sua preoccupazione fondamentale è quella di difendere l'oggettività della conoscenza dagli "attacchi" del soggettivismo assoluto di Kant e degli idealisti post-kantiani. E questa preoccupazione coincide con il tentativo "scolastico" di ristabilire l'accordo intrinseco e sostanziale tra **speculazione filosofica e tradizione cristiana, entrambe fondate sulla rivelazione divina**.

L'idea dell'essere come base di ogni certezza

Alla base della propria dottrina Rosmini pone dunque un assunto squisitamente spiritualistico, ovvero la riduzione di ogni certezza a una **conoscenza intuitiva della verità all'interno della propria coscienza**. Questa intuizione immediata sfugge al rischio del soggettivismo poiché coincide con l'intuizione dell'«**idea dell'essere**», cioè di un principio oggettivo che costituisce la forma della soggettività razionale.

Come forma originaria della mente umana, l'idea dell'essere è innata e inderivabile. Essa non deriva quindi dalle sensazioni, e anzi precede non soltanto qualunque giudizio sulle cose reali che causano le sensazioni stesse, ma anche tutte le altre idee. Di conseguenza, una tale idea non può che derivare da Dio, che l'ha posta nell'uomo quale forma della ragione e luce dell'intelligenza.

La morale, il diritto e la politica

Sull'idea dell'essere, ovvero su un fondamento oggettivo e assoluto, Rosmini costruisce non soltanto l'intero sistema della conoscenza, ma anche la propria dottrina morale, del diritto e della politica, che fonda rispettivamente sull'idea del bene come ordine intrinseco dell'essere, sul concetto di persona libera e dotata di diritti naturali, e su una prospettiva che vede la società teocratica come la sola in grado di garantire il perseguimento del bene comune.

7. Romanticismo e filosofia ottocentesca: uno sguardo complessivo

Come si è visto, prima di identificarsi con questa o quella dottrina, il Romanticismo è innanzitutto un'atmosfera, una "mentalità", ossia una **struttura culturale globale** che investe la molteplicità delle manifestazioni spirituali della prima metà dell'Ottocento. Per questo si può parlare di uno **"spirito romantico"** che circola nell'arte come nella filosofia, nella politica come nel costume e che tende a concretizzarsi nella costellazione di atteggiamenti e di temi che abbiamo cercato di sintetizzare nei paragrafi precedenti.

Tra tutti i motivi sopra elencati, il più tipico (poiché, come abbiamo visto, segna l'inizio storico dell'idealismo romantico, con Fichte, e ne forma nel contempo il nucleo ideale) è costituito dall'**insofferenza dei limiti del finito** e dall'**aspirazione all'assoluto**. È proprio la «brama dell'infinito» che mette in moto, e rende adeguatamente comprensibile, la polemica contro la ragione illuministica, il privilegiamento del sentimento e dell'arte, l'esaltazione della fede e della ragione dialettica, il predominio di stati d'animo quali la *Sehnsucht*, l'ironia, il titanismo, l'evasione, la ricerca di una nuova armonia uomo-mondo, la dottrina idealistica dello spirito come attività creatrice, la celebrazione dell'amore, la dottrina della storia come sviluppo provvidenziale, il culto della tradizione o del progresso, l'interpretazione della natura come ciclo inesauribile, il prevalere finale dell'ottimismo sul pessimismo ecc. Ed è proprio l'«infinito desiderio di infinito» che porta i romantici a **caricare il finito di significati infiniti**, ossia a **fare dell'uomo il portatore dell'infinito** stesso e ad assolutizzare determinate attività o determinati modi d'essere (la poesia, l'amore, la storia, la politica ecc.), generando talora un «fanatismo dell'infinito» che risulta smarrire o tradire il finito e l'infinito "come tali": l'uno in quanto acriticamente assolutizzato e l'altro in quanto ricondotto alla relatività della dimensione umana e mondana.

La «brama dell'infinito»

Ora, pensare che questa *forma mentis*, con tutto ciò che essa comporta, si sia concretizzata "solo" nella filosofia tedesca dell'età romantica, e quindi nell'idealismo, significa muoversi in un'ottica storiografica angusta. Andando oltre la superficie e le etichette, e scavando più a fondo, ci si accorge infatti che talune forme mentali romantico-idealistiche sono presenti non solo nello spiritualismo francese o italiano (da Maine de Biran a Mazzini: v. pp. 369 e 370), ma anche in filosofie a prima vista antitetiche al Romanticismo e all'idealismo, ad esempio nel positivismo di Comte e di Spencer (v. vol. 3A, unità 3), nell'irrazionalismo pessimistico di Schopenhauer (v. vol. 3A, unità 1) e, attraverso Hegel, nello stesso marxismo (v. vol. 3A, unità 2).

L'influsso romantico oltre l'idealismo

Per queste ragioni, si può dire che la **filosofia ottocentesca** risulti **in buona parte impregnata di Romanticismo**. Infatti sono rimasti tratti "tipici" del secolo, e quindi non necessariamente presenti in blocco in tutti gli autori, ma rinvenibili in modo variabile in parecchi di loro:

Aspetti "romantici" della filosofia ottocentesca

- la **mentalità assolutistica**, ossia la tendenza a parlare in nome di certezze assolute (estetiche, speculative, scientifiche, storico-politiche ecc.), sulla cui base costruire delle visioni totalizzanti del mondo e del progresso sociale;
- la tendenza a concepire la **realtà naturale e umana** come **manifestazione di una Forza infinita che ne rappresenta la struttura e il senso**. L'Io puro di Fichte, l'Assoluto di

Schelling, l'Idea di Hegel, l'Umanità di Comte, il Dio-provvidenza degli spiritualisti, l'Inconoscibile di Spencer, la Natura di Engels, l'Indistinto di Ardigò, l'Inconscio di Hartmann ecc. sono altrettanti esempi dell'infinitismo romanticheggiante che circola in buona parte delle filosofie dell'Ottocento[1];

■ l'uso della **categoria della necessità** come **strumento interpretativo privilegiato** e la propensione a considerare la realtà o la storia come una linea ascendente di passaggi obbligati, che mettono capo a un risultato finale (la pacificazione dello Spirito con se stesso, la libertà delle nazioni, il comunismo, la civiltà della scienza ecc.) garantito da forze immanenti o trascendenti quali il piano di sviluppo dell'Idea, la provvidenza, la dialettica della storia, l'evoluzione cosmica ecc.;

■ la polemica contro l'individualismo settecentesco e la **tendenza a risolvere gli individui in dimensioni o processi sovra-personali** (la Natura, lo Spirito, la Nazione, lo Stato, la Società, l'Evoluzione della specie…) "dissolvendo" in una di queste totalità le situazioni-limite e gli aspetti drammatici dell'esistenza: la singolarità, lo scacco, l'angoscia, la morte ecc.

| Il generale ottimismo

I punti elencati confluiscono tutti in una **generale concezione ottimistica della realtà e della storia**, che fa dell'Ottocento il secolo delle grandi fedi e delle grandi speranze dell'umanità moderna. Sentenziando che «tutto avviene come deve avvenire. Tutto è bene», Hölderlin è stato, in fondo, il profeta del secolo. Infatti, trascrivendo tale convinzione nei registri più disparati (compresi quelli sedicenti "scientifici"), gran parte dei pensatori ottocenteschi è stata portata a credere non solo alla **necessità di ciò che accade**, ma anche alla sua **bontà d'insieme** e a vedere nel mondo, al di là di ogni tragedia, l'attuazione di una sostanziale commedia (comunque intesa e denominata: dialettica dello Spirito verso il proprio autoriconoscimento, evoluzione della Materia verso forme più complesse di esistenza, marcia verso il comunismo ecc.). E in questo senso il **concetto di "progresso"** costituisce veramente **la sintesi e il suggello di tutta la mentalità del secolo**.

Questa costellazione di tratti tipico-ideali, che abbiamo esposto in maniera volutamente formalizzata e generalizzata, acquista tutta la sua corporea concretezza nei vari sistemi che studieremo: a partire dalle costruzioni dei filosofi dell'idealismo tedesco, per giungere fino al positivismo (v. vol. 3A). Segno evidente che l'arco di effetti del Romanticismo si estende praticamente a tutto l'Ottocento[2].

---

1 Ovviamente i vari sistemi divergono radicalmente tra loro nel modo di intendere la natura del principio infinito e i suoi rapporti con il finito. Per alcuni pensatori il principio è uno Spirito immanente; per altri è l'Ignoto che si manifesta nell'evoluzione universale; per altri ancora un Dio che trascende le sue creature mondane ecc. E il finito appare, di volta in volta, come realizzazione necessaria dell'infinito oppure come una sua libera rivelazione temporale (v. seconda fase del Romanticismo). Ma tutto questo non esclude il comune convergere di tali filosofie in un medesimo orizzonte concettuale, costituito dall'interpretazione della realtà come manifestazione graduale di una totalità assoluta.

2 Cfr. G. Fornero, *Concetto e critica del Romanticismo ottocentesco nel pensiero di Nicola Abbagnano*, in "Rivista di storia della filosofia", 1984, III, pp. 551-570, dove è svolta un'analisi dettagliata di questa tesi. Si noti che l'interpretazione del Romanticismo in termini di "spirito della filosofia ottocentesca", sviluppata da Abbagnano fin dal *Compendio di Storia della filosofia* (Paravia, Torino 1947) e dalla *Storia della filosofia* (UTET, Torino 1950) e implicitamente presupposta, almeno in parte, anche da altri autori, costituisce di fatto una delle proposte interpretative più originali sviluppate nell'ambito della storiografia italiana ed estera del XX secolo.

MAPPA

Il Romanticismo, tra filosofia e letteratura

 ON LINE MAPPA INTERATTIVA

I PRINCIPALI TEMI del ROMANTICISMO

- concezione dell'**uomo** come **spirito**
- esaltazione del **sentimento**
- valorizzazione dell'**arte**
- rivalutazione della **religione** come sapere immediato che coglie l'Assoluto nel relativo

- **ragione dialettica** come strumento per cogliere l'Assoluto
- aspirazione all'**infinito**
- **panteismo** (materialistico o idealistico)
- **trascendentismo**
- vita come **inquietudine**

- e **desiderio** (*Streben*, *Sehnsucht*, **ironia**, **titanismo**)
- esaltazione dell'**amore**, sintesi di corpo e anima e quindi cifra dell'Assoluto

La nuova concezione della STORIA

provvidenza come soggetto della storia (forza immanente o trascendente che orienta il corso degli eventi)

storia come **catena di momenti complessivamente positiva** (giustificazionismo)

I principali MODELLI POLITICI degli intellettuali romantici

statalismo e **conservatorismo** (Novalis, Schlegel, Hegel)

individualismo libertario

La nuova concezione della NATURA

natura come **organismo**

natura come **forza dinamica**, vivente e animata

natura come **intrinsecamente spirituale**

natura come organizzazione dialettica di **forze opposte**

I principali ESPONENTI DEL ROMANTICISMO TEDESCO

Hölderlin
- bellezza e perfezione dell'antica Grecia
- arte come via verso l'Assoluto
- esaltazione del dolore

Schlegel
- unificazione degli opposti nella poesia
- rivelazione dell'infinito nel finito

Tieck e **Novalis**
- l'uomo come mago evocatore di mondi
- potere infinito dell'uomo sul mondo (idealismo magico)

Schleiermacher
- autonomia della religione e panteismo
- l'uomo come specchio dell'universo

L'uomo e l'infinito: l'estetica del sublime

La **pittura paesaggistica romantica** ritrae con particolare interesse l'altezza vertiginosa delle montagne, la distesa senza fine del mare, le rupi impervie, i boschi cupi e solitari, la vivida esplosione di un vulcano. Ma non è la natura in sé ad attirare l'attenzione degli artisti romantici, bensì il **sentimento dell'infinito** che essa suscita, e che si concretizza nel senso di **solitudine** e di **smarrimento** provato dall'uomo **di fronte all'immensità e all'impeto della natura**.

Era stato **Edmund Burke** (1729-1797), nella sua *Ricerca sull'origine delle idee del sublime e del bello* (1757), a richiamare l'attenzione sulla categoria estetica dell'infinito, visto in opposizione all'ideale classico della misura, dell'armonia e della compostezza. Nei paesaggi irregolari, esotici e inusuali, Burke aveva infatti indicato l'esempio più tipico dell'**estetica del "sublime"**, nozione che riconduce a ciò che, in quanto terribile e smisurato, suscita terrore e sgomento, cioè «la più forte emozione che l'animo sia capace di sentire».

Esemplari, in questo senso, sono le opere del pittore tedesco **Caspar David Friedrich** (1774-1840), che può forse essere considerato il più significativo rappresentante della pittura romantica.

Il monaco di fronte al mare

Nel dipinto di Friedrich intitolato *Monaco in riva al mare* (1808-1809) il senso romantico dell'infinito attinge una radicalità inconsueta grazie a una sorta di **"astrazione"** e **"rarefazione"** dei colori.

Dal basso verso l'alto, la scena mostra un'esile striscia di sabbia che contrasta con la distesa infinita di un mare livido, il quale a sua volta lascia spazio a un cielo nebbioso che ricopre la maggior parte della tela.

La sagoma del monaco è appena visibile, posta tra terra e acqua, e quasi si perde nella sovrapposizione di fasce orizzontali distinte tra loro solo per le gradazioni cromatiche.

Caspar David Friedrich, *Monaco in riva al mare*, 1808-1810, olio su tela, Berlino, Staatliche Museen zu Berlin, Nationalgalerie

Il viandante di fronte alle nebbie

L'opera di Friedrich che viene comunemente additata come la più rappresentativa dell'estetica del sublime è *Il viandante sul mare di nebbia* (1818).

Su una roccia scura, in primo piano, si erge la figura di un viandante che si affaccia su di un indistinto "mare" di nebbia. La scena è dunque incentrata su due elementi: la natura osservata e l'osservatore, il quale si smarrisce nel suo stupefacente spettacolo. L'uomo, però, è ritratto di spalle, quasi a voler attirare il nostro sguardo non su di sé, ma sulle nebbie lontane che egli stesso sta contemplando.

Il sublime che abita l'animo dell'uomo

Nella pittura di Friedrich l'**immensità della natura** si fa metafora degli **abissi dell'animo umano**: dell'animo dello spettatore raffigurato (il monaco o il viandante), ma anche dello spettatore che osserva il dipinto dall'esterno. La natura diventa così "paesaggio sentimentale", manifestazione esteriore dell'interiorità del soggetto.

In questo senso l'opera di Friedrich richiama in modo evidente non solo la dottrina estetica di Burke, ma anche e soprattutto la **concezione del sublime di Kant**, il quale, con una sorta di "rivoluzione coperni-

**VERSO
LE COMPETENZE**

▶ Individuare i nessi
tra la filosofia,
le altre forme del sapere
e gli altri linguaggi

cana estetica" simile a quella da lui stesso attuata in campo gnoseologico, ne aveva sottolineato proprio il **carattere soggettivo e spirituale**.

Nelle *Osservazioni sul sentimento del bello e del sublime* (1764) e nella successiva *Critica del Giudizio* (1790) Kant afferma infatti che **il sublime, proprio come il bello, non riguarda le "cose" ma il "soggetto" che le contempla**, anche se a suscitare in lui questo sentimento sono l'immensità fisica della natura o la sua smisurata potenza.

Caspar David Friedrich, *Il viandante sul mare di nebbia*, 1818, olio su tela, Amburgo, Kunsthalle

Per Kant, lo spettacolo sublime della natura suscita uno **stato d'animo ambivalente**, di **repulsione e attrazione** a un tempo: di fronte all'infinito l'uomo prova, da un lato, «dispiacere» e «spavento» (sia perché la sua immaginazione non riesce a "com-prendere" le grandezze infinite, sia perché si sente fragile di fronte all'infinita potenza della natura) ma, dall'altro lato, un piacere fatto di «meraviglia e stima»,

perché, di contro alla propria **miseria e limitatezza fisica**, scopre la propria **grandezza spirituale**.

Non a caso, Kant collega il sublime al «**rispetto**», specificando che la natura può suscitare «stupore» e «ammirazione» ma mai rispetto, poiché quest'ultimo si può provare, in senso proprio, solo di fronte alla **grandezza** dell'uomo quale **soggetto morale** che è in grado di vincere *dentro di sé* la forza della natura che contempla *fuori di sé*:

> La sublimità non risiede […] in nessuna cosa della natura, ma soltanto nell'animo nostro, quando possiamo accorgerci di essere superiori alla natura che è in noi, e perciò anche alla natura che è fuori di noi (in quanto ha influsso su di noi). (I. Kant, *Critica del Giudizio*, p. 201)

Tra l'**estetica del sublime** e l'**etica del dovere** Kant individua una profonda connessione: come il sublime estetico, che ci spaventa e ci attira a un tempo, anche il dovere ordinatoci dalla ragione ci procura insieme dispiacere e piacere, in quanto esige l'**umiliazione delle nostre pulsioni egoistiche**, ma nello stesso tempo ci fa assaporare il **piacere della libertà**, «innalzandoci sopra noi stessi», oltre la prigionia e i limiti del meccanismo della natura:

> Dovere! Nome *sublime* e grande, che non contieni niente di piacevole che implichi lusinga, ma che chiedi la sottomissione; che tuttavia non minacci niente donde nasca nell'animo naturale ripugnanza e spavento che muova la volontà, ma esponi soltanto una legge che da sé trova adito nell'animo, e anche contro la volontà si acquista *venerazione* (se non sempre osservanza). (I. Kant, *Critica della ragion pratica*, p. 106)

In questa prospettiva acquista una nuova luce anche la conclusione della *Critica della ragion pratica*, da cui Kant trasse la scritta che volle incisa sulla propria tomba:

> Due cose colmano l'animo di ammirazione e riverenza sempre nuova e crescente […]: il cielo stellato sopra di me, e la legge morale dentro di me. […] (I. Kant, *Critica della ragion pratica*, pp. 197-198)

CAPITOLO 3
Fichte

Al filosofo tedesco **Johann Gottlieb Fichte** (1762-1814) si deve l'inizio dell'**idealismo**, ovvero della massima espressione filosofica del Romanticismo.
Infrangendo i limiti conoscitivi posti da Kant, Fichte inaugura una nuova metafisica dell'infinito. Ma la sua opera è preceduta e preparata dalle riflessioni dei cosiddetti "critici immediati di Kant".

1. Il dibattito sulla "cosa in sé" e il passaggio da Kant a Fichte

I critici immediati di Kant

Quando si parla dei "critici" o dei "seguaci immediati di Kant" si fa riferimento a un gruppo di pensatori, da **Karl Leonhard Reinhold** (1758-1823) a **Gottlob Ernst Schulze** (1761-1833), da Salomon ben Joshua (1754-1800), noto con lo pseudonimo di **Maimon** per i suoi studi su Mosè Maimonide, a **Jakob Sigismund Beck** (1761-1840), che rivolgono particolare attenzione ai dualismi lasciati dal criticismo, cercando di trovare un principio unico sulla cui base fondare una nuova, salda filosofia. In particolare, tali studiosi appuntano le loro critiche su quel dualismo di tutti i dualismi che è la distinzione tra fenomeno e noumeno. Partendo dalla presunta "contraddizione" di base di Kant, il quale avrebbe dichiarato esistente e al tempo stesso inconoscibile la **cosa in sé**, essi prendono di mira soprattutto il **concetto di "noumeno"**, giudicandolo **filosoficamente inammissibile**.

TAVOLA ROTONDA

Dal limite del pensiero al pensiero del limite, p. 452

La contraddittorietà del concetto di "noumeno"

Già Friedrich Heinrich Jacobi (1743-1819), nel saggio *Sull'idealismo trascendentale* (1787), ma anche in scritti successivi, aveva insinuato che il concetto di "noumeno" è in realtà un presupposto "realistico", che, se da un lato è necessario per entrare nel regno del criticismo, dall'altro lato non consente di rimanere in tale regno: infatti, se il criticismo è vero, allora si deve abolire la cosa in sé, per ricondurre tutto al soggetto (abbracciando il punto di vista idealistico); se il criticismo è falso, allora si deve ammettere la cosa in sé, tornando in tal modo al realismo.

Al di là delle loro specifiche posizioni e dottrine speculative, il ragionamento generale a cui pervengono i critici immediati di Kant è il seguente: ogni realtà di cui siamo consapevoli esiste come rappresentazione della coscienza, la quale funge, a sua volta, da condizione indispensabile del conoscere. Ma se l'oggetto risulta concepibile solo in relazione a un soggetto che lo rappresenta, **come può venir ammessa l'esistenza** di una cosa in sé, ossia **di una realtà non pensata e non pensabile, non rappresentata e non rappresentabile?** Evidentemente la cosa in sé, da un tale punto di vista, non può configurarsi che come un **concetto impossibile**, simile, come dirà Maimon, a una grandezza matematica quale $\sqrt{-a}$.

Si osservi come agli occhi di questi critici il kantismo tenda a configurarsi come una forma di "idealismo coscienzialistico", basato sulla **doppia riduzione del fenomeno a rappresentazione e della rappresentazione a coscienza.** Questa interpretazione trova vistosi agganci soprattutto nella prima edizione della *Critica della ragion pura*, in cui Kant, nella sua «deduzione trascendentale»:

> Il kantismo come idealismo coscienzialistico

- parla del fenomeno come di «un semplice gioco delle nostre rappresentazioni, che si riducono infine a determinazioni del senso interno», e quindi come di un'idea o di una rappresentazione in senso cartesiano-berkeleyano, la cui realtà consiste solo nell'essere pensata;
- discorre della cosa in sé come di un «oggetto della rappresentazione».

Che questo fosse davvero il punto di vista di Kant appare oggi, sulla scorta di una più approfondita conoscenza della *Critica della ragion pura*, quasi sicuramente da escludere. Nella seconda edizione della *Critica*, e soprattutto in alcuni passi decisivi della «deduzione trascendentale», Kant identifica infatti il fenomeno non con la «rappresentazione», ma con «l'oggetto della rappresentazione», e parla del noumeno come di un semplice concetto-limite, facendo intendere che il fenomeno, dal punto di vista criticistico, non è una rappresentazione o un'idea, che giace dentro la coscienza, ma un oggetto reale, anche se viene appreso tramite il corredo mentale delle forme *a priori*, in virtù delle quali esso risulta appunto un «fenomeno». Ma poiché in Kant questo punto di vista non viene difeso in modo organico ed esplicito, anzi coesiste equivocamente (nella prima edizione della *Critica*, ma anche nella seconda) con un apparato terminologico coscienzialistico e cartesiano, si spiega la "lettura" in chiave tendenzialmente berkeleyana della sua opera, sebbene in Kant stesso si trovi un'esplicita «confutazione dell'idealismo»[1].

> Le differenze tra la prima e la seconda edizione della *Critica della ragion pura*

TAVOLA ROTONDA

Dal limite del pensiero al pensiero del limite, p. 452

Un altro appunto mosso a Kant, anche questo risalente a Jacobi, consiste nella tesi secondo la quale il filosofo, asserendo che la cosa in sé è causa delle nostre sensazioni, si sarebbe contraddetto, **applicando anche al noumeno il concetto di causa ed effetto, valido soltanto per il fenomeno.**

Anche in questo caso la questione risulta più complessa di quanto non sia apparsa a questi studiosi, poiché in Kant, accanto alla rappresentazione "realistica" del noumeno, inteso

> La critica della cosa in sé in quanto causa delle sensazioni

---

1 Questo discorso sull'interpretazione idealistico-coscienzialistica del criticismo (la quale ha informato di sé non solo le correnti idealistiche, ma anche quelle neocriticistiche) è tratto da appunti (inediti) dei corsi accademici su Kant tenuti da Nicola Abbagnano, il quale è andato elaborando, fin dagli anni Quaranta del secolo scorso, una precisa visione anti-idealistica del criticismo, a cui si sono ispirati altri studiosi, primo tra tutti Pietro Chiodi, contribuendo alla liberazione della cultura italiana dal "monopolio" della lettura idealistica di Kant attuata da Giovanni Gentile (presente anche nella sua traduzione della *Critica della ragion pura* edita da Laterza, cui Pietro Chiodi ha contrapposto la propria traduzione, anti-idealistica, presso la UTET).

come realtà fungente da causa produttrice delle impressioni, si trova anche una rappresentazione più criticistica e guardinga, secondo cui il noumeno, per noi, non costituisce una realtà a cui applicare delle categorie, ma un semplice *memento* critico, o un "promemoria trascendentale", il quale ci ricorda costantemente che l'oggetto ci è dato (e non è da noi creato) attraverso una rete di forme *a priori*. In questo senso la cosa in sé, invece di essere una corposa realtà, si configura piuttosto, secondo quanto si dice nell'*Opus postumum*, come «un puro pensiero senza realtà» (*Gedankending ohne Wirklichkeit*), ossia come un *ens rationis*[1].

| Dalla gnoseologia alla metafisica |

Nonostante questa serie di critiche, volte a demolire la nozione di cosa in sé, i seguaci immediati di Kant si muovono ancora in un orizzonte prevalentemente gnoseologico, non ancora sistematicamente incentrato sulla tesi metafisica di un io creatore e infinito. Questo passaggio, che coincide con la nascita dell'idealismo romantico, è opera di Fichte. Prima di analizzare nel dettaglio il pensiero fichtiano, occorre però sottolineare ancora qualche aspetto di carattere generale.

La nascita dell'idealismo romantico

Il termine "idealismo" e i suoi significati. La parola "idealismo" presenta una varietà di significati.

L'accezione comune

Nel linguaggio comune si denomina "idealista" colui che è attratto da determinati ideali o valori – etici, religiosi, conoscitivi, politici ecc. – e che per essi può giungere perfino a sacrificare la propria vita (in questo senso si dice ad esempio che Mazzini e i mazziniani erano "idealisti").

Le accezioni filosofiche

In filosofia, invece, si parla di idealismo, in senso lato, a proposito di quelle visioni del mondo, come ad esempio il platonismo e il cristianesimo, che privilegiano la dimensione "ideale" rispetto a quella "materiale" e che affermano il carattere "spirituale" della realtà "vera". In questo senso il termine "idealismo" viene introdotto nel linguaggio filosofico verso la metà del Seicento e viene usato soprattutto in riferimento al platonismo e alla sua teoria delle idee. Sebbene, in seguito, sia stata usata anche da altri (da Dilthey ai marxisti sovietici), quest'accezione del termine non ha avuto molta fortuna. Tant'è che, in filosofia, la parola "idealismo" è usata prevalentemente per alludere:

■ alle varie forme di idealismo gnoseologico;
■ all'idealismo romantico o assoluto.

L'idealismo gnoseologico

Con l'espressione "idealismo gnoseologico" si indicano tutte quelle posizioni di pensiero che finiscono per **ridurre l'oggetto della conoscenza a idea o rappresentazione**. In questa accezione, il termine "idealismo" serve a raccogliere, a torto o a ragione, tutte quelle dottrine (da Cartesio a Berkeley, da Kant ai neocriticisti) per le quali vale in qualche modo la tesi, enunciata da Schopenhauer (v. vol. 3A, unità 1), secondo cui «il mondo è una mia rappresentazione».

---

1 Cfr. la *Storia della filosofia* della UTET, cit., cap. XV, par. 522.

L'espressione "idealismo romantico" indica invece la grande corrente filosofica post-kantiana che, originatasi in Germania nel periodo romantico, avrà numerose ramificazioni nella filosofia moderna e contemporanea di tutti i paesi. Dai suoi stessi fondatori (Fichte e Schelling, il cui pensiero verrà affrontato nel capitolo 4), questo idealismo fu chiamato «trascendentale» o «soggettivo» o «assoluto»:

- l'attributo "**trascendentale**" tende a collegarlo con il punto di vista kantiano, che aveva fatto dell'"io penso" il principio fondamentale della conoscenza;
- la qualifica di "**soggettivo**" tende a contrapporlo al punto di vista di Spinoza, che aveva sì ridotto la realtà a un principio unico, la Sostanza, ma aveva inteso la Sostanza stessa in termini di oggetto o di natura;
- l'aggettivo "**assoluto**", infine, mira a sottolineare la tesi che **l'io, o lo spirito, è il principio unico di tutto** e che **fuori di esso non c'è nulla**.

Ed è proprio di quest'ultima affermazione-chiave dell'idealismo romantico che intendiamo occuparci adesso, mostrandone la genesi e i significati.

Dal kantismo al fichtismo: caratteri generali dell'idealismo romantico.

In Kant l'io era qualcosa di finito, in quanto non creava la realtà, ma si limitava a ordinarla secondo proprie forme *a priori*. Per questo, sullo sfondo dell'attività dell'io, si stagliava il concetto di "cosa in sé", ossia di una *x* ignota, che il filosofo della *Critica* aveva ammesso per spiegare la ricettività del conoscere e la presenza di un dato di fronte all'io. I seguaci immediati di Kant, come abbiamo visto, mettono in discussione la cosa in sé, ritenendola gnoseologicamente e criticamente inammissibile.

Come abbiamo anticipato, l'idealismo sorge allorquando Fichte sposta il discorso dal piano gnoseologico (o di dottrina del conoscere) al piano metafisico (o di dottrina dell'essere) e abolisce lo "spettro" della cosa in sé, ovvero la nozione di qualsivoglia realtà estranea all'io, che in tal modo diviene un'entità creatrice (fonte di tutto ciò che esiste) e infinita (priva di limiti esterni). Da ciò la tesi tipica dell'idealismo tedesco, secondo cui «**tutto è spirito**».

Per comprendere adeguatamente questa affermazione, che rappresenta il cuore strutturale di tutto l'idealismo post-kantiano, bisogna tener presente che con il termine "**spirito**" (o con i sinonimi "io", "assoluto", "infinito" ecc.) Fichte intende, in ultima istanza, la **realtà umana**, considerata come **attività conoscitiva e pratica e come libertà creatrice**[1].

Questa puntualizzazione preliminare lascia tuttavia irrisolti due quesiti di base, che tendono ad affacciarsi alla mente di chi affronta per la prima volta lo studio dell'idealismo:

- in che senso lo spirito, e quindi il soggetto conoscente e agente, rappresenta la fonte creatrice di tutto ciò che esiste?
- che cos'è dunque, per gli idealisti, la natura o la materia?

La risposta a questi due quesiti interconnessi risiede innanzitutto nel **concetto di dialettica**, cioè in quella concezione secondo cui non essendoci mai, nella realtà, il positivo senza il negativo, la tesi senza l'antitesi, lo spirito, proprio per essere tale, ha bisogno di quella sua

L'abolizione della cosa in sé e l'infinitizzazione dell'io

TAVOLA ROTONDA

Dal limite del pensiero al pensiero del limite, p. 452

In che senso «tutto è spirito»?

---

1 Quando si afferma che per Fichte e per gli idealisti lo spirito coincide con l'umanità, non si intende quest'ultima come razza biologica particolare, ma come un'entità autocosciente, razionale e libera, che potrebbe anche esistere in altre zone dell'universo. Infatti, per gli idealisti, vi è spirito là dove esistono intelligenza e libertà.

antitesi vivente che è la natura. Infatti, argomenta l'idealismo, un soggetto senza oggetto, un io senza non-io, un'attività senza ostacolo sarebbero entità vuote e astratte, e quindi impossibili. Di conseguenza, mentre le filosofie naturalistiche e materialistiche avevano sempre concepito la natura come causa dello spirito, asserendo che l'uomo è un prodotto o un effetto di essa, **Fichte**, capovolgendo tale prospettiva, dichiara che è piuttosto **lo spirito** a essere **causa della natura**, poiché quest'ultima esiste solo *per* l'io e *in funzione* dell'io, essendo semplicemente il materiale o la scena della sua attività, ossia il polo dialettico del suo essere.

In altri termini, per Fichte:

La natura come momento della vita dello spirito

- **lo spirito crea la realtà**, nel senso che l'uomo rappresenta la ragion d'essere dell'universo, che in esso trova appunto il suo scopo;
- **la natura esiste** non come realtà a sé stante, ma **come momento dialettico necessario della vita dello spirito**.

Queste due tesi di fondo dell'intuizione idealistica del mondo trovano una sorta di esemplificazione artistica nel romanzo *I discepoli di Sais* del poeta romantico Novalis (v. p. 364), dove, nelle aggiunte finali, si dice che:

> Accadde ad uno di alzare il velo della dea di Sais. Ma cosa vide? Egli vide – meraviglia delle meraviglie – se stesso.

Secondo l'interpretazione idealistica, la dea velata sarebbe il simbolo del mistero dell'universo; quell'«uno» che giunge a scoprirla è il filosofo idealista, che dopo una lunga ricerca si rende conto che la chiave di spiegazione di ciò che esiste, vanamente cercata dai filosofi fuori dell'uomo, ad esempio in un Dio trascendente o nella natura, si trova invece nell'uomo stesso, ovvero nello spirito.

In che senso l'uomo è Dio?

Ma **se l'uomo è la ragion d'essere e lo scopo dell'universo**, che sono gli attributi fondamentali che la filosofia occidentale ha riferito alla divinità, vuol dire che **egli coincide con l'assoluto e con l'infinito**, cioè con Dio stesso (e questo ci serve a capire, tra l'altro, perché gli idealisti scrivano le parole "Io" o "Spirito" con le iniziali maiuscole e perché l'idealismo romantico sia definito "idealismo assoluto").

A questo punto risultano evidenti anche i tratti che uniscono e dividono l'idealismo dalla tradizione ebraico-cristiana. Gli idealisti pensano anch'essi, da un lato, che l'uomo sia il "re del creato", ossia, per usare ancora una volta un'immagine di Novalis, che la natura sia «l'impietrita città magica, di cui l'uomo è il messia». Laicizzando il biblico «Dio creò i cieli e la terra *per* l'uomo», l'idealismo romantico si spinge però fino a concludere che l'uomo stesso è Dio. Tant'è vero che la figura classica di un Dio trascendente e staticamente perfetto, per il primo Fichte, è solo una "chimera", in quanto presupporrebbe l'esistenza di un positivo senza il negativo. **L'unico Dio possibile è lo spirito dialetticamente inteso**, ovvero il soggetto che si costituisce tramite l'oggetto, la libertà che opera attraverso l'ostacolo, l'io che si sviluppa attraverso il non-io.

Panteismo spiritualistico e monismo dialettico

Per queste ragioni, con l'idealismo, ci troviamo di fronte, per la prima volta nella storia del pensiero, a una forma di **panteismo spiritualistico** (Dio è lo spirito operante nel mondo, cioè l'uomo) che si distingue sia dal panteismo naturalistico (Dio è la natura), sia dal trascendentismo di tipo ebraico-cristiano (Dio è una Persona esistente fuori dell'universo).

Come tale, l'idealismo è anche una forma di **monismo dialettico** (esiste un'unica sostanza: lo spirito) che **si contrappone a tutti i dualismi metafisici e gnoseologici** della storia del pensiero, dai Greci a Kant (spirito *e* natura, Dio *e* mondo, soggetto *e* oggetto, libertà *e* necessità, fenomeno *e* cosa in sé…).

Pur essendo d'accordo sull'interpretazione della realtà mediante le categorie di spirito e di infinito, i filosofi idealisti (Fichte, Schelling e Hegel) si differenziano tra loro, come vedremo meglio in seguito (v. cap. 4 e unità 9), per la specifica maniera di intendere l'infinito e i suoi rapporti con il finito (la natura e la storia). Inoltre, Fichte e Schelling, a un certo sviluppo del loro pensiero, si allontanano, almeno in parte, dalle originarie tesi idealistiche, elaborando nuovi organismi sistematici che pervengono talora a un recupero, sia pure originale e creativo, di schemi metafisici della tradizione. L'incarnazione più tipica, coerente e storicamente decisiva dell'idealismo tedesco sarà in questo senso rappresentata da Hegel.

Fichte, Schelling, Hegel

2. Fichte: vita e scritti

Fichte nacque a Rammenau il 19 maggio 1762 da famiglia poverissima. Compì i suoi studi di teologia a Jena e a Lipsia lottando contro la miseria. Lavorò poi come precettore in case private in Germania e a Zurigo, dove conobbe Johanna Rahn che in seguito divenne sua moglie (1793).

La "scoperta" di Kant

Nel 1790 Fichte ritornò a Lipsia, dove entrò per la prima volta in contatto con il pensiero di Kant, che decise della sua formazione filosofica. Scrive entusiasticamente in una lettera:

> Io vivo in un mondo nuovo dacché ho letto la *Critica della ragion pratica*. Princìpi che credevo inconfutabili mi sono stati smentiti; cose che io non credevo potessero mai essere dimostrate, per esempio il concetto dell'assoluta libertà, del dovere ecc., mi sono state dimostrate ed io mi sento per ciò assai più contento. È inconcepibile quale rispetto per l'umanità, quale forza, ci dà questo sistema.

L'anno dopo, il 1791, Fichte si recò a Königsberg per far leggere a Kant il manoscritto della sua prima opera, *Saggio di una critica di ogni rivelazione*. Lo scritto era composto interamente nello spirito del kantismo, sicché quando comparve anonimo nel 1792 venne scambiato per un'opera di Kant: fu proprio Kant a rivelare il vero nome dell'autore. Ma nello stesso 1791, mentre a Danzica Fichte attendeva alla stesura di una difesa degli editti del governo prussiano che limitavano la libertà di stampa e istituivano la censura, gli fu negato il nullaosta per la stampa del suo *Saggio*; e mesi dopo venne rifiutata anche la pubblicazione della seconda parte della *Religione nei limiti della semplice ragione* di Kant. Indignato, Fichte passò immediatamente dalla difesa del regime paternalistico alla difesa della libertà e pubblicò anonima una *Rivendicazione della libertà di pensiero* (1793).

Nel 1794 Fichte divenne professore a Jena, dove rimase fino al 1799. Appartengono a questo periodo le opere a cui è dovuta l'importanza storica della sua speculazione, ovvero la prima esposizione della «**dottrina della scienza**» e le applicazioni di essa ai domini della **morale** e del **diritto**.

La polemica sull'ateismo

Nel 1799 scoppiò la cosiddetta "polemica sull'ateismo" che doveva condurre all'allontanamento di Fichte dalla cattedra. Per aver pubblicato sul "Giornale filosofico" di Jena un articolo intitolato *Sul fondamento della nostra credenza nel governo divino del mondo* (1798), nel quale **Dio era identificato con l'ordine morale del mondo**, Fichte fu accusato di ateismo in un libello anonimo. Il governo prussiano proibì il giornale e chiese al governo di Weimar di punire Fichte e il direttore del giornale, Friedrich Karl Forberg, minacciando altrimenti di proibire ai suoi sudditi la frequenza dell'Università di Jena. Il governo di Weimar avrebbe voluto che il Senato accademico formulasse un rimprovero almeno formale contro il direttore del giornale. Ma Fichte, venuto a conoscenza di questo progetto, il 22 marzo 1799 scrisse una lettera altezzosa a un membro del governo, avvertendo che se il rimprovero fosse stato formulato si sarebbe congedato dall'Università e aggiungendo la minaccia che in questo caso anche altri professori si sarebbero licenziati. In seguito a questa lettera il governo di Jena, con il parere favorevole di Goethe, invitò Fichte a dare le dimissioni, nonostante nel frattempo egli avesse lanciato un *Appello al pubblico* e nonostante una petizione degli studenti in suo favore. Gli altri professori rimasero al loro posto.

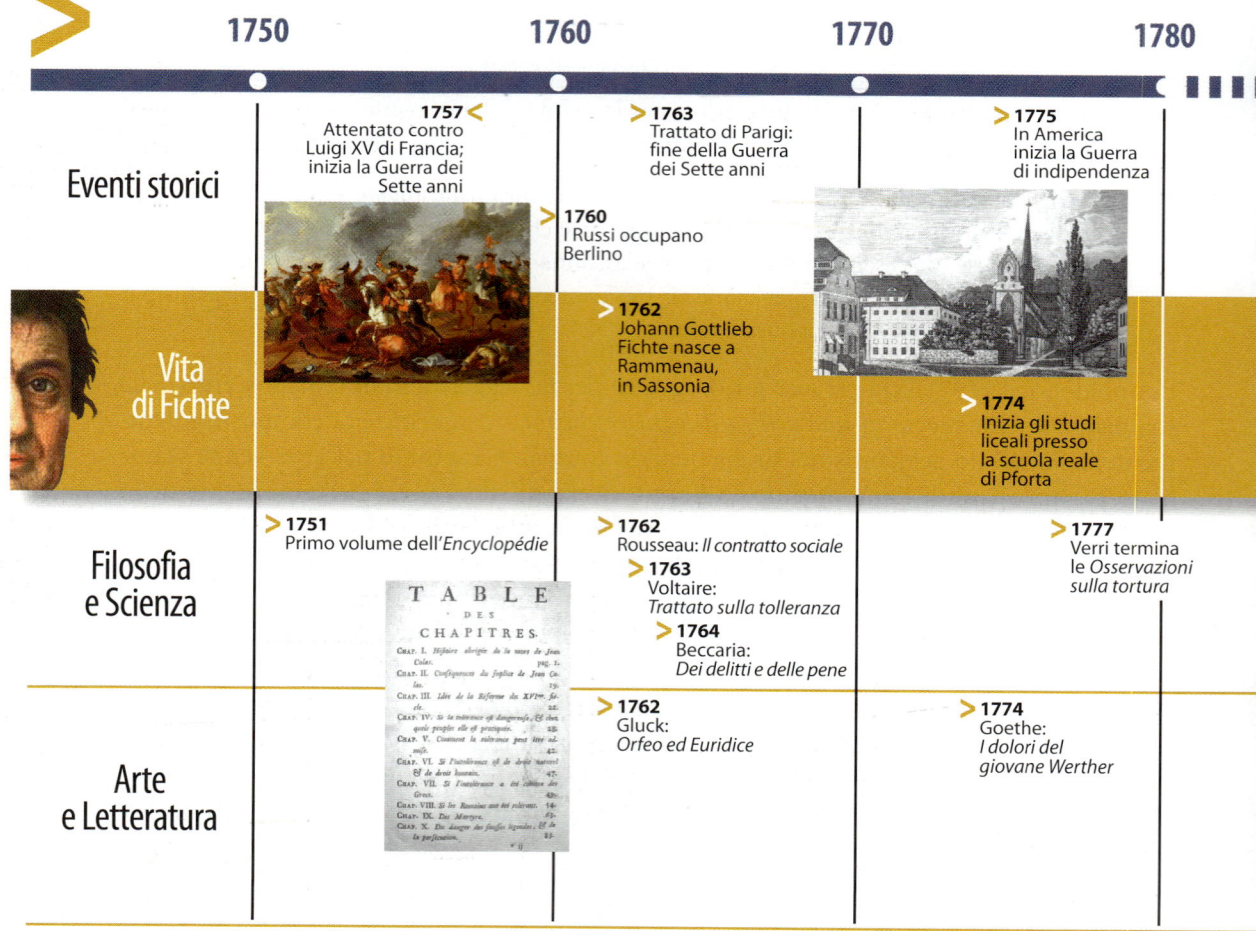

1750   **1760**   **1770**   **1780**

Eventi storici

1757 Attentato contro Luigi XV di Francia; inizia la Guerra dei Sette anni

1763 Trattato di Parigi: fine della Guerra dei Sette anni

1760 I Russi occupano Berlino

1775 In America inizia la Guerra di indipendenza

Vita di Fichte

1762 Johann Gottlieb Fichte nasce a Rammenau, in Sassonia

1774 Inizia gli studi liceali presso la scuola reale di Pforta

Filosofia e Scienza

1751 Primo volume dell'*Encyclopédie*

1762 Rousseau: *Il contratto sociale*

1763 Voltaire: *Trattato sulla tolleranza*

1764 Beccaria: *Dei delitti e delle pene*

1777 Verri termina le *Osservazioni sulla tortura*

Arte e Letteratura

1762 Gluck: *Orfeo ed Euridice*

1774 Goethe: *I dolori del giovane Werther*

Allontanatosi da Jena, Fichte si recò a Berlino, dove strinse rapporti con i romantici Friedrich von Schlegel, Schleiermacher e Tieck. Nominato professore a Erlangen nel 1805, si recò a Königsberg al momento dell'invasione napoleonica e di lì ritornò a Berlino, dove, mentre la città era ancora occupata dalle truppe francesi, pronunciò i **Discorsi alla nazione tedesca** (1807-1808), nei quali additava, come mezzo di risollevamento della nazione germanica dalla servitù politica, una nuova forma di educazione e affermava il primato del popolo tedesco. In seguito fu professore a Berlino e rettore di quella Università. Morì il 29 gennaio 1814 contagiato da una febbre infettiva contratta dalla moglie mentre curava i soldati feriti.

> Il periodo berlinese

La caratteristica predominante della personalità di Fichte è costituita dalla forza con cui egli sente l'**esigenza dell'azione morale**. Egli stesso dice di sé:

> L'interesse etico-religioso

> Io ho una sola passione, un solo bisogno, un solo sentimento pieno di me stesso: agire fuori di me. Più agisco, più mi sento felice. (*La missione del dotto*)

Nella **seconda fase** della sua speculazione, all'esigenza dell'azione morale si sostituisce quella della **fede religiosa**, e la dottrina della scienza viene impiegata per giustificare la fede.

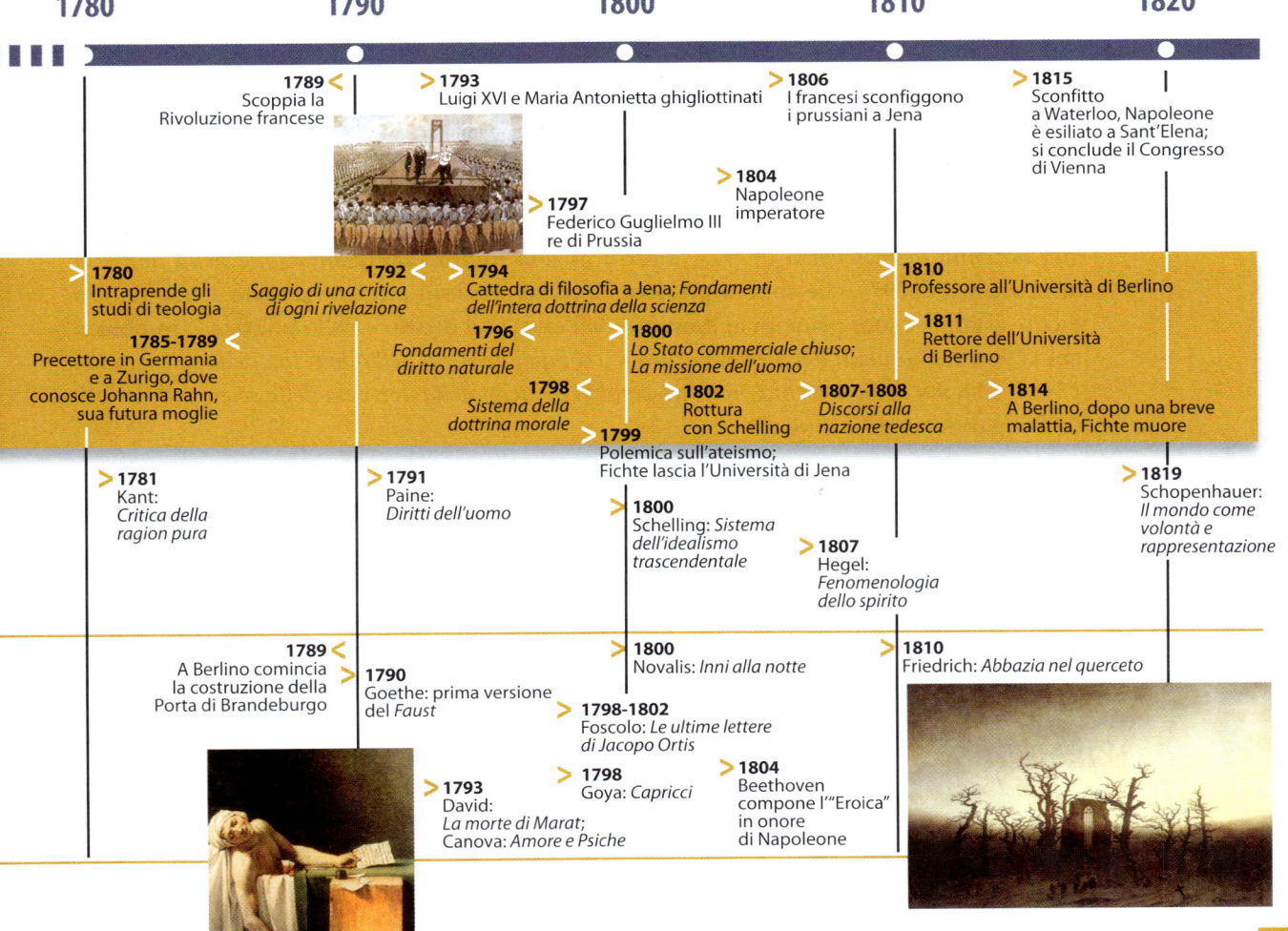

| 1780 | 1790 | 1800 | 1810 | 1820 |

1789 Scoppia la Rivoluzione francese

1793 Luigi XVI e Maria Antonietta ghigliottinati

1806 I francesi sconfiggono i prussiani a Jena

1815 Sconfitto a Waterloo, Napoleone è esiliato a Sant'Elena; si conclude il Congresso di Vienna

1797 Federico Guglielmo III re di Prussia

1804 Napoleone imperatore

1780 Intraprende gli studi di teologia

1792 *Saggio di una critica di ogni rivelazione*

1794 Cattedra di filosofia a Jena; *Fondamenti dell'intera dottrina della scienza*

1810 Professore all'Università di Berlino

1785-1789 Precettore in Germania e a Zurigo, dove conosce Johanna Rahn, sua futura moglie

1796 *Fondamenti del diritto naturale*

1800 *Lo Stato commerciale chiuso; La missione dell'uomo*

1811 Rettore dell'Università di Berlino

1798 *Sistema della dottrina morale*

1802 Rottura con Schelling

1807-1808 *Discorsi alla nazione tedesca*

1814 A Berlino, dopo una breve malattia, Fichte muore

1799 Polemica sull'ateismo; Fichte lascia l'Università di Jena

1781 Kant: *Critica della ragion pura*

1791 Paine: *Diritti dell'uomo*

1800 Schelling: *Sistema dell'idealismo trascendentale*

1807 Hegel: *Fenomenologia dello spirito*

1819 Schopenhauer: *Il mondo come volontà e rappresentazione*

1789 A Berlino comincia la costruzione della Porta di Brandeburgo

1790 Goethe: prima versione del *Faust*

1800 Novalis: *Inni alla notte*

1810 Friedrich: *Abbazia nel querceto*

1798-1802 Foscolo: *Le ultime lettere di Jacopo Ortis*

1793 David: *La morte di Marat*; Canova: *Amore e Psiche*

1798 Goya: *Capricci*

1804 Beethoven compone l'*"Eroica"* in onore di Napoleone

Ma da un capo all'altro della sua filosofia e nella stessa frattura dottrinale che essa presenta nelle sue fasi principali, Fichte appare come una personalità etico-religiosa:

> Io sono chiamato a rendere testimonianza alla verità […]. Io sono un prete della verità; sono al suo soldo, mi sono obbligato a fare tutto, ad arrischiare tutto, a soffrire tutto per essa.
> (*La missione del dotto*)

La vocazione filosofica di Fichte, come si è detto, è stata occasionata dagli scritti di Kant. Ma Fichte si ferma assai poco agli insegnamenti del maestro. Kant aveva voluto costruire una filosofia del finito; **Fichte vuol costruire una filosofia dell'infinito**: dell'infinito che è nell'uomo, che è, anzi, l'uomo stesso.

I primi scritti

L'influenza kantiana si può scorgere solo nel primo periodo della sua attività letteraria, periodo al quale appartengono il *Saggio di una critica di ogni rivelazione* (1792), la *Rivendicazione della libertà di pensiero* (1793), il *Contributo per rettificare il giudizio del pubblico sulla Rivoluzione francese* (1793) e alcuni scritti morali minori, come *Sulla dignità degli uomini* (1794) e *Lezioni sulla missione del dotto* (1794). Il **Saggio di una critica di ogni rivelazione** è scritto interamente nello spirito del kantismo. La rivelazione è possibile, ma non è dimostrabile, e può quindi essere soltanto oggetto della fede, che tuttavia non deve mancare a nessuno.

Le opere della maturità

Il distacco dal kantismo è già chiaro nella recensione all'*Enesidemo* di Schulze, che Fichte pubblica nel 1794. In essa, egli dichiara che la cosa in sé è «un ghiribizzo, un sogno, un non pensiero» e stabilisce i principi della sua dottrina della scienza. A questa recensione seguono un lungo saggio, *Sul concetto della dottrina della scienza o della cosiddetta filosofia* (1794), e l'opera fondamentale di questo periodo, **Fondamenti dell'intera dottrina della scienza**, che Fichte pubblica come «manoscritto per i suoi uditori» nello stesso anno 1794. Seguono: *Schizzo delle proprietà della dottrina della scienza rispetto alle facoltà teoretiche* (1795), *Prima introduzione alla dottrina della scienza* (1797), *Seconda introduzione alla dottrina della scienza* (1797), *Ricerca di una nuova rappresentazione della dottrina della scienza* (1797), che sono esposizioni e rielaborazioni più brevi. Nello stesso tempo Fichte estende i suoi principi al dominio dell'etica, del diritto e della politica, e pubblica: nel 1796 i *Fondamenti del diritto naturale secondo i principi della dottrina della scienza*, nel 1798 il *Sistema della dottrina morale secondo i principi della dottrina della scienza*, nel 1800 *Lo Stato commerciale chiuso*.

L'ultimo Fichte

Nel frattempo Fichte viene lentamente modificando i capisaldi della sua filosofia e di qui nascono le nuove esposizioni della dottrina della scienza che egli dà nei corsi universitari del 1801, 1804, 1806, 1810, 1812, 1813; nonché nei corsi su *I fatti della coscienza* (1810-1811, 1813) e nelle rielaborazioni del *Sistema della dottrina del diritto* (1812) e del *Sistema della dottrina morale* (1812). Questi corsi e queste lezioni sono rimasti inediti e dopo la sua morte sono stati pubblicati dal figlio, Immanuel Hermann Fichte. Tuttavia l'indirizzo che essi rappresentano trova riscontro nelle esposizioni popolari della sua filosofia, che Fichte pubblica parallelamente alla loro composizione: *La missione dell'uomo* (1800), *Introduzione alla vita beata* (1806), *Tratti fondamentali dell'epoca presente* (1806).

3. La «dottrina della scienza»

L'infinitizzazione dell'Io

Kant aveva riconosciuto nell'io penso il principio supremo di tutta la conoscenza. Ma l'io penso kantiano era un atto di autodeterminazione esistenziale, che supponeva come già data l'esistenza; esso era quindi attività («spontaneità» dice Kant), ma **attività limitata dall'intuizione sensibile**. Nell'interpretazione data al kantismo da Reinhold era sorto il problema dell'origine del materiale sensibile. Schulze, Maimon e Beck avevano dimostrato impossibile la derivazione di esso dalla cosa in sé e avevano anzi dichiarato "chimerica" la stessa cosa in sé, in quanto esterna alla coscienza e indipendente da essa. Maimon e Beck avevano quindi già tentato di attribuire all'attività soggettiva la produzione del materiale sensibile e di risolvere nell'io l'intero mondo della conoscenza.

Fichte trae per la prima volta le conseguenze di queste premesse. Se **l'io è l'unico principio, non solo formale, ma anche materiale, del conoscere**, se alla sua attività sono dovuti non solo il pensiero della realtà oggettiva, ma questa realtà stessa nel suo contenuto materiale, è evidente che l'io è non solo finito, ma anche infinito. Tale è il punto di partenza di Fichte, filosofo dell'**infinità dell'Io**, della sua **assoluta attività e spontaneità**, quindi della sua **assoluta libertà**.

Dall'io penso...

... all'Io infinito

TAVOLA ROTONDA

Dal limite del pensiero al pensiero del limite, p. 452

CONCETTI A CONFRONTO

ON LINE
SCHEMA INTERATTIVO

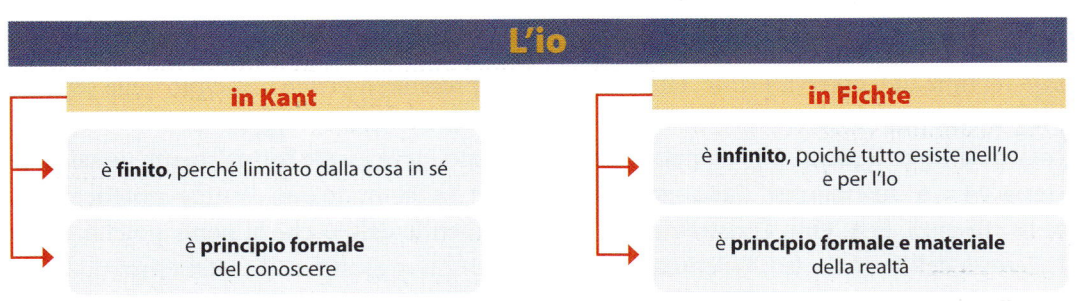

L'io		
in Kant		**in Fichte**
è **finito**, perché limitato dalla cosa in sé		è **infinito**, poiché tutto esiste nell'Io e per l'Io
è **principio formale** del conoscere		è **principio formale e materiale** della realtà

I principi della «dottrina della scienza»

L'ambizione di Fichte è di costruire un sistema grazie al quale la filosofia, cessando di essere semplice ricerca del sapere (in base al suo significato etimologico), divenga finalmente un sapere assoluto e perfetto. Infatti il concetto centrale esposto nei *Fondamenti dell'intera dottrina della scienza* è quello di una **scienza della scienza**, cioè di un **sapere che metta in luce il principio su cui si fonda la validità di ogni scienza** e che a sua volta si fondi sullo stesso principio.

Questo principio è l'Io, o l'autocoscienza, che Fichte presenta nel modo più chiaro nella *Seconda introduzione alla dottrina della scienza* (1797). Noi possiamo dire che qualcosa esiste, afferma il filosofo, solo rapportandolo alla nostra coscienza, ossia facendone un essere-

L'Io o l'auto-coscienza

per-noi. A sua volta la coscienza è tale solo in quanto è coscienza di se medesima, ovvero autocoscienza. In sintesi: l'essere-per-noi (l'oggetto) è possibile soltanto sotto la condizione della coscienza (del soggetto) e questa, a sua volta, soltanto sotto la condizione dell'autocoscienza. La **coscienza** è il **fondamento dell'essere**, l'**autocoscienza** è il **fondamento della coscienza**.

La deduzione trascendentale kantiana e la deduzione assoluta fichtiana

La prima esposizione della ***Dottrina della scienza*** rappresenta il tentativo sistematico di dedurre dal principio dell'autocoscienza il complesso della vita teorica e pratica dell'uomo.[1] Si tratta, si noti, di una deduzione radicalmente diversa da quella kantiana. Quest'ultima, infatti, era una deduzione trascendentale, o gnoseologica, volta a giustificare le condizioni soggettive della conoscenza (le categorie), mentre la deduzione di Fichte è una **deduzione assoluta o metafisica**, che **fa derivare dall'Io sia il soggetto, sia l'oggetto del conoscere**. La deduzione di Kant metteva capo a una possibilità trascendentale (così era inteso appunto l'io penso) che implicava sempre un rapporto tra l'io e l'oggetto fenomenico, mentre la deduzione di Fichte mette capo a un principio assoluto, che, come vedremo tra poco, pone il soggetto e l'oggetto fenomenici in virtù di un'attività creatrice, cioè di un'intuizione intellettuale. La *Dottrina della scienza* ha appunto lo scopo di dedurre da questo principio l'intero mondo del sapere, e di dedurlo necessariamente, in modo da costituire il sistema unico e compiuto di esso. Non deduce tuttavia il principio stesso della deduzione, che è l'Io. E il problema con cui si scontra è appunto quello relativo alla natura dell'Io.

L'esistenza dell'Io come principio supremo del sapere

I principi fondamentali della deduzione fichtiana sono tre, di cui il secondo e il terzo sono in qualche modo implicati dal primo. Questo è ricavato da una riflessione sulla legge d'identità (per cui A = A), che la filosofia tradizionale aveva considerato come base universale del sapere. In realtà, osserva Fichte, tale legge non rappresenta il *primo* principio della scienza, poiché essa implica un principio *ulteriore* o *superiore,* che è l'Io. → **T1** p. 408
Infatti, la legge d'identità presuppone che *se* A è dato, deve essere formalmente uguale a se stesso (A = A; ad esempio "il triangolo è triangolo"). In tal modo essa assume ipoteticamente la presenza di A. Ora, l'esistenza iniziale di A dipende dall'Io che la pone, poiché, senza l'identità dell'Io (Io = Io), l'identità logica (A = A) non si giustifica. In altri termini, il rapporto d'identità è posto dall'Io, perché è l'Io che giudica di esso. Ma l'Io non può porre quel rapporto, se non pone se stesso, cioè se non si pone come esistente. L'esistenza dell'Io ha dunque la stessa necessità del rapporto puramente logico A = A, in quanto **l'Io non può affermare nulla senza affermare in primo luogo la propria esistenza**.

> Non si può pensare assolutamente nulla senza pensare in pari tempo il proprio Io come cosciente di se stesso; non si può mai astrarre dalla propria autocoscienza.
>
> (*Fondamenti dell'intera dottrina della scienza*)

L'Io come autocreazione e come intuizione intellettuale

Di conseguenza, il **principio supremo del sapere** non è quello d'identità, che *è posto* dall'Io, ma l'Io stesso. Questi, a sua volta, non è posto da altri, ma *si pone da sé*. Infatti la caratteristica dell'Io consiste nell'**autocreazione**. Mentre le cose sono quelle che sono, in quanto la

---

1 Le successive elaborazioni della *Dottrina della scienza* si differenziano sostanzialmente nel rapporto che stabiliscono tra l'infinito e l'uomo.

loro natura è fissa e predeterminata, l'Io è ciò che esso stesso si fa. Rivolgendosi all'esperienza diretta di ogni persona, Fichte scrive:

> Pensaci, costruisci il concetto di te stesso, e nota come fai. Ognuno che fa così troverà che l'attività dell'intelligenza costruisce se stessa.
>
> (*Seconda introduzione alla dottrina della scienza*)

Tale autocreazione coincide con l'**intuizione intellettuale** che l'Io ha di se stesso in quanto attività in virtù della quale *conoscere* qualcosa (se stessi o gli oggetti) si identifica con il *produrre* questo qualcosa e con l'esserne implicitamente o esplicitamente consapevole. Pertanto, se la metafisica classica sosteneva che *operari sequitur esse*, intendendo dire che gli individui agiscono in conformità della loro natura o del loro essere, la nuova metafisica idealistica, capovolgendo l'antico assioma, afferma che ***esse sequitur operari***, in quanto l'essere dell'Io appare come il frutto della sua stessa azione e il risultato della sua stessa libertà.

Tale prerogativa dell'Io viene denominata da Fichte ***Tathandlung***. Con questo termine, che, insieme con *Streben* (sforzo), è forse il più caratteristico della *Dottrina della scienza*, il filosofo intende appunto indicare che **l'Io è, nello stesso tempo, attività agente** (*Tat*) **e prodotto dell'azione stessa** (*Handlung*). In questo senso l'Io presenta la caratteristica dell'**assolutezza**, in quanto è assolutamente in-condizionato, cioè non dipende da altro.

Si noti come Fichte, con questo basilare principio, non faccia che portare alla massima espressione metafisica la visione rinascimentale e moderna dell'uomo come essere che costruisce o inventa se medesimo tramite la propria **libertà**. Come vedremo, questo concetto tende a ritornare, anche indipendentemente dall'idealismo, in gran parte delle filosofie posteriori, fino ai giorni nostri. Goethe lo ha reso con i versi del *Faust* (I, v. 1237): «In principio era l'azione».

> *La nozione di Tathandlung*

I tre principi. Vediamo dunque i tre **principi della dottrina della scienza**.

- Il **primo principio** stabilisce che «l'Io pone se stesso», chiarendo come **il concetto di Io in generale** si identifichi con quello di un'**attività autocreatrice** e infinita.

> *«L'Io pone se stesso»*

- Il **secondo principio** stabilisce che «l'Io pone il non-io», ovvero che **l'Io** non solo pone se stesso, ma **oppone** anche **a se stesso qualcosa che**, in quanto gli è opposto, **è un non-io** (**oggetto, mondo, natura**). Tale non-io è tuttavia posto *dall'*Io ed è quindi *nell'*Io. Questo secondo principio, osserva Fichte, non è, a rigore, deducibile dal primo «poiché la forma dell'opporre è così poco compresa nella forma del porre, che le è anzi piuttosto opposta». Ciò non toglie, come appare chiaro dall'ultima parte della *Dottrina della scienza*, che «questo fatto deve accadere, affinché una coscienza reale sia possibile». Infatti, che senso avrebbe un Io senza un non-io, cioè un soggetto senza oggetto, un'attività senza un ostacolo, un positivo senza un negativo? ➔ **T2** p. 410

> *«L'Io pone il non-io»*

TAVOLA ROTONDA

Dal limite del pensiero al pensiero del limite, p. 452

- Il **terzo principio** mostra come l'Io, avendo posto il non-io, si trovi a essere limitato da esso, esattamente come quest'ultimo risulta limitato dall'Io. In altri termini, con il terzo principio perveniamo alla **situazione concreta del mondo**, in cui abbiamo una molteplicità di io finiti che hanno di fronte a sé una molteplicità di oggetti a loro volta finiti. E poiché Fichte usa l'aggettivo "divisibile" per denominare il molteplice e il finito, egli esprime il principio in questione con la seguente formula: «L'Io oppone nell'Io all'io divisibile un non-io divisibile». ➔ **T3** p. 412

> *«L'Io oppone nell'Io all'io divisibile un non-io divisibile»*

I TRE MOMENTI DELLA DEDUZIONE FICHTIANA

L'Io pone se stesso (tesi)	> come attività *autocreatrice* e *infinita* > come *condizione incondizionata* di se stesso e della realtà > come *principio primo* del sapere
L'Io pone il non-io (antitesi)	> per realizzarsi come *attività*, l'Io è costretto a contrapporre a se stesso, in se stesso, qualcos'altro da sé
L'Io oppone nell'Io all'io divisibile un non-io divisibile (sintesi)	> avendo posto il non-io, l'Io si trova a esistere sotto forma di io divisibile (= molteplice e finito) limitato da una serie di non-io altrettanto divisibili (= molteplici e finiti)

Puntualizzazioni. I tre principi sopra esposti delineano i **capisaldi dell'intera dottrina di Fichte**, perché stabiliscono:

■ **l'esistenza di un Io infinito**, attività assolutamente libera e creatrice;

■ **l'esistenza di un io finito** (perché limitato dal non-io), cioè di un soggetto empirico (l'uomo come intelligenza o ragione);

■ **la realtà di un non-io**, cioè dell'oggetto (mondo o natura), che si oppone all'io finito, ma è ricompreso nell'Io infinito, dal quale è posto.

Tali principi costituiscono inoltre il nerbo della deduzione idealistica del mondo, ossia di quella spiegazione della realtà alla luce dell'Io che, contrapponendosi all'antica metafisica dell'essere o dell'oggetto, mette capo a una nuova metafisica dello spirito e del soggetto.

Per facilitare la comprensione di tale processo, tuttavia, è bene aggiungere che:

■ **i tre principi non vanno interpretati in modo cronologico, bensì logico**, in quanto Fichte, con essi, non intende dire che prima esista l'Io infinito, poi l'Io che pone il non-io e infine l'io finito, ma semplicemente che esiste un Io che, per poter essere tale, deve presupporre di fronte a sé il non-io, trovandosi in tal modo a esistere concretamente sotto forma di io finito. Allora Fichte avrebbe delineato tutto questo processo teorico, che si serve di un armamentario linguistico astruso, unicamente per arrivare a dire ciò che anche l'uomo comune e la filosofia tradizionale sanno da sempre, ossia che la scena del mondo è composta da una molteplicità di io o di individui finiti che hanno dinnanzi a sé una molteplicità di oggetti, che nel loro insieme costituiscono la natura? In verità, con la sua deduzione, Fichte ha voluto mettere bene in luce come la **natura** non sia una realtà autonoma, che precede lo spirito, ma qualcosa che **esiste soltanto come momento dialettico della vita dell'Io, e quindi *per* l'Io e *nell'*Io**;

■ in virtù di questa dottrina, **l'Io**, per Fichte, **risulta finito e infinito al tempo stesso**: finito perché limitato dal non-io, infinito perché quest'ultimo, cioè la natura, esiste solo in relazione all'Io e dentro l'Io, costituendo il polo dialettico o il "materiale" indispensabile della sua attività;

La realtà logica e non cronologica dei tre principi

L'Io è finito e infinito al tempo stesso

■ **l'Io infinito**, o **Io «puro»**, di cui parla Fichte **non è** qualcosa di **diverso dall'insieme degli io finiti** nei quali si realizza, esattamente come l'umanità non è qualcosa di diverso dai vari individui che la compongono, anche se l'Io infinito perdura nel tempo, mentre i singoli io finiti nascono e muoiono;

L'Io infinito come insieme degli io finiti

■ **l'Io infinito**, più che la sostanza o la radice metafisica degli io finiti, è la loro **meta ideale**. In altri termini, gli io finiti sono l'Io infinito e gli io empirici sono l'Io puro solo in quanto tendono a esserlo. Detto altrimenti, l'infinito, per l'uomo, anziché consistere in un'"essenza" già data, è, in fondo, un dover essere e una missione. Queste formule "tecniche" si comprendono meglio se si pone mente al fatto che per Io infinito o puro Fichte intende un Io libero, ossia uno spirito vittorioso sui propri ostacoli e quindi privo o scevro («puro») di limiti. Situazione che per l'uomo rappresenta un semplice ideale. Di conseguenza, dire che l'Io infinito è la "natura" e la "missione" dell'io finito significa dire che **l'uomo è uno sforzo infinito verso la libertà, ovvero una lotta inesauribile contro il limite**, e quindi contro la natura esterna (le cose) e interna (gli istinti irrazionali e l'egoismo). In altri termini, sotto le rigide formule della *Dottrina della scienza* si cela un "messaggio" tipico della modernità: **il compito proprio dell'uomo è l'umanizzazione del mondo**, ossia il tentativo incessante di "spiritualizzare" le cose e noi stessi, dando origine, da un lato, a una natura plasmata secondo i nostri scopi e, dall'altro, a una società di esseri liberi e razionali (v. **rapporto tra l'Io infinito e gli io finiti**).

I rapporti tra l'Io infinito e gli io finiti

TAVOLA ROTONDA

Dal limite del pensiero al pensiero del limite, p. 452

■ ovviamente questo compito si staglia sull'orizzonte di una missione mai conclusa, poiché **se l'Io**, la cui essenza è lo sforzo (lo *Streben* dei romantici), **riuscisse** davvero **a superare tutti i suoi ostacoli, cesserebbe di esistere**, e al movimento della vita, che è lotta e opposizione, subentrerebbe la stasi della morte. Al posto del concetto statico di perfezione, tipico della filosofia classica, con Fichte subentra quindi un concetto dinamico, che pone la perfezione nello sforzo indefinito di autoperfezionamento: «Essere libero – sostiene Fichte – è niente, divenirlo è cosa celeste»;

La missione inesauribile dell'Io

■ i tre principi sopra illustrati rappresentano anche la piattaforma della deduzione fichtiana delle categorie. Infatti il porsi dell'Io (tesi), l'opposizione del non-io all'Io (antitesi) e il limitarsi reciproco dell'io e del non-io (sintesi) corrispondono alle tre categorie kantiane di **qualità**: affermazione, negazione e limitazione. Dal concetto di un io divisibile e di un non-io divisibile, ossia molteplice (terzo principio), derivano le categorie di **quantità**: unità, pluralità e totalità. Dal terzo principio, in cui sono stabiliti un Io che è il soggetto autodeterminantesi dell'intero processo (sostanza), un non-io che determina (causa), un io empirico che è determinato (effetto) e un reciproco condizionarsi tra io e non-io (azione reciproca), scaturiscono anche le tre categorie di **relazione**: sostanza, causa-effetto e azione reciproca.

La deduzione delle categorie

La struttura dialettica dell'Io

Dire che la storia "filosofica" del mondo si articola nei tre momenti dell'autoposizione dell'Io (tesi), dell'opposizione del non-io (antitesi) e della determinazione reciproca tra io e non-io (sintesi) significa dire che l'Io, per usare una terminologia che avrà grande fortuna con Hegel, presenta una **struttura triadica e "dialettica"** articolata nei tre momenti di tesi-antitesi-sintesi e incentrata sul concetto di una "**sintesi degli opposti**" (v. **dialettica**). Per esemplificare didatticamente questo punto, riteniamo utile riportare un passo dello storico idealista Guido De Ruggiero:

«Vista nel suo principio ispiratore, questa dialettica esprime il tema dominante dell'idealismo post-kantiano [...]. Ridotta in formule, essa rassomiglia spesso a un vano gioco di concetti, ma rifusa nell'esperienza viva di ciascuno di noi, essa coglie l'intima essenza della nostra vita spirituale.

L'attività ritmica e dialettica dell'Io

Non basta la mera idea dell'attività a caratterizzare quest'ultima; bisogna specificarla con l'idea di un'attività ritmica, che si svolge in virtù dell'opposizione che le è immanente e che la propria forza espansiva spinge a sorpassare. Provatevi a pensare qualunque atto mentale, senza opposizione, senza critica, senza riflessione su se stesso: esso è destinato a esaurirsi e a disperdersi. **La natura del nostro spirito è tale, che ogni dire esige un contraddire, ogni tesi suscita un'antitesi**, non come punto di arresto o come un disfare quel che s'è fatto, ma come un limite fecondo che fa fermentare gli elementi vivi della tesi, permeandoli di sé. Di modo che la sintesi, che si realizza attraverso questo lavoro di negazione e di critica, non è la pura e semplice ripetizione della tesi iniziale, ma è la riaffermazione di essa, arricchita e rafforzata dal superamento dell'antitesi; è un possesso fatto più sicuro e consapevole, in cui lo spirito ritrova un'equazione più alta della propria natura. Ciò che s'è detto per l'attività teoretica vale egualmente per l'attività morale, estetica, religiosa ecc.

Lo spirito vive di opposizioni

Dovunque lo spirito si attua, esso vive di opposizione e di lotta, e le sue affermazioni, per essere veramente tali, debbono essere vittorie. Lo schema triadico non fa che simboleggiare questo vitale processo, ma non riesce ad esprimerlo compiutamente nella sua intensità psicologica; bisogna saperlo reinterpretare nel più complesso linguaggio dello spirito, leggendo **nella tesi l'esordio spontaneo, ma ancora malcerto** e circonfuso di mistero, della ricerca teoretica o dell'intuizione artistica o dell'atto volontario; **nelle antitesi il dubbio, l'obiezione, la negazione sconfortante**, insomma tutto l'intimo travaglio della riflessione e della critica; **nella sintesi** finalmente **la riconquista, la sicurezza del possesso, la catarsi teoretica o morale**.

Ogni traguardo è il punto di partenza di una nuova lotta

Si potrebbe ancora falsamente immaginare che, raggiunta la sintesi, il fecondo travaglio dello spirito subisca un arresto e il moto interno sfoci in una stagnante immobilità. E senza dubbio, ogni sintesi segna una pausa e un riposo, di cui lo spirito gode e ha diritto di godere; ma **pausa e riposo** sono momenti di tregua e di raccoglimento che **preludono a un nuovo slancio**, sono stati di equilibrio instabile, in vista di un nuovo squilibrio. In effetti la sintesi è, come si è visto, un atto di limitazione che non può pareggiare l'attività infinita da cui il moto si alimenta. Di qui nasce nello spirito un vitale scontento delle soluzioni volta a volta conseguite, dei risultati del lavoro già compiuto, che è sprone a nuove ricerche e a nuovi cimenti. Se non si dà questa insoddisfazione, se l'opera compiuta pareggia in tutto l'energia dell'autore, allora è la morte. Ma la morte stessa non sta che per l'individuo, che è una sintesi sempre in qualche modo limitata dell'attività totale dello spirito; ma l'umanità sorpassa le sue incarnazioni particolari ed esprime nell'infinità della sua vita l'infinità dell'energia spirituale che la suscita. La **visione dialettica del reale** è perciò una **visione dinamica e progressiva**, che, contro il sostanzialismo inerte delle filosofie dogmatiche, afferma in tutta la sua pienezza il concetto del divenire»[1].

1 *Storia della filosofia. L'età del Romanticismo*, Laterza, Roma-Bari 1968, vol. 1, pp. 175-176.

La "scelta" tra idealismo e dogmatismo

Nella *Prima introduzione alla dottrina della scienza* Fichte, dopo aver affermato che idealismo e dogmatismo sono gli unici due sistemi filosofici possibili, cerca di illustrare i motivi che spingono alla "scelta" dell'uno o dell'altro.

Fichte sostiene che la filosofia non è una costruzione astratta, ma una riflessione sull'esperienza, che ha come scopo la messa in luce del **fondamento dell'esperienza** stessa. Ora, poiché nell'esperienza sono in gioco "la cosa" (l'oggetto) e "l'intelligenza" (l'io o il soggetto), la filosofia può assumere la forma dell'idealismo (che consiste nel puntare sull'intelligenza, facendo una preliminare astrazione dalla cosa) o del dogmatismo (che consiste nel puntare sulla cosa in sé facendo una preliminare astrazione dall'intelligenza). In altri termini, l'**idealismo** consiste nel **partire dall'io, o dal soggetto**, per poi spiegare, su questa base, la cosa o l'oggetto; viceversa, il **dogmatismo** consiste nel **partire dalla cosa in sé, o dall'oggetto**, per poi spiegare, su questa base, l'io o il soggetto:

> Il contrasto tra l'idealista e il dogmatico consiste propriamente in ciò: se l'autonomia dell'io debba essere sacrificata a quella della cosa o viceversa.

Le forme della filosofia: idealismo e dogmatismo

Secondo Fichte, **nessuno di questi due sistemi riesce a confutare direttamente quello opposto**, in quanto non può fare a meno di presupporre, fin dall'inizio, il valore del proprio principio (l'io o la cosa in sé). Che cos'è mai, allora, ciò che induce «un uomo ragionevole» a dichiararsi a favore dell'uno piuttosto che dell'altro?

A questo interrogativo Fichte risponde affermando che la **scelta tra idealismo e dogmatismo** deriva da una differenza di «inclinazione» e di «interesse», ovvero da una **presa di posizione in campo etico**. Vediamo in che senso.

Una scelta che dipende da inclinazioni e interessi

Secondo Fichte, il **dogmatismo**, che si configura come una forma di realismo in gnoseologia e di naturalismo o di materialismo in metafisica, **finisce sempre per rendere nulla o problematica la libertà**:

> Ogni dogmatico conseguente è per necessità fatalista. Non che contesti, come dato di coscienza, il fatto che noi ci reputiamo liberi […]. Egli non fa che dedurre dal suo principio la falsità di questa attestazione […]. Egli nega del tutto quell'autonomia dell'Io, su cui l'idealista costruisce, e fa dell'Io nient'altro che un prodotto delle cose, un accidente del mondo: il dogmatico conseguente è per necessità anche materialista.

Al contrario, l'**idealismo**, facendo dell'Io un'attività autocreatrice in funzione di cui esistono gli oggetti, **finisce sempre per strutturarsi come una rigorosa dottrina della libertà**.

Queste due filosofie hanno, come corrispettivo esistenziale, due tipi di umanità. Infatti, da un lato vi sono individui che non si sono ancora elevati al sentimento della propria libertà assoluta e che, trovando se stessi soltanto nelle cose, sono istintivamente attratti dal dogmatismo e dal naturalismo, che insegna loro che tutto è deterministicamente dato e fatalisticamente predisposto. Dall'altro lato, invece, vi sono individui che, avendo il senso profondo della propria libertà e indipendenza dalle cose, risultano spontaneamente portati a simpatizzare con l'idealismo, che insegna loro come essere uomini sia sforzo e conquista, e come

I due tipi di umanità

il mondo ci sia non perché passivamente contemplato, ma solo perché attivamente forgiato dallo spirito. In sintesi:

TESTO ANTOLOGICO
Fichte
Idealismo e
dogmatismo
(Prima introduzione alla dottrina della scienza)

> La scelta di una filosofia dipende da quel che si è come uomo, perché un sistema filosofico non è un'inerte suppellettile, che si possa prendere o lasciare a piacere, ma è animato dallo spirito dell'uomo che l'ha. Un carattere fiacco di natura o infiacchito e piegato dalle frivolezze, dal lusso raffinato e dalla schiavitù spirituale, non potrà mai elevarsi all'idealismo.

La superiorità etica e teoretica dell'idealismo

Tuttavia, benché Fichte parli in termini di «scelta di fondo», dal contesto del suo sistema si deduce che l'opzione tra le due filosofie, pur rimandando a una presa di posizione esistenziale e morale, non sia affatto, secondo il filosofo, teoreticamente immotivata. Anzi, come si è visto, tutta la *Dottrina della scienza* di Fichte è volta a dimostrare che solo muovendo dall'Io si riescono a spiegare in termini di "scienza" sia l'Io, sia le cose. In sintesi, **l'Io è la realtà originaria e assoluta che può spiegare sia se stesso, sia le cose, sia il rapporto tra se stesso e le cose**. Pertanto, proprio questa doppia superiorità – etica e teoretica – dell'idealismo sul dogmatismo spinge Fichte a intraprendere quella via originale del pensiero che è l'idealismo.

VERSO LE COMPETENZE
▶ Utilizzare il lessico e le categorie specifiche della filosofia

GLOSSARIO e RIEPILOGO

La «dottrina della scienza»

Io p. 385 > L'Io è per Fichte «il principio assolutamente primo, assolutamente incondizionato, di tutto l'umano sapere» (*Fondamenti dell'intera dottrina della scienza*, I, 1), ovvero un'attività autocreatrice (v.), libera (v. "libertà"), assoluta e infinita (v. "assolutezza").
In Fichte assistiamo quindi a una sorta di enfatizzazione metafisica dell'Io, che da semplice condizione del conoscere (com'era l'io penso kantiano) diviene la fonte del reale, cioè Dio.

Autocoscienza p. 385 > Per Fichte l'autocoscienza si identifica con l'Io (v.), ovvero con la consapevolezza che il soggetto ha di se medesimo: consapevolezza che sta alla base di ogni conoscenza. Infatti, io posso avere coscienza di un oggetto qualsiasi solo in quanto ho nello stesso tempo coscienza di me stesso. In quanto autocoscienza, l'Io risulta quindi, per definizione, un'attività che ritorna su di sé: «*io* e *agire ritornante in sé* sono concetti affatto identici» (*Seconda introduzione alla dottrina della scienza*). Il concetto di autocoscienza è strettamente collegato a quello di intuizione intellettuale (v.).

Dottrina della scienza p. 386 > La "dottrina della scienza" è quel sapere «assolutamente certo e infallibile» che si identifica con l'esposizione del «sistema dello spirito umano» (*Sul concetto della dottrina della scienza o della cosiddetta filosofia*, sez. II, par. 7). Tale sapere prende la forma di una scienza della scienza, ossia di una teoria volta a mettere in luce il principio primo su cui si fonda ogni scienza, per poi dedurre (v. "deduzione") da esso tutto lo scibile.

Deduzione assoluta o metafisica p. 386 > Per Fichte la deduzione è la dimostrazione e la giustificazione sistematica di tutte le proposizioni della filosofia per mezzo dell'Io. A differenza di quella kantiana, che è una deduzione *trascendentale* o gnoseologica, cioè diretta a giustificare le condizioni soggettive della conoscenza (le categorie), la deduzione fichtiana è una deduzione *assoluta* o metafisica, poiché intende servirsi dell'Io, che a sua volta è indeducibile, essendo dato a se stesso tramite un atto di intuizione intellettuale (v.), per spiegare l'intero sistema della realtà.

Principio supremo del sapere p. 386 > Secondo Fichte il principio primo del sapere è l'Io (v.), o l'autocoscienza. Infatti, ogni altro preteso principio (ad esempio, la legge d'identità: A = A) presuppone l'Io ed è posto dall'Io: «Noi siamo partiti dalla proposizione: A = A, non come se da essa si potesse dedurre la proposizione: Io sono, ma perché dovevamo partire da una qualunque proposizione *certa*, data nella coscienza empirica. Ma anche nella nostra spiegazione si è visto che non la proposizione: A = A è il fondamento della proposizione: Io sono, ma che piuttosto quest'ultima è il fondamento della prima» (*Fondamenti dell'intera dottrina della scienza*, parte I, par. 1). A sua volta, l'Io non è posto da altri, ma si configura come un'attività autocreatrice (v.) che si pone da sé.

Intuizione intellettuale p. 387 > Per "intuizione intellettuale" Fichte intende l'autointuizione immediata che l'Io ha di se stesso in quanto attività autocreatrice in virtù della quale *conoscere* qualcosa (se medesimi o gli oggetti) significa *fare* o *produrre* tale qualcosa ed esserne implicitamente o esplicitamente consapevoli. Ecco, a tale proposito, uno dei passi più significativi e accessibili di Fichte: «chiamo *intuizione intellettuale* quest'intuizione di se stesso di cui è ritenuto capace il filosofo, nell'effettuazione dell'atto con cui insorge per lui l'io. Essa è la coscienza immediata che io agisco, e di ciò che agisco: essa è ciò per cui so qualcosa perché la faccio. Che una tale facoltà dell'intuizione intellettuale esista,

non si può dimostrare per concetti, né si può sviluppare da concetti quello che essa è. Ognuno deve trovarla immediatamente in se stesso, altrimenti non imparerà mai a conoscerla. La richiesta di dimostrargliela per ragionamenti è ancor più sorprendente di quella, ipotetica, di un cieco nato di spiegargli, senza ch'egli debba vedere, che cosa sono i colori. È però possibile dimostrare a ciascuno nella sua esperienza personale da lui stesso ammessa che quest'intuizione intellettuale è presente in tutti i momenti della sua coscienza. Io non posso fare un passo, muovere una mano o un piede, senza l'intuizione intellettuale della mia autocoscienza in queste azioni; solo mercé quest'intuizione so di essere *io* a compierli, solo in forza di essa distinguo il mio agire, e me in esso, dall'oggetto, in cui m'imbatto, dell'azione. Chiunque si attribuisce un'attività fa appello a quest'intuizione» (*Seconda introduzione alla dottrina della scienza*).
N.B. 1. L'intuizione intellettuale, come risulta dal passo citato, è presente a ogni individuo, sebbene raggiunga la piena coscienza di sé solo nel filosofo.
2. Con il concetto di intuizione intellettuale Fichte attribuisce all'uomo quell'intuito creatore che Kant attribuiva solo a Dio.

Tathandlung p. 387 > Fichte usa il termine "*Tathandlung*" per alludere al fatto che l'Io è, nel contempo, attività agente (*Tat*) e prodotto dell'azione stessa (*Handlung*), ovvero che l'Io è ciò che esso stesso si crea o produce (*esse sequitur operari*: noi siamo quel che ci facciamo). «L'*Io pone se stesso* ed è in forza di questo puro porsi per se stesso […]. Esso è, in pari tempo, l'agente e il prodotto dell'azione; ciò che è attivo e ciò che è prodotto dell'attività» (*Fondamenti dell'intera dottrina della scienza*, I, 1).

Assolutezza p. 387 > In quanto attività creatrice e autocreatrice, l'Io è, per definizione, un essere assoluto, ovvero un ente in-condizionato e in-finito che non dipende da altro, ma da cui tutto dipende. Tutto ciò che esiste esiste soltanto *nell'*Io e *per l'*Io, il quale, di conseguenza, ha tutto *dentro* di sé e nulla fuori di sé: «In quanto è assoluto l'Io è *infinito* e *illimitato*. Esso pone tutto ciò che è; e ciò che esso non pone, non è (*per* esso; e *fuori* di esso non c'è nulla) […]. Quindi, in questo riguardo, l'Io abbraccia in sé tutta la realtà» (*Fondamenti dell'intera dottrina della scienza*, III, 5).

Libertà p. 387 > La libertà è la caratteristica strutturale dell'Io in quanto attività autocreatrice: «L'assoluta attività – scrive Fichte – la si chiama anche libertà. La libertà è la rappresentazione sensibile dell'auto-attività».

Principi della dottrina della scienza p. 387 > La prima delle tre proposizioni fondamentali (*Grundsätze*) della deduzione fichtiana afferma che «l'Io pone se stesso» (*das Ich setzt sich selbst*). La seconda che «l'Io pone il non-io» (*das Ich setzt ein Nicht-Ich*). La terza che «l'Io oppone nell'Io all'io divisibile un non-io divisibile» (*das Ich setzt im Ich dem teilbaren Ich ein teilbares Nicht-Ich entgegen*). In altri termini, la prima proposizione stabilisce come il concetto di Io in generale si identifichi con quello di un'attività autocreatrice e infinita. La seconda stabilisce che l'Io non solo pone se stesso, ma oppone anche a se stesso qualcosa che, in quanto gli è opposto, è non-io (v.). Tale non-io è tuttavia posto *dall*'Io ed è quindi *nell*'Io. Il terzo principio mostra come l'Io, avendo posto il non-io, si trovi a essere *limitato* da esso, ovvero a esistere sotto forma di un io "divisibile" (ossia molteplice e finito) avente di fronte a sé altrettanti oggetti divisibili.

N.B. Il secondo principio, osserva Fichte, non risulta, a rigore, deducibile dal primo «poiché la forma dell'opporre è così poco compresa nella forma del porre, che le è anzi piuttosto opposta» (*Fondamenti dell'intera dottrina della scienza*, I, 2). Il che è un modo per dire che il finito non risulta deducibile dall'infinito, ossia che «fra l'assoluto e il finito v'è un intervallo, uno iato, una soluzione di continuità» (Luigi Pareyson). Ciò non toglie che il non-io funzioni da "urto" indispensabile per mettere in moto l'attività dell'Io e si configuri quindi come condizione necessaria affinché vi sia un soggetto *reale*. In altri termini, pur essendo indeducibile, in assoluto, dall'equazione "Io = Io", il non-io risulta indispensabile per spiegare l'esistenza di una coscienza *concreta*, la quale postula necessariamente la struttura *bipolare* soggetto-oggetto, attività-ostacolo, posizione-opposizione: «quell'opposto non fa se non mettere in movimento l'Io per l'azione, e senza tale primo motore al di fuori di esso, l'Io non avrebbe mai agito; e poiché la sua esistenza non consiste se non nell'attività, non sarebbe neppure esistito» (*Fondamenti dell'intera dottrina della scienza*, III, 5).

Attività autocreatrice p. 387 > L'Io, a differenza delle cose, che sono quello che sono, *pone* o crea se stesso: «Ciò il cui essere (o la cui essenza) consiste puramente nel porsi come esistente, è l'Io come soggetto assoluto» (*Fondamenti dell'intera dottrina della scienza*, I, 1); «L'Io è *quel che esso* si pone» (*ibidem*, I, 9). Questa prerogativa dell'Io viene illustrata da Fichte con il concetto di *Tathandlung* (v.).

Non-io p. 387 > Con il termine "non-io" Fichte intende il mondo oggettivo in quanto è posto dall'Io ma opposto all'Io: «Nulla è posto originariamente tranne l'Io; questo soltanto è posto assolutamente. Perciò soltanto all'Io si può opporre assolutamente. Ma ciò che è opposto all'Io è = *Non-io*» (*Fondamenti dell'intera dottrina della scienza*, I, 2).
N.B. "Non-io", "oggetto", "ostacolo", "natura", "materia" ecc. in Fichte sono tutti termini equivalenti. In concreto, il non-io si identifica con la natura interna (il nostro corpo e i nostri impulsi) ed esterna (le cose prive di ragione).

Io finito p. 388 > L'io finito, o "divisibile" o "empirico", è l'Io, il quale, avendo posto il non-io, si trova a essere *limitato* da esso, cioè a esistere concretamente sotto forma di un individuo condizionato dalla natura (interna ed esterna) e per il quale la "purezza" dell'Io assoluto rappresenta solo un ideale o una missione.

Io «puro» p. 389 > Con linguaggio kantiano, l'Io è detto «puro» poiché si identifica con un'attività scevra (pura) da condizionamenti empirici.

Rapporto tra l'Io infinito e gli io finiti p. 389 > Il rapporto tra l'Io infinito e gli io finiti può essere descritto dicendo che l'Io non è tanto la sostanza o la radice metafisica degli io finiti, quanto la loro meta ideale. Anzi, l'infinito, per l'uomo, più che consistere in un'essenza già data, si configura come dover essere e missione. Tanto più che l'Io infinito coincide con un Io assolutamente libero, ossia con uno spirito scevro di ostacoli e di limiti. Situazione che per l'uomo rappresenta una semplice aspirazione. Di conseguenza, dire che l'Io infinito è la missione o il dover essere dell'io finito significa dire che l'uomo è uno sforzo (v. p. 400) infinito verso la libertà, ovvero una lotta inesauribile contro il limite. Infatti, se l'uomo riuscisse davvero a superare tutti i suoi ostacoli, si annullerebbe come Io, cioè come attività.

Dialettica p. 389 > Con il termine "dialettica", tipico di Hegel, si intende il *principio* – già presente in Fichte fin dai *Fondamenti* del 1794 – della struttura triadica della vita spirituale (tesi-antitesi-sintesi) e il concetto di una «sintesi degli opposti per mezzo della determinazione reciproca» (*Fondamenti dell'intera dottrina della scienza*, II, 4). Gli opposti o i contrari di cui parla Fichte sono l'Io (la tesi) e il non-io (l'antitesi), mentre la sintesi è la loro reciproca determinazione.

Idealismo p. 391 > Secondo Fichte l'idealismo è quella posizione filosofica che consiste nel partire dall'io o dal soggetto per poi spiegare, su questa base, la cosa o l'oggetto: «l'essenza della filosofia *critica* consiste in ciò, che un Io assoluto viene posto come assolutamente incondizionato e non determinabile da nulla di più alto» (*Fondamenti dell'intera dottrina della scienza*, I, 3); «Nel sistema critico la cosa è ciò che è posto nell'Io; nel dogmatico, ciò in cui l'Io stesso è posto» (*ibidem*).

N.B. La difesa dell'autonomia e dell'incondizionatezza dell'Io fa sì che l'idealismo si configuri, per definizione, come una dottrina della libertà.

Dogmatismo p. 391 > Secondo Fichte il dogmatismo è quella posizione filosofica che consiste nel partire dalla cosa in sé o dall'oggetto per poi spiegare, su questa base, l'io o il soggetto. In virtù delle sue premesse, il dogmatismo, che è una forma di *realismo* in gnoseologia e di *naturalismo* in metafisica, finisce sempre per sfociare nel determinismo e nel fatalismo: «Ogni dog-matico conseguente è per necessità fatalista […] nega del tutto quell'autonomia dell'Io, su cui l'idealista costruisce, e fa dell'Io nient'altro che un prodotto delle cose, un accidente del mondo: il dogmatico conseguente è per necessità anche materialista» (*Prima introduzione alla dottrina della scienza*).

Scelta tra idealismo e dogmatismo p. 391 > Secondo Fichte la scelta tra questi due sistemi dipende dal tipo di uomo che si è, ossia da un'opzione etica di fondo, in quanto l'individuo fiacco e inerte, che tende a trovare se stesso solo nelle cose e non si innalza al sentimento della propria libertà assoluta, sarà spontaneamente portato al dogmatismo e al naturalismo, mentre l'individuo solerte e attivo, che possiede il senso profondo della propria libertà e indipendenza dalle cose, sarà spontaneamente portato all'idealismo.

4. La dottrina della conoscenza

Dall'azione reciproca dell'io e del non-io nascono sia la **conoscenza** (la "rappresentazione"), sia l'azione morale.

Per quanto concerne la rappresentazione, il realismo dogmatico ritiene che essa sia prodotta dall'azione di una cosa esterna sull'io empirico, e ammette con ciò che la cosa sia indipendente dall'io e anteriore a esso. Anche Fichte ritiene che la rappresentazione sia il prodotto di un'attività del non-io sull'io, ma poiché il non-io è a sua volta posto o prodotto dall'Io, l'attività che esso esercita deriva in ultima analisi proprio dall'Io, ed è un'**attività riflessa che dal non-io rimbalza all'io**.

Di conseguenza, Fichte si proclama realista e idealista al tempo stesso: **realista** perché alla base della conoscenza ammette un'**azione del non-io sull'io**, **idealista** perché ritiene che il **non-io** sia, a sua volta, un **prodotto dell'Io**.

> Realismo e idealismo in Fichte

Tuttavia questa dottrina genera alcuni problemi non certo irrilevanti nell'economia del sistema: perché il non-io, pur essendo un effetto dell'Io, appare alla coscienza comune come qualcosa di sussistente di per sé, anteriormente e indipendentemente dall'Io stesso? Come si spiega che l'Io sia causa di una realtà di cui non ha esplicita coscienza, e che solo la riflessione filosofica, dopo uno sviluppo plurisecolare, è riuscita, con Fichte, a portare alla luce? E inoltre, eliminata la consistenza autonoma del non-io, questo non rischia di ridursi a sogno o parvenza?

TESTO ANTOLOGICO
ON LINE Fichte
La prospettiva real-idealistica (*Fondamenti dell'intera dottrina della scienza*)

Al primo problema Fichte risponde con la teoria dell'**immaginazione produttiva**, che Kant aveva concepito come la facoltà attraverso cui l'intelletto schematizza il tempo secondo le categorie, e che egli intende come l'**atto attraverso cui l'Io pone, o crea, il non-io**. Pertanto, mentre in Kant l'immaginazione produttiva fornisce solo le condizioni formali dell'esperienza, in Fichte essa produce i materiali stessi del conoscere.

> La teoria dell'immaginazione produttiva

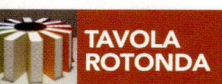

TESTO ANTOLOGICO
Fiche ON LINE
L'immaginazione
produttiva
(*Fondamenti dell'intera
dottrina della scienza*)

**TAVOLA
ROTONDA**

**Dal limite del pensiero
al pensiero del limite**,
p. 452

I gradi della
conoscenza

Per quanto riguarda il carattere inconsapevole dell'immaginazione produttiva, esso deriva dal fatto che **la coscienza presuppone sempre una situazione polarizzata in cui il soggetto ha già dinnanzi a sé l'oggetto**. Ora, poiché l'immaginazione produttiva è l'atto stesso con cui il soggetto (l'Io infinito) si dispone a creare l'oggetto, risulta evidente che essa non potrà che essere inconscia.

Per quanto riguarda il secondo problema, Fichte ha già risposto asserendo che il non-io, pur essendo un prodotto dell'Io, non è una parvenza ingannatrice, ma una realtà di fronte a cui si trova ogni io empirico.

Sul piano teoretico, la ri-appropriazione umana del non-io avviene attraverso una serie di gradi della conoscenza, che vanno dalla semplice sensazione alle più alte speculazioni del filosofo, mediante una **progressiva interiorizzazione dell'oggetto, che alla fine si rivela opera del soggetto**. Fichte denomina questo processo di graduale riconquista conoscitiva dell'oggetto «storia prammatica dello spirito umano» e lo articola in:

- **sensazione**, in cui l'io empirico avverte fuori di sé l'oggetto, come un dato che gli si oppone;
- **intuizione**, in cui si ha la distinzione tra soggetto e oggetto e il coordinamento del materiale sensibile tramite lo spazio e il tempo;
- **intelletto**, che fissa la molteplicità fluttuante delle percezioni spazio-temporali mediante rapporti categoriali stabili;
- **giudizio**, che fissa e articola a propria volta la sintesi intellettiva: «se nell'intelletto non c'è nulla non c'è giudizio; se non c'è giudizio, nell'intelletto non c'è nulla per l'intelletto, non c'è pensiero del pensato come tale»;
- **ragione**, che essendo la facoltà di «astrarre da ogni oggetto in generale», rappresenta il massimo livello conoscitivo raggiungibile dal soggetto.

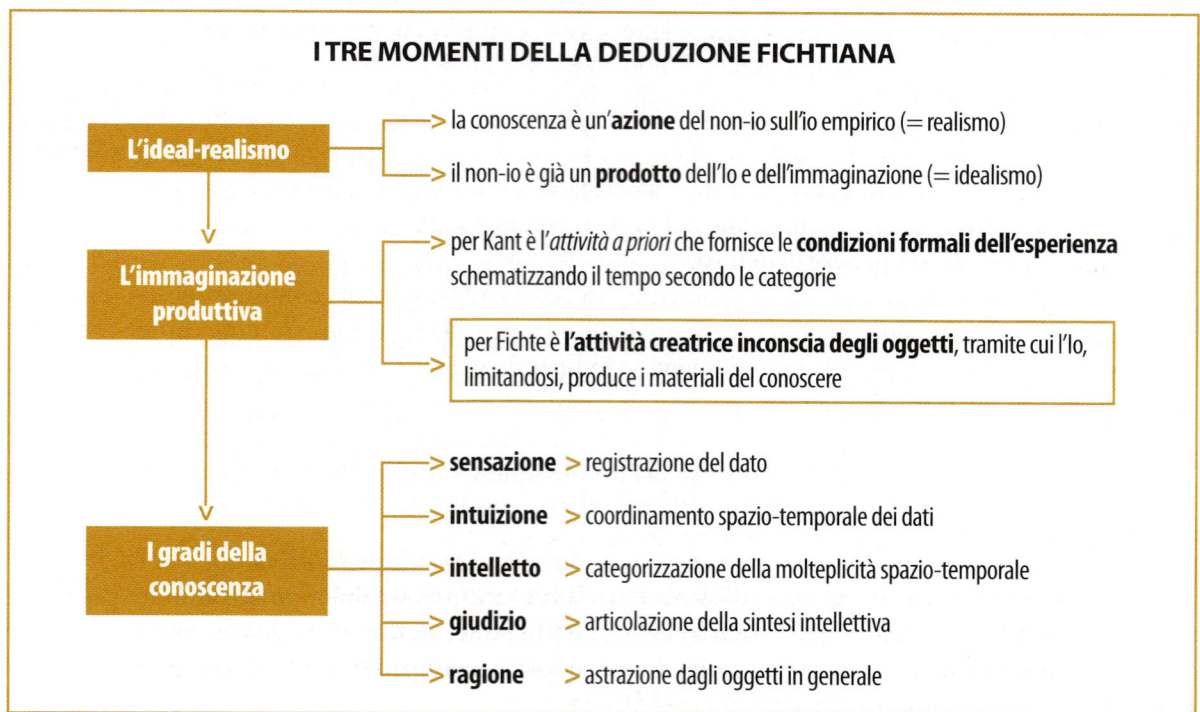

I TRE MOMENTI DELLA DEDUZIONE FICHTIANA

L'ideal-realismo
> la conoscenza è un'**azione** del non-io sull'io empirico (= realismo)
> il non-io è già un **prodotto** dell'Io e dell'immaginazione (= idealismo)

**L'immaginazione
produttiva**
> per Kant è l'*attività a priori* che fornisce le **condizioni formali dell'esperienza** schematizzando il tempo secondo le categorie
> per Fichte è l'**attività creatrice inconscia degli oggetti**, tramite cui l'Io, limitandosi, produce i materiali del conoscere

**I gradi della
conoscenza**
> **sensazione** > registrazione del dato
> **intuizione** > coordinamento spazio-temporale dei dati
> **intelletto** > categorizzazione della molteplicità spazio-temporale
> **giudizio** > articolazione della sintesi intellettiva
> **ragione** > astrazione dagli oggetti in generale

5. La dottrina morale

Il primato della ragione pratica

La conoscenza presuppone l'esistenza di un io (finito) che ha dinnanzi a sé un non-io (finito), ma non spiega il "perché" di tale situazione. In altri termini, perché l'Io pone il non-io, realizzandosi come io conoscente finito? Il motivo, risponde Fichte in coerenza con le premesse del sistema, è di natura pratica, cioè riguarda la **morale**. **L'Io pone il non-io ed esiste come attività conoscente solo per poter agire**: «Noi agiamo – scrive il filosofo – perché conosciamo, ma conosciamo perché siamo destinati ad agire».

Detto altrimenti: l'io pratico costituisce la ragione stessa dell'io teoretico. In tal modo, Fichte ritiene di avere posto su solide basi il **primato della ragione pratica** sulla ragione teoretica enunciato da Kant. Da ciò la denominazione di **idealismo etico** data al pensiero di Fichte, che si può sintetizzare nella doppia tesi secondo cui **noi esistiamo per agire** e **il mondo esiste solo come teatro della nostra azione**.

> Il mio mondo è oggetto e sfera dei miei doveri e assolutamente niente altro.

Ma che cosa significa "agire"? E in che senso l'agire assume una connotazione "morale"? La risposta a queste due domande discende da quanto si è detto finora:

- agire significa **imporre al non-io la legge dell'Io**, ossia foggiare noi stessi e il mondo alla luce di liberi progetti razionali;
- il carattere morale dell'agire consiste nel fatto che esso assume la forma del "dovere", ovvero di un **imperativo volto a far trionfare lo spirito sulla materia**, sia sottomettendo i nostri impulsi alla ragione, sia plasmando la realtà esterna secondo il nostro volere.

Tutto ciò fornisce la spiegazione definitiva del perché l'Io "abbia bisogno" del non-io. Spiegazione che possiamo globalmente sintetizzare in questo modo. Per realizzare se stesso, l'Io, che è costituzionalmente libertà, deve agire e agire moralmente. Ma, come Kant aveva insegnato, non c'è attività morale laddove non ci sia **sforzo** (*Streben*); e non c'è sforzo laddove non ci sia un ostacolo da vincere. Tale ostacolo è la materia, l'impulso sensibile, il non-io.

La posizione del non-io è quindi la condizione indispensabile affinché l'Io si realizzi come attività morale. Ma realizzarsi come attività morale significa trionfare sul limite costituito dal non-io, tramite un **processo di autoliberazione dell'Io dai propri vincoli**, grazie al quale l'io (empirico) mira a farsi "infinito", cioè libero da impedimenti esterni. Ovviamente, l'infinità dell'io, come già sappiamo, non è mai una realtà conclusa, ma un compito incessante:

> L'io non può mai diventare indipendente fino a che dev'essere io; lo scopo finale dell'essere razionale si trova necessariamente nell'infinito ed è tale che non lo si può raggiungere mai sebbene ci si debba incessantemente avvicinare ad esso.

In tal modo, Fichte ha riconosciuto **nell'ideale etico il vero significato dell'infinità dell'Io**. L'Io è infinito (sia pure tramite un processo esso stesso infinito) poiché si rende tale, svincolandosi dagli oggetti che esso stesso pone. E pone questi oggetti perché senza di essi non potrebbe realizzarsi come attività e libertà. → **T4** p. 413

L'io pratico come ragion d'essere dell'io teoretico

TESTO ANTOLOGICO
ON LINE Fichte
Il primato della ragion pratica (*Fondamenti dell'intera dottrina della scienza*)

I caratteri dell'agire

Il non-io come condizione della moralità dell'Io

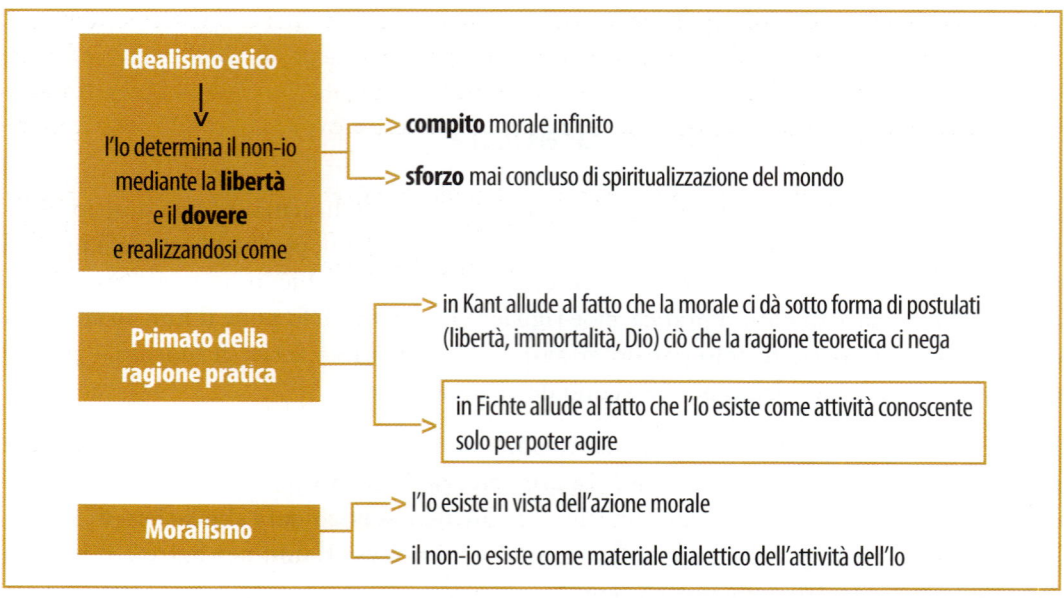

La missione sociale dell'uomo e del dotto

Secondo Fichte, il dovere morale può essere realizzato dall'io finito solo insieme con gli altri io finiti. Anzi, nell'ultima parte del *Sistema della dottrina morale* (1798) egli arriva a "dedurre" filosoficamente l'esistenza degli altri io in base al principio per cui la sollecitazione e l'invito al dovere possono venire soltanto da esseri fuori di me, che siano, come me, nature intelligenti.

Il fine dell'unificazione del genere umano

Ora, ammessa l'esistenza di altri esseri intelligenti, io sono obbligato a riconoscere loro lo stesso scopo della mia esistenza, cioè la **libertà**. In tal modo, ogni io finito risulta costretto non solo a porre dei limiti alla propria libertà (sanzionati dal contratto statale), ma anche ad agire in modo tale che l'umanità nel suo complesso risulti sempre più libera. **Farsi liberi e rendere liberi gli altri in vista della completa unificazione del genere umano**: ecco il senso dello *Streben* sociale dell'io (v. <mark>fine dell'uomo nella società</mark>).

> L'uomo ha la missione di vivere in società; egli deve vivere in società; se vive isolato, non è un uomo intero e completo, anzi contraddice a se stesso.

> Il fine supremo ed ultimo della società è la completa unità e l'intimo consentimento di tutti i suoi membri.

Il dotto come "maestro" del genere umano

Per realizzare adeguatamente questo scopo, si richiede, secondo Fichte, una mobilitazione di coloro che ne possiedono la maggior consapevolezza teorica, cioè dei «dotti». Infatti, sostiene Fichte nelle *Lezioni sulla missione del dotto* (1794), gli intellettuali non devono essere individui isolati e chiusi nella "torre" della loro scienza, ma persone pubbliche e con precise responsabilità sociali: «Il dotto è in modo specialissimo destinato alla società; in quanto tale egli esiste propriamente mediante e per la società»; egli «deve condurre gli uomini alla coscienza dei loro veri bisogni e istruirli sui mezzi adatti per soddisfarli». Tanto più che sussiste in tutti gli uomini un sentimento del vero che da solo non basta, ma dev'essere saggiato, sviluppato, raffinato. In altri termini, **il dotto**, che per Fichte **deve essere l'uomo moralmente migliore del suo tempo**, deve diventare maestro e educatore del genere umano (v. **missione del dotto**).

In conclusione, e questa è la proposta di fondo dell'idealismo etico fichtiano, «il **fine supremo di ogni singolo uomo**, come della società tutta intera, e – per conseguenza – di tutta l'operosità sociale del dotto è il **perfezionamento morale di tutto l'uomo**». → **T5** p. 414

VERSO LE COMPETENZE
▶ Utilizzare il lessico e le categorie specifiche della filosofia

GLOSSARIO e RIEPILOGO

La conoscenza e la morale

Conoscenza p. 395 > Per Fichte la conoscenza è l'azione del non-io sull'io. Egli si proclama realista e idealista al tempo stesso: realista perché ammette un'influenza del non-io sull'io; idealista perché ritiene che il non-io sia un prodotto dell'Io. Prendendo le distanze sia dall'idealismo dogmatico (che vanifica l'oggetto), sia dal realismo dogmatico (che vanifica il soggetto), Fichte scrive: «La dottrina della scienza è dunque *realistica*. Essa mostra che è assolutamente impossibile spiegare la coscienza delle nature finite se non si ammette l'esistenza di una forza indipendente da esse, affatto opposta a loro, e dalla quale quelle nature dipendono per ciò che riguarda la loro esistenza empirica […]. Tuttavia, malgrado il suo realismo, questa scienza non è trascendente, ma resta *trascendentale* nelle sue più intime profondità. Essa spiega certo ogni coscienza con qualcosa, presente indipendentemente da ogni coscienza; ma anche in questa spiegazione non dimentica di conformarsi alle sue proprie leggi; e appena essa vi riflette su, quel termine indipendente diventa di nuovo un prodotto della sua propria facoltà di pensare, quindi qualcosa di dipendente dall'Io, in quanto deve esistere per l'Io (nel concetto dell'Io)»; «Questo fatto, che lo spirito finito deve necessariamente porre al di fuori di sé qualcosa di assoluto (una cosa in sé), e tuttavia, dall'altro canto, riconoscere che questo qualcosa esiste solo per *esso* (è un noumeno necessario), è quel circolo che lo spirito può infinitamente ingrandire, ma dal quale non può mai uscire. Un sistema che non bada punto a questo circolo è un idealismo dogmatico, poiché propriamente solo il circolo indicato ci limita e ci rende esseri finiti; un sistema che immagini di esserne uscito è un dogmatismo trascendentale realistico. La dottrina della scienza tiene precisamente il mezzo tra i due sistemi ed è un idealismo critico che si potrebbe chiamare un real-idealismo, o un ideal-realismo» (*Fondamenti dell'intera dottrina della scienza*, III, 5).

Immaginazione produttiva p. 395 > Con l'espressione "immaginazione produttiva" Fichte intende l'atto *inconscio* attraverso cui l'Io pone, o crea, il non-io, ovvero il mondo oggettivo di cui l'io finito ha coscienza: «ogni realtà – ogni realtà *per noi*, si capisce, come del resto non può intendersi altrimenti in un sistema di filosofia trascendentale – non è prodotta se non dall'immaginazione» (*Fondamenti dell'intera dottrina della scienza*, II, 4); «nella riflessione naturale, opposta a quella artificiale della filosofia trascendentale […] non si può indietreggiare se non fino all'intelletto, e in questo si trova poi, certamente, qualcosa di *dato* alla riflessione, come materia della rappresentazione; ma del modo come ciò sia venuto nell'intelletto, non si è coscienti. Da qui la nostra salda convinzione della realtà delle cose fuori di noi e senza alcun intervento nostro, perché non siamo coscienti della facoltà che le produce. Se nella riflessione comune noi fossimo coscienti, come certo possiamo esserlo nella riflessione filosofica, che le cose esterne vengono nell'intelletto solo per mezzo dell'immaginazione, allora vorremmo di nuovo spiegare tutto come illusione, e per questa seconda opinione avremmo torto non meno che per la prima» (*ibidem*, III, 4).

Morale p. 397 > Per Fichte la morale consiste nell'azione dell'Io sul non-io e assume la forma di un dovere volto a far trionfare, al di là di ogni ostacolo, lo spirito sulla materia. Tale dovere esprime il senso di quello sforzo (v.) che è l'Io: «Il mio mondo è oggetto e sfera dei miei doveri, e assolutamente niente altro» (*La missione dell'uomo*).

Primato della ragione pratica p. 397 > Il "primato della ragione pratica" nella filosofia kantiana designa il fatto che la morale ci dà, sotto forma di "postulati", ciò che la scienza ci nega (la libertà, l'immortalità e Dio). Alludendo a tale primato, Fichte intende invece dire che la conoscenza e l'oggetto della conoscenza esistono solo *in funzione* dell'agire: «La ragione non può essere neppure teoretica, se non è pratica» (*Fondamenti dell'intera dottrina della scienza*); «Tu non esisti per contemplare e osservare oziosamente te stesso o per meditare malinconicamente le tue sacrosante sensazioni; no, tu esisti per agire; il tuo agire e soltanto il tuo agire determina il tuo valore» (*La missione dell'uomo*); «Noi agiamo perché conosciamo, ma conosciamo perché siamo destinati ad agire; la ragion pratica è la radice di ogni ragione» (*ibidem*).

N.B. Di conseguenza, il criticismo etico di Kant diviene, con Fichte, una forma di *moralismo metafisico* che vede nell'azione la ragione d'essere e lo scopo ultimo dell'universo.

Idealismo etico p. 397 > Con l'espressione "idealismo etico" si indica il pensiero del primo Fichte, in quanto fa dell'Io il principio da cui tutto deve essere dedotto e concepisce l'azione morale come la chiave di interpretazione della realtà (moralismo).

Sforzo p. 397 > Fichte definisce lo sforzo (*Streben*) come un «concetto importantissimo per la parte pratica della dottrina della scienza» e lo fa coincidere con l'essenza stessa dell'uomo, inteso come compito infinito di auto-liberazione dell'Io dai propri ostacoli: «L'io è infinito, ma solo per il suo sforzo; esso si sforza di essere infinito. Ma nel concetto stesso dello sforzo è già compresa la finità» (*Fondamenti dell'intera dottrina della scienza*, III, 5).

N.B. In altri termini, Fichte riconosce nell'ideale etico il vero *significato* dell'infinità dell'Io. L'Io è infinito (sia pure tramite un processo esso stesso infinito) poiché si rende tale, svincolandosi dagli oggetti che esso stesso pone. E pone questi oggetti perché senza di essi non potrebbe realizzarsi come attività e libertà.

Fine dell'uomo nella società p. 398 > Secondo Fichte il fine degli uomini nella società consiste nel farsi liberi e nel rendere liberi gli altri, in vista della completa unificazione e concordia di tutti gli individui: «L'uomo è *destinato* a vivere in società, *deve* vivere in società; se vivesse isolato non sarebbe uomo compiutamente» (*La missione del dotto*); «È la missione della nostra schiatta quella di unirsi in un corpo unico, completamente noto a se stesso in tutte le sue parti e progredito ovunque allo stesso modo» (*La missione dell'uomo*).

Missione del dotto p. 399 > Poiché il dotto è un educatore e un maestro dell'umanità, per Fichte la sua missione consiste nell'additare i fini essenziali del vivere insieme e nel segnalare i mezzi idonei per il loro conseguimento, in vista del perfezionamento progressivo della specie.

Fine supremo di ogni singolo uomo p. 399 > Per Fichte il compito dell'uomo (come *singolo*, come *essere sociale* e come *dotto*) è quello di avvicinarsi indefinitamente alla perfezione: «Il fine ultimo dell'uomo è quello di sottomettere ogni cosa irrazionale e dominare libero secondo la sola sua legge, fine che non è affatto raggiungibile e che tale deve eternamente rimanere, se l'uomo non deve cessare di essere uomo per diventare Dio. Dallo stesso concetto di uomo ricaviamo che il suo fine è irraggiungibile e la via che porta ad esso infinita. Non è dunque il raggiungimento di questo fine la missione dell'uomo. Ma egli può e deve perpetuamente avvicinarsi ad esso e *questo infinito avvicinarsi al fine* è la sua missione di *uomo*, cioè di essere razionale eppur finito, sensibile eppur libero. Quel pieno accordo con se stesso si chiama perfezione nel più alto significato della parola; la *perfezione* è dunque il più alto e irraggiungibile fine dell'uomo e il *perfezionamento all'infinito* è la sua missione. Egli esiste per divenire sempre migliore e per rendere tale tutto ciò che materialmente e moralmente lo circonda; di conseguenza per divenire sempre più felice» (*La missione del dotto*).

6. Il pensiero politico

Dal contratto sociale alla società autarchica

La filosofia politica di Fichte si sviluppa attraverso fasi diverse, sulle quali esercitano il loro influsso le vicende storiche: dalla Rivoluzione francese, che all'inizio egli difende dagli attacchi del pensiero reazionario, alle guerre napoleoniche e all'invasione della Germania, che stimolano un'evoluzione in senso nazionalistico del suo pensiero, e il riconoscimento di una sempre maggior importanza allo Stato e alla vita comunitaria.

Le varie fasi della filosofia politica di Fichte

In due scritti del 1793, comparsi anonimi e intitolati rispettivamente *Rivendicazione della libertà di pensiero* e *Contributo per rettificare il giudizio del pubblico sulla Rivoluzione francese*, Fichte mostra di condividere una **visione contrattualistica e antidispotica dello Stato**, particolarmente sensibile al tema della libertà di pensiero («No, o popoli, a tutto voi potete rinunciare, tranne alla libertà di pensiero»).
In particolare, simpatizzando con gli eventi francesi e civettando con posizioni giacobine e rousseauiane (filtrate in modo kantiano), Fichte, nel secondo saggio, afferma che **lo scopo del contratto sociale è l'educazione alla libertà, di cui è corollario il diritto alla rivoluzione**. Infatti, se lo Stato non permette l'educazione alla libertà, ciascuno ha il diritto di rompere il contratto sociale e di formarne un altro, che possa fornire migliori garanzie e che sia in grado di assicurare un sistema politico giusto. Un sistema, tra l'altro, dove la proprietà risulta essere il frutto del lavoro produttivo («chi non lavora non deve mangiare»).

Libertà e rivoluzione

QUESTIONE MULTIMEDIALE
ON LINE La storia
Necessità e libertà nella storia

Nell'abbozzo di discorso politico contenuto nelle *Lezioni sulla missione del dotto*, Fichte scorge il **fine ultimo della vita comunitaria** nella «**società perfetta**», intesa come insieme di esseri liberi e ragionevoli, e considera lo Stato come un semplice mezzo, indirizzato al «proprio annientamento, in quanto lo scopo di ogni governo è di rendere superfluo il governo» (lezione II). In altri termini, come i genitori devono diventare superflui, adempiendo al compito di formare individui adulti e autonomi, così **lo Stato deve rendere inutile se medesimo, a favore di una società di persone libere e responsabili**. E sebbene Fichte riconosca che ciò rappresenta più un auspicabile ideale-limite che una realizzabile situazione di fatto, egli ritiene che lo Stato non possa fare a meno di proporselo come obiettivo.

Lo Stato come semplice mezzo

Nei *Fondamenti del diritto naturale secondo i principi della dottrina della scienza* (1796), in cui Fichte si sofferma più organicamente sul problema giuridico-politico, egli fa dello **Stato** il **garante del diritto**. A differenza della moralità, che è fondata soltanto sulla buona volontà, **il diritto vale anche senza la buona volontà**: esso concerne esclusivamente le manifestazioni esterne della libertà nel mondo sensibile, cioè le azioni, e implica perciò una costrizione esterna, che la moralità esclude.
In virtù dei rapporti di diritto, l'io pone a se stesso una sfera di libertà, che è la sfera delle sue possibili azioni esterne, e si distingue da tutti gli altri io, che hanno ognuno la propria sfera. In questo atto esso **si pone come persona o individuo**.
Ora, la persona individuale non può agire nel mondo se il suo corpo non è libero da ogni costrizione, se non può disporre per i suoi scopi di un certo numero di cose e se non è garantita la conservazione della sua esistenza corporea. I diritti originari e naturali dell'indi-

Stato e diritto: la prospettiva individualistica

viduo sono perciò tre: la **libertà**, la **proprietà** e la **conservazione**. Ma questi diritti non possono essergli garantiti se non da una forza superiore, che non può essere esercitata da un individuo, ma soltanto dalla collettività degli individui, cioè dallo Stato. Lo Stato, dunque, non elimina il diritto naturale, ma lo realizza e lo garantisce.

Le idee dello *Stato commerciale chiuso*

Questa prospettiva individualistica, che avvicina Fichte all'ideologia politica liberale, trova un'integrazione, e al tempo stesso una parziale correzione, nello *Stato commerciale chiuso* (1800), opera nella quale il filosofo afferma che **lo Stato** non deve limitarsi soltanto alla tutela dei diritti originari, ma **deve anche rendere impossibile la povertà, garantendo a tutti i cittadini lavoro e benessere**. Polemizzando contro il liberismo e il mercantilismo e difendendo il principio secondo cui nello Stato secondo ragione ognuno deve essere subordinato al "tutto sociale" e partecipare con giustizia ai suoi beni, Fichte perviene a una forma di **statalismo socialistico** (perché basato su di una regolamentazione statale della vita pubblica) **e autarchico** (perché autosufficiente sul piano economico).

Il socialismo statalistico di Fichte non implica, propriamente, il comunismo, ossia l'eliminazione della proprietà privata dei mezzi di produzione. Egli ritiene infatti che gli strumenti di lavoro (i quali nella sua ottica ancora prevalentemente agricolo-artigianale sono zappe, forconi, martelli, fucine ecc.) debbano appartenere a chi li usa. Pertanto, mentre in Locke il diritto al lavoro è derivato dal diritto di proprietà, in Fichte il diritto alla proprietà è fatto scaturire dal **dovere etico del lavoro**[1].

Lo statalismo socialistico

Dopo aver "dedotto" le varie classi sociali degli agricoltori e dei lavoratori dell'industria mineraria (i *produttori* di base della ricchezza), degli artigiani, degli operai e degli imprenditori (i *trasformatori* della ricchezza) e dei commercianti, degli insegnanti, dei soldati e dei funzionari (i *diffusori* della ricchezza materiale e spirituale, i loro difensori e gli amministratori della vita socio-politica), Fichte dichiara che **lo Stato ha il compito di sorvegliare l'intera produzione e distribuzione dei beni**, fissando ad esempio il numero degli artigiani e dei commercianti, in modo tale che sia matematicamente proporzionato alla quantità dei beni prodotti, e programmando gli orari e i salari di lavoro, i prezzi delle merci ecc.

Lo statalismo autarchico

Per svolgere il suo compito in tutta libertà ed efficienza, regolando secondo giustizia la distribuzione dei redditi e dei prodotti, **lo Stato deve organizzarsi come un tutto chiuso, senza contatti con l'estero**, sostituendo in tal modo l'economia liberale di mercato e il commercio mondiale con un'economia pianificata e con l'isolamento degli Stati.

Tale "chiusura commerciale" risulta possibile quando lo Stato ha, nei suoi confini, tutto ciò che occorre per la fabbricazione dei prodotti necessari; laddove questo manchi, lo Stato può avocare a sé il commercio estero e farne un monopolio. Questa autarchia, che abolisce ogni contatto dei cittadini con l'estero (fatta eccezione per gli intellettuali e per gli artisti, per motivi culturali) presenta anche il vantaggio, secondo Fichte, di evitare gli scontri tra gli Stati, che nascono sempre da contrapposti interessi commerciali.

In questo scritto si rispecchia, sia pure in forma filosofico-utopistica, un'esigenza storica reale, consistente nella necessità, da parte dello Stato moderno, di un intervento attivo nella vita sociale, volto a evitare povertà, disoccupazione e ingiustizie. In questo senso l'**opera fichtiana**, che risulta un'**ibrida mescolanza di individualismo e di statalismo**, esprime un'inconsapevole e irrisolta sovrapposizione di due concezioni dello Stato: quella liberale

---

1 Cfr. K. Schilling, *Geschichte der sozialen Ideen*, Stuttgart 1957 (trad. it. presso Garzanti, Milano 1965, p. 289).

classica e quella socialista. E se quest'ultima, date le condizioni storiche, rischia senz'altro di assumere una fisionomia utopistica, senza presa sulla realtà e sui contemporanei (che accolsero con freddezza e disinteresse le proposte fichtiane), la prima rischia di essere oggettivamente sacrificata sull'altare del "superiore interesse" della comunità.

Lo Stato-nazione e la celebrazione della missione civilizzatrice della Germania

La battaglia di Jena e l'occupazione napoleonica della Prussia contribuiscono a far sì che la filosofia politica di Fichte si evolva in senso nazionalistico, concretizzandosi (nell'inverno 1807-1808) nei celebri ***Discorsi alla nazione tedesca***, «una delle opere più singolari che siano apparse sulla scena filosofica [...] in cui variamente si intrecciano elementi di scienza politica, filosofia della storia, pensiero religioso, teoria dell'educazione, dottrina morale, filosofia del diritto e della società [...] uno dei capolavori della letteratura tedesca per la limpidezza dell'espressione, l'impeto oratorio, il vigore del ragionamento, lo slancio prorompente del pensiero, l'efficacia della convinzione e della persuasione»[1]. In breve: uno dei documenti intellettuali più rilevanti della storia della Germania moderna.

La fase nazionalistica

Il **tema fondamentale** dei *Discorsi* è l'**educazione**. Fichte ritiene infatti che il mondo moderno richieda una nuova azione pedagogica, capace di mettersi al servizio non già di un'élite, ma della maggioranza del popolo e della nazione, e di trasformare alle radici la struttura psichica, e anche fisica, delle persone.

L'interesse pedagogico

Tuttavia i *Discorsi* passano ben presto dal piano pedagogico a quello nazionalistico, in quanto Fichte argomenta che **soltanto il popolo tedesco** risulta **adatto a promuovere la «nuova educazione»**, in virtù di ciò che egli chiama «il carattere fondamentale» e che identifica nella lingua. Infatti i tedeschi sono gli unici ad aver mantenuto la loro lingua, che fin dall'inizio si è posta come espressione della vita concreta e della cultura del popolo, a differenza, ad esempio, di quanto è avvenuto in Francia e in Italia, dove i mutamenti linguistici e la formazione dei dialetti neolatini hanno provocato una scissione tra popolo, lingua e cultura. Per questo i tedeschi, il cui sangue non è commisto a quello di altre stirpi, rappresentano l'incarnazione dell'*Urvolk*, cioè di un popolo «primitivo» rimasto integro e puro, e sono gli unici a potersi considerare *un* popolo, anzi *il* popolo per eccellenza (tant'è vero che Fichte fa notare come *deutsch*, preso nel suo senso letterale, significhi originariamente «volgare», o «popolare»).

La missione del popolo tedesco

Di conseguenza, i **tedeschi** sono anche **gli unici ad avere una patria**, nel senso più alto del termine, e **a costituire un'unità organica che**, al di là dei vari Stati e di tutte le barriere politiche, **si identifica con la realtà profonda della nazione**. A questo punto il discorso di Fichte si fa decisamente patriottico, auspicando, almeno implicitamente, non già la lotta contro lo straniero (non si dimentichi la censura prussiana, preoccupata di una ritorsione dei francesi!), bensì l'avvento di una nuova generazione di tedeschi, educati e rinnovati secondo i principi enunciati dal grande pedagogista svizzero Johann Heinrich Pestalozzi (1746-1827). Tuttavia, incanalando nuovamente il discorso patriottico in senso nazionali-

---

1 L. Pareyson, *Introduzione a Fichte*, in *Grande antologia filosofica*, cit., vol. 17, p. 875.

stico, Fichte proclama che solo la Germania, sede della Riforma protestante di Lutero («il tedesco per eccellenza») e patria di Leibniz e di Kant, nonché epicentro della nuova arte romantica e della nuova filosofia idealistica, risulta la nazione spiritualmente «eletta» a realizzare «l'umanità fra gli uomini», divenendo, per gli altri popoli, ciò che il vero filosofo è per il prossimo: «sale della terra» e forza trainante.

> Il genio straniero sparpaglierà fiori nei sentieri battuti dall'antichità [...] lo spirito tedesco, al contrario, aprirà nuove miniere, farà penetrare la luce del giorno negli abissi e farà saltare enormi massi di pensiero, di cui le età future si serviranno per costruire le loro dimore. Il genio straniero sarà [...] l'ape che, accorta e industriosa, bottina il miele [...]. Ma lo spirito tedesco sarà l'aquila che, con ala possente, eleva il suo corpo pesante e, con un volo vigoroso e lungamente esercitato, sale sempre più in alto per avvicinarsi al sole, la cui contemplazione la incanta.[1]

E tale missione di guida e di esempio, da parte della Germania, risulta così importante, sostiene il filosofo nella conclusione dell'opera, che se essa fallisse l'umanità intera perirebbe: «Non vi sono vie di uscita: se voi cadete, l'umanità intera cade con voi, senza speranza di riscatto futuro»[2].

Si osservi, per controbilanciare quanto si è detto, che:

- il **primato** che Fichte assegna al popolo tedesco non è di tipo politico-militare, ma piuttosto di tipo **"spirituale" e culturale**;
- Fichte ritiene che il popolo tedesco debba avere come interesse ultimo l'**umanità** intera;
- il fine di quest'ultima sono i valori etici della **ragione** e della **libertà**.

La fortuna dei *Discorsi*

Tutto ciò, se da un lato scagiona i *Discorsi* da un'affrettata – e testualmente scorretta – interpretazione in senso pangermanista o razzista, dall'altro lato non toglie che la loro influenza storica maggiore si sia esercitata proprio in questo senso. Infatti i *Discorsi* (che all'inizio ebbero poco seguito, ma nei quali già il romanziere e filosofo Jean Paul Richter sentiva «battere il cuore stesso della nazione tedesca»), parlando di «primato», di «missione», di «popolo integro», in seguito hanno potuto costituire un **testo-chiave non solo del patriottismo, ma anche dello sciovinismo tedesco**, portato ben presto a trasformare la fichtiana «supremazia spirituale» in una supremazia di razza e di potenza, lungo un processo che ha trovato il suo epilogo oggettivo nel nazismo del Terzo Reich.

Il diritto come condizione preparatoria della moralità

Nel 1812, nell'ambito di lezioni e conferenze accademiche tenute all'Università di Berlino, Fichte scrive il *Sistema della dottrina del diritto*, in cui tenta di ricondurre il diritto alla moralità. Infatti, mentre nei *Fondamenti del diritto naturale* del 1796 la sfera del diritto veniva caratterizzata indipendentemente dalla vita morale, nell'opera del 1812 essa risulta ciò che collega la natura alla moralità. Il diritto è la condizione preparatoria della moralità. Se questa fosse universalmente realizzata, il diritto sarebbe superfluo; ma poiché non è universalmente realizzata e affinché possa esserlo, bisogna assicurare a ciascun individuo le condizioni della sua realizzazione con una disciplina obbligatoria: questa disciplina è appunto il diritto.

In quest'ultima fase del suo pensiero politico, **Fichte tende** inoltre ad accentuare la missione "educatrice" dello Stato e **a risolvere l'io empirico nel "noi spirituale" della nazione**.

---

1 J.G. Fichte, *Discorsi alla nazione tedesca*, discorso V, a cura di B. Allason, UTET, Torino 1942 (n.e. 1965), pp. 104-105.

2 J.G. Fichte, *Discorsi alla nazione tedesca*, discorso XIV, cit., p. 269.

7. Cenni alla seconda fase della filosofia di Fichte (1800-1814)*

Fino all'inizio degli anni Sessanta del Novecento uno dei grandi problemi critici intorno alla filosofia fichtiana è stato quello di capire che cosa fosse successo in seguito alla cosiddetta **polemica sull'ateismo**, che sembrava aver introdotto nella riflessione del filosofo forti **interessi religiosi** e aver modificato completamente il taglio della sua filosofia da un idealismo soggettivo a una metafisica oggettivistica.

Non pochi illustri studiosi parlarono a questo proposito di una netta cesura. **Guido De Ruggiero** sostenne che, pur derivando da alcune problematiche presenti fin dall'inizio, si rilevava nel Fichte del nuovo secolo un «sentimento religioso del mistero» che non aveva spazio nelle opere precedenti. Lo storico concludeva che «la seconda fase, lungi dal completare la prima, lungi dal costituire una inesplicabile deviazione, rivela un dissidio profondo latente in quella» (*Storia della filosofia. L'età del Romanticismo*, cit., vol. 1, p. 219; si noti però che la prima edizione risale al 1943). Anche **Nicola Abbagnano** scrisse a chiare lettere che era impossibile non riconoscere una frattura all'interno della filosofia fichtiana, perché «nella prima fase, questa filosofia è una dottrina dell'infinito *nell'uomo*. Nella seconda fase è una dottrina dell'infinito *fuori dell'uomo*» (*Storia della filosofia*, UTET, Torino 1982, pp. 63-64).
In seguito, la pubblicazione integrale delle opere di Fichte, avviata in Germania nel 1962 e diretta da Reinhardt Lauth, che ha messo a disposizione degli studiosi una serie amplissima di testi inediti (soprattutto i corsi degli anni 1801-1802, 1804, 1807 e quelli tenuti presso l'Università di Berlino a partire dal 1810), prima trascurati o sconosciuti, ha del tutto modificato l'immagine di questo pensatore.

> La tesi della rottura

Sono dati ormai definitivamente acquisiti: che la riflessione fichtiana si svolge secondo una modificazione ininterrotta; che è impossibile riconoscere due sole fasi nettamente distinte; che non sussiste alcuna frattura ma una serie di spostamenti nei quali è problematico individuare un denominatore comune unico e semplice. Le ricerche attuali sono costituite dall'approfondimento di tematiche specifiche e settoriali (il concetto di "trascendentale", la filosofia del diritto, la riflessione sulla religione e via dicendo), né è dato sapere se gli sviluppi di tale lavoro, assai cospicuo per quantità, porteranno a una globale ridefinizione della categoria storiografica di "idealismo tedesco" e del ruolo che Fichte vi ha svolto.

> La tesi della continuità

8. La filosofia della storia

L'opera pubblicata da Fichte nel 1806, *Tratti fondamentali dell'epoca presente*, espone una filosofia della storia che riproduce a suo modo e non senza spunti polemici (come troppo spesso Fichte ha fatto nelle ultime opere) le idee esposte da Schelling nel *Sistema dell'idealismo trascendentale* (1800) e nelle *Lezioni sull'insegnamento accademico* (1803). Fichte comincia con il dichiarare che «lo scopo della vita dell'umanità sulla terra è quello di conformarsi liberamente alla ragione in tutte le sue relazioni».

* Paragrafo a cura di Mauro Sacchetto.

I due stadi fondamentali della storia

Rispetto a questo fine si distinguono nella storia dell'umanità due stadi fondamentali:
a) uno è quello in cui la ragione è ancora incosciente, istintiva, ed è l'**età dell'innocenza**;
b) l'altro è quello in cui la ragione si possiede interamente e domina liberamente, ed è l'**età della giustificazione e della santificazione**, il kantiano «regno dei fini».
L'intero sviluppo della storia si muove tra queste due epoche ed è il prodotto dello sforzo della ragione di passare dalla determinazione dell'istinto alla piena libertà.

Le varie epoche storiche

Le epoche della storia sono determinate, in modo puramente *a priori* e indipendentemente dall'accadimento dei fatti storici, proprio da questo sforzo:
- la **prima epoca** è quella dell'**istinto**, in cui la ragione governa la vita umana senza la partecipazione della volontà;
- la **seconda epoca** è quella dell'**autorità**, in cui l'istinto della ragione si esprime in personalità potenti, in uomini superiori, i quali, mediante la costrizione, impongono la ragione a un'umanità incapace di seguirla in modo autonomo;
- la **terza epoca** è quella della **rivolta contro l'autorità** ed è la liberazione dall'istinto, di cui l'autorità stessa è un'espressione. Sotto l'impulso della riflessione si sveglia nell'uomo il libero arbitrio; ma la sua prima manifestazione è una critica negativa di ogni verità e di ogni regola, un'esaltazione dell'individuo al di sopra di ogni legge e di ogni costrizione;
- la **quarta epoca** è quella in cui la riflessione riconosce la propria legge e il libero arbitrio accetta una disciplina universale: è l'epoca della **moralità**;
- la **quinta epoca** è quella in cui la **legge della ragione** cessa di essere un semplice ideale per divenire **interamente reale** in un mondo giustificato e santificato, nell'autentico regno di Dio.
Le prime due epoche sono quelle del dominio *cieco* della ragione, le ultime due quelle del dominio *veggente* della ragione. In mezzo è l'epoca della *liberazione*, nella quale la ragione non è più cieca ma non è ancora cosciente. A quest'epoca, secondo Fichte, appartiene l'età presente: il paradiso è perduto, l'autorità è infranta, ma la conoscenza della ragione non domina ancora. È questa l'età dell'Illuminismo che Fichte chiama «del volgare intelletto umano»; è l'età in cui prevalgono gli interessi individuali e personali e in cui perciò si fa continuamente appello all'esperienza, perché l'esperienza soltanto manifesta quali sono questi interessi e quali sono gli scopi ai quali essi tendono.

La storia come sviluppo della coscienza o del sapere

Come progressivo realizzarsi della ragione nella sua libertà, la storia è lo sviluppo della coscienza o del sapere. Ora, il sapere è l'esistenza, l'espressione, l'immagine compiuta della potenza divina. Considerato nella totalità e nell'eternità del suo sviluppo, **il sapere non ha altro oggetto che Dio**. Ma per i singoli gradi di questo sviluppo Dio è inconcepibile e il sapere quindi si rompe nella molteplicità degli oggetti empirici che costituisce la natura o nella molteplicità degli eventi temporali che costituisce la storia. L'esistenza di fatto nel tempo appare tale da poter essere diversa e perciò accidentale, ma questa apparenza deriva soltanto dall'inconcepibilità dell'Essere che è a suo fondamento: inconcepibilità che condiziona l'infinito progresso della storia. In realtà né nella storia né altrove esiste alcunché di accidentale ma **tutto è necessario e la libertà dell'uomo consiste nel riconoscere questa necessità**. Dice Fichte:

> Nulla è com'è perché Dio vuole arbitrariamente così, ma perché Dio non può manifestarsi altrimenti che così. Riconoscere questo, sottomettersi umilmente ed essere beati nella coscienza di questa nostra identità con la forza divina, è compito di ogni uomo.

(*Tratti fondamentali dell'epoca presente*)

APPROFONDIMENTO
Fichte
nella filosofia
moderna
ON LINE

MAPPA

L'idealismo e Fichte

ON LINE MAPPA INTERATTIVA

Caratteri generali dell'**IDEALISMO**

tutto è spirito

abolizione della "cosa in sé" kantiana

natura come momento dialettico dello spirito

panteismo spiritualistico

Dio è lo spirito operante nel mondo, cioè l'uomo stesso

FICHTE e i PRINCIPI della «**DOTTRINA DELLA SCIENZA**»

infinitizzazione dell'io kantiano

io come **principio supremo del sapere**

- l'**Io** pone **se stesso**
- l'**Io** pone il **non-io**
- l'**Io** oppone, nell'Io, all'**io divisibile** un **non-io divisibile**

struttura dialettica dell'Io, cioè della realtà stessa

La GNOSEOLOGIA

realismo e **idealismo**

l'Io pone il non-io grazie all'**immaginazione produttiva**, facoltà **inconsapevole**

non-io come "**creazione**" del soggetto, che tuttavia gli **appare autonoma ed esterna**

conoscenza come **progressiva interiorizzazione dell'oggetto**
1. **sensazione**   4. **giudizio**
2. **intuizione**   5. **ragione**
3. **intelletto**

La MORALE

azione come fine dell'attività dell'Io (**idealismo etico**)

obiettivo morale dell'individuo: **libertà** e **perfezionamento morale** dell'umanità

posizione del non-io come **condizione** perché l'Io si realizzi come **attività morale**

processo infinito di **autoliberazione dell'Io** dai propri vincoli

il **dotto** deve farsi **maestro** e **educatore** del genere umano

La POLITICA

costituzione di una «**società perfetta**» di **esseri liberi e ragionevoli**

Stato contrattualistico, antidispotico e garante del **diritto naturale** degli individui

Stato commerciale chiuso

Discorsi alla nazione tedesca

statalismo **socialistico** e **autarchico**

idea dello **Stato-nazione** e della **missione civilizzatrice della Germania**

I tre principi della «dottrina della scienza»

La prima e la più celebre esposizione dell'idealismo di Fichte è contenuta nei *Fondamenti dell'intera dottrina della scienza*, del 1794. Sebbene le posizioni che vi sono esposte siano state in seguito modificate, questa rimane l'opera fichtiana più diffusa e influente, alla quale in fondo si deve l'intera fortuna del filosofo, così come l'idea che di lui si fecero i pensatori suoi contemporanei, a cominciare da Hegel.

 ### «L'Io pone se stesso»

Nel ricercare «il principio assolutamente primo, assolutamente incondizionato, di tutto l'umano sapere», Fichte deve escludere le determinazioni empiriche della coscienza, per volgersi piuttosto a qualcosa che renda possibile l'attività della coscienza stessa: in questo senso egli ricerca non un "fatto", ma un "atto" antecedente anche alla distinzione tra soggetto e oggetto.

Sulla via in cui inizia la riflessione, noi dobbiamo partire da una proposizione tale che ognuno ce
2 la conceda senza contraddirci. Di tali proposizioni ce ne potrebbero bene essere anche parecchie. La riflessione è libera e non importa da qual punto essa parta. Noi scegliamo quello, partendo dal
4 quale si arriva più presto al nostro scopo.

Appena è accordata questa proposizione, deve essere in pari tempo accordato come atto ciò che
6 noi vogliamo porre a base dell'intera dottrina della scienza; e deve risultare dalla riflessione *che* esso è accordato come tale *insieme* con *quella proposizione*. Poniamo dunque un fatto qualsiasi
8 della coscienza empirica e da esso separiamo l'una dopo l'altra tutte le determinazioni empiriche, fino a che rimanga solo ciò che non si può assolutamente escludere e dal quale non si può sepa-
10 rare più nulla.

1. Ciascuno ammette la proposizione: *A* è *A* (altrettanto che *A* = *A*, poiché questo è il significato
12   della copula logica); ed invero senza menomamente pensarci su: la si riconosce per pienamente certa e indubitabile. […]
14 2. Affermando che la proposizione precedente è certa in sé, *non* si pone che *A* sia. La proposizione: *A* è *A* non è per nulla equivalente a quest'altra: *A* è, ovvero: *c'è un A*. […] Ma si *ponga: se A*
16   *è, allora A è.* Con ciò non si discute affatto *se* in generale vi sia o non vi sia *A*. Non si tratta qui
   del *contenuto* della proposizione ma solamente della sua *forma* […].
18   Quindi con l'affermazione che la proposizione precedente è assolutamente certa, è posto *questo*: che tra quel *se* e questo *allora* c'è un rapporto necessario; ed è *il rapporto necessario tra i due*

20 che vien posto *assolutamente* e *senza* alcun *fondamento*. Io chiamo provvisoriamente questo rapporto necessario = X.

22 3. Ma riguardo alla questione *se A* medesimo sia o no, con ciò nulla ancora è stato posto. Sorge dunque la domanda: sotto qual condizione dunque *A* è?

24 *a) X* almeno è posto *nell'*Io e *dall'*Io, poiché è l'Io che giudica nella proposizione precedente […].

26 *b) Se* e *come A* in generale sia posto, noi non sappiamo; ma poiché *X* deve indicare un rapporto tra una posizione sconosciuta di *A* ed una posizione assoluta del medesimo *A*, condizio-

28 nata dalla prima, così, *almeno in quanto vien posto quel rapporto, A* è posto *nell'Io* e *dall'Io,* come lo è *X.* […]

30 *c)* […] La precedente proposizione si può dunque esprimere anche così: Se *A* è posto *nell'Io,* allora esso è *posto;* ovvero – allora *è.*

32 4. […] Ciò vuol dire: è posto che nell'Io […] vi è qualcosa che è sempre uguale a sé, sempre uno e identico; l'*X* assolutamente posto si può anche esprimere così: Io = Io, Io sono Io.

34 5. […] Ma la proposizione: Io sono Io ha un significato tutto diverso dalla proposizione: *A* è *A.* Infatti quest'ultima ha un contenuto solo ad una certa condizione. Se *A* è posto, esso è certa-

36 mente posto *come A,* col predicato *A.* Ma con quella proposizione non è ancora per nulla deciso *se* esso in generale sia posto e quindi se sia posto con un qualunque predicato. La propo-

38 sizione: Io sono Io vale invece incondizionatamente ed assolutamente […]. In essa l'Io è posto, non sotto condizione ma assolutamente, col predicato di eguaglianza con se stesso; esso è dun-

40 que posto; e la proposizione si può anche esprimere così: *Io sono.*
      […]

42 6. Ritorniamo al punto da cui siamo partiti.

      a) Con la proposizione: *A = A* si giudica. Ma ogni giudizio è secondo la coscienza empirica un

44 atto dello spirito umano, poiché esso ha tutte le condizioni dell'atto nell'autocoscienza empirica […].

46 *b)* Ora, a fondamento di quest'atto sta qualcosa che non è fondato su nulla di superiore, cioè *X* = Io sono.

48 *c)* Perciò questo è il fondamento *assolutamente posto* e *fondato su se stesso* – fondamento di *un*

      certo agire dello spirito umano (anzi di *ogni* agire, come tutta la dottrina della scienza ci

50 dimostrerà) e quindi il suo puro carattere, il puro carattere dell'attività in sé fatta astrazione dalle particolari condizioni empiriche di essa.

52 Quindi il porsi dell'Io per se stesso è la pura attività di esso – L'*Io pone se stesso* ed *è* in forza di questo puro porsi per se stesso; e viceversa: l'*Io è* e *pone* il suo essere in forza del suo puro es-

54 sere […].

(*Fondamenti dell'intera dottrina della scienza,* in *Dottrina della scienza,* a cura di A. Tilgher, revisione di F. Costa, Laterza, Roma-Bari 1971, pp. 76-79)

Analisi del testo

1-10 In quanto «assolutamente primo» e «assolutamente incondizionato», il principio del sapere e della realtà che Fichte sta ricercando non può essere dimostrato o dedotto, poiché sarebbe in questo caso legato a qualcosa che lo precede. Esso sarà dunque non *di-mostrato,* ma semplicemente *mostrato.* In questo procedimento ostensivo e descrittivo non si tratta di trarre da asserti universali le conseguenze particolari, bensì di far emergere quanto di universale e necessario è già da sempre contenuto in ogni proposizione particolare, in ogni atto conoscitivo. Per questo è sufficiente partire da una qualsiasi proposizione da tutti considerata vera, da un qualunque contenuto empirico della coscienza: eliminando da tale contenuto ogni aspetto empirico o particolare, si mostrerà che esso è vero sulla base di una condizione che lo precede e che, pertanto, si impone come principio incondizionato e assoluto, dal momento che è in grado di dar conto di *ogni* contenuto della coscienza.

11-23 La mera affermazione del principio di identità, peraltro riconosciuto come indubitabile da chiunque, non risolve affatto il problema ontologico, poiché significa semplicemente che, *se A esiste, allora è uguale a sé*: ma come uscire da questa ipoteticità?

24-33 La posizione (ipotetica) del principio di identità cessa di essere ipotetica non appena la si consideri da un altro punto di vista: infatti, se non si può affermare alcunché dell'esistenza assoluta dei contenuti implicati nella formula "A = A", si può invece affermare la posizione assoluta e necessaria, all'interno dell'Io, del rapporto di identità di un qualunque oggetto rispetto a se stesso: cosa che può essere espressa anche dalla proposizione "Io = Io".

34-41 Affermando che l'esistenza dev'essere innanzitutto e in ogni caso almeno esistenza *per* il pensiero, o per l'Io, Fichte ha già operato la riduzione idealistica della realtà all'atto del pensare, o, meglio, al "fatto" che l'Io, o il pensiero, esiste, ovvero alla proposizione "Io sono". Infatti, nonostante la forma apparentemente analoga, la proposizione "A = A" è diversa dalla proposizione "Io = Io". La prima indica un *fatto* la cui esistenza è condizionata dalla coscienza che lo pensa e lo pone; la seconda indica qualcosa di incondizionato e primo, nel senso che pone l'*atto* della coscienza quale condizione dell'esistenza di ogni cosa.

42-54 Ritornando provvisoriamente alla proposizione scelta come punto di partenza, ovvero al principio di identità "A = A", Fichte nota come questo sia già un giudizio, ovvero un atto della nostra coscienza. Ma l'elemento assoluto presente in ogni nostra attività è l'esistenza dell'Io, condizione imprescindibile perché si dia qualcosa in generale. L'Io è un principio trascendentale che prescinde da ogni suo contenuto particolare (che si limita a "ospitare") e che deve la sua esistenza semplicemente alla sua autoposizione. Se così non fosse, d'altro canto, si sarebbe costretti o a ricorrere a un *regressus in infinitum*, che renderebbe inintelligibile la serie delle cause, o a ritornare ad ammettere un presupposto o sostrato indipendente dalla nostra coscienza (come fanno i sostenitori della cosa in sé).

T2 > ## «L'Io PONE IL NON-IO»

Il secondo principio della dottrina della scienza è in qualche modo implicato (ma non dedotto) dal primo, poiché la coscienza che l'Io ha di se stesso comporta che esso possa distinguersi da ciò che non è, ovvero dal non-io. In questo senso l'autoposizione dell'Io implica l'opposizione del non-io.

1. Ciascuno riconosce senza dubbio come pienamente certa e indubitata la proposizione: "*non-A*
2.   non è = *A*" [...].
       [...]
4. 4. Resta del tutto intatta la questione: Vi è dunque e sotto qual condizione *della forma del puro atto* è posto il contrario di *A*? È questa condizione che si dovrebbe poter dedurre dalla propo-
6.   sizione: *A = A*, se la proposizione su enunciata dovesse essa medesima esser dedotta. Ma la proposizione: *A = A* non può dare affatto una tale condizione, poiché la forma dell'opporre è
8.   così poco compresa nella forma del porre, che le è anzi piuttosto opposta. L'atto d'opporre si produce perciò senza alcuna condizione ed assolutamente. *Non-A*, come tale, è posto assolu-
10.   tamente *perché* è posto.
       [...]
12. 5. [...] Ogni contrario in quanto contrario è assolutamente in virtù di un atto dell'Io, e per nessun'altra ragione. L'esser opposto in generale è assolutamente posto dall'Io.
14.   [...]

9. Nulla è posto originariamente tranne l'Io; questo soltanto è posto assolutamente. Perciò soltanto all'Io si può opporre assolutamente. Ma ciò che è opposto all'Io è = *Non-io*.

10. Come è certo che tra i fatti della coscienza empirica si presenta l'incondizionato riconoscimento dell'assoluta certezza della proposizione "*non-A* non = *A*", *altrettanto certo è che* all'Io è opposto assolutamente un Non-io. Ora da questo opposto originario deriva tutto ciò che noi sopra abbiamo detto dell'opposizione in generale e perciò vale originariamente che l'opposto originario è assolutamente incondizionato riguardo alla forma e condizionato riguardo alla materia. Così, dunque, sarebbe trovato anche il secondo principio di tutto il sapere umano.

11. In forza della pura opposizione del Non-io all'Io il contrario di tutto ciò che appartiene all'Io deve appartenere al Non-io.

(È opinione comune che il concetto del Non-io sia un concetto discorsivo sorto per astrazione da tutte le cose rappresentate. Ma è facile mettere in chiaro la superficialità di questa spiegazione. Se io voglio rappresentare una cosa qualunque, debbo opporla al rappresentante. Ora può e dev'esserci assolutamente nell'oggetto della rappresentazione un *X* qualunque per cui esso si manifesta come alcunché da rappresentare e non come il rappresentante: ma che tutto ciò in cui si trovi questo *X* non sia il rappresentante bensì qualcosa da rappresentare, questo non posso impararlo da nessun oggetto; piuttosto, in generale, un oggetto c'è soltanto se si presuppone quella legge.)

(*Fondamenti dell'intera dottrina della scienza*, in *Dottrina della scienza*, cit., pp. 84-86)

Analisi del testo

1-14 La formula assunta come punto di partenza per la ricerca del secondo principio è il principio di non-contraddizione. Benché quest'ultimo sia, da un punto di vista logico, equivalente al principio di identità, non è comunque possibile "dedurre" la posizione di *non-A* dalla posizione di *A*, dal momento che il ragionamento condotto riguardo all'esistenza di *A* vale anche per «il contrario di *A*», cioè per *non-A*, che, come qualunque altro contrario (o, meglio, come qualunque "oggetto" considerato dalla coscienza), "è" in quanto "è posto" dall'Io.

15-23 Il ragionamento utilizzato per il principio di identità è richiamato qui a proposito del principio di non-contraddizione. Così come dalla proposizione "*A* = *A*" si perveniva alla proposizione "*Io* = *Io*", allo stesso modo dalla proposizione "*non-A* non = *A*" si perviene qui alla proposizione "*non-Io* non = *Io*"; e così come da "*Io* = *Io*" si perveniva a "*Io sono*", ovvero alla *posizione originaria* dell'Io, da "*non-Io* non = *Io*" si perviene qui alla *posizione originaria* («opposto originario») del non-io, ovvero al secondo principio di tutto il sapere.

24-33 Le righe tra parentesi (che sono in un certo senso la spiegazione delle righe **24-25**) sottolineano come il concetto del non-io non sia inferibile per astrazione dagli oggetti conosciuti dalla nostra coscienza, ma piuttosto "implicato" dallo stesso concetto di Io. Infatti, poiché l'Io non può compiutamente dirsi agente se non possiede un oggetto a cui il proprio atto si riferisce, l'essere dell'Io richiede un'antitesi. In questo senso il procedimento fichtiano è dialettico, poiché lo sviluppo dell'Io richiede la presenza di una forma di contrarietà che non è pura e semplice opposizione, come se derivasse da un principio esterno, bensì una contraddizione necessaria, strutturalmente richiesta (non si tratta di un'anomalia da superare, ma di tappe tutte da attraversare). Sebbene dal punto di vista conoscitivo lo scopo perseguito dall'Io sia quello di eliminare l'alterità del non-io, appropriandosene, dal punto di vista ontologico questa alterità è invece "necessaria" all'Io stesso, il quale, nel momento in cui è "autocoscienza", è anche "coscienza della propria differenza da qualcos'altro".

T3 > «L'IO OPPONE NELL'IO ALL'IO DIVISIBILE UN NON-IO DIVISIBILE»

Nel limitarsi attraverso il non-io, l'Io assoluto si finitizza, o si "divide": è questo il momento in cui nella dottrina fichtiana compaiono le coscienze finite, contrapposte agli oggetti finiti.

A 1. In quanto è posto il Non-io, l'Io non è posto; poiché il Non-io sopprime completamente l'Io.

Ora il Non-io è posto *nell'Io*, poiché si oppone ad esso; ma ogni opporre presuppone l'identità dell'Io nel quale esso è posto ed è opposto a ciò ch'è posto.

Quindi l'Io non è posto nell'Io in quanto il Non-io è posto nell'Io.

2. Ma il Non-io solo in tanto può essere posto, in quanto nell'Io (nella coscienza identica) è posto un Io al quale quello può essere opposto.

Ora il Non-io deve essere posto nella coscienza identica.

Quindi nella stessa coscienza deve esser posto anche l'Io, in quanto deve essere posto il Non-io.

3. Le due conclusioni sono opposte fra loro; entrambe sono sviluppate mediante un'analisi dal secondo principio e quindi entrambe sono implicite in esso. Quindi il secondo principio è opposto a se medesimo e distrugge se stesso.

4. Ma esso distrugge se stesso solo in quanto ciò che è posto è distrutto da ciò che è opposto, solo in quanto, cioè, esso stesso ha valore. Ora esso deve distruggere se stesso e non avere alcun valore.

Quindi esso non si distrugge.

Il secondo principio fondamentale distrugge se stesso e non distrugge se stesso. […]

B 1. Le opposizioni che debbono essere unificate sono nell'Io come coscienza. […]

2. Tanto l'Io quanto il Non-io sono entrambi prodotti di atti originari dell'Io e la coscienza stessa è un tal prodotto del primo atto originario dell'Io, quello per cui l'Io si pone da se stesso. […]

4. […] l'Io ed il Non-io opposti debbono essere conciliati, posti come eguali, senza che si distruggano reciprocamente. Le opposizioni sudette debbono essere accolte nell'identità dell'unica coscienza.

5. […] come si possono pensare insieme *A* e *non-A*, essere e non-essere, realtà e negazione, senza che essi si annullino e si tolgano?

6. Non è da aspettarsi che a questa domanda si risponderà diversamente che nella maniera seguente: essi si *limiteranno* reciprocamente. […]

8. *Limitare* qualcosa significa: togliere la realtà mediante una negazione, non *completamente* ma solo in *parte*. Nel concetto del limite, oltre i concetti della realtà e della negazione, è dunque contenuto anche il concetto della *divisibilità* […].

9. *Tanto l'Io quanto il Non-io sono posti come divisibili* […].

(*Fondamenti dell'intera dottrina della scienza*, in *Dottrina della scienza*, cit., pp. 87-90)

Analisi del testo

1-17 Dal secondo principio fondamentale della dottrina della scienza abbiamo appreso che, perché la realtà dinamica si dia, l'assoluto Io ha bisogno dell'assoluto non-io. Ma, restando fermi a questo livello, le esistenze dell'Io e del non-io appaiono contrapposte, incompatibili, in quanto sono l'una la negazione dell'altra. Come uscire dalla contraddizione? Come fare in modo che il secondo principio "distrugga se stesso" salvaguardando l'assolutezza dell'Io, ma al tempo stesso "non distrugga se stesso", salvaguardando quindi la propria validità?

19-25 Affermando che la conciliazione delle opposizioni deve avvenire «nella coscienza», Fichte chiarisce la prospettiva "trascendentale" e non "metafisica" del problema. In altre parole, la contraddizione deve riguardare solo gli *esiti* del secondo principio, ma non il principio stesso (se così non fosse, infatti, il primo principio ne risulterebbe distrutto e tutta la realtà precipiterebbe nell'inesistenza e nella stasi). In altre parole ancora, se l'Io ha bisogno di porre il proprio contraddittorio o opposto, non può tuttavia sottostare al carattere definitivo e insormontabile di tale contraddizione.

26-33 Chiarito ancora una volta che il problema riguarda la possibilità di «pensare insieme» la realtà e la sua negazione senza che queste si annullino reciprocamente, Fichte indica la soluzione nel passaggio dal concetto di "negazione" a quello di "limite". La limitazione consiste in una sorta di "negazione parziale" reciproca dell'Io e del non-io: se la negazione (assoluta) è qualcosa che oppone in maniera irrisolvibile due "contenuti" determinati, il "limite" è invece una specie di negazione "interna", di cui è capace solo l'Io. Per questo Fichte afferma che il concetto di "limite" comprende in sé, oltre a quelli di "realtà" e "negazione" (relativi a "parti" determinate di Io e, reciprocamente, di non-io), anche quello di "divisibilità".

In questo modo si può passare da un astratto "Soggetto" assolutamente separato e opposto rispetto al "Mondo" (inteso, quest'ultimo, come realtà "esterna" inconciliabile con l'assunto idealistico espresso dal primo principio) ai molteplici "soggetti" finiti e concreti in costante relazione con gli "oggetti" del mondo (inteso, questa volta, come oggetto di conoscenza di cui la coscienza deve riprendere possesso).

La dottrina morale

La dottrina morale fichtiana è incentrata sul carattere derivato che il filosofo attribuisce all'atteggiamento teoretico rispetto a quello pratico: solo elevandosi a una considerazione etica della realtà si può cogliere l'assolutezza dell'Io, e solo in questo modo si può realizzare lo scopo ultimo dell'esistenza: la libertà.

Intesa come progressiva liberazione dalla natura, la libertà è un compito incessante e mai concluso, che deve essere realizzato dall'individuo (dall'io finito) insieme con gli altri individui.

 ### LA LIBERTÀ COME SCOPO ULTIMO DELL'ATTIVITÀ DELL'IO

Che l'Io sia soggetto assoluto, creatività libera, non è una proposizione teoretica, ma un imperativo morale: l'Io deve farsi libero, riconoscendo la realtà non come limite, ma piuttosto come prodotto del suo fare. Solo così, superando di volta in volta ciò che trova di fronte a sé come determinato, l'Io eleva la realtà a un livello "ideale". L'attività morale implica dunque uno scontro tra la ragione e l'impulso sensibile. La prima deve continuamente vincere il secondo, rendendosi in questo modo "infinito", cioè libero da condizionamenti esterni.

L'intenzione, il concetto nell'agire mira alla completa liberazione dalla natura; ma che l'azione sia
2   e rimanga conforme all'impulso naturale non è la conseguenza del concetto che liberamente ne tracciamo, ma è la conseguenza della nostra limitazione. L'unico fondamento che determina la
4   materia delle nostre azioni è quello di liberarci dalla nostra dipendenza dalla natura, sebbene l'auspicata indipendenza non si realizzi mai. L'impulso puro tende all'indipendenza assoluta,

I TESTI

6 l'azione è ad esso conforme se anch'essa mira alla stessa indipendenza, se cioè *si trova in una serie dalla cui continuazione risulterebbe l'indipendenza dell'io*. Ma l'io non può mai diventare indipen-

8 dente fin tanto che deve essere io: perciò lo scopo finale dell'essere razionale sta necessariamente nell'infinità, ed è uno scopo che non si può mai raggiungere, ma è tale che ci si debba incessan-

10 temente approssimare ad esso in forza della sua natura spirituale […].

(*Il sistema della dottrina morale secondo i princìpi della dottrina della scienza*, a cura di R. Cantoni, Sansoni, Firenze 1957)

Analisi del testo

1-7 L'Io pratico non è in grado di annullare il reale; neppure la riflessione filosofica lo può, poiché nell'individuo la coscienza della posizione soggettiva della realtà non fa mai andare del tutto smarrita l'impressione dell'alterità: il filosofo fichtiano deve insomma continuare a regolarsi nella prassi quotidiana come se le cose esterne esistessero e fossero rispetto a lui del tutto indipendenti. Questa impossibilità di cancellare del tutto l'alterità oggettuale fa sì che l'attività dell'Io, più che produzione, debba ritenersi "trasformazione", dove il dato (la materia) è il puro e semplice mezzo, mentre il fine è rappresentato dal principio formale a cui il soggetto vuole conformare l'oggetto.

7-10 L'insopprimibilità della materia rende infinito il processo di adeguazione dell'oggetto al soggetto, sempre imperfetta la soddisfazione dell'Io e sempre aperta la ricerca di ulteriore soddisfazione: la meta del soggetto non sta dunque nell'effettuare davvero l'adeguazione dell'oggetto all'impulso (né lo potrebbe: in tal caso l'Io si proporrebbe una meta che esso stesso saprebbe fin dall'inizio non essere in grado di raggiungere), bensì

dell'impulso all'atto: si afferma così esplicitamente l'autosufficienza dell'atto morale, che risulta essere del tutto indipendente dalle condizioni esteriori della sua attuazione pratica; l'autorealizzazione dell'Io pratico sta allora nel compimento o nell'attuazione del suo impulso in piena libertà (autonomia). Tutto sorge dalla spinta alla libertà e ad essa ritorna: il dominio dell'illibertà (cioè della presenza di un "oggetto") non è che un mezzo per l'affermazione della libertà stessa. Quest'ultima è il generale presupposto e la complessiva destinazione, né può essere giustificata o spiegata, poiché ogni giustificazione o spiegazione equivale a ricondurre un concetto ad altri più noti o fondamentali, a legarlo a essi, laddove, per definizione, la libertà non può essere subordinata a nient'altro e la determinazione a quest'atto deve trovarsi interamente all'interno del soggetto agente. Lo scopo non è che l'agire stesso: se esistesse una meta per questo agire, una volta raggiunta la meta, si piomberebbe in una quiete contraria alla morale (perché morale è l'agire, immorale l'inerzia). Il soggetto deve agire allora solo per agire e fare della libertà non un *fatto*, ma un *dovere*.

T5 > LA MISSIONE SOCIALE DELL'UOMO E DEL DOTTO

Il processo di perfezionamento morale in cui consiste la libertà non è che un reciproco rendersi liberi e rendere liberi gli altri: è questa la «missione» sociale dell'uomo, la quale richiede soprattutto la mobilitazione di chi ha maggiore consapevolezza, cioè del «dotto», che deve contribuire più di altri alla costruzione della civiltà.

La missione ultima di tutti gli esseri finiti dotati di ragione è, quindi, l'*unità assoluta*, l'identità

2 permanente, la piena coerenza con se stessi. Questa identità assoluta è la *forma dell'Io puro*, l'unica vera sua forma; o, meglio ancora, dovunque sia concepibile quella identità si riconosce l'espres-

4 sione di quella forma. Ora soltanto quella missione che può essere concepita come eternamente durevole è davvero corrispondente alla forma pura dell'Io.

6 E non s'intenda ciò a mezzo d'un modo unilaterale. Non si vuol dire solo della volontà, che debba essere in accordo con se stessa, questione che riguarda propriamente l'etica; ma tutte le forze

8 dell'uomo, le quali in sé sono una sola forza e vengono a differenziarsi soltanto nella loro applicazione ad oggetti diversi, tutte queste forze, dico, debbono accordarsi in una perfetta identità e

10 armonizzarsi tra loro. […]

Nell'uomo è dato anche il concetto della ragione e quello dell'agire e pensare conformemente alla
12 ragione; e l'uomo necessariamente vuole realizzare questo concetto non soltanto in se stesso, ma vuol vederlo realizzato anche fuori di sé. Rientra dunque nelle sue esigenze, che esistano fuori di
14 lui esseri ragionevoli a lui simili. […]
Rientra negli istinti fondamentali dell'uomo ammettere fuori di sé altri esseri ragionevoli a lui
16 simili; ma che egli li ammetta è concepibile solo sotto questa condizione, ch'egli entri con essi in rapporto di *società*, secondo il significato della parola determinato testé. L'istinto sociale dunque
18 fa parte degli istinti fondamentali dell'uomo. L'uomo ha la missione di vivere in società; egli *deve* vivere in società; se vive isolato, non è un uomo intero e completo, anzi contraddice a se stesso.
20 Questo nostro istinto dunque tende a trovare fuori di noi degli esseri ragionevoli e *liberi* e ad entrare in comunione con essi; esso vuole non la subordinazione, come nel mondo dei corpi, ma
22 la coordinazione. […] È davvero libero solo colui che vuol rendere veramente libero tutto ciò che lo circonda e che riesce a diffondere effettivamente intorno a sé la libertà […].
24 La preparazione di tutto quanto occorre per lo sviluppo uniforme delle attitudini dell'uomo richiede anzitutto la nozione preliminare di tutto il complesso delle sue attitudini, la conoscenza
26 scientifica di tutti i suoi istinti e bisogni, la previa valutazione di tutto il suo essere. Ma questa conoscenza completa dell'uomo nella sua interezza si fonda a sua volta su un'attitudine che deve
28 venir sviluppata: poiché esiste effettivamente nell'uomo l'istinto di *sapere* e in ispecial modo di sapere ciò che gli è necessario. Lo sviluppo di questa attitudine, però, richiede tutto il tempo e
30 tutte le forze di un uomo; e, se vi è un bisogno generale che richiede imperiosamente che una classe speciale nella società si dedichi al suo soddisfacimento, è questo.
32 Lo scopo di tutte queste conoscenze è dunque […] quello di procurare che per mezzo di esse siano sviluppate in modo uniforme, però con costante progresso, tutte le attitudini proprie
34 dell'umanità; e di qui si ricava, allora, la vera missione che è assegnata alla classe colta: essa consiste nel *sorvegliare dall'alto il progresso effettivo del genere umano in generale e nel promuovere*
36 *costantemente questo progresso.*   (*La missione del dotto*)

Analisi del testo

1-10 Compito dell'uomo è rispettare e rispecchiare la legge posta dall'Io, la razionalità: mentre tuttavia in Kant il primato della ragion pratica si riferiva alla possibilità di adeguare l'azione dell'uomo alla sua ragione, qui tutte le facoltà umane devono essere subordinate alla ragione, ricostituendo quell'unità che Kant aveva infranto. Contro la concezione illuministico-materialistica, l'uomo non è per Fichte *cosa*, ma *agire*, e solo obbedendo a tale principio rende giustizia alla sua natura.

11-19 Aveva definito preliminarmente Fichte: «*Società* io chiamo il rapporto reciproco di esseri ragionevoli tra loro»; e in effetti, in linea con la posizione giusnaturalistica, il filosofo riconosce l'intrinseca socievolezza dell'uomo: la collocazione nel contesto collettivo non è un'aggiunta successiva per l'individuo che ha già determinato le norme del suo comportamento, bensì l'unica condizione per poterle definire e attuare.

20-23 La naturale socievolezza dell'uomo lo porta a vedere nei suoi simili degli «esseri ragionevoli e *liberi*», con i quali è possibile rapportarsi in modo paritario. Anzi, l'istituzione di rapporti di coordinazione, e non di subordinazione, è condizione imprescindibile per la realizzazione dell'autentica libertà individuale.

24-36 Compito del dotto (qui inteso come "intellettuale") è la promozione della cultura presso la società. Il concetto di educazione valica i limiti "tecnici" dell'espressione e include la pratica stessa della ricerca scientifica, i cui esiti servono comunque da stimolo per tutti e non solo per coloro che la esercitano. Essa è però finalizzata in modo eminente all'acquisizione della dottrina morale. La classe dei filosofi, che si dedica a quest'opera di acculturazione (rr. **30-31**), si sottrae al lavoro manuale. Ma Fichte, che accetta come presupposto la differenza naturale tra gli uomini, non è preoccupato dalla loro disuguaglianza *economica*, quanto da quella *morale*, ed è disposto ad accettare la prima perché si elimini la seconda.

CAPITOLO 4
Schelling

1. La vita e gli scritti

Friedrich Wilhelm Joseph Schelling nacque a Leonberg il 21 gennaio 1775. A 16 anni entrò nel seminario teologico di Tubinga, e in questa città strinse amicizia con Hölderlin e Hegel, dei quali era più giovane di cinque anni. In seguito studiò matematica e scienze naturali a Lipsia e fu anche per un certo periodo a Jena, dove ascoltò le lezioni di Fichte.

A Jena Nel 1798 (a 23 anni), grazie all'appoggio di Goethe, Schelling fu nominato coadiutore di Fichte a Jena, e l'anno dopo, in seguito alle dimissioni di Fichte, subentrò al suo posto. A Jena visse gli anni più fecondi della sua vita ed ebbe contatti culturali con i romantici August Wilhelm von Schlegel, Tieck, Novalis. Qui sposò Karoline Michaelis Schlegel (1803), dopo che ella ebbe divorziato dal marito August Wilhelm von Schlegel.

A Würzburg In seguito, Schelling passò a insegnare a Würzburg (1803) dove rimase fino al 1806, anno in cui, poiché la città era stata assegnata a un principe austriaco, il soggiorno dei professori protestanti all'Università divenne impossibile.

A Monaco Si recò allora a Monaco dove divenne segretario dell'Accademia di Belle Arti e in seguito segretario della classe filosofica dell'Accademia delle Scienze. Nel frattempo, Schelling ruppe l'amicizia con Hegel (da cui era stato attaccato nella prefazione alla *Fenomenologia dello spirito*, 1807) e assistette amareggiato al trionfo di quest'ultimo, che segnò anche il declino della sua fortuna. A Monaco, in questo periodo, visse isolato e pressoché misconosciuto. Strinse amicizia con il naturalista teosofo[1] Franz von Baader che attirò la sua attenzione sull'opera di Jakob Böhme. Nel 1809 morì la moglie Karoline e tre anni dopo Schelling si sposò con la figlia di un'amica di lei.

A Erlangen e a Monaco Nel 1820 Schelling ritornò all'insegnamento a Erlangen e nel 1827 passò a insegnare a Monaco, dove rimase fino al 1841.

---

1 Il termine indica un seguace della teosofia, ovvero di quella dottrina filosofica e religiosa che afferma l'origine unica di tutte le religioni e si propone di condurre l'uomo alla verità attraverso una conoscenza esoterica della divinità.

In quell'anno fu chiamato a succedere a Hegel nella cattedra di Berlino e capitanò, in qual-che modo, la reazione contro l'hegelismo che si andava profilando in Germania. Nel 1847 smise di tenere i suoi corsi pubblici, e il 20 agosto 1854 morì a Bad Ragaz, in Svizzera, dove si era recato per ragioni di salute.

A Berlino

Gli **interessi dominanti** di Schelling sono rivolti inizialmente alla **natura** e all'**arte** e in se-guito al **problema metafisico-religioso**. Situata tra il soggettivismo assoluto di Fichte e il razionalismo assoluto di Hegel, la speculazione di Schelling ha dovuto combattere su due fronti e, accettando lo stesso principio dell'infinità che è la base dell'uno e dell'altro, ha do-vuto tentare di garantirgli un carattere di oggettività o di realtà capace di renderlo adatto a spiegare il mondo della natura e dell'arte. In un secondo tempo, dopo la svolta religiosa, ha preso ancor più radicalmente le distanze dai presupposti panlogistici e immanentistici dell'hegelismo, pervenendo a un nuovo tipo di filosofia.

Gli interessi

Lo sviluppo della filosofia di Schelling risulta estremamente complesso e oggetto di discus-sioni critiche. In generale gli studiosi tendono a individuare in esso alcune fasi distinte:
1) l'iniziale **momento "fichtiano"** (1795-1796);
2) la fase della "**filosofia della natura**" (1797-1799);
3) il periodo dell'"**idealismo trascendentale**" (1800);
4) lo stadio della "**filosofia dell'identità**" (1801-1804);
5) il **periodo "teosofico"** e della "**filosofia della libertà**";
6) la fase della "**filosofia positiva**" e della "**filosofia della religione**".
La produzione filosofica di Schelling, abbondantissima negli anni della gioventù (fino al 1804), in seguito fu assai scarsa.

I momenti del filosofare schellinghiano

Gli scritti principali sono: *Idee per una filosofia della natura* (1797); *Intorno all'anima del mondo* (1798); *Primo abbozzo di un sistema della filosofia della natura* (1799); **Sistema dell'idealismo trascendentale** (1800), che è l'opera più sistematica; il dialogo *Bruno o il principio divino e naturale delle cose* (1802); *14 lezioni sull'insegnamento accademico* (1803); *Ricerche filosofiche sull'essenza della libertà umana* (1809). Dopo quest'opera, negli ultimi 45 anni della sua vita, Schelling non pubblicò che quattro brevi scritti. I corsi che tenne a Berlino e che rappresentano l'ultima fase, che egli chiamò «positiva», del suo pensiero, *Filosofia della mitologia* e *Filosofia della rivelazione*, furono pubblicati dal figlio, dopo la sua morte.

Gli scritti

2. L'Assoluto come indifferenza di spirito e natura: le critiche a Fichte

Il riconoscimento e l'affermazione dell'infinito, in quanto attività assolutamente libera e crea-trice capace di spiegare al tempo stesso l'Io e il non-io, lo spirito e la natura, avevano determi-nato il successo della **filosofia di Fichte**, poiché esprimevano l'aspirazione generale dell'epoca. Mentre la filosofia di Kant era una filosofia del finito e si muoveva perciò, come lo stesso Kant riconobbe, nell'ambito dell'Illuminismo, la filosofia di Fichte si presentava come una **filosofia dell'infinito dentro e fuori l'uomo** e **apriva** con ciò **l'epoca del Romanticismo**.

L'infinito fichtiano e l'inizio di una nuova era

Schelling e i romantici vedono chiaramente che la filosofia di Fichte inaugura un nuovo indirizzo, o, come essi dicono, una nuova era della speculazione; e, per quanto divengano ben presto impazienti di dare al principio fichtiano nuovi sviluppi, incompatibili con la dottrina di Fichte, non è meno vero che questi sviluppi muovono tutti da quel principio che proprio con tale dottrina aveva fatto la sua clamorosa comparsa in filosofia.

L'Assoluto schellinghiano

Per ciò che riguarda **Schelling**, fin dalla prima entusiastica accettazione del fichtismo, egli cerca di volgerlo all'illustrazione e alla difesa degli interessi che più gli stanno a cuore: quelli naturalistico-estetici. Fin da principio egli riporta, con molta più energia di Fichte, l'Io assoluto alla Sostanza di Spinoza: la **Sostanza di Spinoza** è il **principio dell'infinità oggettiva**, l'**Io di Fichte** è il **principio dell'infinità soggettiva**.

Schelling vuole unire le due infinità nel concetto di un <mark>Assoluto</mark> **che non è riducibile né al soggetto, né all'oggetto**, perché dev'essere il fondamento dell'uno e dell'altro. Ben presto egli si accorge che una pura attività soggettiva (l'Io di Fichte) non potrebbe spiegare la nascita del mondo naturale, e che un principio puramente oggettivo (la Sostanza di Spinoza) non potrebbe spiegare l'origine dell'intelligenza e dell'io. Il principio supremo dev'essere quindi un Assoluto, o Dio, che sia **insieme soggetto e oggetto, ragione e natura**, che sia, cioè, l'unità o identità indifferenziata di entrambi.

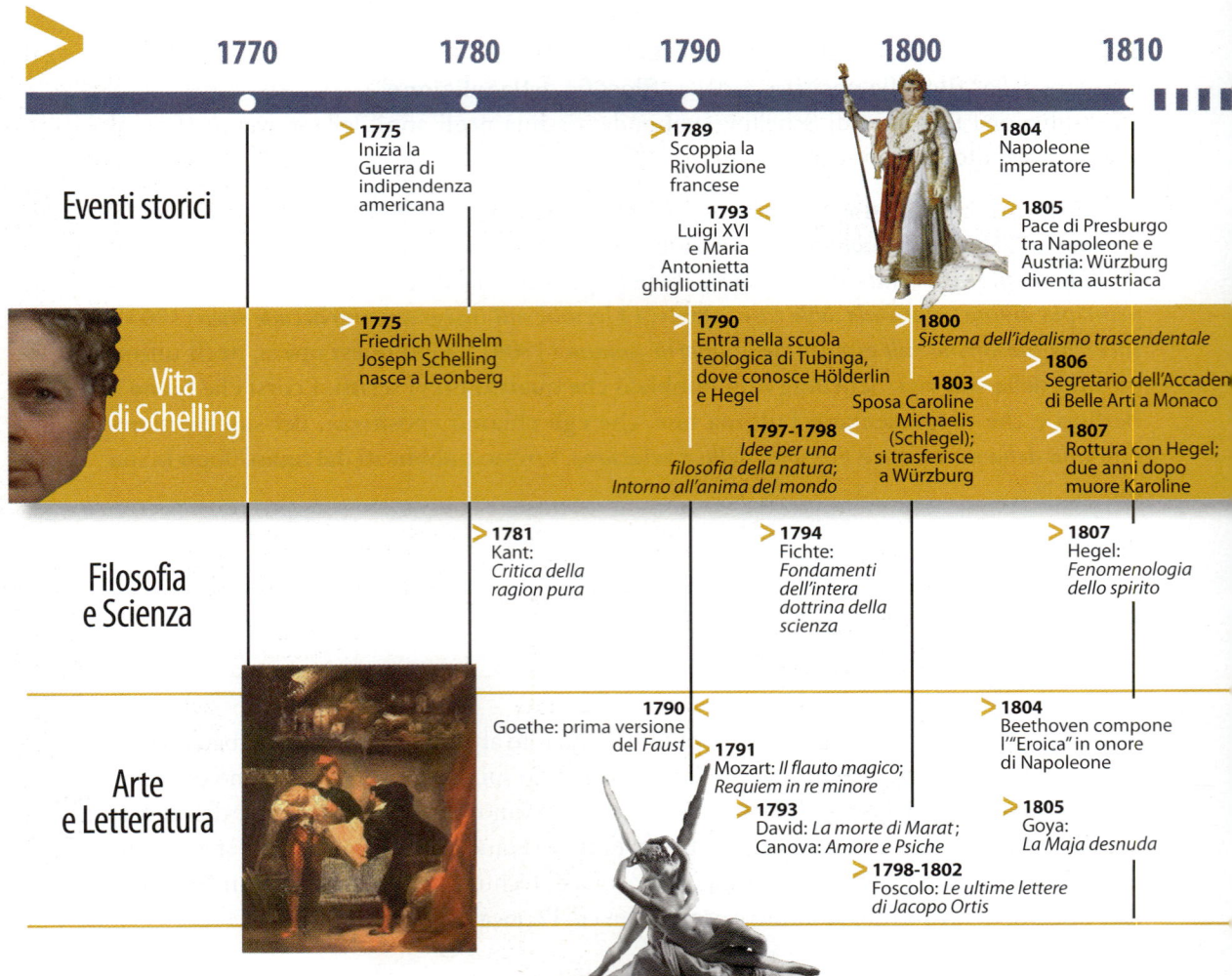

Eventi storici

> **1775** Inizia la Guerra di indipendenza americana

> **1789** Scoppia la Rivoluzione francese

< **1793** Luigi XVI e Maria Antonietta ghigliottinati

> **1804** Napoleone imperatore

> **1805** Pace di Presburgo tra Napoleone e Austria: Würzburg diventa austriaca

Vita di Schelling

> **1775** Friedrich Wilhelm Joseph Schelling nasce a Leonberg

> **1790** Entra nella scuola teologica di Tubinga, dove conosce Hölderlin e Hegel

< **1797-1798** *Idee per una filosofia della natura; Intorno all'anima del mondo*

1800 *Sistema dell'idealismo trascendentale*

< **1803** Sposa Caroline Michaelis (Schlegel); si trasferisce a Würzburg

> **1806** Segretario dell'Accademia di Belle Arti a Monaco

> **1807** Rottura con Hegel; due anni dopo muore Karoline

Filosofia e Scienza

> **1781** Kant: *Critica della ragion pura*

> **1794** Fichte: *Fondamenti dell'intera dottrina della scienza*

> **1807** Hegel: *Fenomenologia dello spirito*

Arte e Letteratura

< **1790** Goethe: prima versione del *Faust*

> **1791** Mozart: *Il flauto magico*; *Requiem in re minore*

> **1793** David: *La morte di Marat*; Canova: *Amore e Psiche*

> **1798-1802** Foscolo: *Le ultime lettere di Jacopo Ortis*

> **1804** Beethoven compone l'"Eroica" in onore di Napoleone

> **1805** Goya: *La Maja desnuda*

Se Fichte si rivolgeva alla natura soltanto per scorgervi il teatro dell'azione morale, o addirittura per dichiararla (da un punto di vista religioso) «un puro nulla», Schelling si rifiuta di sacrificare la realtà della natura e con essa quella dell'arte, che alla natura è strettamente congiunta. La **natura**, secondo Schelling, **ha vita, razionalità e quindi valore in se stessa**. Deve avere in sé un principio autonomo che la spieghi in tutti i suoi aspetti. E questo principio dev'essere identico a quello che spiega il mondo della ragione e dell'io, quindi la storia. Il principio unico dev'essere insieme soggetto e oggetto, attività razionale e attività inconsapevole, idealità e realtà. Tale è infatti l'Assoluto per Schelling.

> Il rifiuto del concetto fichtiano di natura

Il riconoscimento del **valore autonomo della natura** e la tesi dell'**Assoluto come identità o indifferenza di natura e spirito** (che rappresentano i due punti-chiave su cui egli si distanzia da Fichte) conducono Schelling ad ammettere due possibili direzioni della ricerca filosofica:

> Le due direzioni del pensiero schellinghiano

- ■ l'una, la **filosofia della natura**, diretta a mostrare come la natura si risolva nello spirito;
- ■ l'altra, la **filosofia trascendentale**, diretta a mostrare come lo spirito si risolva nella natura.

Poiché non c'è una natura che sia puramente natura (cioè pura oggettività) e non c'è uno spirito che sia puramente spirito (cioè pura soggettività), così un'indagine che sia diretta

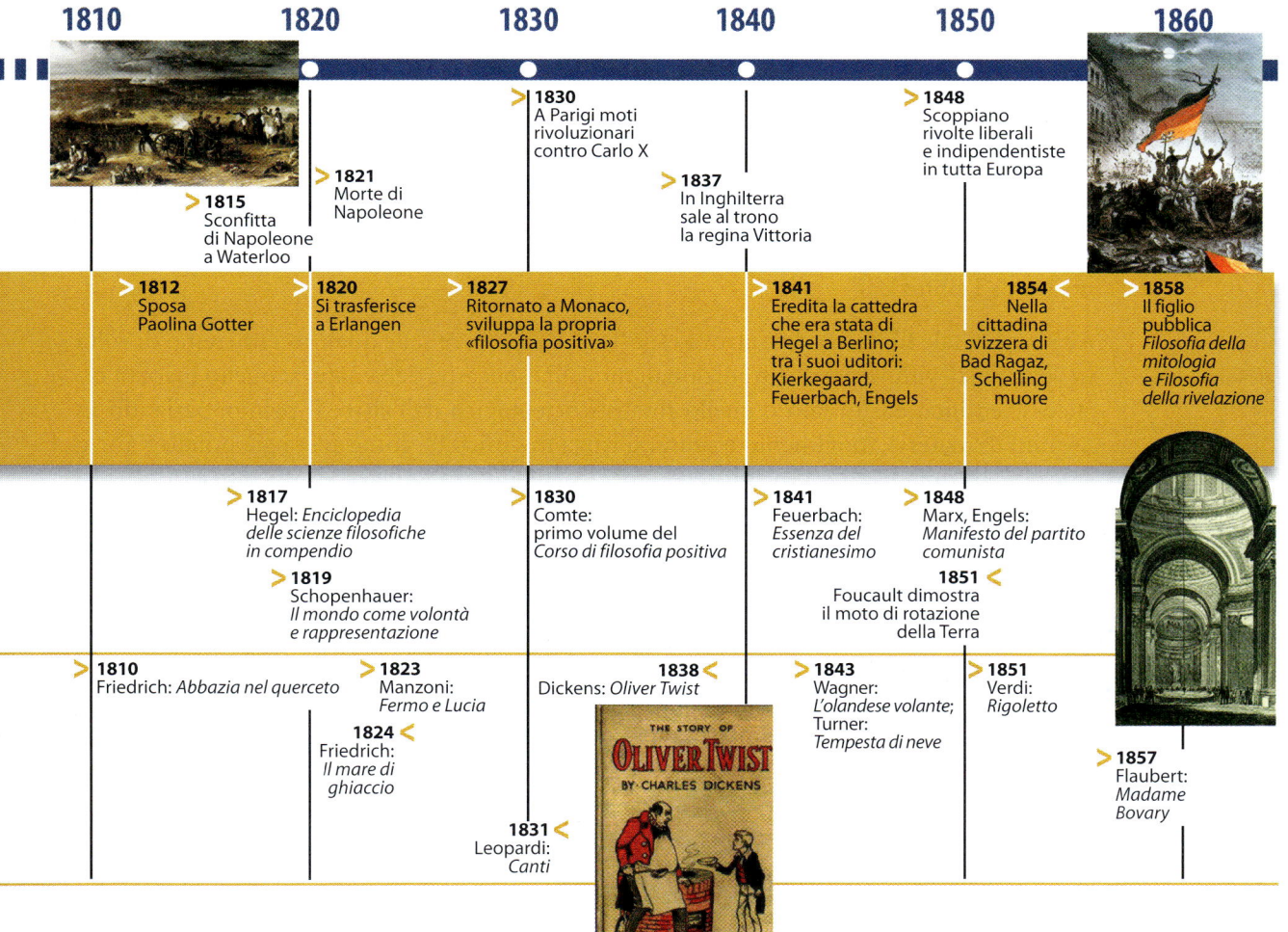

1810 — **1820** — **1830** — **1840** — **1850** — **1860**

1815
Sconfitta di Napoleone a Waterloo

1821
Morte di Napoleone

1830
A Parigi moti rivoluzionari contro Carlo X

1837
In Inghilterra sale al trono la regina Vittoria

1848
Scoppiano rivolte liberali e indipendentiste in tutta Europa

1812
Sposa Paolina Gotter

1820
Si trasferisce a Erlangen

1827
Ritornato a Monaco, sviluppa la propria «filosofia positiva»

1841
Eredita la cattedra che era stata di Hegel a Berlino; tra i suoi uditori: Kierkegaard, Feuerbach, Engels

1854
Nella cittadina svizzera di Bad Ragaz, Schelling muore

1858
Il figlio pubblica *Filosofia della mitologia* e *Filosofia della rivelazione*

1817
Hegel: *Enciclopedia delle scienze filosofiche in compendio*

1819
Schopenhauer: *Il mondo come volontà e rappresentazione*

1830
Comte: primo volume del *Corso di filosofia positiva*

1841
Feuerbach: *Essenza del cristianesimo*

1848
Marx, Engels: *Manifesto del partito comunista*

1851
Foucault dimostra il moto di rotazione della Terra

1810
Friedrich: *Abbazia nel querceto*

1823
Manzoni: *Fermo e Lucia*

1824
Friedrich: *Il mare di ghiaccio*

1838
Dickens: *Oliver Twist*

1831
Leopardi: *Canti*

1843
Wagner: *L'olandese volante*; Turner: *Tempesta di neve*

1851
Verdi: *Rigoletto*

1857
Flaubert: *Madame Bovary*

alla natura giunge necessariamente allo spirito e un'indagine che sia diretta allo spirito giunge necessariamente alla natura.

3. La filosofia della natura

La struttura finalistica e dialettica del reale

La **filosofia della natura** di Schelling è una costruzione tipicamente "romantica", la quale, prendendo spunto dai problemi sollevati dalla *Critica del Giudizio* di Kant (a proposito della finalità degli organismi viventi) e dai *Fondamenti dell'intera dottrina della scienza* di Fichte, si nutre di suggestioni disparate, che provengono sia dalla scienza dell'epoca (in particolare dalla chimica e dagli studi sull'elettricità e sul magnetismo), sia dalla cultura filosofica del passato (dal pensiero greco e cristiano, dal naturalismo rinascimentale, da Spinoza e da Leibniz).

Il rifiuto del meccanicismo e del finalismo tradizionali

Alla base di tale filosofia, che si trova esposta in varie opere (alle quali accenneremo di volta in volta) sta il rifiuto dei due tradizionali modelli esplicativi della natura: quello meccanicistico-scientifico da un lato e quello finalistico-teologico dall'altro. Il primo, parlando in termini di materia, movimento e causa, si trova in difficoltà, come aveva già notato Kant, a spiegare gli organismi viventi. Il secondo, ricorrendo alla "magia" di un intelletto divino agente dall'esterno del mondo, finisce per compromettere l'autonomia e l'autarchia dei processi naturali.

La "terza via" schellinghiana

A questi due modelli Schelling contrappone il proprio **organicismo finalistico e immanentistico**, ossia uno schema secondo cui:
- ogni parte ha senso solo in relazione al tutto e alle altre parti (organicismo);
- l'universo non si riduce a una «miracolosa collisione di atomi», poiché al di là del meccanismo delle sue forze si manifesta una finalità superiore («oggettiva e reale»), che, tuttavia, non deriva da un intervento esterno, ma è interna alla natura stessa (finalismo immanentistico).

Infatti, argomenta Schelling, sebbene in natura esista una connessione preordinata tra parte e tutto, mezzo e fine, tale connessione non è *prima* conosciuta da una mente e *poi* realizzata nelle cose, come accade nel caso delle produzioni artificiali o del Dio-Architetto. In altri termini, la **natura** è un «**organismo che organizza se stesso**» e non già «un'opera d'arte il cui concetto stia fuori di essa, nella mente dell'artista» ("Introduzione" a *Idee per una filosofia della natura*, 1797). ➔ **T1** p. 440

Ora, parlare in termini di "organizzazione" e di "scopo" significa ammettere che la natura obbedisce a un «concetto» (come diceva Kant), ovvero a una «programmazione intelligente». Da ciò l'idea di uno «spirito» o di un'entità spirituale inconscia (si ricordi l'agire extra-coscienziale dell'immaginazione produttiva di Fichte) immanente alla natura a titolo di "forza" organizzatrice e vivificatrice dei fenomeni: entità o forza che Schelling, rifacendosi agli antichi, denomina anche <mark>anima del mondo</mark>, precisando che essa è «ciò che sostiene la continuità del mondo organico e inorganico» e che «unisce tutta la natura in un solo organismo universale», in cui ogni cosa, compresa la sfera inorganica, risulta dotata di vita (*Intorno all'anima del mondo*, 1798).

Essendo spirito, sia pure inconscio, **la natura presenta gli stessi caratteri di fondo che Fichte aveva attribuito all'Io**. Essa è infatti un'**attività spontanea e creatrice**, che si esplica in una serie infinita di creature (*Primo abbozzo di un sistema della filosofia della natura*, 1799).

E come l'Io fichtiano non poteva realizzare se stesso se non a patto di "dualizzarsi" in soggetto e oggetto, così la natura schellinghiana non può fare a meno di polarizzarsi o dialettizzarsi in **due principi di base**: l'<mark>attrazione</mark> e la <mark>repulsione</mark>. Difatti, ogni fenomeno è l'effetto di una forza che è come tale limitata e perciò condizionata dall'azione di una forza opposta; sicché ogni prodotto naturale si origina da un'azione e da una reazione e **la natura agisce attraverso la lotta di forze opposte**. Se queste forze si considerano già date nei corpi, la loro azione è condizionata o dalla quantità (massa) o dalla qualità dei corpi stessi: nel primo caso le forze operano meccanicamente, nel secondo chimicamente. In meccanica l'attrazione prende il nome di "**gravitazione**", in chimica di "**affinità**". Se la lotta tra le due forze opposte si considera con riferimento al prodotto, sono possibili tre casi:
a) che le forze siano in equilibrio, e si hanno allora i **corpi non viventi**;
b) che l'equilibrio venga rotto e sia ristabilito, e si ha allora il **fenomeno chimico**;
c) che l'equilibrio non venga ristabilito e che la lotta delle forze sia permanente, e si ha allora la **vita** (*Idee per una filosofia della natura*).

La natura come progressivo emergere dello spirito

Secondo Schelling, le tre manifestazioni universali della natura, nelle quali si concretizza la polarità di attrazione-repulsione, sono il <mark>magnetismo</mark>, l'<mark>elettricità</mark> e il <mark>chimismo</mark>:
a) il **magnetismo** esprime la **coesione** grazie alla quale le varie parti dell'universo gravitano le une verso le altre;
b) l'**elettricità** esprime quella **polarità dialettica** che fa del mondo la sede di un'opposizione di forze di segno contrario;
c) il **chimismo** esprime quella **incessante metamorfosi dei corpi** che fa dell'universo una grande fucina in cui si fabbricano per sintesi le più svariate realtà.
A queste tre forze corrispondono, nel mondo organico, la **sensibilità**, l'**irritabilità** (che è la proprietà di reagire agli stimoli del mondo esterno) e la **riproduzione**.

La natura
come entità
spirituale inconscia

Attrazione
e repulsione

Magnetismo,
elettricità
e chimismo

TESTO ANTOLOGICO
ON LINE Schelling
La natura come entità
spirituale inconscia
(*Primo abbozzo
di un sistema della
filosofia della natura*)

Le «potenze» della natura

Con l'intento di ricostruire unitariamente la storia della natura, Schelling articola la storia dell'universo in tre diverse **potenze**, o livelli di sviluppo (*Deduzione universale del processo dinamico*), sottolineando come in ognuna di esse operino le tre forze sopra citate del magnetismo, dell'elettricità e del chimismo:

a) la prima potenza è rappresentata dal **mondo inorganico**;

b) la seconda potenza è rappresentata dalla **luce**, in cui la natura si fa visibile a se stessa;

c) la terza potenza è rappresentata dal **mondo organico**, nel quale, con la sensibilità, abbiamo il preannuncio aurorale dell'autocoscienza.

Complessivamente considerata, la **natura** si configura quindi come uno spirito inconscio in moto verso la coscienza, cioè come un processo in cui si verificano una **progressiva smaterializzazione della materia** e un **progressivo emergere dello spirito**.

L'"odissea" dello spirito

In altri termini, la natura, lungo un percorso che va dai minerali all'uomo, appare come la **preistoria dello spirito**, o come il **"passato trascendentale" della coscienza**, ovvero (per usare un'immagine che sarà cara a Ernst Bloch) come una **"odissea" dello spirito**, il quale si cerca attraverso le cose, per giungere finalmente presso di sé con l'uomo. Ecco un passo emblematico al riguardo, tratto dall'introduzione al *Sistema dell'idealismo trascendentale*, in cui Schelling propone la metafora (di origine leibniziana) di uno spirito "dormiente" nelle cose e destinato a "svegliarsi" con l'uomo:

> I morti e inconsci prodotti della natura non sono se non dei conati falliti della natura per riflettere se medesima; la cosiddetta natura morta è soprattutto un'intelligenza immatura; perciò ne' suoi fenomeni già traluce, ancora allo stato inconscio, il carattere intelligente. La natura attinge il suo più alto fine, che è quello di divenire interamente obbietto a se medesima, con l'ultima e la più alta riflessione, che non è altro se non l'uomo, o, più generalmente, ciò che noi chiamiamo ragione; in tal modo per la prima volta si ha il completo ritorno della natura a se stessa, e appare evidente che la natura è originariamente identica a ciò che in noi viene riconosciuto come principio intelligente e cosciente.

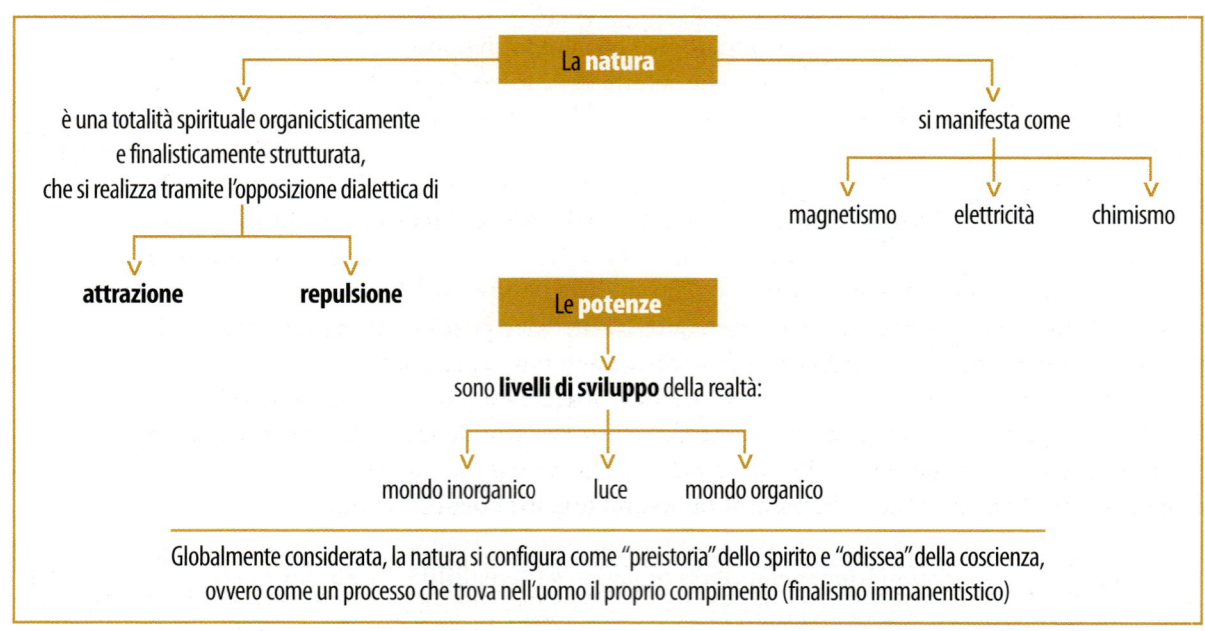

La **natura**

è una totalità spirituale organicisticamente e finalisticamente strutturata, che si realizza tramite l'opposizione dialettica di

attrazione   **repulsione**

si manifesta come

magnetismo   elettricità   chimismo

Le **potenze**

sono **livelli di sviluppo** della realtà:

mondo inorganico   luce   mondo organico

Globalmente considerata, la natura si configura come "preistoria" dello spirito e "odissea" della coscienza, ovvero come un processo che trova nell'uomo il proprio compimento (finalismo immanentistico)

Fisica speculativa e pensiero scientifico

Schelling ha definito la propria filosofia della natura come una **fisica speculativa, oppure *a priori***. Queste espressioni non significano, come si intende talora, che egli abbia voluto costruire un'immagine della natura che prescinde dall'esperienza. Nel linguaggio di Schelling, infatti, **dire che la fisica procede *a priori* significa dire che essa procede sistematicamente**, ossia mostrando come ogni fenomeno naturale testimoniato dall'esperienza faccia parte di una totalità organica da cui necessariamente deriva ed entro cui necessariamente si colloca. Ecco alcuni testi in proposito, tratti dall'introduzione al *Primo abbozzo di un sistema della filosofia della natura* (1799), che servono a dissipare ogni equivoco:

L'idea
di una fisica
a priori
e il suo significato
preciso

> *Non solo non sappiamo questo o quello, ma in generale originariamente non sappiamo nulla se non per esperienza e tramite l'esperienza*, ed in questo senso tutto il nostro sapere è costituito di proposizioni d'esperienza. Proposizioni che diventano *a priori* solo in quanto ci si rende conto della loro necessità.

> Ora, deve però essere in generale possibile conoscere ogni originario fenomeno naturale come assolutamente necessario; se infatti in natura non v'è posto per il caso, nessun originario fenomeno naturale può essere casuale, anzi, già per il fatto che la natura è un sistema, dev'esserci per tutto ciò che in essa accade o si realizza una connessione necessaria.

> *La natura è a priori*, cioè ogni singolo fenomeno in essa è determinato in anticipo dal tutto o dall'idea di una natura in generale. Ma se la natura *è a priori*, deve anche essere possibile *conoscerla come* qualcosa che è *a priori*.

In altri termini, la fisica speculativa di Schelling non intende presentarsi come una deduzione "a tavolino", incurante dell'esperienza, ma come uno sforzo di tradurre l'*a posteriori* in *a priori*, ossia di organizzare sistematicamente e secondo necessità il materiale offerto dall'esperienza e dalla scienza. Un procedimento di questo tipo cela il **pericolo di una manipolazione arbitraria dei dati della scienza**. Questo è stato appunto il rilievo dei critici e degli scienziati, che hanno finito per accusare Schelling di essersi sterilmente allontanato dalla metodologia galileiano-newtoniana e di aver costruito una sorta di "romanzo della natura".

Ciò non toglie che la fisica speculativa di Schelling abbia avuto alcuni meriti storici, su cui hanno insistito soprattutto i critici odierni:

- è riuscita a «stimolare nella gioventù tedesca dell'epoca l'**interesse per i fenomeni naturali**, specie per quelli allora meno conosciuti, come l'elettricità e il magnetismo, e più ancora per i fenomeni totalmente trascurati dalla scienza illuministica, come il sogno, l'ipnotismo, la telepatia ecc.» (Ludovico Geymonat);
- ha mostrato i **limiti del meccanicismo tradizionale** e ha posto l'esigenza di studiare la natura, in particolare il mondo organico, con schemi più appropriati;
- ha contribuito ad alimentare le **ricerche di morfologia comparata** (tra gli scienziati che subirono l'influenza diretta di Schelling in questo settore di studi ricordiamo Lorenz Oken, che pubblicò nel 1809-1811 un *Trattato di filosofia della natura*);
- ha contribuito a preparare una **mentalità "evoluzionistica"** in senso lato.

È opportuno specificare che, pur parlando di evoluzione e pur concependo la natura in modo "piramidale", cioè come una serie di gradi che mettono capo all'uomo, **Schelling non può essere considerato un "evoluzionista"**. Infatti, le «potenze» o le «epoche» della natura di cui egli parla non sono, presumibilmente, dei gradi temporalmente successivi dell'universo, bensì dei momenti ideali, e quindi simultanei, della sua eterna organizzazione dialettica. Analogamente, la natura e l'uomo non rappresentano due tempi successivi della storia del mondo, ma due momenti ideali di un'unità originaria (l'Assoluto) che è da sempre natura *e* spirito.

In altri termini, «ad una prima considerazione sembra che Schelling usi concetti (come quello di evoluzione) che saranno propri della scienza del XIX secolo. Ma in realtà niente è più estraneo alla filosofia schellinghiana del concetto di evoluzione» (Nicola Badaloni). Tuttavia, non bisogna neppure dimenticare che «la teoria dell'evoluzione di quel tempo si è appoggiata, presso una serie di ricercatori illustri, a questa concezione metafisica, e che da essi è stata guidata alle sue scoperte più importanti» (Nicolai Hartmann). Infatti, era sufficiente prospettare in termini temporali ciò che in Schelling era ancora pensato in termini ideali e metafisici, per trovarsi proiettati in un sistema teorico di stampo evoluzionistico.

L'idea originale di una finalità immanente e inconscia

Infine, è bene ricordare che l'idea di una finalità immanente alla natura, ossia l'originale concetto di un **fine inconscio interno ai fenomeni naturali** (senza che essi siano stati consapevolmente ed esternamente programmati in vista di uno scopo), continua a suscitare l'interesse di quei filosofi e di quegli scienziati che, pur rifiutando l'ottica meccanicistica, non accettano, per questo, il finalismo teologico tradizionale (ossia la nozione di un Dio-Artefice e Programmatore del mondo).

VERSO LE COMPETENZE

▶ Utilizzare il lessico e le categorie specifiche della filosofia

GLOSSARIO e RIEPILOGO

La scienza dell'Assoluto e la filosofia della natura

Assoluto p. 418 > Per Schelling l'Assoluto è il principio infinito e creatore della realtà, cioè Dio stesso. Tale principio non è riducibile né al soggetto (allo spirito) né all'oggetto (alla natura). Infatti, essendo il fondamento di entrambi, è unità o *identità* dei medesimi, ossia spirito *e* natura, soggetto *e* oggetto, consapevolezza *e* inconsapevolezza, libertà *e* necessità, idealità *e* realtà. Del resto, argomenta Schelling, un Assoluto puramente soggettivo (come l'Io di Fichte) non riuscirebbe a spiegare la natura, mentre un Assoluto puramente oggettivo (come la Sostanza di Spinoza) non potrebbe spiegare lo spirito. Di conseguenza, la filosofia, intesa come «scienza dell'Assoluto», si dividerà in quei due grandi tronconi che sono la filosofia della natura (v.) e la filosofia trascendentale (v. p. 432) o filosofia dello spirito, cercando di cogliere, in entrambe, quell'*identità* tra soggetto e oggetto che costituisce l'Assoluto stesso: «Un sapere assoluto è soltanto quello in cui il Soggettivo e l'Oggettivo non sono unificati come opposti, ma in cui tutto il Soggettivo è tutto l'Oggettivo, o viceversa. L'assoluta identità del Soggettivo e dell'Oggettivo come principio della Filosofia la si è intesa [...] o in senso puramente negativo (come semplice non-differenza) o come mera unione di due momenti in sé opposti in un terzo, che dovrebbe essere l'Assoluto. L'opinione giusta sarebbe piuttosto questa, che il Soggettivo e l'Oggettivo, considerati ciascuno per sé, siano una sola cosa, non semplicemente raccolti in un'unità che ad essi sia o accidentale o per lo meno estranea. In generale per descrivere questa somma idea non si dovrebbe presupporre il Soggettivo e l'Oggettivo, ma piuttosto si dovrebbe mostrare che entrambi, in quanto opposti o riuniti, non devono venir concepiti che prendendo le mosse da questa identità» (*Idee per una filosofia della natura*, Aggiunta all'*Introduzione*, ne *L'empirismo filosofico e altri scritti*, a cura di G. Preti, La Nuova Italia, Firenze 1967, pp. 53-54).

Filosofia della natura p. 420 > Secondo Schelling il compito della filosofia della natura è quello di «porre come primo l'obbiettivo e ricavare da esso il subbiettivo» (*Sistema dell'idealismo trascendentale*, Laterza, Roma-Bari 1990, p. 10), ossia di mostrare come la natura si risolva nello spirito e sia, in se stessa, spirito: «Una teoria perfetta della natura sarebbe quella per cui la natura si risolvesse in intelligenza» (*ibidem*, p. 9); «La scienza della natura toccherebbe il sommo della perfezione se giungesse a spiritualizzare perfettamente tutte le leggi naturali in leggi dell'intuizione e del pensiero. I fenomeni (il materiale) debbono scomparire interamente, e rimanere soltanto le leggi (il formale)» (*ibidem*, p. 8).

N.B. La filosofia della natura di Schelling, che si muove in una sorta di "terza via" tra meccanicismo e finalismo tradizionali, è una forma di *organicismo* (ogni parte ha senso solo in relazione al tutto e alle altre parti) e di *finalismo immanentistico* (nell'universo esiste una finalità «oggettiva e reale» che non deriva da un intervento esterno, di tipo divino, ma che risulta *immanente* alla natura stessa): «questo assoluto finalismo della totalità della natura è un'idea che pensiamo non arbitrariamente, ma necessariamente. Ci sentiamo spinti a riferire ogni singolo a tale finalità del tutto; quando troviamo nella natura qualcosa che sembra essere senza scopo o addirittura contrario ai fini, crediamo che sia rotta l'intera economia delle cose […]. È dunque una massima della ragione riflettente che nella natura si debba ovunque presupporre un rapporto di fine e mezzo […]. Che è dunque quel legame segreto che unisce il nostro spirito con la natura, o quell'organo nascosto in virtù del quale la natura parla al nostro spirito o il nostro spirito alla natura? Vi facciamo subito grazia di tutte le vostre spiegazioni […]. Perché lo spiegare questa finalità dicendo che un intelletto divino ne è l'autore non è filosofare, ma fare pie considerazioni […]. Perché noi vogliamo non già che la natura concordi accidentalmente (e magari per la mediazione di una terza cosa) con le leggi del nostro spirito, ma che in se stessa necessariamente ed originariamente non soltanto esprima ma realizzi veramente le leggi del nostro spirito […]. La natura deve essere lo spirito visibile, lo spirito la natura invisibile» (*Idee per una filosofia della natura*, "Introduzione", cit., pp. 45-47).

Anima del mondo p. 421 > Secondo Schelling, alla base del grande organismo del mondo, concepito come «organismo che organizza se stesso», si trova uno spirito o un'*entità spirituale inconscia* che funge da "forza" strutturante e vivificatrice dei fenomeni. Schelling denomina tale forza anche con l'espressione antica di «anima del mondo», definendola come «ciò che sostiene la continuità del mondo organico e inorganico e unisce tutta la natura in un solo organismo universale» e dichiarando di scorgere in essa una «ipotesi superiore» per la spiegazione del Tutto.

Attrazione e repulsione p. 421 > Per Schelling l'"attrazione" e la "repulsione" sono i due principi di base della natura, la quale, essendo spirito, sia pure inconscio, presenta (analogamente all'Io di Fichte) una struttura dialettica e polare determinata dall'esistenza di attività contrapposte.

Magnetismo, elettricità e chimismo p. 421 > Per Schelling il magnetismo, l'elettricità e il chimismo sono le tre manifestazioni universali, o forze, della natura nelle quali si concretizza la polarità di attrazione-repulsione. Ad esse corrispondono, nel mondo organico, la *sensibilità*, l'*irritabilità* e la *riproduzione*.

Potenze p. 422 > Le "potenze" della natura costituiscono i tre livelli di sviluppo della realtà rappresentati, rispettivamente, dal *mondo inorganico*, dalla *luce* e dal *mondo organico*.

Preistoria dello spirito p. 422 > Con il concetto di "preistoria dello spirito" Schelling intende sottolineare come la natura sia il «passato trascendentale» dell'Io, ovvero uno spirito inconscio in moto verso la coscienza: «la natura comincia in maniera inconscia e finisce coscientemente». Da ciò la metafora (di origine leibniziana) di uno spirito "dormiente" nelle cose e destinato a "svegliarsi" con l'uomo.

Fisica speculativa, oppure *a priori* p. 423 > Parlando di fisica «speculativa» o «*a priori*», Schelling non intende alludere a un pensiero incurante dell'esperienza o dei dati raccolti dalla scienza, bensì al metodo specifico della propria filosofia naturale, la quale procede sistematicamente, ossia mostrando come ogni fenomeno testimoniato dall'esperienza faccia parte di una totalità organica necessaria da cui necessariamente deriva ed entro cui necessariamente si colloca.

4. L'idealismo trascendentale

La filosofia teoretica

Il problema

Nel 1800 Schelling scrive il *Sistema dell'idealismo trascendentale*. In tale opera, che rappresenta uno dei testi più ardui di tutta la filosofia moderna, egli si propone di delineare quella **filosofia dello spirito** che, nei piani del sistema, avrebbe dovuto costituire la **controparte della filosofia della natura**. Vediamo in che senso.

Il compito della filosofia trascendentale

Se la filosofia della natura parte dall'oggettivo per derivarne il soggettivo (o spirito), mostrando il progressivo farsi intelligenza della natura, la **filosofia trascendentale** parte dal soggettivo per derivarne l'oggettivo, mostrando il progressivo farsi natura dell'intelligenza. In altre parole, se la prima ha il compito di illustrare come la natura si risolva nello spirito e sia, in se stessa, uno «spirito visibile», la seconda ha il compito di illustrare come lo spirito si risolva nella natura, e sia, in se stesso, una «natura invisibile». → **T2** p. 442

Detto in termini kantiani: se la prima risale dalla materia alla forma, chiarendo come le leggi dell'oggetto siano le leggi stesse del soggetto, la seconda discende dalla forma alla materia, chiarendo come le leggi del soggetto siano le leggi stesse dell'oggetto. In altre parole ancora (Schelling esprime il suo pensiero di fondo in svariate maniere), se la filosofia della natura parte dal realismo (dall'oggetto, dal reale e dal materiale) per giungere all'idealismo (al soggetto, all'ideale e al formale), la filosofia trascendentale parte dall'idealismo (dal soggetto, dall'ideale e dal formale) per giungere al realismo (all'oggetto, al reale e al materiale):

> Come la scienza della natura cava l'idealismo dal realismo, spiritualizzando le leggi naturali in leggi dell'intelligenza, ossia accoppiando al materiale il formale; così la filosofia trascendentale cava il realismo dall'idealismo, in quanto materializza le leggi dell'intelligenza in leggi naturali, ossia aggiunge al formale il materiale.
>
> (*Sistema dell'idealismo trascendentale*)

In sintesi, la filosofia trascendentale ha il compito, analogo a quello affrontato da Fichte nella *Dottrina della scienza*, di **dedurre l'oggetto dal soggetto**, facendo vedere come i modi di autocostituzione dello spirito (cioè le strutture e le leggi del soggetto) siano identici ai modi di autocostituzione della natura (cioè alle strutture e alle leggi dell'oggetto).

L'Io e l'auto-coscienza

Il **punto di partenza** della deduzione schellinghiana è l'**autocoscienza**, ovvero la coscienza o il sapere che l'Io ha di se stesso. → **T3** p. 443

Tale coscienza ha la forma di un'**intuizione intellettuale**, tale che l'Io, proprio nel momento in cui conosce o intuisce se stesso, produce o istituisce se stesso (e, tramite sé, tutti gli oggetti). Come già per Fichte, anche per Schelling l'autocoscienza coincide dunque con la libera attività autocreatrice dello spirito.

Attività reale e attività ideale

Secondo Schelling, nell'autocoscienza esistono *due* attività, una reale e una ideale:
- l'**attività reale** consiste nel fatto che l'Io, nel suo libero e infinito porsi, incontra il limite e risulta quindi limitabile;
- l'**attività ideale** consiste nel fatto che l'Io, nel suo infinito intuirsi e autoprodursi, procede oltre ogni limite dato e risulta quindi illimitabile.

Ovviamente, le due attività si implicano a vicenda, in quanto l'Io può configurarsi come ideale (illimitabile) solo in quanto è reale (limitabile) e viceversa. Detto altrimenti, l'Io o l'autocoscienza presenta una struttura interna di tipo dialettico-fichtiano, in quanto si configura come un'attività non-limitabile, che esiste soltanto in presenza di un limite che essa stessa pone e oltrepassa continuamente:

> L'Io non è per noi ideale, se non in quanto oltrepassa il limite, già mentre lo avverte. Ma esso non può riconoscere se stesso come ideale […] senza contrapporre la sua attività, che oltrepassa il limite, a quella ritenuta entro il limite, o reale.
>
> (*Sistema dell'idealismo trascendentale*)

Tracciando una sorta di storia filosofica dell'Io, volta a mostrare come il soggetto giunge progressivamente a prendere coscienza di sé come attività produttrice e come intelligenza che determina se medesima, Schelling distingue tre **epoche o fasi di sviluppo dell'Io**:

Le tre «epoche» dell'Io

1) la **prima epoca** procede **dalla sensazione** (in cui l'Io trova dinnanzi a sé un dato che lo limita e avverte il suo sentire solo come un patire) **all'intuizione produttiva** (in cui l'Io, equilibrando il proprio patire con il proprio agire, si coglie come senziente e non solo come sentito, cominciando a prendere coscienza della propria attività, che prevede, come si è visto, il limite e il superamento incessante del limite);

2) la **seconda epoca** va **dall'intuizione produttiva** (in cui l'Io, pur intuendo se stesso, risulta ancora immerso negli oggetti) **alla riflessione** (in cui l'Io, riflettendo su se medesimo, si eleva all'intelligenza differenziata di sé);

3) la **terza epoca**, che va **dalla riflessione alla volontà**, è quella in cui il processo iniziato nella seconda fase perviene al suo culmine, in quanto l'Io, astraendosi dagli oggetti, si coglie come volontà e spontaneità, ovvero come intelligenza autodeterminantesi.

SISTEMA DELL'IDEALISMO TRASCENDENTALE

L'autocoscienza si articola in
> **attività reale**
> (l'Io, ponendosi, incontra il limite e risulta limitabile)
>
> **attività ideale**
> (l'Io, autoproducendosi, procede oltre ogni limite e risulta illimitabile)

Le epoche dell'Io
> dalla sensazione all'**intuizione produttiva**
> (si passa dall'Io che sente all'Io che si avverte come senziente)
>
> dall'intuizione produttiva alla **riflessione**
> (si passa da un Io ancora immerso negli oggetti
> a un Io che si eleva all'intelligenza di sé)
>
> dalla riflessione alla **volontà**
> (astraendo dagli oggetti l'Io si pone come volontà)

Schelling si sforza di mostrare come l'articolazione di questi momenti dell'Io coincida, nella seconda e nella terza epoca, con la formazione del **tempo** (senso interno dell'Io), dello **spazio** (senso esterno dell'Io) e delle **categorie di relazione, qualità, quantità e modalità**.

Egli tenta anche di mostrare come le varie epoche e le varie categorie dell'Io corrispondano ad altrettante potenze della natura e ad altrettante categorie della fisica. Ad esempio fa corrispondere la struttura dialettica e polare dell'Io alla struttura dialettica e polare della materia, dominata, come sappiamo, dalle forze di attrazione e di repulsione.

A parte questi forzati parallelismi, ispirati dall'ideale di una "deduzione" della materia, dal discorso di Schelling emerge un interrogativo di fondo, su cui è bene soffermarsi.

ESERCIZI INTERATTIVI ON LINE

Perché l'oggetto non appare fin dall'inizio una produzione del soggetto?

Come mai l'oggetto, che risulta una produzione del soggetto, non appare tale nella sensazione? Perché la coscienza comune ritiene che gli oggetti provengano da una dimensione estranea all'Io, ovvero dalla cosiddetta cosa in sé? La risposta di Schelling è analoga a quella di Fichte e può venire riassunta in questo modo: se il soggetto producesse consapevolmente i propri oggetti, non potrebbe pensarli in seguito come delle cose in sé; se ciò avviene è perché l'Io li genera inconsciamente tramite la fichtiana «immaginazione produttiva», ovvero con ciò che Schelling denomina, più semplicemente, **produzione inconscia**.

Il produrre inconscio dello spirito

In conclusione, l'**idealismo trascendentale** di Schelling si configura come una sorta di **anamnesi filosofica dell'Io**, ovvero come una **presa di coscienza di quel produrre inconscio dello spirito in cui è da ricercarsi la radice soggettiva degli oggetti**. Tale presa di coscienza equivale quindi, nella terminologia di Schelling, a spiegare la cosiddetta idealità del limite, ossia il fatto che il limite che l'Io conoscente trova davanti a sé sia un prodotto dello spirito stesso.

TESTO ANTOLOGICO
Schelling ON LINE
Il produrre inconscio dello spirito
(*Sistema dell'idealismo trascendentale*)

La filosofia pratica e i periodi della storia

La **filosofia pratica** inizia con il culmine dell'attività teoretica, ossia con la terza epoca, nella quale **lo spirito si pone come volontà**. Quest'ultima, realizzandosi in una pluralità di soggetti coscienti e volenti, si concretizza:

- nella **morale**, che accentua soprattutto la libertà e la spontaneità dell'agire;
- nel **diritto**, che accentua soprattutto il momento della legalità e della necessità.

Nel **mondo umano** nasce dunque un'**antitesi tra libertà e necessità** che richiede di essere composta in una sintesi superiore. Una prima composizione dell'antitesi è rappresentata dalla **storia**.

La storia come sintesi di libertà e necessità

La filosofia della storia di Schelling parte dal presupposto che, essendo unico il principio assoluto che agisce sia nella natura, sia nella storia, anche in quest'ultima debba ritrovarsi quella connessione di attività consapevole e inconsapevole che si è rintracciata nella natura. La storia, infatti, è sintesi di libertà (consapevolezza) e necessità (inconsapevolezza), poiché, mentre gli uomini credono di operare liberamente, ciò che essi non si propongono nasce in maniera inconscia e in virtù di una forza superiore, che si presenta in qualità di destino, di natura o di provvidenza. In altri termini, collocandosi nell'orizzonte del provvidenzialismo romantico, Schelling sostiene l'esistenza di **un disegno che si va attuando gradualmente nel tempo**, precisando che la storia è come un dramma nel quale tutti recitano la loro parte in piena libertà e secondo il proprio capriccio, e al quale solo lo spirito del poeta dà unità di svolgimento. Ma il vero poeta della storia – l'Assoluto o Dio – non è indipendente dal suo dramma: attraverso la libera azione degli uomini, egli stesso si attua e si rivela, sicché gli uomini sono collaboratori di tutta l'opera e inventori della parte specifica che recitano.

La **filosofia pratica** si articola in

> **morale** = sfera della libertà e della spontaneità
> **filosofia del diritto** = sfera della legalità e della necessità
> **filosofia della storia** = sintesi di libertà e necessità

Nella storia gli uomini credono di agire liberamente, ma al di là della loro azione si attua gradualmente qualcosa che va oltre i loro progetti consapevoli

TESTO ANTOLOGICO
ON LINE Schelling
Libertà e necessità della storia
(*Sistema dell'idealismo trascendentale*)

In particolare, la **rivelazione storica dell'Assoluto** avviene in tre periodi:

1) il **primo periodo** è quello in cui la potenza superiore appare sotto forma di **destino**, cioè di una forza totalmente cieca («a questo periodo della storia, che possiamo chiamare il tragico, appartiene il tramonto dello splendore e delle meraviglie del mondo antico, la caduta di quei grandi imperi, dei quali ci è rimasto appena il ricordo»);

2) il **secondo periodo** è quello in cui ciò che precedentemente appariva come destino si rivela come **natura** e «legalità meccanica». Tale periodo ha inizio con l'espansione della repubblica romana, la quale, spinta da una naturale brama di conquista, finì per servire quell'altro piano di natura che consiste nella lega di tutti i popoli e nello «stato universale»;

3) il **terzo periodo** è quello in cui ciò che precedentemente appariva come destino e come natura si rivela esplicitamente come **provvidenza**. Quando comincerà questo periodo, scrive Schelling, «non possiamo dirlo». Tuttavia, aggiunge il filosofo, se questo periodo *sarà*, allora saranno anche Dio e il regno di Dio, ossia la definitiva realizzazione della sintesi tra libertà e necessità, consapevolezza e inconsapevolezza.

I tre periodi della storia

In questo «regno» si avranno pure quella federazione planetaria e quella costituzione giuridica universale, in grado di garantire la **pace**, che Kant aveva sognato e che anche per Schelling costituisce, dal punto di vista politico, il **fine ultimo della storia**.

La federazione planetaria

La teoria dell'arte

Nella filosofia teoretica e pratica spirito e natura, conscio e inconscio, nonostante la loro puntuale corrispondenza, continuano a configurarsi come due poli distinti, separati da una divaricazione originaria, che è quella tra soggetto e oggetto. La storia, a sua volta, non fa che rimandare al futuro l'armonia tra i termini in gioco. Di conseguenza, l'unità (e la conciliazione) tra spirito e natura risulta più postulata che effettivamente dimostrata e attinta. Secondo Schelling l'unica maniera per risolvere questo nodo consiste nel **rintracciare un'attività nella quale si armonizzino completamente spirito e natura**, il produrre inconscio e quello conscio, ovvero un'attività nella quale si manifesti immediatamente ciò che nella storia si va attuando progressivamente, a titolo di tappa finale di un processo in corso. L'attività che compie tale "miracolo" è l'**arte**. ➔ **T4** p. 444

Natura e spirito nella filosofia e nella storia

L'arte come organo di rivelazione dell'Assoluto

Inserendosi nel quadro dell'estetismo romantico, Schelling ritiene che l'arte si configuri come l'organo di rivelazione dell'Assoluto nei suoi caratteri di infinità, consapevolezza e inconsapevolezza al tempo stesso. Infatti, **nella creazione estetica** l'artista risulta in preda a una forza inconsapevole che lo ispira e lo entusiasma, facendo sì che la sua opera si presenti come la **sintesi di un momento inconscio o spontaneo** (l'ispirazione) **e di un momento conscio e meditato** (l'esecuzione cosciente). Inoltre il "genio" concretizza la propria vocazione creativa in forme finite, le quali, essendo rivelazione dell'infinitezza dell'ispirazione, hanno infiniti significati, che l'artista stesso non riesce a penetrare pienamente e che sono suscettibili di una lettura senza fine. L'intero fenomeno dell'arte, che è **un produrre spirituale in modo naturale o un produrre naturale in modo spirituale**, rappresenta quindi la miglior chiave per intendere la struttura dell'Assoluto come sintesi indifferenziata di natura e spirito:

> l'arte è per il filosofo quanto vi è di più alto, poiché essa gli apre quasi il santuario, dove in eterna ed originaria unione arde come in una fiamma quello che nella natura e nella storia è separato.
>
> (*Sistema dell'idealismo trascendentale*)

Anzi, se l'Assoluto è una sorta di artista cosmico che genera le cose del mondo in maniera inconsapevole e consapevole al tempo stesso, caratterizzandosi come una forza infinita che si specifica in infinite figure finite, **l'artista umano**, nella prospettiva schellinghiana, si configura oggettivamente come colui che **incarna e concretizza il modo di essere dell'Assoluto**. In altre parole, dal punto di vista della filosofia di Schelling, nella **creazione estetica** si ripete il **mistero della creazione del mondo da parte dell'Assoluto**.

L'idealismo estetico

Con questa dottrina di Schelling, l'arte viene ad assumere per la prima volta nella storia della filosofia un significato universale e totale. Kant aveva visto nell'arte un atteggiamento possibile dell'uomo di fronte alla natura; Schiller la forma originaria e suprema dell'uomo. Schelling vede in essa la vita stessa dell'Assoluto e la radice di ogni realtà. **L'esaltazione romantica del valore dell'arte trova** quindi **in Schelling la più significativa espressione filosofica.** Per questo motivo, l'idealismo di Schelling è denominato **idealismo oggettivo ed estetico**: "oggettivo" per l'importanza attribuita alla natura, "estetico" per il rilievo conferito all'arte.

QUESTIONE MULTIMEDIALE
Le forme del bello **ON LINE**
Bellezza precisa e bellezza vaga

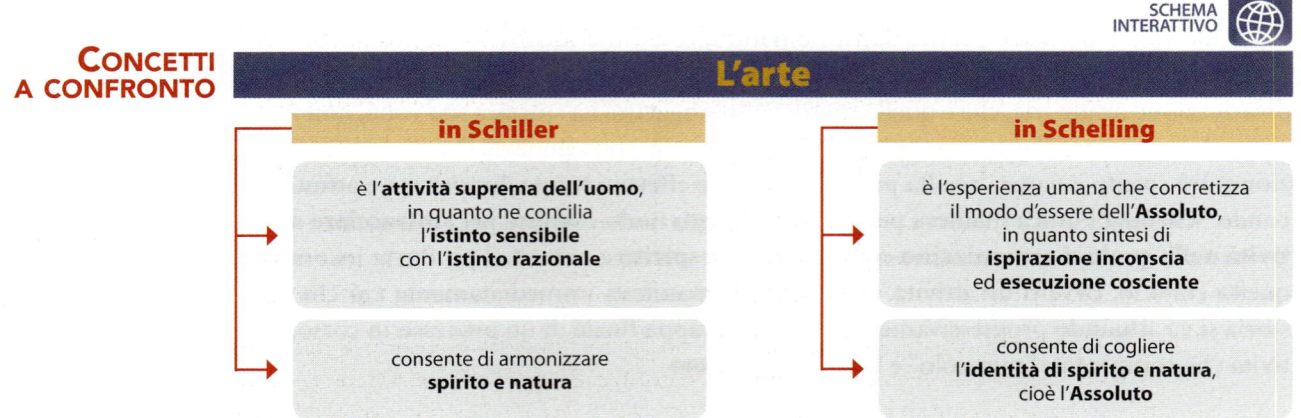

CONCETTI A CONFRONTO

SCHEMA INTERATTIVO **ON LINE**

L'arte

in Schiller	in Schelling
è l'**attività suprema dell'uomo**, in quanto ne concilia l'**istinto sensibile** con l'**istinto razionale**	è l'esperienza umana che concretizza il modo d'essere dell'**Assoluto**, in quanto sintesi di **ispirazione inconscia** ed **esecuzione cosciente**
consente di armonizzare **spirito e natura**	consente di cogliere l'**identità di spirito e natura**, cioè l'**Assoluto**

Il problema «più elevato» della filosofia trascendentale

In virtù della sua teoria dell'Assoluto come unità di conscio e inconscio (esemplificata dall'attività estetica), Schelling è in grado di risolvere un problema che per lui è «non il *primo*, bensì il più *elevato* compito della filosofia trascendentale» (*Sistema dell'idealismo trascendentale*). Tale problema, che abbiamo tralasciato di proposito, per non rendere didatticamente troppo pesante un pensiero già strutturalmente complesso, è il seguente: **com'è possibile**, secondo quanto insegna la filosofia teorica (prospettiva A) **che vi sia un predominio dell'oggetto sul soggetto e, nello stesso tempo,** secondo quanto insegna la filosofia pratica (prospettiva B), **un predominio del soggetto sull'oggetto?** In altri termini: «in qual modo possono ad un tempo le rappresentazioni esser pensate come determinate dagli obbietti, e gli obbietti come determinati dalle rappresentazioni?». In altre parole ancora:

Il problema

> Secondo B si esige un predominio del pensiero (dell'ideale) sul mondo sensibile: ma si può concepire un fatto simile, se (in virtù di A) la rappresentazione è nella sua origine soltanto la schiava dell'obbiettivo? Per converso, se il mondo reale è qualcosa da noi affatto indipendente, a cui deve (come a suo modello) volgersi la nostra rappresentazione (secondo A), non si riesce a comprendere come poi il mondo reale possa dirigersi giusta le nostre rappresentazioni (secondo B). In una parola, per la certezza teorica veniamo a perdere la pratica, per la pratica la teoretica. (*Sistema dell'idealismo trascendentale*)

Per risolvere questo problema, Schelling afferma che non si può concepire come il mondo obbiettivo possa accomodarsi alle nostre rappresentazioni e queste al mondo obbiettivo senza ammettere che **tra i due mondi, l'ideale e il reale**, esista un'«**armonia prestabilita**». E tale armonia, a sua volta, non è neanche pensabile se l'attività per cui si produce il mondo obbiettivo non è originariamente identica a quella che si manifesta nel volere:

Un'unica attività dello spirito, conscia e inconscia

> Ora è senza dubbio un'attività *produttiva* quella che si manifesta nel volere; ogni libero agire è produttivo, produttivo soltanto con coscienza. Se si pone ora che, siccome le due attività devono essere solo nel principio una sola, quella medesima attività, la quale nel libero agire è produttiva *con coscienza*, nella produzione del mondo sia produttiva *senza coscienza*, quell'armonia prestabilita è reale, e la contraddizione è sciolta.
> (*Sistema dell'idealismo trascendentale*)

In altri termini, lo Spirito è *sempre* attività e libertà, con la differenza che nel primo caso (quello della creazione del mondo obbiettivo) lo spirito è produttivo in modo inconscio, mentre nel secondo caso (quello del volere) è produttivo in modo conscio. Tant'è vero che, se l'oggetto, in sede teorica, condiziona il soggetto, è perché quest'ultimo ha già posto, fichtianamente, l'oggetto. E se il soggetto, in sede pratica, condiziona l'oggetto, è perché il volere non è che la continuazione e la realizzazione, a livello conscio, della libertà e della creatività dello Spirito, mediata dalla presenza dell'oggetto (il quale, idealisticamente, esiste solo per essere tolto).

Ma in quale luogo preciso andrà rinvenuta la postulata identità tra produttività inconscia e produttività conscia? Come già sappiamo, tale luogo è rappresentato dall'**attività estetica**, la quale **opera *senza* consapevolezza nel mondo reale** e *con* **consapevolezza nell'uomo**:

L'attività estetica

> Il mondo ideale dell'arte e quello degli obbietti sono perciò i prodotti di una sola e medesima attività; la combinazione dell'uno e dell'altro (del conscio e dell'inconscio), senza coscienza, dà il mondo reale; con la coscienza, dà il mondo estetico. (*Sistema dell'idealismo trascendentale*)

VERSO
LE COMPETENZE
▶ Utilizzare il lessico
e le categorie specifiche
della filosofia

GLOSSARIO e RIEPILOGO

L'idealismo trascendentale

Filosofia trascendentale p. 426 > Per Schelling la filosofia trascendentale è quel tipo di sapere, opposto ma complementare alla filosofia della natura, il cui scopo è «partire dal subbiettivo come dal primo ed assoluto, e farne derivare l'obbiettivo» (*Sistema dell'idealismo trascendentale*, cit., p. 10). In altri termini, la filosofia trascendentale è quella scienza che parte dal soggetto, dall'ideale e dal formale, per farne scaturire l'oggetto, il reale e il materiale, mostrando in tal modo «l'obbiettivarsi del subbiettivo».

Autocoscienza p. 426 > L'autocoscienza è la «coscienza di noi stessi» (*Sistema dell'idealismo trascendentale*, cit., p. 25) e rappresenta, secondo Schelling, il «punto luminoso» di tutto il sistema del sapere, cioè il principio primo e assoluto da cui muove la filosofia trascendentale nelle sue deduzioni.

Intuizione intellettuale p. 426 > Per "intuizione intellettuale" Schelling intende il sapere che l'Io ha di se stesso tramite l'autocoscienza, ossia una forma di sapere in cui coincidono soggetto e oggetto, intuente e intuito e per la quale l'Io, *conoscendo* se stesso, *costruisce*, nello stesso tempo, se stesso. Di conseguenza, l'intuizione intellettuale finisce per coincidere, analogamente a quanto accadeva in Fichte, con la nozione della libera autocreatività dello spirito, nozione che per l'idealismo fichtiano-schellinghiano sta alla base di *tutta* la filosofia: «Come senza l'intuizione dello spazio sarebbe assolutamente incomprensibile la geometria, perché tutte le sue costruzioni non sono che forme e maniere svariate di limitare quell'intuizione, così pure senza l'intuizione intellettuale, qualunque filosofia, perché tutti i suoi concetti non sono che limitazioni svariate del *produrre che ha per obbietto se stesso*, cioè dell'intuizione intellettuale».

Attività reale e attività ideale p. 426 > Per "attività reale" Schelling intende il fatto che l'Io, nel suo libero e infinito porsi, incontra il limite e risulta quindi *limitabile*. Per "attività ideale", invece, intende il fatto che l'Io, nel suo infinito intuirsi e autoprodursi, procede oltre ogni limite dato e risulta quindi *illimitabile*: «*L'autocoscienza (l'Io) è una lotta di attività assolutamente contrapposte*. L'una, che va originariamente all'infinito, sarà da noi chiamata la *reale*, *obbiettiva*, *limitabile*; l'altra, cioè la tendenza a intuirsi in quella infinità, si dirà *ideale*, *sub-*

biettiva, *illimitabile*» (*Sistema dell'idealismo trascendentale*, cit., p. 70). Ovviamente, nella dialettica concreta dell'Io, queste due attività sono strettamente congiunte, fino a dare luogo a una sorta di «terza attività, che sia insieme ritenuta entro il limite e l'oltrepassi, che sia *insieme ideale e reale*», ovvero alla situazione concreta dello spirito, il quale è, fichtianamente, un'eterna vicenda di *incontro* con il limite e di *superamento* del limite.

Epoche o fasi di sviluppo dell'Io p. 427 > Per Schelling le "epoche" dell'Io sono i momenti attraverso cui l'Io giunge progressivamente a prendere coscienza di sé e a porsi come attività produttrice e come intelligenza che determina se stessa. Tali epoche, che vanno dalla sensazione alla volontà, corrispondono ad altrettanti momenti di autocostituzione della natura.

Produzione inconscia p. 428 > Per "produzione inconscia" Schelling intende l'attività irriflessa (corrispondente all'«immaginazione produttiva» di Fichte) attraverso cui il soggetto pone quegli oggetti che alla coscienza comune appaiono, in seguito, delle *cose in sé*. Filosofare, secondo Schelling, significa appunto prendere coscienza dell'origine soggettiva degli oggetti: «Infatti, non appena la riflessione si rivolge alla produzione inconscia come tale e la rende perciò consapevole, gli oggetti vengono guardati, con la medesima necessità, come prodotti dell'Io [...]. Con ciò è dimostrata "l'idealità del limite"» (Nicolai Hartmann).

Filosofia pratica p. 428 > Secondo Schelling la filosofia pratica si fonda su «quell'auto-determinazione dell'intelligenza» che «chiamasi *volere*» (*Sistema dell'idealismo trascendentale*, cit., p. 205). E poiché quest'ultima, realizzandosi in una molteplicità di soggetti coscienti e volenti, si concretizza sia nella morale, sia nel diritto, nel mondo umano si determina un'antitesi tra libertà e necessità che richiede di essere composta in una sintesi superiore. Una prima composizione è costituita dalla storia (v.).

Storia p. 428 > Secondo Schelling «la storia nel suo complesso è una *rivelazione* dell'Assoluto, continua e gradatamente svolgentesi» (*Sistema dell'idealismo trascendentale*, cit., p. 274), che avviene tramite la libera azione degli individui, i quali sono, al tempo stesso, i «collaboratori» dell'opera divina e gli «inventori» della parte specifica che essi recitano. In virtù di questa sua struttura – che spiega come «l'uomo sia bensì libero per quanto spetta all'operare in sé, ma che, per quanto spetta al risultato finale delle sue operazioni, sia dipendente da una necessità, che è superiore a lui» – la storia si pone come sintesi tra libertà e necessità, tra consapevolezza e inconsapevolezza.

Arte p. 429 > Secondo Schelling l'arte costituisce l'«organo» della filosofia, ossia l'attività privilegiata grazie alla quale si può cogliere l'Assoluto nella sua unità (o identità) di spirito e natura. Infatti, la creazione artistica, che si

presenta come sintesi di un momento inconsapevole o spontaneo (l'ispirazione) e di un momento consapevole e riflesso (l'elaborazione cosciente dell'ispirazione), manifesta nella sua struttura la forza conscia-inconscia che agisce nel mondo come un artista cosmico, del quale l'artista umano è immagine.

Idealismo oggettivo ed estetico p. 430 > L'idealismo del primo Schelling è considerato "oggettivo" per l'importanza attribuita alla natura ed "estetico" per l'importanza attribuita all'arte.

5. La filosofia dell'identità e il problema del passaggio dall'infinito al finito

La filosofia della natura e la filosofia della storia hanno come presupposto la teoria dell'Assoluto come identità o indifferenza di soggetto e oggetto. Pertanto, a una prima considerazione, sembra che quella fase di pensiero (1801-1804) che Schelling stesso denomina **filosofia dell'identità**, «filosofia dell'indifferenza» o «filosofia dell'unitotalità» sia nient'altro che una ripresa o una continuazione della fase precedente.

Una nuova prospettiva

In realtà, la filosofia dell'identità mette capo a una **prospettiva nuova**, che pone le basi dei successivi sviluppi del pensiero schellinghiano. Infatti, mentre precedentemente Schelling partiva dalla natura e dallo spirito (dal finito e dal relativo) per giungere all'Assoluto o all'infinito, adesso intende muovere da quest'ultimo per poi discendere al finito e al relativo, convinto che la vera difficoltà non sia quella di cercare l'unità (divina) degli opposti, ma quella di **dedurre gli opposti dall'unità** (divina).

In altre parole, Schelling si trova di fronte all'antico problema di spiegare come dall'uno discendano i molti e come dall'eterno nasca il tempo, ossia come da Dio derivi il mondo. Questo problema fa tutt'uno con quello che sarà ulteriormente stimolato ed evidenziato dalla critica di Hegel a Schelling (v. unità 9) e che consiste nello spiegare come da un Assoluto indifferente e identico possano sgorgare la molteplicità e la differenziazione delle cose.
Gli scritti in cui Schelling, oltre a ribadire il punto di vista dell'identità, comincia ad accennare o a dibattere questi problemi sono principalmente le due *Esposizioni* del sistema (del 1801 e del 1802) e, soprattutto, il dialogo *Bruno o il principio divino e naturale delle cose* (1802).

Dall'uno ai molti, da Dio al mondo, dall'infinito al finito

In quest'ultimo scritto egli afferma che dall'infinito al finito non vi è passaggio, se non a patto di ammettere che il finito, in qualche modo, è già in Dio. Ma il finito può essere nell'Assoluto solo in modo infinito ed eterno, ossia sottratto ai limiti di spazio e di tempo. Ed è quanto Schelling sostiene dichiarando che **il finito è presente in Dio sotto forma di un sistema di idee**. Tuttavia, con questa teoria, egli lascia insoluto il problema del perché l'infinito sistema di idee divine si specifichi nella molteplicità delle creature finite e viventi. In altri termini, il fatto che in Dio si specifichino delle idee non dà ancora ragione di come mai

Il finito e le idee

queste ultime si specifichino a loro volta nelle cose. Come si può notare, **il problema del salto dall'essenza all'esistenza rimane aperto**. La questione è tanto più complessa se si pensa che Schelling rifiuta la soluzione creazionistica, di tipo ebraico-cristiano, secondo cui il passaggio dalle idee alle cose è dovuto a un *fiat* creatore di Dio, poiché una risposta di questo genere, a suo parere, sposta soltanto o elude il problema.

Questa serie di interrogativi metafisici, nel momento stesso in cui portano Schelling a indagare sui più oscuri misteri di Dio e del mondo, lo conducono anche a una svolta decisiva di pensiero, che alcuni studiosi hanno giudicato coerente con le premesse iniziali del suo sistema, mentre altri più o meno antitetica rispetto a esse (come si vede, si ripropone anche per Schelling, sia pure in modo meno marcato e criticamente controverso, il problema delle "due filosofie" di cui si è parlato a proposito di Fichte).

ESERCIZI
INTERATTIVI
ON LINE

6. Il finito come caduta e la teoria del «Dio che diviene»

Gli scritti principali della nuova fase del pensiero schellinghiano, quella cosiddetta "teosofica" o della "filosofia della libertà", sono *Filosofia e religione* (1804) e *Ricerche filosofiche sull'essenza della libertà umana* (1809). La prima opera, che riprende il nucleo di questioni sollevate dal *Bruno*, afferma decisamente che **dall'infinito al finito** e **dall'Assoluto al relativo** non vi può essere passaggio, ma solo «**rottura**», «**salto**» e «**caduta**». Ma come si spiega tale rottura?

Gli interrogativi

Recuperando schemi tratti dalla religione ebraico-cristiana, Schelling afferma che essa deriva dalla libertà umana, la quale, operando il male, provoca il distacco del finito dall'Assoluto, attraverso un processo cosmico che contempla una caduta e una redenzione, o, come egli stesso scrive, un'"iliade" e un'"odissea" della storia del mondo. Tuttavia, in questo modo Schelling non fa che presupporre già l'esistenza del finito, della libertà e del male, ossia di ciò che vorrebbe spiegare. Infatti, **come si giustifica a sua volta la possibilità metafisica di tali realtà?** Pertanto, a Schelling si pongono ormai con tutta chiarezza tre interrogativi di fondo:

a) da dove la **possibilità ontologica del finito e del mondo**?

b) da dove la **possibilità ontologica del male**?

c) da dove la **possibilità ontologica della libertà**?

Gli inconvenienti del creazionismo, dell'emanazionismo e del panteismo

Di fronte a queste domande il teismo creazionista (la tesi di un Dio personale e creatore), l'emanazionismo di stampo neoplatonico (la tesi di un Dio super-essente da cui emana l'universo) e il panteismo tradizionale (la tesi dell'identità Dio-mondo) appaiono, agli occhi di Schelling, impotenti e inutilizzabili:

■ **il teismo**, pensando Dio come un atto puro, e quindi come una perfezione statica, **non riesce a spiegare perché l'Assoluto**, essendo originariamente perfetto, **possa dar vita all'imperfetto**, ossia perché dall'unità e dalla pace divine sgorghi, sia pure attraverso un libero *fiat*, un mondo molteplice e in divenire. Inoltre, riducendo il male a un non-essere, **non riesce a giustificare** veramente **la possibilità e lo "spessore" del male nel mondo**, e la conseguente possibilità di una scelta umana di esso, ossia la libertà;

■ **l'emanazionismo** neoplatonico, a sua volta, **non fa che ripetere gli stessi inconvenienti del creazionismo**;

■ anche **il panteismo classico** (e qui Schelling ha presente soprattutto Spinoza, di cui fu appassionato studioso) **non riesce a spiegare né il salto dall'infinito al finito, né l'esistenza del male**, che è costretto a ridurre ad apparenza.

Di conseguenza, Schelling ritiene di dover imboccare una sorta di "terza via", al di là del teismo e del panteismo, che, pur non dissolvendo Dio nel mondo (in base al principio che se il mondo è tutto in Dio, Dio non è tutto nel mondo), sia in grado di mostrare come Dio non sarebbe tale senza il mondo. Nelle *Ricerche*, in cui elabora la nuova prospettiva, egli afferma che se il concetto di Dio come identità statica e perfezione già tutta realizzata non riesce a dar ragione del finito e del male, non rimane altra soluzione che quella di cambiare radicalmente il concetto stesso dell'Assoluto, interpretando **Dio** come una **realtà in divenire** e come **sede di una contrapposizione dialettica di contrari** (v. teoria del «Dio che diviene»). Ciò porta il filosofo a ritenere che in Dio sussista una serie di opposti – irrazionalità e razionalità, necessità e libertà, egoismo e amore ecc. – che danno luogo a un processo, avente come teatro il mondo, in cui si ha un progressivo trionfo del positivo sul negativo.

In altri termini, come in noi esistono da un lato un volere inconscio e irrazionale e dall'altro un volere permeato di ragione, così **in Dio** si trovano **da un lato un fondo abissale inconsapevole, un'oscura brama o desiderio d'essere** (che Schelling, sulle orme di Böhme, denomina «substrato», «natura» o «abisso») e **dall'altro una ragione consapevole** (che Schelling denomina «l'essere»).

La realtà dinamica e dialettica di Dio

Ma come nell'uomo lo spirito affiora dalla vittoria sull'impulso, o come la luce si afferma in virtù del dissolvimento delle tenebre, o come, in generale, il positivo si rivela solo in rapporto al negativo, così, in Dio, «l'essere» o la ragione consapevole emerge dalla «natura» irrazionale, che è appunto il fondamento a partire dal quale Dio si fa Dio. In tal modo **l'Assoluto schellinghiano cessa di essere un atto puro** o un primo motore immobile **per configurarsi come un Dio vivente**, ossia come un Dio che non *è*, ma *diviene*, e nello stesso tempo si rivela a se stesso, facendosi persona, tramite una progressiva vittoria della razionalità sull'irrazionalità, della libertà sulla necessità, dell'amore sull'egoismo, ossia **mediante un processo cosmico coincidente con la storia stessa del mondo, che è una vivente teofania** (ossia manifestazione di Dio).

L'essere e la natura in Dio

Secondo Schelling, solo questa concezione dinamica di Dio può spiegare l'origine e il destino del mondo e del finito. Infatti la creazione, che sgorga dal volere inconscio di Dio e dal suo oscuro "desiderio d'essere" e che trova la sua redenzione nella graduale realizzazione e rivelazione di Dio a se stesso, rappresenta un momento necessario della vita divina, che non può fare se stessa se non facendo, al tempo stesso, il mondo. Per Schelling questa concezione presenta inoltre il vantaggio di spiegare l'origine e la possibilità del male, senza con ciò stesso attribuirne la causa a Dio. Alla tesi polemico-ironica del medico e filosofo Adam Karl August Eschenmayer (1768-1852), secondo cui l'Assoluto schellinghiano sarebbe un misto di Dio e di Satana, il filosofo ribatte che **tra l'aspetto inconscio e abissale di Dio e il suo essere razionale** (e quindi tra necessità e libertà, egoismo e amore, desiderio e intelletto) non vi è antitesi irrisolta, bensì **armonica compenetrazione**, in quanto il primo è semplicemente la condizione del trionfale esplicarsi del secondo:

La necessità del mondo, del male e della libertà

> Infatti ogni essere può rivelarsi solo per mezzo del suo contrario; l'amore solo nell'odio, l'unità solo nella lotta. Se non ci fosse separazione dei princìpi, l'unità non potrebbe mostrare la sua onnipotenza; se non ci fosse la discordia, l'amore non potrebbe diventare reale.
>
> (*Ricerche filosofiche sull'essenza della libertà umana*)

**Il male
e la libertà
in relazione
all'uomo**

Nella teofania cosmica di Schelling, la vera possibilità del male sorge soltanto in relazione all'uomo, allorquando egli, turbando il piano divino e alterando perversamente, con la sua libertà, l'ordine e il corso dell'essere, tra-sceglie il negativo, ossia separa il bene dal male, isolando il finito dall'infinito e ribellandosi a Dio. Ma **anche nella caduta l'uomo sente il richiamo della redenzione**, e quindi il bisogno di far coincidere il proprio destino con quello di Dio, che è un'eterna vittoria del positivo sul negativo, o, in termini religiosi, della luce sulle tenebre.

7. La filosofia positiva

Dopo la pubblicazione delle *Ricerche filosofiche sull'essenza della libertà umana* (1809), Schelling si chiude in uno sdegnoso mutismo, assistendo al trionfo di Hegel, il quale, identificando risolutamente la realtà con la ragione, su questo fondamento va ormai sviluppando tutte le parti di un sistema organizzato e compiuto.

**L'ultima fase
del pensiero
di Schelling**

Il silenzio di Schelling si interrompe solo tre anni dopo la morte di Hegel, con uno scritto occasionale: una breve prefazione alla traduzione tedesca dei *Frammenti filosofici* di Victor Cousin (1834). Già in questo scritto si annuncia il **nuovo indirizzo** della filosofia schellinghiana, che il filosofo stesso chiamerà «positiva» e che esporrà nei corsi (rimasti inediti) tenuti all'Università di Berlino.

**La distinzione
tra possibilità logica
ed esistenza**

Schelling non era mai giunto a identificare il reale con il razionale. Anche designando l'Assoluto con il nome di «Io» o di «Ragione», aveva sempre incluso in esso un riferimento alla realtà, all'oggetto, all'esistente come tale e l'aveva perciò sempre riconosciuto come indifferenza di idealità e di realtà. La dottrina di Hegel gli appare quindi come una caricatura, un'esagerazione unilaterale del suo sistema. Hegel distrugge la distinzione tra il razionale e il reale, mette il razionale al posto del reale, riconduce tutto al concetto, pretendendo di derivare da concetti astratti tutta la realtà, dall'esistenza del mondo a quella di Dio.
Questo procedimento è impossibile, secondo Schelling, perché un conto sono le **condizioni negative della pensabilità logica del reale** e un conto le **condizioni positive della sua esistenza**. Da ciò la distinzione tra una **filosofia negativa**, che si limita a studiare l'*essenza* o la *possibilità logica* delle cose (cioè il *quid sit*), e una **filosofia positiva**, che concerne invece la loro *esistenza* o *realtà effettiva* (cioè il *quod sit*).

TESTO ANTOLOGICO
Schelling **ON LINE**
Oltre Hegel
(*Lezioni monachesi*)

**L'impotenza
e il silenzio della
ragione**

L'esigenza di passare dall'ambito del «puro possibile» a quello del «puro esistente» (cioè da una filosofia negativa a una filosofia positiva) comporta che la ragione si ritrovi improvvisamente "al di là del pensiero", priva dei soli strumenti con i quali è in grado di operare, ovvero i concetti. Di fronte alla «nuda realtà», che sfugge a ogni mediazione e deduzione concettuale, risultando opaca e impermeabile alla forza del pensiero, la ragione è disorientata e «**attonita**», come **strappata a se stessa**, del tutto **impotente**: «non è più nulla, non può più nulla» (*Filosofia della rivelazione*, 164).
Essa, inoltre, **ammutolisce**: se nella tradizione neoplatonica il silenzio era quello del pensiero umano di fronte all'ineffabile divinità che sfugge alla "cattura" di ogni discorso, per

Schelling il silenzio colpisce la ragione già di fronte al «puro esistente», che, refrattario al concetto, non si lascia dedurre, non trova spiegazione logica e dunque sarà ricondotto alla libera, contingente e imprevedibile scelta di Dio. Come paralizzata, la ragione non può che piegarsi all'evidenza dei "fatti" e riconoscere che «**ci sono innumerevoli cose che la trascendono**»[1].

La filosofia positiva che Schelling mette a punto nell'ultima fase del suo pensiero prende le mosse proprio da questo "scacco" della ragione di fronte all'esistenza. Quest'ultima, come abbiamo anticipato, deriva dalla libera e imprevedibile volontà di Dio e, in virtù di questa sua radicale contingenza, non può venire logicamente dedotta, ma solo fattualmente indotta. In altri termini, poiché l'esistenza non può venire "costruita" dalla ragione (come pretenderebbe Hegel), al filosofo spetta il più modesto compito di **constatare** e di **interpretare speculativamente la rivelazione che Dio fa di se stesso nel mondo**.

La filosofia positiva: mitologia e rivelazione

E poiché Dio si manifesta dapprima nella sua natura e nella sua necessità (come accade nella religione naturale o mitologia) e poi nella sua assoluta personalità e libertà (come accade nella religione rivelata), la filosofia positiva finisce per articolarsi, secondo il titolo di due opere di Schelling, in una **filosofia della mitologia** e in una **filosofia della rivelazione**. Ovviamente, «il Dio di cui questa filosofia positiva si occupa è ormai il **Dio-persona** che crea il mondo, si rivela e redime l'uomo dalla sua caduta: è, insomma, il Dio considerato in quella concretezza religiosa che le filosofie moderne non hanno quasi mai considerato quale oggetto specifico della propria riflessione» (Reale-Antiseri), anche se «i dogmi cristiani della Trinità e dell'Incarnazione sono interpretati in funzione di un "cristianesimo eterno", cioè di una **religiosità universale** che deve attuarsi nell'avvenire in un pancristianesimo, che accoglierà, al di fuori di sette e di dogmi, tutti i credenti nello Spirito» (Giuseppe Faggin).

APPROFONDIMENTO
ON LINE Schelling nella filosofia moderna

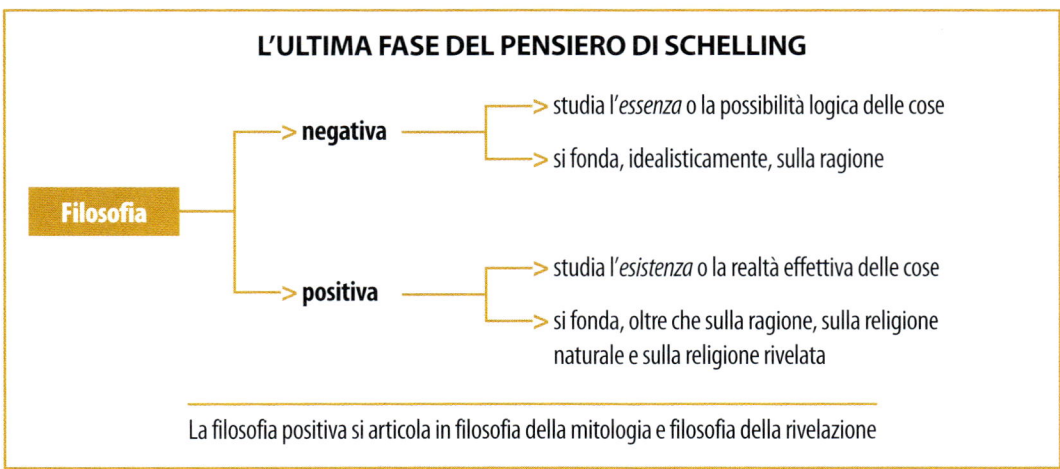

L'ULTIMA FASE DEL PENSIERO DI SCHELLING

- **Filosofia**
  - **negativa**
    - > studia l'*essenza* o la possibilità logica delle cose
    - > si fonda, idealisticamente, sulla ragione
  - **positiva**
    - > studia l'*esistenza* o la realtà effettiva delle cose
    - > si fonda, oltre che sulla ragione, sulla religione naturale e sulla religione rivelata

La filosofia positiva si articola in filosofia della mitologia e filosofia della rivelazione

---

[1] Sul tema dello «stupore della ragione» si confronti Luigi Pareyson, *Stupore della ragione e angoscia di fronte all'essere* (in *Ontologia della libertà*, Einaudi, Torino 1995).

GLOSSARIO e RIEPILOGO

Dalla filosofia dell'identità alla filosofia positiva

Filosofia dell'identità p. 433 > Con l'espressione "filosofia dell'identità" si intende, in generale, la teoria schellinghiana dell'Assoluto come identità o indifferenza di soggetto e oggetto, spirito e natura, conscio e inconscio ecc. Più in particolare, si intende il sistema abbozzato da Schelling nel periodo che va dal 1801 al 1804 e che ruota intorno al problema di come si possano derivare il finito e il relativo partendo dall'Assoluto e dall'infinito.

Teoria del «Dio che diviene» p. 435 > Nelle *Ricerche filosofiche sull'essenza della libertà umana* (1809) Schelling sviluppa una dottrina secondo la quale Dio non è una perfezione statica e già tutta realizzata (poiché in tal caso non si riuscirebbe a spiegare l'esistenza del finito e del male), ma una realtà in divenire che ospita in se medesima una serie dialettica di contrari – irrazionalità e razionalità, necessità e libertà, egoismo e amore ecc. – i quali danno luogo a un processo cosmico consistente nel progressivo trionfo del positivo sul negativo.

Filosofia negativa e filosofia positiva p. 436 > Per "filosofia negativa" l'ultimo Schelling intende un pensiero che si limita a studiare l'*essenza* o la *possibilità logica* delle cose (il *quid sit*), mentre per "filosofia positiva" intende un pensiero che concerne la loro *esistenza* o realtà *effettiva* (il *quod sit*). Prendendo le difese della seconda, Schelling afferma che l'esistenza, derivando dalla libera e imprevedibile volontà di Dio, non può essere logicamente dedotta, ma solo fattualmente indotta o constatata. Di conseguenza, secondo Schelling, la filosofia non ha il compito di "costruire" la realtà, ma solo quello di constatare e di interpretare speculativamente la *rivelazione* che Dio fa di sé nel mondo. Da ciò il programma di una *filosofia della mitologia* (che ha per oggetto la manifestazione di Dio nella natura) e di una *filosofia della rivelazione* (che ha per oggetto la manifestazione di Dio nella sua assoluta personalità e libertà).

MAPPA

Schelling

ON LINE MAPPA INTERATTIVA

La FILOSOFIA della NATURA

dalla natura allo spirito
(come la natura si risolve nello spirito):
natura come **spirito visibile**

natura come **organismo** organizzato **finalisticamente**

natura come **attività spontanea e creatrice** che si dispiega attraverso l'opposizione di

natura come **progressivo emergere dello spirito** (dal mondo inorganico a quello organico)

attrazione

repulsione

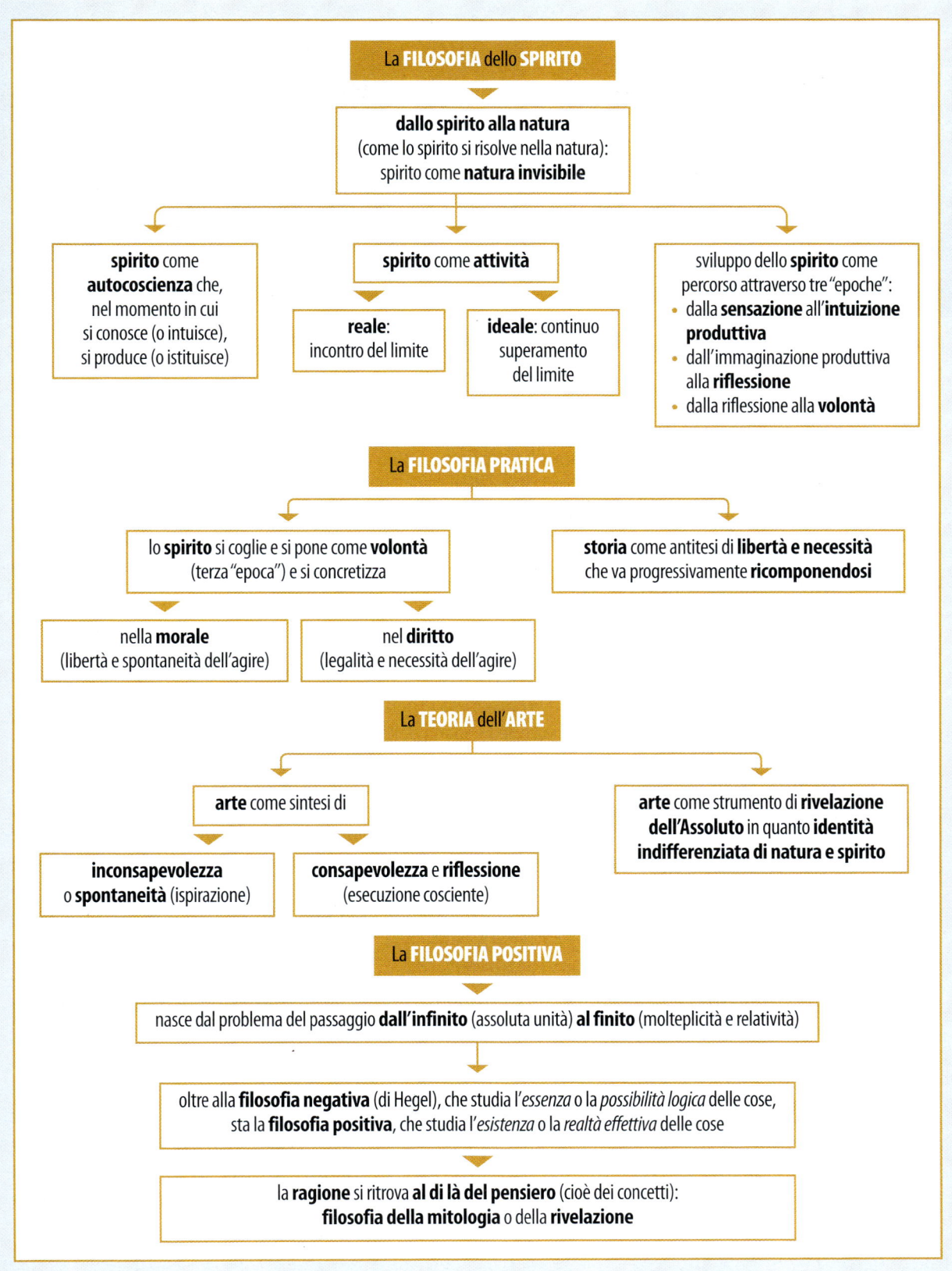

La FILOSOFIA dello SPIRITO

dallo spirito alla natura
(come lo spirito si risolve nella natura):
spirito come **natura invisibile**

spirito come **autocoscienza** che, nel momento in cui si conosce (o intuisce), si produce (o istituisce)

spirito come **attività**

reale: incontro del limite

ideale: continuo superamento del limite

sviluppo dello **spirito** come percorso attraverso tre "epoche":
• dalla **sensazione** all'**intuizione produttiva**
• dall'**immaginazione produttiva** alla **riflessione**
• dalla riflessione alla **volontà**

La FILOSOFIA PRATICA

lo **spirito** si coglie e si pone come **volontà** (terza "epoca") e si concretizza

storia come antitesi di **libertà e necessità** che va progressivamente **ricomponendosi**

nella **morale** (libertà e spontaneità dell'agire)

nel **diritto** (legalità e necessità dell'agire)

La TEORIA dell'ARTE

arte come sintesi di

arte come strumento di **rivelazione dell'Assoluto** in quanto **identità indifferenziata di natura e spirito**

inconsapevolezza o **spontaneità** (ispirazione)

consapevolezza e **riflessione** (esecuzione cosciente)

La FILOSOFIA POSITIVA

nasce dal problema del passaggio **dall'infinito** (assoluta unità) **al finito** (molteplicità e relatività)

oltre alla **filosofia negativa** (di Hegel), che studia l'*essenza* o la *possibilità logica* delle cose, sta la **filosofia positiva**, che studia l'*esistenza* o la *realtà effettiva* delle cose

la **ragione** si ritrova **al di là del pensiero** (cioè dei concetti): **filosofia della mitologia** o della **rivelazione**

La filosofia della natura

Nel 1796 Schelling è a Lipsia, dove ha modo non solo di farsi conoscere in qualità di filosofo, ma anche di acquisire ampie nozioni di medicina, fisica e matematica, che gli procurano la stima sia di Goethe, sia di Fichte. Il distacco intellettuale da quest'ultimo è però ormai alle porte e si compie tra il 1797 e il 1798, quando Schelling pubblica *Idee per una filosofia della natura* e *Intorno all'anima del mondo*. In queste opere, infatti, è ormai esplicita la scelta di restituire alla natura il valore sottrattole da Fichte, concependola come «spirito visibile» e inconscio.

T1 > L'ASSOLUTA IDENTITÀ DI SPIRITO E NATURA

Sebbene anche Schelling, come Fichte, accolga la lezione di Kant (secondo il quale ogni forma di conoscenza della realtà esterna non deriva dalla mera esperienza, bensì dall'attività sintetica del soggetto), tuttavia egli non condivide l'affermazione fichtiana della libertà dell'uomo contro ogni forma di determinismo e il conseguente annientamento di tutto quanto si opponga a questa libertà, in primo luogo la natura. Schelling deve pertanto andare contro Fichte, pur senza smarrirne le conquiste idealistiche.

Il dogmatico, che presuppone tutto come già originariamente esistente fuori di noi (e non come
2   qualcosa che *si fa* e *sorge da* noi), deve per lo meno assumersi l'impegno di spiegare ciò che è
fuori di noi in base a cause che siano anch'esse *esterne*. Ciò gli riesce finché si mantiene in seno al
4   rapporto di causa ed effetto, per quanto non riesca mai a rendere comprensibile come *a sua volta*
sia sorto questo rapporto di causa ed effetto. Non appena egli si innalza al di sopra del singolo
6   fenomeno, tutta la sua filosofia crolla: i limiti del meccanicismo sono anche i limiti del suo sistema.
Ora, il meccanicismo è però lungi dal costituire da solo la natura. Infatti non appena entriamo
8   nel campo della *natura organica*, ogni collegamento meccanico di causa ed effetto vien meno.
Ogni prodotto organico sussiste *per se stesso*, la sua esistenza non dipende da un'altra esistenza.
10   Ora, la causa non è però mai identica all'effetto: un rapporto di causa ed effetto è possibile solo
fra cose affatto *diverse*. L'organismo, invece, produce *se stesso*: ogni singola pianta non è che il
12   prodotto di un individuo della *sua* specie, e così ogni singolo organismo produce e riproduce
all'infinito soltanto *il proprio genere*. Nessun organismo quindi *procede* in avanti, ma ritorna
14   sempre in se stesso all'infinito. Pertanto un organismo come tale non è né *causa* né *effetto* di una
cosa fuori di esso, e quindi non è una cosa che possa inserirsi nel nesso di causa ed effetto. Ogni
16   prodotto organico porta in *se stesso* la ragione della propria esistenza, giacché è causa ed effetto
di se stesso. […]

18 La prima cosa, dunque, che voi ammettete è questa: ogni concetto di finalismo può sorgere soltanto in un intelletto, e solo in relazione a un tale intelletto una cosa può essere definita conforme

20 a scopi.

Egualmente siete non meno costretti ad ammettere che il finalismo dei prodotti naturali risiede

22 *in essi stessi*, che esso è *oggettivo* e *reale*, che dunque non appartiene alle vostre rappresentazioni *arbitrarie*, ma a quelle *necessarie*.

24 [...] l'organismo vivente dev'esser prodotto dalla *natura*, ma in questo prodotto naturale deve dominare uno *spirito* ordinatore e unificatore; e questi due princìpi devono essere in esso non

26 separati, ma intimamente uniti: nell'intuizione essi non si devono poter distinguere, fra di essi non dev'esserci né un *prima* né un *dopo*, ma assoluta contemporaneità e reciprocità d'azione. [...]

28 Che cos'è dunque quel legame segreto che unisce il nostro spirito con la natura, o quell'organo nascosto mediante il quale la natura parla al nostro spirito o il nostro spirito alla natura? Vi fac-

30 ciamo subito grazia di tutte le vostre spiegazioni circa il modo in cui una tale natura conforme a scopi sia divenuta reale *fuori di noi*. Infatti spiegare questa finalità dicendo che un intelletto divi-

32 no ne è l'autore, non è filosofare, ma fare delle pie considerazioni. Con ciò non ci avete dato una spiegazione alcuna: noi vogliamo infatti sapere non come una tale natura sia sorta fuori di noi,

34 ma come sia venuta *in noi* anche solo l'*idea* di una tale natura; e vogliamo sapere non tanto come noi l'abbiamo arbitrariamente prodotta, ma come e perché essa originariamente e *necessaria-*

36 *mente* sta a fondamento di tutto ciò che la nostra specie ha da sempre pensato sulla natura. [...] La natura dev'essere lo spirito visibile, lo spirito la natura invisibile. Qui dunque, nell'assoluta

38 identità dello spirito *in* noi e della natura *fuori* di noi, si deve risolvere il problema di come sia possibile una natura fuori di noi.

(*Idee per una filosofia della natura*, "Introduzione", tratto da L. Pareyson,
Schelling. Presentazione e antologia, Marietti, Torino 1975, pp. 140-146)

Analisi del testo

1-6 Il dogmatismo realistico, già stigmatizzato da Fichte, viene sottoposto a una severa critica anche da parte di Schelling: esso non solo non è in grado di giustificare l'esistenza della realtà esterna (ancora una volta si tratta della polemica idealistica contro l'esistenza della cosa in sé), ma neppure gli strumenti esplicativi di cui si serve.

7-20 Se il principio di causalità che sta alla base della prospettiva meccanicistica è sufficiente per rendere conto degli enti naturali inorganici, non riesce invece a spiegare il fenomeno della vita. Gli organismi, infatti, non possono costituire l'uno la causa dell'altro, ma sembrano piuttosto enti isolati, ognuno recante in sé il proprio principio. Questa difficoltà si può superare passando a un modello di spiegazione finalistico, il quale però implica la necessaria ammissione di un intelletto che riconosca, come dall'esterno, l'organizzazione gerarchica della natura.

21-39 Il principio unitario intelligente che ordina il mondo naturale secondo una logica finalistica non può essere il nostro io (perché in tal caso sarebbe soggetti-

vo e arbitrario), ma deve piuttosto essere estraneo ad esso e, quindi, estraneo alla coscienza: esso è dunque una produttività inconscia. La tesi è leibniziana: lo spirito opera inconsciamente fino a certi livelli, per divenire progressivamente consapevole.

Così, se rispetto a Kant, che aveva posto la natura sotto le leggi dell'intelletto e non le aveva riconosciuto alcun rilievo teleologico, Fichte rappresentava già un progresso (poiché nella natura scorgeva almeno il mezzo della moralità), Schelling intende superare anche Fichte, facendo della natura la condizione preliminare (inconscia) dello spirito (conscio). Per questo il principio della realtà non può essere che unico, contemporaneamente interno ed esterno alla natura, a seconda che se ne abbia o meno coscienza. Del resto, le teorie di cui Schelling dispone sono quella meccanicistica da un lato e quella vitalistica dall'altro; ma entrambe hanno il difetto di produrre una cesura tra quanto è vivo e quanto non lo è. Per questo Schelling approda all'idea di una «assoluta identità» tra spirito e natura, ovvero all'idea della natura organizzata *per intero* in base a un unico principio.

L'idealismo trascendentale

Sviluppando le conseguenze implicite nella sua filosofia della natura, Schelling perviene nel 1800 al *Sistema dell'idealismo trascendentale*, in cui tutta la sua riflessione precedente è rielaborata in una trattazione di assoluta organicità.

 ## IL COMPITO DELLA FILOSOFIA TRASCENDENTALE

Nel brano che segue, tratto dal *Sistema dell'idealismo trascendentale*, si chiarisce il ruolo complementare svolto dalla filosofia della natura e dalla filosofia trascendentale, che per Schelling corrispondono alle due "direzioni" della ricerca filosofica.

Ciò che principalmente ha mosso l'autore ad applicarsi con particolare diligenza all'esposizione
2 di quella connessione, che è propriamente una *serie graduale* di intuizioni attraverso cui l'io si
eleva fino alla coscienza nella più alta potenza, è stato quel parallelismo fra la natura e il principio
4 intelligente, al quale egli era stato condotto già da lungo tempo, e che non è possibile esporre
compiutamente né alla filosofia trascendentale, né alla filosofia della natura isolatamente prese,
6 ma soltanto *ad entrambe le scienze*, che proprio per ciò devono restare in una perpetua opposizione, senza potersi mai fondere in uno. [...]
8 Se ogni *sapere* ha come due poli, che si presuppongono ed esigono a vicenda, essi debbono potersi allora rintracciare in tutte le scienze: debbono perciò esservi necessariamente *due* scienze fon-
10 damentali, e dev'esser impossibile muovere da un polo senza essere spinti verso l'altro. La tendenza di tutte le *scienze naturali* è dunque quella di pervenire dalla natura all'intelligenza. Questo
12 e non altro v'è al fondo di ogni tentativo di introdurre *teoria* nei fenomeni naturali. La somma perfezione della scienza della natura sarebbe la compiuta spiritualizzazione di tutte le leggi natu-
14 rali in leggi dell'intuizione del pensiero. [...]
Se ogni sapere riposa sull'accordo di questi due elementi [i fenomeni materiali e le leggi formali,
16 ovvero l'oggettivo e il soggettivo], il compito di chiarire quest'accordo è allora indubbiamente il più elevato per ogni sapere, e se, come generalmente si concede, la filosofia è la suprema e la più
18 alta delle scienze, esso è indubbiamente il *compito principale della filosofia*. [...]
Siccome i due opposti sono vicendevolmente necessari, il risultato dell'operazione dev'essere al-
20 lora lo stesso, da qualunque punto si parta.
Porre come primo l'oggettivo e ricavarne il soggettivo è, come appena mostrato, compito della
22 *filosofia della natura*.
Se dunque una *filosofia trascendentale* esiste, non le rimane altro che la direzione opposta; partire
24 dal *soggettivo, come dal primo assoluto, e farne risultare l'oggettivo*. In tal modo filosofia della natura e filosofia trascendentale si sono distinte secondo le due principali direzioni della filosofia; e
26 se ogni filosofia deve riuscire o a far della natura un'intelligenza, o dell'intelligenza una natura, allora la filosofia trascendentale, cui spetta quest'ultimo compito, è *l'altra necessaria scienza fon-
28 damentale della filosofia*. [...]
La filosofia trascendentale deve spiegare come sia possibile il sapere in generale una volta presup-
30 posto che il soggettivo sia assunto in esso come dominante o primo.
Non è dunque una parte singola, né un dato particolare del sapere, ma il *sapere stesso*, e il *sapere
32 in generale*, ciò che essa si fa suo oggetto.

(*Sistema dell'idealismo trascendentale*, tratto da L. Pareyson, *Schelling. Presentazione e antologia*, cit., pp. 193-197)

Analisi del testo

1-7 Già nella cosiddetta "fase della filosofia della natura" Schelling aveva compreso che la filosofia della natura non esauriva il campo dell'essere, né affrontava, e tanto meno risolveva, il problema della coscienza. Fin da allora, infatti, gli risultava chiaro che la natura è conoscibile solo da parte di un soggetto razionale, e che, avendo quest'ultimo (l'uomo) anche una parte naturale, è impossibile tenere separati questi due ambiti.

8-28 Il presupposto schellinghiano che sta a monte di queste righe è ovviamente la piena reciproca conformità di natura e spirito: la prima tende verso il secondo (consentendone l'esistenza materiale) e il secondo tende verso la prima (conoscendola). La conformità della struttura naturale e di quella spirituale rende analogo anche il compito dei due corrispondenti ambiti del sapere: partendo dalla natura si perviene allo spirito e muovendo dallo spirito si giunge alla natura, in una complementarità di compiti che fanno della filosofia della natura e della filosofia trascendentale i due aspetti inscindibili della filosofia.

29-32 Se la filosofia della natura ha mostrato come la natura possa pervenire all'intelligenza, come le cose naturali possano diventare oggetti di rappresentazione, non ha certo risolto tutte le questioni fondamentali di quella filosofia della coscienza che altri pensatori, da Kant a Reinhold, da Maimon a Fichte, avevano sviluppato. Schelling, in altre parole, deve ancora rispondere ad alcune domande, che egli reimposta alla luce delle premesse del proprio sistema: in che modo l'intelligenza perviene alla natura? Come può la coscienza, che sorge e si sviluppa del tutto internamente al soggetto, giungere a realtà che le sono esterne e produrre rappresentazioni che concordano con gli oggetti? Più semplicemente, come riusciamo noi a *conoscere*? Il problema affrontato dalla filosofia trascendentale risulta dunque essere quello generale della possibilità della conoscenza.

 L'AUTOCOSCIENZA COME PRINCIPIO DEL SAPERE

Poiché, come si è visto nel brano precedente, il compito della filosofia trascendentale è quello di "dedurre" l'oggetto dal soggetto, è proprio da quest'ultimo che si deve partire per trovare il principio unitario su cui si basa ogni conoscere. Ecco perché Schelling si rivolge all'Io e alla coscienza che l'Io ha di se stesso.

Se ogni forma di sapere si basa sull'accordo fra un elemento soggettivo e uno oggettivo, allora
2 tutto il nostro sapere consiste in proposizioni che non sono vere *immediatamente*, ma derivano
la loro realtà da qualche altra cosa.
4 La mera giustapposizione di un elemento soggettivo a un altro soggettivo non fonda un autentico sapere. E al contrario il vero sapere presuppone un accordo di elementi opposti, l'accordo dei
6 quali non può essere che *mediato*.
Dev'esserci dunque nel nostro sapere un principio generale di mediazione, ch'è l'unico fondamento
8 *del sapere.* […]
Che in generale sia possibile un sapere […] è ammesso anche dallo scettico. Se noi sappiamo
10 qualcosa, allora questo sapere o è condizionato o è incondizionato. È condizionato? Che sia tale
lo sappiamo solo perché è in relazione con alcunché d'incondizionato. […]
12 *Incondizionatamente* io so soltanto ciò il cui sapere è condizionato unicamente dal soggettivo e
non dall'oggettivo. Ora si afferma che un tal sapere, qual è espresso in proposizioni *identiche*
14 [analitiche, tautologiche], è condizionato solo dal soggettivo. […]
Ma in ogni sapere vien pensato un elemento oggettivo in coincidenza col soggettivo. Nella pro-
16 posizione A = A manca una tal coincidenza. […]
Ora, se tutte le proposizioni in cui soggetto e predicato sono mediati non *solamente dall'identità*
18 *del pensiero*, ma anche da qualcosa di estraneo al pensiero e da esso diverso, si chiamano *sintetiche*, tutto il nostro sapere non consiste che in proposizioni sintetiche […].

20 Ora però le proposizioni sintetiche non sono certo *incondizionatamente*, per se stesse, perché tali sono solo le identiche o analitiche. […]

22 Questa contraddizione potrebbe risolversi solo *se si trovasse un punto in cui l'identico ed il sintetico sono uno, ovvero una proposizione che, mentre è identica, è insieme sintetica, e, mentre è sintetica, è insieme identica.* […]

24 Ora, poiché la rappresentazione è il soggettivo, e l'essere invece l'oggettivo, il problema, determinato nel modo più esatto, è questo: *trovare il punto in cui soggetto e oggetto sono immediatamente una cosa sola.*

28 Grazie a questa più precisa delimitazione, il problema è già bell'e risolto. Quest'identità immediata di soggetto e oggetto può esistere soltanto là dove il *rappresentato* è in pari tempo anche il *rappresentante*, l'*intuìto* anche l'*intuente*. Ma quest'identità del rappresentato e del rappresentante esiste *solo nell'autocoscienza*; e dunque il punto cercato è trovato nell'autocoscienza […].

> *(Sistema dell'idealismo trascendentale*, tratto da L. Pareyson, *Schelling. Introduzione e antologia*, cit., pp. 203, 205, 211-214)

Analisi del testo

1-8 Il sapere implica la scissione di soggetto e oggetto e nel contempo il loro accordo, un accordo consapevole, fondato su buoni motivi, ossia «*mediato*» (r. **6**). Non potendo fondarsi su criteri variabili (che getterebbero la conoscenza in una irrimediabile caoticità), il sapere deve poggiare su un principio unitario, la cui individuazione costituisce il compito specifico della filosofia trascendentale.

9-24 Il soggetto che conosce è limitato o, come dice Schelling, «condizionato» dalla presenza di qualcos'altro che gli si oppone e lo limita. Le proposizioni che esprimono un autentico progresso nella conoscenza sono pertanto quelle «sintetiche», in cui avviene il "condizionamento" del soggetto da parte dell'oggetto. Invece le proposizioni «identiche», cioè analitiche o tautologiche (come quella che esprime il principio di identità

"A = A"), non corrispondono a un vero sapere, poiché nulla dicono della "realtà" degli oggetti di cui parlano (o, detto altrimenti, mancano dell'incontro del soggettivo con l'oggettivo). Esse, tuttavia, sono le sole di cui si può avere certezza (le sole "incondizionate"). Questa alternativa apparentemente insanabile si può risolvere soltanto individuando una proposizione che sia nel contempo analitica e sintetica, che sia, cioè, incondizionata, ma corrisponda effettivamente a un atto del conoscere.

25-31 Il problema del fondamento del sapere trova soluzione nell'autocoscienza, poiché l'autointuizione è esattamente quel «punto in cui soggetto e oggetto sono immediatamente una cosa sola»: nell'intuizione che il soggetto ha di se stesso non c'è nulla di "esterno", poiché in essa il soggetto conoscente e l'oggetto conosciuto sono la medesima cosa.

 **T4 >** ## L'ATTIVITÀ ARTISTICA COME EFFETTIVA UNITÀ DI SPIRITO E NATURA

L'attività teorica raggiunge il suo culmine quando l'io si coglie come intelligenza capace di autodeterminarsi indipendentemente dagli oggetti, o, detto altrimenti, quando l'io si coglie come volontà. In ciò consiste il passaggio dall'attività teorica all'attività pratica, che a sua volta si articola nei gradi successivi della morale, del diritto e della storia. Ma anche nella storia (che pure rappresenta il punto di sintesi tra la libertà della morale e la necessità del diritto) i due poli dello spirito e della natura, del soggetto e dell'oggetto, continuano a rimanere *di fatto* distinti. La completa armonia di spirito e natura è invece effettivamente attinta (e non solo postulata) nell'attività artistica, alla quale Schelling riconosce la capacità di cogliere l'Assoluto, attribuendo di conseguenza alla filosofia dell'arte una posizione di assoluta centralità nel suo sistema filosofico.

L'intuizione postulata deve riunire quanto esiste separatamente nel fenomeno della libertà e nell'intuizione del prodotto naturale: *identità del conscio e del privo di coscienza nell'io, e coscienza*

di tale identità. Il prodotto di questa intuizione confinerà quindi, per un lato, col prodotto della
4   natura, per altro lato, col prodotto della libertà, e dovrà riunire in sé i caratteri di entrambi. [...]
Il prodotto postulato è nient'altro che il prodotto del genio, ovvero, essendo il genio possibile
6   soltanto nell'arte, il *prodotto artistico*.
[...]
8   Se l'intuizione estetica è unicamente quella intellettuale divenuta oggettiva, è evidente che l'arte
sia l'unico vero ed eterno organo della filosofia e insieme l'unico documento che rende testimo-
10   nianza sempre e incessantemente a ciò che la filosofia non può esporre esternamente, e cioè il
privo di coscienza nell'agire e nel produrre, e la sua identità originaria con il conscio. Appunto
12   perciò l'arte è per il filosofo quel che vi è di supremo, perché gli apre per dir così il *sancta sancto-*
rum ove in eterna e originaria unione, quasi in un'unica fiamma, arde ciò che nella natura e
14   nella storia è separato, e ciò che nella vita e nell'agire, come nel pensiero, deve eternamente fug-
girsi. La visione della natura che il filosofo si costruisce artificiosamente è per l'arte quella origi-
16   naria e naturale. Ciò che chiamiamo natura è un poema che giace nascosto in una segreta, meravigliosa scrittura. Se però l'enigma potesse svelarsi, vi potremmo riconoscere l'odissea dello
18   spirito che, mirabilmente ingannato, rifugge se stesso nell'atto di cercarsi; giacché attraverso il
mondo sensibile, al pari del senso attraverso le parole, traluce stentatamente come in una semi-
20   diafana nebbia quel paese della fantasia cui aneliamo. Ogni splendido dipinto nasce, per dir così,
al levarsi dell'invisibile sipario che separa il mondo reale da quello ideale, e non è altro che l'aper-
22   tura attraverso cui ci vengono incontro nella loro pienezza quelle figure e quelle regioni del mondo fantastico che soltanto imperfettamente tralucono nel mondo reale. Per l'artista la natura non
24   è più di quel che è per il filosofo, cioè solamente il mondo ideale che appare tra permanenti limitazioni, soltanto il riflesso imperfetto di un mondo che esiste non fuori di lui, ma in lui.

(*Sistema dell'idealismo trascendentale*, a cura di G. Boffi, Rusconi, Milano 1997, pp. 551, 557, 579)

Analisi del testo

1-4 Quello che Schelling sta ricercando è una particolare forma di intuizione intellettuale, o trascendentale
(v. **T3**), in cui l'unione del soggetto con il proprio oggetto sia *effettiva*, ovvero sensibile, e non solo *riflessa*, o
teorica. Il prodotto di una tale intuizione (che si trova,
per così dire, "a metà" tra l'attività teorica e l'attività
pratica dell'Io) dovrà quindi presentare nello stesso
tempo le caratteristiche di un oggetto naturale (sottoposto al determinismo che regola la natura) e quelle di
un'azione libera dell'Io.

5-16 Il "luogo" in cui il determinismo della natura si
concilia con il libero agire dell'Io è la produzione artistica. Pertanto l'intuizione ricercata da Schelling è l'intuizione estetica, che altro non è se non l'"oggettivizzazio-
ne" dell'intuizione intellettuale. In altre parole, ciò che
l'arte *attua* è ciò a cui da sempre la filosofia *mira*: la
comprensione dell'Assoluto. La filosofia *comprende* attraverso la ragione che l'Assoluto è ragione e non-ra-
gione, intende in modo del tutto conscio che l'Assoluto
è sintesi di conscio e inconscio: in tal modo, però, la sua
comprensione è unilaterale e non assomiglia affatto al

suo oggetto. Nell'arte, per contro, l'artista fa vivere immediatamente l'Assoluto stesso, poiché nell'atto della
creazione egli è in piccolo ciò che l'Assoluto è in misura
infinita: egli non *comprende*, ma è la sintesi di conscio e
inconscio, non la *intende*, ma concretamente la *realizza*.
In questo senso, la conoscenza filosofica è *riproduzione*,
mentre l'arte è *produzione*.

16-20 Schelling richiama qui quanto aveva già chiarito nella cosiddetta "fase della filosofia della natura": la
natura non è che un «poema», non è che il racconto meraviglioso, ma difficilmente decifrabile, dell'«odissea
dello spirito», il quale cerca se stesso (che è attività spirituale) attraverso la concretezza degli enti naturali.

20-25 Nell'opera d'arte si incontrano, in una conciliazione concretamente realizzata, il mondo reale, o naturale, e
il mondo ideale che si intravede al di là di quello. L'operazione compiuta dall'artista è dunque la stessa del filosofo,
ma a un livello più "alto", in quanto l'artista "produce effettivamente" il proprio oggetto. L'arte, in questo senso, è
per Schelling la forma somma di conoscenza, l'attività
umana che più di ogni altra ha a che fare con la verità.

UNITÀ 8
Il Romanticismo e i fondatori dell'idealismo

 VERIFICA INTERATTIVA

1. La filosofia tedesca di fine Settecento

1 Alla ragione finita kantiana, la filosofia della fede contrappone la fede in quanto:

a abbandono irrazionale al sentimento

b capace di oltrepassare i limiti della ragione

c scommessa sull'esistenza di Dio

d rivelazione di un principio trascendente

2 La riflessione filosofica di Schiller e Goethe, in un primo tempo influenzata dal movimento dello *Sturm und Drang*, oscilla tra:

a Romanticismo e idealismo

b Romanticismo e classicismo

c Romanticismo e criticismo

d Romanticismo e neocriticismo

3 In riferimento alla riflessione di Humboldt, indica se le seguenti affermazioni sono vere o false.

a L'antropologia si propone di scoprire l'ideale dell'umanità   V   F

b Lo «spirito dell'umanità» si realizza concretamente nelle varie epoche storiche   V   F

c La storia è il "luogo" in cui si rivela l'idea   V   F

d Il linguaggio non è che uno strumento convenzionale, del tutto diverso da un popolo all'altro   V   F

e Ogni linguaggio è un sistema organico comprensibile solo nella sua totalità   V   F

f Lo Stato non deve occuparsi dello sviluppo intellettuale e morale dei cittadini   V   F

4 Utilizza i termini elencati di seguito per completare la frase riportata sotto, relativa al pensiero di Schiller e Goethe.

Schiller - accordo - Goethe - naturalistico - spirito

La riflessione filosofica di Schiller, così come quella di Goethe, è animata dall'idea di un .... sostanziale tra natura e .... Tuttavia, mentre .... fa di questa idea il punto di partenza per una teoria estetica, in .... essa costituisce la base per una serie di ricerche e riflessioni di carattere ....

5 Collega ciascuno dei pensatori elencati (colonna di sinistra) con i concetti-chiave del suo pensiero (colonna di destra).

a. certezza dell'incondizionato   **1.** Hamann

b. *coincidentia oppositorum*

c. umanità

    2. Herder

d. rifiuto dello spinozismo

e. analogia tra natura e storia

f. credenza   **3.** Jacobi

6 Su che cosa si basa l'analogia colta da Herder tra la natura e la storia?   (max 6 righe)

7 Che cosa intende Schiller quando afferma che l'uomo possiede un «istinto sensibile» e un «istinto della forma»?
(max 6 righe)

8 Esponi sinteticamente i tratti fondamentali della concezione della natura del giovane Goethe. (max 15 righe)

9 Illustra i tratti principali della filosofia della fede di fine Settecento, chiarendo in particolare in che senso l'Illuminismo e il kantismo ne costituiscano gli obiettivi polemici. (max 15 righe)

2. Il Romanticismo tra filosofia e letteratura

10 Le due principali interpretazioni del Romanticismo lo vedono rispettivamente come:

- **a** atteggiamento letterario /atteggiamento umano

- **b** atteggiamento letterario / atteggiamento filosofico

- **c** atmosfera letteraria di esaltazione del sentimento / atmosfera culturale globale

- **d** esaltazione del sentimento / esaltazione dell'infinito

11 Nella prospettiva romantica, l'infinito è concepito sostanzialmente secondo due modelli:

- **a** panteistico o monistico

- **b** panteistico o trascendentistico

- **c** religioso o materialistico

- **d** materialistico o spiritualistico

12 La concezione romantica della storia è di tipo:

- **a** provvidenzialistico e giustificazionistico

- **b** critico e riformatore

- **c** critico e nostalgico

- **d** tradizionalistico e razionalistico

13 In riferimento agli aspetti tipici dell'atmosfera culturale romantica, indica se le seguenti affermazioni sono vere o false.

- **a.** L'arte si oppone alla conoscenza V F

- **b.** La *Sensucht* è il desiderio struggente per qualcosa che è irraggiungibile V F

- **c.** Il "viandante" romantico è simile al cittadino del mondo degli illuministi V F

- **d.** Il tema dell'amore è secondario nella letteratura romantica V F

- **e.** La "nazione" presuppone un contratto e una convenzione tra uomini V F

- **f.** Gli autori romantici presentano una forte predisposizione per gli stati d'animo melanconici V F

14 Utilizza le espressioni e i termini elencati di seguito per completare la frase riportata sotto, relativa alla concezione romantica della storia.

la provvidenza - immanente - l'uomo - una potenza extraumana

Uno degli aspetti caratterizzanti del Romanicismo tedesco è costituito dall'interesse e dal culto per la storia. Mentre per l'Illuminismo il soggetto della storia è ...., per il Romanticismo è ....: a "tirare le fila" della storia è dunque .... e sovra-individuale, concepita come forma sia .... sia trascendente.

15 Collega l'Illuminismo e il Romanticismo (colonna di sinistra) con le prospettive politiche che li caratterizzano (colonna di destra).

a. Illuminismo

b. Romanticismo

1. cosmopolitismo giuridico e politico
2. nazionalismo giuridico e politico
3. universalismo religioso
4. idea della molteplicità delle religioni positive
5. nazionalismo linguistico
6. cosmopolitismo linguistico

16 Da che cosa nasce e in che cosa consiste il tema romantico dell'armonia perduta? (max 6 righe)

17 A che cosa si allude quando si parla di "bifrontismo politico" del Romanticismo? *(max 6 righe)*

18 In che senso si può parlare di ottimismo e nello stesso tempo di pessimismo romantico? *(max 6 righe)*

19 Esponi i principali tratti della concezione romantica dell'amore, mettendoli a confronto con il generale desiderio di evasione che caratterizza la letteratura romantica tedesca. *(max 15 righe)*

20 Elenca e illustra sinteticamente i punti fondamentali sulla base dei quali è possibile distinguere una prima e una seconda fase del Romanticismo. *(max 15 righe)*

3. Fichte

21 I protagonisti del dibattito sulla "cosa in sé" (Reinhold, Schulze, Maimon, Beck) criticano come contraddittorio il concetto kantiano di:

- **a** giudizio sintetico *a priori*
- **b** categoria
- **c** fenomeno
- **d** noumeno

22 Il termine "spirito" in Fichte indica:

- **a** l'anima, intesa come principio spirituale nell'essere umano
- **b** la natura, intesa come emanazione di una realtà spirituale
- **c** l'uomo, inteso come attività teoretica e pratica e come libertà creatrice
- **d** l'uomo, inteso come attività teoretica

23 Il terzo principio della *Dottrina della scienza* rende conto della molteplicità:

- **a** degli io finiti
- **b** degli oggetti concreti
- **c** degli io finiti e degli oggetti concreti
- **d** degli oggetti nell'Io infinito

24 In riferimento al passaggio dal kantismo al fichtismo, indica se le seguenti affermazioni sono vere o false.

- **a.** Per Kant l'io è finito, ma crea la realtà mediante le forme *a propri*   V   F
- **b.** Kant ammette la "cosa in sé" quale "dato" dell'umano conoscere   V   F
- **c.** Per Fichte l'io è attività creatrice infinita   V   F
- **d.** Fichte sposta l'attenzione dal piano metafisico al piano gnoseologico   V   F

- **e.** Fichte non ammette alcuna realtà estranea all'io   V   F
- **f.** Per Fichte lo spirito è l'uomo in quanto fonte creatrice di ogni cosa   V   F

25 Utilizza le espressioni e i termini elencati di seguito per completare la frase riportata sotto, relativa alla distinzione tra idealismo e dogmatismo.

oggetto - cosa in sé - soggetto - l'io, ovvero il soggetto

L'idealismo consiste nel partire dall'io, o dal ...., per spiegare la cosa, o l' ....; il dogmatismo consiste nel partire dalla ...., o dall'oggetto, per spiegare, l'.......................

26 Collega i gradi della conoscenza individuati da Fichte (colonna di sinistra) con le relative definizioni (colonna di destra).

- **a.** sensazione
- **b.** intuizione
- **c.** intelletto
- **d.** giudizio
- **e.** ragione

1. articolazione della sintesi intellettiva
2. astrazione dagli oggetti in generale
3. categorizzazione della molteplicità spazio-temporale
4. coordinamento spazio-temporale dei dati
5. registrazione del dato

27 Quali sono i tre principi fondamentali della *Dottrina della scienza*? *(max 6 righe)*

28 Perché la filosofia di Fichte viene denominata "idealismo etico"? *(max 6 righe)*

29 In che cosa consiste la «missione sociale» dell'uomo? *(max 6 righe)*

30 Riguardo alla seconda fase del pensiero di Fichte vi sono due filoni interpretativi: esponi i concetti salienti delle due tesi in questione. *(max 15 righe)*

31 Illustra in che senso le epoche storiche individuate da Fichte rispondono a una sorta di alternarsi dialettico di istinto e ragione, che tende alla realizzazione piena della ragione nella sua libertà. *(max 15 righe)*

4. Schelling

32 L'Assoluto di Schelling è:
- a riducibile a un soggetto assoluto
- b riducibile a un oggetto assoluto
- c un'unità che si differenzia in soggetto e oggetto
- d un'unità indifferenziata di soggetto e oggetto

33 La concezione schellinghiana della natura può essere considerata una "terza via" tra i modelli:
- a meccanicistico e deterministico
- b meccanicistico e finalistico tradizionale
- c finalistico e organicistico
- d finalistico tradizionale e teologico

34 Schelling individua tre «epoche» di sviluppo dell'io, le quali vanno:
- a dalla sensazione all'intuizione
- b dall'intuizione alla riflessione
- c dalla sensazione alla volontà
- d dall'intuizione alla volontà

35 In riferimento al *Sistema dell'idealismo trascendentale*, indica se le seguenti affermazioni sono vere o false.
- **a.** La filosofia della natura parte dal soggettivo per derivarne l'oggettivo   V   F
- **b.** La filosofia trascendentale parte dal soggettivo per derivarne l'oggettivo   V   F
- **c.** Il punto di partenza della deduzione trascendentale è l'autocoscienza dell'Io   V   F
- **d.** Le attività dell'autocoscienza sono due: reale e trascendentale   V   F
- **e.** La storia è sintesi di libertà e necessità   V   F
- **f.** Nell'attività artistica lo spirito e la natura non si armonizzano mai completamente   V   F

36 Utilizza le espressioni e i termini elencati di seguito per completare la frase riportata sotto, relativa alla distinzione tra la concezione fichtiana e quella schellinghiana della natura.

l'Assoluto - inconsapevole - azione morale - ragione - valore - un puro nulla - principio

Se Fichte si rivolgeva alla natura soltanto per scorgervi il teatro dell'............................, o addirittura per dichiararla «............................», per Schelling la natura ha vita e razionalità e, quindi, ... in se stessa. La natura deve avere in sé un .... autonomo che la spieghi in tutti i suoi aspetti, il quale deve essere identico a quello che spiega il mondo della .... e dell'io e deve essere insieme soggetto e oggetto, attività razionale e attività .... Per Schelling questo principio è ....

37 Collega le «forze» che secondo Schelling presiedono allo sviluppo della natura (colonna di sinistra) con le corrispondenti «potenze» che si possono individuare nella storia dell'universo (colonna di destra).

a. luce	**1.** magnetismo
b. mondo organico	**2.** elettricità
c. mondo inorganico	**3.** chimismo

38 In che senso Schelling rifiuta il concetto di natura proposto da Fichte? *(max 6 righe)*

39 Perché, pur parlando di evoluzione, Schelling non è un evoluzionista? *(max 6 righe)*

40 Perché l'idealismo di Schelling si può definire "estetico"? *(max 6 righe)*

41 Esponi sinteticamente l'argomentazione con cui Schelling rende conto del passaggio dall'infinito al finito e, di conseguenza, dell'esistenza del male e della libertà. *(max 15 righe)*

42 Illustra brevemente la differenza, sottolineata dallo stesso Schelling nell'ultima fase del suo pensiero, tra «filosofia negativa» e «filosofia positiva». *(max 15 righe)*

LABORATORIO DELLE IDEE

Da Schelling all'inconscio di Freud

VERSO
LE COMPETENZE

▸ Leggere, comprendere
e interpretare un testo
▸ Riflettere e argomentare,
individuando collegamenti
e relazioni

La pubblicazione del saggio *L'interpretazione dei sogni* (1900) del medico austriaco Sigmund Freud (1856-1939) può essere considerata come l'"atto di nascita" dell'inconscio. Alla "scoperta" dell'inconscio, e quindi alla fondazione della psicoanalisi, Freud perviene non tanto grazie alle sollecitazioni della medicina, quanto in virtù di alcune suggestioni filosofiche. Volendo tracciare un'ideale storia o "preistoria" della nozione freudiana di "inconscio", si dovrebbe infatti risalire alla fine del XVIII secolo, quando, soprattutto nella cultura tedesca, comincia a registrarsi un interesse crescente per i fenomeni più oscuri e reconditi della coscienza. Nel secolo successivo, poi, il fisico e psicologo tedesco Gustav Theodor Fechner (1801-1887) compone un'opera monumentale intitolata *Psicofisica* (1860), in cui elabora (ben prima di Freud) una vera e propria "topografia" della coscienza, paragonando l'io consapevole alla punta di un iceberg immerso nel mare dell'inconscio e agitato sia dai "venti" della consapevolezza, sia da "correnti" nascoste. L'opera di Fechner eserciterà una grande influenza su Freud, il quale nei suoi scritti lo citerà esplicitamente. Ma all'origine del diffuso interesse per la dimensione inconscia sta anche il pensiero filosofico di **Schelling**, nella cui prospettiva il termine "inconscio" non indica più semplicemente i ricordi dimenticati di cui aveva parlato Agostino o le «piccole percezioni» non accompagnate dalla consapevolezza di cui aveva parlato Leibniz, ma diventa il principio di spiegazione della realtà intesa come unità di natura (inconscia) e spirito (consapevole). La natura inconscia costituisce in questo senso la "preistoria" dello spirito: è mente potenziale, intelligenza in via di sviluppo, scaturigine profonda della coscienza:

> Questo eterno inconscio [...] che si nasconde [...] e, benché non divenga mai oggetto, imprime alle azioni libere la sua identità, è lo stesso per tutta l'intelligenza ed è insieme la radice invisibile di cui tutte le intelligenze non sono che potenze.
>
> (F.W.J. Schelling, *Sistema dell'idealismo trascendentale*, IV, F,
> a cura di G. Semerari, Laterza, Roma-Bari 1990, p. 280)

Ma Schelling si spinge anche oltre, in direzione di Freud. Attenuando l'antropocentrismo umanistico presente nel *Sistema dell'idealismo trascendentale* (1800), nelle *Ricerche filosofiche sull'essenza della libertà umana* (1809) respinge la definizione dell'uomo come "animale razionale" libero sia dalla natura, sia da Dio, mettendo piuttosto in evidenza l'azione esercitata su di lui dalla «volontà» (*Wille*):

> In ultima e suprema istanza non c'è alcun altro essere che il volere. Il volere è l'essere originario, e ad esso soltanto si addicono tutti i suoi predicati: assenza di principio, eternità, indipendenza dal tempo, autoaffermazione.
>
> (F.W.J. Schelling, *Ricerche filosofiche sull'essenza della liberta umana*,
> in *Scritti sulla filosofia, la religione, la libertà*, a cura di L. Pareyson, Mursia, Milano 1997, p. 91)

È dunque la volontà («il volere») a costituire la forza spirituale propria dell'uomo, il suo «essere originario» che si oppone alle altre componenti razionali (intelletto e spirito) ed è situato "prima" della coscienza. "Sotto" la libertà consapevole dell'uomo, Schelling svela così un fondo abissale e oscuro, un «volere originario e fondamentale», una «materia generante originaria» che il filosofo designa anche con il termine "desiderio". La via che porterà alle pulsioni inconsce teorizzate da Freud è ormai aperta.

Riflessione

1. Dalle frammentarie intuizioni di Schelling sulla volontà inconscia quale «essere originario» contrapposto alla razionalità cosciente dell'Io, Freud ricaverà (anche grazie alle riflessioni di Arthur Schopenhauer e di Friedrich Nietzsche) l'idea che ogni nostro atteggiamento e comportamento non è il frutto di una "scelta" autentica, ma la manifestazione di desideri, pulsioni e conflitti che animano la sfera inconscia della nostra psiche. In questo senso, l'Io non è del tutto libero, ma vincolato a meccanismi che, finché rimangono inconsci, non si possono controllare.

Esponi il tuo personale punto di vista sul tema dell'inconscio e della libertà dell'Io.

2. Riconoscendo in un'attività inconscia la «radice invisibile» della coscienza, Schelling percorre le orme di Fichte, il quale aveva anch'egli descritto la vita originaria dell'Io, o dello Spirito, come un processo inconscio di cui l'uomo acquista consapevolezza solo gradualmente, attraverso una serie di passaggi ulteriori. La nozione di inconscio assume tuttavia in Fichte e in Schelling differenti sfumature: per il primo, inconscia è l'attività dell'immaginazione produttiva, la quale costituisce il fondamento della relazione tra soggetto e oggetto e, quindi, della coscienza rappresentativa; per il secondo, inconscia è la natura, a partire dalla quale la coscienza dell'Io emerge quale fenomeno in un certo senso "secondario", fondato sulla distinzione tra soggetto e oggetto.

Chiarendo il diverso ruolo che la nozione di inconscio gioca nell'idealismo di Fichte e di Schelling, illustra le principali analogie e differenze tra i sistemi dei due pensatori.

TAVOLA ROTONDA

Dal limite del pensiero al pensiero del limite: con Kant, oltre Kant

Partecipanti: Kant, Maimon, Fichte

Moderatore Ricollegandosi alla tradizione realistica dell'empirismo inglese, Immanuel Kant afferma con nettezza che l'intelletto, per quanto possa essere attivo nel collegare i dati dell'esperienza, non può crearli o produrli. Il pensiero, con la sua potenza ordinatrice, trova dunque un limite invalicabile nella «realtà in sé», che in qualche modo gli fornisce la «materia prima delle impressioni sensibili».

D'altra parte, nella prospettiva kantiana, pensiero ed essere, soggetto e oggetto costituiscono in un certo senso qualcosa di unitario: la realtà è essenzialmente «fenomeno», cioè acquista significato solo in relazione alle forme della coscienza, la quale s'impone come il "luogo" in cui gli enti sussistono (sono «dati») e possono essere conosciuti.

Ora, in quanto «rappresentazione», il fenomeno può essere interpretato come un contenuto "interno" al soggetto pensante. Per questo alcuni pensatori post-kantiani cercano di sviluppare il criticismo in direzione idealistica, abolendo il presupposto realistico della «cosa in sé», o del «noumeno», e riconducendo l'intera realtà all'io. Ma Kant si oppone con fermezza a questa lettura della sua filosofia.

Kant

Sono convinto che sia la stessa nozione di fenomeno a dimostrare l'esistenza del noumeno, poiché, **se qualcosa "appare"** (*pháinesthai*) **alla coscienza**, significa che **esiste qualcosa "in sé"**, prima e fuori rispetto alle forme *a priori* attraverso le quali la coscienza lo apprende:

da che mai infatti la nostra facoltà di conoscere sarebbe altrimenti messa in moto, se non da parte di oggetti che colpiscono da sé i nostri sensi, e che da un lato determinano da sé le rappresentazioni, mentre dall'altro mettono in moto l'attività del nostro intelletto?

(*Critica della ragion pura*, B 1, p. 74)

Devo però ammettere che, nella prima edizione della *Critica della ragion pura*, ho usato una terminologia che poteva legittimare e incoraggiare l'interpretazione idealistica e coscienzialistica del mio pensiero.

Ad esempio, in un brano che nella seconda edizione dell'opera ho prudentemente omesso, ho considerato le cose esterne come

soltanto una specie di rappresentazioni, che vengono dette esterne non in quanto si riferiscano ad oggetti *esterni in se stessi*, ma perché riferiscono le percezioni allo spazio, in cui tutto è in un rapporto di esteriorità reciproca, mentre lo spazio come tale è dentro di noi.

(*Critica della ragion pura*, A 370, p. 673)

Insomma, in questo brano descrivevo l'esteriorità come prodotta non da una *causa* effettivamente posta *fuori* della coscienza, ma da una *forma* ad essa *interna*: lo **spazio**, inteso come la **rappresentazione di un limite tra l'interno della coscienza e l'esterno delle cose** e come la condizione della loro coesistenza. In tal modo – concludevo – risulta possibile attestare la realtà del dato materiale

senza uscire dalla semplice autocoscienza e senza presupporre altra certezza oltre quella delle rappresentazioni che hanno luogo in me, ossia il *cogito ergo sum*.

(*Critica della ragion pura*, A 370, p. 672)

Nella **seconda edizione della *Critica*** ho cercato di evitare l'equivocità di questo tipo di linguaggio e ho identificato il **fenomeno** non con un contenuto interno alla coscienza, ma con «**l'oggetto della rappresentazione**», vale a dire con l'oggetto stesso del sapere, in quanto **sintesi del dato materiale e della forma intellettuale**.

Moderatore Ma, a ben vedere, nella prima edizione della *Critica* anche il termine "oggetto" presentava una certa ambivalenza semantica…

Kant

Anche questo è vero. Nell'*Estetica trascendentale* le «intuizioni pure» dello spazio e del tempo sono presentate come le condizioni necessarie e sufficienti affinché «gli oggetti siano dati». Nel capitolo sulla deduzione trascendentale esse risultano invece condizioni necessarie, ma non sufficienti: nessun oggetto può costituirsi come tale senza che il molteplice, per quanto unificato dalle intuizioni pure, sia sottoposto alla **superiore «attività unificatrice dell'intelletto»**. Pertanto, in questa seconda prospettiva, l'oggetto non è tanto il *presupposto* della conoscenza, quanto il *risultato* di essa. L'oggettività del conoscere, in questo senso, non consiste nel semplice rispecchiamento di una realtà che trascende la coscienza ed esiste in sé, ma nella rappresentabilità dell'oggetto secondo le forme *a priori* della coscienza. In altre parole: pur non essendo creato dal pensiero, **l'oggetto si costituisce come tale solo a condizione di obbedire alle forme del pensiero**.

Per prevenire ogni possibile fraintendimento idealistico di questa prospettiva, nella seconda edizione della *Critica* ho aggiunto una «**confutazione dell'idealismo**»: sia di quello «problematico» di Cartesio, che «considera l'esistenza degli oggetti nello spazio fuori di noi […] dubbia e indimostrabile», essendo certa solo l'esistenza del *cogito*; sia di quello «dogmatico» di Berkeley, che riduce gli oggetti esterni alle impressioni che ne abbiamo («*esse est percipi*»). In sintesi, la mia argomentazione è la seguente: non è vero che l'esistenza del mio io sia più evidente di quella degli oggetti esterni; anzi, la coscienza della mia esistenza presuppone la coscienza dell'esistenza di oggetti fuori di me. Infatti io sono cosciente della mia esistenza come determinata dal tempo, ma percepisco lo scorrere del tempo solo in relazione alla percezione di qualcosa di permanente e immutabile:

La percezione di questo permanente non è dunque possibile se non in base a *qualcosa* fuori di me e non in base alla semplice rappresentazione di una cosa fuori di me. Quindi la determinazione della mia esistenza nel tempo presuppone l'esistenza di cose reali, che io percepisco come fuori di me.

(*Critica della ragion pura*, B 275-276, p. 252)

Moderatore Questa argomentazione non convince il filosofo tedesco Salomon ben Joshua, più conosciuto come Maimon, il quale, evidenziando le apparenti contraddizioni di Kant, proprio in esse vede il germe dell'idealismo.

Maimon

Nella sua «confutazione dell'idealismo», Kant afferma che la percezione dell'io come esistente nel tempo esige la percezione di qualcosa di permanente fuori dell'io, come se la permanenza fosse una proprietà delle cose indipendente dalla percezione che ne abbiamo. Ma poi lo stesso Kant afferma che gli oggetti dell'esperienza sono, o sono percepiti come, "permanenti" perché l'intelletto li pensa e li struttura secondo la categoria della "sostanza", la quale indica appunto la permanenza di qualcosa nel tempo. Ma la sostanza non è una proprietà delle cose, bensì un concetto dell'intelletto.

Le **oscillazioni kantiane**, a mio avviso, sono il sintomo di una **problematicità di fondo**, che in ultima analisi riguarda la **nozione di "dato"** (la materia, la cosa, le impressioni empiriche). Per lo più Kant si riferisce a questa nozione come a qualcosa che ha una "causa" esterna all'io, e proprio qui sta il "limite", se così si può dire, della sua riflessione: nel non aver compreso fino in fondo che l'espressione "fuori di noi", riferita all'origine del dato, in realtà

indica soltanto qualche cosa, nella rappresentazione della quale noi non siamo consapevoli di alcuna spontaneità; indica, cioè, una semplice passività rispetto alla nostra coscienza.

(*Saggio sulla filosofia trascendentale*, cit. in G. Durante, *Gli epigoni di Kant*, pp. 78-79)

Questo significa che la differenza tra **materia e forma della conoscenza** non è una differenza "spaziale" tra entità "esterne" e "interne", cioè appartenenti all'oggetto in sé e appartenenti al soggetto in sé, ma una distinzione interna alla stessa coscienza, tra il **carattere particolare e accidentale del "contenuto"** in quanto impressione soggettiva dei sensi e la **validità universale della "forma"** in quanto struttura concettuale. Conoscere significa ricondurre il particolare all'universale, trasformare il *dato* in *pensato*, cioè in oggetto reso conforme alle leggi della coscienza. In questo senso il **noumeno**, la cosa in sé, non è altro che il "limite" a cui tende il pensiero, ossia, in altre parole, il «**differenziale della coscienza**» tra pensato e dato che tende **infinitamente a zero**:

il *pensato* si accresce sempre più, mentre il *dato* diminuisce sino ad un minimo infinitamente piccolo. (*Saggio sulla filosofia trascendentale*, cit. in G. Durante, *Gli epigoni di Kant*, p. 91)

Moderatore Con il tema del "limite" come traguardo ultimo e irraggiungibile, in un certo senso come "fine" posto dal pensiero stesso e non *pre-supposto*, Maimon anticipa l'idealismo di Fichte e, quindi, il superamento del criticismo.

Fichte

Nel tentativo di fornire l'"autentica" interpretazione del pensiero di Kant, tutti i suoi critici e seguaci cercano di determinare il rapporto tra la coscienza e la cosa. Essi muovono però dall'idea di un'originaria irrelatezza di questi due termini, e proprio per questo il «kantismo dei kantiani» produce «l'azzardata combinazione del più grossolano dogmatismo, che attribuisce alle cose in sé le impressioni in noi [realismo], e del più deciso idealismo, che attribuisce la genesi di ogni essere al solo pensare» (*Seconda introduzione alla dottrina della scienza*, a cura di C. Cesa, Laterza, Roma-Bari 1999, p. 65). Ciò che questi pensatori, per lo più, non comprendono è che **Kant** in realtà **ha già superato il "dualismo" gnoseologico** che oppone le cose alle loro rappresentazioni, ovvero l'**essere** al **pensiero**, e ha dunque già "scoperto" l'esistenza di una unità che precede entrambi questi poli. E forse, come Maimon sembra per la verità avere intuito, proprio le ambiguità di Kant costituiscono il segno tangibile della sua maggiore conquista teorica:

il semplice essere è sempre e soltanto una metà di cui l'altra metà è il pensiero di esso, quindi è un membro di una disgiunzione originaria e situata più in alto che svanisce soltanto per chi non rifletta o pensi superficialmente. L'unità assoluta può essere posta altrettanto poco nell'essere quanto nella coscienza che gli si oppone, altrettanto poco nella cosa quanto nella rappresentazione della cosa; essa deve essere posta nel principio da noi scoperto dell'assoluta *unità* e *inseparabilità* di entrambi, principio che, come abbiamo visto, è contemporaneamente il principio della loro *disgiunzione* […]. Questo lo scoperse Kant, che divenne perciò il fondatore della *filosofia trascendentale*.

(*La dottrina della scienza 1804*, in M. Ivaldo, *Fichte. L'assoluto e l'immagine*, pp. 67-68)

A ben vedere, la mia *Dottrina della scienza* «non è altro che la **dottrina kantiana rettamente intesa**», poiché nella riflessione trascendentale di Kant il sapere non viene concepito solo come sapere di un oggetto (come relazione tra coscienza e realtà), ma come sapere che sa (e comprende) questo stesso sapere oggettivo. In tal senso è «**sapere del sapere**», «dottrina della scienza», indagine sulla struttura originaria che costituisce il sapere (la polarità soggetto-oggetto). Per questo ho tentato la via di una «**deduzione sistematica dell'intera coscienza**» (vale a dire della relazione tra l'io e la cosa) **da un principio «puro»**, che non presupponesse alcun dato esterno al pensiero e che quindi ho concepito come «atto originario» da cui far derivare la stessa esperienza rappresentativa: l'**autoposizione dell'Io**. E, di conseguenza, ho cercato di mostrare *come* e *perché* sia possibile che l'Io, che pure è infinito nel suo originario "porsi", cessi «di essere tutta la realtà», dando vita a quell'op-posizione tra soggetto e oggetto che costituisce la base di ogni rappresentazione.

Moderatore Questo significa che la limitazione dell'io da parte della cosa e la loro relazione reciproca sono successive (in senso logico) alla posizione assoluta dell'Io?

Fichte

Esattamente. Del resto, il termine rappresentazione" (*Vor-stellung*) indica letteralmente il "porre dinnanzi" e, non a caso, l'oggetto (*ob-iectum*) è ciò che è "op-posto" (*Gegen-stand*), ciò che giace di fronte all'io, a sua disposizione: per questo **l'attività rappresentativa** non precede, ma **presuppone la distinzione tra un soggetto rappresentante e un oggetto rappresentato**, e per questo è necessario risalire a qualcosa di "superiore", che può essere rintracciato solo negli atti originari della coscienza, cioè nel principio puro già menzionato («**l'Io pone se stesso**») e negli altri due principi che se ne possono ricavare: «**l'Io pone il non-io**» e «**l'Io oppone nell'Io a un io divisibile un non-io divisibile**». È quest'ultimo principio, in particolare, che istituisce la distinzione e l'azione reciproca tra il soggetto e l'oggetto, quale condizione di possibilità di tutte le forme della coscienza teoretica e pratica.

Moderatore Eppure l'enunciazione di questi tre principi sembra contenere una contraddizione: infatti come può un Io assoluto e infinito coesistere con la propria negazione, ovvero con il non-io?

Fichte

In effetti questo costituisce un nodo cruciale del mio pensiero, e del pensiero idealistico in generale: se l'Io è «assoluta totalità e infinità», il non-io, inteso come la sua «assoluta negazione», sarebbe concettualmente "fuori" dell'Io e, quindi, o sarebbe inconcepibile, o assumerebbe i tratti della «cosa in sé» o della causa esterna, privando l'Io di quel carattere "assoluto" (*ab-solutus*, letteralmente "sciolto" da ogni cosa, e perciò da ogni limite) da cui abbiamo preso le mosse. Si tratta allora di mostrare che la **limitazione dell'Io da parte del non-io** è in realtà "interna" all'Io stesso; è, cioè, una **auto-limitazione**:

L'Io deve trovare in sé qualcosa di eterogeneo, di estraneo, di differente da se stesso […]. Tuttavia questo elemento eterogeneo deve essere trovato *nell'Io*. Se esso fosse *fuori dell'Io*, per l'Io non sarebbe nulla, e nulla ne seguirebbe per l'Io. Quindi, in un certo riguardo, esso deve essere anche *omogeneo* all'Io; esso deve potergli essere attribuito.

(*Fondamenti dell'intera dottrina della scienza*, p. 224)

Moderatore Ma se il non-io è un limite "interno" all'Io, allora è "interno" all'Io anche il confine tra soggetto e oggetto. In questo modo, però, l'oggettività non si riduce a un'immagine o ad una rappresentazione chiusa nell'orizzonte invalicabile del soggetto?

Fichte

Ispirandomi a Kant (seppure rivisitandolo), ho risolto questo problema facendo riferimento alla «più mirabile delle facoltà dell'Io», vale a dire all'«**immaginazione produttiva**», di cui ora cercherò di chiarire il funzionamento.

In assenza di una distinzione tra soggetto e oggetto, cioè rimanendo all'interno della coscienza, è impossibile distinguere i contenuti dell'Io in "immagini" (creazioni interne) e "dati" (immagini provenienti, o causate, dall'esterno). Dal momento che l'Io è *tutta* e la *sola* realtà, è necessario trovare un modo per spiegare come la realtà delle cose "venga fuori" dall'orizzonte indifferenziato dell'Io e delle sue immagini. A ben vedere si tratta di spiegare l'apparire, da un lato, di un *mondo* e, dall'altro, di una *coscienza finita* (de-limitata da ciò *di* cui è coscienza) che se lo "rap-presenta", se lo pone dinnanzi. Questo è possibile solo se l'**Io infinito "traspone" parte della propria realtà alle proprie immagini**, conferendo loro un'esistenza separata. Il non-io non è altro che questo: una porzione della realtà dell'Io che emerge come se fosse una realtà diversa, la manifestazione di altro. In ciò dunque consiste l'**autolimitazione dell'Io**: in questo **atto originario mediante il quale l'Io vede sorgere "dinnanzi" a sé il molteplice mondo dell'esperienza, rispetto al quale, percependolo come opposto a sé, diventa "passivo"**.

Ora, questa sorta di «**scambio**» tra l'Io e il non-io, che avviene nell'Io e che è all'origine della polarità tra coscienza e mondo, è **opera dell'immaginazione produttiva** e, poiché precede la coscienza (che sorge appunto insieme con la distinzione tra soggetto e oggetto), è necessariamente un'**operazione inconscia**. Questo spiega perché l'io finito abbia l'«impressione» di trovarsi di fronte a una realtà indipendente (interpretata dal realismo ingenuo come "materia" esterna all'io).

Moderatore A questo punto, stabilito *che* il limite dell'Io (il non-io) deriva dall'Io stesso e spiegato *come* ciò avviene, rimane ancora da chiarire *perché* un tale limite *debba* essere posto…

Fichte

Sono convinto che gli oggetti «devono (in senso morale) essere posti», nel senso che la ragione del loro sussistere va cercata nell'agire morale, non nel conoscere. Se l'io fosse assoluto e infini-

to, non limitato, esso non sarebbe prassi, libertà, azione, poiché queste esigono qualcosa su cui agire, un limite o un impedimento da superare. Questo significa che l'**Io deve generare la coscienza rappresentativa** (che è distinzione tra sé e l'altro, tra soggetto e oggetto) **per potersi realizzare come attività e libertà**. E l'oggetto non è la "materia *percepita*" di cui parla il realismo ingenuo – per il quale la rappresentazione è prodotta dall'azione di una cosa esterna sull'io – ma una sorta di "**materia *sentita***", vale a dire l'**impressione soggettiva di qualcosa che, "urtando" il soggetto, ne sollecita l'azione o la re-azione**. L'unico possibile limite dell'Io va dunque rintracciato nei «**sentimenti**», negli «impulsi» o nelle «forze» che lo abitano e che rappresentano l'«**urto dell'Io con se stesso**», la sua «**autoaffezione**». Nel sentimento, infatti, l'Io «pone qualcosa fuori di sé» (che, in quanto inconsapevole, sente come "esterno"), ma insieme lo «ritrova in sé», se ne riappropria, dal momento che «l'Io non sente mai qualcosa, bensì se stesso».

Per questo ho utilizzato la nozione di «**urto**» (*Anstoss*), che va interpretato non tanto come l'azione del non-io sull'Io, quanto come l'effetto per così dire "collaterale" di un'azione dello stesso Io, la quale, "rimbalzando" sul non-io, ritorna (si riflette) sull'Io:

si deve quindi ammettere che quell'urto non ha luogo senza l'intervento dell'Io, ma succede proprio all'attività dell'Io nell'atto di porre se stesso; che, per così dire, la sua attività che tende ad espandersi sia respinta in se stessa (riflessa su se stessa); da che dunque seguirebbe molto naturalmente l'autolimitazione e da questa tutto ciò che è richiesto.

(*Fondamenti dell'intera dottrina della scienza*, p. 173)

Ho cercato di visualizzare questa idea mediante una celebre immagine. Prendiamo una retta che va da A attraverso B verso l'infinito e immaginiamo che il suo movimento "urti" nel punto C contro qualcosa che lo respinge verso A. Questo movimento "riflesso" provocherà a sua volta una reazione che muoverà di nuovo da A verso C e oltre C. Il primo movimento verso l'infinito, che ho definito «**tendere**» (*Streben*), simboleggia l'**autoposizione dell'Io infinito**; il punto C rappresenta l'«**urto**», ovvero l'**impedimento opposto dal non-io all'Io**; il movimento C-A è la **riflessione**; il secondo movimento da A verso e oltre C è la **reazione**.

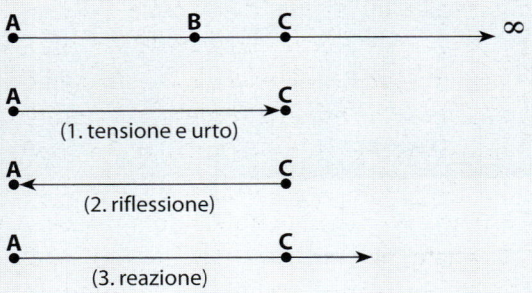

(1. tensione e urto)

(2. riflessione)

(3. reazione)

Gli ultimi due movimenti (da C verso A e da A verso e oltre C) delineano l'"orizzonte" della «**coscienza finita**», che, in un certo senso, non è che una **porzione del movimento o dell'attività dell'Io infinito**. Infatti si è consapevoli (si ha coscienza) solo di quella «attività ritornante in se stessa» che si svolge tra C ed A e, conseguentemente, tra A e C. Solo qui si ha esperienza del rapporto tra interno ed esterno, tra soggetto e oggetto; solo in questo "spazio" l'io (finito) acquista consapevolezza di sé, in quanto "de-terminato" dal proprio oggetto.

L'Io, dunque, «pone qualche cosa fuori di sé», diverso dall'Io; ma proprio questo «**escludere**» permette un «**ritrovamento in sé**», che consiste nel «sentimento» con cui ogni coscienza finita si (ri-)appropria del fuori. A ben vedere, quindi, **l'Io produce un "esterno" al fine di determinare se stesso**, poiché solo in quanto de-terminato può tendere, mediante una progressiva e mai completa interiorizzazione dell'oggetto che egli stesso ha posto fuori di sé, a una compiuta identità con se stesso.

Moderatore Il passaggio dal kantismo all'idealismo fichtiano, di cui abbiamo cercato di delineare i nodi fondamentali, prende le mosse da un'aporia che, secondo i filosofi post-kantiani, è presente già in Kant. L'indagine critica, infatti, da una parte individua in modo anti-idealistico il limite del pensiero in una realtà *data* (la «cosa in sé»), dall'altra attribuisce al pensiero stesso (alla ragione) la facoltà di *tracciare* questo limite. Questa ambiguità sembra trovare un naturale approdo nell'idealismo di Fichte, il quale non a caso presenta la propria dottrina come la corretta interpretazione del kantismo. Evidenziando il ruolo attivo del pensiero nella posizione del limite e portando alle estreme conseguenze la problematicità del concetto kantiano di "realtà in sé" (cioè di qualcosa che viene *pensato* come *esterno al pensiero*), Fichte sposta "all'interno" dell'Io il limite del pensiero: «Se tu poni un oggetto *pensando* che esso abbia provocato in te una affezione, penserai te stesso, *in questo caso*, come *affetto*; [...] ovvero, in altri termini: tu, *con questo tuo pensare*, ti attribuisci ricettività, ossia sensibilità» (*Seconda introduzione alla dottrina della scienza*, p. 70). La soluzione fichtiana, tuttavia, a un'attenta analisi appare non meno aporetica di quella di Kant, dal momento che "includere" l'oggetto all'interno dei confini dell'Io significa privarlo di qualsiasi consistenza oggettiva. Se, infatti, l'Io è infinito, come può incontrare qualcosa che gli sia veramente estraneo e lo de-limiti?

Che si possa dedurre o *produrre* nel pensiero il *dato* da pensare, a Kant continuerà a sembrare assurdo. In una celebre *Dichiarazione sulla dottrina della scienza* (1799), che suona come una solenne scomunica dell'idealismo fichtiano, il filosofo afferma: «dichiaro di considerare la dottrina della scienza di Fichte un sistema del tutto insostenibile. La *pura* dottrina della scienza [di Fichte] è infatti [...] né più né meno che una mera logica, la quale, con i suoi principi, non può presumere di arrivare fino all'elemento materiale della conoscenza; essendo *pura* logica, astrae dal contenuto di questa, e volerne tirar fuori un oggetto reale è fatica sprecata» (cit. in C. Cesa, *Le origini dell'idealismo tra Kant e Fichte*, Loescher, Torino 1981, p. 246).

Per quanto possano apparire diverse, le prospettive di Kant e di Fichte si scontrano dunque entrambe con la natura aporetica e sfuggente della nozione di "limite": perché sussista, esso va pensato, cioè collocato *nel* pensiero; ma per essere veramente "limite", dovrebbe cadere *fuori* del pensiero. Si tratta dunque di pensare qualcosa che deve stare nello stesso tempo *dentro* e *fuori* rispetto alla coscienza: una situazione evidentemente paradossale...

HEGEL

In questa unità ci occupiamo del pensiero del massimo esponente dell'idealismo: **Hegel**.

CAPITOLO 1
I capisaldi del sistema hegeliano

Hegel considera la realtà come un tutto organico, le cui singole manifestazioni sono parti di un'unica entità assoluta e infinita: lo **spirito** o Dio, che si realizza nel divenire del mondo. Dalla risoluzione del finito nell'infinito scaturisce anche l'altro caposaldo del sistema hegeliano: l'**identità di reale e razionale**.

CAPITOLO 2
La *Fenomenologia dello spirito*

Nella ***Fenomenologia dello spirito*** Hegel indica la via percorsa dalla coscienza umana per giungere allo spirito, ovvero la via che lo spirito stesso deve percorrere attraverso la coscienza umana per giungere a se stesso. Si tratta di una **ricerca nostalgica che porterà la coscienza a prendere atto di sé**, dapprima rispetto alla realtà sensibile che la circonda, poi in sé come autocoscienza, fino a scoprire che quell'Assoluto a cui aspirava non è nulla di "altro" da sé.

CAPITOLO 3
L'*Enciclopedia delle scienze filosofiche in compendio*

Nell'***Enciclopedia delle scienze filosofiche in compendio*** Hegel segue lo sviluppo dell'idea nei suoi tre momenti strutturali – idea in sé (tesi), idea fuori di sé (antitesi), idea che torna in sé (sintesi) –, che corrispondono agli ambiti della **logica**, della **filosofia della natura** e della **filosofia dello spirito**. In quest'ultima sezione assume particolare rilievo la **concezione etica dello Stato** come incarnazione suprema della moralità sociale e del bene comune.

CAPITOLO 1
I capisaldi del sistema hegeliano

1. La vita

Georg Wilhelm Friedrich Hegel nacque il 27 agosto 1770 a Stoccarda. Seguì i corsi di filosofia e di teologia all'Università di Tubinga (1788-1793), dove strinse amicizia con Schelling e Hölderlin.

Gli avvenimenti della Rivoluzione francese suscitarono in lui un grande entusiasmo ed esercitarono sul suo pensiero un'influenza duratura. Con gli amici di Tubinga eresse un albero della libertà (simbolo della Rivoluzione) e fu tra essi l'oratore più acceso in difesa dei principi rivoluzionari della libertà e dell'uguaglianza. Quando Napoleone entrò a Jena (il 13 ottobre 1806), Hegel scrisse in una lettera:

> Ho visto l'Imperatore – *quest'anima del mondo* – cavalcare attraverso la città per andare in ricognizione: è davvero un sentimento meraviglioso la vista di un tale individuo che, concentrato qui in un punto, seduto su di un cavallo, abbraccia il mondo e lo domina.

Gli entusiasmi giovanili per la Rivoluzione e per Napoleone

Né questo entusiasmo diminuì quando Hegel aderì allo Stato prussiano. Più tardi, infatti, egli paragonò la Rivoluzione a

> un levarsi superbo di sole, un intenerimento sublime, un entusiasmo di spirito che han fatto tremare il mondo di emozione, come se solo in quel momento la riconciliazione del divino e del mondo si fosse compiuta.

Terminati gli studi, Hegel fece, com'era uso, il precettore in case private e fu per qualche tempo a Berna (1793-1796). A questo periodo risalgono i primi scritti, che rimasero inediti: *La vita di Gesù* (1795) e *La positività della religione cristiana* (1795-1796). Tornato in Germania, nel 1797 ebbe un posto come precettore privato a Francoforte sul Meno. Tra il 1798 e il 1799 compose alcuni scritti, tutti rimasti inediti, di natura teologica; nel 1800 lavorò a un primo breve abbozzo del suo sistema, anch'esso rimasto inedito. Essendogli nel frattempo morto il padre, che gli aveva lasciato una cospicua eredità, si recò a Jena, dove nel 1801 pubblicò il suo primo scritto, un saggio di argomento filosofico, intitolato *Differenza fra il sistema filosofico di Fichte e quello di Schelling*; dello stesso anno è la dissertazione per l'abilitazione alla libera docenza *De orbitis planetarum*. Nei due anni successivi Hegel collaborò con Schelling al "Giornale critico della filosofia". Nel 1805 divenne professore a Jena e fu redattore capo di un giornale bavarese ispirato alla politica napoleonica.

A Berna, Francoforte e Jena

A Norimberga, Heidelberg e Berlino

Nel 1808 divenne direttore del ginnasio di Norimberga; nel 1816 fu nominato professore di filosofia a Heidelberg; nel 1818 fu chiamato all'Università di Berlino. Cominciò allora il periodo del suo massimo successo. Morì a Berlino, forse di colera, il 14 novembre 1831.

2. Gli scritti

Gli scritti del periodo giovanile mostrano (com'è stato posto in luce da Dilthey[1]) un prevalente interesse religioso-politico, che nelle grandi opere della maturità si trasforma in un interesse storico-politico. La realtà che sta dunque continuamente dinnanzi a Hegel e nei cui confronti egli formula le sue categorie interpretative è quella della storia umana e della vita dei popoli.

I primi scritti

Gli scritti giovanili, composti tra il 1793 e il 1800, non furono pubblicati, come si è detto, da Hegel, ma soltanto all'inizio del XX secolo. Si tratta di opere di natura teologica, quali *Reli-*

1 Wilhelm Dilthey, filosofo e storico tedesco vissuto tra il 1833 e il 1911.

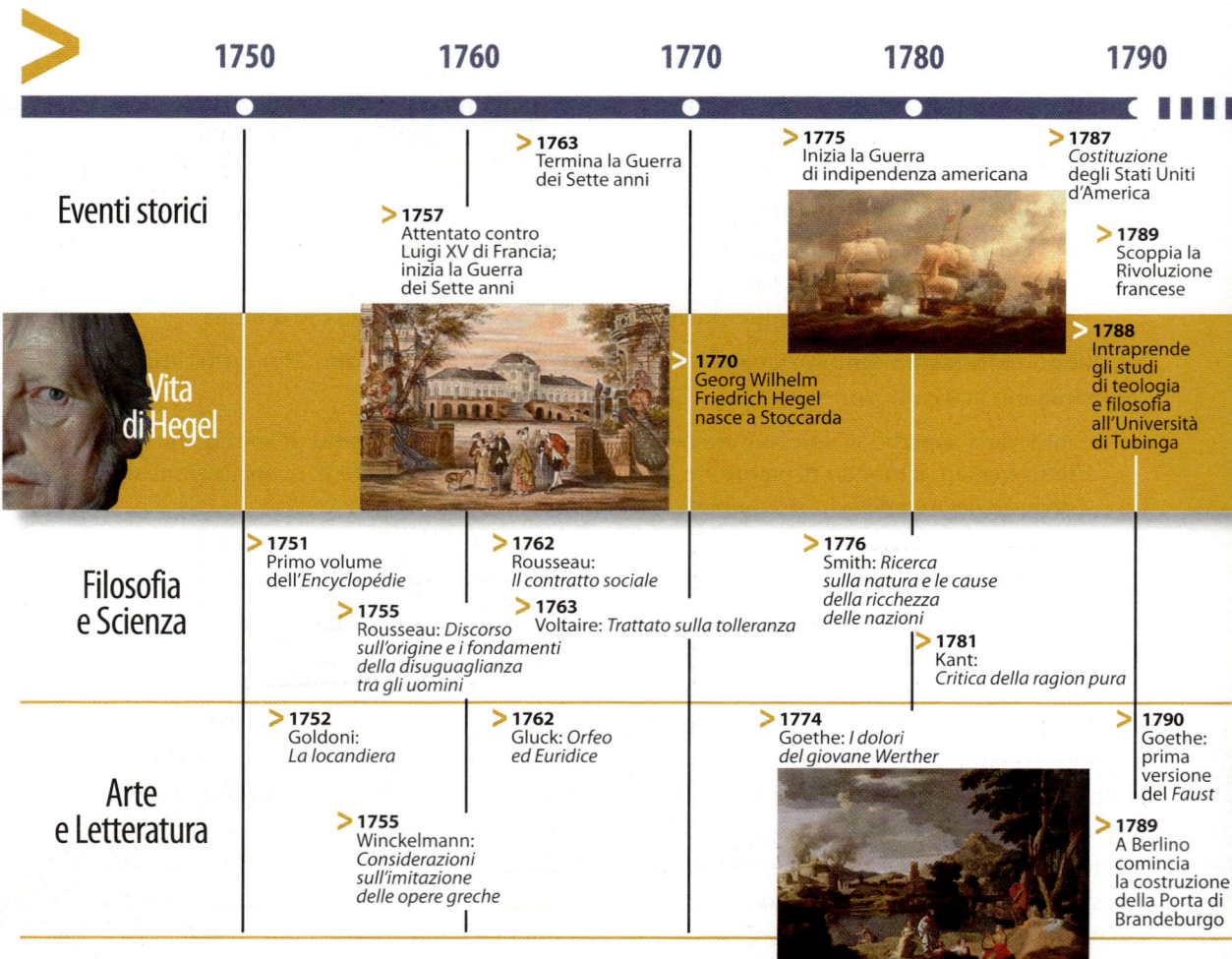

1750 1760 1770 1780 1790

Eventi storici

1763 Termina la Guerra dei Sette anni

1757 Attentato contro Luigi XV di Francia; inizia la Guerra dei Sette anni

1775 Inizia la Guerra di indipendenza americana

1787 *Costituzione* degli Stati Uniti d'America

1789 Scoppia la Rivoluzione francese

Vita di Hegel

1770 Georg Wilhelm Friedrich Hegel nasce a Stoccarda

1788 Intraprende gli studi di teologia e filosofia all'Università di Tubinga

Filosofia e Scienza

1751 Primo volume dell'*Encyclopédie*

1755 Rousseau: *Discorso sull'origine e i fondamenti della disuguaglianza tra gli uomini*

1762 Rousseau: *Il contratto sociale*

1763 Voltaire: *Trattato sulla tolleranza*

1776 Smith: *Ricerca sulla natura e le cause della ricchezza delle nazioni*

1781 Kant: *Critica della ragion pura*

Arte e Letteratura

1752 Goldoni: *La locandiera*

1755 Winckelmann: *Considerazioni sull'imitazione delle opere greche*

1762 Gluck: *Orfeo ed Euridice*

1774 Goethe: *I dolori del giovane Werther*

1790 Goethe: prima versione del *Faust*

1789 A Berlino comincia la costruzione della Porta di Brandeburgo

gione popolare e cristianesimo, *La vita di Gesù, La positività della religione cristiana, Lo spirito del cristianesimo e il suo destino*, e di un primo abbozzo del suo sistema, composto a Jena nel 1800 e comprendente una *Logica e metafisica*, una *Filosofia della natura* e un *Sistema della moralità*.

Nel suo primo scritto filosofico, *Differenza fra il sistema filosofico di Fichte e quello di Schelling* (1801), l'autore si pronunciò in favore dell'idealismo di Schelling, che, in quanto soggettivo e oggettivo allo stesso tempo, gli appariva come il vero e assoluto idealismo.

La prima grande opera di Hegel è la **Fenomenologia dello spirito** (1807), nella cui prefazione (1806) il filosofo dichiarò il suo distacco dalla dottrina di Schelling.
A Norimberga Hegel pubblicò la **Scienza della logica**, le cui due parti apparvero rispettivamente nel 1812 e nel 1816.
A Heidelberg diede alle stampe, nel 1817, l'**Enciclopedia delle scienze filosofiche in compendio**, che è la più compiuta formulazione del suo sistema. Nelle due successive edizioni dell'opera, nel 1827 e nel 1830, Hegel stesso aumentò di molto la mole dello scritto. Un'ulteriore edizione in tre volumi (nota sotto il nome di *Grande Enciclopedia*) fu realizzata dagli allievi dopo la morte del maestro, tra il 1840 e il 1845, con l'aggiunta di lunghe annotazioni ricavate dai suoi appunti o dalle sue lezioni.

TESTO ANTOLOGICO
ON LINE Hegel
All'origine
della dialettica
(*Frammento
di sistema*)

Le opere
della maturità

1790	1800	1810	1820	1830	1840

1793
Luigi XVI
e Maria
Antonietta
ghigliottinati

1804
Napoleone
imperatore

1806
I Francesi
sconfiggono
i Prussiani
a Jena

1821
Morte di Napoleone

1830
Moti rivoluzionari
a Parigi contro Carlo X

1832
Moti liberali nello Stato pontificio

1837
In Inghilterra
sale al trono
la regina Vittoria

1793
Precettore
prima a Berna,
poi a Francoforte

1797
A Francoforte
frequenta
assiduamente
Hölderlin

1799
Morte del padre

1801
Si abilita
all'insegnamento
universitario a Jena

1802-1803
Collabora con Schelling
al "Giornale critico della filosofia"

1807
Fenomenologia dello spirito

1812
Scienza della logica

1816
Professore all'Università di Heidelberg

1817
*Enciclopedia delle scienze
filosofiche in compendio*

1818
Professore all'Università di Berlino

1821
Lineamenti di filosofia del diritto

1831
A Berlino, probabilmente
colpito dal colera, Hegel muore

1829-1830
Rettore dell'Università
di Berlino

1794
Fichte:
*Fondamenti
dell'intera
dottrina della
scienza*

1800
Schelling:
*Sistema
dell'idealismo
trascendentale*

1818
Schopenhauer:
*Il mondo come volontà
e rappresentazione*

1825
Prima linea
ferroviaria
in Inghilterra

1830
Comte:
primo volume del
Corso di filosofia positiva

1791
Mozart: *Il flauto
magico; Requiem
in re minore*

1793
David:
La morte di Marat;
Canova termina
Amore e Psiche

1798
Goya: *Capricci*

1800
Novalis: *Inni
alla notte*

1802
Foscolo: *Le ultime
lettere di Jacopo Ortis*

1804
Beethoven:
"Eroica"

1810
Friedrich: *Abbazia nel querceto*

1823
Manzoni:
prima
versione de
*I promessi
sposi*

1830
Delacroix: *La Libertà
che guida il popolo*

A Berlino Hegel pubblicò quella che, in un certo senso, è la sua opera più significativa, *Lineamenti di filosofia del diritto* (1821).

Dopo la sua morte gli scolari raccolsero, ordinarono e pubblicarono i suoi corsi di Berlino: *Lezioni sulla filosofia della storia*, *Estetica*, *Lezioni sulla filosofia della religione*, *Lezioni sulla storia della filosofia*. Successivamente sono state pubblicate anche le *Lezioni di filosofia del diritto*.

3. Il giovane Hegel

Rigenerazione etico-religiosa e rigenerazione politica*

Importanza degli scritti giovanili

Solo nel XX secolo è stata messa in luce l'importanza degli scritti giovanili di Hegel al fine di intendere la personalità dell'autore e il percorso di formazione della sua filosofia. In queste opere l'argomento dominante è teologico, ma è molto netto il legame con la politica. Hegel studia infatti un tema profondamente connesso con la Rivoluzione francese, della quale in Germania arrivano echi sempre più intensi: il tema della **rigenerazione morale e religiosa dell'uomo** come **fondamento della rigenerazione politica**.

Religione e politica

Egli è convinto che non si possa realizzare alcuna autentica rivoluzione politica se non basandola su una rivoluzione del cuore, cioè su quella che oggi chiameremmo una "rivoluzione culturale", una **rigenerazione della persona nella sua vita interiore e del popolo nella sua cultura**. Per questo motivo negli scritti giovanili di Hegel non è possibile distinguere in modo netto il tema religioso da quello politico. Essi formano un'unità inscindibile.

Il contesto culturale e politico tedesco

Hegel, del resto, aveva ricevuto un'educazione profondamente ancorata alla teologia del suo tempo, e privatamente aveva letto con passione il progetto di rivoluzione culturale e politica delineato dall'*Emilio* e dal *Contratto sociale* di Rousseau, nonché *Nathan il saggio* di Lessing e le opere di Spinoza, tornate in quegli anni al centro del dibattito filosofico dopo le *Lettere sulla dottrina di Spinoza* di Jacobi.

Inoltre, religione e politica avevano in Germania una connessione particolarmente profonda. I paesi tedeschi, infatti, erano stati al centro del movimento della Riforma protestante, sicché le Chiese riformate e i principati tedeschi costituivano un insieme politico-religioso omogeneo. Religione e politica erano quindi parte di un unico quadro d'insieme per tutti coloro che studiavano progetti di riforma nella seconda metà del Settecento in Germania.

Mondo interiore e mondo esteriore

Si considerino, ad esempio, le poche pagine di argomento specificamente politico che possediamo del giovane Hegel prima del trasferimento a Jena: i frammenti *Sui rapporti interni del Württemberg* e sulla *Costituzione della Germania* (su quest'ultimo testo Hegel riprenderà a lavorare a Jena). L'idea di fondo espressa in questi scritti è che l'aspirazione dei popoli a una vita migliore e alla libertà deve tradursi in realtà vivente attraverso la realizzazione di **progetti di riforma che spazzino via il vecchio impianto sociale** fondato sulla stabilità delle classi e sulla supremazia del potere nobiliare. Perché questo accada, è necessario che l'ansia di libertà del popolo, così forte nel mondo interiore degli uomini, produca un **nuovo ordine giuridico esteriore**, e cioè si incarni in istituzioni sociali nuove, fondate sull'ugua-

---

★ A cura di Mario Trombino.

glianza. Hegel è dunque convinto che la **rivoluzione nelle istituzioni** possa avvenire solo come **conseguenza esteriore di una maturazione avvenuta all'interno della coscienza del popolo**.

Nei frammenti più ampi (e in lettere private) Hegel chiarisce il nesso tra religione e politica. Perché giungano i «tempi migliori», occorre una nuova forma di religione, che permetta a ciascuno dei cittadini di partecipare con la propria vita interiore alla vita dello spirito di Dio, che si incarna nella storia non attraverso leggi e precetti morali, ma attraverso la stessa vita degli uomini. Potrà nascere un ordine politico egualitario quando i cittadini avranno imparato a vivere la religione come comunanza dei cuori, quando ciascuno di essi avrà imparato a riconoscere **nella vita interiore** del suo vicino **il riflesso dell'unica vita di Dio**.

Una nuova religione fondata sulla «comunanza dei cuori»

Cristianesimo, ebraismo e mondo greco: perdita e nostalgia dello «spirito di bellezza»*

Nelle due opere intitolate *La vita di Gesù* e *La positività della religione cristiana* (composte a Berna tra il 1795 e il 1797) Hegel enuclea alcuni temi-chiave del proprio pensiero successivo, nonché il passaggio da una prospettiva kantiana (espressa nel primo dei due scritti) a una prospettiva "post-kantiana" (presente nel secondo). Sebbene nella *Vita di Gesù* Hegel mostri di condividere l'idea di Kant della **religione come adesione "interiore" ai principi razionali della morale**, nella *Positività della religione cristiana* già si intravede infatti il nucleo della critica hegeliana al kantismo. Nella morale di Kant, intesa come "lotta" tra dovere (razionale) e inclinazione (naturale), Hegel vede un pericoloso "dualismo" tra ragione e natura che finisce per trasformare la morale dell'intenzione del filosofo di Königsberg in un "legalismo" esteriore che opprime e lacera l'uomo.

Oltre la morale kantiana

In questo senso Kant sarebbe molto vicino alle Chiese cristiane storicamente affermatesi dopo la morte di Gesù, contro le quali Hegel polemizza duramente, con accenti profondamente rivoluzionari, nel secondo degli scritti sopra citati. Tali Chiese hanno smarrito il senso profondo del messaggio religioso di Cristo, il quale aveva predicato il **superamento della vecchia legge "esteriore"** (espressa nell'Antico Testamento), fatta di precetti e comandi rigidi, a cui si *deve* sottostare, in favore di una **nuova legge dell'amore, della fratellanza e della comunanza dei cuori**, alla quale l'uomo è chiamato ad aderire nel profondo del proprio cuore. Tradendo l'autentico annuncio di Gesù, le Chiese hanno invece costruito una **religione "positiva"**, cioè fatta di criteri di verità "oggettivamente" fissati (i dogmi), di leggi morali codificate in maniera rigida e puntuale e di precetti da osservare indipendentemente dai propri convincimenti interiori. Sommerso da questo carico di istituzioni e comandi "positivi" ("esteriori"), il sentimento profondo del divino, che non può essere vissuto se non soggettivamente, è via via scomparso.

Contro la "positività" della religione cristiana

A Francoforte, tra il 1798 e il 1799, Hegel scrive la più complessa e matura delle sue opere giovanili: *Lo spirito del cristianesimo e il suo destino*, in cui riprende e chiarisce i temi già presenti nella *Positività della religione cristiana*. Lo scritto ha un impianto storico, come poi avranno molte opere hegeliane. Attraverso una riflessione filosofica sulla Bibbia, il testo ri-

Contro la visione ebraica della natura

* Originariamente di Mario Trombino, questo paragrafo è stato rivisto e ampliato da Giancarlo Burghi.

percorre la storia del popolo ebreo, a partire dal diluvio universale fino alla distruzione del tempio di Gerusalemme e alla diàspora. In pagine di grande efficacia, ma estremamente dure nella forma e nel contenuto, Hegel nota come il racconto biblico del diluvio universale sia il simbolo di una **profonda "scissione" tra il popolo ebraico e la natura**: sentendosi minacciati da quest'ultima, gli Ebrei hanno reagito con la fede nella potenza del loro Dio, in un atteggiamento di "innaturale" allontanamento da tutto ciò che invece è parte integrante della vita umana.

In altre parole, leggendo il diluvio come un tradimento della natura nei confronti dei suoi figli, gli Ebrei avrebbero finito per concepire Dio come Signore salvifico e trascendente rispetto a una realtà naturale che gli è non solo sottomessa, ma anche "estranea"; essi hanno pensato Dio (che è *tutto*) come *contrapposto* all'uomo e alla natura (che senza di Lui sono *niente*)[1].

L'infelice "destino" degli Ebrei

Riponendo la loro salvezza in questo lontano Dio trascendente, di cui si ritengono "popolo eletto", gli Ebrei hanno di fatto scelto di vivere non solo **in inimicizia con la natura**, ma anche **in ostilità con gli altri uomini**.

Il Dio degli Ebrei è infatti un Signore «geloso», che pretende dal "suo" popolo una dedizione totale e una fedeltà esclusiva, impedendogli pertanto ogni rapporto di amicizia con gli altri popoli. Vi sono stati, in verità, momenti in cui gli Ebrei, con i popoli vicini, «insieme godevano del sole, insieme guardavano la luna e le stelle», ricostruendo cioè un tessuto di serena fiducia all'interno di una natura pacificata. Ogni volta, però, questo atteggiamento è stato considerato come una forma di idolatria e di "tradimento" nei confronti dell'unico vero Dio, e il popolo ebraico è ritornato alla sua antica scelta. Gli Ebrei sono dunque **vittime di un "destino" che essi stessi hanno in qualche modo provocato**[2].

Il messaggio di Gesù

La "scissione" ebraica rispetto a una natura minacciosa, a popoli considerati nemici e ad un Dio trascendente sentito lontano e irraggiungibile viene radicalmente messa in discussione dal messaggio di Gesù di Nazareth, il quale (come in parte abbiamo già detto) annuncia agli uomini la nuova **legge dell'amore**, che invita al superamento di ogni ostilità in nome della **profonda unità di vita che lega tutti gli esseri viventi**.

Il mondo greco

Sotto questo punto di vista, la figura di Gesù è vicina al **mondo greco**, la cui mentalità è diametralmente opposta rispetto a quella ebraica. I Greci vivono infatti il loro rapporto con la natura in totale armonia e in «**spirito di bellezza**», godendo di un sereno accordo con essa: la loro morale rispetta i naturali desideri umani e i loro dèi sono spesso la "personificazione" delle stesse forze della natura, nella quale vivono profondamente immersi. Pertanto, se l'ebraismo rappresenta il momento della scissione, della separazione e, dunque, dell'infelicità, la **grecità** incarna il momento dell'**armonia**, e dell'armonia non solo **tra l'uomo e Dio** e **tra l'uomo e la natura**, ma anche **degli uomini tra loro**. La religione greca, in-

---

1 Si osservi come il Dio-persona ebraico, per Hegel, sia solamente un "pensato", qualcosa di costruito con l'intelletto ipostatizzando in un essere personale il divino che è immerso nella vita del tutto.

2 Sul concetto hegeliano di "destino", per evitare fraintendimenti, è opportuno fin d'ora fare chiarezza. Hegel interpreta il destino di un popolo in questi termini: data la realtà storica e naturale, che possiede una sua intima necessità e una sua precisa logica interna, il destino è la forza con cui la natura reagisce quando l'uomo o il popolo le si pongono contro.

fatti, in quanto fatto pubblico (religione della città), non separa l'individuo dal cittadino ed è fattore di coesione sociale.

L'unità priva di scissioni della civiltà greca desta così l'ammirazione del giovane Hegel, ancora convinto, in questo periodo, che la «**bella eticità**» coincida con una **perfetta armonia che la modernità ha smarrito**. Successivamente, però, Hegel vedrà nella grecità un'innocenza originaria destinata a spezzarsi e a passare attraverso l'esperienza dialettica della scissione e del suo superamento. Il **concetto maturo di «eticità»** sarà pertanto il riproponimento della perfezione originaria della *pólis* greca, ma a un livello più alto, raggiunto *oltre* e *attraverso* la "caduta" rappresentata dalla modernità (come vederemo più nel dettaglio nel capitolo 3).

Nella predilezione per il mondo greco si può leggere inoltre il **rifiuto**, che sarà tipico dell'Hegel maturo, **dell'astratto**, ossia di ciò che è concepito come separato (dal latino *ab-strahere*, "separare") **a favore del concreto**, ovvero delle cose concepite le une in relazione alle altre (dal latino *concrescere*, "crescere insieme", "tenere unito").

La storia insegna, tuttavia, che **tanto i Greci quanto Gesù sono stati** in un certo senso **"sconfitti"**. Da un lato, l'armonia e lo spirito di amicizia tipici della grecità sono stati superati dalle nuove esperienze della civiltà moderna: si pensi ad esempio alla scissione tra individuo e individuo tipica del liberalismo, in cui ciascuno si comporta come un atomo isolato. Dall'altro lato, Gesù è morto ucciso dal suo stesso popolo, il quale non ne ha compreso il rivoluzionario annuncio. È morto, però, perdonando i propri uccisori, cioè testimoniando la possibilità di amare senza condizioni, anche i propri nemici. E, se, come abbiamo già visto, le Chiese cristiane hanno tradito l'autenticità del suo messaggio, ciò non significa che non si possa sperare nel recupero di uno «spirito di bellezza» come quello greco e nell'affermarsi della legge dell'amore universale annunciata dal Cristo.

> La speranza in un nuovo «spirito di bellezza»

A questo punto risulta forse più chiara la critica di Hegel (a cui abbiamo fatto cenno in apertura di paragrafo) alla morale kantiana, che viene ripresa e ampliata in un saggio intitolato *Fede e sapere*, pubblicato nel 1802 sul "Giornale critico della filosofia". In questo scritto Hegel polemizza contro la «ragione illuministica» di Kant, che si fonda su una lacerazione dualistica tra l'uomo e Dio, ovvero tra l'intelletto umano finito e un infinito concepito come «qualcosa d'incomprensibile e inconoscibile». Kant ha il merito di avere "liberato" la religione dai suoi elementi esteriori, riconducendola a una morale razionale, ma la morale kantiana è a ben vedere assimilabile alla religione degli Ebrei: così come quest'ultima è una religione "dell'infelicità", in cui gli uomini adorano e temono un «Dio straniero», un «oggetto altissimo» a cui aspirano invano, con inquietudine e angoscia, in modo analogo l'uomo kantiano è lacerato tra una ragione che spera nell'infinito e un infinito che non può raggiungere, e tra una ragione che impone il dovere e l'inclinazione sensibile che spinge al piacere.

> Oltre Kant: la conciliazione

La **nuova religione** auspicata da Hegel dovrà dunque superare la scissione kantiana, in una «**conciliazione**» che potrà avvenire attraverso il recupero della figura di Gesù, profeta dell'**amore** quale **forza unificante tra uomo e Dio, tra uomo e uomo, tra dovere razionale e natura sensibile**. Dal momento che induce a «compiere volentieri tutti i doveri», l'amore va oltre la fredda legge razionale che Kant oppone al sentimento, e rivela una forza "dialettica" capace di conciliare gli opposti.

Verso la maturità:
dalla religione
alla filosofia Nella fase matura del suo pensiero, che possiamo far iniziare proprio con *Fede e sapere*, Hegel preferirà riporre la propria fiducia nella filosofia, anziché nella religione. Il compito della filosofia, infatti, è proprio quello di attingere concettualmente la conciliazione e l'unità dell'umano e del divino, cioè l'Assoluto inteso come la totalità vivente in cui tutto va compreso. La sua ricerca muterà quindi profondamente direzione, ed egli non si attenderà più che la **rivoluzione dello spirito dell'uomo e dei popoli** nasca dalla religione, ma dall'oggettiva **evoluzione storica** e dalla **ricerca filosofica**, in quanto capace di pensare scientificamente, secondo la sua intima necessità, il corso del mondo.

4. Le tesi di fondo del sistema

Per poter seguire proficuamente lo svolgimento del pensiero di Hegel risulta indispensabile aver chiare, fin dall'inizio, le tesi di fondo del suo **idealismo**:
1) la **risoluzione del finito nell'infinito**;
2) l'**identità tra ragione e realtà**;
3) la **funzione giustificatrice della filosofia**.

Finito e infinito

L'espressione "risoluzione del finito nell'infinito" allude al fatto che per Hegel la **realtà** non è un insieme di sostanze autonome, ma un **organismo unitario di cui tutto ciò che esiste è parte o manifestazione**.

L'infinito come
unica realtà Tale organismo, non avendo nulla al di fuori di sé e rappresentando la ragion d'essere di ogni realtà, coincide con l'**Assoluto** e con l'**infinito**, mentre i vari enti del mondo, essendo manifestazioni di esso, coincidono con il finito. Pertanto il finito, come tale, non esiste, perché ciò che noi chiamiamo "finito" non è altro che un'espressione parziale dell'infinito. Come la parte non può esistere se non in connessione con il tutto, in rapporto al quale soltanto ha vita e senso, così il finito esiste unicamente nell'infinito e in virtù dell'infinito. Detto altrimenti: **il finito**, in quanto è reale, non è tale, ma **è lo stesso infinito**.

L'infinito come
soggetto spirituale
in divenire L'hegelismo si configura quindi come una forma di **monismo panteistico**, cioè come una teoria che vede nel mondo (nel finito) la manifestazione o la realizzazione di Dio (dell'infinito). A questo punto l'hegelismo potrebbe sembrare una forma di spinozismo. In verità, la differenza tra i due sistemi è notevole. Mentre per Spinoza l'Assoluto è una sostanza statica che coincide con la natura, per Hegel si identifica invece con un soggetto spirituale in divenire, di cui tutto ciò che esiste è "momento" o "tappa" di un processo di realizzazione. Dire che la realtà non è «sostanza», ma **soggetto**, significa dire, secondo Hegel, che essa non è qualcosa di immutabile e di già dato, ma un **processo di auto-produzione** che soltanto alla fine, cioè con l'uomo (lo spirito) e le sue attività più alte (arte, religione e filosofia), giunge a rivelarsi per quello che è veramente:

> Il vero è l'intiero. Ma l'intiero è soltanto l'essenza che si completa mediante il suo sviluppo. Dell'Assoluto devesi dire che esso è essenzialmente *Risultato*, che solo *alla fine* è ciò che è in verità.
>
> (*Fenomenologia dello spirito*, "Prefazione")

IL PANTEISMO IDEALISTICO E DINAMICO DI HEGEL

Il finito e l'infinito coincidono, in quanto | il **finito** è → manifestazione / momento necessario → dell'**infinito** (Assoluto, Dio, spirito)

L'infinito, o Dio, è un soggetto spirituale in divenire, che si realizza progressivamente in tutti i suoi momenti e che solo alla fine, cioè nell'uomo, acquista piena coscienza di sé

Ragione e realtà

Il **soggetto spirituale infinito che sta alla base della realtà** viene denominato da Hegel **idea o ragione**, termini che esprimono l'**identità di pensiero ed essere**, o meglio **di ragione e realtà**.

Da ciò il noto aforisma, contenuto nella prefazione ai *Lineamenti di filosofia del diritto*, che riassume il senso stesso dell'hegelismo: «**Ciò che è razionale è reale; e ciò che è reale è razionale**».

L'aforisma di Hegel

■ Con la prima parte di questa formula, Hegel intende dire che la **razionalità** non è pura idealità, astrazione, schema, dover essere, ma la **forma** stessa **di ciò che esiste**, poiché la ragione "governa" il mondo e lo costituisce.

■ Viceversa, con la seconda parte della formula, Hegel intende affermare che la **realtà** non è una materia caotica, ma il **dispiegarsi di una struttura razionale** (l'idea o la ragione). Quest'ultima si manifesta in modo inconsapevole nella natura e in modo consapevole nell'uomo.

■ Pertanto, con il suo aforisma, Hegel non esprime la semplice possibilità che la realtà sia penetrata o intesa dalla ragione, ma la **necessaria, totale e sostanziale identità di realtà e razionalità**.

Tale identità implica anche l'identità tra essere e dover essere, in quanto **ciò che è risulta anche ciò che razionalmente *deve essere***. Tant'è vero che le opere di Hegel sono costellate di osservazioni piene di ironia e di scherno a proposito dell'"astratto" e moralistico dover essere che non è, dell'ideale che non è reale. E tutte quante insistono sul fatto che il mondo, in quanto è, e così com'è, è razionalità dispiegata, ovvero ragione reale e realtà razionale che si manifesta attraverso una serie di momenti necessari, i quali non possono essere diversi da come sono. Infatti, da qualsiasi punto di vista guardiamo il mondo, troviamo ovunque, secondo Hegel, una rete di connessioni necessarie e di passaggi obbligati che costituiscono l'articolazione vivente dell'unica idea o ragione (v. **panlogismo**). Hegel, in altri termini, secondo uno schema tipico della filosofia romantica, ritiene che la realtà costituisca una **totalità processuale necessaria**, formata da una serie ascendente di "gradi", o "momenti", ciascuno dei quali rappresenta il risultato di quelli precedenti e il presupposto di quelli seguenti (v. **necessità**).

L'identità tra essere e dover essere

| L'**idea** o **ragione** (= lo spirito come automovimento) | → | è identità totale e necessaria di | → | **ragione e realtà** (= la ragione non è un'astrazione, ma la forma stessa della realtà, intesa come sviluppo dell'idea) |
| | | | | **essere e dover essere** (= ciò che esiste è ciò che razionalmente deve essere) |

La funzione della filosofia

Coerentemente con il suo orizzonte teorico, fondato sulle categorie di totalità e di necessità, Hegel ritiene che il compito della filosofia consista nel **prendere atto della realtà** e nel **comprendere le strutture razionali che la costituiscono**: «Comprendere ciò *che è* è il compito della filosofia, poiché ciò *che è* è la ragione». A dire come dev'essere il mondo, la filosofia arriva sempre troppo tardi; giacché sopraggiunge quando la realtà ha compiuto il suo processo di formazione. Essa, afferma Hegel con un paragone famoso, è come la nottola di Minerva che inizia il suo volo sul far del crepuscolo, cioè quando la realtà è già bell'e fatta. La filosofia deve dunque «mantenersi in pace con la realtà» e rinunciare alla pretesa assurda di determinarla e guidarla. Deve soltanto portare nella forma del pensiero, cioè elaborare in concetti, il contenuto reale che l'esperienza le offre, dimostrandone, con la riflessione, l'intrinseca razionalità.

[nota a margine: non può cambiare le cose]

Una filosofia che giustifichi razionalmente ciò che esiste

Questi chiarimenti delineano il tratto essenziale della filosofia e della personalità di Hegel. L'autentico compito che Hegel ha inteso attribuire alla filosofia (e che ha cercato di realizzare con la *propria* filosofia) è la giustificazione razionale della realtà, della presenzialità, del fatto. Questo compito è stato da lui affrontato con maggiore energia proprio laddove esso sembra più rischioso, cioè nei confronti della realtà politica, dello Stato:

> Su *diritto, eticità, Stato* la *verità* è *altrettanto antica*, quanto *apertamente esposta e nota* nelle *pubbliche leggi*, nella *pubblica morale e religione*. Di che cosa abbisogna ulteriormente questa verità, in quanto lo spirito pensante non è pago di possederla così a portata di mano, se non anche di comprenderla, e di conquistare al contenuto già in se stesso razionale anche la forma razionale, affinché esso appaia giustificato per il pensiero libero?
>
> (*Lineamenti di filosofia del diritto*)

ESERCIZI
INTERATTIVI
ON LINE

Il dibattito critico intorno al "giustificazionismo" hegeliano

Una puntualizzazione di Hegel

Da quanto si è detto finora risulta evidente che la filosofia di Hegel implica un atteggiamento programmaticamente giustificazionista nei confronti della realtà. Ciò non toglie che lo stesso Hegel, onde evitare che la sua filosofia potesse essere scambiata per una banale accettazione della realtà in tutti i suoi aspetti, anche in quelli più immediati, abbia sentito la necessità di puntualizzare:

Nella vita ordinaria si chiama a casaccio *realtà* ogni capriccio, l'errore, il male e ciò che è su questa linea, come pure ogni qualsiasi difettiva e capricciosa esistenza. Ma già anche per l'ordinario modo di pensare un'esistenza accidentale non merita l'enfatico nome di reale: – l'accidentale è un'esistenza che non ha altro maggior valore di un *possibile*; che può *non essere* allo stesso modo che è. Ma, quando io ho parlato di realtà, si sarebbe pur dovuto pensare al senso nel quale adopero quest'espressione, giacché in una mia estesa *Logica* […] l'ho accuratamente distinta non solo dall'accidentale, che pure ha esistenza, ma altresì dall'essere determinato, dall'esistenza e da altri concetti.

(*Enciclopedia delle scienze filosofiche in compendio*, par. 6)

Secondo alcuni critici, questo passo starebbe a dimostrare come l'hegelismo non sia riducibile a una forma di **giustificazionismo**. In verità, se si prende in considerazione tutto il paragrafo 6 dell'*Enciclopedia delle scienze filosofiche in compendio*, da cui è tratto il breve passo appena riportato, ci si rende conto di come Hegel, con questo suo intervento "difensivo", non avesse affatto intenzione di sconfessare la tesi della **sostanziale razionalità del reale**, ma solo di **escludere dall'accezione filosofica di "realtà"**[1] gli aspetti "superficiali" o "accidentali"[2] dell'esistenza immediata. Infatti, nella prosecuzione del paragrafo, lasciando intendere come il corso o la trama del mondo non possa mai fare a meno, negli aspetti essenziali (cioè in quelli che contano), di essere necessariamente razionale, Hegel polemizza ancora una volta contro «la separazione della realtà dall'idea» e, alla fine, inequivocabilmente, conclude:

> L'esclusione dell'accidentale dalla nozione di "realtà"

Reale ≠ accidentale

Chi non possiederebbe la sapienza di scoprire, in ciò che lo circonda, molte cose che in fatto non sono come debbono essere? Ma questa sapienza ha torto quando immagina di aggirarsi, con siffatti oggetti e col loro dover essere, nella cerchia degli interessi della scienza filosofica. Questa ha da fare solo con l'Idea, che non è tanto impotente da restringersi a dover essere solo, e non esser poi effettivamente: ha da fare perciò con una realtà di cui quegli oggetti, istituzioni, condizioni ecc. sono solo il lato esterno e superficiale.

(*Enciclopedia delle scienze filosofiche in compendio*, par. 6)

Un noto filone interpretativo, che va da Engels a Marcuse, pur ammettendo gli aspetti "conservatori" del pensiero hegeliano, ha tuttavia cercato di mostrare come esso possa venir letto anche in modo dinamico e rivoluzionario. Secondo questi autori, infatti, l'aforisma di Hegel significherebbe, in sostanza, che **il reale è "destinato" a coincidere con il razionale**, mentre l'irrazionale è destinato a perire. Ora, che una lettura siffatta, più che un'"interpretazione" di Hegel, rappresenti una sorta di "correzione" del suo sistema alla luce degli ideali rivoluzionari dei suoi propugnatori è qualcosa che risulta manifesto da un esame non ideologicamente pregiudicato dei già citati testi del filosovfo. Tant'è vero che tale lettura è riuscita a darsi una parvenza di legittimità storiografica solo a patto di distinguere engelsianamente, nella filosofia di Hegel, il cosiddetto "metodo" (classificato come «rivoluzionario») dal cosiddetto "sistema" (classificato come «conservatore»).

> Letture tendenziose di Hegel

Questa distinzione è stata in seguito contestata da più parti e, tra l'altro, non la troviamo neppure nel giovane Marx, «per il quale non ha senso parlare di contraddizione fra metodo

---

1 *Wirklichkeit*, "realtà in atto" o, come traduce Valerio Verra, "realtà effettiva".

2 Peraltro, come in una realtà razionale e necessaria possa esistere l'accidentale è qualcosa che in Hegel risulta oscuro. Tant'è vero che nel concetto hegeliano di "accidente" alcuni critici vedono un semplice "stratagemma speculativo" per poter parlare di ciò che non si lascia ridurre alla ragione (cioè alla sua filosofia).

e sistema in Hegel, ché anzi è proprio il metodo (ipostatizzante) di Hegel a spiegare le conclusioni reazionarie della sua filosofia» (Giuseppe Bedeschi). Infatti il giovane Marx (certamente meno hegeliano, su questo punto, di Engels e di tanti marxisti successivi) ha esplicitamente contestato la «canonizzazione» o la «santificazione» dell'esistente operata dall'autore dei *Lineamenti di filosofia del diritto*. E se la sua maniera di rapportarsi a Hegel ha trovato meno seguito di quella engelsiana, ciò è dovuto a ben precise circostanze storico-culturali (in primo luogo al fatto che i suoi scritti filosofici sono stati conosciuti molto tardi) e non certo alla minore fondatezza della sua esegesi.

| Il sostanziale giustificazionismo di Hegel

In conclusione, ci sembra che i testi di Hegel, al di là di ogni "costruzione" interpretativa, documentino in modo chiaro e inequivocabile il suo **atteggiamento fondamentalmente giustificazionista nei confronti della realtà**.

VERSO LE COMPETENZE
▶ Utilizzare il lessico e le categorie specifiche della filosofia

GLOSSARIO e RIEPILOGO

I termini-chiave

Idealismo p. 466 > Per "idealismo" Hegel intende la teoria dell'*idealità* (non-realtà) del finito, ossia la propria dottrina della risoluzione dialettica del finito nell'infinito: «La proposizione che il finito è ideale costituisce l'idealismo [...]. L'idealismo della filosofia consiste soltanto in questo: nel non riconoscere il finito come un vero essere» (*Scienza della logica*).

Assoluto p. 466 > L'Assoluto è per Hegel l'infinito, il soggetto, l'idea, la ragione, lo spirito, cioè *Dio*, idealisticamente e panteisticamente inteso come *realtà immanente nel mondo*, come un infinito-che-si-fa-mediante-il-finito.

Infinito p. 466 > L'infinito è l'Assoluto, in quanto totalità autosufficiente in cui si risolve ogni realtà finita. Hegel distingue tra una «falsa» infinità, che, pur dichiarando «contraddittorio» il finito, esprime soltanto l'*esigenza* del suo superamento (v. Fichte), e una «vera» infinità, la quale consiste nella «*unità* del finito e dell'infinito», o meglio, visto che in questa formula il finito appare ancora «come lasciato intatto» e «non viene espressamente espresso come superato» (*Enciclopedia*, par. 95), nella totale e completa *risoluzione* del finito nell'infinito.

Soggetto p. 466 > Il soggetto è l'Assoluto, concepito non come una sostanza *statica* (alla maniera di Spinoza), ma come una realtà *in divenire* che *produce se stessa* e che soltanto *alla fine* si rivela come ciò che è veramente, ossia come spirito: «tutto dipende dall'intendere e dall'esprimere il vero non come sostanza, ma altrettanto decisamente come *soggetto*» (*Fenomenologia dello spirito*), «il soggetto è questo: che esso si dà a se stesso l'esser altro e che mediante la negazione di sé ritorna a se stesso, ossia produce se stesso» (*Filosofia della religione*).

Idea p. 467 > Per "idea" (*Idee*) in generale Hegel intende l'Assoluto («l'assoluto è l'*idea*», *Enciclopedia*, par. 213), concepito come ragione in atto, ovvero come unità dialettica di pensiero ed essere, concetto e cosa, ragione e realtà, soggetto e oggetto, infinito e finito ecc.: «L'idea è il vero *in sé e per sé*, l'unità assoluta del concetto e dell'oggettività» (*Enciclopedia*, par. 213), «L'idea può esser concepita come la *ragione* [...] come il *soggetto-oggetto*, come l'*unità dell'ideale e del reale, del finito e dell'infinito*» (*Enciclopedia*, par. 214).
N.B. Hegel parla di "idea" anche in un significato più ristretto, che è quello dell'idea «pura» o idea «in sé e per sé» (v.).

Ragione p. 467 > Per "ragione" (*Vernunft*) Hegel intende non la ragione *finita* dell'individuo, ma la *realtà stessa* in quanto idea, ossia in quanto unità di pensiero ed essere: «La ragione è la certezza della coscienza di essere ogni realtà» (*Fenomenologia dello spirito*); «L'autocoscienza, ossia la certezza che le sue determinazioni sono tanto oggettive – determinazioni dell'essenza delle cose – quanto i suoi propri pensieri, è la ragione» (*Enciclopedia*, par. 439).

Identità di realtà e razionalità p. 467 > Con la formula «Ciò che è razionale è reale; e ciò che è reale è razionale» Hegel intende dire: 1. che la razionalità non è pura idealità, astrazione, schema, dover essere, bensì la sostanza stessa di ciò che esiste, poiché la ragione costituisce e "governa" il mondo; 2. che la realtà, lungi dall'essere una materia caotica, coincide con il dispiegarsi di una struttura razionale. Questa si rivela in modo inconsapevole nella natura e in modo consapevole nell'uomo.

Panlogismo p. 467 > Il termine "panlogismo" (dal gr. *pan*, "tutto", e *lógos*, "ragione") è stato coniato dal filosofo tedesco Johann E. Erdmann (1805-1892) per indicare la dottrina hegeliana dell'identità tra reale e razionale. Tale dottrina fa dell'hegelismo una forma di ottimismo metafisico corroborato dalla teoria dialettica (v.) del negativo come momento del farsi del positivo.

Necessità p. 467 > La necessità è la modalità fondamentale dell'esistente: «la vera realtà è necessità: ciò che è reale è in sé necessario». Tale necessità si manifesta nella struttura processuale e ascendente del mondo, che è composto di una serie di "gradi" o "momenti" che rappresentano, ognuno, il risultato obbligato di quelli precedenti e il presupposto obbligato di quelli seguenti.

Giustificazionismo p. 469 > Il termine "giustificazionismo" è usato dai critici per indicare l'atteggiamento generale di Hegel di fronte alla realtà e, in particolare, la sua dottrina della filosofia come giustificazione della *sostanziale razionalità e necessità* del mondo.

5. Idea, natura e spirito: le partizioni della filosofia

Hegel ritiene che il farsi dinamico dell'Assoluto passi attraverso i tre momenti dell'idea «in sé e per sé» (**tesi**), dell'idea «fuori di sé» (**antitesi**) e dell'idea che «ritorna in sé» (**sintesi**). Tanto che il disegno complessivo dell'*Enciclopedia* hegeliana è quello di una grande triade dialettica.

> I tre momenti dell'Assoluto: idea, natura e spirito

1) L'**idea in sé e per sé o idea pura**, è l'idea considerwata in se stessa, a prescindere dalla sua concreta realizzazione nel mondo. Da questo angolo prospettico, secondo un noto paragone teologico dello stesso Hegel, l'idea è assimilabile a Dio «prima della creazione della natura e di uno spirito finito», ovvero, in termini meno equivocanti (visto che l'Assoluto hegeliano è un infinito immanente, che non crea il mondo, ma *è* il mondo), al "programma", o all'**ossatura logico-razionale della realtà**.

2) L'**idea «fuori di sé»**, o idea «nel suo esser altro», è la **natura**, cioè l'estrinsecazione o l'alienazione dell'idea nelle realtà spazio-temporali del mondo.

3) L'**idea che «ritorna in sé»** è lo **spirito**, cioè l'idea che, dopo essersi fatta natura, torna «presso di sé» (*bei sich*) nell'uomo.

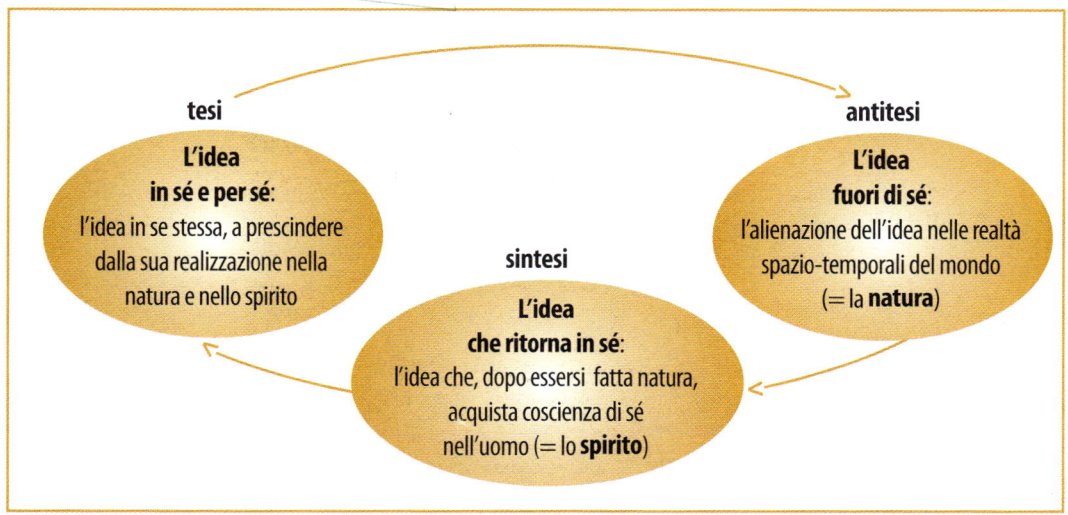

Ovviamente questa triade va intesa non in senso cronologico, come se prima ci fosse l'idea in sé e per sé, poi la natura e infine lo spirito, ma in senso ideale. Infatti ciò che concretamente esiste nella realtà è lo spirito (la sintesi), il quale ha come sua coeterna condizione la natura (l'antitesi) e come suo coeterno presupposto il programma logico rappresentato dall'idea pura (la tesi).

A questi tre momenti strutturali dell'Assoluto Hegel fa infatti corrispondere le **tre sezioni in cui si divide il sapere filosofico:**

1) la logica, che è «la scienza dell'idea **in sé e per sé**» (*Enciclopedia*, par. 18), cioè dell'idea considerata nel suo essere implicito (= in sé) e nel suo graduale esplicarsi (= per sé), ma a prescindere dalla sua concreta realizzazione nella natura e nello spirito;

2) la **filosofia della natura**, che è «la scienza dell'idea nel suo alienarsi da sé» (*ibidem*);

3) la **filosofia dello spirito**, che è «la scienza dell'idea, che dal suo alienamento ritorna in sé» (*ibidem*).

ESERCIZI
INTERATTIVI

Ecco un primo schema generale, le cui singole parti saranno sviluppate in schemi più analitici nel capitolo dedicato all'*Enciclopedia* hegeliana

LE SEZIONI DEL SAPERE FILOSOFICO

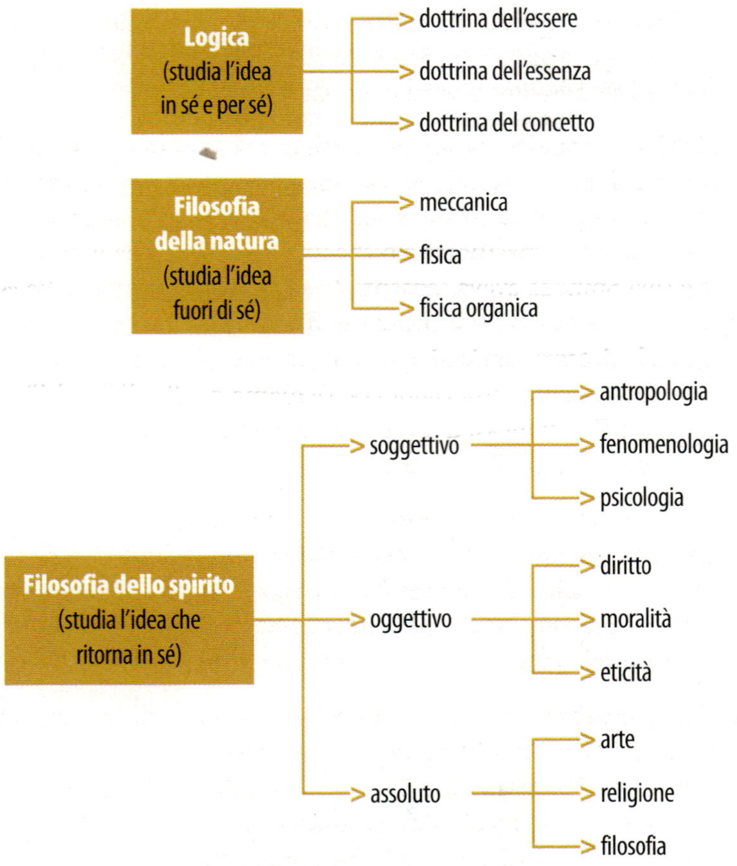

Logica
(studia l'idea
in sé e per sé)
> dottrina dell'essere
> dottrina dell'essenza
> dottrina del concetto

**Filosofia
della natura**
(studia l'idea
fuori di sé)
> meccanica
> fisica
> fisica organica

Filosofia dello spirito
(studia l'idea che
ritorna in sé)

> soggettivo
> antropologia
> fenomenologia
> psicologia

> oggettivo
> diritto
> moralità
> eticità

> assoluto
> arte
> religione
> filosofia

6. La dialettica

Come si è visto, l'Assoluto, per Hegel, è fondamentalmente "divenire". La legge che regola tale divenire è la **dialettica**, che rappresenta, al tempo stesso, la **legge (ontologica) di sviluppo della realtà** e la **legge (logica) di comprensione della realtà**. Hegel non ha offerto una teoria sistematica della dialettica, limitandosi per lo più a utilizzarla nei vari settori della filosofia. Ciò non esclude la possibilità (che in sede didattica diventa un'improrogabile necessità) di fissarne qualche tratto generale.

I tre momenti del pensiero

Nel paragrafo 79 dell'*Enciclopedia* Hegel distingue **tre momenti o aspetti del pensiero**:
1) il momento **astratto** o **intellettuale**;
2) il momento **dialettico** o **negativo-razionale**;
3) il momento **speculativo** o **positivo-razionale**.

Il momento astratto o intellettuale consiste nel **concepire l'esistente sotto forma di una molteplicità di determinazioni statiche e separate le une dalle altre**. In altri termini, il momento intellettuale (che è il grado più basso della ragione) è quello per cui **il pensiero si ferma alle determinazioni rigide della realtà**, limitandosi a considerarle nelle loro *differenze* reciproche e secondo i principi di identità e di non-contraddizione (secondo cui ogni cosa è se stessa ed è assolutamente diversa dalle altre).

Il momento astratto o intellettuale

Il momento dialettico o negativo-razionale consiste nel mostrare come le determinazioni del momento astratto siano unilaterali ed esigano di essere messe "in movimento", ovvero di essere relazionate con altre determinazioni. Infatti, poiché ogni affermazione sottintende una negazione, in quanto per specificare ciò che una cosa è bisogna implicitamente chiarire ciò che essa non è (già Spinoza aveva sentenziato che «*omnis determinatio est negatio*»), risulta indispensabile procedere *oltre* il principio di identità e **mettere *in rapporto* le varie determinazioni con le determinazioni opposte** (ad esempio, il concetto di "uno", non appena venga smosso dalla sua astratta rigidezza, richiama quello di "molti" e manifesta uno stretto legame con esso. E così dicasi di ogni altro concetto: il particolare richiama l'universale, l'uguale il disuguale, il bene il male ecc.).

Il momento dialettico o negativo-razionale

Il terzo momento, quello speculativo o positivo-razionale, consiste invece nel **cogliere l'unità delle determinazioni opposte**, ossia nel rendersi conto che tali determinazioni sono aspetti unilaterali di una realtà più alta che li ri-comprende o sintetizza entrambi (ad esempio, si scopre che la realtà vera non è né l'unità in astratto, né la molteplicità in astratto, bensì un'unità che *vive* solo *attraverso* la molteplicità).

Il momento speculativo o positivo-razionale

Dalla citata distinzione dei tre momenti del pensiero si può evincere la contrapposizione individuata da Hegel tra intelletto e ragione in senso stretto.

Intelletto, ragione dialettica e ragione speculativa

- L'**intelletto** è un modo di pensare "statico", che "immobilizza", per così dire, gli enti, considerandoli soltanto nella loro reciproca esclusione.
- La **ragione** è invece un modo di pensare "dinamico", capace di cogliere la concretezza del reale dietro la fissità imposta dalle determinazioni intellettuali. In quanto **dialettica**, la

ragione nega le determinazioni astratte dell'intelletto, mettendole in relazione con le determinazioni opposte; in quanto **speculativa**, essa coglie l'unità degli opposti realizzandone la sintesi (v. **ragione dialettica e ragione speculativa**).

Nella prospettiva hegeliana, se l'intelletto è l'organo del finito, la ragione è l'organo dell'infinito, ossia lo strumento tramite cui il finito (il parziale e l'astratto) viene risolto nell'infinito. Come nota Guido De Ruggiero, tuttavia, «Intelletto, ragione negativa, ragione positiva sono distinzioni che non vanno intese come facoltà mentali diverse. Si tratta, in fondo, della stessa ragione, in differenti fasi o funzioni. L'intelletto non è che la ragione che, dimenticando il suo compito più alto, s'irrigidisce nelle distinzioni».

Tesi,
antitesi,
sintesi

Globalmente e sinteticamente considerata, la **dialettica** consiste quindi:

1) nell'**affermazione** o posizione di un concetto astratto e limitato, che funge da **tesi**;
2) nella **negazione** di questo concetto come alcunché di limitato o di finito e nel passaggio a un concetto opposto, che funge da **antitesi**;
3) nell'**unificazione** delle precedenti affermazione e negazione in una sintesi positiva comprensiva di entrambe.

TESTO ANTOLOGICO
Hegel 
Il ruolo del negativo
(*Scienza della logica*)

L'*Aufhebung*

A ben vedere, la **sintesi** si configura dunque come una **ri-affermazione potenziata dell'affermazione iniziale** (tesi), ottenuta tramite la negazione della negazione intermedia (antitesi). Riaffermazione che Hegel focalizza con il termine tecnico *Aufhebung*, il quale esprime l'idea di un "superamento" che è, al tempo stesso, un togliere (l'opposizione tra tesi e antitesi) e un conservare (la verità della tesi, dell'antitesi e della loro lotta). L'*Aufhebung* allude di conseguenza a un progresso che accoglie in sé quello che c'è di vero nei momenti precedenti della tesi e dell'antitesi, e lo porta alla sua migliore e più alta espressione.

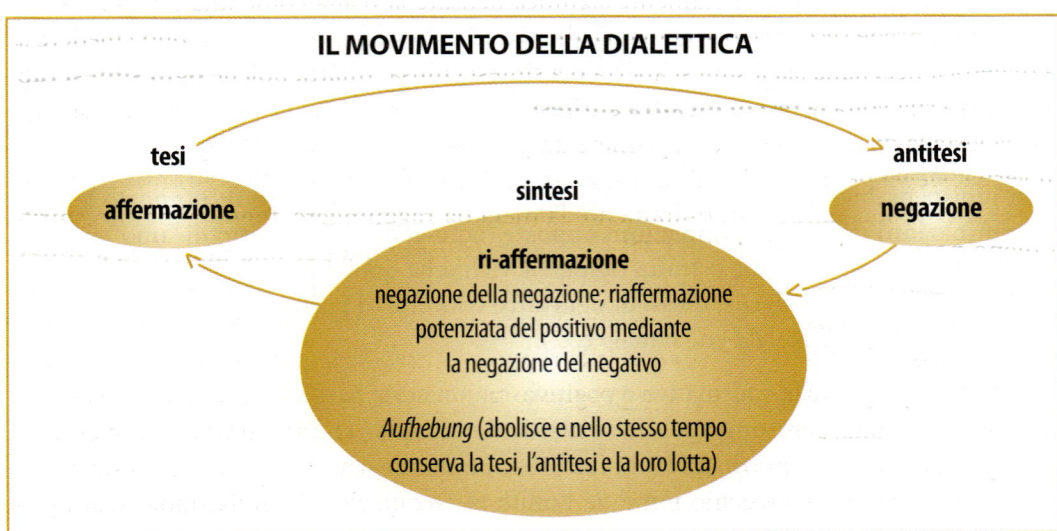

Puntualizzazioni circa la dialettica

Come si può notare, la dialettica non comprende soltanto il secondo momento (quello negativo-razionale, che Hegel chiama «dialettico» in senso stretto), ma corrisponde alla **totalità dei tre momenti elencati**.

Essa non fa che illustrare il principio fondamentale della filosofia hegeliana: la **risoluzione del finito nell'infinito**. Essa ci mostra come ogni finito, cioè ogni spicchio di realtà, non possa esistere in se stesso (poiché in tal caso sarebbe un assoluto, ovvero un infinito autosufficiente), ma solo in un contesto di rapporti. Per porre se stesso, infatti, il finito è obbligato a opporsi a qualcos'altro, cioè a entrare in quella trama di relazioni che forma la realtà e che coincide con il tutto infinito di cui esso è parte o manifestazione.

E poiché il tutto di cui parla Hegel, ovvero l'idea, è un'entità dinamica, **la dialettica esprime** appunto **il processo mediante cui le varie parti o determinazioni della realtà perdono la loro rigidezza**, si fluidificano **e diventano "momenti" di un'idea unica e infinita**. Detto altrimenti, la dialettica rappresenta la crisi del finito e la sua risoluzione necessaria nell'infinito:

> ogni finito ha questo di proprio, che sopprime se medesimo. La dialettica forma, dunque, l'anima motrice del progresso scientifico […] in essa, soprattutto è la vera, e non estrinseca elevazione sul finito. (*Enciclopedia delle scienze filosofiche in compendio*, par. 81)

TAVOLA ROTONDA ON LINE La logica e la matematica La natura della contraddizione

La dialettica ha un significato globalmente ottimistico, poiché essa ha il compito di unificare il molteplice, conciliare le opposizioni, pacificare i conflitti, ridurre ogni cosa all'ordine e alla perfezione del tutto. Molteplicità, opposizione, conflitto sono senza dubbio reali secondo Hegel, ma solo come momenti di passaggio. In altri termini, **il negativo**, per Hegel, **sussiste solo come momento del farsi del positivo** e la tragedia, nella sua filosofia, è solo l'aspetto superficiale e transeunte di una sostanziale commedia (nel senso letterale di vicenda avente un epilogo positivo).

Appurato che pensare dialetticamente significa pensare la realtà come una totalità processuale che procede secondo lo schema triadico di tesi, antitesi e sintesi, ci si può chiedere se la dialettica hegeliana sia a sintesi aperta o a sintesi chiusa. Infatti, poiché **ogni sintesi rappresenta** a sua volta **la tesi di un'altra antitesi**, a cui succede un'ulteriore sintesi e così via, a prima vista la dialettica sembra esprimere un processo costitutivamente aperto.

In verità, Hegel pensa che in tal caso si avrebbe il trionfo della «cattiva infinità», ossia un processo che, spostando indefinitamente la meta da raggiungere, toglierebbe allo spirito il pieno possesso di se medesimo. Di conseguenza, egli opta per una **dialettica a sintesi finale chiusa**, cioè per una dialettica che ha un ben preciso punto di arrivo: «Mentre nei gradi intermedi della dialettica prevale la rappresentazione della spirale, nella visione complessiva e finale del sistema prevale la rappresentazione del circolo chiuso, che soffoca la vita dello spirito, dando al suo progresso un termine, al di là del quale ogni attività creatrice si annulla, perché, avendo lo spirito realizzato pienamente se stesso, non gli resta che ripercorrere il cammino già fatto. […] L'impetuosa corrente sfocia in uno stagnante mare, e nell'immobile specchio trema la vena delle acque che vi affluiscono» (Guido De Ruggiero).

Tutti i filosofi che si rifaranno in qualche modo all'hegelismo (da Engels a Croce, ai neomarxisti) criticheranno questa idea di uno "stagnante epilogo" della storia del mondo, recuperando piuttosto quella di un processo che, pur coincidendo a ogni istante con se stesso, risulta costitutivamente aperto. Inoltre, più che sul momento della "conciliazione", tali filosofi insisteranno sul momento dell'"opposizione" e della **contraddizione**, ossia su ciò che Hegel, nella *Fenomenologia dello spirito*, chiama «**il travaglio del negativo**».

Dialettica e crisi del finito

Dialettica e ottimismo

Il carattere chiuso della dialettica hegeliana…

… e i suoi critici

VERSO
LE COMPETENZE
▶ Utilizzare il lessico
e le categorie specifiche
della filosofia

GLOSSARIO e RIEPILOGO

Le partizioni della filosofia e la dialettica

Idea in sé e per sé o idea pura p. 471 > L'idea «pura» (*Enciclopedia*, par. 19) o idea «in sé e per sé» (*Enciclopedia*, par. 18) – accezione *ristretta* del termine "idea" in generale – è l'Assoluto considerato in se stesso, cioè a prescindere dalla sua concreta realizzazione nella natura e nello spirito. In altre parole, l'idea «pura», oggetto specifico della logica, si identifica con il "programma" o con l'ossatura logico-razionale della realtà.
N.B. In questa accezione ristretta, il termine hegeliano tende ad avvicinarsi alla concezione tradizionale dell'idea come archetipo o modello del mondo. Tant'è vero che Hegel parla talora dell'idea pura come del «mondo delle essenzialità semplici, liberate da ogni concrezione sensibile». Ovviamente, nel caso di Hegel, il modello archetipo del mondo non è trascendente rispetto al mondo (come avviene nella metafisica platonico-cristiana), bensì immanente a esso.

Natura p. 471 > La natura (*Natur*) è l'idea «fuori di sé» o l'idea «nella forma dell'*esser altro*» (*Enciclopedia*, par. 247), ossia l'estrinsecazione alienata dell'idea nelle realtà spazio-temporali del mondo.

Spirito p. 471 > Lo spirito (*Geist*) è l'idea che, dopo essersi alienata nella natura, torna presso di sé nell'uomo: «lo spirito è essenzialmente questo: che, fuori dal suo esser altro e con il superamento di quest'esser altro, perviene a se stesso mediante la negazione della negazione» (*Filosofia della religione*). E poiché l'Assoluto è «risultato», in quanto «soltanto alla fine esso è quel che è in verità», Hegel vede nello spirito il senso ultimo dell'Assoluto: «l'assoluto è lo spirito: questa è la più alta definizione dell'assoluto» (*Enciclopedia*, par. 384).

In sé e per sé p. 472 > Con l'espressione «in sé» (*an sich*) Hegel intende, in generale, ciò che è astratto, immediato, implicito, possibile, privo di sviluppo e di relazioni, inconsapevole ecc. Al contrario, con l'espressione «per sé» (*für sich*) intende ciò che è concreto, mediato, esplicito, attuale, effettuale, relazionato, consapevole ecc. Talora, l'in sé viene fatto corrispondere al primo momento della dialettica (la tesi), il per sé al secondo momento (l'antitesi) e l'in sé-per sé al terzo momento (la sintesi).
N.B. L'uso hegeliano di questi termini non è univoco e tende a mutare a seconda dei contesti.

Dialettica p. 473 > Il concetto di dialettica, nella tradizione filosofica, ha ricevuto significati diversi, variamente imparentati tra loro, ma irriducibili l'uno all'altro. Per *Platone* la dialettica è la scienza delle idee, che procede secondo il metodo dicotomico. Per *Aristotele* è il procedimento dimostrativo che parte da premesse probabili, cioè generalmente ammesse. Per gli *stoici* e per i *medievali* si identifica con la logica. Per *Kant* è l'arte «sofistica» di costruire ragionamenti capziosi, basati su premesse che sembrano probabili, ma che in realtà non lo sono. Per *Fichte* è «la sintesi degli opposti per mezzo della determinazione reciproca».
Nella filosofia di Hegel la dialettica è, al tempo stesso, la *legge di sviluppo* della realtà e la *legge di comprensione* della medesima. Globalmente e sinteticamente considerata, essa consiste: 1. nell'*affermazione* o posizione di un concetto «astratto e limitato» che funge da *tesi*; 2. nella *negazione* di questo concetto come alcunché di limitato e di finito e nel passaggio a un concetto *opposto*, che funge da *antitesi*; 3. nell'*unificazione* delle precedenti affermazione e negazione in una *sintesi* comprensiva di entrambe. Tale sintesi si configura come una ri-affermazione potenziata dell'affermazione iniziale (tesi), ottenuta tramite la negazione della negazione intermedia (antitesi). Hegel denomina questi tre momenti, rispettivamente, «astratto o intellettuale», «dialettico o negativo-razionale», «speculativo o positivo-razionale».

Intelletto p. 473 > Per "intelletto" Hegel intende un modo di pensare «statico» e «astratto» che, attenendosi ai principi di identità e di non-contraddizione, fissa gli enti nelle loro determinazioni rigide, considerandoli come reciprocamente escludentisi. All'intelletto si contrappone la ragione in senso stretto.

Ragione dialettica e ragione speculativa p. 474 > Per "ragione" Hegel intende quel modo di pensare che, fluidificando la fissità e la rigidezza delle determinazioni intellettuali, riesce a cogliere la concretezza vivente del reale. Il momento «dialettico» o «negativo-razionale» consiste appunto nel negare le determinazioni astratte dell'intelletto e nel metterle in rapporto con le determinazioni opposte, mentre il momento «speculativo» o «positivo-razionale» consiste nel cogliere l'unità delle determinazioni opposte e il *positivo* che emerge dalla loro composizione sintetica. La ragione speculativa rappresenta quindi l'organo attraverso cui avviene quella risoluzione del finito nell'infinito che rappresenta l'alfa e l'omega della filosofia hegeliana.

Aufhebung p. 474 > «*Aufhebung*» ("superamento") è un termine tecnico adoperato da Hegel per indicare il procedimento della dialettica, che abolisce, e nello stesso tempo conserva, ciascuno dei suoi momenti: «La parola superamento ha nella lingua [tedesca] un duplice senso per cui significa da un lato conservare, ritenere, e dall'altro far cessare, metter fine. Il conservare racchiude già in sé il negativo, che qualcosa sia tolto alla sua immediatezza [...]. Così il superato è insieme un conservato il quale ha perduto soltanto la sua im-

mediatezza ma non perciò è annullato» (*Scienza della logica*).

Contraddizione p. 475 > A differenza della filosofia tradizionale, che escludeva la contraddizione dall'ambito della realtà e della ragione, Hegel scorge in essa il pungolo o la molla grazie a cui la realtà si sviluppa e dalla tesi si passa all'antitesi. Infatti, secondo Hegel, la proprietà del finito è quella di auto-contraddirsi e quindi di sollecitare la propria risoluzione nell'infinito. Il riconoscimento del valore della contraddizione e del cosiddetto «travaglio del negativo» rappresenta una delle idee più interessanti e storicamente influenti dell'hegelismo.

7. La critica alle filosofie precedenti

Dopo aver definito in positivo i capisaldi dell'hegelismo, è venuto il momento di illustrarli in negativo, ossia di vedere, storicamente, a quali filosofie la dottrina di Hegel si contrapponga.

Hegel e gli illuministi

L'hegelismo[1] implica un oggettivo rifiuto della maniera illuministica di rapportarsi al mondo. Gli illuministi, infatti, facendo dell'intelletto il giudice della storia, erano costretti a ritenere che il reale non fosse razionale, dimenticando così che la vera ragione (lo spirito) è proprio quella che prende corpo nella storia e abita in tutti i momenti di essa.

La **ragione degli illuministi** esprime solo **le esigenze e le aspirazioni degli individui**: è una ragione finita e parziale, ovvero un «intelletto astratto» che pretende di dare lezione alla realtà e alla storia stabilendo come esse dovrebbero essere, mentre la realtà è sempre necessariamente ciò che deve essere:

Il carattere astratto e parziale della razionalità illuministica

> La separazione della realtà dall'idea è specialmente cara all'intelletto, che tiene i sogni delle sue astrazioni per alcunché di verace ed è tutto gonfio del suo *dover essere*, che anche nel campo politico va predicando assai volentieri: quasi che il mondo avesse aspettato quei dettami per apprendere come dev'essere e non è; che, se poi fosse come dev'essere, dove se ne andrebbe la saccenteria di quel dover essere?
>
> (*Enciclopedia delle scienze filosofiche in compendio*, par. 6)

---

1 Come risulta soprattutto dai *Lineamenti di filosofia del diritto* e dalle *Lezioni sulla filosofia della storia*.

Hegel e Kant

Il dualismo kantiano tra realtà e ragione

L'avversione di Hegel per l'Illuminismo si accompagna alla sua tenace opposizione a Kant. Questi aveva voluto costruire una **filosofia del finito**, della quale faceva parte integrante l'**antitesi tra l'essere e il dover essere, ovvero tra la realtà e la ragione**. In campo gnoseologico, le idee della ragione erano per Kant meri ideali, idee "regolative" che spingevano la ricerca scientifica all'infinito, verso una compiutezza e una sistemazione irraggiungibili. Analogamente, in campo morale, la volontà non coincideva con la ragione e la santità era il termine inattingibile di un infinito processo di adeguamento della volontà alle leggi della ragione. In una parola, se in Kant l'**essere (la realtà) non si adeguava mai al dover essere (alla razionalità)**, per Hegel questa adeguazione è invece necessaria.

L'astrattezza dell'indagine kantiana

A Kant Hegel rimprovera anche la pretesa di voler indagare la facoltà del conoscere *prima* di procedere a conoscere. Pretesa che egli assimila all'assurdo «proposito di quel tale Scolastico, d'imparare a nuotare prima di arrischiarsi nell'acqua» (*Enciclopedia*, par. 10).

Hegel e i romantici

Hegel è anche un critico severo delle posizioni del "circolo" romantico, del quale, nel periodo francofortese (1797-1800), aveva subito l'influenza.

Le critiche di Hegel ai romantici

Schematizzando, si può dire che il dissenso di Hegel nei confronti dei romantici verta essenzialmente su due punti:

- in primo luogo, Hegel **contesta il primato del sentimento, dell'arte o della fede**, sostenendo che l'Assoluto non può che essere oggetto della filosofia, ovvero di una forma di sapere mediato e razionale;
- in secondo luogo, Hegel **contesta gli atteggiamenti individualistici** dei romantici (o meglio, si dovrebbe dire, di certi romantici in una certa fase del loro pensiero, perché nel Romanticismo, come si è già detto, coesistono atteggiamenti individualistici e anti-individualistici al tempo stesso), affermando che l'intellettuale non deve narcisisticamente ripiegarsi sul proprio io o invocare le «leggi del cuore», ma tener d'occhio soprattutto l'oggettivo «corso del mondo», cercando di integrarsi nelle istituzioni socio-politiche del proprio tempo.

Alcuni studiosi, accettando la riduzione (hegeliana) del Romanticismo al circolo romantico, hanno considerato il filosofo come un anti-romantico.

La partecipazione di Hegel al clima culturale romantico

In realtà Hegel, pur non rientrando nella "scuola romantica" in senso stretto, risulta profondamente partecipe del clima culturale del Romanticismo, del quale, oltre a numerosi motivi particolari (i concetti della creatività dello spirito, dello sviluppo provvidenziale della storia, della spiritualità incosciente della natura ecc.), condivide soprattutto il **tema dell'infinito**, anche se ritiene, come si è visto, che a esso si acceda speculativamente e non attraverso vie "immediate". Di conseguenza, la filosofia di Hegel, rigorosamente parlando, non costituisce un "superamento" del Romanticismo, ma solo il diverso esito di una certa direzione di sviluppo della cultura romantica.

Hegel e Fichte

Hegel muove a Fichte due rilievi fondamentali.

In primo luogo, nel saggio del 1801 intitolato *Differenza fra il sistema filosofico di Fichte e quello di Schelling*, accusa Fichte di proporre una visione non autenticamente soggettivistica, incapace, cioè, di assimilare adeguatamente l'oggetto al soggetto. Fichte, cioè, avrebbe in un certo senso violato il dogma idealistico "tutto è spirito", o "tutto è soggetto", considerando l'oggetto (la natura) come un semplice ostacolo "esterno" all'Io, con il rischio di ricadere in un nuovo dualismo di tipo kantiano tra spirito e natura, e tra libertà e necessità.

In secondo luogo, accusa Fichte di aver ridotto l'infinito a semplice meta ideale dell'io finito. Ma in tal modo il finito, per adeguarsi all'infinito e ricongiungersi con esso, è lanciato in un progresso che non raggiunge mai il suo termine. Ora, questo progresso all'infinito è, secondo Hegel, **il falso o «cattivo infinito» o l'infinito negativo**: esso non supera veramente il finito perché lo fa continuamente risorgere, ed esprime soltanto l'esigenza astratta del suo superamento. Di conseguenza, dal punto di vista di Hegel, la filosofia di Fichte sarebbe ancora incapace di attingere quella piena coincidenza tra finito e infinito, razionale e reale, essere e dover essere, che costituisce la sostanza dell'idealismo.

Il "dualismo" dell'idealismo fichtiano

TESTO ANTOLOGICO

 **Hegel**
Un nuovo modo di fare filosofia
(*Differenza fra il sistema filosofico di Fichte e quello di Schelling*)

Il «cattivo infinito»

Hegel e Schelling

Hegel critica Schelling perché quest'ultimo concepisce l'Assoluto in modo a-dialettico, cioè come un'unità indifferenziata e statica da cui la molteplicità e la differenziazione delle cose derivano in modo inesplicabile. Nella prefazione alla *Fenomenologia dello spirito*, in tale concetto schellinghiano dell'Assoluto come identità indifferenziata Hegel ravvisa un «**abisso vuoto» nel quale si perdono tutte le determinazioni concrete** della realtà, e lo paragona alla notte «nella quale – come suol dirsi – tutte le vacche sono nere». In altri termini, l'Assoluto di Schelling è un'unità astratta che, essendo priva di vita, risulta incapace di dar ragione della realtà molteplice e concreta.

L'Assoluto di Schelling come unità vuota e astratta

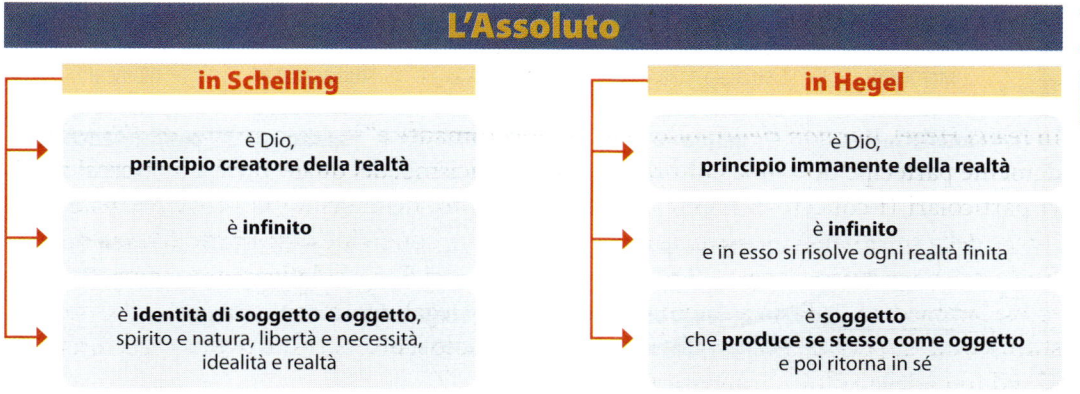

L'Assoluto	
in Schelling	**in Hegel**
è Dio, **principio creatore della realtà**	è Dio, **principio immanente della realtà**
è **infinito**	è **infinito** e in esso si risolve ogni realtà finita
è **identità di soggetto e oggetto**, spirito e natura, libertà e necessità, idealità e realtà	è **soggetto** che **produce se stesso come oggetto** e poi ritorna in sé

CONCETTI A CONFRONTO

 SCHEMA INTERATTIVO

MAPPA

I capisaldi del sistema

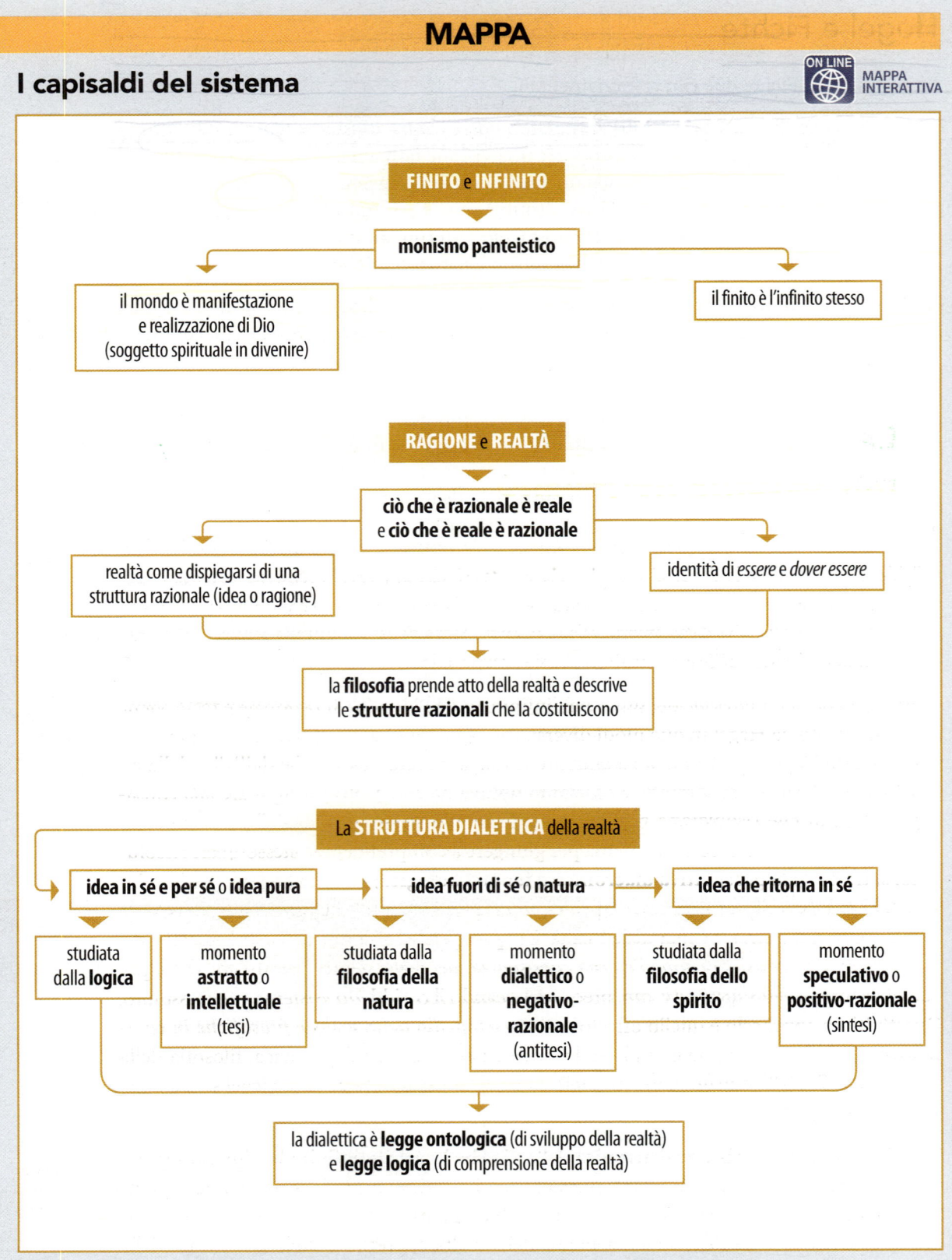

FINITO e INFINITO

monismo panteistico

il mondo è manifestazione e realizzazione di Dio (soggetto spirituale in divenire)

il finito è l'infinito stesso

RAGIONE e REALTÀ

ciò che è razionale è reale e ciò che è reale è razionale

realtà come dispiegarsi di una struttura razionale (idea o ragione)

identità di *essere* e *dover essere*

la **filosofia** prende atto della realtà e descrive le **strutture razionali** che la costituiscono

La **STRUTTURA DIALETTICA** della realtà

idea in sé e per sé o idea pura

idea fuori di sé o natura

idea che ritorna in sé

studiata dalla **logica**

momento **astratto** o **intellettuale** (tesi)

studiata dalla **filosofia della natura**

momento **dialettico** o **negativo-razionale** (antitesi)

studiata dalla **filosofia dello spirito**

momento **speculativo** o **positivo-razionale** (sintesi)

la dialettica è **legge ontologica** (di sviluppo della realtà) e **legge logica** (di comprensione della realtà)

CAPITOLO 2
La *Fenomenologia dello spirito*

1. La "fenomenologia" e la sua collocazione nel sistema hegeliano

Il termine **fenomenologia** (dal gr. *phainómenon*, "fenomeno", "apparenza", e *lógos*, "discorso", "dottrina") indica la descrizione o la **scienza di ciò che appare**. Poiché nel sistema hegeliano l'intera realtà è spirito, la fenomenologia consisterà nell'**apparire dello spirito a se stesso**, cioè nel pervenire dello spirito alla consapevolezza di essere tutta la realtà, cioè l'«Assoluto» quale identità di finito e infinito, reale e razionale.

Il termine

[annotazione manoscritta: obiettivi, nucleo dell' opera]

Il principio della risoluzione del finito nell'infinito, o dell'identità di razionale e reale, viene infatti illustrato da Hegel in due modi diversi, corrispondenti a due differenti prospettive:

- da un lato Hegel si sofferma ad analizzare la lunga vicenda storica che dall'alba della civiltà greca fino alla modernità la coscienza umana ha compiuto per arrivare alla consapevolezza di tale risoluzione o identità, o, il che è lo stesso, il "viaggio" percorso dallo spirito attraverso la coscienza umana per giungere a comprendere se stesso quale Assoluto: si tratta della **prospettiva diacronica o fenomenologica**;
- dall'altro lato il filosofo esamina il principio in questione quale appare in atto in tutte le determinazioni fondamentali della realtà: è la **prospettiva sincronica**, così chiamata perché prende in considerazione l'eterna coesistenza, nel reale, dei tre "momenti" del *lógos*, della natura e dello spirito (v. cap. prec.), delineando il cosiddetto «sistema» dell'Assoluto.

Prospettiva diacronica e prospettiva sincronica

Quest'ultimo approccio è quello offerto nell'*Enciclopedia delle scienze filosofiche in compendio* e nelle opere che ne estendono le singole parti (scienza della logica, filosofia della natura, filosofia dello spirito), mentre nella *Fenomenologia dello spirito* Hegel segue l'impostazione diacronica.

È evidente che la descrizione diacronica della via che lo spirito infinito ha dovuto seguire per riconoscersi nella sua infinità attraverso le manifestazioni finite (oggetto, come si è detto, dell'opera *Fenomenologia dello spirito*) fa anch'essa parte della realtà: pertanto dovrà ripresentarsi come parte del sistema generale della realtà e, precisamente, come parte della

La duplice collocazione della fenomenologia

filosofia dello spirito. Per questo Hegel ripresenta la fenomenologia dello spirito nell'*Enciclopedia* (v. cap. 1, p. 471). Questa scelta può ingenerare confusione, la quale tuttavia può essere subito eliminata se si tiene presente l'intento esplicito della *Fenomenologia*: le vicende dello spirito narrate in quest'opera corrispondono infatti alle **vicende del principio hegeliano dell'infinito nelle sue prime apparizioni**, o nei suoi primi barlumi. Nella *Fenomenologia* Hegel descrive dunque il progressivo affermarsi e "conoscersi" dello spirito, e lo fa attraverso una serie di **figure**, cioè di tappe ideali che hanno trovato, ciascuna, un'esemplificazione tipica nel corso della storia, e che esprimono i settori più disparati della vita umana (conoscenza, società, religione, politica ecc.). In questo senso le «figure» possono essere considerate come momenti della progressiva conquista della verità da parte dell'uomo.

La fenomenologia come storia delle vicissitudini della coscienza

Sulla base di quanto detto fin qui, si comprende in che senso la fenomenologia sia la **storia romanzata della coscienza**, la quale, attraverso erramenti, contrasti, scissioni, e quindi infelicità e dolore, **esce dalla sua individualità**, **raggiunge l'universalità** e **si riconosce come ragione che è realtà e realtà che è ragione**. L'intero ciclo della fenomenologia si può vedere riassunto in una delle sue figure particolari, che non per nulla è diventata la più popolare: quella della **coscienza infelice**. La coscienza infelice è quella che non sa di essere tutta la realtà, perciò si ritrova scissa in differenze, opposizioni o conflitti dai quali è internamente dilaniata e dai quali esce solo arrivando alla coscienza di essere tutto.

La funzione introduttiva e pedagogica della fenomenologia

La fenomenologia ha pertanto uno scopo introduttivo e pedagogico:

> Il singolo deve ripercorrere i gradi di formazione dello spirito universale, anche secondo il contenuto, ma come *figure* dello spirito già deposte, come gradi di una via già tracciata e spianata. Similmente noi, osservando come nel campo conoscitivo ciò che in precedenti età teneva all'erta lo spirito degli adulti è ora abbassato a cognizioni, esercitazioni e fin giochi da ragazzi, riconosceremo nel progresso pedagogico, quasi in proiezione, la storia della civiltà.
>
> (*Fenomenologia dello spirito*, trad. it. di E. De Negri, La Nuova Italia, Firenze 1960[2], vol. 1, pp. 22-23)

In altri termini, poiché non c'è modo di elevarsi alla filosofia come scienza se non mostrandone il divenire, la **fenomenologia**, come divenire della filosofia, **prepara e introduce il singolo alla filosofia**: cioè tende a far sì che egli si riconosca e si risolva nello spirito universale.

Le tappe della fenomenologia

La *Fenomenologia* si divide in due parti:
1) la prima parte comprende i tre momenti della **coscienza** (tesi), dell'**autocoscienza** (antitesi) e della **ragione** (sintesi);
2) la seconda comprende le tre sezioni dello **spirito**, della **religione** e del **sapere assoluto** (v. pp. 492-493).

Per quanto riguarda la prima parte, nei paragrafi successivi vedremo come nella fase della **coscienza** predomini l'attenzione verso l'**oggetto**; nella fase dell'**autocoscienza** l'attenzione verso il **soggetto**; e nella fase della **ragione** si arrivi a riconoscere l'**unità profonda di soggetto e oggetto**, di io e mondo, di interno ed esterno, sintetizzando in tal modo i momenti della coscienza e dell'autocoscienza.

ESERCIZI INTERATTIVI ON LINE

2. Coscienza

La prima tappa della fenomenologia dello spirito è dunque la **coscienza**, intesa come ciò che si rapporta a un "**oggetto**", ovvero a qualcosa di percepito come "esterno" e "altro" da sé. La coscienza si articola a sua volta nei tre momenti della **certezza sensibile**, della **percezione** e dell'**intelletto**.

La «**certezza sensibile**» appare a prima vista come la forma di conoscenza più ricca e più sicura; in realtà è la più povera, poiché **non rende certi che di una indeterminata e generica cosa singola**, ovvero, ad esempio, di *questo* albero o *questa* casa in quanto presenti **qui e ora davanti a noi**, e non, come potrebbe sembrare, dell'albero o della casa in quanto tali. Pertanto, quella che a prima vista appare come la massima certezza possibile è, in realtà, la forma di conoscenza più astratta e indeterminata.

La certezza sensibile

Svelando i limiti di questa esperienza conoscitiva, Hegel intende criticare tutte le forme di sapere immediato. La certezza sensibile, infatti, non può "pensare" o "dire" il proprio oggetto, perché pensandolo o nominandolo dovrebbe introdurre una mediazione (è un albero e *non è* una casa); essa si limita invece a sentirlo nella sua unicità e immediatezza irrelata e, dunque, ineffabile. E, proprio in quanto pretende di essere interamente risolta nell'oggetto, di essere pura "ostensione" della cosa, prima di ogni giudizio e di ogni pensiero che la determino, la certezza sensibile attinge un generico "questo": la pretesa di massima determinatezza e concretezza trapassa così nell'indeterminatezza, nell'universale più astratto, in un **nulla di determinato**. Da questo punto di vista, l'analisi della certezza sensibile riproduce, in un certo senso, l'inizio della logica hegeliana, in cui (come vedremo) l'essere in quanto assolutamente indeterminato si scopre identico al nulla.

Dunque la certezza sensibile si nega, si confuta da sé, trapassa in altro, poiché proprio nella sua immediatezza si profila la dualità o la mediazione tra ciò che è *in sé* e ciò che è *per* la coscienza: il "questo", infatti, non dipende dalla cosa, ma dall'io che la considera, dal momento che ciò che "qui e ora" e "per me" è una certa cosa, in un altro luogo, in un altro momento e per un altro soggetto potrebbe essere un'altra cosa. Per questo la certezza sensibile non è che la certezza di un io anch'esso universale e generico, un'esperienza conoscitiva che rivela in sé una forma elementare di relazione dialettica tra soggetto senziente e oggetto sentito. → **T1** p. 495

Il passaggio dal sapere immediato al sapere mediato si realizza con la «**percezione**», la quale esplicita quella distinzione tra soggetto che percepisce e oggetto percepito che era implicitamente presente nella certezza sensibile. Nella percezione il generico "questo", che si cercava di afferrare con i sensi, diventa la "cosa", percepita dall'io come sostrato o sostanza a cui ineriscono diverse proprietà. Alludendo all'analisi critica dell'idea di sostanza svolta dall'empirismo, Hegel intende dire che gli oggetti non sono che insiemi di proprietà che la coscienza "unifica" o "colleziona": **l'oggetto non può essere percepito come uno**, nella molteplicità delle sue qualità (ad esempio, bianco, cubico, sapido…), **se l'io non riconosce che l'unità dell'oggetto è da lui stesso stabilita**. In tal modo l'oggetto si risolve interamente nel soggetto. La coscienza dell'oggetto è coscienza di sé quale centro unificatore dei dati dell'esperienza.

La percezione

Lezione di Kant

L'«**intelletto**», infine, per Hegel consiste nella capacità di cogliere gli oggetti non come tali, ovvero non in base alle qualità sensibili che sembrano costituirli, ma come "fenomeni", cioè solo come risultati di una «forza» che agisce sul soggetto secondo una legge determinata.

L'intelletto

Accogliendo la lezione kantiana, Hegel ritiene che l'essenza vera dell'oggetto, che è ultrasensibile, non si possa cogliere mediante l'intelletto. Pertanto, poiché il fenomeno è soltanto *nella* coscienza e ciò che è al di là del fenomeno o è un nulla o è qualcosa *per* la coscienza, **la coscienza** a questo punto **ha risolto l'intero oggetto in se stessa** ed è diventata coscienza di sé, autocoscienza.

3. Autocoscienza

La sezione dedicata dell'**autocoscienza** contiene le figure più celebri della *Fenomenologia*, in primo luogo quella della «coscienza infelice», che ha avuto una notevole fortuna. Tant'è vero che talora, come si è già accennato, si è vista in essa la chiave di volta di tutta la *Fenomenologia*.

Dall'oggetto al soggetto

Con l'autocoscienza, l'attenzione si sposta dall'oggetto al **soggetto**, ovvero all'attività concreta dell'io, **considerato nei suoi rapporti con gli altri**. Di conseguenza, tale sezione non si muove più in un ambito astrattamente "gnoseologico", ma concerne settori più vasti, come la società, la storia della filosofia e la religione.

Servitù e signoria

La necessità di un reciproco riconoscimento tra le autocoscienze

L'autocoscienza postula la presenza di altre autocoscienze in grado di darle la certezza di essere tale. In altri termini, **l'uomo**, secondo Hegel, **è autocoscienza solo se riesce a farsi riconoscere da un'altra autocoscienza** (ovvero da un altro essere libero e pensante): per questo non può limitarsi a cercare negli oggetti sensibili l'appagamento dei propri desideri e dei propri appetiti, ma ha costitutivamente bisogno degli altri uomini:

> L'autocoscienza raggiunge il suo appagamento solo in un'altra autocoscienza.
>
> (*Fenomenologia dello spirito*, cit., vol. 1, p. 151)

Si potrebbe pensare che «il reciproco riconoscersi delle autocoscienze» debba avvenire tramite l'**amore**, che – come aveva sostenuto il giovane Hegel, sotto l'influenza della cultura romantica – è il miracolo per cui ciò che è due diviene uno, senza per altro implicare l'eliminazione della dualità. Nella *Fenomenologia* il filosofo sceglie però un'altra strada, in quanto nell'amore intravede un'unità attinta, per così dire, "a buon mercato"[1]. L'amore, infatti, non insistendo abbastanza sul carattere drammatico della separazione tra le autocoscienze e sulle peripezie per giungere al loro reciproco riconoscimento, è pur sempre qualcosa a cui mancano, per usare le parole di Hegel, «la serietà, il dolore, la pazienza e il travaglio del negativo» (*Fenomenologia dello spirito*, cit., vol. 1, p. 14).

Il conflitto tra le autocoscienze e il rapporto servo-signore

Pertanto, **il riconoscimento non può che passare attraverso un momento di lotta e di sfida**, ossia attraverso il conflitto tra le autocoscienze. Tale conflitto, nel quale ogni autocoscienza, pur di affermare la propria indipendenza, deve essere pronta a tutto, anche a rischiare la vita, non si conclude con la morte delle autocoscienze contendenti (poiché in tal

---

1 Cfr. J. Hyppolite, *Genesi e struttura della "Fenomenologia dello spirito" di Hegel*, La Nuova Italia, Firenze 1972, pp. 200-201.

caso sarebbe annullata l'intera dialettica del riconoscimento), ma con il **subordinarsi dell'una all'altra nel rapporto servo-signore**. Il signore è colui che, pur di affermare la propria indipendenza, ha messo valorosamente a repentaglio la propria vita, fino alla vittoria, mentre il servo è colui che, a un certo punto, ha preferito la perdita della propria indipendenza, cioè la schiavitù, pur di avere salva la vita.

Tuttavia, argomenta Hegel con una penetrante analisi dialettica, la dinamica del rapporto servo-signore (che corrisponde al tipo di società del mondo antico) è destinata a mettere capo a una paradossale inversione di ruoli, ossia a una situazione in cui **il signore diviene servo del servo e il servo signore del signore**. Infatti il signore, che inizialmente appariva indipendente, nella misura in cui si limita a godere passivamente del lavoro dei servi, finisce per dipendere da loro. Invece il servo, che inizialmente appariva dipendente, nella misura in cui padroneggia e trasforma le cose da cui il signore riceve il proprio sostentamento, finisce per rendersi indipendente:

> come la signoria mostrava che la propria essenza è l'inverso di ciò che la signoria stessa vuol essere [cioè si mostrava dipendente], così la servitù nel proprio compimento diventerà piuttosto il contrario di ciò ch'essa è immediatamente […] e si volgerà nell'indipendenza vera. (*Fenomenologia dello spirito*, cit., vol. 1, p. 161)

Più in particolare, questo processo di progressiva acquisizione di indipendenza da parte del servo avviene attraverso i tre momenti della **paura della morte**, del **servizio** e del **lavoro**. Lo schiavo, infatti, è tale perché ha «tremato» dinnanzi alla possibilità della morte. Ma proprio in virtù di siffatta paura, che non è paura di questo o di quello, ma della perdita assoluta della propria essenza, egli ha potuto sperimentare il proprio essere come qualcosa di distinto o di indipendente da quel mondo di realtà e di certezze naturali che prima gli apparivano come qualcosa di fisso e con le quali, in qualche modo, si identificava. Ecco come Hegel descrive il "fluidificarsi" della realtà per mezzo dell'angoscia della morte e la correlativa conquista, da parte dell'individuo, della propria autocoscienza:

> tale coscienza non è stata in ansia [*hat Angst gehabt*, o *a éprouvé l'angoisse*, come suona la traduzione francese] per questa o quella cosa e neppure durante questo o quell'istante, bensì per l'intera sua essenza; essa ha infatti sentito paura della morte, signora assoluta. È stata, così, intimamente dissolta, ha tremato nel profondo di sé, e ciò che in essa v'era di fisso ha vacillato. Ma tale puro e universale movimento, tale assoluto fluidificarsi di ogni momento sussistente, è l'essenza semplice dell'autocoscienza, è l'assoluta negatività[1], *il puro esser-per-sé* che, dunque, è in quella coscienza. (*Fenomenologia dello spirito*, cit., vol. 1, pp. 161-162)

Inoltre, nel **servizio** la coscienza si autodisciplina e impara a vincere, in tutti i singoli momenti, i propri impulsi naturali.

Nel **lavoro**, infine, il servo trattiene in un certo senso il proprio appetito rimandando il momento dell'utilizzo dell'oggetto che sta producendo; in questa operazione egli imprime alle cose una forma, dando luogo a un'opera che permane e che ha una sua indipendenza o autonomia. In questo senso, l'opera prodotta rappresenta il riflesso, nelle cose, della raggiunta indipendenza o autonomia del servo rispetto agli oggetti. In altre parole, «formando

---

1 Per capire il significato del termine "negatività", si tenga presente che esso serve a definire l'autocoscienza (il "per sé"), la quale è negatività in quanto, per affermare se stessa e la propria interiorità, tende a negare l'esteriorità degli oggetti.

Note a margine:
dal conflitto a servitù e signoria

L'inversione dialettica dei ruoli

La progressiva acquisizione di indipendenza da parte del servo

grazie alla paura

Il valore formativo del lavoro

e coltivando (*bilden*) le cose, il servo non solo forma e coltiva se stesso ma ancora imprime nell'essere quella forma che è dell'autocoscienza, e così trova se stesso nella propria opera» (Jean Hyppolite). In tal modo, egli giunge a intuirsi come essere indipendente. Detto nei termini non facili di Hegel:

> Il lavoro [...] è un appetito *tenuto a freno*, è un dileguare *trattenuto*; ovvero: il lavoro *forma*. Il rapporto negativo verso l'oggetto diventa *forma* dell'oggetto stesso, diventa *qualcosa che permane*; e ciò perché proprio [rispetto] a chi lavora l'oggetto ha indipendenza. Tale medio *negativo* o l'*operare* formativo costituiscono in pari tempo la *singolarità* o il puro esser-per-sé della coscienza che ora, nel lavoro, esce fuori di sé nell'elemento del permanere; così, quindi, la coscienza che lavora giunge all'intuizione dell'essere indipendente *come di se stessa*.
>
> (*Fenomenologia dello spirito*, cit., vol. 1, pp. 162-163)

Letture marxiste ed esistenzialiste

La figura hegeliana del servo-signore, che è senz'altro «tra le cose più belle della *Fenomenologia*» (Nicolai Hartmann), presenta una notevole ricchezza tematica, che è stata apprezzata soprattutto dai marxisti, i quali hanno visto in essa un'intuizione – sia pure ancora a livello "speculativo" – dell'importanza del lavoro e della configurazione dialettica della storia, nella quale, grazie all'esperienza della sottomissione, si generano le condizioni per la liberazione. Ciò non significa (e sono i marxisti stessi a rilevarlo) che si possa leggere Hegel pensando di fatto a Marx. Infatti, la figura hegeliana *non* si conclude con una *rivoluzione* sociale o politica, ma con la coscienza dell'indipendenza del servo nei confronti delle cose e della dipendenza del signore nei confronti del lavoro servile.

La figura in questione contiene anche alcuni spunti di tipo esistenzialistico, come il raggiungimento della consapevolezza di sé tramite l'angoscia della morte (Heidegger) o il rapporto originariamente conflittuale che lega le coscienze tra loro (Sartre).

Stoicismo e scetticismo

L'astratta libertà degli stoici

Il raggiungimento dell'indipendenza dell'io nei confronti delle cose, che è il risultato della dialettica tra servo e signore, trova la sua manifestazione filosofica nello stoicismo, ossia in un tipo di visione del mondo che celebra **l'autosufficienza e la libertà del saggio nei confronti di ciò che lo circonda**. Ma nello stoicismo l'autocoscienza, che pretende di svincolarsi dai condizionamenti della realtà (passioni, affetti, ricchezze ecc.), ritenendo di essere libera «sul trono o in catene» indifferentemente, raggiunge soltanto un'astratta libertà interiore, giacché quei condizionamenti permangono e la realtà esterna non è affatto negata.

Lo scetticismo

La pretesa di mettere completamente tra parentesi quel mondo esterno da cui lo stoico si sente indipendente (e che tuttavia lascia sussistere) appartiene invece allo scetticismo, ossia a una visione del mondo che **sospende l'assenso su tutto ciò che è comunemente ritenuto vero e reale** (di conseguenza, lo scetticismo è *per sé*, ossia in modo consapevole, ciò che lo stoicismo è *in sé*, ossia in modo inconsapevole; esattamente come lo stoicismo è per sé ciò che la servitù è in sé).

La contraddittorietà dello scetticismo

Tuttavia, in virtù del suo esasperato **atteggiamento negativo verso l'alterità**, lo scetticismo dà luogo a una situazione contraddittoria e insostenibile, che si manifesta nella scissione tra una coscienza che vorrebbe innalzarsi sull'accidentalità e non-verità della vita, mentre di fatto dipende proprio da quegli aspetti inessenziali e non veri della vita:

> profferisce l'assoluto *dileguare*; ma il *profferire è*; […] profferisce la nullità del vedere, dell'udire ecc., ed è *proprio lei* che *vede*, *ode* ecc.; profferisce la nullità delle essenze etiche, e ne fa le potenze del suo agire. Il suo operare e le sue parole si contraddicono sempre […].
>
> (*Fenomenologia dello spirito*, cit., vol. 1, p. 173)

In altri termini, Hegel non fa che usare, contro lo scetticismo, l'argomento tradizionale: quello secondo cui lo scettico si autocontraddice, poiché da un lato dichiara che tutto è vano e non-vero, mentre dall'altro pretende di dire qualcosa di reale e di vero. Paradosso tanto più grave se si pensa che la coscienza di cui parla lo scettico è una coscienza singola, che non può fare a meno di entrare in urto con altre coscienze singole:

> In effetti il suo chiacchierare è un litigio da ragazzi testardi, dei quali l'uno dice A quando l'altro dice B, per dir B quando l'altro dice A; e così ciascuno, restando in contraddizione *con se stesso*, si paga la soddisfazione di restare in contraddizione *con gli altri*.   (*ibidem*)

La coscienza infelice

Attraversata dalla contraddizione tra la negazione *della* verità e l'affermazione *di una* verità (quella che, appunto, afferma che non c'è niente di vero), la coscienza scettica trapassa nella figura della **coscienza infelice**, in cui la suddetta contraddizione diviene esplicita (o «per sé») e assume la forma di una **separazione radicale tra l'uomo e Dio**.
Per capire questo passaggio bisogna tener presente che lo scetticismo a cui Hegel si riferisce è anche quello religioso di Pascal o del libro biblico dell'*Ecclesiaste*, secondo cui «tutto è vanità». Lo scettico che non crede in nulla e che nichilisticamente nega consistenza a questa vita è in realtà intimamente religioso, perché sulla nullità della creatura basa l'infinità di Dio. Ora, questa **opposizione tra uomo e Dio, tra finito e infinito**, che corrisponde alla "collocazione" della verità, della consistenza e del senso in un "oltre" inattingibile, produce nella coscienza una **lacerazione che genera infelicità**.

La separazione tra uomo e Dio che caratterizza la coscienza infelice si manifesta in primo luogo sotto forma di antitesi tra l'«intrasmutabile» e il «trasmutabile». → **T2** p. 497
È questa la situazione propria dell'ebraismo (v. cap. 1), nel quale l'essenza, cioè l'Assoluto, la realtà vera, è sentita come lontana dalla coscienza individuale e assume le sembianze di un **Dio trascendente, padrone assoluto della vita e della morte**, ovvero di un **Signore inaccessibile** di fronte a cui l'uomo si trova in uno stato di totale dipendenza. Per certi versi, la coscienza infelice ebraica rappresenta la traduzione, in chiave religiosa, della situazione sociale espressa dal rapporto servo-signore.

Nel secondo momento **l'intrasmutabile assume la figura di un Dio incarnato**. È questa la situazione propria del cristianesimo medievale, il quale, anziché considerare Dio come un padre o come un giudice lontano, lo prospetta sotto forma di una realtà "effettuale" (Gesù Cristo). Tuttavia, la pretesa di cogliere l'Assoluto in una presenza particolare e sensibile è destinata al fallimento. Simbolo eloquente di tale fallimento sono le crociate, nelle quali l'inquieta ricerca di Dio si conclude con la scoperta di un sepolcro vuoto. Inoltre Cristo, di

TESTO ANTOLOGICO
ON LINE Hegel
Il primo momento della coscienza infelice
(*Fenomenologia dello spirito*)

L'ebraismo

Il cristianesimo medievale

fronte alla coscienza, continua a rimanere qualcosa di diverso e di separato. Tanto più che egli, come Dio trascendente, esprime pur sempre «il momento dell'al di là» (*Fenomenologia dello spirito*, cit., vol. 1, p. 178) e, come Dio incarnato, vissuto in uno specifico e irripetibile periodo storico, risulta pur sempre, per i posteri, inevitabilmente lontano: «accade necessariamente ch'esso sia dileguato nel tempo e nello spazio, e che sia stato lungi e senz'altro lungi rimanga» (*ibidem*). Di conseguenza, con il cristianesimo, **la coscienza continua a essere «infelice»** e **Dio continua a configurarsi come un «irraggiungibile *al di là* che sfugge»**, anzi, che è «già sfuggito nell'atto in cui si tenta d'afferrarlo» (*Fenomenologia dello spirito*, cit., vol. 1, p. 180).

Manifestazioni di questa infelicità cristiano-medievale sono le sotto-figure della **devozione**, del **fare** e della **mortificazione di sé**.

TESTO ANTOLOGICO
Hegel ON LINE
La nostalgia
e il sepolcro
(*Fenomenologia
dello spirito*)

La devozione

La devozione è quel **pensiero a sfondo sentimentale e religioso che non si è ancora elevato al concetto** (e quindi alla coscienza speculativa dell'unità tra finito e infinito). In altri termini, come scrive Hegel con una sorta di prosa poetica volta a ricreare certa "atmosfera" medievale dalle tinte romantiche, il pensare della devozione «resta un vago brusio di campane o una calda nebulosità, un pensare musicale che non arriva al concetto».

Il fare o l'operare

Il fare o l'operare della coscienza pia è il **momento in cui la coscienza**, rinunciando a un contatto immediato o mistico con Dio, **cerca di esprimersi nell'appetito** o desiderio, che dirige sul mondo e non più su Dio, **e nel lavoro**, da cui trae il proprio godimento (il riferimento è forse all'*ora et labora* del monachesimo). Tuttavia la coscienza cristiana non può fare a meno di avvertire anche il frutto del proprio lavoro come un dono di Dio. Anzi, essa avverte come dono di Dio anche le proprie forze e le proprie capacità, che le sembrano concesse dall'alto «affinché ne faccia uso». In tal modo essa si umilia ulteriormente e riconosce che ad agire è, in ultima analisi, sempre e soltanto Dio.

La mortificazione di sé

Tale vicenda prosegue e si esaspera con la mortificazione di sé, in cui si ha la più **completa negazione dell'io a favore di Dio**. Con l'ascetismo e con le sue pratiche di umiliazione della carne, ci troviamo di fronte a una personalità tanto misera quanto infelice e «limitata a sé e al suo fare meschino», ovvero, come aggiunge caratteristicamente Hegel, a una personalità «che non riesce se non a covare se stessa» (*Fenomenologia dello spirito*, cit., vol. 1, p. 186).

Il passaggio alla ragione

Ma il punto più basso toccato dal singolo (il quale cerca un estremo punto di contatto tra sé e l'immutabile nella figura mediatrice della Chiesa) è destinato a trapassare dialetticamente nel punto più alto allorquando la coscienza, nel suo vano sforzo di unificarsi con Dio, si rende conto di essere, lei stessa, Dio, ovvero l'Universale o il soggetto assoluto. È il passaggio alla ragione, che, storicamente, non avviene nel Medioevo, ma nel Rinascimento e nell'età moderna.

4. Ragione

Come **soggetto assoluto**, l'autocoscienza diventa dunque **ragione** e assume in sé ogni realtà. Mentre nei momenti anteriori la realtà del mondo le appariva come qualcosa di diverso e di opposto (come la negazione di sé), ora invece può sopportarla, perché sa che nessuna realtà è qualcosa di diverso da se stessa. **La ragione**, pertanto, secondo Hegel **è la «certezza di essere ogni realtà»** (*Fenomenologia dello spirito*, cit., vol. 1, p. 190).

La ragione osservativa

La *certezza* della ragione di essere la realtà tutta, però, per divenire *verità* deve giustificarsi; e il primo tentativo di giustificarsi è un «**inquieto cercare**», che si rivolge da principio al mondo della natura come se fosse "altro" da sé. È questa la **fase del naturalismo del Rinascimento e dell'empirismo**, in cui la coscienza crede di cercare l'essenza delle cose, mentre non cerca che se stessa; e quella credenza deriva dal non aver fatto ancora della ragione l'oggetto della propria ricerca.

Lo sviluppo della ragione osservativa…

L'**osservazione della natura** parte dalla semplice descrizione, si approfondisce con la ricerca della legge e con l'esperimento, si trasferisce poi nel **dominio del mondo organico**, per passare infine all'ambito stesso della coscienza con la **psicologia**.

Hegel esamina lungamente a questo proposito due sedicenti scienze che erano di moda ai suoi tempi: la **fisiognomica** di Johann K. Lavater (1741-1801), che aveva la pretesa di determinare il carattere dell'individuo attraverso i tratti della sua fisionomia, e la **frenologia** di Franz J. Gall (1758-1828), che pretendeva di conoscere il carattere dalla forma e dalle protuberanze del cranio. In tutte queste ricerche, **la ragione, pur cercando apparentemente altre cose, cerca in realtà se stessa**: cerca di riconoscersi nella realtà oggettiva che le sta dinnanzi.

Ma in questa esasperata ricerca di sé arriva al punto di proclamare che «l'essere dello spirito è un osso» (*Fenomenologia dello spirito*, cit., vol. 1, p. 287). Sperimenta così, alla fine, la propria crisi, riconoscendosi di nuovo come qualcosa di distinto dal mondo.

… e la sua crisi

La ragione attiva

A questo punto si passa a ciò che Hegel chiama «**l'attuazione dell'autocoscienza razionale mediante se stessa**», ossia a una **ragione attiva**, in virtù della quale «non più la coscienza si vuole immediatamente trovare, anzi vuol produrre se stessa mediante la sua attività» (*Fenomenologia dello spirito*, cit., vol. 1, p. 289). In altri termini, dalla ragione osservativa si passa a quella attiva allorquando ci si rende conto che **l'unità di io e mondo non è qualcosa di dato** e di contemplabile, **ma qualcosa che deve venir realizzato**.

Tuttavia tale progetto, finché assume la forma di uno sforzo individuale, cioè di un'iniziativa che scaturisce dalla singola coscienza, è destinato anch'esso a fallire – come testimoniano le tre figure della ragione attiva che analizziamo nella pagina seguente.

La prima figura, che Hegel denomina «**il piacere e la necessità**», è quella in cui **l'individuo**, faustianamente deluso dalla scienza e dalla ricerca naturalistica, **si getta nella vita e va alla ricerca del proprio godimento**:

Il piacere e la necessità

> Le ombre della scienza, delle leggi, dei princìpi […] scompaiono come inerte nebbia […]. L'autocoscienza prende la vita a quel modo che vien colto un frutto maturo, verso il quale si stende la mano proprio mentr'esso par che si offra.
>
> (*Fenomenologia dello spirito*, cit., vol. 1, p. 302)

Nella ricerca del piacere l'autocoscienza incontra però la necessità del destino, che, incurante delle sue personali esigenze di felicità, la travolge inesorabilmente. «Egli prendeva la vita, ma con ciò afferrava piuttosto la morte», scrive Hegel (*Fenomenologia dello spirito*, cit., vol. 1, p. 305), evidenziando il limite e la finitudine dell'individuo.

La legge del cuore e il delirio della presunzione

L'autocoscienza cerca allora di opporsi al corso ostile del mondo appellandosi alla «legge del cuore» (qui il filosofo allude probabilmente al filone sentimentalistico che va da Rousseau ai romantici). Nasce in tal modo la seconda figura della ragione attiva, che Hegel denomina «**la legge del cuore e il delirio della presunzione**», nella quale **l'individuo**, dopo aver cercato di identificare e di abbattere i responsabili dei mali nel mondo («preti fanatici, despoti corrotti»), **entra in conflitto con altri presunti portatori del vero progetto di miglioramento della realtà:**

> La coscienza che propone la legge del suo cuore, avverte dunque resistenza da parte di altri, perché essa contraddice alle leggi *altrettanto singole* del cuore loro.
>
> (*Fenomenologia dello spirito*, cit., vol. 1, p. 315)

La virtù e il corso del mondo

Ai vari fanatismi di parte, l'individuo contrappone allora la **virtù**, ossia **un agire in grado di procedere oltre l'immediatezza del sentimento e delle inclinazioni soggettive**. Nasce in tal modo la terza figura della ragione attiva, che Hegel denomina «**la virtù e il corso del mondo**». Ma il **contrasto tra la virtù**, che è il bene astrattamente vagheggiato dall'individuo nella sua speranza di «reinvertire l'invertito corso del mondo», **e la realtà concreta** non può che concludersi con la sconfitta del «cavaliere della virtù» e dei suoi donchisciotteschi proposti di moralizzazione dell'esistente. Hegel cita come esempio di tale sconfitta il periodo del Terrore e Robespierre. In questo riprende la critica di Burke e dei romantici, che vedevano nel fallimento della Rivoluzione francese espresso dal Terrore l'effetto dell'Illuminismo e del suo voler "dare lezioni" al mondo in nome di ideali astratti e, quindi, "fuori" della stessa storia. La critica alla prospettiva illuministica, del resto, risulta perfettamente comprensibile se si ricorda che per Hegel la ragione non è "esterna" alla realtà, non è il suo "dover essere", ma è la realtà stessa.

L'individualità in sé e per sé

Alle sezioni della ragione osservativa e della ragione attiva Hegel fa seguire una terza sezione, che denomina «l'individualità che è a se stessa reale in se stessa e per se stessa». In essa egli mostra come **l'individualità, pur potendo raggiungere la propria realizzazione, rimane, in quanto tale, astratta e inadeguata.**

Il regno animale dello spirito

La prima figura di questa sezione è quella che Hegel denomina «**il regno animale dello spirito e l'inganno, o la cosa stessa**». Con questa formula, Hegel intende dire che agli sforzi e alle ambizioni universalistiche della virtù subentra l'atteggiamento dell'onesta **dedizione ai propri compiti particolari** (familiari, professionali ecc.). Ora, alla base di questo «regno animale» dello spirito – «animale» perché la vita dello spirito viene completamente risolta nella cura dei propri compiti o affari – vi è un inganno, in quanto l'individuo tende a spacciare la propria opera come «la cosa stessa», cioè come il dovere morale stesso, mentre essa esprime soltanto il proprio interesse (tant'è vero che Lukács ha visto, in questa figura, la traduzione filosofica della mentalità "borghese").

La ragione legislatrice

La seconda figura è quella della «**ragione legislatrice**». Infatti l'autocoscienza, avvertendo l'inganno di cui si è detto, **cerca in se stessa delle leggi che valgano per tutti**. Tali leggi universali, tuttavia, in virtù della loro origine individuale, si rivelano autocontraddittorie. Ad esempio, la massima secondo cui «ognuno ha il dovere di dire la verità» non tiene presente il fatto che la verità, per l'individuo, si traduce nella «cognizione e persuasione ch'egli a volta a volta ne ha» (*Fenomenologia dello spirito*, cit., vol. 1, p. 350), in modo tale che «l'universalmente necessario, il valevole in sé, che la proposizione voleva esprimere, si è piuttosto invertito in una completa accidentalità» (*ibidem*).

Tali contraddizioni spingono l'autocoscienza a farsi «**ragione esaminatrice delle leggi**», cioè a cercare delle leggi assolutamente valide. Tuttavia, nella misura in cui sottomette (razionalisticamente e illuministicamente) le leggi al proprio esame, essa appare **costretta a porsi al di sopra delle leggi** e quindi a ridurne, simultaneamente, l'intrinseca validità e incondizionatezza:

La ragione esaminatrice delle leggi

> Se chiedo del loro nascimento e le limito al punto della loro origine, io son già oltre di loro; ché io sono ormai l'universale, ma esse il condizionato e limitato. Se debbono legittimarsi al mio sguardo, io ho già smosso il loro incrollabile esser-per-sé e le considero come qualcosa che per me forse è vero, forse non vero. (*Fenomenologia dello spirito*, cit., vol. 1, p. 360)

Con le figure che abbiamo fin qui analizzato, Hegel intende farci capire che, **se ci si pone dal punto di vista dell'individuo, si è inevitabilmente condannati a non raggiungere mai l'universalità**. Quest'ultima si trova soltanto nella fase dello «spirito» (primo momento della seconda parte della *Fenomenologia*), ovvero di ciò che Hegel, a partire dall'*Enciclopedia*, denominerà «spirito oggettivo» ed «eticità», intendendo con queste espressioni la ragione che si è realizzata concretamente nelle istituzioni storico-politiche di un popolo e, soprattutto, dello Stato:

Dall'individuo allo spirito come «sostanza etica»

> l'intelligente ed essenziale far del bene è [...] l'intelligente, universale operare dello Stato – operare al cui paragone l'operare del singolo come singolo diviene qualcosa di così meschino che non val quasi la pena di parlarne. (*Fenomenologia dello spirito*, cit., vol. 1, p. 352)

Tant'è che le leggi etiche più indubitabili ("dire la verità", "amare il prossimo") risultano pure astrazioni, se manca lo Stato a determinarne il contenuto.

In altri termini, **la ragione "reale" non è quella dell'individuo, ma quella dello spirito o dello Stato**, che per Hegel sono "sostanza" proprio nel senso etimologico di *sub-stantia*, cioè di «sostrato che regge e rende possibile ogni atto della vita individuale» (Gianni Vattimo). Infatti, proclamare che noi siamo sempre «dentro la sostanza etica» (*Fenomenologia dello spirito*, cit., vol. 1, p. 361) equivale a sostenere che **l'individuo risulta fondato dalla realtà storico-sociale e non viceversa**. Con la nozione di "spirito" siamo già passati alla seconda parte della *Fenomenologia*. Tuttavia, prima di procedere, è bene offrire un quadro delle figure esaminate finora.

TAVOLA ROTONDA

Dalla sostanza delle cose al soggetto del mondo, p. 552

ON LINE **ESERCIZI INTERATTIVI**

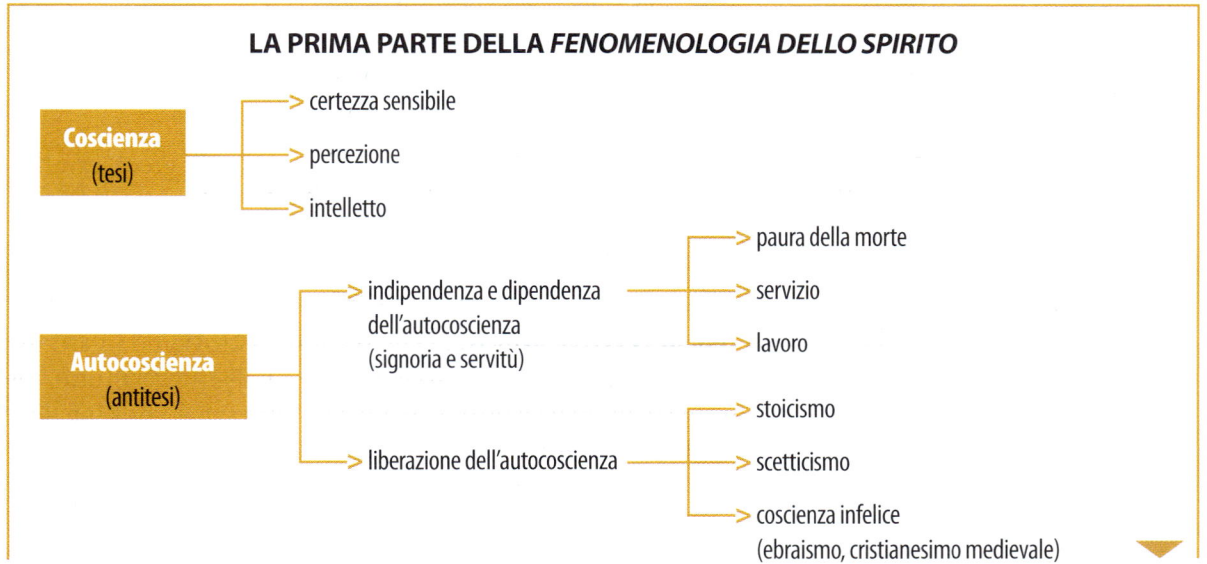

LA PRIMA PARTE DELLA *FENOMENOLOGIA DELLO SPIRITO*

Coscienza (tesi)
- certezza sensibile
- percezione
- intelletto

Autocoscienza (antitesi)
- indipendenza e dipendenza dell'autocoscienza (signoria e servitù)
  - paura della morte
  - servizio
  - lavoro
- liberazione dell'autocoscienza
  - stoicismo
  - scetticismo
  - coscienza infelice (ebraismo, cristianesimo medievale)

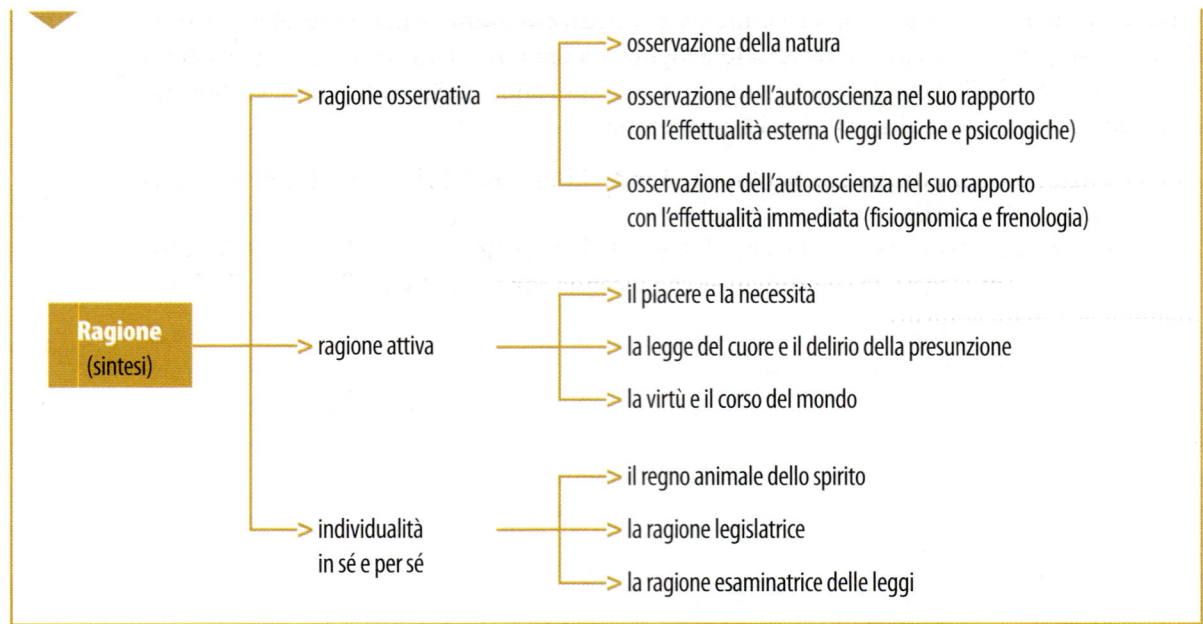

NO

5. Lo spirito, la religione e il sapere assoluto

Abbiamo già detto che la **seconda parte** della *Fenomenologia* comprende **tre sezioni** (lo spirito, la religione e il sapere assoluto) che anticipano il contenuto della filosofia dello spirito e, per certi aspetti, della filosofia della storia. Hegel stesso, in una redazione più concisa del processo fenomenologico contenuta nell'*Enciclopedia*, elimina questa parte. Ci limiteremo perciò ad accennare sinteticamente alle tematiche che riteniamo più importanti.

Lo spirito | Come si è visto, per «spirito» Hegel intende l'individuo nei suoi rapporti con la comunità sociale di cui è parte. La sezione dello spirito comprende tre tappe fenomenologiche:
- «lo spirito vero; **l'eticità**»;
- «lo spirito che si è reso estraneo a sé; **la cultura**»;
- «lo spirito certo di se stesso; **la moralità**».

Il **primo momento** corrisponde alla fase dell'**eticità classica**, ossia alla *pólis* greca, caratterizzata da una fusione armonica tra l'individuo e la comunità, in virtù della quale il singolo appare profondamente immerso nella vita del proprio popolo.

Il **secondo momento** corrisponde alla fase della **frattura tra l'io e la società**, ossia a una situazione di scissione e di alienazione, che, già iniziata nel mondo antico e con l'Impero romano, trova il proprio culmine nel mondo moderno. In quest'ultimo troviamo infatti un tipo di cultura corrosiva, che, con l'Illuminismo, tende a criticare e a distruggere tutto, rivolgendosi, alla fine, contro se medesima. Manifestazione politica di questa vicenda intellettuale è la Rivoluzione francese, che, volendo instaurare il regno della libertà, ha invece dato origine a una società del Terrore, in cui gli stessi esponenti della Rivoluzione finiscono per ghigliottinarsi a vicenda.

Il **terzo momento** è quello di una **riconquistata eticità e armonia tra individuo e comunità**, in cui lo spirito, dopo aver attraversato le figure ancora imperfette della «moralità astratta», dell'«anima bella romantica» (che non vuole "sporcarsi" nella realtà) e della filosofia della fede, si riconosce nella sostanza etica dello Stato.

Con la religione, e soprattutto con la filosofia, **l'individuo acquista la piena, totale ed esplicita coscienza di sé come spirito**.

A questo punto, dopo che l'autocoscienza ha trovato la pace nello Stato e la verità nella filosofia idealistica (di Hegel), le sue romanzesche vicende sono concluse e il ciclo della fenomenologia appare esaurito.

La religione
e la filosofia

**VERSO
LE COMPETENZE**

▶ Utilizzare il lessico
e le categorie specifiche
della filosofia

GLOSSARIO e RIEPILOGO

La *Fenomenologia dello spirito*

Fenomenologia p. 481 > Per "fenomenologia" (dal gr. *phainómenon*, "fenomeno", "apparenza", e *lógos*, "discorso", "dottrina") si intende la descrizione o la scienza di ciò che appare. Il termine, che è stato probabilmente coniato nell'ambito della scuola wolffiana, presenta molti significati. Ai nostri giorni indica il programma della corrente che fa capo a Edmund Husserl (1859-1938). In Hegel denota l'apparire progressivo dello spirito a se stesso e fa tutt'uno con il concetto di "fenomenologia dello spirito".

Fenomenologia dello spirito p. 481 > Per "fenomenologia dello spirito" Hegel intende la storia romanzata della coscienza che, dalle sue prime manifestazioni sensibili, giunge ad apparire a se stessa nella sua vera natura, cioè come coscienza infinita o universale. In questo senso, la fenomenologia dello spirito coincide con il «divenire della scienza o del sapere» e si configura come la via attraverso la quale il singolo individuo ripercorre i gradi di formazione dello spirito universale, come figure (v.) già deposte o tappe di una via già tracciata e spianata. La prima parte della *Fenomenologia* hegeliana si divide in: *coscienza*, in cui predomina l'attenzione verso l'oggetto, *autocoscienza*, in cui predomina l'attenzione verso il soggetto, e *ragione*, nella quale

l'individuo arriva a scorgere l'unità profonda di soggetto e oggetto, io e mondo, sintetizzando in tal modo i momenti della coscienza e dell'autocoscienza.

Figure p. 482 > Le "figure" di cui parla la *Fenomenologia* non sono né entità puramente *ideali*, né entità puramente *storiche*, ma entità *ideali-e-storiche* al tempo stesso, in quanto esprimono delle tappe ideali dello spirito che hanno trovato una loro esemplificazione tipica nel corso della storia (come è stato osservato da alcuni studiosi, nella *Fenomenologia* Hegel ha voluto delineare una filosofia *trascendentale* della coscienza e, simultaneamente, una *storia* complessiva dello sviluppo culturale dell'umanità). Inoltre, le figure rappresentano un materiale eterogeneo che riflette o rimanda ai settori più disparati della vita dello spirito (gnoseologia, società, storia della filosofia, religione, politica ecc.).

Coscienza infelice p. 482 e p. 487 > L'intero ciclo della fenomenologia si può vedere riassunto in una delle sue figure particolari, che non per nulla è diventata la più celebre: quella della "coscienza infelice". La coscienza infelice è quella che non sa di essere tutta la realtà e che perciò si ritrova scissa in differenze, opposizioni o conflitti dai quali è internamente dilaniata (come accade nella coscienza religiosa medievale) e dai quali esce solo tramite «la certezza di essere ogni realtà».

MAPPA

La *Fenomenologia dello spirito*

ON LINE
MAPPA INTERATTIVA

La **FENOMENOLOGIA**

↓

descrive il percorso
dello **spirito** verso la
coscienza di sé

→ prospettiva diacronica
(vicenda storica della civiltà)

→ prospettiva sincronica
(eterna coesistenza nel reale
dei tre momenti del *lógos*)

PRIMA PARTE

→ fase della **coscienza**
(attenzione per l'**oggetto**)

→ fase dell'**autocoscienza**
(attenzione per il **soggetto**)

→ fase della **ragione**
(unità profonda di **soggetto e oggetto**)

↓

definizione della ragione come
«certezza di essere ogni realtà»

SECONDA PARTE

→ **spirito**
• eticità
• cultura
• moralità

→ **religione**

→ **filosofia**

↓

l'individuo conquista la **piena
ed esplicita coscienza di sé come spirito**

CAPITOLO 2

La *Fenomenologia* dello spirito

La storia romanzata della coscienza e le sue «figure»

Come è noto, nella *Fenomenologia dello spirito* Hegel "narra" il cammino compiuto dalla coscienza per elevarsi al sapere assoluto, ovvero alla consapevolezza di essere essa stessa l'intera realtà. Il percorso della coscienza coincide pertanto con quello dello spirito, che giunge per gradi a "sapersi", svelandosi o "apparendo" (secondo il significato etimologico della parola "fenomenologia") a se stesso in una serie di "tappe" (ideali, ma anche storiche) che Hegel descrive minuziosamente. Sono queste le «figure», due delle quali («certezza sensibile» e «coscienza infelice») sono esemplificate dai testi che seguono.

 **T1 >** ## LA CERTEZZA SENSIBILE

Quella della «certezza sensibile» è la prima figura che compare nella *Fenomenologia*. Essa costituisce pertanto il punto di partenza del percorso formativo della coscienza e si riferisce a una forma «immediata» di sapere, che, pur sembrando a prima vista la più certa possibile, si rivela a uno sguardo più attento generica e indeterminata.

Nella certezza sensibile, cioè, l'un momento è posto come ciò che, semplicemente e immediatamente, è, o come l'essenza: l'*oggetto*; ma l'altro momento è posto come l'inessenziale e il mediato che qui non è *in sé*, ma mediante qualche cos'altro: l'Io, *un sapere* che sa l'oggetto soltanto perché l'*oggetto* è; un sapere che può essere o anche non essere. Ma l'oggetto *è*; è il vero e l'essenza; esso è, indifferentemente dal suo venir saputo o no; esso rimane anche se non vien saputo; mentre il sapere non è, se non è l'oggetto.

Si dovrà dunque considerare l'oggetto per vedere se nella certezza sensibile stessa esso sia, in effetto, come un'essenza tale quale dalla certezza sensibile vien fatto passare […].

Proprio *a lei* devesi chiedere: *che cosa è il questo?* Se noi lo prendiamo nel doppio aspetto del suo essere come l'*ora* e come il *qui*, la dialettica che esso ha in lui avrà una forma tanto intelligibile, quanto esso stesso lo è. Alla domanda *che cosa è l'ora?* rispondiamo dunque, per es., *l'ora è la notte*. Per esaminare la verità di questa certezza sensibile è sufficiente un esperimento semplice. Noi appuntiamo per iscritto questa verità; una verità non perde niente per essere scritta, e altrettanto poco per essere conservata. Se *ora*, a mezzogiorno, noi ritorniamo a quella verità scritta, dovremo dire che essa sa ormai di stantio.

16 Quell'ora che è la notte vien *conservato*; ossia vien trattato come ciò per cui è stato spacciato: come un *essente*; ma esso si dimostra piuttosto come un non-essente. Senza dubbio l'*ora* si con-
18 serva, ma come tale ora che non è notte; similmente, rispetto al giorno che adesso è, l'ora si conserva come tale ora che neppure è giorno, o si conserva come un *negativo* in generale. Tale ora che
20 si conserva non è quindi immediato, bensì mediato; infatti l'ora, come ora che resta e si conserva, è determinato *per via* che altro, ossia il giorno e la notte, non è. […] Un alcunché di così sempli-
22 ce che è per via di negazione, e che è né questo né quello, un *non-questo*, e che è anche altrettanto indifferente ad essere sia questo che quello, noi lo chiamiamo un *universale*; l'universale è dunque
24 in effetto il vero della certezza sensibile.
      […]
26 Lo stesso sarà anche dell'altra forma del questo, cioè del *qui*. Per es. il *qui* è l'*albero*. Io mi vòlto, e questa verità è dileguata convertendosi nella opposta: *il qui non è un albero*, ma piuttosto *una*
28 *casa*. Anche il *qui* non dilegua, ma è costante nel dileguare della casa, dell'albero ecc., e gli è indifferente di essere casa o albero. Di nuovo, il *questo* si mostra dunque come *semplicità mediata* o
30 come *universalità*.
      […]
32 Se noi raffrontiamo la relazione nella quale il *sapere* e l'*oggetto* da prima sorgevano, con la relazione loro com'essi si vengono a trovare nel presente resultato, si vede che la relazione stessa si è
34 rovesciata. L'oggetto che doveva essere l'essenziale è ora l'inessenziale della certezza sensibile; esso infatti è divenuto un universale; ma tale universale non è più ciò che l'oggetto avrebbe do-
36 vuto essenzialmente essere per la certezza sensibile; anzi questa adesso consiste nell'opposto, vale a dire nel sapere; e il sapere prima era l'inessenziale. La verità di questa certezza è nell'oggetto
38 come oggetto *mio*, o è nell'*opinare*: l'oggetto è perché *io* so di esso. La certezza sensibile, dunque, è invero espulsa dall'oggetto […].

(*Fenomenologia dello spirito*, A. *Coscienza*, trad. it. di E. De Negri, La Nuova Italia, Firenze 1973, vol. 1, pp. 83-85)

Analisi del testo

1-8 Per la coscienza al suo livello iniziale, nel rapporto tra soggetto e oggetto è quest'ultimo ad apparire come essenziale, come elemento a cui lo stesso sapere può essere ricondotto. Infatti, indipendentemente dal fatto di essere "saputo" o meno, «l'oggetto è», mentre, senza un oggetto "da sapere", «il sapere non è». Si tratta pertanto di considerare se l'oggetto goda davvero di quell'essenzialità che la certezza sensibile gli attribuisce.

9-17 Assumendo il punto di vista della certezza sensibile, il "questo" risulta determinato da un "ora" e da un "qui", di cui Hegel mostra facilmente l'instabilità e la variabilità.

17-21 Quell'"ora" che la certezza sensibile crede di cogliere in maniera immediata, e quindi indubitabile, si rivela in realtà come qualcosa di mediato, in quanto definibile attraverso la negazione di tutte le sue proprietà accidentali. In altre parole: ciò che rimane invariato nell'"ora" è ciò che resta dopo aver escluso (negato) ogni sua possibile determinazione particolare (notte, giorno ecc.).

21-25 Se chiamiamo «universale» ciò che permane «indifferente» a qualunque particolare determinazione, è evidentemente un universale (l'"ora") ciò che fonda la verità («il vero») della certezza sensibile. Ciò significa che quest'ultima non è una forma di conoscenza immediata, bensì mediata.

26-31 Se si analizza anche il "qui", si perviene a un risultato analogo, che conferma il fatto che la certezza sensibile non è un'esperienza conoscitiva immediata.

32-39 Alla luce dell'analisi condotta, il rapporto tra «sapere» e «oggetto» si è completamente rovesciato, rivelando l'inessenzialità di ciò che prima appariva essenziale (l'oggetto determinato e particolare, "questo" oggetto) e l'essenzialità di ciò che prima appariva inessenziale (il soggetto senziente, l'io). Ora appare chiaro che ciò che fonda la «verità» della certezza sensibile non è l'oggetto, ma il fatto che quest'ultimo sia appunto un "oggetto", ovvero qualcosa di "saputo" (o meglio «opinato») da una coscienza.

LA COSCIENZA INFELICE

La figura della «coscienza infelice», una delle più note e suggestive dell'intera *Fenomenologia*, contiene il tema centrale dell'opera, il "motore" dell'evolversi dello spirito, cioè lo stato di scissione e di lacerazione come "molla" per il passaggio a uno stato successivo.

Questa coscienza *infelice scissa entro se stessa* è così costituita che, essendo tale contraddizione
2 della sua essenza *una* coscienza, la sua prima coscienza deve sempre avere insieme anche l'altra;
e in tal modo, mentre essa ritiene di aver conseguita la vittoria e la quiete dell'unità, deve imme-
4 diatamente venir cacciata da ciascuna [delle due coscienze]. Ma il suo vero ritorno in se stessa, o
la sua conciliazione con sé, rappresenterà il concetto dello spirito, che, ormai vitale, è entrato
6 nella sfera dell'esistenza: e ciò perché essa in lei, come una coscienza indivisa, è nel medesimo
tempo coscienza duplicata; essa stessa *è* l'intuirsi di un'autocoscienza in un'altra; essa stessa *è*
8 l'una e l'altra autocoscienza, e l'unità di entrambe le è anche l'essenza; ma essa *per sé* non è ancora questa essenza medesima; essa per sé non è ancora l'unità di tutte e due le autocoscienze.
10 – Essendo essa da prima solo l'*unità immediata* di entrambe le autocoscienze, ma non essendo
entrambe per lei lo stesso; per lei anzi essendo opposte; l'una, quella semplice e intrasmutabile, le
12 è l'*essenza*; mentre l'altra, quella che si trasmuta per molte guise, le è l'*Inessenziale*. Ambedue sono
per essa essenze reciprocamente estranee; essa stessa, essendo la coscienza di questa contraddizio-
14 ne, si pone dal lato della coscienza trasmutabile ed è a se stessa l'Inessenziale; ma come coscienza
dell'intrasmutabilità o dell'essenza semplice deve in pari tempo procedere a liberarsi dell'Ines-
16 senziale, vale a dire a liberare sé da se stessa. […]
Noi assistiamo così alla lotta contro un nemico, contro il quale la vittoria è piuttosto una sotto-
18 missione: aver raggiunto un contrario significa piuttosto smarrirlo nel suo contrario. […]
– Ma in questo movimento la coscienza duplicata fa esperienza appunto di quello *scaturire della*
20 *singolarità nell'intrasmutabile* e *dell'intrasmutabile nella singolarità*. Si attua *per essa* la singolarità
*in genere nell'*essenza intrasmutabile, e si attua in pari tempo la sua in lei. Giacché la verità di
22 siffatto movimento è appunto l'esser-uno di questa coscienza duplicata.

(*Fenomenologia dello spirito, B. Autocoscienza*, cit., vol. 1, pp. 174-176)

Analisi del testo

1-9 La «coscienza infelice» rappresenta il risultato dell'interna scissione della coscienza scettica, lacerata dalla negazione di ogni verità e dalla simultanea, contraddittoria affermazione della verità secondo cui "niente è vero". Sperimentando questa divisione, la coscienza si scopre "duplice", come se al proprio interno avvenisse un reciproco «intuirsi» di due diverse autocoscienze. In realtà si tratta di una sola autocoscienza, la cui essenza è l'«unità di tutte e due le autocoscienze»; ma la piena consapevolezza di questa essenza unitaria sarà raggiunta solo con il passaggio allo spirito.

10-16 Si ribadisce qui che l'unità delle due autocoscienze all'interno della «coscienza infelice», pur essendo "reale", non è ancora "saputa", ma è una «unità immediata», che ancora percepisce le parti che la costituiscono come «opposte» ed «estranee» l'una all'altra: da un lato l'autocoscienza che si vive come essenza «intrasmutabi-

le», cioè sempre uguale a se stessa; dall'altro l'autocoscienza che si vive come «trasmutabile», cioè continuamente mutevole nelle sue volizioni e nei suoi pensieri.

17-22 La percezione in sé di due autocoscienze si trasforma nella loro reciproca «lotta», che non può essere risolta, perché nel momento stesso in cui una delle due "sconfigge" l'altra percependosi come "essenziale", ciò accade proprio in relazione a qualcosa di "inessenziale". In questo senso per Hegel «aver raggiunto un contrario significa piuttosto smarrirlo nel suo contrario».
Proprio nell'esperienza di questa «lotta» irrisolvibile tra la coscienza intrasmutabile e quella trasmutabile (ovvero tra l'essenziale e l'inessenziale), l'autocoscienza coglie finalmente la propria essenza unitaria, scoprendo che, in generale, la «singolarità» (cioè la coscienza particolare, mutevole) è parte di ciò che è intrasmutabile, e, quindi, che altrettanto vale per la propria «singolarità».

CAPITOLO 3
L'*Enciclopedia delle scienze filosofiche in compendio*

1. La logica*

Come si è già detto, il sistema hegeliano si articola nelle tre sezioni della logica, della filosofia della natura e della filosofia dello spirito. Alla <mark>logica</mark>, in particolare, Hegel dedica la seconda delle sue opere fondamentali, la *Scienza della logica* (1812, 1816), i cui contenuti vengono poi ricapitolati nella **prima parte dell'***Enciclopedia*.

L'oggetto della logica

In quanto «scienza dell'*idea pura*, cioè dell'idea nell'elemento astratto del *pensiero*» (*Enciclopedia*, par. 19), la logica prende in considerazione la **struttura programmatica** o l'**impalcatura originaria, logico-razionale, del mondo**. Hegel, infatti, distingue la filosofia, che si occupa di «oggetti concreti» (la natura, le produzioni dello spirito ecc.) dalla logica, che considera solo la loro «struttura completamente astratta», la quale si specifica in un organismo dinamico di <mark>concetti o categorie</mark> (Hegel usa preferibilmente il primo termine).

Per comprendere questa sezione del sistema hegeliano bisogna tener presente che per Hegel il «**pensiero**», che è l'oggetto della logica, non è una "facoltà" dell'individuo, ma **ciò che di più oggettivo e universale esiste**. In questa direzione si era mosso anche Kant, rintracciando nel pensiero (nelle categorie) le condizioni dell'oggettività. Ma la logica hegeliana si spinge oltre: assumendo come punto di partenza l'equazione idealistica tra soggetto ed oggetto, pensiero ed essere, forma e contenuto, essa indaga il **pensiero** in quanto è la **"realtà" in senso forte**, vale a dire il fondamento di tutto ciò che può presentarsi alla coscienza come suo "oggetto". In altre parole, i concetti di cui tratta la logica di Hegel non sono pensieri soggettivi, ai quali la realtà rimanga esterna e contrapposta, ma **pensieri oggettivi**, che esprimono la realtà stessa nella sua essenza. → **T1** p. 534

struttura dei concetti è struttura stessa della realtà

Pensiero ed esperienza

Lo stretto rapporto della logica hegeliana con la realtà emerge anche da un altro aspetto: per Hegel le «rappresentazioni», in quanto contenuti della coscienza, costituiscono una prima interiorizzazione degli oggetti, che, tramite esse, vengono "incorporati" nel soggetto. Il pensiero, dunque, non opera sulle "cose", cioè sugli oggetti esteriori, ma assume come sua "materia" le rappresentazioni, che interiorizza sempre di più, innalzandole a un livello via via

---

* Paragrafo ampliato e rivisto da Giovanni Fornero e Giancarlo Burghi.

superiore di astrazione per elevarle alla purezza del «concetto». Quelli della logica hegeliana, pertanto, più che concetti *puri* (quali erano quelli indagati dalla logica trascendentale di Kant), sono **concetti *purificati***, nel senso che sono **enucleati da concrete esperienze storico-fenomenologiche**. Del resto, se per Kant la ragione era una facoltà soggettiva, dotata di un corredo stabile e perenne di forme vuote, per Hegel è la razionalità stessa del reale nel suo svolgimento e le sue categorie sprigionano, per così dire, dalla realtà stessa: sono la realtà che *si* comprende nell'elemento del puro pensiero.

Sulla base di quanto detto, è facile comprendere in che senso le **figure della *Fenomenologia*** e le **categorie della *Logica*** abbiano lo **stesso contenuto**, ma si pongano a un **livello di astrazione diverso**. Così come il parlare concreto precede e rende possibile l'individuazione delle regole grammaticali, che costituiscono la condensazione di certe esperienze linguistiche, allo stesso modo le categorie logiche sono presenti e operanti nelle mutevoli esperienze storiche dell'umanità, dalle quali derivano. Ad esempio, il concetto di "essere" non è una determinazione innata della ragione umana, ma la cristallizzazione, nell'elemento astratto del pensiero, dell'esperienza filosofica dell'eleatismo, anche se poi viene inclusa nell'orizzonte perenne del pensiero umano; analogamente, la nozione di "causa" trova un'eminente manifestazione storica nella rivoluzione scientifica; e così via. Per questo Hegel afferma che **la logica presuppone il lungo cammino della cultura umana**:

Il rapporto tra fenomenologia e logica

> In effetti il bisogno di occuparsi di puri pensieri presuppone un lungo cammino, che lo spirito umano deve aver percorso. È per così dire […] il bisogno nascente dalla mancanza d'ogni bisogno, cui lo spirito deve essere giunto […]. Nelle tranquille regioni del pensiero che è giunto a se stesso, ed è soltanto in sé, tacciono gli interessi che muovono la vita dei popoli e degli individui.
>
> (*Scienza della logica*, trad. it. di A. Moni, Laterza, Roma-Bari 1981, vol. 1, p. 12)

Pertanto le categorie hegeliane non sono assimilabili né a quelle aristoteliche, che erano predicati dell'essere, né a quelle kantiane, che erano forme vuote del soggetto. Diversamente dalle prime, non hanno origine nell'oggetto, ma nella creazione spontanea e libera del pensiero; diversamente dalle seconde, non sono funzioni mentali che valgono soltanto in riferimento al fenomeno, ma **determinazioni del *pensiero* e della *realtà in sé* nello stesso tempo**.

Le categorie per Hegel

Se la rappresentazione si fonda sulla distinzione tra un dato inerte (l'oggetto) e una funzione attiva (il soggetto), il «pensiero puro» della logica ha superato questa distinzione: esso dunque non ha alcun oggetto intuitivo o rappresentativo di fronte a sé, ma non per questo (e in ciò consiste l'elemento di novità che Hegel pretende di far valere) è una forma vuota che si muove fra astratte tautologie. In quanto capace di autodeterminarsi, cioè di produrre dentro di sé e da sé, con «immanente plasticità», la ricchezza dei suoi contenuti, il **pensiero logico** è per Hegel il **modello stesso della «libertà»**, che si definisce proprio come «**autodeterminazione**». Dopo il lungo e faticoso cammino della *Fenomenologia*, con cui la coscienza si è liberata dal presunto limite della cosa in sé e dall'alterità dell'oggetto, il «**sapere puro**» **della logica** è **pensiero che si muove (liberamente) nel proprio substrato: i pensieri**. È il mondo della verità – superiore a quello della coscienza soggettiva – che si dispiega in una totalità sistematica, in cui i pensieri "dis-corrono" tra loro in una libera autoproduzione o in un libero automovimento.

Pensiero e libertà

Le varie
posizioni
del pensiero
rispetto
all'oggettività

Allo scopo di evidenziare meglio il suo modo di intendere il rapporto pensiero-essere, concetto-realtà, nell'*Enciclopedia* Hegel passa in rassegna le **principali posizioni del pensiero logico rispetto all'oggettività**:

■ la prima posizione analizzata corrisponde al **procedere ingenuo**, secondo cui da una parte c'è il pensiero e dall'altra ci sono le cose, e secondo cui il pensiero, mediante la riflessione, può conoscere «ciò che gli oggetti veramente sono» (*Enciclopedia*, par. 26). È questa la posizione della «**vecchia metafisica dogmatica**», la quale considerava «le determinazioni del pensiero come le *determinazioni fondamentali delle cose*» (*Enciclopedia*, par. 28);

■ la seconda posizione è quella dell'**empirismo**, il quale, elevando il contenuto della percezione a rappresentazione, fa di quest'ultima la norma e la misura dell'oggettività, riducendo tuttavia la realtà vera delle cose a una *x* che il pensiero non può penetrare, ritrovandosi quindi costretto a cadere nello scetticismo. Di questa vicenda risulta documento emblematico il **kantismo** (che costituisce un'evoluzione e al tempo stesso un approfondimento dell'empirismo), il quale, dopo aver fatto dell'io penso il legislatore della natura, lascia sussistere, sullo sfondo, il mistero della cosa in sé;

■ la terza posizione è quella della **filosofia della fede**, a cui Hegel attribuisce il pregio di porre l'esigenza di "saltare" (contro ogni scetticismo) dal pensiero all'essere, ma il demerito di ritenere che ciò sia possibile mediante il sentimento o la fede.

In alternativa a queste posizioni, Hegel fa valere l'esigenza di un pensiero che non sia astrattamente separato dalle cose, ma si identifichi con l'essenza stessa del reale e sia oggetto di un sapere razionale e speculativo.

Identità
tra logica
e metafisica

Da quanto si è detto finora, risulta evidente **che la logica (lo studio del *pensiero*) e la metafisica (lo studio dell'*essere*) sono per Hegel la stessa cosa** (v. **identità tra logica e metafisica**). Tant'è vero che nella logica di Hegel confluisce non solo gran parte della tradizione logica greca e moderna, ma anche gran parte del pensiero metafisico e teologico dell'Occidente (il filosofo tedesco, pur contestando gli aspetti dogmatici e intellettualistici della metafisica, ha un alto concetto di essa, fino ad arrivare a sostenere, anti-kantianamente, che «un popolo senza metafisica è come un tempio senza altare»).

TAVOLA ROTONDA
L'essere ON LINE
Metafisica
e fondamento

L'articolazione della logica hegeliana

In concreto, la logica hegeliana si divide in **logica dell'essere**, **logica dell'essenza** e **logica del concetto**, e procede mostrando come, partendo dai concetti più poveri e astratti (essere, nulla e divenire), si giunge, sotto l'assillo di una ragione dialettica che svela la parzialità di tali concetti e il loro inevitabile trapassare in altre categorie, a concetti via via più ricchi e concreti, fino a quel concetto di tutti i concetti, o a quella categoria di tutte le categorie, che è l'idea (v. **suddivisioni della logica**). → **T2** p. 536

La logica dell'essere. La **logica dell'essere** si divide in logica della **qualità** (che è la categoria più immediata attraverso cui si colgono le cose), della **quantità** (che consiste nel superare la determinazione qualitativa mediante la numerazione) e della **misura** (che della qualità e della quantità rappresenta la sintesi).

La categoria della qualità si articola a sua volta in **essere** (**indeterminato**), **essere determinato** ed **essere per sé**.

Il concetto di essere (puro, o indeterminato) costituisce dunque il punto di partenza dell'intera logica hegeliana: non a caso si tratta del **concetto più vuoto e astratto**, del concetto dell'**essere assolutamente indeterminato, privo di ogni possibile contenuto**.

Essere, nulla, divenire: il «cominciamento» del pensiero

In questa "astrazione", cioè in questa totale assenza di determinazione, l'essere è identico al nulla; ma lo stesso nulla, per quanto pretenda di essere un vuoto assoluto, se "cade" nel pensiero, è incluso nell'orizzonte dell'essere, dal momento che, come Parmenide ha per primo compreso, il pensiero è sempre pensiero di qualcosa che è. Così, se l'essere assolutamente indeterminato è nulla, reciprocamente il nulla è essere: il concetto di questa identità, o meglio di questa **unità dialettica tra essere e nulla**, è il **divenire**, che già gli antichi definivano come passaggio dall'essere al nulla e viceversa. Il **«cominciamento» del pensiero**, pertanto, non è né l'essere, né il nulla – i quali finiscono per "dileguare" subito l'uno nell'altro – ma il «divenire», cioè il movimento logico che li pone in relazione. Quel che Hegel intende dire è che l'«immediato» o l'«astratto», cioè un termine isolato e irrelato, è impensabile: fin dalla sua esperienza originaria, **il pensiero esige mediazione, relazione, "movimento"**. Più che il *pensato*, inteso come dato immediato e statico, "in principio" c'è dunque il *pensare*, quale attività capace di cogliere la trama di relazioni che lega i concetti.

La **triade essere-nulla-divenire**, a ben vedere, rappresenta **una sorta di "alba" del pensiero che cerca la sua luce**. Le prime tre categorie, infatti, non sono veri pensieri, perché sono «ineffabili». Hegel afferma che appartengono all'«opinione»: «si opina» la differenza tra essere e nulla, ma questa non può essere veramente pensata. Dunque è vero che, in un certo senso, il divenire è il primo «pensiero concreto» (rispetto all'essere e al nulla, che hanno un'esistenza astratta), ma Hegel dice anche che esso «è qualcosa di evanescente, quasi un fuoco che si estingue in se stesso, in quanto consuma il proprio materiale» (*Enciclopedia*, par. 89). Del resto, se è impensabile e «opinabile» la differenza tra essere e nulla, tale deve essere anche il divenire, che questa differenza dovrebbe esprimere. Ci troviamo così di fronte a una «monotriade ineffabile» (Francesco Valentini), di fronte a qualcosa che, in un certo senso, "precede" il pensare, il quale esige sempre un oggetto determinato. Il **divenire**, in questo senso, rappresenta il **movimento ancora indeterminato del pensiero, che non ha un oggetto propriamente detto**.

Dall'essere indeterminato...

Il passaggio all'essere determinato costituisce un momento particolarmente importante nella logica hegeliana, poiché esprime il **trasformarsi del *pensiero come possibilità*** (ovvero dell'attività del pensare come condizione ultima di qualunque oggetto pensato) in un ***pensiero specifico*** (ovvero "rappreso" e "immobilizzato", per quanto solo in modo transitorio, attorno a un oggetto). Chiariamo allora come avviene per Hegel questo passaggio: se pensiamo l'essere come assolutamente indeterminato, mettiamo comunque in atto una qualche determinazione, dal momento che lo "de-finiamo" come indeterminato, distinguendolo dal suo opposto (il determinato). Il pensiero, in tal modo, per quanto sia un processo incessante, «precipita in un risultato calmo», cioè nella quiete della determinazione. Non c'è ente che, incluso nel pensiero, non assuma un'interna qualificazione o «quiddità», senza la quale resterebbe indeterminato. Ecco perché questa sezione della logica dell'essere va sotto il titolo generale di «qualità».

... all'essere determinato

Ma anche la stabilità e la quiete conseguite dal pensiero «nella determinazione dell'essere» sono attraversate dalla forza mediatrice e dinamica della dialettica. Qui, infatti, si ripresenta l'opposizione tra essere e nulla, dal momento che la determinazione di «qualcosa» (*Etwas*) coincide sempre con la negazione di «qualcos'altro» (*Anderes*), come Platone ha chiarito nel *Sofista*: ciascuna cosa è quella che è (una determinata cosa) in quanto *non è* l'altra, che, nell'esclusione, la de-finisce.

La dialettica dell'essere determinato: la «cattiva infinità»

Nello sdoppiamento dell'essere determinato in *questo* e *altro* si genera quel processo che Hegel chiama «**cattiva infinità**». Ogni finito, in quanto insufficiente, manchevole, tende a qualcos'altro che *non è*. Esso, dunque, è determinato, ha un limite che lo de-finisce, ma contemporaneamente è indeterminato, indefinito, nel senso che deve cedere il posto all'altro e questo all'altro ancora, e così via, in un processo all'infinito rappresentabile da una retta che si estende illimitatamente. Dunque, se pensato a fondo, alla fine anche l'essere determinato (come l'essere indeterminato) dilegua, scompare, è inafferrabile; non riesce a permanere nella sua identità con se stesso, dovendo diventare altro da quello che è. La consapevolezza di questa **insufficienza del finito, che produce in sé la sua negazione**, il suo superamento, è, secondo Hegel, il cuore stesso dell'idealismo: «L'idealismo della filosofia non consiste che nel rifiuto di riconoscere il finito come vero essere» (*Scienza della logica*, cit., vol. 1, p. 145).

TAVOLA ROTONDA
L'essere ON LINE
Essere, nulla,
differenza

L'analisi svolta da Hegel nella prima sezione della logica dell'essere ("qualità", a sua volta suddivisa in "essere", "essere determinato", "essere per sé") vuole mostrare che il tentativo del pensiero di concepire determinazioni oggettive fisse e durevoli è destinato a fallire, dal momento che determinare un oggetto con la sua supposta qualità non implica il differenziarlo dagli altri determinati dalla stessa qualità. Interviene, a questo punto, la categoria della «quantità», con cui distinguere gli oggetti numerandoli: sarà un numero che separa un oggetto da un altro. Ma, se è vero che un oggetto numerato è diverso da un altro, questa differenziazione non deriva dalla natura dell'oggetto, ma da un'operazione aritmetica, le cui regole non hanno alcuna ragione nell'oggetto. Si tratta di vedere, allora, se è possibile rintracciare nella misurazione *quantitativa* delle differenze che *qualifichino* gli oggetti in sé. Questa **sintesi di qualità e quantità** è la «**misura**» o «**quantità qualitativa**», in base alla quale ogni cosa ha una misura che le è propria e la identifica.

Senonché – e qui emerge l'avversione di Hegel per le scienze matematiche e la logica della misurazione – non esiste una misurazione «assoluta», cioè capace di cogliere l'essenza delle cose. Alla fine della logica dell'essere si perviene dunque a una conclusione negativa: **l'oggetto non può mai essere definito mediante le sue proprietà puramente «oggettive» (qualitative o quantitative)**, cioè «immediate». Alla fine «non c'è altra via che andargli *attorno*, che *riflettere* su di esso. È così che comincia questo cambiamento di piano in cui il movimento cade fuori dell'oggetto, e precisamente nella riflessione *su* di esso» (E. Fleischmann, *La logica di Hegel*, trad. it. di A. Solmi, Einaudi, Torino 1975, p. 40).

Dall'oggetto, l'attenzione si sposta pertanto verso la sua «**essenza**», la sua «**verità**», producendo uno sdoppiamento tra l'esistenza immediata dell'oggetto e una sfera soggettiva, dove si svela la sua natura.

La logica dell'essenza. Se le categorie della logica dell'essere considerano l'essere nel suo isolamento, cioè fuori da ogni relazione, quelle della <mark>logica dell'essenza</mark> o della riflessione esprimono una sorta di approfondimento o interiorizzazione mediante cui l'essere, riflettendo su di sé, scopre, dentro o oltre di sé, le proprie "radici".

Il carattere proprio di questa sezione è appunto questa dualità o separazione tra l'oggetto e la sua verità, la quale si trova in una «spiegazione» che contempla l'oggetto dall'«esterno»: «**la verità dell'essere è l'essenza**», afferma Hegel.

Il termine "**riflessione**" chiarisce bene la situazione dialettica in cui, in questa sezione, si trova la conoscenza. La riflessione è un processo che si instaura tra due elementi che sono contemporaneamente identici e diversi. La maggior parte delle filosofie del passato, secon-

---

Margin notes:

Dalla qualità alla quantità e alla misura

L'essenza come «verità dell'essere»

La riflessione

do Hegel, è riconducibile a questa logica della riflessione: ad esempio il platonismo, in cui l'essenza è l'«idea», la quale a sua volta non è che lo "specchiarsi" (il "riflettersi", appunto) della realtà nel pensiero e il suo porsi come apparenza opaca di una verità che la trascende. Lo stesso empirismo è governato da una logica riflessiva, in quanto chiarisce che le strutture del mondo oggettivo (le cose, la causalità, il tempo, lo spazio) derivano da quelle soggettive (associazione di idee, credenza ecc). Kant porta al suo culmine questa logica della riflessione scoprendo che il principio dell'oggettività sta nel soggetto conoscente, nelle «leggi del pensiero», da cui il mondo oggettivo dipende.

La logica della riflessione (cioè appunto la logica dell'essenza) indaga pertanto i **diversi modi in cui l'oggetto si pone come «fenomeno»**, ovvero come manifestazione non essenziale di una verità che è altrove, "dietro" o "dentro" l'oggetto stesso. Così, a differenza dell'essere determinato della prima sezione della logica, la «cosa» (*Ding*) della logica dell'essenza non sarà semplicemente un "qualcosa" diverso da "qualcos'altro", ma subirà uno sdoppiamento in se stessa, da una parte in quanto dipendente da una «ragione» (*Grund*) che ne giustifica l'esistenza e ne costituisce il fondamento nel pensiero, dall'altra in quanto distinta in un sostrato e nelle proprietà che ad esso ineriscono.

La logica del concetto. Alla fine della logica dell'essenza Hegel mostra come la verità non risieda in nessuno dei due poli riflessivi (l'essere e l'essenza), ma nella relazione che li unisce, cioè in quella processualità dialettica che è la novità decisiva apportata dalla logica della riflessione. Questa, infatti, ha il merito di ridurre le esistenze immediate a processi o mediazioni, svelando il carattere dinamico e relazionale, cioè dialettico, della realtà. I due termini della riflessione sono in tal modo ricondotti a un fondamento unitario, a un terzo elemento che li comprende quali suoi momenti: tale è il **concetto**, che non è più il concetto dell'intelletto, diverso dalla realtà e opposto a essa, ma il **concetto della ragione**, cioè «**lo spirito vivente della realtà**».

La **logica del concetto** inaugura un piano ulteriore rispetto a quello del pensiero che riflette *su* un oggetto. Poiché l'oggetto «in sé» si è risolto nella riflessione, questa prende il posto dell'oggetto. Ed essendo essa pensiero, soggetto e oggetto si identificano: **il pensiero scopre se stesso come proprio vero oggetto**. L'«oggettività» del mondo diventa l'accordo, la coerenza di tutte le determinazioni del pensiero.

Il concetto come "comprensione"

In un certo senso il concetto hegeliano è il «soggetto trascendentale» di Kant, inteso però non come semplice facoltà conoscitiva, ma come un processo in cui il pensiero determina se stesso ponendosi come spontaneità creatrice, totalità che tutto comprende nella forma del pensiero. In effetti, il termine "**comprensione**" è forse la migliore traduzione di *Begriff*, normalmente tradotto con "concetto".

TAVOLA ROTONDA

Dalla sostanza delle cose al soggetto del mondo, p. 552

Il concetto è in primo luogo **concetto soggettivo** o puramente formale; poi **concetto oggettivo** quale si manifesta negli aspetti fondamentali della natura; infine è **idea**, unità dell'oggettivo e del soggettivo, ragione autocosciente.

Concetto soggettivo, concetto oggettivo e idea

Il **concetto soggettivo** si determina dapprima nei suoi tre aspetti di **universalità**, **particolarità**, **individualità**; poi si esprime e si articola nel **giudizio** e infine si organizza nel **sillogismo**, il quale manifesta, da un punto di vista formale, la razionalità del tutto. Ogni cosa è sillogismo perché ogni cosa è razionale; ma di questa razionalità il sillogismo palesa unicamente l'aspetto formale e soggettivo, che si concreta e si attua solo passando nel concetto oggettivo.

Il **concetto oggettivo** comprende le categorie fondamentali della natura: **meccanismo**, **chimismo** e **teleologia**, la quale ultima è la categoria fondamentale della natura organica.

L'ultima categoria della logica è l'**idea**.

> L'idea può essere concepita come la ragione (questo è il proprio significato filosofico di ragione); inoltre come il soggetto-oggetto, come l'unità dell'ideale e del reale, del finito e dell'infinito, dell'anima e del corpo.
> (*Enciclopedia*, par. 214)

L'idea come vita e come conoscere

L'idea è così la totalità della realtà in tutta la ricchezza delle sue determinazioni e relazioni interiori. Nella sua **forma immediata** l'idea è la **vita**, cioè un'anima realizzata in un corpo; ma nella sua **forma mediata**, e tuttavia finita, è **il conoscere**, nel quale il soggettivo e l'oggettivo appaiono distinti (giacché il conoscere si riferisce sempre a questa realtà diversa da sé) e tuttavia uniti (giacché esso si riferisce sempre a questa realtà). Il contrasto tra il soggettivo e l'oggettivo costituisce appunto la finalità del conoscere, che può assumere o la forma teoretica, nella quale la spinta è data dalla verità, o la forma pratica (il volere), in cui la spinta è data dal bene.

L'idea assoluta

Al di là della vita e del conoscere, e come loro unità, c'è l'idea assoluta, cioè l'idea che si riconosce nel sistema totale della logicità. Essa è l'identità dell'idea teoretica e dell'idea pratica ed è vita che ha però superato ogni immediatezza e ogni finitudine. «Tutto il resto è errore, torbidezza, opinione, sforzo, arbitrio e caducità». In altri termini, **l'idea nella sua forma assoluta non è altro che la logica stessa di Hegel, nella totalità e nell'unità delle sue determinazioni.**

ESERCIZI INTERATTIVI — ON LINE

LE SEZIONI DELLA LOGICA

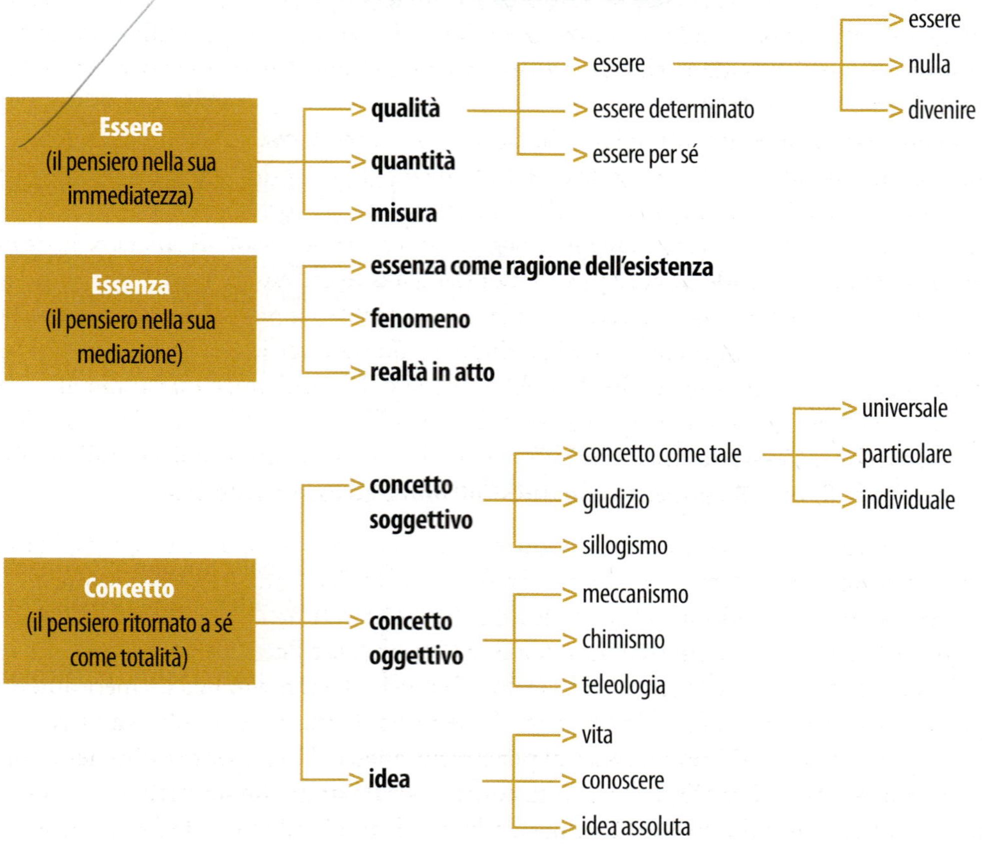

Essere
(il pensiero nella sua immediatezza)
- > **qualità**
  - > essere
  - > essere determinato
    - > essere
    - > nulla
    - > divenire
  - > essere per sé
- > **quantità**
- > **misura**

Essenza
(il pensiero nella sua mediazione)
- > **essenza come ragione dell'esistenza**
- > **fenomeno**
- > **realtà in atto**

Concetto
(il pensiero ritornato a sé come totalità)
- > **concetto soggettivo**
  - > concetto come tale
    - > universale
    - > particolare
    - > individuale
  - > giudizio
  - > sillogismo
- > **concetto oggettivo**
  - > meccanismo
  - > chimismo
  - > teleologia
- > **idea**
  - > vita
  - > conoscere
  - > idea assoluta

Logica e storia del pensiero

Hegel non si accontenta di offrire una formulazione del tutto astratta della logica, come se si trattasse di un movimento "autarchico" della ragione, sottratto a ogni realizzazione storica. Al contrario, individua **precise corrispondenze tra le tappe dell'idea nella sua attuazione logica e la storia del pensiero**, in linea con il principio idealistico secondo cui la vera filosofia si identifica con la storia della filosofia. La logica dell'essere, la logica dell'essenza e la logica del concetto corrispondono pertanto a fasi ben precise dello sviluppo del pensiero occidentale.

La logica dell'essere, in quanto posizione ancora irriflessa e quindi in certa misura inconsapevole delle determinazioni, trova la sua attuazione tipica nella filosofia dei presocratici, i quali, secondo Hegel, identificano il principio del Tutto (dall'acqua di Talete agli atomi di Democrito) senza soffermarsi preliminarmente sul significato di termini quali "principio", "tutto", "divino" ecc. In questa sua stagione, infatti, il pensiero greco si pone uno scopo sostanzialmente cosmologico, ossia quello di spiegare i fenomeni fisici, senza soffermarsi sulla natura delle spiegazioni. In tale fase ancora "immatura" **la filosofia non è capace di riflettere su se stessa, ma si limita a mettere a fuoco solo il mondo esterno**. Essa finisce dunque per riprodurre il carattere immediato delle determinazioni dell'essere, che pone in forma astratta.

> L'essere: i presocratici

Con Platone inizia ad affermarsi non solo la posizione delle entità, ma la riflessione sul loro fondamento. Il mondo empirico, infatti, è fatto derivare dalle idee, che, svolgendo innanzitutto il ruolo di cause intelligibili delle entità mondane, ne costituiscono in qualche modo la spiegazione. Similmente accade in Aristotele, in cui le proprietà empiricamente riscontrabili degli oggetti poggiano sulla sostanza, o sostrato. Si avvia così un procedimento di **reduplicazione**: le entità mondane richiamano entità poste in una dimensione diversa, che fungono da loro chiave esplicativa.

> L'essenza: da Platone a Kant

Questo procedimento è riscontrabile anche nella filosofia moderna. Ad esempio, in Cartesio i corpi sono ricondotti alla mera estensione; in Spinoza gli individui si giustificano a partire dalla Sostanza (con le sue ulteriori articolazioni); in Leibniz la costituzione rappresentativa e appercettiva della realtà si fonda sulle monadi. Insomma, **la necessità di spiegare la dimensione apparente del mondo porta a postulare l'esistenza di entità che invece non appaiono**. La reduplicazione del mondo, tuttavia, non risolve il problema per cui è stata adottata. Ciò emerge con evidenza in **Kant**, nel quale la reduplicazione assume la forma di una **dicotomia non componibile**. La cosa in sé, che dovrebbe spiegare il fenomeno, è infatti inconoscibile: si arriva così al paradosso che la spiegazione richiama l'inspiegabile e non riesce a spiegare quanto dovrebbe. L'**essenza** finisce quindi per costituirsi come **un mondo parallelo all'essere**, ma **privo di un collegamento con quest'ultimo e ad esso antitetico**.

A questo punto diventa necessario ricomporre quanto va spiegato e quanto spiega, in modo che i due ruoli non restino opposti ma diventino complementari e ottemperino al loro compito. La sintesi è prodotta nel concetto, che s'incarna in tutta la sua verità nella **filosofia idealistica**. Questa **riesce a mettere in relazione l'essere (cioè l'*explicandum*) con l'essenza (cioè l'*explicans*)** mantenendone distinti i ruoli, di modo che si raggiunga il sapere autentico. Se prima l'oggetto nel suo carattere astratto (cioè privo di relazioni) sembrava essere estraneo al soggetto e quest'ultimo incapace di penetrarlo, adesso il primo si dissolve nel secondo. **Il mondo soggettivo si configura** pertanto **come la verità di quello oggettivo**. La logica del concetto coincide quindi, storicamente parlando, con la tesi fondamentale dell'idealismo per cui tutto è in definitiva Idea e non esiste una realtà indipendente dal pensiero.

> Il concetto: l'idealismo

2. La filosofia della natura

Il testo fondamentale in cui Hegel espone la propria filosofia della natura è la **seconda parte dell'*Enciclopedia***[1]. Un primo abbozzo della dottrina è invece contenuto nella brevissima esposizione (7 pagine circa) del *Corso propedeutico* (1808-1811) che Hegel scrisse per gli studenti del ginnasio di Norimberga.

Filosofia della natura e fisica empirica

Hegel ammette che la **filosofia della natura** abbia per presupposto e condizione la fisica empirica; ma questa deve limitarsi a fornirle il materiale e a fare il lavoro preparatorio, di cui essa poi si avvale liberamente per mostrare la necessità con la quale le determinazioni naturali si concatenano in un organismo concettuale. Per loro conto, i risultati dell'indagine empirica non fanno testo.

Il carattere "negativo" della natura

Secondo Hegel, che da un certo punto di vista si ispira più a Fichte che a Schelling, la natura è «**l'idea nella forma dell'essere altro**» e come tale è essenzialmente esteriorità. Considerata in sé, cioè nell'idea, è divina; ma nel modo in cui essa è, il suo essere non corrisponde al concetto: essa è quindi **contraddizione insoluta**. Il suo carattere proprio è di essere **negazione**, *non ens*. Essa è la decadenza dell'idea da se stessa, perché l'idea nella forma dell'esteriorità è inadeguata a se stessa. Tant'è vero che Hegel parla di una «impotenza della natura», che pone dei limiti anche al discorso filosofico su di essa.

si manifesta nello spazio = momento negativo della dialettica

Il problema del passaggio dall'idea alla natura

Il passaggio dall'idea alla natura costituisce comunque, nell'ambito dell'hegelismo, un autentico rompicapo critico, poiché da un lato il filosofo lo presenta come una sorta di **caduta** dell'idea e dall'altro come un suo **potenziamento**. In altre parole, sembra che nella natura ci sia qualcosa di meno, oppure di più, dell'idea; che cosa precisamente, e come possa trovarcisi, non è affatto chiaro. Una cosa è invece certa, ossia che per Hegel risulta assurdo voler conoscere Dio a partire dalle opere naturali, in quanto anche le più basse manifestazioni dello spirito servono meglio allo scopo. → **T3** p. 537

CONCETTI A CONFRONTO

SCHEMA INTERATTIVO — ON LINE

La natura		
in Fichte	**in Schelling**	**in Hegel**
è il **non-io** che si oppone all'io finito e lo limita	è **attività spontanea e creatrice**, che agisce attraverso la lotta di forze opposte	è l'**idea** nella forma dell'**essere altro**, ossia è il momento della "negazione" dell'Assoluto
è **posta o creata dall'Io infinito** e viene **ricompresa in esso**, esistendo solo in relazione a quest'ultimo	**si risolve nello spirito** ed è, essa stessa, spirito	è l'**idea che "decade" da sé** per poi essere ricompresa in sé

[1] Nell'edizione curata dagli allievi di Hegel, anche questa parte fu arricchita da numerose aggiunte tratte dalle lezioni del maestro.

Il concetto di "natura" ha tuttavia una funzione-chiave nella dottrina di Hegel, che non è possibile eliminare o togliere senza eliminare o togliere l'intera dottrina. Il principio stesso dell'identità di realtà e ragione pone infatti a questa dottrina l'obbligo di giustificare e risolvere nella ragione tutti gli aspetti della realtà. Hegel respinge fuori della realtà, quindi nell'apparenza, ciò che è finito, accidentale e contingente, legato al tempo e allo spazio, e la stessa individualità in ciò che ha di proprio e di irriducibile alla ragione. Ma tutto ciò deve pur trovare un qualche posto, una qualche giustificazione, sia pure a mero titolo di apparenza, se, almeno come apparenza, è reale; e trova posto e giustificazione appunto nella natura, che da questo punto di vista si configura come una sorta di "pattumiera" del sistema.

La natura come "pattumiera" del sistema

Le divisioni fondamentali della filosofia della natura sono: la **meccanica**, la **fisica** e la **fisica organica**:

Le divisioni della filosofia della natura

- la **meccanica** considera l'esteriorità, che è l'essenza propria della natura, o nella sua astrazione (spazio e tempo), o nel suo isolamento (materia e movimento), o nella sua libertà di movimento (meccanica assoluta);
- la **fisica** comprende la fisica dell'individualità universale, cioè degli elementi della materia, la fisica dell'individualità particolare, cioè delle proprietà fondamentali della materia (peso specifico, coesione, suono, calore), e la fisica dell'individualità totale, cioè delle proprietà magnetiche, elettriche e chimiche della materia;
- la **fisica organica** comprende la natura geologica, la natura vegetale e l'organismo animale.

LE SEZIONI DELLA FILOSOFIA DELLA NATURA

- **Filosofia della natura**
  - > **meccanica**
    - > spazio e tempo
    - > materia e movimento
    - > meccanica assoluta
  - > **fisica**
    - > dell'individualità universale
    - > dell'individualità particolare
    - > dell'individualità totale
  - > **fisica organica**
    - > natura geologica
    - > natura vegetale
    - > organismo animale

VERSO
LE COMPETENZE
▶ Utilizzare il lessico
e le categorie specifiche
della filosofia

GLOSSARIO e RIEPILOGO

Logica

Logica p. 498 > La logica è la scienza dell'idea «pura» o dell'idea «in sé e per sé», cioè lo studio dell'idea considerata nel suo essere implicito e nel suo graduale esplicarsi, ma a prescindere dalla sua concreta realizzazione nella natura e nello spirito. In quanto tale, la logica esamina i «concetti» o le «categorie», che formano l'impalcatura originaria del mondo.

Concetti o categorie p. 498 > I «concetti» o le «categorie» della logica hegeliana non sono pensieri *soggettivi*, ai quali la realtà rimanga estranea e contrapposta, bensì pensieri *oggettivi*, che esprimono la realtà stessa nella sua essenza; in altre parole sono nello stesso tempo determinazioni del pensiero e della realtà.

Posizioni del pensiero logico rispetto all'oggettività p. 500 > Per evidenziare meglio il suo modo di intendere il rapporto pensiero-essere, concetto-realtà, Hegel, nell'*Enciclopedia* (parr. 26-78), esamina le principali posizioni del pensiero logico rispetto all'oggettività, distinguendo: 1. una posizione di tipo *realistico-ingenuo*, la quale pensa di conoscere «ciò che gli oggetti veramente sono» (par. 26); 2. una posizione di tipo *empiristico-criticistico*, la quale fa della rappresentazione la misura dell'oggettività, riducendo tuttavia la realtà vera delle cose a una *x* impenetrabile al pensiero, che, nel caso di Kant, prende la forma di una fantomatica "cosa in sé"; 3. una posizione di tipo *fideistico*, la quale prende la forma di un *sapere immediato* che pretende di "saltare" (contro ogni scetticismo) dal soggetto all'oggetto, dal finito all'infinito, risolvendosi in una teoria che «si contrappone al filosofare» (par. 64, nota). Contro queste posizioni Hegel afferma l'esigenza di un pensiero che non sia astrattamente separato dalla realtà, ma si identifichi con la realtà stessa – e come tale risulti speculativamente dimostrabile.

Identità tra logica e metafisica p. 500 > L'identità tra logica e metafisica discende dalla posta equazione "ragione = realtà". In virtù di tale equazione lo *studio del pensiero* (logica) equivale di fatto allo *studio dell'essere* (metafisica): «La *Logica* coincide perciò con la *Metafisica*, con la scienza delle *cose* poste in *pensieri*; i quali pensieri perciò appunto si tennero atti ad esprimere le *essenze delle cose*» (*Enciclopedia*, par. 24).

Suddivisioni della logica p. 500 > Hegel articola la sua logica in tre momenti fondamentali: la logica dell'*essere*, la logica dell'*essenza* e la logica del *concetto* (per le articolazioni interne, v. il testo). A ciascuna di queste tre sezioni, che esprimono le tappe dell'attuazione logica dell'idea, Hegel fa corrispondere una fase più o meno lunga della storia del pensiero.

Logica dell'essere p. 500 > La logica dell'essere prende le mosse dal concetto più vuoto e astratto, quello dell'*essere assolutamente indeterminato*, privo di contenuti, al quale si contrappone l'*essere determinato*, ovvero specificato dal pensiero non mediante la sola categoria della *qualità*, ma anche attraverso la *quantità* e la *misura*.
Alla logica dell'essere Hegel fa corrispondere la filosofia dei presocratici, la quale, non essendo ancora in grado di riflettere su se stessa, mette a fuoco solo il mondo esterno, riproducendo le determinazioni dell'essere in modo immediato e astratto.

Logica dell'essenza p. 502 > L'essenza rappresenta l'auto-ripiegarsi e l'auto-riflettersi dell'essere su se medesimo, ovvero quell'essere mediato e approfondito che Hegel definisce come «la verità dell'essere» (*Logica*). La logica dell'essenza studia: 1. l'*essenza come ragione dell'esistenza*; 2. il *fenomeno*; 3. la *realtà in atto*. In essa si mostra come il fenomeno (*Erscheinung*) non sia mera parvenza, ma la manifestazione o l'apparizione piena e adeguata dell'essenza («l'essenza è quel che esiste», *Enciclopedia*, par. 131), e come la realtà in atto (o «realtà effettiva», come traduce Valerio Verra) sia l'unità dell'essenza e dell'esistenza, cioè dell'interno e dell'esterno. Alla logica dell'essenza corrisponde, nella storia della filosofia, il lungo cammino che va da Platone a Kant, caratterizzato dall'esigenza di postulare entità invisibili per spiegare ciò che appare.

Logica del concetto p. 503 > La logica del concetto prende in esame il *concetto*, cioè l'essere che, dopo essersi auto-riflesso nell'essenza, si pone come *soggetto* o *spirito*. In altri termini, il concetto di cui parla Hegel non è il concetto dell'*intelletto*, diverso dalla realtà e opposto a essa, ma il concetto della *ragione*, ossia «lo spirito vivente della realtà» (*Enciclopedia*, par. 162). La logica del concetto studia dapprima il «concetto soggettivo» (cioè la soggettività in sé o il concetto quale si manifesta in se stesso, nel giudizio e nel sillogismo), poi il «concetto oggettivo» (cioè la soggettività oggettivata, quale si manifesta negli aspetti o nelle categorie fondamentali della natura) e infine l'«idea» che, come sappiamo, è l'unità di soggetto e oggetto, ideale e reale, ovvero l'Assoluto in atto. Alla logica del concetto corrisponde, storicamente parlando, la filosofia dell'idealismo.

Filosofia della natura

Filosofia della natura p. 506 > La filosofia della natura è quella «considerazione teorica, e cioè *pensante*, della natura» (*Enciclopedia*, par. 246) che ha come oggetto di studio l'idea nella sua estrinsecazione spazio-temporale. Essa si divide in *meccanica*, *fisica* e *fisica organica*.

3. La filosofia dello spirito

La **filosofia dello spirito**, che Hegel definisce la conoscenza «più alta e difficile» (*Enciclopedia*, par. 377), consiste nello studio dell'idea che, dopo essersi estraniata da sé, sparisce come natura, cioè come esteriorità e spazialità, per farsi soggettività e **libertà**, cioè auto-creazione e auto-produzione.

Lo sviluppo dello spirito avviene attraverso tre momenti principali:

- lo **spirito soggettivo**, che è lo spirito individuale nell'insieme delle sue facoltà;
- lo **spirito oggettivo**, che è lo spirito sovra-individuale o sociale;
- lo **spirito assoluto**, che è lo spirito il quale sa e conosce se stesso nelle forme dell'arte, della religione e della filosofia.

I momenti dello spirito

Anche lo spirito, osserva Hegel, procede per gradi, ma diversamente da quanto accade nella natura, nella quale i gradi sussistono l'uno accanto all'altro (come ad esempio il mondo vegetale e quello animale), nello spirito ciascun grado è compreso e risolto nel grado superiore, il quale, a sua volta, è già presente nel grado inferiore (ad esempio, l'individuo non esiste accanto alla società, ma è ricompreso nella società, la quale, a sua volta, è presente nell'individuo fin dall'inizio).

Nello spirito ogni grado è compreso e risolto in quello superiore

4. Lo spirito soggettivo

Lo **spirito soggettivo** è lo **spirito individuale**, considerato nel suo lento e progressivo emergere dalla natura, attraverso un processo che va dalle forme più elementari di vita psichica alle più elevate attività conoscitive e pratiche. La filosofia dello spirito soggettivo si divide in tre parti:

- **antropologia**;
- **fenomenologia**;
- **psicologia**.

L'**antropologia** studia lo **spirito come anima**, la quale si identifica con quella fase aurorale della vita cosciente che rappresenta una sorta di dormiveglia dello spirito. In altri termini, l'anima (che si articola in anima naturale, senziente e reale) indica «tutto quel complesso di legami tra spirito e natura che nell'uomo si manifesta come carattere, come temperamento, come le varie disposizioni psicofisiche connesse alle diverse età della vita e alle differenze di sesso; è la vita del sonno e della veglia, dello sviluppo mentale regolare o delle sue deviazioni nella pazzia; è la vita psichica infine che culmina nell'abitudine» (Valerio Verra).

Antropologia

Le età della vita e il loro significato filosofico

A proposito delle diverse età della vita, nel paragrafo 396 dell'*Enciclopedia*, Hegel (con un tipo di discorso che costituisce un significativo documento del suo atteggiamento globale verso la realtà) afferma che l'**infanzia** (tesi) è il momento in cui l'individuo si trova in armonia con il mondo circostante; la **giovinezza** (antitesi) è il momento in cui l'individuo, con i suoi ideali e le sue speranze, entra in contrasto con il proprio ambiente; la **maturità** (sintesi) è il momento in cui l'individuo, dopo l'urto adolescenziale con il mondo, si riconcilia con esso, tramite il «riconoscimento della necessità oggettiva e della razionalità del mondo già esistente e fatto». Riconciliazione che in quella estrema fase della maturità che è la vecchiaia «trapassa nell'inattività dell'abitudine, che ottunde».

Fenomenologia

La **fenomenologia** studia lo **spirito in quanto coscienza, autocoscienza e ragione** (v. cap. 2).

Psicologia

La **psicologia**, infine, studia lo **spirito in senso stretto**, cioè in quelle sue manifestazioni universali che sono il conoscere teorico, l'attività pratica e il volere libero. Il **conoscere** viene inteso da Hegel come la totalità di quelle determinazioni (intuizione, rappresentazione, pensiero) che costituiscono il processo concreto attraverso il quale la ragione trova se stessa nel suo contenuto. L'**attività pratica** è intesa come l'unità di quelle manifestazioni (sentimento pratico, impulsi, felicità) attraverso le quali lo spirito giunge in possesso di sé e quindi diviene libero, determinandosi indipendentemente dalle condizioni accidentali e limitatrici nelle quali vive l'individuo. Lo **spirito libero** è la volontà di libertà, divenuta essenziale e costitutiva dello spirito.

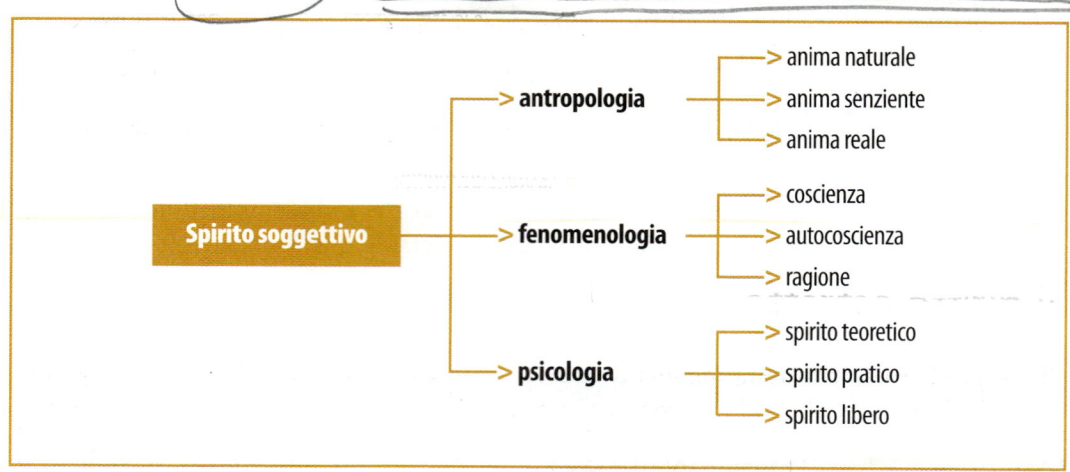

5. Lo spirito oggettivo

La sezione più importante del pensiero hegeliano

La volontà di libertà trova tuttavia la sua realizzazione soltanto nella sfera dello **spirito oggettivo**, in cui lo spirito si manifesta in **istituzioni sociali concrete**, ovvero in quell'insieme di determinazioni sovra-individuali che Hegel raccoglie sotto il concetto di **diritto** in senso lato (come vedremo, egli usa il concetto di diritto in varie accezioni). I momenti dello spirito oggettivo, che è la sezione storicamente più importante del pensiero hegeliano, sono tre:

- il **diritto astratto**;
- la **moralità**;
- l'**eticità**.

Di tali argomenti l'Hegel della maturità si occupa non solo nell'*Enciclopedia*, ma anche nei *Lineamenti di filosofia del diritto* (1821). → **T4** p. 539

Ecco uno schema dello spirito oggettivo che è bene tenere continuamente sott'occhio mentre si studiano i singoli paragrafi:

TESTO ANTOLOGICO
ON LINE Hegel
Lo spirito oggettivo
(*Enciclopedia*)

LO SPIRITO OGGETTIVO

Diritto astratto (tesi)
> la proprietà
> il contratto
> il diritto contro il torto

Moralità (antitesi)
> il proponimento (e la colpa)
> l'intenzione
> il bene e il male

Eticità (sintesi)
> famiglia
  > il matrimonio
  > il patrimonio
  > l'educazione dei figli
> società civile
  > il sistema dei bisogni
  > l'amministrazione della giustizia
  > la polizia e le corporazioni
> Stato
  > il diritto interno
    > potere del principe
    > potere governativo
    > potere legislativo
  > il diritto esterno
  > la storia del mondo

Il diritto astratto

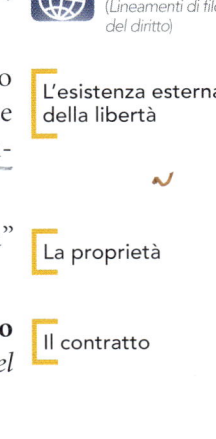
TESTO ANTOLOGICO
ON LINE Hegel
Il diritto astratto
(*Lineamenti di filosofia del diritto*)

Il volere libero si manifesta innanzitutto come **volere del singolo individuo**, considerato, secondo l'antica giurisprudenza romana, **come persona fornita di capacità giuridiche**.

Il **diritto astratto** o formale – che coincide con il diritto privato e con una parte di quello penale – riguarda appunto la manifestazione esterna della libertà delle persone, concepite come **puri soggetti astratti di diritto**, indipendentemente dai caratteri specifici e dalle condizioni concrete che diversificano tra loro i vari individui.

L'esistenza esterna della libertà

La persona trova il suo primo compimento in una «cosa esterna», che diventa sua "proprietà" (definita come «sfera esterna» del libero volere).

La proprietà

La proprietà diviene però effettivamente tale soltanto in virtù del **reciproco riconoscimento tra le persone**, ossia tramite l'istituto giuridico del "contratto" (cfr. *Lineamenti di filosofia del diritto*, parr. 71 ss.).

Il contratto

Ovviamente, l'esistenza del diritto rende possibile l'esistenza del suo contrario, cioè il **torto** (o l'illecito), che nel suo aspetto più grave è il **delitto**. Ma la colpa richiede una sanzione o una pena, che si configura, dialetticamente, come un ripristino del diritto violato (secondo lo sche-

Il torto e la pena

How strange it is to be anything at all!

ma: diritto = tesi, delitto = antitesi, pena = sintesi). La **pena**, intesa come una **ri-affermazione potenziata del diritto**, ovvero come una negazione del delitto, il quale è a sua volta una negazione del diritto, appare quindi, agli occhi di Hegel, come una **necessità oggettiva del nostro razionale e giuridico vivere insieme** (tant'è vero che il filosofo, sviluppando per proprio conto la teoria fichtiana secondo la quale la pena consente la riaffermazione del «cittadino» nel criminale, giunge a scrivere che grazie alla pena il delinquente risulta «onorato come essere razionale»). Tuttavia, perché la pena sia efficacemente punitiva e formativa (e non vendicativa) occorre che sia riconosciuta interiormente dal colpevole. Ma questa esigenza, oltrepassando l'ambito del diritto, che concerne l'esteriorità legale, richiama dialetticamente la sfera della moralità.

La moralità

Il proponimento,
l'intenzione
e il bene

La **moralità** è la sfera della **volontà soggettiva**, quale si manifesta nell'**azione**. Quest'ultima ha una portata morale solo in quanto sgorga da un **proponimento** (infatti il soggetto riconosce come proprie soltanto le azioni che rispondono a un suo deliberato e responsabile proposito: *Enciclopedia*, par. 504 e *Lineamenti*, parr. 115-118). In quanto procede da un essere pensante, il proponimento prende la forma dell'**intenzione**. Quando l'intenzione si solleva all'universalità, il fine assoluto della volontà diventa il **bene in sé e per sé**. Ma il bene in questo caso è ancora un'**idea astratta**, che attende di passare all'esistenza per opera di un'altrettanto astratta volontà soggettiva, che ha solo l'intenzione di compiere il bene.

I limiti
della morale

In altri termini, il dominio della moralità è caratterizzato dalla **separazione tra la soggettività** che deve realizzare il bene **e il bene** che deve essere realizzato. Quest'ultimo assume inevitabilmente l'aspetto di un dover essere, ovvero, come scrive Hegel, di un «essere assoluto, che tuttavia insieme *non è*» (*Enciclopedia*, par. 511): Hegel intende dire che per un verso la morale esige la realizzazione del dovere, ma per un altro verso non deve raggiungere tale realizzazione, in quanto la moralità implica un limite da superare (un'incessante "lotta" contro l'inclinazione sensibile), configurandosi come compito infinito e sforzo senza fine. Questa **insolubile contraddizione tra essere e dover essere** è tipica della **morale kantiana**, che Hegel (nelle varie opere) critica non solo per il suo concetto di «santità» come perfetta, e perciò impossibile, adesione della volontà alla legge morale, ma anche per la sua **formalità e astrattezza**, cioè per la sua mancanza di contenuti concreti. Prescrivendo solo la *forma* dell'azione, e non il suo *contenuto*, l'imperativo categorico kantiano rischia infatti di essere strumento di immoralità, poiché assumendo come criterio morale l'intenzione invisibile del soggetto che compie l'azione, «ogni illecito e immorale modo d'agire può […] venir giustificato». In altre parole, senza una indicazione concreta riguardo a *che cosa* sia autenticamente bene, **la «coscienza buona» può degradarsi e dissolversi in «cattiva coscienza»**:

> La *coscienza morale* come *soggettività formale* è puramente e semplicemente questo, esser sul punto di rovesciarsi nel *male*; nella certezza di se stessi […] hanno entrambi, la moralità e il male, la loro comune radice.
>
> (*Lineamenti di filosofia del diritto*, par. 139, ann, trad. it. di F. Messineo, Laterza, Bari 1954)

La morale del cuore,
l'ironia romantica
e l'anima bella

Manifestazioni estreme di questo soggettivismo astratto che mina alla base la morale (rendendola una sorta di impresa donchisciottesca) sono anche, secondo Hegel, le diverse forme della **morale del cuore**, che fanno consistere il bene nelle inclinazioni arbitrarie o nelle in-

TESTO ANTOLOGICO
Hegel ON LINE
La moralità
(*Lineamenti di filosofia del diritto*)

tenzioni velleitarie del soggetto (v. le figure della *Fenomenologia dello spirito* che corrispondono alle diverse forme di individualismo diffuse all'epoca di Hegel: «Il piacere e la necessità»; «La legge del cuore e il delirio della presunzione»; «La virtù e il corso del mondo»).

Lo stesso "scarto" tra la presunzione dell'io che si crede il tribunale del mondo e la realtà effettiva, cioè tra l'ideale e il reale, si ritrova nell'**ironia romantica**, la quale, non prendendo "sul serio" la realtà, finisce per abbassare la legge etica a «trastullo» dell'io, facendo del soggetto il signore del bene e del male. La morale, per Hegel, è in ultima analisi riconducibile proprio a questo "giocare" con la propria coscienza, che può fare il male sofisticando sulla nobiltà della sua intenzione o addirittura spacciando il male per bene ("delle buone intenzioni è lastricato l'inferno", ricorda il detto popolare richiamato dallo stesso Hegel).

Il culmine dell'individualismo e del soggettivismo romantici (a loro volta riconducibili alla morale kantiana) è espresso da Hegel con la figura dell'«**anima bella**». Questa "sprofonda" nella propria interiorità, si compiace narcisisticamente della bellezza della propria coscienza ed è incapace di agire per paura di "sporcarsi" con la realtà nel "tradurre" l'ideale del bene in un contenuto concreto e determinato.

TAVOLA ROTONDA
ON LINE Il bene e il male
Il bene e l'utile

L'eticità

La separazione tra la soggettività e il bene tipica della moralità viene annullata e risolta nell'**eticità**, nella quale il bene si attua concretamente e diviene esistente. Infatti, mentre la moralità è la volontà soggettiva (cioè interiore e privata) del bene, l'eticità è la **moralità sociale**, ovvero **la realizzazione concreta del bene in quelle forme istituzionali che sono la famiglia**, la *società civile* e lo *Stato*. A questo proposito è interessante notare che il termine "eticità" (*Sittlichkeit*), che Hegel oppone a "moralità" (*Moralität*), deriva dalla parola "**costume**" (*éthos* in greco, *Sitte* in tedesco). Con questa scelta terminologica, il filosofo sottolinea che ogni individuo, nascendo, si trova collocato in una sorta di "dimora" precostituita, in un **orizzonte storico-culturale** che orienterà le sue scelte. Questo significa che la coscienza individuale non può (e non deve) operare in modo autonomo, poiché è calata in un tessuto di relazioni interpersonali e di valori consolidati che è tenuta a rispettare: in questo senso il **"bene" è concreto e determinato**, fatto di regole comportamentali condivise che l'individuo acquisisce in modo per così dire naturale e istintivo, come una sorta di «abito morale» aristotelico, o di «seconda natura» di cui si riveste mediante consuetudine e familiarità. → **T5** p. 540

L'eticità come moralità sociale

ETHOS

ECHI DEL PENSIERO

La forza delle istituzioni, p. 532

Questa dimensione sovra-individuale dell'*éthos* era chiaramente presente nella «bella eticità» greca, che concepiva la vita dell'individuo come indissolubilmente legata a quella della *pólis*. Secondo Hegel, però, l'unità immediata, naturale e felice tra individuo e Stato, propria dell'eticità greca, si è tragicamente spezzata nel mondo cristiano e moderno, in cui all'*organicismo* della città antica è subentrato l'*individualismo* liberale borghese, cioè la rivendicazione dei diritti naturali dell'individuo prima e indipendentemente da quelli dello Stato.

Il passaggio alla moralità moderna, da un lato, ha valore positivo, perché nel mondo greco l'unità dell'individuo e della comunità era vissuta in maniera ingenua e inconsapevole; ma dall'altro ha connotazione negativa, dal momento che è opera dell'intelletto astratto, ovvero di quella facoltà conoscitiva che, anziché cogliere la realtà nella sua totalità unitaria e concreta, introduce una serie di opposizioni e scissioni (tra individuo e Stato, particolare e

L'eticità degli antichi e dei moderni

« Aufhebung »

universale). Per questo motivo Hegel propone un'**eticità dei moderni**», che recuperi l'antica unità di individuo e cittadino ma nella forma non dell'immediatezza e della naturalità, bensì della libertà, nella consapevolezza che il valore della moralità soggettiva non deve andare perduto, ma va "ri-compreso" nelle sue esigenze essenziali.

L'eticità come sintesi di diritto e moralità

A questo punto è più facile comprendere in che senso l'eticità costituisca la sintesi tra il diritto astratto (coercizione giuridica "esteriore") e la moralità (sterile inseguimento "interiore" di un bene astratto). In quanto moralità sociale concreta, cioè attuata visibilmente nel mondo, essa rappresenta infatti il superamento di quella spaccatura tra interiorità ed esteriorità che è propria della morale del dovere.

Questo significa che, configurandosi come una sorta di **morale che ha assunto le forme del diritto** (cioè dell'esteriorità istituzionale) o di **diritto che ha assunto le forme della morale** (cioè del perseguimento del bene universale), l'eticità risulta in grado di **superare le opposte unilateralità del diritto e della morale**:

> il bene, che qui è il fine universale, non deve restare semplicemente nel mio interno, ma deve anche realizzarsi. La volontà soggettiva cioè esige che il suo interno, il fine, consegua esistenza esterna, e che quindi il bene debba essere compiuto nell'esistenza esteriore. La moralità e il momento precedente del diritto formale sono due astrazioni, la cui verità è solamente l'*eticità*.
>
> (*Lineamenti di filosofia del diritto*, par. 33, "Aggiunta")

Coscienza individuale ed eticità costituita: un rapporto complesso. Abbiamo visto come, nella prospettiva hegeliana, la coscienza individuale non possa che conformarsi all'eticità costituita, dal momento che trova nelle regole delle istituzioni sociali i contenuti del suo comportamento retto. Rifugiarsi, come fa la «coscienza buona» o l'«anima bella», in una presunta «purezza» dell'interiorità contrapponendo all'«oggettività etica» la convinzione di avere il bene dentro di sé è per Hegel un comportamento velleitario, se non proprio colpevole.

Quando è lecito appellarsi alla coscienza individuale

È bene osservare, tuttavia, che questa «conciliazione» con la realtà data non vuole essere piatto conformismo o, peggio ancora, negazione dell'autonomia della coscienza morale (che rappresenta per Hegel un guadagno irreversibile dello spirito). Pur ironizzando sul singolo che trova rifugio nell'asilo sicuro dell'interiorità, Hegel ritiene infatti che in situazioni particolari questo sia un atteggiamento lecito.

Del resto, come sappiamo, **«razionale» non è** *ogni* **realtà** (*Realität*) – cioè «ogni capriccio, l'errore, il male» – ma **soltanto quella che Hegel definisce «realtà effettiva»** (*Wirklichkeit*) e che, in quanto sensata, contribuisce all'incremento della libertà. Per questo, in presenza di una realtà non soddisfacente o opprimente (e quindi irrazionale) al singolo non restano che due possibilità:

- l'**attesa di una nuova eticità**, cioè di un nuovo universo di valori (il che, per Hegel, è un'opera *politica*, assolta dai grandi costruttori della storia, i quali imprimono al corso delle cose un nuovo senso);
- oppure il **rifugio nella «pura interiorità»**:

> Soltanto in tempi in cui la realtà è un'esistenza vuota, priva di spirituale e di carattere, può essere consentito all'individuo di ritrarsi indietro dalla vita reale, nell'interiorità. Socrate sorse nel tempo della corruzione della democrazia ateniese; egli volatilizzò ciò che esisteva e si ritrasse in sé, per cercarvi il diritto e il bene. Anche ai nostri tempi avviene, più o meno,

che il rispetto per ciò che esiste non c'è più, e che l'uomo vuole avere ciò che vale in quanto sua volontà, in quanto cosa da lui riconosciuta.

(Lineamenti di filosofia del diritto, par. 138, "Aggiunta")

Questo brano testimonia come sia lontana dalla verità quell'interpretazione che tende a vedere nell'hegelismo una filosofia "chiusa", che non solo dissolverebbe la coscienza morale nell'istituzione, ma intenderebbe giustificare anche realtà storiche discutibili in un conformistico ossequio nei confronti dell'accaduto e del potere costituito.

> L'hegelismo: filosofia chiusa o aperta?

In effetti, osserva Francesco Valentini, «si potrebbe con eguale fondamento "accusare" la filosofia hegeliana di "apertura", se è vero che a ogni affermazione non può non seguire una negazione e che il concetto (e quindi la realtà) è movimento […]. Ma diremo di più. Non ha sempre Hegel affermato che la presa di coscienza teorica di una situazione, l'apparire di una filosofia che pensi il proprio tempo sono indici sicuri di crisi e di tramonto del corrispondente mondo reale? Leggendo testi così chiari vien fatto di sorprendersi che si sia potuto attribuire a Hegel la strana idea di "chiudere" la storia» (*Soluzioni hegeliane*, Guerini e Associati, Milano 2001, p. 98).

Dunque, se è vero, per Hegel, che la soggettività deve «oggettivarsi», evitando di ritrarsi in se stessa, è anche vero che la **contraddizione tra «le aspirazioni interiori» e «la realtà esteriore»**, tra ciò che deve essere (l'ideale della coscienza) e ciò che è (la realtà etica costituita), costituisce la **molla per il progresso dello spirito**.

Per questo motivo la coscienza morale rappresenta un momento determinante per quella vita spirituale, che, con una formula solenne, Hegel definisce come il «profondo insearsi dello spirito»:

> Si può dire che la filosofia sorge allorquando un popolo ha sorpassato le sue condizioni concrete di vita, allorquando si è verificata la separazione e la differenziazioni delle classi, e il popolo stesso si avvia al suo tramonto; allorquando si è determinata la scissione tra le aspirazioni interiori e la realtà esteriore, l'antica forma della religione non soddisfa più ecc. […]. Allora lo spirito si rifugia nel mondo del pensiero, si crea di contro al mondo reale un regno del pensiero; e la filosofia costituisce l'espiazione della corruzione di quel mondo reale, che è stata iniziata dal pensiero.
>
> *(Lezioni sulla filosofia della storia*,
> trad. it. di E. Codignola e G. Sanna, La Nuova Italia, Firenze 1947, vol. 1, p. 64)

La famiglia. Il primo momento dell'eticità è la **famiglia**, nella quale il rapporto naturale tra i sessi assume la forma di una «**unità spirituale**» fondata sull'amore e sulla fiducia.

La famiglia si articola nel **matrimonio**, nel **patrimonio** e nell'**educazione dei figli** (educazione che Hegel definisce come una loro «seconda nascita»). Una volta cresciuti e divenuti personalità autonome, i figli escono dalla famiglia originaria per dare origine a nuove famiglie, aventi, ognuna, interessi propri. In tal modo si passa al secondo momento dello spirito oggettivo.

> Matrimonio, patrimonio, educazione dei figli

La società civile. Con la formazione di nuovi nuclei familiari il sistema unitario e concorde della famiglia (tesi) si frantuma nel **sistema "atomistico" e conflittuale** della **società civile** (antitesi), che si identifica sostanzialmente con la **sfera economico-sociale e giuridico-amministrativa del vivere insieme**, ovvero con il luogo di scontro, ma anche di incontro, di interessi particolari e indipendenti, i quali si trovano a dover coesistere tra loro. Infatti, al

> Un luogo di scontro-incontro degli interessi particolari

di là delle troppe presentazioni riduttive di Hegel, è bene tener presente, alla luce della critica più recente, che la società civile, pur rappresentando «il campo di battaglia dell'interesse privato e individuale di tutti contro tutti» (*Lineamenti*, par. 289), cioè il momento antitetico o negativo dell'eticità, è pur sempre parte dell'eticità. Analogamente, non bisogna dimenticare che la società civile non si riduce alla sola "base economica", in quanto il sistema economico moderno presuppone, secondo Hegel, una serie di meccanismi giuridico-amministrativi che fanno parte integrante della vita sociale.

La società civile si articola in tre momenti:

■ il **sistema dei bisogni**;
■ l'**amministrazione della giustizia**;
■ la **polizia** e le **corporazioni**.

Il sistema dei bisogni | Il sistema dei bisogni nasce dal fatto che gli individui, dovendo soddisfare le proprie necessità mediante la produzione della ricchezza e la divisione del lavoro, danno origine a differenti classi:

> Dove si ha la società civile, e quindi lo Stato, hanno luogo le classi nella loro distinzione; giacché la sostanza universale, in quanto vivente, non *esiste* se non si *particolarizza* organicamente. (*Enciclopedia delle scienze filosofiche in compendio*, par. 527)

Le classi | Hegel distingue tre classi, o ceti (*Stände*):

■ la **classe «sostanziale»** o **«naturale»** degli **agricoltori** (che «ha il suo patrimonio nei prodotti naturali di un *terreno* che essa lavora»);
■ la **classe «formale»** degli **artigiani**, dei **«fabbricanti»** e dei **commercianti** («che ha per sua occupazione il dar forma al prodotto naturale»);
■ la **classe «universale»** dei **pubblici funzionari** (che «ha per sua occupazione gli interessi universali della situazione sociale»).

La giustizia | L'amministrazione della giustizia concerne la **sfera delle leggi** e della **loro tutela giuridica** e si identifica sostanzialmente con il diritto pubblico.

La polizia e le corporazioni | La polizia e le corporazioni provvedono alla **sicurezza sociale**. Nel sistema di Hegel le corporazioni di mestiere rivestono un ruolo particolare, in quanto, attuando una sorta di unità tra la volontà del singolo e quella della categoria lavorativa a cui quel singolo appartiene – circostanza che obbliga l'individuo a uscire «fuori dal suo interesse singolo e privato» (*Enciclopedia*, par. 534) –, prefigurano, sia pure in modo relativo e imperfetto, il momento dell'**universalità statale**, fungendo così da cerniera dialettica tra la società civile e lo Stato.

L'eredità hegeliana negli studi economici e sociali | L'idea di porre, tra l'individuo e lo Stato, quella sorta di **terzo termine** che è la **società civile** è stata ritenuta **una delle maggiori intuizioni di Hegel**. Tale idea sarà largamente utilizzata dagli studiosi di problemi economici e sociali e troverà in **Marx** un originale interprete (per la caratterizzazione dell'interpretazione marxista v. "Glossario").

Tra le altre intuizioni hegeliane che sono state apprezzate soprattutto dai marxisti (cfr. ad esempio *Il giovane Hegel* di György Lukács) vi sono l'importanza attribuita al lavoro e all'economia politica, la constatazione che il mondo moderno produce ricchezza e simultaneamente miseria, la consapevolezza degli aspetti alienanti e frustranti che scaturiscono dalla divisione e dalla meccanizzazione del lavoro ecc.

Lo Stato. Lo **Stato** rappresenta il momento culminante dell'eticità, ossia la **ri-afferma-zione dell'unità della famiglia** (tesi) **al di là della dispersione della società civile** (antitesi). Lo Stato, che è una sorta di famiglia in grande, nella quale l'*éthos* di un popolo esprime consapevolmente se stesso, **sta** infatti **alla società civile come l'universale** (la ricerca del bene comune) **sta al particolare** (la ricerca dell'utile privato). Di conseguenza, lo Stato non implica una soppressione della società civile (che è un momento necessario, e quindi ineliminabile, della vita dello spirito), ma uno sforzo di indirizzarne i particolarismi verso il bene collettivo.

> Lo Stato è la sostanza etica *consapevole di sé*, la riunione del principio della famiglia e della società civile; la medesima unità, che è nella famiglia come sentimento dell'amore, è l'essenza dello Stato. (*Enciclopedia delle scienze filosofiche in compendio*, par. 535)

Se la famiglia è una totalità organica che, fondandosi sull'unione sessuale e sul sentimento, in una certa misura è ancora "natura", che dissolve nell'indistinzione l'individuo e le differenze, la società civile introduce l'elemento della soggettività, della separazione, ma perde quello dell'organicità. Nello **Stato** si ha finalmente la congiunzione dell'**organicità** (l'individuo, nello Stato, non vive contrapposto agli altri, come nel «sistema atomistico» della società civile, ma opera come momento di un "corpo", o "organismo" unitario) con la **consapevolezza soggettiva** (il cittadino è consapevole di essere parte del tutto).

Come abbiamo visto, Hegel definisce lo Stato «*sostanza* etica consapevole di sé», poiché, in quanto autocoscienza e volontà di un popolo, esso è il vero *soggetto* del bene e del male, ciò che *sostiene* ("sta sotto") **le scelte del singolo**, condizionandole e orientandole. Il punto di vista *morale* e *soggettivo* su ciò che si deve e non si deve fare è sempre compreso "dentro" le istituzioni dello Stato, che, educando il cittadino al rispetto delle leggi, conferisce un contenuto effettivo agli astratti obblighi della morale.

Questa concezione etica dello Stato, visto come **incarnazione suprema della moralità sociale e del bene comune**, si differenzia nettamente dal modello politico elaborato da autori come Locke, Kant, Humboldt ecc., ossia dalla teoria liberale dello Stato come strumento volto a garantire la sicurezza e i diritti degli individui (v. **Stato etico**). Infatti, dal punto di vista di Hegel, una teoria di questo tipo comporterebbe una confusione tra società civile e Stato, ovvero una sorta di riduzione dello Stato a semplice tutore dei particolarismi della società civile:

> Se lo Stato vien confuso con la società civile e la destinazione di esso viene posta nella sicurezza e nella protezione della proprietà e della libertà personale, allora *l'interesse degli individui come tali* è il fine estremo per il quale essi sono uniti. (*Lineamenti di filosofia del diritto*, par. 258)

Lo Stato di Hegel si differenzia anche dal modello democratico (v. Rousseau), ovvero dalla concezione secondo cui la sovranità risiederebbe nel *popolo*. A ben vedere, scrive Hegel, la nozione di sovranità popolare «appartiene ai confusi pensieri» (*Lineamenti*, par. 279), in quanto **il popolo, al di fuori dello Stato, è soltanto una moltitudine informe**:

> I *molti* come singoli, la qual cosa si intende volentieri per popolo, sono certamente un *insieme*, ma soltanto come una *moltitudine* – una massa informe. (*Lineamenti di filosofia del diritto*, par. 303)

Lo Stato come famiglia in grande

spiegazione

SCHEDA FILMICA
ON LINE *Fahrenheit 451*

Stato e singolo

TAVOLA ROTONDA

Dalla sostanza delle cose al soggetto del mondo, p. 552

Il rifiuto del modello liberale...

NO ÜBERPLI

... e di quello democratico

L'organicismo di Hegel

A simili «astrazioni», Hegel contrappone la teoria secondo cui la sovranità dello Stato deriva dallo Stato medesimo, il quale ha dunque in se stesso, e non al di fuori di sé, la propria ragion d'essere e il proprio scopo. Il che equivale a dire che **lo Stato non è fondato sugli individui, ma sull'idea di Stato**, ossia sul concetto di un bene universale.

La polemica anti-liberale e anti-democratica di Hegel ha perciò, come suo presupposto teorico, la **concezione organicistica dello Stato**, secondo cui non sono tanto gli individui a fondare lo Stato, ma lo Stato a fondare gli individui, sia dal punto di vista storico-temporale (in quanto lo Stato è cronologicamente "prima" degli individui, che già nascono nell'ambito di esso), sia dal punto di vista ideale e assiologico (in quanto lo Stato è "superiore" agli individui, esattamente come il tutto è superiore alle parti che lo compongono).

Il rifiuto del modello contrattualistico...

L'ottica organicistica si accompagna a un simultaneo rifiuto del modello contrattualistico, ovvero delle teorie che vorrebbero far dipendere la vita associata da un *contratto* che scaturisce dalla volontà arbitraria degli individui. Simili teorie, per Hegel, rappresentano un insulto all'«assoluta autorità e maestà» dello Stato e un attentato al «diritto supremo» che esso possiede nei confronti dei cittadini.

... e di quello giusnaturalistico

Hegel contesta anche il giusnaturalismo, ossia l'idea di diritti naturali esistenti prima e oltre lo Stato, affermando che «la società è la condizione in cui soltanto il diritto ha la sua realtà» (*Enciclopedia*, par. 502).

Tuttavia, come ha mostrato Norberto Bobbio[1], Hegel condivide con il giusnaturalismo sia la **tendenza a fare dello Stato il punto culminante del processo storico**, sia la **tesi della supremazia della legge**, concepita come la più alta manifestazione della volontà razionale dello Stato.

La superiorità delle leggi

Lo Stato di Hegel, infatti, pur essendo assolutamente sovrano, non è, per questo, uno Stato dispotico, ossia illegale, in quanto il filosofo tedesco, conformemente a una tradizione che va da Hobbes a Rousseau, ritiene che lo Stato debba operare soltanto attraverso le leggi e nella forma delle leggi. E ciò in omaggio al principio secondo cui **a governare non devono essere gli uomini, ma le leggi** (cfr. *Lineamenti*, par. 278). Di conseguenza, lo Stato hegeliano si configura come «quello che la giurisprudenza tedesca chiamò più tardi un *Rechtstaat*» (George Holland Sabine), ovvero uno Stato di diritto fondato sul rispetto delle leggi e sulla salvaguardia della libertà "formale" dell'individuo e della sua proprietà (da ciò l'ammirazione hegeliana per la codificazione napoleonica).

Il concetto di costituzione

Coerentemente con la sua ottica storicistica, Hegel sostiene che la **costituzione**, cioè «**l'organizzazione dello Stato**», non è il frutto di un'elucubrazione a tavolino, ma qualcosa che **sgorga necessariamente dalla vita collettiva e storica di un popolo**:

> Ciò che si chiama *fare* una costituzione non è mai [...] accaduto nella storia; come non si è mai *fatto* un codice: una costituzione si è *soltanto svolta* dallo spirito.
>
> (*Enciclopedia delle scienze filosofiche in compendio*, par. 540)

> [...] ogni popolo ha quindi la costituzione che gli è adeguata.
>
> (*Lineamenti di filosofia del diritto*, par. 274)

1 *Studi hegeliani*, Einaudi, Torino 1981.

Tant'è vero, esemplifica Hegel, che se si vuole imporre *a priori* una costituzione a un popolo (come fece ad esempio Napoleone con gli spagnoli) inevitabilmente si fallisce, anche se la costituzione proposta è senz'altro migliore di quella esistente.

Hegel identifica la costituzione «razionale» con la monarchia costituzionale moderna, ossia con **un organismo politico che prevede una serie di poteri distinti, ma non divisi, tra loro**. Tali poteri sono tre: **legislativo**, **governativo** e **principesco** (manca, come si può notare, il potere giudiziario, in quanto l'amministrazione della giustizia fa parte, come abbiamo visto, della società civile).

La monarchia costituzionale e i suoi poteri

Il **potere legislativo** consiste nel «**potere di determinare e di stabilire l'universale**» e «**concerne le leggi come tali**». A tale potere concorre «l'assemblea delle rappresentanze di classi», che trova la propria espressione in una Camera alta e in una Camera bassa.

Il potere legislativo

Pur insistendo sull'**importanza mediatrice dei ceti** – che «stanno tra il governo in genere da un lato, e il popolo dissolto in individui e sfere particolari dall'altro» (*Lineamenti*, par. 302) – Hegel si mostra diffidente nei confronti del loro agire politico, ritenendo che questi, per loro natura, siano **inclini a far valere gli interessi privati «a spese dell'interesse generale»**. Inoltre, esplicitando ancora una volta la propria lontananza dal pensiero democratico, Hegel annovera, tra le «storte e false» opinioni correnti, quella per cui «i deputati del popolo o magari il popolo *debba intendere nel miglior modo* quel che torni al suo meglio», giungendo perfino ad affermare che i membri del governo «*possono* fare ciò che è il meglio senza i ceti», in quanto essi possiedono una «profonda conoscenza e intellezione» dei bisogni e degli affari dello Stato, mentre il popolo «*non sa ciò che vuole*» (*Lineamenti*, par. 301). Coerentemente con queste premesse, Hegel dichiara che l'assemblea dei ceti è soltanto una parte, quella meno determinante, del potere legislativo, poiché a quest'ultimo concorrono anche, in funzione preminente, gli altri due poteri di cui dobbiamo ancora parlare: quello governativo e quello principesco.

L'agire politico dei ceti e i suoi limiti

Il **potere governativo**, o esecutivo, che comprende in sé i poteri giudiziari e di polizia operanti a livello di società civile, consiste nella «sussunzione delle sfere *particolari* e dei casi singoli sotto l'universale» (*Lineamenti*, par. 273), ossia nello sforzo di **tradurre in atto, in riferimento ai casi specifici, l'universalità delle leggi**. A questo compito sono adibiti i funzionari dello Stato.

Il potere governativo

Il **potere del principe** rappresenta **l'incarnazione stessa dell'unità dello Stato**, cioè il momento in cui la sovranità di quest'ultimo si concretizza in un'individualità reale, cui spetta la decisione definitiva circa gli affari della collettività: «la personalità dello Stato è reale soltanto se intesa come una *persona*, il monarca» (*Lineamenti*, par. 279, "Aggiunta"). Tuttavia, al di là dell'enfasi che Hegel pone sulla figura-simbolo del monarca, la funzione di costui sembra consistere, in ultima istanza, nel «dire *sì*, e mettere il puntino sull'*i*» (*Lineamenti*, par. 280). Pertanto, «il vero potere politico, nel modello costituzionale hegeliano, è il potere del governo […]. Vera classe politica sono i ministri e i pubblici funzionari»[1].
In ogni caso, per Hegel la **monarchia costituzionale**:
- **rappresenta la «costituzione della ragione *sviluppata*,** rispetto alla quale tutte le altre appartengono a gradi più bassi» (*Enciclopedia*, par. 542);

Il potere monarchico

1 M. Bovero, *Hegel e il problema politico moderno*, Franco Angeli, Milano 1985, p. 47.

■ **risolve organicamente in se stessa le forme classiche di governo: monarchia, aristocrazia e democrazia**: «il monarca è *uno*; con il potere governativo intervengono *alcuni* e con il potere legislativo interviene la *pluralità* in genere» (*Lineamenti*, par. 273).

Lo Stato come «volontà divina»

Il pensiero politico hegeliano mette capo a un'**esplicita divinizzazione dello Stato**:

> Lo Stato è volontà divina, come spirito presenziale, come spirito *esplicantesi* e reale figura e *organizzazione di un mondo*. (*Lineamenti di filosofia del diritto*, par. 270)

> L'ingresso di Dio nel mondo è lo Stato. (*Lineamenti di filosofia del diritto*, par. 258, "Aggiunta")

Alcuni studiosi, per difendere Hegel dall'accusa di "statolatria", hanno cercato di minimizzare, anzi di "rettificare", le affermazioni testuali del filosofo, ricordando che, stando alle premesse del suo pensiero, Dio, in senso stretto, non si identifica con lo Stato, ma con lo spirito assoluto, il quale, attraverso l'arte e la religione, culmina nella filosofia (v. "Lo spirito assoluto", p. 522). Ciò è in parte vero, anche se non bisogna dimenticare che l'arte, la religione e la filosofia esistono soltanto *nello* Stato e *in virtù* dello Stato, il quale rappresenta quindi, proprio come scrive Hegel, «l'entrata» *concreta* e *visibile* di Dio (dello spirito) nel mondo.

L'indipendenza dello Stato dai comuni principi morali

Come vita divina che si realizza nel mondo, lo Stato non può trovare, nelle leggi della morale, un limite o un impedimento alla sua azione. Infatti, scrive Hegel, «**il benessere di uno Stato** ha una giustificazione del tutto diversa che non abbia il benessere dell'individuo» e **non può dipendere da** quei «pensieri universali» che vanno sotto il nome di «**principi morali**» (*Lineamenti*, par. 337).

L'inesistenza di un diritto internazionale

Soffermandosi specificamente sul **diritto esterno** dello Stato e sulla storia del mondo, Hegel dichiara che **non esiste un organismo superiore in grado di regolare i rapporti inter-statali** e di risolvere i loro conflitti. In altri termini, non esiste alcun giudice o pretore che possa esaminare le pretese degli Stati (*Lineamenti*, par. 333).

La giustificazione filosofica della guerra

Il solo giudice o arbitro è lo spirito universale, cioè **la storia** (v. par. seg.), la quale **ha come suo momento strutturale la guerra**. Muovendosi in un orizzonte di pensiero completamente diverso dal cosmopolitismo pacifista e illuminista di Kant, Hegel attribuisce alla guerra non solo un carattere di necessità e inevitabilità (allorquando non vi siano le condizioni per un accomodamento delle controversie tra Stati), ma anche un **alto valore morale**. Infatti, sostiene il filosofo tedesco con un paragone famoso, come «il movimento dei venti preserva il mare dalla putredine, nella quale sarebbe ridotto da una quiete durevole», così **la guerra preserva i popoli dalla fossilizzazione** alla quale li ridurrebbe una pace durevole o perpetua (*Lineamenti*, par. 324).

KANT: X LA PACE PERPETUA

QUESTIONE

La guerra: follia da evitare o tragica necessità?, p. 558

6. La filosofia della storia

Hegel non nega che la storia possa apparire, da un certo punto di vista, un tessuto di fatti contingenti, insignificanti e mutevoli, e quindi priva di ogni piano razionale o divino e dominata dallo spirito del disordine, della distruzione e del male. Ma tale può apparire soltanto dal punto di vista dell'intelletto finito, cioè dell'individuo, che misura la storia alla stregua dei suoi personali, se pur rispettabili, ideali e non sa elevarsi al punto di vista puramente speculativo della ragione assoluta.

In realtà, «il grande contenuto della **storia del mondo** è razionale, e razionale dev'essere: una volontà divina domina poderosa nel mondo, e non è così impotente da non saperne determinare il gran contenuto». La stessa fede religiosa nella **provvidenza**, cioè nel governo divino del mondo, implica la razionalità della storia; senonché questa fede è generica e si trincera spesso dietro l'incapacità umana di comprendere i disegni provvidenziali. Essa deve essere sottratta a questa limitazione, secondo Hegel, e portata alla forma di un **sapere** che della provvidenza divina riconosca le vie e sia in grado di determinare perciò il fine, i mezzi e i modi della razionalità della storia.

La razionalità della storia

Il fine della storia del mondo è che «lo spirito giunga al sapere di ciò che esso è veramente, e oggettivi questo sapere, lo realizzi facendone un mondo esistente, manifesti oggettivamente se stesso». Questo spirito che si manifesta e si realizza in un mondo esistente – cioè nella presenzialità, nel fatto, nella realtà storica – è **lo spirito del mondo che s'incarna negli spiriti dei popoli che si succedono all'avanguardia della storia**.

Il fine e i mezzi della storia

I mezzi della storia del mondo sono **gli individui con le loro passioni**. Hegel è ben lontano dal condannare o dall'escludere le passioni; afferma anzi che «nulla di grande è stato compiuto nel mondo senza passione». Ma le passioni sono semplici mezzi che conducono nella storia a fini diversi da quelli a cui esse esplicitamente mirano. E poiché lo spirito del mondo è sempre lo spirito di un popolo determinato, **l'azione dell'individuo sarà tanto più efficace quanto più sarà conforme allo spirito del popolo a cui l'individuo appartiene**.

> Ogni individuo è figlio del suo popolo, in un momento determinato dello sviluppo di questo popolo. Nessuno può saltare oltre lo spirito del suo popolo più di quanto possa saltar via dalla terra. (*Lezioni sulla filosofia della storia*, I, trad. it. di G. Calogero e C. Fatta, La Nuova Italia, Firenze 1981, p. 113)

QUESTIONE MULTIMEDIALE
ON LINE La storia
Memoria, caducità e storia

Tuttavia la tradizione non è solo conservazione, ma anche progresso, e, così come **la conservazione trova i propri strumenti negli individui conservatori**, allo stesso modo **il progresso trova i propri strumenti negli eroi della storia del mondo**. Questi «sono i veggenti: sanno quale sia la verità del loro mondo e del loro tempo, quale sia il concetto, l'universale prossimo a sorgere; e gli altri si riuniscono intorno alla loro bandiera, perché **essi esprimono ciò di cui è giunta l'ora** […]. Gli altri debbono loro obbedire, perché lo sentono» (*Lezioni sulla filosofia della storia*, IV, cit., p. 899). Solo a tali individui Hegel riconosce il diritto di avversare lo stato di cose presente e di lavorare per l'avvenire. Il segno del loro destino eccezionale è il successo: resistervi è impresa vana.

Gli eroi della storia del mondo

In apparenza, gli eroi della storia del mondo (come Alessandro, Cesare, Napoleone) non fanno che seguire la propria passione e la propria ambizione; ma si tratta, dice Hegel, di un'**astuzia della ragione** che **si serve degli individui e delle loro passioni come di mezzi** per attuare i propri fini. L'individuo a un certo punto perisce o è condotto alla rovina dal suo stesso successo: ciò accade perché l'idea universale, che l'aveva suscitato, ha già raggiunto il proprio fine. Rispetto a tale fine, individui o popoli sono soltanto mezzi. Il disegno provvidenziale della storia si rivela nella vittoria conseguita, di volta in volta, dal popolo che ha espresso il più alto concetto dello spirito.

L'astuzia della ragione

Si è visto come **il fine ultimo della storia del mondo** sia **la realizzazione della libertà dello spirito**. Questa libertà si realizza, secondo Hegel, **nello Stato; lo Stato è dunque il fine supremo**. La storia del mondo è, da questo punto di vista, la successione di forme statali che costituiscono momenti di un divenire assoluto. I tre momenti di essa, il **mondo orientale**, il

I tre momenti della realizzazione della libertà del mondo

mondo greco-romano, il **mondo germanico**, sono i tre momenti della realizzazione della libertà dello spirito del mondo. ➔ **T6** p. 542

Nel mondo orientale *uno solo* è libero; nel mondo greco-romano *alcuni* sono liberi; nel mondo cristiano-germanico *tutti* gli uomini sanno di essere liberi. Infatti la monarchia moderna, abolendo i privilegi dei nobili e pareggiando i diritti dei cittadini, rende libero l'uomo in quanto uomo. Ovviamente, questa libertà, che viene rivendicata dall'uomo e che accomuna gli individui nel riconoscimento della loro comune dignità, secondo Hegel si può realizzare soltanto nello «**Stato etico**», che risolve l'individuo nell'organismo universale della comunità, e non certo in uno Stato di tipo liberale, in cui il singolo pretenda di far valere il suo arbitrio e i suoi bisogni particolari. Infatti, per Hegel, «il diritto, la morale, lo Stato, e solo essi sono la positiva realtà e soddisfazione della libertà. L'arbitrio del singolo non è libertà» (*Lezioni sulla filosofia della storia*).

TAVOLA ROTONDA
Lo Stato e
la politica
Individuo e Stato
ON LINE

7. Lo spirito assoluto

Lo **spirito assoluto** è il **momento in cui l'idea giunge alla piena coscienza della propria infinità o assolutezza** (cioè alla coscienza del fatto che tutto è spirito e che non vi è nulla al di fuori dello spirito).

Le forme dello spirito assoluto

Tale auto-sapersi assoluto dell'Assoluto non è qualcosa di immediato, ma il risultato di un processo dialettico rappresentato dall'arte, dalla religione e dalla filosofia. Queste attività non si differenziano per il loro contenuto, che è identico, ma soltanto per la *forma* nella quale ciascuna di esse presenta lo stesso contenuto, che è l'Assoluto o Dio:

ESERCIZI
INTERATTIVI
ON LINE

- l'**arte** conosce l'Assoluto nella forma dell'**intuizione sensibile**;
- la **religione** nella forma della **rappresentazione**;
- la **filosofia** nella forma del puro **concetto**.

L'arte

L'**arte** rappresenta il **primo gradino attraverso cui lo spirito acquista coscienza di se medesimo**, in quanto, tramite essa, l'uomo assume la consapevolezza di sé o di situazioni che lo riguardano mediante *forme sensibili* (figure, parole, musica ecc.).

La fusione tra spirito e natura

Inoltre nell'arte lo spirito vive *in modo immediato e intuitivo* quella fusione tra soggetto e oggetto, spirito e natura, che la filosofia idealistica teorizza concettualmente, sostenendo che la natura è nient'altro che una manifestazione dello spirito. Ciò accade perché **nell'esperienza del bello artistico**, ad esempio di fronte a una statua greca, **spirito e natura vengono recepiti come un tutt'uno**, in quanto nella statua l'oggetto (il marmo) è già natura spiritualizzata, cioè la manifestazione sensibile di un messaggio spirituale, e il soggetto (l'idea artistica) è già spirito naturalizzato, ovvero concetto incarnato e reso visibile.

Hegel dialettizza la storia dell'arte in tre momenti:

- l'**arte simbolica**;
- l'**arte classica**;
- l'**arte romantica**.

L'**arte simbolica**, tipica delle grandi civiltà orientali e pre-elleniche, è caratterizzata dallo **squilibrio tra contenuto e forma**, ossia dall'incapacità di esprimere un messaggio spirituale (l'Assoluto) mediante forme sensibili adeguate. Espressioni viventi di questo squilibrio e di questa incapacità sono il **ricorso al simbolo** (realtà materiale che "rinvia" a significati astratti) e la **tendenza allo sfarzoso e al bizzarro**, che testimoniano appunto l'immaturità e il travaglio di questo primo momento dell'arte.

L'arte simbolica

L'**arte classica** è invece caratterizzata da un **armonico equilibrio tra contenuto spirituale e forma sensibile**, attuato mediante la **figura umana**, che è la sola forma sensibile in cui l'arte riesce a rappresentarsi e manifestarsi compiutamente. Come tale, l'arte classica rappresenta il culmine della perfezione artistica.

L'arte classica

L'**arte romantica**, propria dell'Europa cristiana medievale e moderna, è caratterizzata da un **nuovo squilibrio tra contenuto spirituale e forma sensibile**, in quanto lo spirito acquista coscienza di come qualsiasi forma sensibile sia in realtà insufficiente a esprimere in modo compiuto l'interiorità spirituale, che infatti preferisce volgersi alla filosofia, o fare dell'arte stessa una sorta di filosofia, in cui il contenuto trabocca dalla forma. In altre parole, se nell'arte simbolica il messaggio spirituale è così povero da non trovare la sua espressione figurativa adeguata, nell'arte romantica è così ricco da trovare inadeguata ogni figurazione sensibile.

L'arte romantica

Si noti come il passaggio dall'arte simbolica a quella classica e da questa all'arte romantica corrisponda per Hegel a un processo di **graduale smaterializzazione e spiritualizzazione** subito dall'espressione artistica attraverso i secoli. Infatti:

La progressiva smaterializzazione dell'arte

- la forma artistica tipica dell'arte simbolica è l'**architettura**, in cui la materia è fortemente "presente" nelle enormi proporzioni delle costruzioni, anche se per così dire "nobilitata" dalla simmetria delle parti;
- nell'arte classica si privilegia la **scultura**, espressione di un perfetto equilibrio tra l'elemento materico e il contenuto spirituale espresso dall'armonia delle forme;
- l'arte romantica, infine, di fronte a un elemento spirituale non più "contenibile" nella tridimensionalità delle costruzioni e delle sculture, si volge alla **pittura** e, soprattutto, alla **musica** e alla **poesia** (arti "uditive" e non "visive"), in una graduale e inesorabile rarefazione dell'elemento materiale, che si assottiglia sempre più fino a liberarsi dell'elemento spaziale nella forma del suono (poetico o musicale).

Tutto ciò determina la cosiddetta **"crisi" moderna dell'arte**. I bei giorni dell'arte greca sono tramontati. Nessuno vede più nelle opere d'arte l'espressione più elevata dell'idea; si rispetta l'arte e la si ammira, ma la si sottopone all'analisi del pensiero per riconoscerne la funzione e la collocazione. L'artista stesso non può sottrarsi all'influsso della cultura razionale, dalla quale dipende in ultima analisi il giudizio sulla sua opera: «Sotto tutti questi rapporti – dice Hegel – l'arte è e rimane per noi, quanto al suo supremo destino, una cosa del passato».

La crisi e la «morte dell'arte»

Questa «**morte dell'arte**» non va tuttavia interpretata (come ad esempio farà Benedetto Croce) alla stregua di un suo funerale di fatto, ma come una sua **inadeguatezza a esprimere la profonda spiritualità moderna**. Infatti ciò che è sparito e non può più tornare è, secondo Hegel, il valore supremo dell'arte, quella considerazione che faceva di essa la più alta e compiuta manifestazione dell'Assoluto. Non può più tornare, in altri termini, la forma classica dell'arte. Ma l'arte è e rimane una categoria dello spirito assoluto.

La religione

La rappresentazione

La **religione** è la seconda forma dello spirito assoluto, quella in cui l'Assoluto si manifesta nella forma della «**rappresentazione**», la quale sta **a metà strada tra l'«intuizione sensibile» dell'arte e il «concetto razionale» della filosofia**. Infatti «le rappresentazioni in genere possono essere considerate come *metafore* dei pensieri e concetti» (*Enciclopedia*, par. 3). Questo significa che la religione, in quanto speculazione teologica, è certamente pensiero, ma ancora affetto da un elemento sensibile. Essa non esprime Dio, o il divino, in una forma materiale (come avviene nell'arte), ma neppure pensa in termini concettuali puri (come avviene nella filosofia).

La teologia è «**pensiero *di* Dio**» (*cogitatio Dei*), ma il genitivo ha in questa formula un valore oggettivo: Dio è un oggetto del pensare che la mente umana si "rap-presenta", si pone davanti come se fosse una "cosa" separata dal mondo e dall'uomo. Non essendo in grado di "pensare" adeguatamente Dio, la religione finisce per arenarsi di fronte a un presunto mistero dell'Assoluto.

Diversamente dal pensiero, inoltre, **la rappresentazione procede in modo a-dialettico**, intendendo le proprie determinazioni come giustapposte, quasi fossero reciprocamente indipendenti. In altre parole, la religione è incapace di cogliere il movimento puramente logico e atemporale del concetto. Nel dogma della creazione, ad esempio, Dio Padre è concepito come separato dalla natura che crea. In realtà la rappresentazione della creazione è la metafora di una verità filosofica, e cioè di quella che afferma che la natura è solo un momento dialettico della vita dello spirito, che "si fa" natura. Analogamente, la rappresentazione teologica per cui "un Dio provvidente regge il mondo" è una metafora della verità filosofica secondo cui "la realtà ha una sua razionalità". E così via.

Nella religione, infine, **l'Assoluto è rappresentato in forma storica**, cioè come un "evento" (articolato nella creazione, nell'incarnazione, nella redenzione ecc.) la cui verità è accettata sulla base dell'autorità di una rivelazione. La filosofia, invece, attinge la verità non come fatto storico e contingente, ma come concetto eterno e necessario.

TESTO ANTOLOGICO
Hegel **ON LINE**
La religione
(*Lezioni sulla filosofia della religione*)

Filosofia della religione e religione

Hegel inizia le sue *Lezioni sulla filosofia della religione* affrontando il problema del rapporto tra la filosofia della religione e la religione stessa. La soluzione che egli propone è che la **filosofia della religione** non deve creare la religione, ma semplicemente **riconoscere la religione che c'è già**, la religione determinata, positiva, presente. L'oggetto della religione è Dio, il soggetto di essa è la coscienza umana indirizzata a Dio, il termine o lo scopo è l'unificazione di Dio e della coscienza, cioè la coscienza riempita e penetrata da Dio.

Poiché alla religione è essenziale il **rapporto tra Dio e la coscienza**, la prima forma della religione è l'immediatezza di questo rapporto, che è propria del **sentimento**. Ma il sentimento, sebbene dia la certezza dell'esistenza di Dio, non è in grado di giustificare questa certezza e di trasformarla in verità oggettivamente valida.

Un passo in avanti rispetto al sentimento è rappresentato dall'**intuizione** di Dio che si ha nell'arte e, soprattutto, nella **rappresentazione**, la quale (come abbiamo visto) è il modo tipicamente religioso di pensare Dio.

Lo sviluppo della religione è lo sviluppo dell'idea di Dio nella coscienza umana.

- Nel primo stadio di questo sviluppo troviamo la **religione naturale** in cui Dio appare ancora come "sepolto" nella natura. Le forme più basse di religione naturale sono la stregoneria e il feticismo delle tribù primitive dell'Asia e dell'Africa; le forme più alte sono quelle in cui Dio appare come la potenza o la sostanza assoluta dei fenomeni: tali sono le religioni panteistiche dell'Estremo Oriente (cinese, indiana, buddista).
- Nel secondo stadio troviamo le **religioni naturali che trapassano in religioni della libertà**, cioè le religioni che già preludono alla visione di Dio come spirito libero, ma che si muovono ancora in un orizzonte naturalistico (come accade nelle religioni persiana, siriaca ed egiziana).
- Nel terzo stadio troviamo le **religioni dell'individualità spirituale** (giudaica, greca, romana), in cui Dio appare in forma spirituale (o in sembianze umane).
- Nel quarto stadio troviamo la **religione assoluta**, cioè la religione cristiana, in cui Dio o l'Assoluto si rivela per quello che è, cioè puro spirito infinito:

> Trovare questa definizione [l'Assoluto è spirito] e comprenderne il significato e il contenuto: tale, si può dire, è stata la tendenza assoluta di ogni cultura e filosofia; a questo punto ha mirato coi suoi sforzi ogni religione e ogni scienza; solo questo impulso spiega la storia del mondo. La parola e la rappresentazione dello spirito è stata trovata presto; ed è il *contenuto della religione cristiana far conoscere Dio come spirito*.
>
> (*Enciclopedia delle scienze filosofiche in compendio*, par. 384)

Sebbene il cristianesimo sia la religione più alta e la più vicina, con i suoi dogmi, alle verità della filosofia (Cristo, l'uomo-Dio, esprime ad esempio l'identità di finito e infinito; la Trinità di Padre, Figlio e Spirito Santo la triade dialettica di idea, natura e spirito ecc.), essa presenta pur sempre dei limiti che sono propri di ogni religione. Infatti, secondo Hegel, **l'unico sbocco coerente della religione è la filosofia**, che ci parla anch'essa di Dio e dello spirito, ma non più nella forma inadeguata della rappresentazione, bensì in quella adeguata del *concetto*.

Hegel intende quindi "com-prendere" la religione, cioè risolverla senza residui, nella filosofia, che ne è il superamento, ma anche l'«inveramento», nel senso che ne assume e conserva tutti i contenuti esprimendoli nella razionalità trasparente del concetto. Si tratta di una posizione ben più radicale di quella della critica illuminista, che si limitava a condannare la religione come «un tessuto di superstizioni, pregiudizi, errori», cioè come «l'inganno del clero», senza con questo penetrarne l'intima essenza e porre le basi di un suo superamento effettivo. Per Hegel la religione è una forma necessaria della vita dello spirito ed è lo strumento con cui tutti gli uomini (non solo quelli inclini alla filosofia) possono, in qualche modo, entrare in rapporto con la verità e apprendere, ad esempio, che "tutto è spirito", che "la realtà è razionale" e così via. La religione, in altre parole, svolge una funzione educativa e preparatoria a una vita condotta secondo ragione.

(margini)
Sentimento, intuizione e rappresentazione di Dio

Lo sviluppo storico dell'idea di Dio: dalla religione naturale a quella assoluta

La superiorità del cristianesimo e i suoi limiti

La religione "com-presa" nella filosofia

Prassi religiosa e agire politico

Così come la *teologia* va inverata, cioè conservata-superata, nella *filosofia*, nello stesso modo **la *prassi religiosa* va risolta interamente nell'*agire politico*** dell'uomo moderno. Il cristianesimo, infatti, per Hegel ha contribuito in modo fondamentale alla formazione dell'uomo moderno: le stesse regole della civiltà moderna sono il frutto di una secolarizzazione e laicizzazione delle prescrizioni religiose cristiane. Desacralizzando il mondo e affidandolo alla libertà dell'uomo, il cristianesimo finisce per svuotare di ogni forza trascendente i comandamenti della fede (castità, povertà, obbedienza), inverandoli nelle regole di una moderna «**eticità**»:

> ciò che nel mondo deve essere *santità* viene sostituito dall'*eticità*. In luogo del voto di *castità*, solo il *matrimonio* vale come etico, e quindi la *famiglia* come ciò che vi ha di più alto per questo aspetto l'uomo; in luogo del voto di *povertà*, vale [...] la *rettitudine nel commercio e nell'uso delle ricchezze*, l'eticità della società civile; in luogo del voto dell'*obbedienza*, vale l'*ubbidienza verso la legge* e le istituzioni legali dello Stato, che è la *vera libertà*, per cui lo Stato è la vera e propria ragione che si realizza.
>
> (*Enciclopedia delle scienze filosofiche in compendio*, par. 552)

La filosofia e la storia della filosofia

Nella filosofia, che è l'ultimo momento dello spirito assoluto, **l'idea giunge alla piena e concettuale coscienza di se medesima**, chiudendo il ciclo cosmico.

Filosofia e religione

La **filosofia**, per Hegel, ha, come ormai sappiamo, lo stesso contenuto ed esprime la stessa verità della religione (cioè l'Assoluto); anch'essa, come la religione, è dunque «**pensiero di Dio**», ma con la differenza che questa volta il genitivo ha valore soggettivo: la filosofia è la «**ragione *di* Dio**», cioè **la comprensione che Dio o l'Assoluto ha di se stesso**, l'autocoscienza **di Dio**, il quale, manifestandosi all'uomo, si svela a se stesso. In tal senso la filosofia è rivelazione totale di Dio, la sua trasparente manifestazione nella forma limpida e chiara del concetto. → **T7** p. 545

La storia della filosofia come avvento progressivo della verità

Hegel ritiene che la filosofia, al pari della realtà, sia una formazione storica, ossia una totalità processuale che si è sviluppata attraverso una serie di gradi o momenti concludentisi necessariamente nell'idealismo. In altre parole, **la filosofia è nient'altro che l'intera storia della filosofia giunta finalmente a compimento** con Hegel. Di conseguenza, i vari sistemi filosofici che si sono succeduti nel tempo non devono essere considerati come un insieme disordinato e accidentale di opinioni che si escludono e si distruggono a vicenda, in quanto ognuno di essi costituisce una tappa necessaria del farsi della verità, che supera quella che precede ed è superata da quella che segue. Coerentemente con questa impostazione, per Hegel la storia della filosofia, che inizia dalla filosofia greca (Hegel accenna alle filosofie orientali, cinese e indiana, ma ritiene di doverle escludere dalla vera e propria tradizione filosofica) e termina con quelle di Fichte e di Schelling, si conclude veramente nella sua stessa filosofia:

> La filosofia, che è ultima nel tempo, è insieme il risultato di tutte le precedenti e deve contenere i principi di tutte: essa è perciò – beninteso, se è davvero una filosofia – la più sviluppata, ricca e concreta.
>
> (*Enciclopedia delle scienze filosofiche in compendio*, par. 13)

Su questi presupposti, **Hegel riconosce nel proprio pensiero l'ultima espressione della filosofia**:

> L'attuale punto di vista della filosofia è che l'idea sia conosciuta nella sua necessità […]. A questo punto è pervenuto lo spirito universale, e ogni stadio ha, nel vero sistema della filosofia, la sua forma specifica. Niente si perde, tutti i princìpi si conservano; la filosofia ultima è difatti la totalità delle forme. Quest'idea concreta è la conclusione dei conati dello spirito, in quasi due millenni e mezzo di lavoro serissimo, per diventare oggettivo a se stesso, per conoscersi.
>
> (*Lezioni sulla storia della filosofia*)

La collocazione della filosofia hegeliana

APPROFONDIMENTO
ON LINE Il dibattito sulle teorie politiche di Hegel

VERSO LE COMPETENZE
▶ Utilizzare il lessico e le categorie specifiche della filosofia

GLOSSARIO e RIEPILOGO

Filosofia dello spirito

Filosofia dello spirito p. 509 > La filosofia dello spirito, che Hegel definisce «la più concreta delle conoscenze, e perciò la più alta e difficile» (*Enciclopedia*, par. 377), è lo studio dello spirito considerato come *libertà* e secondo la triade di spirito soggettivo, spirito oggettivo e spirito assoluto.

Libertà p. 509 > La libertà è «l'essenza dello spirito» (*Enciclopedia*, par. 382), in quanto essere indipendente e auto-producentesi: «Lo spirito […] è proprio questo avere il suo centro in se stesso […]. La materia ha la sua sostanza fuori di sé; lo spirito invece è l'esser presso di sé, e ciò appunto è la libertà»; «l'occupazione dello spirito è quella di prodursi, di farsi oggetto di sé, di sapere di sé; così esso è per se stesso. Le cose della natura non sono per se stesse; perciò esse non sono libere. Lo spirito produce, realizza se stesso in conformità del suo sapere di sé: esso fa sì che ciò che esso sa di sé, anche si realizzi» (*Lezioni sulla filosofia della storia*). Ovviamente, dire che lo spirito è libertà significa anche dire che esso è sforzo di *auto-liberazione*, ossia lotta contro gli ostacoli che ne limitano l'attività (v. Fichte).

Spirito soggettivo p. 509 > Lo spirito soggettivo è lo spirito individuale, considerato nel suo lento emergere dalla natura e nel suo progressivo porsi come libertà. Lo spirito soggettivo si articola in: *anima* (oggetto dell'*antropologia*), *coscienza* (oggetto della *fenomenologia*) e *spirito* in senso stretto (oggetto della *psicologia*, che studia l'uomo come conoscenza, azione e libertà).

Spirito oggettivo p. 510 > Lo spirito oggettivo è lo spirito fattosi "mondo" a livello *sociale*, ossia in quell'insieme di determinazioni sovra-individuali che Hegel raccoglie sotto il concetto di diritto in senso lato.

Diritto p. 510 > In Hegel il termine "diritto" (*Recht*) «è adoperato per indicare tanto una parte del sistema – il diritto astratto, che è poi il diritto propriamente detto, il diritto, per intenderci, dei giuristi –, quanto il sistema nel suo complesso, comprendente, oltre il diritto in senso stretto, tutte le materie tradizionalmente comprese nella filosofia pratica (ovvero, economia, politica e morale). Quando Hegel dice che "il sistema del diritto è il regno della libertà realizzata" usa il termine in senso ampio e improprio, tanto da comprendervi, oltre il diritto in senso proprio, la moralità e l'eticità. "Diritto" dunque indica, secondo i contesti, ora una parte ora il tutto» (Norberto Bobbio). Ovviamente, questo schema «comporta poi o, quanto meno, si traduce in uno smembramento e in una ridistribuzione del tutto particolare delle diverse discipline giuridiche e delle loro parti» (Valerio Verra).

Diritto astratto p. 511 > Il diritto astratto (*abstrakte Recht*) o formale concerne l'*esistenza esterna* della libertà delle persone, considerate come puri soggetti astratti di diritto, e si identifica con il diritto *privato* e con una parte di quello *penale* (mentre il diritto di famiglia, altri elementi del diritto penale, il diritto pubblico e quello internazionale rientrano nella sfera dell'eticità). Il diritto astratto si articola nei momenti della proprietà, del contratto e del diritto contro il torto (v. il testo).

Moralità p. 512 > La moralità (*Moralität*) è la sfera della volontà soggettiva, quale si manifesta nell'azione. Le sue articolazioni interne sono: il proponimento, l'intenzione e il bene e il male. Secondo Hegel il dominio della moralità è caratterizzato dalla separazione tra la *soggettività* che deve realizzare il bene, e il *bene* che deve essere realizzato. Da ciò la contraddizione tra *essere* e *dover essere* che è tipica della morale, e in particolare di quella kantiana, che Hegel critica per la sua formalità e astrattezza, cioè per la mancanza di contenuti concreti e per l'incapacità di realizzarsi nella realtà.

Eticità p. 513 > Per "eticità" (*Sittlichkeit*, da *Sitte*, "costume", corrispondente al gr. *éthos*, "costume") Hegel intende la moralità *sociale*, ovvero la realizzazione del bene in quelle forme istituzionali che sono la *famiglia*, la *società civile* e lo *Stato*. Essendo la più alta manifestazione dello spirito oggettivo e della volontà di libertà che ne sta alla base, l'eticità rappresenta «il concetto della libertà divenuto mondo sussistente e natura dell'autocoscienza» (*Lineamenti*, par. 142).

Famiglia p. 515 > La famiglia è il primo momento dell'eticità, quello in cui il rapporto immediato e naturale tra i sessi assume la forma di un'«unità spirituale» basata sull'amore e sulla fiducia. La famiglia si articola nel *matrimonio*, nel *patrimonio* e nell'*educazione dei figli*.

Società civile p. 515 > La società civile (*bügerliche Gesellschaft*) è il secondo momento dialettico dell'eticità e si identifica con quello spazio intermedio tra l'individuo e lo Stato che coincide, di fatto, con la sfera *economico-sociale* e *giuridico-amministrativa* del vivere insieme, ovvero con il luogo in cui vengono a contatto e devono coesistere interessi particolari e indipendenti. Infatti Hegel, pur parlando della società civile come di un «sistema dell'atomistica», la definisce come una «connessione universale e mediatrice di estremi indipendenti e dei loro interessi particolari» e come uno «Stato esterno» (*Enciclopedia*, par. 523), ovvero come un sistema di interessi privati regolati da organi pubblici che si impongono dall'esterno e nell'ambito di una universalità ancora «formale» (*Enciclopedia*, par. 517). Stato «esterno» che il filosofo, per sottolineare il carattere di frazionamento e di scissione che è tipico della società civile, chiama anche della «necessità» o dell'«intelletto» (come si è visto, quest'ultimo è l'organo della «separazione»). La società civile si divide in tre momenti: il *sistema dei bisogni*, l'*amministrazione della giustizia*, la *polizia* e le *corporazioni*.
N.B. 1. Per evitare una serie di equivoci interpretativi che gravano tuttora su tale concetto, è bene tenere presenti le seguenti puntualizzazioni di Norberto Bobbio: «Sulla società civile è stato versato in questi ultimi anni dopo quasi un secolo di abbandono un profluvio di scritti. Ma sulla scia di un celeberrimo passo di Marx che identifica la società civile di Hegel con l'insieme dei rapporti materiali dell'esistenza e propone di cercare nella economia politica l'anatomia della società civile, si è finito per vedere nella nuova categoria della società civile soprattutto l'espediente di cui Hegel si servì per introdurre nel sistema i problemi dell'economia. Ma l'analisi dei bisogni, del lavoro e delle classi occupa, com'è noto, solo la prima parte della sezione. La seconda, che è oltretutto la più lunga, e anche la terza, trattano temi in gran parte giuridici. La società civile hegeliana non è tanto la descrizione del sistema dell'economia borghese e dei rapporti di classe, quanto piuttosto la descrizione del modo con cui nello stato borghese i rapporti economici sono giuridicamente regolati». Detto altrimenti: «l'identificazione tra società civile e luogo dei rapporti economici, o, che è lo stesso, la distinzione tra società civile e Stato come distinzione tra società economica e società politica è opera di Marx e non di Hegel: riferita, come accade spesso, a Hegel, è puramente e semplicemente una deformazione del suo pensiero» (*Studi hegeliani*, cit., pp. 58 e 163).
2. Nel pensiero anteriore a Hegel, in particolare nel giusnaturalismo, la "società civile" si contrapponeva alla "società naturale" ed era sinonimo di "società politica" e quindi di "Stato". Nel Sei-Settecento per società civile si comincia anche a intendere la società "civilizzata", in antitesi alla società "selvaggia", e quest'accezione diviene predominante in Rousseau. Come si vede, si tratta di significati distanti da quello hegeliano, il quale possiede dunque una sua spiccata originalità.

Stato p. 517 > Lo Stato (*Staat*) costituisce la riaffermazione dell'unità della famiglia (tesi) al di là della dispersione della società civile (antitesi). Esso rappresenta quindi una sorta di famiglia in grande, nella quale l'*éthos* di un popolo esprime se stesso in modo consapevole, superando i particolarismi della società civile in vista del bene comune: «Lo Stato è la sostanza etica *consapevole di sé*, la riunione del principio della famiglia e della società civile» (*Enciclopedia*, par. 537).

Stato etico p. 517 > Per "Stato etico" si intende abitualmente la concezione hegeliana dello Stato come incarnazione suprema della moralità sociale e come promotore del bene comune. Tale concezione si differenzia storicamente da quella liberale e da quella democratica

(v. il testo) e si configura come una forma di organicismo (v. "concezione organicistica dello Stato").

Concezione organicistica dello Stato p. 518 > Per "concezione organicistica dello Stato" si intende la prospettiva anti-atomistica e anti-individualistica che è propria della filosofia politica di Hegel. Secondo tale prospettiva «lo Stato è un'unione e non un'associazione, un organismo vivente e non un prodotto artificiale, una totalità e non un aggregato, un tutto superiore e anteriore alle sue parti, e non una somma di parti indipendenti tra loro» (N. Bobbio). In virtù di questa prospettiva, il filosofo tedesco – il quale si compiace in più luoghi di riprendere l'affermazione aristotelica che «secondo natura il popolo [nel testo greco è *pólis*] è precedente al singolo» (*Politica*, 1253a) – ritiene che non sia l'individuo a fondare lo Stato, ma lo Stato a fondare l'individuo.

Costituzione p. 518 > La "costituzione", secondo Hegel, è «l'organizzazione dello Stato» (*Lineamenti*, par. 271; *Enciclopedia*, par. 539), la quale non deriva da una pianificazione astratta, ma scaturisce necessariamente dalla vita storica di un popolo. Hegel identifica la costituzione «razionale» con la monarchia costituzionale moderna, ossia con un organismo che contempla tre poteri tra loro distinti, ma non divisi: il potere *legislativo*, il potere *governativo* e il potere *principesco*.

Storia del mondo p. 521 > La storia del mondo (*Weltgeschichte*) è «lo svolgimento dell'idea universale dello spirito» (*Enciclopedia*, par. 536) attraverso una serie di gradi razionali e necessari che obbediscono a un piano provvidenziale immanente. In concreto, la storia, che ha come soggetto lo spirito del mondo incarnato nei vari «spiriti dei popoli» (*Volksgeister*), è una successione di forme statali che tendono alla realizzazione della libertà. I tre momenti fondamentali di essa sono: il mondo *orientale* (dove *uno solo* è libero), il mondo *greco-romano* (dove *alcuni* sono liberi) e il mondo *cristiano-germanico* (dove *tutti* sono liberi, ossia soggetti di diritto).

Astuzia della ragione p. 521 > Quello dell'"astuzia della ragione" (*List der Vernunft*) è forse il concetto più caratteristico della filosofia della storia di Hegel. Con esso, il filosofo ha voluto alludere al fatto che l'idea universale fa agire nella storia le passioni degli uomini come propri strumenti e le fa logorare e consumarsi per i propri fini: «L'Idea paga il tributo dell'esistenza e della caducità non di sua tasca, ma con le passioni degli individui. Cesare doveva compiere quello che era necessario per rovesciare la decrepita libertà; la sua persona perì nella lotta ma quello che era necessario restò» (*Lezioni sulla filosofia della storia*).

Spirito assoluto p. 522 > Lo spirito assoluto è il momento in cui l'idea giunge alla piena coscienza della propria infinità o assolutezza (cioè alla coscienza del fatto che *tutto* è spirito e non vi è nulla *al di fuori* dello spirito). Questo auto-sapersi assoluto dell'Assoluto avviene attraverso l'*arte*, la *religione* e la *filosofia*.

Arte p. 522 > L'arte è il momento in cui lo spirito acquista coscienza di se medesimo nella forma dell'*intuizione sensibile* (figure, parole, musica ecc.), vivendo in modo immediato e intuitivo quella fusione tra soggetto e oggetto, spirito e natura, che la filosofia idealistica teorizza tramite la mediazione dei concetti. Ciò accade perché di fronte all'esperienza del *bello artistico* (si pensi ad esempio a una statua greca), spirito e natura vengono recepiti come un tutt'uno, in quanto nella statua l'oggetto (il marmo) è già *natura spiritualizzata*, cioè la manifestazione sensibile di un messaggio spirituale, e il soggetto (l'idea artistica) è già *spirito naturalizzato*, ovvero concetto incarnato e reso *visibile*. A seconda che vi sia *squilibrio* oppure *equilibrio* tra contenuto e forma, ossia tra messaggio spirituale e forma sensibile, Hegel distingue tra arte *simbolica* (squilibrio per povertà di contenuto), arte *classica* (perfetto equilibrio) e arte *romantica* (squilibrio per eccesso di contenuto).

Religione p. 524 > La religione è il momento in cui lo spirito acquista coscienza di se medesimo nella forma della *rappresentazione*, intendendo per quest'ultima un modo di pensare che: 1. si pone a metà strada tra l'intuizione sensibile e il concetto, in quanto «le rappresentazioni in genere possono essere considerate come *metafore* dei pensieri e concetti» (*Enciclopedia*, par. 3); 2. procede in modo a-dialettico, ovvero *giustapponendo* le proprie determinazioni, quasi fossero indipendenti le une dalle altre. Ad esempio, la rappresentazione cristiana di Dio-Padre che crea il mondo è la rappresentazione, ossia l'ipostatizzazione metaforica (frutto di immagini giustapposte), del fatto che la natura costituisce un momento dialettico della vita dello spirito. Lo sviluppo della coscienza religiosa inizia con le religioni naturali e culmina nel cristianesimo, religione «assoluta» in cui Dio appare finalmente come puro spirito, sebbene ancora nella forma imperfetta della rappresentazione.

Filosofia p. 526 > La filosofia è «l'idea che *pensa se stessa*» (*Enciclopedia*, par. 574) e «*la verità assoluta e intera*» (*Enciclopedia*, par. 236), cioè il momento in cui l'Assoluto acquista coscienza di sé in forma *concettuale*. Per questa sua natura, la filosofia ha i propri oggetti in comune con la religione «perché oggetto di entrambe è la *verità*, e nel senso altissimo della parola – in quanto cioè *Dio*, e *Dio solo*, è la verità», anche se essa, a differenza della religione, «manifesta l'esigenza di mostrare la *necessità* del suo contenuto» e di «*provare* l'essere e i caratteri dei suoi oggetti» (*Enciclopedia*, par. 1). In quanto «*considerazione pensante* degli oggetti» (*Enciclopedia*, par. 2), la filosofia ha come fine specifico e come scopo supremo la dimostrazione della *razionalità* del reale: «Comprendere ciò *che è* è il compito della filosofia, poiché ciò *che è* è la ragione» (*Lineamenti*, "Prefazione"). Di conseguenza, essa risulta simile alla nottola di Minerva, che «inizia il suo volo soltanto sul far del crepuscolo» (*Lineamenti*).

N.B. Vista in rapporto all'epoca in cui sorge, la filosofia può essere definita come il proprio tempo «appreso in pensieri» (*Lineamenti*): tempo di cui essa rappresenta «il fiore più elevato» (*Lezioni sulla filosofia della storia*, "Introduzione").

Storia della filosofia p. 526 > La storia della filosofia è l'insieme delle tappe *necessarie* attraverso cui, dai Greci fino a Hegel, la *verità* dell'idea è andata progressivamente manifestando se stessa. Infatti, al di là della molteplicità apparentemente caotica e accidentale delle filosofie vi è l'auto-costituirsi di quell'unica vera filosofia che procede dallo spirito e in cui lo spirito perviene finalmente alla propria compiuta consapevolezza: «l'artefice di questo lavoro di millenni è quell'Uno spirito vivente, la cui natura pensante consiste nel recarsi alla coscienza *ciò ch'esso è*». «La *storia della filosofia* mostra, da una parte, che le filosofie, che sembrano diverse, sono una medesima filosofia in diversi gradi di svolgimento; dall'altra, che i *princìpi* particolari, di cui ciascuno è a fondamento di un sistema, non sono altro che *rami* di un solo e medesimo tutto. La filosofia, che è ultima nel tempo, è insieme il risultato di tutte le precedenti e deve contenere i principi di tutte: essa è perciò – beninteso, se è davvero una filosofia – la più sviluppata, ricca e concreta» (*Enciclopedia*, par. 13).

MAPPA

L'*Enciclopedia delle scienze filosofiche in compendio*

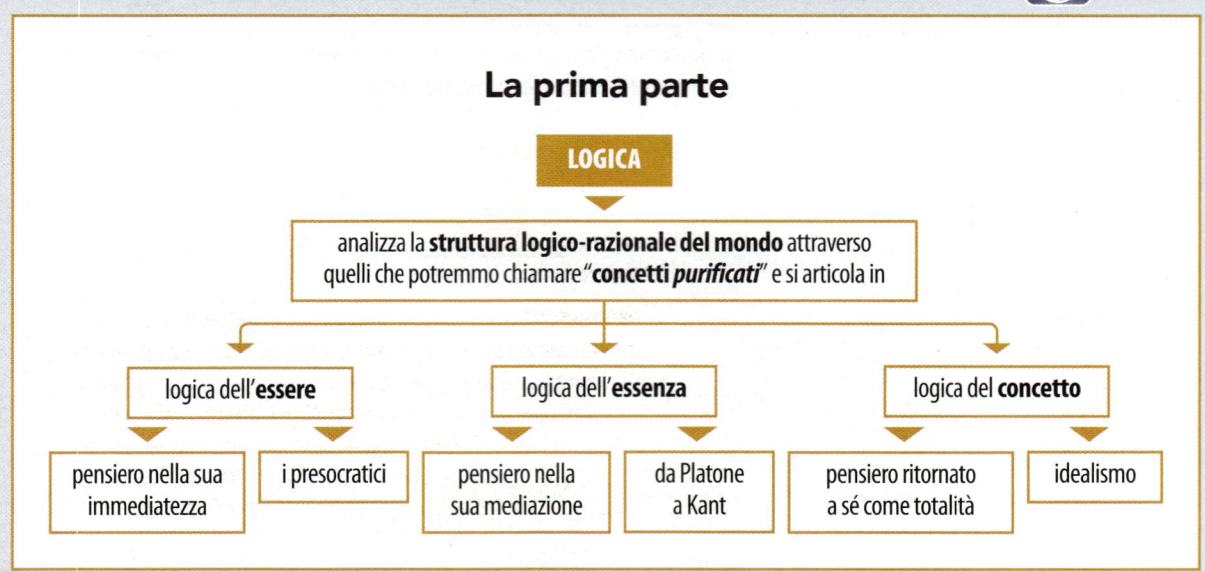

La prima parte

LOGICA

analizza la **struttura logico-razionale del mondo** attraverso quelli che potremmo chiamare "**concetti *purificati***" e si articola in

- logica dell'**essere**
  - pensiero nella sua immediatezza
  - i presocratici
- logica dell'**essenza**
  - pensiero nella sua mediazione
  - da Platone a Kant
- logica del **concetto**
  - pensiero ritornato a sé come totalità
  - idealismo

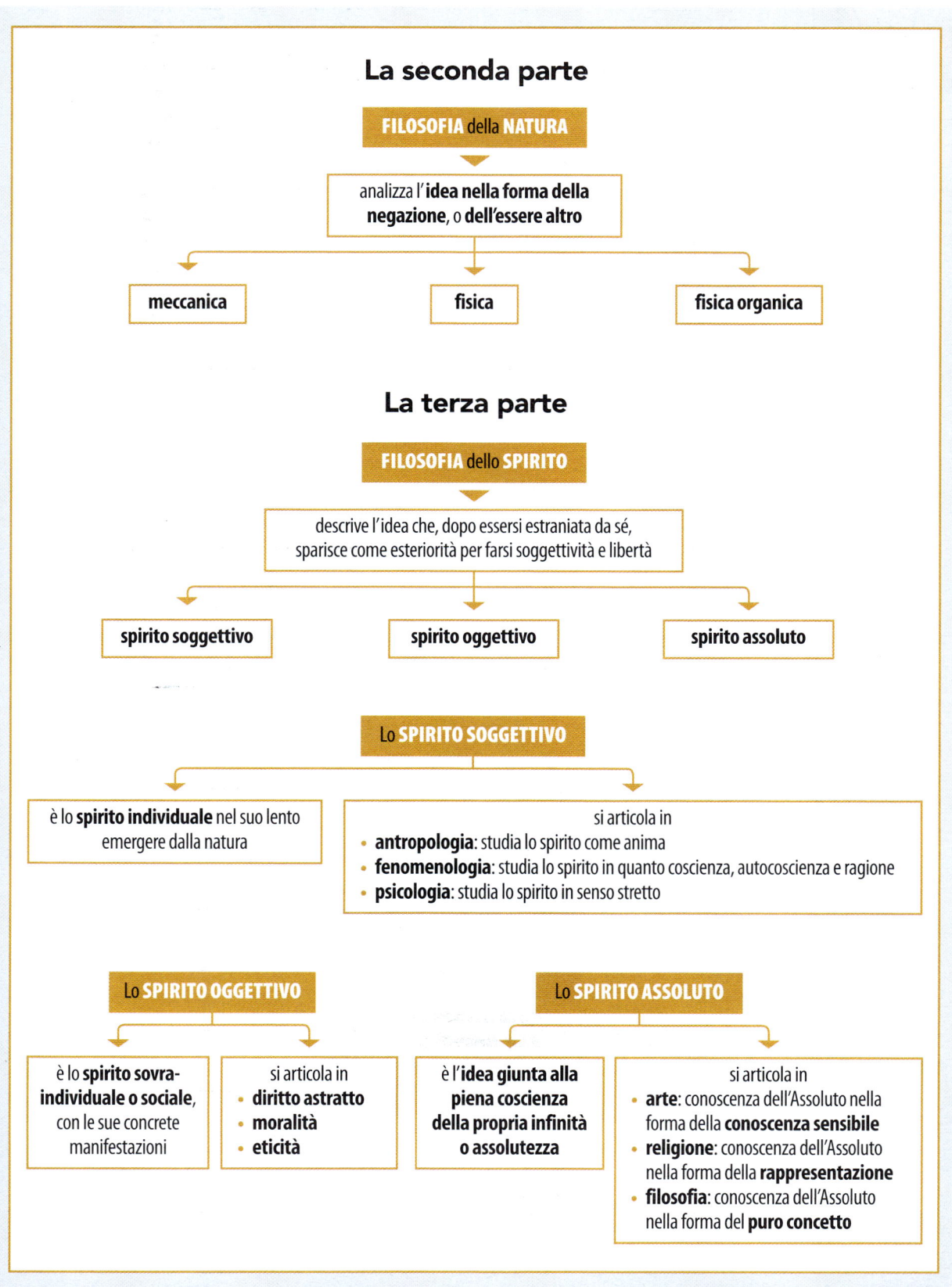

La seconda parte

FILOSOFIA della NATURA

analizza l'**idea nella forma della negazione**, o **dell'essere altro**

- **meccanica**
- **fisica**
- **fisica organica**

La terza parte

FILOSOFIA dello SPIRITO

descrive l'idea che, dopo essersi estraniata da sé, sparisce come esteriorità per farsi soggettività e libertà

- **spirito soggettivo**
- **spirito oggettivo**
- **spirito assoluto**

Lo SPIRITO SOGGETTIVO

è lo **spirito individuale** nel suo lento emergere dalla natura

si articola in
- **antropologia**: studia lo spirito come anima
- **fenomenologia**: studia lo spirito in quanto coscienza, autocoscienza e ragione
- **psicologia**: studia lo spirito in senso stretto

Lo SPIRITO OGGETTIVO

è lo **spirito sovra-individuale o sociale**, con le sue concrete manifestazioni

si articola in
- **diritto astratto**
- **moralità**
- **eticità**

Lo SPIRITO ASSOLUTO

è l'**idea giunta alla piena coscienza della propria infinità o assolutezza**

si articola in
- **arte**: conoscenza dell'Assoluto nella forma della **conoscenza sensibile**
- **religione**: conoscenza dell'Assoluto nella forma della **rappresentazione**
- **filosofia**: conoscenza dell'Assoluto nella forma del **puro concetto**

ECHI DEL PENSIERO

LA FORZA DELLE ISTITUZIONI
Dall'eticità di Hegel all'*éthos* democratico

Una consolidata tradizione interpretativa tende a rintracciare nel pensiero di **Hegel** una forma di ossequio conformistico ai fatti, che finirebbe per giustificare anche gli aspetti più discutibili della realtà storica, subordinando la libertà dell'individuo alla forza della tradizione. Questa, tuttavia, è solo una caricatura della pur aspra **critica** hegeliana **della coscienza soggettiva**, la quale, a uno sguardo più attento, svela preziosi spunti di riflessione per la società di oggi.

OLTRE IL DIRITTO E LA MORALE: L'ETICITÀ HEGELIANA

Sicuramente Hegel non usa particolare indulgenza nei confronti delle velleità del singolo soggetto morale che, sentendosi depositario del bene e del male, si erge a giudice del mondo. Se assume come criterio del bene l'«intenzione» soggettiva o la **forza del «convincimento» interiore**, la morale si trasforma alla fine in un **«trastullo» della coscienza**, che, oscillando tra azioni egoistiche e la sofistica giustificazione della loro legittimità, finisce per nobilitare il male spacciandolo per bene.

Questo non significa, però, che il bene (sottratto all'intimità della coscienza) debba ridursi a «esteriorità legale», cioè alla semplice obbedienza nei confronti delle leggi dello Stato. Separare interno ed esterno, coscienza morale e legalità è la tipica operazione dell'«intelletto», che fissa le determinazioni della realtà nella loro astratta unilateralità. La soluzione hegeliana è nota: si tratta di «superare» (cioè negare-conservando) sia l'**esteriorità del diritto**, sia l'**interiorità della morale**, «comprendendole» nella **concretezza dell'«eticità»**, ovvero nella «dottrina etica dei doveri determinati».

Nell'opporre l'«eticità» (*Sittlichkeit*) alla «moralità» (*Moralität*), Hegel fa riferimento alla nozione di **«costume»** (*Sitte*), che nel corrispettivo termine greco (*éthos*) con-

tiene un riferimento anche alla "dimora": nascendo – intende dire Hegel – ogni individuo si trova collocato in una sorta di "abitazione", in un orizzonte di valori consolidati e comportamenti condivisi che orienta le sue scelte. Nella dimensione dell'«eticità», l'*aspirazione* al bene quale comportamento razionale (secondo quanto teorizzato da Kant) diventa quindi bene *effettivo*, dal momento che si *realizza* nelle istituzioni in cui si incarna la razionalità dello spirito umano: la **famiglia**, il **lavoro** e uno **«Stato dalle buone leggi»**.

Solo nell'eticità **l'uomo è veramente libero**, perché può sottrarsi sia al peso dell'*obbligo morale* (che nella prospettiva della "tirannica" ragione kantiana chiedeva la mortificazione di ogni piacere), sia a quello della *coercizione giuridica* (esteriore conformità alle leggi), per fondare la propria azione sulla **fiducia nei confronti della comunità e delle istituzioni**.

L'*ÉTHOS* PUBBLICO OGGI

Se intesa correttamente, la prospettiva hegeliana offre interessanti spunti di riflessione per l'attualità.
Prendiamo il caso della corruzione. A vent'anni di distanza dall'inizio dell'inchiesta "**Mani pulite**" – che a

partire dal 17 febbraio 1992 fece emergere "Tangentopoli" – dobbiamo constatare che, in Italia, il sistema della corruzione pubblica si è rafforzato, giungendo oggi a causare all'erario del paese un danno quantificabile in circa 60 miliardi di euro l'anno.

Dove trovare un argine al dilagare di questo fenomeno che mina le basi stesse della convivenza democratica? È evidente che né le leggi né la paura della pena per la loro trasgressione sono sufficienti, così come non basta un generico appello alla "buona coscienza" dei cittadini. Un presidio contro questo male Hegel lo avrebbe rintracciato proprio nell'**«éthos oggettivo» o pubblico**, cioè nella **forza delle istituzioni** come «potenze etiche che reggono la vita degli individui». L'*éthos*, infatti, è per Hegel ciò che Aristotele chiamava «**abito morale**»: una sorta di «seconda natura» che, sostituendo la naturale inclinazione all'egoismo, orienta al giusto comportamento mediante la consuetudine e la **familiarità con le regole**. L'eticità hegeliana rappresenta dunque, in un certo senso, la "**banalità del bene**": l'assunzione di un "tranquillo" costume quotidiano – che Hegel chiama «rettitudine» – in cui viene meno ogni eroica e tragica tensione tra dovere e piacere, ogni *páthos* soggettivo, dal momento che l'individuo trova soddisfazione e benessere in un obbligo che fa proprio e che, pertanto, non vive come una norma imposta dall'esterno né come un astratto ideale:

> *Che cosa* l'uomo debba fare, *quali* sono i suoi doveri che egli deve adempiere per essere virtuoso, è facile a dire in una comunità etica – non c'è nient'altro da fare, da parte sua, se non ciò che a lui, nei suoi rapporti, è tracciato, è enunciato e noto.
>
> (G.W.F. Hegel, *Lineamenti di filosofia del diritto*, par. 150, annotazione, p. 136)

A ben vedere, non solo la vita morale ma anche quella democratica non può essere ridotta a un insieme di regole esteriori o procedurali, né al puro controllo della legalità da parte della magistratura. La **democrazia** esige un nutrimento spirituale, un "abito morale" che si alimenta della partecipazione dei cittadini ai valori condivisi della comunità e alla vita delle istituzioni. È quanto afferma uno dei massimi giuristi italiani, **Gustavo Zagrebelsky**, in un saggio il cui titolo – *Intorno alla legge. Il diritto come dimensione del vivere comune* – riecheggia suggestioni hegeliane:

> Nell'odierno "Stato costituzionale", il diritto è cosa complicata. Le sue componenti sono numerose. […] Agire secondo diritto richiede agli attori, legislatori, giudici e giuristi in genere, la consapevolezza della loro posizione entro le istituzioni del diritto e dell'*éthos* che ne deriva.
>
> (G. Zagrebelsky, *Intorno alla legge. Il diritto come dimensione del vivere comune*, p. VII)

Non a caso il lungo saggio di Zagrebelsky si conclude con una descrizione di quelle che egli, con esplicito linguaggio hegeliano, chiama **«istituzioni dello spirito»**, il cui compito è quello di apportare **stabilità, prevedibilità e garanzia** alla «vita comune», superando il «gioco spontaneo» tra gli individui (con le loro arbitrarie e confliggenti opinioni) e l'astrazione delle convenzioni giuridiche:

> Nel linguaggio idealistico, che queste concretissime realtà spesso riveste di formule astratte o astruse, si parla di «spirito oggettivo» (Hegel). [Questa espressione] indica il doppio aspetto di ogni istituzione: emancipante e costrittivo, liberante e opprimente al tempo stesso. L'istituzione è emancipante perché solleva gli individui come singoli da una quantità di oneri di calcolo che avvilupperebbero l'esistenza con limitazioni, incertezze e paure paralizzanti. […]
> Chi agisce automaticamente e conformemente a ciò che, secondo l'istituzione, ci si aspetta da lui […] non opera come se fosse la prima volta ma usufruisce di un'esperienza consolidata che normalmente consente di raggiungere lo scopo, uno scopo che, altrimenti, sarebbe probabilmente fuori della sua portata.
>
> (G. Zagrebelsky, *Intorno alla legge. Il diritto come dimensione del vivere comune*, pp. 396-397)

LABORATORIO DELLE IDEE

- Pur essendo una questione antica e universale, particolarmente diffusa nelle democrazie avanzate, la corruzione ha assunto in Italia i tratti di un fenomeno pervasivo, i cui effetti non solo compromettono il buon funzionamento della macchina pubblica, ma soprattutto, come abbiamo già accennato, frenano lo sviluppo economico del paese. Secondo te quali sono le misure concrete da adottare per un'efficace politica di contrasto della corruzione? E quali le possibili azioni di prevenzione contro il fenomeno? Prendendo spunto dalla riflessione hegeliana qui richiamata, esponi la tua opinione sull'argomento.

VERSO LE COMPETENZE

▶ Comprendere le radici concettuali e filosofiche dei principali problemi della contemporaneità

▶ Riflettere e argomentare, individuando collegamenti e relazioni

L'*Enciclopedia delle scienze filosofiche in compendio*

La logica

La logica, in quanto studio dell'idea in sé, o dell'«idea pura», costituisce il primo momento del sistema hegeliano. Hegel se ne occupa in parte nella *Scienza della logica* (edita in due momenti, nel 1812 e nel 1816, e ripubblicata nel 1831 con la sezione sulla logica dell'essere rivista) e in parte nell'*Enciclopedia delle scienze filosofiche in compendio* (pubblicata in tre diverse edizioni, rispettivamente nel 1817, nel 1827 e nel 1830).

 **L'OGGETTO DELLA LOGICA**

Nel brano che segue, tratto dalla *Scienza della logica*, si chiarisce che la logica non è un mero "strumento" (*órganon*) formale, da utilizzare nell'accostarsi a un oggetto "esterno" e "dato", ma una vera e propria forma di sapere, una «scienza» il cui oggetto è lo stesso soggetto del pensiero: l'idea che pensa e conosce se stessa. In questo senso la logica presuppone il percorso descritto nella *Fenomenologia dello spirito* (1807), attraverso il quale la coscienza ha acquisito la consapevolezza di costituire essa stessa la realtà.

Quando si prende la logica come scienza del pensare in generale, s'intende con ciò che questo
2   pensare sia la *semplice forma* di una conoscenza, che la logica astragga da ogni *contenuto*, e che il cosiddetto secondo *elemento* che apparterrebbe ad una conoscenza, vale a dire la *materia*, debba
4   esser dato da un'altra parte, per modo che la logica, come quella da cui questa materia sarebbe affatto indipendente, non possa dare altro che le condizioni formali di una vera conoscenza, non
6   già contenere essa stessa una verità reale, e possa esser soltanto la *via* per giungere a questa, appunto perché l'essenziale della verità, il contenuto, rimarrebbe fuori di essa.
8   Ora, prima di tutto, è già fuor di proposito il dire che la logica astragga da ogni *contenuto*, che insegni soltanto le regole del pensare, senza entrare a considerare il pensato e senza poter tener
10   conto della sua natura. Poiché, infatti, la logica deve aver per oggetto il pensare e le regole del pensare, ha anzi in cotesto il suo particolare contenuto; ha in cotesto anche quel secondo elemen-
12   to della conoscenza, una materia, della cui natura si occupa. […]
Il concetto della scienza pura e la sua deduzione vengon dunque presupposti nella presente trat-
14   tazione, in quanto che la *Fenomenologia dello spirito* non è appunto altro che la deduzione di tal concetto. Il sapere assoluto è la verità di tutte le guise [forme] di coscienza, perché, come risultò

16 da quel suo svolgimento, solo nel sapere assoluto si è completamente risoluta la separazione dell'*oggetto* dalla *certezza di sé*, e la verità si è fatta eguale a questa certezza, così come questa alla
18 verità.

La scienza pura presuppone perciò la liberazione dall'opposizione della coscienza. Essa contiene
20 il *pensiero* in quanto è *insieme* anche la cosa in se stessa, *oppur la cosa* in se stessa in *quanto è insieme anche il puro pensiero*. Come *scienza*, la verità è pura autocoscienza che si sviluppa, ed ha la
22 forma del *Sé, che quello* che è in sé *e per sé è concetto saputo, e che il concetto come tale è quello che è in sé e per sé*.
24 Il *contenuto* della scienza pura è appunto questo pensare oggettivo. [...] La logica è perciò da intendere come il sistema della ragione pura, come il regno del puro pensiero. *Questo regno è la*
26 *verità, com'essa è in sé e per sé senza velo*. Ci si può quindi esprimer così, che questo contenuto è la *esposizione di Dio, com'egli è nella sua eterna essenza prima della creazione della natura e di uno*
28 *spirito finito.*   (*Scienza della logica*, a cura di C. Cesa, Laterza, Roma-Bari 1996, pp. 24, 30-31)

Analisi del testo

1-12 Polemizzando contro l'idea del carattere formale della logica, Hegel afferma qui che, lungi dall'essere priva di «contenuto», la logica, comunque venga intesa, ha per oggetto proprio il pensiero, le «regole del pensare». A maggior ragione, dunque, ciò sarà vero nella prospettiva idealistica, che, identificando il *pensiero* (o il soggetto pensante) con la *realtà*, identifica il «contenuto» della logica con la sua «materia». Quest'ultima non è affatto "esterna" al soggetto che conosce, ma coincide con esso, ovvero con l'«idea», che è soggetto del pensare avente se stesso come oggetto. Del resto, è il carattere pienamente attivo dell'idea postulato dall'idealismo a impedire a quest'ultima di assumere un oggetto come "dato" dall'esterno.

13-18 Il passaggio dalla «certezza» alla «verità» (definita qui anche «certezza di sé») corrisponde alla fase finale di un percorso che culmina con l'identità tra sapere soggettivo e sapere oggettivo. È in tale identità che la certezza dell'individuo trova fondamento e diviene vero sapere, ma è evidente che questo approdo presuppone il cammino di acculturazione della coscienza che ha avuto luogo nella *Fenomenologia*. Se nella *Fenomenologia* Hegel ha narrato il processo per cui si arriva, *diacronicamente*, al sapere assoluto, nella *Scienza della logica* ne descrive *sincronicamente* la struttura. Per questo la fenomenologia parte dal dualismo soggetto-oggetto percepito dalla coscienza naturale (la più ingenua, descritta nella figura della «certezza sensibile») e lo riconduce a unità, mentre la logica muove dalla loro identità e ne dispiega l'itinerario attraverso le loro in-

numerevoli scissioni, salvo poi raggiungere di nuovo l'unità (nell'idea), ma questa volta arricchita di tutto quanto l'itinerario. Così, mentre nella *Fenomenologia* è protagonista la coscienza individuale che pensa l'idea, nella *Scienza della logica* è protagonista l'idea che pensa se stessa.

19-23 Definendo la logica come «scienza pura», Hegel allude dunque alla sua «liberazione» dall'opposizione tra la coscienza e il suo oggetto. In questo senso va letta l'identificazione del «puro pensiero» con «la cosa in se stessa», della logica come «scienza» con lo sviluppo dell'autocoscienza e del «concetto saputo» con ciò «che è in sé e per sé».

24-28 Ribadita ancora una volta l'esistenza di un «contenuto» della logica, e di un contenuto che coincide sia con il pensiero, sia con la realtà («pensare oggettivo»), Hegel identifica tale "oggetto" della «scienza pura» con la verità «com'essa è in sé e per sé senza velo», attribuendo così al suo discorso una coloritura metafisica o teologica. La verità «senza velo» è infatti l'idea che non si è ancora "alienata" nella natura, è l'Assoluto nella sua "purezza": il "pensiero" di Dio («la esposizione di Dio»), ovvero, per usare un linguaggio platonico-cristiano, il mondo delle forme o degli archetipi con cui Dio ha creato il mondo e che rappresenta la sua struttura o impalcatura razionale. L'oggetto della logica è dunque l'«eterna essenza» di Dio prima della creazione, cioè prima di un processo che, lungi dal "corromperlo", lo arricchirà conferendogli il massimo della realtà possibile.

I TESTI

T2 > IL METODO DELLA LOGICA

Poiché il pensiero coincide con la realtà, le «regole del pensare» (ovvero il metodo della logica) coincidono con le leggi di sviluppo della realtà stessa. Si tratta della «dialettica», che nell'*Enciclopedia* Hegel analizza nei suoi tre momenti costitutivi.

§ 79 *L'elemento logico* quanto alla sua forma ha tre lati: α) *il lato astratto o intellettivo*; β) *il lato dialettico o negativamente razionale*; γ) *il lato speculativo o positivamente razionale*.

Questi tre lati non costituiscono tre *parti* della logica, ma sono *momenti di ogni elemento logico-reale*, cioè di ogni concetto e di ogni vero in generale. [...]

§ 80 α) Il pensiero come *intelletto* si ferma alla determinatezza fissa e alla sua diversità da altre determinatezze. Una tale astrazione limitata vale per l'intelletto come sussistente ed essente per sé. Quando si parla del pensare in generale, o, più precisamente, del concepire, spesso si ha l'abitudine di tener presente soltanto l'attività dell'intelletto. Ora, è certamente vero che il pensiero dapprima è pensiero intellettivo, ma il pensiero non si ferma a questo, e il concetto non è una semplice determinazione dell'intelletto. L'attività dell'intelletto consiste in generale nel conferire al suo contenuto la forma dell'universalità e, precisamente, l'universale posto dall'intelletto è un universale astratto che, come tale, viene tenuto saldamente contrapposto al particolare, ma, in tal modo, viene al tempo stesso anche determinato a sua volta come particolare.

§ 81 β) Il momento *dialettico* è il superarsi proprio di tali determinazioni finite e il loro passare nelle determinazioni loro opposte.

La dialettica viene usualmente considerata come un'arte estrinseca che arbitrariamente porta confusione in concetti determinati e produce una semplice *apparenza* di *contraddizioni* in essi, in modo che non queste determinazioni, ma quest'apparenza sarebbe un nulla e l'intellettivo invece sarebbe il vero. Spesso la dialettica è anche nient'altro che una sorta di altalena soggettiva di ragionamenti che vanno su e giù e dove manca ogni contenuto effettivo e la nudità viene nascosta semplicemente dalla sottigliezza che produce un tale raziocinare. – Nella sua determinatezza peculiare la dialettica è piuttosto la natura propria, vera, delle determinazioni dell'intelletto, delle cose e del finito in generale. La riflessione è dapprima l'oltrepassare la determinazione isolata e il metterla in relazione; così questa determinatezza viene messa in rapporto e, per il resto, viene conservata nella sua validità isolata. La dialettica invece è questo *immanente* oltrepassare, in cui l'unilateralità e la limitatezza delle determinazioni dell'intelletto si espone per quello che è, cioè come la loro negazione. Ogni finito è il superare se stesso. La dialettica è quindi l'anima motrice del procedere scientifico ed è il principio mediante il quale soltanto il contenuto della scienza acquista *un nesso immanente o una necessità*, così come in esso in generale si trova la vera elevazione, non estrinseca, al di là del finito.

§ 82 γ) L'*elemento speculativo* o *positivamente razionale* coglie l'unità delle determinazioni nella loro contrapposizione, l'elemento *affermativo* che è contenuto nella loro risoluzione e nel loro passare in altro.

1) La dialettica ha un risultato *positivo*, perché ha un *contenuto determinato*, o perché il suo risultato veramente non è *il nulla vuoto, astratto*, ma la negazione di *certe determinazioni* che sono contenute nel risultato proprio perché questo non è un *nulla immediato*, ma un risultato. 2) Quest'elemento razionale perciò, per quanto sia un elemento pensato, è anche astratto, ma è al tempo stesso un *concreto*, perché non è unità *semplice, formale*, ma unità di *determinazioni distinte*. La filosofia quindi non ha per nulla a che fare con semplici astrazioni o con nozioni formali, ma soltanto con nozioni concrete.

(*Enciclopedia delle scienze filosofiche in compendio*, trad. it. di B. Croce, a cura di N. Merker, Laterza, Roma-Bari 1971, pp. 246-256)

Analisi del testo

1-4 Analizzando la «forma» dell'«elemento logico», Hegel nello stesso tempo descrive la legge che caratterizza il procedere dell'idea nella sua generalità: egli descrive, cioè, il cammino che l'idea segue non soltanto finché rimane in sé, ma anche quando si aliena nella natura e quando ritorna in sé come spirito. La regola della *comprensione* del reale è dunque la regola anche del suo globale *sviluppo*.

5-13 Il primo momento, l'«astratto o intellettivo», consiste nella posizione preliminare della realtà da parte dell'intelletto. Questo utilizza una modalità di "lettura" di tipo atomistico: concepisce le cose come chiuse in un reciproco isolamento (come "astratte", per usare il linguaggio hegeliano, cioè come prive di relazioni le une con le altre). In questo suo ritenere tutto come conoscibile di per sé, l'intelletto non coglie le connessioni strutturali che costituiscono la realtà: certo, il bianco è diverso dal nero, ma l'uno non potrebbe esistere senza l'altro; analogamente, la contrapposizione che in modo immediato e ingenuo siamo indotti a stabilire tra suono e silenzio non può nascondere che l'uno sussiste solo attraverso l'altro.

14-29 Il messaggio fondamentale della dialettica consiste nell'affermazione del ruolo capitale e dinamico del negativo, inteso non già come la pura e semplice "cancellazione" del positivo, ma come la sottolineatura del carattere provvisorio del risultato a cui si è giunti. Ciò che viene negato nel momento «dialettico o negativamente razionale» non è il processo nel suo complesso, ma il singolo esito particolare, nella sua finitezza, ed è proprio il passaggio attraverso la negazione che consente al processo di svilupparsi, "rimuovendo", per così dire, l'ostacolo delle determinazioni finite. Polemizzando contro quanti concepiscono la dialettica come un artificio "estraneo" al corretto raziocinare, che non fa che portare contraddizione nelle "verità" raggiunte dall'intelletto (rr. **16-18**), e contro coloro che la considerano una mera tecnica retorica utilizzata per esporre contenuti poco certi (rr. **18-21**), Hegel ne sottolinea al contrario l'imprescindibilità. Se rimanessimo fermi al punto di vista dell'intelletto, le singole entità, staticamente intese e definite, non potrebbero svilupparsi in alcun modo e il mondo (logico) sarebbe immutabile e non conoscerebbe progresso. Al contrario, la verità di ogni determinazione finita è proprio la sua intrinseca tendenza ad auto-sopprimersi per passare nella determinazione opposta. In questo senso la dialettica dovrà essere l'«anima motrice» di qualunque sapere scientifico, ovvero di un sapere che renda conto del negativo e della contraddizione (per quanto apparenti e provvisori) come «nesso immanente» o «necessità» del reale.

30-38 Con il momento «speculativo o positivamente razionale» l'unilateralità dei due momenti precedenti è ricomposta in una sintesi nella quale i contrari non sono dissolti, ma conservati in una superiore unità.

1) Il momento speculativo rappresenta pertanto l'aspetto «positivo» della negazione dialettica, la quale consiste in un «immanente oltrepassare» (r. **24**), cioè in un superamento che non distrugge, ma "passa oltre" conservando ciò che ha superato.

2) Proprio (e solo) in quanto «unità di determinazioni distinte» il momento positivamente razionale è qualcosa di «concreto», che rende conto della vita reale delle individualità, le quali non potrebbero sussistere nel loro isolamento. In questo senso, la contraddizione tra i vari momenti non è un'imperfezione del pensiero che è necessario emendare, ma la caratteristica costitutiva della realtà.

La filosofia della natura

A differenza di molti altri filosofi (tra cui Kant e Schelling), Hegel non mostrò mai particolare sensibilità nei confronti delle realtà naturali, tanto da affermare di preferire a qualsiasi bellezza naturale il cervello del peggior delinquente. Ma la natura rimane comunque un momento indispensabile del suo sistema.

T3 > DALL'INTERIORITÀ DELL'IDEA IN SÉ ALL'ESTERIORITÀ DELLA NATURA

In base al principio generale per cui il movimento dell'idea è dovuto all'insoddisfazione che ogni determinazione prova nei confronti dei suoi stessi limiti, l'idea nella sua specie logica percepisce alla fine il carattere puramente "astratto" del suo essere, la sua "inseità", e cerca quindi di darsi un'esistenza maggiormente concreta, oggettiva. Trapassa così nell'ambito spazio-temporale e diviene natura.

§ 247 La natura si è dimostrata come l'idea nella forma dell'*essere altro*. Poiché l'*idea* è per tal modo la negazione di se stessa, ossia è *esterna* a sé, la natura non è esterna solo relativamente, rispetto a quest'idea (e rispetto all'esistenza soggettiva di essa, lo spirito); ma l'*esteriorità* costituisce la determinazione, nella quale essa è come natura.

§ 248 In questa esteriorità, le determinazioni concettuali hanno l'apparenza di un *sussistere indifferente* e dell'*isolamento* le une verso le altre: il concetto sta perciò come qualcosa d'interno. Onde la natura non mostra, nella sua esistenza, libertà alcuna; ma solamente *necessità* ed *accidentalità*.

[…]

§ 250 La *contraddizione* dell'idea, che come natura deve essere esterna a se stessa, è, più precisamente, questa: che da una parte, si ha la necessità, operata dal concetto, delle formazioni della natura e della loro determinazione razionale nell'unità organica; dall'altra parte, la loro accidentalità indifferente e irregolarità indeterminata.

È stata celebrata l'infinita ricchezza e la varietà delle forme e, poi, in modo del tutto irrazionale, l'accidentalità che si mescola nell'ordinamento esterno delle formazioni naturali, come l'alta libertà della natura, anche come la divinità di essa o almeno la divinità in essa. È da metter sul conto del modo di rappresentar sensibile questo scambiare l'accidentalità, l'arbitrio, il disordine per libertà e razionalità. – Quella impotenza della natura pone limiti alla filosofia; ed è quanto di più sconveniente si possa immaginare il pretendere dal concetto che esso debba intendere concettualmente siffatte accidentalità, e, com'è stato detto, costruirle, dedurle […].

(*Enciclopedia delle scienze filosofiche in compendio*, cit., pp. 221-225)

Analisi del testo

1-4 L'idea in quanto natura acquisisce la forma dell'*alterità*, dell'*esteriorità*. Quest'ultima viene intesa da Hegel in una duplice accezione: a) la natura è esteriore rispetto all'originario carattere interiore o spirituale dell'idea; b) la sua esistenza si attua nell'esteriorità spazio-temporale (mentre le determinazioni logiche erano del tutto interne al pensiero, che non conosce né spazio né tempo).

5-8 Nell'esteriorità che la caratterizza rispetto all'idea, la natura non può che essere oggetto di determinazioni concettuali "astratte", corrispondenti cioè alle varie entità singolarmente prese e considerate come tra loro irrelate (in questo senso Hegel parla del concetto come di «qualcosa d'interno» alla singola entità). Non riuscendo a mediare convenientemente la propria esistenza con quella altrui, ogni entità è vincolata alla presenza delle altre e non può esprimersi liberamente: per questo in natura tutto segue il più rigido determinismo oppure è in certo modo aleatorio (come si vedrà nel paragrafo seguente).

10-20 Ciò che nella natura è determinato dal rispetto delle regole poste dalla ragione (quelle della logica) è necessario: ma non tutto è programmato. Come un architetto nell'approntare i disegni per un edificio segnala quanto è rilevante, ma non può certo considerare dove andranno a finire i singoli mattoni e i vari granelli di sabbia, così la ragione prepara il piano globale, la cui realizzazione richiede tuttavia degli elementi particolari affidati al caso. Sul piano delle grandi strutture la natura segue la necessità, è regolare e prevedibile, mentre presenta dei lati affidati per così dire al caso, impossibili da cogliere e giustificare razionalmente, ma solo da accettare fattualmente. Ecco perché nell'"Aggiunta" (riportata in corpo minore) Hegel si lamenta di questo difetto della natura, che altrove definisce «una contraddizione irrisolta»: questa "esuberanza creativa" che sovente non trova alcuna giustificazione razionale non viene da lui guardata come una ricchezza, bensì come una forma di povertà, di caduta del potere raziocinante. Caduta che discende direttamente dalla condizione contraddittoria dell'idea che si trova provvisoriamente fuori di sé.

La filosofia dello spirito: lo spirito oggettivo

Dopo essersi "estraniata" nell'esteriorità e nella spazialità della natura, l'idea rientra in sé, divenendo soggettività libera: è l'argomento della "filosofia dello spirito", che rappresenta il momento più alto del sistema hegeliano e che è a sua volta scandita nelle tre tappe riguardanti lo spirito «soggettivo», «oggettivo» e «assoluto». I due brani che seguono, in particolare, si riferiscono al secondo di questi momenti, ovvero a quello in cui lo spirito si manifesta nella concretezza delle istituzioni sociali.

 **T4 > LA FILOSOFIA COME COMPRENSIONE DEL REALE**

Di tutta la riflessione hegeliana, l'ambito dello «spirito oggettivo» è forse quello che ha suscitato le più vivaci analisi e discussioni, sfruttato dai sostenitori delle più disparate e divergenti dottrine politiche, da Marx a Gentile.
Dello «spirito oggettivo» Hegel tratta ovviamente nell'*Enciclopedia*, ma anche nei *Lineamenti della filosofia del diritto*, da cui è tratto il brano riportato di seguito.

Così dunque questo trattato, in quanto contiene la scienza dello Stato, dev'essere nient'altro che
2 il tentativo *di comprendere* e *di esporre* lo *Stato come un qualcosa entro di sé razionale*. Come scritto filosofico esso non può far altro che esser lontanissimo dal dover costruire uno *Stato come*
4 *dev'essere*; l'insegnamento che in tale scritto può risiedere, non può tendere ad insegnare allo Stato com'esso dev'essere, bensì piuttosto com'esso, l'universo etico, deve venir conosciuto.
6 *Hic Rhodus, hic saltus.*
Comprendere ciò *che è*, è il compito della filosofia, poiché ciò *che è*, è la ragione. Per quel che
8 concerne l'individuo, del resto, ciascuno è un *figlio del suo tempo*; così anche la filosofia, è il *tempo di essa appreso in pensieri*. È altrettanto insensato figurarsi che una qualsiasi filosofia vada al di
10 là del suo mondo presente, quanto che un individuo salti il suo tempo, salti al di là di Rodi. Se la sua teoria nel fatto va al di là di quello, se egli si costruisce un mondo *come dev'essere*, esso esiste
12 sì, ma soltanto nelle sue opinioni, – in un elemento duttile, nel quale si lascia imprimer l'immagine di tutto quel che si vuole.
14 Con una piccola variazione quella frase suonerebbe:
Qui è la rosa, *qui* danza.
16 Ciò che sta fra la ragione come spirito autocosciente e la ragione come realtà sussistente, ciò che separa quella ragione da questa e in essa non lascia trovar l'appagamento, è l'impaccio di una
18 qualche astrazione, che non è liberata a concetto. Conoscere la ragione come la rosa nella croce del presente e in tal modo godere di questo, questa intellezione razionale è la *conciliazione* con la
20 realtà, che la filosofia procura a coloro, nei quali una volta è affiorata l'interna esigenza *di comprendere*, e altrettanto di mantenere in ciò che è sostanziale la libertà soggettiva, così come di
22 stare con la libertà soggettiva non in un qualcosa di particolare e accidentale, bensì in ciò che è in sé e per sé. [...]
24 Per dire ancora una parola a proposito del *dare insegnamenti* su come dev'essere il mondo, ebbene, per tali insegnamenti in ogni caso la filosofia giunge sempre troppo tardi. In quanto *pensiero*
26 del mondo essa appare soltanto dopo che la realtà ha compiuto il suo processo di formazione e s'è bell'e assestata. Questo, che il concetto insegna, mostra necessario parimenti la storia, che
28 soltanto nella maturità della realtà l'ideale appare di fronte al reale e che quell'ideale si costruisce il medesimo mondo, appreso nella sostanza di esso, dandogli la figura d'un regno intellettuale.

30 Quando la filosofia dipinge il suo grigio su grigio, allora una figura della vita è invecchiata, e con grigio su grigio essa non si lascia ringiovanire, ma soltanto conoscere; la nottola di Minerva inizia
32 il suo volo soltanto sul far del crepuscolo.

(*Lineamenti di filosofia del diritto*, "Prefazione", a cura di G. Marini, Laterza, Roma-Bari 1987, pp. 15-17)

Analisi del testo

1-6 Hegel ricorda in queste righe che la filosofia del diritto (in generale, e non solo l'opera da cui è tratto il brano) deve consistere nella ricerca della razionalità presente nelle concrete istituzioni storico-sociali. In altre parole, la filosofia non può pretendere di "riformare" lo Stato, indicando come esso debba essere, ma deve limitarsi a esplicitarne l'intrinseca razionalità, per mostrarla alla coscienza individuale. Quest'ultima, infatti, è tenuta a riconoscere *in ogni caso* lo Stato come il proprio intrascendibile orizzonte di valori e di regole di comportamento.
La citazione latina riprende una favola di Esopo in cui un atleta che si vanta di aver eseguito, a Rodi, un salto memorabile viene invitato non a raccontarlo, ma a rifarlo: «Qui sia Rodi; qui sia il salto».

7-15 Tutto è per Hegel intrinsecamente storico, quindi anche la filosofia, il cui «compito» è quello di intendere e mostrare la razionalità del reale, ovvero, appunto, della storia. Nulla esiste o accade che non sia l'automovimento dell'idea e dunque tutto è sempre e da sempre intrinsecamente razionale. In ciò consiste quella "consacrazione" hegeliana del presente che tanto ha fatto discutere filosofi e interpreti successivi.
L'affermazione secondo cui ogni filosofia deve essere la comprensione (la "apprensione") della propria epoca, al di là della quale non può spingersi, a meno di non scadere nella semplice «opinione», verrà ripresa poche ri-

ghe più avanti con la celebre immagine della «nottola di Minerva» (rr. **31-32**).

16-23 Il compito della filosofia è quello di «conciliare» il pensiero (la ragione «come spirito autocosciente») e la realtà (la ragione «come realtà sussistente»), cogliendo nella struttura razionale del reale quella «rosa» capace di dare senso alla «croce», ovvero ai fatti storici, in tutta la loro (apparente) negatività. Solo in questo modo è possibile cogliere, dietro una libertà soggettiva apparentemente «accidentale», la sua collocazione nel quadro generale dello sviluppo dell'Assoluto.

24-32 Richiamando ancora una volta la funzione "apprensiva", o comprensiva, della filosofia rispetto alla realtà, Hegel si avvicina qui alla concezione greco-antica di tale disciplina come contemplazione disinteressata del reale. Essa non promuove in alcun modo la modificazione della realtà, ma ne è in un certo senso la conseguenza; anzi, la filosofia è in grado di pervenire convenientemente all'intelligenza del reale solo quando una determinata situazione (una «figura della vita») sia giunta all'esaurimento delle sue potenzialità (sia «invecchiata»). È questo il senso dell'immagine della filosofia che «dipinge il suo grigio su grigio», cioè di una filosofia ormai "vecchia", che "apprende" una realtà anch'essa già in declino. Immagine rafforzata da quella, celeberrima, della civetta di Minerva, che si leva in volo solo quando il giorno è ormai terminato.

T5 > L'ETICITÀ E I SUOI TRE MOMENTI

Lo spirito oggettivo si articola nel «diritto astratto» (che riguarda le manifestazioni esteriori della libertà dell'individuo), nella «moralità» (che concerne la volontà soggettiva e il comportamento che ne consegue) e nell'«eticità». Quest'ultima si identifica, per Hegel, con la sfera della moralità sociale e, di conseguenza, con il perseguimento concreto del bene nelle istituzioni della famiglia, della società civile e dello Stato. Il brano che segue, tratto dall'*Enciclopedia*, evidenzia appunto i tratti fondamentali di questa famosa e fondamentale triade hegeliana.

§ 517 La sostanza etica è:
2 a) come spirito immediato o naturale: – la *famiglia*;
   b) la totalità relativa delle relazioni relative degli individui come persone indipendenti gli uni
4   verso gli altri in una universalità formale: – la *società* civile;

c) la sostanza consapevole di sé, come lo spirito che si è sviluppato in una realtà organica: la *costituzione dello Stato*.

a) La famiglia.

§ 518 Lo spirito etico, nella sua *immediatezza*, contiene il momento *naturale*, che cioè l'individuo ha la sua esistenza sostanziale nella sua universalità naturale, nel *genere*. Questa è la relazione dei sessi, ma elevata a determinazione spirituale; – è l'accordo dell'amore e la disposizione d'animo della fiducia; – lo spirito, come famiglia, è spirito *senziente*. […]

b) La società civile.

§ 523 La sostanza che, in quanto spirito, si particolarizza astrattamente in molte *persone* (la famiglia è una sola persona), in famiglie o individui, i quali sono per sé in libertà indipendente e come esseri *particolari*, – perde il suo carattere etico; giacché queste persone in quanto tali non hanno nella loro coscienza e per loro scopo l'unità assoluta, ma la loro propria particolarità e il loro essere per sé: donde nasce il sistema dell'atomistica. La sostanza diventa per questa guisa nient'altro che una connessione universale e mediatrice di estremi indipendenti e dei loro interessi particolari; la totalità sviluppata in sé di questa connessione è lo Stato, come società civile, o come *Stato esterno*. […]

c) Lo Stato.

§ 535 Lo Stato è la sostanza etica *consapevole di sé*, – la riunione del principio della famiglia e della società civile; la medesima unità, che è nella famiglia come sentimento dell'amore, è l'essenza dello Stato; la quale però, mediante il secondo principio del volere che sa ed è attivo da sé, riceve insieme la *forma* di universalità *saputa*. Questa, come le sue determinazioni che si svolgono nel sapere, ha per contenuto e scopo assoluto la soggettività che sa; cioè vuole per sé questa razionalità. […]

α) Diritto interno dello Stato.

§ 537 L'essenza dello Stato è l'universale in sé e per sé, la razionalità del volere. Ma, come tale che è consapevole di sé e si attua, essa è senz'altro soggettività; e, come realtà, è un individuo. La sua *opera* in genere, – considerata in relazione con l'estremo dell'individualità come moltitudine degli individui, – consiste in una doppia funzione. Da *una parte*, deve mantenerli come persone, e, per conseguenza, fare del *diritto* una realtà necessaria; e poi promuovere il loro bene, che dapprima ciascuno cura per sé, ma che ha un lato universale: proteggere la famiglia e guidare la società civile. Ma, dall'*altra parte*, deve ricondurre entrambi, – e l'intera disposizione d'animo e attività dell'individuo, come quello che aspira ad essere un centro per sé, – nella vita della sostanza universale; e, in questo senso, come potere libero, deve intervenire nelle sfere subordinate e conservarle in immanenza sostanziale. […]

(*Enciclopedia delle scienze filosofiche in compendio*, cit., pp. 462-465, 473-478)

Analisi del testo

1-6 L'eticità, di cui Hegel presenta qui l'articolazione dialettica che andrà ad analizzare nei paragrafi successivi, è il momento in cui la volontà del soggetto si volge al perseguimento di beni concretamente definiti, individuabili nei valori della famiglia, della società civile e dello Stato.

7-11 La famiglia costituisce la prima forma sociale in cui l'individuo si trova a vivere, superando la propria particolarità di individuo in modo per così dire spontaneo, o "immediato". Oltre a essere caratterizzata da «immediatezza», la famiglia è anche un nucleo «naturale», dal momento che si fonda sulla differenza tra i sessi. Ma tali "immediatezza" e "naturalità" sono in qualche modo nobilitate dall'«amore» e dalla «fiducia», che, elementi imprescindibili per la costituzione di legami interpersonali stabili, la elevano a una forma di unione «spirituale» che deve essere oggetto di una scelta consapevole (in questo senso Hegel parla di «spirito senziente»). Nel paragrafo 158 dei *Lineamenti di filosofia del diritto*, il filosofo chiarisce ulteriormente questo punto specificando che la «disposizione d'animo» su cui si fonda la famiglia consiste nell'«avere l'autocoscienza della propria individualità *in questa unità*», cioè nell'essere consapevoli di «essere in essa non come persona per sé, bensì come *membro*».

12-20 Dopo aver analizzato (nei paragrafi qui omessi) i tre momenti fondamentali della famiglia (matrimonio, patrimonio, educazione dei figli), Hegel passa alla società civile, nella quale va perduta (o «negata») quell'«unità» tra persone diverse che si era raggiunta nella famiglia. Il legame che unisce i diversi individui in una medesima società civile è di tipo utilitaristico: ciascuno persegue i propri particolari interessi, contribuendo alla costruzione di un'entità "atomistica", frantumata, fatta di elementi posti l'uno accanto all'altro, ma inconsapevoli di essere parti (o, meglio, membri) di un medesimo, unico organismo. In questo senso Hegel afferma che nella società civile lo spirito «perde il suo carattere etico», che recupererà soltanto "rientrando in sé" nella dimensione dello Stato.

21-27 Nello Stato, che, in quanto ultimo stadio dell'etici-tà, è definito come «sostanza etica *consapevole di sé*», si perviene a un'unificazione reale e profonda degli individui, i quali diventano coscienti dei loro reciproci legami sostanziali. In altre parole, l'unità sostanziale della famiglia, frantumata nei particolarismi della società civile, nello Stato viene riaffermata, ma a un livello più elevato o più ampio, in cui la dimensione dell'universalità assume la «forma» di una «universalità *saputa*», o consapevole, in quanto arricchita dal passaggio attraverso la "negazione" determinata dalla società civile.

28-38 Dalla definizione dello Stato appena fornita discende il primo dei suoi tre elementi costitutivi: il «diritto interno» (a cui Hegel farà seguire il «diritto esterno» e la «storia del mondo»). Alla legislazione interna, infatti, spetta il duplice compito di preservare i cittadini nella loro particolarità di persone libere, ma nello stesso tempo di promuovere il loro bene inducendoli a superare prospettive e bisogni particolari, e a riconoscere (nella famiglia e nella società civile) la rete universale di cui sono membri insostituibili. In questo senso lo Stato supera, ma non elimina, la famiglia e la società civile, che anzi è tenuto a tutelare come i propri elementi costitutivi fondamentali.

Tuttavia, il passaggio dalla società civile allo Stato (cioè, come si è detto, alla «sostanza etica *consapevole di sé*») implica non solo l'imposizione di leggi e norme che tutelino "esteriormente" i cittadini nella trama delle loro reciproche relazioni, ma anche il dovere di portare ogni individuo alla consapevolezza di essere egli stesso parte della «sostanza universale» e, in quanto tale, membro di un organismo unitario. In questo senso lo Stato riconduce le volontà particolari a un "volere universale" (il «potere libero» statuale) che gode, nei loro confronti, di un effettivo primato, in quanto solo in esso l'individuo supera la propria particolarità e astrattezza.

La filosofia della storia

Strettamente legata alla concezione organicistica dello Stato è quella della storia, e quindi della filosofia della storia, alla quale Hegel dedica numerose e appassionate lezioni universitarie.

**T6 >** ## IL CAMMINO DELLO SPIRITO VERSO L'AFFERMAZIONE DELLA LIBERTÀ

Il brano che segue, tratto dalle *Lezioni sulla filosofia della storia*, mette in evidenza la concezione hegeliana della storia come sviluppo dello spirito che nel tempo persegue l'affermazione della libertà.

La considerazione filosofica non ha altro intento che quello di eliminare l'accidentale. Accidentalità è lo stesso che necessità esteriore, cioè necessità che risale a cause le quali non sono esse

2

stesse che circostanze esteriori. Dobbiamo ricercare nella storia un fine universale, il fine ultimo
4 del mondo, e non uno scopo particolare dello spirito soggettivo o del sentimento; lo dobbiamo
intendere attraverso la ragione, che non può porre il proprio interesse in un particolare scopo
6 finito, ma solo in quello assoluto. Questo è un contenuto che dà e reca in sé testimonianza di se
stesso, e in cui ha la sua base tutto ciò che l'uomo può considerare come proprio interesse. Il ra-
8 zionale è ciò ch'è in sé e per sé, e attraverso cui ogni cosa ha il suo valore. Esso assume forme diverse: ma in nessuna ha più chiaro aspetto finale che in quelle che prende quando, nelle molte-
10 plici formazioni che chiamiamo popoli, lo spirito esplica e manifesta se stesso. Bisogna portare
nella storia la fede e il pensiero che il mondo del volere non è rimesso nelle mani del caso. [...]
12 Il punto di vista della storia filosofica non è dunque uno fra i molti punti di vista, astrattamente
prescelto, in modo che in esso si prescinda dagli altri. Il suo principio spirituale è la totalità di
14 tutti i punti di vista. Essa esamina il principio concreto, spirituale dei popoli e la sua storia, e non
si occupa di situazioni singole, ma di un pensiero universale che crea il tutto. Questo universale
16 non appartiene al mondo accidentale di ciò che appare: è in esso, anzi, che dev'esser raccolta in
unità la folla delle realtà particolari. [...] Questo universale, invece, è l'infinitamente concreto,
18 che tutto comprende in sé, che dovunque è presente, essendo lo spirito eternamente presso di sé;
è quel che non ha passato, e che sempre identico permane nella sua forza e nel suo potere.
20 [...] si può dire della storia universale che essa è la raffigurazione del modo in cui lo spirito si
sforza di giungere alla *cognizione di ciò ch'esso è in sé.* Gli *Orientali* non sanno ancora che lo spi-
22 rito, o l'uomo come tale, è libero in sé. Non sapendolo, non lo sono. Essi sanno solo che *uno* è
libero; ma appunto perciò questa libertà è arbitrio [...]. Quest'*uno* è perciò solo un despota, non
24 un uomo libero, un uomo. Presso i *Greci*, per primi, è sorta la coscienza della libertà, e perciò essi
sono stati liberi; ma essi, come anche i Romani, sapevano solo che solo *alcuni* sono liberi, non
26 l'uomo come tale. Ciò non seppero né Platone né Aristotele; e perciò non solo i Greci ebbero
schiavi, e la loro vita e il sussistere della loro bella libertà fu vincolata a tale condizione, ma anche
28 la loro libertà non fu in parte che una fioritura accidentale, elementare, transitoria e ristretta, e in
parte, insieme, una dura schiavitù dell'umano. Solo le nazioni *germaniche* sono giunte nel cristia-
30 nesimo alla coscienza che l'uomo come uomo è li-bero, che la libertà dello spirito costituisce la
sua più propria natura. [...]
32 Sostanza dello spirito è la libertà. È con ciò indicato quale sia il fine dello spirito nel processo
storico: è la libertà del soggetto, è che esso abbia la sua coscienza e la sua moralità, che abbia per
34 sé fini universali da far valere, che il soggetto abbia valore infinito e che anche acquisti coscienza
di questo suo estremo valore. Questa realtà sostanziale del fine dello spirito del mondo viene
36 raggiunta attraverso la libertà di ognuno.
Gli spiriti dei popoli sono i membri del processo per cui lo spirito giunge alla libera conoscenza
38 di sé. I popoli peraltro sono esistenze per sé – qui non abbiamo a che fare con lo spirito in sé –, e
come tali hanno un'esistenza naturale. Essi sono nazioni, e per tale aspetto il loro principio è un
40 principio naturale; e poiché i princìpi sono distinti, così naturalmente lo sono anche i popoli.
Ognuno ha il suo principio proprio, a cui tende come suo fine; raggiunto il quale, non ha più
42 nulla da fare nel mondo. [...]
[...] la sua [dello spirito di un popolo] attività consiste nel tradursi in un mondo esistente che
44 sussista anche nello spazio. La sua religione, il suo culto, i suoi usi e costumi, l'arte, la costituzione, le leggi politiche, tutto il complesso delle sue istituzioni, i suoi eventi, le sue azioni: questa è la
46 sua opera, – questo è quel popolo. Ogni popolo ha questo sentimento. L'individuo trova di conseguenza innanzi a sé l'essere del popolo come un mondo già pronto e saldo, che egli deve assi-

48 milare. Egli deve appropriarsi di questa realtà sostanziale, affinché divenga suo carattere e capacità, affinché egli stesso sia qualche cosa. L'opera esiste, e gl'individui debbono adeguarsi ad essa,
50 farsi ad essa conformi. […]
Fine della storia del mondo è dunque che lo spirito giunga al sapere di ciò che esso è veramente,
52 e oggettivi questo sapere, lo realizzi facendone un mondo esistente, manifesti oggettivamente se stesso. L'essenziale è il fatto che questo fine è un prodotto. Lo spirito non è un essere di natura,
54 come l'animale; il quale è come è, immediatamente. […] In questo processo son dunque essenzialmente contenuti dei gradi, e la storia del mondo è la rappresentazione del processo divino, del
56 corso graduale in cui lo spirito conosce se stesso e la sua verità e la realizza.

(*Lezioni sulla filosofia della storia*, I, trad. it. di G. Calogero e C. Fatta,
La Nuova Italia, Firenze 1973, pp. 8-9, 12-13, 46-49, 52, 61)

Analisi del testo

1-11 La storia, intesa come successione di fatti, è un composto di necessità e di accidentalità e la filosofia della storia (a differenza della storiografia, che è una disciplina "empirica" e che pertanto riflette questa commistione) deve depurare la storia dall'accidentale, dal meramente fattuale, cogliendo quanto c'è in essa di necessario. Questo non significa solo distinguere, negli eventi storici, quelli che sono gli aspetti importanti da quelli che appaiono invece trascurabili (anche lo storico seleziona i fatti), ma anche affermare che la generale ottica del filosofo della storia deve essere differente da quella dello storico. Mentre quest'ultimo deve aderire allo sviluppo degli eventi, assumendo cioè uno sguardo particolaristico e "atomizzante", il primo è tenuto a ricercarne il senso complessivo, quella "direzione" globale che proprio nelle «molteplici formazioni che chiamiamo popoli» e nelle loro vicende si manifesta in modo più chiaro.

12-19 Ribadendo in queste righe la necessaria "parzialità" del punto di vista storico, Hegel chiarisce che il filosofo della storia non considera le realtà particolari come parti da accostare l'una all'altra, ma come elementi preceduti e fondati da un Tutto indivisibile. L'intero non è un universale nato per induzione dalle molteplici e varie situazioni, ma è la logica che quelle realtà pone in essere e che non s'interessa che al loro senso complessivo, senza occuparsi delle concrete modalità della loro realizzazione.

20-31 Troviamo qui la celebre tripartizione hegeliana della storia, il cui procedere è interpretato come il più elevato tentativo da parte dello spirito di conoscere appieno, realizzandola concretamente, la propria natura, la quale inizialmente si presenta in forma implicita («ciò ch'esso è in sé»). La prima tappa della storia dell'umanità è rappresentata dal mondo orientale, in cui la libertà è confusa con l'arbitrio del singolo; la seconda dal mondo greco-romano, in cui, benché si fosse giunti alla «coscienza della libertà», quest'ultima si riconosceva come

appannaggio non di tutti gli uomini, ma solo di alcuni. In questo senso la «bella libertà» dei Greci era in realtà qualcosa di cui l'individuo poteva godere, ma solo accidentalmente. La convinzione che «l'uomo come uomo è libero» costituisce il terzo e ultimo momento nella storia dell'umanità: a tale convinzione si perviene, per Hegel, solo con il mondo germanico.

32-36 Lo scopo a cui la storia mira – che può sfuggire agli storici, ma che dev'essere al centro delle preoccupazioni del filosofo – è l'affermazione della libertà. La libertà di ognuno trova però la sua definizione (potremmo dire i suoi limiti, ma Hegel non approverebbe l'espressione) nel contesto dell'universalità: essere liberi non significa fare ciò che si vuole, ignorando il limite costituito dal rapporto con gli altri, ma, al contrario, riconoscersi come espressione dell'unica sostanza spirituale e, di conseguenza, proporsi fini non individuali, ma universali, pienamente coincidenti con quelli altrui.

37-50 L'incontro e la coincidenza tra il singolo, che è concreto, e l'universalità, che è invece astratta, ha luogo nel «popolo», dimensione concreta quant'altra mai: se ne parla qui, infatti, come espressione dello spirito non più *in sé*, ma ormai *per sé*. Il popolo ha una netta priorità nei confronti dell'individuo, la cui esistenza trova spazio e senso solo nell'adeguarsi a quell'insieme di valori, usi e costumi che gli viene, per così dire, "dato" da sempre. Diversamente dall'Illuminismo, Hegel è convinto che non esista uno spirito universale astratto, cioè l'umanità "generica", perché questa è sempre incarnata e determinata nei popoli. Questi ultimi rispondono a una missione civilizzatrice: realizzano e incrementano quella tensione alla libertà che è il senso (la "direzione" e il "significato") dello spirito, cioè dell'umanità. La grande vicenda storica dell'Occidente europeo, per Hegel, è dunque una sorta di "staffetta" in cui le grandi civiltà (in particolare i Greci, i Romani, i francesi e i tedeschi) si passano il testimone.

51-56 La libertà, in quanto fine della storia, non va intesa come una dimensione astratta, o puramente interiore, né come un mero "dover essere": al contrario, essa deve pervenire a una concreta e oggettiva attuazione nel «mondo esistente». In altre parole, l'acquisizione della coscienza di essere liberi non è sufficiente, perché questa consapevolezza deve "incarnarsi" nelle istituzioni politiche.

In questo senso, tuttavia, la libertà è il «prodotto» di un processo dinamico, non una "natura" data da sempre (come se fosse quella di un animale): è il traguardo di quel «farsi» dello spirito che, dopo il passaggio attraverso tappe innumerevoli, conosce il proprio culmine. Nella storia, attuazione pratica dell'auto-conoscenza dello spirito, il teorico e il pratico vengono dunque a coincidere nella dimensione della libertà.

La filosofia dello spirito: lo spirito assoluto

La filosofia dello spirito assoluto (terzo e ultimo momento della filosofia dello spirito in generale) presenta un apparente contrasto fra la natura troppo rigida dello schema dialettico e l'impressionante ricchezza delle osservazioni particolari sull'arte, sulla religione e sulla filosofia. Contrasto che, tuttavia, si attenua se si considera che quelle stesse osservazioni non avrebbero potuto sussistere in modo tanto organico senza un criterio unitario di riferimento e una conseguente disposizione sistematica.

 **T7 > LA FILOSOFIA**

Punto più alto dello sviluppo dello spirito assoluto, la filosofia costituisce la sintesi dialettica dell'arte e della religione, la modalità mediante la quale l'Assoluto arriva alla piena coscienza di sé come unica realtà.

§ 572 Questa scienza è l'unità dell'arte e della religione. La maniera intuitiva dell'arte, che è
2 estrinseca nel rispetto della forma, la produzione soggettiva di essa e quel suo frazionare il contenuto sostanziale in molte figure indipendenti, è unificato nella *totalità* della religione; e il pro-
4 cedere sparpagliato di questa, che si svolge nella rappresentazione, e il suo mediare nella rappresentazione ciò che ha svolto, non è soltanto raccolto in un tutto, ma anche è riunito nella
6 *intuizione* semplice e spirituale, ed ivi è elevato a *pensiero consapevole di sé*. Questo sapere è, dunque, il *concetto* dell'arte e della religione, conosciuto dal pensiero: nel qual concetto quello che
8 v'ha nel contenuto di diverso è conosciuto come necessario, e questo necessario è conosciuto come libero.
10 **§ 573** La filosofia si determina, per conseguenza, come una conoscenza della necessità del *contenuto* della rappresentazione assoluta, e della necessità di entrambe le *forme*, cioè, *da una parte*,
12 della intuizione immediata e della sua *poesia*, e della rappresentazione, che fa soltanto un presupposto, della *rivelazione* oggettiva ed estrinseca; *dall'altra*, dapprima, del profondarsi in sé soggettivo,
14 tivo, poi del movimento soggettivo e della identificazione della *fede* con l'oggetto presupposto. Questa conoscenza è, dunque, il *riconoscimento* di questo contenuto e della sua forma, *liberazione*
16 dalla unilateralità delle forme ed elevazione di esse nella forma assoluta, che si determina da se stessa come contenuto e resta identica col contenuto ed è in esso stesso la conoscenza di quella
18 necessità in sé e per sé. Tale movimento, che è la filosofia, si trova già compiuto, in quanto la filosofia attinge alla fine il suo proprio concetto, cioè *guarda* indietro soltanto al suo proprio sapere.
20 **§ 574** Questo concetto della filosofia è l'Idea che *pensa se stessa*, la verità che sa, la logicità, col significato che essa è l'universalità *convalidata* dal contenuto concreto come dalla sua realtà. La

22 scienza è, per tal guisa, tornata al suo cominciamento; e la logicità è il suo *risultato* come *spiritua-*
    lità: dal giudizio presupponente, in cui il concetto era solo *in sé* e il cominciamento alcunché
24 d'immediato, e quindi dall'*apparenza*, che aveva colà, la spiritualità si è elevata al suo puro prin-
    cipio come a suo elemento.   (*Enciclopedia delle scienze filosofiche in compendio*, cit., pp. 550-551, 564-565)

Analisi del testo

1-9 Con la filosofia si completa la triade dialettica dello spirito assoluto e si superano i limiti (richiamati in queste righe) sia dell'arte, sia della religione, che entrambe intendevano ed esprimevano l'Assoluto in maniera inadeguata. Nella speculazione filosofica, infatti, il concetto viene finalmente colto in misura piena e perfetta, così come appare del tutto adeguato al suo compito il soggetto che intende l'oggetto, dal momento che nulla rimane "esterno" o "ignoto" al «pensiero consapevole di sé». L'oggetto della filosofia è il medesimo dell'arte e della religione; e se a prima vista esso appare «diverso», tale diversità viene riassorbita nel momento stesso in cui se ne riconosce l'assoluta necessità. Necessità, peraltro, che, in quanto non è "esterna" o "imposta" al soggetto, ma che, anzi, proprio in esso trova il proprio fondamento, si converte in libertà.

10-19 Questo difficile paragrafo specifica l'ambito proprio della filosofia mettendolo a confronto con quello della religione. Partendo dal presupposto (ormai chiaro) che religione e filosofia possiedono il medesimo oggetto, si chiarisce qui ulteriormente che la filosofia costituisce l'inveramento dei gradini precedenti, i quali, in quanto la preparano e la rendono possibile, sono ad essa necessari. Hegel allude alla progressiva adeguazione (nell'arte e nella religione) della forma al contenuto: adeguazione che da ultimo si ottiene nella filosofia, nella quale i due elementi trovano finalmente la loro piena coincidenza.

La filosofia necessita dunque dei momenti che la precedono, esattamente come per giungere all'ultimo gradino di una scala servono i gradini intermedi, ma li colloca al loro giusto posto e pertanto essi non sono più *presupposti* da essa come momenti autonomi assorbiti in qualche modo nel momento successivo, ma diventano suoi effettivi *componenti* (rr. **15-18**).

20-25 La filosofia non è che la raggiunta identità dell'idea che pensa e dell'idea che è pensata: non a caso Hegel pone a conclusione dell'*Enciclopedia* il passo celeberrimo del libro XII della *Metafisica* aristotelica in cui si parla della divinità come «pensiero di pensiero», ovvero come perfetta identità di soggetto e oggetto (rr. **20-21**). Con questo compimento si chiude il grande circolo dell'*Enciclopedia*: il sapere ritorna su di sé e l'itinerario dell'idea si conclude. Essa ha guadagnato ormai il sapere assoluto, è perfettamente adeguata al proprio oggetto: questo non significa che non abbia più nulla da fare, che il movimento si fermi (come alcuni interpreti hanno inteso), ma solo che l'inadeguatezza tra il sapere e l'essere è venuta meno. Tutto può ancora accadere, ma tutto ciò che accadrà verrà inteso appieno dall'idea. Il «giudizio presupponente» (r. **23**) è quello costretto ad ammettere un qualcosa di dato, cioè di non pienamente giustificabile, di "opaco" al concetto; ora, invece, nulla più dev'essere presupposto, perché tutto quello che c'è e ci sarà si presenta come assolutamente trasparente al concetto. Siamo dunque tornati alla logica, almeno in quanto in essa l'idea si esprimeva liberamente, ma ora il risultato è arricchito da tutte le mediazioni che hanno avuto luogo, da tutti i gradini che sono stati attraversati.

UNITÀ 9
Hegel

 ON LINE
VERIFICA
INTERATTIVA

1. I capisaldi del sistema hegeliano

1 Nei suoi scritti religiosi giovanili, Hegel individua nella "scissione" e nell'"armonia" i tratti rispettivamente:

a della morale ebraica e di quella greca

b della morale ebraica e di quella kantiana

c della morale greca e di quella kantiana

d della morale cristiana e di quella moderna

2 Quando si parla di "risoluzione del finito nell'infinito", si intende dire che per Hegel:

a l'infinito come tale non esiste, poiché non ne possiamo fare esperienza

b il finito come tale non esiste, poiché esiste un'unica realtà infinita

c il finito e l'infinito per l'intelletto umano coincidono

d il finito è reale e l'infinito è razionale

3 Nel definire i tre momenti della dialettica, Hegel utilizza il termine *Aufhebung* per indicare:

a l'"affermazione" della tesi

b la "negazione" della tesi operata dall'antitesi

c il "superamento" della tesi e dell'antitesi nella sintesi, che toglie e conserva insieme

d la "negazione" dell'antitesi operata dalla sintesi

4 Facendo riferimento al rapporto dell'hegelismo con le filosofie precedenti, indica se le affermazioni riportate nella colonna a fianco sono vere o false.

a. Hegel critica il concetto illuministico di "ragione" in quanto intelletto "astratto"   **V** **F**

b. Hegel si riconosce nella filosofia del finito di Kant, ma critica l'antitesi kantiana tra essere e dover essere   **V** **F**

c. Pur accogliendo dai romantici alcune importanti suggestioni sul tema dell'infinito, Hegel ne critica la prospettiva sentimentalistica o fideistica   **V** **F**

d. Hegel scorge nella filosofia di Fichte il pericolo di un dualismo di tipo kantiano tra spirito e natura   **V** **F**

e. La nozione fichtiana di un infinito "irraggiungibile" costituisce, secondo Hegel, il nucleo portante dell'idealismo   **V** **F**

f. Riconoscendosi nella filosofia di Schelling, Hegel ne accoglie la definizione dell'Assoluto come unità indifferenziata   **V** **F**

5 Utilizza le espressioni e i termini elencati di seguito per completare la frase riportata sotto, relativa all'identità di reale e razionale.

struttura razionale - materia caotica - razionalità - idealità - forma - realtà - ragione - pensiero

Il soggetto spirituale infinito che sta alla base della realtà viene denominato da Hegel "idea" o "................ ....", termini che esprimono l'identità di .... ed essere o, meglio, di ragione e .... Da ciò il noto aforisma hegeliano: «Ciò che è razionale è reale; e ciò che è reale è razionale».

Con la prima parte della formula, Hegel intende dire che la .... non è pura ...., astrazione, ma la .... stessa di ciò che esiste; con la seconda parte intende invece affermare che la realtà non è una ...., ma il dispiegarsi di una ....

6 Collega le tesi di fondo dell'idealismo hegeliano elencate sotto (colonna di sinistra) con le affermazioni che vi corrispondono (colonna di destra).

a. risoluzione del finito nell'infinito

b. identità tra ragione e realtà

c. funzione giustificatrice della filosofia

1. il compito della filosofia è la comprensione della struttura razionale del reale

2. la razionalità non è un'astrazione, ma la forma di tutto ciò che esiste

3. la realtà è un organismo unitario di cui tutto ciò che esiste è una manifestazione

7 A che cosa allude Hegel, nei suoi scritti giovanili, con l'espressione «positività della religione cristiana»? (max 6 righe)

8 Elenca e illustra sinteticamente i tre momenti o aspetti del pensiero dialettico. (max 6 righe)

9 Chiarisci il concetto hegeliano di "dialettica", spiegando in che senso, per il filosofo tedesco, la dialettica è al tempo stesso legge ontologica di sviluppo della realtà e legge logica della sua comprensione. (max 15 righe)

10 Richiamando l'articolazione triadica e circolare dell'Assoluto (ovvero i tre passaggi dello sviluppo dell'idea), illustrane il collegamento con lo schema dialettico e spiega in che senso si può parlare di un generale "ottimismo" della prospettiva hegeliana. (max 15 righe)

2. La *Fenomenologia dello spirito*

11 La prima parte della *Fenomenologia dello spirito* si articola in:

- **a** intelletto, ragione, spirito
- **b** intelletto, spirito, religione
- **c** coscienza, autocoscienza, ragione
- **d** coscienza, intelletto, ragione

12 La *Fenomenologia dello spirito* si apre con la figura della:

- **a** certezza sensibile
- **c** ragione attiva
- **b** coscienza infelice
- **d** anima bella

13 Il passaggio dalla coscienza all'autocoscienza coincide con uno spostamento dell'attenzione:

- **a** dal soggetto all'oggetto
- **b** dall'oggetto al soggetto
- **c** dall'intelletto alla ragione
- **d** dalla ragione all'intelletto

14 Con riferimento alla prima parte della *Fenomenologia dello spirito*, indica se le seguenti affermazioni sono vere o false.

a. La certezza sensibile costituisce la forma di conoscenza più certa e ricca ☐V ☐F

b. Con il passaggio dalla coscienza all'autocoscienza si abbandona l'ambito astrattamente gnoseologico ☐V ☐F

c. La figura del "servo-signore" appartiene all'ambito della coscienza ☐V ☐F

d. La verità dell'autocoscienza è costituita dalla ragione ☐V ☐F

e. Da osservativa, la ragione diventa attiva quando comprende che l'unità dell'io con il mondo non è "data", ma deve essere "realizzata" ☐V ☐F

f. La ragione "legislatrice" si pone al di sopra delle leggi per esaminarne la validità universale ☐V ☐F

15 Utilizza le espressioni e i termini elencati di seguito per completare la frase riportata sotto, relativa alla figura della coscienza infelice.

oltre - infelicità - coscienza - affermazione di una verità - Dio

Nella figura della "coscienza infelice" la contraddizione tra negazione *della* verità e .... diviene esplicita e assume la forma di una separazione radicale tra l'uomo e .... Questa opposizione, che corrisponde alla collocazione della verità e del senso in un "...................." inattingibile, produce nella .... una lacerazione che genera ....

17 In che senso Hegel utilizza il termine "fenomenologia"? (max 6 righe)

18 La *Fenomenologia dello spirito* può essere considerata secondo una prospettiva sincronica o diacronica: che cosa significa questa affermazione? (max 6 righe)

19 In che modo lo scetticismo "supera" lo stoicismo e in quale figura viene a sua volta superato? (max 6 righe)

16 Collega le parti della *Fenomenologia dello spirito* (colonna di sinistra) con le figure che in esse vengono trattate (colonna di destra)

a. Coscienza

b. Autocoscienza

c. Ragione

1. piacere e necessità, legge del cuore, virtù

2. certezza sensibile

3. signoria e servitù

4. stoicismo, scetticismo, coscienza infelice

5. ragione osservativa, individualità in sé e per sé

6. percezione e intelletto

20 Illustra sinteticamente la figura della coscienza infelice e chiarisci i motivi per cui può essere considerata come la cifra dell'intera *Fenomenologia*. (max 15 righe)

21 La seconda parte della *Fenomenologia* descrive lo sviluppo della ragione ormai diventata spirito: illustrane sinteticamente i passaggi principali. (max 15 righe)

3. L'*Enciclopedia delle scienze filosofiche in compendio*

22 La logica hegeliana si suddivide in:

- a dottrina dell'essenza, dell'apparenza, della realtà
- b dottrina del concetto soggettivo, oggettivo, assoluto
- c logica dell'essere, dell'essenza, del concetto
- d logica dell'essenza, del concetto, dell'idea

23 L'ultima tappa della filosofia della natura è:

- a la meccanica
- b la fisica
- c la fisica organica
- d l'antropologia

24 Il diritto, la moralità e l'eticità costituiscono i tre momenti:

- a dello spirito soggettivo
- b dello spirito oggettivo
- c dell'idea in sé
- d dell'idea fuori di sé

25 In riferimento alla logica hegeliana, indica se le seguenti affermazioni sono vere o false.

a. La logica è lo strumento (*órganon*) di cui si serve la filosofia per conoscere il reale   V   F

b. L'oggetto della logica è la struttura programmatica, razionale, della realtà   V   F

c. Le figure della fenomenologia e le categorie della logica presentano contenuti diversi   V   F

d. Il passaggio dall'essere indeterminato all'essere determinato corrisponde al passaggio dal pensiero metafisico al pensiero scientifico   V   F

e. La logica dell'essenza è caratterizzata dalla "riflessione" su un oggetto   V   F

f. Il concetto è la forma in cui il soggetto si "comprende" nel suo dispiegarsi dialettico   V   F

26 Utilizza i termini elencati di seguito per completare la tabella riportata sotto, in cui sono indicati i tratti fondamentali della tripartizione dello spirito oggettivo.

esterna - libertà - contratto - volontà - azione - proponimento - Stato - bene - istituzioni

LO SPIRITO OGGETTIVO		
diritto astratto	Riguarda la manifestazione .... della .... delle persone	Si articola in: – proprietà – .... – diritto contro il torto
moralità	Riguarda la .... soggettiva quale si manifesta nell'...............	Si articola in: – .... – intenzione e benessere – bene e male
eticità	Riguarda la realizzazione del .... nelle .... sociali	Si articola in: – famiglia – società civile – ....

27 Collega le tre forme dello spirito assoluto (colonna di sinistra) con le modalità con cui, in ciascuna di esse, è conosciuto l'Assoluto (colonna di destra).

a. arte   1. rappresentazione

b. religione   2. concetto

c. filosofia   3. intuizione sensibile

28 Collega i tre grandi momenti della storia dell'arte (colonna di sinistra) con il tipo di rapporto tra contenuto spirituale e forma sensibile che le caratterizza (colonna di destra).

a. simbolica   1. equilibrio tra contenuto spirituale e forma sensibile

b. classica   2. squilibrio tra contenuto spirituale e forma sensibile (prevalenza della materia e della sensibilità)

c. romantica   3. nuovo squilibrio tra contenuto spirituale e forma sensibile (rarefazione della materia)

29 In che cosa consiste il passaggio dall'essere all'essenza? *(max 6 righe)*

30 Quale rapporto intercorre, secondo Hegel, tra la filosofia della natura e la fisica empirica? *(max 6 righe)*

31 In che senso, per Hegel, l'eticità è la sintesi di diritto e moralità? *(max 6 righe)*

32 Quali sono le tre grandi epoche individuate da Hegel nella storia dell'umanità e a quale livello corrispondono del cammino dello spirito verso la libertà? *(max 6 righe)*

33 Elenca e analizza sinteticamente i principali motivi della critica hegeliana alla morale e, in particolare, alla morale kantiana. *(max 15 righe)*

34 La concezione hegeliana dello Stato si differenzia radicalmente da altri modelli politici. Indica i motivi per i quali Hegel rifiuta ciascuna delle seguenti prospettive:
– liberale;
– democratica;
– contrattualistica;
– giusnaturalistica. *(max 15 righe)*

35 Illustra sinteticamente il rapporto che intercorre tra religione e filosofia, soffermandoti anche sui diversi significati che la formula «pensiero *di* Dio» assume in riferimento ai due diversi ambiti. *(max 15 righe)*

LABORATORIO DELLE IDEE

Hegel e lo spettacolo della natura

Nel luglio del 1796, a venticinque anni, **Hegel** trascorre alcuni giorni in montagna e annota le proprie emozioni in un breve *Diario di viaggio sulle Alpi bernesi*. Per quanto privo di qualsiasi pretesa teoretica, questo scritto giovanile fa emergere con chiarezza l'idea che il filosofo tedesco ha della cosiddetta "forza" della natura tanto celebrata dalla pittura romantica di paesaggio e ricondotta da Kant al sentimento del «sublime». Il "quadro" delle vette alpine e delle loro nevi perenni non lo affascina particolarmente; anzi, l'angustia delle valli lo deprime e il bianco sconfinato dei ghiacciai gli comunica un senso di monotonia che non sa risvegliare l'attenzione dello spirito.

VERSO LE COMPETENZE
▸ Leggere, comprendere e interpretare un testo
▸ Riflettere e argomentare, individuando collegamenti e relazioni

> Il solo spettacolo che pare attirare l'attenzione del giovane Hegel è quello offerto dalle cascate, in cui egli riconosce la rappresentazione visibile del movimento dialettico, in cui permanenza e mutamento coesistono. Riecheggiando l'infinito "oceano" della sostanza spinoziana e le sue infinite "increspature" (i modi attraverso i quali tale sostanza si esprime), questo perenne fluire dell'identico è l'anticipazione naturalistica dell'idea dello spirito quale soggetto eterno e unico, che si manifesta nella contingenza molteplice del finito. Così, se esiste un aspetto per cui Hegel apprezza la natura, questo è certo il suo essere metafora della forza dialettica dello spirito, che lo spettacolo naturale riesce a rappresentare meglio di qualsiasi quadro:
>
> «Un quadro può offrire soltanto una parte dell'impressione totale, ovvero la medesimezza dell'immagine ch'esso deve fornire con parti e contorni determinati; di contro, l'altra parte dell'impressione, l'eterno, inarrestabile mutamento di ogni parte, l'eterno dissolversi di ogni onda, di ogni schiuma, che trascina continuamente l'occhio con sé e non permette allo sguardo di conservare, se non per attimi, la medesima direzione, tutta questa potenza, tutta questa vita, va interamente perduta».

(G. W. F. Hegel, Diario di viaggio sulle Alpi bernesi, trad. it. di T. Cavallo, Ibis, Pavia 1990, p. 57)

Comprensione del testo

1. Che cosa vede il giovane Hegel nello spettacolo naturale delle cascate?

2. In che senso, in una cascata, «permanenza e mutamento coesistono»?

3. Perché le cascate che attirano l'attenzione di Hegel richiamano «l'infinito "oceano" della sostanza spinoziana»?

4. Quali sono gli elementi dello spettacolo della natura che la rappresentazione pittorica non riesce a trattenere?

Riflessione

5. Non soltanto il giovane Hegel, ma anche l'Hegel maturo polemizzerà spesso con Kant e con i romantici, non comprendendo il loro entusiasmo per l'immensità degli spazi naturali, in cui non scorgerà altro che il segno di un infinito statico e inerte. Alla mancanza di compiutezza di questa «cattiva infinità», espressione della cieca necessità naturale, egli preferirà sempre la vita dello spirito, "infinito" nel senso di libero e compiuto in se stesso. Metti a confronto la concezione hegeliana della natura e quella presente nella pittura romantica e nella dottrina kantiana del «sublime» ed esprimi la tua personale opinione al riguardo.

TAVOLA ROTONDA

Dalla sostanza delle cose al soggetto del mondo

Partecipanti: **Cartesio**, **Spinoza**, **Kant**, **Hegel**

Moderatore Il termine latino *substantia* (da *substare*, "soggiacere") traduce il greco *ousía* e indica ciò che "sta sotto" o "sorregge" il cambiamento accidentale di una cosa, permanendo sempre identico e consentendo così di affermare che si tratta sempre della "stessa" cosa. In greco, infatti, e in particolare in Aristotele, l'*ousía* è anche detta *hypokéimenon*, vocabolo tradotto in latino con *sub-iectum*, "soggetto", che letteralmente significa ciò che è "posto sotto" le molteplici e mutevoli proprietà accidentali.

Per i Greci (così come per i medievali), la sostanza (*ousía*) è inoltre "soggetto" (*hypokéimenon*) anche in un'accezione logico-grammaticale, cioè in quanto individuo o ente di cui si possono "predicare" (o affermare) determinate proprietà. Per fare un esempio: "l'albero del mio giardino" è soggetto dell'"essere verde" non soltanto in senso *ontologico* (in quanto "sostiene" tale caratteristica), ma anche in senso *logico* (per cui posso costruire la frase: "l'albero del mio giardino è verde").

A introdurre un nuovo significato dei termini "sostanza" e "soggetto" è la filosofia moderna, e in particolare Cartesio, che sposta l'attenzione da *ciò* che "sorregge" il mutamento delle cose (principio "oggettivo") a *chi* percepisce o pensa questo stesso mutamento (principio "soggettivo").

Cartesio

Secondo la prospettiva "soggettivistica" da me inaugurata, nell'incessante divenire del mondo il vero punto di riferimento stabile non è la "cosa" (*res*) o l'*oggetto*, con il mutare delle sue qualità o proprietà, ma il *soggetto*, che si pone come fondamento dello stesso oggetto: una cosa può "diventare" verde perché c'è un soggetto che la vede e che vede il mutare del suo colore; senza un soggetto che lo percepisca, non soltanto non ci sarebbe il cambiamento, ma neppure l'oggetto che cambia.

Per Tommaso d'Aquino, che rappresenta il culmine dell'ontologia classica, il principio indiscutibile da cui prende avvio il processo conoscitivo poteva essere formulato così: *aliquid est*, "c'è qualcosa"; il mondo è lì, la sua "sostanza" è qualcosa di dato, prima e indipendentemente dal soggetto che deve conoscerlo. Io ho cercato di dimostrare che l'esistenza della realtà esterna non è affatto evidente, né originaria: **la realtà non è "data", ma sussiste in quanto è "pensata"**, ovvero inclusa nell'attività di una coscienza. Per questo il **principio indiscutibile di ogni sapere** non è *aliquid est*, bensì *cogito* (io penso), poiché posso dubitare di qualsiasi cosa, ma non posso dubitare di pensare. Il **soggetto che pensa** è dunque il vero **fondamento della conoscenza del mondo**.

Moderatore Ma, oltre a essere il principio da cui è necessario partire per conoscere la realtà, il soggetto pensante è anche "sostanza"?

552

Cartesio

Questo è esattamente ciò che ho affermato. Dal *cogito*, infatti, derivano da una parte la mia **certezza di esistere**, e dall'altra la mia certezza di esistere **come «cosa pensante»** (*res cogitans*). Ho utilizzato il termine *res*, tipico dell'ontologia premoderna, proprio per sottolineare la **"sostanzialità" del pensiero**, che è sia l'insieme degli atti del pensare (il dubitare, il concepire, l'affermare, il negare ecc.), sia ciò che "sostiene" tali atti, vale a dire il "soggetto" (*sub-iectum*) o la "sostanza" che pensa. Per definire questo "sostegno" ontologico ho utilizzato anche l'espressione **«sostanza spirituale»**, avvicinando la mia nozione di "io" a quella tradizionale di "spirito" o "anima":

io non sono, dunque, per parlar con precisione, se non *una cosa che pensa* [*res cogitans*] e cioè *uno spirito, un intelletto* o *una ragione*, i quali sono termini il cui significato m'era per lo innanzi ignoto. [...] E che cos'è una cosa che pensa? È una cosa che dubita, che concepisce, che afferma, che nega, che vuole, che non vuole, che immagina anche, e che sente. (*Meditazioni metafisiche*, II, in *Opere filosofiche*, vol. 1, pp. 208-209)

Moderatore Secondo alcuni pensatori, "deducendo" l'esistenza della sostanza spirituale (della *res cogitans*) dall'esistenza del pensiero (dal *cogito*), Cartesio avrebbe indebitamente "sostanzializzato" un atto (l'atto del pensare), confondendo un'azione con il soggetto che la compie. Se davvero il soggetto è riconducibile ai suoi "atti", come può definirsi "sostanza"? La sostanza, infatti, è una realtà sempre identica a se stessa, mentre gli atti che essa "sorregge" sono mutevoli. A partire da questa considerazione la tradizione empirista inglese (Hobbes, Locke e Hume) porta avanti una critica radicale del carattere sostanziale attribuito da Cartesio al soggetto. Per Hume, in particolare, l'io non ha affatto natura sostanziale: non è una "cosa" stabile e permanente, di cui possiamo fare esperienza come facciamo esperienza degli altri oggetti, ma solo un susseguirsi (un "fascio") di percezioni.
Pur partendo da presupposti completamente diversi, e cioè da una difesa dell'idea di "sostanza", Spinoza perviene a un'analoga dissoluzione della concezione cartesiana del soggetto come sostanza spirituale o anima.

Spinoza

Nella mia riflessione sono partito dalla definizione della "**sostanza**" come **realtà autonoma e autosufficiente dal punto di vista sia ontologico, sia logico**: la sostanza «è in sé», nel senso che non deve "appoggiarsi" ad altro per esistere, e «si concepisce per sé», in quanto è un concetto che, per essere pensato, non necessita di altre nozioni:

Intendo per sostanza ciò che *è in sé* e *per sé si concepisce*: vale a dire ciò il cui concetto non ha bisogno del concetto di un'altra cosa dal quale esso debba essere formato. (*Etica*, I, def. III)

Già Aristotele aveva riconosciuto questi stessi tratti come caratteristici della sostanza, ritrovandoli in una molteplicità di «sostanze prime» o di «individui» (questo cane, questo albero, Socrate ecc.), che egli considerava come soggetti *ontologici* (o reali) di proprietà e come soggetti *logici* di predicati. Ma come potesse l'individuo determinato essere "sostanza", pur essendo, in quanto materiale, sottoposto alla generazione e alla corruzione, Aristotele non era riuscito a spiegarlo, tanto che, in maniera oscillante, chiamava "sostanza" sia la «forma» delle cose, che permane identica "sotto" il mutare degli accidenti, sia la «materia» eterna, che fa da sostrato ai mutamenti delle forme.
Una medesima ambiguità, a mio avviso, si riscontra in Cartesio, il quale, sottolineando anch'egli il carattere di autonomia e autosussistenza della sostanza, la definisce come «una cosa che esiste in tal modo da non aver bisogno che di se medesima per esistere» (*I principi della filosofia*, I, 51, p. 51). Ma Cartesio non si attiene fedelmente alla sua definizione e, anziché applicarla (come a mio parere avrebbe dovuto fare) solo a Dio, accanto alla sostanza divina ne distingue altre due: una di natura spirituale, e cioè la *res cogitans* (di cui abbiamo appena parlato); l'altra di natura materiale, e cioè la *res extensa*. Il pensiero e l'estensione cartesiani sono "sostanze" nel senso che sono concetti originari o primi (cioè non devono "appoggiarsi" ad altre nozioni per essere concepiti) e non hanno bisogno di alcun singolo pensiero, né di alcun singolo corpo per esistere.

Ma anche Cartesio è costretto ad ammettere che si tratta di sostanze (non a caso da lui definite «seconde» o «derivate») che dipendono da Dio, origine di ogni pensiero e creatore di ogni cosa materiale. Sulla base di queste osservazioni, la conclusione a cui sono pervenuto s'impone con forza: **"sostanza" in senso proprio è solo Dio**, che, essendo l'unico ente o l'unica realtà che non deriva da altro, è veramente **«causa di sé»** (*causa sui*).

Moderatore Ma, in questa prospettiva, che cosa sono il pensiero e l'estensione? E che cosa sono i diversi soggetti pensanti (le diverse «anime», come direbbero Aristotele e Cartesio) e i diversi corpi?

Spinoza

Il **pensiero** e l'**estensione** sono **«attributi» della sostanza divina**, cioè aspetti qualitativamente diversi colti dall'intelletto umano nel momento in cui cerca di conoscere l'essenza costitutiva della sostanza.
E le **singole menti** e i **singoli corpi** sono **"modificazioni" accidentali della sostanza**, cioè:

modi con cui gli attributi di Dio vengono espressi in maniera definita e determinata.

(*Etica*, I, prop. XXV, corollario)

Ogni «mente» o «anima» è quindi una modificazione dell'unico pensiero, e ogni corpo è una modificazione dell'unica materia o estensione.
È Dio la sostanza di tutte le cose: siano esse singole idee o singoli corpi, possono essere pensate ed esistono solo se ricondotte ai due orizzonti infiniti del pensiero e dell'estensione, che a loro volta si "appoggiano" a un sostegno ulteriore, la sostanza divina (unica e infinita), di cui sono manifestazioni.
Che esista il pensiero è dunque certo, per me come per Cartesio, ma il suo "soggetto" non è la mente umana finita: **non "io penso", ma "Dio pensa"**. La mente umana non è che un'"increspatura" nell'abisso dell'unica sostanza divina:

Ne deriva che la *mente umana è una parte dell'infinito intelletto di Dio* e perciò quando diciamo che la mente umana percepisce questo o quello non diciamo altro se non che Dio ha questa o

quella idea, non in quanto è infinito, ma in quanto si manifesta attraverso la natura della mente umana, ossia in quanto costituisce l'essenza della mente umana.   (*Etica*, II, prop. XI, corollario)

Moderatore Una svolta decisiva nella storia dell'idea di sostanza si deve a Kant, con il quale l'ontologia lascia il passo all'«analitica dell'intelletto».

Kant

In effetti, con quella che io stesso ho definito come una "rivoluzione copernicana" in campo gnoseologico, ho spostato l'attenzione dalla *realtà* che l'uomo conosce alle *strutture mentali* con le quali le si accosta, riconoscendo a queste ultime la capacità di contribuire alla stessa «costituzione» degli oggetti della conoscenza. Se nella prospettiva sostanzialistica la realtà è formata da un ordine stabile di sostanze, "rispecchiate" nella mente umana da altrettanti "concetti" o idee, nella mia dottrina (sotto questo aspetto già anticipata dalla riflessione di Hume) le sostanze così intese non esistono più: il termine "sostanza" non si riferisce al risultato di una sorta di "astrazione" operata a partire dalla "realtà in sé", ma è una delle **forme *soggettive***, tipiche dell'**intelletto umano**, utilizzate per produrre un contesto di possibili relazioni in cui gli *oggetti*, con i nessi che li collegano, si costituiscono come "fenomeni". Ho chiamato queste forme dell'intelletto **«categorie»**, o **«concetti puri»** (poiché non derivano dall'esperienza), e le ho intese non come *proprietà delle cose* (da "registrare" in maniera passiva), ma come ***funzioni del soggetto***, che si "applicano" (attivamente) ai dati provenienti dalla sensibilità.

Moderatore In questo modo però non muta soltanto la concezione della realtà, ma anche e soprattutto quella del soggetto che la conosce…

Kant

Sì, certo. Una volta dissolta l'idea di "sostanza" (in generale), non restava infatti che affrancare anche la nozione dell'**io** da quei residui sostanzialistici ancora presenti nella concezione cartesiana. In questa mia operazione ho ovviamente tenuto conto della critica di Hume alla natura sostanziale dell'io, ma senza per questo ignorare i meriti della riflessione di Cartesio, che con il *cogito* aveva inteso ricondurre la conoscenza a un fondamento "soggettivo". Questa sorta di "mediazione" tra la riflessione cartesiana e quella humiana mi ha portato a concepire l'io non come una "cosa", ma come una "attività", ovvero, più precisamente, come una **funzione connettiva** capace di **dare una forma unitaria all'esperienza**.

Si tratta di un passaggio complesso e importante. Come ho detto, l'**io** non è una "cosa", ma una "attività", e per di più un'**attività di cui siamo consapevoli**. Nel dubitare, infatti, io *so* di dubitare; nel percepire, *so* di percepire ecc. Questo significa che sono consapevole della mia distinzione non soltanto dagli oggetti, ma anche dalle operazioni mentali che di volta in volta compio. L'io, quindi, non coincide interamente con le sue operazioni, ma è un sapere che in qualche modo le trascende e nello stesso tempo le "unifica" in sé: è «coscienza di sé», «autocoscienza», vale a dire **consapevolezza unitaria di tutte le sue attività**.

A ben pensarci, l'io non è dunque altro che **il principio, o il fondamento, che consente di giustificare l'unitarietà dell'esperienza**: *io* posso fare molte esperienze, ma posso dire che sono tutte *mie* esperienze solo se "so" di essere *io* a farle. L'*io* è quindi quella consapevolezza di sé che "lega" insieme tutte le percezioni e rappresentazioni, trasformandole da un "fascio" slegato in una coscienza continua e ininterrotta.

Questa "**permanenza del *soggetto***", cioè questo collegamento costante tra le varie esperienze, non va però intesa (è bene ripeterlo) come permanenza di una *sostanza*, ma come **una continua e consapevole *attività* di unificazione**: un «atto» che ho chiamato «**io penso**», con una formula che, letteralmente, non è che la traduzione del *cogito* cartesiano. Ho parlato anche di «**appercezione pura**», o «**appercezione originaria**», dal momento che ogni percezione o rappresentazione empirica (di questa o quella

cosa) implica la rappresentazione di me nell'atto di percepire o di rappresentare le cose:

> Ogni molteplice, dunque, della intuizione [sensibile] ha una relazione necessaria con l'*io penso*, nello stesso soggetto in cui questo molteplice si incontra. Ma questa rappresentazione [dell'io penso] è un atto della *spontaneità* [...]. Io la chiamo *appercezione pura* [...] o anche *appercezione originaria*, poiché è appunto quella autocoscienza che, in quanto produce la rappresentazione *io penso* – che deve poter accompagnare tutte le altre, ed è in ogni coscienza una e identica –, non può più essere accompagnata da nessun'altra. [...] io chiamo quelle rappresentazioni tutte *mie* rappresentazioni, solo perché io posso comprendere la loro molteplicità in una coscienza; altrimenti io dovrei avere un Me stesso variopinto, diverso, al pari delle rappresentazioni di cui ho coscienza.
>
> (*Critica della ragion pura*, par. 16)

La convinzione che l'«io penso» o l'autocoscienza sia una "cosa" (la *res cogitans* di cui parla Cartesio) deriva quindi dal confondere la rappresentazione "io penso" (condizione formale di ogni esperienza) con una qualunque rappresentazione empirica, tanto da applicarle la categoria della sostanza. L'«**io penso**» è invece una **rappresentazione "pura"**, che non soltanto non può essere oggetto di conoscenza (come accade invece alle rappresentazioni di origine sensibile, a cui la categoria di "sostanza" può essere legittimamente applicata), ma che anzi **precede e rende possibile ogni esperienza**.

Moderatore Portando alle estreme conseguenze questa prospettiva antisostanzialistica, Fichte concepisce l'io kantiano, o l'autocoscienza, come «attività creatrice assoluta», cioè non limitata da alcunché di dato o di esterno. Il soggettivismo kantiano si estremizza così nell'idealismo, e cioè in un panteismo spiritualistico ("tutto è soggettività o spirito") che finisce per ridurre la natura e la "sostanza" del mondo a materiale che sussiste in funzione dell'attività dell'io. Ma questa concezione subisce un'ulteriore, radicale trasformazione ad opera di Hegel.

Hegel

Uno degli aspetti fondamentali di tutto il mio pensiero è costituito dalla prospettiva intersoggettivistica con cui mi sono accostato al problema della sostanzialità dell'io. A mio avviso, infatti, il **vero soggetto della realtà** non può essere rintracciato nell'"io" (cioè nell'individuo singolo), ma nel "**noi**". L'io, del resto, si realizza pienamente e acquista consapevolezza di sé soltanto relazionandosi con altri io: ed è in questa **autocoscienza comune**, o **consapevolezza condivisa**, che risiede ciò che può essere considerato come **l'unica e autentica "sostanza"** (*ousía*), ovvero ciò che "sta sotto" a una molteplicità di determinazioni finite, "sorreggendole". Ho chiamato «**spirito**» questa «sostanza assoluta», la quale:

nella perfetta libertà e indipendenza […] di autocoscienze diverse per sé essenti, costituisce l'unità loro: *Io* che è *Noi*, e *Noi* che è *Io*.
(*Fenomenologia dello spirito*, vol. 1, p. 152)

Moderatore Ma, precisamente, che cos'è questa «sostanza assoluta» chiamata «spirito»?

Hegel

Lo spirito è l'**«eticità» di un popolo**, il suo *éthos* (inteso nel senso greco di "costume" o "dimora"), ovvero l'insieme delle credenze, dei valori, delle istituzioni e delle regole sociali che fanno da sfondo alle scelte e ai comportamenti dei singoli, orientandoli. Così intesa, l'«eticità» è la realtà nel senso più autentico della parola e costituisce la base sostanziale più idonea a "sorreggere" gli individui, la loro consapevolezza e la loro libertà. La natura, infatti, non potrebbe svolgere una tale funzione, dal momento che rimane "estranea" all'io, a cui anzi si oppone con il determinismo delle sue leggi; nella dimensione etica o culturale dello spirito, invece, l'io ha modo di riconoscere le proprie libere produzioni, e quindi di riconoscere se stesso. Risolvendo ogni individualità nell'unica sostanza divina, **Spinoza** aveva concepito la **sostanza senza il soggetto**; "svuotando" l'«io penso» di

ogni contenuto sostanziale e riducendolo alla "forma" unitaria dell'esperienza, **Kant** aveva invece pensato il **soggetto senza la sostanza**. Il mio tentativo è stato quello di superare questa astratta e sterile opposizione tra il sostanzialismo di Spinoza e il soggettivismo kantiano, secondo quanto ho dichiarato nella prefazione alla *Fenomenologia dello spirito*:

Secondo il mio modo di vedere […], tutto dipende dall'intendere e dall'esprimere il vero non come *sostanza*, ma altrettanto decisamente come *soggetto*.   (*Fenomenologia dello spirito*, "Prefazione", vol. 1, p. 13)

Individuando la **base "sostanziale" dell'io** nella dimensione intersoggettiva dell'«eticità» o della "cultura", ho in qualche modo superato il limite di Kant, dando al soggetto un "oggetto" con cui rapportarsi e in cui riconoscersi. Non a caso, proprio riferendomi alle produzioni culturali e alle formazioni sociali di una comunità (famiglia, società civile e Stato), ho parlato di «**spirito oggettivo**», espressione con la quale ho voluto sottolineare che si tratta di una sorta di «**seconda natura**», ovvero di **qualcosa che sta "di fronte" all'individuo** come qualcosa di già "dato", di già "costituito", come un "oggetto" appunto.
Ma, andando oltre Spinoza, ho voluto restituire il giusto peso al soggetto, evidenziando che questa "sostanza etica" si fa autocoscienza solo quando viene "assimilata" dalle singole coscienze, che se ne "riappropriano" riconoscendo che i "prodotti" culturali (a differenza del mondo naturale) sono in realtà **un loro prodotto**, in quanto frutto della libera creatività dell'uomo nella storia.

Moderatore Si tratta dunque di una sorta di "riconciliazione" tra la sostanza e il soggetto…

Hegel

In un certo senso sì. Nella *Fenomenologia dello spirito* ho descritto il processo di "assimilazione" che porta il soggetto a (ri-)appropriarsi della sua sostanza (etica), evidenziando le diverse tappe attraverso le quali l'io, accrescendo gradualmente il proprio sapere (o, meglio, la propria autoconsapevolezza), giunge a riconoscersi in ciò che l'umanità in cammino (lo spirito) ha prodotto. Il punto di approdo di questo "racconto" è proprio l'identità di **soggetto e sostanza**, ma si tratta di un'**identità dialettica**, in cui i due termini vanno pensati insieme senza che questo significhi annullarli l'uno nell'altro, bensì mantenendoli entrambi come elementi inscindibili che costituiscono il **risultato di un processo**. Per me **la sostanza è soggetto** nel senso che *deve diventare* soggetto, cioè acquistare "coscienza" di sé attraverso il cammino delle singole coscienze per realizzarsi pienamente come realtà spirituale; e, viceversa, **il soggetto è sostanza** nel senso che *deve diventare* sostanza, cioè acquisire consapevolezza di essere esso stesso sostanza per dare realtà (potremmo dire "oggettività") alla propria autocoscienza. Se nelle filosofie che mi hanno preceduto il soggetto e la sostanza (comunque intesi) erano due entità statiche e contrapposte, che si ponevano l'una di fronte all'altra in un rapporto difficilmente risolvibile, per me essi sono la medesima realtà (lo «spirito»), che in un certo senso si scinde e "diviene" al proprio interno.

Moderatore In questo senso, però, la filosofia idealistica sembra molto vicina al panteismo spinoziano…

Hegel

Non proprio. E la differenza sta nel carattere di dinamicità a cui ho appena accennato. Anche

Moderatore Da sostegno o substrato «quieto» e «quiescente» (per usare gli efficaci aggettivi hegeliani) a processualità dinamica: contemplata dalla metafisica classica come qualcosa di immobile e immutabile, con la filosofia moderna la nozione di sostanza comincia a "oscillare" tra il polo del soggetto (si pensi a Cartesio, ma anche a Kant) e quello dell'unica realtà oggettiva (come in Spinoza). Ma solo con lo sguardo dialettico di Hegel perde il suo carattere tranquillizzante di punto di riferimento stabile e permanente, per farsi movimento incessante, produzione dinamica di se stessa. Detto in altre parole: se per l'ontologia classica il rimedio alla forza nullificante del divenire è nella perma-

Spinoza, lo riconosco, aveva concepito la **realtà** come *causa sui*, dunque come movimento interno di un'unica sostanza; ma per me questo movimento non è qualcosa di già dato e di immutabile, bensì un **processo "vitale" di autoproduzione**. Analogamente, il soggetto non è (come per Cartesio e Kant) un centro stabile a cui riferire la realtà (conoscibile o meno che essa sia), ma è **sviluppo**, **movimento** che si realizza sia nel **divenire del mondo**, sia nella **comprensione razionale di esso**.

Per indicare tale «soggetto» che svela e coglie "in sé" la «verità della sostanza» ho parlato anche di «concetto» (*Begriff*, da *begreifen*, "afferrare insieme", proprio come il latino *conceptum* deriva da *concipere*, "prendere insieme"), alludendo a una realtà mobile, che incessantemente crea, riconosce e supera in sé la stessa differenza tra il soggetto che conosce e l'oggetto da conoscere:

il concetto è il *Sé* che […] non è un quieto soggetto che, immoto, sostenga gli accidenti; è anzi l'automoventesi concetto che riprende in sé le sue determinazioni. In tale movimento viene travolto anche quel quiescente soggetto; questo penetra nelle differenze e nel contenuto e, invece di starsene immoto di fronte alla determinatezza, la costituisce piuttosto; costituisce, cioè, il contenuto differenziato e il suo movimento. Il saldo terreno che il raziocinare ha nel soggetto quiescente, vacilla dunque; soltanto questo movimento diviene l'oggetto.

(*Fenomenologia dello spirito*, "Prefazione", vol. 1, p. 50)

nenza della sostanza, e per Spinoza (come per la scienza moderna) nel determinismo e nella necessità dell'ordine naturale, per Cartesio e per Kant (anche se in modi diversi, come abbiamo visto) il perno stabile della realtà risiede nella centralità dell'io. Ma con Hegel anche il soggetto è "ingoiato", per così dire, nel divenire, al punto che la sua sostanza appare non essere altro che la sua storia. L'uomo, per l'idealismo hegeliano, non è, ma *diviene*: è il risultato della sua evoluzione culturale (così come per Darwin sarà il frutto della sua evoluzione biologica). Hegel inaugura così quella crisi e quella critica "post-moderna" del soggetto che saranno riprese e radicalizzate dal pensiero del Novecento.

QUESTIONE

La guerra: follia da evitare o tragica necessità?

Kant, **Hegel**

Partiamo da alcune opere d'arte

Nell'immaginario del **futurismo**, uno dei più originali movimenti culturali del primo Novecento, la **guerra** si presenta come la **manifestazione benefica di una conflittualità che permea tutte le cose**. Pur con le sue asprezze, essa esercita una sorta di potere "chirurgico" nel ringiovanire l'uomo, restituendogli energia quando la sua vitalità ristagna. Nel *Manifesto del Futurismo*, redatto nel 1909 dal poeta Filippo Tommaso Marinetti (1876-1944), si afferma a chiare lettere: «Noi vogliamo glorificare la guerra – sola igiene del mondo – il militarismo, il patriottismo, il gesto distruttore» (da "Le Figaro", 20 febbraio 1909). E cinque anni dopo, ancor più esplicitamente, lo stesso Marinetti proclama: «La guerra [...] è una legge della vita. Vita = aggressione. Pace universale = decrepitezza e agonia delle razze. [...] Soltanto la guerra sa svecchiare, accelerare, aguzzare l'intelligenza umana, alleg-

gerire ed aerare i nervi» (*In quest'anno futurista*, Milano, 29 novembre 1914). Per i futuristi, dunque, la guerra non è soltanto il **motore della vita e della storia**, ma anche **esuberanza vitale, profusione salutare di energie, esplosione di creatività, ingegno e slancio liberatorio**. La stessa violenza non è un male, magari necessario, ma la sola reazione sana e risolutiva, addirittura entusiasmante, al torpore mortale dell'inerzia e della rassegnazione: «Non v'è bellezza, se non nella lotta».
Ispirate a questo **bellicismo appassionato**, le raffigurazioni futuriste della guerra sono una "festa" dei sensi, una danza di forme e di colori ottenuta mediante una sorta di caleidoscopica scomposizione della luce, che, generando geometrie

taglienti e vivide, "vibra" alla vista e simula il suono sordo delle esplosioni e il sibilo sottile degli aerei. Esemplare, in tal senso, è l'opera di **Gino Severini** (1883-1966) qui raffigurata, intitolata *Cannone in azione* (1915).

Gino Severini, *Cannone in azione*, 1915, olio su tela, collezione privata

Sulla guerra il Novecento ha però gettato anche uno sguardo severo e critico, interpretandola spesso come una **tragica follia**, come **qualcosa di indegno e disgustoso da bandire per sempre dalle relazioni umane**. Questo sentimento di orrore per la guerra trova un'esemplare manifestazione nella pittura di **Pablo Picasso** (1881-1973), il quale, attraverso le sue opere, non si è mai stancato di denunciare l'assurdità della violenza dell'uomo sull'uomo. Particolarmente significativa, in tal senso, è l'opera del 1951 intitolata **Massacro in Corea**, che rappresenta alcuni soldati americani nell'atto di fucilare un gruppo di donne e bambini. La scena si ispira a **Il 3 maggio 1808**, un dipinto realizzato nel 1814 da **Francisco Goya** (1746-1828), che vi ritrasse l'uccisione di alcuni patrioti spagnoli da parte delle truppe napoleoniche.

Nella "rilettura" di Picasso i boia assumono tratti "bionici", con forme squadrate e armature irreali, mentre le vittime della guerra, nella loro carnale e indifesa nudità, rimangono immobili e inermi davanti alla violenza, quasi "gonfie" e deformate dal dolore e dall'umiliazione. Rispetto alla scena ritratta da Goya, in cui un patriota con la camicia bianca leva le braccia al cielo, nella raffigurazione di Picasso non compare più alcun gesto di disperata vitalità o tensione ideale. Dopo l'immane carneficina della Seconda guerra mondiale, la guerra non può che apparire come un male assoluto, da cui non è possibile ricavare alcun bene.

Al di là dello sdegno morale che suscita, **la guerra è eliminabile o è un'invincibile fatalità** a cui l'uomo deve rassegnarsi?

Francisco Goya, *Il 3 maggio 1808 o Le fucilazioni alla montagna del principe Pio*, 1814, olio su tela, Madrid, Museo Nacional del Prado

Pablo Picasso, *Massacro in Corea*, 1951, olio su compensato, Parigi, Musée National Picasso

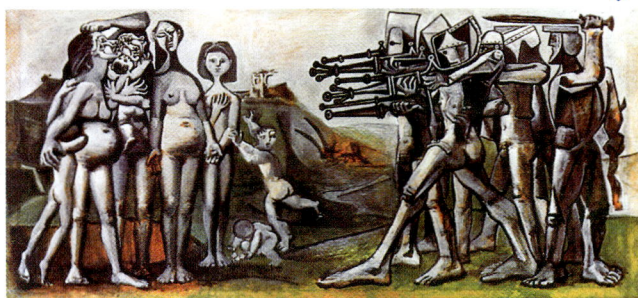

La guerra si può evitare?

Sulla base delle tue convinzioni personali,
rispondi a questo interrogativo scegliendo tra le opzioni che seguono.

1. Come altri comportamenti a lungo ritenuti "naturali" o "necessari", la guerra è in realtà il **prodotto artificiale** di una determinata cultura, un "prodotto" **che l'uomo**, grazie alla ragione e al diritto, **può definitivamente superare**.

2. La guerra è **inevitabile**: come ebbe a dire il generale prussiano Carl Phillip von Clausewitz (1780-1831), essa costituisce la «**prosecuzione della politica con altri mezzi**».

Illustra brevemente le ragioni che ti hanno indotto a prendere questa posizione.

Approfondiamo la questione
Dal senso comune alla filosofia

1. L'idea della "eliminabilità" della guerra trova una formulazione esemplare per chiarezza e rigore nello scritto di **Kant** *Per la pace perpetua* (1795). Gli Stati, secondo Kant, sono in grado di affrancarsi dalla condizione naturale di «guerra di tutti contro tutti», costituendo una «federazione mondiale». In tal senso la pace non è assurda utopia, ma un compito della ragione.

2. L'idea della "naturalità" della guerra è riconducibile al pensiero di **Hegel**, il quale considera l'idea kantiana di una «pace perpetua» come utopistica e astratta, perché, come aveva ben compreso Eraclito, dove c'è vita, c'è sempre anche conflitto. La guerra, pertanto, non solo è inevitabile ma, entro certi limiti, anche benefica per il progresso morale e civile dei popoli.

1. | La pace è possibile: **Kant**

Nel concepire lo scritto **Per la pace perpetua**, con sottile ironia **Kant** si ispira ai trattati di pace del suo tempo, suddividendolo in «articoli preliminari», «articoli definitivi» e, addirittura, fissando alcune clausole segrete.

La pace "positiva"

Nella prospettiva kantiana la parola "**pace**" non indica, come nel linguaggio diplomatico dell'epoca, la sospensione momentanea delle ostilità (pace negativa o tregua), ma «**la fine di tutte le guerre e per sempre**» (pace positiva).

Come è ampiamente dimostrato dai fatti, questa condizione di «pace perpetua» non è una condizione naturale della vita umana, ma uno «**schema utopico**» **prescritto dalla ragione pratica**: un «**ideale regolativo**» a cui l'uomo deve tendere mediante la realizzazione di un nuovo ordine giuridico e politico.

Un contratto fra gli Stati

Secondo Kant, infatti, la condizione naturale che vige tra gli Stati è una condizione di violenza ed egoismo paragonabile a quella che per Hobbes vige tra gli individui prima della costituzione dello Stato (cioè di un «potere comune» e sovra-individuale). Il requisito essenziale affinché gli Stati possano uscire da un tale stato di guerra è, dunque, il seguente:

> rinunciare, come i singoli uomini, alla loro libertà selvaggia (priva di leggi), sottomettersi a leggi coercitive pubbliche e formare così uno Stato di popoli [*civitas gentium*] che crescerebbe sempre di più fino ad abbracciare tutti i popoli della terra.
>
> (I. Kant, *Per la pace perpetua*, p. 87)

Animato da un'incrollabile fede nella ragione, convinto che la storia umana progredisca verso il meglio, Kant ritiene che l'amara esperienza delle guerre possa spingere i diversi Stati a rinunciare ai loro eserciti nazionali permanenti, cioè all'uso della forza, e a stipulare un «**contratto sociale originario**» volto alla fondazione di una «**federazione di Stati**»:

> quella stessa insocievolezza, che obbligava gli uomini a darsi una costituzione, è di nuovo la causa per cui ogni comunità nei rapporti esterni, cioè come Stato in rapporto a Stati, si mantiene in libertà illimitata e quindi deve aspettarsi dagli altri i mali che opprimevano i singoli uomini e li costrinsero a entrare in uno stato civile regolato dal diritto. La natura

pertanto si è valsa della discordia degli uomini […] come di un mezzo per trarre dal loro inevitabile antagonismo una condizione di pace e sicurezza; cioè essa, mediante la guerra, mediante gli armamenti sempre più estesi […], spinge a fare quello che la ragione, anche senza così triste esperienza, avrebbe potuto suggerire: cioè di uscire dallo stato eslege ["esterno" alla legge] di barbarie ed entrare in una federazione di popoli, nella quale ogni Stato, anche il più piccolo, possa sperare la propria sicurezza e la tutela dei propri diritti non dalla propria forza o dalle proprie valutazioni giuridiche, ma solo da quella grande *federazione dei popoli*, da una forza collettiva e dalla deliberazione secondo leggi della volontà comune […].

(I. Kant, Idea di una storia universale, in Scritti politici, p. 131)

Come si possa arrivare a questa «federazione dei popoli» Kant lo spiega mediante sei «articoli preliminari», che indicano le condizioni necessarie per eliminare le principali cause delle guerre, e tre **«articoli definitivi»**, che individuano i **requisiti necessari per una pace durevole**.

Nell'illustrare il contenuto del **primo articolo definitivo** («La costituzione civile di ogni Stato deve essere repubblicana»), il filosofo afferma che un **governo repubblicano** (cioè fondato sulla sovranità popolare) garantisce meglio la «libertà» all'interno e la «pace» all'esterno:

> *Il primo «articolo definitivo»*

In uno Stato a costituzione repubblicana, la decisione di intraprendere o meno la guerra può avvenire soltanto sulla base dell'assenso dei cittadini; in tale contesto, dunque, è fin troppo naturale che essi riflettano a lungo prima di iniziare un gioco così pericoloso […]. In una costituzione nella quale i sudditi non sono cittadini – dunque in una costituzione non repubblicana –, invece, fare la guerra è la cosa più facile del mondo, poiché il sovrano non è un membro dello Stato, ma ne è il proprietario, e […] può dunque decidere la guerra come fosse una sorta di partita di piacere.

(I. Kant, Per la pace perpetua, p. 73)

Quello di Kant, però, più che un generico **«pacifismo democratico»** (che riconduce la causa prima delle guerre al carattere dispotico dei governi) è un concreto **«pacifismo giuridico»**, come emerge dal **secondo articolo definitivo** («Il diritto internazionale deve essere fondato su un **federalismo di Stati liberi»**). La vera causa della guerra, secondo Kant, non sta nel fatto che il potere sovrano sia nelle mani di alcuni (sovrani dispotici) piuttosto che di altri (che potrebbero essere più moderati), ma sta nella sovranità statuale in quanto tale, cioè nell'assoluta libertà che ogni Stato ha nei confronti degli altri Stati. In assenza di un potere sovranazionale e di un monopolio internazionale della forza, ogni Stato ha il diritto di usare qualsiasi mezzo per fare valere il proprio diritto, o anche soltanto per fare valere il proprio potere. Quindi non è sufficiente che gli Stati diventino repubblicani; è necessario che essi trasferiscano la propria sovranità a un potere sovranazionale, "superando" in qualche modo la forma stessa dello Stato nazionale. «Il ragionamento che sta alla base di questa teoria – osserva Norberto Bobbio – è di una semplicità e anche di un'efficacia esemplari: allo stesso modo che agli uomini nello stato di natura sono state necessarie prima la rinuncia da parte di tutti all'uso individuale della forza e poi l'attribuzione della forza di tutti ad un potere unico destinato a diventare il detentore del monopolio della forza, così agli Stati, ripiombati nello stato di natura attraverso quel sistema di rapporti minacciosi e precari che è stato chiamato l'equilibrio del terrore, occorre compiere un analogo passaggio dalla situazione attuale di pluralismo di centri di potere […] alla fase di concentrazione del potere in un organo nuovo e supremo, che abbia nei confronti dei singoli Stati lo stesso monopolio della forza che ha lo Stato nei riguardi dei singoli» (*Il problema della guerra e le vie della pace*, pp. 84-85).

> *Il primo «articolo definitivo»*

Il terzo «articolo definitivo»

La terza pre-condizione necessaria per la pace perpetua (**terzo articolo definitivo**) consiste, secondo Kant, nella maturazione della consapevolezza che **la terra è una sorta di casa comune o "città del mondo"**, in cui l'umanità deve imparare a «socializzare in virtù del diritto al possesso comune della superficie della terra»:

> Qui, come nei precedenti articoli, non è questione di filantropia, ma di diritto, e in tal senso ospitalità significa diritto di ogni straniero a non essere trattato ostilmente quando arriva in un territorio altrui. Può esserne allontanato, se con ciò non gli si reca nessun danno; ma non si deve agire ostilmente contro di lui, finché si comporta in modo pacifico. [...] A causa della forma sferica della superficie [terrestre], infatti, gli uomini non possono disperdersi all'infinito, e sono quindi costretti in definitiva a sopportarsi gli uni accanto agli altri, senza che nessuno abbia però originariamente più diritto di un altro su una porzione della terra.
>
> (I. Kant, *Per la pace perpetua*, p. 91)

2. | La guerra è inevitabile

Diritto interno ed esterno

Per **Hegel** la proposta "pacifista" di Kant si fonda su un presupposto errato: il misconoscimento di una strutturale e ineliminabile differenza tra l'ambito del «**diritto statuale interno**», dove i conflitti tra individui possono e devono essere risolti con mezzi legali, essendo stato costituito un potere comune e un monopolio della forza, e l'ambito del «**diritto statuale esterno**» o internazionale, nella quale le controversie tra i singoli Stati possono essere legittimamente risolte anche con la forza, ogni volta che la diplomazia fallisca nella loro composizione pacifica.

Il limite della prospettiva kantiana secondo Hegel

Questa differenza tra sfera "interna" e sfera "esterna" allo Stato, in qualche modo riconosciuta anche da Kant, per Hegel è una condizione "necessaria": per quanto moralmente esecrabile, la guerra è una forma di autodifesa "legittima" e "naturale", alla quale ogni Stato, in assenza di un potere sovranazionale che ne limiti i diritti, può e deve ricorrere. Del resto l'ideale kantiano di una «federazione di Stati», capace di dirimere le controversie internazionali, è un buon proposito morale ma non può trovare fondamento nella realtà dei fatti, dal momento che qualunque organismo "superiore" a quello statuale sarebbe a sua volta l'espressione di «volontà sovrane particolari», e dunque non farebbe che riproporre, sebbene a un livello "superiore", il problema dei rapporti internazionali:

> Non c'è alcun pretore, al massimo arbitri o mediatori tra Stati, e anche questi in modo soltanto accidentale, cioè secondo volontà particolari. La concezione kantiana di una pace perpetua grazie a una federazione di Stati, la quale appianasse ogni controversia e, come un potere riconosciuto da ciascun singolo Stato, componesse ogni discordia, e con ciò rendesse impossibile la decisione per mezzo della guerra, presuppone la concordia degli Stati, la quale riposerebbe su fondamenti e riguardi morali, religiosi o quali siano, in genere sempre su volontà sovrane particolari, e grazie a ciò rimarrebbe affetta da accidentalità.
>
> (G.W.F. Hegel, *Lineamenti della filosofia del diritto*, par. 333, ann.)

La guerra come male necessario

Qual è, allora, il "giudice" o l'"**arbitro**" delle contese tra Stati? Per Hegel non c'è dubbio: **lo «spirito del mondo»**, cioè la storia in cui gli Stati nazionali nascono, crescono e si urtano violentemente. Nella prospettiva realistica di Hegel la guerra non solo è inevitabile, ma, in una certa misura, anche benefica, configurandosi come un male necessario, ossia come «un bene-mezzo per il raggiungimento di un bene-fine» (N. Bobbio), che è il progresso morale e civile dei popoli:

> La guerra ha il superiore significato che grazie ad essa […] la salute etica dei popoli viene mantenuta nella sua indifferenza di fronte al rinsaldarsi delle determinatezze finite, come il movimento dei venti preserva il mare dalla putredine, nella quale sarebbe ridotto da una quiete durevole, come i popoli da una pace durevole o addirittura perpetua.
>
> (G.W.F. Hegel, *Lineamenti della filosofia del diritto*, par. 324, ann.)

In quanto fuoco rigeneratore e incendio che distrugge e purifica, la guerra simboleggia per Hegel la **forza stessa della dialettica e dello spirito universale**, che travolge e "consuma" il finito in vista della realizzazione di una sempre maggiore libertà.

VERSO LE COMPETENZE
▶ Saper argomentare una tesi dopo aver ascoltato e valutato le ragioni altrui

Hai cambiato opinione?

Ora che hai ascoltato le ragioni dei filosofi, decidi se intendi rimanere fedele alla tua idea iniziale o se preferisci cambiarla, e indica in sintesi gli argomenti che ti hanno indotto a questa decisione.

Una questione aperta...

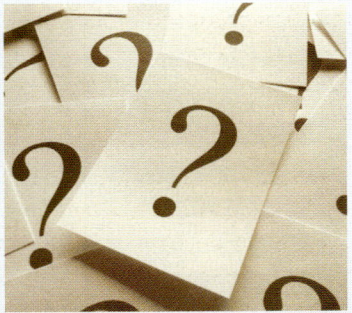

Nessuna questione incombe in modo così drammatico sull'attuale scena del mondo come quella della guerra e della pace: la storia darà ragione a Kant e alla sua fiducia illuministica nella pace, oppure all'amaro realismo di Hegel, che nel conflitto vede una necessità insuperabile?

A ben vedere, però, quella tra Kant e Hegel non è una vera alternativa. Per **Kant** la pace costituisce un «ideale della ragion pratica», a cui dobbiamo aspirare e tendere anche se non sappiamo se sia raggiungibile, mentre per **Hegel** sperare nella pace è legittimo, ma è tipico di un razionalismo astratto. La ragione, per Hegel, non ha il compito di prescrivere o auspicare il «dover essere», ma di comprendere «ciò che è»: così, se Kant guarda al futuro e traccia un compito morale che, per quanto irrealizzabile nella sua idealità, segna comunque una "direzione" per la vita dell'uomo, per parte sua Hegel, fedele all'idea che «la filosofia è il tempo presente appreso con il pensiero», rinuncia a qualsiasi slancio utopistico e si limita a constatare i fatti. E, stando ai fatti, la guerra è inevitabile. Del resto Kant afferma che la pace esige il superamento dello Stato nazionale moderno, che Hegel considera invece come l'ultimo prodotto della razionalità storica e che, per di più, ai suoi tempi non mostra segni di crisi o di dissoluzione.

INDICE DELLE VOCI DEI GLOSSARI

Indice delle voci dei glossari

INDICE DEI NOMI

Il neretto indica le pagine in cui l'autore è trattato analiticamente e la relativa sezione antologica;
il corsivo segnala la trattazione nelle rubriche.

REFERENZE BIBLIOGRAFICHE
DEI TESTI CITATI NELLE RUBRICHE

Descartes René
- *I principi della filosofia*, in *Opere filosofiche*, a cura di E. Garin, Laterza, Bari 1967, vol. 2
- *Meditazioni metafisiche*, in *Opere filosofiche*, cit., vol. 1

Einaudi Luigi
- *La guerra e l'Unità europea*, Il Mulino, Bologna 1986

Fichte Johann Gottlieb
- *Fondamenti dell'intera dottrina della scienza*, a cura di F. Costa, Laterza, Roma-Bari 1987
- *Seconda introduzione alla dottrina della scienza*, a cura di C. Cesa, Laterza, Roma-Bari, 1999
- *La dottrina della scienza 1804*, in M. Ivaldo, *Fichte. L'assoluto e l'immagine*, Studium, Roma 1983

Hegel Georg Wilhelm Friedrich
- *Fenomenologia dello spirito*, trad. it. di E. De Negri, La Nuova Italia, Firenze 1985, 2. voll.
- *Lineamenti di filosofia del diritto*, a cura di G. Marini, Laterza, Roma-Bari 1987

Hobbes Thomas
- *Elementi filosofici sul cittadino*, in *Opere politiche*, a cura di N. Bobbio, UTET, Torino 1988, vol. 1
- *Leviatano*, a cura di A. Pacchi, Laterza, Roma-Bari 2004

Hume David
- *Ricerca sui principi della morale*, in *Opere filosofiche*, a cura di E. Lecaldano ed E. Mistretta, Laterza, Roma-Bari 1987, vol. 2

Kant Immanuel
- *Critica del Giudizio*, trad. it. di A. Gargiulo, riveduta da V. Verra, Laterza, Roma-Bari 2005
- *Critica della ragion pratica*, trad. it. di F. Capra, Laterza, Roma-Bari 1982
- *Critica della ragion pura*, a cura di P. Chiodi, UTET, Torino 1967
- *Critica della ragion pura*, a cura di G. Gentile e G. Lombardo-Radice, Laterza, Roma-Bari 2005[3]
- *Fondazione della metafisica dei costumi*, in *Scritti morali*, a cura di P. Chiodi, UTET, Torino 1986
- *Idea di una storia universale*, in *Scritti politici*, trad. it. di G. Solari e G. Vidari, UTET, Torino 1965
- *La forma e i principi del mondo sensibile e intelligibile*, in *Scritti precritici*, a cura di R. Assunto, Laterza, Roma-Bari 1982
- *Per la pace perpetua*, trad. it. di V. Cicero, Bompiani, Milano 1997

Leibniz Gottfried Wilhelm
- *Carteggio Leibniz-Clarke*, in *Scritti filosofici*, a cura di M. Mugnai ed E. Pasini, UTET, Torino 2000

Locke John
- *Il secondo trattato sul governo*, trad. it. di A. Gialluca, Rizzoli, Milano 2002

Maimon (Salomon ben Joshua)
- *Saggio sulla filosofia trascendentale*, in G. Durante, *Gli epigoni di Kant*, Sansoni, Firenze 1943

Newton Isaac
- *Principi matematici della filosofia naturale*, trad. it. di A. Pala, UTET, Torino 1965

Rousseau Jean-Jacques
- *Contratto sociale*, in *Scritti politici*, a cura di E. Garin, Laterza, Roma-Bari 1997, vol. 2
- *Discorso sull'origine e i fondamenti della diseguaglianza fra gli uomini*, a cura di M. Garin, in *Scritti politici*, Laterza, Roma Bari 1997, vol. 1

Spinelli Altiero - Rossi Ernesto
- *Il manifesto di Ventotene*, Mondadori, Milano 2006

Spinoza Baruch
- *Etica*, a cura di R. Cantoni e F. Fergnani, TEA, Milano 1991

Voltaire
- *Candido*, trad. it. di P. Bianconi, Rizzoli, Milano 2008

Williams Bernard A.O.
- *Una critica dell'utilitarismo*, in *Utilitarismo: un confronto*, trad. it. di B. Morcavallo, Bibliopolis, Napoli 1985

Zagrebelsky Gustavo
- *Intorno alla legge. Il diritto come dimensione del vivere comune*, Einaudi, Torino 2009

INDICE DELLE ILLUSTRAZIONI

REFERENZE FOTOGRAFICHE

APPUNTI

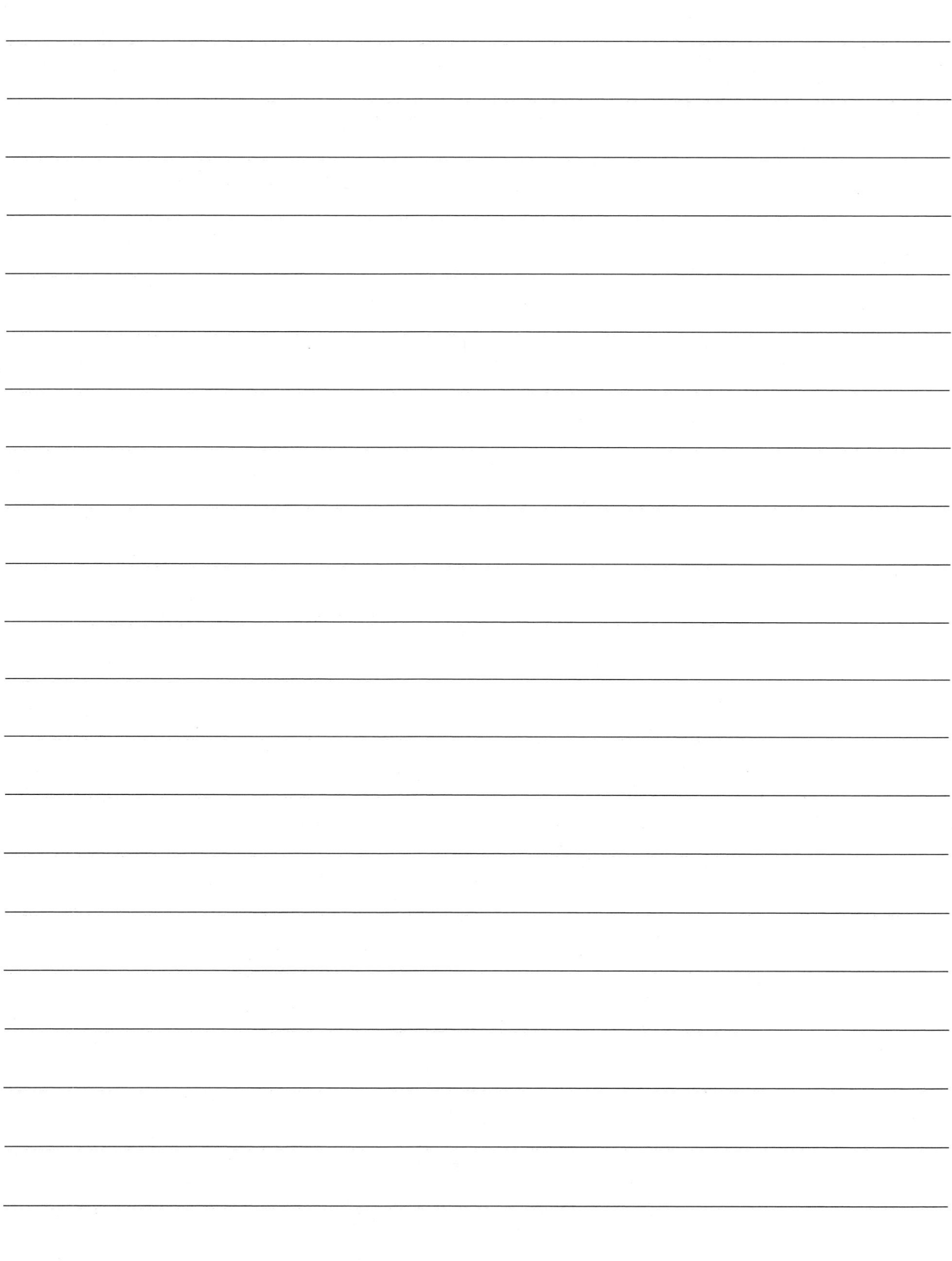